Wilhelm Schmidt

Geschichte der deutschen Sprache

Geschichte der deutschen Sprache

Begründet von Wilhelm Schmidt

S. Hirzel Verlag Stuttgart 2004

Wilhelm Schmidt

Geschichte der deutschen Sprache

Ein Lehrbuch für das germanistische Studium

Erarbeitet unter der Leitung von
Helmut Langner und Norbert Richard Wolf

9., verbesserte Auflage 2004

S. Hirzel Verlag Stuttgart 2004

Elisabeth Berner (Kap. 1.7., 1.8. und 3.)
(Kap. 3. bis zur 7. Aufl.: Hanna Harnisch)

Bibliographische Information der Deutschen Bibliothek
Die Deutsche Bibliothek verzeichnet diese Publikation in der Deutschen Nationalbibliographie; detaillierte bibliographische Daten sind im Internet über <http://dnb.ddb.de> abrufbar.
ISBN 3-7776-1277-4

ISO 9706

 Druck: Druckerei Peter Proff, Eurasburg.
Printed in Germany

Inhaltsverzeichnis*

Verzeichnis der Abbildungen und Karten 11
Vorwort zur 9. Auflage 12
Aus dem Vorwort zur 8. Auflage 12
Aus dem Vorwort zur 6. Auflage 13
Abkürzungsverzeichnis 15

0. Einführung

0.1. Sprache als gesellschaftliche Erscheinung 17
0.2. Differenzierung und Integration in der Entwicklung der deutschen Sprache 20
0.3. Gegenstand, Aufgaben und Methoden der Sprachgeschichtsschreibung . 25
0.4. Zur Periodisierung der deutschen Sprachgeschichte 30

1. Vorgeschichte und Geschichte der deutschen Sprache

1.1. Vorgeschichte der deutschen Sprache 35
1.1.1. Indogermanisch 35
1.1.1.1. Indogermanische Sprachen: 35
1.1.1.2. Gemeinsamkeiten indogermanischer Sprachen 38
1.1.1.3. Entstehung der indogermanischen Sprachen 39
1.1.1.4. Die "Indogermanenfrage" 41
1.1.1.5. Die hypothetische indogermanische Grundsprache 44
1.1.1.6. Zusammenfassung 47
1.1.2. Germanisch 47
1.1.2.1. Urgermanisch (Gemeingermanisch) 48
1.1.2.2. Charakteristika des Germanischen 50
1.1.2.3. Zusammenfassung 57
1.1.3. Germanische Stämme und Stammessprachen 58
1.1.3.1. Ostgermanen 58
1.1.3.2. Nordgermanen 61
1.1.3.3. Nordseegermanen 61
1.1.3.4. Südgermanen 62
1.1.3.5. Sprachliche Übereinstimmungen 64
1.1.3.6. Lehnbeziehungen 65
1.1.3.7. Zusammenfassung 68

1.2. Das Deutsch des Frühmittelalters (6.–11. Jahrhundert) 68
1.2.1. Historische, soziale und kulturelle Voraussetzungen 68
1.2.2. Das inschriftliche, vorliterarische Deutsch (6./7. Jahrhundert) . 72
1.2.3. Das handschriftliche Deutsch (8.–11. Jahrhundert) 74
1.2.4. Wichtige sprachliche Neuerungen und Besonderheiten des Althochdeutschen 75
1.2.4.1. Lautliches 75

* Um die Übersichtlichkeit des Inhaltsverzeichnisses zu wahren, sind die Abschnitte unterster Ordnung (also diejenigen mit fünf Stellen innerhalb der dekadischen Gliederung des Buches) ausgespart worden.

1.2.4.2. Formenbestand 80
1.2.4.3. Wortbildung und Wortschatz 80
1.2.4.4. Satzbau 86
1.2.4.5. Das Wort 'deutsch' 87

1.3. Das Deutsch des Hochmittelalters (1050–1250) 89
1.3.1 Die Zeit der Ottonen und Salier: Entstehen eines volkssprachlichen Selbstbewusstseins 89
1.3.2. Stauffische Klassik: Die höfische Dichtersprache 91
1.3.3. Zu weiteren Varietäten des Mittelhochdeutschen 99
1.3.4. Eine Entwicklungstendenz im Sprachsystem: Die 'Endsilbenabschwächung' und der Weg vom synthetischen zum analytischen Sprachbau 100

1.4. Das Deutsch des Spätmittelalters (1250–1450) 101
1.4.1. Umgestaltung der kommunikativen Verhältnisse 101
1.4.2. Kommunikationsgruppen und Funktiolekte im späten Mittelalter und in der frühen Neuzeit 104

1.5. Das Deutsch der frühen Neuzeit (1450–1650) 109
1.5.1. Das neue Medium: der Buchdruck 109
1.5.2. Die Reformation: Deutsch wird Heilige Sprache 113
1.5.3. Entstehen eines volkssprachlichen Normbewusstseins durch die Grammatiker 117

1.6. Das Deutsch der mittleren Neuzeit (1650–1800) 121
1.6.1. Zum Wirken der Sprachgesellschaften des 17. Jh. 121
1.6.2. Zur Festlegung und Kodifizierung der Normen für die deutsche Schriftsprache 126
1.6.3. Zu weiteren Aspekten der sprachlichen Situation im 18. Jh. . . 130
1.6.4. Zur Bedeutung der Dichter für die weitere Entwicklung und Festigung der deutschen Sprache im 18. Jahrhundert 133
1.6.5. Zur Entwicklung des Wortschatzes und der Wortbildung . . . 137
1.6.5.1. Zur Beeinflussung durch fremde Sprachen 137
1.6.5.2. Zum Wortschatz ausgewählter kommunikativer Teilbereiche . 138
1.6.5.3. Zu mundartlichen Merkmalen im deutschen Wortschatz 139
1.6.5.4. Zur Wortbildung 140

1.7. Das Deutsch der jüngeren Neuzeit (1800 bis 1950) 143
1.7.1. Zur Umgestaltung der kommunikativen Bedingungen 143
1.7.2. Zur Entwicklung der Germanistik im 19. und zu Beginn des 20. Jahrhunderts 145
1.7.3. Zum Einfluss von Naturwissenschaft und Technik 148
1.7.4. Sprache und Politik 150
1.7.5. Zur Entwicklung der deutschen Orthographie und Orthoepie . . 157
1.7.6. Integration und Differenzierung zwischen den Varietäten . . . 160

1.8. Das Deutsch der jüngsten Neuzeit (1950 bis zur Gegenwart) 165
1.8.1. Historische Situation und sprachliche Problematik 165
1.8.2. Veränderungen im Gefüge der (regionalen) Varietäten 169
1.8.3. Zum Gebrauch der deutschen Sprache in der DDR und in der BRD 171
1.8.4. Aktuelle Normierungsbestrebungen in der Orthographie und Orthoepie 175
1.8.5. Entwicklungstendenzen in den Teilsystemen der deutschen Sprache (einschließlich der Wortbildung) 178
1.8.6. Zur Sprache und Kommunikation im Computerzeitalter 186

2. Althochdeutsch

2.1. Einleitung . . . 190
2.1.1. Zeitliche Einordnung . . . 190
2.1.2. Räumliche Gliederung . . . 192

2.2. Schreibung . . . 192
2.2.1. Vokale . . . 193
2.2.2. Konsonanten . . . 194

2.3. Lautlehre . . . 195
2.3.1. Phonembestand (9. Jahrhundert, ostfränk.) . . . 195
2.3.1.1. Vokalische Phoneme . . . 195
2.3.1.2. Konsonantische Phoneme . . . 196
2.3.2. Vokalismus . . . 196
2.3.2.1. Ablaut . . . 196
2.3.2.2. Kombinatorischer Lautwandel: Alternanz . . . 198
2.3.2.3. Kombinatorischer Lautwandel: i-Umlaut . . . 199
2.3.2.4. Althochdeutsche Monophthongierung . . . 201
2.3.2.5. Althochdeutsche Diphthongierung . . . 202
2.3.2.6. Vokaldehnung durch Nasalschwund . . . 202
2.3.2.7. Vokalismus der Nebensilben . . . 202
2.3.3. Konsonantismus . . . 204
2.3.3.1. (Alt)Hochdeutsche Lautverschiebung . . . 204
2.3.3.2. Entwicklung der germanischen stimmlosen Frikativlaute /f þ χ/ im Althochdeutschen . . . 206
2.3.3.3. Grammatischer Wechsel . . . 207
2.3.3.4. Gemination . . . 208
2.3.3.5. Notkers Anlautgesetz . . . 210

2.4. Formenlehre . . . 210
2.4.1. Das Verb . . . 210
2.4.1.1. Starke Verben . . . 211
2.4.1.2. Schwache Verben . . . 217
2.4.1.3. Präterito-Präsentien . . . 221
2.4.1.4. Athematische Verben . . . 221
2.4.1.5. wellen 'wollen' . . . 222
2.4.2. Das Substantiv . . . 223
2.4.2.1. Vokalische (starke) Deklination . . . 223
2.4.2.2. Konsonantische (schwache) Deklination . . . 226
2.4.2.3. Wurzelnomina . . . 227
2.4.3. Das Adjektiv . . . 227
2.4.3.1. Starke Deklination . . . 228
2.4.3.2. Schwache Deklination . . . 228
2.4.3.3. Deklination der Partizipien . . . 228
2.4.3.4. Steigerung der Adjektive . . . 229
2.4.3.5. Bildung von Adverbien aus Adjektiven . . . 229
2.4.4. Das Pronomen . . . 230
2.4.4.1. Personalpronomen . . . 230
2.4.4.2. Possessivpronomen . . . 230
2.4.4.3. Demonstrativpronomen . . . 230
2.4.4.4. Interrogativpronomen . . . 231
2.4.5. Das Numerale . . . 231
2.4.5.1. Kardinalzahlen . . . 231
2.4.5.2. Ordinalzahlen . . . 232

2.5. Zum Satzbau 233
2.5.1. Der einfache Satz 233
2.5.2. Die Parataxe 234
2.5.3. Die Hypotaxe 235
2.5.4. Der mehrfach zusammengesetzte Satz 236
2.5.5. Satztypen 237
2.5.6. Satzglieder und Satzgliedfolge 237
2.5.7. Wortgruppen im Satz 238

3. Mittelhochdeutsch

3.1. Einleitung 240
3.1.1. Zeitliche Einordnung 240
3.1.2. Räumliche Gliederung 240

3.2. Schreibung und Aussprache 241
3.2.1. Schreibung und Aussprache der Vokale 243
3.2.2. Schreibung und Aussprache der Konsonanten 244
3.2.3. Betonung der Wörter 245

3.3. Bemerkungen zur Verslehre 246

3.4. Lautlehre 248
3.4.1. Phonembestand 248
3.4.1.1. Vokalische Phoneme 249
3.4.1.2. Konsonantische Phoneme 251
3.4.2. Vokalismus 252
3.4.2.1. Ablaut 252
3.4.2.2. Kombinatorischer Lautwandel: Alternanz 252
3.4.2.3. Kombinatorischer Lautwandel: i-Umlaut 253
3.4.2.4. Veränderungen im Vokalismus beim Übergang vom Mittelhochdeutschen zum Frühneuhochdeutschen 255
3.4.2.5. Vokalismus der Nebensilben 256
3.4.3. Konsonantismus 257
3.4.3.1. Grammatischer Wechsel 257
3.4.3.2. Gemination 258
3.4.3.3. Konsonantenschwund und Kontraktion 258
3.4.3.4. Auslautverhärtung 259
3.4.3.5. Assimilation 259
3.4.3.6. Dissimilation 260

3.5. Formenlehre 260
3.5.1. Das Verb 260
3.5.1.1. Starke Verben 262
3.5.1.2. Schwache Verben 265
3.5.1.3. Mischung starker und schwacher Konjugation 267
3.5.1.4. Präterito-Präsentien 267
3.5.1.5. Athematische Verben 269
3.5.1.6. Kontrahierte Verben 270
3.5.1.7. Mhd. wellen ‘wollen’ 271
3.5.1.8. Konjugationstypen in synchroner Sicht 271
3.5.1.9. Zur Verwendung einfacher und zusammengesetzter Verbformen 273
3.5.2. Das Substantiv 275
3.5.2.1. Starke (vokalische) Deklination 276
3.5.2.2. Schwache (konsonantische) Deklination 279
3.5.2.3. Besondere Formen der Deklination 280
3.5.2.4. Flexionsklassen in synchroner Sicht 281

3.5.3. Das Adjektiv 283
3.5.3.1. Deklination 283
3.5.3.2. Komparation 284
3.5.3.3. Adjektivadverbien 285
3.5.3.4. Zum Gebrauch der Adjektivformen 286
3.5.4. Das Pronomen 286
3.5.4.1. Personalpronomen 286
3.5.4.2. Reflexivpronomen 287
3.5.4.3. Possessivpronomen 287
3.5.4.4. Demonstrativpronomen und bestimmter Artikel 288
3.5.4.5. Relativpronomen 288
3.5.4.6. Interrogativpronomen 289
3.5.4.7. Indefinitpronomen 289
3.5.5. Das Numerale 290
3.5.5.1. Kardinalzahlen 290
3.5.5.2. Ordinalzahlen 291
3.5.5.3. Zahladverbien 291
3.5.5.4. Zahladjektive 291

3.6. Zum Satzbau 291
3.6.1. Zur Satzglied- bzw. Wortstellung 291
3.6.1.1. Stellung des finiten Verbs 292
3.6.1.2. Bildung des prädikativen Rahmens 293
3.6.1.3. Stellung verschiedener Formen des Attributs 294
3.6.2. Negation 294
3.6.3. Verbindung von Sätzen 295
3.6.3.1. Koordination 295
3.6.3.2. Subordination 296

4. Frühneuhochdeutsch

4.1. Einleitung 298
4.1.1. Zeitliche Einordnung 298
4.1.2. Räumliche Gliederung 299

4.2. Schreibung 300
4.2.1. Allgemeines 300
4.2.2. Vokalzeichen 302
4.2.3. Bezeichnung der Länge 303
4.2.4. Bezeichnung der Kürze 303
4.2.5. Konsonantenzeichen 304
4.2.6. Zeichen mit vokalischem und konsonantischem Wert 305
4.2.7. Abkürzungszeichen 305
4.2.8. Zusammenschreibung und Trennung der Wörter 306
4.2.9. Großschreibung 307
4.2.10. Interpunktion 308

4.3. Lautlehre 309
4.3.1. Vokalismus 309
4.3.1.1. Frühneuhochdeutsche Diphthongierung 309
4.3.1.2. Frühneuhochdeutsche Monophthongierung 311
4.3.1.3. Dehnung kurzer Vokale 312
4.3.1.4. Kürzung langer Vokale 313
4.3.1.5. Entrundung und Rundung 314
4.3.1.6. Senkung von mhd. u, ü und i 315
4.3.1.7. Entwicklung der mhd. e-Laute 315

4.3.1.8. Entwicklung von mhd. ei, ou, öu 316
4.3.1.9. Weiterentwicklung des Umlauts 317
4.3.1.10. Ausgleichserscheinungen 319
4.3.1.11. Vokalismus der Nebensilben 320
4.3.1.12. Übersicht über die vokalischen Phoneme 321
4.3.2. Konsonantismus 324
4.3.2.1. Explosivlaute und Affrikaten 324
4.3.2.2. Entwicklung der s-Laute 327
4.3.2.3. Entwicklung von mhd. h 328
4.3.2.4. Entwicklung von mhd. w und j 329
4.3.2.5. Entwicklung der Nasale und Liquide 330
4.3.2.6. Assimilation und Dissimilation 330
4.3.2.7. Ausgleichserscheinungen 331
4.3.2.8. Übersicht über die konsonantischen Phoneme 332

4.4. Formenlehre 333
4.4.1. Das Verb 333
4.4.1.1. Starke Verben 333
4.4.1.2. Schwache Verben 341
4.4.1.3. Präterito-Präsentien 343
4.4.1.4. Athematische Verben 344
4.4.1.5. wollen/wellen 345
4.4.1.6. Kontrahierte Verben (han, lan) 345
4.4.1.7. Zusammengesetzte Zeitformen 346
4.4.1.8. Bildungsweise des Passivs 346
4.4.1.9. Umschreibungen zum Ausdruck der Aktionsarten 347
4.4.1.10. Zusammenfassende Darstellung der Neuerungen 347
4.4.2. Das Substantiv 348
4.4.2.1. Starke Deklination 351
4.4.2.2. Schwache Deklination 355
4.4.2.3. Reste anderer Klassen 357
4.4.2.4. Deklination der Fremdwörter und der fremden Eigennamen . . 358
4.4.2.5. Zum Ersatz des Genitivs durch präpositionale Fügungen oder durch andere Kasus 359
4.4.3. Das Adjektiv 361
4.4.3.1. Deklination 362
4.4.3.2. Komparation 363
4.4.3.3. Adjektivadverbien 363
4.4.4. Das Pronomen 364
4.4.4.1. Personalpronomen 364
4.4.4.2. Reflexivpronomen 365
4.4.4.3. Possessivpronomen 365
4.4.4.4. Demonstrativpronomen, bestimmter Artikel und Relativpronomen 366
4.4.4.5. Interrogativpronomen 367
4.4.4.6. Indefinitpronomen 368
4.4.5. Das Numerale 368
4.4.5.1. Kardinalzahlen 368
4.4.5.2. Ordinalzahlen 369

4.5. Zum Satzbau 369
4.5.1. Wort und Wortgruppe als Satzglieder 370
4.5.1.1. Besonderheiten der Satzgliedstellung 370
4.5.1.2. Koordinierung von Satzgliedern 371
4.5.1.3. Auslassungen 371

4.5.1.4. Verneinung 372
4.5.1.5. Gliedsatzartige Wortgruppen 372
4.5.2. Zum Aussagehauptsatz 373
4.5.2.1. Stellung des finiten Verbs 373
4.5.2.2. Rahmentendenzen 373
4.5.2.3. Periphrastische Formen 373
4.5.3. ZumGliedsatz 374
4.5.3.1. Stellung des finiten Verbs 374
4.5.3.2. Subordinierende Konjunktionen 374
4.5.4. Satzgefüge 375
4.5.5. Satzverbindung 376

Literaturverzeichnis 377

Register 405

Verzeichnis der Abbildungen und Karten

Abb. 1: Germanisches Runenalphabet ("Futhark") 49
Abb. 2: Liebesinschrift von Bülach 50
Abb. 3: Paternoster aus dem Codex Argenteus 61
Abb. 4: Erste Seite des "Hildebrandliedes" 71
Abb. 5: Eine Seite der Wiener Otfrid-Handschrift 75
Abb. 6: Eine Seite der Nibelungenhandschrift D (Prünn-Münchener Handschrift) 92
Abb. 7: Eine Seite der Gießener Iwein-Handschrift B 98
Abb. 8: Sprachliche Pyramide des hochmittelalterlichen Deutschs (1150–1250; nach Hugo Moser und Gabriele Schieb) 99
Abb. 9: Luther-Rose 110
Abb. 10: Titelblatt der Luther-Bibel 1534 115
Abb. 11: Titelblatt von Schottelius 1663 120
Abb. 12: Fruchtbringende Gesellschaft 123
Abb. 13: Faksimile der Hs. Bb des "Armen Heinrich" 242
Abb. 14: Varianten gotischer Schreibstile (nach Haarmann 1991, 475) 300
Abb. 15: Gotische Minuskel (14. Jh.) und Gotische Buchkursive (1464) (nach Sturm 1955, S. 37 und 43) 301

Karte 1: Indogermanische Sprachen in prähistorischer Zeit (nach G. Jäger 1969) 43
Karte 2: Völkerwanderung (nach Behn) 59
Karte 3: Siedlungsräume der Germanen (1. Jh. v. u. Z.–2. Jh. u. Z.) 60
Karte 4: Deutsches Sprachgebiet im 10./11. Jh. 73
Karte 5: Kirchliche Zentren als Stätten frühmittelalterlicher Literaturpflege . 77
Karte 6: Lautverschiebungsstufen (Aufnahme um 1880) 78
Karte 7: Mitteldeutsche Siedlungsbahnen (etwa 1100–1500) 105
Karte 8: Die deutschen Mundarten 162

Tafelanhang

Tafel 1: Entwicklung des Vokalismus vom Idg. bis zum Nhd.
Tafel 2: Entwicklung des Konsonantismus vom Idg. bis zum Nhd.
Tafel 3: Vergleich der ahd. und mhd. Substantivflexion
Tafel 4: Entwicklung der Substantivflexion vom Mhd. zum Nhd.
Tafel 5: Übersicht über die Konsonanten und ihre graphische Wiedergabe im Mhd.
Tafel 6: Vergleich der vokalischen Phoneme im Ahd., Mhd. und Nhd.
Karte 9: Die Sprachen Europas

Vorwort zur 9. Auflage

Erfreulicherweise ist das Lehrbuch nach wie vor ein gefragtes Hilfsmittel zum Studium der deutschen Sprachgeschichte, so dass bereits nach drei Jahren eine weitere Auflage notwendig wird. Diese stellt zwar keine Neubearbeitung dar, beschränkt sich aber auch nicht auf die Korrektur der Fehler. Vielmehr sind in vielen Teilen des Werkes Verbesserungen formaler und sachlicher Art vorgenommen worden. Außerdem wurden die Literaturangaben im Text und im Literaturverzeichnis auf den neuesten Stand gebracht und durch weitere, vor allem neuere Titel ergänzt, die es dem Studenten ermöglichen, sich eingehender mit bestimmten Sachverhalten zu beschäftigen.

Wir freuen uns, dass die neue Auflage dieses Werkes im Jahre des 150. Geburtstages des Hirzel-Verlages erscheint.

Potsdam, Würzburg, im April 2003

Helmut Langner
Norbert R. Wolf

Aus dem Vorwort zur 8. Auflage

Nachdem die letzte Auflage meist nur durch kleinere Änderungen verbessert werden konnte, war jetzt eine stärkere Überarbeitung notwendig. Dies betrifft vor allem das erste Kapitel. Jedoch haben auch die anderen Kapitel mancherlei Veränderungen erfahren, obwohl die vorliegenden Fassungen durchaus ihre Funktion erfüllt haben, einen Überblick über die Grammatiken des Ahd., des Mhd. und des Frnhd. zu geben sowie an die Standardwerke und an wichtige Spezialliteratur heranzuführen. Bei der Arbeit an der neuen Auflage sind viele kritische Hinweise berücksichtigt worden. Einigen durchaus begründeten Vorschlägen konnten wir jedoch nicht folgen, vor allem dann nicht, wenn diese Bemerkungen dem Konzept unseres Buches widersprechen.

So wird mitunter bedauert, dass wir der Geschichte des Niederdeutschen zu wenig Aufmerksamkeit gewidmet haben. Doch sind an nicht wenigen Stellen Erscheinungen des Niederdeutschen einbezogen worden, soweit sich diese in den Rahmen der Darlegungen sinnvoll einfügen. Dieses Bestreben ist in der neuen Auflage verstärkt beachtet worden. Dafür zeugte und zeugt auch die benutzte Literatur. Aber es war und ist nicht unser Ziel, eine Geschichte des gesamten deutschen Sprachraumes zu bieten.

Berechtigt ist der Hinweis, dass es problematisch sei, in einem Werk zwei unterschiedliche Prinzipien der Periodisierung anzuwenden. Doch die Ursache für dieses Problem liegt im Gegenstand selbst. Die Kriterien für eine Periodisierung sind so vielfältig und so schwierig miteinander zu verbinden, dass es durchaus vertretbar ist, den Teilen 1 (Kap. 1) und 2 (Kap. 2–4) verschiedene Einteilungen zugrunde zu legen, wird doch durch dieses Vorgehen dem Studierenden im Zusammenhang mit den Erläuterungen im Abschnitt 0.4. schnell die Problematik der Periodisierung bewusst. Das ist in den meisten Stellungnahmen zu dieser Thematik auch akzeptiert worden,

Aus verschiedenen Gründen ist es nicht möglich, dem mehrfach geäußerten Wunsch zu entsprechen, wieder einen gesonderten Textteil aufzunehmen. Wir haben dem jedoch dadurch Rechnung getragen, dass in alle Kapitel weitere Texte eingefügt worden sind.

Schließlich ist noch ein Wort zum Literaturverzeichnis erforderlich. Über seinen Umfang und damit die Auswahl der Literatur kann man gewiss unterschiedlicher Meinung sein. Noch einmal sei betont, dass auch für einzelne Teile nicht annähernd eine vollständige Bibliographie angestrebt wurde. In der neuen Auflage haben wir uns noch stärker darum bemüht, außer den zitierten Werken vor allem zusammenfassende Überblicksdarstellungen sowie weiterführende Literatur anzuführen, die wesentliche Fragen der sprachlichen Entwicklung betreffen. Die Literaturhinweise im Text und das Literaturverzeichnis haben nicht zuletzt die Funktion, dem Studenten den Weg zur intensiven Auseinandersetzung mit sprachhistorischen Problemen zu erleichtern. Ferner ist die für den Studierenden besonders wichtige Literatur durch ein vorangestelltes Sternchen (*) gekennzeichnet worden.

Die neuen Regeln der Orthographie werden in sinnvoller Weise angewendet; das heißt, in wenigen begründeten Fällen – vor allem der Groß- und Kleinschreibung sowie der Getrennt- und Zusammenschreibung – haben wir uns nicht den neuen Vorgaben angeschlossen.

Unser Dank gilt Herrn Dr. Christian Naser, Institut für deutsche Philologie der Universität Würzburg, der den Satz des Buches sowie das Register vorbereitet hat, sowie Frau Alexandra Bloss, die für die Korrekturen und weitere technische Details zuständig war. Zu danken haben wir wieder Herrn Vincent Sieveking vom Hirzel-Verlag, der auch die Entstehung der 8. Auflage fördernd begleitet hat.

Potsdam, Würzburg, im April 2000

Helmut Langner
Norbert R. Wolf

Aus dem Vorwort zur 6. Auflage

Bücher haben ihre eigene Geschichte. Das gilt auch für dieses relativ junge Lehrbuch zur Sprachgeschichte. Angeregt und in seiner Anlage wesentlich bestimmt wurde es 1966/1967 von Wilhelm Schmidt. Das Werk, dessen erste Auflage 1969 im Verlag Volk und Wissen (Berlin) erschien, schloß damals eine Lücke im Angebot an sprachgeschichtlichen Lehrbüchern. Das Besondere an der Konzeption dieser Publikation bestand darin, daß erstmals ein Lehrbuch für die sprachhistorische Aus- und Weiterbildung von Deutschlehrern und Diplomgermanisten in einem Band vorgelegt wurde. Daher umfaßte es von der ersten Auflage an neben einer knappen Darstellung der Vorgeschichte und der Geschichte der deutschen Sprache Abrisse zur ahd., zur mhd. und zur frnhd. Grammatik sowie ein Kapitel mit Texten aus diesen drei Perioden einschließlich einiger Hilfen zu ihrer Erschließung.

Diese neuartige Gestaltung hat sich in der Praxis im In- und Ausland bewährt. Daher konnten in rund 20 Jahren fünf Auflagen abgesetzt werden; auch die 5., überarbeitete und vor allem durch eine Einführung in sprachgeschichtliche Fragen erweiterte Auflage von 1984 fand eine gute Aufnahme. Für 1990/91 war eine weitere, verbesserte Auflage vorgesehen. Leider war der Berliner Verlag aufgrund seiner veränderten Struktur nicht mehr in der Lage, diese Auflage herauszubringen.

Daher danken Herausgeber und Autoren dem Hirzel-Verlag Stuttgart/Leipzig für seine Bereitschaft, das Werk in sein Verlagsprogramm aufzunehmen. Der neue Verlag und alle Autoren waren sich darin einig, die generelle Anlage des Buches beizubehalten, jedoch auf Grund der Fortschritte in der Sprachgeschichtsforschung der letzten zehn Jahre und der neuen gesellschaftlichen Situation in Deutschland eine Überarbeitung vorzunehmen. Beide Aspekte betrafen die einzelnen Kapitel allerdings in sehr unterschiedlichem Maße. Gründlich überprüft wurden jedoch auch die Teile, bei denen größere Veränderungen nicht erforderlich waren.

Die grundsätzlichen Ziele des Lehrbuches wurden also nicht in Frage gestellt. Das spiegelt sich nicht nur in der unveränderten Konzeption des Werkes wider, sondern das wird auch – so hoffen wir jedenfalls – in der Auswahl der Fakten und Probleme sowie in der Art der Darstellung deutlich. Auch in vielen Einzelheiten baut die neue Auflage auf den bisherigen Ausführungen auf. Das gilt auch für die Teile, die aus unterschiedlichen Gründen von neuen Autoren zu bearbeiten waren. Da wir uns den ausgeschiedenen Autoren verpflichtet fühlen, seien sie hier – in der Reihenfolge der von ihnen bis zur 5. Auflage betreuten Teile – angeführt: Einführung: WILHELM SCHMIDT (Mitautor); Vorgeschichte und Geschichte der deutschen Sprache: WILHELM SCHMIDT und MAX PFÜTZE; Althochdeutsch: SIEGLINDE CZICHOCKI und GISELA TREMPELMANN; Mittelhochdeutsch: ROLF BOCK und SIEGFRIED ZSCHUNKE (Mitautoren); Frühneuhochdeutsch: ROLF BOCK (Mitautor). Über Veränderung und Übernahme von Teilen der älteren Auflagen haben jedoch immer die Autoren der 6. Auflage entschieden; daher tragen auch sie die Verantwortung für die nun vorliegende Fassung.

Auf einige Unterschiede gegenüber der letzten Auflage sei kurz hingewiesen. Obwohl sich die Textauswahl einschließlich der Interpretationshilfen und Glossare durchaus für einführende Übungen und Seminare zur historischen Grammatik bewährt hat, ist auf dieses Kapitel in der 6. Auflage aus zwei Gründen verzichtet worden: Einmal stehen für den akademischen Unterricht geeignete Texte in Form von Gesamtausgaben und von Textsammlungen in reichem Maße zur Verfügung; zum anderen kann durch diesen Verzicht der Umfang des Buches etwas reduziert und dadurch der Preis relativ niedrig gehalten werden.

Da es für historische Sprachstufen schwierig ist, in jedem Fall genau zwischen Phonem und Allophon sowie zwischen Graphem und Allograph zu unterscheiden, haben wir damit verbundene Uneinheitlichkeiten in Kauf genommen, zumal es weder notwendig noch zweckmäßig ist, die Unterscheidung in jedem Fall vorzunehmen. Phonematische und graphematische Aspekte sind vor allem in den speziellen Ausführungen zur Schreibung und zur Lautlehre der Kapitel zwei bis vier stärker beachtet worden, insbesondere dann, wenn durch eine Differenzierung zwischen Phonem, Allophon und Graphem(variante) bestimmte Erscheinungen und Prozesse deutlicher dargestellt werden konnten. Im übrigen wird dem phonologischen Aspekt in den Kapiteln zwei bis vier durch jeweilige besondere Abschnitte zum Phonembestand und durch die Erläuterung einiger Probleme Rechnung getragen; überdies bietet die Tafel 6 eine Ergänzung, indem hier der Phonembestand des Ahd. mit dem des Mhd. und des Nhd. verglichen wird.

Potsdam, im November 1992 HELMUT LANGNER

Abkürzungsverzeichnis

Sprachwissenschaftliche Termini

abg.	altbulgarisch
Adj.	Adjektiv
Adv.	Adverb
afr.	altfranzösisch
ags.	angelsächsisch
ahd.	althochdeutsch
aind.	altindisch
air.	altirisch
Akk.	Akkusativ
Akt.	Aktiv
alem.	alemannisch
and.	altniederdeutsch
anfränk.	altniederfränkisch
anglofries.	anglofriesisch
anord.	altnordisch
aobd.	altoberdeutsch
as.	altsächsisch
awest.	awestisch
bair.	bairisch
balt.	baltisch
best.	bestimmt
dän.	dänisch
Dat.	Dativ
Dekl.	Deklination
Demonstr.-	Demonstrativ-
dt.	deutsch
els.	elsässisch
engl.	englisch
etym.	etymologisch
fem.	feminin
Fem.	Femininum
finn.	finnisch
flekt.	flektiert
fränk.	fränkisch
fries.	friesisch
frmhd.	frühmittelhochdeutsch
frnhd.	frühneuhochdeutsch
frz.	französisch
Fut.	Futur
Gen.	Genitiv
germ.	germanisch
got.	gotisch
gr.	griechisch
gramm.	grammatisch
hd.	hochdeutsch
hess.	hessisch
Hs(s).	Handschrift(en)
ide.	indoeuropäisch
idg.	indogermanisch
Imp.	Imperativ
imperf.	imperfektiv
Imperf.	Imperfekt
ind.	indisch
Ind.	Indikativ
Inf.	Infinitiv
Instr.	Instrumental
Interrog.-	Interrogativ-
intr.	intransitiv
ir.	irisch
isl.	isländisch
it.	italienisch
Kas.	Kasus
kelt.	keltisch
Kom.	Komparativ
Konj.	Konjunktiv
Konjug.	Konjugation
Kons.	Konsonant
kontrah.	kontrahiert
lat.	lateinisch
lett.	lettisch
lit.	litauisch
Lok.	Lokativ
Ma(a).	Mundart(en)
mask.	maskulin
Mask.	Maskulinum
md.	mitteldeutsch
mhd.	mittelhochdeutsch
mlat.	mittellateinisch
mnd.	mittelniederdeutsch
nd.	niederdeutsch
ndfränk.	niederfränkisch
ne.	neuenglisch
neutr.	neutral
Neutr.	Neutrum
nhd.	neuhochdeutsch
nl.	niederländisch
nnd.	neuniederdeutsch
nnl.	neuniederländisch
Nom.	Nominativ
nord.	nordisch
nordgerm.	nordgermanisch
obd.	oberdeutsch
obfränk.	oberfränkisch
obl.	obliquus
obsächs.	obersächsisch
omd.	ostmitteldeutsch
oobd	Ostoberdeutsch
ostfränk.	ostfränkisch
ostgerm.	ostgermanisch
P.	Person
Part.	Partizip
Pass.	Passiv
perf.	perfektiv
Perf.	Perfekt
Pl.	Plural
Plusqu.	Plusquamperfekt
portug.	portugiesisch
Pos.	Positiv
Poss.-	Possessiv-
Präp.	Präposition
Präs.	Präsens
Prät.	Präteritum
Prät.-Präs.	Präterito-Präsens
Pron.	Pronomen

provenz.	provenzalisch
Redupl.	Reduplikation
redupl.	reduplizierend
refl.	reflexiv
rheinfränk.	rheinfränkisch
rip.	ripuarisch
roman.	romanisch
russ.	russisch
sächs.	sächsisch
schles.	schlesisch
schwäb.	schwäbisch
schwed.	schwedisch
Sg.	Singular
slaw.	slawisch
span.	spanisch
st.	stark flektierend
sth.	stimmhaft
stl.	stimmlos
Subst.	Substantiv
Superl.	Superlativ
sw.	schwach flektierend
thür.	thüringisch
toch.	tocharisch
trans.	transitiv
Ugspr.	Umgangssprache
ugsprl.	umgangssprachlich
unbest.	unbestimmt
urgerm.	urgermanisch
uride.	urindoeuropäisch
urnord.	urnordisch
Vok.	Vokativ
vorahd.	voralthochdeutsch
vorgerm.	vorgermanisch
Wb.	Wörterbuch
westgerm.	westgermanisch
wmd.	westmitteldeutsch
Wz.	Wurzel
*	erschlossene Form
<	entstanden aus
>	geworden zu

Quellen

Althochdeutsche Literatur

FT	Fränkisches Taufgelöbnis
HL	Hildebrandlied
LL	Ludwigslied
LS	Lex Salica
MZ	Merseburger Zaubersprüche
N	Notker
O	Otfried
P	Physiologus
T	Tatian
WS	Wessobrunner Schöpfungsgedicht

Mittelhochdeutsche Literatur

GO	Gottfried von Straßburg
H	Hartmann von Aue
HE	Wernher der Gartenære, Helmbrecht
MF	Minnesangs Frühling
MR	Mainzer Reichslandfrieden
NL	Nibelungenlied
WA	Walther von der Vogelweide

Frühneuhochdeutsche Literatur

Literatur des 14./15. Jh.

B	5. Bibel. Etwa 1476–1478 von Frisner/Sensenschmidt gedruckt	obd.
BE	Berliner Evangelistar und andere von G. Feudel untersuchte omd. Texte	omd.
BM	Beichte des Cunrad Merbot von Weida	omd.
C	C. Hätzlerin	schwäb.
DS	D. Schilling	alem.
E	A. v. Eyb	obd.
K	Religiöse Lieder des 14./15. Jh.	
KW	Urkundensprache der Kanzlei Wenzels	omd.
MB	Mentel-Bibel (1466)	obd.
R	J. Rothe	omd.
SB	Schwabenspiegel	omd./nd.
SW	H. Steinhöwel	schwäb.
UK	Urkundensprache der Kanzlei Karls IV.	omd.
UW	Urkundensprache der Vögte von Weida, Gera und Plauen	omd.
W	N. v. Wyle	alem.

Literatur des 16. Jh.

A	J. Turmair (Aventinus)	bair.
AG	J. Agricola	omd.
BR	S. Brant	els.
BT	B. Pirstinger	bair.
F	J. Fischart	els.
G	Geiler von Kaisersberg	alem.
HG	A. Hugen	obd.
HU	U. v. Hutten	obd.
KK	Kursächs. Kanzleisprache	omd
L	M. Luther	omd.
OE	A. Oelinger	els.
P	M. Pfinzing	obd.
S	H. Sachs	obd.
SN	J. Sleidan	wmd.
TH	Theuerdank	obd.
TS	G. Tschudi	alem.
ZA	Zwölf Artikel	obd.
ZB	Züricher Bibel von 1571	alem.

Literatur des 17. Jh.

AS	Abraham a S. Clara	obd.
D	S. Dach	omd.
FL	P. Fleming	omd.
LO	D. C. v. Lohenstein	omd.
OP	M. Opitz	omd.
SL	J. Schottelius	omd.
ST	M. Schultes	obd.
Z	Ph. v. Zesen	omd.

0. Einführung

0.1. Sprache als gesellschaftliche Erscheinung

Sprache und sprachliche Kommunikation sind als gesellschaftliche Erscheinungen nur im Zusammenhang mit außersprachlichen Phänomenen, vor allem mit Geschichte, Politik, Kultur, Ökonomie, Recht, Religion, zu erfassen und zu beschreiben. (Vgl. SPRACHGESCHICHTE[2] 1998, Kap. 1.) Sprachgeschichte ist wie alle Geschichte ein Teil der Gesellschaftsgeschichte. Diese Erkenntnis gilt bereits für die ältesten Phasen der menschlichen Entwicklung. Denn das Leben des Menschen verläuft in der Gemeinschaft mit anderen. Der Mensch ist, so sagt schon ARISTOTELES, ein zoon politikon, ein gesellschaftliches Wesen. Die verschiedenen Formen menschlicher Gemeinschaft bedürfen als Mittel der Verständigung der Sprache, die bei ihrer Tätigkeit und in enger Verbindung mit dem Denken entstanden ist. Die Kommunikation mit anderen war notwendig, um das gemeinsame Handeln, z. B. zum Zwecke der Herstellung von Nahrungsmitteln und Werkzeugen, überhaupt zustandezubringen und weiterzuentwickeln. Die gemeinsame Tätigkeit aber war erforderlich, um das Leben zu sichern. So konstituiert sich gewissermaßen die Gesellschaft durch Sprache und Kommunikation.

Allerdings determinieren die menschlichen Tätigkeiten nicht in jedem Fall direkt Inhalt und Form des kommunikativen Handelns; aber jedes kommunikative Tun ist prinzipiell mit anderen, meist übergeordneten Tätigkeiten des Menschen verbunden, die wiederum durch die gegebenen historischen Verhältnisse bestimmt werden. Die sprachliche Tätigkeit stellt also kein verselbstständigtes Handeln dar, sondern ist eine spezifische Form der geistigen Tätigkeit, die alle Bereiche des gesellschaftlichen Lebens durchdringt.

Sprachliches Handeln setzt als soziale Tätigkeit generell den Kommunikationspartner voraus, der zunächst oft der gleichen sozialen Gruppe angehört. Je größer und je differenzierter diese Gruppen werden, umso notwendiger wird die menschliche Kommunikation. Die gesellschaftliche Funktion der Sprache besteht also darin, dass die Menschen zum Zwecke der gegenseitigen Verständigung und der wechselseitigen Beeinflussung untereinander Bewusstseinsinhalte austauschen, miteinander kommunizieren. In dieser spezifischen Form des sozial determinierten geistigen Handelns äußert sich die kommunikative Funktion der Sprache; vgl. die Ausdrucks-, Darstellungs- und Appellfunktionen sprachlicher Zeichen nach dem Organonmodell BÜHLERS (1934, 28).

Doch damit ist die grundlegende Leistung der Sprache noch nicht voll erfasst. Sprache dient nicht nur zum Austausch von Bewusstseinsinhalten, sondern in der Regel ist auch deren Zustandekommen an Sprache gebunden. Die verschiedenen Formen der geistigen Aneignung der natürlichen und der sozialen Umwelt kommen beim Menschen auf der Grundlage der Auseinandersetzung mit der Realität zustande. Seine sprachliche Tätigkeit ist also aufgrund der dialektischen Einheit von Sprache und Bewusstsein von Anfang an mit Bewusstseinsprozessen verbunden, die letztlich ebenfalls aus seiner Tätigkeit abzuleiten sind. Die Abbilder der Realität entstehen prinzipiell mit Hilfe der Sprache, die als Medium der abstrahierenden und verallgemeinernden Widerspiegelungstätigkeit fungiert. In dieser kognitiven Funktion der Sprache, die mit der kommunikativen unlösbar verbunden ist, äußert sich die andere Seite des gesellschaftlichen Charakters der Sprache.

Sprache und sprachliche Kommunikation sind also in zweifacher Weise mit der Gesellschaft verbunden. Einmal realisiert sich der gesellschaftliche Charakter der Sprache in ihrem Verflochtensein mit der Tätigkeit des Menschen und zum anderen in ihrer

Eigenschaft als Objektivation des Bewusstseins, als Kodifikation gesellschaftlicher Erfahrungen, Normen und Werte. Diese enge Verbindung von Sprache und Gesellschaft kommt auch darin zum Ausdruck, dass die Sprache zu jeder Zeit Voraussetzung, Mittel und Ergebnis der Auseinandersetzung des Menschen mit der Wirklichkeit ist. Daher ist "der Einfluß der Gesellschaft auf Sprache und Kommunikation in seinem Wesen nie ein Einfluß von etwas Äußerem auf ein davon Getrenntes, ein Einfluß von Außersprachlichem auf Sprachliches" (SPRACHLICHE KOMMUNIKATION UND GESELLSCHAFT 1976, 40). Daraus wird auch bereits die Kompliziertheit dieses Zusammenhanges erkennbar. Der historische und soziale Charakter der Sprache und der sprachlichen Kommunikation darf nicht als unmittelbare Abhängigkeit der sprachlichen Entwicklung von der geschichtlichen Entwicklung interpretiert werden; doch reflektieren Sprachgebrauch und Sprachsystem direkt oder indirekt viele Veränderungen in der Geschichte der Sprachträger. Besonders deutlich wird dies in Zeiten des gesellschaftlichen Umbruchs, in Phasen großer Fortschritte in Wissenschaft, Technik und Kultur; dann können sich auch sprachliche – besonders lexische – Wandlungen häufen, da tiefgreifende gesellschaftliche Veränderungen zu neuen Anforderungen und Bedingungen der sprachlichen Kommunikation einer Sprachgemeinschaft oder einzelner Kommunikationsgemeinschaften führen. Die Vermittlungsglieder zwischen historischen, sozialen, kulturellen und anderen Wandlungen einerseits und sprachlichen Veränderungen andererseits sowie die Art und Weise ihres Wirkens bei der Entstehung und Durchsetzung von Neuerungen, beim Veralten und beim Untergang sprachlicher Elemente oder gar bei Wandlungen in der Art des sprachlichen Gestaltens sind jedoch noch nicht ausreichend erforscht.

Das Funktionieren der Sprache in der Gesellschaft zeigt sich besonders deutlich in der sprachlichen Tätigkeit sozialer Gruppen. (Wir sehen hier davon ab, dass es auch andere soziale Differenzierungen gibt, z. B. Sprachschichten.) Infolge der Arbeitsteilung innerhalb des gemeinsamen Handelns kommt es schon auf einer frühen Stufe der menschlichen Entwicklung zur Ausbildung bestimmter sozialer Gruppen und damit zur Differenzierung in verschiedene Kommunikationsgemeinschaften, für deren Bestand und Entwicklung die sprachliche Kommunikation eine wichtige Rolle spielt. Dabei ist aber zu beachten, dass der Mensch in der Regel verschiedenen sozialen Gruppen und damit verschiedenen Kommunikationsgemeinschaften angehört. Mit der Entstehung solcher Gemeinschaften ist der Rahmen für die Entwicklung und Festigung spezifischer kommunikativer Bedürfnisse und Bedingungen sowie für die Art und Weise der Kommunikation gegeben; denn diese Gemeinschaften können ihre gemeinsamen Interessen nur befriedigen, ihre gemeinsamen Aufgaben nur lösen, wenn sie auch miteinander kommunizieren. Die gemeinsamen Tätigkeiten und die daraus resultierenden Übereinstimmungen in den kommunikativen Anforderungen und Bedingungen führen – sofern das kooperative Handeln längere Zeit andauert – in der Regel zur Herausbildung von Gemeinsamkeiten im Sprachgebrauch, deren Abstraktionen als Soziolekte zu fassen sind. Unter einem Soziolekt verstehen wir ein Subsystem der Gesamtsprache (des Diasystems), das heißt eine Varietät, die Ausdruck relativ fester Beziehungen zwischen wichtigen sozialen Merkmalen und dem spezifischen Sprachgebrauch dieser Kommunikationsgemeinschaft ist, was im Laufe der Zeit seinen Niederschlag in dem betreffenden Subsystem findet. (Vgl. ausführlicher LÖFFLER 1994, 124ff. – Siehe auch Abschnitt 0.2.) Zu den Varietäten des Deutschen zählen wir nicht nur Standardsprache, Umgangssprachen (dafür wird auch der Terminus Regionalsprache benutzt, allerdings nicht immer synonym) – und Dialekte – diese drei werden zum Teil unter dem Begriff "Existenzformen" zusammengefasst –, sondern auch alle Soziolekte, also u. a. Fachsprachen und Gruppensprachen. Darüber hinaus kennt man weitere Varietäten, die unterschiedlich gegliedert und bezeichnet werden. (Vgl. v. POLENZ 2000, 62ff.; dens. 1999, Kap. 6.11., 6.12.; BRAUN 1998, Kap. 1; LÖFFLER 1985, 86ff.; VARIETÄTEN DES DEUTSCHEN 1997; WOLFF 1999, 14.) Wichtige soziale Faktoren, die Sprachgebrauch und Sprachbeherrschung beeinflussen, sind u. a. Alter, Beruf, Bildung, Qualifikation, spezielle Interessen und Geschlecht. Es sind also die spezifischen historischen und sozialen Bedingungen innerhalb von Kommunikationsgemeinschaften, die das Sprachverhalten beeinflussen. “Damit wird angenommen, daß die kommunikativen Handlungsabsichten, -zwecke und Themen, die in konventionellen und institutionellen sozialen Situationen verwirklicht werden, in ihrem Vorkommen, ihrer Struktur, ihrer Verteilung und ihrer sprachlichen Realisation von der Sozialstruktur typisierend beeinflußt werden.” (STEGER 1980, 347.) Das bedeutet jedoch nicht, dass innerhalb sozialer Gruppen bzw. Kommnikationsgemeinschaften sprachliche Homogenität herrscht; vielmehr zeigen sich auch in der Kommunikation von Angehörigen einer solchen Gruppe neben Gemeinsamkeiten mancherlei Unterschiede, und es ist auch hier ein mehr oder weniger großes Maß an Heterogenität der Sprachverwendung festzustellen. Das ist letztlich durch Unterschiede in der Aneignung der Wirklichkeit und damit durch Unterschiede im Bewusstsein, im Wissen und Bewerten von Gegenständen und Sachverhalten bedingt. In dieser Heterogenität liegt eine entscheidende Ursache des sprachlichen Wandels. “Die Logik des Wandels . . . hat ihren Ort in der Struktur von Verständigungshandlungen, die virtualiter, aufgrund der teilweise heterogenen Wissensvoraussetzungen von Verständigungspartnern immer Veränderungen bewirken können.” (JÄGER 1998, 821.) Es ist das Zusammenspiel der an jedem Kommunikationsereignis beteiligten Faktoren (Partner, Gegenstand/Thema, Ziel, Sprachsystem, Sprachnormen, Situation), das zu Spannungen, zu Widersprüchen führen kann, die zum Zwecke der Verständigung bzw. der Erreichung des Zieles gelöst werden müssen, was manchmal mit Hilfe einer Neuerung geschieht. (Siehe dazu Abschnitt 0.3.)

Diese Erkenntnis gilt nicht nur für die Kommunikation innerhalb einer sozialen Gruppe, sondern in noch stärkerem Maße auch für die Kommunikation zwischen verschiedenen Kommunikationsgemeinschaften, die im Laufe der Geschichte eine immer größere Bedeutung erlangt. Diese kommunikativen Beziehungen führen zu einer wechselseitigen Beeinflussung der Soziolekte bzw. anderer Varietäten und damit des öfteren auch der Allgemeinsprache. Die Tendenz der sozialbedingten sprachlichen Differenzierung bildet gleichzeitig eine Ursache für die generelle Tendenz der sprachlichen Integration. Deutlich wird dieser Einfluss daran, dass Sprachkontakte zwischen Varietäten einer Sprache sowie zwischen verschiedenen Sprachen ein wichtiger Faktor für die Entstehung von sprachlichen Varianten und damit für den Sprachwandel sind. Erinnert sei an den Einfluss der Umgangssprache auf die Standardsprache sowie an den des Angloamerikanischen auf das Deutsche. (Vgl. u. a. OKSAAR 1984, 845ff.)

Die Heterogenität ist auch deshalb mit dem Merkmal der Variation und damit mit dem Problem des Sprachwandels eng verknüpft, weil alle sprachlichen Veränderungen mehrdimensional verlaufen. Prinzipiell kann bei jeder sprachlichen Veränderung eine zeitliche (diachronische), eine räumliche (diatopische), eine soziale (diastratische) und eine funktionale (diatypische) Dimension unterschieden werden, die jedoch eng miteinander verbunden sind und beim konkreten Kommunikationsereignis stets in ihrem Zusammenhang mit den situativen Bedingungen zu sehen sind. Da jeder Sprachwandel Prozesscharakter besitzt, da von jeder Neuerung bis zu ihrer festen Integration in das Sprachsystem ein gewisser Zeitraum vergeht und auch danach das neue Element nicht von allen Sprachteilhabern akzeptiert wird, tragen nicht wenige sprachliche Veränderungen selbst nach der Phase ihrer Entstehung und der Phase ihrer Ausbreitung zur Integration u n d zur Differenzierung im Sprachgebrauch und in den Sprachnormen bei; vgl. etwa Unterschiede im Gebrauch und in der Semantik von Anglizismen, z. B. *cool, Kid, Outfit*. (Zu den Phasen des Sprachwandels vgl. GROSSE/NEUBERT 1982.)

Die Arten des Sprachwandels werden recht unterschiedlich gegliedert; zum Teil hängt das mit der jeweiligen Auffassung vom Sprachwandel und seinen Ursachen zusammen. Weit verbreitet ist das Ausgehen von internen Bedingungen – vgl. z. B. die sprachökonomisch bedingten Veränderungen – und von externen Bedingungen – vgl. z. B. den Wandel durch Sprachkontakte. Eng verbunden damit ist die Unterscheidung zwischen eigentlichen Triebkräften (innermenschlichen und innersprachlichen) und den Bedingungen der Ausbreitung. (Vgl. HUGO MOSER 1965, 51ff.; WOLFF 1999, 29f.) – Bei manchen Einteilungen wird die Komplexität der Ursachen sowie die Wechselwirkung zwischen verschiedenen Arten des Wandels nicht genügend beachtet. VON POLENZ

(2000, 21ff.) versucht die wichtigsten Faktoren, die Sprachwandel bewirken können, in den folgenden vier Punkten zusammenzufassen und zu erörtern: Sprachökonomie, Innovation, Variation und Evolution; doch sind diese Gruppen im Grunde nicht voneinander zu trennen.

In unserem Zusammenhang ist vor allem die Feststellung von Bedeutung, dass sich sprachliche Wandlungen sowohl im Sprachgebrauch (in der Art der Verwendung des Systems) wie auch auf allen Ebenen des Sprachsystems vollziehen, wobei zwischen Veränderungen auf verschiedenen Ebenen zum Teil enge Beziehungen bestehen (vgl. STEDJE 2001, 11ff.; v. POLENZ 2000, 60ff.):

(1) Intonationsebene (prosodische Ebene): vgl. z. B. den Wandel im Wortakzent beim Übergang vom Idg. zum Germ.;
(2) phonematische Ebene: vgl. z. B. den Wandel in der Aussprache des Graphems ⟨r⟩ und des Graphems ⟨ch⟩ (Entstehung von Allophonen); ferner den Wandel von Diphthongen zu Monophthongen;
(3) graphematische Ebene: vgl. z. B. den Wandel in der Schreibung des Phonems /f/; aus der Sicht der kodifizierten Norm können bei (2) noch die orthoepische und bei (3) noch die orthographische Ebene unterschieden werden;
(4) morphematische Ebene: vgl. z. B. die Entstehung und Ausbreitung der schwachen Konjugation;
(5) syntagmatische Ebene: vgl. z. B. den Wandel in der Stellung des unflektierten Adjektivs und den Wandel im Verhältnis von Rahmung und Reihung;
(6) lexematische Ebene: vgl. z. B. den Wandel in der Wortbedeutung, durch Wortbildung und durch Entlehnungen; bei den Ebenen (4) bis (6) ist ein Wandel in der Form und/oder in der Bedeutung zu unterscheiden;
(7) textematische Ebene/Textebene: vgl. z. B. den Wandel in der Funktion einzelner Stilelemente, den Wandel von Formulierungsmustern, z. B. den Wandel in den Anrede- und Grußformeln – erinnert sei an das Aufkommen des Ihrzen in mhd. Zeit und die Nutzung dieser neuen Variante zum Ausdruck unterschiedlicher sozialer Beziehungen im "Meier Helmbrecht" (Vers 764ff.) und im "Nibelungenlied" (14. Aventiure) –, vgl. ferner den Wandel im Sprachgebrauch ganzer kommunikativer Bereiche, etwa des Rechtswesens, sowie das Aufkommen und die Veränderung von Textsorten. – Nach Ansicht mancher Sprachhistoriker kommt dem Wandel der Textebene für das Erfassen neuer Qualitäten einer Sprache und damit der Abgrenzung von Perioden besondere Bedeutung zu. (Vgl. DROSDOWKSI/HENNE 1980, 621; SCHANK 1984, 761ff.; STEGER 1998, 284ff.; SCHILDT 1990, 415ff.)

Diese Ebenen sind unter Beachtung ihres Verflochtenseins gleichzeitig wichtige Ansatzpunkte für die Sprachgeschichtsschreibung. (Vgl. die Übersicht bei WOLFF 1999, 18ff.) Bei angemessener Berücksichtigung der Ursachen und Bedingungen der Veränderungen werden auch die Dimensionen des Wandels (siehe oben) einschließlich der pragmatischen Aspekte erfasst.

0.2. Differenzierung und Integration in der Entwicklung der deutschen Sprache

Die bisher festgestellten Zusammenhänge von historischer Entwicklung und Entwicklung der Sprache sollen im folgenden an einigen markanten Prozessen aus der Vorgeschichte und der Geschichte der deutschen Sprache illustriert werden. In allen Perioden der sprachlichen Entwicklung lassen sich u. a. zwei gegenläufige, aber eng miteinander verknüpfte Tendenzen beobachten, die als Prozesse der sprachlichen Integration und der sprachlichen Differenzierung zu charakterisieren sind. Beide Arten sprachlicher

Wandlungen sind auf außersprachliche und auf innersprachliche Ursachen zurückzuführen.

Die deutsche Sprache gehört bekanntlich zu den germ. Sprachen, die ihrerseits wiederum einen Teil der idg. (ide.) Sprachfamilie bilden. Als idg. bezeichnet man eine Gruppe von Sprachen, die trotz zunehmender Unterschiede im Laufe der Geschichte eine verhältnismäßig große Zahl von Gemeinsamkeiten aufweist, die die heutigen Sprachen miteinander verbinden und von anderen Sprachfamilien, z. B. den uralischen, den semito-hamitischen oder den austro-asiatischen Sprachen, unterscheiden und die den Schluss zulassen, dass sie genetisch miteinander verwandt sind (siehe 1.1.1.). Aus dem Idg. haben sich – offensichtlich infolge räumlicher Trennung einerseits und Berührung und Vermischung mit anderen Sprachen und Kulturen andererseits und natürlich auch aufgrund der eigenen inneren Sprachentwicklung – in einem langen Prozess verschiedene Sprachen herausgebildet, darunter das Germanische, dessen Herauslösung aus dem bereits in sich differenzierten Idg. um die Mitte des 1. Jahrtausends vor der Zeitenwende abgeschlossen war (siehe 1.1.2.). Dieser Vorgang, von dem wir wegen seiner zeitlichen Ferne und der nur spärlichen prähistorischen Quellen sehr wenig wissen, wird aus der Sicht des Sprachwissenschaftlers als Differenzierungsprozess, als Prozess der Ausgliederung aus einer größeren sprachlichen "Einheit" angesehen.

Der hier skizzierte Differenzierungsprozess kann aus anderer Sicht gleichzeitig als Integrationsprozess betrachtet werden, denn die Ausgliederung des Urgerm. aus dem Idg. und die Entstehung der einzelnen germ. Sprachen ist der sprachliche Niederschlag dessen, dass sich im 1. Jahrtausend v. Chr. und in den ersten Jhh. n. Chr. in dem Raum rund um die westliche Ostsee, zwischen Oder und Elbe, in Jütland und auf den dänischen Inseln sowie in verschiedenen Einzelgebieten engere Verkehrsgemeinschaften integriert haben, zwischen denen sich – wiederum auf dem Wege der Differenzierung – sprachliche Besonderheiten unterschiedlichen Grades entwickelt haben. (Vgl. R. E. KELLER, S. 48: Zeitskala für das Germanische.) Wahrscheinlich sind dabei auch die Einwirkungen fremder Sprachvölker wirksam gewesen, mit denen die Germanen in Berührung kamen. Das gilt mit Sicherheit für die Goten, die auf ihren großen Wanderungen durch die Sprachen verschiedener Völker beeinflusst worden sind, mit denen sie längere Zeit Kontakt hatten. (Siehe 1.1.3.)

Deutlicher, da zeitlich nicht so weit zurückliegend, sind für uns die Vorgänge bei der Herausbildung der dt. Sprache als Integrationsprozesse zu identifizieren. In den ersten Jahrhunderten n. Chr. waren die germ. Stammesverbände der Alemannen, Baiern, Franken, Thüringer und Sachsen als eigenständige politische Gemeinschaften durch den Zusammenschluss (süd-)germ. Einzelstämme entstanden. Sie bildeten größere Verkehrs- und Kommunikationsgemeinschaften, innerhalb deren sich die sprachlichen Eigenheiten der Ausgangsstämme einander anglichen und neue gemeinsame Besonderheiten entstanden. Als diese germ. Stammesverbände mehr oder weniger fest in das fränkische Großreich der Karolinger (der Franken) eingegliedert wurden, begann eine Entwicklung, die dazu führte, dass die Sprachbesonderheiten der Altstämme allmählich abgebaut wurden und sich die Tendenz zu einer Spracheinheit ausbildete, die allerdings aufgrund der politischen und soziokulturellen Bedingungen keine volle Ausprägung erfuhr. (Vgl. 1.2.)

Doch auch dieser großräumig und langfristig ablaufende Integrationsprozess schließt wiederum in sich Vorgänge der Differenzierung anderer Art ein. Die allmähliche Herausbildung der dt. Sprache ist keineswegs ein einheitlicher Prozess mit einem einheitlichen Ergebnis, wie die vielfältigen Unterschiede in den heutigen deutschsprachigen Ländern zeigen. So setzen sich seit dem 6. Jh. verschiedene sprachliche Neuerungen durch, die z. T. von Süden nach Norden und z. T. von Norden nach Süden verlaufen und deren Entstehungsursachen heute noch weitgehend ungeklärt sind. Es sind das vor allem die 2. (ahd.) Lautverschiebung, der i-Umlaut, die ahd. Monophthongierung und die ahd. Diphthongierung. Dazu kommen verschiedene Neuerungen in Lexik und Grammatik. Sie haben auf der Grundlage der überkommenen sprachlichen Gliederung und in einem komplizierten Prozess des Zusammenwirkens mit außersprachlichen Faktoren und Bedingungen die heute noch bestehende Aufteilung des deutschen Sprachgebietes bewirkt. Diese ist an der Verbreitung der dt. Mundarten der Gegenwart abzulesen; ihre bunte Vielfalt kann in der Gegenüberstellung des hd. (des obd. und des md.) und des nd. Sprachraumes auf eine übersichtliche, wenn auch grobe Zwei- bzw. Dreiteilung reduziert werden. (Siehe Karte 8 im Abschnitt 1.7.6.)

Prozesse der Differenzierung und der Integration lassen sich auch in den jüngeren Phasen der dt. Sprachgeschichte verfolgen. So hat sich der heutige Sprachzustand auf dem Wege über die starke Differenzierung der Mundarten in der Zeit der politischen Zersplitterung des Sprachgebietes einerseits und – infolge der ökonomischen und politischen Konzentration in der Neuzeit – mit der Entwicklung überlandschaftlicher Verkehrssprachen, großlandschaftlicher Umgangssprachen und schließlich der einheitlichen Schriftsprache durch Integration andererseits herausgebildet. Und auch die Entstehung der nationalen Varietäten der dt. Schriftsprache in den deutschsprachigen Ländern ist so zu erklären (siehe unten).

Da die Sprache die gesellschaftliche Entwicklung reflektiert (siehe 0.1.), muss neben dem territorialen grundsätzlich immer auch der soziale Aspekt berücksichtigt werden. Der Einfluss sozialer Faktoren auf die Sprache ist so vielfältig, dass zu seiner Erforschung und Beschreibung eine spezielle linguistische Disziplin, die Soziolinguistik, entstanden ist. Hier soll aus der Fülle der einschlägigen Themen (z. B. Beziehungen zwischen sozialen Daten und Sprachgebrauch, Sprache als "Spiegel" der gesellschaftlichen Entwicklung, Entstehung einer Kommunikationsgemeinschaft/einer sozialen Gruppe und Sprachwandel, Manipulation mit Hilfe der Sprache, das Problem der Sprachbarrieren u. a. m.) nur eine spezielle soziale Differenzierung der dt. Sprache knapp beleuchtet werden.

Aufgrund der vielfältigen sozialen Differenzierungen in der Gesellschaft entstehen bei der Kommunikation innerhalb sozialer Gruppen bzw. Kommunikationsgemeinschaften sozial bedingte sprachliche Varianten, das heißt unterschiedliche Ausprägungen des Sprachsystems, die sich zu einem Soziolekt und damit zu einer Varietät entwickeln können. Es sind in erster Linie spezielle Wortschätze und Phraseologismen, die unterschiedliche soziale Gruppen im Zuge der fortschreitenden Differenzierung der gesellschaftlichen Tätigkeiten und der Gesellschaftsstruktur entsprechend ihren besonderen Interessen und kommunikativen Bedürfnissen entwickelt haben. Dazu treten meist noch besondere Gebrauchsweisen der grammatischen Mittel einer Varietät der Sprache (morphologische und syntaktische Besonderheiten). Von den zahlreichen Soziolekten werden hier nur die Fach- und Gruppensprachen etwas genauer betrachtet, bei denen der Prozess der Differenzierung besonders stark ausgeprägt ist.

Das Unterscheidungsmerkmal zwischen beiden Gruppen kann in Folgendem gesehen werden: Die Fachsprachen sind von den Bedürfnissen einer fachgerechten Ausdrucksweise in verschiedenen Bereichen der Kommunikation bestimmt. Sie haben sich als Mittel einer optimalen Verständigung über ein Fachgebiet unter Fachleuten ausgebildet; sie dienen der genauen und differenzierten Bezeichnung von Gegenständen, Beziehungen und Vorgängen auf einzelnen Sachgebieten. Die Gruppensprachen verdanken ihre Entstehung den besonderen Bedürfnissen und Bedingungen der Kommunikation zwischen Angehörigen bestimmter sozialer Gruppen. Kennzeichnend für diese Soziolekte ist es, dass ihre spezifischen Ausdrücke meist als Dubletten neben allgemeinsprachlichen Ausdrücken stehen; sie haben nicht wie die Fachwortschätze in erster Linie die Funktion der genauen, differenzierten Bezeichnung, sondern sie dienen oft der sprachlichen Absonderung der Sprecher. Mitunter haben diese sprachlichen Besonderheiten geradezu Tarnfunktion (Geheimsprachen). Im einzelnen ist es jedoch nicht immer leicht, zwischen Fach- und Gruppensprachen zu unterscheiden.

Die Kenntnis und der Gebrauch solcher sozialer Sprachvarianten weisen den Sprecher als Angehörigen der betreffenden Gruppe aus; denn es gibt sprachliche Erscheinungen, die nur unter Bezugnahme auf soziale Gegebenheiten erklärt werden können. Insofern kann diesen Soziolekten eine gruppenindizierende Funktion zugesprochen werden.

Die Entstehung und Ausbreitung beider Arten der hier gekennzeichneten Soziolekte beobachten wir im Deutschen besonders seit dem Hoch- und Spätmittelalter. Im Zusammenhang mit dem Aufblühen des Zunftwesens bilden sich Fachsprachen der Handwerke aus; ebenso entstehen Fachsprachen in den Bereichen von Wissenschaft, Religion, Rechtswesen sowie im Kanzlei- und Geschäftsverkehr. Gruppensprachen entwikkeln sich u. a. bei Soldaten, Schülern und Studenten, bei fahrenden Leuten und in manchen Randgruppen der Gesellschaft; man denke an die Sprache der Bettler, das Rotwelsch. Mit der raschen Entwicklung von Industrie, Technik und Wissenschaft seit der ersten Hälfte des 19. Jh. gewinnt der sozialbedingte Sprachgebrauch und damit die Herausbildung weiterer Soziolekte zunehmend an Bedeutung; doch nimmt seitdem auch die wechselseitige Beeinflussung sowie der Einfluss auf die Allgemeinsprache zu. So sind also auch bei der Entwicklung der Soziolekte die Tendenzen der Differenzierung und der Integration eng miteinander verbunden.

Schließlich ist noch auf eine wichtige Erscheinung der Differenzierung der dt. Standardsprache einzugehen, auf die nationalen Varietäten.

Historische, soziale, kulturelle und regionale Faktoren sind auch wirksam gewesen und wirken noch bei der Herausbildung der nationalen Varietäten. Mit diesem Terminus fassen wir die unterschiedlichen Ausprägungen der dt. Standardsprache in Deutschland, Österreich, der Schweiz, in Luxemburg, Liechtenstein (das dem Schweizer Deutsch nahesteht), in Südtirol und im Osten Belgiens. Bis in die 80er Jahre wurde vielfach die Meinung einer einheitlichen Schrift-/Standardsprache vertreten, deren Kern das Reichsdeutsch bzw. das Bundesdeutsch bilde. Noch HUGO MOSER war dieser Ansicht; er ersetzte sogar die Bezeichnung Bundesdeutsch durch den noch einseitigeren Begriff "Binnendeutsch" (1985, 1687ff.). Alle spezifischen Eigenarten des Deutschen in anderen Ländern – nach MOSER in den "Außengebieten der deutschen Hochsprache" – wurden als (regionale) Besonderheiten bzw. Abweichungen betrachtet.

Zwar gab es auch kritische Äußerungen zu diesem Standpunkt, zwar wurde schon in den 60er und 70er Jahren von nationalen Varianten gesprochen, doch entscheidend gefördert wurde die Diskussion zu dieser Thematik durch Publikationen des australischen Germanisten MICHAEL CLYNE (vgl. 1984, 1992). Seine These "German as a pluricentric Language" richtet sich deutlich gegen die Position von H. MOSER. Der Grundgedanke, dass die dt. Standardsprache ein polyzentrisches bzw. ein plurizentrisches Gebilde darstellt, hat sich unter dt. Sprachhistorikern schnell durchgesetzt. Unterschiedliche Auffassungen gibt es jedoch darüber, ob es sich um verschiedene Zentren handelt, die vorwiegend national und/oder staatlich geprägt seien, oder um verschiedene Areale, die sowohl nur einen Teil eines Landes als auch Sprachräume mehrerer Länder umfassen können. So wendet sich z. B. N. R. WOLF gegen den Begriff plurizentrisch, sofern er vorwiegend auf Staaten bezogen wird. Mit Recht betont er, "daß es das österreichische Deutsch als eine einheitliche Varietät nicht gibt, sondern daß auch innerhalb Österreichs /. . ./ mehrere Sprachlandschaften zu differenzieren seien" (1994, 75). Da diese Situation wohl auch für andere Länder gilt, hält er es für angemessener, das Deutsche als eine pluriareale Sprache zu bezeichnen. Allerdings müssen auch solche Areale ein Art Zentrum besitzen; aber sicherlich stimmen diese Areale nicht oder nur selten mit den Grenzen eines Landes überein.

Dagegen sprechen P. VON POLENZ und U. AMMON – ausgehend von CLYNES Terminus "national varieties" – von nationalen Varietäten, wobei bei ihnen der Begriff wie bei CLYNE staatsbezogen zu verstehen ist. Im engeren Sinne ist dieser Terminus allerdings nur auf die im Prinzip einsprachigen Staaten Deutschland und Österreich zu beziehen, die "je eine staatliche u n d nationale Varietät entwickelt" haben (v. POLENZ 1999, 414). Bei allen anderen Staaten, in denen die dt. Standardsprache benutzt wird, sind Einschränkungen zu machen. Das gilt selbst für die Schweiz, wo viele nicht die Standardsprache, sondern ihren Dialekt als Muttersprache ansehen. Nach AMMON besitzt jedoch die Schweiz eine nationale Varietät. Diese Zentren bezeichnet er als nationale Vollzentren, die Varietäten der anderen Länder als nationale Halbzentren. Ferner ist zu bedenken, dass zwischen den nationalen Varietäten – historisch bedingt – Asymmetrien bestehen. (Vgl. ausführlich dazu AMMON 1995; v. POLENZ 1999, 412 ff.)

Dass es mitunter notwendig ist, zwischen staatlich und national geprägten Varietäten zu unterscheiden, zeigt die Situation der dt. Sprache während der Existenz zweier dt. Staaten. Die politisch bedingten Differenzierungen zwischen Ost und West sowie ihre Ursachen und Folgen sind damals kontrovers diskutiert worden. (Vgl. u. a. ANDERSSON 1983; HELLMANN 1980; LANGNER 1985; FLEISCHER 1988 (Wortschatz der dt. Sprache); OSCHLIES 1989; DOMASCHNEW 1991.) Klammern wir extreme Meinungen aus – insbesondere die Position führender Politiker der DDR von der bürgerlichen und der sozialistischen Nation –, so ergibt sich ein klares Bild: Die BRD und die DDR waren zwei selbständige Staaten, aber nicht zwei (Sprach-)Nationen; sie bildeten auch 1989 immer noch Teile einer Nation. In den 40 Jahren der Trennung entwickelten sich jedoch auf Grund der unterschiedlichen Gesellschaftsordnungen verschiedene staatliche, nicht nationale Varietäten. Die Differenzierungen zeigten sich sowohl im Sprachsystem, vor allem in der Lexik, als auch im Sprachverhalten.

Einig ist man sich darüber, dass sich jede Varietät der dt. Standardsprache durch eine bestimmte Anzahl und eine spezielle Kombination von Varianten auszeichnet, die die Teilsysteme in unterschiedlichem Maße betreffen, insgesamt aber eine gruppenidentifizierende bzw. eine identitätsfördernde Funktion haben. Diese Besonderheiten sind durch die oben genannten außersprachlichen Faktoren bewirkt worden, unter denen die dt. Standardsprache in den einzelnen Staaten/Arealen gebraucht worden ist. Alle Varietäten der Standardsprache besitzen ein weitgehend gemeinsames Sprachsystem, das besonders in den Übereinstimmungen der Phonematik, der grammatischen Struktur sowie in großen Teilen des Wortschatzes sichtbar wird. Der Terminus Varietät grenzt sich also deutlich von dem der Sprache ab. Die künftige Entwicklung der Varietäten kann vor allem durch soziokulturelle Faktoren sowohl durch die Tendenz der Differenzierung als auch durch die der Integration bestimmt werden. Insgesamt bilden die Varietäten der dt. Standardsprache ein instruktives Beispiel für das Zusammenspiel von Kontinuität und Diskontinuität der Sprachentwicklung in dem Spannungsfeld von Sprachsystem, Sprachgebrauch und Sprachnorm. Gleichzeitig kommt den gemeinsamen und den unterschiedlichen Wandlungen in den wichtigsten Arealen der dt. Standardsprache deshalb eine besondere Bedeutung zu, weil hier sprachliche Veränderungen nicht nur in ihren Ergebnissen, sondern auch in ihrer Entstehung, Ausbreitung und in ihren Funktionen – oft im Zusammenhang mit konkreten Kommunikationsereignissen – erfasst werden können. (Vgl. OKSAAR 1977; CHERUBIM 1979.)

Die Varianten des österreichischen und des Schweizer Deutsch (die Austriazismen und Helvetismen) sind durch verschiedenen Publikationen relativ gut bekannt (vgl. u. a. EBNER 1998; K. MEYER 1989), im einzelnen gibt es jedoch noch manche Frage zu klären, was auch EBNER in seinem Vorwort betont. Dagegen sind die Besonderheiten des deutschen Deutsch, des "deutschländischen Deutsch" bzw. der "Deutschlandismen" (VON POLENZ), die AMMON mit dem weniger geeigneten Begriff "Teutonismen" bezeichnet, noch nicht untersucht worden, was mit der älteren Auffassung der von einem Zentrum bestimmten dt. Standardsprache zusammenhängt. Seit Jahren fordert daher AMMON die Erarbeitung eines Wörterbuches "Wie sagt man in Deutschland?" Gegenwärtig wird unter seiner Leitung ein Forschungsprojekt mit dem Ziel bearbeitet, ein Universalwörterbuch zu schaffen, das möglichst umfassend Auskunft über die Varianten der Varietäten des Deutschen gibt und das 2003 erscheinen soll. (Vgl. AMMON 1997; AMMON/KELLERMEIER/SCHLOSSMACHER 2001.) Darüber hinaus sind weitere Untersuchungen notwendig, um unterschiedliche Positionen zu dieser Thematik genauer beurteilen zu können. Dies betrifft vor allem begriffliche und terminologische Fragen, weniger den Kern der These von der Differenzierung der dt. Standardsprache. In einer seiner jüngsten Publikationen macht AMMON (1998) deutlich, dass die beiden Sichtweisen des Pluriarealen und des Plurinationalen durchaus miteinander vereinbar sind. FÖLDES fordert in diesem Zusammenhang, dem Aspekt der Regionalität verstärkt Aufmerksamkeit zu widmen, denn dem Deutschen sei "eine erstaunliche diatopische Heterogenität eigen" (2002, 235; vgl auch REIFENSTEIN 2001.)

0.3. Gegenstand, Aufgaben und Methoden der Sprachgeschichtsschreibung

Aus den bisherigen Darlegungen ergibt sich für die Sprachgeschichte wie für die Sprachwissenschaft allgemein die Aufgabe, Sprache und Sprachgebrauch als besondere Erscheinungsform des menschlichen Lebens, als spezifische Form sozialen Handelns zu erforschen, und zwar in all ihren funktionalen, sozialen, arealen und situativen Varianten. Damit wird die Sprachgeschichte auch neueren Forderungen der Soziolinguistik und der Sprachpragmatik gerecht. (Vgl. CHERUBIM 1998, 538ff.) Die Erkenntnis der engen Verflochtenheit der Sprache und der sprachlichen Kommunikation mit außersprachlichen Faktoren hat zu einer starken Ausweitung des Gegenstandes und der Aufgaben der Sprachgeschichte geführt, zu einer Umwandlung der Wissenschaft nur von der Sprache in eine Wissenschaft von der sprachlichen Tätigkeit. Ansätze dazu sind bereits bei W. v. HUMBOLDT zu finden, der das Wesen der Sprache nicht als Werk (Ergon), sondern als Tätigkeit (Energeia) betrachtet hat.

Entsprechend dieser Erkenntnis hat der Sprachhistoriker nicht nur die Entwicklung des Sprachsystems zu untersuchen, sondern auch die Geschichte der sprachlichen Kommunikation mit den sie determinierenden Faktoren und Bedingungen. Dazu gehört es auch, zu erforschen, wie die Kommunikationspartner in einer bestimmten Zeit in der Lage waren, "öffentlich miteinander zu kommunizieren /. . ./, mit welchen Kommunikationsmedien, mit welchen Sprachhandlungsstrukturen, mit welchen Textsorten" (VON POLENZ 1989b, 67). Denn die Beschreibung eines Zustandes oder einer Entwicklungsperiode ist unvollständig, wenn nicht gezeigt wird, wie die Vertreter der verschiedenen sozialen Gruppen und Schichten die Sprache als Mittel der Kommunikation und der Erkenntnis in den verschiedenen Lebensbereichen genutzt haben. Diese umfassende Aufgabe, deren Lösung die Zusammenarbeit mit anderen Wissenschaften erfordert, ist allerdings aus objektiven Gründen nur in beschränktem Maße zu erfüllen. Besonders gilt dies für die älteren Epochen, für die es keine oder nur geringe sprachliche Zeugnisse gibt; doch auch in diesen Fällen sind historische und soziale Aspekte zu beachten, hat die Forschung eine kommunikations- und sozialgeschichtliche Orientierung anzustreben.

Neben dieser Ausweitung haben Darstellungen zum Sprachwandel noch einen weiteren Gesichtspunkt zu beachten. Die Erkenntnis von der dialektischen Einheit von Stabilität und Variabilität der Sprache schließt die Forderung ein, die Geschichte einer Sprache nicht mit der Geschichte der Veränderungen gleichzusetzen. Zum Gegenstand der Sprachgeschichtsforschung gehört auch die Untersuchung der stabilen Elemente. Alle sprachlichen Neuerungen und Archaisierungen müssen auch unter dem Aspekt ihrer Auswirkungen auf die konstanten Merkmale betrachtet werden. So kann z. B. eine lexische Entlehnung die paradigmatischen und/oder die syntagmatischen Relationen älterer Elemente verändern.

Die meisten Forscher gehen davon aus, dass der Sprachwandel prinzipiell erforschbar ist. Im einzelnen werden freilich zu diesem Phänomen und seiner Erforschung recht unterschiedliche Positionen vertreten. (Zu Theorien des Sprachwandels vgl. u. a. KOMMUNIKATIONSTHEORETISCHE GRUNDLAGEN DES SPRACHWANDELS 1980; GROSSE/NEUBERT 1982; MATTHEIER 1984a, 1984b; 1998, 824ff.; LANGNER 1988; KELLER 1994; VON POLENZ 2000, 21ff.) Oft hängen die Standpunkte mit grundsätzlichen sprachtheoretischen Auffassungen zusammen. Das ist insofern nicht verwunderlich, als der Sprachwandel mit dem Wesen der Sprache verbunden ist. Klammern wir extreme Meinungen aus, die von einigen Vertretern strukturalistischer Schulen geäußert worden sind, nach denen die Erforschung der Ursachen nicht möglich oder für die Sprachwissenschaft belanglos sei, so ist besonders auf vier Auffassungen hinzuweisen: Manche Linguisten meinen, sprachliche Veränderungen seien kausal determiniert, wobei der Begriff der Kausalität nicht immer streng im Sinne einer philosophischen Kategorie verstanden wird. So gehört nach von Polenz (1991, 18) zu den Aufgaben der Sprachgeschichte das Aufdecken bzw. Wahrscheinlichmachen "kausaler Zusammenhänge zwischen Sprache und außersprachlichen Faktoren". (Vgl. dens. 2000, 9f.) – Für andere steht beim Sprachwandel nicht die Kausalität, sondern die Finalität im Vordergrund. Da nach Coseriu (1974, 152ff.) der Sprachwandel das Werden der Sprache durch das Sprechen als eine zweckgerichtete, freie Tätigkeit ist, müssen sprachliche Veränderungen auf ihre (innere) Notwendigkeit, auf ihre Finalität untersucht werden. Die Begründungen für den Sprachwandel liegen nicht auf der Ebene der "objektiven" Kausalität, sondern auf der Ebene der "subjektiven" Finalität. Auch nach Steger (1980, 347) ist der Zusammenhang zwischen geschichtlich-sozialen Bedingungen und sprachlicher Kommunikation nicht kausaler Natur, sondern "über die gesellschaftlichen Zwecke sprachlicher Kommunikation vermittelt zu begreifen /. . ./. Insofern ist dieser Zusammenhang zugleich eine Zweck-Mittel- wie auch, auf der Mikroebene sprachlichen Handelns, eine intentionale Beziehung." – Wieder andere Linguisten wollen nur einen Teil der Veränderungen kausal erklären. Nach Mattheier (1984a, 722) stehen sich zwei Erklärungsmodelle für den Sprachwandel gegenüber: "Für den innersprachlichen Wandel bzw. den Wandel aufgrund artikulatorisch-perzeptiver Variabilität wird ein kausales Erklärungsmodell, für den Wandel aufgrund der wechselnden kommunikativen Bedürfnisse in Sprachgemeinschaften ein finales Erklärungsmodell angenommen." Auch 1998 unerscheidet Mattheier noch zwischen den beiden Arten des Sprachwandels, verbindet sie aber nicht mehr streng mit zwei unterschiedlichen Erklärungsmodellen. Speziell bei Neuerungen im Zusammenhang mit der Kommunikationstätigkeit wird man "doch wohl von kausalen und finalen Ursachen sprechen dürfen" (1998, 829).

Schließlich sind noch verschiedene Ausprägungen einer kommunikativen Theorie des Sprachwandels zu erwähnen. Diese Auffassungen betonen stärker als andere die Rolle der Kommunikation für den Sprachwandel. Hingewiesen sei hier nur auf die spezifische Position R. Kellers (1994). Er betrachtet natürliche Sprachen weder als Naturprodukte, deren Änderungen kausaler Natur seien, noch als Kulturprodukte (Artefakte), deren Wandlungen man final erklären könne, sondern als "Phänomene der dritten Art", die eine "Invisible-hand-Erklärung" verlangen. Diese Theorie vom Wirken der unsichtbaren Hand in der Sprache erklärt "ein Phänomen der dritten Art als die kausale Konsequenz individueller intentionaler Handlungen, die mindestens partiell ähnliche Intentionen verwirklichen" (a.a.O., 100f.); das heißt, sprachliche Veränderungen sind nicht auf intentionale Handlungen einzelner zurückzuführen. Mit dieser Position können Strukturen erklärt werden und Prozesse sichtbar gemacht werden, "die Menschen, ohne daß sie dies beabsichtigen oder auch nur merken, wie von unsichtbarer Hand geleitet, /. . ./ erzeugen" (a.a.O., 96; vgl. das Beispiel von der Pejoratisierung der Wörter *Weib, Frauenzimmer* und *Frau*, S. 107f.). Hier wie an anderen Stellen werden durchaus Übereinstimmungen mit anderen Erklärungen des Sprachwandels erkennbar. Den Sprachwandel begreift Keller ebenfalls als evolutionären Prozess, der nicht teleologisch gerichtet sei, der die Kumulation kleinerer Veränderungen darstelle und dessen Dynamik auf dem Zusammenspiel von Variation und Selektion in der Kommunikation beruhe, bei dem das Zusammenwirken von Finalität und Kausalität eine Rolle spielt. Der entscheidende Unterschied gegenüber anderen Theorien besteht darin, dass nach Keller der Sprachwandel nicht als "eine notwendige Eigenschaft natürlicher Sprachen" zu verstehen sei, sondern als Folge bestimmter Eigenschaften der Sprachverwendung, der Art und Weise, von ihr Gebrauch zu machen. Diese Eigenschaften des Sprachgebrauchs machen den ständigen Wandel notwendig. (A.a.O., 206ff.)

Doch gerade in diesem Punkt ist Kellers Position zu überprüfen, denn sie trennt streng zwischen dem Sprachsystem und der Sprachverwendung, zwischen zwei Aspekten von Sprache, die in der Realität untrennbar verbunden sind, auch beim Sprachwandel. Mitunter ist dieser Zusammenhang schon beim Beginn eines Sprachwandels zu erfassen. Wenn die "artspezifische Methode" des Kommunizierens darin besteht, "den anderen zu etwas Bestimmtem zu bewegen" (a. a. O., 208), dann schließt das nicht aus, dass der Sprecher zur Erreichung seines Zieles ganz bewusst zu einem von der Norm abweichenden Mittel greift und damit eine sprachliche Neuerung einleitet, die freilich erst dann zu einem Wandel führt, wenn sie mindestens von einer sozialen Gruppe akzeptiert wird.

Neben diesen unterschiedlichen Auffassungen zum Sprachwandel gibt es aber auch übereinstimmende Standpunkte. Immer wird auf das komplizierte Gefüge der Faktoren und Bedingungen sprachlicher Wandlungen hingewiesen. Da dies – besonders bei älteren Sprachstufen – mitunter nur unvollständig erfasst werden kann, lassen sich manche sprachlichen Veränderungen nicht eindeutig erklären. Bei der Erforschung der Ursachen sprachlicher Wandlungen wird heute grundsätzlich davon ausgegangen, dass der Sprachwandel letztlich ein sozialer Vorgang ist. Die fortschreitende gesellschaftliche Entwicklung stellt an die Sprache als das wichtigste Kommunikationsmittel der Menschen ständig neue Anforderungen. Neue Erscheinungen, Erfindungen, Entdeckungen, neue Arbeitsvorgänge und Arbeitsmittel, veränderte gesellschaftliche Gegebenheiten müssen benannt und beschrieben werden; die Formulierung neuer, tieferer Einsichten bedingt die ständige Weiterentwicklung der kommunikativen Fähigkeiten des Menschen und der Sprache. Aber es sind nicht nur außersprachliche Faktoren, die sprachliche Veränderungen bewirken, sondern die Sprache birgt auch in sich selbst, in ihrer Struktur, Triebkräfte sprachlichen Wandels. So hat die Festlegung des im Idg. freien Wortakzents auf die erste Silbe (auf die Stammsilbe) im Germ., die selbst vielleicht auf außersprachliche Ursachen zurückgeht, im Ahd und im Mhd. zur Abschwächung der vollen Nebensilbenvokale geführt. Infolge dieser Veränderung wurden die Kasusendungen undeutlich; deshalb wurde zum Ausdruck der syntaktischen Beziehungen das Demonstrativpronomen zunächst fakultativ und dann – im Zuge des Fortschreitens der Entwicklung – obligatorisch zum Substantiv gesetzt. Dabei bedingen sich beide Prozesse wechselseitig. Weil sich die vollen Nebensilbenvokale abschwächten, bildeten sich analytische Formen zum Ausdruck grammatischer Beziehungen aus. Sobald diese neuen Formen entstanden waren, förderten sie den Prozess der Abschwächung. Auch in diesem Zusammenhang ist die Entstehung des Artikels im Deutschen zu sehen, den es im Germ. nicht gegeben hat. Dieser Vorgang ist zweifellos als innersprachlich bedingte Veränderung anzusehen.

Es kann also zwischen (vorwiegend) außersprachlich und (vorwiegend) innersprachlich bedingten Wandlungen unterschieden werden, doch ist dabei zu beachten, dass an der Entstehung und Durchsetzung einer Veränderung stets Faktoren beider Gruppen zusammenwirken. Diese Erkenntnis ist auch deshalb wichtig, weil nach wie vor die These von der Pluralität der Ursachen "am ehesten dem wahren Sachverhalt und den Ergebnissen zahlreicher konkreter Untersuchungen gerecht wird" (ALLGEMEINE SPRACHWISSENSCHAFT I, 1973, 183). Daher ist es zumindest problematisch, zwischen einer inneren (internen) und einer äußeren (externen) Sprachgeschichte zu unterscheiden; doch wird diese Differenzierung auch noch in jüngster Zeit vorgenommen (vgl. z. B. PENZL 1984, 9; REIFFENSTEIN 1990), wobei man jedoch stets betont, dass beide Ebenen eng miteinander verbunden, verklammert sind. Gerade eine pragmatisch orientierte Sprachgeschichte muss das Zusammenwirken zwischen internen und externen Faktoren deutlich herausarbeiten. Unter dem Aspekt des Sprachwandels ist eine Trennung zwischen beiden Gruppen von Faktoren methodologisch wohl möglich, aber nicht konsequent zu realisieren, denn innere und externen Sprachgeschichte sind eng aufeinander bezogen. (Vgl. REIFFENSTEIN, a.a.O., 27.)

Bei manchen Veränderungen ist das Zusammenwirken von Sprachlichem und Außersprachlichem besonders augenfällig, zum Beispiel bei der Entstehung des heute allein produktiven Wortbildungstyps zur Bezeichnung von mask. Nomina agentis. Es handelt sich um den Typus *Fischer, Lehrer, Bettler,* der in ahd. Zeit die bisherigen Bildungsmöglichkeiten für Nomina agentis verdrängt. Diese werden repräsentiert durch *Büttel (*< ahd. *butil* mit dem germ. Suffix *-ila), Bote (*< ahd. *boto* mit dem germ. Suffix – *an*) *und Geselle (< ahd. gisell(i)o* mit dem germ. Suffix *-jan).*

Bei den Bildungen auf *-er* ist von einem germ. **-ârja* auszugehen, dem got. *–âreis, ahd. –âri,* mhd. *–ære*, nhd . *–er* entsprechen. Für diesen Wortbildungstyp ist es kennzeichnend, dass er im Got. nur bei gelehrten Begriffen auftritt *(bôkareis* 'Schriftgelehrter', *laisareis 'Lehrer', sôkareis* 'Forscher'); ins Ahd. ist er auf der Grundlage von lat. Wörtern wie *molinârius 'Müller', tolonârius* 'Zöllner' eingedrungen (vgl. HENZEN 1965, 158). Der Grund dafür dürfte der Umstand gewesen sein, dass die Bildungen des Typs *boto, gisell(i)o* infolge des Wirkens der Auslautgesetze allmählich semantisch undeutlich wurden und sich daher nicht mehr für die Kommunikation eigneten. So kann die mhd. Form *gebe* nicht nur 'der Geber, der Gebende' (< ahd. *gebo),* sondern auch 'die Gabe' (< ahd. *geba)* und die 3. Pers. Sg. Präs. Konj. des Verbs *geben* 'er gebe' repräsentieren. Das Vordringen des lat. Lehnsuffixes ist also offensichtlich aus dem Zusammenwirken sprachlicher Entwicklungsgesetzmäßigkeiten und außersprachlicher Bedingungen (lat. Bildung der Menschen, die sich als Übersetzer beruflich mit der Sprache und der Verbesserung ihrer Ausdrucksmöglichkeiten beschäftigten) zu erklären. (Vgl. ERBEN 2000, 144ff.)

Von theoretischem Interesse für den Sprachhistoriker sind die Fragen nach dem Wesen und den Erscheinungsformen des Sprachwandels. Damit verbundene terminologische Fragen können hier ausgeklammert werden. (Vgl. dazu u. a. BRAUN 1998, 91ff.; LANGNER 1988, 22ff.; WOLFF 1999, 28.)

Das Wesen des Sprachwandels wird mitunter als Lösung von Widersprüchen im Sprachsystem und/oder in der sprachlichen Kommunikation gesehen. (Vgl. LANGNER 1988, 29ff.) Der Hauptwiderspruch, dem alle anderen unterzuordnen sind, besteht in dem dialektischen Verhältnis zwischen sozial und historisch determinierter Kommunikation (dem Zusammenwirken von kommmunikativen Anforderungen, Bedingungen und Kommunikationsaufgaben) und dem dem Sprecher/Schreiber zur Verfügung stehenden Sprachsystem einschließlich der Normen seiner Verwendung; das heißt: "Ein Widerspruch entsteht, wenn ein gegebener Zustand eines Sprachsystems nicht den Kommunikationsnotwendigkeiten entspricht ..." (GROSSE/NEUBERT 1982, 8). Dieser Widerspruch macht deutlich, dass die aufgrund einer oder mehrerer Ursachen eintretende sprachliche Veränderung (Wirkung) immer als Wechselwirkung zu verstehen ist, bei der die äußeren Ursachen über die inneren Bedingungen bzw. die inneren Bedingungen im Zusammenhang mit den äußeren Faktoren wirken. (Siehe oben die Erläuterungen zur Bezeichnung der Nomina agentis.)

Sprachliche Neuerungen äußern sich zunächst in der Regel als Verstöße gegen die Norm oder in Form neuer fakultativer Varianten. Entsprechen diese Veränderungen einem interindividuellen Bedürfnis – also zumindest dem einer sozialen Gruppe, einer Kommunikationsgemeinschaft – und den Strukturgesetzmäßigkeiten des Sprachsystems, werden sie von anderen Sprachteilhabern übernommen. Dann wird aus der Neuerung als einer Erscheinung der Rede ein Element der Sprache bzw. einer ihrer Varietäten, das wir als Normveränderung, mitunter auch als Veränderung des Sprachsystems erfassen. Bei der Durchsetzung einer Neuerung spielt also die Akzeptierung durch bestimmte soziale Gruppen eine entscheidende Rolle. Daher ist das Erfassen der sozialen Dimension einer sprachlichen Veränderung besonders bedeutsam, zumal sich diese des öfteren auch auf die räumliche und zeitliche Ausbreitung einer Neuerung auswirkt.

Für die Beschreibung vieler Wandlungen können Kategorienpaare wie Ursache/Bedingung und Wirkung/Folge sowie Zufall und Notwendigkeit herangezogen werden. Die oben erwähnte Veränderung in der Bezeichnung der Nomina agentis zeigt nicht nur das Verhältnis von Ursachen und Folgen, sondern spiegelt auch das Verhältnis von Zufall und Notwendigkeit wider. Dass dieser Wandel vor sich ging, ist Ausdruck der Kategorie Notwendigkeit, dass sich gerade diese Lösung durchsetzte, ist Ausdruck des Wirkens der Kategorie Zufall (im philosophischen Sinne). Seit ahd. Zeit repräsentiert die Regel, Nomina agentis mit Hilfe des Suffixes *-er* zu bilden, innerhalb der dt. Sprache das Notwendige, im Vergleich zu anderen Sprachen das Zufällige. Ähnlich sieht das Verhältnis dieser Kategorien bei anderen Veränderungen aus. Ob in der Konjugation des Verbs synthetische oder analytische Formen verwendet werden (z. B. *ich gab, ich habe gegeben)* oder ob in der Wortbildung die inneren oder die äußeren Derivationen dominieren, das hat gegenüber der prinzipiellen Notwendigkeit Zufallscharakter. Daraus wird deutlich, dass bei den meisten sprachlichen Wandlungen dem Sprecher/Schreiber vom System verschiedene Möglichkeiten gegeben sind, die Neuerung sprachlich zu realisieren.

Aus dem Bereich des methodischen Vorgehens ist wenigstens auf die für die Sprachgeschichte grundlegende Unterscheidung zwischen synchronischer und diachronischer Betrachtungsweise (Methode) hinzuweisen. (Vgl. zusammenfassend L. JÄGER 1998, 816ff.) Diese Begriffe gehen auf F. DE SAUSSURE zurück; er unterscheidet zwischen einer deskriptiv-statischen (der synchronischen) Betrachtungsweise, die das System auf einer bestimmten Stufe seiner Entwicklung darstellt, und einer historisch-dynamischen (der diachronischen), die zeigt, wie eine Sprache sich im Laufe einer bestimmten Zeit gewandelt hat, wobei nach DE SAUSSURE das System in seinem Wesen nicht verändert wird. Der Wandel ersetze lediglich ein Element durch ein anderes. Nach ihm könne man daher Sprache als etwas Selbständiges von ihren äußeren Einflüssen isoliert betrachten. “Die Sprache an und für sich betrachtet ist der einzige wirkliche Gegenstand der Sprachwissenschaft.” (DE SAUSSURE 1967, 279.) Diese Unterscheidung ist besonders von den Vertretern der Systemlinguistik ausgebaut worden, die auf die Erforschung der Strukturen der Sprache ausgerichtet waren und die das System als etwas Homogenes ansahen, wobei dem Zustand (der Synchronie) einer Sprache eindeutig der Primat eingeräumt wurde.

Heute ist jedoch unstrittig, dass es eine Dichotomie zwischen Struktur und Evolution nicht gibt. Die scharfe Trennung zwischen Sprachzustand und Entwicklungsphase ist also nicht aufrechtzuerhalten. Zur Überwindung der mitunter geradezu ahistorischen Untersuchungen mancher Strukturalisten hat vor allem COSERIU (1974, 1975, 1988) beigetragen, obwohl er in seiner Auffassung vom Sprachsystem den Strukturalisten nahesteht. SAUSSURE betont aber mit Recht, dass der Sprachwandel eine notwendige Voraussetzung für die Existenz und für das Funktionieren der Sprache als Mittel der Kommunikation ist. Synchronie und Diachronie sind nur unter methodischem Aspekt als unterschiedliche Herangehensweisen relativ klar voneinander zu trennen. Diese Differenzierung gilt jedoch nicht für das Objekt der Untersuchung, für die Sprache. Jeder Sprachzustand ist selbst auch dynamisch, ist ein Zustand in der Bewegung, und jede Entwicklungsperiode ist insofern auch statisch, als sie strukturiert ist und Systemcharakter besitzt. Stabilität und Variabilität bilden als Wesensmerkmale der Sprache eine dialektische Einheit, die man auch als dynamische Stabilität bezeichnet. Daher können sprachliche Veränderungen geradezu als eine ständige Systematisierung charakterisiert werden. Das wiederum erfordert und ermöglicht in der Regel die Anwendung der synchronischen und der diachronischen Methode. Die Sprachgeschichtsforschung muss beide Vorgehensweisen miteinander verbinden, auch wenn bei der Untersuchung und Darstellung längerer Zeiträume oder gar der gesamten Geschichte einer Sprache die diachronische Methode dominiert. Diese untersucht die sprachlichen Erscheinungen historisch, sie beschreibt die Veränderungen und deren Ursachen im Laufe der Entwicklung in Längsschnitten. Ihr Ziel ist es, ein möglichst umfassendes Bild vom Verlauf der Prozesse ausgewählter Erscheinungen, eines Teilbereiches der Sprache (z. B. eines Subsystems) oder der Sprache als Ganzes zu geben, wobei auch zwei oder mehrere Sprachzustände miteinander verglichen sowie die eingetretenen Veränderungen im Sprachgebrauch, in den Sprachnormen und im Sprachsystem erfasst und synchronisch dargestellt werden können. Soll also ein Sprachzustand beschrieben werden, z. B. System und Norm der dt. Sprache um 1200 im hd. Raum, so hat sich der Sprachhistoriker vorwiegend der synchronischen Methode zu bedienen, wie das mitunter bei der Darstellung historischer Grammatiken geschehen ist. (Vgl. insbesondere dic FRNHD. GRAMMATIK 1993.) Da jedoch ein Zeitpunkt im eigentlichen Sinne des Wortes nicht untersucht werden kann, ist die ausschließliche Anwendung der synchronischen Methode nicht bzw. nur bedingt möglich. Auch zur Beschreibung eines Sprachzustandes ist es notwendig, zumindest historische Aspekte einzubeziehen, das heißt, Erscheinungen in ihrem Werden zu betrachten. (Zu weiteren Aspekten und Methoden der Sprachgeschichtsforschung vgl. u. a. WOLFF 1999, 13ff.)

0.4. Zur Periodisierung der deutschen Sprachgeschichte

Die Gliederung des kontinuierlichen Prozesses der Entwicklung der dt. Sprache in einzelne, zeitlich fassbare und überzeugend begründbare Abschnitte wird von den Sprachhistorikern unterschiedlich vorgenommen. Das liegt vor allem daran, dass keine einheitliche Auffassung darüber besteht, welche Kriterien der Periodisierung zugrunde gelegt werden sollen und welches Gewicht den unter verschiedenen Aspekten gewonnenen Kriterien beizumessen ist. Es fehlt noch an einer allgemein anerkannten Theorie der Periodisierung sprachlicher Entwicklungen (vgl. Roelcke 1995; 1998), wobei es fraglich ist, ob jemals eine Theorie erarbeitet werden kann, die auf die Periodisierung der Geschichte einer jeden Sprache anzuwenden ist.

Die bisher genutzten bzw. diskutierten Kriterien lassen sich grob in folgenden Gruppen zusammenfassen:

(1) sprachliche Kriterien, wobei zwischen denen des Sprachsystems und denen der Sprachverwendung zu unterscheiden ist (vgl. dazu die im Abschnitt 0.1. angeführten Ebenen des Sprachwandels); Roelcke (2000, 369ff.) spricht von sprachtypologischen Merkmalen;

(2) soziolinguistische Kriterien: Hierhin gehören u. a. die Varietäten und ihr Verhältnis zueinander, die Rolle fremder Sprachen und ihr Einfluss auf das Deutsche, ferner die Vorbildwirkung einzelner Sprachräume, sozialer Gruppen und bestimmter Persönlichkeiten; die Sprachreflexion bewusster Sprachteilhaber; (vgl. Roelcke 1995; N. R. Wolf 1997).

(3) außersprachliche Kriterien, insbesondere historische, sozialgeschichtliche, ökonomische und kulturelle Faktoren;

(4) gegenwärtig finden auch pragmatische und mediengeschichtliche Kriterien eine größere Beachtung; allerdings sind sie nur schwer von den der 2. Gruppe abzugrenzen.

Es liegt auf der Hand, dass die Beschränkung auf ein Kriterium zwar leicht handhabbar ist, aber notwendigerweise zu einer einseitigen Betrachtung führt. Wenn trotzdem bis heute lautlich-phonematische Kriterien bei der Abgrenzung eine gewichtige Rolle spielen, so liegt das daran, dass der Wandel der Laute/Phoneme und ihrer Schreibung oft zwei Sprachzustände deutlich voneinander unterscheidet. Aber selbst ein solches Vorgehen bringt mitunter Schwierigkeiten mit sich. Geht man z. B. bei der Festlegung des Beginns der ahd. Periode vorwiegend von lautlich-phonematischen Fakten aus, so hängt die Entscheidung davon ab, ob man den Anfang oder den Abschluss der ahd. Lautverschiebung zugrunde legt und ob man von einer monogenetischen oder einer polygenetischen Entstehung ausgeht. Wieder andere Ergebnisse erhält man, wenn weitere sprachliche Veränderungen oder wenn das Auftreten schriftlicher Belege oder wenn außersprachliche Kriterien herangezogen werden. Schon an diesem Beispiel wird deutlich, dass bestimmte Probleme mit dem Gegenstand selbst verbunden sind. Probleme der Periodisierung des Deutschen liegen u. a. in der zeitlich differenzierten Durchsetzung sprachlicher Wandlungen, im unterschiedlichen Verhältnis von gesprochener und geschriebener Sprache, in den Beziehungen zwischen den Varietäten einer Periode "sowie im ungleichen Anteil verschiedener Sprachlandschaften an der Entwicklung überregional gültiger Sprachnormen" (Sonderegger 1979, 169). Daher müsste die Fixierung des Beginns und des Endes von Sprachperioden mitunter nach den Sprachlandschaften und/oder nach den wichtigsten Varietäten differenziert erfolgen. Mitunter wird gefordert, die dominanten Tendenzen des Sprachwandels zu erforschen, die eine Periode charakterisieren, dann hätte man auch wichtige Kriterien der Abgrenzung. Die hier nur angedeuteten Schwierigkeiten vermehren sich bei der Gliederung der Vorgeschichte der dt. Sprache, da wir für diese Zeiträume keine oder nur wenige Belege besitzen.

In der älteren Sprachgeschichtsforschung wird die Geschichte der dt. Sprache in die folgenden Abschnitte eingeteilt:

Althochdeutsch:	von den Anfängen bis 1100,
Mittelhochdeutsch:	von 1100 bis 1500,
Neuhochdeutsch:	von 1500 bis zur Gegenwart.

Seit SCHERERS Sprachgeschichte (2. Aufl. 1878) ist es üblich geworden, zwischen das Mittelhochdeutsche und das Neuhochdeutsche das Frühneuhochdeutsche als eigene Epoche einzuschalten, die ursprünglich oft als Übergangsphase bezeichnet worden ist. Die zeitlichen Einschnitte werden oft folgendermaßen gesetzt, wobei die Jahreszahlen natürlich nur ungefähre Grenzen markieren:

Althochdeutsch:	von den Anfängen bis 1050,
Mittelhochdeutsch:	von 1050 bis 1350,
Frühneuhochdeutsch:	von 1350 bis 1650,
Neuhochdeutsch:	von 1650 bis zur Gegenwart.

Die Perioden vor 1500 werden mitunter als Altdeutsch zusammengefasst und dem Neu(hoch)deutschen gegenübergestellt.

Gegen beide Gliederungen kann Verschiedenes eingewendet werden. Beide berücksichtigen nicht den Umstand, dass zur Geschichte der dt. Sprache auch die Entwicklung des Niederdeutschen gehört; die Perioden sind daher nur nach dem Hochdeutschen benannt. Von manchen Forschern wird die letzte Phase des Mhd. als Spätmhd. von dem übrigen Mhd. unterschieden. Andere haben darauf hingewiesen, dass man mit gleichem Recht auch zwischen anderen Perioden eine Übergangszeit einschieben müsste, z. B. zwischen dem Ahd. und dem Mhd. eine spätahd. oder/und eine frmhd. Phase. Jede Gliederung in Epochen ist "mit sehr breiten Überschneidungs- und Übergangsphasen zu verstehen" (v. POLENZ 2000, 101; vgl. HUGO MOSER 1965, 101; SONDEREGGER 1979, 181). Diese und andere Probleme waren der Grund dafür, dass sich die Forschung seit einigen Jahrzehnten in verstärktem Maße der Periodisierung zugewandt hat und neue Aspekte in die Diskussion eingebracht worden sind. So hat SONDEREGGER (1979, 185ff.) u. a. die historischen Sprachstufen mit dem Kriterium der Verstehbarkeit in Verbindung gebracht. Die Verstehbarkeit von Texten, die vom Nhd. bis zum Ahd. ständig abnimmt, ist als Reflex der sprachlichen Veränderung zu begreifen. Nach VON POLENZ (1989b, 67) ist für die Periodisierung einer pragmatisch orientierten Sprachgeschichte "die Mediengeschichte mit ihren nachweisbaren Entwicklungsschüben" von Bedeutung. So haben sich z. B. die Erfindung des Buchdrucks im 16. Jh. und die Verbreitung der Massenmedien (Zeitung, Funk und Fernsehen) seit dem 19. bzw. 20. Jh. sowohl auf die Verwendung der Sprache als auch auf die Entwicklung des Sprachsystems ausgewirkt. Für WELLS (1990, 192ff.) sind die frühesten dt. Drucke um 1450 das entscheidende Kriterium dafür, in dieser Zeit eine neue Periode beginnen zu lassen, nämlich den "Übergang zum frühen modernen Deutsch" (bis 1650). WIESINGER (1990a, 411) hält es zumindest für die Perioden bis zum Frnhd. für notwendig, stärker als bisher regionale Aspekte zu berücksichtigen und daraus die Konsequenz zu ziehen, "statt bestimmte zeitliche Einschnitte als Periodengrenzen festzusetzen, Übergangsperioden einzuführen". So ist z. B. nach ihm die Zeit von 1250 bis 1350 als Übergangszeit vom Mhd. zum Frnhd. anzusetzen. Prinzipiell aus gleichem Grunde ist in jüngster Zeit mehrfach gefordert worden, für die Abgrenzung der Sprachperioden das Verhältnis von Neuerungen, Bleibendem (Konstantem) und Veraltendem zu berücksichtigen und dadurch den Charakter von Übergangsphasen zu betonen. (Vgl. SONDEREGGER 1979, 180f.; LANGNER 1982, 92; N. R. WOLF 1989, 121ff.) WOLF weist ferner auf die Notwendigkeit hin, das Kriterium der Sprachverwendung für die Gliederung der Sprachgeschichte stärker zu beachten, bei dem stets sprachliche Gegebenheiten mit außersprachlichen Faktoren verbunden sind. Auch Reflexionen bestimmter Sprachteilhaber über sprachliche Veränderungen können für den Beginn einer neuen Periode zeugen. STEGER (1984, 186ff.; 1998, 284ff.), SCHILDT (1990, 415ff.) u. a. weisen auf die Rolle der Texte/Textsorten für die Geschichte der dt. Sprache und ihre Periodisierung hin.

Es ist überhaupt ein Charakteristikum der jüngsten Erörterungen, die verschiedenen Arten der Kriterien miteinander zu verbinden, obwohl dadurch zusätzliche Schwierigkeiten entstehen. Diese werden z. B. bei der Abgrenzung zwischen dem Mhd. und dem Frnhd. sehr deutlich. Denn einmal ist die Abgrenzung zwischen dem Mittelalter und der Neuzeit auch bei den Historikern bis heute umstritten; zum anderen haben sich die sprachlichen Veränderungen, die die Herausbildung des Nhd., speziell der einheitlichen Schriftsprache, bewirken, in sehr differenzierter Weise durchgesetzt. Je nach der Wahl und der Gewichtung der Kriterien wird daher der Beginn des Frnhd. am Ende des 13., im 14. Jh. oder noch später angesetzt. (Vgl. die Zusammenstellung bei PENZL 1984, 12f.) MOSKALSKAJA lässt in der ersten Auflage ihrer Sprachgeschichte (1965) das Frnhd. um 1500, in der letzten Auflage (1985) um 1350 beginnen. Das FRÜHNEUHOCHDEUTSCHE WÖRTERBUCH (1989ff.) stützt sich vornehmlich auf Quellen des 14. bis 16. Jh., seltener des 17. Jh. WELLS (a. a. O.) führt gewichtige Gründe für die Begrenzung dieser Phase um 1450 und um 1650 an. VON POLENZ (2000, 99f.; vgl. dens. 1989a, 11ff.) setzt diese Periode von etwa 1350 bis 1600 an und schlägt für sie die Bezeichnung "Deutsch in der frühbürgerlichen Zeit" vor. Durch diese Formulierung betont er vor allem historische und soziale Faktoren und schließt auch die Entwicklung des Nd. in diese Epoche ein. Trotzdem muss man wohl EGGERS (1984, 43) zustimmen, dass die Abgrenzung zwischen dem Mhd. und dem Frnhd. nicht ohne Gewalt zu ziehen ist.

Als einer der ersten hat HUGO MOSER (1965, 100ff.) versucht, die Gegebenheiten der Geschichte stärker bei der Periodisierung der dt. Sprachgeschichte zu berücksichtigen. Er unterscheidet generell zwischen dem Deutsch des Mittelalters (bis 1500) und dem Deutsch der Neuzeit. Der historische Aspekt spielt allerdings nur bei der Untergliederung der Entwicklung bis 1500 eine Rolle. Hier unterscheidet er nach einer Phase des Vordeutsch (2. Hälfte des 5. Jh. bis etwa 750) drei Phasen: Frühdeutsch/frühmittelalterliches Deutsch (bis etwa 1170), zu dem das Ahd. und das And. gehören, das hochmittelalterliche Deutsch (etwa 1170 bis 1250) und das spätmittelalterliche Deutsch (etwa 1250 bis 1500); diese beiden Phasen umfassen nach ihm das Mhd. und das Mnd.[1] Die neudeutsche Sprachperiode wird dagegen nach unterschiedlichen Kriterien unterteilt.

Der Versuch, sprachliche und außersprachliche Faktoren miteinander zu verbinden, hat auch zu der Frage geführt, ob um 1950 eine neue Periode in der Entwicklung der dt. Sprache anzusetzen ist. Die bis 1989 in diesem Zusammenhang des öfteren angeführten Differenzierungen zwischen der dt. Sprache in der DDR und in den anderen deutschsprachigen Staaten bildeten für eine solche Entscheidung keine hinreichende Begründung, denn einmal betrafen sie nicht alle Bereiche des Sprachgebrauchs und des Sprachsystems, zum anderen standen diesen Veränderungen auch zahlreiche Erscheinungen gegenüber, die von gemeinsamen Entwicklungen bzw. von der Tendenz der Integration zeugten. (Vgl. die Literaturangaben im Abschnitt 0.2.) Durch die Vereinigung der beiden dt. Staaten im Jahre 1990 kommt diesem Aspekt für die Klärung dieser Problematik wohl keine Bedeutung mehr zu. Jedoch gibt es andere Argumente, die für einen Einschnitt um 1950 sprechen. Im Laufe des 19. Jh. und der ersten Hälfte des 20. Jh. haben sich viele bedeutende soziokulturelle Veränderungen vollzogen, die mit wesentlichen Wandlungen der Kommunikation und damit der Sprachverwendung verbunden sind, was nicht ohne Auswirkungen auf das Sprachsystem bleiben konnte. Erinnert sei hier nur an die Veränderungen der Varietäten Standardsprache, Umgangssprachen, Dialekte, vor allem an den Einfluss der Umgangssprache auf die Schriftsprache (Tendenz der Integration; vgl. dazu LANGNER 1990b; VARIETÄTEN DES DEUTSCHEN 1997), an den zunehmenden Einfluss fremder Sprachen, besonders des Englischen, und damit an die Tendenz der Internationalisierung (vgl. LANGNER 1990a), an die durch Wissenschaft und Technik bedingten Veränderungen der fachsprachlichen Kommunikation und ihre Auswirkungen auf die Allgemeinsprache (Tendenz der Differenzierung und der Integration) sowie an den wachsenden Einfluss der Medien einschließlich aller Möglichkei-

[1] Die Beziehungen zwischen der Entwicklung im hd. und im nd. Raum sind jedoch komplizierter, als sie MOSERS Darstellung erscheinen läßt; vgl. die Übersicht am Ende des Abschnittes.

ten der elektronischen Kommunikation (Fax, Computer, Internet). Zu diesen Aspekten kommt der politische Umbruch 1945 mit seinen Wandlungen in fast allen Lebensbereichen. Daher spricht Hugo Moser (1985, 1679) von einer "deutliche(n) Zäsur in der dt. Sprachgeschichte". Und Eggers (1984, 45) meint sogar, dass die dt. Sprache, "wie sie sich seit dem Jahre 1950 darstellt, nach zwölf Jahrhunderten in ein neues, fünftes Stadium der Entwicklung eingetreten ist". (Vgl. dazu auch v. Polenz 1989a, 15.) Trotzdem bedarf die Frage, ob um 1950 eine neue Periode beginnt, noch weiterer Untersuchungen. Aus der Sicht der Syntax gibt es z. B. andere Meinungen. Nach Admoni (1990, 267) ist um die Mitte des 20. Jh. keine neue Phase zu erkennen. Vielmehr zeigen sich hier Tendenzen, die bereits um 1900 hervorgetreten sind. (Vgl. die ähnliche Meinung bei Mackensen 1971, 5f.)

Die knappen Darlegungen machen deutlich, dass es eine allgemein anerkannte Periodisierung nicht gibt, wohl auch nicht geben kann, weil keine Gliederung alle wichtigen Kriterien zu berücksichtigen vermag, sondern sich auf eine Auswahl wesentlicher Aspekte beschränken muss. Dass dabei immer sprachliche und außersprachliche Faktoren zu beachten sind, ohne zu vergessen, dass es in erster Linie um die Geschichte der Sprache und nicht um die der Sprachträger geht, ist unumstritten. Daher ist Reiffensteins Meinung (1990, 24) nur mit Einschränkungen zuzustimmen, "daß Veränderungen des Sprachsystems, sprachinterne Faktoren also, für die Abgrenzung von Sprachstadien viel weniger taugen als solche der externen Sprachgeschichte /. . ./" Allgemein anerkannt ist auch die Erkenntnis, dass die Periodisierung keine willkürlichen Einschnitte in das "panta rhei" der Entwicklung setzt, sondern dass sie als eine abstrahierende Abbildung tatsächlicher Entwicklungen zu verstehen ist und die Bezeichnungen der Perioden als terminologische Konstrukte der Sprachwissenschaft zu begreifen sind. Die Gliederung historischer Abläufe ist also nicht nur aus Gründen der Darstellung gerechtfertigt, sondern durchaus auch dem Gegenstand adäquat, nicht zuletzt deshalb, weil es neben Phasen relativer Ruhe Zeiten starker Veränderungen gibt, die zu neuen Qualitäten der Sprachverwendung und des Sprachsystems führen. (Zu Problemen der Gliederung vgl. Sonderegger 1979, 169ff.; Zur Periodisierung 1982; H. Wolf 1984, 815ff.; v. Polenz 1989a, llff.; Hartweg/Wegera 1989, 18ff.; Wolff 1999, bes. 35f.; zusammenfassend Roelcke 1995; 1998.)

Unter Beachtung der erläuterten Probleme und im Hinblick auf die unterschiedlichen Ziele des Kapitels 1 einerseits und der Kapitel 2 bis 4 andererseits wählen wir für unsere Darstellung zwei verschiedene Periodisierungen. Die Gliederung im Kapitel 1, dem allgemeinsprachgeschichtlichen Teil, folgt bei den Ausführungen zur Vorgeschichte der weitverbreiteten Abgrenzung zwischen dem Idg. und dem Germ. und geht bei der Periodisierung der Geschichte der dt. Sprache von Erkenntnissen der Geschichtswissenschaft aus. Jedoch hängen diese Einschnitte auch mit Veränderungen in der Sprachverwendung und im Sprachsystem zusammen, ohne dass daraus auf parallele Entwicklungen von Sprache und Geschichte geschlossen werden darf. Die sprachliche Entwicklung im hd. Raum ergibt dann folgende Gliederung:

Deutsch des Mittelalters:	um 500–1450/1500
Deutsch des Frühmittelalters:	5./6. Jh.- 1050
Deutsch des Hochmittelalters:	1050–1250
Deutsch des Spätmittelalters:	1250–1450/1500
Deutsch der Neuzeit:	1450/1500 – Gegenwart
Deutsch der frühen Neuzeit:	1450/1500–1650
Deutsch der mittleren Neuzeit:	1650–1800
Deutsch der jüngeren Neuzeit:	1800–1950
Deutsch der jüngsten Neuzeit: (Deutsch der Gegenwart)	1950 – Gegenwart

Die Kapitel 2 bis 4, die vorrangig die Aufgabe haben, frühere Sprachzustände als System zu beschreiben, freilich in ihrer Entwicklung, halten sich – auch aus pädagogischen Gründen – an die traditionelle Einteilung der Perioden des Ahd., des Mhd., des Frnhd. und des Nhd.; sie stimmen dadurch mit fast allen historischen Grammatiken, den meisten historischen Wörterbüchern (vgl. z. B. KLUGE 1995, XXX) sowie mit vielen Textsammlungen bzw. Lesebüchern zum Ahd., Mhd. und Frnhd. überein.

Die folgende Übersicht lässt die Gemeinsamkeiten und Unterschiede beider Periodisierungen erkennen und ermöglicht überdies einen Vergleich mit der Gliederung der sprachlichen Entwicklung im nd. Raum.[2]

Periodisierung der deutschen Sprache

Gliederung des Kapitels 1 (Bezeichnungen nach hist. Aspekten)	Gliederung der Kapitel 2–4 (Bezeichnungen nach sprachl. Aspekten)	Gliederung des Nd. (Bezeichnungen nach sprachl. Aspekten[3])
Deutsch des Mittelalters (500–1450/1500) Deutsch des Frühmittelalters (500–1050)	Althochdeutsch (500–1050)	Frühaltsächsisch (5. Jh.–8. Jh.)
Deutsch des Hochmittelalters (1050–1250)	Mittelhochdeutsch (1050–1350)	Altsächsisch/ Altniederdeutsch (800–1150/1200)
Deutsch des Spätmittelalters (1250–1450/1500)		Mittelniederdeutsch (1150/1200–1600/1650) Frmnd. (1200–1370)
Deutsch der Neuzeit (1450/1500 – Gegenwart) Deutsch der frühen Neuzeit (1450/1500–1650)	Frühneuhochdeutsch (1350–1650)	Klass. Mnd. (1370–1530) (Verkehrssprache der Hanse) Spätmnd. (1530–1600/1650)
Deutsch der mittleren Neuzeit (1650–1800)	Neuhochdeutsch (einschließlich Gegenwartsdeutsch) (1650 – Gegenwart)	Neuniederdeutsch (1600/1650 – Gegenwart)
Deutsch der jüngeren Neuzeit (1800–1950)		
Deutsch der jüngsten Neuzeit (Dt. der Gegenwart) (1950 – Gegenwart)		

[2] Die Entwicklung des Nd. wird zwar an vielen Stellen des Buches einbezogen, doch kann und soll keine Darstellung der Sprachgeschichte des gesamten dt. Sprachraumes geboten werden.

[3] Zur Gliederung des Altsächsischen und des Mittelniederdeutschen vgl. PETERS 1985, 121 ff.; HARTIG 1985, 1069ff.; SANDERS 1982, 19ff. Der Übergang vom As./And. zum Mnd. ist deshalb schwer zu bestimmen, weil im 12. und im 13. Jh. Schreiber aus dem nd. Raum sich oft der mhd. Sprache bedient haben.

1. Vorgeschichte und Geschichte der deutschen Sprache

1.1. Vorgeschichte der deutschen Sprache

"Vorgeschichte" bezeichnet als Terminus der Geschichtswissenschaft die Zeit vor dem dem Beginn der schriftlichen Überlieferung, "Geschichte", zumal von Sprache, ist mit Schriftlichkeit verbunden. Volkssprachlich (*deutsch*, a. u. 1.2.4.5.) setzt diese bei uns, abgesehen von Runeninschriften aus der Völkerwanderungszeit (a. u. 1.1.2.1.2. und 1.2.2.1.), im Reich Karls d.Gr. (2. Hälfte 8. Jh.) systematisch ein. Die sprachliche Entwicklung davor ist insofern auch in einem alltagssprachlichen Sinn "Vorgeschichte" der deutschen Sprache, als die in diesen Zeiten gesprochenen Idiome zwar als "germanisch" (1.1.2.) bzw. "indogermanisch" (1.1.1.), aber noch nicht als "deutsch" bezeichnet werden können.

1.1.1. **Indogermanisch**

"Indogermanisch" (idg.) fasst eine Gruppe ursprünglich zwischen Indien und Europa (Irland, Island)[4] gesprochener Sprachen zusammen, deren lexikalische und grammatische Gemeinsamkeiten durch die vergleichende Sprachwissenschaft als Verwandtschaft gedeutet und auf eine gemeinsame Grundlage zurückgeführt worden sind. Die idg. Sprachen stehen neben anderen Sprachgruppen, wobei Parallelen in Phonetik und Lexik auf vorgeschichtliche Kontakte zu Sprechern uralischer (finno-ugrischer) und semitischer Sprachen schließen lassen (Schmitt-Brandt 1998, 289–293). Typologisch handelt es sich bei den idg. um (ehemals) flektierende Sprachen, in denen die grammatische Organisation der Rede wie auch die Wortbildung mit Hilfe der Flexion zustande kommen. Andere Typen werden etwa durch das agglutinierende Türkisch und das isolierende Chinesisch vertreten (vgl. Porzig 1971, 335f., 371f).

1.1.1.1. *Indogermanische Sprachen:*

1.1.1.1.0. Historische: Eine Reihe von Sprachen historischer idg. Völker und Reiche (s. Karte bei Kinder/Hilgemann 1964, Bd. 1,20f und 32ff) sind nur durch schriftliche Quellen (Namen, Lehnwörter) bezeugt (erschließbar) und keinen lebenden Sprachen mehr zuzuordnen, z. B. in Kleinasien: **Hethitisch** (v. a. 18.–13. Jh. v. Chr., älteste, keilschriftlich überlieferte idg. Sprache; ähnlich: Luwisch, meist in Hieroglyphen erhalten, Paläisch, und Lykisch), **Phrygisch** (ab 6. Jh. v. Chr. oder früher, vielleicht verwandt mit dem Armenischen, a. u. 1.1.1.1.3.), **Lydisch** (7.–4. Jh. v. Chr. Münzinschriften, frühestes "Geld"); in Ostturkestan (China): **Tocharisch** (ca. 7. Jh.); in Europa (Ägäis und Balkan, adriatischer Raum): **Pelasgisch** (Substrat im Griechischen, vielleicht in einem Wort wie *pyrgos* 'Burg'), **Makedonisch** (nur aus Namen und Glossen bekannte Sprache des antiken Makedonien – Alexander d.Gr.! – und nicht zu verwechseln mit dem modernen slawischen Makedonisch, a. u. 1.1.1.1.9.), **Thrakisch** (rudimentär überliefert in griechischer Schrift, 4./5. Jh.), **Venetisch** (Inschriften 6.–1. Jh. v. Chr. in einer vom Etruskeral-

---

[4] Dieser in der deutschsprachigen Fachliteratur übliche Terminus "indogermanisch" (idg.) stammt von J. v. Klaproth (1823); in französisch- und englischsprachiger Literatur wird dafür auch "indoeuropäisch" verwendet; ähnlich hat, nach den östlichsten und westlichsten Verbreitungsgebieten dieser Sprachen, schon Bopp von "indisch-europäisch" gesprochen.

phabet abgeleiteten Schrift; der Name *Veneti* im dt. *Wenden* auf die Slawen übertragen) und – vielleicht – **Illyrisch** (Namen). Im übrigen sind viele inschriftliche Zeugnisse (etwa aus den Alpen) noch unentschlüsselt. Leichter zugänglich sind demgegenüber historische Stufen lebender idg. Sprachen; sie lassen sich in folgenden 10 Gruppen zusammenfassen. (Vgl. auch MEIER/MEIER 1979, 44ff; LOCKWOOD 1979; SEEBOLD 1998, 100f).

1.1.1.1.1. Indische: als Altindisch überliefert in den brahmanischen *Veda*-Texten[5] (tw. vielleicht auf das 2. Jahrtausend v. Chr. zurückgehend, in den jüngsten Teilen wohl aus dem 4. Jh. v. Chr.) und im **Sanskrit**, einer Kunstsprache der klassischen aind. Literatur und Wissenschaft, von Grammatikern in der Nachfolge PĀṆINIS im 4. Jh. v. Chr. in Regeln gefasst; als neuindisch in vielen Dialekten und in der *lingua franca* **Hindūstānī** (schriftsprachlich als **Hindī** in Indien mit *Devanāgari* geschrieben, als **Urdū** in arabischer Schrift Staatssprache Pakistans), **Bengālī** (in Bangladesch), **Nepālī**, **Sinhalisch** (Srilanka); auch die Sprachen der **Roma** und anderer von Nordwestindien westwärts gewanderter Nomadenvölker (*Zigeuner*, seit dem 15. Jh. in deutschen Quellen belegt) gehören zum indischen Zweig.

1.1.1.1.2. Iranische: als Altiranisch überliefert v. a. in den altpersischen Königsinschriften der Achämeniden-Dynastie 6.–4. Jh. v. Chr.) und in der *Awesta*, den (ca. im 4. Jh. u. Z. aufgezeichneten) religiösen Texten Zarathustras (1. Jt. v. Chr.) und seiner Nachfolger; spätere, mitteliranische Formen sind u. a. das Soghdische (die *lingua franca* der “Seidenstraße”, mit Überlieferung aus dem 4.–8. Jh.) und die auch nach der *Peḥlevi*-Schrift bezeichnete mittelpersische Staats- und Religionssprache der Sassaniden-Dynastie (3.–7. Jh.), die Vorstufe des modernen **Persischen**; weitere neuiranische Sprachen werden in Afghanistan und in den südlichen Staaten der ehemaligen Sowjetunion gesprochen (**Afghanisch, Belutschisch, Tadschikisch, Ossetisch**), auch das **Kurdische** ist neuiranisch.

1.1.1.1.3. Armenisch: Vielleicht mit dem Phrygischen (s. o. 1.1.1.1.0.) verwandt, ist es als Kirchensprache seit dem 5. Jh. überliefert und in einer ostarmenischen Form als Staatssprache der ehemaligen Sowjet-Republik Armenien in Gebrauch.

1.1.1.1.4. Griechisch: Das Altgriechische ist, abgesehen vom Mykenischen (Linear B, Kreta und Peloponnes, ca. 1450–1250 v. Chr.), ab dem 8. Jh. v. Chr. (*Homer*) überliefert; Neugriechisch (in Form der *Katharevusa* ‘Reinsprache’) greift archaisierend auf eine die Dialekte (Ionisch-Attisch, Achäisch und Dorisch-Nordwestgriechisch) überbrückende Schrift- und Umgangssprache zurück, die in hellenistischer Zeit entstandene *Koinē*; heute ist überwiegend eine volkstümlichere Form (*Dhimotikī*) in Gebrauch.

1.1.1.1.5. Albanisch: Überliefert seit dem 15./16. Jh., auf der Balkanhalbinsel auch außerhalb Albaniens sowie in Unteritalien gebraucht.

1.1.1.1.6. Italische (Romanische): Altitalische Dialekte sind seit dem 6. Jh. v. Chr., dem Beginn der (inschriftlichen) lateinischen Überlieferung, bezeugt. Daneben gibt es zwischen dem 5. und 2. Jh. v. Chr. auch spärliche Zeugnisse für das Umbrische und Oskische (Stadtmundart von Pompeji); deren schriftliche Tradition versiegt dann auch deswegen, weil sich der Geltungsbereich des **Lateinischen**, ursprünglich nur Mundart des Gebiets um Rom, seit dem 3. Jh. v. Chr. aber auch literarisch verwendet und (um die Zeitenwende) zur “Goldenen” und “Silbernen Latinität” verfeinert, mit dem Römischen Reich über die ganze italische Halbinsel, später auch darüber hinaus ausdehnte. Die modernen romanischen Idiome haben sich im Herrschaftsbereich der Römer auf der Grundlage einheimischer Sprachen als Tochtersprachen vulgärlateinischer Sprachformen (1.–5. Jh.) entwickelt (dazu: WOLFF PH. 1971, 53ff; WALTHER 1994). Ihre schriftliche Überlieferung setzt jedoch erst in späteren Jahrhunderten ein: **Französisch** (9. Jh.), **Italienisch** (10. Jh.), **Sardisch** und **Provenzalisch** (11. Jh.), **Katalanisch**, **Kastilianisch** und **Portugiesisch** (jeweils 12. Jh.), **Rumänisch/Moldauisch** (16. Jh.), **Rätoromanisch** (Schweiz,

[5] Aind. *veda* ‘Wissen’, vgl. lat. *videre*, dt. *wissen*.

12. Jh. bzw. 16. Jh.), **Furlan** (Friaul, 14. Jh.) und **Ladinisch** (Südtirol, 18. Jh.). Im Zuge der kolonialen Ausbreitung sind romanische Sprachen (über ein Stadium der Pidginisierung, a. u. 1.1.1.3.3.) ihrerseits zu Muttersprachen neuer Kreolsprachen geworden, u.zw. portugiesischer (diverse in Afrika, Asien und Südamerika), spanischer (Philippinen) und französischer (Louisiana, Haiti, Antillen u. a.).

1.1.1.1.7. Keltische: Aus (gallischen, keltiberischen und – im Tessin: – lepontischen) Inschriften sowie Örtlichkeitsnamen (u. a. mit *hal* 'Salz') lässt sich erschließen, dass vor 2000, 3000 Jahren weite Teile Mitteleuropas, der Pyrenäen (*Galiza*), Apenninen- und Balkanhalbinsel, ja sogar Kleinasiens (*Galater*) von Kelten besiedelt, d. h. keltischer Sprachraum gewesen sein dürften. Allerdings sind diese festlandkeltischen Idiome von ihren Sprechern völlig zugunsten anderer (v. a. romanischer) Sprachen aufgegeben worden. Literarisch überliefert und bis heute noch (mehr oder weniger) gebraucht sind jedoch die inselkeltischen Sprachen: **Irisch** (in der eigenständig-keltischen *Ogham*-Schrift des 4./5. Jhs., lateinschriftlich seit dem 7. Jh. überliefert), **Kymrisch** (in *Wales* < ags. *Wēalas* 'die *Welschen*'; 9. Jh.), und **Gälisch** (Schottland, 15. Jh.). auch das **Bretonische**, die literarisch seit dem 8. Jh. belegte Sprache eingewanderter Brittanier in der *Bretagne*, gilt als "inselkeltisch".

1.1.1.1.8. Baltische: **Altpreußisch**, literarisch bezeugt vom 14. bis zum 17. Jh., seit dem 16. Jh. **Lettisch** und das besonders altertümliche **Litauisch**, vgl. etwa lit. *Diẽvas dãvė dantìs, Diẽvas duõs ẽska* mit lat. *Deus dedit dentēs, deus dabit escam* 'Gott gab Zähne, Gott wird auch Essen geben' (Schmitt-Brandt 1994, 313). (Das mit dem Finnischen eng verwandte Estnisch ist keine idg. Sprache!)

1.1.1.1.9. Slawische: Von den südslawischen Sprachen ist das **Bulgarische** anhand kyrillisch geschriebener (alt)kirchenslawischer Texte bis ins 10. Jh. zurückzuverfolgen; die *Freisinger Denkmäler*, älteste Quelle für das (bis heute auch in Kärnten noch gesprochene) **Slowenische**, sind etwa um 1000 (in Bayern!) entstanden, früheste **serbische** und **kroatische** Zeugnisse stammen aus dem 12. Jh., das Südslawisch-**Makedonische** wird erst spät schriftsprachlich fassbar. Die ältesten ostslawischen (**gemeinrussischen**) Texte stammen aus dem 10./11. Jh., **Weißrussisch** und **Ukrainisch** sind seit dem 16. Jh. literarisch fassbar. Von den westslawischen Sprachen ist das **Polnische** (12. Jh.) etwas früher als das **Tschechische** und **Slowakische** (13. Jh.) bezeugt. Besonders zu erwähnen ist das **Sorbische** als Sprache einer westslawischen Minderheit in der Lausitz, die seit dem 16. Jh. (in Form einer Übersetzung der Luther-Bibel) auch literarisch belegt ist und sich bis heute gehalten hat (im Gegensatz zu dem Mitte 18. Jh. durch Sprachwechsel verschwundenen Polabischen, auch: Elbslawischen, des Gebiets zwischen Lüneburger Heide und Altmark).

1.1.1.1.10. Germanische: Abgesehen von tw. noch älteren Runeninschriften (a. u. 1.1.2.1.2.) ist die früheste alphabetschriftlich überlieferte germanische Sprache das (ausgestorbene) Gotische (aus dem 4. bzw. 6. Jh.; a. u. 1.1.3.1.). Aktuelle germanische Sprachen sind im Norden, jeweils mit runenschriftlicher und seit dem 13. auch alphabetischer Überlieferung, das (bis heute sehr archaische) **Isländische**, **Norwegisch** (als dänisiertes *riksmål* sowie als ein im 19. Jh. auf dialektaler Grundlage entwickeltes *landsmål*), **Schwedisch**, **Dänisch** und **Färöisch** (verschriftlicht Ende 18. Jh.). Das **Englische** (als angelsächsisch überliefert seit dem 8. Jh.) wurde in der Neuzeit als Sprache des British Empire und der U.S.A. zur weltweit verbreitetsten Sprache (mit *Pidgin*- und kreolsprachlichen Ablegern). **Niederländisch** (als Altniederfränkisch literarisch belegt seit dem 9. Jh., als mittelnl. Literatursprache z. B. Henriks van Veldeke und als neunl. schriftsprachlich entwickelt seit dem 16./17. Jh.) ist die Staatssprache der Niederlande, wird aber auch im belgischen Flandern gebraucht. Eine Tochtersprache ist **Afrikaans**, die Sprache der nach Südafrika ausgewanderten holländischen *Buren* ('Bauern'). **Friesisch** (in Rechtstexten des 13./14. Jhs. zuerst belegt) hat im nördlichen Holland (Westfriesisch) den Status einer anerkannten Minderheitensprache; gesprochen wird (nord)friesisch auch in Deutschland (Inseln um Sylt, Küste bei Husum), die Ostfriesen sind allerdings als Sprachgemeinschaft (um Oldenburg) kaum noch vorhanden. **Deutsch** ist seit dem 8. Jh. überliefert: neben den ahd. (alemannischen, bairischen, fränkischen) Quellen dieser Zeit steht bereits die Überlieferung des Altsächsischen, das über das Mittelniederdeutsche (Schriftsprache der Hanse) zum modernen Niederdeutschen ("plattdeutsche Dialekte") wurde. Die heutige (hoch)deutsche Standardsprache ist ziemlich homogen, Unterschiede zwischen existierenden Varianten (Bundesrepublik, Österreich, Schweiz u. a.) sind gering. In Luxemburg ist die dortige, auf moselfränkischer Grundlage beruhende Umgangssprache, das **Letzeburgische**, in jüngster Zeit zu einer Schriftsprache ausgebaut worden (s. HOFFMANN 1979). Ähnliche Bestrebungen hat es zeitweise auch für Schwyzerdütsch gegeben (s. Deutsch der Schweizer 1986). Eine Tochtersprache des Deutschen ist das **Jiddische**, das sich im Mittelalter auf der Grundlage deutscher Dialekte als überregionale Verkehrssprache der aschkenasischen Juden entwickelt hat. (Vgl. auch HUTTERER 1990, WALTHER 1994).

1.1.1.2. *Gemeinsamkeiten indogermanischer Sprachen*

Idg. Sprachen stimmen lexikalisch und grammatisch in vielem überein und sind nach dem Grad dieser Übereinstimmungen gruppiert worden.

1.1.1.2.1. Lexikalische Gemeinsamkeiten: Beim Vergleich vieler dt. Wörter mit bedeutungsgleichen (oder -nahen) Äquivalenten in anderen idg. Sprachen fällt die Ähnlichkeit der Lautgestalt auf, z. B.: ***Mutter*** – engl. *mother*, anord. *mōđir*, lat. *māter*, gr. *mḗtēr*, russ. *máteri* (Gen.), lit. *mótė* ('Ehefrau'), air. *māthir*, aind. *mātā́r-* u. a.; ***drei*** – engl. *three*, got. *þreis*, lat. *trēs*, gr. *treĩs*, russ. *tri*, lit. *trỹs*, aind. *tráyas*, heth. *teri* u. a.; ***neu*** – engl. *new*, got. *niujis*, lat. *novus*, gr. *néos*, russ. *nóvyj*, lit. *naũjas*, air. *nūë*, aind. *návaḥ*, heth. *newa-* u. a.; ***ist*** – engl. *is*, got. *ist*, lat. *est*, gr. *estí*, russ. *jest'*, lit. *ẽst(i)*, aind. *ásti*, heth. *ēšzi* u. a.; ***ess(en)*** – engl. *eat*, got. *itan*, lat. *edere*, gr. *édein*, russ. *est'*, lit. *ësti*, aind. *átti* (3.Sg.), heth. *ed-*, *ad-* u. a.

Weil die Ähnlichkeit solcher zum Grundwortschatz gehörenden Wörter kaum auf Entlehnung beruhen kann, ist anzunehmen, dass sie jeweils miteinander verwandt sind, d. h. auf eine gemeinsame Grundlage zurückgehen. Die angenommenen idg. *Formen werden von der historisch-vergleichenden Sprachwissenschaft erschlossen, im konkreten Fall als: **mātēr-, *trejes, *neu-jo-, *esti, *ed-*. Die in diesen hypothetischen Ausgangsformen zum Ausdruck kommende idg. Zusammengehörigkeit wird noch klarer, wenn wir die entsprechenden Bezeichnungen aus anderen Sprachen vergleichen, die aus diesem Rahmen herausfallen. Die Bezeichnungen für 'drei' lauten z. B. auf baskisch *hiru*, ungarisch *három*, finnisch *kolme*, türkisch *üç* und georgisch (gruzinisch) *sami-i*, also ganz anders. Dies erklärt sich daraus, dass diese Sprachen nicht zur idg. Gruppe gehören.

1.1.1.2.2. Morphologische Gemeinsamkeiten: Auch grammatisch lässt sich die Zusammengehörigkeit der idg. Sprachen zeigen, z. B. an Verbalformen wie: *(ich) b-**in*** (ahd. *b-**im***) – engl. *(I)* ***am*** (ae. ***ēom***), got. ***im*** anord. ***em***, lat. *s-**um***, gr. *ei-**mí***, armen. *je-**m***, abg. *jes-**m'*** alit. *es-**mì***, aind. *ás-**mi*** hethit. *es-**mi*** (< idg. **es-**mi***; Nasal in der 1.P.Sg. athematischer Wurzelverben, das sind solche, bei denen die Flexionsendung ohne stammbildendes, 'thematisches' Element direkt an die Wurzel tritt); *(wir ge)bär-e-**n*** (eigentlich: 'aus-tragen', < ahd. *bër-ē-**m***) – got. *bair-a-**m***, anord. *ber-o-**m***, lat. *fer-i-**mus***, gr. (dorisch) *phér-o-**mes***), abg. *ber-e-**m'***, aind. *bhár-ā-**maḥ*** (< idg. **b^{h}er-o-**mes***; 1.Pl. thematischer Verben).

Weil Entlehnung von Flexionselementen schwer vorstellbar ist, sind solche morphologischen Übereinstimmungen noch überzeugendere Beweise für die genealogische Zusammengehörigkeit der angeführten Sprachen. Ihre Aufdeckung und Erklärung durch FRANZ BOPP (*Über das Conjugationssystem der Sanskritsprache in Vergleichung mit jenem der griechischen, lateinischen, persischen und germanischen Sprache*) steht am Beginn der modernen Vergleichenden Sprachwissenschaft (1816).

1.1.1.2.3. Gruppierung idg. Sprachen: Es gibt viele Versuche, in der Gesamtheit der idg. Sprachen nach dem Grad ihrer Übereinstimmung näher zusammengehörige Gruppen auszumachen, bei denen sich eine wenigstens zeitweilige Gemeinsamkeit ihrer Entwicklung vermuten lässt.

Am populärsten, wiewohl hinsichtlich ihrer genetischen Erklärung problematisch, ist die Unterscheidung zwischen **Kentum-** und **Satemsprachen**, je nachdem, ob sich die alten palatalen Gaumenverschlusslaute *k̂, k̂ʰ, ĝ, ĝʰ* als Verschlusslaute erhalten oder in Reibelaute verwandelt haben. Dem idg. **k̂m̥tóm* 'hundert' entsprechen einerseits gr. *hekatón*, lat. *centum* (sprich [kɛntUm]), germ. (got.) ***hund*** (*h* entstand aus ***k*** auf Grund der germ. Lautverschiebung), air. *cēt* (spr. [ke:t]), toch. *känt*, andererseits aind. *śatám*, avest. *satəm*, lit. *šim̃tas*, abg. *s'to* (russ. *sto*). Zu den Satemsprachen gehören eher östliche Sprachen (die indischen und iranischen, Armenisch; die baltischen und slawischen, Albanisch), zu den Kentumsprachen überwiegend westliche (die keltischen und germanischen, Latein und Griechisch, Venetisch, Illyrisch), aber auch das Hethitische und Tocharische, durch deren Entdeckung (1904 bzw. 1906) die sprachhistorische und -geographische Wertung der Kentum/Satem-Gliederung schwierig wurde (Jäger 1969, 68; Haudry 1979, 7; Schmitt-Brandt 1998, 86–90).

Die Ost-West-Gruppierung ist von W. Porzig (1954, 213) aufgrund von mehr Merkmalen modifiziert worden (wobei das Griechische z. B. als östliche Sprachen gilt; vgl. Hutterer 1990, 20–30);

V. I. Georgiev (1966) hat 4 Gruppen unterschieden: eine nördliche (Baltisch, Slawisch, Germanisch), eine westliche (Keltisch, Italisch, Venetisch, Illyrisch), eine südliche (Hethitisch, Luwisch) und eine zentral-idg. Gruppe (Griechisch, Armenisch, Phrygisch, Albanisch, Indisch, Iranisch; Thrakisch und Pelasgisch).

Freilich bleibt es fraglich, inwieweit dies wirklich die historische Realität der Zeit von 3500 bis 2500 v. Chr. widerspiegelt. Abgesehen von der Problematik solcher umfassenden Gruppierungsversuche gilt immerhin die engere Zusammengehörigkeit von indisch und iranisch (**indo-iranisch**)[6] als gesichert, und auch H. Krahes Postulat eines **"alteuropäischen"** Kreises von Vorstufen des Keltischen, Italischen, Germanischen und Illyrischen wird namenkundlich (v. a. anhand von Gewässernamen) als sprachliches Kontinuum von Spanien bis an den Don, von Skandinavien bis in die Mittelmeerländer fassbar: Angesichts der auffallenden Häufigkeit "alteuropäischer"[7] Flussnamen im Baltikum dürften Vorstufen der baltischen Sprachen in diesem Sprachraum kaum gefehlt haben, dessen Größe es freilich zweifelhaft erscheinen lässt, "ob sich die Sprecher am Westrand mit denen am Ostrand mühelos verständigen konnten". (W. P. Schmid 1983, 111).

1.1.1.3. *Entstehung der indogermanischen Sprachen*

Die Entwicklung von einem älteren, eher einheitlichen idg. Zustand zur späteren Vielfalt idg. Sprachen versuchen verschiedene Theorien zu beschreiben:

1.1.1.3.1. Stammbaumtheorie: Namen und Wesen dieser Theorie erklärt ihr Begründer, August Schleicher, 1873 so: "Von Sprachsippen, die uns genau bekannt sind, stellen wir ebenso Stammbäume auf, wie dies Darwin für die Arten von Pflanzen und Tieren versucht hat." (Schleicher 1873 zit. nach Arens 1969, 260) In Analogie zu Darwins Theorie von der Entstehung natürlicher Arten postuliert Schleicher also,

---

[6] oder "arisch"; dieser linguistische Terminus nach der gemeinsamen Selbstbezeichnung *Arya* ist "später von der Völkerkunde in viel weiterem Sinne verwendet worden, so daß manche Verwirrung entstand." (Porzig 1987,348).

[7] d. h. (hier): indo-europäisch; so vergleicht sich z. B. der Name des Mainzuflusses *Sinn* (m.) mit ai. *sindhu-* 'Fluß', der Name der *Donau* mit iran. *dānu* 'Fluß' (W. P. Schmid 1983, S. 103); mit ganz anderer Bedeutung wird "alteuropäisch" auch für die (vorie.) Zivilisation (Vinča-Kultur des Balkan, Mitte 6. – Mitte 4. Jahrtausend) verwendet (H. Haarmann 1990, S. 80, nach M. Gimbutas).

dass auch die einzelnen idg. Sprachen (und weitergehend selbst deren Mundarten) durch zunehmende Verzweigung und Verästelung aus dem Stamm der vorausgesetzten (und sogar rekonstruierten) gemeinsamen idg. "Ursprache" herausgewachsen seien. Schwächen dieser kaum noch vertretenen Theorie liegen, abgesehen vom statischen Axiom dieses rekonstruierbaren Ur-Idg. wohl darin, dass Kontakt zwischen einmal verzweigten Ästen nicht vorgesehen und die Entstehung von Sprachen nur als Abspaltung infolge von "Völkertrennung", keinesfalls als Zusammenwachsen vorgestellt ist (obwohl gerade das Deutsche dafür ein Beispiel böte).

1.1.1.3.2. Wellentheorie: Sie wurde von JOHANNES SCHMIDT ausdrücklich gegen die Stammbaumtheorie gestellt: "Wollen wir nun die verwantschaftsverhältnisse der indogermanischen sprachen in einem bilde darstellen, welches die entstehung irer verschidenheiten veranschaulicht, so müssen wir die idee des stammbaumes gänzlich aufgeben. Ich möchte an seine stelle das bild der welle setzen, welche sich in concentrischen und mit der entfernung vom mittelpunkte immer schwächer werdenden ringen ausbreitet. ... Mir scheint auch das bild einer schiefen, vom sanskrit zum keltischen in ununterbrochener linie geneigten ebene nicht unpassend. Sprachgrenzen innerhalb dises gebietes gab es ursprünglich nicht. ... Die entstehung der sprachgrenzen oder, um im bilde zu bleiben, die umwandelung der schiefen ebene in eine treppe stelle ich mir so vor, daß ein geschlecht oder ein stamm ... durch politische, religiöse, sociale oder sonstige verhältnisse ein übergewicht über seine nächste umgebung gewann." (J.SCHMIDT 1872, zit. nach ARENS 1969, 308) Auf diese Weise seien aus einer nur relativen ursprünglichen Spracheinheit, in der sich sprachliche Neuerungen wellenartig verbreiten konnten, durch Unterdrückung der Übergangsdialekte in historischer Zeit die verschiedenen idg. Sprachgruppierungen und Einzelsprachen ausgegliedert worden. Bemerkenswert und bis heute gültig ist an SCHMIDTS Theorie, dass sie die Rekonstruktion einer homogenen idg. "Ursprache" als Fiktion erkannt hat und stattdessen dialektale Mannigfaltigkeit bereits für die frühesten Zeiten annimmt. Im übrigen entspricht die "Wellentheorie" der in der Dialektologie (Mundartforschung) etwa gleichzeitig entwickelten sprachgeographischen Methode, Karten aufgrund bestimmter sprachlicher Übereinstimmungen (**Isoglossen**) zu zeichnen: "Ziehen wir ... in einem zusammenhängenden Sprachgebiete die Grenzen für alle vorkommenden dialektischen Eigentümlichkeiten, so erhalten wir ein sehr kompliziertes System mannigfach sich kreuzender Linien. Eine reinliche Sonderung in Hauptgruppen, die man wieder in so und so viele Untergruppen teilt usf., ist nicht möglich. Das Bild der Stammtafel ... ist stets ungenau." (PAUL 1968, 42f; vgl. die idg. Isoglossen-Kombinationskarte in HUTTERER 1990, 15)

1.1.1.3.3. Substrattheorie: Bei der Erforschung der roman. Sprachen hatte sich gezeigt, dass deren Unterschiede und Abgrenzung von der sprachlichen Grundlage (**Substrat**) bestimmt sind, über die sich das Volkslatein in den ersten Jahrhunderten n.Chr. ausgebreitet hatte. Diese Theorie wurde von HERMANN HIRT auf das Idg. übertragen: "Die großen Dialektgruppen der indogermanischen Sprache erklären sich in der Hauptsache aus dem Übertragen der Sprache der indogermanischen Eroberer auf die fremdsprachige unterworfene Bevölkerung und dem Einfluß dieser Sprache auf die Kinder." (HIRT 1894, zit. nach ARENS 1969, 474) Übrigens ist bei solchen Bevölkerungs- und Sprachmischungen auch damit zu rechnen, dass die Sprache der Zuwanderer ihrerseits in der der Einheimischen aufgeht und dort Spuren (ein **Superstrat**) hinterlässt. Im Fall kontinuierlicher Zweisprachigkeit (Diglossie bzw. Bilinguismus) über längere Zeit hinweg spricht man auch von **Adstrat**-Wirkung. In modifizierter Form wird die Substrattheorie neuerdings auch als **Kreolthese** vertreten: Sie deutet die Indogermanisierung, d. h. "die rasch fortschreitende und weit ausgreifende Verbreitung" idg. Sprachen als eine mit Sprachwechsel verbundene Kreolisierung und rechnet z. B. bei der Ethnogenese der Germanen mit "ethnisch und sprachlich nicht homogenen Gruppen ... mit einem starken indogermanischen Traditionskern"; auch das Idg. selbst könnte eine Kreolsprache gewesen sein, d. h. das Ergebnis eines "sprachlichen Ausgleichs- und Assimilationsprozeß" zwischen heterogenen Ausgangssprachen (ZIMMER 1990, 35 und 26; s. a. OTTO 1978, 195).

1.1.1.3.4. Entfaltungstheorie: Diese Theorie, von OTTO HÖFLER (1956) zur Erklärung der 2. (ahd.) Lautverschiebung ausformuliert, ist de facto schon früher, z. B. vom frz. Indogermanisten ANTOINE MEILLET als "Konvergenz sprachlicher Entwicklung" (1918) auf idg. Verhältnisse appliziert worden; sie rechnet mit der "Möglichkeit gleichsinniger Spontanentwicklungen auch bei räumlicher Trennung (Abwanderung)" (KNOBLOCH 1985, 782), warnt also davor, "einer ehemaligen Gemeinschaft zuzuschreiben, was aus parallelen, aber unabhängigen Entwicklungen stammt." (MEILLET, zit. nach ARENS 1969, 469). Auf die Annahme, dass die Auseinanderentwicklung verwandter Sprachen einem ganz bestimmten Tempo folge, hat der Amerikaner SWADESH seine Theorie der **Glottochronologie** gegründet, die lexikostatistisch aus Gemeinsamkeiten und Unterschieden im Wortschatz zweier Sprachen den sie trennenden Zeitraum errechnen zu können glaubte (TISCHLER 1973).

1.1.1.4. *Die "Indogermanenfrage"*

Mit der Stammbaumtheorie und ihrer Auffassung von einer einheitlichen idg. "Ursprache", die sich mit der einsetzenden "Völkertrennung" in verschiedene Einzelsprachen aufgelöst habe, ist auch die Vorstellung von einem einstigen idg. "Urvolk" obsolet geworden. Deshalb ist es fragwürdig, sich unter "Indoeuropäern" ein Volk im Sinn einer ethnischen Einheit vorzustellen, und ganz unsinnig, vulgäranthropologisch von "Rasse" zu sprechen (zumal nach anthropologischen Erkenntnissen der *Homo sapiens* sich erst seit etwa 100.000 Jahren aus Afrika über die ganze Erde verbreitet hat und deshalb von rezenten Menschen"rassen" überhaupt nicht gesprochen werden kann). Als Träger des Idg. treten in historischer Zeit räumlich sehr weit voneinander getrennte Stämme von verschiedenem anthropologischen Typus auf, deren Wirtschaft und Kultur ebenfalls große Unterschiede aufweisen. Diese historischen idg. Sprachen sind von einer angenommenen idg. Grundsprache durch eine "Kluft von unbekannter Zeitdauer und räumlicher Distanz" (KRAHE 1954, 37) getrennt. Über die hypothetische ur-idg. Sprachgemeinschaft läßt sich nicht viel Gewisses sagen – Archäologie, Sprachwissenschaft und Völkerkunde eröffnen nur indirekte Quellen. (Vgl. auch MEYER 1948)

1.1.1.4.1. Zeitliche Einordnung: Eine idg. Grundsprache sollte schon vor der (in Europa um 1700 v. Chr. beginnenden) Bronzezeit gesprochen worden sein, also in der **Jungsteinzeit** (Neolithikum), die man mit dem 5. Jahrtausend einsetzen lässt und auf Grund der Wirtschaftsformen Ackerbau und Viehzucht von der davorliegenden Mittleren Steinzeit (dem Mesolithikum, mit kulturellen Errungenschaften wie Töpferei und dem Hund als erstem Haustier) abgrenzt. Um sich die zeitlichen Relationen und die Inadäquatheit des (auch aus diesem Grund unangebrachten) Ausdrucks "Ursprache" zu verdeutlichen, bedenke man, dass z. B. die Höhlenmalereien der wildbeutenden Crô-magnon-Menschen von Altamira, Lascaux u. a. wohl noch einmal 20.000–30.000 Jahre älter sind und aus dem noch eiszeitlichen Jungpaläolithikum stammen, ganz zu schweigen von Frühmenschen wie dem Neanderthaler (benannt nach dem Fundort bei Düsseldorf), die (ab ca. 200.000 v. Chr., 3. Zwischeneiszeit) bereits Feuer benutzten und Tote bestatteten, oder gar dem Pithecanthropus der Geröllkultur, mit dessen als Werkzeugen benutzten Steinen für uns die menschliche Vorgeschichte vor 600.000 Jahren überhaupt beginnt. Beim Idg. handelt es sich also zwar um eine alte, steinzeitliche Sprache, keinesfalls aber um eine "Ursprache", ja schon die Vorstellung einer solchen scheint naiv, "weil es keinen vernünftigen Grund für die Annahme gibt, irgendein historisch faßbarer Zustand der sozioökonomischen oder linguistischen Entwicklung ... könne Anspruch auf eine wie auch immer geartete 'Ursprünglichkeit' erheben" (ZIMMER 1990, 17).

1.1.1.4.2. Die "Urheimat": Das ursprüngliche Verbreitungsgebiet des Idg. ist in den verschiedensten Gegenden zwischen Skandinavien und Indien vermutet worden. Hauptsächlich ging der Streit um eine Entscheidung für Asien oder Europa (zusammenfassend: ZIMMER 1990, 8ff). Für asiatische Herkunft haben zuletzt z. B. T. GAMKRELID-

ZE/V.IVANOV argumentiert und eine “Urheimat” am südlichen Kaukasus und im angrenzenden Azerbajdžan postuliert. Allerdings lassen sich die historischen Wohnsitze der idg. Völker mit europäischer Herkunft besser in Einklang bringen; für diese spricht auch, daß zwar Tiere wie *Fuchs, Hase, Hirsch, Wolf, Ente, Kranich*, Bär (im Dt. ‘der Braune’ als Tabubezeichnung) und Adler (*Aar*) gemein-idg. Bezeichnungen tragen, nicht aber *Kamel, Tiger, Löwe, Affe* oder *Pfau*. Klimatisch scheinen jedenfalls Winter (mit *Schnee*) und *Sommer* unterscheidbar gewesen zu sein.

Archäologisch wurden die frühen Indoeuropäer z. B. von M.GIMBUTAS mit der *Kurgan*-Kultur (‘Hügelgräber’) in der südrussischen Steppe oder von J.MALLORY mit der *Jamnaja*-Kultur nördlich des Schwarzen Meeres identifiziert. Europäische Indogermanen waren wohl auch die **“Schnurkeramiker”** (so genannt nach der Ornamentform ihrer Gefäße bzw. nach der Beigabe in den Einzelgräbern von Männern auch: **“Streitaxtleute”**), die von Osten her eine ältere Kultur von Großsteingräbern (*Megalith*-Sippengräber) überlagerten, was als deren Indogermanisierung gedeutet und mit dem Entstehen des Germanischen in Verbindung gebracht wird (KÖNIG 1978, 43; s. a. KINDER/HILGEMANN 1964, Bd. 1,14f; Germanen 1998 12f und 21ff).).

Typologisch und areallinguistisch argumentiert N.TRUBETZKOY (1939): Er vergleicht das Idg. anhand von (sechs) Leitmerkmalen mit anderen Sprachfamilien und stellt fest, dass Gemeinsamkeiten nur einerseits zu den ural-altaischen (besonders: den finnisch-ugrischen) Sprachen, anderseits zu den mediterranen (kaukasisch-semitischen) Sprachen bestehen, das Idg. also nur zwischen diesen beiden Familien “eine Brücke” bilde. Dementsprechend müsse das Gebiet, wo die ältesten idg. Dialekte entstanden seien, irgendwo dazwischen liegen, konkret also in “einem recht großen Gebiete – sagen wir von der Nordsee bis zum Kaspischen Meer” (TRUBETZKOY 1939, zit. nach ARENS 1969, 493); neuerdings wird, weiter einschränkend, etwa auf die Dnjepr-Donez-Kultur in der heutigen Ukraine verwiesen (SCHMITT-BRANDT 1998, 290–293).

Eine gewisse Berühmtheit haben zwei Argumente erlangt, mit denen die Heimat der idg. Grundsprache möglichst (aber nicht zu) nördlich und westlich eingegrenzt werden sollte (THIEME 1954): Das ***Lachs*-Argument** benützt die Bezeichnung für diesen Fisch, die nicht nur im Germanischen, Baltischen und Slawischen, sondern in der allgemeinen Bedeutung ‘Fisch’ auch im Tocharischen auftritt und deshalb als gemein-idg. erwiesen sei. Da Lachse aber nur in nördlichen Flüssen vorkommen, müsse auch die indogermanische “Urheimat” dort (im Stromnetz von Weichsel, Oder, Elbe und vielleicht Weser) gesucht werden. Freilich könnte auch die tocharische Bedeutung ‘Fisch’ die ältere und das Wort (von Germanen, Slawen, Balten) später auf den (von ihnen vorgefundenen) Lachs übertragen worden sein.

Ähnlich funktioniert das ***Buchen*-Argument**, da der mit diesem Wort (vgl. lat. *fāgus*) bezeichnete Baum als Buche nur westlich einer Linie Varna – Odessa – Königsberg wächst. Die aus dieser “Urheimat” abgewanderten Stämme hätten das Wort dann auf andere Bäume ihrer neuen Umgebung übertragen (z. B. gr. *phēgos* ‘Eiche’, russ. *boz* ‘Holunder’). Allerdings wurde dieses Argument, abgesehen von der unsicheren Etymologie, auch durch die Erkenntnis entwertet, dass die Buche im Neolithikum bedeutend weiter südlich und östlich verbreitet war und erst recht spät nach Mittel- und Nordeuropa kam.

Dass die Bedeutungen auch anderer idg. Baumbezeichnungen (wie *Ahorn, Birke, Eibe, Eiche, Fichte, Föhre, Weide* u. a.) recht uneinheitlich sind, lässt “auf ein Ursprungsgebiet mit Heide oder Savannencharakter” (KÖNIG 1978, 41) schließen.

Auch wenn sich das gemein-idg. Sprachgebiet (trotz mancher Gründe, die für die Region nördlich des Schwarzen Meeres sprechen) nicht mit letzter Gewissheit lokalisieren lässt, ist die idg. Sprachgemeinschaft jedenfalls “am Rande von bereits fest etablierten Kulturen entstanden” (ZIMMER 1990, 25). Dem entspricht, dass ihr Eintritt in die Geschichte (als Einfall der Hethiter und Luwier zu Beginn des 2. Jahrtausends v. Chr.) in Quellen der mesopotamischen Hochkultur bezeugt ist. (Vgl. Urheimat 1968).

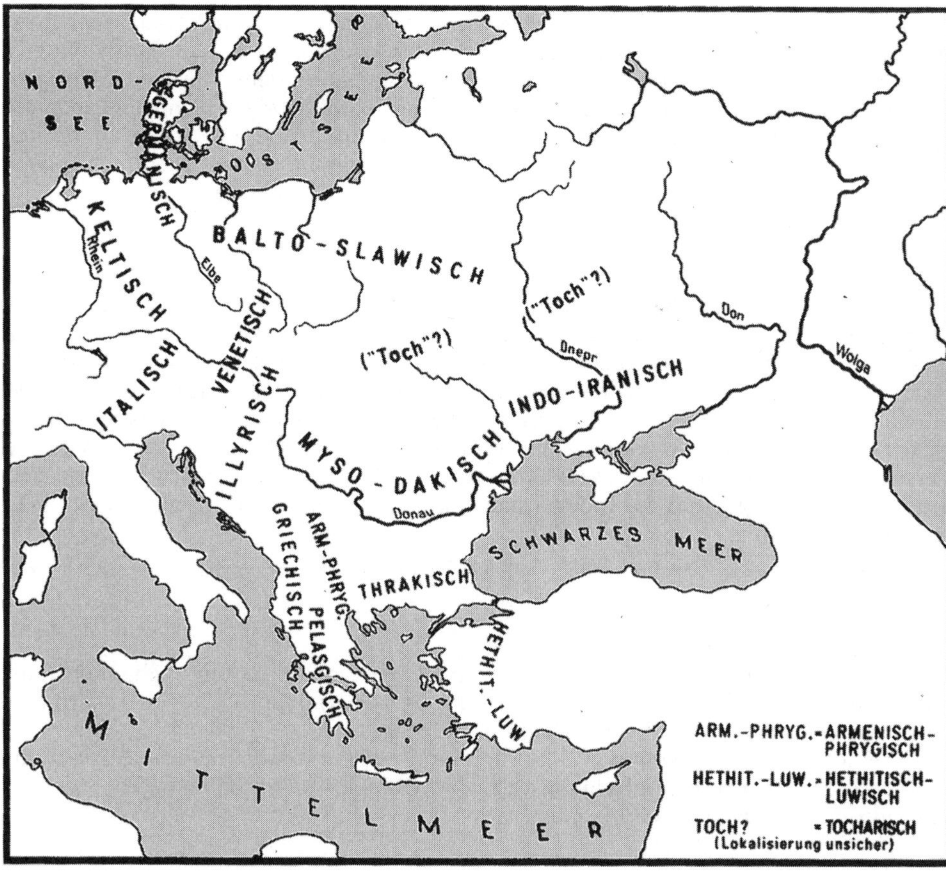

Karte 1: Indogermanische Sprachen in prähistorischer Zeit (nach G. Jäger 1969)

1.1.1.4.3. Kultur der "Indogermanen": Mit einem "Linguistische Paläontologie" genannten Verfahren (vgl. Stroh 1974; Buck 1949) lassen sich aus dem gemein-idg. Wortschatz Rückschlüsse auf die Zivilisation der Sprecher der idg. Grundsprache ziehen. Demnach kannten sie *Pflug*, *Saat* und Ernte (*Mahd*), trieben also wohl schon *Acker*bau mit einer *Ähren*frucht (*Gerste*), deren *Korn* ge*mahl*en wurde; hauptsächlich züchteten sie jedoch *Vieh*, v. a. *Schwein*, Rind (*Kuh*) und *Schaf* – letztere auch wegen *Milch* und *Wolle*. An der *Biene* interessierten *Honig* (und *süß*er *Met* – *Salz* dürften sie aus dem *Meer* gewonnen haben). *Zahm* waren bei ihnen weiters *Pferd*, *Hund* (*Gans*? [Hehn 1887, 301]), allerdings noch nicht Esel oder (trotz der *Maus*!) die Katze. Ihre *Wagen* ließen sie auch von *Ochsen* (unter einem *Joch*) ziehen, die *Tür* zu ihrem Haus (*Zimmer*!) war ver*schließ*bar. Hand*werk*lich konnten sie *Lehm* und *Teig* formen und beherrschten das Spinnen (*nähen*!), *Weben*, Nähen (*Saum*, engl. *sew*!) und *Flechten*. Von den Metallen verfügten die (aus der Steinzeit kommenden) Indoeuropäer zuerst nur über das (*eherne*!) Kupfer; Zahlungs- und Tauschmittel (*Miete*) war wohl nicht Silber oder *Gold* ('das Gelbe'), sondern *Vieh* (lat. *pecunia*); es gehörte dem Oberhaupt der patriarchalischen Großfamilie (vgl. lat. *potis* 'vermögend', entsprechend aind. *pátiš* 'Besitzer, Gemahl'; dazu vielleicht als Negationsbildung *ne-p-ōs, nepōtis* 'Enkel'), deren Struktur sich in einer weit ausgebauten gemein-idg. Verwandtschaftsterminologie spiegelt (Hettrich 1985, 461). Das Zusammenleben in Stamm (vgl. *König*) und Volk (vgl. *deutsch*) regelte die *Sitte*, z. B. *Schwur* (*Eid*), *Gast*freundschaft, Blut*rache*, *Wergeld* und *Heerbann*. Die Religion war polytheistisch, der *Name* des obersten "Gott(vater)" lebt fort in den Bezeichnungen ai. *devas* (bzw. *dyā́us pitā́*), gr. *Zeus (patér)*, lat. *deus* (bzw. *Ju(p)piter* < *Dieu pater*, komponiert aus vokativischem *diēs* 'Tag' + *pater* 'Vater'), germ. *teiwaz* (a. u. 1.1.2. und 1.1.3.6.), vgl. engl. *Tues(day)*, alem. *Zies(tag)*. Übrigens hatten die Indoeuropäer noch keinen Begriff von *Woche(ntag)*, rechneten aber mit *Monat* und *Jahr*. Ihr astronomisches Wissen beschränkte sich auf *Sonne, Mond* und *Stern*, gezählt haben sie (wie die Etymologie von *fünf, acht, neun* nahelegt: wohl mit Hilfe der Finger) jedenfalls bis *zehn*, *hundert* ergab sich als "zehn *zig*".

1.1.1.5. *Die hypothetische indogermanische Grundsprache*

"Indogermanisch" bezeichnet als linguistischer Begriff den Inbegriff der sprachlichen Gemeinsamkeiten, die sich aus den Einzelsprachen ableiten lassen, die idg. "Grundsprache" gilt heutzutage also mehr als Abstraktion denn als Rekonstruktion, und wohl kaum ein Indogermanist würde heute noch wie Schleicher (1868) ernsthaft "eine Fabel in indogermanischer Ursprache" schreiben (die man sich damals übrigens, in Abhängigkeit vom Sanskrit, sehr *a*-haltig und ohne *e* und *o* vorstellte); anderseits wird aus Versuchen (wie z. B. dem von Lehmann/Zgusta 1979), diesen artifiziellen idg. Text dem neuesten Forschungsstand der Indogermanistik anzupassen, der Fortschritt dieser Wissenschaft augenfällig.

Schleicher 1868:

Avis akvāsas ka.
Avis, jasmin varnā na ā ast, dadarka akvams, tam, vāgham garum vaghantam, tam, bhāram magham, tam, manum āku bharantam. Avis akvabhjams ā vavakat: kard aghnutai mai vidanti manum akvams agantam.
Akvāsas ā vavakant: krudhi avai, kard aghnutai vividvant-svas: manus patis varnām avisāms karnauti svabhjam gharmam vastram avibhjams ka varnā na asti.
Tat kukruvants avis agram ā bhugat.

[Das] Schaf und [die] Rosse.
[Ein] Schaf, [auf] welchem Wolle nicht war ('ein geschorenes Schaf') sah Rosse, das [einen] schweren Wagen fahrend, das [eine] große Last, das [einen] Menschen schnell tragend. [Das] Schaf sprach [zu den] Rossen: [Das] Herz wird beengt [in] mir ('es tut mir herzlich leid'), sehend [den] Menschen [die] Rosse treibend.
[Die] Rosse sprachen: Höre Schaf, [das] Herz wird beengt [in den] gesehen-habenden ('es tut uns herzlich leid, da wir wissen'): [der] Mensch, [der] macht [die] Wolle [der] Schafe [zu einem] warmen Kleide [für] sich und [den] Schafen ist nicht Wolle ('die Schafe aber haben keine Wolle mehr, sie werden geschoren: es geht ihnen noch schlechter als den Rossen).
Dies gehört-habend bog ('entwich') [das] Schaf [auf das] Feld ('es machte sich aus dem Staube').

Lehmann/Zgusta 1979:

Owis eḱwōskʷe.
Gʷərēi owis, kʷesyo wḷhnā ne ēst, eḱʷōns espeḱet, oinom ghe gʷṛum woǵhom weǵhontṃ, oinomkʷe meǵam bhorom, oinomkʷe ǵhṃenṃ ōku bherontṃ.
Owis nu eḱwobhyos ewewkʷet: "Ḱēr aghnutoi moi eḱwōns aǵontṃ nerṃ widṇtei".
Eḱwōs tu ewewkʷont: "Ḱludhi, owei, ḱēr ghe aghnutoi ṇsmei widṇtbhyos: nēr, potis, owiōm ṛ wḷhnām sebhi gʷhermom westrom kʷrṇeuti. Neǵhi owiōm wḷhnā esti".
Tod ḱeḱluwōs owis aǵrom ebhuget.

On a hill a sheep that had no wool saw horses, one pulling a heavy load, one bearing a great burden, and one quickly a man.
The sheep said to the horses: "My heart pains me seeing man driving horses".
The horses said: "Listen, sheep, our heart pains us when we see: man, the master, makes the wool of sheep into warm garment for himself. And the sheep has no wool".
Having heard this, the sheep took flight into the plain.

Worterklärungen:
owis 'Schaf' (vgl. lat. *ovis*, gr. *óis*, engl. *ewe*);
wl̥hnā 'Wolle' (vgl. lat. *lana*)
ek̑^{w}ōns 'Pferde' (Akk.Pl.; vgl. lat. *equōs*, gr. *híppous*)
weĝhontm̥ 'fahrend' (vgl. lat. *vehentem*, ahd. *wegant* '[be]wegend')
bherontm̥ 'tragend' (vgl. gr. *phéronta*, lat. *ferentem*, engl. *bear[ing]*)
k̑ēr 'Herz' (vgl. gr. *kēr*, lat. *cor, -dis*, got. *haírto*)
widn̥tei 'dem Sehenden' (Dat.Sg.; vgl. lat. *videnti*, got. *witan* 'wissen')
k̑ludhi 'höre' (Imp.; vgl. gr. *klūdi*, süddt. *losen*)
potis 'Herr' (vgl. gr. *pótis*, lat. *potis*, got. *-faþs*)
aĝrom 'Acker' (Akk.Sg.; vgl. gr. *agrón*, lat. *agrum*)

Abgesehen von einer "Wurzelperiode", in der reine Stammformen (wie Imperativ und Vokativ) aneinandergefügt wurden und die in alten Komposita (lat. *agri-cola* 'Ackerbauer', got. *gasti-gôþs* 'gastfrei', ahd. *bota-scaf* 'Botschaft') spurenweise noch fassbar wird, ist die hypothetische idg. Ursprache durch Flexion charakterisiert, d. h. durch Deklination der Nomina (Substantive, Adjektive) und Konjugation der Verben. (Vgl. auch SEEBOLD 1998, 103ff).

1.1.1.5.1. Nominalformen: Die Kategorie des Numerus hat das Nomen mit dem Verb gemeinsam: hiebei konnte außer Singular und Plural ein Dual ('Paarzahl') gebildet und Vielzahl auch durch Kollektiv-Formen ausgedrückt werden.

Das Kasussystem war ebenfalls komplexer als z. B. das des heutigen Deutsch. So lassen sich (aus lat. *equus*, gr. *hippos*, ai. *áçvas*) für das idg. Substantiv 'Pferd' im Singular folgende 8 Kasusformen erschließen: Nominativ: **ekwos*, Vokativ: **ekwe*, Akkusativ: **ekwom*, Genitiv: **ekwosyo*, Dativ: **ekwōy*, Ablativ: **ekwōd*, Lokativ: **ekwoy*, Instrumental: **ekwō* (nach: LOCKWOOD 1979, 12).

Die Unterscheidung der drei Genera Maskulinum, Femininum, Neutrum (in der Adjektiv-Deklination) ersetzte offensichtlich eine ältere '+/-belebt'-Opposition (wie noch resthaft erkennbar in *wer* ≠ *was* oder in lat. Adjektiven des Typs *facil-is* (mask./fem.) ≠ *facil-e* (neutr.).

Wichtiger als das Genus ist bei den Substantiven die Stammbildungsklasse, d. h. die Beschaffenheit des Wort-Stammes, an den die Deklinationsendung angehängt wird: Meistens ist der Stamm durch Stammsuffixe gebildet. Es lassen sich zwei Gruppen davon unterscheiden, je nachdem, ob dieses Suffix vokalisch oder konsonantisch auslautete.

Vokalische Klassen: *o*-Stämme[8] (meist mask. und neutr.), wie gr. *lýko-s* (lat. *lupu-s*, 'Wolf'); gr. *zygó-n* (lat. *iugu-m* 'Joch'); *ā*-Stämme[9] (vorwiegend fem.), wie lat. *aqua* (altlat. Gen. *aquāī* 'Wasser', vgl. *Ache*); *i̯ā*-Stämme[10] (fem.), wie gr. *pótnia* (Stamm *pótniā-*) 'Herrin' (vgl. lat. *potis*); *i*-Stämme (alle Genera), wie lat. *hosti-s* 'Feind' (vgl. *Gast*), lat. *ovi-s* 'Schaf' (vgl. engl. *ewe*), lat. *mare* (Stamm *mari-*) 'Meer'; *u*-Stämme (alle Genera), wie lat. *frūctu-s* 'Frucht', lat. *manu-s* 'Hand' (vgl. *Vor**mund***), lat. *genū* 'Knie'.
Konsonantische Klassen: *n*-Stämme (alle Genera), wie lat. *homin-* (Nom. *homo*) 'Mensch' (vgl. *Bräuti**gam***), lat. *ratiōn-* (Nom. *ratiō*) 'Rechnung' (vgl. *Rede*), lat. *nōmen* (gr. *ónoma*) 'Name'; *r*-Stämme (mask. und fem.), wie lat. *frāter* (Stamm *frātr-*) 'Bruder', lat. *soror* 'Schwester' (u. a. Verwandtschaftsbezeichnungen); *s*-Stämme[11] (vorwiegend neutr. und mask.), wie lat. *gener-* (Nom. *genus*) 'Art, Geschlecht' (vgl. *König*), lat. *corpor-* (Nom. *corpus*) 'Körper'; *nt*-Stämme (Partizipialstämme, alle Genera), wie lat. *(ab-, prae-)sent-* (Nom. **sens* 'seiend', zur Schwundstufe **s-* des

---

[8] Ide. *ŏ* ist im Germ. zu *ă* geworden; deshalb heißt diese Klasse in der germanischen (ahd.) Grammatik *a*-Deklination (s. u. 2.4.2.1.1.).
[9] Ide. *ā* ist im Germ. zu *ō* geworden; deshalb heißt diese Klasse in der germanischen (ahd.) Grammatik *ô*-Deklination (s. u. 2.4.2.1.2.).
[10] Der germ. Entwicklung *ā* > *ō* entsprechend im Ahd. als *jô*-Stämme geführt (s. u. 2.4.2.1.2.).
[11] Im Germ. ist *-s* über sth. *-z* (gramm. Wechsel) zu *-r* (Rhotazismus) und nach Abfall der eigentlichen Flexionsendung im Dt. zum Pluralzeichen *-er* geworden; s. u. 2.4.2.2.2. Auch im Lat. lautet der Stamm auf *-r* aus.

Verbs * *es-* 'sein') und lat. *sons, sontis* 'schuldig' (mit **-ont-* vom selben Verb abgeleitet; vgl. dt. *Sünde*).
Bei den sog. Wurzelnomina (aller 3 Genera) ist der Stamm mit der (auf Verschlusslaut endenden) Wurzel identisch, die Deklinationsendung tritt (ohne Stammsuffix) direkt an diese, wie in lat. *noct-is* (Nom. *nox* 'Nacht') oder lat. *ped-is* (Nom. *pēs* 'Fuß').

1.1.1.5.2. Verbalformen: Idg. Verben hatten außer nominalen, infiniten Formen (Infinitive, Partizipien) synthetisch gebildete finite Formen, u.zw. (wenigstens) folgende:

Personalformen (je drei in Sg., Pl. und Dual; entstanden wohl aus Pronominal-Enklise);

Genus-Formen (außer dem Aktiv ein Medium, das zum Passiv werden konnte);

Modale Formen (in Opposition zum Indikativ ein suffixloser Imperativ, ein Optativ und ein Konjunktiv, der futurische Funktion übernehmen konnte);

Temporale Formen (Präsens, Imperfekt, Aorist, Perfekt) die allerdings ursprünglich eher Aktionsarten (wie Handlung und Zustand) bezeichnet haben dürften; charakteristisch sind bei der Perfektbildung Wechsel des Wurzelvokals (**Ablaut**, s. 1.1.1.5.3.) und Verdoppelung des Anfangskonsonanten der Wurzelsilbe mit eingeschobenem Vokal (*e*), die sog. **Reduplikation** (wie in gr. *lýō* 'ich löse' – *lélyka* 'ich habe gelöst = ich bin mit dem Lösen fertig'; lat. *tendo* 'ich spanne' – *tetendi* 'ich habe gespannt'; got. *haitan* 'heißen' – *haíhait* 'hieß'); häufig wurden auch etymologisch unverwandte "Suppletiv-") Stämme zur Tempusbildung verwendet (wie noch lat. *sum – fuī* oder engl. *go – went*).

1.1.1.5.3. Ablaut: Mit diesem Ausdruck (von Jacob Grimm) bezeichnet man den regelmäßigen Vokalwechsel, der schon im Idg. bei der Bildung von Verbal- und Nominalformen sowie bei der Wortbildung auftritt: Dabei erscheint der Normalstufen-Vokal *e* (auch "Grund-", "1. Hoch-" oder "Vollstufe" genannt) entweder qualitativ abgetönt (zur [2.]Hoch-/Vollstufe *o*) oder quantitativ abgestuft (gelängt zur Dehnstufe *ē*, gekürzt zur Schwundstufe ∅). Kombinierte Abstufung und Abtönung ergibt gedehnte 2. Hochstufe *ō*). Schematisch stellt sich dies so dar:

quantitativ	qualitativ ⇒	
⇓	*e* (1. Vollstufe)	*o* (2. Vollstufe)
	ē (Dehnstufe)	*ō*
	[∅] (Schwundstufe)	

Der Ablaut ermöglichte also für ein Morphem die Bildung mehrerer Allomorphe (Haudry 1979, 27f); etwa zu **b^her-* 'tragen' (s.o. 1.1.1.2.2.) lat. *ferre* (1. Vollst.), gr. *phorein* (2. Vollst.) 'tragen', lat. *fors* ('Geschick', eigentlich Schwundstufe mit sekundärem Vokal), gr. *phōr* ('Dieb', gedehnte 2. Vollst.) oder zum Affix **-ter* (im gr. Wort für 'Vater') eben diese 1. Vollstufe *-ter* im Akk.Sg. *patḗra*, die Dehnstufe *-tēr* im Nom.Sg. *patḗr*, die Schwundstufe im Gen.Sg. *patrós* und die getönte Dehnstufe in *apátōr*.

Über den Ablaut sind Wörter und Wortformen aufeinander beziehbar, etwa über Abtönung:

gr. *lógos* 'Wort' auf *légō* 'ich sage', lat. *toga* 'Kleid' auf *tegere* 'bedecken', dt. *Hall-* auf *hell, Karl* auf *Kerl, starr* auf *sterben* und *Sterz*[12], *Lehm* (ahd. *leimo* mit Diphthong *ai* < *oi*) auf *Leim* (ahd. *līm* mit Diphthong *ei*), *taufen* auf *tief* u. a.;

über Abstufung:

gr. *gōnía* 'Winkel' auf *gŏny* 'Knie', lat. *sēdi* (Dehnstufe) 'ich habe gesessen' auf *sẹdeo* 'ich sitze' und *s-unt* (Schwundstufe) 'sind' auf *es-se*, analog dt. schwundstufiges *s-ind* auf normalstufiges *is-t*, dehnstufiges ahd. *nāmun*[13] 'nahmen' auf *nëman* 'nehmen', *Zahn* (ahd. *zant* aus Partizipialstamm der idg. Wurzel **ed-* mit Vokal in Schwundstufe, vgl. lat. *d-ens* 'der Essende') auf *ess-en* (< ahd. *ëzz-an* entsprechend as. *et-an* entsprechend lat. *ed-ere*) u. a.;

[12] Germ. *a* aus ide. *o*, s. o. Anm. 8 .

[13] Das *ā* in *nâmun* geht auf germ. *ē* zurück, es standen sich also kurzes und langes *e* gegenüber; zum älteren *ē* s. u. 1.1.2.1.1. (A. 20) zu *Suēbi*.

über Abtönung und Abstufung:

dt. *Geruch* (über *riechen*) auch auf *Rauch*; *Waage, Woge*[14] (über *wiegen, wägen, bewegen*) auf *Wagen*; *Grütze* (über *Grieß*) auf *groß*; *Hitze* auf *heiß* (und *heiter*); *Lohe* ('Gerbemittel', eigentlich: 'abgelöste Baumrinde') auf *Laub*.

Ursächlich erklärt wird der Ablaut gewöhnlich mit dem idg. Wortakzent, u.zw. die Abstufung mit einem dynamischen Akzent (Vokalschwund in unbetonter Silbe; Dehnstufe aus sekundären Entwicklungen wie Ersatzdehnung, Kontraktion), die Abtönung mit einem musikalischen. Neuerdings wird der qualitative Ablaut als Reflex von sonst verschwundenen Laryngalen (pharyngale oder velare Reibelaute) betrachtet, die es im (Vor-)Idg. gegeben habe. (Zur Laryngaltheorie s. LERCHNER 1983, 533f., SCHMITT-BRANDT 1998, 112ff.; zum Ablaut s. auch u. 2.3.2.1.).

1.1.1.5.4. Akzent: Für das Verständnis gewisser lautlicher Entwicklungen sind die idg. Akzentverhältnisse sehr wichtig. Akzentuiert werden kann eine Silbe durch verstärkten Atemdruck (dynamisch) und/oder durch Tonerhöhung (musikalisch). Letzteres wird (aus dem Aind. und Altgriech.) für das Idg. angenommen, doch lässt der quantitative Ablaut (Abstufung, s. o.) auch eine dynamische Komponente vermuten. Jedenfalls war im Idg. der Wortakzent frei, d. h. jede Silbe eines Wortes konnte unter bestimmten Bedingungen den Akzent tragen, wie z.B auch im Altgriechischen, Lateinischen und Russischen; vgl.:

gr. *trápeza* 'der Tisch', *trapézēs* 'des Tisches', *trapezō̃n* 'der Tische'; lat. *Róma* 'Rom', *Románus* 'der Römer' (Nom.Sg.), *Romanórum* 'der Römer' (Gen.Pl.); russ. *cholódnyj, cholodná, chólodno* N.Sg.mask./fem.prädik.Kurzform/Adverb von 'kalt'.

Bei Wortbildungen mit nicht-nativen Morphemen lässt sich übrigens auch im heutigen Dt. dieser "wandernde Wortakzent" beobachten: *Músiker* (oder dialektal *Músi*), *Musík, musikálisch, Musikalitä́t* (nach WURZEL 1981, 917f).

1.1.1.6. *Zusammenfassung*

Das Deutsche gehört zu den idg. Sprachen. Diese weisen Gemeinsamkeiten im Wort- und Lautbestand und im gramm. Bau auf, die bei der Vergleichung älterer Sprachstufen zunehmend deutlich werden. Daraus ist auf die genealogische Zusammengehörigkeit dieser Sprachen und auf eine gemeinsame Grundlage geschlossen worden, aus der sich die verschiedenen idg. Sprachfamilien und Einzelsprachen durch Differenzierung entwickelt hätten. In neuerer Zeit wird hinter der idg. Sprachverwandtschaft aber auch ein Prozess der Integration ursprünglich verschiedener Sprachen gesehen, der Begriff des idg. "Urvolkes" und seiner "Urheimat" in Frage gestellt und die "idg. Grundsprache" eher als als Abstraktion denn als Rekonstruktion verstanden. Aus deren Wortbestand lassen sich dennoch gewisse Rückschlüsse auf Wohnsitze, Entwicklungsstand und Lebensbedingungen ihrer möglichen Sprecher ziehen. Es könnte sich um jungsteinzeitliche Gruppen gehandelt haben, die möglicherweise archäologisch als "Schnurkeramiker" fassbar sind und nördlich des Schwarzen Meeres, jedenfalls aber am Rande der frühesten Hochkulturen (Mesopotamien) siedelten.

1.1.2. **Germanisch**

Archäologisch wird im 2. Jahrtausend in Jütland (Norddeutschland, Südskandinavien) ein Kulturkreis abgrenzbar, der u. a. durch bronzene Griffzungenschwerter als Grabbeigaben charakterisiert ist. Diese bereits **bronzezeitliche** Kultur könnte aus der (um 1200 v. Chr. abgeschlossenen) Verschmelzung der älteren Megalithgräber-Kultur mit der Schnurkeramik-Kultur eindringender Indoeuropäer (der Streitaxtleute) entstanden

[14] Nhd. $\bar{o}$ verdumpft aus mhd., ahd., westgerm. $\bar{a}$, dieses wiederum aus dehnstufigem germ. $\bar{e}$.

und den späteren Germanen zuzuordnen sein, doch sind die Vorgänge im Einzelnen durchaus strittig. (Vgl. Seebold 1998, 108f.) Abgesehen von nicht-idg. Substrat im Germ. (a.u.) könnte sich diese Symbiose auch im germ. Mythos vom Kampf (bzw. Ausgleich) zwischen *Wanen* (um "Mutter Erde": *Nerthus/Hertha*) und *Asen* (geführt von **Tiwaz* 'Zeus/Juppiter') spiegeln: den *Asen* als Göttern der vaterrechtlich organisierten, nomadisierenden idg. Eindringlinge stünden die *Wanen* einer mutterrechtlich organisierten, bäuerlich-ortsfesten Bevölkerung gegenüber. Im Laufe des 1. Jahrtausends v. Chr. haben germanische Stämme als Träger der nach einem Fundort nördlich von Ülzen genannten eisenzeitlichen **"Jastorfkultur"** (s. Wegstein 1985, 1754) ihre Siedlungsgebiete allmählich (v.a. auf Kosten von Kelten, Trägern der La-Tène-Kultur) nach Süden erweitert. In der Zeit zwischen dem 4. und 2. Jh. v. Chr. scheinen sie aus den Gebieten von Oder und Weichsel weiter nach Osten und Südosten vorgestoßen zu sein, treffen jedenfalls (als *Kimbern* und *Teutonen*[15]) 113–101 v. Chr. erstmals auf die Römer und sind um die Zeitenwende deren Anrainer. Jetzt werden sie auch (etwa in Caesars *De bello Gallico*) zusammenfassend mit der Bezeichnung *Germānī* belegt, die laut Poseidónios (135–51) auch von den Kelten für ihre Nachbarn verwendet wurden, nach Tacitus (55–120 u.Z.; *Germania* c. 2) ursprünglich aber nur den Stamm der Tungerer bezeichnet habe. Die Deutung des Namens, etwa unter Bezug auf das Kelt. (air. *gair* 'Nachbar' oder *gairm* 'Ruf, Schrei') oder Lat. (*germānus* 'leiblicher Bruder') ist umstritten, vielleicht war er "zunächst die rühmende Selbstbenennung eines kleineren germ. Verbandes" ('die das Erwünschte haben/bringen', zur idg. Wurzel **g^{h}er-* 'begehren'; Neumann 1998, 83).

1.1.2.1. *Urgermanisch (Gemeingermanisch)*

Sprachhistorisch wird für die (ohnehin nur hypothetisch erschließbare) Zeit zwischen dem Entstehen des Germ. und seiner Aufspaltung in die späteren Stammessprachen (s. 1.1.3.) oft noch einmal zwischen einer ur-und einer gemeingermanischen Periode (u.a.) unterschieden – allerdings mit so großen Abweichungen (s. Coetsem 1970, 12f; Hutterer 1990, 74f), dass hier auf diese Differenzierung verzichtet und nur vom Germ. gesprochen werden soll. Auch dieser Begriff erhebt nicht den Anspruch auf eine tatsächlich gesprochene einheitliche Sprache, sondern soll den Inbegriff der sprachlichen Gemeinsamkeiten bezeichnen, die (vielleicht seit der Mitte des letzten Jahrtausends v. Chr.) das Germ. als "geschlossenes primäres Kontinuum" konstituieren und von den benachbarten idg. 'Kontinuen' des Baltischen im Osten und (nach dem Abzug der Italiker) des Keltischen im Westen abgrenzen. (Dazu Seebold 1998, 112ff.)
Beim Germ. sind wir – im Gegensatz zum Idg. – nicht allein auf die Rekonstruktion von Formen angewiesen.

1.1.2.1.1. Germ. Lehnwörter in anderen Sprachen: Eine wichtige Quelle sind germ. Lehnwörter in benachbarten Sprachen (s.a. unten 1.1.3.6.2.), v.a. im Finnischen: Sie zeigen meist altertümlichere Formen, als sie uns aus den germ. Einzelsprachen überliefert sind, indem sie z. B. noch die vollen, noch nicht abgeschwächten gemeingerm. Endsilben aufweisen (Krahe/Meid 1969, Bd. 1,24), vgl.:

finn. *rengas* 'Ring' aus germ. **hrengaz* (got. *hriggs*, ahd. *hring*); finn. *kuningas* 'König' aus germ. **kuningaz* (ahd. *chuning*).

Früher war man der Meinung, dass Wörter wie finn. *kana* 'Huhn' (vgl. got. *hana* 'Hahn') oder *pelto* 'Acker' (vgl. ahd. *fëld*, vorgerm. **pél-to-m* 'Feld') noch vor der germ. Lautverschiebung entlehnt seien. Öhmann erklärt diese Formen jedoch durch Lautsubstitution (1954, 13ff; s.a. Fromm 1957/58).

---

[15] Die Ableitung *Teutonici* zur Bezeichnung der Deutschen begegnet erst mittellateinisch in Urkunden Kaiser Ottos I. um die Mitte des 10. Jh. (Hutterer 1990,308; dazu und zu *Germanen* auch Reiffenstein 1985,1722f).

Auch im Lat.[16] finden sich Germanismen; so gebrauchen röm. Autoren seit dem 2. Jh. v. Chr. (meist pluralisch) das Subst. *brācas* (als Akk.Pl.) zur Bezeichnung der 'Hosen' nordischer und orientalischer Völker; diese Form setzt (über keltische Vermittlung) ein germ. **brôk-* voraus[17], das heute noch in nl. *breck* und engl. *breeches* '(Knie)Hose' weiterlebt (ahd. *bruoh*; noch bei Hans Sachs als *bruch*). Andere germ. Bezeichnungsexotismen finden sich bei Autoren, die über Germanien und die Germanen schreiben, z. B.:

Cäsar (*ūrus* 'Auerochse', *alces* 'Elch'); Tacitus (*framea* 'eine Art Speer', vgl. ahd. *brame* 'Stachel', noch in *Brombeere*; *glēsum* 'Bernstein', vgl. nhd. *Glas*; *bardītus* 'Schlachtgesang', vgl. anord. *bardi* 'Schild');

Plinius d. Ä. (*ganta* 'Gans', verwandt mit lat. *anser*[18], *sāpo* 'Schminke aus Talg, Asche und Pflanzensäften zum Rotfärben der Haare vor dem Kampf', vgl. engl. *soap*, nhd. *Seife*; s. a. *Talg*); u. a.: *flado* 'Fladen', *harpa* 'Harfe', *medus* 'Met[19]', *rūna* 'Rune' etc. (Bach 1965/1970, 56).

Auch Namen können aufschlussreich sein: z. B. zeigt die Form *Suēvi* bzw. *Suēbi* noch gemein-germ. *ē*, erst seit dem 6. Jh. begegnet die westgerm. Lautung *Suābi*[20].

1.1.2.1.2. Runen: Eine zweite gemeingermanische Quelle sind Runeninschriften (Düwel ²1983; Haarmann 1990, 458–465): In Anlehnung an alpine Schriften (der Räter, Illyrer, Veneter) entwickelten die Germanen – nicht zum alltäglichen Gebrauch, sondern zu kultischen Zwecken – ihre spezifische Runenschrift, die in einer älteren Form aus 24 (in jüngeren, nordischen bzw. angelsächsischen Varianten aus 16 bzw. 28 oder 33) Lautzeichen besteht und nach den ersten sechs davon (analog zum *Alphabet*, d. h. 'Abece') *Fuþark* genannt wird.

Abb. 1: Germanisches Runenalphabet ("Futhark")

Obwohl auch die ältesten der (ungefähr 220) meist sehr kurzen (24–Runen-Futhark-) Inschriften (auf Steinen, Waffen, Amuletten u. ä.) überwiegend erst aus Zeiten stammen, als die germanischen Stämme bereits deutlich distinkt waren, ist das Runen-Germanische doch noch so archaisch, dass es Licht auf einen älteren, gemeingermanischen Zustand werfen kann. Die älteste Runen-Inschrift ist die auf dem **Helm von Negau** (Untersteiermark, heute Slowenien), entstanden um die Zeitenwende (oder früher; Krüger 1978, 111 und 361). Sie lautet: *HARIGASTITEIWA* und wird (u. a.) interpretiert als 'dem Gotte (*teiwa*, s. o. 1.1.1.4.3.) Harigast (=Wotan?)'. Eine andere berühmte Runen-Inschrift trägt das **Goldhorn von Gallehus** (Dänemark, um 400); sie kann wegen Unterschieden zum Gotischen zwar nicht als gemeingermanisch i.e.S. gelten, wird aber (von Penzl 1989, 93 und 87) doch als "natürliche Ursprache aller nordgermanischen und westgermanischen Dialekte" gesehen: *EKHLEWAGASTIZ:HOLTIJAZ:HORNA:TAWIDO* 'Ich, Hlewagast, der Hölting [also: 'Sohn/Einwohner von *Holt*], verfertigte das Horn'. Aus dem beginnenden 7. Jh., also bereits "aus alamannischer Frühzeit" (a. u. 1.1.3.4.2.) stammt die "Liebesinschrift" auf der in einem Frauengrab gefundenen Scheibenfibel von Bülach (Zürich), deren erotische Anspielungen auch die geheimschriftliche Funktion der Runen exemplifizieren können. (Zur Interpretation im Einzelnen s. Klingenberg 1976)

[16] Als gemeingerm. Entlehnung ins Griech. galt *pýrgos* (nhd. *Burg*), s. o. 1.1.1.1.0.
[17] Über die Entwicklung von ide. *ā* zu germ. *ō* s. o. A. 9.
[18] *candidi anseres in Germania **gantae** vocantur.*
[19] *Met* ist übrigens verwandt mit griech. *méthy* 'Wein', russ. *mëd* und lit. *medùs* 'Honig', aind. *mádhu* 'süßer Trank, Süßigkeit' und setzt ein ide. **medhu* 'Honig, bes. Met' voraus.
[20] s. o. A. 13, sowie unten 1.1.3.5.2. .

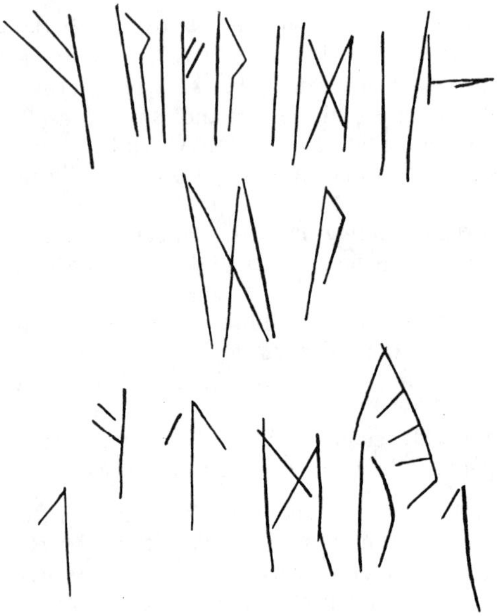

FRIFRIDIL

DU

F[A]T[O] MIK^{L}

L L

Abb. 2: Liebesinschrift von Bülach

Z. 1: 'Friedel' (mit kosender Reduplikation der ersten Silbe)
Z. 2: 'du'
Z. 3: 'fasse mich' + "verschlüsselte *L*-Rune" (linksläufig, hochgestellt)
Z. 4: Zwei L-Runen (linksläufig) für 'Lauch' bzw. '(G)lied'

Linksläufig auch die F-Runen in Z. 1 und 3, sowie die K-Rune am Ende von Z. 3; die *L*-Rune steht in der Runenmagie für *LAUKAZ* 'Lauch' (Symbol für 'Fruchtbarkeit', magisches Aphrodisiacum).

Man beachte die Schreibungen *T* und *K* für die im Alemannischen des 7. Jhs. gewiss schon als Reibelaute gesprochenen Konsonanten *ss* und *ch* (die in der Runenschrift nicht vorgesehen sind), anderseits die Verwendung von *d* in *fridil* und *du* statt der historisch erwartbaren *þ*-Rune (a. u. 2.3.3.1 und 2).

1.1.2.2. *Charakteristika des Germanischen*

Charakteristische Unterschiede vom idg. Sprachzustand zum Germ. lassen sich in Lautstand, Akzent, Flexion, und Wortschatz finden (Vgl. auch Seebold 1998, 115f; Hutterer 1990, Kap.II,2; Schmidt 1985).

1.1.2.2.1. Lautstand: Lautlich ergeben sich die größten Unterschiede im Konsonantismus (durch Lautverschiebung und Vernersche Sonorisierung), geringere durch vokalische Entwicklungen:

Germanische Lautverschiebung

Die von Jacob Grimm erstmals beschriebene (und als "erste" von der "zweiten", "[alt]hochdeutschen" – a. u. 1.2.4.1. und 2.3.3.1. – unterschiedene) germanische Lautverschiebung hat die idg. Verschlusslaute betroffen. Von diesen sind zwar 20 zu erschließen (nämlich 2x2x5: stimmlose und stimmhafte, jeweils unbehaucht und behaucht, jeweils labial, dental, palatal, velar und labiovelar), doch im Hinblick auf die germ. LV lässt sich dieses Inventar simplifizieren.

Diese Simplifizierung betrifft (1) die stimmlosen, behauchten Fortes (k^h etc.), die sich außer im Aind. kaum finden, (2) die palatalen Plosive ($\hat{k}$ etc.), die (in den Kentumsprachen) mit den velaren (*k* etc.) zusammenfallen (in den Satemsprachen sind sie zu Sibilanten wie [s] geworden), sowie (3) die labiovelaren Plosive (*ku̯*, *gu̯*, *gu̯*^{h}), die sich bei der germ. Lautverschiebung wie Verbindungen aus entsprechendem Velar+Halbvokal verhalten, z. B. *ku̯* in idg. **ku̯od* > germ. **hwat* > ahd. *hwaz* > *was* (vgl. lat. *quod*, engl. *what*), *gu̯* in idg. **gu̯eiə-* 'leben' > germ. **kwiku-* (mit *g*-Erweiterung der Wurzel) > ahd. *quec*, *quic* > *keck*, *quick* (vgl. lat. *viv-* und *vigere*, gr. *bios*), *gu̯*^{h} in idg. *sneigu̯*^{h}- 'schneien' > germ. **snaiwa-* (Verbalabstraktum) > hd. *snē(o)* > *Schnee* (vgl. bair.-dial. *schneiben*, engl. *snow*, lat. *nix, -vis*, *ninguit*, gr. *niphás*, russ. *sneg*). So ergibt sich für die von der Lautverschiebung betroffenen Plosive ein idg. System von 9 (3x3) Phonemen, das sich im Germ. nach der 1. LV (unter Beibehaltung der Oppositionen) gemäß der folgenden Tabelle **verändert** darstellt:

IDG.:	[I] Verschlusslaut (un)behaucht stimmlos	[II] Verschlusslaut unbehaucht stimmhaft	[III] Verschlusslaut behaucht stimmhaft
[A] labial	**p**$^{(h)}$	**b**	**b**^{h}
[B] dental	**t**$^{(h)}$	**d**	**d**^{h}
[C] guttural	**k**$^{(h)}$	**g**	**g**^{h}

GERM.:	[I] **Reibe**laut stimmlos	[II] Verschlusslaut stimm**los**	[III] **Reibe**laut stimmhaft
[A] labial	**f**	**p**	**ƀ**
[B] dental	**Þ**	**t**	**đ**
[C] guttural	**χ**	**k**	**g**

Nebenbei bemerkt ist der Lautwert der idg. Plosive neuerdings zum Teil umstritten (vgl. Meid 1987, Schmitt-Brandt 1998, 151ff.): Die Vertreter der sogenannten Glottaltheorie halten das skizzierte phonologische Subsystem nämlich u. a. aus typologisch-strukturellen Gründen für unwahrscheinlich, weil es das Merkmal 'behaucht' nur bei den merkmalhaltigen 'stimmhaften' Phonemen vorsehe, nicht aber bei den stimmlosen; deshalb wird das kanonisch als 'stimmhaft' und 'unbehaucht' geltende Phonem *D* unter Rückgriff auf ein z. B. in kaukasischen Sprachen relevantes Merkmal als 'glottalisiert' (und 'stimmlos') uminterpretiert (geschrieben *T'*; artikuliert durch Bildung eines zweiten, glottalen Verschlusses im Kehlkopf). Behauchung bei *D(h)* sei nur ein fakultatives phonetisches Merkmal, wie bei *T(h)*. Statt einer Reihe *T, D,* D^h hätte man es also mit einer Reihe *T(h), T', D(h)* zu tun (und entsprechend bei Velaren und Labialen). Unter solcher glottaltheoretischer Voraussetzung kommt Th. Vennemann (1984, 23) zu einer Umdeutung der traditionell als "1. (germ.)" und "2. (hochdeutscher) LV" erklärten Sachverhalte: ausgehend von T^h ≠ *T'* ≠ *Ḍ* samt Vernerschem Lautwechsel (a. u.) zwischen T^h und *Ḍ*, nimmt er eine "Urgermanische Lautverschiebung" (T^h > *Þ*) an, deren Ergebnis das "urgerm." System *Þ* ≠ *T'* ≠ *Ḍ* sei. Daraus hätten sich einerseits durch eine "niedergermanische LV" (*Þ* > *Đ* ≠ *T'* > T^h ≠ *Ḍ* > *D* > *Đ*) der "niedergerm." (z. B. as.) Lautstand entwickelt, anderseits der "hochgerm." (=hd.) durch die "hochgerm. LV": *Þ* > *Đ̣* ≠ *T'* > T^s > *SS* ≠ *Ḍ* > *T*. Dies habe sich erst (bzw. bereits) im 3./2. Jh. v. Chr. in Jütland ereignet, von wo die "hochgerm." Stämme im 1. Jh. von Niedergermanen verdrängt worden seien.

Zeit und Ursachen der germ. LV sind unklar: Sie scheint (erst in der zweiten Hälfte des 1. Jahrtausends v. Chr.) zum Abschluss gekommen zu sein, bevor die Germanen mit den Römern in Berührung traten, denn kein einziges lat. Lehnwort im Germ. ist von der ersten Lautverschiebung betroffen worden. Die Reihenentwicklung von *b, d, g* > *p, t, k* dürfte (sofern überhaupt) später erfolgt sein, da die durch sie entstandenen Laute nicht mit den alten *p, t, k* weiterverschoben wurden. Bezüglich der Ursachen der Lautverschiebung hat man an den Einfluss einer nicht-idg. Sprache gedacht, andere begnügen sich mit innersprachlicher Entwicklungsgesetzmäßigkeit (vgl. Birkhan 1979).

Beispiele:[21]
[A,I]
aind. *pitár-*, gr. *patḗr*, lat. *pater* – got. *fadar*, engl. *father*, ahd. *fater* 'Vater';
lat. *pellis* 'Fell, Haut, Pelz, Leder', gr. *péllās* 'Häute' – got. *þrūtsfill* 'Aussatz', engl. *fell*, dt. *Fell*;
aind. *nápāt-* 'Abkömmling', lat. *nepōs* 'Enkel, Neffe, Nachkomme' isl. *nëfi* 'Verwandter, Neffe', ags. *nëfa*, ahd. *nëfo* 'Neffe'.
[B,I]
aind. *tráyas*, gr. *treïs*, lat. *tres* – got. *þreis*, engl. *three*, as. *thria, thriu* 'drei';
pers. *tondar* 'Donner', lat. *tonāre* 'donnern' – anord. *þōrr*, ahd. *thonar*, engl. *thunder* 'Donner';
lat. *mentum* 'Kinn' – got. *munþs*, engl. *mouth* 'Mund';
aind. *vártatē* 'dreht sich', lat. *vertere* 'kehren, wenden' – got. *wairþan*, engl. *(to) worth* 'werden'.
[C,I]
gr. *kardía*, lat. *cor, cordis* – got. *haírtô*, engl. *heart* 'Herz';
lat. *cornū* – got. *haúrn*, ahd. *horn* 'Horn';
gr. *skýtos* 'Leder', lat. *cutis* 'Haut' – anord. *hūđ*, ae. *hȳd*, ahd. *hūt*, 'Haut';
lat. *capiō*, lett. *kàmpiu* 'fasse' – got. *hafjan*, anord. *hefja* 'heben';
lat. *quiēs, tran-quīllus* 'Ruhe, ruhig', altčech. *čila* 'Weile' – got. *ƕeila*, ahd. *hwīla* 'Weile', anord. *hvīla* 'Ruhestätte', engl. *while*;
aind. *dáśa*, gr. *déka*, lat. *dec em* – got. *taíhun*, anord. *tīu*, engl. *ten* 'zehn';
gr. *leukós* 'weiß', lat. *lūx, lūcēre* – got. *liuhaþ*, ags. *lēoht*, as.ahd. *lioht* 'Licht';
gr. *leípō*, lat. *re-linquō*, lit. *liekù* 'lasse' – got. *leiƕan*, ahd. *līhan* 'leihen';
gr. *hépomai*, lat. *sequ or*, lit. *sekù* 'folge (wittere, spüre') – got. *saíƕan* 'sehen' (urspr. 'mit den Augen folgen').
[A,II]
(skyth. >) gr. *baitē* 'Hirtenrock' – got. *paída* 'Rock', ags. *pâd*, as. *pêda* 'Rock' (bair. *pfoat* 'Hemd');
lat. *lābī* 'hingleiten', russ. *slábyi* 'schwach' – anord. *slāpr* 'schlaff', got. *slēpan*, engl. *sleep* 'schlafen'.
[B,II]
aind. *dváu*, gr. *dýo*, lat. *duo* – got. *twai*, schwed. *två*, engl. *two* 'zwei';
(gr.-)dorisch *pṓs, podós*, lat. *pēs, pedis* 'Fuß' – got. *fōtus*, anord. *fōtr*, engl. *foot*.
[C,II]
gr. *génys* 'Kinn', lat. *gena* 'Wange', air. *gi(u)n* 'Mund' – got. *kinnus*, anord. *kinn*, aengl. *cin(n)* 'Kinn';
gr. *baínein* 'gehen', lat. *venire* 'kommen' (< idg. **gu̯em-*) – got. *qiman*, ahd. *queman*, anord. *koma* 'kommen' ;
gr. *zyg -ón*, lat. *jug um* – got. *juk*, aisl. *ok* 'Joch'.
[A,III][22]
aind. *b^hrātar-*, gr. *phrātōr*, lat. *frāter* – got. *brôþar*, as. *brôthar*, engl. *brother* 'Bruder';
aind. *b^hárati*, gr. *phérein*, lat. *ferre* 'tragen' – got. *baíran* 'tragen', engl. *(to) bear*, dt. *(ge)bären* 'austragen';
aind. *ab^híthaḥ* 'zu beiden Seiten', gr. *amphí*, lat. *amb(i)–* 'herum' – aengl. *ymbe*, anord. *umb*, ahd. *umbi* 'um'.
[B,III]
aind. *dvā́rah* (Nom.Pl.), gr. *thýrā*, lat. *fores* (Pl.) – got. *daúrôns* (Pl.), ags. *duru*, engl. *door* 'Tür';
aind. *duhitā́* gr. *thygátēr*, russ. *doč* 'Tochter' – got. *daúhtar*, anord. *dōttir*, engl. *daughter*;
aind. *mádhyaḥ*, lat. *medius* – got. *midjis*, anord. *miđr*, ae. *midd* 'mittlerer';
aind. *vidhávā*, lat. *vidua*, air. *fedb*, russ. *vdová* – got. *widuwō*, as. *widowa*, engl. *widow* 'Witwe'.
[C,III]
gr. *khórtos*, lat. *hortus* – got. *gards* 'Haus, Familie, Hof', as. *gardo*, engl. *garden* 'Garten';
lat. *hostis* 'Fremdling, Feind', russ. *gost* 'Gast' – got. *gasts*, anord. *gestr*, ahd. *gast*.
aind. *stighnutē*, gr. *steíchein* – got. *steigan*, ahd. *stīgan* 'steigen'.

---

[21] Zum besseren Verständnis der hd. Beispiele sei hier anmerkungsweise auch schon das aus der 2. Lautverschiebung und anderen **Änderungen** entstandene hochdeutsche System mit denselben Koordinaten skizziert (Genaueres s. u. 2.3.3.1.):

	[I]	[II]	[III]
[A] labial	f	**pf/f**	**b**
[B] dental	**d**	**ts/s**	**t**
[C] guttural	h	k/χ	**g**

[22] Bei den Beispielen zu III ist zu berücksichtigen, daß idg. b^h, d^h, g^h im Griech. als *ph, th, kh* und im Lat. als *f, f, h* erscheinen und im Germ. nach der Verschiebung zu den sth. Reibelauten **ƀ, đ, g**, später größtenteils zu **b, d, g** werden (*d* im Hd. weiter zu *t* verschoben).

Die unter I genannte Verschiebung von *p, t, k* ist in den Verbindungen *sp, st, sk* unterblieben:

lat. *spuere* – got. *speiwan* 'speien'; lat. *stella* (< **stērla*) – got. *stairno* 'Stern'; lat. *scabere* 'kratzen' – got. *skaban* 'scheren', dt. *schaben*.
Ebenso bleibt *t* nach *k* und *p* unverschoben:
lat. *octo* – got. *ahtau* 'acht'; lat. *neptis* – ahd. *nift* 'Enkelin, Stieftochter (vgl. *Nichte*)'.

Das **Vernersche Gesetz** und der **Grammatische Wechsel**
Nachdem durch die (1.,) germanische Lautverschiebung die idg. Verschlußlaute verschoben worden waren, betraf im Germ. ein zweiter wichtiger Lautwandel die stimmlosen Reibelaute: Davon gab es nun das alte, schon im Idg. vorhandene *s* und die neuen, durch Verschiebung entstandenen *f, þ, χ* (s. unter I). Diese stimmlosen Reibelaute wurden inlautend immer dann, wenn der Akzent im Idg. nicht auf dem Vokal davor lag, stimmhaft (sonor) und fielen dadurch im Falle von *ƀ, đ, ǥ* mit den aus idg. b^h, d^h, g^h entstandenen zusammen (s. o. unter III); im Falle von *s* entstand ein neues Phonem sth. *z*, also:

idg.	*s*	*p*	*t*	*k*
über		**f*	**þ*	**χ*
germ.	*z*	*v(ƀ)*	*đ*	*ǥ*

So entspricht dem gr. *patḗr* (mit dem Akzent auf der 2. Silbe!) ein got. *fádar*. Die Sonorisierung von **þ* > *đ* (gesprochen wie in engl. *brother*) erfolgte, weil der Akzent hinter dem Spiranten lag. Dem gr. *phrā́tōr* hingegen entspricht ein got. *brôþar* mit stimmlosem *þ* (gesprochen wie in engl. *cloth*), weil im Idg. der Akzent dem Verschiebelaut unmittelbar vorausging[23]. Dieses Lautgesetz wurde vom dänischen Spachwissenschaftler Karl Verner im Jahre 1875 entdeckt und heißt deshalb das **Vernersche Gesetz**.[24] Auf diese Weise konnten bis damals noch unerklärliche, scheinbare "Ausnahmen" von der 1. Lautverschiebung erklärt werden (wie z. B. engl. *seven* – ai. *saptá*, gr. *heptá*).

Da der Akzent im Idg. (wie etwa auch im Lat.) bei Flexion und Wortbildung nicht immer auf derselben Silbe lag, konnten sich in grammatisch zusammengehörigen Formen (entsprechend dem Vernerschen Gesetz) sth. und stl. Reibelaute gegenüberstehen. Besonders regelmäßig war dies im Prät. der starken Verben der Fall, wo der Ton im Sg. auf der Wurzelsilbe, im Pl. (und im Part.) aber auf der Endsilbe lag. Dieser **grammatische Wechsel** tritt noch im heutigen Deutsch auf, wenn auch durch die seit germ. Zeit eingetretenen lautlichen Veränderungen modifiziert als:

s – r[25]: *kiesen – erkoren, Kur(fürst), Kür; Öse – Ohr, Öhr; Verlust – verlieren; (ge)nesen – (er)nähren; Frost – frieren;*
f – b[26]: *(be)dürfen – darben; Hefe* (ein Mittel, welches) – *hebt;*
d[27] **– t**[28]: *schneiden, Schneider – geschnitten, Schnitter; sieden – gesotten; leiden – leiten; Knödel – Knoten;*
h[29] **– g**[30]: *Reihe – Reigen; Höhe – Hügel; ziehen – gezogen; gedeihen – gediegen.*

---

[23] Ein analoger Fall ist das Nebeneinander von *Schwieger(mutter)* und (heute ungebräuchlichem) *Schwäher* 'Schwiegervater': dieses ist (über ahd. *swehur*) auf ein ide. **su̯éḱuro-* zurückzuführen (entsprechend: lat. *socer*, russ. *svëkor*), jenes auf ein íde. **su̯eḱrū-* (entsprechend lat. *socrus*, russ. *svekróv*).

[24] Übrigens lässt sich auch sonst beobachten, wie stimmlose Reibelaute stimmhaft werden, wenn sie nicht unmittelbar nach betontem Vokal stehen, vgl. z. B. *Hannóver, Nérven* (mit [f]), aber *Hannoveráner, nervö́s* (mit [v]); analog: engl. *póssible* ([s]), aber *(to) posséss* ([z]), frz. *grâce* ([s] < lat. *grátia[m]*), aber *raison* ([z] < lat. *ratióne[m]*) .

[25] Das aus germ. stl. *s* entstandene sth. *z* wurde später zu **r** (Rhotazismus).

[26] Der nach dem Vernerschen Gesetz entstandene sth. Reibelaut ƀ ist in den meisten hd. Mundarten (und standardsprachlich) zum sth. Verschlußlaut [b] geworden; s. u. 2.3.3.1.

[27] Der aus ide. *t(h)* im Germ. entstandene stl. Reiblaut *þ* ist im Dt. (über die Zwischenstufe *đ* zu [d] geworden (s. u. 2.3.3.).

[28] Der nach dem Vernerschen Gesetz entstandene sth. Reibelaut *đ* ist im Dt. über die Zwischenstufe [d] (standardsprachlich) zu [t] geworden, s. u. 2.3.3.2.

Vokalische Veränderungen
Vokalische Übergänge, die das Germ. vom Idg. trennen, sind der von idg. *o(i/u)* > germ. *a(i/u)*,

vgl. lat. *hostis* 'Fremder, Feind' – got. *gasts* 'Gast'; lat. *toga* – anord. *þak* 'Dach'; lat. *follis* 'Blasebalg' – ahd. *bal* 'Ball'; lat. *rota* – dt. *Rad*; gr. *(w)oida* 'ich weiß' – got. *wait*; idg. *$roud^h$os* (lat. *rūfus*) – got. *rauþs* 'rot';

idg. *ā* > germ. *ō*,

vgl. lat. *māter* – anord. *môdir*, as. *môdar*; lat. *vātēs* 'Seher' – *Wotan* ('der Inspirierte', vgl. *Wut*); lat. *vāstus* 'öde, weit' – as. *wôsti* 'wüst'; lat. *cārus* 'lieb, teuer' – ags. *hōre* 'Hure'.

(Zu Veränderungen, die unter dem Einfluß benachbarter Vokale auftreten, a. u. 2.3.2.3.; zu Änderungen der Nebensilbenvokale das Folgende).

1.1.2.2.2. Akzentverhältnisse: Der im Idg. **freie Akzent** wurde im Germ. auf die erste Silbe festgelegt. Das betraf nicht nur einfache Wörter (wie *Vater*, s. o.), sondern auch nominale Präfixbildungen (wie *Ántlitz, Úrlaub*, *Ámboss*) und Komposita, deren Grundwort, akzentbedingt abgeschwächt, verdunkeln kann (wie in *Welt* < ahd. *wer-alt* 'Zeitalter'; *Messer* < ahd. *mezzi-sahs* 'Speise-Schwert'; *Bräutigam* < ahd. *brūti-gomo* 'Mann der Braut') und zum Suffix werden (wie *-heit*, got. *haidus* 'Art und Weise'). Ohne **Anfangsbetonung** bleiben jüngere verbale Präfixbildungen und ihre Ableitungen (wie *entstéhen – Entstéhung, erträgen – erträglich*). So stehen heute nebeneinander *Ántwort (> ántworten) – Entgélt (< entgélten), Úrteil – ertéilen, Úrlaub – erláuben*. Dreisilbige dt. Wörter haben ursprüngliche Anfangsbetonung später u. U. verloren (*lebéndig, Wachólder, Hermelín, Forélle* u. a.).

In der Regel hat diese jedoch die typisch germ. Abschwächung der Nebensilben (Konsonanten wie Vokale) bewirkt:

Auslautendes idg. *-m* wurde im Germ. (wie auch in anderen Sprachen, z. B. im Griech.) zu *-n*. Dieses *-n* ist erhalten in einsilbigen Wörtern nach kurzem Vokal und dort, wo es durch eine sekundär angetretene Partikel geschützt wurde, vgl.

idg. **qu̯om*, alat. *quom*, got. *ƕan*, ags. *hwon* 'wann'; idg. **tom* + Partikel *-a* > got. *þana*, nhd. *den*.

Sonst ist es geschwunden, z. B. im Akk.Sg.Mask. und Fem. aller Deklinationsklassen:

urnord. *steina* 'den Stein', *horna* 'das Horn' < germ. *-an*, idg. *-om* (vgl. alat. *lup-om* 'den Wolf', *hort-om* 'den Garten').

Auslautende idg. dentale Verschlusslaute sind im Germ. abgefallen, vgl.

got., ahd. *wili* 'er will' = lat. *velit*; got. *baírai*, ahd. *bëre* 'er möge tragen' = aind. *bharēt* < idg. *b^her-oi-t*.

Idg. *-s* ist besser und länger erhalten. Es erscheint im Gemeingerm. nach dem VERNERschen Gesetz als *-z*, got. mit "Auslautverhärtung" als *-s*, im Nordgerm. als *-r* (Rhotazismus), in den westgerm. Sprachen in einsilbigen Wörtern nach kurzem Vokal ebenfalls als *-r*, sonst ist es geschwunden, vgl.

germ. **dagaz* 'der Tag' = got. *dags*, anord. *dagr*, as. *dag*, ahd. *tag*; germ. **dagōz* 'die Tage' = got. *dagôs*, anord. *dagar*, ahd. *tagā*; germ *iz* (lat. *is*) = got. *is*, ahd. *ër, ir*.

Idg. Nebensilbenvokale werden im Germ. gewöhnlich um eine Zeiteinheit (More) gekürzt, was bedeutet, dass ursprünglich kurze Endvokale verschwinden und aus Langvokalen kurze werden: So erscheinen idg. Feminina auf *-ā* (wie idg. **gu̯enā* > gr. *gynē* 'Frau') im Germ. mit kurzem *-a* (ahd. *quena*, vgl. engl. *queen*).

[29] Der aus idg. *k* (k^h) im Germ. entstandene stl. gutturale Reiblaut *X* ist im Dt. nur inlautend (vor Konsonant) erhalten (z. B. *Nacht*), anlautend (vor Vokal) zu [h] geworden (z. B. *Horn*), sonst geschwunden (wiewohl orthographisch erhalten, z. B. in *sehen*); alle drei Möglichkeiten belegt *hoch, höher*; s. u. 2.3.3.2.

[30] Der nach dem Vernerschen Gesetz entstandene sth. Reibelaut *g* ist in den meisten hd. Mundarten (und standardsprachlich) zum sth. Verschlußlaut [g] geworden; s. u. 2.3.3.2.

Urnord. Akkusativformen *steina, horna*, deren ursprünglich durch *-m* gedecktes *a* noch erhalten ist, sind im Anord. (Got., Westgerm.) bereits endungslos. (Zu den im Einzelnen sehr komplizierten Vorgängen siehe: KRAHE/MEID 1969, Bd. 1, 123ff).

Übrigens hängt mit der Anfangsbetonung auch die Entstehung des typisch germ. **Stabreims** zusammen, der auf dem Gleichklang des Anlauts der betonten Silben einzelner Wörter beruht (Alliteration).

1.1.2.2.3. Morphologische Veränderungen: Das Germ. zeigt gegenüber dem Idg. sowohl Reduktions-, wie auch Ausbautendenzen.

Verschwundene Formen:

Der **Dual** (Zweizahlform) ist (als Nominal- und Verbalform) im Schwinden begriffen.

Von den idg. acht Kasus des Substantivs (s. 1.1.1.5.1.) sind in den historischen germ. Sprachen der Ablativ (der Fall des Ausgangspunkts einer Bewegung und der Abstammung) und der Lokativ (der Fall der Ruhelage im Raum und in der Zeit), von einigen Restformen im As. und Ahd. (wie *heim-e, hēme* 'zuhause') abgesehen, nicht mehr erhalten. Ihre Funktionen sind im wesentlichen vom Dativ übernommen worden. Der **Vokativ** (der Fall der Anrede) und der Instrumental (der Fall des Mittels und der Begleitung) schwinden ebenfalls und fallen mit dem Dat. (Instr.) bzw. dem Nom. (Vok.) zusammen (Synkretismus).

Von idg. Verbalformen verschwinden im Germ. Medium (Passiv), Futur, Aorist und Imperfekt (s. 1.1.1.5.2.); die (gemein)germ. synthetischen Tempusformen reduzieren sich auf Präsens und ein **"Präteritum"** (das tw. aus idg. Perfekt- und Aoristformen hervorgeht).

Im Germ. entstehen aber (vielleicht gerade in Interdependenz zu den skizzierten Reduktionen) auch neue Formen:

Die Funktion untergeganger synthetischer Formen wurde später zum größten Teil durch **analytisch** (d. h. aus mehreren Wörtern) neugebildete Formen übernommen (vgl. lat. *laudor, laudavi;* nhd. *ich werde gelobt, ich habe gelobt*[31]; analog präpositionale Ausdrücke statt synthetischer Substantiv-Kasusformen: lat. *cultrō* – nhd. *mit dem Messer*). Auch die regelmäßige Funktionalisierung des Ablauts (1.1.1.5.3.) als ein Mittel zur Bildung von (**"starken"**) Tempusformen ist typisch germanisch. Es entstehen die nach der Ablautreihe bezeichneten Verbgruppen 1 bis 5 (mit qualitativem Ablaut von *e*/*o* unter verschiedenen Bedingungen) und 6 (ursprünglich nur quantitativer Ablaut *a*/*ā* bzw. *o*/*ō*, der durch die respektiven Lautwandel idg. *o* > germ. *a* und idg. *ā* > germ. *ō* qualitativ wurde: germ. *a*/*ō*; s. 1.1.1.5.3. sowie 2.3.2.1. und 2.4.1.1.).

Noch bedeutsamer (und folgenreicher) ist jedoch, dass im Gemeingerm. eine völlig neue Verbklasse entstand, die sog. **schwachen Verben**. Diese bilden das Prät. und das Part.Prät. ohne Ablaut mit Hilfe eines dentalen Suffixes das wenigstens z. T. (BIRKHAN 1979) wohl auf das enklitisch gesetzte Präteritum von *tun* (idg. Wurzel *$*d^h\bar{e}$-/$*d^h\bar{o}$-*) zurückzuführen ist (KIENLE 1969, 303f): got. *nas-ida, salb-ôda, saúrg-aida*; ahd. *ner-ita, salb-ōta, sorg-ēta* ('nährte, salbte, sorgte'). Die meisten sw. Verben sind (wie diese Beispiele) Ableitungen von (st.) Verben (got. *(ga)nisan*, ahd. *(gi)nësan* 'genesen') oder Nomina (got. *salbôns, saúrga*, ahd. *salba, sorga*), verbale Neubildungen sind fast durchwegs "schwach", die st. Verben nehmen nicht mehr zu.

Erheblich ausgebaut wurde die germ. **Deklination: der Adjektive**. Der einheitlich vokalischen (und z. T. wie lat. *audax* genusindifferenten oder wie lat. *facilis, -e* nur nach 'belebt ≠ unbelebt' differenzierten) Flexion adjektivischer Nomina im Idg. entspricht im Germ. einerseits cinc pronominale ("starke"), anderseits eine nominale ("schwache") Deklination nach 3 Genera. Die starke Deklination entstand dadurch, dass in die alte

[31] Im Got., Ags. und Anord. sind noch Reste eines synthetischen Mediums mit passivischer Bedeutung greifbar (z. B. got. *nimada* 'wird genommen', *nasjada* 'wurde gerettet'), im Anord. entsteht ein neues synthetisches Medio-Passiv durch enklitisches Reflexiv-Pronomen (z. B. *kǫllom(k)* 'ich werde gerufen, heiße'); dieses ist in den modernen skandinavischen Sprachen normal (z. B. schwed. *kallas* 'genannt werden').

nominale Adjektivdeklination pronominale Endungen eindrangen, z. B. got. Neutr. Nom. und Akk.Sg. *blind – blindata* (nach dem Demonstrativpronomen *þata*), ahd. *blint – blintaz* (wie *daz*). Die schwache Deklination richtete sich nach den substantivischen *n*-Stämmen (vgl. got. *blinda, blindô, blindô* (wie *hana, tuggô, haírtô*) und kann auch als Substantiv-Bildung (v. a. von Pers.bez.) interpretiert werden, vgl. got. *blinda* '(der) Blinde' (zu *blinds*); ahd. *kundo* '(der) Bekannte' (zu *kund* 'bekannt'; s. dazu Wilmanns II, 396ff und III, 2, 436ff, sowie generell Hutterer 1990, 54ff; Seebold 1998, 115f).

1.1.2.2.4. Veränderungen im Wortschatz: (Falk/Torp 1979)
Lexikalische Neuerungen sind zahlreich und schwer zu systematisieren. Sie erscheinen in Lebensbereichen wie Viehhaltung (*Hengst, Roß, Kalb, Farre/Färse, Schaf, Lamm, Hahn/Huhn/Henne, Weide/weiden*), Ernährung (z. B. *Braten/braten, Dotter, Fleisch, Herd, Rost/rösten, Schinken, sieden, Speck*), Handwerk(zeug) (z. B. *Axt, Säge, dengeln, Harke, Hechel, Zwirn, Leder, Netz, Reuse, Tau*), Recht (z. B. *Volk, Adel, Ding, Sache, Friede, Fehde, Krieg*), Kampf und Waffen (z. B. *Spieß, Schild, Helm, Bogen, feige, ringen, fliehen, zwingen*); archaische, sonst wieder verschwundene Germanismen ("Teutonismen") gerade dieses Sinnbezirks haben sich übrigens bis ins moderne Deutsch in den der Bildung nach ebenfalls typisch germanischen zweigliedrigen Personennamen (des Typs *Adolf* < 'Adel+Wolf', *Hermann* < 'Heer+Mann') erhalten, z. B. *Hilde-, Hadubrand* 'Kampf+Schwert', *Brün-/Kriemhild[e]* 'Brünne/Helm+Kampf', *Hedwig, Hildegund* 'Kampf+Kampf', *Gunter* < *Gundahari* 'Kampf+Heer', *Ludwig* 'kampfberühmt').

Genetisch unterscheiden lassen sich Veränderungen im ererbten idg. Wortschatz von der Integration fremdsprachlicher Lehn- oder Substratwörter.

Veränderungen im ererbten idg. Wortbestand:
Der ererbte Wortbestand ist im Germ. durch **Neubildungen** aus vorhandenen (idg.) Wortfamilien ausgebaut worden. So lebt in *Zimmer* (vgl. lat. *domus* u. a.) zwar der idg. Ausdruck, nicht aber der Inhalt von *Haus* fort, der seinerseits gemeingerm. mittels Ableitung vielleicht[32] von der idg. Wurzel **(s)keu-* ('bedecken, umhüllen') ausgedrückt ist (dazu auch *Hütte, Haut, Hode, Hose, Hort, Scheune/Scheuer, Schuh*). Deutlichster Grund für die Bildung neuer Bezeichnungen sind zivilisatorische Fortschritte, wie etwa beim metallverarbeitenden, nicht gemein-idg. *Schmied* (verwandt nur mit gr. *smī́lē* 'Schnitzmesser'); ähnlich sind zwar *Wagen* und *Deichsel, Rad, Achse* und *Nabe* alt (gemein-idg.), nicht jedoch die (vergleichsweise moderne) *Speiche*, die die Germanen mit einem dem lat. *spīca* ('Ähre', eigentlich ' *spitzes* Stück') entsprechenden Wort bezeichneten. *Brot* (mit germ. Verwandten wie *brauen, braten, brühen, Brei, Bier* [?] und außergerm. wie lat. *dēfrūtum* 'eingekochter Most, *fermentum* 'Gärstoff, Sauerteig', gr. *brȳ́tos* 'gegorenes Gerstengetränk') hat in seiner heutigen, gemeingerm. Bedeutung offensichtlich ältere Ausdrücke (wie *Laib* für ungesäuertes Brot) ersetzt. Freilich konnten auch vorhandenen Ausdrücken bei sachlicher Veränderung des Bezeichneten quasi neue Bedeutungen "unterschoben" werden, wie im Fall von (z. B.) anord. *sax* ('kurzes Schwert, *Messer*', dazu s. o.), was mit lat. *saxum* 'Stein, Fels' (vgl. *Hammer*!) verwandt ist und wohl auf ein vormetallzeitliches Schneidegerät (idg. Wurzel **sĕ́k-*, vgl. *Sense, Säge*) zurückführt (als dessen Träger sich die *Sachsen* bezeichnen). Ein Grund für die Bildung neuer Bezeichnungen konnte Tabu-Vermeidung sein, wie z. B. im Fall des *Blut*es (wohl das 'Hervorquellende', vgl. lat. *fluere* 'fließen') oder des *Bären* (wie *Biber* eigentlich 'der Braune'), dessen "wirklichen" idg. Namen (wie lat. *ursus*, gr. *árktos*) sich die alten Germanen offenbar ebenso auszusprechen scheuten wie die Slawen (vgl. russ. *medvéd* 'Honigfresser'). Generell werden auch schon in germ. Zeit wachsendes Bedürfnis nach semantischer Differenzierung (z. B. im Bereich der Farben: von *grün* und *blau*, des Geschmacks: von *bitter* und *sauer*, vgl. *süß, hantig*), nach Bezeichnungen unmarkierter Normalität (erst germ.: *Tag* gegenüber idg. *Nacht*) und nach abstrakten Allgemeinbegriffen (wie *Baum, Tier, Rind, Schwein*) relevante Faktoren beim Ausbau des Wortschatzes gewesen sein.

[32] nach Pfeifer 1989; tw. andere Etymologien zu den genannten Beispielen bei Kluge/Seebold 1989.

Lehn- und Substratwörter:
Ein gewisser Anteil des gemeingerm. Wortschatzes lässt sich nicht auf gemein-idg. Wurzeln zurückführen. Unter dem Vorbehalt etymologischer Lücken hat man darin Spuren der Sprache(n) jener Bevölkerung vermutet, die sich mit den eindringenden Indo-Europäern zu den späteren Germanen vermischt habe. Besonders Ausdrücke aus bestimmten Sinnbezirken wie *See*fahrt (*Schiff, Boot, Kiel, Segel, Ruder, Mast, schwimmen*) *Kriegs*führung (*Waffe, Schwert*) oder Tierbezeichnungen (*Möwe, Aal, Karpfen*) könnten (nach Hutterer 1990, 65f; vorsichtiger Seebold 1998, 109) diesem **Substrat** zuzurechnen sein, aber auch andere z.T. sehr alltägliche Begriffe sind nicht (überzeugend) aus dem Idg. abzuleiten, wie *Weib, Hand, Bein* etc.

Deutlicher erkennbar sind Entlehnungen aus dem **Keltischen**, die auch das Kulturgefälle zwischen Kelten und Germanen widerspiegeln. Metalle wie *Eisen* (ahd. *īsarn*) und *Lot* ('Blei', vgl. *löten*) dürften die Germanen von der kelt. La-Tène-Kultur (um 400 v.Chr.) kennengelernt haben (die ihrerseits wohl auf der illyrischen Hallstatt-Kultur, um 800 v.Chr., fußt), später vielleicht auch den Umgang mit *Runen* (vgl. air. *rún* 'Geheimnis'). Für rechtliche und gesellschafliche Institutionen hat das Germ. auffallend viele Bezeichnungen (Bedeutungen) aus dem Kelt. entlehnt (oder mit dem Kelt. gemeinsam, s. Polomé 1972, 64ff), etwa *Eid, Geisel (Erbe, frei)*. Besonders oft genannte Beispiele sind *Amt* (ahd. *ambahti* 'Amt', kelt. *ambactus* 'Dienstmann, Höriger') und *Reich* (ahd. *rīhhi* 'Reich', got. *reiks* 'Herrscher', kelt. **rīgs* 'König', vgl. *Vercingetorīx* u.ä.). "Dt." Ortsnamen wie *Worms, Mainz, Solothurn, Bregenz, Linz, Wien* und Flussnamen wie *Rhein, Main, Donau, Isar* lassen sich aus dem Kelt. erklären und belegen die räumliche Präsenz der Kelten (sofern es sich dabei nicht sogar um eine noch ältere, 'alteuropäische' Schicht handelt; Fischer [u.a.] 1963, 9; s.o. 1.1.1.2.3.). Auch das Adjektiv *welsch*, das auf den Namen der bei Caesar erwähnten kelt. *Volcae* zurückgeht und von den Germanen auf alle Kelten (und nach deren Romanisierung auf alle Romanen: *Wallonen, Welschland, Walnuß* (=welsche Nuß) übertragen wurde (z.B. ahd. *walah-isk*), belegt diese Verbindung.

Zum lexikalischen Einfluß des Lateinischen a.u. 1.1.3.6.1.

1.1.2.3. *Zusammenfassung*

Im ausgehenden 2. Jahrtausend v.Chr. entstand im heutigen Dänemark (Norddeutschland, Südskandinavien) vermutlich aus Vermischung einwandernder Indoeuropäer (Streitaxtleute) mit ansässiger Bevölkerung (Megalithgräber-Kultur) eine Verkehrsgemeinschaft, deren Sprache das Germanische wird. Dieses dürfte sich infolge tiefgreifender Veränderungen, deren Ursache und Ablauf im Einzelnen problematisch bleibt, bereits um die Mitte des 1.Jahrtausends deutlich von benachbarten idg. Sprachen unterschieden haben. Die wichtigsten dieser Unterschiede sind:
die erste oder germ. Lautverschiebung mit den Besonderheiten, die als Vernersches Gesetz und gramm. Wechsel bezeichnet werden;
die Festlegung des im Idg. frei beweglichen Wortakzents auf den Wortanfang (bzw. die Stammsilbe);
die dadurch bewirkte Abschwächung der vollklingenden idg. Endsilben;
die Vereinfachung des nominalen und verbalen Formenbestandes und die dabei zutage tretende Tendenz des Übergangs vom synthetischen zum analytischen Sprachbau;
die Ausbildung der st. und der sw. Adjektivflexion;
die Funktionalisierung des Ablauts in der Formenbildung des Verbs;
die Entstehung der Klasse der sw. Verben und
der Ausbau des Wortbestandes durch Neubildung germ. und Übernahme fremden Wortgutes.

1.1.3. Germanische Stämme und Stammessprachen

Spätestens seit der sogenannten **“Völkerwanderung”** (für die Romanen übrigens: “Barbareninvasion”), in der einzelne Germanenstämme historisch fassbar werden, ist sprachgeschichtlich nicht mehr mit Gemeingermanisch zu rechnen: in der nun auch vereinzelt einsetzenden schriftlichen Überlieferung sind die germ. Stammessprachen bereits mehr oder weniger deutlich distinkt, auch wenn noch eine (z. B. in der **Heldensage** fassbare) kulturelle Zusammengehörigkeit bestanden haben dürfte.

Herkunft und (angesichts der belegten Vermischungen freilich prinzipiell fragwürdige) Genealogie (Homogenität, Identität) der Germanenstämme, deren Namen teilweise in heutigen National-, Regional- und Dialektbezeichnungen weiterleben, sind aus den antiken Zeugnissen nicht immer eindeutig eruierbar. (Dazu ausführlich TIMPE 1998). Geographisch hat man (mit K. MÜLLENHOFF) **Ost-** (1.1.3.1.) und **Nord-** (1.1.3.2.) von Westgermanen unterschieden, wobei allerdings deren Einheit bestritten und zugunsten einer weiteren Differenzierung von **Nordsee-** (1.1.3.3.) und **Südgermanen** i.e.S. (1.1.3.4.) aufgegeben wurde (HUTTERER 1990; MARKEY 1976). Insofern auch bei diesen wieder zwei Untergruppen unterschieden werden, ergibt sich insgesamt eine Fünfteilung, die seit F. MAURER (1952, 135) quasi kanonisch ist, aber schon früher, z. B. von F. ENGELS (1952, 82ff, bes. 93), ähnlich vorgenommen wurde. Die mannigfaltigen, wiewohl nicht gleichsinnigen Übereinstimmungen zwischen den Sprachen dieser Gruppen (“Isoglossen” 1.1.3.5.) setzen diverse Zusammenhänge unter ihnen voraus, Entlehnungen (1.1.3.6.) belegen auch Beziehungen zu nicht-germ. Sprachen.

1.1.3.1. *Ostgermanen*

Diese Bezeichnung fasst Stämme zusammen, die zeitweise in enger Verbindung zu den Nordgermanen (a. u.) im Gebiet von Oder und Weichsel ansässig waren (und deshalb auch “Oder-Weichsel-Germanen” genannt werden), später jedoch von dort als “eine Art Wandergemeinschaft mit gegenseitig verstehbaren Sprachen” (SEEBOLD 1998, 120) abzogen. Am wichtigsten wurden Goten, Burgunder und Wandalen.

Die **Goten**, die ursprünglich sogar aus Südskandinavien stammen, wie die Toponymika *Gotland, Göteborg* belegen, zogen um 200 u. Z. aus dem Oder-Weichsel-Gebiet Richtung Schwarzes Meer ab und trennten sich dort in einen ost- und einen westgotischen Zweig.

Die **Westgoten** wurden im ausgehenden 4. Jh. wieder mobil und kamen über Byzanz, Griechenland und Rom (Alarich!) bis nach Aquitanien (*Waltharius*!) und auf die iberische Halbinsel, wo sie ein erst im 8. Jh. von den Arabern zerstörtes Königreich (der *Visigodos*) gründeten. Westgote war auch der arianische Bischof WULFILA (oder: ULFILA, 311–382? n.Chr.), Verfasser des ältesten (nicht-runischen) germanischen Texts, der in Hss. des 6. Jhs. überlieferten gotischen Bibelübersetzung, für die er eine Alphabetschrift auf griechischer (und z. T. runischer) Grundlage entwickelte.

Das *Paternoster* (Matth. 6,9–13) lautet hier z. B. (zeilengetreu nach dem “Codex argenteus”, einer im 6. Jh. unter dem Ostgotenkönig Theoderich in Ravenna mit silberner Tinte auf purpurgefärbtem Pergament geschriebenen Handschrift) folgendermaßen[33]:

Atta unsar þu in himinam:
weihnai namo þein. Qimai thiudi[–]
nassus þeins. Wairþai wilja
þeins, swe in himina jah ana
airþai. Hlaif unsarana þana sin[–]

[33] Zur Aussprache des Gotischen: *aí* (vor *h* oder *r*) spr. [ɛ]; *aú* (vor *h* oder *r*) spr. [ɐ]; *ei* spr. [i:]; *gg* spr. [ŋ]; *h* ist im In- und Auslaut sowie in den anlautenden Verbindungen *hl-, hn-, hr-* wie [χ] zu sprechen; sonst ist es Hauchlaut (wie unser *h*); ƕ spr. h + engl. w; *q* = qu; *s* ist stimmlos zu sprechen; *Þ* spr. engl. *th*.

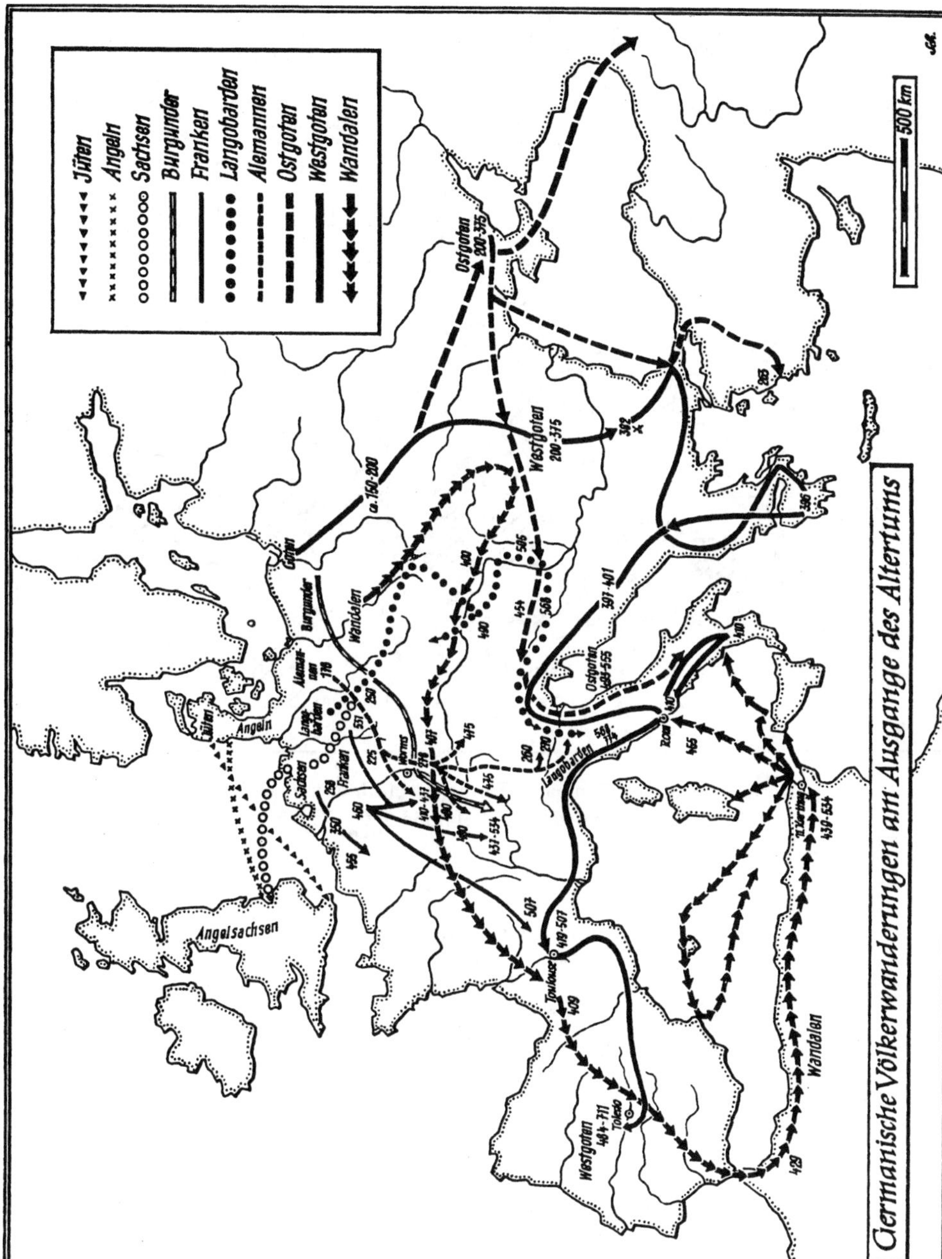

Karte 2: Völkerwanderung (nach BEHN)

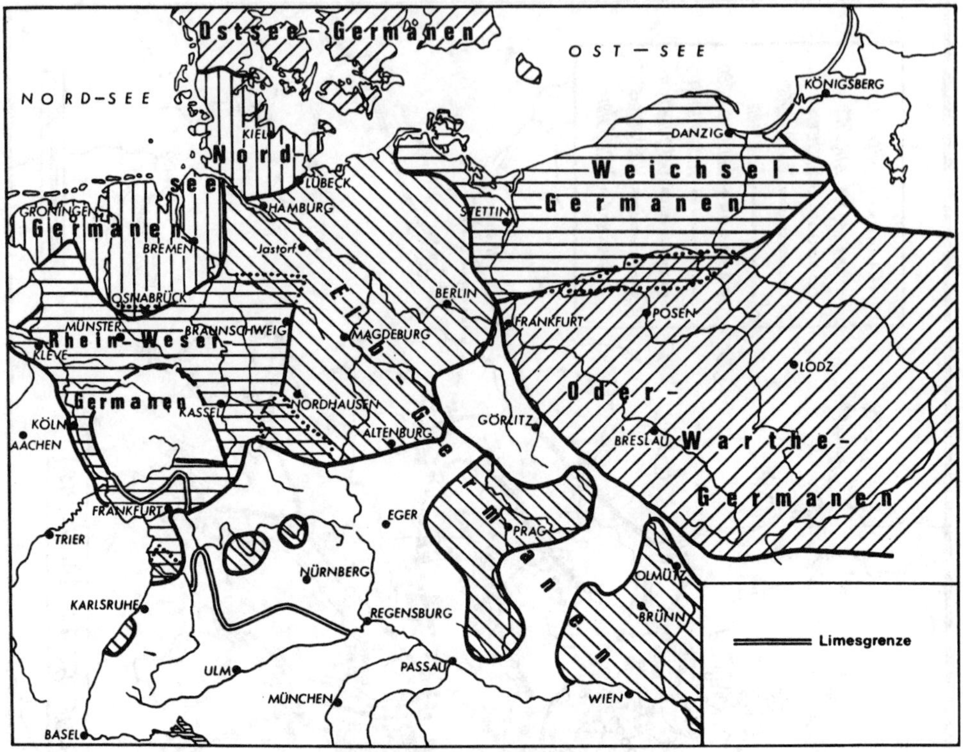

Karte 3: Siedlungsräume der Germanen (1. Jh. v. u. Z.–2. Jh. u. Z.).
Aus: Sprachgeschichte[1] Halbbd. 2, S. 1752

teinan gif uns himma daga. Jah
aflet uns þatei skulans sijai[–]
ma, swaswe jah weis afletam þai~
skulam unsaraim. Jah ni brig[–]
gais uns in fraistubnjai, ak lau[–]
sei uns af þamma ubilin. Unte
þeina ist þiudangardi jah mahts
jah wulþus in aiwins. Amen.

Die **Ostgoten** kamen im 5. Jh. teils mit, teils vor den aus Asien eindringenden Hunnen (Attila = *Etzel*!) aus der südrussischen Steppe nach Westen und gründeten in Norditalien (unter Theoderich ['von Verona'] = *Dietrich von Bern*) ein kurzlebiges Königreich.

Ein gotischer Rest (**Krimgoten**) scheint nach Quellen des 17. Jh. (STEARNS 1989) im Süden Russlands verblieben zu sein.

Die **Burgunder** gründeten um 400 unter Gundahar (*Gunther* des Nibelungenlieds?) im Rhein-Main-Gebiet (Worms) ein Reich, wurden jedoch 436 von Hunnen (in römischem Dienst) geschlagen und danach im Rhône-Gebiet angesiedelt. Ihr dortiges Königreich unterlag 534 den Franken, doch lebt ihr Name in *Burgund* (frz. *Bourgogne*) fort.

Die **Wandalen**, die sich im Karpatengebiet niedergelassen hatten, wichen vor den Goten nach Westen aus, überschritten (etwa gleichzeitig mit den Burgundern) den Rhein und zogen mit Sweben, Quaden und Alanen auf die iberische Halbinsel (*Andalusien*!), von wo aus sie (429 u. Z.) sogar nach Nordafrika übersetzten und unter Geiserich ein kurzlebiges Reich (mit Karthago als Zentrum) gründeten.[34]

[34] Auf die von ihnen beim Überfall auf Rom (455) wohl angerichteten Zerstörungen zielt die

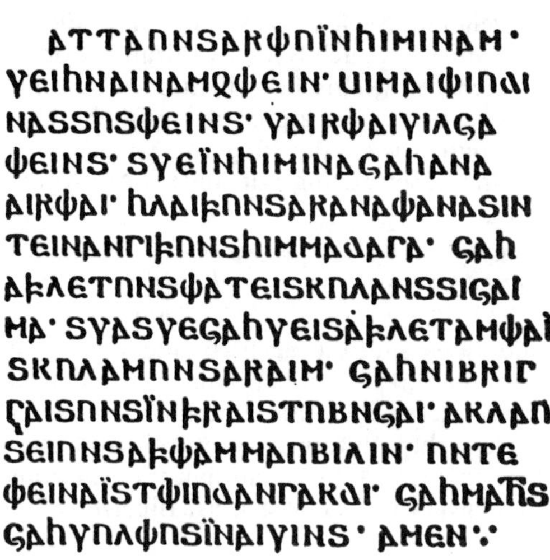

Abb. 3: Paternoster aus dem Codex Argenteus

1.1.3.2. *Nordgermanen*

Eine nord- (bzw. ostsee-)germ. Gruppe wird archäologisch um etwa 100 v. Chr. fassbar. Die *Schweden* sind als *Sviones* schon bei Tacitus (Kap. 44) bezeugt, die Dänen (als Nachfolger der abgezogenen Jüten, a. u.) erst im 6. Jh. Die Nordgermanen behielten zwar während der (ost- und südgermanischen) Völkerwanderung noch ihre Sitze bei, wurden jedoch später (im 9. und 10. Jh.) als **Wikinger** und **Normannen** zum Schrecken der Meere (und Küstengebiete!). Von Norwegen aus besiedelten sie Island (und fuhren weiter bis Grönland und Amerika – *Vinland*?), im Osten kamen sie als **Waräger** (über russische Flüsse, das Schwarze bzw. Kaspische Meer) nach Konstantinopel, ja sogar bis Bagdad (Simons 1968, 126f, Hutterer 1990, 145). Europäische Herrschaften errichteten sie in der *Normandie* (von wo aus sie 1066 das schon früher von den Dänen heimgesuchte England eroberten) und auf Sizilien.

Die bis heute relativ geschlossene Gruppe der nordgermanischen Sprachen "kann als das alte primäre Kontinuum dieses Raums aufgefaßt werden" (Seebold 1998, 118) und ist sprachgeschichtlich insofern bedeutsam, als das Altnordische nicht nur in den (seit dem 4. Jh.) überlieferten Runendenkmälern, sondern auch noch in der erst nach 1000 u. Z. entstandenen Literatur Islands (*Edda*) eine archaische Stufe des Germanischen darstellt (ähnlich wie das Gotische); zur besseren Vergleichbarkeit hier allerdings das altisländ. *Paternoster*:
Faðir vor, sá þú ert á himnum. Helgist nafn þitt. Til komi þitt ríki. Verðþinn vili, svo á jǫrðu sem á himni. Geff oss í dag vort dagligt brauð. Og fyrirlát oss vorar skuldir, svo sem vér fyrirlátum vorum skuldu-nautum. Og inn leiðoss eigi í freistni. Heldr frelsa þú oss aff illu: þvíat þitt er ríkit, máttr og dýrðum aldir alda. (zit. nach Hutterer 1990, 156).

1.1.3.3. *Nordseegermanen*

Als "Nordseegermanen", die – nicht unwidersprochen – auch mit den bei Plinius und Tacitus (Germ. Kap. 2) genannten **Ingwäonen** identifiziert und von – südgermanischen – Istwäonen und Irminonen (Herminonen) unterschieden bzw. mit ihnen zu "Westgermanen" zusammengefasst worden sind, gelten Angeln, Sachsen, Jüten und Friesen. Sie bewohn(t)en die Gebiete an der Nordseeküste etwa bis an die heutige belgische Grenze.

Bedeutung des Wortes *Vandalismus* < frz. *vandalisme*, mit dem ein französischer Bischof 1794 die Jakobiner charakterisierte.

Von dort aus fielen **Angeln** und **Sachsen** (zusammen mit **Jüten**, die vielleicht von Nordgermanen aus ihren Stammsitzen nach Süden verdrängt worden waren) um 450 in dem von den Römern aufgegebenen (keltischen) Brittanien ein und machten es zu *England* (vgl. auch *Sussex, Wessex* u. a.). Die alphabetschriftliche Überlieferung in angelsächsischer (ae.) Sprache beginnt (wie die der südgerm. Sprachen) erst im 8. Jh., die folgende westsächsische *Paternoster*-Übersetzung (zit. nach Lockwood 1979, 154) stammt aus dem ausgehenden 10. Jh.:

Fæder ūre þū þe eart on heofonum: sī þīn nama gehālgod. Tōbecume þīn rīce. Geweorþe þīn willa on eorþan swāswā on heofonum. Ūrne dæghwāmlican hlāf sielle ūs tō dæge. And forgief ūs ūre gyltas swāswā wē forgiefaþ ūrum gyltendum. And ne gelǣde þu ūs on costnunge, ac ālīes ūs of yfele.

Anders als Angeln und Jüten sind die **Sachsen** zum Teil auf dem Kontinent (heutiges Niedersachsen) zurückgeblieben und haben hier (u. a. nicht nach Süden abgewanderte Langobarden – a. u.- integrierend) ein Stammesherzogtum errichtet, das erst von Karl d.Gr. der fränkischen Herrschaft unterworfen und christianisiert wurde. Der Beginn der altsächsischen Überlieferung (Heliand) steht damit in Zusammenhang; in diesem noch in alliterierenden **Stabreimversen** abgefassten as. Bibelepos lautet das *Paternoster* poetisch so (V. 1602–1614):

***F**adar is ûsa, **f**irihô barnô,*
*the is an them **h**ôhon **h**imilo rîkea,*
*ge**w**îhid sî thîn namo **w**ordu gehwilîku!*
***K**uma ûs tô thîn **k**raftag riki!*
***W**erđa thîn **w**illeo oƀar thesa **w**erold alla,*
*sô sama an **e**rđo sô thar **u**ppa ist*
*an them **h**ôhon **h**imilô rîkea!*
*Gef ûs **d**agô gihwilîkes râd, **d**rohtin the gôdo,*
*thîna **h**êlaga **h**elpa! endi alât ûs, **h**eƀenes ward,*
***m**anagoro **m**ên-skuldiô, al sô wi ôđrun **m**annun dôan.*
*Ne **l**ât ûs far**l**êdean **l**eđa wihti*
*sô forđ an irô **w**illeon, sô wi **w**irđige sind;*
*ak help ûs wiđar **a**llun **u**ƀilon dâdiun!*

Die schon von Tacitus in ihren heutigen Wohnsitzen bezeugten **Friesen** waren an der Eroberung Englands kaum beteiligt. Die ältesten friesischen Schriftdenkmäler stammen aus dem 13. Jh.

1.1.3.4. *Südgermanen*

Unter diesem Ausdruck werden hier die von Tacitus als **Istwäonen** (1.1.3.4.1.) und **Irminonen** (Herminonen) (1.1.3.4.2.) bezeichneten Stammesgruppen subsumiert, die man früher zusammen mit den Ingwäonen (s. o.) auch als "Westgermanen" zu bezeichnen pflegte. Für E. Schwarz (1951a,42) bilden die beiden Gruppen das "Binnengermanische", mit Seebold (1998, 118f) lassen sie sich als "sekundäres kontinentalgerm. Kontinuum" sehen, in dem trotz vorhandener "sprachliche[r] Unterschiede" die "gegenseitige Verstehbarkeit nicht beeinträchtigt" gewesen sein könne.

1.1.3.4.1. Weser-Rhein-Germanen *(Istwäonen):* Die Istwäonen sind fast identisch mit den seit dem 3. Jh. zu **Franken** (wörtlich: 'Freie') konglomerierten nieder- und mittelrheinischen Kleinstämmen (wie: Brukterern, Batavern, Tungerern – den ursprünglichen *Germani* [s. o. 1.1.2.] – u. a.). Überragende Bedeutung erlangen sie unter ihren überaus erfolgreichen Dynastien der Merowinger und Karolinger, die v. a. auf Kosten anderer Germanenstämme (Alamannen, Thüringer, Goten, Burgunder, Baiern, Langobarden, Sachsen) das Frankenreich als Nachfolger der römischen Herrschaft installierten. Sie besiedelten das heutige Holland (dessen Nationalsprache, das Niederländische, auf niederfränkischer Grundlage beruht), Belgien (*Flamen*!) und Nord*frank*reich (wo Wort- und Namenschatz starke fränkische Einflüsse zeigen), sowie die heute fränkischen[35] und hessischen Dialektgebiete Deutschlands (a. u. 1.2.2.1.) – letztere, weil zu den

[35] Unter *fränkisch* i.e.S. versteht man umgangssprachlich oft nur die ostfrk. Dialekte (Würzburg,

von den Franken schon früh integrierten Germanenstämmen auch die (istwäonischen) **Chatten** (lautverschoben: Hessen) gehörten. Die seit dem 8./9. Jh. überlieferten altfränkischen Textzeugnisse gelten auch als Teil der dt. Überlieferung (selbst wenn sie westfränkisch sind wie z. B. das *Ludwigslied*).

1.1.3.4.2. Elbgermanen *(Irminonen):* Zu den (nach ihrer mutmaßlichen Nachbarschaft im Elbegebiet zusammengefassten) Irminonen (Herminonen), die von TH. VENNEMANN (1984, 39; kritisch einschränkend: SEEBOLD 1998, 124f) aufgrund der gemeinsamen (zweiten) Lautverschiebung als "Hochgermanen" allen anderen (nordwestgermanischen) Stämmen ("Niedergermanen") gegenübergestellt worden sind, rechnet man u. a. folgende südgermanische Stämme:

Sweben (deren Name in *Schwaben* noch heute weiterlebt): ursprünglich wohl die Semnonen, später auch andere Stämme wie die Quaden, die unter Ariovists Führung im heutigen Elsass (bei Mühlhausen) schon gegen Cäsar gekämpft hatten und später in der Völkerwanderung zum Teil mit den ostgerm. Wandalen (s. o.) auf die iberische Halbinsel zogen und (411) in deren Nordwesten ein (585) von den Westgoten (s. o.) unterworfenes Königreich gründeten.

Sweben (Semnonen) waren auch die **Alamannen**, ein seit dem 3. Jh. (als Angreifer des römischen Limes) bezeugter Großstamm, in dem wohl auch (um die Zeitwende in das Maingebiet vorgestoßene) Quaden und Markomannen aufgegangen sind, sofern diese nicht später (6.–8. Jh.) noch (im Fall der Quaden) nach Böhmen, Mähren Oberungarn bzw. (im Fall der Markomannen) bis an den Alpenrand vordrangen. Das Königreich der Alamannen im Südwesten des heutigen deutschen Sprachraums wurde um 500 von den Franken erstmals besiegt, zum Teil wurden sie damals vom Gotenkönig Theoderich (s. o.) in der heutigen Schweiz angesiedelt; die endgültige, nicht widerstandslos erfolgende Integration der (bis ins 7. Jh. heidnischen) Alamannen ins fränkische Merowingerreich brauchte noch bis in die Karolingerzeit (8. Jh.). Aus dieser Zeit stammen auch die frühesten alemannischen Sprachdenkmäler (die als Teil der ahd. Überlieferung gelten; zu einer noch älteren Runeninschrift s. o. 1.1.2.1.2.).

Die **Hermunduren**, denen sich u. a. nordseegermanische Angeln angeschlossen hatten, wanderten im 4. Jh. in das Gebiet des heutigen *Thüringen* ein. Ihr dortiges Reich wurde im 6. Jh. von den merowingischen Franken unterworfen.

Die **Langobarden**, deren "Urheimat" nach eigenem Stammesmythos die Landschaft Schonen gewesen sei, zogen um 400 aus dem Elbgebiet zuerst nach Pannonien und fielen im 6. Jh. von dort aus in Italien ein, das sie fast ganz eroberten und wo sie (568) ein Königreich mit Schwerpunkt in Oberitalien (daher: *Lombardei*) errichteten. Politisch wurden sie von Karl d.Gr. im 8. Jh. der fränkischen Herrschaft unterworfen, sprachlich im 10. Jh. endgültig romanisiert. Vom langobardischen Stammesdialekt gibt es (abgesehen von Rechtswörtern) keine schriftliche Überlieferung, doch hat er im (Wortschatz des) heutigen Italienischen Spuren hinterlassen.

Der jüngste (elbgermanische) Stamm der **Baiern** ist "erst unter merowingischer Herrschaft aus verschiedenen Gruppen zusammengewachsen", wobei nach traditioneller Ansicht die "Hauptmasse" durch "Einwanderer aus Nordböhmen" (Quaden, Markomannen) gebildet worden sei, "doch haben auch andere Gruppen zur Stammesbildung beigetragen, Donausueben, Alamannen, ostgermanische Splitter (Skiren [vgl. *schier* 'rein, unvermischt']) und schließlich die . . . nicht unbeträchtlichen Romanenreste . . . sowie . . . illyrischen Breonen" (LÖWE 1973, 52f). Das Hauptargument für die böhmische Herkunft der *Baiern* (die jüngst allerdings mit der wohl überzogenen Gegenthese eines angeblich aus Salzburger "Protoladinern" (also Alpenromanen) gebildeten und erst sekundär alemannisierten Traditionskerns des bairischen Stammes bestritten worden ist) gründet sich auf die Etymologie ihres Namens (als lat. *Baiovarii* o. ä., seit dem 6. Jh. bezeugt und ein germ. **Baia-warjōz* voraussetzend), der – genauso wie *Böhmen*

Nürnberg, Bamberg), dialektologisch und historisch sind jedoch in Deutschland die Mundarten der Bistümer Mainz, Trier und Köln die eigentlich "(mittel)fränkischen".

(lat. *Boiohaemum*) – auf *Boii*, die Bezeichnung eines (auch) dort siedelnden keltischen Stammes zurückzuführen ist (zu Einzelheiten s. Reiffenstein 1987 und Rosenfeld 1987). Das Herzogtum der Baiern stand von Anfang an in einer gewissen Abhängigkeit von den Franken, deren Herrschaft es von Karl d.Gr. endültig unterworfen wurde. Aus dieser Zeit stammen die ältest überlieferten (altbairischen) Schriftdenkmäler (als Teil der ahd. Überlieferung; s. dazu unten 1.2.).

1.1.3.5. *Sprachliche Übereinstimmungen*

Die Beziehungen (Vermischungen) der germanischen Stämme und Stammesgruppen untereinander spiegeln sich in mannigfaltigen sprachlichen Übereinstimmungen zwischen den germ. Sprachgruppen, Einzelsprachen und Dialekten wider (vgl. Bach 1970, 84ff; Moser 1969, 90ff), z. B.:

1.1.3.5.1. **Nord-/ostgermanische** Gemeinsamkeiten (aus der Zeit vor der Abwanderung der Ostgermanen/Goten am Ende des 2. Jh.) sind so ausgeprägt, dass diese beiden sprachlichen Gruppen als Nordostgermanisch oder Gotonordisch zusammengefasst und den übrigen (i.w.S. "südgermanischen") Dialekten gegenübergestellt worden sind. Gotonordische Gemeinsamkeiten sind:

germ. *jj* > anord. *ggj* und got. *ddj* und germ. *ww* > *ggw*, vgl. aisl. *tve**ggi**a*, got. *twa**ddj**ê* 'zweier' (aber ahd. *zwaio* < *zwẹio*); aisl. *try**ggv**e*, got. *tri**ggw**a* 'treu' (aber ahd. *triuwo*);
das Auftreten einer 4. Klasse sw. Verben auf *-nan*: vgl. aisl. *vak**n**a*, got. *gawak**n**an* 'erwachen' (aber ahd. *wahhēn*);
die Bewahrung der alten Endung der 2.P.Sg.Prät. der st. Verben, vgl. aisl., got. *gaf**t*** 'du gabst' (aber ahd. *gāb**i***, nur bei Präterito-Präsentia ist *-t* erhalten: ahd. *scal-t* 'sollst').

Solche Übereinstimmungen können aus anderer Sicht auch als "westgermanische" Neuerungen erscheinen (a. u. 1.1.3.5.3.).

1.1.3.5.2. **Nord-/west** (Nordsee-, Weser-Rhein-, Elb)germanische Übereinstimmungen dürften auf nachbarliche Beziehungen zurückzuführen sein, an denen die bereits abgewanderten Ostgermanen keinen Anteil mehr hatten, z. B.:

germ. *ē* > *ā*, vgl. anord. *láta*, as. *lâtan*, ahd. *lāzzan* (aber got. *lêtan*); germ. *ë* > *i* nur vor *i*, *j* und *u* in der Folgesilbe und vor Nasal+Konsonant (während *ë* im Got. immer zu *i* geworden ist, vgl. anord., afries. *ëta*, ags., as. *ëtan*, ahd. *ëzzan*, aber got. ***i**tan* 'essen'); Rhotazismus germ. [z] (sth. *s*) > *r*, vgl. anord. *eyr a*, afries. *âre*, as., ahd. *ōra*, aber got. *auso* 'Ohr'; Abbau der Reduplikationssilbe bei den ehemals reduplizierenden Verben, vgl. as., ags. *hêt*, ahd. *hiaz*, aber got. ***haí**hait* 'ich hieß'; Anlautend *fl-* (aus idg. *pl-*) gegenüber ostgerm. *þl-*, vgl. anord. ***fl**ýja*, as., ahd. ***fl**iohan*, aber got. ***þ**liuhan* 'fliehen'.

Auf Gemeinsamkeiten, die das Nordische speziell mit dem (elbgerm.) Oberdeutschen verbinden, hat besonders F. Maurer (1952, 80ff) hingewiesen, u. a.:

Verzögerung des *i*-Umlauts (im Vgl. zum Nordseegermanischen, von wo aus dieser sich ausgebreitet habe); Schwund von *w* in *wl-* und *wr-*, vgl. anord. *rægia*, ahd. *ruogen*, aber got. ***wr**ôhjan* 'anklagen', ags. ***wr**égan*, afries. ***wr**ôgia*, as. ***wr**ôgian* 'verleumden' (*rügen*).

1.1.3.5.3. Exklusiv **"West-"** (Nordsee-, Weser-Rhein-, Elb)germanische Merkmale müssten sich vor der Abwanderung der Angelsachsen (5. Jh. u. Z.) ausgebildet haben, u.zw.:

Konsonantengemination (= Doppelung) vor *j* (gelegentlich auch vor *w, r, l, m, n*), vgl. ags. *sẹ**tt**an*, afries. *sẹ**tt**a*, as. *sẹ**tt**ian*, ahd. *sẹzzen* (aber got. *sa**tj** an*, anord. *sẹ**tj**a* 'setzen'); as. *a**kk**er*, ahd. *a**ck**ar*, *a**cch**ar* (aber got. *a**k**rs*, anord. *a**k**r* 'Acker');
germ. *đ* (sth. dentaler Reibelaut) > *d* (generell, im Got. und Nord. nur teilweise), vgl. as. *bio**d**an*, ags. *béo**d**an*, afries. *bia**d**a* (ahd. *biotan*) (aber got. *biu**d**an*, sprich [đ], anord. *bio**đ**a* 'bieten');
Schwund von auslautendem germ. *z* (sth. *s*; nordgerm. *r*, s. o.) > ∅, vgl. as., ags., ahd. *fisk∅* 'Fisch' (aber got. *fisk**s***, anord. *fisk**r***);
Ersatz der alten Form 2.P.Sg.Ind.Prät. der st. Verben auf *-t* durch *-i*, vgl. ahd. *gāb**i***, aber got. und

anord. *gaft*; *-t* ist “westgerm.” nur bei Präterito-Präsentien erhalten: z. B. ags. *þearft*, as. *tharft*, ahd. *darft* ‘du darfst’ (s. 1.1.3.5.1.).
Besonderheiten in Wortschatz und Wortbildung, z. B.: “westgerm.” Abstraktsuffixe *-heit, -schaft, tum*, vgl. as. *magađ hêd*, ags. *mægeđhád*, ahd. *magadheit* ‘Jungfrauschaft’; ahd. *bruoderscaf* ‘Bruderschaft’; *rīhtuom* ‘Reichtum’;
‘Wasser’ und ‘Feuer’ als *r*-Stämme: ahd., *wazzar/fiur* as. *watar/fiur*, ae. *wæter/fȳr* (aber got. und anord. als *n*-Stämme: *wato, -ins/vatn/fōn, funi*);
“westgerm.” Wörter, z. B. *Baum, Ehe, Geist, Herd, klein, Messer, Nachbar, Schaf, Zorn.*

1.1.3.5.4. Gegenüber nordseegermanischen, “ingwäonischen” Gemeinsamkeiten (Frings 1957, 46ff), lassen sich auch **gotisch-hochdeutsche** Übereinstimmungen finden, wobei das (istwäonische) Fränkische zum Teil eine Mittelstellung einnimmt:

Germ. *n* vor stl. Reibelaut (*f, þ, s*) ist im Got. und Ahd. erhalten, im Anglofries. und As. dagegen (mit Ersatzdehnung des Vokals) geschwunden, vgl. got., ahd. *uns* (aber ags., as. ***ûs***) ‘uns’; got. *anþar*, ahd. *ander* (aber ags. **ôđ** *er*, as. **âđ** *ar*, **ôđ** *ar* ‘ander’;
Erhalt von germ. [z] (als got. *s*, ahd. *r*) im Auslaut einsilbiger Formen wie got. *mis, weis, ƕas*, ahd. *mir, wir (h)wër* (gegenüber ags. *me/mê, we/wê, hwâ*; as. *mi/mî, wi/wî, hwê/hwie* ‘mir, wir, wer’; dementsprechend auch ahd. *dër* gegenüber as. *thê, the, thie*; im Fränk. ebenfalls vereinzelt Formen ohne *r*);
Pers.Pron. der 3.Pers.mask.: got. *is*, ahd. *ër* gegenüber ags., as. und afries. mit [h-] anlautend: *he* (u. ä.; ahd.-fränk. Kontaminationsform: *her*);
pronominale Adjektivformen, z. B. N.Sg.Neutr.: got. *blindata*, ahd. *blintaz* ‘blindes’, gegenüber endungslosen Formen im Ags., As.: *blind*;
drei verschiedene Verbalendungen im Plural gegenüber Einheitsplural: vgl. got. *niman, nimiþ, nimand*; ahd. *nëmamēs* oder *nëmēm, nëmet, nëmant* gegenüber einheitlichem ags. *nimađ*.

1.1.3.6. *Lehnbeziehungen*

Verkehrsbeziehungen und kultureller Austausch mit nichtgerm. Völkern, die natürlich auch bestanden, führten zur Wort-Entlehnung sowohl in die wie auch aus den germ. Sprachen.

1.1.3.6.1. Lehngut in germ. Sprachen: Besonders starke Einflüsse empfingen die (“west-”)germ. Sprachen naturgemäß vom **Lateinischen** (vgl. Drux 1984, 854ff; Hildebrand 1984, 358). Das hängt mit der Nachbarschaft zum romanisierten Gallien und mit der teilweisen Besetzung germ. (heute deutschsprachiger) Gebiete durch die Römer zusammen.

In ihren Kriegen gegen die Römer und (später) in deren Söldnerdiensten wurden die Germanen mit Ausdrücken der römischen Militärorganisation bekannt. Das belegen z. B. die dt. Lehnwörter *Pfeil* (ahd. *pfīl* < *pīlum* ‘Wurfspeer’), *Kampf* (ahd. *champf* < lat. *campus* ‘Feld’), *Pfahl* (ahd. *pfāl* < lat. *pālus*, vgl. *Palisade*), *Straße* (ahd. *strāz(z)a* < spätlat. *(via) strata* ‘gepflasterter Weg’), *Meile* (ahd. *mīl(l)a* < lat. *mīlia*, Pl. zu *mille* ‘1000 [Schritt]’) usw.

Von den Römern bekamen die Germanen, in deren Naturalwirtschaft es nur einen beschränkten Tauschhandel gab, auch erste händlersprachliche Ausdrücke wie (dt.) *kaufen, Kaufmann* (ahd. *koufōn, koufman* < lat. *caupo* ‘Schenkwirt, Händler mit Speise und Trank’), *Pfund* (ahd. *pfunt* < lat. *pondō* zu *pondus*, wovon vielleicht auch *Pfand* als frühe Entlehnung stammt), *Münze* (ahd. *munizza* < lat. *monēta*), *Korb* (ahd. *korb* < lat. *corbis*), *Sack* (ahd. *sac* < lat. *saccus*) usw.

Die früher nur in Holzhäusern (oder winters – nach Tacitus, *Germania* cap. 16 – sogar in Erdhöhlen) hausenden Germanen lernten den römischen Steinbau samt dazugehörigen Fachausdrücken kennen, vgl. dt. *Mauer* (ahd. *mūra* < lat. *mūrus*), *Kammer* (ahd. *chamara* < lat. *camera*), *Keller* (ahd. *këllāri* < lat. *cellārium*), *Pfeiler* (ahd. *pfīlari* < lat. *pilārium*), *Fenster* (ahd. *fënstar* < lat. *fenestra*), *Kalk* (ahd. *kalc* < lat. *calx*, Akk. *calcem*) usw.

Überhaupt erreichten die Germanen erst durch die Übernahme römischer (romanischer) Alltagskultur (Hausgerät, Kleidung, Speisen u. ä.) ein gewisses zivilisatorisches Niveau, bezeugt durch die Lehnwörtlichkeit dt. Ausdrücke wie *Schrein* (ahd. *scrīni* <

lat. *scrīnium*), *Karren* (ahd. *karro* < lat. *carrus*), *Kissen* (ahd. *chussī(n)* < lat. *coxīnus*), *Schemel* (ahd. *scamil* < lat. *scamillus*), *Spiegel* (ahd. *spiagal* < lat. *speculum*), *Socke* (ahd. *soc* < lat. *soccus*), *Sohle* (ahd. *sola* < lat. *sola*), *Küche* (ahd. *chuhhina* < lat. *coquīna*), *kochen* (ahd. *kochōn* < lat. *coquere*), *Kessel* (ahd. *kęzzil* < lat. *catīnus*), *Schüssel* (ahd. *scuzzila* < lat. *scutella*), *Tisch* (ahd. *tisc* < lat. *discus*)[36], *Semmel* (ahd. *sëmala, simila* < lat. *simila* 'feines Weizenmehl'), *Käse* (ahd. *kāsi* < lat. *cāseus*) usw.

Der Ackerbau wurde nach römischem Vorbild umgestellt, Garten- und Obstbau haben die Germanen wohl überhaupt erst von den Römern gelernt, wie viele einschlägige Lehnwörter belegen, etwa *Sichel* (ahd. *sihhila* < vulgärlat. * *sicila*, wohl kontaminiert aus lat. *sēcula/sicilis* '[kleine] Sichel'), *Frucht* (ahd. *vruht* < lat. *fructus*), *(Dresch-)Flegel* (ahd. *flegil* < lat. *flagellum*), *Mühle* (ahd. *mulī[n]* < lat. *molīnae*), *Kohl* (ahd. *chōlo, kōl(i)* < lat. *caulis*), *Rettich* (ahd. *rātih* < lat. *rādix*, Akk. *rādicem*), *Kicher(erbse)* (ahd. *kihhira* < lat. *cicer*), *Kirsche* (ahd. *kirsa* < lat. *cerēsia*), *Pflaume* (ahd. *pfrūma* < lat. *prūnum*, gr. *proūmnon*) usw. Unter den Neuerungen der Bodenkultur ragt der Weinbau hervor, den die Römer an Mosel, Rhein und Donau einführten; die Fachausdrücke des Weinbaus sind dementsprechend, so wie *Wein* (ahd. *wīn* < vulgärlat. *vīno*) selbst, zu einem Gutteil lat. Ursprungs, z. B. *Winzer* (ahd. *winzuril* < lat. *vinitor*), *Kelter* (ahd. *kęlctra* < lat. *calcatura*), *Presse* (ahd. *p[f]ressa* < mlat. *pressa*), *Most* (ahd. *most* < lat. *mustum*) usw.

Auch Wörter (Begriffe) aus dem Bereich von Verwaltung und Rechtssprechung wurden aus dem Lat. entlehnt, z. B. *Kaiser* (ahd. *keisar* < *Caesar*), *Pfalz* (ahd. *pfalanza* < lat. *palantia* < *palātia*), *Zoll* (ahd. *zol(l)* < lat. *toloneum* < *telōnēum*), *Kerker* (ahd. *karkāri* < lat. *carcer*, woraus viel später erneut *Karzer*), *sicher* (ahd. *sihhur[i]* < lat. *sēcūrus* < *sē curā* 'sorglos').

Im 3.–5. Jh. übernahmen die Germanen unter griech. und röm. Einfluss die Siebentagewoche. Sie ist orientalischen Ursprungs und steht in Zusammenhang mit der babylonischen Sternkunde. Bei den Griechen und Römern wurde sie im 2. und 3. Jh. n.Chr. eingeführt. Dabei wurden die Wochentage mit den Namen der Planeten bezeichnet. Die germ. Wochentagsnamen sind zum Großteil Lehnübersetzungen dieser Namen, vgl.:

lat.	germ.:
Solis dies	anord. *sunnu(n)dagr*, ags. *sunnandæg*, as. *sunnundag*, ahd. *sunnūntag* 'Sonntag';
Lunae dies (vgl. frz. *lundi*)	anord. *mánadagr*, ags. *món(an)dæg*, afries. *mônendei*,, ahd. *mānatag* 'Montag';
Martis dies (vgl. frz. *mardi*)	ags. *tíwesdæg*, ahd. *zīostag* 'Ziutag', engl. *Tuesday*(*Dienstag* enthält *Thingsus*, einen niederrheinischen Beinamen des *Mars*);
Mercurii dies (vgl. frz. *mercredi*)	anord. *óđinsdagr* 'Odinstag', afries. *wônsdei* 'Wodanstag', engl. *Wednesday* (*Mittwoch* ist ahd. Euphemismus nach kirchenlat. *media hebdomas*);
Jovis dies (vgl. frz. *jeudi*)	anord. *þórsdagr* 'Thorstag', ahd. *donarestag*, engl. *Thursday* 'Donnerstag';
Veneris dies (vgl. frz. *vendredi*)	ags. *frīgedæg* 'Friggtag', ahd. *frīatag* 'Freitag';
Saturni dies	ags. *sætern(es)dæg*, afries. *saterdei*, engl. *Saturday* (*Samstag*, ahd. *sambaztag* hingegen aus vulgärgr. *sámbaton*, aus hebr. *schabbath* 'Sabbat, Ruhetag').

Den Weg dieser (und anderer) Entlehnungen (aus dem Westen in die Rheingebiete und aus dem Süden in den Donauraum) hat TH. FRINGS (1957, 21ff) nachgezeichnet. Das relative Alter solcher Lehnwörter lässt sich im Dt. einerseits daran erkennen, dass sie noch die 2. Lautverschiebung und/oder gewisse frühe vokalische Entwicklungen (wie die ahd. Diphthongierung) mitgemacht haben (z. B. dt. *Ziegel* < ahd. *ziagal[a]*, im

[36] Dazu gehört auch engl. *cup* (ags. *cuppe* 'Becher', anord. *koppr* 'Geschirr' in Becherform, kleines Schiff) aus lat. *cūpa, cuppa* 'Becher'; im Dt. hat dieses Lehnwort (*Kopf*) in mhd. Zeit aus expressiv-metaphorischer Verwendung (wie 'jmd. den Becher=Hirnschale einschlagen') die heutige Bedeutung bekommen.

Gegensatz zu *Tiegel* < ahd. *tëgel*, beide – zu verschiedenen Zeiten! – aus lat. *tēgula*), anderseits daran, dass sie eine ältere lateinische Aussprache (mit [k-]) voraussetzen (wie etwa dt. *Kiste* < ahd. *kista* < lat. *cista* < gr. *kístē*, im Gegensatz zu *Zither* < ahd. *zìtara* < lat. *cithara* < gr. *kithárā*; s. dazu generell BACH 1970, § 41,4; SCHIRMER 1969, 47ff; LANGNER/BOCK/BERNER 1987, 374ff).

Griechische Lehnwörter finden sich v. a. im (ostgerm.) Gotischen, in der Bibelübersetzung des Wulfila, z.B got. *drakmê* für gr. *drachmḗ* 'Drachme', *aípistaúlê* für *epístolē* 'Brief'; got. *aggilus* 'Engel', *aíkklêsjô* 'Kirche', *apaústaúlus* 'Apostel', *aípiskaúpus* 'Bischof' für gr. *ággelos, ekklēsía, apóstolos, epískopos*. Dt. Wörter wie *Engel, Bischof, Kirche* (ahd. *kirihha* < vulgär-gr. * *kyriké*, Adjektiv zu *kyrios* 'Herr'), *Pfingsten* < ahd. *fimfchusti* lautverschoben aus gr. *pentekosté* wie *pfaffo* aus gr. *papas* 'Kleriker') zeigen jedoch, dass das Griech. (z. T. über das Lat.) auch auf "west"germanische Sprachen eingewirkt hat (vgl. HOLZBERG 1984). Im Fall von *(der) Heide* scheint ein griech. *(tà) éthnē* durch got. Vermittlung (*haiþnō* fem.) ins Vor(**haiþina-* bzw. Ahd. (*heithin* u. ä.) und von hier in die anderen germanischen Sprachen (z. B. engl. *heathen*) gelangt zu sein.

1.1.3.6.2. Lehngut aus germ. Sprachen: Die germanischen Sprachen haben, abgesehen von Entlehnungen ins Finnische (s. o. 1.1.2.1.1.), ihrerseits auch auf die **romanischen** Sprachen ausgestrahlt. Germ. Lehnwörter dürften durch den römischen Handel und durch germ. Söldner in römischen Diensten verbreitet worden sein, in der Hauptsache handelt es sich aber wohl um Reliktwörter in den Sprachen jener Gebiete, die von der Völkerwanderung betroffen waren (Frankreich, Italien, iberische Halbinsel); hier errichteten die Germanenstämme (meist: vorübergehende) Herrschaften und hinterließen, obwohl sie letztlich in der kulturell überlegenen, romanischsprachigen Bevölkerungsmehrheit aufgingen, in deren Sprache ein lexikalisches Superstrat (MOSER 1978, 653ff), z. B.

it./sp./ptg. *guerra* (demin. sp. *guerilla*), frz. *guerre*, 'Krieg' (vgl. ahd. *werra* 'Zank, Streit', dt. *Wirren*), it. *lotto*, ptg. *lote* '(An)Teil', frz. *lot* 'Los' (engl. *lot*, ahd. *lōz*, vgl. auch *Lotterie*), frz. *garder*, it. *guardare*, sp./ptg. *guardar* 'bewachen' u. ä. (entsprechend engl. *ward*, dt. *warten* oder als Rückentlehnung aus dem Frz.: *Garde*).

Die Entscheidung, wann und aus welcher germ. Stammessprache solche Wörter ins Romanische entlehnt worden sind, ist oft schwierig, doch lassen sich Anhaltspunkte nach der geographischen Verbreitung und nach sprachlichen Kriterien finden, z. B. danach, dass das Got. (im Gegensatz etwa zum Fränkischen) im Allgemeinen keinen Umlaut kennt oder (anders als das Langobardische) an der 2. Lautverschiebung nicht teilgenommen hat. So gehen it. *albergo*, provenz. *alberc* 'Herberge' auf got. **haribaírgô* zurück, während frz. *héberger* 'beherbergen' von fränk. *heribergōn* (mit Umlaut) kommt. Westgot. *bandwô* 'Zeichen' wurde zu mlat. *bandum* 'Banner', it. *banda*, frz. *bande* 'Haufen, Streifen' (was im 17. Jh. als *Bande* ins Dt. kommt), westgot. *reikeis* 'reich' zu frz. *riche*. Ostgot. **laubjô* 'Laube' liegt vor in it. *lubbione* 'Loge, Galerie im Theater'; got. *nastilô* 'Bandschleife' in it. *nastro* 'Band'. An got. Ursprung ist v. a. zu denken, wenn ein Wort nur südlich der Pyrenäen und in Italien auftritt, nicht aber in Frankreich, vgl. it. *aspa, aspo, naspo* 'Haspel', span. und port. *aspa* (< got. **haspa, *haspô*); it. *rocca* 'Rocken', port. *roca*, span. *rueca* (< germ. **rukka*).

In den romanischen Ländern (Sprachen) gibt es auch **Personennamen** germ. Ursprungs, vgl. it. *Garibaldi, Garibaldo* < *Garibald* < *Gairibald* (Ger + kühn), *Gualtiero* < *Walthari* (Herrscher + Heer), *Rinaldo* < 'Reinwald' (got. *ragin* 'Rat' + Herrscher); span. *Fernando* < westgot. *Friþunanþ* (Friede + Ruhm), *Rodrigo* < westgot. *Hrôþrîks* = *Roderich* (Ruhm + Herrscher).

Ziemlich häufig sind germ. **Ortsnamen**: So erinnern in Italien Namen wie *Marengo* an die Ostgoten (*-ingôs*), andere sind späteren, langobardischen Ursprungs (wie *Breda* < lgb. *braida* 'Breite, Ebene'). Viele frz. Ortsnamen sind germ. (fränkischer, westgotischer, burgundischer u. a.) Herkunft (wie z. B. *Rebais*, bezeugt a. 635 als *Resbacis* 'Roßbach', oder *Abinctun*, dessen *-tun* engl. *town*, dt. *Zaun* entspricht). In Spanien und Portugal weisen Namen wie *Gondomar* (aus dem germ. Personennamen 'Guntmar') auf Sueben und Goten hin.

Die germ. Sprachen haben auch bei der Aufspaltung des romanischen Sprachgebiets eine gewisse Rolle gespielt, z.B. in Frankreich bei der regiolektalen Differenzierung zwischen (fränkisch beeinflusster) *langue d'oïl* im Norden und südlicher *langue d'oc* (auch toponymisch verwendet: *Languedoc*) (WARTBURG 1951; BACH 1970 § 56; WOLFF 1971, 62ff und 146ff).

1.1.3.7. *Zusammenfassung*

In den Jahrhunderten nach der Zeitwende löste sich v.a. infolge massenhafter Migration germ. Stämme, Stammesteile und Stammesverbände ("Völkerwanderung") die gemeingerm. Spracheinheit in deutlich distinkte Stammesdialekte auf. Zu deren genetischer Ableitung aus dem Gemein- oder Urgermanischen sind, meist unter Berücksichtigung der bei TACITUS überlieferten antiken Dreigliederung, diverse Vorschläge gemacht worden, die überwiegend mit folgenden Gruppen rechnen:

1. Ostgermanen (Goten u.a.),
2. Nordgermanen (in Skandinavien),
3. Nordseegermanen (TACITUS' "Ingwäonen": Angeln, Sachsen, Friesen u.a.)
4. Weser-Rhein-Germanen ("Istwäonen", im Wesentlichen: Franken)
5. Elbgermanen ("Irminonen"; Alemannen, Baiern u.a. südliche Stämme, deren auffallendste sprachliche Gemeinsamkeit die zweite, "hochdeutsche" Lautverschiebung ist).

1 und 2 lassen sich – freilich nicht unbestritten – als "gotonordisch" zusammenfassen, die früher übliche Zusammenfassung von 3, 4 und 5 als "westgermanisch" ist zweifelhaft geworden. Statt dessen können, so wie hier geschehen, 4 und 5 als "südgermanisch" i.e.S. verstanden werden. Zwischen den Sprachen der Gruppen 1 bis 5 gibt es mannigfaltige Übereinstimmungen, die als Folge historischer Beziehungen zwischen den jeweiligen Stämmen interpretiert werden können. Darüber hinaus sind die germanischen Stammesdialekte in spätantiker und frühmittelalterlicher Zeit aber auch aus dem Lateinischen (v.a. lexikalisch) stark beeinflusst worden und haben ihrerseits (als Superstrat) auf die entstehenden romanischen Sprachen eingewirkt.

1.2. Das Deutsch des Frühmittelalters (6.–11. Jahrhundert)

1.2.1. **Historische, soziale und kulturelle Voraussetzungen**

Die Völkerwanderung hatte zu vielfältigen Veränderungen innerhalb der germ. Stammesverhältnisse geführt. Aus den Einzelstämmen waren zunächst Großverbände (Stammesverbände) entstanden, die mehr oder weniger fest zusammenhielten. Durch Überschichtungen, durch Tausch- und Handelsbeziehungen entstanden neue soziale und wirtschaftliche Gegebenheiten, die einerseits die Vereinigung der Stammesverbände förderten und andererseits die Herausbildung des Staates als unumgänglich erscheinen ließen. In diesem Prozess spielten die Franken, zunächst die Salier (aus dem Salland zwischen Zwolle und Deventer), eine führende Rolle. Nach kriegerischen Vorstößen über den Rhein nach Gallien und Spanien im 3. Jh., nach lange anhaltenden, hartnäckigen Auseinandersetzungen mit den Römern an Mittelrhein, Maas und Somme, nach Besitznahme der Gebiete an Mittelrhein und Mittelmaas durch ripuarische Franken und nach den Kämpfen des Salierfürsten CHILDERICH, wohl eines Sohnes des sagenhaften MEROWECH, gegen die Sachsen, die Alemannen und die Goten in Gallien, nach der Besiedlung der eroberten Gebiete Galliens mit fränkischen Bauern und germanischen Kriegsgefangenen besiegte CHLODWIG, der Sohn CHILDERICHS, 486 die Römer und anschließend die Alemannen, unterwarf die südgallischen Burgunder, besiegte die fränkischen Gaukönige und gewann so die Alleinherrschaft. Zur Sicherung der eroberten Gebiete nach innen und nach außen war es erforderlich, den Anforderungen entsprechende Einrichtungen zu schaffen: Königtum mit großem militärischem Gefolge und (staatliche) Institutionen mit entsprechenden Verwaltungsämtern. CHLODWIG gründete um 500 auf gallischem Boden das fränkische Reich (482–911: Reich der Merowinger und Karolinger). Durch das Frankenreich verlagerte sich das kulturelle und wirtschaftliche Zentrum unseres Kontinents aus dem Mittelmeerraum in den germanisch-romanischen Norden. Die fränkische Kultur entwickelte sich auf germanischer, römischer und christlicher Grundlage.

Ein wichtiger Akt in diesem Prozess war die Taufe CHLODWIGS im Jahre 496. Damit wurde der Katholizismus als Staatsreligion zunächst im Merowinger- und dann im deutschen Reiche festgelegt. Dadurch wurde aber auch erreicht, dass die Kirchenorganisation der weltlichen Obrigkeit zunächst zumindest in wichtigen Grundfragen nicht als Opposition gegenübertrat. Die fränkische Landeskirche war dem König unterworfen und damit vom Papst unabhängig. Um die Mitte des 8. Jh. wurde zwischen den Karolingern und der Römischen Kirche ein Bündnis geschlossen, durch das die fränkische Dynastie vom Papst legitimiert und dem Papst Schutz vor der Bedrohung durch die Langobarden zugesichert wurde. Hier entstand jene eigentümliche Verbindung von geistlicher und weltlicher Gewalt, die – nicht nur in Deutschland – das Mittelalter geprägt hat.

Die Einführung des Christentums bewirkte zugleich aber auch, dass in das germanisch-deutsche Denken Inhalte der spätantiken Geisteswelt und deren Begriffssysteme eingingen. Damit verbunden waren tiefgreifende sprachliche Veränderungen in Wortschatz und Wortbildung im Zusammenhang mit dem komplizierten Aneignungs- und Einfügungsprozess von lateinisch geprägten Wortinhalten in deutsches Sprachgut. Anders als im Germanischen, wo Lehnwörter vor allem in den vielen Bereichen des praktischen Lebens aus dem römischen Kulturkreis aufgenommen worden waren (s. 1.1.3.6.), wurden jetzt lat. Lehnwörter durch Kirche und Klosterschulen vor allem in den Bereichen Kirchenleben und Schulwesen eingeführt.

Die Nachfolger CHLODWIGS eroberten 531 mit Hilfe der Sachsen das Thüringerreich, 532 endgültig das Burgunderreich, besiegten 746 die Alemannen, 774 das Langobardenreich in Oberitalien, 794 die Baiern, 804 die Sachsen. KARL DER GROSSE vollendete, was seine Vorgänger begonnen hatten. Nach seinem Tode wurde das Großreich 843 mit dem Vertrag von Verdun in ein altfranzösisch sprechendes Westreich, das spätere Frankreich, und ein althochdeutsch sprechendes Ostreich, das spätere Deutschland, aufgeteilt, von denen jedes fortan seine eigenen Wege ging. Die "Straßburger Eide" (842) lassen die sprachliche Trennung erkennen: das westfränk. Heer sprach den Eid in altfrz., das ostfränk. Heer dagegen in ahd. Sprache. Das zwischen beiden Reichen liegende Mittelreich Lotharingin war ein Jahrtausend lang Gegenstand von Auseinandersetzungen zwischen Frankreich und Deutschland. In der östlichen Hälfte des fränkischen Großreiches entstanden alle wesentlichen Voraussetzungen für die Entwicklung eines deutschen Geschichts-, Kultur- und Sprachbewusstseins. Auf der Grundlage der Verfassung des Frankenreiches ergab sich für die deutschen Stämme eine Einteilung in Grafschaften unter fränkischen Grafen als wichtigsten königlichen Beamten für Gericht, Heer, Finanzen. In diesen Territorien wohnten durch Landnahme und Wanderung im Verlaufe von Jahrhunderten zusammengekommene Angehörige verschiedener germanischer Stämme zusammen, wobei ein bestimmter ethnischer Bestandteil in jedem Territorium vorherrschte. Die Bewohner dieser Territorien verständigten sich mit Hilfe der Territorialmundarten, die aus vorher gebräuchlichen Stammessprachen entstanden waren und die in diesem Zeitraum die vorherrschende Verständigungsform bildeten.

Das oberste Gericht war das Hofgericht des Königs. Als oberster Beamter der Staatsverwaltung fungierte der Hausmeier. Hofämter wie Marschalk, ahd. *marahscalc* (9. Jh.) 'Pferdeknecht', Schenk, ahd. *scenko*, Kämmerer, ahd. *kamerâri* (8. Jh.) 'Schatzmeister' wurden geschaffen.

Als das durch die königlich-dynastische Familie zusammengehaltene Karolingerreich zusammenbrach, nutzten die großen Grundherrschaften in den Reichsteilungskriegen des 9. Jh. die Situation, um sich Privilegien, die staatliche Befugnisse einschlossen, zu sichern und um ihre Lehen in Erbbesitz umzuwandeln. Schließlich entstanden – ähnlich wie im Merowingerreich – wieder Stammesherzogtümer, die den einheitlichen Staat ablösten. Im 10. Jh. bildete sich das neue Machtzentrum der Ottonen heraus, die das später so genannte Heilige Römische Reich (Deutscher Nation) gründeten und damit den ersten deutschen Staat errichteten.

Die wirtschaftlich tragende Kraft dieses Zeitraumes war der freie und z. T. auch der schon abhängige Bauer. Und so war auch die von Territorialdialekten geprägte Sprache der Bauern zunächst die bestimmende Erscheinung. Durch den Einfluss des antiken Geistes- und Kulturerbes besonders im Zusammenhang mit der Christianisierung und dem Erschließen der christlich-religiösen Gedankenwelt wurde diese Sprache, durch Lehnwörter und Lehnbildungen angereichert, zum Ausdruck neuer Gedankeninhalte geeignet gemacht und im Sinne einer neuartigen Begriffssprache weiterentwickelt. Dem war ja in den germanisch-romanischen Berührungsgebieten eine vielgestaltige Übernahme weltlichen Sprachgutes vorausgegangen (s. 1.1.2.1.1. und 1.1.2.2.4.). Den Bemühungen, das Kirchenlatein in den einheimischen Wortschatz einzufügen, stand ein kirchenspezifischer Lehnwortbestand mit *Messe, Kloster, Zelle, Mönch, Orgel, segnen, opfern* u. a. zur Seite. Die Eindeutschung der tragenden Begriffe des Christentums war ein komplizierter Prozess, und es dauerte meist lange Zeit, bis eine der angebotenen Möglichkeiten allgemeingebräuchlich wurde. So stehen für lat. *temptatio* zehn entsprechend umgebildete Wörter nebeneinander, u. a. *irsuohhunga, ursuoch*, von denen im Ahd. keines die Vorherrschaft erlangte; erst im Mhd. wurde dann *versuochunge* 'Versuchung' das allgemein gebräuchliche Wort. Für lat. *resurrectio* wurden im Ahd. zwölf und im Mhd. sieben Wörter geprägt, so ahd. *urristi, urstand, urstende, urstendi, urstendida, irstantnisse, arstantnessi* und mhd. *ûferstandenheit, ûferstandunge, ûferstant, ûferstende, ûferstande, ûferstendnisse*; hier setzte sich in unmittelbarer Anlehnung an das lat. Muster mhd. *ûferstêung* 'Auferstehung' durch.

Der Beginn dieses Prozesses wurde wesentlich durch Missionare gefördert, die vom Südosten her im Donauraum, vom Westen aus im Gebiet an Mosel und Rhein und von England kommend in allen Teilen des Ostfrankenreiches die Verbreitung des Christentums anstrebten. Die got.-arianische Mission brachte die Berufsbezeichnung ahd. *pfaffo* (< gr. kirchensprachlich *papă*, got.-arian. *papa*), Missionare aus Gallien brachten gr. *presbyter* > afrz. *prestre* > ahd. *priest/priester* ein. Die ir.-ags. Mission, die bis zu den Alpen nach Süden vordrang, vgl. auch das Andenken an den ir. Mönch KILIAN als Patron des Bistums Würzburg, steuerte bereits im 7. Jh. *Glocke* (ir.-mlat. *clocca*) bei. Insgesamt wurde der dt. Wortschatz durch die Missionen aber nur wenig bereichert (FRINGS 1950, 12ff., 44). Auch im Staats- und Verwaltungsapparat finden wir nur wenige neue Wörter, so etwa ahd. *phalinza*, später *Pfalz*, 'Palast, Haus, Hof, Tempel' < lat. *palatium*, eigentlich Benennung der Haupterhebung des *mons Palatinus* in Rom, dazu *palatinus* 'Palast'.

Viel wichtiger war, dass mit den Missionaren die Schriftkultur in unseren Sprachraum eingeführt wurde. Irische Mönche, die die westlichen Teile des Reiches und dann auch Ostfranken, Alemannen und Baiern missionierten, leiteten – in lateinischen und irischen Niederschriften – die Schriftlichkeit ein, ehe dann vom 8. Jh. an auch Texte mit deutschen Wörtern schriftlich fixiert wurden. Diese Schriftlichkeit wurde überwiegend von Mönchen in den Klöstern vor allem zur Vermittlung von Glaubensinhalten und Lehrsätzen der Kirche benötigt und genutzt. Dabei wurde eine Vielzahl abstrakter Wörter religiösen und philosophischen Inhalts geschaffen (*bigin* 'Ursprung' für lat. *origo, infleiscnissa* 'Fleisch-, Menschwerdung' für lat. *incorporatio*); es entstanden philosophische Termini (z. B. *unentlîch* für lat. *infinitus*, s. u.), die neben abstrakten Wörtern aus Bibeltexten (*gidank* 'Gedanke, Denken, Sinn', *wîstuom* 'Weisheit, Einsicht, Erkenntnis, Wissenschaft', *kunst* 'Kenntnis, Wissen, Fähigkeit') eine ganz neue Denkweise ermöglichten. Wie kompliziert es war, diesen Prozess des Umdenkens zu bewerkstelligen,

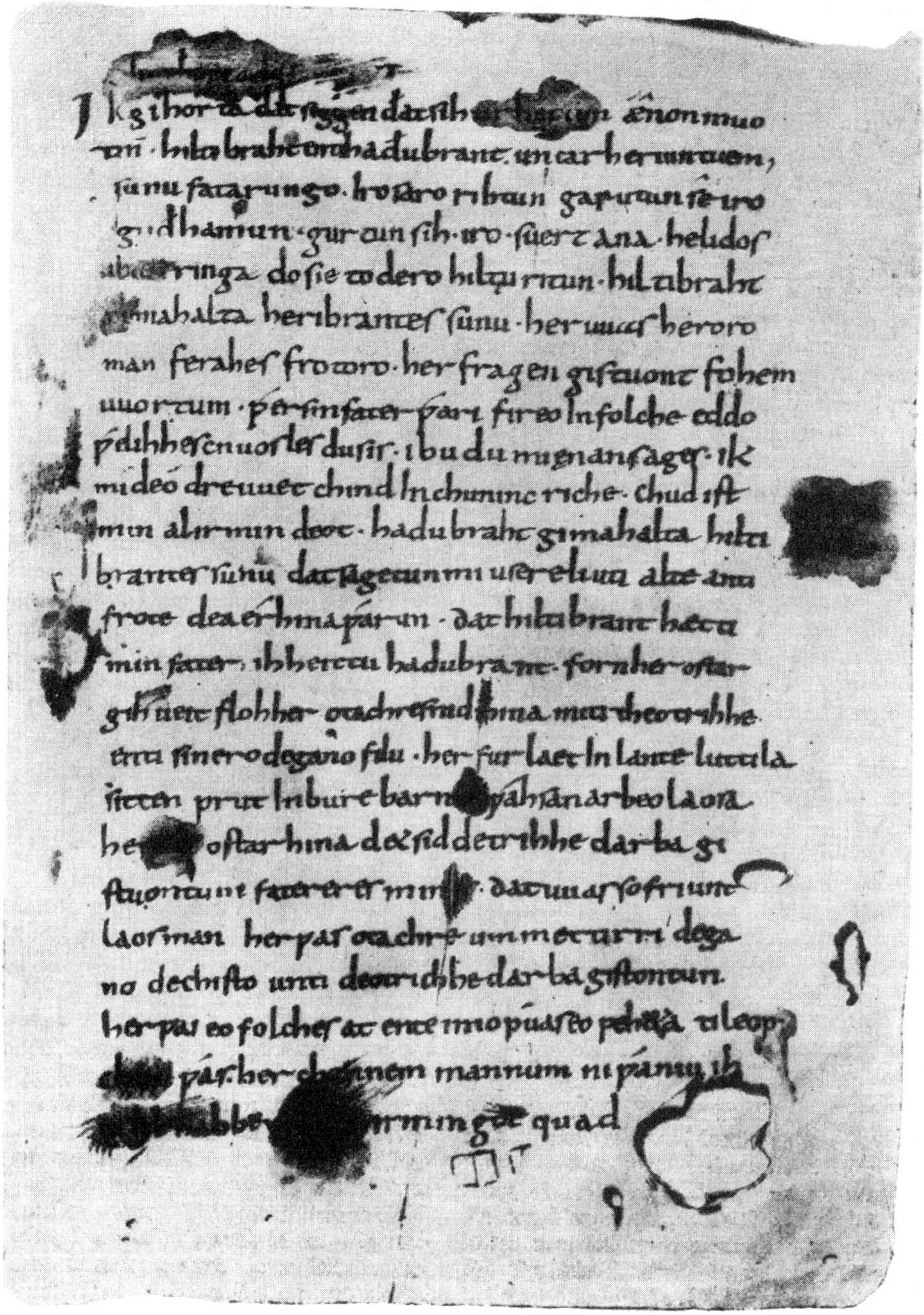

Abb. 4: Erste Seite des "Hildebrandliedes"

verdeutlichen auch die Benennungen der Wochentage (s. o. 1.1.3.6.1.). Eine wichtige Veränderung im ahd. Sprachgebrauch war die Einführung des Endreims in die dt. Dichtung. Mit den Bildungsbestrebungen KARLS DES GROSSEN kam auch die christliche Missionsliteratur und -poesie als neuer Dichtungstyp zur Geltung. Dabei wirkte die christliche Hymnenpoesie in lat. Sprache als Vorbild. Fördernd wirkten auf diesen Prozess mehrere sprachliche Veränderungen dieses Zeitraumes, durch die die germ. Stabreimtechnik in Verfall geriet (BACH 1965, § 76), so die Entwicklung von germ. *wl-*, *wr-*, *hl-*, *hr-*, *hw-* zu ahd. *l-*, *r-*, *w-*, vgl. etwa im HL *helidos ubar* **hr**inga *dô sie to deru hiltiu ritun* ... **hw**erdar *sih hiutu dero* **hr**egilo *ruomen muotti* ... *heuwun harmlicco* **hu**itte *scilti*.

Schon bald nach der Aufzeichnung des "Hildebrandliedes" und nach dem um 830 wohl in Fulda entstandenen, gleichfalls stabreimenden, in as. Sprache abgefassten "Heliand" schuf OTFRID VON WEISSENBURG um 870 die erste Endreimdichtung, sein "Evangelienbuch", mit 7400 Langzeilen, eine der wenigen Großdichtungen dieses Zeitraumes. Dem hier einleitend enthaltenen Teil 1. *Ludouuico orientalium regnorum regi sit salus aeterna* stehen mit "Ludwigslied" (9. Jh.), "Petruslied" (9. Jh.), "Lied vom heiligen Georg" (10. Jh.) weitere "Lieder" und außerdem noch mehrere religiöse Traktate des 9./10. Jh. (Gebete, Psalmen) als endreimende Dichtungen zur Seite. Dabei finden sich besonders bei OTFRID in Zwillingsformeln und an anderen Stellen immer wieder Nachklänge des Stabreims: *hús inti hóf* ... *Fon iáre zi iáre* ... *fon éuuon unz in éuuon* ... *houbit joh thie henti* ... *von kúnne zi kúnne* ... *thes hohen hímilriches* ... *thiu uuorolt uuirdig thes ni uuas* ... *uuas uuirdig er in uuara* ... *uuéltis thu thes liutes ioh alles uuóroltthiotes* ... *sie uuárun iro hénti zi gote héffenti* ... *Vuáhero duacho uuerk uuírkento*. – Gelegentlich unterstützt Stabreimartiges den Endreim: *Si sálida gimuáti Salomones guáti*. Im Zusammenhang mit der Reimtechnik ist auch die Entwicklung der Betonung zu berücksichtigen.

1.2.2. Das inschriftliche, vorliterarische Deutsch (6./7. Jahrhundert)

Die Herausbildung unserer deutschen Sprache beginnt nach dem Abschluss der Völkerwanderung mit dem Sesshaftwerden der Stammesverbände und Völkerschaften. Der Zeitraum, in dem sich die älteste Stufe des Deutschen herausbildete, wird als althochdeutsch bezeichnet. Die wichtigsten Stammessprachen, aus denen das Deutsche allmählich entstand, waren das Fränkische, das Bairische, das Alemannische und das Sächsische (in Niedersachsen zwischen unterer Elbe und Niederrhein, Nordsee und Harz).

Während der Völkerwanderung hatten sich durch räumliche Umgruppierung und Zusammenschluss älterer ethnischer Verbände neue ethnische Einheiten unter neuen Daseinsbedingungen herausgebildet. Aus germanischer Zeit ererbte, grundlegende Übereinstimmungen bei vielen sprachlichen Erscheinungen und das sich immer stärker ausprägende Bewusstsein vom Zusammenleben in einem administrativ zwar locker zusammengehaltenen, aber doch existenten ostfränkischen Reichsverband vermochten noch nicht die großen dialektalen Unterschiede in Rede und Schreibe auszugleichen, aber sie förderten den Übergang der Stammessprachen in eine neue, sich allmählich herausbildende sprachliche Entwicklungsstufe, eben in das Althochdeutsche. Das zunächst mehr oder weniger zufällige räumliche Nebeneinander von Sprechern unterschiedlicher Dialekte führte durch sprachlichen Austausch und Ausgleich, durch in wesentlichen Erscheinungen übereinstimmende Entwicklungstendenzen, durch kulturelle, wirtschaftliche und soziale Beziehungen und durch die zumindest formale politische Vereinigung zuerst zu Ansätzen, gegen Ende dieses Zeitraumes zum auch sprachlichen Ausdruck der Erkenntnis der Zusammengehörigkeit als Deutsche. Maßgeblichen Anteil an diesem Prozess hatten die Rhein- und die Ostfranken, die Alemannen und die Baiern und zunächst auch noch die südlich der Alpen in Norditalien lebenden Langobarden. Eine besondere Rolle bei der Herausbildung des Deutschen spielt das Frankenreich. Dem ethnischen Kern des fränkischen Stammesverbandes, den Weser-Rhein-

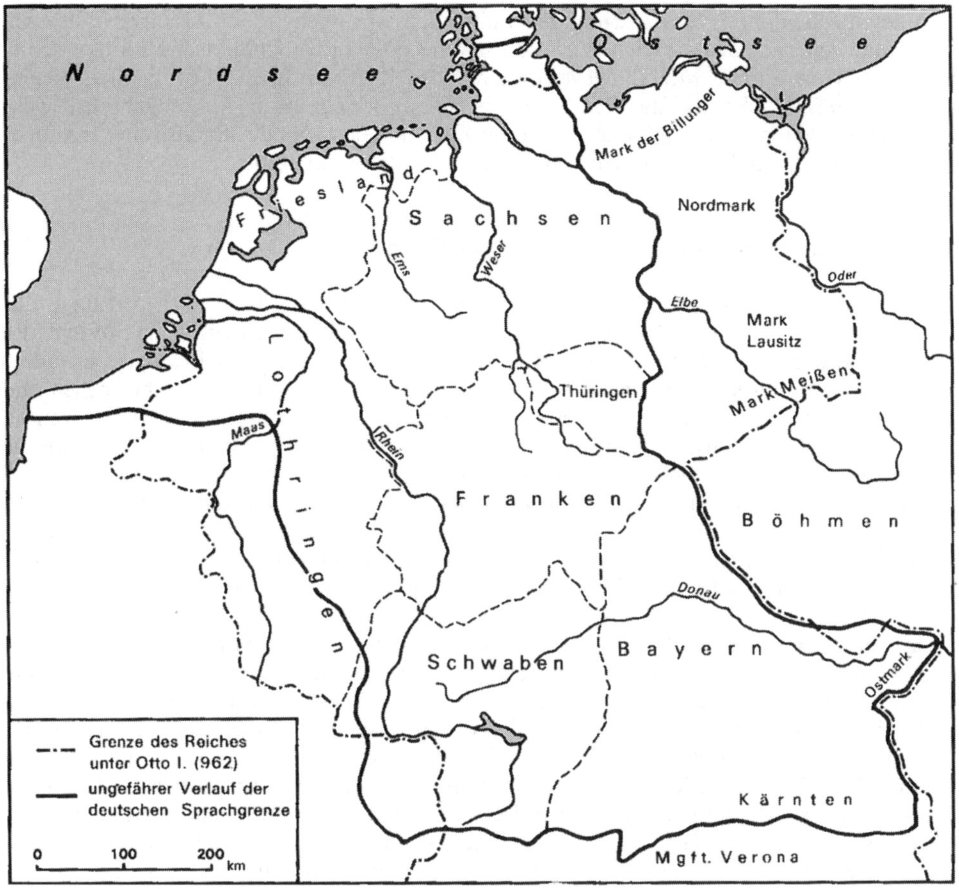

Karte 4: Deutsches Sprachgebiet im 10./11. Jh.

Germanen, hatten sich andere Stämme mehr oder weniger freiwillig angeschlossen. Im 5. und 6. Jh. erstarkte das fränkische Merowingerreich. Unter CHLODWIG I. (466–511) und seinen Nachfolgern wurden die germanischen Völkerschaften des Festlandes unter fränkischer Oberherrschaft vereinigt. In diesem Staat wuchsen schließlich die nichtromanisierten Germanen zu "Deutschen" zusammen. Die deutsche Sprachgemeinsamkeit in der Zeit des Merowingerreiches und auch des Karolingerreiches ist allerdings nicht im Sinne einer tatsächlich gesprochenen einheitlichen deutschen Sprache zu verstehen.

Das früheste Deutsch ist nicht handschriftlich-literarisch, sondern nur inschriftlich überliefert. Es ist in etwa 60 Runeninschriften des 5./7. Jh. und in vereinzelten Wörtern, die sich in mittellateinisch abgefassten Denkmälern teils in ursprünglicher, teils in latinisierter Form finden, erhalten. Die Runeninschriften weisen keine Merkmale der hochdeutschen Lautverschiebung auf. Das ist ein wichtiger Hinweis für die Datierung dieser Erscheinung. Mittellateinische Texte sind unter anderen die sogenannten "Leges Barbarorum", Aufzeichnungen germanischer Stammesrechte. Außerdem gibt es Zeugnisse in Ortsnamen (so etwa den Übergang germanischer Bildungsweisen vom Typ Personenname + Suffix wie *Sigmaringen* 'bei den Leuten des Sigmar' zur Bildungsweise Personenname im Genitiv + typisches Grundwort wie *Sigmarsheim* und *Sigmarshausen*) und in Form von langobardischen und fränkischen Lehnwörtern in romanischen Sprachen (wie etwa frz. *jardin*/dt. *Garten*, frz. *garder*/dt. *warten*, frz. *flanc*/ahd. *hlanca, lancha* 'Seite', frz. *marche*/germ. **marka*). (Vgl. BACH 1970, § 56, 63.3.)

Eine entscheidende Veränderung gegenüber den vorangehenden Sprachverhältnissen in germanischer Zeit ergab sich durch die zweite oder (alt)hochdeutsche Lautverschiebung, die vom Süden und Südwesten nach Norden ausstrahlte. Alles in allem beeinflussten das Bairische und das Fränkische in diesem Zeitraum die sprachliche Entwicklung am stärksten, während das Alemannische und das (Nieder)Sächsische aus mehreren, unterschiedlichen Gründen weniger aktiv mitgewirkt haben.

1.2.3. **Das handschriftliche Deutsch (8.–11. Jahrhundert)**

Die schriftliche Fixierung der deutschen Sprache begann im 8. Jh. Damit trat im Frankenreich die geschriebene Volkssprache neben das Lateinische, die offizielle Sprache der Kirche und der Verwaltung. Der schriftliche Gebrauch des Deutschen wurde besonders von Karl dem Grossen gefördert. Er ließ kirchliche Texte ins Deutsche übertragen und deutsche Predigten sammeln, um die neue Religion in der Volkssprache verbreiten zu können. Karls Biograph Einhart berichtet auch, dass in seinem Auftrag heimische Heldenlieder gesammelt wurden und dass er die Absicht hatte, eine deutsche Grammatik schaffen zu lassen. Karls Sohn, Ludwig der Fromme, soll die altsächsische Helianddichtung angeregt haben, um den Sachsen die göttlichen Bücher in ihrer Volkssprache nahezubringen. Die "Evangelienharmonie" des Otfrid von Weissenburg war Ludwig dem Deutschen gewidmet, in dessen Gebetbuch auch das "Muspilli" eingetragen war.

Aufzeichnungen in deutscher Sprache aus der Merowinger-, vor allem aber aus der Karolingerzeit treten uns in der Überlieferung vorwiegend als Übersetzungen aus dem Lateinischen und als eigene Dichtungen entgegen, die Mönche und Kleriker in Klöstern und geistlichen Schreibstuben schufen. Diese schriftlichen Aufzeichnungen wurden nur in wenigen Schreibstuben getätigt: im Bairischen in den Bischofssitzen Regensburg (mit Kloster St. Emmeran), Freising, Salzburg und in den Klöstern Tegernsee, Monsee (Mondsee), im Alemannischen in den Klöstern St. Gallen, Reichenau, Murbach, im Ostfränkischen in den Bischofssitzen Würzburg und – später – Bamberg, im Rheinfränkischen im Bischofssitz Mainz und in den Klöstern Weißenburg, Lorsch, Fulda, im Mittelfränkischen in den Bischofssitzen Trier, Köln, Aachen und im Kloster Echternach. (S. Karten 5 u. 6.)

Jede dieser Schreibstuben hatte eine eigene sprachliche Norm, und die Mehrzahl der Schreiber brachte zusätzlich sprachliche Eigenheiten ein. Es ist daher auch kaum möglich, aus den in den einzelnen Schreibstuben aufgezeichneten Texten gültige Schlüsse auf die Ausdehnung der einzelnen Dialektgebiete zu ziehen. So liegt beispielsweise Fulda im rheinfränkischen Gebiet. Es wurde aber als ostfränkische Gründung angelegt. Deshalb schrieben die Fuldaer Mönche in ihrer ostfränkischen Mundart. Aber für den Schreibgebrauch wurde hier ein einheitlicher Schriftdialekt geschaffen, der nicht mit der örtlichen Mundart übereinstimmte. Die ersten Verse des in Fulda aufgezeichneten "Hildebrandliedes" verdeutlichen, dass auch Übungen zum Altsächsischen im Programm waren. Im Kloster Reichenau am Bodensee wurde zunächst in fränkischem, dann in alemannischem und schließlich ab 840 in ostfränkischem Dialekt geschrieben, und das in rein alemannischem Umfeld (vgl. Hugo Moser 1969, 108). Die altniederdeutschen (altsächsischen) Literaturdenkmäler sind nicht bestimmten festen Zentren zuzuordnen.

Die von Karl dem Grossen und seinen Nachfolgern veranlassten Schriftdenkmäler in deutscher Sprache hatten zum größten Teil religiösen Inhalt und dienten in erster Linie der Missionierung. Die Sprache des karolingischen Hofes ist wahrscheinlich das Rheinfränkische gewesen, aber eine einheitliche Form als Schreibsprache dürfte es damals nicht gegeben haben (vgl. dazu Bach 1970, § 82). Fraglich ist auch, ob – wie bisher angenommen wurde – die Ausbreitung der aus altem *ē* und *ō* entstandenen ahd. Diphthonge *ie* und *uo* (got., as. *hêr* – ahd. *hiar*, *hier* 'hier'; as. *gôd* – ahd. *guot* 'gut'), der Übergang von *io* (germ. *eu*) > *ie* (ahd. *liob*, *lieb* 'lieb') und andere Neuerungen des Oberdeutschen tatsächlich dadurch zustandegekommen sind, dass vom Rheinfränki-

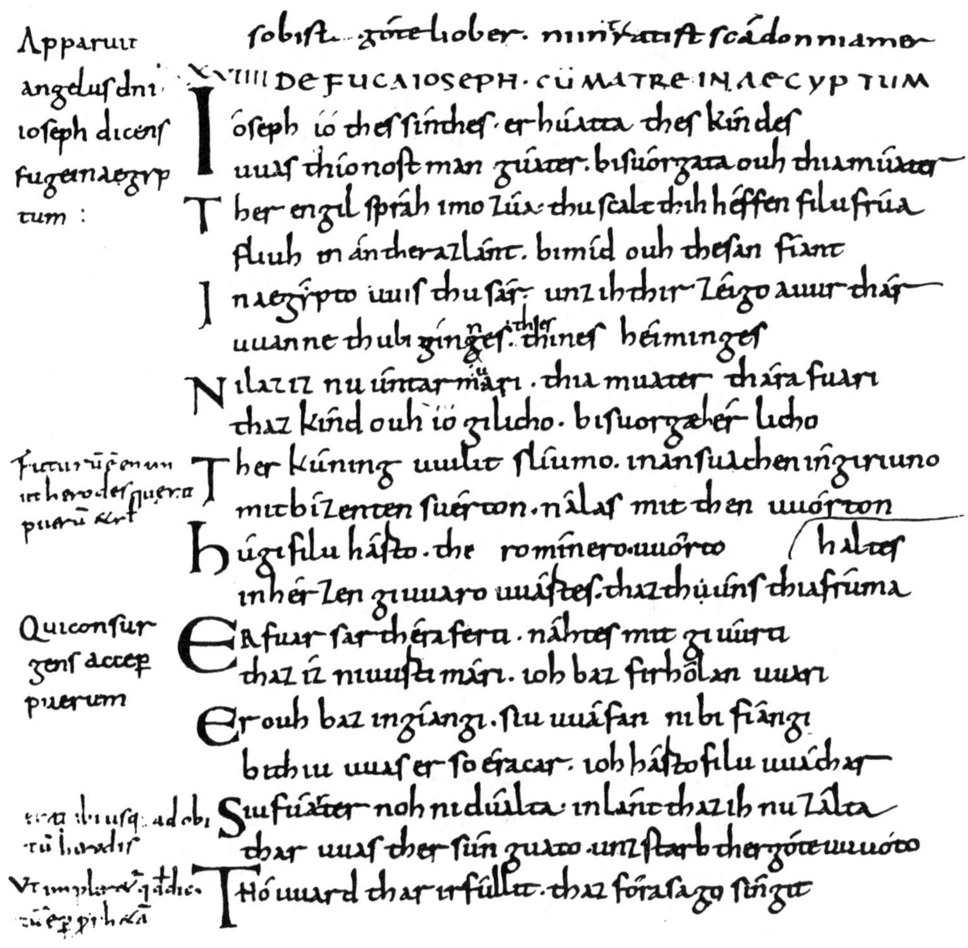

Abb. 5: Eine Seite der Wiener Otfried-Handschrift

schen aus eine starke Beeinflussung erfolgte. Da die Diphthongierung bei deutschen Namensformen im Fränkischen seit 772, im Alemannischen seit 781, im Bairischen seit 793 bezeugt ist, ist schwerlich mit einer unmittelbaren Beeinflussung vom Rheinfränkischen her zu rechnen.

Das Althochdeutsche tritt uns in seinen handschriftlich überlieferten Aufzeichnungen als eine mundartlich differenzierte, in den mundartlichen Eigenheiten unterscheidbare, in den Schriftzeichen weithin sehr unterschiedliche Schreibsprache entgegen. Eine gewisse Einheit, die zur gemeinsamen Bezeichnung als althochdeutsch berechtigt, ist auch durch die hochdeutsche Verschiebung der germanischen stimmlosen Verschlußlaute *p*, *t*, *k* im Inlaut zwischen Vokalen und im Auslaut entstanden, die in allen Texten so geschrieben werden, daß ihr Charakter als Reibelaute bzw. Affrikaten erkennbar ist.

1.2.4. **Wichtige sprachliche Neuerungen und Besonderheiten des Althochdeutschen**

1.2.4.1. *Lautliches*

Die wohl einschneidendste, auch äußerlich am deutlichsten sichtbar werdende Veränderung dieses Zeitraumes auf lautlichem Gebiet ist die zweite oder (alt)hochdeutsche

Lautverschiebung (s. u. 2.3.3.1.). Die in der ersten Lautverschiebung entstandenen germanischen stimmlosen Verschlusslaute *p, t, k* wurden je nach ihrer Stellung im Wort unterschiedlich verändert. Aber diese Veränderungen erfolgten nicht gleichartig in allen Teilen des deutschen Sprachgebietes. Weitgehend durchgeführt wurde die Lautverschiebung nur im Oberdeutschen, und zwar im Bairischen und im Alemannischen. In den fränkischen Mundarten gibt es wesentliche Unterschiede hinsichtlich ihres Anteils an den durch die Lautverschiebung bedingten sprachlichen Veränderungen. Das Altniederdeutsche (Altsächsische) hat an der Lautverschiebung nicht teilgenommen. Je weiter die Lautverschiebung nach Norden vordrang, desto mehr klang sie ab. Im Ergebnis dieser Entwicklung entstand eine deutlich erkennbare Trennung in ein hochdeutsches (oberdeutsches und mitteldeutsches) Gebiet, in dem die Veränderungen weitgehend (oberdeutsch) oder teilweise (mitteldeutsch) eingetreten sind, und in ein niederdeutsches Gebiet, in dem sie sich nicht durchgesetzt haben. Dadurch gilt diese Lautveränderung heute zugleich auch als eine der wesentlichsten Grundlagen für die Einteilung der Dialekte innerhalb des deutschen Sprachraumes:

Oberdeutsch	Mitteldeutsch
Bairisch	Mitteldeutsches Fränkisch
Alemannisch	– Mittelfränkisch (Ripuarisch, Moselfränkisch)
Oberdeutsches Fränkisch	
– Südfränkisch	– Rheinfränkisch
– Ostfränkisch	Thüringisch
	(+ später Obersächsisch, Schlesisch)
Niederdeutsch	
Niedersächsisch	
Niederfränkisch (später Niederländisch)	

Jeder Versuch, komplizierte, sich in Entwicklung befindliche Verhältnisse vereinfacht, schematisiert darzustellen, enthält Problemhaftes. Dies gilt auch für die obige Einteilung. So gehört das Niederfränkische heute nicht mehr, das Obersächsische und das Schlesische gehörten in ahd. Zeit noch nicht zum deutschen Sprachgebiet. Das oben nicht genannte Langobardische, das auch an der hochdeutschen Lautverschiebung teilgenommen hat, liegt außerhalb des eigentlichen althochdeutschen Sprachraumes; hier sind – wie bei einigen ostgermanischen Sprachen – Vorgänge dieser Lautverschiebung bereits vor denen des althochdeutschen Sprachraumes erfolgt. (Vgl. BACH 1970, § 59.)

Problematisch ist auch die Kennzeichnung dieser grundlegenden Lautveränderung als zweite oder hochdeutsche oder gar althochdeutsche Lautverschiebung, weil hier wenig mit der germanischen Lautverschiebung real Vergleichbares vor sich gegangen ist; die formale Gleichheit lediglich der Ausgangslaute *p, t, k* ist ein schwaches Argument. Problematisch ist dies außerdem, weil die komplementär herangezogenen Lautveränderungen der germanischen stimmhaften Reibelaute *ƀ, đ, ǥ* sich räumlich und zeitlich nicht vergleichbar in das Gesamtbild einordnen lassen (anders SZULC 1987, 2.2.2.4.).

Die Grenzlinie zwischen dem Hochdeutschen und dem Niederdeutschen, die *ik/ich-* bzw. *maken/machen*-Linie, gleicht wegen der ungleichmäßigen Ausbreitung der wichtigsten sprachlichen Neuerungen eher einem Linienbündel als einer Linie, und sie hat sich im Verlauf der Jahrhunderte wiederholt verschoben. Heute beginnt sie westlich von Krefeld, überschreitet bei Ürdingen den Rhein und verläuft dann weiter Richtung Wupper – Rothaargebirge – Vereinigung von Fulda und Werra zur Weser – Eichsfeld – Oberharz – Saalemündung – Mündung der Schwarzen Elster – Nordrand des Spreewaldes.

Ausgangspunkt und Entstehungsursache der (alt)hochdeutschen Lautverschiebung sind trotz langer Diskussionen nach wie vor ungeklärt. Umstritten ist auch noch der Zeitpunkt des Beginns der hochdeutschen Lautverschiebung, weil die Datierung große

Karte 5: Kirchliche Zentren als Stätten frühmittelalterlicher Literaturpflege

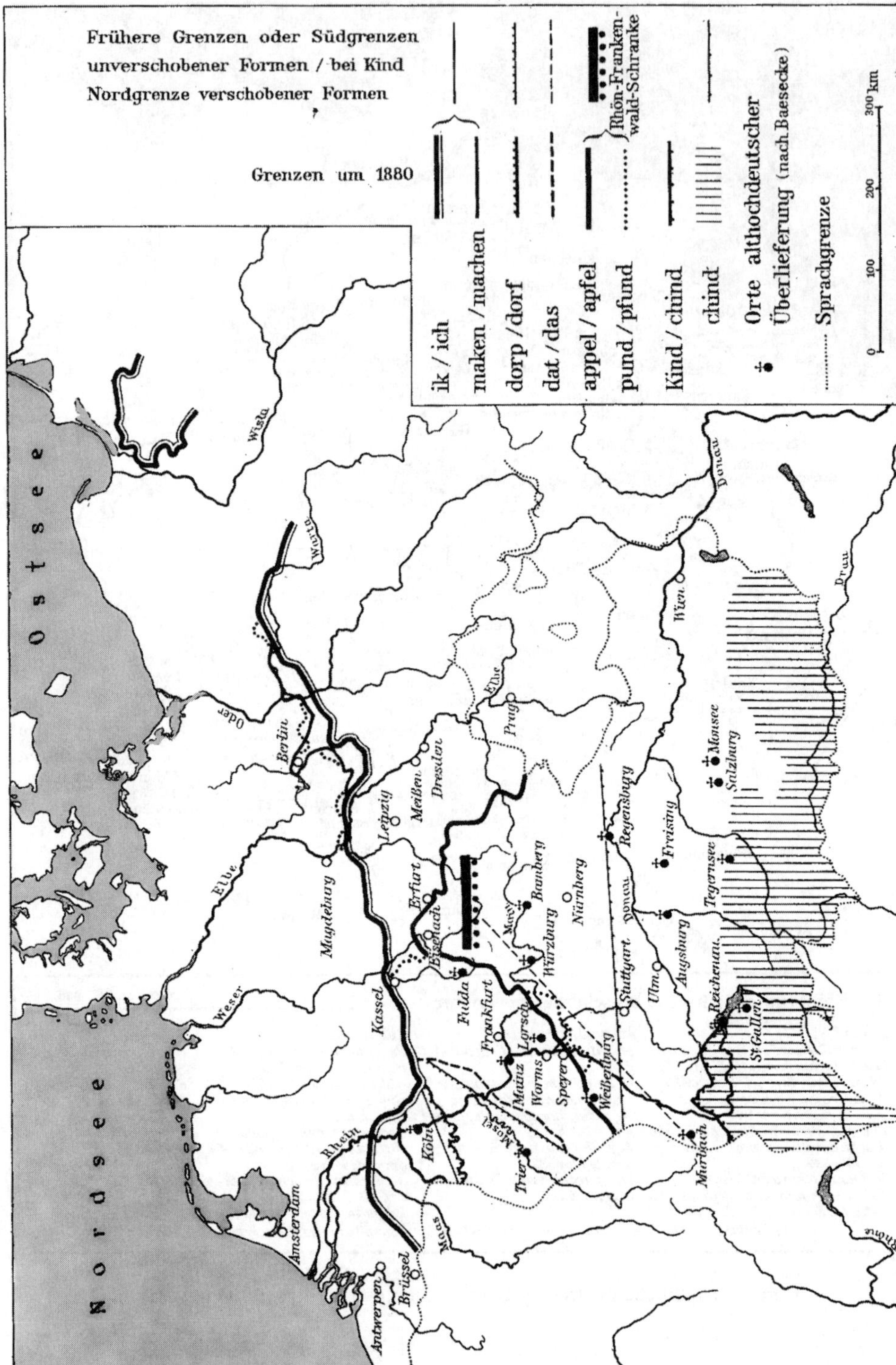

Karte 6: Lautverschiebungsstufen (Aufnahme um 1880)

Schwierigkeiten bereitet. Als Beginn der (alt)hochdeutschen Lautverschiebung gilt heute allgemein das 6. Jh.

Die germanischen stimmhaften Reibelaute *ƀ, đ, ǥ* werden vom 8. Jh. an in unterschiedlicher Abfolge zu den stimmhaften Verschlusslauten *b, d, g*, die im Oberdeutschen zu *p, t, k* weiterentwickelt werden. Vom 8. Jh. an wird auch das germanische *th* (*þ*) im gesamten deutschen Sprachgebiet schrittweise zu *d* verändert: *ther* > *der, dieser*.

Vereinfachungen traten im Althochdeutschen im Wortanlaut ein, indem germ.-frahd. *hl-, hn-, hr-, hw-* zu *l-, n-, r-, w-* verändert wurden: germ. *hlût* > ahd. *lût* 'laut', germ. *hnîgan* > ahd. *nîgan* 'neigen', germ.-ahd. *hring* > ahd. *ring* 'Ring', frahd. *hwispalôn* > *wispalôn* 'wispeln'.

Stark ausgeprägt ist – als Nachwirkung germanischer Verhältnisse – in althochdeutscher Zeit auch der grammatische Wechsel *f/b, d/t, h/g, h/ng, h/w, s/r*: *heffen/gihaban* 'heben/gehoben', *snîdan/gisnitan* 'schneiden/geschnitten', *ziohan/gizogan* 'ziehen/gezogen', *fahan/gifangan* 'fangen/gefangen', *lîhan/giliwan* 'leihen/geliehen', *kiosan/ gikoran* 'wählen, kiesen/gewählt, gekoren'.

Auch im Vokalismus gibt es zahlreiche Neuerungen, von denen hier nur die wesentlichsten und allgemeingültigen genannt werden können. Diese Einschränkung ist deswegen erforderlich, weil das althochdeutsche Lautsystem von Anfang bis Ende dieses Zeitraumes in ständiger Veränderung begriffen war, zum Teil mit komplizierten Erscheinungen in einzelnen Dialekten, und weil es trotz zahlreicher schriftlicher Denkmäler nicht vollständig und allseitig aussagekräftig genug aufgezeichnet ist.

Eine wesentliche Veränderung gegenüber dem Germanischen ist der sogenannte *i*-Umlaut. Unter dem Einfluss eines *i, î* oder *j* der folgenden Silbe wird germ. *a* zu ahd. *ẹ*. Vor *ht, hs* und Konsonantenverbindungen mit *w* trat dieser Wandel in der ersten Phase nicht ein.

Beispiele:

ahd. *gast* (Sg.)	– *gẹsti* (Pl.)
ahd. *lamb* (Sg.)	– *lẹmbir* (Pl.)
ahd. *lang* (Pos.)	– *lẹngiro* (Komp.)

aber: ahd. *nahti* 'Nächte', *mahtig* 'mächtig', *wahsit* 'er wächst', *garwit* 'er bereitet'.

Über Entstehung und Ausbreitung des *i*-Umlautes gibt es heute noch keine endgültige Klarheit. Dieser Lautwandel, den das Deutsche mit dem Nordgerm. und dem Altenglischen gemeinsam hat, ist im Nordischen etwa zwischen 650 und 850 eingetreten; im Deutschen wird er schon um die Mitte des 8. Jh. in der Schreibung sichtbar, im 9. Jh. hat er auf althochdeutschem Gebiet allgemeine Gültigkeit erreicht. Im Bairischen und im Alemannischen hat er sich aber nicht generell durchgesetzt.

Der Umlaut *a* > *ẹ* bei *i, î, j* der Folgesilbe, der als Primärumlaut bezeichnet wird, ist vom 8. Jh. an nachzuweisen. Der sogenannte Sekundärumlaut kommt ab 1000 in schriftlichen Quellen vor. Damit wird sowohl der Wandel von zunächst nicht umgelautetem *a* als auch der von *o* > *ö, u* > *ü, â* > *æ, ô* > *œ, û* > *iu* und *ou* > *öu, uo* > *üe* vollzogen: *mahtig* > *mæhtig* 'mächtig', *oli* > *öl, mâri* > *mære* 'berühmt', *kussjan* > *kussen* > *küssen, bôsi* > *bœse, lûten* > *liuten* 'läuten', *loufit* > *löuft* 'er läuft', *guoti* > *güete*.

Die Diphthongierung von germ. *ê* > ahd. *ea, ia* > *ie* und von germ. *ô* > ahd. *uo* breitet sich im 8./9. Jh. vom Rheinfränkischen nach Süden aus. Im Altsächsischen bleiben die alten Längen meist erhalten.

Beispiele:

got. *hêr*	– as. *hêr*	– ahd. *hiar, hier* 'hier'
got. *fôtus*	– as. *fôt*	– ahd. *fuoʒ* 'Fuß'

Die Monophthongierung von germ. *ai* > *ê* ist bereits im 7. Jh. nachweisbar. Da sie im Altsächsischen generell eingetreten ist, im Fränkischen, Alemannischen und Bairischen dagegen nur in der Stellung vor germ. *h, w, r*, hat sie sich wohl vom Norden her über das deutsche Sprachgebiet ausgebreitet.

Beispiele

	got.	*air*	– as., ahd. *êr* 'eher, früher'
	got.	*maiʒa*	– as., ahd. *mêro* 'mehr'
	got.	*aiweins*	– as. *êwig*, ahd. *êwîn, êwig* 'ewig'
aber:	got.	*stains*	– as. *stên* – ahd. *stein* 'Fels, Stein';
	got.	*hails*	– as. *hêl* – ahd. *heil* 'gesund'

Die Monophthongierung von germ. *au* > *ô* ist ab Mitte 8. Jh. nachweisbar. Da sie im Altsächsischen generell eingetreten ist, im Althochdeutschen nur vor Dentalen (*d, t, s, z, n, r, l*), vor germ. *h* und im Auslaut, sonst blieb hier das *au* erhalten, hat auch sie sich wohl vom Norden her über das deutsche Sprachgebiet ausgebreitet.

Beispiele

got.	*dauþus*	– as. *dôđ* – ahd. *tôd* 'das Sterben'
got.	*laus*	– as., ahd. *lôs* 'befreit'
got.	*haubiþ*	– as. *hoƀid* – ahd. *houbit* 'Haupt'
got.	*augô*	– as. *ôga* – ahd. *ouga* 'Auge'

1.2.4.2. *Formenbestand*

Auch im Formenbestand gab es zahlreiche Neuerungen. Hier ist vor allem die Entstehung des Artikels zu nennen. Das Demonstrativum ahd. *dër, diu, daʒ* wird im Althochdeutschen auch als bestimmter Artikel und als Relativpronomen gebraucht; in seiner demonstrativen Funktion wurde es durch die erweiterte Nebenform *dëse, dëser – dësiu, disiu – diʒ* ersetzt. Der unbestimmte Artikel entstand aus dem Numerale *ein*. Der Gebrauch des Artikels nimmt in althochdeutscher Zeit immer mehr zu, aber oft fehlt er auch noch. Aus dem Substantiv *man*, das als Substantiv weiterexistiert, wird ein Indefinitpronomen *man* entwickelt, das meist die Grundbedeutung 'Mensch, Mann' noch erkennen lässt; vereinzelt ist aber auch das Pronomen schon in seiner heutigen Verwendung nachweisbar, vgl. im "Hildebrandlied" *dâr man mih eo scerita* 'wo man mich immer einordnete'. Dies hängt auch mit der generellen Zunahme der Setzung eines pronominalen Subjekts zusammen, vgl. im "Tatian" *thaz siu bâri. inti gibar ira sun ...* 'dass sie gebären sollte. Und (sie) gebar ihren Sohn ...'

Neben die analytischen Umschreibungen des Perfekts und des Plusquamperfekts mit *haben* und *sein* und des Passivs mit *sein* oder *werden* tritt nun auch die Umschreibung des Futurs, zunächst vor allem mit *sollen* (*ih scal lësan* 'ich werde lesen'), zum Teil auch mit *wollen* und *müssen*, noch nicht mit *werden*. (Vgl. MOSKALSKAJA 1985, §§43, 102.)

In all dem zeigt sich eine Verstärkung der bereits im Germanischen erkennbaren Tendenz zum analytischen Sprachbau. Dies ist zugleich verbunden mit dem langsamen Abbau des vielfältigen synthetischen Formenbaus im Germanischen. So sterben die alten Endungen *-mês* der 1. P. Pl. Präs. Ind. ab und werden seit dem 9. Jh. durch die entsprechenden Formen des Konjunktivs ersetzt: *habêmês* > *habên* 'wir haben', *ziohemês* > *ziohên* 'wir ziehen' (vgl. PENZL 1986, § 41). Im Numerussystem wird der alte Dual aufgegeben; OTFRID verwendet ihn noch in der 1. P., gestützt durch *zwei*: *unker zweio*.

In der Deklination der Substantive wird bis zum 10. Jh. der Instrumental aufgegeben; er wird durch präpositionale Fügungen mit *durch, mit, von* ersetzt, vgl. das Nebeneinander im "Hildebrandlied": *spenis mih mit dînêm wortun, wili mih dînu speru werpan* 'du lockst mich mit deinen Worten, willst mich mit deinem Speer werfen'. Eine weitere Vereinfachung wird innerhalb der Deklination dadurch erreicht, dass Nominativ und Akkusativ in ihren Deklinationsformen zusammenfallen, vgl. got. Sg. Nom. *dags*, Akk. *dag*, Pl. Nom. *dagôs*, Akk. *dagans* – ahd. Sg. Nom./Akk. *tag*, Pl. Nom./Akk. *taga* 'Tag'. (Vgl. KIENLE 1969, § 143.)

1.2.4.3. *Wortbildung und Wortschatz*

In der Wortbildung werden im Althochdeutschen die seit alters gebräuchlichen Bildungsweisen Komposition, Präfigierung und Suffigierung fortgeführt und weiterentwickelt.

Innerhalb der Komposita stehen solche ohne Fugenvokal:
vgl. schon im HL *gûđhamo* 'Kampfhemd, Rüstung', *chunincrîche* 'Königreich', *cheisuringa* 'Kaiserringe', *irmindeot* 'Volk', dazu ahd. *gasthûs* 'Herberge', *strîtspil* 'Wettrennen', *waʒʒerfart* 'Wasserlauf', *fîgboum* 'Feigenbaum'
neben solchen mit Fugenlaut:
tag-e-lôn 'Tagelohn', *tag-a-stërn/tag-o-stërno/tag-a-stërno* 'Morgenstern', *weg-e-fart* 'Reise', *spil-o-man* 'Spielmann' – *tag-es-lieht* 'Tageslicht', *wint-es-brût* 'Windsbraut' – *ougenlieht* 'Augenlicht', *sunnûnlioht* 'Sonnenlicht', *sunnûntag* 'Sonntag', *sternenfart* 'Lauf der Sterne', *lenzinmânôth* 'März'.

Die – weithin bis heute andauernden – Verhältnisse verdeutlichen Otfrid, bei dem *tagostërno* und *tagozît* neben *tageszît* stehen, und Notker, der neben *tagarôd* 'Morgenröte' und *tagostërno* auch *tageslieht* und *tagesstërno* verwendet. Im allgemeinen Sprachgebrauch stehen altes *brûtigomo* 'Bräutigam' und *brûtesang* 'Hochzeitslied' neben *brûtlouft* 'Hochzeit' und *brûtsamana* 'Kirche', nachweisbar wiederum vor allem bei Notker. (Beispiele nach Schützeichel 1989.)

Durch Präfigierungen wird eine Vielzahl von Bedeutungsnuancen vor allem bei häufig verwendeten Verben ermöglicht. So sind zum polysemen Verb *faran*, das 'fahren, (vorbei)gehen, (sich) begeben, weggehen, reisen, einherziehen, (umher)ziehen, laufen, fliegen, treiben, sich bewegen, weiterschreiten, fließen; daherfahren, hervorgehen; auffahren; weichen; gelangen, dringen; ergehen, verlaufen, geschehen, zugehen; (vor)kommen, sich verhalten; handeln; vergehen, entschwinden; ausgehen (von)' bedeutet, 30 Präfixbildungen unterschiedlichster Ausprägung vorhanden: von *ab-* 'weggehen, entschwinden', *ana-* 'angreifen', *thana-* 'von dannen fahren, fortziehen' über *gi-* 'wandeln, geschehen', *hara-* 'herabsteigen' bis *widar-* 'entgegenfahren, zurückkehren; weggehen', *zi-* 'zergehen, vergehen, zugrundegehen' und *zuofaran* 'herzufahren'. Auch hier ist wieder typisch, dass 27 dieser 30 Bildungen von Notker genutzt werden und davon wiederum 11 nur bei ihm allein belegt sind. Dabei gehört ein Teil dieser Bildungen nach den heutigen Zuordnungskriterien der Lexikologie zu den Verbalzusammensetzungen, aber in althochdeutscher Zeit sind die Bedeutungsbeziehungen zwischen Erst- und Zweitkonstituenten so eng und der Unterschied zwischen verbaler Präfigierung und verbaler Komposition mit Adverb in voller oder reduzierter Funktion + Verb ist oftmals so gering, dass eine Unterscheidung kaum sinnvoll ist.

Auch bei Substantiven und bei Adjektiven wächst in ahd. Zeit die Zahl der Präfixbildungen erheblich an. Der Bogen spannt sich – unter Aussparung der Bildungen auf *ant-* – von *gebaheda* 'warmer Umschlag' (als frühe Kombination von Präfigierung und Suffigierung), *erbarmherzi/irbarmherzeda* 'Erbarmen', *gabarmida/irbarmida* 'Barmherzigkeit' und *kapeinna/gibeina* 'Gebein' bis *gezumft* 'Übereinkuft, Vertrag, Bund', *gezwâhte* 'Schar' und *gezwinele* 'Zwillinge' und von *gibâri* 'sich verhaltend' bis *gezungel* 'redselig'.

Die Präfixbildung ist bei den Verben am stärksten ausgeprägt. Die am häufigsten verwendeten Präfixe sind hier *bi-*, *er-/ar-/ir-/ur-*, *fir-/far-/fer-*, *ga-/gi-/ge-*, *int-* und *missi-*.

Weitaus größere Veränderungen als bei Komposition und Präfigierung gibt es bei der Suffigierung. Hier wurde eine Um- und Neugestaltung des ererbten Systems erreicht. Die alten Suffixe *-unga*, *-nissi*, *-ôt(i)*, *-î*, *-idi/-ida* und *-t* wurden fortan zur Bildung von Abstrakta genutzt, vor allem für die Vielzahl der religiösen, ethisch-moralischen und philosophischen Begriffsbezeichnungen: *reisunga/rehhenunga* 'Ordnung', *widermeʒʒunga* 'Vergleich, Gleichnis', *finstarnessi* 'Finsternis' – *gihaltnissa* 'Erlösung', *waltesôd* 'Herrschaft' – *lîhhisôd* 'Heuchelei, Dünkel', *strîtisôd* 'Auseinandersetzung', *sûftôd* 'Seufzen, Seufzer', *hwassî* 'Scharfsinn' – *ferflohtinî* 'Verstrickung', *hertida* 'Härte, Festigung' – *pihaltida* 'Beachtung'.

Bei den Adjektiven wurden die alten Suffixe *-isc* und *-ig/-ag* für viele Neubildungen verwendet: *himilisc* 'himmlisch, göttlich', *judeisc* 'jüdisch', *heimisg* 'heimatlich' – *antlâʒig* 'gnädig' zu *antlâʒ 'Vergebung'*, *antsâzig* 'furchterregend, ehrfurchtgebietend, verehrungswürdig', *ôdmuotîg* 'demütig' zu *ôdmuotî* 'Demut'.

Eine bedeutsame Bereicherung der Wortbildungsmöglichkeiten kam dadurch zustande, dass ursprünglich selbständige Wörter zu Suffixen wurden. Bei den Substantiven sind dies vor allem *heit*, *scaf(t)* und *tuom*, die in ahd. Zeit zugleich auch noch als selbständige Wörter verwendet wurden: *heit* 'Person, Persönlichkeit, Gestalt' – *scaf* 'Beschaffenheit, Ordnung, Plan'/*schaft* 'Schöpfung'/*giscaf(t)* 'Schöpfung, Erschaffung, Geschaffenes, Geschöpf; Beschaffenheit, Zustand, Gestalt, Form, Wesen' – *tuom* 'Urteil, Gericht; Recht, Gerechtigkeit; Macht, Herrschaft; Fähigkeit, Tat, Ruhm; Ansehen', dazu Bildungen, bei denen die ursprüngliche Bedeutung noch stark anklingt: *cindheit* 'Kindheit' – *fiantscaf(t)* 'Feindschaft, Zwietracht, Kampf', – *wîstuom* 'Weisheit, Einsicht, Erkenntnis; Wissenschaft, Kenntnis'.

Bei den Adjektiven vollzieht sich Ähnliches. Hier treten neben die alten Bildungen auf *-îg/-ig/-ag/-eg*, *-isc* und *-i* wie *einîg* 'einzig', *burtîg* 'gebürtig', *einougi* 'einäugig', *einmuoti/einmuotîg* 'einmütig', *frônisch* neben *frôno* 'herrlich, auch: heilig' und die auf *-în* gebildeten Stoffadjektive *guldîn*, *hârîn* 'hären', *holzîn* 'hölzern', *marmorîn* mit *bâr(i)*, *haft*, *sam(a)* und *lîh* zwei ursprüngliche Partizipien, ein Adverb und ein Substantiv nach ihren engen Beziehungen zu anderen Wortarten in die Funktion von Suffixen über: *bâri* (zu *beran* 'tragen', bei OTFRID *gibâri* 'sich verhaltend, geartet'): *egebâre* 'furchtbar, Schrecken erregend; Ehrfurcht gebietend', *offenbâr* 'geoffenbart' [aber noch *wunderhaft/wuntarlîhe* 'wunderbar'] – *haft* Adj. 'gehalten, gebunden, gefangen': *êrhaft* '(ehr)würdig, barmherzig', *êrhafte* 'ehrenvoll, angesehen, ehrwürdig; ehrfürchtig', *sigihaft* 'siegreich' – *sam(a)/samo* Adv. 'ebenso, auf gleiche Weise': *arbeitsam* 'mühsam, beschwerlich, elend'/*arbeitsamo* Adv. 'leidbringend', *fridusam* 'friedfertig, friedlich', *galîhsam* 'ähnlich; heuchlerisch', *lobosam* 'lobenswert, lobwürdig' – *lîh* 'Fleisch, Leib, Körper; Leichnam; Gestalt': *guotlîh* 'herrlich, ehrenvoll, ruhmreich', *frôlîh* 'fröhlich, heiter, erfreut', *mannilîh* Indefinitpronomen 'jeder, jeder Mensch'.

Oftmals wurde beim Nebeneinander von *-îg* und *-lîh* eine beachtliche Bedeutungsdifferenzierung erreicht: *forhtîg* 'ängstlich, furchtsam, gottesfürchtig' – *forhtlîh* 'furchterregend, schrecklich; ängstlich ' – Adv. *forahtlîhho* 'ängstlich; sorgsam, ehrfürchtig'.

Auch andere Zweitkonstituenten sind bereits auf dem Wege zu Suffixen, so etwa *lôs*, als Adjektiv 'zuchtlos, böse; charakterlos; schmählich; beraubt', vgl. *ruahchalôs* 'nachlässig' zu *ruohha* 'Sorge, Fürsorge, Sorgfalt', *brôtelôs* 'hungrig', *erbelôs* 'ohne Erben', *aerlôs* 'gottlos', *faterlôs* 'vaterlos', *houbetlôs* 'führerlos', und *muati* (als Adjektiv *gimuati* 'zu Herzen gehend, am Herzen liegend, angenehm, wohlgefällig; lieb(evoll), gütig, freundlich; tauglich, gut, vortrefflich, glücklich') in *einmuoti* 'einmütig', *fastmuati* 'beharrlich, ausdauernd' (neben *heiȝmuoti* 'Zorn, Grimm'), *hôhmuote* 'hochmütig'/neben *hôhmuotîg* (dazu *hôhmuotî* 'Hochmut'), *lutzilmuoti* 'kleinmütig' gegen *nidermuotîg/ôdmuotîg* 'demütig' und bei NOTKER *lintmuotîg* 'sanftmütig', *langmuotîg* 'langmütig'.

Eine auffällige Veränderung innerhalb der Wortbildung ist die Verdrängung der alten Bildung von Nomina agentis mit Hilfe des germ. Suffixes *-(j)an* durch das Lehnsuffix *-âri* < lat. *-arius*. Reste der alten Bildungsweise sind erhalten in Wörtern wie *Bote* < *boto*, *Erbe* < *erbo*, *Scherge* < *scerio*, *Schütze* < *scutzo*, *Ferge* 'Fährmann' < *fergo*; *spano* 'Verführer', *sprehho* 'Gesetzgeber, Sprecher'. Die Verdrängung wurde durch Lehnwörter wie *scuolâre* 'Schüler, Jünger', *grammatihhâre* 'Grammatiker', *munizâri* 'Geldmakler, -wechsler', aber auch durch Bildungen zunächst vor allem im kirchlichen Bereich wie *predigâre* 'Prediger, Verkünder, Lehrer', *irlosâre* 'Befreier', dann aber auch auf weltlichem Gebiet wie *lêrâre* 'Lehrer', *gougulâri* 'Gaukler, Zauberer', *folgâre* 'Begleiter, Anhänger' (neben *folgenko* 'Anhänger'), *fiscâri* 'Fischer', *fehtâre* 'Faustkämpfer' und in rechtlichem, moralischem und anderem Gebrauch wie *meldâri/leidâre* 'Ankläger, Verräter, Denunziant', *luginâri* 'Lügner', *hleitar* 'Leiter' (neben *leittâri* 'Anführer'), *lantrehtare* 'Herr des Landes', *slindâre* 'Verschlinger, Fresser', *trinkari* 'Trinker, Säufer', *triugâri* 'Heuchler' begünstigt. Mehrfach existierten für längere Zeit Konkurrenzen mit Bezeichnungsgleichheit oder -nuancierung nebeneinander: *warto* 'Wächter' – *wartâri* 'Wärter', *scrîbâri* '(Schrift-)Gelehrter' – *scrîbo* 'Schreiber, Verfasser' (dazu *scrîba* 'Schreiberin'). Oftmals werden in ahd. Zeit auch nur die alten Formen verwendet: *kebo* 'Geber, Spender'. Sicher werden Personenbezeichnungen wie *Vater*, *Schwester*, *Bruder*, *fetero* 'Onkel', *Kaiser* und männliche Eigennamen wie *Gunter*, *Werner* und Bildungen wie die von NOTKER verwendeten *hîmahhare* 'Ehestifter', *mahhâre* 'Urheber, Stifter', *hindirscranchâre* 'Betrüger' diesen Prozess beeinflusst haben.

Bei besonders häufig vorkommenden Wörtern gab es längere Zeit mehrere Varianten, und nicht immer setzte sich *-er* durch: *scepfant/sceffanto/scepfo/scepphio/scepher/scaffara/scepfor/scepferi* 'Schöpfer' – *heilant/heilanto/heilâri* 'Heiland, Erlöser', letzteres auch 'Arzt' – *helfant/helfâri/gihelfo* 'Helfer', letzteres auch 'Gehilfe'.

Die neue Verwendungsweise der deutschen Sprache, ihre schriftlich fixierte Form, hatte großen Einfluss auf ihre weitere Entwicklung. Da die Mehrzahl der schriftlichen Aufzeichnungen Übersetzungen aus dem Lateinischen waren, ist eine deutlich erkennbare Beeinflussung festzustellen, so etwa zwischen dem lateinischen Bibeltext und der deutschen Übersetzung aus Fulda:

Factum est autem in diebus illis
Uuard thô gitân in thên tagun
exiit edictum a Caesare Augusto
framquam gibot von demo aluualten keisure

Trotz des Bemühens um vielseitige Nutzung der muttersprachlichen Möglichkeiten mit Hilfe eigenständiger Wortbildungsmittel gab es doch erhebliche Schwierigkeiten besonders bei theologischen, ethischen und philosophischen Begriffen, ein passendes Äquivalent zu finden. Deshalb mussten die Übersetzer und die Textbearbeiter geeignete Neuschöpfungen entwickeln. Dies geschah häufig dadurch, dass fremde Wörter mit Hilfe heimischer Sprachstämme wörtlich übersetzt wurden: lat. *monachus* > ahd. *einsidelo*, lat. *communio* > ahd. *gimeinida* 'Gemeinschaft', lat. *conscientia* > ahd. *gi-wiʒʒeni* 'Gewissen' (dazu auch *giwiʒida* 'Wissen, Kenntnis; Einsicht, Bewusstsein; Gewissen'), lat. *miseri-cors* > ahd. *arm-herz* (unter Anlehnung an ahd. *ir-barmen* 'erbarmen' wurde daraus *barmherzig*), *con-fessio* > ahd. *bî-giht*, *bî-jiht* 'Lobpreis, Gelöbnis, Bekenntnis', nhd. *Beichte*, lat. *com-pater* > ahd. *gi-vatero* 'Gevatter'.

Am Ende des althochdeutschen Zeitraumes schuf der St. Galler Mönch NOTKER der Deutsche eine eigene deutschsprachige philosophische Terminologie, von der aber nichts erhalten geblieben ist:

fore(ge)wiʒeda 'Voraus-, Vorherwissen', *furedâht* 'Voraussicht', *gagannemmesta/gagansiht* 'Beziehung', *gagansihtigo* 'in Form einer Beziehung', *hafta* 'Verbindung, Verknüpfung', *hogezunga* 'Sinnen, Gedanke', *houbethafti* 'Hauptgrund, Ursprung', *kehugida* 'Gedächtnis, Erinnerung', *irhugida* 'Gedenken, Erinnerung', *gejiht* 'Aussage; Bejahung; Prämisse', *bechenneda* 'Erkenntnis, Einsicht; Begriff; Kennzeichen', *bechnâda* 'Erkenntnis', *gelîhhi* 'Gleichheit, Ähnlichkeit; Anschein; Abbild', *lougen* 'Verneinung, Negation', *mahhunga* 'Ursache, Grund; Prinzip; Wirkung', *mahhunga bildônnes* 'Vorstellungskraft', *meinunga* 'Beweggrund, Ursache', *pemeinunga* 'Vordersatz (eines Syllogismus)', *muotpildunga* 'Schöpfung des Verstandes', *nâhsprechunga* 'Schlussfolgerung', *nôtfolgunga* 'notwendige Folge', *nôtmahhunga* 'notwendige Ursache', *notmeʒ/knôtmeʒ/gnôtmeʒunga* 'Begriffsbestimmung' – *forebilde* 'sinnbildlich', *gehaft* 'in der Sache selbst liegend', *gehelle* 'harmonisch, übereinstimmend; logisch folgend', *irresam* 'unklar, ohne Ordnung', *chleindâhtig* 'scharfsinnig', *chleinchôsig* 'scharfsinnig argumentierend', *gelirnig* 'erkenntnisfähig' – *anahaften* 'in der Sache selbst liegen, innewohnen', *gehellan* 'im Einklang stehen, übereinstimmen', *missihellan* 'im Widerspruch stehen, verschieden sein, nicht übereinstimmen', *zuomugen* 'etwas begreifen können', *irmeʒʒen* 'erfassen', *nôtmeʒôn* 'definieren, festsetzen'.

Der Schritt in eine neue Zeit war auch verbunden mit vielfältigen Veränderungen der Wortbedeutungen. So bezeichnete germ. *þinga* die Volksversammlung aller Freien, die über Krieg und Frieden entscheidet, den Heerführer oder König wählt und in der Recht gesprochen wird; ahd. *thing* bedeutet in erweiterter Bedeutung schon 'Gericht, Gerichtstag; Gerichtsverhandlung; Sachverhalt, Streitsache, Rechtssache; Versammlung, Beratung, Zusammentreffen; Ding, Sache, Gegenstand, Angelegenheit; Wesen; Verhältnis, Lage, Stellung; Grund, Ursache; Art und Weise; Wichtigkeit'; heute stimmt *Ding* in ganz verallgemeinerter Verwendung mit *Sache* überein; in *gedungen(er Mörder)*, *dingfest* und *dinglich* klingen Reste der alten Bedeutung nach. Ähnlich ist die Entwicklung bei *Sache* verlaufen; ahd. *sahha* 'Sache, Ding; Besitz, Zustand, Lage; Ursache, Grund; Begründung; Anklagegrund, Schuld' bezeichnete schon mehr, als germanisch 'Rechtsangelegenheit, Rechtsstreit vor Gericht' umfaßt. Im 9. Jh. kommt das Wort *marah-scalc* auf; damit wird der Pferdeknecht bezeichnet; über die spätere soziale Aufwertung als Aufseher über das fürstliche Gesinde bei Reisen und Heerzügen erreichte es im militärischen *Marschall* schließlich seine höchste Wertstufe.

Die Bereicherung des Wortschatzes durch eigenständige Bedeutungsveränderungen und durch Lehnübersetzungen wurde begleitet vom Bedeutungs- und Bezeichnungswandel alter deutscher Wörter durch Einfluss vom Lateinischen her. So bezeichnete ahd. *hella* zunächst das Verbergende, Verborgene – wie heute noch in Flurnamen – und auch den unterirdischen Aufenthaltsort der Toten; unter dem Einfluss von lat. *infernum* 'Unterwelt, Hölle' wurde die Bedeutung 'Stätte der Verdammnis, Ort für die nach dem Tod verdammten Seelen' entwickelt. Ahd. *(h)riuwa* bedeutete zunächst 'Leid, Trauer, Schmerz, Unglück, Klage'; unter dem Einfluss von lat. *contritio* 'Zerknirschung, Reue' erhielt es eine neue Bedeutung. Ahd. *buoȥa* bedeutete ursprünglich 'Besserung, Strafe' und veränderte unter dem Einfluss von lat. *satisfactio*, das selbst zunächst 'Genugtuung, Rechtfertigung' bedeutete und erst mlat. christlich im Sinne von Buße verwendet wurde, seine Hauptbedeutung; *Lückenbüßer* (16. Jh.) und *Bußgeld* bewahren noch Reste der ursprünglichen Bedeutung; ahd. *buoȥwirdig* bedeutete nur 'strafwürdig'; mhd. *buoȥwertec* 'der Besserung würdig, bedürftig; straffällig' hatte neben sich *buoȥ* 'Besserung, Abhilfe' und *buoȥe* 'Buße (geistlich und rechtlich)'. (Vgl. Bach 1970, § 74.)

Auch im Wortbestand vollzogen sich, bedingt durch die tiefgreifenden Wandlungen in allen Lebensbereichen, in althochdeutscher Zeit vielfältige Veränderungen. So verschwanden im Verlauf dieses Zeitraumes heidnische Wörter wie *alah* 'Tempel', *wîh* 'Heiligtum, Hain, Tempel' (*wîh* lebte noch lange in christlicher Umprägung in der Bedeutung 'heilig', substantiviert als 'Heiliger, Christus' fort, vgl. aber heute noch *Weihnachten* aus mhd. *ze den wîhen nahten*, eigentlich 'in den heiligen Nächten', das Substantiv *Weihe* und das Verb *weihen*), *zebar* 'Opfer(tier)' (als Bestandteil in *Ungeziefer*, s. o.), *bluostar* 'Opfer; Opferung, Spende', *bigalan* 'besprechen, beschwören' (so in den "Merseburger Zaubersprüchen"), dazu *itis* 'Frau' (verdrängt durch *frouwa* 'Frau, Herrin', die weibliche Form von *frô* 'Mann', vgl. *Frondienst*, *Fronfeste*, *Fronzins*, *Fronleichnam*, das selbst durch *Herr* ahd. *hêriro/hêrôro/hêr(r)o* 'Herr, Herrscher, der Ältere' als substantivierter Komparativ zu ahd. *hêr* 'alt, ehrwürdig, von hohem Rang' verdrängt wird); *êwart(o)* '(Hoher) Priester' hatte zunächst neben sich *êwarttuom* 'Priestertum, -amt'; schon im Ahd. treten konkurrierend *priast* (9. Jh.) und *priestar* (um 900) (entlehnt aus galloroman. *prēstre*, das auf kirchenlat. *presbyter* beruht) zur Seite. (Vgl. auch Tschirch 1983, § 18.)

Schon aus diesen wenigen ausgewählten Beispielen wird deutlich, dass in ahd. Zeit der Wortschatz viele Möglichkeiten zum schöpferischen Umgang mit Sprache eröffnete, der von den Sprachgewaltigen dieser Zeit auch genutzt wurde. Eine noch durchgreifendere Umgestaltung erfuhr der Wortbestand durch die Auswirkung der Christianisierung. Vor allem lateinisches Lehngut drang in reichem Maße in den deutschen Wortschatz ein. Bereits in vordeutscher Zeit waren einige Lehnwörter griechischen und lateinischen Ursprungs durch gotisch-arianische Missionare (zur Problematik dieser "Mission" s. auch Wolf 1981, 146ff.) im Donauraum eingeführt worden: *Pfingsten*, ahd. (umgedeutet) *fimfchusti* < gr. *pentekostḗ (hēmḗra)* 'der 50. Tag (nach Ostern)', *Samstag*, ahd. *sambaȥtag* < vulgärgr. *sámbaton*, gr. *sábbaton*, *Pfaffe*, ahd. *pfaffo* < gr. *papâs* 'niedriger Geistlicher', *Teufel*, ahd. *tiuval/diuval/diubal* < lat. *diabolus*, gr. *diábolos* eigentlich 'Verleumder'.

Diese ältere Schicht ist von der Lautverschiebung betroffen worden. In der jüngeren Schicht kommen fast ausschließlich aus dem Lateinischen stammende Wörter vor allem in den Bereichen Gottesdienst, kirchliche Einrichtungen bis hin zu Klosterwesen und Schule und für öffentliches Schalten und Walten zum Teil massenhaft auf:

Monatsnamen

amtlich (+ Varianten)	lateinisch (mensis)	althochdeutsch	mittelhochdeutsch
Beginn des Jahres seit 46 v. Chr. (Julius Caesar): Umstellung auf das Sonnenjahr; 1582 Ausgleich auf Kalenderjahr			
Januar 18. Jh. (Eismonat, Hartung, Jänner) frnhd. hartmonat	Ianuarius Gott Janus	wintarmânôt	(auch: zwischen Oktober bis Januar), wolfmânôt, hartmân, -môn, jen(n)er
Februar 15. Jh. (Hornung, Feber, Sporkel, hess. Hartmonat, frnhd. hartung	februaris februare ‘reinigen’	hornung(mânôt) horn ‘der kleine Januar’ oder ‘der zu kurz gekommene Monat’	hornunc, feber
Beginn des Jahres im altrömischen Kalender			
März 8. Jh. (Lenzmonat, Lenzing)	Martius Gott Mars	lenzinmânôt, merzo lenzo ‘Frühling’	merz(e)
April 12. Jh. (Ostermonat)	aprillis wohl ‘der zweite, folgende Monat’	ostarmânôt abrello	aberelle, aprille
Mai 15. Jh. (Wonnemonat)	Maius Wachstumsgott Maius Göttin Maia ‘große Göttin, Erde’	winne-, wunnemânôt, winne ‘Weide’, wunne ‘Freude’ meio	mei(g)e
Juni 18. Jh. (Brachmonat)	Iunius Göttin Juno (Götterkönigin)	brachmânôt	der ander meie
Juli 16. Jh. (Heumonat).	Iulius, Gen. Iulii Julius Caesar (mensis) Quintilis ‘der fünfte’	hewimânôt	höumânôt, -mânet
August 8. Jh. (Erntemonat, Au(g)st)	Augustus Kaiser Augustus (Oktavian)	aranmânôt, ougusto aran ‘Ernte’	arnmânôt, ougest(e), ougst(e), ouste, aug(e)st, ogst, der erste auste
September (Herbstmonat, Scheiding)	september septem = 7	witu-, herbistmânôt witu ‘Holz’	(der erste) herbestmânôt, september, der ander auste
Oktober (Weinmonat, Gilbhart)	october octo =8	windumemânôt windemon ‘Trauben abpflücken, Weinlese halten’	win(de)mânôt-, october, de ander herbestmânôt, octember
November (Windmonat, Nebelung)	november novem = 9	herbistmânôt	november, der dritte herbestmânôt, hartmân(ôt), wolfmânôt, wintermâne (s. Januar)
Dezember 13. Jh. (Christ-, Heil-, Julmonat – (Jul- urspr. heid- nischer Mitt- winter), Winter-, Hart-, Wolf-, Schlachtmonat)	december decem = 10	heilagmânôt heilag ‘heilig’	heilmânôt, hartmân, slaht-, winter mânôt s. Januar, wolfmânôt

Auch das feste Mondjahr mit 12 Monaten kam von den Römern zu uns. KARL DER GROSSE legte einheitliche deutsche Monatsnamen fest, die in EINHARDS Vita Karoli Magni neben den lateinischen stehen: januarium uuintarmânôth, februarium hornung ... Die in der Übersicht gemeinsam für das Ahd. und das Mhd. sowie die zuerst genannten Formen sind die von KARL festgesetzten. Neben das ursprüngliche winne- trat schon früh wunne-. Die Volkssprache hat vielerorts die alten deutschen Namen bis in die Gegenwart bewahrt.

Altar, ahd. *altâri* < lat. *altare*, *Chor*, ahd. *chôr* < lat. *chorus*, *Messe*, ahd. *missa/messa* < lat. *missa*, *Orgel*, ahd. *organa* < lat. *organum*, *predigen*, ahd. *predigôn* '(jemandem) predigen, verkünden, verkündigen, lehren' < lat. *praedicare* 'öffentlich bekanntmachen, laut sagen' – *Abt*, ahd. *abbat* < kirchenlat. *abbas, abbatis*, *Kapelle*, ahd. *kapel(l)a* 'kleine, dem Andenken eines Heiligen geweihte Kultstätte' (9. Jh.); Demin. zu spätlat. *cappa* 'Mantel mit Kapuze', bezeichnet (um 650) den als Heiligtum verehrten Mantel des heiligen Martin von Tours, über dem die fränkischen Könige einen Betraum (*oratorium*) errichten ließen; die Bezeichnung für die Reliquie wurde auf den Raum übertragen, so dass *capella* die Bedeutung 'Gottesdienstraum der königlichen Pfalz' annahm, *Klause*, ahd. *klûsa* 'Kloster, Einsiedelei' < mlat. *clusa* 'Einfriedigung, eingehegtes Grundstück, Zelle', *Kloster*, ahd. *klôstar* < vulgärlat. *clōstrum* 'abgesperrter, den Laien unzugänglicher Bereich des Mönchskonvents' (kirchenlat. *claustrum* seit 6. Jh.), *Zelle*, ahd. *zella* 'Klosterzelle, Klause' < lat. *cella*, *Spital*, ahd. *hospitalhûs* 'Armenhaus, Pflegeheim' (11. Jh.) < lat. *hospitālis* 'gastlich, gastfreundlich', *laben*, ahd. *labôn* 'waschen, erquikken, erfrischen' < lat. *lavare* '(sich) waschen, baden' – *schreiben*, ahd. *scrîban* 'schreiben, aufschreiben, beschreiben' < lat. *scrībere*, *Griffel*, ahd. *grif(f)el* < gr.-lat, *graphium*, *Tafel*, ahd. *tabel(l)a* < lat. *tabula*, *Brief*, ahd. *brief/briaf* < lat. *brevis (libellus)* 'kurzes Schreiben, Urkunde', *Tinte*, ahd. *tincta* < lat. *tincta (aqua)* 'gefärbte Flüssigkeit', *Schule*, ahd. *scuola* < lat. *scōla*, *Meister*, ahd. *meistar* 'Meister, Herr, Lehrer' < lat. *magister* 'Lehrer' – *Birne*, ahd. *bira/pira* (11. Jh.) < lat. *pirum*, vulgärlat. *pira*, *Lilie*, ahd. *lilia/lilio* < lat. *lilium*, *Rose*, ahd. *rôsa* < lat. *rosa*, *Veilchen*, ahd. *fiol* < lat. *viola*, *Lavendel*, ahd. *lauendula* < mlat. *lavandula* (zu lat. *lavāre* 'waschen' wegen der Verwendung als Zusatz für Bäder), *Lattich*, ahd. *lat(t)ucha* < lat. *lactuca*, *Petersilie*, ahd. *petarseli* < mlat. *petrosilium, petrosillum*, *Salbei*, ahd. *salbeia* < mlat. *salvegia*, *Ulme*, ahd. *ulmboum* (11. Jh.) < lat. *ulmus* – *Butter*, ahd. *butira* (11. Jh.) < vulgärlat. *butira* – *Bezirk*, ahd. *zirc* 'Kreis, Umkreis, Gebiet' < lat. *circus* 'Kreis', *Krone*, ahd. *corôna* 'Kranz, Krone' < lat. *corōna*, *Vogt*, ahd. *fogat* 'Richter, (Rechts-)Beistand' < lat. *advocatus* 'Sachverständiger, Rechtsbeistand, Sachwalter, Anwalt'. (Vgl. FRINGS 1957, 44ff.; BACH 1970, § 73; EGGERS 1986, I 124ff., 241–254.)

1.2.4.4. *Satzbau*

Bei einer Vielzahl der aus ahd. Zeit überlieferten Texte handelt es sich um Übersetzungen aus dem Lateinischen oder um deren Bearbeitungen. Daraus erklärt sich, dass zumindest in diesen Texten spürbare Einflüsse der lateinischen Grammatik nachzuweisen sind. Dies gilt insbesondere für die Weiterentwicklung der Satzgefüge, wo durch die notwendig werdende erweiterte Bildung von Kausal- und Modalsätzen auch dem lateinischen Vorbild angemessene, verfeinerte Konjunktionen entwickelt werden mussten. So geht die temporale Konjunktion *bi thiu* 'dabei, gleichzeitig' in die zusammengezogene Form *bithiu* 'denn, weil' über, und dazu werden Erweiterungen wie *bithiu thaʒ* 'damit', *bithiu wanta* 'da, weil' verwendet. Der kausalfinale und der konsekutive Anschluss wurden dadurch flexibler gestaltet.

Insgesamt gesehen ging es aber in weitaus stärkerem Maße um die Weiterentwicklung bereits im vordeutschen Zeitraum vorhandener grammatisch-syntaktischer Sprachmittel. Das Grundsystem der Satzarten und die grundlegenden Möglichkeiten der Verknüpfung waren bereits im Germanischen voll ausgeprägt. Einen hinreichenden Beweis dafür liefert das "Hildebrandlied". Hier gibt es Satzverbindungen mit und ohne Konjunktionen; hier gibt es Gliedsätze und Gliedteilsätze (1); hier gibt es Substantivgruppen mit attributiven Adjektiven und Substantiven und als Appositionen (2); hier gibt es Partizipialkonstruktionen (3); hier gibt es analytische Verbformen zum Teil mit Rahmenbildung (4); hier gibt es verkürzte Sätze (5) und Kopulaverben (6).
(1) Objektsatz: (*Ik gihôrta đat seggen,*) *đat sih urhêttun . . . muotin* 'dass sich Herausforderer . . . trafen', (*wêttu irmingot . . .*) *dat dû neo dana halt mit sus sippan man dinc ni gileitôs* 'dass du bis jetzt noch nie einen Streitfall mit einem so verwandten Mann herbeigeführt hast', (*dat sagêtun mî sêolîdante . . .*), *dat inan wîc furnam* 'dass ihn der Kampf wegnahm' (zugleich Beispiel der indirekten Rede);

Objektsatz als indirekter Fragesatz: (*her fragên gistuont* . . .) *hwer sîn fater wâri* 'wer sein Vater wäre (sei)';

Temporalsatz: *dô sie to dero hiltiu ritun* 'da (als) sie zum Kampfe ritten';

Lokalsatz: *dar man mih eo scerita in folc sceotantero* 'wo man mich immer einordnete in die Schar der Schützen';

Vergleichssatz: *so imo sê der chunnig gap* 'so wie sie ihm der König gegeben hatte', *so dû êwîn inwit fortôs* 'so wie du immer Hinterlist übtest';

Konditionalsatz: *ibu du mî ênan sagês* 'wenn (falls) du mir einen nennst', *ibu dir dîn ellen taoc* . . . *ibu du dar ênîc reht habês* 'falls dir deine Kraft ausreicht . . . falls du dazu ein Recht hast';

Kausalsatz (angedeutet): *[wela gisihu ih in dînêm hrustim dat du habês hême herron gôten,] dat du noch bî desemo rîche reccheo ni wurti* 'so dass du in diesem Reiche noch nicht Recke (Vertriebener) geworden bist (Ich sehe an deiner Rüstung, dass du zu Hause einen guten Herren hast)';

Relativsatz: *dea êrhina wârun* 'die ehedem lebten', *der dir nû wîges warne* 'der dir nun den Kampf verweigert' – *hwerdar sih hiutu dero hregilo rûmen muotti* 'wer sich heute der Rüstung entledigen müsse'.

Hier ist sogar weitgehend die Spannstellung des finiten Verbs im Nebensatz belegt.

(2) *iro sâro, iro gûđhamun, iro suert – dînu speru, mit dînêm wortun, in dînêm hrustim – mîn/sîn fater, fateres mînes, mit sînu billiu – ûsere liuti – sînero degano filu – dero hregilo, desero brunnono bedero, bî desemo rîche – hwelîhhes cnuosles,*
hêrôro man, friuntlaos man, chônnêm mannum, gialtet man, mit sus sippan man, in sus hêremo man, alter Hûn, suasat chind, huîtte scilti, wuntane bauga, scarpen scûrim, waltant got – gûdea gimeinûn, degano dechisto, hêrron gôten, barn unwahsan – ênîc reht, fôhêm wortun, untar heriun tuêm, at burg ênîgeru,
in folc sceotantero, argôsto ôstarliuto – Ôtachres nîd, Huneo truhtîn – fireo in folche, Hiltibrant, Heribrantes suno; Hadubrant . . . Hiltibrantes sunu; her . . . degano dechisto; ûsere liuti, alte anti frôte; chunning . . . Huneo truhtîn.
(3) *cheisuringu gitân, giwîgan mit wâbnum.*
(4) *ik* **gihôrta** đat **seggen**, *her* **furlaet** *in lante luttila* **sitten**, *her* **fragen gistuont**, *nu* **scal** *mih suasat chind suertu* **hauwan**, *mit geru* **scal** *man geba* **infâhan**, als überragendes Beispiel: *do* **maht** *du nû aodlîhho* (eingeschobener Konditionalsatz: *ibu dir dîn ellen taoc*) *in sus hêremo man hrusti* **giwinnan**. 'da kannst du nun mit Leichtigkeit (falls dir deine Kraft dazu ausreicht) von einem so alten Mann die Rüstung erobern'.
(5) *nû scal mih suasat chind suertu hauwan, breton mit sînu billiu; do maht du . . . hrusti giwinnan, rauba birahhanen.*
(6) *her uuas hêrôro man; dat du noch bî desemo rîche reccheo ni wurti.*

In diesem Text herrscht die Verwendung des Subjektpronomens beim Verb gegenüber der reinen Verbform vor: *ih/ik* 8, *du* 9, *er* 10, *sie* Pl. 3, *man* 2. Sätze mit personenbezogenem Prädikat ohne Subjektpronomen treten mehrfach am Ende dieses Textes auf.

Die differenzierte Verwendung von Indikativ und Konjunktiv in diesem Denkmal entspricht in den Grundtendenzen unserem heutigen Gebrauch, allerdings kommen noch keine analytischen Tempusformen vor.

1.2.4.5. *Das Wort 'deutsch'*

Das Althochdeutsche war keine einheitliche Sprache, nicht im schriftlichen und erst recht nicht im mündlichen Gebrauch. Die oben genannten Dialekte und Dialektgruppen lassen sich zumindest annähernd aus den schriftlichen Aufzeichnungen der Klöster und Kanzleien in den einzelnen Gebieten ermitteln, sofern sie nicht in lateinischer Sprache abgefasst sind. Die einzelnen Stämme und Stammesverbände waren zwar durch die Franken – meist zwangsweise – einem Reichsverband einverleibt worden, aber das Fränkische war nicht die allgemeinverbindliche und allgemeingebräuchliche Sprache innerhalb dieses Reiches. Auch nach der Teilung in ein fränkisches Ost- und ein Westreich im Jahre 840 änderte sich nichts Grundlegendes an diesen Verhältnissen. Und es dauerte noch lange, ehe sich – zuerst in den Köpfen der geistig Führenden – das Bewusstsein entwickelte, dass das Volk in diesem Reichsverband trotz aller dialektalen Unterschiede letztlich doch eine gemeinsame, alle verbindende Sprache verwendete. Erst mit dem Beginn des nächsten Abschnitts unserer Sprachentwicklung wird *diutisch* 'deutsch' von Schreibkundigen als Bezeichnung für Sprache, Leute und Land verwendet. Aber der Ursprung des Wortes reicht viel weiter in die Vergangenheit zurück. Zunächst tritt es in mittellateinisch abgefassten Quellen auf. So berichtet der päpstliche Nuntius GEORG VON OSTIA im Jahre 786 dem Papst HADRIAN I. von zwei Synoden, die er in England abgehalten hatte. Die Beschlüsse der ersten Synode waren in der zweiten verlesen worden *tam latine quam theodisce, quo omnes intellegere possunt* 'sowohl lateinisch wie auch *theodisce* = in der Volkssprache, damit alle es verstehen könnten'. Es handelt sich bei *theodisce* um die Volkssprache in England, so bezeichnet durch GEORG VON OSTIA, einen Italiener, der um die Mitte des 8. Jh. Bischof von Amiens wurde, also mit den Verhältnissen im Frankenreich vertraut war. Was hier konkret unter *theodisce* zu verstehen ist, bleibt offen; damals stand dies wohl für altenglisch oder angelsächsisch. Die Opposition zum Latein ist klar ersichtlich. Aber vom Ethnischen aus war hier zugleich auch die Opposition zu *walhisc* 'welsch (keltisch)' gegeben. Ein zweiter Beleg stammt aus dem Jahre 813. Wiederum anlässlich einer Synode in Tours weist KARL DER GROSSE die Geistlichen darauf hin, daß die Predigten *in rusticam Romanam linguam aut theodiscam, quo facilius cuncti possint intellegere, quae dicuntur* 'in romanischer Volkssprache oder der des germanischen Volksteils, damit alle um so leichter verstehen, was gesagt wird' zu halten seien. Die Begründung für die Forderung nach Verwendung der Volkssprache ist in beiden Textstellen gleich, aber die mit *theodisce* benannten Sprachträger unterscheiden sich. Ein weiterer Beleg ähnlicher Art stammt aus dem Jahre 842. Die beiden Söhne LUDWIGS DES FROMMEN, LUDWIG DER DEUTSCHE und KARL DER KAHLE, die das Ost- und das Westreich erhalten hatten, verbündeten sich gegen ihren älteren Bruder LOTHAR, den Herrscher über das Mittelreich. Sie besiegelten dieses Bündnis vor ihren Heeren durch einen Eid, den jeder der beiden in der Sprache des anderen Heeres vortrug: *Ludhuuicus romana, Karolus vera teudisca lingua iuraverunt* 'Ludwig schwor in romanischer, Karl aber in deutscher Sprache'. Die Heere sollten verstehen, was der verbündete Herrscher sagte; die beiden Heere legten den Schwur in ihrer eigenen Sprache ab. In jedem Teil des Reiches gab es also damals eine eigene Sprache, so dass man einander nicht mehr verstand. Das *romana* des Westreiches, des späteren Frankreich, ist das Altfranzösische, das *theudisca* des Ostreiches, des späteren Deutschland, ist eine fränkische Mundart des Althochdeutschen, wohl das Rheinfränkische. – Ein weiteres Beispiel stammt aus dem Jahre 788. Anlässlich einer Reichsversammlung der *Franci et Baioarii, Langobardi et Saxones* wird der Baiernherzog TASSILO zum Tode verurteilt, weil er ein Verbrechen begangen hatte, *quod theodisca lingua harisliz dicitur* 'das in der gemeinsamen Sprache der Stämme *hari-sliz* = Heeresspaltung, Fahnenflucht genannt wird'. Dieser Beleg ist insofern aufschlussreich, als *theodisca lingua* hier als die vier Stämme verbindende, ihnen gemeinsame und von ihnen verstandene, ihren dialektalen Unterschieden übergeordnete Sprachform verwendet wird. Auch in der Vorrede zum "Heliand" wird von *Theudisca lingua* geschrieben. Im 9. Jh. werden *Gothi et ceterae nationes Theodiscae* und eine *gens teudisca* erwähnt. OTFRID von Weißenburg (9. Jh.) verwendet in der Zuschrift an den Erzbischof LUITBERT von Mainz im mittellateinischen Text mehrfach *theodisce* (neben *franzisce*) mit Bezug auf die Sprache der zu übersetzenden Werke.

Nach diesen frühen Belegen in mittellateinisch abgefassten Texten gibt es längere Zeit auch bei den führenden geistigen Köpfen keine Anhaltspunkte dafür, dass der Gedanke eines einigenden Sprachbandes vorhanden war. Bei NOTKER von St. Gallen wird – allerdings nur mit Blick auf einen einzigen Übersetzungskomplex – *in diutiscun* 'auf deutsch' mehrmals genannt; es kommt hier erstmals in deutscher Sprache vor, und es bezieht sich auch hier nur auf die Sprache.

Erst im "Annolied", dem ältesten bedeutenden poetischen Geschichtswerk in deutscher Sprache, wird um 1100 das Wort *diutisch* 'deutsch' auf Sprache, Leute und Land angewandt: *die . . . diutischin sprechin – diutische man, diutischi liudi – diutische lant, in diutischemi lande, zi diutischimo lande.* Hier wird also von deutscher Sprache und nicht mehr von Fränkisch, Bairisch, Langobardisch und Sächsisch gesprochen, obwohl die einzelnen Stämme im gleichen Werk auch vorkommen: *Franken – Swāven – Peiere – Sahsin – Duringe.*

Dem am Ende des 8. Jh. in mlat. Schreibweise aufgezeichneten *theodiscus* treten am Ende des 9. Jh. die mlat. Varianten *diutiscus/tiutiscus* zur Seite. Daraus entwickelt sich im Mhd. ein Nebeneinander von *diutsch* und *tiutsch.* Im 16./17. Jh. wird die Schreibung *teutsch* noch häufig verwendet, so etwa bei GRIMMELSHAUSEN und bei GRYPHIUS, im 18./19. Jh. kommt sie nur noch vereinzelt vor.

Im 10. Jh. tritt neben mlat. *theodiscus* (und *diutiscus/tiutiscus*) das mlat. Adj. *teutonicus*, eigentlich 'zum Stamm der Teutonen gehörig', abgeleitet von lat. *Teutoni/Teutones* 'die Teutonen', alle Adjektive auf die sprachlichen und politischen Verhältnisse des ostfränkischen Reiches bezogen. Um die Mitte des 11. Jh. verdrängt dann mlat. *teutonicus* allmählich das ältere *theodiscus* in den mlat. Aufzeichnungen. Auch der Name der Teutonen leitet sich von germ. **þeudō-* 'Volk' her; im kelt. Munde wurde er zu *teut-* umgestaltet und in lat. Aufzeichnungen als *Teutoni/Teutones* festgehalten.

Die Bezeichnung *Deutschland* taucht erstmals im "Annolied" als *in diutischemi lande* auf (s. o.). In der "Kaiserchronik" wird um 1150 *in Diutisk lant* geschrieben. Die Zusammenschreibung *Deutschland* setzt sich erst im 16. Jh. endgültig durch.

Das Wort *deutsch* geht zurück auf ein älteres Adjektiv **þeodisk* 'zum Volk gehörig', das von germ. **þeudō-* 'Volk' abgeleitet ist. In den ältesten schriftlichen, in lateinischer Sprache abgefassten Belegen wird es als ein aus dem Germanischen entlehntes Wort verwendet, um zunächst die Volkssprache gegenüber dem Lateinischen, der Amtssprache der weltlichen und geistlichen Oberschicht, dann aber auch das Germanische gegenüber dem Romanischen zu kennzeichnen. (Vgl. BACH 1970, § 71 mit Lit.; TSCHIRCH 1983, § 21; EGGERS 1986 I, 40ff.; v. POLENZ 2000, 83.)

**þeudō-* ist in vielen aus dem Germanischen ererbten Eigennamen enthalten: *Dietrich, Dietmar, Dietlind, Dietgard – Detmold,* auch in frz. *Thionville* / dt. *Diedenhofen.*

Auf die Frage, warum **þeodisk* ausgerechnet den Deutschen zugefallen ist, gibt es unterschiedliche Antworten.

1.3. Das Deutsch des Hochmittelalters (1050–1250)

1.3.1 Die Zeit der Ottonen und Salier: Entstehen eines volkssprachlichen Selbstbewusstseins

Um das Jahr 1000 oder kurz danach bekommt das volkssprachige Textieren eine neue Qualität; der berühmte St. Gallener Mönch NOTKER III. mit dem Beinamen Labeo oder Teutonicus (etwa 950 bis 1022), drückt diese neue Qualität in einem Brief an den Bischof Hugo II. von Sitten aus: *Scio tamen quia primo abhorrebitis quasi ab insuetis. Sed paulatim forte incipient se commendare vobis et praevalebitis ad legendum et ad dinoscendum, quam cito capiuntur per patriam linguam quae aut vix aut non integre capienda forent in lingua non propria* ('Ich bin mir zwar bewusst, dass Ihr zunächst davor [d. h. vor volkssprachigen Texten] zurückschrecken werdet wie vor etwas Ungewohntem. Aber nach und nach werden sie Euch belieben, und Ihr werdet sie zu lesen vermögen und erkennen, wie schnell man in der Muttersprache begreift, was man in einer fremden Sprache kaum oder nicht völlig erfassen kann.' Zit. nach (SONDEREGGER 1970, 83, hier auch die Übersetzung). NOTKER übersetzt also vornehmlich Werke aus dem kirchlichen

Bereich, in die Volkssprache, weil diese schon allein dadurch ihren Eigenwert habe, dass sie das Verstehen ganz wesentlich erleichtere, wenn nicht überhaupt ermögliche. Er nimmt Rücksicht auf ein Publikum, das des Lateinischen nicht von vornherein mächtig ist.

Dieser grundlegende Wandel in der Funktion der Volkssprache geht einher mit einem ebenso fundamentalen Wandel in der Reichsidee: Die Krönung Karls des Großen zum römischen Kaiser war eine *renovatio imperii*, also eine Erneuerung des römischen Reiches, während die Ottonen für sich eine *translatio imperii*, eine Übertragung auf das deutsche Reich, in Anspruch nehmen. Dementsprechend legt sich Otto II. (deutscher König 961, römischer Kaiser 967, gestorben 983) den Titel *Imperator Romanorum augustus* zu, während sich noch sein Vater Otto I. der Große bloß *Imperator augustus* nannte. Man besinnt sich damals in vielfacher Hinsicht des Eigenwertes, was eben nicht ohne Auswirkung auf das kulturelle Leben bleibt.

Selbst wenn auch noch in der Zeit der Salier, die auf die Ottonen folgen (erster salischer König ist Konrad II., 1024–1039, die Dynastie erlischt 1125 mit Heinrich V.), volkssprachige Texte sehr selten sind, so bereitet sich in diesem Zeitraum der wesentliche literatursoziologische Wandel vor, der die hochmittelalterliche Situation, die, wie wir sehen werden, vor allem durch ein laikales Selbstbewusstsein gekennzeichnet ist, erst ermöglicht: Schon früh begegnen Autoren, die "sich selbst als Laien zu erkennen" geben (FRAU AVA, der ARME HARTMANN, HEINRICH VON MELK), obschon sie geistliche Literatur schreiben und aus diesem Grund wohl in enger "Verbindung zu geistlichen Lebensformen" stehen (KARTSCHOKE 1990, 217). Dennoch, der Dichter des "Ezzoliedes" (1. Hälfte 12. Jh.) wendet sich explizit an 'Herren': *Nû wil ih iu herron / heina wâr reda vor tuon* (WAAG/GERNENTZ 1970, 59); in der "Rede vom heiligen Glauben" des ARMEN HARTMANN (Mitte 12. Jh.), der sich selbst den Ungelehrten zurechnet (*Ich unde andre tumben*; MAURER 1965, 580) werden Ungelehrte explizit in 'deutscher Sprache' adressiert (*von dem selben glouben woldich sprechen, / besceidenliche rechen // mit dutiscer zungen / ze lere den tumben*. MAURER 1965, 573); HEINRICH VON MELK (2. Hälfte 12. Jh.), der sich selbst einen Laien nennt (*wir leien*; MAURER 1970, 315) zielt auch in seinem Gedicht "Von des todes gehugede" auf Laien (*dar an ist aller min gedinge, / daz ich werltlichen liuten / besceidenlichen muoze bediuten / ir aller vreise unt ir not*. MAURER 1970, 303); auf diese Weise tun diese Autoren kund, dass sie, im Gegensatz zur ahd. Literatur des 9. und 10. Jh. den klösterlichen Umkreis verlassen haben, wenngleich es nicht zu rekonstruieren ist, wer oder was mit solchen Bezeichnungen gemeint ist.

Die drei soeben genannten Texte werden in Handschriften mit lateinischen Texten, möglicherweise als Blattfüllsel, eingetragen. Gegen das Ende des 12. Jh. entstehen dann Sammelhandschriften mit dt. Texten, z. B. die "Wiener Handschrift" (Cod. Vind. 2721), die Werke deutscher Bibelepik ("Altdeutsche Genesis", "Jüngerer Physiologus", "Altdeutsche Exodus") enthält, oder die berühmten Sammelhandschriften aus Millstatt und Vorau, die schon weit umfangreicher sind (in der Vorauer Handschrift steht auch die "Kaiserchronik") – dies alles ist ebenfalls ein Indiz für das weiter gestiegene Prestige der Volkssprache. Auch wenn es für mittelalterliche Texte, zumal für früh- und hochmittelalterliche, schwer ist, zwischen "geistlichem" und "weltlichem" Inhalt zu unterscheiden, so ist doch bemerkenswert, dass eben die Vorauer Handschrift neben den bibelepischen auch historische Texte aufgenommen hat, wenngleich der heilsgeschichtliche Charakter des Ganzen nicht zu übersehen ist.

In diesem Zusammenhang steht auch das "Alexanderlied" des PFAFFEN LAMPRECHT, das ebenfalls durch die Vorauer Handschrift überliefert ist. Der Autor nennt sich im Prolog mit Namen und betont seinen Stand (*pfaffe* ist im mittelalterlichen Deutsch "allgemeine Bezeichnung des Weltgeistlichen ohne verächtlichen Nebensinn, der erst seit der Reformation aufkommt"; PAUL 1992, 645), man möchte annehmen, dass er sich vom 'Mönch' bewusst abheben will: *Diz lît, daz wir hî wurchen, / daz sult ir rehte merchen. / sîn gevûge ist vil reht. / Iz tihte der phaffe Lambret* (MAURER 1964a, 21). Zudem weist der PFAFFE LAMPRECHT darauf hin, dass sein Werk auf eine französische Vorlage, also nicht mehr auf eine lateinische, zurückgehe: *Alberich von Bisinzo / der brâhte uns diz lît zû. / Er hetez in walhisken getihtet. / Nû sol ich es euh in dûtisken berihten* (ebd.). Immer noch aber stellt der Pfaffe Lamprecht sein Werk unter das geistliche Motto *vanitatum vanitas*, wodurch die schon erwähnte heilsgeschichtliche Funktion des ganzes Textes deutlich herausgestellt wird; dennoch ist diese Erzählung "nicht von einer weltfeindlichen Haltung bestimmt, sondern von der Bewunderung für die Taten des großen Makedonenkönigs, der sich von Jugend auf als vorbildlicher Herrscher bewährt" (Bumke 1990, 65). Daran lässt sich gut ein geändertes Publikumsinteresse ersehen: Der Autor, selbst noch ein Geistlicher, schreibt für Laien, die nicht mehr ausschließlich an geistlicher Thematik interessiert sind.

Ähnlich ist auch das "Rolandslied" des Pfaffen Konrad, entstanden um 1170, zu sehen. Der Autor stellt sich und seine Arbeitsweise im Epilog vor: *Ob iu daz liet gevalle, / sô gedencket ir mîn alle: / ich haize der phaffe Chunrat. / Also iz an dem bůche gescribin stât / in franczischer zungen, sô hân ich iz in die latîne bedwungin, danne in die tûtiske gekêret* (Maurer 1964a, 313). Der Pfaffe Konrad nimmt also seinen Stoff aus dem französischen Chanson de geste, übersetzt es, soweit man ihm trauen darf, zunächst ins (vertraute?) Latein und erst dann in seine Muttersprache, und macht, im Gegensatz zu seiner Quelle, die "Kreuzzugsidee ... zum ideologischen Fundament der Handlung" (Nellmann 1985, 123), also wiederum ein geistlicher Autor, der weltliches Publikum ansprechen will.

Mit diesen Texten aber haben wir den salischen Zeitraum verlassen.

1.3.2. **Staufische Klassik: Die höfische Dichtersprache**

Das "Nibelungenlied" (Ausgabe: Nibelungenlied 1961 und später), ein Heldenepos, das in der heute gültigen Form zwischen ca. 1180 und 1210 entstanden ist, schildert in der 1. Aventiure den Hof der Burgunderkönige, an dem auch Kriemhild mit ihren drei königlichen Brüdern lebt: *Ze Wormez bî dem Rîne si wonten mit ir kraft. / in diente von ir landen vil stolziu ritterscaft / mit lobelîchen êren unz an ir endes zît* (Strophe 6), und zu den 'Rittern', die an diesem Hofe dienen, gehören *Dancwart der was marscalk, dô was der neve sîn / truhsæze des küneges, von Metzen Ortwîn. / Sindolt der was scenke, ein ûz erwelter degen. / Hûnolt was kamerære. si kunden hôher êren pflegen* (Str. 11).

Diese Verse spiegeln das Resultat eines historischen bzw. gesellschaftlichen Wandels wider: Im frühen Mittelalter wurde die "Herrschaft" kaum an festen Residenzorten ausgeübt; das geschah vielmehr im Form einer "Reiseherrschaft", das heißt "in der Form, daß der Herrscher selber, zusammen mit seinem Hof, ständig im Land herumzog und auf den Stationen seines Reiseweges Recht sprach und die Großen des Landes um sich versammelte" (Bumke 1990, 30). Von der zweiten Hälfte des 12. Jh. an wurden immer mehr Residenzen und Regierungssitze ortsfest, so wurde, um eines der frühesten Beispiele zu erwähnen, 1156 Wien Residenz der Babenberger. Auf diese Weise entstanden in den einzelnen Territorien Hauptstädte mit zentraler Verwaltung was auch den wirtschaftlichen Aufschwung förderte. Gleichzeitig bildeten sich an den "sesshaft gewordenen" Residenzen "Höfe" heraus, die Zentren gesellschaftlichen und kulturellen Lebens wurden.

Der "Nibelungen"-Dichter, um zu unseren literarischen Beispiel zurückzukehren, erwähnt eine Reihe hervorragender Männer, die am Wormser Hof leben, und er hebt die Inhaber der vier "Hofämter" mit ihren Funktionen eigens hervor: Der 'Marschall' (ahd. *mar[ah]scalc* 'Pferdeknecht'), ursprünglich der Aufseher des fürstlichen Trosses, ist, modern ausgedrückt, für die Logistik, also für das Transport- und Militärwesen zuständig; der 'Truchsess' (ahd. *truh[t]sâzo* 'Mitglied der *truht*, der Gefolgschaft', dann auch Vorsteher der *truht*') steht als oberster "Beamter" an der Spitze der Hofverwaltung (in anderen Quellen auch 'Seneschall' genannt); der '(Mund-)Schenk' kümmerte sich um die Versorgung des Hofes mit Lebensmitteln; und der 'Kämmerer' war der Chef der Finanzverwaltung. Auch in anderen Texten der Zeit kommen diese Hofämter vor, etwa im "Parzival": *dô nam mîn hêr Gâwân / vier werde rîter sunder dan, / daz einer*

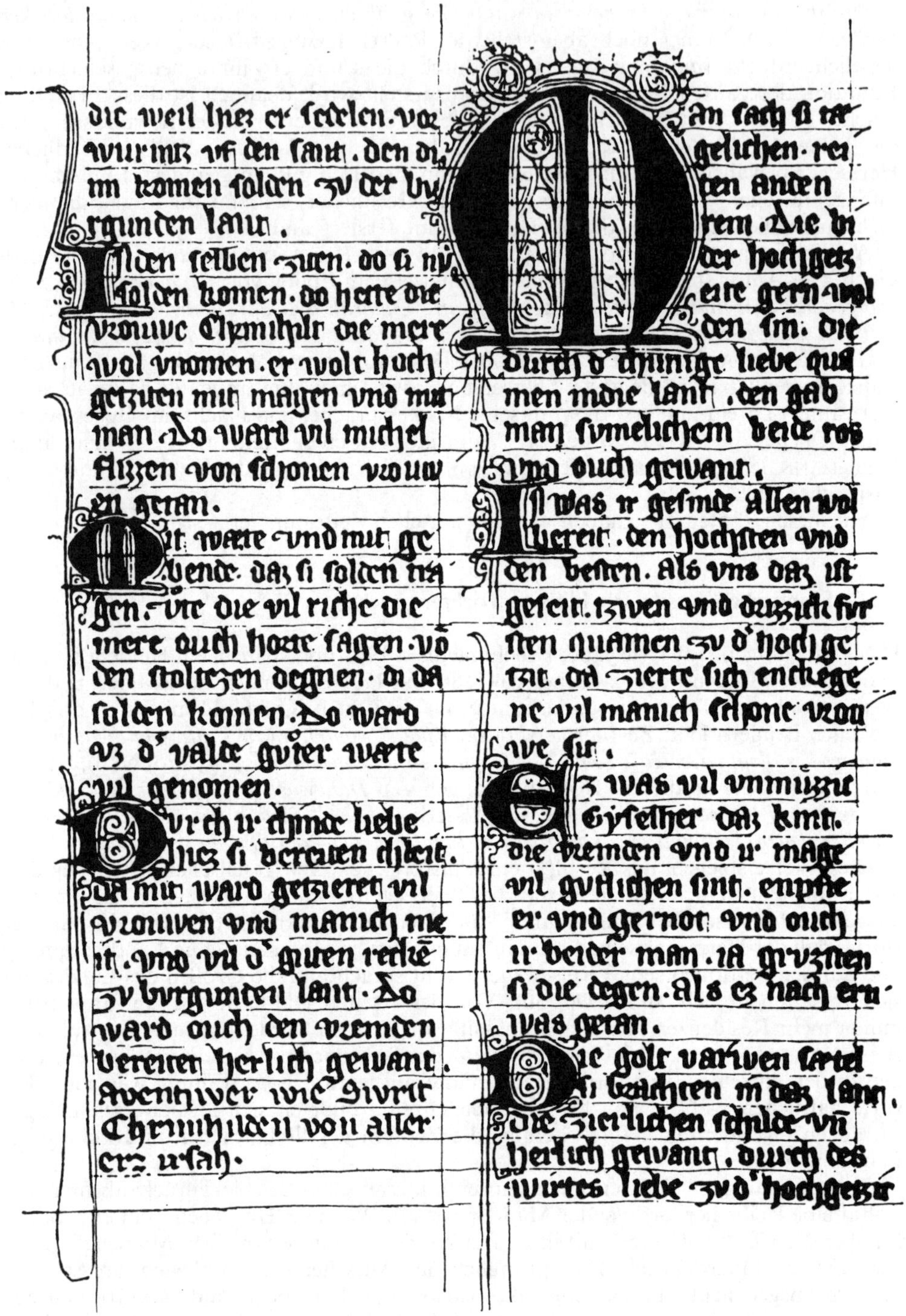

Abb. 6: Eine Seite der Nibelungenhandschrift D (Prünn-Münchener Handschrift)

kamerære / und der ander schenke wære, / und der dritte truhsæze, und daz der vierde niht vergæze, / ern wære marschalc (WOLFRAM VON ESCHENBACH 1926, 666,23ff.).

Für die Literaturgeschichte sind die hochmittelalterlichen Höfe von besonderer Bedeutung: Zum einen waren manche von ihnen literarische Zentren, so der Wiener Hof, an dem u. a. REINMAR VON HAGENAU, WALTHER VON DER VOGELWEIDE und NEIDHART wirkten, für Lyrik oder der Thüringer Hof für Epik. Die Autoren konnten hier, manchmal über längere Zeit hinweg und ohne allzu große finanzielle Sorgen, arbeiten. So berichtet der erste höfische Epiker im Deutschen, HEINRICH VON VELDEKE, über die abenteuerliche Geschichte seines Äneas-Romans: *dô si der lantgrâve nam* [d. h. als der Lantgraf von Kleve heiratete) , *dô wart das bûch* [i. e. der unvollendete Äneas-Roman] *ze Cleve verstolen / einer frouwen, der ez was bevolen. / des wart diu grâvinne gram / dem grâven Heinrich, der ez nam / unde ez dannen sande / ze Doringen heim ze lande. / dâ wart daz mâre dô gescriben / anders dan obz im wâr bliben, / daz mach man sagen vor wâr. / sint was daz bûch niun jâr / meister Heinrîche benomen, / daz her dar nâch niht mohte komen, / unz her quam ze Doringen in daz lant, / dâ her dem phalinzgrâven vant von Sassen, der im daz bûch liez / unde ez in volmachen hiez: / wander ins bat und im ez riet, / her ne hete ez volmachet niet. / he mûste ez ouch tûn / dorch lantgrâvan Lodewîges sun. / volmachen herz ouch began / dorch den phalenzgrâven Herman / von der Nûwenborch bî der Unstrût* [i. e. Neuenburg an der Unstrut] , */ want diu rede dûhte in gût / und daz getihte meisterlîch* (HEINRICH VON VELDEKE 1852, V. 353,4ff.).

Der thüringische Landgraf Hermann ist – auch das geht aus den obigen Versen hervor – ein Kenner von Literatur, er kann die Qualitäten des Veldekeschen Werkes sehr wohl beurteilen. Wir sehen an dieser Stelle, dass sich an den Höfen Gruppen trafen, die dann wohl auch das Publikum der höfischen Literatur war, das sich als ausgesprochen feinsinnig und kunstvoller Gestaltung überaus aufgeschlossen präsentierte. Gerade die so genannte "hochhöfische Literatur" erforderte ein Publikum, das imstande war, die überaus artifizielle sprachstilistische Gestaltung zu ästimieren.

Die hochmittelterliche Gesellschaft war streng hierarchisch gegliedert. Bei FREIDANK, einem gelehrten Dichter, der um 1230 eine Spruchsammlung unter dem Titel "Bescheidenheit" (d. h. 'Bescheidwissen') schrieb, wohl "ein Zwischenständler (ein *clericus* ohne Weihen)" (NEUMANN 1980, 898), findet sich eine Dreigliederung der Gesellschaft, die an die drei Stände (Lehr-, Wehr- und Nährstand) der Antike erinnert: *Got hât driu leben geschaffen: / gebûre, ritter und pfaffen* (FREIDANK 1872, V. 27,1). Derartige Formeln finden sich durch das ganze Mittelalter hindurch, manchmal auch differenzierter als bei FREIDANK. In seiner berühmten Predigt "Von zehen kœren der engele unde der kristenheit" berichtet der Franziskaner BERTHOLD VON REGENSBURG (Mitte 13. Jh.), dass die Christenheit in zehn Stände unterteilt sei (*zehen leie liute*): *Die êrsten daz sint die pfaffen, die die kristenheit lêren sullent; daz ander sint eht geistlîche liute* [Ordensleute]*; daz dritte sint werltlîche rihter, herren und ritter, die dâ witwen unde weisen schirmen sullent.* Nach dieser Dreiergruppe, die den Lehr- und den Wehrstand umfasst, lässt BERTHOLD eine Sechsergruppe mit dem Nährstand folgen: die erste Gruppe davon *daz sint alle die gewant wirkent, swelher leie gewandes die liute bedürfent*; die zweite Gruppe, *daz sint alle die mit îsenînen wâfen arbeitent unde wirkent*; die dritten *daz sint alle die mit kouf umbe gênt*; die vierte Gruppe sind die Handwerker, die für die Nahrung sorgen, *daz sint alle die dâ ezzen unde trinken veil habent*; danach kommen als fünfte Gruppe die Bauern, *daz sint alle die daz ertrîche bûwent, sie bûwen wîn oder korn*; schließlich kommen die Heilkundigen, *daz sint alle die mit erzenîe umge gênt.* Diese sechs 'Chöre' spiegeln bereits ein Gutteil der städtischen Bedürfnisse wider (die damals noch jungen Bettelorden predigten vor allem in den Städten und mussten daher auf die Lebenserfahrungen des dortigen Publikums eingehen, und die Städte waren dabei, die führenden wirtschaftlichen und kulturellen Zentren zu werden und die Höfe in dieser Funktion abzulösen). Der zehnte 'Chor' *ist uns kristenliuten aptrünic worden*, wie auch der zehnte Engelchor *von dem obern himelrîche aptrünic wart und alle samt ze tiuveln wurden* (BERTHOLD VON REGENSBURG 1965, 140ff.).

Bei BERTHOLD VON REGENSBURG wird immer wieder betont, dass die Menschen in diese 'Chöre' von Gott geordnet worden seien; diese Auffassung beherrscht die Gesellschaftslehre des Mittelalters. Auch der spätmittelalterliche Tiroler Dichter OSWALD VON WOLKENSTEIN (1376/78–1445) spricht noch davon, dass jeder Mensch in seinem gottgewollten Stand (mhd./frnhd. *orden* < lat. *ordo*) bleiben und dort wirken müsse: *Ach welt, wie hertikleich du trabst! / noch alles dort vor gottes schein, / geleich der kaiser als der babst, / ain jeder in dem orden sein, / Die fürsten, graven, ritter und knecht, / ir burger, pawren, all vermeldt, / chardnal, pischof, prelaten slecht, / all gaistlich, weltlich, hört und secht: / recht tun wer güt in diser welt.* (Oswald von Wolkenstein 1987, Nr. 113, 37ff.)

In der Literatur der Zeit begegnen Beispiele dafür, dass der, der seinen *orden* verlässt, kriminalisiert und bestraft wird. Das bekannteste Beispiel dafür ist die Verserzählung "Helmbrecht" Wernhers des Gartenæres (2. Hälfte 13. Jh.), in der der Vater in langen Dialogen seinen Sohn warnt, (Raub-)Ritter werden zu wollen: *nû volge mîner lêre, / des hâstu frum und êre; / wan selten im gelinget, / der wider sînen orden ringet. / dîn ordenunge ist der phluoc.* (Wernher der Gartenære 1968, V. 287ff.)

In all diesen Ständelehren (vgl. dazu Heinemann 1967–70) kommen in irgendeiner Form die 'Ritter' vor. "Das Aufkommen dieser Formel [gemeint ist die Trichotomie 'Geistliche, Ritter, Bauern'] wird heute meistens als Indiz dafür gewertet, dass zu diesem Zeitpunkt die Ausbildung des niederen Adels, wenigstens in Frankreich, so weit fortgeschritten war, dass man terminologisch einen adligen Kriegerstand von der in der Landwirtschaft tätigen Bevölkerung abgrenzen konnte." (Bumke 1986, 39) Mit anderen Worten: "Unterhalb der Gruppe der adeligen Dynastien rekrutierte sich der Territorialadel aus Familien, die erst im hohen und späten Mittelalter aus der Unfreiheit ... aufgestiegen sind. Ursache dieses sozialen Aufstiegs der Ministerialen", die in den historischen Quellen ganz unterschiedlich genannt werden (*servientes, meliores, familiares, ministeriales*) und "die zunächst unfreie Diener in gehobenen Positionen waren, war ihre Unentbehrlichkeit in der Ausübung besonders qualifizierter Funktionen", zunächst vor allem "als berittene Berufskrieger im Dienst kirchlicher und weltlicher Grundherrschaften" (Hannig 1990, 354).

Dies alles sind die sozialen Voraussetzungen dafür, dass sich an den Höfen eine spezielle Laienkultur entwickeln konnte. Während in den frmhd. Epen noch Kleriker (man beachte die Dichternamen 'Pfaffe Lamprecht' und 'Pfaffe Konrad') für ein Laienpublikum schrieben, äußert sich in den Werken der sog. höfischen Literatur ein ausgeprägtes laikales Selbstbewusstsein, das auch die Sprachform der Dichtungen geprägt hat: Es handelt sich um die **höfische Dichtersprache**. Diese Dichtersprache "setzt sich mit Hartmann von Aue, Gottfried von Strassburg, Wolfram von Eschenbach, dem Nibelungenlied-Dichter, Heinrich von Morungen, Reinmar von Hagenau und Walther von der Vogelweide durch, deren Werke für ihre Zeit wie für die neuzeitlichen Beurteiler seit den Romantikern unbestritten die Gipfelleistungen der deutschen mittelalterlichen Epik und Lyrik darstellen" (Paul/Wiehl/Grosse 1998, 13, § 9).

Die Charakteristika der höfischen Dichtersprache begegnen vor allem in drei Bereichen: im Wortschatz (1), im Stil (2) und in den Reimen (3).

(1) Wortschatz: Im "Gregorius" Hartmanns von Aue wird ein junger Mann von seinem sterbenden Vater belehrt: *sun, nû wis gemant / daz dû behaltest mêre / die jungisten lêre / die dir dîn vater tæte. / wis getriuwe, wis stæte, / wis milte, wis diemüete, / wis vrävele mit güete, / wis dîner zuht wol behuot, / den herren starc, den armen guot. / die dînen soltû êren, / die vremeden zuo dir kêren. / wis den wîsen gerne bî, / vliuch den tumben swâ er sî. / vor allen dingen minne got, / rihte wol durch sîn gebot.* (Hartmann von Aue 1984, V. 244ff.) In diesen Versen wird geradezu ein ritterlicher Verhaltenscodex, eine höfische "Ideologie" sichtbar, die auch die Wortbedeutungen beeinflusst, wenn nicht gar geprägt hat: *zuht* z. B., deren Bewahrung Hartmann sehr ans Herz legt, ist, als Wortbildungstyp gesehen, ein Verbalabstraktum mit dem alten *-ti*-Suffix, also eine Ableitung vom Verbum *ziehen* (ahd. *ziohan*) und bedeutet sowohl die Tätigkeit als auch das Ergebnis des Aufziehens/Erziehens. In der höfischen Literatur – das obige Beispiel belegt dies – wird mit diesem Substantiv die "Bildung des Geistes und Herzens, d. h. feine Lebensart, Höflichkeit, Anstand; Bescheidenheit, Selbstbeherrschung" (Saran/Nagel 1975, 218) bezeichnet. Zahlreiche Wörter erhalten auf diese Weise eine textgattungsspezifische Bedeutung, die sie in Werken anderer Gattungen nicht haben:

Im "Welschen Gast" THOMASINS VON ZERKLAERE, einem umfangreichen Lehrgedicht (entstanden 1215/1216), werden Frauen gewarnt: *Wil sich ein vrowe mit zuht bewarn, / si sol nicht âne hülle varn* (THOMASIN VON ZIRCLARIA 1965, V. 451f.); hier also bezeichnet *zuht* bloß das Schamgefühl, das durch Erziehung erworben worden ist. Und in anderen Kontexten kann auch eine Wortbildungsbedeutung 'das Ziehen' vorkommen: *er zogte'* [den Bart] *ungefuoge daz er vil lûte schrê. / zuht des jungen heldes diu tet Albrîche wê* (Nibelungenlied 1961, 497,3f.). Der Wortschatz bzw. seine Verwendung ist also stark gattungsgebunden; das kann auch "bei ein und demselben Dichter Bedeutungsdifferenzierungen hervorrufen: *stoltheit* hat in der 'Servatius'-Legende Heinrichs von Veldeke die Bedeutung 'Vermessenheit, Frevel', während in seiner 'Eneide' das Wort im Sinne von 'Tapferkeit, edles Wesen' gebraucht wird" (BENTZINGER 1990, 65).

Die Formulierung der Lehre im "Gregorius" beruht auf dem richtigen Verhalten in teilweise gegensätzlichen Situationen: Arme – Reiche, Weise – Dumme, Bekannte – Fremde. Es geht also um das Erreichen der *mâze*, der "höfische[n] Mitte", die "die normative Grundlage jeder anderen Tugend" (EHRISMANN 1995, 128 und 130) bildet.

In eine ganz andere Situation führt uns WERNHER DER GARTENÆRE: Der junge Helmbrecht kommt das erste Mal, nachdem er sich den Raubrittern zugesellt hat, nach Hause und begrüßt seine Familie mit den Worten *vile liebe sœte kindekîn / got lâte iuch immer sælec sîn* (WERNHER DER GARTENÆRE 1968, V. 717f.), und etwas später sagt er zu seinem Vater *deu sal!* (V. 726). In diesen Versen erfahren wir vom höheren Prestige des Niederländischen und des Französischen, wobei zum "sozialen Prestige des Feudaladels" überhaupt "die – manchmal allerdings auch nur vermeintliche – Kenntnis von Fremdsprachen" gehörte (BENTZINGER 1990, 60), was eben der junge Helmbrecht gerne nachahmt. Die höfische Kultur Frankreichs war der in Deutschland weit voraus, und der niederländische Sprachraum, besonders Brabant und Flandern, fungierte als Vermittler-Landschaften französischer Kultur ins Deutsche (es ist deshalb auch kein Zufall, dass der erste höfische Dichter, der im deutschen Sprachraum wirkte, der Maasländer HEINRICH VON VELDEKE war). Deshalb kommen in der deutschen höfischen Literatur einige Entlehnungen aus dem Niederländischen vor (z. B. *dörper*, das auf frz. *vilain* zurückgeht; *ors* für das (Kampf-)Pferd, das als metathetische Form von 'Ross' zu erklären ist; *blîde* 'froh', *baneken* '[sich] umhertummeln'). Der Lyriker NEIDHART charakterisiert das Sprachverhalten eines "dörperlichen" Galans mit seinen flämischen Wörtern: *mit sîner rede er vlæmet* (NEIDHART 1968, 82,2).

Weit zahlreicher sind die Entlehnungen aus dem Französischen in deutschen höfischen Texten. Im "Tristan" GOTTFRIEDS VON STRASSBURG wird das geradezu zu einer Stilmanier; auf die Bitte, noch ein Lied zu singen, reagiert Tristan: *"mû voluntiers!"* ['sehr gerne'] *sprach Tristan. / rilîche huob er aber an / einen senelîchen leich als ê / de la cûrtoise Tispê* ['von der vornehmen Thisbe'] *von der alten Bâbilône* (GOTTFRIED VON STRASSBURG 1978, V. 3611ff.). Die meisten dieser "Fremdwörter" (vgl. dazu zusammenfassend ÖHMANN 1974) sind mit dem Ende der hochhöfischen Literatur wieder geschwunden, eine Reihe davon ist in den Alltagswortschatz übergangen: z. B. *Abenteuer, Turnier, Lanze, Panzer* ('Rüstung'), *Reim, Flöte, Stiefel, Lampe, Teller, Preis, tanzen, prüfen, falsch, klar, fein.* R. TELLING (1987, 98ff.) führt insgesamt 185 Wörter auf, die im "13./14.Jh." aus dem Französischen ins Deutsche gekommen seien und sich bis in die Gegenwart erhalten hätten. Allerdings müsste bei jedem einzelnen Wort geklärt werden, auf welchen Wegen es in die dt. Sprache gelangt ist; TELLING nennt auch Wörter wie *Parlament*, das im 13. Jh. im Mhd. in der ursprünglichen Bedeutung 'Unterredung, Versammlung' verwendet wurde, dann nahezu ausstarb und schließlich "im 17. Jh erneut aus ne. *parliament* . . . mit der weiterentwickelten Bedeutung 'Ständevertretung' entlehnt" (KLUGE 1995, 613) wurde.

Daneben gelangen auch einige Wortbildungsmorpheme aus dem Französischen ins Deutsche: Das Suffix *-ier(en)* geht auf frz. *-er/ier* zurück (mhd. *walopieren* 'galoppieren' ← afrz. *galoper*, mhd. *punieren* 'gegen jmdn. anrennen' ← afrz. *punier*). Die Herkunft des Suffixes *-lei*, das im gegenwärtigen Deutsch nicht mehr produktiv ist (vgl. erhaltene Formen wie *derlei, zweierlei, mancherlei, keinerlei*), ist noch nicht restlos geklärt; es begegnet als selbständiges Substantiv schon im 12. Jh. in der Bedeutung 'Art, Weise' und ist im 13. Jh. weitgehend morphemisiert (*maneger leie, aller leie*). Sehr früh wird das Suffix *-erîe* (gegenwartssprachlich *-erei*), das dem afrz. Morphem *-erie* (vgl. afrz. *chaccerie* 'Jagd', das vom Verbum *chacier* abgeleitet ist) gleicht, mit dt. Wortbildungsbasen kombiniert (*raserîe, kouferîe, vrezzerîe*).

(2) Stil: "In der erzählenden mhd. Dichtung tritt das Wort *rede* immer wieder als Terminus technicus für poetische Darbietungsformen auf. Es hat den Anschein, als entspräche dies etwa unserer Verwendungsweise von 'Text', und es liegt nahe, den häufigen Gebrauch des Wortes *rede* als Anzeichen von Ubiquität der Rhetorik zu werten." (HUFELAND 1985, 1195.) Dem Einfluss der aus der Antike tradierten und immer aufs neue gepflegten Rhetorik ist es wohl zu danken, dass die dt. Sprache vor allem durch die höfische Dichtung zur vollendeten Kunstsprache wurde. Die Autoren mussten ein hohes Maß an Bildung, welche damals zu einem großen Teil lateinische Bildung war, erworben haben, und auch das Publikum dieser Literatur muss, wie schon angedeutet, imstande gewesen sein, diese Formkunst zu rezipieren und zu ästimieren. GOTTFRIED VON STRASSBURG, der in einer "Dichterschau" einen Überblick über seine zeitgenössischen Kollegen bietet, lobt z. B. an HARTMANN VON AUE, *wie er mit rede figieret / der âventiure meine! / wie lûter und wie reine / sîn kristallîniu wortelîn / beidiu sint und iemer müezen sîn!* (GOTTFRIED VON STRASSBURG 1978, V. 4624ff.). Er lobt damit die rhetorische Gestaltung, die sich auch und gerade bei GOTTFRIED, einem *poeta doctus*, immer wieder manifestiert: *der edele senedære / der minnet senediu mære. / von diu swer seneder mære ger, / derne var niht verrer danne her: / ich wil in wol bemæren / von edelen senedæren, / die reine sene tâten schîn: / ein senedære, ein senedærîn, / ein man, ein wîp; ein wîp, ein man, / Tristan, Isot; Isot, Tristan.* (GOTTFRIED VON STRASSBURG 1978, V. 121ff.)

(3): Reimtechnik: Vor allem bei den höfischen Dichtern lässt sich beobachten, dass in den Reimen Formen gesucht werden, die nicht nur in ihrem eigenen Dialekt akzeptabel klingen, und solche vermieden werden, die Hörern aus anderen Dialekten unrein oder gar unakzeptabel vorkommen (vgl. bes. ZWIERZINA 1900/1901). Diese Literatursprache, die zumindest ansatzweise überregionale Geltung beanspruchen kann – aber eben nur als Sprache der höfischen Literatur, somit "die mehr oder minder mundartferne, überlandschaftliche Sprachform literarischer Texte" (KLEIN 1985, 1) –, erweist sich "als eine Mischung von alem. und ofrk. Lautstand" (PAUL/WIEHL/GROSSE 1998, 14, § 9/2).

Davor und daneben hat es auch noch weitere Literatursprachen gegeben, und zwar auf md. Basis (vgl. dazu jetzt KLEIN 1985). Doch die "hochdeutsche Literatursprache" muss großes Prestige erreicht haben, so dass sich Autoren aus anderen Regionen für ihren abweichenden Reimgebrauch entschuldigen. ALBRECHT VON HALBERSTADT, der um 1200 (1190 oder 1210) Ovids "Metamorphosen" bearbeitet, schickt seinem Werk eine captatio benevolentiae voran: *Der sîn sinne an ditze bûch / zu recht hât gevlizzen, / der er ist sult ir wizzen: / enweder dirre zweier, / weder Swâp noch Beier, / weder Dürinc noch Franke. / Des lât û sîn zu danke, / ob ir fundet in den rîmen, / die sich zeinander lîmen, / valsch oder unrecht: / wan ein Sachse, heizet Albrecht, / geboren von Halberstadt, / û ditze bûch gemachet hât / von latîne zu dûte.* (zit. nach SOCIN 1888, 106ff.). Für HEINRICH VON VELDEKE war die Existenz mehrerer Literatursprachen eine Chance: "Durch den Klever Diebstahl" seines noch unvollendeten Äneas-Romans (s. o.) "war er gezwungen, sein Gedicht im thüringischen Gebiet der md. Literatursprache zu vollenden. Nur von der Neuenburg aus, nur über mittel(hoch)deutsche Abschriften und Umschriften konnte es weiterwirken und seinen Siegeszug antreten und den Dichter aus den sanften Landschaften an der Maas zum Vater der höfischen Dichtung in Deutschland werden lassen." (DE SMET 1990, 387)

Die höfische Dichtersprache darf allerdings nicht, trotz aller Bemühungen um überlandschaftliche Geltung, als Vorstufe der nhd. Schriftsprache angesehen werden. Mit dem Ende der höfischen Literatur verliert auch diese Sprachform ihre Funktion und Geltung. Zudem darf die Einheitlichkeit dieser Sprache nicht überschätzt werden. Die modernen Ausgaben mhd. Literatur geben nämlich in keiner Weise den Schreibstand der Handschriften wieder: sie "normalisieren" (s. u.). Diese Weise der Edition geht auf Karl Lachmann zurück, der annahm, dass die Sprache der mhd. Dichter "bis auf wenige mundartliche Einzelheiten ein bestimmtes unwandelbares Hochdeutsch" gewesen sei (Lachmann 1876, 161).

Ein kurzer Blick auf ein kleines Stück aus Hartmanns von Aue "Iwein" kann dies deutlich machen. Zunächst die moderne "kritische" Ausgabe (Hartmann von Aue 1968, V. 257ff.; vgl. dazu auch N. R. Wolf 1989a:

ir muget mir dest gerner dagen:
ichn wil iu keine lüge sagen.
Ez geschach mir, dâ von ist ez wâr,
(es sint nû wol zehen jâr)
daz ich nâch âventiure reit.

In der "Iwein"-Handschrift B (UB Gießen Hs. Nr. 97), die schon kurze Zeit nach dem "Iwein" entstanden ist und aus dem Schwäbischen stammt, lauten diese Verse:

ir mvgt mir deste gerner dagen.
vvan ichn wil iv deheine lv̊ge sagen.
Ez geschach mir davon ist ez war.
ez sint nv wol zehn iar.
daz ich nach aventivre reit.

In der wmd. Handschrift A (UB Heidelberg, Cod. Pal. Germ. 397), um die Mitte des 13. Jh. geschrieben, sieht diese Stelle ganz anders aus:

Ir moget mir deste gerner dagen . Ih in wil Iv necheine lugene sagen . Iz gescach mir daz is war issin nu . wal zen iar . Daz ih nah auenturen reit.

Die Unterschiede sind vielfach:

- Die mittelalterlichen Handschriften kennen keine Interpunktion in modernem Sinne. Ebenso fehlen in den Handschriften die diakritischen Zeichen wie der Zirkumflex als Kennzeichnung der Vokallänge. Dies alles stammt von den Herausgebern, die vor allem mit den Interpunktionszeichen eine nicht unerhebliche Interpretionsarbeit leisten (müssen), die das Textverständnis des modernen Lesers erleichtert, aber auch ganz wesentlich steuert: Das Komma nach den Teilsatz *Ez geschach mir* deutet an, dass die syntaktische Einheit *dâ von ist ez wâr* als ein untergeordneter Satz zum Vorausgehenden anzusehen ist (die Verbstellung gäbe hier, in einem Verstext mit seinen eigenen Regeln, keinen Hinweis, wir haben hier ebenfalls Verbzweitposition): 'deshalb ist es wahr', sodass der ganze Vers folgendermaßen zu verstehen ist: 'Es passierte mir, weshalb ich mich für die Wahrheit dessen, was ich jetzt erzähle, verbürgen kann'. Der Nebensatz wird mit einen Komma abgeschlossen, wodurch deutlich wird, dass die Parenthese den *daz*-Satz kommentiert.
- Nicht jede Handschrift setzt die Verse ab, wie das die "Iwein"-Hs. B macht (vgl. auch das Faksimilie auf der folgenden Seite). Die Hs. A – der Abdruck versucht, dies nachzuahmen – kennzeichnet, allerdings nicht immer ganz korrekt, die Versenden nur durch Punkte, die in der Hs. B als zusätzliches Signal am Zeilenende stehen.
- Die Längenkennzeichnung erleichtert uns sicherlich das Lesen; bei entsprechenden Kenntnissen ist es nicht schwer, den Langmonophthong /y:/, der graphisch durch ⟨iu⟩ wiedergegeben wird, durch den gegenwartssprachlichen Diphthong ⟨/au/⟩ zu ersetzen: *iu* → *eu(ch)* oder *âventiure* → *Abenteuer*, wobei die eventuellen semantischen Differenzen zwischen einem mhd. Wort und seinen nhd. Kontinuanten hier nicht berücksichtigt sind.

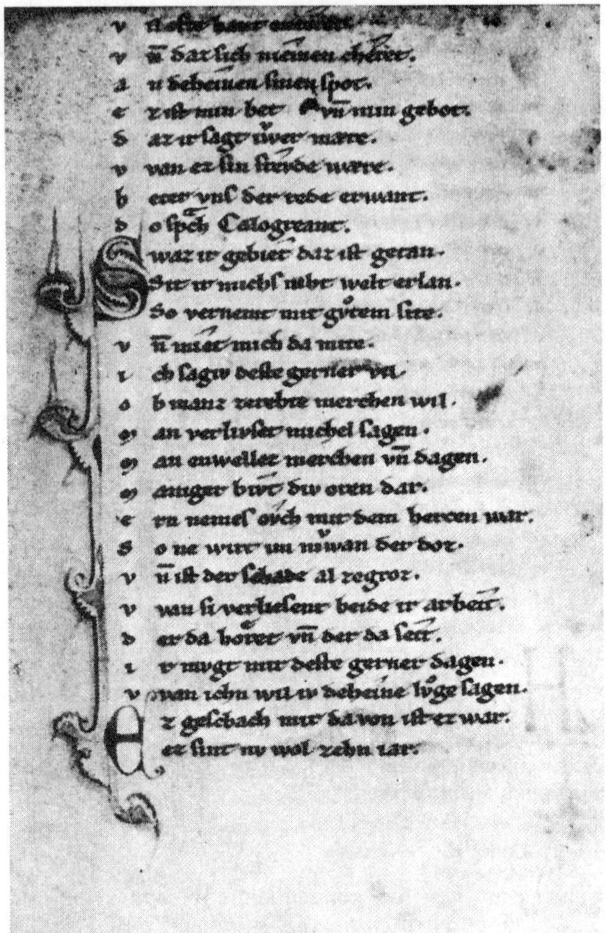

Abb. 7: Eine Seite der Gießener Iwein-Handschrift B

- Obwohl die Hs. B. einen Wortlaut bietet, zeigen sich doch auch viele Unterschiede: Die Hs. schreibt den Vokal /u/ gerne als ⟨v⟩: *mvgt, iv, lv̊ge, nv, aventivre*, wobei dann nicht mehr zwischen dem Vokal und dem Reibelaut /v/ graphisch geschieden wird. Auch der Umlautvokal ⟨/ü/⟩ wird mit demselben Diakritikum geschrieben wie der Diphthong /uo/. Eine Intention des 'normalisierten Mittelhochdeutsch' ist es also auch, das phonologische Orthografieprinzip, d.h. eine 1:1–Entsprechung von Phonem und Graphem, möglichst ideal zu realisieren. Die Phoneme, die sich aus dem 'normalisierten' Mhd. erschließen lassen, sind unter dem Gesichtspunkt idealtypische Phoneme einer (abstrakten) Langue, die historisch so nie realisiert worden war, der aber als einer idealtypischen Variante ein gewisser Realitätsgehalt nicht abgesprochen werden kann. Allerdings gehen die graphischen Variationsmöglichkeiten, die die mittelalterliche Schreibe generell kennzeichnen, vollkommen verloren; somit spiegeln die gängigen Ausgaben der mhd. Texte kaum das tatsächliche Erscheinungsbild eines mittelalterlichen Textes wider.
- Gleichfalls berücksichtigen normalisierte Ausgaben die Tatsache, dass es im Mittelalter möglich und üblich war – es gab noch kein Urheberrecht und keine Theorie vom schöpferischen Genie des Dichters –, Texte zeitlich und räumlich/dialektal zu aktualisieren (vgl. dazu N. R. Wolf 1991), nicht. Ein mittelalterlicher Text ist ein

dynamisches Gefüge, das als Aktualisierungsangebot an Rezipienten unterschiedlicher Art anzusehen ist; normalisierte Ausgaben schaffen einen statischen Text, der in dieser Gestalt nie existiert hat. Die "Iwein"-Hs. A – um zum Textbeispiel zurückzukehren – transponiert den ursprünglich alemannischen Text ins Westmitteldeutsche: Der Modalverbform *mvgt* entspricht *moget*, der Umlaut in *aventiure* wird nicht gekennzeichnet: *auenturen*; das Personalpronomen *Iv* hingegen ist diphthongisch geschrieben.. ⟨i⟩ steht häufig für ⟨e⟩ in schwachtoniger Position: die Negationspartikel *in* für normalmhd. *en*. Ob die Graphkombination *sc* in *gescach* nur eine graphische Variante ist oder auf eine andere lautliche Realisierung schließen lässt, muss unentschieden bleiben.

Insgesamt zeigen schon diese wenigen Verse, dass das Mittelhochdeutsche durch eine große graphische Vielfalt charakterisiert ist, die noch kaum hinreichend beschrieben resp. erforscht ist.

1.3.3. **Zu weiteren Varietäten des Mittelhochdeutschen**

Die höfische Dichtersprache ist deshalb so stark hervorzuheben, weil, wie schon angedeutet, die einflussreichsten Dichter sicher ihrer bedienen und die Überlieferung gerade deren Texte bis in die Gegenwart tradiert hat. Daneben gibt es eine geistliche Dichtung, deren Autoren sich nicht an die strengen Regeln an Reim und Stil halten (müssen). Von der Mitte des 12. Jahrhunderts an wird die Prosa als sprachliche Form immer wichtiger (s. u. 1.4.1.). Schließlich können wir uns gut vorstellen, dass es noch weitere schriftliche und mündliche Varietäten gegeben hat, von denen allerdings kaum etwas überliefert ist. G. Schieb (1969, S. 148) hat dies in einer "sprachlichen Pyramide des hochmittelalterlichen Deutschs" dargestellt, die die Schichtung des Geschriebenen und des Gesprochenen anschaulich zeigt:

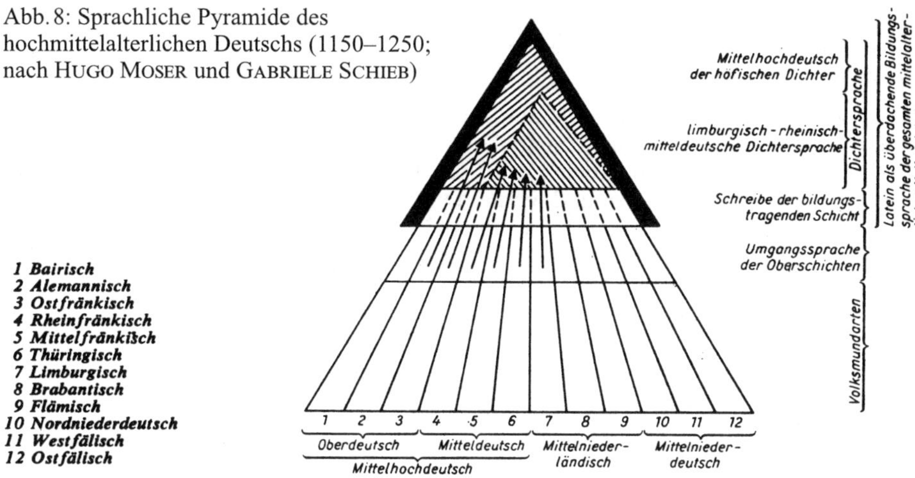

Abb. 8: Sprachliche Pyramide des hochmittelalterlichen Deutschs (1150–1250; nach Hugo Moser und Gabriele Schieb)

Eine Sonderstellung nimmt das J i d d i s c h e ein: "Als Nebensprache der Juden in Deutschland entstanden, rückte das Jiddische zur ihrer Hauptsprache auf, schuf eine wertvolle, verzweigte Literatur, die in der zweiten Hälfte des XX. Jh. allgemein anerkannt wurde." (Weissberg 1988, 24.) Als ältestes erhaltenes Denkmal gilt ein Zweizeiler, der im "Wormser Maxser" (hebräisch *Machsor* 'Festgebetsbuch') vom Jahr 1272/73 überliefert ist: *gut tac im betage* ('ein guter Tag widerfahre dem') *swær dis maxsor in bejss haknessess* ('Synagoge') *trage* (zit. ebd. 45). Bereits hier werden "das Eindringen des Mittelhochdeutschen ins primäre Hebräische und die Übernahme deutscher Sprachstrukturen" (ebd. 46) deutlich sichtbar. Die Entstehungszeit und die Entstehungsumstände des Jiddischen sind noch nicht endgültig erforscht. Wahrscheinlich führte die Ghettoisierung der Juden im 13. Jh. und die damit verbundene Isolierung zur Ausformung eines eigenen Idioms, das neben der deutschen Grundstruktur wichtige hebräische Elemente, aber auch romanische und slawische Bestandteile enthält. Als Schriftsystem dient das Hebräische.

1.3.4. Eine Entwicklungstendenz im Sprachsystem: Die 'Endsilbenabschwächung' und der Weg vom synthetischen zum analytischen Sprachbau

Der Anfang der Weihnachtsgeschichte im Lukas-Evangelium (2,1) lautet in der wichtigsten lateinischen Übersetzung, der "Vulgata", die im ganzen Mittelalter und in der römischen Kirche auch nach der Reformation Grundlage jeglichen Bibelverständnisses war:

> Factum est autem in diebus illis, exiit edictum a Caesare Augusto ut describeretur universus orbis.

Im ahd. "Tatian", einer Übersetzung, die um 830 entstanden sein dürfte, heißt es:

> Uuard thô gitân in thên tagun, framquam gibot fon demo aluualten keisure, thaz gibrieuit vvurdi al these umbiuuerft.

Das sog. "Evangelienbuch" des Matthias von Beheim, eine md. Übersetzung v. J. 1343, hat an dieser Stelle:

> Abir geschên ist in den tagen, ein gebot gînc ûz von dem keisere Augustô, daz bescriben worde der ummecreiz allesament.

Schließlich die Fassung Martin Luthers in seinem "Septembertestament", der Übersetzung des Neuen Testaments, die im September 1522 gedruckt erschienen ist (darüber s. u. 1.5.2.):

> ES begab sich aber zu der zeytt, das eyn gepott von dem keyser Augustus aus gieng, das alle wellt geschetzt wurde.

Schon diese kleinen Textproben (alle aus Tschirch 1969, 24f.) weisen auf wesentliche Veränderungen im dt. Sprachbau hin, insbesondere im Lautsystem.

Im ahd. Textstück heißt es noch *tagun*, *keisure*, *vvurdi*, demgegenüber in Beheims "Evangelienbuch" *tagen*, *keisere* und *worde*. Das Ahd. kennt demnach – darauf lassen die Graphien schließen – "volle Endsilbenvokale", während im 14. Jh. dort nur noch die Schreibung ⟨ę⟩ bzw. ⟨i⟩ (letzteres bevorzugt im Md.) kennt, was auf einen zentralen Murmelvokal [ə] deutet. Mit anderen Worten: Im (Spät-)Ahd. werden die Vokale in unbetonten Silben geschwächt:

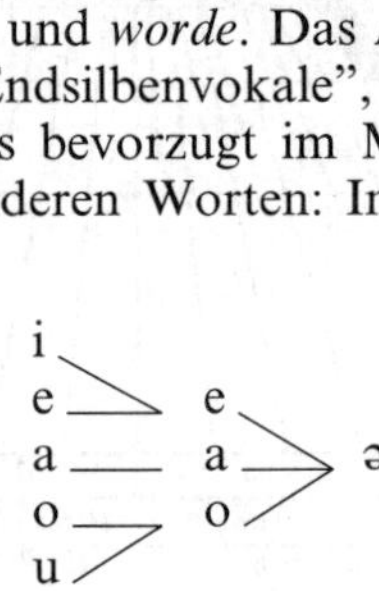

Diese Nebensilbenabschwächung hat gravierende Folgen für das Sprachsystem:

(1) Im Ahd. begegnet der sog. "Primärumlaut" (s. o. 1.2.4.1. und u. 2.3.2.3.), d. h. /a/ wird vor /i/, /i:/ und /j/ der Folgesilbe zu /e/ gehoben: *gast* Sg. vs. *gesti* Pl., *lamb* Sg. vs. *lembir* Pl., *faran* Inf. vs. *feris* 2. Pers. Sg. Präs. Alle anderen Vokalgrapheme bleiben im Ahd. unverändert, wenngleich man annehmen kann, dass "alle nicht-palatalen Kurz- und Langvokale (sog. 'umlautfähige Vokale') sowie die umlautfähigen Diphthonge /ou uo iu/ palatale Allophone entwickelt" haben (Szulc 1987, 82). Im Mhd. erscheinen alle diese Allophone phonemisiert ("Sekundärumlaut"), z. B. *nâmen* 1./3. Pers. Pl. Prät. vs.

næme (ahd. *nâmi*) 2. Pers. Sg. Prät., *hôch* Positiv vs. *hœher* Komparativ, *bruoder* Sg. vs. *brüeder* Pl. Der Ursachen für die konsequente Weiterführung des "*i*-Umlauts" sind vielfältig: Zum einen werden die Allophone dann phonemisiert, wenn die allophonisierenden Ursachen infolge der Nebensilbenabschwächung nicht mehr vorhanden sind (MOULTON 1961/1970, 504f.). Überdies, wie das Beispiel *bruoder – brüeder* zeigt, ist der *i*-Umlaut, ebenfalls wegen des Wegfalls der allophonisierenden Laute, "ein zusätzliches Pluralmorphem geworden (DAL 1979, 36; vgl. auch Fälle wie *sun – süne*, *loup – löuber*, *hûs – hiuser*), der Vokalwechsel hat "morphologische Relevanz bekommen", so dass man sagen kann, "dass im Deutschen die Umlautvokale phonematisiert wurden, indem jer Umlautswechsel morphologisiert wurde" (ebd. 42). Die Morphologisierung wirkt sich zudem in der Wortbildung der Verben aus: Von der zweiten Stammform (Präteritum Singular) starker Verben können, in vorahd. Zeit durch ein umlautendes *-jan*-Suffix, kausative Verben abgeleitet werden:

ligen	–	*leg(g)en*	<	**lag-jan*
sizzen	–	*sezzen*	<	**sat-jan*

In ahd. und mhd. Zeit werden nach diesem Muster weiterhin zahlreiche Verben gebildet: Alle umlautfähigen Stammvokale werden dabei umgelautet, obschon das umlautbewirkende *j* nicht mehr vorhanden ist. (Genaueres bei N. R. WOLF 1981, 55f.)

(2) Im Ahd. sind z. B. in der Substantivflexion die Kasus in ihren Endungen noch weitgehend distinkt (Genaueres s. u. 2.4.2.1.1.):

		Ahd.	Mhd.
Sg.	Nom./Akk	*tag*	*tac*
	Dat.	*tage*	*tage*
	Gen.	*tages*	*tages*
Pl.	Nom./Akk.	*taga*	*tage*
	Dat.	*tagum/tagun*	*tagen*
	Gen.	*tago*	*tage*

Durch die Endsilbenabschwächung fallen mehrere Kasus formal zusammen. Deshalb verstärkt sich die Tendenz, dem Substantiv einen Artikel als (ständigen) Begleiter beizugeben, so dass das für die Syntax wichtige Kasussignal an verschiedenen Stellen eines nominalen Syntagmas begegnen kann: Die schon erwähnte Predigt "Von den zehn Chören der Engel und der Christenheit" BERTHOLDS VON REGENSBURG beginnt mit den Worten: ***DAz** himelrîche gelîchet **einem** acker, dâ **ein** schatz inne verborgen lît* (PFEIFFER 1965, 140). Im ahd. "Tatian" enthält diese Stelle keinen Artikel (wenngleich auch in diesem Text zahlreiche Artikelformen vorkommen): *Gilih ist rihhi himilo treseuue giborganemo in accare* (SIEVERS 1966, 101).

Auf eine vergleichbare Tendenz weist auch der Anfang der Weihnachtsgeschichte hin: Im "Tatian" beginnt sie ohne Subjektspronomen: *Uuard thô gitân in thên tagun.* LUTHER hingegen schreibt: ***ES** begab sich aber zu der zeytt.* Das Subjektspronomen wird ebenfalls obligatorisch, selbst wenn es sich nur um das "Scheinsubjekt" oder den "Platzhalter" *es* handelt.

In beiden Fällen wird deutlich: Die Nebensilbenabschwächung verstärkt die Tendenz vom synthetischen zum analytischen Sprachbau.

1.4. Das Deutsch des Spätmittelalters (1250–1450)

1.4.1. Umgestaltung der kommunikativen Verhältnisse

Im späten Mittelalter tritt eine Reihe von fundamentalen Änderungen in den kommunikativen Verhältnissen wirksam zutage; diese Änderungen nehmen ihren Anfang sicherlich schon im Hochmittelalter, wenn nicht sogar früher, doch ihre Wirkung wird in sich stets verstärkendem Maße von der Mitte des 13. Jh. an spürbar.

Hier ist zunächst einmal die **Entwicklung der Stadt** zu nennen. Bereits im hohen Mittelalter, viel stärker dann im späten Mittelalter verlagert sich die wirtschaftliche und kulturelle Potenz in Städte. Die Ursachen dafür sind vielfältig, von der Geschichtswissenschaft aber noch nicht hinreichend geklärt, in unserem Zusammenhang indes nicht so wichtig. Für uns von Bedeutung ist der sprunghafte Anstieg der Zahl der Städte in der Zeit von 1200 bis 1500 in ganz Mitteleuropa: von etwa 250 auf rund 3000. Man darf dabei nicht glauben, dass alle Städte große Bevölkerungsansammlungen sind; ganz im Gegenteil, die Gros der Städt ist ziemlich klein, nur einige wenige kommen auf mehrere tausend Einwohner.

Nahezu jede Stadt hat ihre eigene Geschichte. Eine Reihe von Städten wie Mainz, Trier, Worms, Köln, Augsburg, Regensburg, Aachen oder Speyer haben ihre Ursprünge in Römersiedlungen. Andere wieder entwickeln sich aus befestigten Bischofssitzen oder Pfalzorten, in deren Schutz Marktsiedlungen der Kaufleute entstehen. Landesherren nutzen die aufblühende Wirtschaftskraft der Städte, um ihre eigene Macht zu festigen und zu verstärken. Sie lassen, häufig an Schnittpunkten wichtiger Handelswege, geradezu planmäßig Städte anlegen; die deutsche Ostkolonisation (s. weiter unten) geht zu einem wesentlichen Teil in Form von gezielten Städtegründungen vor sich.

Ihre besondere Bedeutung erhält die Stadt dadurch, dass sie Markt ist: Vielfältigste Berufsgruppen treffen sich dort aus vielfältigsten Interessen. Auf diese Weise werden die Städte Orte eines reichhaltigen kulturellen Lebens. In den städtischen Kommunikationsgruppen spielen Lateinkenntnisse keine oder höchstens eine untergeordnete Rolle. Vom 13. Jh. an lassen sich die neuen Bettelorden der Franziskaner und Dominikaner in den Städten nieder, die vor allem durch die Predigt eine spezielle Art der Seelsorge treiben und damit besondere literarische Formen anregen. Außerdem werden die Städte in zunehmendem Maße Schul- und Bildungszentren. Da gibt es, häufig von alters her, Lateinschulen, die in der Regel Domschulen oder Stiftsschulen waren, "aber schon in der Stiftsgründung lag meist auch bürgerliche Bildungspolitik" (Klötzer 1983, 48). Daneben kommen immer mehr "die spätmittelalterlichen Pfarr-, Parochial-, Trivial- oder Lateinschulen . . ., deren Leitung nach längerem Kampf um die Schule zwischen Kirche und Bürgerschaft weitgehend in die Hand des jeweiligen Stadtregiments gelangt war, weshalb sie vielfach auch als Stadt- oder Ratsschulen bezeichnet werden" (Endres 1983, 173f.).

Mit dem Handel geht das Geld- und Kreditwesen einher. "Die Ausbildung des Kreditwesens hat Lese- und Schreibkenntnisse zur Voraussetzung." (Pirenne 1971, 122) Die Kaufleute und Handwerker schicken ihre Kinder zunächst in Lateinschulen; doch stellt sich bald heraus, dass ihnen "weniger an lateinischer Grammatik gelegen" ist "als an den für ihre Buchhaltung und Korrespondenz notwendigen Fähigkeiten im Lesen, Schreiben und Rechnen" (Peters 1983, 272).

Für solche Schulen werden dann auch deutsche Fibeln geschrieben, die älteste stammt aus Augsburg aus den Jahren um 1490 (vgl.Kiepe 1983). Diese enthält Merksätze wie *Adam Schlosser sol xi Guldin vmb korn*, die dann variiert werden (andere Namen, Zahlen, Münzsorten oder Waren). Auf diese Weise wird solch eine Fibel "ein kleiner Spiegel städtischen Handelslebens im Spätmittelalter" (Kiepe 1983, 459), und gleichzeitig spiegelt sie die Ziele eines solchen Schulunterricht. Für dessen Wirkung und den Geltungsbereich des Deutschen bleibt festzuhalten, dass auf diese Weise kaum die Fähigkeit und das Bedürfnis, Bücher zu lesen, vermittelt werden kann. Aufschlussreich aber ist, dass die Augsburger Fibel elementare Kulturtechniken zuvörderst anhand von kommerziellen Mustersätzen vermittelt und nicht, wie die Admonitio generalis Karls des Grossen die Kenntnis von Gebeten vorschreibt. Städtischer Schulbildung dieser Art geht es eben um *lernen sin schuld vff schriben vnd låsen*.

Die Augsburger Fibel ist, wie gesagt, nur das früheste Beispiel für diese neue volkssprachige Textart, die wiederum nur ein Indiz aus vielen für die überaus wichtige sprachgeschichtliche Stellung ist, die der Stadt im späten Mittelalter zukommt. Für das

Funktionieren städtischen Lebens ist, wie gesagt, "die Schriftlichkeit unerläßlich. Das bedingt zugleich eine tätige Förderung der Ausbildungsmöglichkeiten und eine gewisse Vorrangstellung im Schulwesen überhaupt. Es sind die Städte, in deren Kanzleien bzw. Schreibstuben sich am ehesten gewisse regionale Schreibkonventionen herausbilden und verfestigen. Zugleich stehen viele dieser Städte in überregionalen Beziehungen und werden im Geschäftsverkehr mit anderen Schreibkonventionen bekannt bzw. konfrontiert." (Besch 1972, 464f.) So wie sich Schriftlichkeit und Schule gegenseitig bedingen, so stehen städtisches Schreibwesen und überregionaler Schreibsprachausgleich (s. auch unten 1.4.2. und 4.2.1.) in einem wechselseitigen Verhältnis.

Die Tatsache, dass das Geschäftsleben in einer Stadt nicht ohne Schriftlichkeit funktioniert, dass z. B. Verträge bevorzugt schriftlich abgeschlossen werden, macht eine eindeutige Benennung der beteiligten Personen eindeutig. Bis ins hohe Mittelalter herrschte, soweit dies die Urkunden, aber auch die 'belletristische Literatur' belegen, die 'Einnamigkeit' vor: Personen werden mit ihrem Taufnamen benannt. Hartmann von Aue stellt sich in seinem "Iwein" vor: *er was genant Hartman /und was ein Ouwære*; ähnlich auch in seinem "Armen Heinrich": *der was Hartman genant. / dienstman was er ze Ouwe*. In der "Mannessischen Liederhandschrift", die vor allem durch ihre Dichterminiaturen berühmt geworden ist und vermutlich in der ersten Hälfte des 14. Jh. in Zürich entstanden ist, steht über dem Bild die zweinamige Überschrift *Her Hartman võ Owe*, die Herkunftsbezeichnung in den beiden Werken ist zum Namenzusatz geworden, der Stand des Namenträgers wird ebenfalls genannt (*her*). Auch im "Nibelungenlied" begegnen mehrere solcher Zusätze, die sich unterschiedlich klassifizieren lassen (nach Kunze 1998, 58):

- Hinweis auf die Verwandtschaft des Namenträgers: *Sîvrit der Sigemundes sun, Dancwart Hagenen bruoder*;
- Herkunft des Namenträgers: *Sîvrit von Niederlant*;
- Beruf, Stand des Namenträgers: *der herre Sîvrit, Dancwart der marschalch*;
- persönliche Merkmale des Namenträgers: *Sîvrit der recke, Dancwart der vil snelle.*

Mit derartigen Zusätzen "beginnt der entscheidendste Einschnitt unserer Namengeschichte: der Übergang von der Einnamigkeit zur Zweinamigkeit" (Kunze 1998, 59). Von einem 'echten' Familiennamen können wir aber nur sprechen, wenn mehrere Mitglieder einer Familie, etwa Geschwister, denselben Namen tragen und wenn der Name innerhalb der Familie vererbt wird; dann ist auch der Weg zur 'amtlichen Verwendung' dieses neuen Namenteils nicht mehr weit, der Familienname wird z.B. in Urkunden oder anderen amtlichen und geschäftlichen Dokumenten verwendet. So heißt es in Urkunden aus der sächsischen Stadt Grimma: 1292 *Heinricus Diues* 1297 *Heinricus dictus Dives*, 1308 *Johannes Molendinarius, Heinricus Carnifex*, 1327 *Nicolaus Pellifex*. Angaben wie *dictus*, in deutschsprachigen Urkunden *genant*, deuten an, dass der Beiname noch nicht als Familienname angesehen werden kann.

In Grimma finden sich in den spätmittelalterlichen Stadtbüchern von 1292 an Familiennamen unterschiedlichen Typs (nach einem unveröffentlichen Manuskript von Horst Naumann; die Schreibung der Namen ist vereinheitlicht):

- 126 Familiennamen, die aus Taufnamen entstanden sind: *Heinrich, Albrecht, Dietrich, Siegfried*;
- 81 Herkunftsnamen nach Völkern und Örtlichkeiten: *Bauersdorf, Brunswig, Brunswiger, Dresden, Blankinwald*;
- 13 Bildungen mit *von* meist bei, teilweise ehemaligen, Besitzern feudaler Großgüter: *von Amlungishain, von Belgern*;
- 137 Berufsnamen: *Bäcker, Fleischhauer, Mercator/Kaufmann, Krämer, Richter, Schneider, Schreiber*;
- 132 Übernamen: *Große, Starke, Schnabel, Hoffelich.*

Derartige Beobachtungen lassen sich an zahlreichen anderen Orten auch machen. Es lässt "sich insgesamt sagen, daß die Zweinamigkeit (und in ihrer Folge der Brauch, Familiennamen zu führen) im Schrifttum süd- und westdt. Städte Anfang 12. Jh. sichtbar wird, dort im 13. Jh. zur Massenerscheinung anwächst, nach Norden und Osten fortschreitet und Anfang 15. Jh. im wesentlichen vollzogen ist" (Kunze 1998, 61).

Wichtig ist des Weiteren die Vergrößerung des deutschen Sprachraums durch die **Ostkolonisation**. Damit bezeichnet man einen längeren, in mehreren Phasen verlaufenden Prozess, dessen erste Ansätze in die Zeit der Karolinger zurückreichen. Die Linie Elbe-Saale bildete 843, also zur Zeit der Vertrags von Verdun die Ostgrenze des Fränkischen

Reichs, trennte das "Altland" vom "Neuland". In verschiedenen Schüben, vor allem aber vom 12. bis zur zweiten Hälfte des 14. Jh. werden nun das Gebiet östlich der alten Grenze besiedelt. Dabei ist die "Stoßkraft" in den Osten im ausgehenden Hochmittelalter und Spätmittelalter besonders stark. Wie schon angedeutet, werden auch im Neuland die Städte wichtig: "Neben dem fortgesetzten Landesausbau und Rodungsvorgängen, neben der beschleunigten Verstädterung, schritt nun – oder: sprang vielmehr die Siedlungsbewegung im Osten voran, wurden auch hier Städte gegründet und privilegiert, planmäßig Dörfer angelegt." (LEUSCHNER 1975, 117)

Die Städte werden auch im Neuland zu wirtschaftlichen Zentren. Denn eine Stadt wird häufig "mit einer Anzahl zugehöriger Dörfer zugleich geplant und nach dem gleichen Rechte besiedelt" (KROESCHELL 1972, 211). Damit ist die ökonomische und rechtlich-organisatorische Infrastruktur geschaffen. Aufgrund ihrer Marktfunktion treten die Städte untereinander in regen Kontakt und stehen damit vor der Notwendigkeit, überregional zu kommunizieren.

Die Ostkolonisation bewirkt zweierlei: Zum einen wird der deutsche Sprachraum gewaltig ausgeweitet, zum andern erreicht der sprachliche Verkehr eine neue Qualität, sowohl im Schriftlichen wie auch im Mündlichen. Die Städte als immer neue Form des Zusammenlebens gewinnen an Bedeutung. Und: Das politische und wirtschaftliche Gewicht verlagert sich in den Osten; diese Tendenz wird durch die Hausmachtpolitik der Habsburger und der Luxemburger verstärkt. Auf dem Boden des Neulands entstehen auch zwei bedeutsame Territorien: das der (Hohen-)Zollern und das der Wettiner.

Diese historischen Voraussetzungen waren für dialektgeographisch orientierte Sprachhistoriker wie THEODOR FRINGS und seine Schüler Ansatzpunkt für weitreichende und wirkungsvolle Thesen. Ausgehend vom Material und von Karten des Deutschen Sprachatlas, kam FRINGS zu dem Ergebnis, dass "der mittelalterliche Osten an Saale, Elbe, Oder von drei Siedelbewegungen mit drei klar erkennbaren Ausgangssituationen ergriffen worden" sei: "eine niederdeutsche Bewegung der Linie Magdeburg-Leipzig, eine mitteldeutsche Bewegung der Linie Erfurt-Leipzig-Breslau, eine oberdeutsch-mainfränkische Bewegung der Linie Bamberg-Meißen, Dresden." (FRINGS 1957, 43) Vgl. die Karte auf der folgenden Seite aus FRINGS 1956, 270 und 1957, 131):

Aufgrund der Siedlermischung habe sich auf der Ebene der gesprochenen Mundart eine "koloniale Ausgleichssprache" (FRINGS 1956, 4) herausgebildet, die auch Züge der nhd. Schriftsprache aufweise (vgl. dazu auch unten S. 109).

1.4.2. Kommunikationsgruppen und Funktiolekte im späten Mittelalter und in der frühen Neuzeit

Es ist geradezu ein Gemeinplatz der Sprachgeschichtsschreibung, dass es in unserer Periode (ebenso wenig wie in den vorausgegangenen) eine kodifizierte einheitliche Grammatik der Volkssprachen, somit auch des Deutschen nicht gibt. Gerade eine solche Grammatik wäre aber ein wichtiges Fundament einer Einheitssprache. Deshalb ist im Mittelalter und in der frühen Neuzeit nichts davon festzustellen. Das tatsächlich gesprochene Frnhd. besteht aus einer Reihe – heute nur noch teilweise zu rekonstruierender – regional begrenzter Sprachen (der Terminus "Dialekt" wird in diesem Zusammenhang vermieden, weil er – zumindest nach dem Verständnis für die Gegenwartssprache – immer auch eine überdachende Standardsprache voraussetzt).

Vergleichbares begegnet im Bereich schriftlicher Sprachverwendung. Auch hier gibt es im späten Mittelalter und in der frühen Neuzeit "keine Kommunikationsgemeinschaft" (GIESECKE 1980, 41). Diese Situation hat zwei einander bedingende Ursachen:

- Es fehlt ein überdachendes Kommunikationsmedium im Sinn einer Standardsprache mit den notwendigen Funktiolekten. Die Vereinheitlichung einer Sprache, ein intralingualer Sprachausgleich, wie er für die Entstehung der nhd. Schriftsprache kennzeichnend ist, bringt stets auch eine funktiolektale Differenzierung mit sich, weil ja

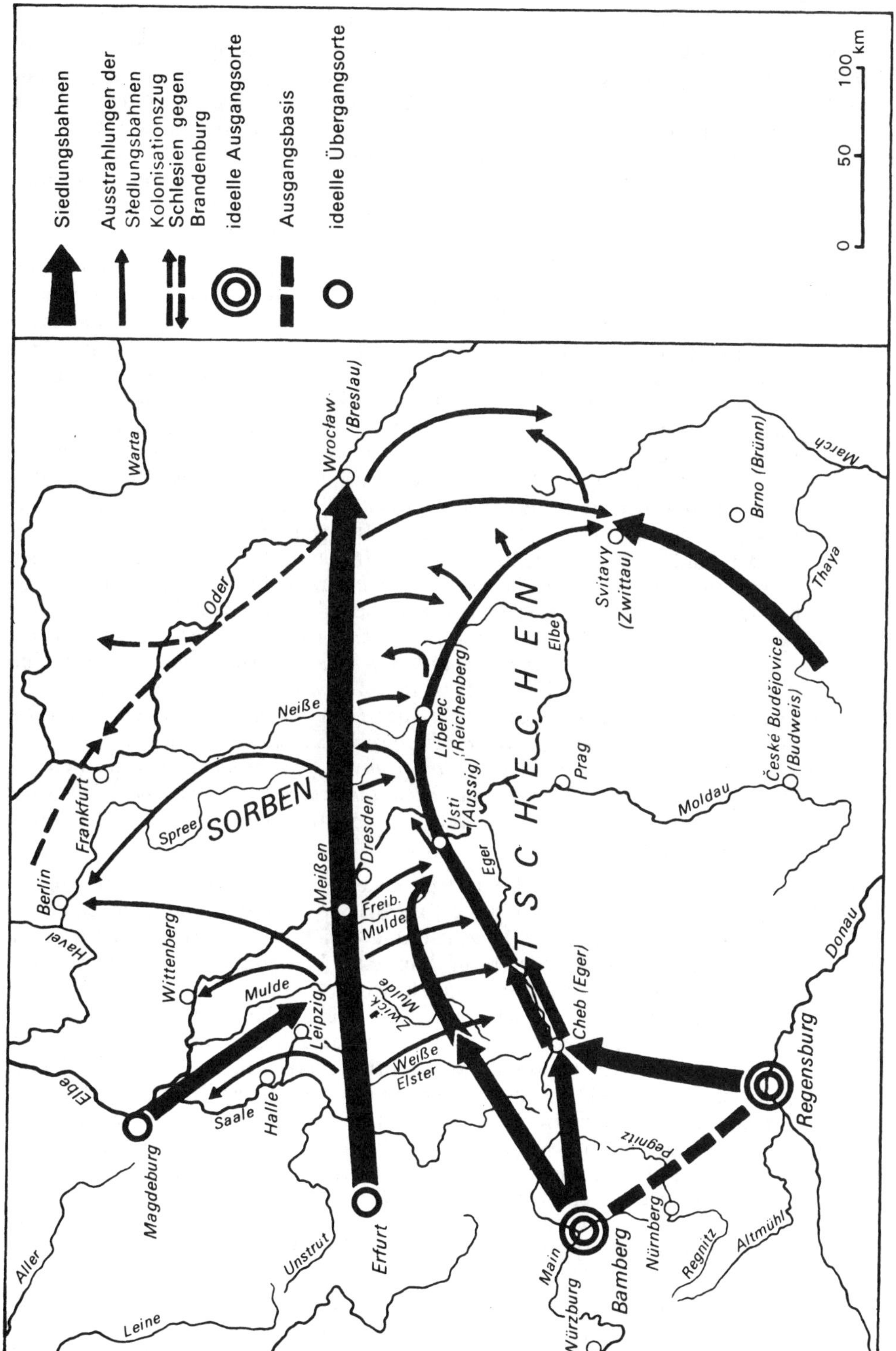

Karte 7: Mitteldeutsche Siedlungsbahnen (etwa 1100–1500)

die Sprache die vielfältigsten Situationen bewältigen muss. Und umgekehrt: Eine Kommunikation über verschiedene Regionen und sozialen Gruppen hinweg bedarf, bei aller stilistischen Differenzierung der Vereinheitlichung. Zugleich – und gerade auch das ist ein eminent komplexer Vorgang -benötigt eine Einheitssprache für die überregionale und intergruppale Kommunikation Mittel zur Abstraktion, und zwar von der jeweiligen Situation. In unserem Zeitraum fungiert zwar Latein noch als überdachende Kultursprache, doch übernimmt das Deutsche in verstärktem Ausmaß und zunehmend Funktionsbereiche vom Latein, und auch dafür müssen die pragmatischen und grammatischen Regeln erst erarbeitet werden.

– Es gibt keine einheitliche Grund-Bildung etwa durch allgemeine Schulpflicht. Im Gegenteil: Einzelne Interessengruppen haben ihre eigenen Bildungsinstitutionen: "Die Kirche besitzt ihre Domschulen [und ihre Klosterschulen. NRW]; das städtische Handelsbürgertum versucht, daneben städtische Lateinschulen einzurichten; die ärmeren städtischen Schichten setzen das Recht auf private deutsche Schreibschulen durch; für Adelige gibt es eine gesonderte Unterweisung in den ritterlichen Tugenden und je nach Rang eine private Hofmeistererziehung. Die Bevölkerung auf dem Lande lernt ebenso wie die Handwerker bei der Arbeit von den Eltern bzw. Handwerksmeistern." (Giesecke 1980, 41) Jede dieser Institutionen wacht lange Zeit sorgfältig und eifersüchtig darüber, dass das von ihr tradierte, ihr eigene und für sie spezifische Wissen auch bei ihr bleibt. Neue Techniken z. B. "werden als 'Arkanum', als Geheimnisse der Zunft einer Stadt gehütet" (Bauer/Matis 1988, 97). In Schulverträgen und Ratsbeschlüssen werden die Rechte der einzelnen Schultypen ziemlich eng definiert. Ein Lübecker "Vertrag wegen der deutschen Schreibschulen" vom 6. August 1418 legt fest, *dat scryveschole synt ghenomet, dar men allenen schal leren kinderen lesen unde scryven in dem dudeschen und anders nerghen ane* (Müller 1885, 36). Und der Rat der Stadt Konstanz erläßt am 17. April 1499 eine "Verordnung betreffs des Domschulmeisters und der deutschen Schreiber": *Die rät hiessent do ze mal mit den tütschschribern reden und den gepieten an ein püss, daz sy kein kind, knaben, die zu jn gesetzt werdent, kain kind noch latinisch buch jn jren hüsern nit leren sond, wen das aller burger und lüten kind, die latin und tütsch lernen wend, das tün sond in der schul* (ebd. 123); Ähnliche Verfügungen werden u. a. in Braunschweig 1420 und 1479, in Hamburg 1456 und in Memmingen 1511 getroffen.

Aus diesen Gründen können wir also nur eine Reihe von Kommunikationsgruppen beobachten (vgl. dazu N. R. Wolf 1987, 218), wobei wir uns aus naheliegenden Gründen auf das, was durch schriftliche Überlieferung gesichert ist, beschränken müssen. Dabei spielt die diskursive Prosaliteratur hier eine besonders wichtige Rolle. Die Schriftlichkeit und die neuen, ursprünglich lateinischen "Diskurswelten" bewirken nämlich in der Volkssprache "eine Verschiebung vom Deiktischen zum Definitorischen" (Schlieben-Lange 1985, 14), was wiederum die weitergehende Verschriftlichung erleichtert und zu einer Verselbständigung der Schrift(lichkeit) führt. Schriftlich fixierte Texte bekommen ihre eigene Dignität, woran dann mit Beginn der "Massenproduktion" von Büchern vor allem auch die Buchdrucker (und später die Verleger) interessiert sind. Auf diese Weise wandelt sich die Sprachgemeinschaft zu einer Schriftgemeinschaft, und diese drängt auf Vereinheitlichung der Sprachform(en). "Erst als Schriftgemeinschaften tendieren die Sprachgemeinschaften dazu, stabile Grenzen zu definieren, und dazu, Literatur- und Nationalsprache zu identifizieren." (Schlieben-Lange 1988, 14). Und in diesem Bereich lässt sich im späten Mittelalter eine Reihe von Kommunikationsgruppen, denen man auch sprachgeschichtliche Wirkung zusprechen kann, feststellen:

– Fachleute verschiedenster (in der Regel manueller) Tätigkeiten (z. B. Handwerker, Kaufleute, Jäger, Chirurgen),
– Schulen verschiedenen Typs (städtische Schreibschulen, kirchliche Lateinschulen, Artistenfakultäten),
– Autoren und Publikum einer speziellen "popularisierenden" Wissensliteratur verschiedenster Wissensgebiete,

- unterschiedliche religiöse Gemeinschaften,
- Wissenschaftler im engeren Sinn,
- ein publizistisches Publikum (Reformation, Bauernkriege) vom Beginn des 16. Jh. an.

Aus dieser Übersicht wird deutlich, dass die Volkssprache in den einzelnen Gruppen eine jeweils unterschiedliche Rolle spielt bzw. dass das Verhältnis von Latein und Volkssprache in jeder Kommunikationsgruppe anders ist. Dementsprechend bekommen einzelne Textarten gerade für die Geschichte der dt. Sprache besondere Bedeutung (z. B. Urkunden, Wissensliteratur, Bibel, um nur einige hervorstechende Exempel zu nennen).

Wie schon angedeutet, kommt vor allem in der immer stärker werdenden Prosa das Zukunftsweisende deutlich zum Ausdruck, in der Prosa liegt die sprachgeschichtliche Zukunft. Von der "Gebrauchssituation" (Kuhn 1980, 78) der Texte ausgehend, wollen wir unter "Literatur" alle "'geordneten' Texte" des Mittelalters verstehen, "d. h. das Schrifttum schlechthin außer dem urkundlichen, soweit es sich auf bloße Rechtsverbindlichkeit beschränkt" (Ruh 1985, 263). Unter diesem pragmatischen Gesichtspunkt können wir demnach zwei große Varietätenklassen unterscheiden: (1) Kanzlei-/Geschäftssprachen und (2) literatursprachliche Funktiolekte.

(1) **Kanzlei-/Geschäftssprachen**: Der geradezu plötzliche Übergang von der lateinischen zur deutschen Urkundensprache um die Mitte des 13. Jh. hat zur Folge, dass das Deutsche rechtsfähig wird. Zwar war das Deutsche immer schon Rechtssprache, d. h. Sprache der mündlichen Rechtshandlung, gewesen, doch die schriftliche Fixierung war dem Latein vorbehalten gewesen. Rechtsfähigkeit der Volkssprache meint also, dass man dem Deutschen die Fähigkeit zuspricht, Rechtsverbindliches auch schriftlich festzuhalten. Die Urkunde ist zur "Beobachtung bestimmter Formen" verpflichtet und kann nur so als "ein Erzeugnis des Rechtslebens" (Brandt 1992, 82) anerkannt werden. Und in all diese normierten Funktionen wächst das Deutsche hinein. Somit bedeutet die Ablösung des Lateinischen "nichts Geringeres als die Entthronung einer reich ausgebildeten, ihrer Nachfolgerin an Prägnanz und Korrektheit zunächst weit überlegeneren Sprache" (Kirchhoff 1957, 287). Und durch "das Auftreten der Volkssprache in den Urkunden erhalten die universale geistige Einheit des Mittelalters und mit ihr die Anwendung der lateinischen Sprache eine Einbuße" (Newald 1942, 497).

Die Ursachen dieser "Revolution in der Geschichte der deutschen Rechtssprache" (Boesch 1968, 5) sind, obgleich sicherlich von "elementarer Macht" (Henzen 1954, 67), immer noch nicht eindeutig geklärt. Man wird "die Gründe für den Gebrauch der deutschen Sprache in einem komplexen Zusammenhang von sozialen Veränderungen während des 13. Jh.s suchen, die ein verstärktes und von einem größeren Personenkreis ausgehendes Sicherheitsbedürfnis im Rechtsverkehr und damit zusammenhängend auch andere Formen des Rechtswesens (eine verstärkte Schriftlichkeit) nach sich tragen" (Schulze 1975, 13). Also: Sowohl soziale Wandlungen wie die immer stärker werdende Beteiligung von Gruppen, die nicht Latein beherrschen, als auch kulturell-juristische Vorgänge wie die schnell zunehmende Verschriftlichung zahlreicher Lebensbereiche, vor allem wie schon erwähnt des städtischen Geschäftslebens, und schließlich die selbstbewusstere Haltung gegenüber der eigenen Sprache haben ihren Teil beigetragen. "Auch die führende Rolle der Städte und des ökonomisch und kulturell weit fortgeschrittenen Südwestens stimmen zu diesem Bild." (Hans Moser 1985, 1400)

Damit ist auch die geographische Dimension dieses Vorgangs angedeutet: Denn der "Übergang zur deutschen Geschäftssprache vollzog sich nicht auf dem ganzen deutschen Sprachgebiet gleichzeitig oder zufällig" (Henzen 1954, 68). Am frühesten begegnen die deutschen Urkunden im Südwesten des deutschen Sprachraums. Die deutsche Urkunde "verbreitet sich dann – grob gesprochen (das niederrhein. Zentrum Köln eilt voraus) – von Westen nach Osten und von Süden nach Norden" (Hans Moser 1985, 1399).

Die oben erwähnte Territorialisierung brachte es auch mit sich, dass die Residenzen der Landesherren zu Verwaltungszentren ausgebaut wurden. Und damit bildeten sich Kanzleien aus "in dem Maße, wie diese [scil. die weltlichen und geistlichen Fürsten] seit dem 15. Jh. zur Territorialhoheit aufstiegen" (Clavis 128). Und mit wachsender Selbständigkeit müssen auch größere Städte wie Basel, Freiburg, Straßburg, Mainz, Frankfurt, Köln, Augsburg, Nürnberg, Erfurt bereits im 14. Jh. Kanzleien mit differenzierterem Arbeitsgang einführen.

Es liegt nahe, nicht nur Urkunden in der Volkssprache abzufassen, sondern dieses Idiom auch auf andere Geschäftsbereiche, somit auf andere Textarten zu übertragen. Dadurch kann der Eindruck entstehen, dass die "sprachformenden Kräfte des Frnhd. ... nicht mehr Hofkunst und Fest [wie im hohen Mittelalter. NRW], sondern Verwaltung, Wirtschaft und Recht" sind (SKÁLA 1985, 1776). Es bilden sich also "Geschäftssprachen" heraus, die nicht nur "Urkunden" im engeren Sinne verbalisieren. Kanzleien sind eben nicht nur "Beurkundungsstellen", sondern die "Zentralstellen der Landes- und Stadtverwaltung für das gesamte Schreibwesen" (EGGERS 1969, 23).

Kanzleien müssen, dies klang schon an, auch überregional kommunizieren. Es überrascht deshalb nicht, dass der "Ausgleich der Schreibnormen" um 1500 "auf kanzleisprachlicher Ebene" (HANS MOSER 1978, 54) schon weit gediehen ist. Davon zeugt auch LUTHERS berühmtes Dictum: *Ich rede nach der sächsischen Canzeley, welcher nachfolgen alle Fürsten und Könige in Deutschland; alle Reichsstädte, Fürsten-Höfe schreiben nach der sächsischen und unsers Fürsten Canzeley, darum ists auch die gemeinste deutsche Sprache. Kaiser Maximilian, und Kurf. Friedrich, H. zu Sachsen etc. haben im römischen Reich die deutschen Sprachen also in eine gewissen Sprache gezogen.* (L) LUTHER nennt hier, sicherlich nicht aus Zufall, zwei große Kanzleien, die die dt. Schriftdialekte "in eine gewisse Sprache gezogen" haben (BESCH 1967, 363). Und gerade für Kanzleien, die ja häufig "sprachsoziologisch eine hohe Ebene" repräsentieren (KETTMANN 1969, 279) gilt, dass die "Schriftdialekte ... von selbst immer mehr ineinander[fließen]" (HENZEN 1954, 89). Dies trifft nicht nur auf die von LUTHER genannten Großkanzleien zu. In der Jenaer Ratskanzlei, um ein Beispiel einer Stadt zu nennen, bemühen sich die Schreiber "auffällig, die Schreibsprache von der als grobmundartlich empfundenen kolonialen Ausgleichssprache bäuerlicher Siedler freizuhalten" (SUCHSLAND 1985, 568).

Auf diese Weise werden die Kanzleien auch schreibsprachliche Vorbilder. NICLAS VON WYLE z. B. drückt am Ende seiner "Translationen" (1478) sehr deutlich die normierende bzw. beispielgebende Funktion der Kanzleien aus: *Item so ist vnsers landes tútsche biß her gewesen zereden zwüschen dir vnd mir zwúschen ́vch vnd vns. zwúschen jm vnd mir. Dar für wir yetz o̊sterrychesch sprechen zwúschen din vnd min zwüschen úwer vnd vnser zwúschen sin vnd min. Item vnd als die fúrsten vnser landen bisher pflegen haben ain andern zeschryben vnd noch des merentails tůnt / ́vwer lieb. heben yetz etlich schriber an flemisch dar für zeschriben üwer liebde ... Und rinisch geet für gåt vnd steet fúr ståt ... so haben sich vnser våtter vnd dero altfordern in schwåben yeweltn̄ her bis vf vns gebrucht in Irem reden vnd schriben des diptongons .ai. für .ei. ... Aber yetz garnâch in allen schwebischen cantzlien der herren vnd stetten schribent die schriber ei für ai ... Yetz ist aber ain núwes gougelspiele entstanden dz man in vil cantzlien vnd schriberyen pfligt zuschriben zway .n. da des ainen gnůg wer vnd das ander ́vberflüssig ist ... Vnd mich wundert dz etlich Statt schriber mir bekant: sólichs von jren substituten lyden tůnt / so bald sy etwas núwes sechen uß ains fúrsten cantzlie usgegangen* (MÜLLER 1882, 15f.). Niclas von Wyle macht die Kanzleien für Modetorheiten in der Orthographie verantwortlich und wirft den Schreibern vor, dass sie sinnlose Neuerungen *gebruchent wie die affen* (weitere Äußerungen über die Vorbildlichkeit von Kanzleien in dem entsprechenden Kapitel bei JOSTEN 1976, 144ff.).

Zu Beginn des 16. Jh. ist dann die sprachhistorische Bedeutung der Kanzleien "im wesentlichen erfüllt" (HANS MOSER 1978, 56). Die führende Rolle übernimmt der Buchdruck (darüber s. unten mehr).

Territorialisierung und die rege überregionale Kommunikation bringen es mit sich, dass sich im späten Mittelalter eine Reihe von überregionalen Schreibsprachen herausbildet:

- Auf der Basis von ostobd. und omd. Schriftdialekten entsteht spätestens im 15. Jh. eine "osthochdeutsche" Schreibsprache, die schon einen weitgehenden (Schreib-)Sprachausgleich zeigt und als noch nicht realisiertes "Archi-System", das sich aus mehreren Subsystemen konstitutiert, angesehen werden kann. Auch hier spiegelt sich die wachsende politische und wirtschaftliche Bedeutung des Ostens des dt. Sprachgebiets.
- In Wirtschafts- und Herrschaftsgebiet der dt. Hanse entwickelt sich vom 14. Jh. an eine mittelniederdeutsche Schreibsprache, die bis ins 16. Jh. als Verkehrsprache im europäischen Norden, also weit über den eigentlichen (nieder)deutschen Sprachraum hinaus, dient. Mit dem Niedergang der Hanse verliert diese Sprachform stetig an Bedeutung, bis im 17. Jh. der Vorrang des Hd. entschieden ist.
- Bereits im 13. Jh. entsteht eine Verkehrssprache der reichen flandrischen und brabantischen Städte, das Mittelniederländische, manchmal auch "Dietsch" genannt. Aus ihm entwickelt sich das Niederländische als eine selbständige Nationalsprache.

(2) **Literatursprachliche Funktiolekte**: Wie schon dargelegt, übernimmt im Bereich der "Literatur" die Form der Prosa die führende Funktion. Mit der zunehmenden Verschriftlichung ist "eine stärkere Rezeption von ursprünglich durch die Kirche verwalteteten Inhalten und Techniken verbunden" (Dinzelbacher 1987, 11). Zu einem großen Teil leistet die Prosa-Literatur eine "volkssprachliche Popularisierung der lateinischen Schrift-Tradition" (Kuhn 1980, 78), wobei "Popularisierung" meint, "daß die Möglichkeit und Bereitschaft, deutsch zu schreiben, zu lesen (und vorgelesen zu hören) in allen Kulturgebieten so breit geworden ist, daß Quantität in Qualität umschlagen kann insofern, als daraus ein generelles schriftliches Rezeptions-Verlangen hervorgeht" (ebd. 79). Daraus erklärt sich, dass, im Vergleich zur vorausgegangenen Periode, überaus viele Lebens- oder Sachbereiche von volkssprachiger Prosa verbalisiert werden, dass also die Volkssprache zahlreiche Domänen vom Lateinischen übernimmt, was wiederum zur funktiolektalen Differenzierung des Deutschen führt.

1.5. Das Deutsch der frühen Neuzeit (1450–1650)

1.5.1. Das neue Medium: der Buchdruck

Das späte Mittelalter ist ein Zeitalter rasanter technologischer Entwicklungen. Dies (natürlich nicht nur dies) führt auch zu einer steigenden Nachfrage nach Lektüre. Das mühsame Abschreiben von Hand kann, trotz einiger Ansätze zu relativer "Massenproduktion" – man denke an den in der Forschungsliteratur oft erwähnten Hagenauer Lehrer Diebold Lauber, der Handschriften mit "über 20 Spezialisten für das Abschreiben, Illustrieren, Initialen-Malen, Rubrizieren, Binden) und Angestellten für Werbung und Vertrieb" (v. Polenz 2000, 117) geradezu in "Fließbandtechnik" herstellen ließ) – dem steigenden Bedarf nicht gerecht werden. In dieser Situation bedeutet die Erfindung des Mainzer Patriziers Johannes Gutenberg, mit auswechselbaren Metalllettern Texte geradezu beliebig vervielfältigen zu können, um 1450 den Beginn einer neuen Ära. "Die revolutionären Folgen der Erfindung des Buchdrucks auf dem Gebiet der Kultur- und Geistesgeschichte können nicht hoch genug eingeschätzt werden ... Es handelt sich nicht nur um die Ablösung eines Schriftträgers durch einen anderen, sondern um eine Vervielfachung der Möglichkeiten, mittels eines Mediums Gedankengut zu verbreiten." (Mazal 1975, 123)

Die neue Technik erhält als neues Medium aufgrund ihrer speziellen kommunikativen Möglichkeiten ihre eigene Dynamik, die sich auf viele sprachlichen und kommunikativen Bereiche auswirkt und deshalb besondere Relevanz im sozialen Leben bekommt.

Dies gilt vor allem für die Form des gedruckten Buches, das sich, ganz anders als der vorausgegangene handgeschriebene Kodex, zu einem besonderen 'Superzeichen' entwickelt, in dem mehrere Textelemente und Zeichensysteme zusammenwirken: Erst das gedruckte Buch enthält ein Textelement wie das Titelblatt. Dadurch dass der Buchdruck Bücher für den Markt herstellt und auf die Distribution durch den Markt angewiesen ist, bedarf es eines größeren Kaufanreizes, der u. a. durch das Titelblatt erzeugt werden soll. Die erste vollständige Bibelübersetzung Martin Luthers von 1534, um ein Beispiel zu nennen, erhält ein kunstvoll gestaltetes Titelblatt (s. Abb. 10), in dessen Zentrum der Titel steht: *Biblia / das ist / die || gantze Heilige Sch= || rifft Deudsch.* Darunter steht der Name des Übersetzers, wobei beide Namenteile abgekürzt sind: *Mart. Luth.*; der Drukker, der ja auch der Verleger ist, dürfte sich sicher gewesen sein, dass der Name des Übersetzers so bekannt ist, dass auch die abgekürzte Version ihre Wirkung nicht verfehle. Darauf folgt der Hinweis auf die kurfürstliche Privilegierung und schließlich der Hinweis *Gedruckt durch Hans Lufft.*. Abgeschlossen wird der sprachliche Teil durch die Jahreszahl *M. D. XXXIIII.* Dieser textliche Teil des Titelblattes ist von einer detailreichen bildlichen Darstellung, die zahlreiche Architekturelemente mit einem deutlichen Oben und Unten enthält. Oben befindet sich noch ein Schild mit dem Spruch *Gottes wort bleibt ewig.* Der Titeltext ist zudem auf ein aufgerolltes Tuch gedruckt, das unten von Engeln gehalten und befestigt wird. Oft haben bedeutende Künstler an solchen Titeleien mitgewirkt.

Das neue Medium ermöglicht es vor Allem, dass zahlreiche und völlig identische Exemplare eines Textes hergestellt werden können. Während Abschriften von Kopisten in den meisten Fällen von den Vorlagen mehr oder weniger stark abwichen, kann es nunmehr eine 'verbindliche' Textgestalt geben. Luther z.B. beklagt sich nicht selten über die Eigenwilligkeit von Setzern, die seine Texte orthografisch verändern. In einer Zeit, in der es kein Urheberrecht gibt, versucht Luther zu verhindern, dass seine Texte unautorisiert nachgedruckt und dabei nicht bloß verändert, sondern geradezu verfälscht werden, indem er die "Luther-Rose" einführt (s. Abb. 9):

Abb. 9: Luther-Rose

Auch die Zeitgenossen haben sehr schnell erkannt, dass das neue Medium es ermöglicht, auf aktuelle Ereignisse schnell und in großer Zahl zu reagieren. Die Zeitgenossen bewerten dies alles unterschiedlich, Befürworter und Gegner finden im neuen Leitmedium das, was sie dort zu finden hoffen. Gleichwohl, es entstehen neue Textsorten, die vor Allem den Bedingungen des neuen Leitmediums gehorchen: Textsorten wie Flugblätter und Flugschriften, in der Folge Vorläufer bzw. Vorformen von Zeitungen, die zur raschen Reaktion geradezu geschaffen sind und damit ein großes Publikum erreichen wollen. Es entsteht in der Folge eine öffentliche Diskussion und somit auch eine öffentliche Meinung, die sich dadurch konstituiert, dass sich eine bestimmte Meinung als die herrschende gegenüber konkurrierenden Meinungen durchsetzen kann.

Es sind spezielle Bedingungen, die die Ausbreitung des Buchdrucks fördern (Angaben nach MAZAL 1975, 124f.; vgl. auch die Übersichten von CORSTEN 1983, 10 und 12). In den Handelsstädten sind der Absatzmarkt, aber auch die Möglichkeiten der Kapitalbeschaffung wesentliche Motoren; so lassen sich in Straßburg 1458/59, Augsburg 1468, Nürnberg 1469/70, Ulm 1473, Basel 1468, Köln 1464/65, Lübeck 1473 und in Leipzig 1481 Drucker nieder. In Bischofsstädten begünstigt der Bedarf an liturgischen Büchern die Ansiedlung von Offizinen: Bamberg 1458/59, Merseburg 1473, Breslau 1475, Würzburg 1479, Passau 1480, Meißen 1483, Eichstätt 1483/84, Regensburg 1485, Münster 1485, Freising 1487. Auch Universitäten zogen Drucker an, wenngleich in geringerem Maße: Rostock 1476, Ingolstadt 1484, Heidelberg 1485, Freiburg 1490 (?). In der Folge breitet sich der Buchdruck weiter aus, sowohl über das Sprachgebiet hinweg als auch an den einzelnen Orten.

Mit der Ausbreitung des Buchdrucks geht eine Erhöhung der Buchproduktion Hand in Hand (Zahlen nach SCHWITALLA 1983, 6): "Von 1513 bis 1517 wurden jährlich durchschnittlich 105,4 Bücher gedruckt" (ebd., gemeint sind hier deutschsprachige Bücher). In den folgenden Jahren steigt, mit Ausnahme von 1521, die Zahl stetig.

Druckjahr	Zahl der gedruckten deutschen Bücher	Steigerung auf ... Prozent
1518	146	139%
1519	252	239%
1520	571	542%
1521	523	496%
1522	677	642%
1523	944	896%

Dabei ist zu bedenken, dass ursprünglich lateinische Texte bei weitem überwiegen. Doch auch das ändert sich schnell. "Der Anteil deutscher Schriften an der Produktion der Drucker steigt von etwa 1/20 im Jahr 1500 auf 1/3 im Jahr 1524." (WEHRLI 1980, 969) Es liegt nahe, dass diese Produktionserweiterung auch soziale Auswirkungen hat. Immer mehr Menschen kommen in den Besitz von Büchern. Da Drucker "nicht auf Bestellung" arbeiten (CORSTEN 1983, 22), müssen sie sich nach den Bedürfnissen des Marktes richten. Es kommt geradezu zu Spezialausgaben für "pauperes", wobei eben – wie in der Gegenwart – in der Ausstattung gespart wird (vgl. ALTMANN 1981).

Das neue Medium Buchdruck wäre kein neues Medium, wenn es nur die schnelle und zahlreichere Reproduktion des Althergebrachten bewirkte. "Faktoren wie größere Verbreitungsmöglichkeiten, neuer Autor-Adressatenbezug, schnelle Rückkoppelung (Kritik, mehrfache Neuauflagen möglich), schnellerer Informationsfluss und bessere Möglichkeit der wissenschaftlichen Datensammlung" (KÄSTNER/SCHÜTZ/SCHWITALLA 1985, 1362) haben ihre Wirkung auf Textproduktion und Leserinteresse. Die Reformation wäre ohne Buchdruck in der Form, wie sie ablief und wirkte, nicht denkbar gewesen. Die Zahl der deutschen Drucke schnellt "seit dem Auftreten Luthers sprunghaft in die Höhe" (ENGELSING 1973, 26). Ereignisse wie Reformation und Bauernkrieg bringen ihrerseits wieder eine Flugschriftenwelle mit sich: 1517 erscheinen 13 Flugschriften, sieben Jahre später 299, das bedeutet eine Steigerung auf 2300" (vgl. SCHWITALLA 1983, 6 Anm. 2). Es wird offenkundig, dass auf diese Weise "neue Kommunikationsbedürfnisse entstehen, in welchen die deutsche Sprache neue Funktionen und Existenzformen" entwickelt (HARTWEG 1985, 1417).

Mannigfach sind Äußerungen von Zeitgenossen zum neuen Medium, zustimmende wie ablehnende. Positiv wird häufig die Schnelligkeit, mit der von nun an Bücher produziert werden können, vermerkt. Doch eben dieses Merkmal wird auch negativ gesehen: JOHANNES TRITHEMIUS (1462–1516) z. B., Abt des Benediktinerklosters Sponheim bei Bad Kreuznach und später des Schottenstifts in Würzburg, verfasste 1494 eine

Schrift "De laude scriptorum"; reichlich spät versucht er, den Gang der Geschichte aufzuhalten. *Qui autem a scribendi studio cessat propter impressuram, verus amator scripturarum non est . . . Scriptis enim codicibus nunquam impressi ex equo comparantur; nam orthographiam et ceteros librorum ornatus impressura plerumque negligit. Scriptura autem maioris industrie est.* ('Wer aber vom Schreibeifer des Druckes wegen abläßt, der ist kein wahrer Freund der Schrift . . . Denn Drucke werden den handgeschriebenen Codices gegenüber niemals als gleichwertig erachtet werden, zumal der Druck häufig die Rechtschreibung und die übrige Buchausstattung vernachlässigt. Auf eine Handschrift wird einfach mehr Fleiß verwandt.' TRITHEMIUS 1970, 64, von dort auch die Übersetzung; es dürfte auch eine Ironie der Geschichte sein, dass Trithemius sein "Lob der Schreiber" drucken ließ. Eine gute Übersicht und Kommentierung von zeitgenössischen Äußerungen bietet GIESECKE 1991.)

Noch nicht eindeutig geklärt ist die Rolle des Buchdrucks bei der Entstehung der nhd. Schriftsprache, beim schreibsprachlichen Ausgleich also. Zwei konträre Meinungen können dies belegen:

- "Die Drucker hatten ein geschäftl. Interesse daran, daß ihre Bücher in den verschiedensten dt. Gegenden verstanden, gelesen und damit verkauft werden konnten. Das ließ sich jedoch nur ermöglichen, wenn ihnen ausgesprochen mundartl. Züge fernblieben. Daher gingen sie beizeiten aus auf einen Ausgleich, eine Vereinheitlichung der Sprache . . ." (BACH 1970, 254)
- Dagegen hat sich vor allem SCHIROKAUER (1957, 894) gewandt: "Wenn nun aber der rhein. Drucker seinen auswärtigen Kunden zuliebe einen ostmd. Lautstand wählt, entfremdet er sich nicht seiner eignen Landsleute? Wird er sein Entgegenkommen für den anonymen Leser in Augsburg so weit treiben, den Nachbarn vor den Kopf zu stoßen?" SCHIROKAUER rechnet mit einem Kompromiss, mit einer "Mischung", wobei die Mischung je nach erwartetem Markt (zu Hause oder Export) verschieden ausfallen dürfte.

Die germanistische Forschung hat SCHIROKAUERS Thesen lange Zeit kaum beachtet. Die neue Buchforschung hingegen kann manche seiner Annahmen bestätigen (vgl. das zusammenfassende Referat HARTWEGS 1985, 1419ff.). Man wird, besonders auch angesichts der für heutige Verhältnisse kleinen Auflagen, eher mit regional begrenzten Märkten rechnen, auch wenn einzelne Bücher in weit(er) entfernte Orte kommen und dort sogar Vorlagen für Nachdrucke in konkurrenzierenden Offizinen werden können.

Drucker oder Drucke können Vorbildfunktion haben und so normbildend wirken. Wenn dies der Fall ist, dann ist es aber nicht irgendein Drucker mit irgendeinem Text, dann kann auch die Zahl von Druckern in einer Sprachlandschaft bzw. von Drucken aus einer Sprachlandschaft eine wichtige Rolle spielen. Entscheidende Hinweise dazu, die bislang noch zu wenig gewürdigt und berücksichtigt worden sind, stammen von V. MOSER (1951, 301ff.), der folgende Stadien feststellt:

(1) Nach etwa 1470 lag "das ganze Schwergewicht auf westobd. Boden (in Straßburg, Basel, Augsburg und Nürnberg)".

(2) Nach 1525 verlagert sich dieses Schwergewicht "unter der Wucht der Reformation und von Luthers Schrifttum entscheidend nach dem md. Nordosten (in das noch zweisprachige md.-ndd.] Wittenberg".

(3) Um 1570 beginnt der "Verfall der obd. Druckersprachen". Sie gleichen sich zunächst aneinander an, das Alemannische z. B. übernimmt die "neuen Diphthonge"; "dann Fortschreiten zum md., besonders durch die Aufgabe der gemobd. Diphthonge". Der "Schwerpunkt der schriftsprachlichen Bewegung" verschiebt sich "entschieden nach dem Westen", besonders nach Frankfurt; das Omd. verliert seinen Einfluss, nicht zuletzt nach dem Tod LUTHERS und "mit der endgiltigen Einstellung des offiziellen Bibeldrucks" in Wittenberg. Gleichzeitig geht der niederdeutsche Norden zur "omd. gefärbten Schriftsprache über".

(4) Nach 1620 verlagert sich das Schwergewicht "durch das Auftreten der Schlesier" sowie durch die Bedeutung des Leipziger Buchdrucks "wiederum nach Osten", wobei der schriftsprachliche Ausgleich "zwischen md. Osten und Westen (und damit letzten Endes auch mit Teilen Oberdeutschlands) . . ." näherrückt.

1.5.2. **Die Reformation: Deutsch wird Heilige Sprache**

Es ist unstrittig, dass die Reformation auf die Geschichte der dt. Sprache einen großen Einfluss gehabt hat. Doch, zumindest sprachgeschichtlich, wahrscheinlich auch überhaupt geistesgeschichtlich gesehen, ist die Reformation nicht etwas grundsätzlich Neues, sondern vielmehr eine konsequente Fortsetzung und ein konsequenter Höhepunkt spätmittelalterlicher Tendenzen. Dennoch sind die Folgen der Reformation wichtig, für die Entwicklung der dt. Sprache nicht zu überschätzen: Deutsch wird Sprache der Bibel, der Liturgie und des theologischen Disputes.

Gerade das Bibelübersetzen ist im Mittelalter ein besonderes Problem. Wenngleich es zu einem völligen Verbot, die Bibel in eine Volkssprache zu übersetzen, nie gekommen ist, verhalten sich einzelne Bischöfe ziemlich restriktiv. Die Angst vor Ketzereien ist so groß, dass noch Hieronymus Emser (1478–1527) im Jahre 1523 seine Kritik an Luther unter den Titel stellt : *Auß was grůnd vnnd vrsach Luthers dolmetschung / vber das nawe testament / dem gemeinē man billich vorbotten worden sey* (zit. nach Musseleck 1981, 24).

Das Ergebnis dieser Situation ist, dass aus der Zeit vor der Reformation, zwar zahlreiche Bibelübersetzungen, hingegen nur ganz wenige übersetzte Vollbibeln mit den kanonischen Büchern in der kanonischen Reihenfolge vorliegen. Dagegen aber gibt es eine große Zahl von Texten, die den Charakter biblischer "Wissensliteratur" haben, also Bücher sind, die nach mittelalterlichem Verständnis biblisches Wissen in seiner Gesamtheit oder in bestimmten Teilbereichen nach bestimmten Konzepten ordnen und darbieten; solche Wissensbücher sind verschiedene Teile der Bibel, Plenarien, Perikopenbücher und Evangelienharmonien. Den Charakter von "Wissensliteratur" belegt die Tatsache, dass im späten Mittelalter "der Psalter von überragender Bedeutung ist, denn er enthält nach patristischer und mittelalterlichen Ansicht die gesamte Theologie in komprimierter Form" (Kirchert 1984, 64). So wurden auch einzelne Bibelteile gedruckt, bevor es zu Vollbibeln kam.

Vollbibeln sind handschriftlich nicht (mehr?) überliefert, erst der Buchdruck schafft hier eine neue Situation. Die obd. Bibeldrucker, die alle von der vor dem 27. Juni 1466 gedruckten "Mentelin-Bibel" ausgehen (vgl. dazu jetzt am besten Reinitzer 1987), halten sich in ihrem Wortlaut aber eng ans Lateinische: sie wollen, auch in ihren späteren Überarbeitungen, die sich etwas vom übermächtigen Vorbild des nahezu kanonisierten Vulgata-Textes lösen, zum geoffenbarten lateinischen Text hinführen, sind "also für den Gebrauch durch Kleriker und keineswegs für die Privatlektüre von Laien bestimmt" (Stackmann 1984, 20).

Die nd. Texte gehen über eine Übersetzung hinaus, indem sie Zitate aus dem im Mittelalter weitverbreiteten Bibelkommentar ("Postillae perpetuae in Vetus et Novum Testamentum" oder "Postilla litteralis super Biblia") des Nikolaus von Lyra als Glossen bieten. Der Lübecker Druck von 1494 erläutert dieses Vorgehen: *Vnde hierumme vppe dat sick een iewelik minsche deste bet behelpen moghe in velen steden desses bokes. der dunker vnde vnvorstentlik sint. is ghesettet een sterneken. vnde een teken bi dat sterneken aldus ghemaket * to enem teken der scrift. de na dem sterne volghet bet an dat teken alzo ghemaket den text de dar vor steit vorluchtet. vnde is ghenamen vt des werdighen vnde hoghelereden meisters des postillatoers scrift. ghenomet Nicolaus de lyra.* (Die niederdeutschen Bibelfrühdrucke 1976, 676) Auf diese Weise wird die Bibelübersetzung zum Bibelkommentar und zur biblischen Wissensliteratur. Und auf diese Weise können sich auch nach mittelalterlichem Verständnis die Übersetzungen vom kanonisierten lateinischen Vorbild lösen: Die Lübecker Bibel, die "aufgrund ihrer sprachlichen Qualität, ihrer kunstvollen Illustrationen sowie der Substanz der theologischen Glossen eine Sonderstellung" innehat, gilt auch "als höchst beachtliches Stück Literatur" (Schwencke 1987, 978f.).

Insgesamt also gilt, dass die spätmittelalterlichen Vollbibeln "aufwendig und in wenig volksnaher Sprache" verfasst sind; sie sind "keine 'Volksbücher', doch wohl nützliche Hilfen zum Verständnis der Vulgata" (Erben 1985, 34).

In diesem Zusammenhang ist LUTHERS Bibelübersetzung und damit auch seine besondere Leistung zu sehen: Er ist der erste, der eine Vollbibel ins Deutsche übersetzt und dabei bestrebt ist, ein für alle lesbares Buch zu schaffen. Dazu hat er Deutsch den traditionellen drei heiligen Sprachen (Hebräisch, Griechisch und Latein) gleichgestellt. Aus einer Theologie der Bibel folgert er eine Theologie der Sprache, die er sehr ausführlich in seinem Sendschreiben "An die Radherren aller stedte deutschen lands: das sie Christliche schulen auffrichten vnd hallten sollen" (1524) erläutert: *Vnd last vns das gesagt seyn / Das wyr das Euangelion nicht wol werden erhallten / on die sprachen. Die sprachen sind die scheyden / darynn dis messer des geysts stickt. Sie sind der schreyn / darynnen man dis kleinod tregt. ... Ja wo wyrs versehen / das wyr (da Gott fur sey) die sprachen faren lassen / so werden wir nicht alleyn das Euangelion verlieren / sondern wird auch endlich dahyn geratten / das wir wider lateinisch noch deutsch recht reden odder schreyben ku̇nden. Des last vns das elend grewlich exempel zur beweysung vnd warnung nemen / ynn den hohen schulen vnd klo̊stern / darynnen man nicht alleyn das Euangelion verlernt / sondern auch lateinische vnd deutsche sprache verderbet hat / das die elenden leut schier zu lautter bestien worden sind / wider deutsch noch lateinisch recht reden oder schreyben konnen. Vnd bey nahend auch die natu̇rliche vernunfft verloren haben.* (L) Das Lateinische ist die Sprache der Päpste geworden, sodass LUTHER seiner Sprache geradezu eine höhere Dignität zusprechen kann.

LUTHER setzt mit einem neuen Bibelverständnis ein, das häufig mit der Formel *sola scriptura* charakterisiert wird; das Gewissen ist demnach in allen Glaubensfragen nur an die Bibel, an die Offenbarung in der Hl. Schrift gebunden.

Sowohl als Exeget wie auch als Übersetzer gilt für LUTHER das Prinzip der Klarheit. So kann er denn noch in seiner Vorrede zum Buch Hiob (1524) nicht ohne Stolz feststellen: *Wir haben den vleys furgewandt / das wyr deutliche und yderman verstendliche rede geben / mit vnuerfelschtem synn und verstand / mugen leyden / das yemand besser mache.* (L) Dazu kommt noch ein weiteres theologisches Argument: *Dan alle Christen / sein warhafftig geystlich stands / vnnd ist vnter yhn kein vnterscheid* (L); da z. B. *Ein schuster / ein schmid /ein bawr / ein yglicher seyns handtwercks / ampt vnnd werck hat / vnnd doch alle gleich geweyhet priester vnd bischoffe* (ebd. 101) sind, muss die dt. Bibel auch die Sprache "aller Christen" aufnehmen und für alle verständlich sein; die Rede von der "Mutter im Hause" und vom "gemeinen Mann" im "Sendbrief vom Dolmetschen" hat eben auch ihre theologischen Implikationen. LUTHER übersetzt nicht für den "Laien", denn der Gegensatz Laie – Kleriker ist in der Lehre vom allgemeinen Priestertum aufgehoben. Aber gerade auch für alle Gläubigen ist eine allgemein verständliche Bibel unerläßlich. "Der größte Dienst, den Luther 'seinen Deutschen' gegeben hat, ist seine Bibelübersetzung geworden. Er selbst hatte alles der Bibel zu verdanken; er konnte das nicht für sich behalten, er musste es weitergeben, damit auch die Laien schöpfen und so das Priestertum aller Gläubigen verwirklichen könnten." (v. LOEWENICH 1982, 198)

Auf diese Weise hat die dt. Sprache neue Funktionen, eine neue kommunikative Geltung erhalten. Ausdruck dieser neuen kommunikativen Geltung ist auch die Tatsache, dass Deutsch Sprache des Gottesdienstes, der Liturgie wird. Wenn der Gegensatz zwischen Laien und Priester nicht mehr besteht, dann braucht es auch keine liturgischen Worte mehr zu geben, die dem Priester und somit einer "klerikalen" Sprache vorbehalten sind.

Augenfälligster und, sprachgeschichtlich gesehen, wirkungsmächtigster Ertrag der reformatorischen Sprachtheologie ist LUTHERS deutsche Bibel. LUTHER läßt sich, wie bereits angedeutet, "von seinem evangelischen Gesamtverständnis der Schrift leiten" (FRICKE 1978, 102). Deshalb zielt er, wie er es im "Sendbrief vom Dolmetschen" (1530) ausdrückt, auf *die meinung des text*, diese will er *klar vnd gewaltiglich verteutschen* (ARNDT 1968, 30). Die beiden Adverbien *klar* und *gewaltiglich* sind nicht zufällig gesetzt. In beiden Fällen hat LUTHER sein Publikum im Auge: Die allgemeine Verständlichkeit (vgl. auch oben das Zitat aus der Vorrede zu Hiob) und die nachhaltige Wirkung beim Hörer/Leser (*gewaltiglich* ist wohl am besten mit 'eindringlich' wiederzuge-

Abb. 10: Titelblatt der Luther-Bibel von 1534

ben) sind wichtige Ziele des Übersetzers. Für die konkrete Arbeit bedeutet dies die "Annäherung der Bibel an die Textart der Predigt" (Erben 1985, 36). Denn der "eigentliche Anfangsgrund für das Zur-Wirkung-Bringen von Sprache war ihm nicht der Buchstabe und die Schrift, sondern die wirklich gesprochene und gehörte Rede" (Arndt 1983, 257).

Immer wieder – und das macht den guten Prediger auch unter den Schriftstellern aus – betont Luther, dass er beim Publikum ankommen, dass er verstanden werden will. Deshalb gibt es für ihn keine kanonisierte, einzig mögliche Textform der dt. Bibel. Davon zeugt seine lebenslange Arbeit an seiner Übersetzung, davon zeugt aber auch die Tatsache, dass "in Luthers Predigten die Bibelzitate in Gestik, Textdichte ... und Tendenz zum Inhaltskommentar von seiner gedruckten Bibelübersetzung markant abweichen" (Hans Moser 1982, 400, von dort auch die folgende Gegenüberstellung); man vergleiche:

Predigt 1523		Bibel 1522
Mt. 5,8	*Selig seind die, die eins rainen hertzen seind.* S. 612	*Selig sind die vorn hertzen reyn sind.* S. 26
Mt. 5,25	*Sey wilfertig dem der dich belaydigt hat.* S. 628	*Sey willfertig deynem widersacher.* S. 28
Mt.19,29	*Wer da wirdt verlassen sein hauß . . . der solß ob hundert feltig nemen und sol das ewig leben dort haben.* S. 600	*Vnd eyn iglicher, der da verlest, heuser . . ., der wirts hundertfeltig nemen, vnnd das ewige leben ererben.* S. 88
Mt.27,40	*. . . do er am creütz hieng . . .: "Ey wie einen feinen got hat er, ist er gottes sun, so steyg er herab.* S. 624	*Bistu gottis son, so steyg er ab vom creutz.* S. 128

LUTHER schreibt also anders, als er spricht/predigt; die Textgestalt richtet sich nach der Textart. Überdies zeigt sich Ähnliches auch bei anderen Textarten, da z. B. "Briefe an höhergestellte Amtspersonen . . . in kanzleisprachlicher Formelhaftigkeit verharren, während solche, die den Charakter von Sendbriefen oder Programmschriften haben . . ., mehrere sprechsprachliche Züge aufweisen"; auf diese Weise "wird deutlich, daß sein Stil nicht nur textsortenspezifisch, sondern auch zielgerichtet adressatenbezogen ist" (BENTZINGER/KETTMANN 1983, 271). Für LUTHER selbst ist es *ein groß vnterscheyt, etwas mit lebendiger stymme odder mit todter schrifft an tag zubringen* (L). Und hierin liegt eine wesentliche Ursache für den Erfolg LUTHERS. "Die Langzeitwirkung .. war nur durch die Güte dieser Übersetzung und durch Luthers Sprachstil möglich." (ERBEN 1985, 46)

Diese sprachlichen Qualitäten sind die Voraussetzungen dafür, dass LUTHERS deutsche Bibel eine "hochsprachlich-normative Bedeutung" (SONDEREGGER 1984, 140) erhält, die noch dadurch verstärkt wird, dass die lateinischen Übersetzer des 16. Jh. "weitgehend von Luther abhängig" sind und so dazu beitragen, "die Luthersche Diktion noch weiter zu verbreiten" (ARNDT 1984, 68). Dies hat auch LUTHER bemerkt; *es thut mir doch sanfft / dz ich auch meine vndäckbare jůnger dazu meine feinde reden gelernt habe* (L), wenngleich er, ebenfalls im "Sendbrief vom Dolmetschen" HIERONYMUS EMSER als den *Sudler zu Dresen* bezeichnet, dessen *New Testament . . . doch eben dasselbig ist, das der Luther gemacht hat* (ebd. 26).

LUTHER ist – auch wenn man diese Meinung immer wieder hören kann – nicht Schöpfer der nhd. Schriftsprache. Seine große Leistung liegt in fundamentalen textgeschichtlichen Neuerungen. Sprachliche Innovationen, wenn wir von zahlreichen Neologismen, die sich in der Folge durchgesetzt haben (vgl. dazu ERBEN 1974), absehen, sind nicht das Kennzeichen von LUTHERS Prosa. Im Gegenteil, wir wissen z. B. seit längerem: "Alle [von ERBEN untersuchten] syntaktischen Erscheinungen der Luthersprache sind im Sprachgebrauch der Vor- und Mitzeit Luthers nachweisbar." (ERBEN 1954, 165) Ähnlich dürfte es sich mit den Wortbildungsmustern verhalten. Neu ist, dass LUTHER indigene Verknüpfungsregeln in Wortbildung, Satz- und Textsyntax auf die Bibel anwendet, und zwar auf die Vollbibel. Geschichtlich wirksam wird die Luther-Sprache nicht zuletzt auch dadurch, dass z. B. "seine Neubildungen nicht nur von seinen Anhängern und Freunden (Hans Sachs und anderen Meistersingern) verbreitet wurden, sondern auch von so verschiedenartigen Gegnern wie Hieronymus Emser und Thomas Müntzer" (BENTZINGER/KETTMANN 1983, 266). Verstärkt wird diese normative Kraft durch die Berufung der Grammatiker auf LUTHER und die Aufnahme von Luther-Wörtern in die Wörterbücher des 16. Jh.: PETRUS DASYPODIUS ("Dictionarium latino-germanicum et germanico-latinum". Straßburg 1536), JOSUA MAALER ("Die Teütsch sprach". Zürich 1561) und der Reimlexikograph ERASMUS ALBERUS ("Novum dictionarium genus". Frankfurt 1540) (vgl. dazu ERBEN 1973, 556). "Daß Martin Luther mit seiner Bibelübersetzung im 16. Jh. Norm für Grammatiker wird, kann nicht überraschen. Er bleibt es aber auch im 17. Jh. und noch über das 17. Jh. bis ins 18. Jh. hinein" (BERGMANN 1983, 266), wobei hier nicht untersucht zu werden braucht, in welcher Form die Luther-Bibel in den späteren Jahrhunderten normgebend wirkt.

Dadurch, dass die katholischen und lutherischen Bibelübersetzer des 16. Jh. "auf Luthers Bibelübersetzung fixiert" (STEER 1983, 60) sind, wird "eine konfessionelle Spaltung der dt. Sprache verhindert" (SONDEREGGER 1984, 130). Am "Rückgang des Mittelniederdeutschen als Schreib- und Drucksprache" (SODMANN 1985, 1289) hat "die kirchliche Reformation einen hervorragenden Anteil" (KLUGE 1904, 111), wenn auch nicht so unmittelbar, wie oft behauptet wird. "Luther war selbst des Nd. mächtig" (BICHEL 1985, 1867), predigte möglicherweise auch in Wittenberg und der Umgebung auf nd. und die "Reformation hat das Niederdeutsche für ihre Zwecke voll eingesetzt, was aus der Zahl reformatorischer Drucke hervorgeht" (SODMANN 1973, 124) Ja, die sog. "Bugenhagen-Bibel, die erste niederdeutsche Vollbibel", die sich eng an den Luther-Text anlehnt, "erschien 1534 am 1. April in Lübeck ein halbes Jahr vor der ersten vollständigen Lutherbibel" (BELLMANN 1975, 34). Doch diese "Übersetzung versäumte es leider, dem von Luthers Mitteldeutsch doch in vielen Zügen abweichenden Charakter des Niederdeutschen angemessen Beachtung zu schenken; vielmehr beschränkte man sich auf simple Umsetzungen im lautlichen Bereich." (SANDERS 1982, 162) Gleichwohl, die landesfürstlichen Verwaltungen gehen ziemlich früh zum Hd. über, wovon die neuen reformierten Kirchenordnungen (etwa Magdeburg 1521, Braunschweig und Goslar 1524, Königsberg 1525) zeugen. Doch die Sprache des Gottesdienstes (Gebet- und Gesangbücher, Predigten) bleiben bis ins 17. Jh. nd. Es kann aber "keinem Zweifel unterliegen, daß die schriftsprachliche Bewegung, welche in der Reformation wurzelt, im ganzen an der protestantischen Geistlichkeit vielfache Förderung gefunden hat." (KLUGE 1904, 116). Unterstützt wird diese Tendenz, dass "nd. Akademiker ... vielfach an md. Universitäten (Leipzig)" (FOERSTE 1966, 1799) studieren und immer wieder Geistliche hd. Abstammung ins nd. Sprachgebiet berufen werden.

Fazit: "Auch ohne daß Luther es darauf angelegt hatte, wurden sein Werk und sein Wirken in dieser Epoche der Herausbildung einer einheitlichen Schriftsprache zu einem entscheidenden Faktor." (GROSSE 1983, 50.) LUTHERS Bibelübersetzung "verdankt das große und dialektal extrem untergliederte deutsche Sprachgebiet letztlich die Einheit der Schriftsprache. Kein anderer Text hätte dies bewirken können. Kein anderer Text hat zudem mit seiner Sprache so intensiv auf die Literatur eingewirkt, wie Luthers Bibeldeutsch" (BESCH 1999, 35)

Es ist daher auch kein Zufall, dass sich das Wort *Muttersprache*, das nach dem lat. Vorbild *lingua materna* zuerst im nd. Kompositum *mōdersprāke* begegnet, auch bei Luther in der Wendung mit dem Kompositum *aus rechter mutter sprach* vorkommt (nachdem es vorher nur in Syntagmen wie *in meiner mueterlaichen däutsch* oder *dayner muter sprach* verwendet wurde) und sich wohl von da aus durchgesetzt hat. (Vgl. PAUL 1992, 592)

1.5.3. **Entstehen eines volkssprachlichen Normbewusstseins durch die Grammatiker**

Eine wesentliche Folge der Reformation, insbesondere der Lutherschen Bibelübersetzung, ist, wie schon gesagt, die Tatsache, dass die Volkssprache, in unserem Fall das Deutsche, gegenüber dem Latein aufgewertet wird. Dies hat eine wichtige Folge: Dem Deutschen öffnen sich immer neue Verbalisierungsbereiche, die zuvor dem Lateinischen vorbehalten waren. Dazu kommen Auswirkungen der reformatorischen Theologie: "Das Laienpriestertum, die Einführung und damit Aufwertung 'der deutschen Sprache als eines elementaren Gefäßes des Geistes'" (LESER 1925, 127) sowie schließlich die lutherische Lehre von den zwei Reichen "hatte auf weite Sicht Folgen für die Erziehung und den Unterricht ... Für die Bildung war die Folge der Reformation also zunächst, einen allgemeinen Religionsunterricht einschließlich der schulmäßigen Vermittlung der dafür erforderlichen Kenntnisse und Fertigkeiten des Schreibens und Lesens sowie für das Leben unter dem weltlichen Regiment das Rechnen vorzusehen." (Reich 1972, 111) In seiner Schrift "An die Radherren aller stedte deutschen lands: das sie Christliche schulen auffrichten vnd hallten sollen" (1524) fordert Luther, dass die Jugend beiderlei Geschlechts Schulen besuchen solle: *Weyl denn das junge volck ums lecken und springen odder yhe was zu schaffen haben, da es lust ynnen hat, ...: Warumb sollt man den yhm nicht solche schulen zurichten und solche kunst furlegen? Syntemal es itzt von Gottis gnaden alles also zugericht ist, das die kinder mit lust und spiel leren kunden, es seyen sprachen odder ander ku̇nst oder historien. Und es ist itzt nicht mehr die helle und das fegfeuer unser schulen, da wir ynnen gemartert sind uber den Casualibus und temporalibus* ... (L)

Die Schule tritt damit wieder in den Dienst der Religion. In diesem Kontext erscheinen die ersten deutschen Grammatiken, die indes die Bezeichnung "Grammatik" im heutigen Sinne nicht ganz verdienen. Denn "hinter dem Wunsch dieser Männer, ein grammatisches System in der dt. Sprache nachzuweisen, stand ... weniger gelehrtes Interesse als religiöse und nationale Motive" (E. Ising 1959, XI). Ein Blick auf Titel oder Vorreden solcher Werke belegt dies deutlich. In der Vorrede zur "Teutschen Grammatica" des Rothenburger Schulmeisters Valentin Ickelsamer (zwei ältere undatierte Ausgaben, eine jüngere Nürnberger von 1537), um nur ein Beispiel anzuführen, tritt das "religiös erregte Gemüt Ickelsamers" (Jellinek 1913, 48) deutlich zutage: *MIch hatt aber nitt kürtzweil allain / sonder Gottes ehr das zůschreiben ermanet / dann es ist ye ain werck dz zů seinem lob vast dienen mag / Es ist one zweifel yetzt kaum ain werck oder creatur auf erden / die zůgleich zu Gottes ehr vnd vnehr / mehr gebraucht würdt / denn die lesekunst.* (Müller 1882, 123)

Es ist kein Zufall, dass alle derartigen Schriften in erster Linie Lese- und Schreiblehren sind. Der religiös-didaktische Zweck setzt dem möglichen Inhalt Grenzen. Dies offenbart sich am deutlichsten bei Valentin Ickelsamer, der sein Hauptwerk "Grammatica" nennt und in seiner Vorrede auch kundtut, dass er sehr wohl darum weiß, was eine Grammatik sein und wie eine dt. Grammatik aussehen sollte (vgl. dazu auch Rössing-Hager 1984). Es darf allerdings nicht der Eindruck entstehen, dass alle diese Leselehren im Dienste der protestantischen Seelsorge stehen. "Neben diesen Bestrebungen laufen die höherer grammatischer Belehrung mit dem Ziele der Ausbildung von Schreibern für Kanzleien." (E.Ising 1956, 24). Eine Reihe von Autoren ist auch katholisch.

"Erst in der zweiten Hälfte des 16. Jh. verfassten Laurentius Albertus (1573), Albert Ölinger (1573) und Johannes Clajus (1578) Grammatiken, die den Gesamtkomplex der deutschen Sprache umfaßten." (Ising 1959, XII) Verglichen mit den reformatorischen Leselehren, kennzeichnen diese drei Werke in grammatiktheoretischer Hinsicht nahezu einen Rückschritt: Ihnen ist gemeinsam, "daß sie in lateinischer Sprache verfaßt sind, sich also an Fortgeschrittene mit beträchtlichen Vorkenntnissen wenden" (Reich 1972, 141). Dies signalisiert, "daß sie im Bann der humanistischen Grammatik stehn" (Jellinek 1913, 66), sodass sie nicht, wie es schon Ickelsamer gefordert hat, vom dt. Sprachbau ausgehen, sondern vielmehr Kategorien der lateinischen Grammatik an die dt. Sprache herantragen. Alle drei Autoren nennen "das Bedürfnis der Ausländer" (Jellinek 1913, 62), "die Rücksicht auf die Fremden" (ebd. 63) als ihr wichtigstes Motiv. "Die deutsche Sprache wächst über die beschränkte nationale Sicht der ersten Hälfte des Jh. hinaus und wird zum Träger und Bindeglied eines übernationalen wirtschaftlichen und geistigen Austauschs." (E. Ising 1959, XII)

Gemeinsam ist allen Grammatiken des 16. Jh. noch etwas. Sofern sie überhaupt auf die dialektalen Unterschiede im dt. Sprachraum eingehen, werten sie diese nicht, sondern konstatieren hauptsächlich. Die Forderung nach einer Einheitssprache stellen sie noch nicht.

Dies alles ändert sich grundlegend mit der "dritten Generation" der deutschen Grammatiker in der ersten Hälfte des 17. Jh.. Es ist kein Zufall, dass zwei der wichtigsten hier zu nennenden Autoren aus dem nd. Sprachraum stammen: WOLFGANG RATKE (latinisiert RATICHIUS, 1571–1635) wurde in Wilster in Holstein geboren und JUSTUS GEORG SCHOTTELIUS (1612–1676) in Einbeck. Der dritte der hier zu nennenden Grammatiker, CHRISTIAN GUEINTZ (1592–1650) stammt aus Kolau bei Guben in der Niederlausitz, einem Gebiet also, das vom Nd. nicht allzu weit entfernt ist. Auch wenn das Hd. bei nd. Sprechern schon vom 16. Jh. an Prestige gewinnt, bleibt es bei denen, deren Primärsprache das Nd. ist, eine Art Fremdsprache. Und hier ist dann das Bedürfnis nach einer einheitlichen Normierung sicherlich größer. Verstärkt wird diese Tendenz durch pädagogische Erfordernisse: In dem Maße, in dem die dt. Sprache im öffentlichen Leben an Bedeutung gewinnt, wächst die Notwendigkeit eines Unterrichts in der Muttersprache. "Die entscheidenden Anregungen für diese neue Wertung von Sprache und Grammatik gehen auf den Didaktiker Wolfgang Ratke (1571–1635) zurück." (E. ISING 1959, XIII) Ratke bezieht wesentliche Anregungen aus den Niederlanden. Dies kommt nicht von ungefähr: In den Niederlanden entsteht schon geraume Zeit vor dem Deutschen ein sprachliches und kulturelles Selbstbewusstsein, geradezu ein "Hochgefühl, mit dem die Niederländer um 1600 ihre Sprache umgaben" (WEISGERBER 1948, 97). "Der deutsche Kulturpatriotismus, der als eine Vorform des Nationalismus nicht nur trotz, sondern entschieden wegen des Dreißigjährigen Krieges erstarkte und sich am klarsten in zahlreichen deutschen Poetiken und sprachwissenschaftlichen Abhandlungen ausdrückte, ist ohne den Anstoß der niederländischen Bewegung undenkbar, auch wenn im damaligen Deutschland die politischen und wirtschaftlichen Voraussetzungen bei weitem nicht so günstig waren wie in den bürgerlich- republikanischen Niederlanden. Diesen Anstoß der niederländischen Bewegung gaben in Deutschland vor, neben und nach Schottelius gelehrte Poeten und poetische Gelehrte wie Opitz, Gryphius, Ratichius, Gueitz oder Zesen . . . weiter." (BERNS 1976, 8f.)

RATKE übergibt 1612 den Fürsten, die in Frankfurt zur Kaiserwahl versammelt sind – Matthias wird gewählt werden –, ein "Memorial", in dem er die Grundzüge seiner Bildungsreform darlegt. Darin fordert er, *das die Liebe Jugent, zum Ersten, Jhr angeborne Muttersprache, welche bey vns die teutsche Recht vnd fertig Lesen, schreiben vnd sprechen lerne* (E. ISING 1959, 102), dem Vorbild anderer Völker folgend, *eine eindrächtige Sprache Jm Reiche bequemlich ein zu führen* und *Die Meißnische Arth zu reden wie auß vielen vmstenden zuersehen, Allen Teutschen sonderlich beliebt* (ebd. 105). Schon aus diesen wenigen Andeutungen geht hervor, dass sich Ratkes Vorschläge "nicht auf die Einführung des Deutschen als Unterrichtssprache beschränken, sondern dass er vielmehr und darüber hinaus "die Notwendigkeit einer Sprachregelung und Sprachreinigung" betont (E. ISING 1959, 14).

Obschon Ratkes grammatisches Werk nur zum Teil im Druck erschienen ist, hat es eine nicht zu überschätzende Wirkung auf die Geschichte der dt. Grammatik und somit in der Geschichte der dt. Sprache. Durch Mitarbeiter findet seine Methode Eingang in die Schulpraxis, vieles wird mündlich weitergegeben. Direkten Einfluss übt er z. B. auf CHRISTIAN GUEINTZ' Werk "Deutscher Sprachlehre Entwurf" aus, indirekt, aber nicht ohne Nachhalt wirkt er auf SCHOTTELIUS. Von ihm erscheint 1641 das erste grammatische Werk, die "Teutsche Sprachkunst" / *Darinn die Allerwortreichste / Pråchtigste/ reinlichste/ vollkommene / Uhralte Hauptsprache der Teutschen auß jhren Grůnden erhoben / dero Eigenschafften und Kunststůcke vǒlliglich entdeckt / und also in eine richtige Form der Kunst zum ersten mahle gebracht worden.* (Faksimile der Titelei bei BERNS 1976, 70) Schon dieser Titel macht zwei Grundtendenzen sichtbar: Ableitung der grammatischen Kategorien aus dem Deutschen (und nicht aus der Grammatik einer anderen Sprache) und vereinheitlichende Normierung. Geradezu explizit wird dies in seinem grammatischen Hauptwerk "Ausfůhrliche Arbeit Von der Teutschen HaubtSprache" (1663) formuliert: *Die Hochteutsche Sprache aber / davon wir handelen und worauff dieses Buch zielet / ist nicht ein Dialectus eigentlich / sondern Lingua ipsa Germanica, sicut viri docti, sapientes & periti eam tandem receperunt & usurpant.*

WOLFGANG RATKE hat noch postuliert: *In einer ieden Sprache mus ein gewisser autor sein, darin der sprach Eigenschafft vnd die Grammatick gelehret wird . . . Der Autor* [=die

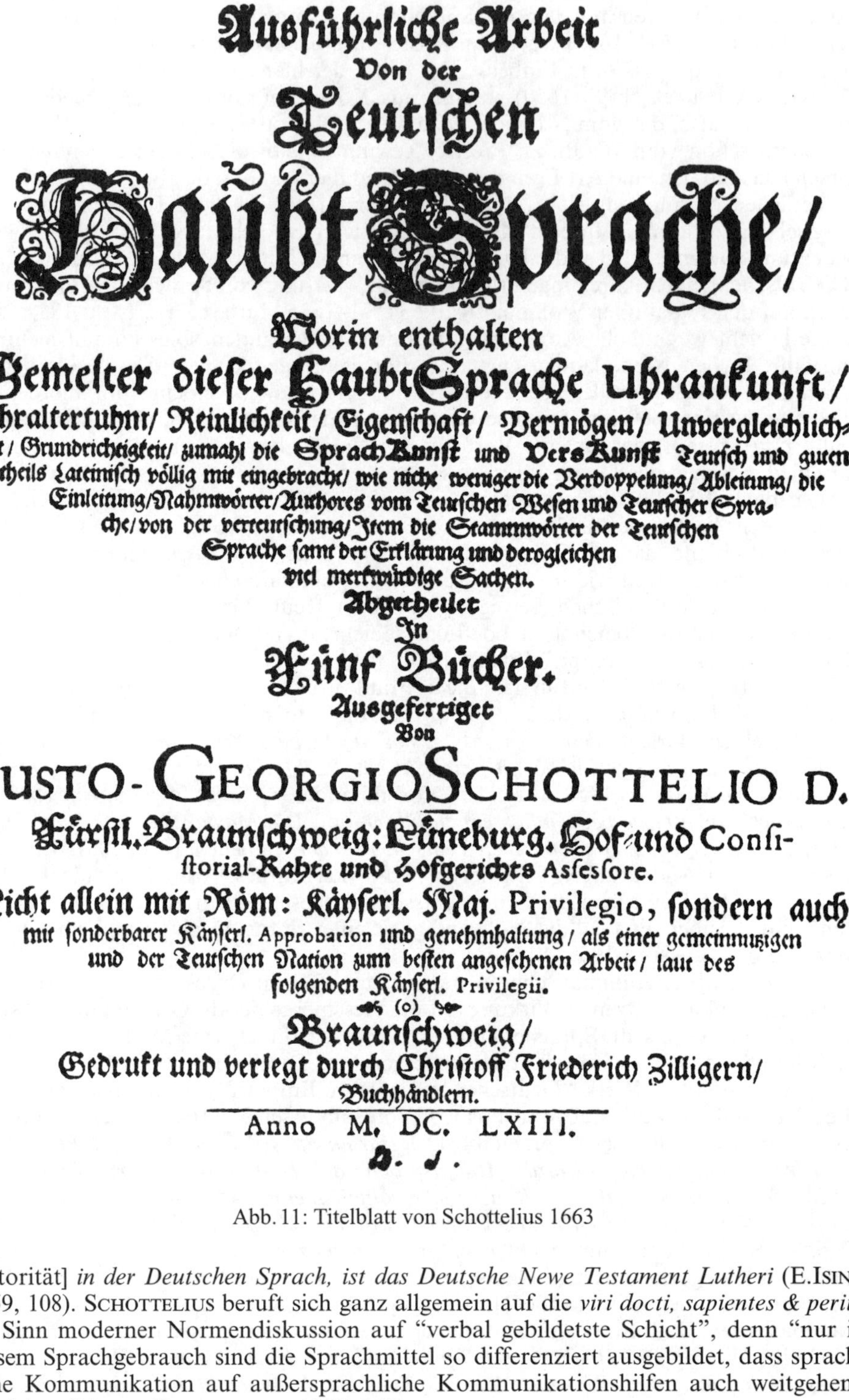

Ausführliche Arbeit
Von der
Teutschen
HaubtSprache/
Worin enthalten
Gemelter dieser HaubtSprache Uhrankunft/ Uhraltertuhm/ Reinlichkeit/ Eigenschaft/ Vermögen/ Unvergleichlichkeit/ Grundrichtigkeit/ zumahl die SprachKunst und VersKunst Teutsch und guten theils Lateinisch völlig mit eingebracht/ wie nicht weniger die Verdoppelung/ Ableitung/ die Einleitung/ Nahmwörter/ Authores vom Teutschen Wesen und Teutscher Sprache/ von der verteutschung/ Item die Stammwörter der Teutschen Sprache samt der Erklärung und derogleichen viel merkwürdige Sachen.
Abgetheilet
In
Fünf Bücher.
Ausgefertiget
Von
JUSTO-GEORGIO SCHOTTELIO D.
Fürstl. Braunschweig: Lüneburg. Hof- und Consistorial-Rahte und Hofgerichts Assessore.
Nicht allein mit Röm: Käyserl. Maj. Privilegio, sondern auch mit sonderbarer Käyserl. Approbation und genehmhaltung/ als einer gemeinnützigen und der Teutschen Nation zum besten angesehenen Arbeit/ laut des folgenden Käyserl. Privilegii.
(o)
Braunschweig/
Gedrukt und verlegt durch Christoff Friederich Zilligern/ Buchhändlern.
Anno M. DC. LXIII.

Abb. 11: Titelblatt von Schottelius 1663

Antorität] *in der Deutschen Sprach, ist das Deutsche Newe Testament Lutheri* (E. Ising 1959, 108). Schottelius beruft sich ganz allgemein auf die *viri docti, sapientes & periti*, im Sinn moderner Normendiskussion auf "verbal gebildetste Schicht", denn "nur in diesem Sprachgebrauch sind die Sprachmittel so differenziert ausgebildet, dass sprachliche Kommunikation auf außersprachliche Kommunikationshilfen auch weitgehend verzichten" kann (Reiffenstein 1975, 131).

Zugleich erscheint bei Schottelius ein starker Argwohn gegenüber den Dialekten, die er für minderwertig hält, wie überhaupt gegenüber der gesprochenen Sprache: *Omnibus dialectis aliquid vitiosi inest, quod locum regulare in Lingua ipsa habere nequit.* Ursache dieses Misstrauens, das ja teilweise bis in unsere Gegenwart angehalten hat, ist der streng normative Ansatz. Ähnlich hat dies schon MARTIN OPITZ 1624 in seinem “Buch von der deutschen Poeterey” ausgedrückt: *Damit wir aber reine reden mögen, sollen wir vns befleissen deme welches wir Hochdeutsch nennen besten vermögens nach zue kommen, vnd nicht derer örter Sprache, wo falsch* [!] *geredet wird, in vnsere schrifften vermischen.* (OPITZ 1949, 24)

Die “Sprachrichtigkeit” ist auch der Grund, warum schon RATKE und dann besonders SCHOTTELIUS den Begriff “Hauptsprache” verwenden. SCHOTTELIUS’ vornehmstes Ziel ist es, die “natürliche Richtigkeit des Deutschen, ihre auf dem Stammwortbestand gegründete ‘Grundrichtigkeit’ zu erkennen” (HECHT 1967, 15). Im 17. Jh. bezeichnet dieses Wort zwei Sachverhalte (nach HEYNE 1877, 630f.), zunächst “lingua mater multarum filiarum”, dann auch die “hochdeutsche schriftsprache, im Gegensatz zu den mundarten gebraucht”. In dieser komplexen Bedeutung begegnet das Wort also bei den Grammatikern des 17. Jh. Dt. ist für sie – bei SCHOTTELIUS zeigt das schon der Titel seines Werkes an

- wie die drei klassischen Sprachen eine Ur-Sprache, Wurzelsprache; SCHOTTELIUS bemüht sich auch in seinem Werk, Verwandtschaften zwischen diesen Sprachen nachzuweisen;
- eine Einheitssprache, die sich über die Dialekte erhebt und normiert sowie gepflegt werden muss; deshalb wird die dt. Sprache auch Gegenstand historischer Erklärungen, denn die Sprachgeschichte ist “entwicklungsgeschichtlicher Hintergrund der geltenden hochsprachlichen Norm” (SONDEREGGER 1979, 10).

In diesen Anschauungen ist SCHOTTELIUS keineswegs originell, dies wäre auch nicht notwendig. Er hat aber eine große Wirkung, denn er verkörpert bzw. vereinigt in sich die wesentlichen sprachtheoretischen Meinungen seiner Zeit.

Sicherlich, die orthographischen und grammatischen Vorstellungen dieser Grammatiker gehen häufig an der sprachlichen Wirklichkeit vorbei. Auch dies ist kein Schaden, wichtig ist, dass sie ein Bewusstsein für die Notwendigkeit einer Einheitssprache und für deren Kodifizierung schaffen. Auf diese Weise führen sie zur Einheit der dt. Sprache hin.

1.6. Das Deutsch der mittleren Neuzeit (1650–1800)

1.6.1. **Zum Wirken der Sprachgesellschaften des 17. Jh.**

Das Bewusstsein um die Notwendigkeit einer Sprachform von nationaler Geltung, einer Leitvarietät, und deren Normierung verstärkt sich seit Beginn des 17. Jh. bei den sog. gebildeten Sprachteilhabern zunehmend. Das Ziel, der dt. Sprache die Akzeptanz einer Standardsprache zu sichern, wird deutlich z. B. in Versuchen zur Regelung der Orthographie (1645 z. B. veröffentlichte CHRISTIAN GUEINTZ in Halle unter seinem Gesellschaftsnamen “Die deutsche Rechtschreibung, Auf sonderbares gut befinden Durch den ordnenden verfasset / Von der Fruchtbringenden Gesellschaft übersehen und zur nachricht an den tag gegeben”), im Streben nach überregionalen Normierungsgrundsätzen, wie sie in SCHOTTELIUS’ Werk “Ausführliche Arbeit von der Teutschen Haubt Sprache” 1663 deutlich werden (siehe 1.5.3.), in Bemühungen um Wörterbücher der dt. Sprache, Poetiken und Rhetoriken. Darüber hinaus findet die Beschäftigung mit diesen Sachverhalten Ausdruck in verstärkten öffentlichen Diskussionen, die davon zeugen, dass nun auch die Muttersprache als Bildungsgut begriffen wird. Die Notwendigkeit ihrer Pflege wird von verschiedenen politischen und kulturellen Standpunkten aus akzentuiert. Raum für derartige Diskussionen boten u. a. auch die **Sprachgesellschaften** des 17. Jh. (vgl. u. a. GARDT 1998, 332ff.; 1999, 103ff., 128ff.), in denen der sich seit dem Späthumanismus entwickelnde deutsche **Kulturpatriotismus** institutionelle Formen fand. Die erste und bedeutendste dieser Gesellschaften, die "Fruchtbringende Gesellschaft", später in "Palmenorden" umbenannt, gründete Fürst LUDWIG VON ANHALT-KÖTHEN (1579–1650), unterstützt von seinem Freund CASPAR VON TEUTLEBEN 1617. Das Vorbild der italienischen Accademia della Crusca (zum it. und nl. Vorbild siehe 1.5.3.), deren Mitglied LUDWIG auf einer Bildungsreise geworden war, zeigt sich u. a. in der Emblematik, den Symbolen und akademischen Beinamen der einzelnen Mitglieder. Diese Beinamen wurden auch bei den Veröffentlichungen der Gesellschafter verwendet.

LUDWIG selbst z. B. trug den Beinamen *der Nährende*, sein Symbol war ein Weizenbrot, KASPAR STIELER (1632–1707), Verfasser des an die theoretischen Grundsätze SCHOTTELIUS' (siehe 1.5.3.) anknüpfenden Wörterbuches "Der Teutschen Sprache Stammbaum und Fortwachs/oder Teutscher Sprachschatz" (Nürnberg 1691), trug den Gesellschaftsnamen *der Spate*, sein Symbol war ein Blumenkohl, SCHOTTELIUS wurde *der Suchende* genannt, M. OPITZ, der Verfasser der ersten deutschsprachigen Poetik, *der Gekrönte*, A. GRYPHIUS *der Unsterbliche*, G. PH. HARSDÖRFFER *der Spielende*, der Grammatiker CH. GUEINTZ *der Ordnende*, PH. V. ZESEN *der Wohlsetzende*, J. M. MOSCHEROSCH *der Träumende*.

Beispiele für weitere Gründungen kleinerer Sprachgesellschaften sind u. a.: die "Aufrichtige Gesellschaft von der Tannen" (Straßburg 1633), die "Deutschgesinnte Genossenschaft" (Hamburg 1643), der "Löbliche Hirten- und Blumenorden an der Pegnitz" (Nürnberg 1644), der "Elbschwanenorden" (Wedel bei Hamburg 1656). Auch die "Kürbishütte" (Königsberg um 1640) und die "Poetische Gesellschaft" (Leipzig 1677, von GOTTSCHED 1726 zur "Deutschen Gesellschaft" umgebildet) sind in diesem Zusammenhang zu nennen.

Im Gegensatz zu diesen kleineren Gesellschaften war die "Fruchtbringende Gesellschaft" den Intentionen ihrer Gründer entsprechend "als nationale Akademie konzipiert . . ., deren Wirkungsbereich sich über alle Lande deutscher Zunge erstreckte"; sie "nahm . . . von Anfang an Mitglieder aus allen deutschen Landen auf, Adelige ebenso wie Bürgerliche und – was im Zeitalter der Religionskriege viel bedeutete – Protestanten ebenso wie (einige wenige) Katholiken. Insgesamt hatte die Gesellschaft in den drei Phasen ihrer Lebensdauer 890 Mitglieder." (WEINRICH 1988, 89.) Motivationen und Zielsetzungen der Beschäftigung mit der dt. Sprache und Literatur waren bei den einzelnen Mitgliedern durchaus unterschiedlich. Sowohl moralisch-sittliche wie auch politisch-gesellschaftliche Anliegen wurden mit der Arbeit an der Sprache verbunden. (Vgl. GARDT 1998, 334ff.) Ziele dieser Beschäftigung mit der Sprache finden sich wiederholt wie folgt zusammengefasst: *"Fůrs ander/ daß man die Hochdeutsche Sprache in jrem rechtem wesen und standt/ ohne einmischung frembder auslåndischer wort/ auffs mőglichste und thunlichste erhalte/ und sich so wol der besten aussprache im reden/ als der reinesten und deutlichsten art im schreiben und Reimen=dichten befleissige."* (Der Fruchtbringenden Gesellschaft Vorhaben, Namen, Gemälde und Wörter 1985, Aiijb.)

Die sich hier äußernde Auffassung von der "Reinheit der Sprache" umfasst für das 17. Jh. mehr als nur "rein von Fremdwörtern". Gemeint ist auch, wie der zweite Teil des Zitats zeigt, "rein" im Sinne von "normgerecht", "richtig" im Sinne des Gebrauchs einer Standardsprache bzw. Leitvarietät. Deutlich wird aber eben auch eine – später als **Sprachpurismus** [spätlat. *puritas* – 'Reinheit'] bezeichnete – Zielstellung des deutschen **Kulturpatriotismus** als Reaktion auf die starke Überfremdung der dt. Sprache im 17. Jh. Diese ist ein wesentliches Charakteristikum der Sprachsituation dieser Zeit, in der Fremdsprachen in gesellschaftlich wichtigen Kommunikationsbereichen ein höherer Prestigewert als dem Dt. selbst zukam. Die Ursachen dafür waren unterschiedlicher Art. Einerseits kam nach wie vor dem Latein in der Wissenschaft und auch der schöngeistigen Literatur insofern eine wichtige Rolle zu, als es die europäische Gemeinsamkeit von Wissenschaft, Literatur und Kunst sicherte. Latein, die "Muttersprache der Gelehrten", war noch immer das bevorzugte und auch verbindliche Kommunikationsmittel an den Universitäten. Der Gebrauch des Lateins sicherte den deutschen Gelehr-

Abb. 12: Fruchtbringende Gesellschaft

ten und Dichtern die Teilnahme an den kulturellen Entwicklungen Europas zu Beginn der Neuzeit, auch wenn die lateinische "Gelehrtenrepublik" bereits Zeichen ihrer Auflösung zeigte und demgegenüber eine stärkere Betonung der nationalen Identität erfolgte. Außerdem verstärkte sich nun zunehmend auch der Einfluss verschiedener moderner Fremdsprachen, vor allem der des Französischen, was in der Vorbildwirkung des frz. absolutistischen Königtums auf Europa generell begründet ist. Frankreich bildete im Zeitalter des Absolutismus, bes. unter Ludwig XIV., das für den Hof stilbildende Zentrum und gilt nun – anstelle des vorher diese Rolle spielenden Italiens – als Hauptsitz der Kultur und Bildung, der Wissenschaften, der vorbildlichen Verhaltensformen usw. Die besonders starken Auswirkungen auf Deutschland ergaben sich aus dessen spezifischer Situation, die u. a. mitbestimmt war durch den Dreißigjährigen Krieg und den damit verbundenen wirtschaftlichen und politischen Verfall, ihre Prägung aber vor allem durch den partikularistischen, territorialfürstlichen Absolutismus erfuhr. Nach Kriegsende festigten sich die territorialen Binnengrenzen der konfessionell und vielfach auch hinsichtlich der kulturellen Eigentraditionen unterschiedlichen Teile des dt. Reiches sogar noch. In den einzelnen Territorialstaaten wurden nunmehr auch Normen des literarischen Schaffens sowie des Sprachgebrauchs wesentlich von der jeweils herrschenden Konfession bestimmt. Darüber hinaus passte sich vor allem der dt. Hochadel der von Frankreich bestimmten Standeskultur in einem solchen Maße an, dass die Differenzierung gegenüber den Mittel- und Unterschichten wesentlich ausgeprägter erschien als in Westeuropa. Französisch wurde als Staats- und Standessprache zur "Umgangssprache des Adels". Der daraus resultierende Einfluss der frz. auf die dt. Sprache ist jedoch auch für das 17. Jh. nicht ausschließlich negativ zu bewerten. Entlehnungen sind immer auch Ausdruck der Verbindung mit anderen Kulturvölkern, des Austausches mit ihnen. Als Erscheinungen des **Sprachkontaktes** sind sie für die Entwicklung von Sprachen wichtig. Verwiesen sei hier nur auf ihre Rolle als Termini bei der Konstituierung von **Fachsprachen**. Sie sind deshalb hinsichtlich ihres Gebrauchs in den einzelnen Varietäten bzw. hinsichtlich ihrer funktional-stilistischen Differenzierung unterschiedlich zu bewerten. Das schon früh deutlich werdende Bewusstsein für die Spezifik des Gebrauchs von fremdem Wortgut lässt sich aus den Sprachreflexionen der Zeitgenossen ablesen.

Die von den Sprachgesellschaften in besonderem Maße erklärte Programmatik zur Reinigung der dt. Sprache, die sich auch viele Dichter der Zeit zu eigen machten, richtete sich vor allem gegen die Art der Überfremdung des Deutschen, die als Folge von einfacher Nachahmung frz. Lebensweise beim Adel, aber auch bei anderen Schichten festzustellen war. Oberflächliche Übernahme von Sprache und Kultur führte zu sog. Sprachmengerei, dem Umgang mit "Brocken" der frz., aber auch anderer Sprachen, deren zum Teil auch falscher Verwendung und fehlerhafter Mischung mit dt. Formen. Diese Art des Sprachverhaltens wird im 17. Jh. auch zum Gegenstand satirischer Dichtungen. Eines der charakteristischsten Zeugnisse ist das um 1638 entstandene anonyme Gedicht "Ein new Klaglied, Teutsche Michel genannt, wider alle Sprachverderber". Es umfasst 55 Strophen und verspottet Hunderte der damals üblichen Fremdwörter, besonders Verbalbildungen auf *-ieren*, die in gesprochener und geschriebener Sprache höfischer und auch anderer Schichten üblich waren. Vgl. folgenden Ausschnitt:

Fast jeder Schneider / will jetzund leyder
Der Sprach erfahren sein / vnd redt Latein,
Wälsch vnd Frantzösisch / halb Japonesisch,
Wan er ist doll vnd voll, / der grobe Knoll.
Der Knecht Matthies / spricht bonae dies,
Wan er gut morgen sagt / vnd grüst die Magd;
Die wend den Kragen, / thut ihm danck sagen,
Spricht Deo gratias / Herr Hippocras.

Die Dichtung wird im 17. Jh. zu einem zentralen Bereich der Nutzung der dt. Schriftsprache. Hieraus erklärt sich u. a. auch das starke Engagement vieler Dichter in dieser Frage. Dass es dabei, wie eingangs festgestellt, um mehr als nur um Sprachkritik geht, zeigt z. B. die Zurechtweisung, die der deutsche Held Arminius in SCHOTTELIUS' "Friedensspiel" einem deutschen Kavalier zuteil werden lässt, der – der Mode folgend – frz. Sprachbrocken in seine Rede mengt: *"Durch eure frömde angenommene Wörter, womit ihr euren Feinden nachlallet, so viel ich abmerke, sind Tugend und Laster ofters in eins geschmoltzen, Recht und Unrecht vermummet, Ja und Nein zweiffelhaft und der eingepflantzte Verstand und die Treu zu irrenden frömdlingen und eure Hochherrliche eigene, reine und reiche Muttersprache zur Sklavinn und Mengling geworden."* (Friedens Sieg, ein Freudenspiel von JUSTUS GEORG SCHOTTEL, ed. F. E. KOLDEWEY, Halle 1900, p. 50, zitiert nach W. LENK 1989, 680.)

So gehören auch die Bestrebungen, Fremdwörter zu ersetzen, – neben den oben genannten Bemühungen – zu den wesentlichen auf die dt. Sprache gerichteten Aktivitäten der Mitglieder der Sprachgesellschaften. Dabei entstanden Neubildungen, die auch heute noch zum festen Bestand unserer Gemeinsprache gehören. So verdeutschte SCHOTTELIUS mit Erfolg lat. grammatische Termini, z. B. *Einzahl, Fall, Geschlecht, Hauptwort, Mehrzahl, Mundart, Sprachlehre, Wörterbuch, Wortforschung, Zahlwort.* Auch auf anderen Gebieten werden Fremdwörter durch Neuprägungen dt. Wortgutes ersetzt. Von HARSDÖRFFER stammen: *Aufzug* (*Akt*), *beobachten* (*observieren*), *Briefwechsel* (*Korrespondenz*), *Fernglas* (*Teleskop*), von v. ZESEN *Anschrift* (*Adresse*), *Augenblick* (*Moment*), *Bollwerk* (*Bastion*), *Grundstein* (*Fundament*), *Nachruf* (*Nekrolog*), *Vollmacht* (*Plenipotenz*) u. a. Bei diesen puristischen Bestrebungen kam es jedoch auch zu Übertreibungen, besonders weil der Differenzierung zwischen Fremdwort und Lehnwort, d. h. auch Lehnbildungen, -bedeutungen, -übertragungen nicht immer Rechnung getragen wurde. Dies zeigt sich z. B., wenn v. ZESEN, selbst Übersetzer verschiedener Werke aus dem Frz. ins Dt. und durchaus einer der geistig Regsamsten seiner Zeit, folgende Wörter ersetzt, die bereits fest in die dt. Sprache integriert waren: *Kloster* > *Jungfernzwinger*, *Fenster* > *Tagleuchter*, *Grotte* > *Lusthöhle*, *Pistole* > *Reitpuffer*, *Natur* > *Zeugemutter*. Derartiges stieß aber auch schon bei den Zeitgenossen auf Kritik. *"Schendlich ist es, der alten Haubt-Sprache dieses Wort Natur entziehen zu wollen und eine große Zeugemutter mit Zitzen daraus zu machen . . .",* empörte sich z. B. SCHOTTELIUS (1663, S. 1368).

Auch GOTTFRIED WILHELM LEIBNIZ (1646–1716) wandte sich am Ende des Jh. – über die Positionen der Sprachgesellschaften hinausgehend – gegen die Sprachmengerei seiner Epoche. Er sah vor allem in der Zuwendung zur Sachprosa und deren weiterer Ausgestaltung einen Weg zur notwendigen Verbesserung des Sprachgebrauchs und auch des Zustandes der dt. Sprache seiner Zeit. In seiner vermutlich 1682/83 entstandenen und erst postum erschienenen "Ermahnung an die Teutsche, ihren Verstand und Sprache beßer zu üben samt beygefügtem Vorschlag einer Teutsch gesinten Gesellschaft" stellte er fest:

"In Teutschland aber hat man annoch dem latein und der kunst zuviel, der Muttersprach aber und der Natur zu wenig zugeschrieben, welches denn sowohl bey den gelehrten als bei der Nation selbst eine schädtliche würckung gehabt. Denn die gelehrten, indem sie fast nur gelehrten schreiben, sich offt zu sehr in unbrauchbaren dingen aufhalten; bey der ganzen nation aber ist geschehen, daß diejenigen, so kein latein gelernet, von der wißenschaft gleichsam ausgeschloßen worden, also bey uns ein gewißer geist und scharffsinnige gedancken, ein reiffes urtheil, eine zarte empfindlichkeit deßen so wohl oder übel gefaßet, noch nicht unter den Leuten so gemein worden, als wohl bey den auslandern zu spüren, deren wohl ausgeübte Muttersprach wie ein rein polirtes glas gleichsam die scharffsichtigkeit des gemüths befordert und dem Verstand eine durchleuchtende clarheit giebt. Weil nun dieser herrliche Vortheil uns Teutschen annoch mangelt, was wundern wir uns, daß wir in vielen stücken und sonderlich in denen dingen, da sich der verstand mit einer gewißen artigkeit zeigen soll, von fremden übertroffen werden? . . . Sind wir also in denen Dingen, so den Verstand betreffen, bereits in eine Slaverey (sic!) gerathen und werden durch unser blindheit gezwungen, unser art zu leben, zu reden, zu schreiben, ja sogar zu gedencken, nach frembden willen einzurichten. . . Draus denn folget, daß keine Verbeßerung hierin zu hoffen, so lange wir nicht unser Sprache in den Wißenschafften und Haupt=materien selbsten üben. . ." (Zitiert nach PIETSCH 1902/03, 302ff.)

Pflege der Sprache ist für LEIBNIZ Verbesserung der Sprache nach den Regeln des vernünftigen Denkens, Sprachpflege also auch ein Weg zur Förderung der aufgeklärten Vernunft und damit von Einfluss auf die Gestaltung der Lebensbedingungen. LEIBNIZ selbst blieb in seinen wissenschaftlichen Veröffentlichungen noch beim Lateinischen und schrieb vor allem seine Briefe französisch. Vorstellungen zur Lexikographie des Deutschen, die er in seiner ebenfalls erst postum veröffentlichten Abhandlung "Unvorgreiffliche Gedancken, betreffend die Ausübung und Verbesserung der Teutschen Sprache" (geschrieben 1697) entwickelte, fanden 1741 im "Teutsch-Lateinischen Wörter-Buch" von JOHANN LEONHARD FRISCH ihre Verwirklichung.

1.6.2. Zur Festlegung und Kodifizierung der Normen für die deutsche Schriftsprache

Ab 1650 ist für die Entwicklung der dt. Sprache eine zunehmende Dominanz des Strebens nach Überregionalität und Kodifizierung der Normen der Standardsprache (Schriftsprache) als überregionaler Leitvarietät zu konstatieren. Zustand der Varietäten und Prozesse der Kodifizierung, die sich in der Zeit des 17. bis 19. Jh. vollziehen, werden in der Grammatikschreibung reflektiert, wobei für die verschiedensten Sachverhalte mitunter sehr unterschiedliche Positionen vertreten werden. Die Herausbildung einer einheitlichen dt. Standardsprache erfordert also auch einen Konsens über zu befolgende Normen und deren Kodifizierung.

An diesem Prozess sind nach RATKE und SCHOTTELIUS (siehe 1.5.3.) viele Grammatiker, die häufig als Lehrer tätig sind, beteiligt. Genannt sei stellvertretend u. a. JOHANN BÖDIKER (1641–1695), durch dessen Buch “Grundsåze Der Teutschen Sprache” (1690) wissenschaftliches Gedankengut vor allem auch in die Schulen getragen wurde. Grundlage der Schulgrammatik ist für ihn die Schriftsprache, die “Büchersprache”. Vor allem durch das Lesen guter Bücher werden seiner Meinung nach Kenntnisse erworben und Fähigkeiten geschult. Sein Hauptinteresse gilt der Etymologie, in einzelnen Abschnitten behandelt er die Rechtschreibung, die “Wort-Forschung” (Lehre der Wortarten, Flexions- und Wortbildungsmorphologie), die “Wort-Fügung” (Syntax) und schließlich die Prosodie (“Thon-Sprechung”). Häufig nachgedruckt und 1723 und 1729 von JOHANN LEONHARD FRISCH, 1746 von JOHANN JACOB WIPPEL überarbeitet, kann sein Werk wohl als “die erfolgreichste deutsche Grammatik zwischen SCHOTTELIUS (1663) und GOTTSCHEDS Deutscher Sprachkunst (1748ff.)” betrachtet werden, zumal es “offenkundig nicht nur im protestantischen Mittel- und Norddeutschland. . ., sondern auch im katholischen Süden” (REIFFENSTEIN 1988, 33) benützt wurde. Erwähnung verdient auch KASPAR STIELER (1632–1690), der sich beispielsweise in einer seinem Wörterbuch angebundenen “Kurze(n) Lehrschrift Von der Hochteutschen Sprachkunst” als erster systematisch mit der deutschen Wortstellung befasst. In wesentlichen Positionen auf SCHOTTELIUS fußend, betont er die Spezifik des “Hochdeutschen”:

“Ich sage Hochteutsch / dieweil die andere teutsche Mundarten / sie seyen Niederlåndisch/ Såchsisch / Schweizerisch / Oestereichisch /Schwäbisch / Frånkisch/ ja so gar ***Meißnisch****. Diese hochteutsche Sprache / welche das Teutsche Reich auf Reichstågen / in Kanzeleyen und Gerichten/ so wol die Geistlichkeit in der Kirche / auf őffendlichen Kanzeln und im Beichtstul/ wie nicht weniger die Gelehrte in Schriften/ und månniglich in Briefen / Handel und Wandel gebrauchen / nicht ist / noch zu einer durchgehenden Kunstrichtigkeit vor sich und besonders gelangen kan/ . . . Dahero wir uns die teutsche Sprache allhier nicht / als eine teutsche Mundart / sondern / als* ***eine durchgehende Reichs Haubtsprache*** */ vorstellen / als wie etwa hiebevor die Griegische Haubtsprache / darunder weder Attisches / noch Dorisches / noch Eolisches / noch Ionisches Mundwesen gemenget / oder die Rőmische Sprache in der Lateiner Lande geredet und geschrieben worden / oder / wie jezo die Franzősische Hofsprache/* ***la langve de la cour*** *genant / seyn mőchte. Sintemal das Hochteutsche nunmehro in ganz Teutschland den Preis erlanget / worinnen der Teutschen Rede Zierde / Kunst und Vollkommenheit allein undersuchet / erlernet und fortgepflanzet werden muß.”* (K. STIELER 1691, 1f.)

In der ersten Hälfte des 18. Jh. wird auch im süddeutschen (katholischen) Sprachraum das Thema Hochdeutsch im “Parnassus Boicus” erörtert, wobei die Autoren der katholischen Gebiete in der Regel von der Grundlage der obd. Gemeinsprache (geprägt von den kaiserlichen Kanzleien und der landesfürstlichen Kanzlei Bayerns) ausgehen. “Der ‘Parnassus Boicus’ (1722–1740) . . ., eine enzyklopädische gelehrte Zeitschrift nach dem Vorbild des ‘Journal des Savants’ (Paris) und der ‘Acta Eruditorum’ (Leipzig), war eine Frucht der europäischen Akademiebewegung und der katholischen Aufklärung in Bayern . . . Neben der Förderung der Wissenschaften in Bayern gehörte zum Programm des neuen Journals auch die Pflege der Muttersprache: alle (sic!) Beiträge mußten in deutscher Sprache verfaßt sein, eine für eine gelehrte Zeitschrift damals noch durchaus ungewöhnliche Forderung . . . In der Auseinandersetzung des 18. Jhs. um das richtige Hochdeutsch ergreift der PB nachdrücklich für die Sprache der Gelehrten über den Dialekten Partei und übernimmt damit prinzipiell die Position SCHOTTELIUS, ohne allerdings die eigene Sprachtradition preiszugeben." (Reiffenstein 1988, 28f.) Hervorzuheben ist auch "Die Kayserliche Deutsche Grammatick, Oder die Kunst, die deutsche Sprache recht zu reden, Und ohne Fehler zu schreiben ..." von Johann Balthasar von Antesperg (1682/83–1765). Sie erschien 1747 in Wien. Neben der Akzeptanz österreichischer Varianten bemüht sich Antesperg auch um Anpassung an die von Gottsched vertretenen Schriftsprachnormen.

Das Wirken Johann Christoph Gottscheds (1700–1766) bildet einen Höhepunkt in der Arbeit an der Normierung und Kodifizierung der dt. Sprache, besonders ihrer Grammatik. Der Aufklärer Gottsched versucht, sprachliche Tatsachen zu begründen und in feste Regeln zu fassen. Dazu fasst er Ergebnisse von Arbeiten anderer Autoren zusammen und verbindet deren Darstellung mit seiner Auffassung eines rationalistischen Sprachideals. In seinem vielfach aufgelegten und in mehrere Fremdsprachen übersetzten Hauptwerk "Grundlegung einer Deutschen Sprachkunst, Nach den Mustern der besten Schriftsteller des vorigen und jetzigen Jahrhunderts abgefasset" (1748) wie in Briefen, Zeit- und Streitschriften tritt er für eine über den Mundarten stehende Hochsprache (hier im Sinne von 'Leitvarietät' gebraucht) ein. Die Bezeichnungen Mundart und Hochsprache werden bei ihm noch häufig mehrdeutig gebraucht. Als Maßstab für seine Idealsprache gilt ihm die *beste Mundart*. Als diese betrachtet er das *"korrekte" Meißnische Deutsch* in der Form, wie es von den besten Schriftstellern gebraucht wird. Er folgt darin dem Vorbild bedeutender deutsch schreibender Persönlichkeiten seiner Zeit und der jüngsten Vergangenheit, wie Paul Fleming, Christian Fürchtegott Gellert, Paul Gerhard, Martin Opitz, Christian Weise, Christian Wolff, Philipp Jacob Spener, Christian Thomasius. Der Prestigewert des Omd. war zunächst in der politischen, kulturellen und wirtschaftlichen Überlegenheit des sächsischen Territorialstaates gegenüber anderen sowie der Wirkung von Luthers Bibelübersetzung begründet. Er stieg noch wesentlich mit der Ausweitung des Geltungsareals des Omd. auf den ehemals nd. Sprachraum im Rahmen des hd.-nd. Austauschprozesses. Diese Ausweitung vollzog sich in einem länger währenden Prozess, der für die Schriftsprache im 17. Jh. bereits als relativ abgeschlossen gelten kann. Der Einfluss der Aufklärung zeigt sich auch in Gottscheds "Grundriß zu einer Vernunfftmäßigen Redekunst" (1729) und im "Versuch einer Critischen Dichtkunst vor die Deutschen" (1730, 4. Aufl. 1751). Er fordert in diesen Werken einen vernünftigen Sprachstil, d.h. Natürlichkeit und Einfachheit im Reden und Schreiben, Vermeidung unnötiger Bilder und übersteigerter Ausdrucksweisen u. a. Sprachpflege soll zur Geschmacksbildung beigetragen.

An Gottscheds – dem Gedankengut der Aufklärung verpflichteten – Sprachideal wie an der erneuten Betonung der Rolle des Meißnischen entzündeten sich eine Reihe von Auseinandersetzungen mit Zeitgenossen, wie z. B. dem Oberpfälzer Karl Friedrich Aichinger (1717–1782), den Schweizern Johann Jacob Bodmer (1698–1783) und Johann Jacob Breitinger (1701–1776), Augustin Dornblüth u. a. (Vgl. u. a. Wells 1990, 335ff; v.Polenz 1994, 161ff.) In dieser Diskussion "zeigte sich in aller Deutlichkeit unterschiedliches Sprachbewusstsein von schriftstellernden Grammatikern und von Literaten, die nicht mehr so ohne weiteres das normative Regelwerk einer vom Anspruch grammatischer Richtigkeit bestimmten Schriftsprache akzeptierten. Die schon weitgehend feststehende syntaktische und morphologische Norm der hochdeutschen Schriftsprache und ihre lexikalische Vereinheitlichung war zwar auch Grundlage der Sprache als Kunstform, drohte aber ihre schöpferische Weiterentwicklung durch die Schriftsteller zu behindern." (Gessinger 1980, 129.) Trotz mancher Mängel in der Beurteilung sprachlicher Tatsachen hat aber H. Gottscheds Lehre zu dem klaren Stil der späteren Aufklärungsprosa ebenso beigetragen, wie durch seine normative Grammatik die Herausbildung der relativ stabilen Norm des Nhd. wesentlich befördert wurde. Dies gilt in besonderem Maße auch für den Bereich der Syntax, wo Gottsched dazu beitrug, den Einfluss des am Latein orientierten Sprachgebrauchs der Kanzleien zu brechen. Von Bedeutung für die weitere Entwicklung aber ist vor allem, dass durch seine "Sprachkunst" die grammatische Tätigkeit auch in Österreich und im Süden Deutschlands stark beeinflusst wurde. Dies zeigt allein schon die zahlenmäßige Zunahme entsprechender Arbeiten. Darüber hinaus aber wurde die Vereinheitlichung der dt. Schriftsprache dadurch wesentlich befördert. Die politischen Beweggründe für den Schriftsprachwechsel in den einzelnen katholischen Territorien dürften durchaus unterschiedlich gewesen sein. Generell aber "setzte sich seit etwa 1750 in Österreich und Bayern unter dem Einfluß GOTTSCHEDS und durchaus auch 'auf höhere Entscheidung' ... das Hochdeutsch ostmitteldeutscher Prägung jedenfalls im schriftlichen Gebrauch rasch durch." (REIFFENSTEIN 1988, 42; vgl. auch REIFFENSTEIN 1989, 177ff.) Dabei wurden durch die weitere Entwicklung der dt. Sprache auch Entscheidungen bestätigt, die Grammatiker trafen, denen von der bisherigen Sprachgeschichtsschreibung wesentlich weniger Beachtung zuteil wurde als GOTTSCHED, wie z. B. BALTHASAR VON ANTESPERG ("Die Kayserliche Deutsche Grammatick ..." Wien 1747, 2. Aufl. 1749) oder CARL FRIEDRICH AICHINGER ("Versuch einer teutschen Sprachlehre von 1753 aus der Oberpfalz").

Am Ende der Bemühungen um die Normalisierung und Vereinheitlichung der dt. Sprache in diesem Zeitraum steht der Lexikograph und Grammatiker JOHANN CHRISTOPH ADELUNG (1732–1806). Zu seinen Hauptwerken gehören die "Deutsche Sprachlehre; zum Gebrauch der Schulen in den Königlich Preußischen Landen" (1781; 1782 auch in Wien als Schulbuch eingeführt; bis 1816 fünf weitere Auflagen), sein "Umständliches Lehrgebäude der deutschen Sprache, zur Erläuterung der deutschen Sprachlehre für Schulen" (1782), sein "Versuch eines vollständigen grammatisch-kritischen Wörterbuchs der hochdeutschen Mundarten, besonders aber der oberdeutschen" (1774–1786), das umfassendste und bedeutendste Wörterbuch des Deutschen vor dem "Deutschen Wörterbuch" der Brüder Grimm, und seine "Vollständige Anweisung zur Deutschen Orthographie, nebst einem kleinen Wörterbuche für die Aussprache, Orthographie, Biegung und Ableitung", 1788 in Leipzig erschienen und bis 1835 in 13 Neuauflagen, -bearbeitungen und Nachdrucken verbreitet. Von ihm stammen darüber hinaus Beiträge zur Geschichte der dt. Sprache, eine Arbeit über den dt. Stil u. v. a. m. (Vgl. u. a. DÖRING 1984, LERCHNER 1984, NERIUS 1984, RICKEN 1984, H. SCHMIDT 1984.) ADELUNG weist dem Sprachgebrauch eine hervorragende Rolle zu, und dementsprechend unterscheiden sich seine Regeln und Ausnahmen von den oft noch subjektiven normativen Sprachregelungen seiner Vorgänger.

ADELUNGS Schriften zur dt. Sprache enthalten in ihrer Gesamtheit wesentliche theoretische Einsichten. Er gilt als "der erste, der den Begriff der Norm nicht nur im Sinne der Sprachrichtigkeit interpretiert, sondern der den Versuch unternimmt, die soziale Dimension in den Normbegriff hineinzuholen, und zwar über den politischen Aspekt vermittelt. Und deshalb wird er zum exponiertesten Sprachwissenschaftler seiner Zeit. Allem bisherigen, kleinlichen Gezänk setzt er als oberstes Prinzip den Kampf um e i n e, und zwar eine e i n h e i t l i c h e Sprachnorm entgegen" (SCHMIDT-REGENER 1989, 167f.). Diese sieht er zunächst für seine Zeit am besten verwirklicht im Sprachgebrauch der "obern Classen" (ADELUNG 1783, 83) Obersachsens. Dagegen wendet sich u. a. vor allem CHRISTOPH MARTIN WIELAND (siehe 1.6.4.), der betont, dass die Sprache der schönen Literatur relativ selbständig und nicht an den Geschmack der oberen Klassen Obersachsens gebunden sei. In der sich anschließenden Diskussion revidiert ADELUNG seinen Standpunkt und verteidigt nur noch den Gedanken der sprachlichen Einheit an sich. Letztlich ist dies eine Konsequenz seiner Vorstellung von der Sprachentwicklung, deren Ursachen er in der engen Verbindung der Sprache mit der Gesellschaft sieht, denn Sprache ist für ihn *"nicht allein ein Bedürfniß, sondern auch ganz das Werk des engern gesellschaftlichen Lebens, und all die Verschiedenheiten, welche Sprache und Mundarten unterscheiden, sind wesentliche und nothwendige Folgen der eigenthümlichen Umstände jeder beysammen lebenden Gesellschaft, welche so stark wirken müssen, daß auch ohne klares Bewußtseyn bey einer so großen Menge eine und ebendieselbe Wirkung erfolgt"* (ADELUNG 1800, 848). In diesem Sinne leitet er aus dem Sprachgebrauch auch die Regeln für die Normierung der Sprache ab.

Bei seinen Zeitgenossen gilt er als Autorität, auch wenn sie seine Vorgehensweise und Entscheidungen oft kritisieren. Die von ihm vorgelegten Arbeiten werden vielfach genutzt, vor allem auch von den Dichtern und Schriftstellern der Zeit. LESSING, WIELAND, GOETHE, SCHILLER, W. v. HUMBOLDT, VOSS u. a. zogen sein Wörterbuch vielfach zu Rate, wie durch deren Briefwechsel bezeugt ist. Auch hatte beispielsweise "Goethe mit seinem Verleger Goeschen vertraglich vereinbart, daß bei der Herausgabe seiner 'Schriften' hinsichtlich der Rechtschreibung grundsätzlich nach den Vorschriften Adelungs zu verfahren sei" (SCHMIDT-WILPERT 1985, 1558). Auch WIELAND folgt gelegentlich den Vorschriften ADELUNGS. Trotzdem bleibt orthographische Variabilität noch immer eines der markantesten Merkmale des Sprachgebrauchs der Zeit. Dazu äußert sich – die eigne Orthographie rechtfertigend – beispielsweise auch GOTTFRIED AUGUST BÜRGER 1778 bei der Herausgabe seiner Gedichte:

"Zum Beschlusse mus ich noch etwas von meiner Rechtschreibung erwänen ... Ich neme Klopstocks Saz, der auch der Saz der gesunden Vernunft ist, an: Man schreibt nicht für das Auge, sondern für das Ohr, und mus daher nicht mehr schreiben, als man aussprechen hört. Klopstock fügt hinzu: Auch nicht weniger! wogegen ich aber doch einiges Bedenken zu äusern habe. – Bin ich aber der Hauptregel überall nachgekommen? – Nein! und zwar aus der Vorsicht, die ebenfals Klopstock aus gutem Grunde empfielt. Man mus nicht alles auf einmal thun wollen, wenn es glüklich von Statten gehn sol. Die Misbräuche eines Tyrannen, wie der Sprachgebrauch ist, lassen sich nur nach und nach untergraben und auswurzeln. Sobald aber die gesunde Vernunft sie wirklich für Misbräuche erkent, so mus **man** *es nicht immer gleichgültig, oder zaghaft, bei dem alten bewenden lassen, sondern* ***anfangen, fortfaren*** *und* **enden**. *... Ich habe noch mehr ungehörte Buchstaben, als Klopstock, und das unteutsche y mehrentheils verbant. Das die Dehnung anzeigende* ***h*** *kann überal und mus zunächst aus solchen Sylben wegbleiben, die man ohnehin dehnt, und dehnen mus. Das* ***ß*** *ist ein höchst alberner Buchstab. Ein reines* **s** *oder* **ss** *kann uns die nämlichen Dienste, wie andern Sprachen, thun. Wo ein* **ss** *gehört wird, da kann man es ja, stat des buklichen* ***ß*** *sezen, weil es wol ursprünglich und im Grunde nichts anders, als ein durch Schreibverkürzung verändertes* **ss** *ist. Die überflüssigen Doppelkonsonanten am Ende habe ich fast überall weggelassen.... Auch darf man sich warhaftig an dasjenige nicht kehren, was die alten Saalbader und Pfalbürger bis zum Ekel dagegen von sich zu geben pflegen ... Jeglichen ihrer Gründe kann man mit irgend einem Gegenbeispiel aus der Sprache, welchem sie selbst folgen, zu Boden stossen ... Lieben Brüder, wenn ihr eure Sprache lieb habt, so tretet dem Schlendrian auf den Kopf und richtet euch nach den Regeln der Vernunft und einfachen Schönheit! Nach welcher sich schon gröstentheils die* ***Minnesinger*** *richteten, ehe die nachfolgenden plumpern Jahrhunderte die Sprache mit so vielen unnötigen Buchstaben überluden ..."* (BÜRGER 1778, XVff.).

Zusammenfassend kann festgestellt werden, dass für die Normierungsprozesse des 17. und 18. Jh. vor allem der Abbau von morphologischen Varianten charakteristisch ist, was gegenüber den historischen Vorstufen zu größerer Einheitlichkeit und Systematizität bei der Flexion führt. Die Aussagen für den syntaktischen Bereich sind in besonderem Maße nach Textsorten und Gattungen, Funktional- und Individualstilen zu differenzieren. In vielfältiger Variation syntaktischer Strukturen zeigt sich das Wirken unterschiedlicher Tendenzen, wobei – besonders im 17. Jh. – im Schrifttum insgesamt umfangreichere Satzstrukturen dominieren. Die starke Zunahme hypotaktischer Satzstrukturen korrespondiert mit der Entwicklung und der zunehmenden Nutzung der Mittel zum Ausdruck der logischen Verknüpfung von Haupt- und Nebensätzen, wie Konjunktionen, Relativpronomen und Satzgliedstellung (siehe 4.5.), die die unterschiedlichen graduellen und die inhaltlich-logischen Beziehungen zwischen den Teilsätzen eines Ganzsatzes zum Ausdruck bringen. (Vgl. EBERT 1978, bes. 19ff.; SONDEREGGER 1979, bes. 285ff.) Auch die seit dem 14./15. Jh. zunehmende Tendenz zum Gebrauch des vollen Satzrahmens verstärkt sich weiter. Das 17. Jh. gilt als die Zeit der stärksten Entfaltung der Rahmenkonstruktion. Im Prinzip ist aber auch schon die Ausklammerung derselben Satzglieder möglich wie heute. Charakteristisch für die weitere Entwicklung ist die – mit dem Verzicht auf überlange, komplizierte Perioden verbundene – Verringerung der Länge der Ganzsätze. Ihr steht als Tendenz die Zunahme des Umfangs der Teilsätze, der sog. Elementarsätze (Termini nach ADMONI) gegenüber. Im 18. Jh. wird sowohl in Sprachreflexionen der Grammatiker als auch bes. in den Werken der Dichter und Schriftsteller das Bemühen deutlich, Übertreibungen beim Gebrauch von Perioden zu vermeiden. In den Texten dieser Zeit werden die Möglichkeiten zum Ausdruck von Parataxe und Hypotaxe zunehmend differenziert genutzt. Allgemein gilt auch, dass sich seit dem 17. Jh. vor allem der Umfang der Substantivgruppen erheblich erweitert. Die Ausweitung der Möglichkeiten, Aussagen durch nominale Konstruktionen, bes. durch substantivische Wortgruppen, auszudrücken, ist in engem Zusammenhang mit Tendenzen im Bereich der Wortbildung der dt. Sprache in der neueren Zeit zu sehen. (Siehe 1.6.5.4. und 1.7.7.)

Am Ende des 18. Jh. sind Ausbildung und Durchsetzung in sich gefestigter gramm. Normen der nun überregionalen und zunehmend polyfunktionalen dt. Schriftsprache im wesentlichen abgeschlossen. Die weitere Entwicklung des gramm. Baus der dt. Sprache ist seit dem Ausgang des 18. Jh. nicht mehr primär durch die Herausbildung neuer gramm. Formen charakterisiert, sondern vor allem durch Veränderungen hinsichtlich des Gebrauchs und durch textsortenspezifische Variabilität. Die gramm. Formen, die Verbreitung und Anerkennung gefunden haben und im allgemeinen heute noch gültig sind, sind das Ergebnis von Entwicklungsprozessen, die sich seit Jahrhunderten beobachten lassen. (Vgl. u. a. Sonderegger 1979, 262ff.)

1.6.3. **Zu weiteren Aspekten der sprachlichen Situation im 18. Jh.**

Nahmen bereits im 17. Jh. kommunikative Bedeutung und soziale Geltung "der dt. Sprache als Ergebnis ihres Gebrauchs in der schönen Literatur, in der didaktischen und theologisch-philosophischen Prosa, in philologischen Werken, in Informationsblättern und Zeitungen (Zeitungen seit 1609, Zeitschriften seit 1688), im Briefwechsel" (Semenjuk 1985, 1455) allmählich zu, so verstärkt sich dieser Prozess mit der Entwicklung einer neuen repräsentativen Öffentlichkeit, der bürgerlichen Öffentlichkeit, entscheidend. Diese entfaltete sich wesentlich im Prozess der Aufklärung. Die Aufklärung postulierte die Vernunft als Grundlage aller Erkenntnis, stellte die Kraft der prüfenden Vernunft Glaubensdogmen gegenüber und forderte den selbständigen Menschen. Als vielschichtige europäische Emanzipationsbewegung bewirkte sie auch Wandlungen in der Sprachsituation, die noch längst nicht umfassend erforscht sind. Zunehmend wird nun in der Wissenschaft das Latein durch die deutsche Sprache ersetzt. Infolge dieses von Christian Wolff (1679–1754) und Christian Thomasius (1655–1728) im Bereich der Philosophie wesentlich beförderten Prozesses wird Deutsch Vorlesungssprache an den Universitäten, wobei zögernde Anfänge schon im 17. Jh. zu beobachten waren. Kaspar Stieler versuchte vermutlich 1676/77, sicher aber dann 1679, dt. Vorlesungen an der Universität Jena zu halten (Weithase 1961, 264ff.). 1687 folgt der Versuch von Thomasius, in Leipzig deutschsprachige Vorlesungen zu halten. Stieler hat darüber hinaus auch schon 1679 die Einrichtung eines Kollegs über die für Hof und Diplomatie seiner Zeit notwendige "politische Wohlredenheit", die "heutige politische Redart" an der Universität Jena gefordert. Diese Forderung ist ein Ausdruck der Wertschätzung, die Redekunst und Redekultur (im Sprachgebrauch der Zeit *Beredsamkeit*, auch *Wohlredenheit*) in den deutschen Territorialstaaten des 17. Jh. erfahren, wovon sowohl Textsammlungen als auch theoretische Darstellungen zeugen, verbunden mit Namen wie Johann Christoph Lünig, Balthasar Kindermann, Christian Weise, Johannes Riemer, Veit Ludwig von Seckendorff u. a. Über die inhaltliche Aussage hinaus verdeutlicht der Auszug aus dem Brief, den Stieler diesbezüglich an die Visitatoren der Universität Jena richtete, typische Merkmale des Amts- bzw. Kanzleistils seiner Zeit. Deutlich wird im Beispieltext u. a. der noch weiter wirkende Einfluss des Lateins in bestimmten Kommunikationsbereichen, aber auch das Bestreben, viele erklärende Zusätze einzuschieben, was zu komplizierten Satzperioden führt. Vgl.:

"Ob und wie hoch an der Teutschen Sprache, deren rechtschaffener Begriff, Beurtheilung, auch einem geschicklichen teutschen StatsStylo, so wohl im Reden als schreiben gelegen? ist nicht nötig, Ew. HochEdlen Gestrengen Hoch Ehrw. vest und herrl. zu mahl bey ietzigen ihren überhäufften wichtigen Geschäfften vorzustellen, als denen durch langen gebrauch und Erfahrung, deren nothwendigkeit und

nutzen vor längst bekandt gewesen ist. Was viel höchstverständige Theologi und Politici darunter gehalten, und wie eyferig sie gewünschet, daß man die Jugend in der Schulen beyzeiten darzu gewehnen, auch auff universitäten dieselbe den Studenten vortragen möchte, solches ist und kan niemanden verborgen seyn, der des Seel. H. Lutheri, Meyfordens, Harsdörffers, Schottels und anderer Teutschliebenden Schrifften gelesen, Und wolte Gott, daß gleich andern Nationen, da die Muttersprache in ihrem Vaterland öffentlich gelehrt wird, also man auch in Teutschland teutsche Professores haben möchte, welche den rechten durchgehenden Staats Stylum führeten, nicht aber erdichtet unteutsch teutsch oder aus poetischen und auslendischen Phrasibus zusammengerafftes affectat teutsch anwiesen; was würde nicht in allen Ständen vor herrlicher Nutzen daraus erfolgen? Daß es aber bei dem bloßen Wunsch allein ersihet, das werck die That aber unterbleibet, daßen große Ursach ist unter andern, daß gar selten ein in den Weltsachen geübter Mann auf Universitäten öffendlich lehret, und daß je ein solcher vornehmer Professor vorhanden, der an fürstl. Höfen, in den Colleiis, bei den Consultationibus geseßen, deutsche Schreiben revidiret, und concipiret, oder öffendliche Reden gehalten und angehöret, so ihm doch solche teutsche Collegia entweder zu gering oder zu mühsam, oder es fehlet ihnen an Zeit und Beliebung, der sonst disfalls begierigen Jugend damit an die hand zu gehen, wollen also ihrer Zeit lieber beßer anwenden, als durch die verachtete Grammatic und Rhetoric inclaresciren." (Stieler, An die Herren Visitatores. Jena 1679, zitiert nach Zeman 1966, 166f.)

In der ersten Hälfte des 18. Jh. beginnt Deutsch sich als Sprache des Unterrichts in den verschiedenen Schultypen immer mehr durchzusetzen und wird zunehmend auch zum Unterrichtsgegenstand selbst. Am Ende des Jahrhunderts hat es sich dann selbst an den länger am Latein festhaltenden Jesuitenschulen durchgesetzt, woraus aber nicht auf die tatsächliche Beherrschung der Schriftsprache bzw. die Lese- und Schreibfertigkeit generell geschlossen werden kann. Das Analphabetentum war in Deutschland noch nicht beseitigt. Die Realität des Unterrichts, vor allem an den Dorfschulen, ist von einer Verwirklichung des Erziehungsprogramms, wie es die Aufklärung propagiert, weit entfernt. Wenn demzufolge auch die Zahl der Leser – gemessen an der Gesamtbevölkerung – niedrig gewesen sein dürfte, zeichnet sich die Epoche der Aufklärung jedoch gegenüber den zurückliegenden Jahrhunderten durch ein sprunghaft ansteigendes Lesebedürfnis aus. Dies führt u. a. auch zur Gründung von Lesegesellschaften und Leihbibliotheken. Literarische Kommunikation wird nun zunehmend durch individuelles Lesen vermittelt. Im Zusammenhang damit steht die Zunahme der literarischen Produktion unterschiedlichster Provenienz, verbunden mit dem Bedürfnis der Information und des Austausches über die entstehende Literatur. Dies begünstigt die Entstehung von Rezensionszeitschriften und Nachschlagewerken, die, ebenso wie Fachbibliographien und Fachlexika, zu den "typisch neuzeitlichen Organisationsformen von Wissenschaft und Technik" (v. Hahn 1983, 35) gehören. Die Herausbildung des neuzeitlichen Wissenschaftssystems ist in besonderem Maße geprägt durch den Prozess der Lösung der Naturwissenschaften aus ihrer Verflechtung mit den Disziplinen der Artes und ihrer Abgrenzung gegenüber den Ansprüchen der Theologie. In diesem Zusammenhang vollzieht sich seit der 2. Hälfte des 18. Jh. auch für die Wissenschaftssprache endgültig der Übergang vom Latein zum Deutschen, wie es Leibniz schon zu Beginn des Jahrhunderts gefordert hatte. Die Herausbildung der modernen Naturwissenschaften und Technologien führt zur Entwicklung eines breiten Spektrums von Fachtextarten. Damit beginnen sich auch in den einzelnen Wissenschaften die modernen Fachsprachen herauszubilden. Dies ist verbunden mit Prozessen der Terminologisierung, wie sie in Texten unterschiedlichster Art deutlich werden. Stellte beispielsweise 1529 J. Domnitzer in seiner Schrift "Ein newes Pflantzbůchlein/ Von mancherley artiger Pfropffung vnd Beltzung der Bawm" lapidar fest: *"Erstmals aber ist zu mercken/ das /Pfropffen/ ympffen/ beltzen/ einsetzen oder einstecken/ ist ein ding"*, reflektiert Johann Sigismund Elsholtz in seinem 1684 in Cölln an der Spree gedruckten Buch "Vom Garten=Baw ..." im Kapitel "Verbesserung der Bäume durch die Pfropff=Kunst" in einen ersten Abschnitt über den "Namen der Propff=kunst" das Nebeneinander von denotativ differenzierten Synonymen, territorialen Dubletten und möglichen fremden Einflüssen:

"Es hat aber mit dem Wort Pfropffen eine solche Bewandtnůs/ ob es wol von einigen insonderheit vor die Verbesserung zwischen der Rinde/ gleichwie das Wort Impffen vor die Arbeit im Spalt genommen wird: daß dennoch der meiste theil an diesem Unterscheid weder im Reden/ noch im

Schreiben sich nicht binden/ sondern halten vielmehr Pfropffen und Impffen pro synonymis, fůr gleich=geltende Wőrter. Die Schwaben/ und andere Hochteutsche/ brauchen das Wort Peltzen: in unserer Marck aber und den Niederteutschen Provintzen heisset es Encken/ welches aus dem Frantzősischen, gleichwie Pfropffen aus ihrem Greffer, gebrochen ist. Soll derohalben Pfropffen und Impffen allhier ins gemein und ohn Unterscheid von allerley Arbeit/ welche man zu Verbesserung der Båume anwendet/ verstanden werden: jedoch daß es nachmahls ut Genus in Species, als ein Geschlecht in seines Arten/ wie aus folgendem V. Cap. erscheinet/ getheilet werde" (ELSSHOLTZ 1684, 201f.).

Das 1732–54 von JOHANN HEINRICH ZEDLER herausgegebene "Große vollständige Universal-Lexicon aller Wissenschaften und Künste" (64 Bände und 4 Supplement-Bände) expliziert die Unterarten des Pfropfens, indem es diese vor allem durch Attribuierung von einander abhebt:

*"**Baum pfropffen** wird . . . auch **impffen, peltzen,** und **zweigen** genennet, und heisset bey dem Garten=Bau diejenige Arbeit, dadurch ein wilder und unfruchtbarer Stamm vermittels eines darauf gesetzten von einem fruchtbaren Baum gebrochenen Zweiges oder so genannten Pfropf=Reises verbessert wird . . . Die Arten des Pfropfens sind vielerley; die gemeinste ist in den Spalt . . . Das Pfropfen in oder zwischen die Rinde geschiehet . . . Das Pfropfen in den Kerb geschiehet . . . Das Pfropfen mit dem Aeuglein wird absonderlich åugeln und oculiren genennet . . . Das Pfropfen mit dem Rőhrlein oder Pfeiflein, welches man auch Rőhrlen oder Teicheln nennet . . . Man hat auch noch andere Arten zu pfropfen, als durch absåugeln, oder ablactiren ingleichen durch Ab= und Einlegen . . ."* (ZEDLER 1733/1994, Sp. 762ff.)

Deutlich werden hier auch mit dem Terminologisierungsprozess zusammenhängende Wandlungen im Sprachgebrauch: Erweiterte Attribute nehmen generell in wissenschaftlichen Texten seit dem Ende des 17. Jh. an Umfang zu. An dieser Ausgestaltung der Substantivgruppe haben nicht nur die pränominalen (die vor dem Nomen stehenden) Attribute Anteil, sondern seit dem 18. Jh. zunehmend auch nachgestellte präpositionale Wortgruppen, die als Attribute zu substantivierten Infinitiven und Nomina actionis auf *-ung* treten. Aus dem fachsprachlichen Gebrauch von Verben resultierende Bedeutungsdifferenzierungen finden terminologische Prägung in Präfixbildungen (siehe 1.6.5.4.), vgl. folgende bei ZEDLER als Termini klassifizierte Beispiele aus den unterschiedlichsten Fachbereichen: *abbauen, abdörren, abathmen, abdancken, abfaltzen, abfäumen, abfeuern, abflauen, abfleischen, abglühen, abholtzen, abhüten, abhütten, abjagen, abkohlen, abkündigen, ablatten* u. v. a. m.

Im diesem Zusammenhang wird auch die Frage nach dem Gebrauch fremdsprachlicher Termini wieder zum Gegenstand der öffentlichen Diskussion. So hält es beispielsweise JACOB LEUPOLD für wichtig in seinem 1724 gedrucktem "Theatrum Machinarum Generale" ausdrücklich darauf hinzuweisen, *"daß man ůberall die lateinischen Terminos Technicos, oder Kunst=Wőrter, behalten, da sich doch jetzo ihrer viele angelegen seyn lassen, solche in ihren Schrifften teutsch zu geben, welches gewissen Umstånden nach auch nicht zu schelten. Hier ist es geschehen (1) weil solche Kunst=Wőrter schon so weit ůblich sind daß ein jeder Kůnstler und Handwercker, der mit dergleichen Sachen umgehet, solche meist verstehet, und durch ungewőhnliche teutsche Benennung nur confus werden würde, wie solches vielfach passiret. Und (2) da solche Leuthe auch andere dergleichen Schrifften lesen wollen und sollen, die der lateinischen Terminorum sich bedienen, wird es ihnen desto leichter seyn solche zu verstehen. Und (3) da die Mathematici, Gelehrte und andere Kunst=Verståndige auch also reden, wůrden sie von Kůnstlern oder Handwercksleuthen nicht so leichte verstanden werden."* (LEUPOLD 1724, Bl. 7)

Der erhebliche Anteil, den das außerordentlich vielschichtige wissenschaftliche und populäre Fachschrifttum des 18. Jh. an den Prozessen des Sprachwandels hat, ist noch kaum erforscht. Dies gilt gleichermaßen für den Anteil der Trivial- bzw. Konsumliteratur, aber auch der Erbauungsliteratur, vor allem auch für die Vielfalt aktueller Druckschriften, Zeitschriften und Zeitungen, die eine größere Leserschaft als z. B. die Belletristik fanden, und andere Textsorten.

1.6.4. Zur Bedeutung der Dichter für die weitere Entwicklung und Festigung der deutschen Sprache im 18. Jahrhundert

Die Konsolidierung der dt. Standardsprache im 18. Jh. korrespondiert mit vielfältigen Wandlungen in der kommunikativ-sprachlichen Situation. Dies zeigt sich u. a. auch in einer Erweiterung der kommunikativen Spielräume des individuellen Sprachverhaltens. (Vgl. LERCHNER 1992, 227ff.) So ist nicht zu übersehen, dass innerhalb des **sozialsprachlichen Spektrums** (REICHMANN ^{2}1998, 10ff.) die "Schriftstellerautorität ... einen weder vorher noch nachher annähernd erreichten *potentiellen* sprachgeschichtlichen Wirkungsfaktor hoher Signifikanz" (LERCHNER 1980, 347) darstellt. Schöngeistige und wissenschaftliche Schriftsteller trugen zur Gestaltung des Dt. zu einer flexiblen und ausdrucksfähigen Kultursprache europäischen Ranges bei. Für viele von ihnen vollzog sich ihr Schaffensprozess noch in bewusster und ständiger Auseinandersetzung mit der Frage des Gebrauchs fremder Sprachen, besonders des Frz. und Lat., und fremdsprachlichen Einflüssen auf das Dt. generell. Der sprachgeschichtlichen Wirkungspotenz der infrage kommenden Persönlichkeiten kann im vorgegebenen Rahmen nicht nachgegangen werden. Verdeutlicht werden sollen an einigen ausgewählten Beispielen lediglich das Verhältnis bedeutender Schriftsteller zur Sprache, erkennbar vielfach in ihren Reflexionen über Sprache und Sprachgebrauch, sowie die vom jeweiligen Werk ausgehenden sprachkünstlerischen Wirkungen und Impulse.

Gotthold Ephraim Lessing (1729–1781). Das Werk des auf literarischem Gebiet wohl bedeutendsten Aufklärers "repräsentiert sprachlich erstmals, individuell herausragend aus einer Fülle gleichgerichteter zeitstilistischer Leistungen, in entwickelter Form die *lingua ipsa Germanica*, die spätestens seit SCHOTTEL als abstrakte Forderung das sprachtheoretische und sprachliche Bemühen des Jahrhunderts bestimmt und im Kampf um regionale literatursprachliche Vorherrschaft, im Postulat der Schriftstellerautorität und einer 'körnichten Haupt- und Heldensprache' variantenreich Verwirklichung gesucht hat" (LERCHNER 1980, 350). Ein charakteristisches Merkmal seines Individual- bzw. Persönlichkeitsstils ist die Klarheit einer stets den Dialog mit dem Leser führenden und auch in der Polemik logisch folgerichtigen Prosa. Eigen ist seiner Sprache damit 'Bewusstheit', oder, wie er es selbst im 56. der "Briefe antiquarischen Inhalts" nennt, "der ruhigste Vorbedacht, die langsamste Überlegung". Seine Vorliebe für sprachliche Bilder, deren Ausgestaltung zu umfangreichen Gleichnissen er auch gelegentlich übertreibt, verführt ihn nicht dazu, die Gefahren zu übersehen, die mit einer derartigen Darstellungsweise verbunden sein können. Er hält gerade das sprachliche Bild für ein notwendiges Mittel des polemischen Stils: *"Ich suche allerdings, durch die Phantasie mit, auf den Verstand meiner Leser zu wirken. Ich halte es nicht allein für nützlich, sondern auch für notwendig, Gründe in Bilder zu kleiden; und alle die Nebenbegriffe, welche die einen oder die anderen erwecken, durch Anspielungen zu bezeichnen. Wer hiervon nichts weiß und verstehet, müßte schlechterdings kein Schriftsteller werden wollen; denn alle guten Schriftsteller sind es nur auf diesem Wege geworden."* (LESSING 1993, 350f.) Seine Bilder dienen der sinngebenden Wirkung, sind der Klarheit und Deutlichkeit des Ausdrucks ebenso untergeordnet wie die von ihm vielgenutzten Antithesen, in die Darstellung eingestreute rhetorische Fragen, Ausrufe u. a. m. Der Spezifik seiner Zeit entsprechend, ist auch bei ihm dichterisches Schaffen eng verbunden mit der theoretischen Erörterung linguistischer Sachverhalte und sprachwissenschaftlicher Projekte, z. B. Sammlungen zu einem deutschen Wörterbuch. Im Gegensatz zu GOTTSCHED hat LESSING aber nicht direkt in die kritisch-theoretischen Auseinandersetzungen eingegriffen, die in seiner Zeit um die Bestimmung der Normen und die Festlegungen von Vorschriften für den vorbildlichen Sprachgebrauch geführt wurden. Den Zustand der damaligen deutschen Sprache, besonders im Hinblick auf die Entwicklung von Mitteln für die wissenschaftliche Auseinandersetzung, kennzeichnet es aber wohl, wenn LESSING zu der Überlegung kommt, ob er den "Laokoon" nicht besser in frz. Sprache schriebe. Beachtung verdient vor allem auch sein Versuch, gewisse funktionale Unterschiede zwischen schriftlichen und mündlichen Kommunikationsformen im Drama zu realisieren und verschiedene Stilschichten zu erfassen. (Vgl. LERCHNER 1980, 351f.) Dabei verteidigt LESSING nicht nur theoretisch die Möglichkeit, mundartliches und altertümliches Wortgut in die Sprache der Dichtung aufzunehmen, er trägt selbst durch den Gebrauch solcher Wörter dazu bei, dass sie literaturfähig werden. Auch seine Haltung gegenüber dem fremden Wortgut ist frei von Einseitigkeiten, er verurteilt den Gebrauch fremden Wortgutes als Ausdruck feudal-höfischer Ideologie und ihr schmeichelnder Gesinnung, er müht sich um Verdeutschungen, wo er glaubt, dadurch eine klarere Aussage zu erreichen, nutzt aber auch alle d i e Fremdwörter, die zu seiner Zeit bereits als Termini Bestandteile der sich entwickelnden Fachsprachen sind.

Friedrich Gottlieb Klopstock (1724–1813). KLOPSTOCK gilt als Erneuerer der dt. Poesiesprache. Seine Zeitgenossen begeisterten sich an der hymnischen Sprachgewalt seines Versepos "Messias". Als kennzeichnend für die stark subjektive Sprache seiner Dichtungen wird vielfach auf solche Besonderheiten seines Stils verwiesen, wie z. B. die "verbale Dynamik" bei Präfixverben: *aufweinen, dahinzittern, empordenken*, die Sinnschwere bzw. semantische Undurchsichtigkeit bei Komposita: *Flammengipfel, Glanznacht, Silbergelispel, kaltverachtend, blütenumduftet, frohbegeistert, wankendströmend, fernherweinend.* (Vgl. die Zusammenstellung der Merkmale der Prosa KLOPSTOCKS bei v. POLENZ 1994, 324f.) Diese bewusst von der Alltagssprache abgehobene Sprache der Dichtung ist über das ständige Formen an seinen eigenen Werken hinaus vor allem auch das Ergebnis intensiver theoretischer Auseinandersetzung KLOPSTOCKS mit den sprach- und literaturtheoretischen Auffassungen seiner Zeit. Gedanken von LEIBNIZ, THOMASIUS und GOTTSCHED, vor allem aber von BODMER und BREITINGER aufgreifend, hat er sich auch in verschiedenen theoretischen Schriften zu Problemen des Sprachgebrauchs in Poesie und Prosa, zur Poetik und Metrik, aber auch zur Etymologie und Orthographie geäußert. (Hingewiesen sei besonders auf "Die deutsche Gelehrtenrepublik, ihre Einrichtung, ihre Gesetze ...", 1774, für die er, um Beschränkungen durch Verleger zu entgehen, ein eigenes Subskriptionsverfahren versuchte, und "Über Sprache und Dichtkunst", 3 Bände, 1779–80). Im Gegensatz zu GOTTSCHED, und damit BODMER und BREITINGER folgend, trennt er Poesie und Prosa strikt hinsichtlich der ihnen zugeschriebenen Merkmale. Damit überwindet er auch bei seinen theoretischen Aussagen zur Wortwahl und Wortbildung, zur Syntax und Wortstellung jegliche konventionalisierte Rationalität. Weniger erfolgreich war er mit seinen Bemühungen um die Orthographie, wo er, den Sprachgebrauch negierend, das Prinzip einer extrem phonemischen Schreibung vertrat. Seine Prosa wird von Zeitgenossen gelobt. Mit der Sprache seiner Dichtungen, geprägt von Musikalität und Gefühlsstärke, Ausdruckfähigkeit und Subjektivität, hat er in vielfältiger Weise auf Zeitgenossen und Nachkommende gewirkt, auf die Dichter des Göttinger Hains, des Sturm und Drangs, auf HÖLDERLIN u. a. Durch die Verbreitung von KLOPSTOCKS Werken wurde der Süden Deutschlands enger an die Mitte angeschlossen und der Sprachausgleich zwischen Nord und Süd gefördert.

Christoph Martin Wieland (1733–1813). Als Wegbereiter der deutschen Klassik hat WIELAND Anteil an den Bemühungen um die sprachliche Vereinheitlichung im 18. Jh. Er selbst ist vom Pietismus, von LUTHER und KLOPSTOCK beeinflusst. Durch Übersetzungen antiker Autoren und vieler Dramen SHAKESPEARES erfuhr sein Sprachvermögen seine spezifische Prägung. Wie z. B. das siebenmalige Umschreiben des "Oberon" vor dem Druck beweist, feilte WIELAND intensiv an seinem sprachlichen Ausdruck. Auch er hält die Aufnahme von mundartlichen Ausdrücken sowie von Wörtern und Wendungen aus der Sprache des gesellschaftlichen Umgangs aller Landschaften in die Sprache der Dichtung für unentbehrlich. Unter dem Eindruck der westeuropäischen Aufklärung schreibt er seinen "Agathon" (1766/67), den ersten deutschen Bildungsroman, der wesentlich dazu beiträgt, daß WIELAND zum anerkannt führenden Schriftsteller seiner Zeit wird. *"An Wieland schlossen sich ... wenige persönlich: das literarische Zutrauen aber war grenzenlos; – das südliche Deutschland, besonders Wien, sind ihm ihre poetische und prosaische Kultur schuldig."* So beurteilte GOETHE 1794 in den "Tag- und Jahresheften" (zitiert nach EGGERS 1986, Bd. 2., 331) die Wirkung des weitverbreiteten und vielgelesenen Werkes und den Erfolg von WIELAND vor allem auf Süddeutschland und Österreich. Wie nach ihm auch GOETHE ist WIELAND sich der besonderen Ausdrucksqualitäten der obd. Literatursprache bewusst. Er hat in seiner Zeit nicht nur als sprachgewandter Erzähler, sondern auch durch seine überlegene Urteilsfähigkeit gewirkt. Von der Position des der Sprache gegenüber souveränen Dichters aus nimmt er 1782/83 im "Teutschen Merkur" teil am erneut ausgebrochenen Streit seiner Zeitgenossen um die führende Rolle Obersachsens bei der Bestimmung der Normen des "Hochdeutschen", der deutschen Schrift- und Dichtersprache. Dabei betont er den Anspruch der Schriftsteller, die Entwicklung von Kultur und Sprache zu dominieren: *"Ich muß mich sehr irren, oder es bleibt gegen die Babylonische Sprachverwirrung, die hieraus entstehen müßte, kein besseres Mittel, als es bei dem alten Grundsatz zu lassen: daß es die guten Schriftsteller sind, welche die wahre Schriftsprache eines Volkes bilden und (so weit als die Natur einer lebenden und sich also nothwendig immer verändernden Sprache zuläßt) befestigen"* (WIELAND 1783, 14f.; zitiert nach LERCHNER 1984, 109). WIELANDS Urteile in dieser Auseinandersetzung sind Ausdruck des sich in seiner Zeit verändernden Sprach- und Literaturbegriffes. Hieraus resultiert ihre Bedeutung auch für die Sprachgeschichte.

Johann Gottfried Herder (1744–1803). HERDERS Schaffen trug bei zu einem vertieften sprach- und literaturgeschichtlichen Denken. Kennzeichnend für seine Sprachauffassung ist die Betrachtung der Sprache unter historischem Aspekt und in ihrer Bedeutung für die jeweilige Zeit. Sprache ist ihm u. a. Mittel der Bildung und Erziehung einer Nation (vgl. seine "Briefe zur Beförderung der Humanität"). Zur Aufdeckung von Zusammenhängen zwischen Sprache und Denkart eines Volkes hat er einen wesentlichen Beitrag geleistet und u. a. auf dem Gebiet der Sprachphilosophie Denkanstöße von weitreichender Wirkung vermittelt. Dies gilt z. B. für seine 1772 von der Berliner Akademie preisgekrönte "Abhandlung über den Ursprung der Sprache", in der er sich gegen theologisch-orthodoxe und ausschließlich rationalistische Sprachtheorien wendet. Sprache und menschliche Vernunft als Einheit sehend, erklärt er die Entstehung der Sprache als eine den anthropologischen Voraussetzungen des Menschen zufolge notwendige, auf Grund der Vernunftbegabtheit der Menschen mögliche "Erfindung" derselben. Die sprachgeschichtliche Entwicklung des Deutschen beeinflusst er, indem er die Verwendung der "Volkssprache" auch als Sprache der Dichtung befördert. Er gilt als der Begründer der Volksliedforschung. Mit seinen Ansichten von einer kraftvollen Dichtersprache, deren Quellen er u. a. in der Dichtung der Vergangenheit, besonders der Volksdichtung, für die er ein neues Verständnis zu vermitteln half, sah, hat er großen Einfluss auf die Dichter des **Sturm und Drang** ausgeübt und darüber hinaus zur Entwicklung von Anschauungen beigetragen, die befruchtend auf die Sprache der Dichtung wirkten, so dass diese an Ausdrucksstärke und Beweglichkeit entscheidend gewann.

Johann Wolfgang von Goethe (1749–1832). In GOETHES Werk bündeln sich "wesentliche Tendenzen und Impulse seines Zeitalters . . . Von besonderem Gewicht ist . . . die Tatsache, daß GOETHES Wirken fast alle Bereiche des gesellschaftlichen Lebens seiner Zeit erfaßt, seine Sprache mithin – jenseits ihres eigentümlichen unbestritten schöpferischen Charakters – in einem hohen Maße repräsentativ für die Zeitsprache ist. Mit anderen Worten: GOETHES Sprachleistung läßt sich nicht etwa einschränken auf seine Dichtungssprache, schon gar nicht auf gewisse auffällige Erscheinungen in ihr (wie dies frühere individualstilistisch orientierte Arbeiten gern glauben machen wollen); sie ist auch nicht reduzierbar auf ihre volkssprachlichen Elemente oder auf ihren Anteil am literatursprachlichen Standard seiner Zeit. Sie umfaßt vielmehr ein ganzes Ensemble vielfältiger situations- und zweckbestimmter Erscheinungsformen, von persönlich gefärbtem Alltagsausdruck bis zum strengen Duktus wissenschaftlicher Sprache, von konventionell geprägtem Amtsstil bis zur in sich vielfach geschichteten Poesiesprache." (MATTAUSCH 1982, 220.) Dementsprechend vielfältig sind auch seine Reflexionen über Sprache und Sprachgebrauch. *"Da die Sprache das Organ gewesen, wodurch ich mich während meines Lebens am meisten und liebsten den Mitlebenden mittheilte, so musste ich darüber besonders in späteren Zeiten reflectieren."* (GOETHES Werke. 1987, IV. 26, 289) Auf den ersten Blick erscheinen seine Selbstzeugnisse oft widersprüchlich; immer verständlich jedoch wirken sie im Kontext der einzelnen Entwicklungsperioden seiner 65 Jahre währenden schriftstellerischen Tätigkeit. Hier ordnen sich auch die von ihm selbst vorgenommenen Korrekturen und sprachlichen Veränderungen bei der Gesamtausgabe seiner Werke 1787-1790 ein. Sie sind zu bewerten als ein Ausdruck erneuten Strebens nach Klarheit und Normalisierung. Auch wenn sich – wie vielfach dokumentiert – die "Sprache" des jungen GOETHE von seinem Altersstil wesentlich unterscheidet, war sein Umgang mit der Sprache wohl immer von dem Problembewusstsein bestimmt, für alles Seiende einen adäquaten sprachlichen Ausdruck zu finden. Daher kennzeichnet viele seiner Selbstaussagen eine für ihn charakteristische Sprachskepsis. Die Wirkung seines dichterischen, kunsttheoretischen, naturwissenschaftlichen, philosophischen und administrativen Schaffens ist sprachgeschichtlich noch längst nicht voll erfasst. Nicht in Abrede zu stellen ist sein – aus dieser Universalität resultierender – Beitrag dazu, dass die dt. Sprache nun auch zur Sprache von Weltliteratur wird, die Würdigung über Deutschland hinaus fand und findet. GOETHE beschäftigte sich intensiv mit den Beziehungen zwischen Sprache und Gegenstand, Wort und Begriff als sprachtheoretischen Sachverhalten. Sein Einfluss auf die Entwicklung der dt. Sprache, der hier nicht im Detail dargestellt werden kann, ergibt sich weniger aus absoluter Neuartigkeit als vielmehr aus der Allgemeingültigkeit bestimmter Prägungen, die zeittypischen Tendenzen entsprachen. Zur Verdeutlichung sei u. a. auf seine vielen Komposita mit *Morgen* verwiesen, wie z. B. *morgenschön, morgenfreundlich, morgenrötlich, morgentaufrisch, Morgenflügel, Morgenträgheit, Morgenwelle* oder die Präfixbildungen mit *auf-*, von denen nach MATTAUSCH 356 in GOETHES Schriften belegt sind, "als Ausdrucksformen genauer und anschaulicher Sachbeschreibungen wie *aufbrämen, aufbrücken, aufgarnieren, aufgebändert, aufkneten, aufkrausen, aufkrempen* ..." (vgl. MATTAUSCH 1982, 222, der in diesem Zusammenhang auch 375 *ab-*, 376 *an-* und 391 *aus-*Verben angibt). Neben der Ausnutzung der Wortbildungsmöglichkeiten des Deutschen und der zweckbestimmten Wiederaufnahme von Archaismen und Provinzialismen sieht GOETHE Quellen der Bereicherung der dt. Schriftsprache auch in den Berufssprachen und der Übernahme fremden Wortgutes. Letztere wird ihm immer dann wichtig, wenn das fremde Wort einen prägnanteren Ausdruck ermöglicht. Dies bringt ihn in Gegensatz zu den Vertretern des Fremdwortpurismus seiner Zeit, über die er gemeinsam mit Schiller in den "Zahmen Xenien" spottet. Wie für andere Autoren auch, ist für GOETHE in den einzelnen Etappen seines Schaffens der Gebrauch bestimmter "Lieblings- bzw. Schlagwörter" typisch, so etwa für seine klassische Periode Adjektive, wie *edel, schön, groß, gut, würdig, tüchtig, heiter, rein, redlich, bedeutend.* Häufig weicht er bei deren Verwendung vom Sprachgebrauch seiner Zeit ab und erschließt so seiner Muttersprache neue Ausdrucksmöglichkeiten, indem er viele dieser Wörter mit besonderen Nebenvorstellungen verbunden gebraucht und ihnen so individuelle Prägnanz verleiht. Und auch wenn heute festzustellen ist, dass viele dieser Neubildungen und spezifisch gebrauchten Ausdrücke an seinen Individualstil gebundene Einmalbildungen geblieben sind und nur wenige von seinen neuen Verwendungsweisen zum festen Bestand des Deutschen wurden, bleibt die Tatsache bestehen, dass er in besonderem Maße zu denen gehört, die den Reichtum der Muttersprache am tiefsten auszuschöpfen und damit ihre Wirkungspotenzen hervorragend zur Geltung zu bringen vermochten.

Friedrich Schiller (1759–1805). SCHILLER ist wie GOETHE den Weg vom Sturm und Drang zur Klassik gegangen. Er hat die Sprache der deutschen Klassik in gleichem Maße wie dieser mitgeprägt und dabei vor allem die Entwicklung der deutschenVerssprache beeinflusst. Formwille seiner Lyrik, der fassbar wird in syntaktischer, lexikalischer und metrischer Gestaltung, Anschaulichkeit und Sinnenhaftigkeit seiner Balladen, "aufklärerische" Verständlichkeit seiner philosophischen und historischen Schriften wirken fördernd auf die dt. Standardsprache. Wortgut aus seinen historischen Schriften findet sich in der Wissenschaftssprache dieser Disziplin wieder: *Beistandsversprechen, wechselseitige Hilfeleistung, Machtgleichheit, -verhältnis, Nationalcharakter, Selbsthilfe, Staatenbund, Staatsinteresse* u. a. m. Neben dem für die Klassik charakteristischen Streben nach Maß und stilisierender Allgemeingültigkeit zeigt seine Sprache ausgeprägt rhetorischen Charakter, für den u. a. der von Schiller vielfach reflektierte Begriff der Erhabenheit wesentlich wird. Stilelemente und -züge der Rhetorik prägen seine Prosaschriften in einem Maße, das sie als "realitätsfern" zum Gegenstand der Sprachkritik unmittelbarer Zeitgenossen und nachfolgender Schriftstellergenerationen werden lässt. Diese Spezifik von SCHILLERS "eifrig hochstilisierender Sprache" ist nach VON POLENZ soziolinguistisch zu erklären und hängt "mit seiner im Vergleich mit Goethe schwierigeren sozialen Situation zusammen" (v. POLENZ 1994, 338). Aus SCHILLERS theoretischen Schriften selbst ist ersichtlich, dass seine Wirkungsabsichten und der daraus resultierende Charakter seiner Sprache auch Ausdruck seiner Prinzipien ästhetischer Erziehung sind. Ein markantes Merkmal seines Stils ist die Verdichtung der Aussage in knappen, über den jeweiligen Kontext hinaus einprägsamen Formulierungen. Viele dieser von ihm geprägten Sentenzen und formelhaften Ausdrücke, die in ihrer sprachlichen Prägnanz und inhaltlichen Aussage Sprichwörtern nahestehen bzw. zu solchen geworden sind, werden als "Prestige und Minimalkonsens schaffende sprachrituelle Mittel" (v. POLENZ 1994, 337) auch heute noch verwendet. Vgl. u. a. *Die Axt im Hause erspart den Zimmermann; Mit der Dummheit kämpfen Götter selbst vergebens; Ernst ist das Leben, heiter ist die Kunst; Drum prüfe, wer sich ewig bindet. . . ; Der Wahn ist kurz, die Reu ist lang; der Dritte im Bunde; der langen Rede kurzer Sinn; Bretter, die die Welt bedeuten* u. v. a. m. Ihre Verbreitung begünstigte vor allem die Pädagogisierung von SCHILLERS Dichtungen und damit seines vielfach "pathetisch-typisierenden Sprachstils" im Deutschunterricht der Gymnasien, besonders seit der 2. Hälfte des 19. Jh.

Das Wirken der Dichter und Schriftsteller trug entscheidend dazu bei, dass mit dem Ende des 18. Jh. die Herausbildung und relative Festigung der überregionalen und polyfunktionalen nhd. Schriftsprache zu konstatieren ist und damit nun an der Gleichwertigkeit und Eigenständigkeit der dt. Standardsprache in ihrer schriftlichen Form gegenüber anderen europäischen Sprachen keine Zweifel mehr bestehen.

1.6.5. **Zur Entwicklung des Wortschatzes und der Wortbildung**

1.6.5.1. *Zur Beeinflussung durch fremde Sprachen*

Fremder Einfluss auf die dt. Sprache ist im 17. Jh. außerordentlich stark. (Vgl. u. a. BACH 1970, 304f., 308ff.; FLEMMING/STADLER 1974, 3ff.; SCHIRMER 1969, 94ff.; WELLS 1990, 284ff.) Die Ursachen sind vielgestaltig (siehe 1.6.1.). Der verstärkte Gebrauch fremden Wortgutes zeigt sich besonders in folgenden Bereichen, wobei einige der ausgewählten Lexeme durchaus auch schon vor dem 17. Jh. im Dt. nachweisbar sind:

Verwaltungs- und Rechtssprache: *Akte, Archiv, Klausel, Konferenz, Präzedenzfall, Subjekt, finanzieren, konsultieren.*

Heerwesen: *Alarm, Armada, Artillerie, Attacke, Bataillon, Batterie, Brigade, Dragoner, Front, General, Infanterie, Karabiner, Lazarett, Marschall, Munition, Parade, Pistole, Rakete, Regiment, Soldat, Soldateska, attackieren, avancieren, chargieren, demolieren, retirieren.* Die Entlehnung läßt sich oft nicht auf ein einziges Land festlegen, da auch gleichzeitige Entlehnung aus zwei Sprachen belegt ist; vgl. *Brigade*, aus span. *brigada* wie frz. *brigade.*

Bau- und Gartenkunst, Befestigungstechnik: *Balkon, Bassin, Bastion, Bosket, Fontäne, Fresko, Galerie, Glacis, Grotte, Kasematte, Kuppel, Redoute, Spalier, Stuck, minieren, sapieren.*

Essen und Trinken: *Bankett, Biskuit, Bouillon, Delikatesse, Frikassee, Gelee, Makrone, Kaffee, Karbonade, Kartoffel, Pastete, Kompott, Kuvert, Marmelade, Ragout, Sauce, Schokolade, Service.*

Musik und Kunst: *Arie, Ballett, Dacapo, Dilettant, Fuge, Kantate, Konzert, Motette, Oper, Operette, Tempo, Violine.*

Kleidung und Schönheitspflege: *Brokat, Garderobe, Gaze, Kostüm, Manschette, Mouche, Pomade, Puder, Taille, Toupet, frisieren, parfümieren, rasieren.*

Bezeichnungen des Alamodewesens: *Compliment, Gala, Galan, galant, Galanterie, Manier, Referenz; brav, exzellent, frivol, honett, jovial, kapriziös, kokett, nett, nobel, pikant, seriös.*

Amtsbezeichnungen, Anredeformen und Titel: *Baron, Baronesse, Commissarius, Cousin, Cousine, Curator, Dame, Exzellenz, Madame, Majestät, Monsieur.*

Üblich waren auch feste Formeln im schriftlichen Verkehr, die sich z. T. bis heute gehalten haben: *à votre service, de facto, notabene, respective, votre très humble serviteur* u. a. Häufig wurden Fremdwörter auch anstelle vorhandener dt. bzw. schon eingedeutschter Fremdwörter verwendet: *Musas* 'Musen', *Versificatoren, Scribenten, Carmina* u. a.

Gegen Überfremdung und Fremdwörterkult wandten sich Dichter und Gelehrte, die vielfach Mitglieder der **Sprachgesellschaften** waren. (Siehe 1.6.1.) Trotz puristischer Bestrebungen sind – wie die Beispiele zeigen – viele der in dieser Zeit übernommenen frz., it., span., lat. und griech. Fremdwörter heute durchaus in unterschiedlichsten Kommunikationsbereichen noch gebräuchlich.

1.6.5.2. *Zum Wortschatz ausgewählter kommunikativer Teilbereiche*

Die mit dem Eindringen der dt. Schriftsprache in weitere kommunikative Teilbereiche verbundene Wortschatzentwicklung kann hier nur exemplarisch angedeutet werden, zu vielfältig sind die mit der Erweiterung der funktionalen Differenzierung der dt. Sprache verbundenen Bewegungen im Wortschatz. (Vgl. u. a. schon Bach 1970, 304f., 309ff.) Zu berücksichtigen wären die Entwicklung der gewerblichen und agrarischen Produktion, der Übergang zum Manufakturkapitalismus, Entfaltung des Absolutismus und französische Revolution, Entwicklung von Fachwissenschaften, Natur- und Geisteswissenschaften, Merkantilismus, Mystik, Pietismus und Aufklärung, Veränderungen im Rechtswesen, Erbauungs- und Tagesschrifttum, Strömungen der Literaturentwicklung u. a. m., denn sie wirkten sich auf die Wortschatzentwicklung aus.

Mit dem Übergang zum Gebrauch des Dt. auch an den Universitäten ist die Herausbildung dt. Fachwortschätze für Philosophie und Einzelwissenschaften verbunden, deren Wortgut in terminologischer Fassung nun auch in den allgemeinen Sprachgebrauch einzudringen beginnt. Eine wichtige Rolle spielt hierbei Christian Wolff (1678–1754), der Wesentliches für die Entwicklung einer philosophischen Terminologie leistet und der darüber hinaus – trotz bekannter Vorgänger, wie A. Dürer, A. Ries, J. Kepler u. a., – oft als der Begründer der dt. mathematischen Fachsprache bezeichnet wird; zur Einführung des Deutschen als Wissenschaftssprache auch der Mathematik hat er entscheidend beigetragen (siehe 1.6.3.). "Wolff verwendet 'naturalisierte' Fremdwörter wie *addiren, substrahiren, multipliciren, dividiren, dupliren, Product, Quotient, Quadrat, Proportion, Linie, Punct*; aber er verwendet auch einheimische Ausdrücke wie *Wurtzel, Zahl, Bruch, Nenner*" ... "übernimmt verschiedentlich Wörter aus dem allgemeinen Wortschatz und gibt ihnen eine spezifisch mathematische Sonderbedeutung –, wie etwa *Schwere, Kraft, Last, Ort, Bewegung, Größe* und *Ähnlichkeit*. Auch dies ist ein wichtiger Beitrag zur Durchsetzung eines deutschen Vokabulars für eine einzelne wissenschaftliche Disziplin." (Blackall 1966, 21f.) *Nebenwinkel, Brennpunkt, Schwerpunkt, Geschwindigkeit* bildet und definiert er neu. Er ist kein Purist und bevorzugt in einzelnen Fällen trotz vorhandener dt. Entsprechungen das Fremdwort: *Circul* für *Kreis, Peripherie* für *Umfang/Umkreis*. Auf Wolff geht auch die terminologische Prägung solcher häufig gebrauchten Termini der philosophischen Sprache wie *Bewusstsein, Vorstellung, Begriff, Wissenschaft*, aber auch lat. Ausdrücke wie *Monismus, Teleologie* zurück.

Zu den geistigen Strömungen, die im 18. Jh. die Entwicklung des Wortschatzes beeinflussten, gehört vor allem der **Pietismus**. Er steht im Gegensatz zum Dogmatismus der orthodoxen lutherischen Theologie und betont das individuelle Streben nach christlicher Vollkommenheit und Gottseligkeit. In pietistischen Schriften häufig gebrauchte Wörter kommen vielfach aus der Mystik und der Lutherbibel: *Einkehr, Geborgenheit, Wirkung, einsehen, einleuchten, gelassen* u. a. Zu den Neuprägungen des **Pietismus** gehören u. a. *Selbstverleugnung, selbstgefällig*. Typische Präfixbildungen und Verbalkomposita (siehe 1.6.5.4.) sollen das "Eindringen Gottes in die menschliche Seele" ausdrükken: *durchdringen, -flammen, -glühen, -quellen* (Flemming/Stadler 1974, 59). Andererseits werden, um eine stärkere Wirkung zu erreichen, auch einfache Verben statt der geläufigen Präfigierungen verwendet: *hellen, sich kleinern, schlimmern, söhnen*.

Wesentliche Prägung erfährt der Wortschatz des 18. Jh. durch die **Aufklärung**, deren Bestrebungen Ausdruck finden in Wörtern wie *Aufklärung, Bildung, Denker, Ebenmaß, Esprit, Freigeist, Freidenker, Ideal, Idee, Idealist, Klarheit, Kraft, Kritik, kritisch, Kultur, (Geisteskultur, Vernunftkultur), Lehrgebäude, moralisch* ('geistig'), *Toleranz, Vernunft, vernünftig, Verstand, Verständlichkeit, Weltbürger, Weltmann.*

Der Aufklärung verbunden, entwickelt sich im letzten Drittel des 18. Jh. der **Sturm und Drang**, in dessen Sprache Leidenschaft und Gefühl besonders betont werden, vgl. *Begeisterung, Enthusiasmus, Genie, Elite, Kerl, Kraftausdruck, -bube, -gefühl, -geist, -genie, -gesang, -sprache, -wort, Natur, Naturgeist, Original, Originalgeist, Schwung.* Die Begeisterung der Stürmer und Dränger für die Vergangenheit Deutschlands erweckt das Interesse an verschollenen altdeutschen Wörtern und Wendungen, die wieder belebt werden: *Fehde, Gau, Mähre, Recke* und *Minne.* Zu *Minne* sind auch viele neue Komposita nachweisbar: *Minneblick, -gefühl, -glück, -harm, -huldigung, -sang, -sold, -spiel* usw. Auch zahlreiche Bildungen mit *Volk* und *Vaterland* werden geprägt als Ausdruck des Nationalbewusstseins und der Hinwendung zu den unteren Schichten des Volkes: *Volksbeglücker, -bildner, -empörung, -klage, -peiniger, -unterdrücker, Volkslied* (von HERDER geprägt nach engl. *popular song*), *Volksseele, volkstümlich* ('national'), *Volkstümlichkeit* ('Popularität'). Belegt sind auch: *Vaterlandsfeuer, -freund, -gedanke, -gedicht, -sinn.* (Vgl. FLEMMING/STADLER 1974, 83ff.) Ein Leitwort der gesamten Epoche ist *Freiheit*: *Freiheitsdolch, -erfechter, -hasser, -krieg, -männer, -schlacht, -verfechter, -verteidiger, Denkfreiheit, Gedankenfreiheit* u. a. Auch *Humanität* und *Menschlichkeit* gehören hierher als Ausdruck progressiver bürgerlicher Geisteshaltung; desgl. *Menschheit, Menschenliebe, -pflichten, -rechte, -würde; Kosmopolit, Weltbürger, -bürgergeist, -bürgertum.* (Vgl. FLEMMING/STADLER 1974, 63 ff.) Hier zeigen sich auch Einwirkungen der Französischen Revolution von 1789 bis 1794, die durch die europäische Aufklärungsbewegung in geistiger Hinsicht vorbereitet wurde. Dabei ist bemerkenswert, dass viele ihrer Leitbegriffe schon vor 1789 in Deutschland ihre politische Bedeutung erhalten hatten, wie *Aristokrat, Despot, Emigration, Menschenrechte, Republik, Revolution, Tyrann; Freiheit, Gleichheit, Brüderlichkeit.* Im Zusammenhang mit den Ereignissen der Revolution kommt erneut fremdes Wortgut unterschiedlicher Herkunft über das Frz. ins Dt. und beeinflusst auch semantisch dt. bzw. im Dt. bereits gebrauchtes Wortgut, vgl. *Agitator, Anarchist, Bürokratie, Demokrat, Fortschritt, fraternisieren, Gegenrevolution, Koalition, Komitee, liberal, Majorität, Minorität, Reaktionär, Terrorist, Ultra.*

Unter dem Einfluss der fortgeschritteneren Verhältnisse in England und Frankreich entsteht eine dt. Fachsprache der Politik und des Parlamentarismus, die dann vor allem im 19. Jh. (siehe 1.7.4.) weiter ausgestaltet wird; engl.: *Adresse, Debatte, Kommission, Parlament*; dazu Lehnübersetzungen: *Parlamentsmitglied* (*member of Parliament*), *Sprecher* (*speaker*), *ein Gesetz einbringen* (*to introduce a bill*), *ein Gesetz lesen* (*to read a bill*), *zur Sache!* (*the question!*); frz.: *Abgeordneter, abstimmen, einstimmig, Fraktion, Geschäftsordnung, Kandidat, Linke – Rechte, Nationalversammlung, Tagesordnung* (*ordre du jour*); dt.: *Redner, tagen, Tagung.*

Neben Wortbildungen (siehe 1.6.5.4.) und Entlehnungen kennzeichnen auch Bedeutungsveränderungen vielfacher Art die Wortschatzentwicklung in den einzelnen kommunikativen Teilbereichen. (Vgl. hierzu u. a. BACH 1970, 306ff.; TSCHIRCH 1989, 231ff.; v. POLENZ 1994, 86ff., 347ff.)

1.6.5.3. *Zu mundartlichen Merkmalen im deutschen Wortschatz*

Auch wenn sprachliche Heterogenität sich nun zunehmend situativ-funktional äußert, ist das "Deutsch des 17. Jhs. ... noch stark regional differenziert. Wie mächtig die dezentralistischen Kräfte noch sind, zeigt sich z. B. sehr deutlich an der außerordentlich reichen Heteronymik, die im 17./18 Jh. in den dt. Mundarten für die neueingeführte Kartoffel geschaffen wird" (SEIBICKE 1985, 1514f.). Seit dem 18. Jh. werden mundartliche Spezifika, z. B. die Ausdruckskraft von Provinzialismen in der Dichtung einerseits, die mit ihrer Verwendung der allgemeinen Verständlichkeit gesetzten Grenzen andererseits, zum Gegenstand öffentlicher Sprachreflexionen, was sich in unterschiedlichsten Publikationen zeigt. Der Einfluss der dt. Mundarten, die über Jahrhunderte hin an der Ausgestaltung der dt. Schriftsprache beteiligt sind (siehe auch 4.3.1. und 4.3.2.), ist auch in dem nhd. überregional gültigen Wortschatz erkennbar. Vgl. folgende Auswahl aus den bei BACH (1970, 430ff.) belegten Beispielen:

Mitteldeutsch: Wörter, mit den Veränderungen mhd. *u* > *o* vor Nasalen, wie in nhd. *Sohn, Sonne* für mhd. *sun* usw.; mhd. *iu* > *û* > *au*, wie in nhd. *brauen, kauen* für mhd. *briuwen, kiuwen*, dazu Eigennamen wie *Naumann, Naumburg*; mhd. *ü* > *ö*, wie in nhd. *König, Mönch* für mhd. *künic, münich*; mhd. *pf* > *f*, wie in nhd. *Flaum, fauchen* für mhd. *phlûme, phûchen*.

Mitteldeutsch/Niederdeutsch: Wörter mit unverschobenem *p-, -p, -pp-, -mp-*, wie *Pacht, Stapel, plump*; das *d* in *Dotter* (mhd. *toter*), *dumm* (mhd. *tump*); das *f* in *Hafen, Hafer, Hälfte, Hufe* (obd. *Haber, Hube*); das *cht* für *ft* in *echt, Gerücht, sacht* (engl. *soft*, nhd. *sanft*).

Niederdeutsch: Wörter mit den Schreibungen *-bb-, -dd-, -gg-*, wie *Ebbe, Robbe, Schrubber; Kladde, flügge, Roggen, schmuggeln*; mit germ. *t*, wie *flott, Torf* und germ. *k*, wie *Laken, Spuk, Takel*; das *wr* in *Wrack, wringen*; der *s*-Plural in *Jungens, Kerls, Mädels* usw. Dazu kommen typische Wörter aus dem Umkreis des Meeres und der Seefahrt, wie *Ballast, entern, Flagge, Kajüte, Lake, Maat, Matrose, Nehrung, Pegel, Schute*.

Oberdeutsch: Wörter ohne Umlaut des *u* vor *ck*, wie *drucken, Rucksack, -bruck* als Bestandteil von Ortsnamen, das *-l* in *Marterl, Schnaderhüpfel*, und Wörter zur Benennung regionaler Gegebenheiten, wie *Alm, Almrausch, Föhn, Gemse, Gletscher, Steinbock*.

1.6.5.4. *Zur Wortbildung*

Die bereits für die vorhergehenden Jahrhunderte als eine Haupttendenz im Bereich der dt. Wortbildung beschriebene "Neigung zur Komposition" (vgl. ERBEN 1983, 122ff.), in der auch die Grammatiker des 17./18. Jh. selbst schon ein charakteristisches Merkmal der dt. Sprache sehen, verstärkt sich weiter. Zunehmend werden nun auch Wörter zusammengesetzt, ohne dass vorher ein direkter syntaktischer Zusammenhang bestanden haben muss, wie dies für die älteren sog. eigentlichen und uneigentlichen Komposita charakteristisch ist. Es kommt in zunehmenden Maße zu Analogiebildungen.

Für die Schreibung der Komposita sind besonders im 17. Jh., aber auch noch im 18. Jh. drei Möglichkeiten festzustellen:

a) Getrenntschreibung, wobei in den Drucken aber auch auf den Zwischenraum (das Spatium) verzichtet wird. Die begriffliche Einheit der Bildung ist in der Regel am Artikel und anderen flektierten Substantivbegleitern (Pron., adj. Attribute) sowie auch bei pronominaler Wiederaufnahme im Text erkennbar. Vgl. z. B. *BackOfen, ErtzHirten, GeistesGaben, HaußEhre, KauffmannsKirchen, KriegsVolck, LeichBestattung, WaffenMacht, WeiberGeschwätz, WintersZeit*.
b) Schreibung mit doppeltem Bindestrich: *Haupt=Quartier, Kenn=Zeichen, Leich=Predigt, Polar=Stern, Schau=Bühne, Schreck=Bilder, Sonnen=Finsternis, Spür=Hund, Unter=Lufft, Kohl=Blatt, Vor=Posten*.
c) Zusammenschreibung: *Bauersleute, Erdreich, Gevatterbrief, Hauswirt, Hofmeister, Kammertür, Krebsscheren, Kunstlehre, Reisebeschreibung, Schreibrichtigkeit, Sprachkunst*.

In den Texten treten in der Regel die drei Möglichkeiten nebeneinander auf. Mitunter wechselt die Schreibweise eines Wortes sogar innerhalb eines Textes: *Hasenfleisch* : *Hasen=Fleisch, Kauff Leute* : *Kauffleute* (siehe auch 4.2.8.).

Seit der 2. Hälfte des 17. Jh. ist auch die Zunahme von drei- (und mehr-)gliedrigen Zusammensetzungen zu beobachten. Mehrfachkomposita, wie sie die folgende Auswahl verdeutlicht, sind in unterschiedlichsten Textsorten festzustellen: *Belladonnawurzel-Pulver, Beutelschneider=Leben, Brannteweinspühligtfaß, Buchsbaum=pflantze, Erbpachtlehen, Erdreich=Probe, Fischweidwerk, Goldbergwerk, Gottesdienstbesucher, Handwerksmann, Kuhmist=wasser, Kupfer=Schmelz=Hütte, Machtstandpunkt, Predigtgottesdienst, Quartiermeister=Stelle, RathhaußThurm, ReichsHaubtsprache, Schub=Kårner=Toback, Schwartz=Vogelkirschen=Wasser, Sprachkunstlehre, Staats=Ceremoniel=Wissenschaft, Sterbhandlohngelder, Wild=Feld=Stab=Wurtz*.

Von den als 2. Konstituente reihenbildend auftretenden Substantiven ist im 17./18. Jh. neben *-wesen, -zeug, -volk* und *-leute* besonders *-werk* produktiv. Hier wird die Tendenz zum Suffix auch am deutlichsten erkennbar: *Backwerck, Bawwerck, Bildwerck, Bolwerck, Blumenwerck, Blumwerck, Bretterwerck, Eisenwerck, Fabelwerck, Gatterwerck, Gehewerck, Grottenwerck, Hängwerck, Holtzwerck, Hornwerck, Kielwerck, Kräuterwerck, Küchenwerck, Mauerwerck, Mühlwerck, Muschelwerck, Spielwerck, Sprengwerck, Ständerwerck, Wunderwerck, Zauberwerck, Zwiebelwerck* u. a.

Bei den adjektivischen Komposita dominieren – zumindest in der Sprache der Dichter des 17. Jh. – Epitheta, denen vielfach ein Vergleich zugrunde liegt: *alabasterbleich, gallenbitter, honigsüß, lilienkeusch, lilienweiß, marmorsteinern, purpurrötlich, rosen=roth, silberweiß*; auch antithetische Verbindungen treten häufig auf: *bittersüß, lebendtod.* Adjektivische Komposita dienen vielfach der Verstärkung und Steigerung: *aller=grausamst, aller=süssest, hertzgeliebt, hochmächtiggroß, rasend=toll, stock=finser, wasserhell, welt=bekannt, wohl=policirt.* Besonders in Anreden und Titeln werden mehrfach zusammengesetzte Adjektive auch außerhalb der Dichtung vielfach mit dieser Absicht genutzt: *christ=Adlich, hocherfahren, hochgelahrt, hochgepriesen, höchstgeneigt, wohlEdel, wohlberühmt, wohl=Ehrenbester, wohlehrenfester, wohlehrenreich, wohlehrenwürdig.* Hinsichtlich ihrer Schreibung gilt gleiches wie bei den substantivischen Komposita.

Auch die Bildung von Ableitungen wird in der Typenvielfalt, wie sie sich bisher im Dt. herausgebildet hatte, weiter genutzt. Dabei sind Veränderungen vor allem bei noch bestehenden Konkurrenzen festzustellen. So nehmen beispielsweise die adj. Ableitungen auf *-bar* im 17. Jh. zu. Sie stehen in Konkurrenz zu Adj. auf *-lich* und *-sam.* (Vgl. hierzu wie zu weiteren Aspekten textsorten- und gattungsspezifischer Verwendung adjektivischer Wortbildungen des 17./18. Jh. Bentzinger 1991, 119ff.) Als besonders produktiv erweist sich neben den deverbalen Adjektivableitungen auf *-bar* im 17. Jh. das – heute kaum noch gebräuchliche – Modell desubstantivischer Derivate: *dienstbar* ('zum Dienst verpflichtet'), *gerichtbar* ('dem Gericht gegenüber verpflichtet, ihm unterworfen'), *gültbar* ('zinspflichtig'), *steuerbar* ('steuer-, tributpflichtig').

Im 18. Jh. kommt es zum verstärkten Gebrauch der Adj. auf *-icht*, die seit dem Ahd. belegt sind und mit den *-ig*-Ableitungen konkurrieren: *dumpfficht, farbicht, gallicht, haaricht, hochbeinicht, klebricht, molkicht, neblicht, ŏlicht, sandicht, schatticht, schekkicht, schlammicht, schweffelicht, stachlicht, wåssericht*; auch Bildungen wie *blaulicht* ('blau/bläulich'), *gelbicht* ('gelb'), *klårlicht* ('klar'), *laulicht* ('lauwarm') u. a. sind belegt, daneben auch *brandigt, fleischigt, holzigt, viereckigt.* Von der Produktivität des Musters zeugen auch Mischbildungen wie *grünlicht, länglicht, rötlicht, weißlicht.* Kritisch zu diesen Bildungen äußert sich Adelung: "das *rosicht* einiger neuern Dichter beleidigt Gehör und Geschmack." In der nhd. Standardsprache sind die Adj. auf *-icht* nicht mehr gebräuchlich. Erhalten hat sich nur *töricht.* (Zu den möglichen Ursachen ihres Schwindens vgl. Erben 1983, 138; Hartweg/Wegera 1989, 157f.) In vielen Fällen zeigt sich schon im 17./18. Jh. der Abbau bestehender Konkurrenzen. "Wortartenunspezifisch gewordene Suffixe werden durch solche mit differenzierter Wortartencharakteristik ersetzt, und im Zuge einer Standardisierungstendenz wird die Konkurrenz semantisch naher oder identischer Modelle mit verschiedenen Formativen gemindert." (Fleischer 1988, 187.) So tritt *ohn-* statt *un-* bei Adj. und Adv. in vielen Textsorten schon im 17./18. Jh. zurück, z. B. noch *ohnbeschrenkt, ohngebührlich.* Gegenüber früherer Verschmelzung, vgl. *Uneinikeit*, wird nun die Suffixkombination *-keit* nach *-ig/-lich* obligatorisch: *Grimmigkeit, Heftigkeit, Empfindlichkeit, Fröhlichkeit.*

Verschiedene Bildungsweisen gibt es in der dt. Sprache auch seit langem bei der Bildung der deverbativen Nomina actionis: Fem. auf *-ung*, Mask. als implizite Ableitung (Nullmorphem; bei st. Verben Ablaut) und substantiviertem Infinitiv (Konversion). Im 18. Jh. werden eine Reihe fem. *-ung*-Ableitungen von den Mask. verdrängt: *Befehlung* > *Befehl*, *Besuchung* > *Besuch*, *Eiferung* > *Eifer*, *Preysung* > *Preis*, *Ruffung* > *Ruf*, *Wachsung* > *Wuchs*, bei Goethe noch nebeneinander belegt: *Ausbauung* > *Ausbau.* Bleiben beide Formen bestehen, so ist Bedeutungsdifferenzierung die Regel: *Reizung* : *Reiz*, *Wüstung* : *Wüste.* Ob bei diesem Vorgang nur eine für die Wortbildung des

Substantivs seit dem 18. Jh. generell angenommene Tendenz zur Verkürzung wirksam ist oder weitere Ursachen anzunehmen sind, bedarf noch der Untersuchung. Dass sich gegenüber dem Gebrauch im 17./18. Jh. die jeweils kürzere Form in der nhd. Standardsprache dann durchsetzt, belegen auch folgende Beispiele: *Auslesung* > *Auslese*, *Bewegungsgrund* > *Beweggrund*, *Dürrung* > *Dürre*, *Gebärung* > *Geburt*.

Bei der Bildung der Verben führt frz. Einfluss im 17. Jh. dazu, dass Verben mit dem Suffix *-ieren* sehr produktiv werden. Die Ableitung erfolgt sowohl von fremden als auch von deutschen Stämmen. Dabei begegnen neben auch heute noch gebräuchlichen viele, die nicht in die Standardsprache übernommen wurden. Beispiele finden sich in allen Gattungen und Textsorten: *accommodiren, accordiren, bummelieren, defendiren, determiniren, disputiren, elaboriren, examiniren, expostuliren, extendiren, gastieren, generiren, irrlichtelieren, observiren, präsentiren, penetriren, perturbiren, respectiren, solicitiren, verlustieren* u. a.

Charakteristisch für die Wortbildung des Verbs aber sind die Präfixbildungen sowie Komposita mit Adverb als Erstglied. Auch für das 17./18. Jh. zeigt der Ausbau des verbalen Wortbildungssystems schon das Bild "der auffälligen, geradezu wortartcharakteristischen Fülle von Präfixen und präfixartig gebrauchten Morphemen" (Erben 1983, 119). Hinsichtlich der Zuordnung entsprechend der Wortbildungsart werden in der Fachliteratur unterschiedliche Auffassungen vertreten. Nach Schildt (1984, 173f.) gehören zu "den bevorzugten Präfixen dieser Zeit . . . neben untrennbarem *er-* – vgl. *errufen, -schreien, -weinen, -dürsten* – vor allem *durch*, teils trennbar, teils untrennbar wie z. B. in *durchdringen, -gehen, -feuern, -glühen, -netzen* sowie trennbares *an-, ein-/hinein-, empor-, entgegen-, hin-, nach-* und *zu-*." Fleischer/Barz (1992, 300) aber sehen in Wortbildungskonstruktionen mit den adverbialen Erstgliedern *empor-, entgegen-* u. a. Komposita. Die Neuartigkeit der zeitbedingt vielfach emphatischen Verwendung verleiht den Präfixbildungen Ausdrucksfunktionen, die älteren Bildungen nicht mehr eigen sind: *ablauben, ablegen, abriechen; ausackern, ausbangen, aushellen, ausweinen, auswurzeln; entadeln, entlodern, entnebeln; erdürsten, erschreien, erweinen; durchfeuern, durchglühen, durchnetzen*. Auch die Bildungen mit *entgegen-*, die vor allem in der 2. Hälfte des 18. Jh. zunehmend gebraucht werden, lassen – ausgehend von der Semantik der ihnen zugrunde liegenden Verben – in den Kontexten sehr unterschiedliche Nuancierungen erkennen. Häufig wird Bewegung im Raum ausgedrückt: *entgegenbringen, -eilen, -fahren, -fliehen, -führen, -gießen, -wehen . . .*; verbunden mit Verben wie *liegen, sein, stehen, ringen, türmen* ist 'Gegensatz', 'Widerstand' zu assoziieren; *entgegendonnern, -jauchzen, -lispeln, -schnattern, -weinen* bezeichnen Akustisches. Die Häufung derartiger Bildungen vor allem in der 2. Hälfte des 18. Jh. ist mit einer – besonders in den Dichtungen Klopstocks gut nachweisbaren – Bedeutungsverschiebung verbunden, so dass statt räumlicher Bewegung vielfach seelisches bzw. geistiges Entgegenkommen bezeichnet wird. Vgl. z. B. *entgegendringen, -hören, sich -freuen, -segnen, -sehnen, -wachen . . .* Auch für Goethes Wortschatz sind beispielsweise über 120 Bildungen mit *entgegen-* und mehr als 160 mit *ent-* belegt; sehr häufig findet sich bei ihm auch *aus-* mit 380 Bildungen (Goethe-Wörterbuch 1978ff., 1. Bd., 1094ff., 3. Bd., 112ff.). Hinsichtlich der Frequenz und Semantik einzelner Präfixbildungen sind bei gleichen Strukturen noch vielfältige Differenzierungen festzustellen, z. T. auch durch Textsorten- und Gattungsspezifik bedingt. Nach Erben befördern vor allem Pietismus und "die an Klopstock anschließende Erneuerungsbewegung der Dichtersprache im 18. Jh." den Prozess, in dem "die strukturelle und funktionelle Vielfalt des heutigen Präfixsystems gewonnen" (Erben 1983, 120) wird.

1.7. Das Deutsch der jüngeren Neuzeit (1800 bis 1950)

1.7.1. **Zur Umgestaltung der kommunikativen Bedingungen**

Der Beginn der Periode der jüngeren Neuzeit fällt zusammen mit der Beschleunigung der bürgerlichen Umgestaltung in Deutschland um die Wende des 18. zum 19. Jh. Auch im sprachlichen Bewusstsein wurde ein relativer Abschluss der vorangegangenen Periode insofern empfunden, als, wie Goethe 1818 in seinem Aufsatz "Deutsche Sprache" schrieb, nun alle "ihre Lebens- und Lehrbedürfnisse innerhalb der Muttersprache befriedigen können" (zit. nach EGGERS 1986, Bd. 2, 353). Der Prozess der Konsolidierung der nhd. Standardsprache war also im Wesentlichen abgeschlossen. Die weiteren sprachlichen Veränderungen waren eher peripherer Art und wurden durch die explizit vorliegenden Normen, etwa in ADELUNGS Grammatik, auch in Grenzen gehalten und durch die Werke der Schriftsteller gefestigt. Natürlich darf auch nicht übersehen werden, dass diese Norm um 1800 wahrscheinlich nur von einer kleinen, vorrangig dem Bildungsbürgertum und dem Adel entstammenden Gesellschaftsgruppe aktiv gebraucht, darüber hinaus jedoch in weiten Kreisen nur passiv beherrscht wurde.

Dieser Zustand sollte sich vor allem durch die zunehmende Alphabetisierung ändern. Doch diese war um 1800 gerade erst dabei, größere Bevölkerungsteile zu erfassen. Von einer Alphabetisierung der Deutschen im Sinne einer Fähigkeit zur aktiven Verwendung der dt. Schriftsprache kann daher zu dieser Zeit noch nicht die Rede sein. (Vgl. MATTHEIER 1986, 226.)

Die wichtigste politische Aufgabe bestand in der schrittweisen Beseitigung der feudalen Abhängigkeit der Bauern und der Überwindung der nationalen Zersplitterung Deutschlands. Beschleunigt wurde dieser Prozess durch den Kampf gegen die französische Fremdherrschaft und die mit den Freiheitskriegen einsetzenden Reformbewegungen. Die patriotische Bewegung sah als Ziel ihres Krieges gegen Napoleon den einheitlichen deutschen Nationalstaat, doch verhinderte die politische Herrschaft der feudalabsolutistischen Fürsten und des Adels diese Lösung.

Seit den 30er Jahren schritt die von England ausgehende Industrialisierung auch in Deutschland voran. Handel, Manufaktur und später die Fabrikproduktion dehnten sich aus und stärkten die wirtschaftliche und politische Basis des aufstrebenden Bürgertums.

Eine sichtbare wirtschaftliche Umwälzung vollzog sich in Deutschland in den 50er und 60er Jahren des 19. Jh. Aus einem ursprünglich vorwiegend agrarisch bestimmten Land wurde Ende des Jahrhunderts durch die einsetzende Industrialisierung eine der stärksten Industriemächte der Welt. Industrialisierung bedeutete jedoch neben dem starken Anwachsen der Bevölkerung (von 25 Mill. im Jahre 1816 auf 68 Mill. im Jahre 1915, vgl. WELLS 1990, 368) zugleich eine weitere sprunghafte Verstädterung der Bevölkerung. Wanderungsbewegungen führten zum Aufeinandertreffen unterschiedlichster sozialer Gruppen, die in kürzester Zeit nicht nur neuartige, oft rasch wechselnde Kommunikationssituationen (öffentliche Diskussionen, Umgang mit Institutionen, Gespräche am Arbeitsplatz, in Gewerkschaften, Parteien, Verbänden), sondern auch neue Kommunikationsinhalte zu bewältigen hatten. Dabei war der frühere Handwerker dem Tagelöhner oder Landarmen gegenüber insofern im Vorteil, als er in Grenzen über technisches Grundwissen verfügte. Demzufolge konnte er die neuen Vorgänge auch sprachlich besser bewältigen. Mit diesem Prozess war vor allem die Aneignung der Fachwortschätze verknüpft.

Diese gesellschaftlichen Veränderungen, die auch verbunden waren mit einer Beschleunigung des Verkehrs auf Kanälen, Schienen und Straßen, Spezialisierung in der Berufsausbildung, nationalem und internationalem Warenverkehr, Beginn der erhöhten Medienwirksamkeit (im 19. Jh. zunächst durch die Zeitung), all diese Entwicklungen zwangen die Bürger zunehmend zur aktiven und passiven Teilnahme an der Kommunikation und brachten dem 19. Jh. – dem "Jahrhundert der Massen und der Massenbewegungen" (WAGNER 1977, 498) – eine zunehmende Beteiligung der Bevölkerung am öffentlichen Leben, die oft als "Demokratisierung" bezeichnet wird. Nach EGGERS stellt in diesem Zusammenhang "das Aufkommen der Tagespresse und der berufsmäßigen Tagesschriftstellerei das herausragende Ereignis dar" (1986, Bd. 2, 360). Dabei führte die mit diesen veränderten Kommunikationsanforderungen verbundene Herausbildung neuer zweckbedingter, produzenten- und sozialgruppenbedingter öffentlicher Textsorten(stile) dazu, dass erstmals die gesamte Bevölkerung "für vielfältige Alltagszwecke sekundäre Fertigkeiten des Schreibens und Lesens erwerben mußte" (v. POLENZ 1999, 4). Nach Auffassung MATTHEIERS änderten sich durch die außersprachlichen Entwicklungen "die sprachlichen Verhältnisse in der deutschen Sprachgemeinschaft so grundlegend /. . ./, wie das seit der großen kommunikativen Revolution in der frühen Neuzeit nicht mehr der Fall gewesen war" (1986, 225).

So förderten diese Veränderungen und der Aufstieg des modernen Bürgertums im 19. Jahrhundert vor allem auch das verstärkte Aufkommen eines sprachkritischen Bewusstseins, das sich zunehmend in sprachelitär-konservativer Haltung zum "Sprachverfall" der deutschen (Hoch-)Sprache äußerte. In ihrer z. T. radikalen Kritik an der "Sprachverhunzung" gingen negative Einschätzungen des Sprachzustandes und der Entwicklungsmöglichkeiten der Sprache oft einher mit einem rigiden Normbewusstsein spätbürgerlicher Bildungsideologie. Die teilweise durch demokratische und aufklärerische Motive geprägte Sprachkritik der ersten Hälfte des 19. Jh. wich allmählich einer pessimistischen, zunehmend radikaleren Sprachkritik und Sprachskepsis. Dabei richteten Sprachkritiker wie A. SCHOPENHAUER (1788–1860, er prägte das negative Schlagwort vom "Zeitungsdeutsch"), F. NIETZSCHE (1844–1900), F. MAUTHNER (1849–1923), F. KÜRNBERGER (1821–1879, von ihm stammen die Formulierungen "Sprache der Aufregung", "Sprache der Abspannung", "Sprache der Schonung, der Höflichkeit") und G. WUSTMANN (1844–1910) ihre Aufmerksamkeit vor allem auf die Zeitungssprache, in der die modernen Tendenzen der Sprachentwicklung am deutlichsten sichtbar wurden (vgl. SCHIEWE 1998).

Stand diese zunächst ganz im Zeichen der Verbreitung der Schriftsprache, so entwickelte sich doch rasch eine diesem spezifischen Medium angepasste, auf Schnelligkeit und Tagesaktualität orientierte Sprachform. Vor allem aber war es auch die Übernahme alltagssprachlicher Mittel, die oft aus sachlichen Gründen erfolgte, z. B. der Aufnahme von Tabu-Bereichen wie Sexualität und Kriminalität (vgl. NAIL 1985, 1665), die auf das Heftigste bekämpft wurde. Doch kam es z. T. auch zu Äußerungen, die undifferenziert die Pressesprache generell ablehnten:

> "Seit länger als einem Menschenalter ist in unserer Sprache eine Macht am Werke, die schon unsäglichen Schaden angerichtet hat und auch noch ferner anrichten wird: die Tagespresse. Es mag für alle, die an ihrer Herstellung beteiligt sind, bitter zu hören sein, aber es ist doch die Wahrheit, was schon so oft ausgesprochen worden ist: die Hauptursache der Verwilderung unserer Sprache, der eigentliche Herd und die Brutstätte dieser Verwilderungen sind die Zeitungen . . ." (WUSTMANN 1891, 14).

Dennoch konnte ihr Siegeszug nicht aufgehalten werden; von 1881 bis 1913 erhöhte sich die Zahl der in Deutschland herausgegebenen Zeitungen von 2437 auf 4036 (vgl. BRANDT 1985, 1663).

Seit den 20er Jahren des 20. Jh. begannen Hörfunk und Kino als Massenmedien Einfluss zu gewinnen. Auch ihre Wirkung – insbesondere auf die rezeptive mündliche Sprachkompetenz – kann kaum zu hoch bewertet werden, doch darf insgesamt auch ihr spezifischer Einfluss im Interesse der späteren nationalsozialistischen Propaganda nicht unterschätzt werden.

Es ist auffällig, dass insbesondere in der zweiten Hälfte des 19. Jh. auch der Purismus wieder an Bedeutung gewann (vgl. auch 1.7.4.). "Die Einigung Deutschlands im Jahre 1871 markierte [. . .] einen Wendepunkt in der Geschichte des Purismus jüngsten Datums, da die nun zentralisierten Behörden für Post und Fernmeldewesen, Eisenbahnen,

Gesetzsprechung, Erziehung und Verwaltung sämtlich entsprechende 'reichseinheitliche' sprachliche Normen brauchten." (Wells 1990, 423.) 1885 wurde der Allgemeine Deutsche Sprachverein gegründet, der sich neben der Sprachreinigung vor allem der Pflege der Muttersprache widmete. Ungeachtet seiner insgesamt widersprüchlichen und insbesondere in Abhängigkeit von den jeweiligen Zweigvereinen unterschiedlichen sprachpolitischen Schwerpunktsetzungen stellte sich der Gesamtverein zunehmend in den Dienst der nationalsozialistischen Ideologie und unterstützte vor allem in seinen fremdwortpuristischen Aktivitäten den Alltagsfaschismus der kleinen Funktionäre und Mitläufer (vgl. Simon 1989).

Mit der industriellen Revolution entstanden bzw. vertieften sich schließlich die grundlegenden sozialen Unterschiede. Wenn auch erst zögernd – vor 1850 rekrutierten sich die Arbeiter noch weitgehend aus den Handwerksgesellen –, bildete sich mit den Industriearbeitern doch allmählich eine soziale Schicht heraus, die besonders unter dem Einfluss ihrer ideologischen Wegbereiter Wilhelm Weitling (1808–1871), Karl Marx (1818–1864), Friedrich Engels (1820–1895) und Ferdinand Lassalle (1825–1864) ein Bewusstsein gemeinsamer sozialer Zusammengehörigkeit und Interessen entwickelte und neue soziale und politische Ziele anstrebte.

Das inzwischen erstarkte Bürgertum drängte zur Sicherung seiner Macht auf die Schaffung eines Nationalstaates. 1871 war mit der Gründung des Deutschen Reiches dieses Ziel erreicht. Wenn diese "kleindeutsche" Reichseinigung auch nicht in der von großen Teilen des Bürgertums gewünschten Weise zustande gekommen war, so war die Einheit Deutschlands für die wirtschaftliche, nationale und letztlich auch für die sprachliche Entwicklung ein wichtiger Einschnitt, u. a. da der nun zentralisierte Verwaltungsapparat die Reform verschiedener Fachsprachen, der Orthographie sowie der Aussprache vorantrieb. Letztere konnte allerdings erst zu Beginn des 20. Jh. mehr oder weniger abgeschlossen werden.

Neben der Förderung vereinheitlichender Tendenzen in der dt. Sprache bildete die Art und Weise der Einigung des deutschen Staates aber auch eine der Grundlagen für die Beibehaltung bzw. Vertiefung von Unterschieden zwischen den einzelnen (regionalen) Varietäten des Deutschen.

1.7.2. **Zur Entwicklung der Germanistik im 19. und zu Beginn des 20. Jahrhunderts**

Mit der zunehmenden Festigung der deutschen Schriftsprache erlangte allmählich auch die wissenschaftliche Reflexion über Sprache eine neue Qualität und wirkte umgekehrt zugleich auf den bewussten Umgang mit Sprache zurück. Bereits seit der Mitte des 18. Jh. war ein verstärktes Interesse an der wissenschaftlichen Erforschung und Beschreibung der deutschen Sprache einschließlich ihrer Dialekte zu verzeichnen, in deren Folge sich in der ersten Hälfte des 19. Jh. die Sprachgeschichtsforschung als Teil einer Universitätsdisziplin etablierte. Für diesen Zeitraum lassen sich dabei die folgenden spezifischen Ausrichtungen gesellschaftlichen Interesses an Sprachgeschichte ausmachen: das Interesse an Sprache als zentralem Element eines historisch konzipierten Nationalmythos, das Interesse an Sprache als Medium der Geschichte im Sinne nationalkultureller und nationalliterarischer Traditionen, das Interesse an Etymologien zum Fixieren ursprünglicher und deshalb 'wahrer' Wortbedeutungen (sowie nach 1945 das Interesse an Sprache als Gegenstand historisch verfahrender Sprachkritik zum Zwecke gesellschaftlicher Aufklärung). (Vgl. Hass-Zumkehr 1998, 350.)

Hervorgerufen wurde es zum einen durch eine Fülle von nunmehr ganz neuen, reichhaltigen und vielgestaltigen Erkenntnissen (z.B. erweiterte Sprachquellenkenntnisse des deutschen Mittelalters durch verschiedene Editionen, Bibliotheksreiseberichte, durch die Entdeckung praktisch aller zu dieser Zeit überschaubaren Sprachen), zum anderen aber auch als Folge der sich entwickelnden nationalen Selbstbestimmung des Bürgertums. Dieses äußerte sich im Aufbruch des historisch-genetischen Denkens in der Sprachwissenschaft im Zusammenhang mit der deutschsprachigen Kulturgeschichtsschreibung, in der steigenden Wertschätzung der Dialekte als "historisch wie volkstümlich verankerte Sprachquellen", in der Entwicklung der historischen Lexikographie als geschichtliche Vertiefung des deutschen Wortschatzes. (Vgl. SONDEREGGER 1998, 447.)

1816 erschien die Arbeit des deutschen Sprachwissenschaftlers F. BOPP (1791–1867) "Über das Conjugationssystem der Sanskritsprache in Vergleichung mit jenen der griechischen, lateinischen, persischen und germanischen Sprachen", mit der er an umfangreichem Material die Verwandtschaft des Sanskrit mit einer Reihe europäischer Sprachen zeigte. Seine Arbeiten, wie auch die des dänischen Gelehrten R. K. RASK (1787–1832), des russischen Sprachwissenschaftlers A. VOSTOKOW (1781–1864) und vor allem von JACOB (1785–1863) und WILHELM GRIMM (1786–1859) begründeten den Beginn einer neuen Etappe in der Entwicklung der Sprachwissenschaft, die später als die historisch-vergleichende Sprachwissenschaft bezeichnet wird. Mit der systematischen historischen und vergleichenden Erforschung der dt. Sprache begann zugleich eine Zeit gesteigerten nationalen Sprachbewusstseins und die verstärkte Entwicklung der Nationalsprache.

Die Brüder GRIMM wandten sich dabei sowohl der Sprachgeschichte als auch dem nationalen Erbe in der literarischen Überlieferung, den Märchen und Sagen, den Mythen, der mittelalterlichen Literatur, den Rechtsaltertümern, aber auch vorgeschichtlichen Überlieferungen (z.B. den Runen) zu. In den "Märchen der Brüder Grimm" findet ihre Arbeit bis heute ihren bekanntesten Ausdruck.

1819 erschien der erste der insgesamt vier Bände der "Deutschen Grammatik" (–1837). Diese hatte einen bedeutenden Einfluss auf die Entwicklung der linguistischen Theorie und Praxis der vergleichenden Forschung. "J. GRIMM wandte eine im Vergleich zu den universalen oder logischen Grammatiken des 18. Jh. neue Forschungsmethode an und lenkte die Aufmerksamkeit auf die vielgestaltigen lebenden Nationalsprachen und nicht nur auf Sanskrit, Altgriechisch und Latein." (AMIROVA, OL'CHOVIKOV, ROŽDESTVENSKIJ 1980, 250, vgl. auch GARDT 1999.) Sein Verdienst bestand dabei vor allem in der Darlegung der Gesetzmäßigkeiten des Lautwandels, im Erkennen des systematischen Zusammenhangs und seiner wissenschaftlich fundierten Beschreibung; aber auch bei der Herausbildung einer zukünftigen Dialektologie besaß er einen immensen Einfluss.

Neben der Grammatik bilden die 1848 von J. GRIMM veröffentlichte "Geschichte der deutschen Sprache" in zwei Bänden sowie die seit 1854 von beiden Brüdern verfassten ersten Bände zum "Deutschen Wörterbuch" die wichtigsten Arbeiten, mit denen die wissenschaftliche Germanistik entscheidend beeinflusst wurde. Es sollten jedoch noch mehr als 100 Jahre vergehen, bis – nachdem Generationen von Linguisten die Arbeit fortgesetzt hatten – mit der 380. Lieferung der 32. und damit zunächst letzte Band sowie 1971 das kommentierte Quellenverzeichnis erscheinen konnten. Der lange Entstehungsprozess machte es erforderlich, dass bereits wieder an der Überarbeitung dieses umfangreichen Wörterbuchs gearbeitet wird. (Vgl. Das Grimmsche Wörterbuch 1987.)

Eine weitere Richtung der Sprachwissenschaft im 19. Jh. widmete sich vor allem philosophischen Fragen der Entwicklung der Sprache. Diese ist mit solchen Namen bedeutender Gelehrter wie J. G. HERDER (1744–1803), A. SCHLEGEL (1767–1845), W. VON HUMBOLDT (1767–1835), A. SCHLEICHER (1821–1868), W. WUNDT (1832–1920) verknüpft. "Ihr Interesse war auf die Schaffung einer allgemeinen Sprachtheorie, vor allem auf die Erklärung der Natur der Sprache und ihrer Beziehung zum Denken, aber auch auf die Erarbeitung der Grundprinzipien einer Evolutionstheorie der Sprache gerichtet. Einen besonderen Platz nahm innerhalb dieses Kreises WILHELM VON HUMBOLDT ein." (AMIROVA, OL'CHOVIKOV, ROŽDESTVENSKIJ 1980, 283; vgl. auch GARDT 1999.)

In der Mitte des 19. Jh. begann eine neue, vorwiegend historisch ausgerichtete Strömung an Einfluss zu gewinnen, die in der Forschung als "junggrammatische Schule" zusammengefasst wird. Sie entstand mit dem Ziel der Überwindung der Mängel der Komparatistik und war vor allem auf die Präzisierung der Grundpositionen und der Aufgabenstellung der Sprachwissenschaft sowie auf die Verbesserung und Vervollständigung der Methodologie der sprachlichen Analyse gerichtet. Beeinflusst von der sprunghaften Entwicklung der Naturwissenschaften gingen die Junggrammatiker von der Hypothese aus, dass sprachliche Entwicklungsgesetze den gleichen Status hätten wie Naturgesetze.

Wichtige Vertreter waren u. a. W. Scherer (1841–1886, "Zur Geschichte der deutschen Sprache" 1868), H. Paul (1846–1921, "Prinzipien der Sprachgeschichte" 1880) sowie H. Osthoff (1847–1909) und K. Brugmann (1849–1919, 1878–1890 gemeinsame Veröffentlichung der "Morphologischen Untersuchungen auf dem Gebiete der indogermanischen Sprachen"). Mit ihnen erfuhr neben der philosophischen auch die historische Richtung eine verstärkte theoretische Fundierung. Für Paul ist Sprachwissenschaft grundsätzlich (reduziert auf) Sprachgeschichte:

> "Es ist eingewendet, daß es noch eine andere wissenschaftliche Betrachtung gäbe, als die geschichtliche /. . ./ Was man für eine nicht-geschichtliche und doch wissenschaftliche Betrachtung der Sprache erklärt, ist im Grunde nichts als eine unvollkommene geschichtliche /. . ./" (Paul 1898, 19.)

Neben dem Historismus bildete die Hinwendung zu den Formen in der Sprache, besonders zu den Lauten, und die durch die naturwissenschaftliche Denkweise beeinflusste Annahme, Lautgesetze würden ausnahmslos gelten, typische Ansichten. Allerdings blieben in den Arbeiten der Junggrammatiker Aspekte, die auf die kulturellen Traditionen der Gesellschaft abheben, nahezu völlig unberücksichtigt (vgl. Gardt 1999, 279). Doch dessen ungeachtet brachten sie eine "solche Fülle von Entdeckungen hervor, wie sie die Sprachwissenschaft kaum wieder erlebt hat. Noch heute zehren wir von den Werken Pauls, Braunes, Streitbergs, Behaghels u. a." (Helbig 1986, 15.) Es sind vor allem die Gesetzmäßigkeiten, die mit positivistischer Detailfreude im Ergebnis der Verallgemeinerung der Untersuchung einer großen Materialfülle nachgewiesen wurden und die sich durch einen hohen Grad an Exaktheit der Beobachtungen auszeichnen, die der junggrammatischen Richtung trotz ihrer Mängel (unter anderem der Unterschätzung außerlinguistischer Faktoren sowie die zugrunde liegende Annahme, die Lautgesetze würden ausnahmslos wirken) einen bedeutenden Platz in der Entwicklung der linguistischen Forschung zukommen lassen.

Ende des 19. und zu Beginn des 20. Jh. mehrten sich die Kritiker der junggrammatischen Schule, die auf der Suche nach prinzipiell neuen Wegen eine Reihe weiterführender Ansätze hervorbrachten. So hatte z. B. F. Engels schon 1880 in seiner Arbeit "Der Fränkische Dialekt" die Entstehung und Entwicklung der Sprache als ein sozial determiniertes Phänomen beschrieben, das nur in engem Zusammenhang mit der Entwicklung der Sprachträger dargestellt werden kann. Diese Arbeit blieb aber, da kaum verbreitet, in ihrer Zeit ohne beachtenswerte linguistische Wirkungen.

Größeren Einfluss erlangten demgegenüber die Schule "Wörter und Sachen", deren bedeutendster Vertreter der österreichische Linguist H. Schuchardt (1842–1927) war, die Neolinguistik, die die Vielseitigkeit der Sprache sowie die Kompliziertheit der sprachlichen Entwicklung zu zeigen versuchte, und die "Ästhetische Schule", deren exponierter Vertreter K. Vossler (1872–1949) vor allem der Synthese linguistischer Ansätze mit philosophischen, insbesondere kulturphilosophischen Aspekten verpflichtet war.

Die Überwindung und Weiterentwicklung des junggrammatischen Ansatzes erfolgte auch von Seiten der Mundartforschung. Mit der geographischen und historischen Vertiefung der deutschen Mundarten entwickelte sie sich unter G. W. Wenker (1852–1911), der mit seinem "Sprachatlas des Deutschen Reiches" (1876–1881) eine neue Epoche in der Mundartforschung eingeleitet hatte, zur Dialektgeographie. Wenker, der mit Hilfe von 40000 Fragebogen zur Erfassung wichtiger lautlicher Charakteristika eigentlich die Ausnahmslosigkeit sprachlicher Gesetze nachzuweisen versucht hatte, erkannte als eines der Ergebnisse seiner Untersuchungen gerade das Gegenteil. Durch seinen Nachfolger F. W. Wrede (1863–1934) wurden seine Untersuchungsergebnisse bestätigt und seit 1926 im "Deutschen Sprachatlas" veröffentlicht (später durch W. Mitzka (1888–1976) und L. E. Schmidt fortgeführt und 1956 vorläufig beendet). Als besondere forschungsgeschichtliche Leistung der Sprachgeographie gilt weiterhin die Einbeziehung ihrer Erkenntnisse in die Diskussion um die Entstehung der nhd. Schriftsprache, die vor allem unter Th. Frings erfolgte. (Vgl. Hildebrandt 1998, 514.) Indem er und die 'Leipziger Schule' den Blick stärker auf "den Primat des Sprechkonsens vor dem Schreibkonsens" richteten, wurde der geographische Raum der omd. Dialekte, in dem es infolge der Siedlermischung zu einer "breiten Streuung kompromißfähiger Einzelelemente" gekommen war, zur Grundlage für die Herausbildung der nhd. Schriftsprache (vgl. ebd.). Auch wenn sich – wie neuere Untersuchungen zeigten (vgl. Besch 1993) – der Ausgleich weniger auf der Ebene der Dialekte als vielmehr auf der Ebene der Verkehrssprachen und plurizentrisch vollzog, besitzt die Orientierung auf Zeit und Raum der durch Frings favorisierten östl. Mitte als einer wichtigen Region der sprachlichen Vereinheitlichung bis heute (in etwas erweitertem Rahmen) Gültigkeit.

Wie sich schon um die Jahrhundertwende andeutete, nahm die Entwicklung des sprachwissenschaftlichen Denkens im 20. Jh. verschiedene Richtungen. Den wohl stärksten Einfluss übte dabei der schweizerische Gelehrte F. de Saussure (1875–1913) aus. Seine besondere Leistung bestand darin, dass er als erster Linguist des 20. Jahrhunderts der Wissenschaft eine neue, in sich geschlossene und exakte Darlegung einer allgemeinsprachwissenschaftlichen Theorie anbot. Die von ihm in ihrer Spezifik geprägten Dichotomien (*langue – parole, syntagmatisch – paradigmatisch, signifiant – signifié, Diachronie – Synchronie*) erlauben "eine prägnante und ungemein eingängige Strukturierung des komplexen Phänomens Sprache" (Gardt 1999, 290). Er förderte nicht nur wesentlich die soziologische Richtung in der Sprachwissenschaft, sondern gilt als der Begründer der strukturalistischen Schulen, die in ihren verschiedenen Ausprägungen die linguistische Forschung bis in die 60er Jahre, teilweise bis in die Gegenwart beherrschten. So entwickelten sich u. a. die Genfer Schule, die Prager Phonologie und die Kopenhagener Glossematik sowie die spezifisch amerikanischen Varianten der Linguistik, aus denen sich wiederum die Stratifikationstheorie und die Transformationstheorie entwickelten.

Bei aller Unterschiedlichkeit der Ansätze ist der Strukturalismus im Wesentlichen gekennzeichnet durch die hohe Bewertung des Strukturgedankens (Sprache vorrangig als ein System von wechselseitig verbundenen und bedingten Elementen), durch die besondere Favorisierung der synchronen Betrachtungsweise und methodisch durch eine starke Neigung zur Formalisierung der Analysen. "Diese Ausrichtung auf Strukturen in Phonologie und Grammatik bedeutet eine Ablehnung der junggrammatischen Methodik, von Atomismus, von Physiologisierung und Psychologisierung. Sie bedeutet aber andererseits auch die Ausschaltung jeglicher außersprachlicher Faktoren bei der Sprachbeschreibung." (Helbig 1986, 47.) Hinsichtlich der Erklärung des Sprachwandels sind strukturalistische Theorien dort am erfolgreichsten, wo sie sich – gegenüber irrationalistischen Verfahren – auf die Darstellung kausal verknüpfter Sprachwandelerscheinungen beziehen. Gleichzeitig ist jedoch die Erklärung der Ursachen des Sprachwandels "ohne Bezug auf Erscheinungen, die sich nicht strukturalistisch erfassen lassen, unmöglich." (Schrodt 1998, 527.)

1.7.3. **Zum Einfluss von Naturwissenschaft und Technik**

Sind zum einen im Laufe des 19. Jh. zunehmend vereinheitlichende Tendenzen in der Geschichte der deutschen Sprache zu verzeichnen, so wirkten diesen die vielfältigsten sprachlichen Neuerungen entgegen, die sich aus der sprunghaften Entwicklung und Differenzierung der Naturwissenschaften, den Fortschritten in Technik, Ökonomie, aber auch im Sport, im Militär und in anderen Bereichen ergaben. Dabei bewirkte insbesondere die Herausbildung und Zusammenführung der Naturwissenschaften als nun eigenständige fünfte Fakultät an den Universitäten und ihre zunehmende Verflechtung mit der wissenschaftlich-technischen und industriellen Revolution, dass die einzelnen Disziplinen einerseits verstärkt ineinander griffen, andererseits stärker differenzierte Teildisziplinen ausbildeten. Gleichzeitig erreichten die Naturwissenschaften allmählich nicht mehr nur die Schicht der Gebildeten, sondern – vor allem über das Unterrichtswesen, populärwissenschaftliche Literatur und die Presse – zunehmend breitere Teile der Bevölkerung. In der Folge kam es nicht nur zu tiefgreifenden Veränderungen – wie z.B. beim Fachwortschatz der Medizin –, sondern teilweise bildeten sich Fachwortschätze erst heraus, wie das etwa im Eisenbahnwesen, in der Elektrotechnik, der Textilindustrie oder später im Flugwesen und in der Telegraphie der Fall war. Die mit dieser Entwicklung verbundenen sprachlichen Prozesse beeinflussten zunehmend die Standardsprache und die regionalen Umgangssprachen. Dies führte, auch wenn die einzelnen sprachlichen Mittel nicht immer allgemeinverständlich waren, zu einem wesentlichen Anwachsen vor allem des rezeptiven Sprachvermögens der deutschen Bevölkerung.

An den nun zunehmend bewusst entwickelten oder sich weiterentwickelnden Wortschätzen hatte natürlich neben Entlehnungen und Neubildungen auch überliefertes Wortgut als Grundschicht einen bedeutenden Anteil.

Industrie: Die durch die Industrialisierung erreichten Fortschritte zeigen sich im Wortbestand vieler Gebiete: *Industrie* (18. Jh.), *industriell, Industrieanlage, -arbeiter, -staat; Großindustrieller* (Ende 19. Jh.), gleichzeitig *Großgrundbesitzer, Großkaufmann; Fabrik* (18. Jh.); *Technik* (18. Jh.), *Techniker, Bautechniker; Maschine* (17. Jh.; im 18. Jh. vom Frz. neu beeinflusst), *Maschinist* (18. Jh.), *Dampfmaschine* (1819), *Waschmaschine* (1831), *Nähmaschine* (1854), *Schreibmaschine* (nach 1880), *Mähmaschine, maschinell* (2. Hälfte 19. Jh.), *Automat* (seit 2. Hälfte 19. Jh. 'Verkaufsapparat'). (Vgl. Bach 1970, 6; Wagner 1974, 409ff.; Moser 1974, 445ff.; Schmidt 1985, 154f.; Unger 1980.)
Eisenbahnwesen: Durch Eröffnung der ersten Eisenbahnstrecke (*Eisenbahn* spätes 18. Jh. aus dem Bergbau) wird der Wortschatz stark bereichert: *Eisenbahnlinie, -netz, -zug; Lokomotive* (engl.; frz. Betonung); *Lore, Lori* (engl.); *Waggon* (engl., frz. Betonung); *Tunnel* (engl., 1839); *Zug* (seit etwa 1840 'Wagenreihe mit Antriebsfahrzeug'), *-beleuchtung, -personal, -verkehr; Bummelzug* (umgangssprachlich), *D-* (Durchgangs-), *Extra-*. Im technischen Betrieb überwiegen die dt. Bezeichnungen: *Bahnwärter, Heizer, Schaffner, Weiche*, im Publikumsverkehr zunächst die französischen: *Barriere* (später *Schranke*), *Billet, Condukteur, Coupé, Perron*. (Vgl. u. a. Mackensen 1970, 51ff.) Eindeutschungsbestrebungen beginnen in den 80er Jahren (vgl. 1.7.4.); jüngste Bildungen des 20. Jh.: *TEE-Zug* (Trans-Europa-Express), *IC* (Intercity), *Transrapid*.
Kraftfahrwesen: *Auto(mobil)*, nach dem 1. Weltkrieg *Kraftfahrzeug, Kraftfahrzeughalter; Kraftwagen, -führer; Personenkraftwagen (PKW)*; Automobilbau (Ende 20. Jh. *Solarmobil*), *Autobahn, Autoomnibus* > *Autobus* > *Bus* (unter engl. Einfluss); *Omnibusbahnhof; Obus* (*Oberleitungsomnibus*). Bezeichnungen für Einzelteile der Motorfahrzeuge: *Fahrgestell, Gang, Kerzenzündung* (1902), *Kuppelung, Schwingachse* (1932), *Spritzdüsenvergaser* (1893), *Windschutzscheibe*. Aus dem Engl. kommen die Lehnwörter *Tank* (dazu die Wortfamilie *tanken, Tankstelle, Großtankstelle, Tankwart*) und *parken* mit seinen Weiterbildungen *Parkplatz, -problem; Parkuhr, -verbot(sschild)*. Zu den Bildungen des 20. Jh. zählt *Motel* (*Motorhotel*), frz. Herkunft sind *Garage, Hoch-, Tief-*.
Flugwesen: *Flughafen, -lehrer, -platz, -verkehr; Flugzeug* (für *Aeroplan*), *Propellerflugzeug, Düsen-, Turbinen-, Raketen-; Zeppelin, Hubschrauber; Airport, Airbus*; in jüngster Zeit wieder *Flieger*.
Elektrotechnik/Elektrizitätswesen: *Elektro-* (Ende 19. Jh.), *Elektrizität, -(s)werk, elektrisches Licht, elektrische Klingel; Strommesser, -sperre, -schwankungen; Glühbirne; Wechselstrommotor, -kreis*. (Vgl. Unger 1986; Wells 1990, 408ff.)
Nachrichtenwesen: *Briefkasten* (1824), *Briefmarke* (1849, zuerst *Freimarke*). Frz. Ausdrücke werden um 1875 vielfach durch deutsche ersetzt: *Couvert* durch *(Brief-)Umschlag*, *poste restante* durch *postlagernd*, *rekommandiert* durch *eingeschrieben*; weiterhin: *Telegraf (Fernschreiben), telegrafieren; Telefon (Fernsprecher), telefonieren; Fernsprechamt, -netz, -verkehr, - zentrale; Funktelegrafie* (seit 1897); *Radar* (engl. *radio detecting and ranging*), *-gerät, -station*; 20. Jh.: *Telefax, Telex, Telefoto*.
Medizin: Auch in der Medizin führten die Fortschritte der Naturwissenschaft zu einer neuen Ära. Sie wandelte sich zu einer "angewandten Naturwissenschaft". Damit wurden auch Termini solcher Disziplinen wie der Mikrobiologie (*Bakterien, Viren, Vitamin*), der Physik (Optik: *Röntgenstrahlen*), Chemie (*Chloroform, Laborant, Penicillin*) übernommen. Bedingt durch die katastrophalen sozialen Folgen der industriellen Entwicklung gewann die Hygiene an Bedeutung und es drangen somit soziale und ökonomische Fachtermini in größerem Umfang in die Medizin ein: *Hygiene* (seit 1766), *Gesundheitspflege, Körperpflege, (ein-)impfen, Schluckimpfung, Kneippkur, -sanatorium, -bad; Massage, Vegetarismus, Naturheilkunde, Stoffwechsel, Rohkost, Gymnastik, Depression, Diphtherie, Kokain, Bazillen*. (Vgl. Dückert 1981, 109; Mackensen 1971, 176ff.)

Insgesamt unterliegen die Fachwortschätze – wenn auch in spezifischer Ausprägung – den allgemeinen Entwicklungstendenzen der Differenzierung und Integration sowohl zwischen den Fachsprachen als auch zwischen Fachsprachen und Gemeinsprache. Die mit der Terminologisierung und Determinologisierung verbundenen Veränderungen führten dabei zu komplizierten semantischen Prozessen, wie zahlreiche Untersuchungen zeigen (u. a. DÜCKERT 1981; PÖRKSEN 1998).

Mit den großen wissenschaftlichen und technischen Fortschritten kommen die einzelnen Berufe und Fachgebiete zunehmend miteinander in Berührung. Das wiederum führt dazu, dass Teile der Fachwortschätze gemeinsames Wortgut verschiedener Fachsprachen sind, so z. B. Biologie und Medizin, Maschinenbau und Textilwesen, Eisenbahnwesen und Dampfschifffahrt. (Vgl. DÜCKERT 1981, 110.) Innerhalb der Einzeldisziplinen führen Spezialisierungen zu Differenzierungsprozessen und damit zugleich zur Vermehrung des Fachwortgutes, vgl. in der Medizin z.B. Augenheilkunde, Gynäkologie, Physiologie, Pharmazie, Gerichtsmedizin.

Im engen Zusammenhang mit den Fachsprachen entwickeln sich aber auch weitere Gruppensprachen (Soziolekte), die weniger der technischen bzw. wissenschaftlichen Kommunikation dienen, sondern stärker sozial gebunden sind, oft einen hohen emotionalen Gehalt haben, weniger fest sind und ein starkes Gefühl der Gruppenidentität ausbilden helfen. (Vgl. WELLS 1990, 401; HESS-LÜTTICH 1987, 57ff.) Dabei verläuft die Grenze zwischen wissenschaftlicher Fachsprache und Gemeinsprache sowohl historisch wie auch systematisch betrachtet "auf einer gleitenden Skala" (PÖRKSEN 1998, 195). Diese reicht von einer spezialsprachlichen Terminologie innerhalb einer Nomenklatur bis zum gemeinsprachlichen, metaphorischen Ausdruck. Entsprechend lässt sich die Theorie- (oder Wissenschafts-)sprache als die am strengsten geregelte, theorienahe, meist schriftliche Sprachform von der fachlichen Umgangssprache, die der Kommunikation unter Fachleuten dient, unterscheiden. Über die Verteilersprache gerät das Fachvokabular an die Allgemeinheit, diese wird z.B. über die Bildungssprache vermittelt (vgl. ebd.).

Unterschiede und Gemeinsamkeiten hat WELLS am Beispiel der Militär- oder Heeressprache als Fachjargon und der Soldatensprache als der zugehörigen Gruppensprache veranschaulicht (vgl. folgende Beispiele in WELLS 1990, 402ff.):

Militärsprache: *Armee, Bataillon, Bombe, Defensive, exerzieren, Parade, Parole, Spion, Gewehr, Patrone, Magazin, Maschinengewehr, Panzer, -wagen, -führer, -division, -angriff, -schlacht, -falle, -faust.*

Soldatensprache: *Gießkanne* 'Maschinengewehr', *Ei* 'Bombe', *Eier legen* 'bombardieren', *Aal* 'Torpedo'; *er ist fertig, ist zur Minna, zur Schnecke gemacht* 'er ist tot', *Masern* 'explodierende Granaten', *Püppchen* 'Kampfflugzeuge'. Daneben gibt es eine Fülle vulgärer und obszöner Ausdrücke, in denen die Soldaten ihre Gefühle 'entladen'.

Umgekehrt wurden (und werden) militärische Fachausdrücke für alltägliche Dinge verwendet: *Schanzzeug* 'Esszeug', *am Boden zerstört* 'stockbetrunken sein', *auf Tauchstation gehen* 'schlafen', *Feuer frei* 'Rauchen gestattet', *Früh-/Spätzünder* 'Person, die schnell/langsam etwas begreift', *Blindgänger* 'Versager'. (Vgl. auch BRAUN 1993, 55ff.)

1.7.4. **Sprache und Politik**

Im 19. Jh. wurde Politik mehr und mehr zu einer öffentlichen Angelegenheit. Das führte zu unterschiedlichen Auswirkungen auf die sprachliche Entwicklung. Von der Vielzahl der hiermit verbundenen Aspekte sollen im Folgenden der Purismus sowie die Auswirkungen der Politisierung/Demokratisierung und des Nationalsozialismus auf die deutsche Sprache im Vordergrund stehen.

Purismus

Im Zusammenhang mit der Französischen Revolution, dem Zusammenbruch des alten Reiches, den militärischen Auseinandersetzungen mit Napoleon und der Neugestaltung Zentraleuropas war die geistig-kulturelle Entwicklung einer starken Politisierung unterworfen. Das 19. Jh. wurde u. a. im Zuge einer Besinnung auf das Deutsche in seiner ganzen Eigentümlichkeit durch eine nationalpolitische Abgrenzung nach außen, insbesondere Frankreich gegenüber, und durch das Streben nach politischer Einigung im Innern gekennzeichnet. "Als Grundlage und Garantie dafür wurde vor allem und immer wieder die Literatur- und Nationalsprache angeführt, die /. . ./ als der Spiegel der Nation" und als einigendes Band angesehen wurde. Motivation und Zielstellung der puristischen Bewegung wurde zunehmend eine (national-)politische, deren Hauptinteresse fortan eindeutig den nichtdeutschen Wörtern aus der Fremde, den Fremdwörtern galt. (KIRKNESS 1998, 410.)

Seit der Französischen Revolution 1789, vor allem aber auch mit der industriellen Revolution drang erneut eine Fülle von Fremdwörtern, die nicht nur Ausdruck der gewaltigen Entwicklungen im politischen und geistigen Leben, sondern auch des wirtschaftlichen und technischen Fortschritts war, in das Deutsche ein. Die durch diese Prozesse verstärkt auf den Plan gerufenen Sprachreiniger, die sich oft selbst als Nachfahren der Sprachgesellschaften früherer Jahrhunderte sahen, "waren in der Regel nationalistisch motiviert und behaupteten, daß Fremdwörter nicht bloß den Inhalt verdunkelten, sondern zugleich auch die Charakterstärke derjenigen, die sie benutzten, schwächten. Purismus, besonders der institutionalisierte Purismus, ist eine Form von sprachlicher Manipulation und hat daher eine gewisse Affinität zum politischen Gebrauch der Sprache, nämlich der Interpretation sozialer Wirklichkeit Werturteile zuzuerkennen." (WELLS 1990. 415.)

Zunächst, um die Jahrhundertwende zum 19. Jh., blieb der Purismus noch ohne größeres Echo in der Öffentlichkeit, die Diskussion vollzog sich eher in akademischen Kreisen. Die sich in unterschiedlichen Ansätzen äußernden Richtungen wurden dabei repräsentiert durch J. H. CAMPE (1746–1818), der eine aufklärerisch-pädagogische Richtung vertrat und wesentlich die weitere Entwicklung der Purismusbewegung in Deutschland bestimmte, K. W. KOLBE (1757–1835), der eine sprachstrukturelle Begründung vertrat, und K. CH. KRAUSE (1781–1832), der ausgehend von philosophisch-vernünftelnden Positionen den "wahren, eigentümlichen Geist" des Deutschen erhalten wollte. Als markantester Vertreter der politisch-nationalistischen Strömung dieser Zeit gilt der "Turnvater" F. L. JAHN (1778–1852), der "seinen Fremdwortpurismus gleichsam als sprachlichen Befreiungskrieg in den Dienst der nationalen Erhebung gegen die französische Vorherrschaft" stellte (KIRKNESS 1998, 412).

Auf JAHN gehen z.B. *Reck, Hantel, Barren* (alte Entlehnung aus dem Frz.) als Gerätebezeichnungen, *Rad, Schraube* und *Wippe* für Übungen am Pferd, *Felge, Welle* für Übungen am Reck sowie für Laufdisziplinen Bezeichnungen wie *Schnelllauf, Wettlauf* zurück. (Vgl. SCHILDT 1983, 681.)

Zunehmend bestimmte in der Folgezeit die Politisierung der puristischen Bewegung und ihre Integration in den deutschen Nationalismus den öffentlichen Kampf gegen das Fremdwort. Das emphatische Lob der eigenen Sprache wurde immer deutlicher verknüpft mit seinem *Sprach-, Volks-* oder *Nationalcharakter*. Auch wenn dieser "wissenschaftlich sehr dilettantische(r), bewußt volkstümlich gehaltene(r) Fremdwortkampf" (KIRKNESS 1998, 413) der ausdrücklich als 'Patrioten' handelnden Gelehrten wie J. D. C. BRUGGER in der Öffentlichkeit kaum eine größere Beachtung fand, ist er dennoch symptomatisch für die (fremdwort-)puristische Ausrichtung der ersten Hälfte des 19. Jh.

Nach der deutschen Reichsgründung 1871 begann die letzte Phase des deutschen Purismus. Seine neue Qualität bestand zum einen darin, dass Purismus nun nicht mehr nur das Interesse einiger weniger einzelner Personen oder kleinerer Gesellschaften widerspiegelte, sondern dass der Purismus institutionalisiert wurde. Über die nun möglich gewordene staatlich geförderte Sprachregelung und deren zunehmender politischer Instrumentalisierung erfasste der Purismus praktisch den gesamten öffentlichen Sprachgebrauch. Seit Mitte der 80er Jahre wurde die Fremdwortjagd zu einer "verbreiteten Volksbewegung" (KIRKNESS 1998, 413). So setzten sich jetzt "im Zusammenhang mit der Neuorganisation des öffentlichen Lebens Reichsbehörden und Verwaltungsbeamte auf allen Ebenen vielfach für den Fremdwortpurismus ein, u. a. im Post-, Heer-, Rechts-, Schul- und Verkehrswesen" (ebd.).

Wohl am bekanntesten ist der erste kaiserliche Generalpostmeister Heinrich von Stephan (1831–1897), der, da er 765 fremdsprachige Wörter der Postsprache durch deutsche ersetzt hatte, 1887 sogar zum Ehrenmitglied des 1885 durch H. Riegel gegründeten "Allgemeinen Deutschen Sprachvereins" ernannt wurde.

So gehen auf ihn neben einigen bereits oben genannten Beispielen (siehe 1.7.3.) *Postausweis* (statt *Mandat*), *Fahrschein* (für *Billet*), *Merkbuch* (für *Notizbuch*), *Dienstalter* (für *Anciennetät*) zurück. Wiederbelebt wurden *Postkarte* (für *Correspondenzkarte*, schon im 18. Jh.), *Anschrift* (für *Adresse*, geht vermutlich auf Zesen zurück) u. a. (Vgl. Wells 1990, 424.) Bekannt wurde auch O. Sarrazin mit einer weitgehenden "Reinigung" der Amtsprache des Bauwesens und der Eisenbahn, vgl. z. B. *Bürgersteig* (für *Perron*), *Fahrgast* (für *Passagier*), *Fahrrad* (für *Velo*).

Trotz gelegentlichen Widerstandes gegen solche Verdeutschungsmaßnahmen sind die Neubildungen doch zum großen Teil in den allgemeinen Sprachgebrauch eingegangen. Dabei wirkte der ADSV insbesondere mit seinen beiden Leitsprüchen *Gedenke auch, wenn du die deutsche Sprache sprichst, daß du ein Deutscher bist* und *Kein Fremdwort für das, was deutsch gut ausgedrückt werden kann* im Sinne der Verbreitung einer deutschtümelnden Gesinnung. (Vgl. auch Blume 1998.)

Während des ersten Weltkrieges wurde der Fremdwortpurismus durch einen militanten Chauvinismus gekennzeichnet, gleichzeitig jedoch auch eine Besinnung auf die allgemeineren sprachpflegerischen Ziele deutlich. Mit der anschließenden Neuorientierung des "Allgemeinen Deutschen Sprachvereins" (ab 1923 nur noch "Deutscher Sprachverein"), dessen Zeitschrift seit 1925 "Muttersprache" hieß, wurden erneut die nationalen Zielstellungen verstärkt "und die gröberen Strömungen eines *völkischen* Nationalismus /. . ./ traten wieder an die Oberfläche, begleitet von antisemitischen und rassistischen Artikeln /. . ./ Aber wider alles Erwarten interessierten sich weder Hitler noch Goebbels für radikale Puristen und die Tätigkeit des Vereins wurde von diesen schließlich sogar unterdrückt." (Wells 1990, 427.)

Das Beispiel des ADSV zeigt, wie stark Politik und Purismus vor allem um die Wende zum 20. Jh. miteinander verbunden waren. Auch wenn der Fremdwortpurismus in seiner aggressiven Form mit Beginn der Vereinskrise in den 30er Jahren an Einfluss verlor, "sollte nicht übersehen werden, daß, infolge seiner 'sprachreinigenden' Gesinnung vor allem unter Lehrern und Beamten, Deutschland (neben Frankreich) zu den Ländern mit der stärksten Abwehr der Internationalisierung des modernen Wortschatzes gehört" (v. Polenz 1999, 285). So ist die "Fremdwortfrage" bis in die Gegenwart Gegenstand konträrer Positionen sowohl in der Schule und Sprachpflege als auch in der öffentlichen Diskussion, wie u. a. die "Stellungnahme der Gesellschaft für deutsche Sprache zum englischen Einfluss auf die deutsche Gegenwartssprache" im Zusammenhang mit den "Tutzinger Thesen zur Sprachenpolitik in Europa" (veröffentlicht in: Der Sprachdienst 6/99) deutlich macht.

Sprache in der politischen Auseinandersetzung

Je mehr die als "Demokratisierung" bezeichnete Teilnahme der deutschen Bevölkerung am öffentlichen politischen Leben zunahm, d.h. je stärker im Zeitalter der Parlamentsreden, der Wahl- und Pressekämpfe, der Parteigründungen und -streitigkeiten, der Streiks und gewerkschaftlichen Debatten der Kampf der Meinungen von den Sitzungszimmern in die Öffentlichkeit getragen wurde, desto mehr wurde auch die Sprache in den Dienst dieser Auseinandersetzungen gestellt. Das bedeutete nicht nur, dass die sich nun etablierenden gesellschaftlichen Kräfte ihren politischen Bedürfnissen Ausdruck verschaffen mussten, sondern dass zugleich die politischen Akteure – die allmählich mündig werdenden Staatsbürger – lernten, sich dieser neuen Kommunikationsformen zu bedienen. In diesem Zusammenhang spielten neben der Presse auch die sich seit Mitte des 19. Jh. aus den Verbündnissen der Handwerksgesellen formierenden Arbeitervereine eine herausragende Rolle, die sich im Anschluss an die Gründung der "Allgemeinen deutschen Arbeiter-Verbrüderung" 1848 in vielen Orten Deutschlands herausbildeten. Hier wurde die notwendige Neugestaltung Deutschlands auch aus der Interessenlage der sich nun als "Arbeiter" verstehenden Bevölkerungsschicht diskutiert. Es ist kein Zufall, dass sich die Bezeichnung *Arbeiter* gerade 1848 in Deutschland durchsetzte, zu neuer Geltung gelangte und nun auch ältere Gruppenbezeichnungen wie *Geselle* und *Gehülfe* umfasste. Das Solidaritätsempfinden – wofür das deutsche Wort *Verbrüderung* noch vorherrschte – war getragen von Gemeinsinn und dem Bewusstsein der gleichen Rechte für alle Menschen. Dieses neue Standesbewusstsein drückte sich auch in der Forderung nach einer "ordentlichen Sprache in Wort und Schrift" aus (MIHM 1998, 295).

Die Gründung des "Allgemeinen Deutschen Arbeiter-Vereins" 1863 durch F. LASSALLE und die 1869 durch A. BEBEL und W. LIEBKNECHT ins Leben gerufene "Sozialdemokratische Arbeiterpartei" stellten gemeinsam mit der sich formierenden Frauenbewegung einen weiteren Einschnitt im Prozess der Konsolidierung der Arbeiterbewegung und ihrer Politisierung dar. In dem sich allmählich etablierenden Arbeiterbildungswesen wurden die Voraussetzungen für den sozialen, geistigen und ökonomischen Aufstieg, für die *Emanzipation* der Arbeiter geschaffen. Dabei wurden u. a. die von Schule und Öffentlichkeit vertretenen Sprachnormen als ein "absolut geltendes Normensystem" akzeptiert, ja, jene besaßen eine "geradezu moralische Verbindlichkeit" (MIHM 1998, 305). An den Fähigkeiten, das Hochdeutsche "den geltenden Normen entsprechend zu verwenden, entschied sich letztlich die politische Karriere der Mitglieder" (a.a.O., 307). Die gemeinsame Lektüre und Diskussion oft konkurrierender theoretischer Texte führte ebenso wie z.B. Rednerschulungen auch zur Ausbildung der für die öffentliche Diskussion notwendigen neuen Kommunikationsformen, die sich schließlich u. a. in Massenveranstaltungen Gehör verschafften.

Vor allem seit der Mitte des 19. Jh. entwickelten K. MARX und F. ENGELS in Auseinandersetzung z. B. mit E. BERNSTEIN und K. KAUTSKY mit der marxistischen Weltanschauung die Grundlagen für den Fachwortschatz des dialektischen und historischen Materialismus und der politischen Ökonomie. Sie knüpften dabei an die Terminologie der bürgerlichen Gesellschaftswissenschaften, der frühen sozialistischen und utopischen Lehren und an die Sprache ihrer Zeit an. Im "Manifest der Kommunistischen Partei" (1848) wurden wesentliche Elemente der Terminologie definitorisch gefasst. Seit dieser Zeit setzte in verstärktem Maße die Differenzierung des ideologisch bedingten Wortschatzes ein.

Das sei am Beispiel der Bedeutung von *Revolution* (im Sinne der marxschen Theorie) gezeigt: 'grundlegende qualitative Umwälzung im Leben der Gesellschaft; der Begriff *soziale R.* bezeichnet die Beseitigung einer überlebten und die Errichtung einer höheren *ökonomischen Gesellschaftsformation* und damit verbunden den Übergang der politischen Macht aus den Händen einer reaktionären in die einer progressiven Klasse' (BUHR/KOSING 1980, 285). Aufgrund spezieller sozialökonomischer Studien erkennen MARX und ENGELS, dass R. (von ihrem theoretischen Standpunkt aus) nicht durch gemeinsprachliche Bezeichnungen wie *Umwälzung, Umsturz, Veränderung von politischer Herrschaft* wiedergegeben werden könne, weil sie den dialektischen Zusammenhang zwischen den politischen, sozialen und ökonomischen Ursachen von R. in Verbindung mit dem Klassenkampf nicht widerspiegeln. Um den Klassencharakter einer R. auszudrücken, verwenden sie attributive Elemente: *bürgerliche R.; kommunistische, proletarische R.; Arbeiterrevolution, R. des Proletariats. R.* steht im Systemzusammenhang mit weiteren Elementen, insbesondere mit: *Klassenkampf, Arbeiterklasse, antagonistische Klassengesellschaft, revolutionär-demokratische Diktatur der Arbeiter und Bauern, ökonomische Gesellschaftsformation, Konterrevolution, Basis und Überbau.* (Vgl. FRATZKE 1978.)

Andere Lexeme und Wortgruppen, die vor allem unter dem Einfluss der Gewerkschaftsbewegung verbreitet wurden, sind: *Arbeiter (Lohnarbeiter, Proletarier), Arbeiterbewegung, -bewusstsein, -klasse, -partei; Arbeitgeber, -nehmer; industrieller, moderner, städtischer, ländlicher Lohnarbeiter; Proletarierbewegung, -klasse, -masse, Fabrikproletariat; moderner, revolutionärer Proletarier; Proletarier aller Länder, vereinigt euch!* (Vgl. ADELBERG 1978, 1981.)

Zu beobachten ist aber auch, dass aufgrund der verschiedenartigen politischen Strömungen zahlreiche Wörter und Parolen als Schlagwörter oder Losungen verwendet werden und damit sowohl der eigenen Darstellung wie auch der gezielten Verunglimpfung der politischen Gegner dienen. Das kann dazu führen, dass diese Schlüsselwörter mehrdeutig werden, vgl. z.B. *Demokratie*, und zu ihrer spezifischen Verwendung erläuternder Attribute bedürfen, hier z.B. *konstitutionelle, liberale, parlamentarische, politische, formale, westliche, Präsidenten-, Plebiszit-, Sozial-, Volksdemokratie*. (Vgl. WELLS 1990, 433.)

Mit der Entwicklung der Presse als Propagandamedium der Parteien drangen auch zahlreiche anschauliche Wendungen und Wörter in den allgemeinen Sprachgebrauch ein,

vgl. *einen Rückzieher machen; Mut, zum Fenster hinaus zu reden; rettende Tat und kühner Griff; die wehrlosen Frauen und Kinder; Kirchhofsruhe.*

“Dem Bürger würzten solche Redensarten das Zeitungsstudium; wandte er sie an, erwies er sich als belesener und witziger Kopf, und so wurde der Zweck der Wortprägung schnell erreicht.” (MACKENSEN 1971, 191.)

Auf den Einfluss der Französischen Revolution ist in diesem Zusammenhang bereits hingewiesen worden. (Vgl. 1.6.5.2.) Erst seit der 2. Hälfte des 19. Jh. nimmt der Einfluss des Englischen auf die politische Sprache zu. Die schon seit dem Ende des 19. Jh. kritisierte “Engländerei” wurde mit Beginn des 20. Jh. kontinuierlich verstärkt. Für die politische Sprache wurde besonders Lexik aus dem Bereich der politischen Demokratie sowie des (parlamentarischen) Kampfes übernommen:

Parlament, Präsident, Opposition, Debatte, Adresse, Speaker, Interview, lynchen, Boykott, Streik. (Vgl. TSCHIRCH 1989, 274; VIERECK 1984.)

Sprache in der Zeit des Nationalsozialismus

Mit der zunehmenden Stärke der Nationalsozialisten seit Ende der 20er Jahre setzte sich verstärkt das Sprachgut des Faschismus in Deutschland durch. 1933 begann die Hitlerdiktatur in konzentrierter Weise antikommunistisches, chauvinistisches und revanchistisches Gedankengut zu verbreiten, das deutsche Volk auf einen Krieg vorzubereiten und schließlich mit dem zweiten Weltkrieg in das grausamste Kapitel seiner Geschichte zu führen.

Obwohl bereits unmittelbar nach dem Krieg die Forschung begann, sich mit der politischen Sprache dieser Zeit als einem wichtigen Faktor der Durchsetzung der faschistischen Herrschaftsinteressen auseinanderzusetzen, blieb der Gegenstand selbst “auf eigenartige Weise diffus”, was schon durch die “Kontroverse der Konzepte ‘Sprache des Faschismus’ vs. ‘Sprache im Faschismus’ (EHLICH 1998, 275) deutlich wird. Noch zu erklären bleibt auch nach wie vor, welche Art von Sprache wirkte, damit die Nationalsozialisten zunächst an die Macht gewählt wurden und schließlich von einer breiten Mehrheit der Bevölkerung freiwillig unterstützt wurden (“Sprache zum Nationalsozialismus hin”) (v. POLENZ 1999, 547).

In jüngeren Untersuchungen wird zunehmend darauf aufmerksam gemacht, dass über die Beschreibung der verschiedenen Schichten des nationalsozialistischen Wortgebrauchs hinaus das sprachliche Handeln in seinen unterschiedlichen Facetten zu berücksichtigen ist. Das umfasst den Alltags- und Freizeitdiskurs, die Jugendkultur und inszenierte Großveranstaltungen mit ihrer typischen Symbolik ebenso wie die Rolle von Radio und Film, die Funktionen von Witzen ebenso wie die des Schweigens bis hin zur Sprache des Widerstandes. Nicht die Sprache ‘an sich’ – wie Zuschreibungen wie “Macht der Sprache” nahelegen –, sondern die Akteure und der Umgang mit Sprache müssen stärker ins Blickfeld gerückt werden.

Schon V. KLEMPERER, der unmittelbar nach dem Krieg mit seinem Buch “LTI. Notizbuch eines Philologen” (1947) aus dem direkten Betroffensein die erste linguistische Analyse dieser Zeit vorlegte, notierte, dass die stärkste Wirkung der Sprache nicht durch Einzelreden ausgeübt wurde,

“auch nicht durch Artikel oder Flugblätter, durch Plakate oder Fahnen, sie wurde durch nichts erzielt, was man mit bewußtem Denken oder Fühlen in sich aufnehmen mußte. Sondern der Nazismus glitt in Fleisch und Blut der Menschen über durch die Einzelworte, die Redewendungen, die Satzformen, die er ihr in millionenfachen Wiederholungen aufzwang und die mechanisch und unbewußt übernommen wurden." (Klemperer 9. Aufl. 1987, 21.)

Gleichschaltung und die Losung *Du bist nichts, dein Volk ist alles!*, das sind wohl die typischen Metaphern, die diesen Zustand auszudrücken vermögen.

Aber wie konnte sich (fast) eine ganze Nation einer auf Vernichtung ganzer Völker zielenden Ideologie unterwerfen, "nur" durch Manipulation? U. Maas, der sich insbesondere der Alltagskommunikation in der Zeit des Faschismus widmete, ermittelte "geradezu ein spiegelverkehrtes Bild von der Sprache im Nationalsozialismus gegenüber den landläufigen Propaganda- und Manipulationsanalysen" (Maas 1991, 29). Auf der Basis einer durchgehenden Mobilisierung der Massen, die erreicht werden konnte, weil der Nationalsozialismus an die durch die Wirtschaftskrise hervorgerufene Hoffnung auf Befriedigung handfester ökonomischer Bedürfnisse und damit zugleich nach politischer Veränderung anknüpfte, sowie eines zunächst versteckt, dann immer offener agierenden Systems des gegenseitigen Misstrauens bis hin zum Terror, wirkte ein beispielloser Integrationsmechanismus, dem sich nach und nach alle Bereiche des gesellschaftlichen Lebens unterordneten. (Freiwillige) Unterordnung, das 'Mitvollziehen' der gesellschaftlichen Verhältnisse aber erforderte keine besondere sprachliche Beeinflussung.

Sprache ist vor allem dort gefordert, wo es gerade um einen effektiven Widerstand geht. In diesem spezifischen Sinne (und nicht etwa bezogen auf die Sprache als Ganzes) beruht nach Maas die Reproduktion der faschistischen Verhältnisse eben nicht auf der Macht des propagandistischen Wortes, sondern gerade auf der Lähmung der Sprache; "Lähmung dabei so verstanden wie wenn man sagt: 'Ich war wie gelähmt, ich konnte mich nicht bewegen.'" (A. a. O., S. 29.) Daraus leitet er die Forderung ab, diese letztlich auch sprachlichen 'Fährbewegungen' der Erfahrungen der Menschen in die Politik hinein zu rekonstruieren und demonstriert, wie entsprechende Analysen vorgehen könnten. Schon der folgende Textauszug aus einem generalisierten Mahnschreiben von 1937 macht die Überwachung (hier selbst der Eltern durch ihre Kinder) und feste Einbindung der Jugendlichen in den nationalsozialistischen Staat deutlich:

Achtung! *Achtung!*

Eltern sehr wichtig!

Betrifft Ihre Jungen im Jungvolk!

Wir bitten Sie in Ihrem eigenen Interesse, ihre Jungen pünktlich und *regelmäßig* zum

Jungvolkdienst

zu schicken. Der Reichsjugendführer verlangt von uns Führern, daß wir bei dreimaligem *unentschuldigtem* Fehlen die Jungen aus dem Jungvolk ausschliessen müssen. Es wird für die Ausgeschlossenen später kaum die Möglichkeit bestehen, in einer Gliederung der Partei wieder aufgenommen zu werden, was sich natürlich für das spätere Fortkommen (Beruf, höhere Schule usw.) für den Jungen sehr nachteilig auswirken wird ...

...

gez. ... gez. ...

(Zit. nach Maas 1984, 94.)

Wie zahlreiche Untersuchungen zeigen, war der eigene Anteil der Nationalsozialisten an neuen Wortschöpfungen gering. Viel eher griffen sie auf bekanntes und "positives" Wortgut zurück und aktivierten älteren deutschen Wortschatz. "So läßt sich eine ganze Reihe von lexikalischen Entwicklungen in der Sprache des Faschismus als sogenannte 'gestohlene Losungen' interpretieren, beispielsweise als Übernahme aus der deutschen Arbeiterbewegung und vor allem der Arbeitersportbewegung, als Nutzung von Termini, die eng mit sozialdemokratischen und kommunistischen Traditionen verbunden waren." (Techtmeier 1987, 322.) Speziell auch der Wortbestand des Militärwesens ist in den alltäglichen Sprachgebrauch aller Lebensbereiche eingedrungen. Dabei gehört die Forderung nach *Lebensraum* ebenso zum ideologischen Arsenal wie die Mystifizierung der Fronterlebnisse, vgl. auch Wörter wie:

Blitzkrieg, Bombenteppich, Arbeitsschlacht, Erzeugungsschlacht (in der Landwirtschaft), Geburtenschlacht, Einsatz, vorderste Front, marschieren, Endsieg, Ordensburg, Schulungs-, Hitlerfront.

Zur Ideologie der Faschisten gehörte der Mythos von der nordischen Rasse, mit dem das deutsche Volk zu Hochmut und Dünkel gegenüber anderen Völkern erzogen werden sollte. Eng damit verbunden ist der Antisemitismus. Das Wortgut dieser Bereiche wurde im Wesentlichen der Biologie und der Rassenlehre des ausgehenden 19. Jh. entnommen:

arisieren, nordisch, Herrenrasse, Blutschande, entartet, artfremd, artbewusst; Rassengesetzgebung, -gedanke, -ideologie, -lehre; Ariergesetzgebung, -paragraph, Halbarier, Nicht-; Aufnordung; Erbsünde, Erbmasse, Abstammung, Zuchtwart. (Vgl. BERNING 1964, SCHMITZ-BERNING 1998, STERNBERGER/STURZ/SÜSKIND 1986, SEIDEL/SEIDEL-SLOTTY 1961.) Die Juden werden u. a. angegriffen als *Schmarotzer, Schädling* und *schädlicher Bazillus*, vgl. auch: *Judenausrottung, -hass, -knecht, -tum, jüdisch-bolschewistische Kulturlosigkeit, jüdisch-international, jüdisch-marxistische Weltanschauung.* Mit der euphemistischen Wendung *"Endlösung der Judenfrage"* wurde die beabsichtigte vollständige Vernichtung des jüdischen Volkes verschleiert.

Die faschistische Propaganda vom *Volk ohne Raum* und die *Blut-und-Boden-Mystik* hatten die Aufgabe, vor allem die deutsche Landbevölkerung in die ideologische Kriegsvorbereitung einzubeziehen. *Blut* ging als hochemotionales Wort in viele Komposita und Wortgruppen ein:

Gesetz zum Schutze des deutschen Blutes und der deutschen Ehre; unser Gesetz heißt Blut und Boden; der Gedanke von Blut und Boden; eigenblütiger "Unterbau"; sich blutmäßig mit dem Boden verbunden fühlen; Blutopfer; Kampf um Blut und Lebensraum; Sieg des Blutes gegen volksfremde Willkür; räumliche Ausdehnung des deutschen Blutes; Hinwendung zum deutschen Blut; fremdblütige Deutsche.

Mit besonderem Erfolg wurden auch Wörter aus dem religiösen und mythologischen Bereich in den Dienst der Demagogie gestellt:

ewig, heilig, Weihe, Glaube, Sendung, fanatisch, Fanal.

Charakteristisch für die offizielle Sprache des "Dritten Reiches" war aber auch, dass mit Hilfe zahlreicher Euphemismen die Bevölkerung irregeführt werden sollte: *Konzentrationslager* für *Straf- oder Zwangslager* war weniger verfänglich, und *Endlösung* konnte wohl auch eher akzeptiert werden als *Völkermord.* Wie SCHMITZ-BERNING (1998) zeigt, gab es besonders viele Umschreibungen für das Töten, insbesondere Komposita mit *Sonder-:*

Sonderbehandlung, -aufgabe, -aktion; sonderbehandeln, Sonderbehandlungsangelegenheit, Sonderbehandlungsfälle, Sondereinsatz, Sonderkommando, Sonderwagen/S-Wagen ('fahrbare Gaskammern'); weiterhin: *betreuen, Betreuung* ('Überstellung in ein anderes Lager, zur Hinrichtung bringen').

In anderen Bereichen erschienen immer dann viele Euphemismen, wenn wirtschaftliche Not auftrat:

Engpass für *Versorgungskrise, Austauschstoff* für *Ersatz, Frontbegradigung* für *Rückzug.* (Vgl. WELLS 1990, 448.)

Dem Ziel, die Bevölkerung im Sinne der faschistischen Ideologie zu beeinflussen, dienten auch typische Stilmittel, die von BERNING zusammenfassend als "Verschleierungsstil" bezeichnet werden.

Häufung des Ausdrucks mit dem Ziel der Verstärkung: *eigenstes und totales Erlebnis, Deutschtum und Deutschheit; die Gemeinschaft will auch geübt werden, und sie will exerziert sein.*
Falsches Pathos durch unangebrachte Kampfstimmung: *dass von diesem Hause aus Kraftströme gehen mögen gegen alle Giftpfeile, die gegen Deutschtum und Deutschheit geschleudert werden.*
Schwulst: *Er* (der Erzieher) *wage seine eigene Tiefe nah, schmerzhaft nah an die Wahrheit des Lebens; aus der reiferen Einsicht in die Gassen und Sterne der deutschen Volksgemeinschaft breche unaufhaltsam und unabdingbar seine heiße Liebe zur Neuschmelze aller verbürgerlichten Lebenswerte.*
Superlativismus: *tausendjähriges Reich; Großdeutschland, -europa, -japan, -lebensraum; totaler Krieg, totale Mobilmachung, Totallösung; lebendige Totalität; dem besten Soldaten der Welt sind die besten Waffen der Welt von den besten Arbeitern der Welt zur Ausrüstung geliefert*, aber auch *heroisch, schneidig, absolut, nie dagewesen.* (Vgl. hierzu besonders KLEMPERER 1987, 263ff.)

Wenn BAUER (1988, 61) feststellt: "Der NS-Jargon stellt eine außerordentlich produktive Kraft dar, die das offizielle Gebrüll, den sprachlichen Gleichschritt, viel Verführung und Nötigung und eine Menge von barem Unsinn hervorbrachte", so bestätigt er damit erneut, was KLEMPERER schon in seiner "LTI" erfasst hatte:

"Die LTI ist ganz darauf gerichtet, den einzelnen um sein individuelles Wesen zu bringen, ihn als Persönlichkeit zu betäuben, ihn zum gedanken- und willenlosen Stück einer in einer bestimmten Richtung getriebenen Herde, ihn zum Atom eines rollenden Steinblocks zu machen. Die LTI ist die Sprache des Massenfanatismus." (1987, 29.)

Auch wenn diese Sprache einerseits sowohl vor als auch nach der Zeit zwischen 1933 und 1945 (z.B. in der ehemaligen DDR) Parallelen findet und andererseits nur bedingt bleibende Veränderungen in das Deutsche eingeführt hat, so leistete dennoch das "(semantisch gesehen) viel enger gesteckte Ziel, ideologische Werte über die ganze Nation hin zu propagieren, seinen Beitrag zur Aufrechterhaltung eines Regimes, das Millionen unschuldiger Menschen ermordete." (WELLS 1990, 449.)

1.7.5. **Zur Entwicklung der deutschen Orthographie und Orthoepie**

Einheit der Rechtschreibung

Die Entwicklung der Hochsprache und nationalen Literatur war um 1800 zu einem relativen Abschluss gekommen. Auf dem Gebiet der Schreibung war indes noch immer keine Einheitlichkeit erzielt worden. Das Fehlen der nationalen staatlichen Einheit erschwerte eine Regelung der Orthographie: Um 1815 gab es 34 erbliche Monarchien und 4 Freie Städte!

Die Forderung nach einer deutschen Einheitsorthographie wurde schon seit dem Beginn des 16. Jh. erhoben. (Vgl. Kap 1.6.) Grammatiker, Schulpraktiker und Buchdrucker bemühten sich seit den Tagen ICKELSAMERS und der Reformationsdrucke immer wieder um eine Regelung der Orthographie. (Vgl. BACH 1970; MOSER 1978, 267ff.; Deutsche Orthographie 1987, 230ff.) Doch blieb die Zahl der Schreibvarianten vor 1800 noch zu groß, als dass man von Einheitlichkeit sprechen könnte. Besondere Verdienste um eine Normierung haben sich SCHOTTELIUS, GOTTSCHED und ADELUNG erworben. Daneben hat die von HIERONYMUS FREYER in Halle herausgegebene "Anweisung zur teutschen Orthographie" (1722) in Deutschland große Verbreitung gefunden. Sie wurde durch ADELUNGS "Vollständige Anweisung zur Deutschen Orthographie" (1788) abgelöst, die sich wiederum stark an GOTTSCHED anlehnte.

Die Ansichten dieser Grammatiker wichen kaum voneinander ab. Ihrem Streben nach Sprachrichtigkeit lagen in der Hauptsache phonetische und inhaltliche Überlegungen zugrunde. Man will homonyme Wörter auch grafisch auseinander halten: *Lärche – Lerche, Waise – Weise, Rad – Rat.* Der Umlaut von *a* wurde mit *ä* geschrieben, um so die Verwandtschaft der Wörter deutlich zu machen: *älter* (*elter*), *fällen* (*vellen*), *tränken* (*trenken*). In Wörtern mit etymologischen Verdunklungen blieb man beim *e*: *edel, Eltern, fertig, behende* (zu *Adel, alt, fahren, Hand*). So hat sich im Laufe der Jahrhunderte bei dem größten Teil der Wörter eine allgemeine Übereinstimmung in der Schreibung ergeben. Nur auf einem verhältnismäßig kleinen Gebiet herrschte Unsicherheit und Schwanken. Hier setzten die Reformbestrebungen des 19. Jh. ein.

Mit dem Aufschwung der vergleichenden Sprachwissenschaft im 19. Jh. bildeten sich neue Ansichten zur Regelung der deutschen Orthographie heraus. Waren die bisherigen Reformer zumeist Vertreter der *phonetischen* und *logischen Schreibung*, so kam mit J. GRIMM das *historische Prinzip* in der Rechtschreibung zur Geltung. Ihm ging es dabei nicht in erster Linie darum, eine Kodifizierung der deutschen Orthographie zu erreichen, "vielmehr strebte er nach einer Orthographie, die sich durch Unabhängigkeit von der regional gefärbten Aussprache und durch Einfachheit auszeichnen sollte, nach einer Orthographie, die natürlichen Charakter trüge und nicht durch das normierende Eingreifen von Sprachwissenschaftlern geprägt sei." (Deutsche Orthographie 1987, 242.)

J. GRIMM forderte die Berücksichtigung sprachhistorischer Lautgesetze, z. B. Abschaffung des Dehnungs-*h*, wo es historisch nicht berechtigt ist. So sollten *Mohn* (mhd. *māhen, māgen*) und *Gemahl* (mhd. *gemahel*) neben *Lon* (mhd. *lōn*) stehen. Weiterhin forderte er, die Großschreibung der Substantive fallenzulassen und nur die der Eigennamen und Satzanfänge beizubehalten, Konsonantenhäufungen zu vermeiden sowie einzelne Veränderungen wie die Schreibung *i* statt *y*, *sz* statt *ß*, *t* statt *th*, *t* statt *dt* und weitere das *v* und *f* betreffende Regelungen (vgl. VEITH 1985, 1486).

Die historische Schreibweise verteidigten ANDRESEN, VILMAR, WACKERNAGEL, WEINHOLD. Man begann teilweise, diese Ansichten in die Schule hineinzutragen, und verlangte z.B. *ß*-Schreibung, wo dem Laut im Germ. ein *t* entspricht: *Waßer* (nd. *water*), *Schweiß* (mnd. *swēt*).

Gegen die historische Schule traten die Phonetiker auf. Sie forderten eine Schreibung nach der richtigen Aussprache, allerdings ohne Berücksichtigung aller bisherigen Traditionen. – Eine Vermittlung zwischen beiden Richtungen erzielte R. v. RAUMER. Er trat vor allem der historischen Schule entgegen und betonte, dass im Grundcharakter der deutschen Schreibung das Prinzip der lautgetreuen Schreibung sichtbar werden müsse, d. h., dass sich alle neuen Festsetzungen möglichst dem Vorhandenen anschließen und behutsam vorgenommen werden sollten.

Unter der Uneinheitlichkeit der Rechtschreibung litt vor allem die Schule, zumal fast jede Druckerei und jeder Verlag eine eigene Orthographie in den Schulbüchern verwendete. Um die Missstände zu beseitigen, versuchten seit den 50er Jahren des 19. Jh. verschiedene Schulen, Städte und Länder, selbstständig zu Lösungen zu kommen. Als Ergebnis der vereinzelten Konferenzen wurden "Regeln und Wörterverzeichnisse für deutsche Rechtschreibung" geschaffen, so 1854 in Hannover, 1857 in Leipzig, 1861 in Stuttgart, 1871 in Berlin. Nach der nationalstaatlichen Einigung "von oben" (1871) forderten die Bundesstaaten eine einheitliche Regelung der Rechtschreibung.

Auf der I. Orthographischen Konferenz von 1876 in Berlin wurde ein Entwurf von v. RAUMER beraten, dessen Änderungsvorschläge insgesamt sehr behutsam und sämtlich seit längerer Zeit in der Diskussion waren. Dennoch fand er bei den Gegnern einer vereinfachten und lauttreuen Schreibung sowie in der Öffentlichkeit viel Widerspruch. Die Zusammenfassung der Ergebnisse veröffentlichte KONRAD DUDEN (1829–1911), der ebenfalls als Vertreter der gemäßigten phonetischen Richtung galt, in seinem "Orthographischen Wörterbuch der deutschen Sprache" (1880) und legte damit den Grundstein für die spätere deutsche Einheitsschreibung von 1901.

Die Not der Schule duldete aber keinen Aufschub. Die Länder griffen zur Selbsthilfe und legten für ihre Bereiche die gültigen Normen in "Regeln und Wörterverzeichnissen" fest, allerdings unter Berücksichtigung der Entwürfe v. RAUMERS: Österreich und Bayern 1879, Preußen 1880 (Bismarck verbietet eigensinnig die Übernahme der Orthographieregelung für den "Reichsdienst"). Baden, Mecklenburg, Sachsen und Württemberg gaben eigene Bücher heraus, schlossen sich jedoch eng an das bayrisch-preußische Vorbild an. 1892 hatten auch 15 Schweizer Kantonsregierungen die preußischen Regeln als Norm für den Schreibgebrauch übernommen. Um 1900 wurden bereits fünf Sechstel aller Bücher und drei Fünftel aller Zeitschriften nach der Schulorthographie gedruckt.

1902 fand die II. Orthographische Konferenz in Berlin statt, an der alle Bundesstaaten, Österreich, die Schweiz, Vertreter des Druckereigewerbes und des Buchhandels teilnahmen und einer einheitlichen Rechtschreibung zustimmten. In dem "Orthographischen Wörterbuch" von DUDEN (1902) fand das Ergebnis dieser Konferenz ihren Niederschlag. Es wurde von allen deutschen Landesregierungen sowie von Österreich und der Schweiz gebilligt und ab 1903 im Schulunterricht und im öffentlichen Verkehr für verbindlich erklärt. Damit war der Prozess der Durchsetzung der einheitlichen Orthographie zunächst abgeschlossen. Die 1901 kodifizierte Regelung ist bis in die Gegenwart die Grundlage der dt. Orthographie.

Gleichzeitig begann jedoch die Kritik an den Vereinbarungen von 1902. War es einerseits DUDENS Verdienst, durch lexikographische Kodifizierung für eine große Zahl häufig gebrauchter Wörter eine gewisse Schreibsicherheit gewährleistet zu haben, so wuchs andererseits in der Folgezeit aufgrund der ständig wachsenden Zahl von Neuaufnahmen, die z.T. ohne ausreichende theoretische Grundlage und ohne ausreichende Berücksichtigung systematischer Zusammenhänge erfolgte (vgl. v. POLENZ 1999, 241), die Zahl der Problemfälle. Besonders die zahlreichen Varianten im Fremdwortbereich führten immer wieder zu einer Zunahme der Wörter, allmählich aber auch zu Diskrepanzen in Einzelentscheidungen. Das betraf vor allem die Groß- und Kleinschreibung sowie die Getrennt- und Zusammenschreibung. Die Gründung verschiedener Vereine zur Vereinfachung der Rechtschreibung in Deutschland, Österreich und der Schweiz sowie mehrere Reformprogramme, die sich vor allem auf die mehr oder weniger weitgehende Beseitigung der Einschränkung der "Polyrelationalität zwischen Phonemen und Graphemen" (Deutsche Orthographie 1987, 266) orientierten, führten in der ersten Hälfte des 20. Jh. immer wieder zu neuen Vorstößen in der Diskussion um eine Orthographiereform; ein entscheidender Durchbruch wurde jedoch nicht erreicht.

Einheit der Aussprache

Die deutsche Sprache hatte um 1800 nur in Gestalt der schriftlichen Formen relative Einheitlichkeit erreicht, von einer nationalen Norm der Aussprache war sie noch weit entfernt, denn die politische Zersplitterung Deutschlands hatte auch auf dem Gebiet der gesprochenen Sprache eine Einigung erschwert.

Die Bemühungen um eine Regelung der Orthoepie reichen in die Zeit der Anfänge der sich entwickelnden deutschen Nation zurück. Übereinstimmungen zwischen Schrift und Aussprache fordert u. a. Ch. Hueber in seinem "Modus legendi" (1477), aber die Antwort, nach welcher Norm gesprochen werden sollte, wird erst im 17. Jh. versucht. Schottelius und seine Nachfolger vertraten die Auffassung, dass der Hochlautung eine über allen Mundarten stehende Lautung zu Grunde gelegt werden müsse. Von W. Ratke (1571–1635) wurde der Vorbildcharakter des meißnischen Deutsch betont. In den nächsten 150 Jahren erstrebte man dann eine Vereinheitlichung des gesprochenen Deutsch auf der Grundlage der omd. Schriftsprache. Doch schon im beginnenden 18. Jh. finden sich Hinweise auf eine "bessere" Artikulation der Verschlusslaute im Nd., bei "Märkern, Pommern und anderen Nieder-Sachsen" (H. Freyer, Deutsche Orthographie, 1722). Trotz aller Bemühungen blieb die Hochlautung um 1800 und noch weit ins 19. Jh. hinein stark landschaftlich geprägt.

Goethe reimte u. a. entsprechend frankfurtischem Gebrauch: *Augenblicke – zurücke; Bügel – Riegel; neige – Schmerzensreiche; Zweifel – Teufel; Tag – darnach.* Und Schillers Reime wiesen ihn als Schwaben aus: *Höhn – gehn; untertänig – König; vereint – Freund; Söhne – Szene; Miene – Bühne* u. a.

Als seit dem Ende des 18. Jh. Sachsens wirtschaftliche und politische Macht zurückgegangen war und das norddt. Preußen die Nachfolge angetreten hatte, schwand auch das sprachliche Ideal sächsischer Aussprache. Im Nd. galt die Regel, nach der Schrift (dem gedruckten Wort) zu sprechen. Da die hd. Schriftsprache für den Norddeutschen eine "fremde Sprache" war, die von der heimischen Mundart weiten Abstand hatte, bemühte man sich, das Hd. möglichst rein, d. h. buchstabengetreu, wiederzugeben.

Wenn auch das Niederdeutsche insgesamt keine einheitliche Aussprache aufwies, so unterschied es doch weithin die sth. Artikulation der Konsonanten *b, d, g, s* von der stl. der *p, t, k, s*, die im Hd. in vielen Gebieten nicht getrennt werden. Ebenso ist dem Nd. die hd. Entrundung von *ö, ü, eu* > *e, i, ei* fremd. (Vgl. 4.3.) So forderte bereits G. Seume (1763–1810) für die Schaffung einer deutschen Ausgleichssprache eine Ergänzung des Meißnischen durch den nd. Dialekt. Die Bühne solle für die ganze deutsche Nation die Norm für die beste Aussprache geben ("Ein Wort an Schauspieler"), denn: "Die einzigen Sprecher, die in unterschiedlichen Sprachlandschaften oft zu hören waren und allgemein verständlich sprechen mußten, waren die Schauspieler, die von Ort zu Ort zogen." (Mangold 1985, 1497.)

Ähnliche Ansichten vertrat J. W. v. Goethe als Direktor des Weimarer Hoftheaters in seinen "Regeln für Schauspieler" (1803). Er bestätigte 1824 den Vorbildcharakter des Nd.:

"Ich habe in meiner langen Praxis Anfänger /.../ aus allen Gegenden Deutschlands kennen gelernt. Die Aussprache der Norddeutschen ließ im Ganzen wenig zu wünschen übrig. Sie ist rein und kann in mancher Hinsicht als musterhaft gelten. Dagegen habe ich mit geborenen Schwaben, Östreichern und Sachsen oft meine Noth gehabt". (Gespräche mit Eckermann v. 5. Mai 1824, in: Johann Peter Eckermann. Gespräche mit Goethe in den letzten Jahren seines Lebens. Frankfurt/Main 1999, 534.)

Im Laufe des 19. Jh. bildete sich auf den deutschen Bühnen eine gewisse einheitliche Aussprache aus, die als Mustersprache angesehen werden konnte. Den ersten praktischen Beitrag zur wissenschaftlichen Erforschung der gesprochenen deutschen Sprache gab W. Viëtor (1850–1918) mit seinem Buch "Die Aussprache des Schriftdeutschen" (1885). 1898 fand in Berlin eine Beratung zwischen Bühnenvertretern und Hochschullehrern über eine einheitliche Aussprachenorm unter der Leitung von Th. Siebs (1862–1941) statt. Die Beschlüsse dieser Tagung wurden von ihm herausgegeben unter dem Titel "Deutsche Bühnenaussprache", Berlin 1898 (Siebs 19. Aufl., 1969).

In der Regel wurde als Norm festgelegt, die hd. Sprachformen nach norddeutschem (nicht niederdeutsch-dialektalem) Gebrauch auszusprechen. So ist zwischen */p, t, k/* und */b, d, g/* deutlich zu unterscheiden; ferner zwischen */ö, ü, eu/* und */e, i, ei/* usw. Daneben sind auch wesentliche Elemente des hd. Sprachgebrauchs aufgenommen worden, so die Aussprache von *sp, st* als */ʃp, ʃt/* im Anlaut, die Länge der Vokale in geschlossenen Silben wie */ba:t, do:m/ (Bad, Dom)* u. a., Aussprache des Verschlusslautes *g* als */k/* in */zi:k, ta:k/ (Sieg, Tag)* usw. So ist die Kodifizierung der Aussprachenorm zugleich ein Zeichen für den hd.-nd. Ausgleichsprozess. (Vgl. Gernentz 1980, 79ff., Kurka 1980.)

Die durch Siebs beeinflussten Normen der Bühnenaussprache wurden jedoch teilweise nicht den Anforderungen der gesellschaftlichen Entwicklung gerecht, denn sie entsprachen eher "bildungselitären Geschmacksurteilen" (v. Polenz 1999, 258) und weniger den tatsächlichen Bedürfnissen alltäglicher Sprachpraxis, wie sie von Viëtor favorisiert worden waren. "Während die 'Deutsche Bühnenaussprache' auf der Bühne keinen vergleichbaren Konkurrenten hatte, war ihr Einfluß trotz ihres Anspruchs auf allgemeinere Gültigkeit außerhalb der Bühne beschränkt. Dies gilt besonders für Schulen und Hochschulen sowie für den Deutschunterricht im Ausland." (Mangold 1985, 1497.)

In der Öffentlichkeit weitgehend unbekannt bzw. aufgrund regionaler Besonderheiten der Sprecher ignoriert konnte sich diese strenge Aussprachenorm nicht durchsetzen. 1912 erschien das "mustergültig gearbeitete Deutsche Aussprachewörterbuch" von W. Viëtor (Mangold 1985, 1498), das besser und konsequenter als die "Deutsche Bühnenaussprache" war und einige Überspitzungen vermied. Dennoch blieb auch diese Arbeit ohne größeren Einfluss auf den Deutschunterricht und damit auf die Allgemeinheit.

Durch die Verbreitung von Rundfunk und Tonfilm zwischen den beiden Weltkriegen gewann die Aussprache im Rundfunk und von Filmschauspielern an Bedeutung, weil sie fast alle Bevölkerungsschichten erreichte. Telefon, Bevölkerungsbewegungen, Kontakte zwischen Sprechern unterschiedlicher Gegenden führten auch zu Veränderungen in der Aussprache. Allmählich entwickelte sich die Erkenntnis, dass eine neue Aussprachenorm notwendig sei. (Vgl. Mangold 1985, 1498f.)

1.7.6. **Integration und Differenzierung zwischen den Varietäten**

Im Zusammenhang mit weiträumiger und differenzierter gewordenen Kommunikationsmöglichkeiten sowie durch verbesserte Lese- und Schreibfähigkeiten breiter Bevölkerungsgruppen infolge der gewachsenen Bildungsmöglichkeiten veränderten sich im Laufe des 19. und 20. Jh. auch die Beziehungen zwischen Mundarten, Umgangssprachen und Standardsprache sowie zu den anderen Varietäten.

Mundart

Die Mundart (der Dialekt) ist die älteste dieser regionalen Varietäten. Sie ist ein regional, sozial und funktional relativ begrenztes Kommunikationsmittel und territorial vielfältig differenziert. Um zu einer Einteilung des dt. Sprachgebietes in seine einzelnen Mundartlandschaften zu kommen, hat die Sprachgeographie (Dialektgeographie) bestimmte lautliche, grammatische und lexikalische Erscheinungen nach ihrem Vorkommen in den Mundarten untersucht. In der Regel wurde im Lautbereich der Stand der hd.

Lautverschiebung zugrunde gelegt und regionale Abweichungen und Übereinstimmungen festgehalten. So ist man zu verschiedenen Grenzen gelangt, an denen sich mehr oder weniger Unterschiede bündeln lassen und die auf Linien gleicher Sprechweise (Isophone) auf Karten festgehalten werden; z.B. trennt die Grenze zwischen *maken-* und *machen-*Aussprache ("Uerdinger Linie") den nd. vom hd. Sprachraum, nach einer anderen Auffassung werden beide Sprachräume durch die *ik – ich*-Differenzierung ("Benrather Linie") unterschieden. Isophone mit Zusammenfall mehrerer Linienbündel führen zu kleinräumigen Mundartgebieten (z.B. Ortsmundarten), zu großräumigen (Kerngebiete, innerhalb deren die sprachlichen Unterschiede gering sind) und zu Rand- oder Übergangsgebieten. (Vgl. Bergmann 1964, 31ff., 66ff.; Dialektologie 1983.)

Als Kommunikationsmittel haben die Mundarten seit dem Aufkommen der Standardsprache immer mehr an Bedeutung verloren. Waren zu Beginn des 19. Jh. die Ortsdialekte noch die am weitesten verbreitete sprechsprachliche Varietät, so werden sie im Laufe des 19. Jh. allmählich von den Umgangssprachen abgelöst. Dabei wurden viele Mundartsprecher zunächst zweisprachig und damit sprachlich unfest. "Noch sorgte die alte Art der Lehrererziehung, die bis zum ersten Weltkrieg bodenständig blieb, im Schulunterricht für einen gemäßen Ausgleich zwischen Mundart und gemeinem Deutsch; aber schon mehrten sich die Stimmen, die den Dialekt als Merkmal eines veralteten Separatismus politisch verdächtigten." (Mackensen 1971, 82.) Seither vollzieht sich ein Prozess fortschreitender Annäherung der Mundarten an die Normen der mit einem höheren sozialen Prestige versehenen Umgangssprachen und der Standardsprache. (Vgl. Mihm 2000.)

Der folgende Gesprächsauszug, aufgenommen 1973 mit einer damals 75-jährigen Nordmärkerin, macht nicht nur die Schwierigkeiten der Mundartsprecher Anfang des 20. Jh. deutlich, sondern zugleich auch die z. T. bis heute anhaltende 'Zweisprachigkeit', den Übergang in den Dialekt bei besonders emotionalen Äußerungen:

Über die Schule
"Jo, bi uns in de Schul, da is det all noch 'n büschen anders gewesen. In 'n ersten Jahrn ham wir noch platt redn dürfn. Na, klar, nur wenn det mit m Hoch nich jing. Un mal ens war det vorbei. Uns öller Köster war wech, un batz, een neuer war da. Un det war son richtijen Lehrer, son Studierter, der hat nur hoch geredt. Wat glöwt ji, wat is uns det schwer worn. Un die Schnatzers (pejor. für die, die von Haus aus bereits hochdeutsch reden), *die hatn det nu jut . . ."* (Dost 1975, 151.)

Städte und industrielle Ballungsgebiete (z.B. Berlin, das Ruhrgebiet) haben sich bezeichnenderweise zuerst von der Mundart abgewandt. In landwirtschaftlichen Gebieten vollzieht sich der Prozess langsamer. Dabei ist zu beobachten, dass diese Entwicklung stärker im Norden als im Süden, eher im Westen als im Osten voranschreitet, also in Gebieten, die von der Verstädterung und Industrialisierung besonders früh und intensiv betroffen werden.

Verstärkt seit dem letzten Viertel des 19. Jh., mit der politischen Einigung, geht die Umschichtung schnell voran, da sich der Anteil der städtischen Bevölkerung gegenüber der ländlichen rasch vergrößert hat (Kettmann 1981, 60ff., Schildt 1976, 15):

	Großstadt	Mittelstadt	Land
1885	6%	33%	61%
1925	27%	43%	30%

Dieser Prozess ist zu beobachten, obwohl gerade in jener Zeit die Dialektlyrik und Dialekterzählungen als Ausdruck der höheren (kulturellen) Wertschätzung besonders kultiviert wurden. Solche z. T. sentimentale Heimatdichtung manifestierte jedoch eher weitere Stufen im Prozess des Dialektverfalls als irgendwelche neue Lebenskraft der Dialekte.

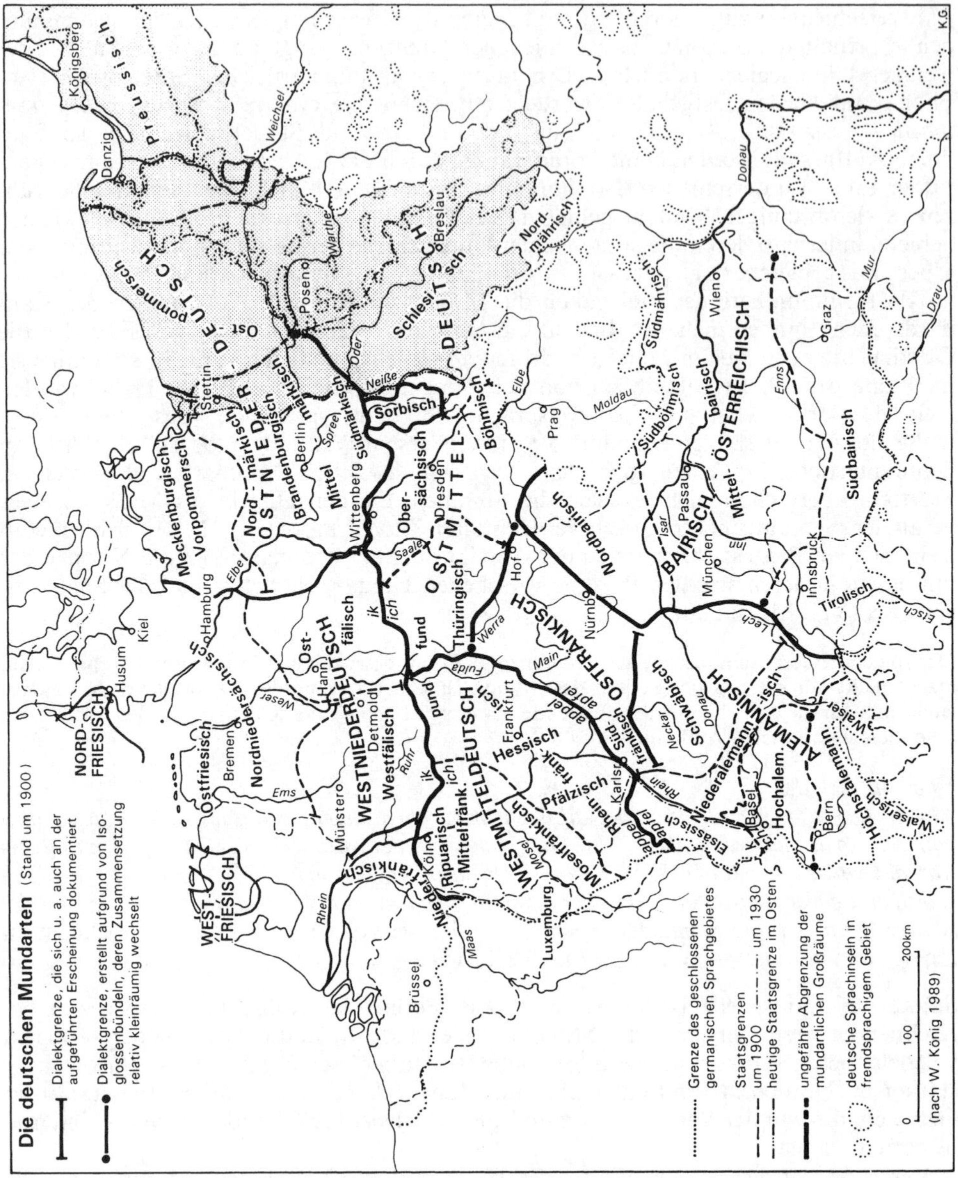

Karte 8: Die deutschen Mundarten

Die Verdrängung der Mundarten führte jedoch nicht nur über die Städte. Der direkte Einfluss von Schule und Massenmedien jeder Art wirkte auch fern der Stadt. Mit der allmählichen Aufhebung des ökonomischen und sozialen Unterschiedes von Stadt und Land (Schildt 1981, 198ff.) wird die Mundart weiter eingeschränkt, bis sie schließlich in der Gegenwart in einzelnen Landschaften vorwiegend nur noch als kulturelles Erbe betrachtet wird.

Es ist interessant festzustellen, dass sich die Ablösung der Mundarten nicht stufenweise als Übergang von der kleinräumigen zur großräumigen und weiter zur hd. Umgangssprache vollziehen muss, sondern dass die hd. Umgangssprache selbst in kleineren

Gebieten, z.B. in einzelnen Dörfern, (nahezu) ohne Zwischenstufen erreicht werden kann (vgl. SPANGENBERG 1963, 72ff.).

Umgangssprache

Die Umgangssprachen (zur Problematik dieses Terminus vgl. u. a. BICHEL 1973; MUNSKE 1983; LANGNER 1990; MIHM 2000) haben als regionaltypische Varietät je nach Region ihren Platz in einem spezifischen Bereich des Spektrums zwischen den kleinräumig gegliederten Dialekten und der übergreifenden Standardsprache (vgl. EICHHOFF 1997, 184). Sie entwickelten sich mit der Herausbildung der Standardsprache und wiesen von Anfang an eine vielfache Schichtung auf.

Es gibt mundartnahe, kleinlandschaftliche Umgangssprachen, die nur wenige Elemente der Standardsprache aufgenommen haben und in einem kleinen Raum als Verkehrssprachen wirken. Im Unterschied zur heimischen Ortsmundart (Basisdialekt), mit deren Hilfe die neuen sprachlichen Anforderungen nicht mehr bewältigt werden konnten, entsprach die (zunächst nur erreichbare niedere, standardferne) Umgangssprache den Anforderungen vor allem der unteren sozialen Schichten in der Stadt, denen auch wegen des Bildungsmonopols die Voraussetzungen für das Erlernen der Standardsprache größtenteils fehlten. Dabei unterschieden sich die Umgangssprachen z. T. erheblich voneinander, wobei differenzierende Faktoren u. a. die Entstehungsbedingungen der jeweiligen Stadt bzw. des industriellen Zentrums, die Herkunft und soziale Zusammensetzung der Bevölkerung, der Charakter der dominierenden Produktion und nicht zuletzt die Spezifik des Sprachraumes darstellen. (Vgl. SCHILDT 1981, 21; STICKEL 1997.) Bereits um 1900 dürfte diese Varietät in der mündlichen Kommunikation das am häufigsten verwendete Kommunikationsmittel gewesen sein, wobei jedoch mit starken individuellen Unterschieden im Grad der Ausprägung einer standardnahen vs. standardfernen Umgangssprache sowie ihrer jeweiligen funktionalen Verwendung im Spektrum zwischen Dialekt und Standardsprache zu rechnen ist. (Vgl. auch v. POLENZ 1999, 461f.)

Neuere Untersuchungen zeigen, dass es vor allem in der zweiten Hälfte des 19. Jh. zu einem "Auseinandertreten einer sprechsprachig-dialektal geprägten Arbeitersprache und einer schriftsprachig-überregional geprägten Bürgersprache kommt" (MATTHEIER 1986, 239). Doch seit der Jahrhundertwende wird auch in der ohnehin sehr heterogenen 'Arbeitersprache' der dialektale Anteil immer weiter zurückgedrängt.

Die großlandschaftlichen Umgangssprachen, wie z.B. die schwäbische, die obersächsische, die berlin-brandenburgische, umfassen größere Gebiete. Hierbei ist der Anteil mda. Bestandteile geringer als in den kleinlandschaftlichen Umgangssprachen.

Lautung. Die Stellung der Umgangssprache zwischen Hochsprache und Ma. zeigt sich z. B. in der Lautung. In Anlehnung an die Ma. bildet z. B. die obersächs. Umgangssprache *bålde* (Ma. *bōlə* 'bald', die berlin-brandenburg. *helft* (nd. *helpt*), *koofen* (nd. *köpen*) (vgl. auch MUNSKE 1983, 1012).
Grammatik. Auch Morphologie und Syntax der Umgangssprachen zeigen Besonderheiten, die sich in einigen Bestandteilen der Mundart, in anderen der Standardsprache annähern. So stehen sich folgende umgangssprachliche "Einheitstempora" gegenüber: norddt. *er las* – süddt. *er hat gelesen* (jeweils für Perfekt und Imperfekt gebraucht). Umgangssprachlich ist ferner der sog. *s*-Plural des Nd. wie *Jungens, Mädchens*, der aber z. T. heute schon Norm ist in *Balkons, Buddenbroks, Parks, LKWs*. Umgangssprache und Standardsprache vermischen sich auch im Bereich des *n*-Plurals. *Buckeln, Möbeln, Stiefeln, Titeln* sind umgangssprachlich, *Kartoffeln, Muskeln, Pantoffeln* dagegen standardsprachlich. Umgangssprachlich, aber ohne regionale Beschränkung, sind folgende Formen: *das Geschäft ist zu; er ist aus; sie macht das Licht an (aus); das Bein ist ab* (vgl. HENZEN 1954, 200), ferner Kontraktionen wie *inne* (in die), *hamse* (haben sie), *ne* (eine) (vgl. MUNSKE 1983, 1012). Besondere (landschaftliche) Verwendungsweisen bestimmter Wörter und Wortformen werden – wenn auch oft uneinheitlich und im Einzelnen problematisch – im Duden und semantischen Wörterbüchern als "hochdt.", "landsch.", "norddt.", "österr.", "schweiz." usw. gekennzeichnet (vgl. auch WERMKE 1997).
Lexik. Angleichungen zwischen Umgangssprache und Standardsprache zeigen sich ebenfalls im Wortschatz. So sind territorial bedingte Synonyme Ausdruck für die Annäherung beider Varietäten, beispielsweise im z. T. gleichberechtigten Nebeneinander von nördl. und südl. Formen: *Böttcher – Küfer* (mehr mittelrhein.), dazu ofränk. *Büttner*, bair. *Schäffler; dreist – keck; fegen –*

kehren; Junge – Bub; Sahne – Rahm – Schmant; Sonnabend – Samstag; Schrank – Kasten; drei viertel acht – Viertel vor acht.

Die Umgangssprachen haben sich, abhängig vom Grad der Ausbreitung der Schriftsprache in den einzelnen Landschaften Deutschlands, zu verschiedenen Zeiten entwikkelt. Für das Gebiet des Omd. lassen sich Zeugnisse aus dem 16. Jh., verstärkt seit dem 17. und 18. Jh. erbringen. (Vgl. BECKER 1969, 145; LERCHNER 1997.)

Seit dem Beginn des 19. Jh. breiteten sich die Umgangssprachen stärker aus, d. h. sie übernahmen zunächst vor allem in den Großstädten und industriellen Ballungsgebieten die ursprüngliche Rolle der Dialekte als Primärsprache, da mit den politischen und wirtschaftlichen Veränderungen in Deutschland zugleich die soziale und sprachliche Umschichtung einsetzte. "Städtische Lebensweise führte zu einer Verdichtung der gesellschaftlichen und auch kommunikativen Beziehungen auch über den engen Familienverband hinaus. Dazu bietet sich die jeweilige regionale Umgangssprache als eine Kompromißform zwischen den verschiedenen Dialekten der zuwandernden Bevölkerung an, eine Entwicklung, die noch gestärkt wird durch das Sprachprestige, das diese Varietät der Sprache der Eingesessenen und des Bürgertums in der Regel hat." (MATTHEIER 1986, 232.)

Dass dabei sowohl sychronisch als auch diachronisch mit komplizierten und sehr vielschichtigen Prozessen zu rechnen ist, macht z.B. die inzwischen intensive Untersuchung des Berlinischen, insbesondere die jüngste Modellierung der in diesem Raum zu beobachtenden Sprachwechselprozesse deutlich. (Vgl. GESSINGER 1999.)

Standardsprache

Die Entwicklung der Standardsprache ist – wie schon oben gezeigt – das Produkt eines langwierigen historischen Ausgleichs- und Differenzierungsprozesses. Sie ermöglicht die sprachliche Kommunikation zwischen den Menschen in allen Lebensbereichen und besitzt das höchste gesellschaftliches Prestige, da die Menschen in ihr das Ideal der Sprachrichtigkeit und den Ausdruck von Bildung sehen.

Auch ihre Entwicklung wurde von den Veränderungen im 19. Jh. beeinflusst. So kam es aufgrund der wachsenden Bildungsmöglichkeiten zu einer allmählichen Erweiterung der bis dahin recht schmalen sozialen Trägerschicht der Standardsprache. Gleichzeitig setzte mit der zunehmenden Ablösung des Dialekts als sprachlicher Grundschicht eine wechselseitige Beeinflussung zwischen Umgangssprache und Standardsprache ein. Dieser Prozess wird vor allem in der zweiten Hälfte des 19. Jh. deutlich, wie die Integration umgangssprachlicher Formen in die Werke des Realismus und Naturalismus, aber auch in die Sprache der Journalistik zeigt. (Vgl. MACKENSEN 1971, 9ff.; 143ff.)

Wie weit sich Umgangssprachen und Standardsprachen z. T. angenähert haben, zeigt auch die Tatsache, dass Fach- und Gruppensprachen *beide* Varietäten beeinflussen. "In der Geschichte des modernen Deutschen sind die Verknüpfungen zwischen den fachsprachlichen Registern und der Umgangs- und Standardsprache wichtig: der Journalismus, die politische Debatte, Lehrbücher für die Schule, Sachbücher und besonders die Reklame sind einige der Hauptwege, auf denen vor 1945 in Deutschland ein Fachjargon allgemein bekannt wurde." (WELLS 1990, 401f.)

Aufgewertet und verbreitet wurde die Standardsprache auch dadurch, dass insbesondere Vertreter der Schule bemüht waren, in entsprechenden Grammatiken, Handbüchern und Regelwerken das Wissen über die Muttersprache aufzubereiten. Auf diese Weise wurden für die einzelnen Ebenen des Systems der nationalen Literatursprache Normen gesetzt, die über den Schulunterricht hinaus weite Verbreitung fanden. (Vgl. SCHILDT 1981a, 23.)

Die Ausprägung der geschriebenen Sprache hat seit dem Beginn des 20. Jh. ihre feste orthographische und grammatische Normierung im "Duden" und in zahlreichen Grammatiken gefunden. In der Wortwahl wie auch im Satzbau waren demgegenüber auch weiterhin relativ freie Gestaltungen und Varianten möglich.

Viele der orthographischen, grammatischen, lexikalischen und stilistischen Normen, die um 1900 fixiert wurden, sind durch den sich ständig ausbreitenden Gebrauch der

Standardsprache, durch die Differenzierung von Funktionalstilen und Stilschichten, Textsorten und Kommunikationsbereichen variiert und weiterentwickelt worden. (Vgl. SCHIEB 1980, 182; SCHMIDT 1980.) Daher treten notwendigerweise funktionalstilistische Varianten auf:

Orthographie. Dubletten zeigen sich z.B. bei der Schreibung von Fremdwörtern: *Coupon/Kupon; Creme/Krem; Friseur/Frisör; Friseuse/Frisöse; Chauffeur/Schofför; Photo/Foto.* Doch auch im muttersprachlichen Wortschatz sind orthographische Dubletten erlaubt, besonders im Bereich der Groß- und Kleinschreibung: *Er lernt lesen/Lesen. Er erschrak aufs Äußerste/aufs äußerste.*
Grammatik. In der Konjugation stehen z.B. verschiedene Tempusformen z. T. gleichbedeutend nebeneinander: *ich sandte/sendete; gedungen/gedingt*, aber: (Schnee) *backte*/(ich) *buk*. Freiheiten in der Anwendung zeigen sich auch auf dem Gebiet des Substantivs. Dubletten im Nom. Sg. sind *Fels, -en; Geäst, -e*; im Genusgebrauch: *Abscheu* (Mask., Fem.); *Geisel* (Fem., Mask.); *Mus* (Neutr., Mask.); in der Pluralbildung: *Maate, -n; Nachdrucke, -drücke; Staue, -s;* mit stilistischen Differenzierungen: *Mannen, Männer, Friede, -n;* mit semantischen Differenzierungen *Bande, Bände, Banden, Bänder.* Nicht selten zeigt sich im Satzbau grammatische Synonymität. Das gilt u. a. für viele Fälle des prädikativen Satzrahmens, wo ohne semantische oder stilistische Schattierungen Voll- und Kurzrahmen wechseln können, z.B.: “Ich *hatte* Franz Dierkopf *kennengelernt* im Hause des Professors Rapp in der rheinländischen Universitätsstadt Battenberg.” (L. Feuchtwanger) oder: Ich *hatte* Franz Dierkopf im Hause . . . *kennengelernt.* (Vgl. ADMONI 1980, 17ff.)
Wortbildung und Lexik. Im Bereich der Wortbildung stehen verschiedene Suffixe gleichbedeutend nebeneinander: *Achtfüßler, -er; Fröstler, -ling; Kindchen, -lein; Mäher, -der* (landschaftl.). Spielraum erlaubt die Standardsprache (z. T. mit Anerkennung gewisser Stilunterschiede) ebenfalls in der Lexik: *Samstag/Sonnabend; Uraufführung/Premiere; Ehefrau/Gattin; sich verbeugen/verneigen.*

1.8. Das Deutsch der jüngsten Neuzeit (1950 bis zur Gegenwart)

1.8.1. **Historische Situation und sprachliche Problematik**

So umstritten der Einschnitt um 1945/50 als Beginn einer neuen Epoche in der deutschen Sprachentwicklung ist, so steht doch fest, dass die Zeit um 1945 eine deutliche Zäsur nicht nur in der deutschen Geschichte, sondern auch in der deutschen Sprachentwicklung darstellt. (Siehe 0.4.)

Auf die von den Bedingungen der sich entwickelnden modernen Industriegesellschaft geprägten ökonomischen und kulturellen Prozesse kann und soll hier nicht eingegangen werden; die Fakten sind vielfältig und weitgehend bekannt und ordnen sich mit ihren sprachlichen Konsequenzen in die Entwicklung seit dem 19. Jh. ein, wenn auch in neuer Quantität und wohl auch Qualität.

In räumlicher und demographischer Hinsicht gehen seit dem Zweiten Weltkrieg tiefgreifende Veränderungen vor sich. Durch die Umsiedlung der Schwarzmeer- und Wolgadeutschen nach Sibirien, der Bessarabiendeutschen zunächst nach Westpreußen, dann in das binnendeutsche Gebiet verringert sich die Zahl der Deutschsprachigen erheblich. (Vgl. MOSER 1985, 1680; BOCK 1979). Weiterhin führte und führt die Umsiedlung der deutschsprachigen Bevölkerung nach Deutschland (insgesamt waren 12 Mill. Menschen davon betroffen, vgl. GLÜCK/SAUER 1990, 94) oft zu einem überlebensnotwendigen Assimilationsdruck und damit zu Sprachmischungen, die wiederum Auswirkungen auf das Gefüge der Varietäten haben.

Unter politischem Aspekt stellt die 40-jährige Trennung der Deutschen in zwei unterschiedliche Kommunikationsgemeinschaften und ihre Wiedervereinigung zweifellos einen wichtigen, wenn auch nicht den allein entscheidenden Faktor – wie oft angeführt – sprachlicher Veränderungen dar. Den Differenzierungen zwischen den sich herausbildenden beiden deutschen Staaten (hier vor allem politisch bedingt) und den Varianten des Deutschen in Österreich und der Schweiz wirken zugleich eine Reihe gemeinsamer sprachlicher Prozesse entgegen, die das Deutsche in seiner Gesamtheit beeinflussen und zu Veränderungen im Sprachgebrauch führen. Da jedoch in der zweiten Hälfte des 20. Jh. "die sprachlich folgenschwerste Entwicklung /. . ./ die politische Teilung Deutschlands" (Moser 1985, 1679) ist und – wie deutlich wird – diese auch nach der Zusammenführung beider deutschen Staaten noch länger nachwirkt, sollen die hiermit verbundenen Prozesse im Folgenden entsprechend berücksichtigt werden.

Mit dem Sieg der Alliierten über das nationalsozialistische Regime war 1945 eine reale Chance für den Aufbau einer demokratischen Ordnung in ganz Deutschland entstanden. Ihnen oblag es, die oberste Gewalt der vier Besatzungsmächte zu sichern und den unter schwersten Opfern erstrittenen Frieden zu schützen. Es galt, die Voraussetzungen zu schaffen, um die Grundsätze der Antihitlerkoalition in Bezug auf ganz Deutschland zu verwirklichen und zu gewährleisten, dass Deutschland nie wieder zu einer Gefahr für den Weltfrieden wird. Jedoch gestaltete sich die Entwicklung auf deutschem Boden anders, als von den unterschiedlichsten Kräften erhofft. Friedensvertragliche Regelungen, wie in Potsdam vereinbart, blieben aus. Zwei deutsche Staaten entstanden, die in unterschiedliche Bündnissysteme hineinwuchsen. Europa wurde politisch, militärisch und ideologisch gespalten. Nunmehr bestimmte die direkte Konfrontation das Verhältnis zwischen den europäischen Staaten in Ost und West.

Die divergierende gesellschaftliche Entwicklung der 1949 gegründeten beiden deutschen Staaten, ihre exponierte Lage an der Nahtstelle zweier Systeme musste sich zwangsläufig auch auf die sprachliche Kommunikation, auf die Sprachnormen und auf das Sprachsystem auswirken.

Zunächst waren diese Differenzierungen gering, zumal in den ersten Jahren alle politischen Kräfte in Ost und West – wenn auch mit mehr oder weniger großer Intensität – die Einheit Deutschlands anstrebten und somit auch kein Grund bestand, Veränderungen im Sprachgebrauch hervorzuheben. Der Kernwortschatz des Deutschen blieb auch auf dem Gebiet der DDR erhalten und sicherte über alle Jahrzehnte hinweg die Verständigung zwischen den Bewohnern, selbst als es zu divergierenden Entwicklungen in einzelnen Teilbereichen der Lexik kam.

Gemeinsam waren auch sprachliche Prozesse, die im Zusammenhang mit der Entnazifizierung zu einer sprachlichen Umerziehung der Deutschen beitragen sollten. So wurden durch politische Aufklärung Wörter wie *Führer, PG (Parteigenosse), Gestapo, SA, SS* negativ konnotiert (bei anderen Wörtern, wie *KZ (Konzentrationslager)*, das bereits vorher stigmatisiert war, wurde die negative Konnotation noch verstärkt) und mit *Kriegsverbrecher, Militarismus, Mitläufer, Nazi, SS-Staat* neue Wörter geprägt bzw. verbreitet (vgl. Schlosser 1990, 21), die den inhumanen Charakter des Faschismus verdeutlichten. Jedoch zeigt auch schon die Art und Weise der Umbewertung dieser Wörter Unterschiede zwischen West und Ost (vgl. v. Polenz 1999, 555ff.).

Zunehmend wuchsen jedoch nach 1949 die Differenzen und beeinflussten neben der politischen und wirtschaftlichen auch andere Bereiche der öffentlichen Kommunikation und schließlich das Gesprächsverhalten und die Lexik der Alltagskommunikation, vgl.:

*Zeitkino/Aktualitätenkino; auspreisen/auszeichnen, Parkuhr/Parkometer; Plaste(e)/Plastik; Feierabendheim/Seniorenheim; Kaufhalle/Supermarkt; Kosmonaut/Astronaut/*frz. *Spationaut; Oberliga/Bundesliga; Fahrerlaubnis* (bis 1982)/*Führerschein.*

Mit den immer deutlicher werdenden Gegensätzen wurde diese Thematik bald zu einem hochaktuellen Gegenstand sprachwissenschaftlicher Abhandlungen; denn die Untersuchung der sprachlichen Folgen der Teilung einer bis dahin einheitlichen Kommunikationsgemeinschaft, deren Teilung und getrennten Entwicklung und schließlich Wiedervereinigung bot und bietet mancherlei Möglichkeiten, Einsichten in Prozesse des Sprachwandels zu gewinnen. Da die gegensätzlichen Gesellschaftsordnungen in nicht unerheblichem Maße unterschiedliche Kommunikationsziele und -inhalte bewirkten, was wiederum die Gestaltung der Texte beeinflusste, haben außersprachliche und kommunikative Faktoren vier Jahrzehnte lang zur Herausbildung von sprachlichen Besonderheiten der beiden deutschen Staaten geführt. In *dieser* Hinsicht gab es zweifellos in Ost und West Spezifika der Kommunikation.

Dabei ist der Umfang der Differenzierungen insgesamt nicht unerheblich, 24000 sinnverschiedene Wörter sollen bereits 1982 ermittelt worden sein. (Vgl. Schlosser 1990, 9.) Andere Schätzungen gehen demgegenüber von 800 bis 3000 unterschiedlichen Wörtern und Wortbedeutungen aus (vgl. v. Polenz 1999, 424). Jeder Vergleich zwischen neueren Wörterbüchern aus der DDR und der BRD liefert weitere Belege. Eine vollständige Erfassung aller Erscheinungen dieses Prozesses liegt noch nicht vor und wird es wohl auch so bald nicht geben. Dazu kommen Differenzierungen, die lexikalisch kaum oder gar nicht beschreibbar sind. Ahrends (1990) hat darauf hingewiesen, dass selbst solche Wörter der Allgemeinsprache wie *Brot, kaufen, Beruf* und *Wohnung* in den beiden deutschen Staaten in verschiedene Lebensbereiche eingebettet waren. Ob es sich hierbei um semantische Differenzierungen oder ("nur") um konnotative handelt, ist sicher umstritten, doch macht auch diese Meinung auf die Weite und Tiefe der Problematik der Differenzierungen aufmerksam. Die große Zahl der Arbeiten zum Sprachgebrauch in der DDR, in der Wendezeit sowie zum anschließenden Ost-West-Diskurs zeigt nach wie vor die Brisanz dieser Problematik (Vgl. u. a. Burkhard 1992, Schlüsselwörter der Wendezeit 1997, Das 20. Jahrhundert 1998, Wer spricht das wahre Deutsch? 1998, Wolf, B. 2000, zusammenfassend v. Polenz 1999.)

Insofern ist es auch nicht verwunderlich, dass in den 70er und 80er Jahren in Ost und West die Frage erörtert worden ist, ob die Verwendung der deutschen Sprache in der DDR und der BRD bereits so viele Besonderheiten besitzt, dass man von zwei (nationalen) Varianten bzw. Varietäten sprechen könne. (Siehe 0.2. und 0.4.) Diese Frage ist im Laufe der Zeit von Sprachwissenschaftlern in Ost und West in Abhängigkeit vom Wandel politischer Einstellungen und ideologiekritischer Polemiken auf beiden Seiten unterschiedlich beantwortet und des öfteren so stark mit politisch-ideologischen Fragen verknüpft worden, dass es mitunter zu Fehleinschätzungen kam bzw. zu Verallgemeinerungen, die einer ausreichenden empirischen Absicherung entbehrten. (Vgl. Domaschnew 1991; Hellmann 1980, 519ff.; Langner 1985; Oschlies 1989, v. Polenz 1999, 427 u. a.)

So ist in der BRD zunächst die Gefahr der Sprachspaltung überbewertet worden. Die Ursachen dafür wurden vorrangig in der politischen Entwicklung in der DDR gesehen. In der DDR wiederum wurden die Auswirkungen bestimmter gesellschaftlicher Entwicklungen auf Veränderungen in den Sprachnormen und im Sprachsystem überschätzt, vor allem im Zusammenhang mit der These von der Herausbildung der sozialistischen Nation, die seit den 70er Jahren auch die linguistische Diskussion beeinflusste.

Insgesamt förderte die sich seit den 80er Jahren durchsetzende Auffassung von Deutsch als plurizentristischer Sprache – die These verschiedener Zentren der deutschen Standardsprache – eine neue, nicht mehr nur auf aktuell-politische Unterschiede orientierte Erklärungsweise der Sprachsituation in Ost und West. "Die Identifizierung des SED-Polit- und Medienstils mit der staatlichen Varietät Deutsch in der DDR hat sich als zu einseitig erwiesen." (v. Polenz 1999, 429.)

Aufgrund der im Herbst 1989 eingeleiteten gesellschaftlichen Wende in der DDR, die am 3. Oktober 1990 zur Vereinigung der DDR mit der BRD führte, dürfte prinzipiell dieser Prozess der Differenzierung beendet sein. Besonders schnell übernahmen die Deutschen (Ost) die Lexik der öffentlichen Kommunikation der Deutschen (West), denn es kommt jetzt "zum innerdeutschen Sprachausgleich, zur sprachlichen Konvergenz, vorwiegend auf Kosten der Verluste im Sprachgebrauch der einstigen DDR-Deutschen, weil die Wiedervereinigung eigentlich in Form der Eingliederung der DDR in die wirtschaftlichen und sozial-politischen Strukturen der Bundesrepublik Deutschland zustande kommt." (Domaschnew 1991, 10.) Vgl. die schnelle Übernahme bzw. Wiederbelebung solcher Wörter, wie:

Geschäftsführer, Gymnasium, Management, Arbeitnehmer, -geber; Tarif (-verhandlung), Erziehungsgeld, Wohngeld, BaföG, Magistrat.

Nach wie vor vollzieht sich ein so grundlegender Wandel, dass nicht nur Linguisten, sondern auch andere sprachlich interessierte Bürgerinnen und Bürger öffentlich zu den lexikalischen Veränderungen Stellung nehmen. Bereits seit 1990 wurde in einem gemeinsamen Projekt des Berliner Zentralinstituts für Sprachwissenschaft und des Mannheimer Instituts für deutsche Sprache ein Korpus von über 4 Mill. Wörtern der Wendezeit erfasst, das den Grundstock für eine umfassende linguistische Aufarbeitung dieser Zeit bildet (vgl. z.B. Schlüsselwörter der Wendezeit 1997). So sind in der Zeit der *Wende* auch in großem Umfang neue DDR-typische Wörter und Wendungen geprägt worden, die wenig später schon wieder z. T. verschwunden sind:

Mauerspecht, Wendehals, basisdemokratisch, Runder Tisch, Montagsdemonstration, Ausverkauf der DDR, der aufrechte Gang; ferner Losungen, wie *Wir sind das/ein Volk*; wiederbelebt wurde *Deutschland, einig Vaterland* (neu auch *Wessiland*).

Diese und viele andere Beispiele demonstrieren in eindrucksvoller Weise den engen Zusammenhang zwischen gesellschaftlichen und sprachlichen Veränderungen; z. T. wurde die Vereinigung schon 1989 sprachlich vorweggenommen:

Deutschland/Ost, Deutschland/West, Westberlin; Ostberlin, die beiden Teile Deutschlands, die Noch-DDR, die Noch-BRD.

Größere Unterschiede, z. T. sogar ein Anwachsen differenzierender Ausdrücke, waren unmittelbar nach 1990 auch in der Alltagssprache zu beobachten: “Und wenn man den (Kontakt) erst einmal aufgenommen hat, wird man feststellen, dass in Ostdeutschland ein Jahr *nach* der Wende *mehr* unpolitisches “DDRsch” als früher gesprochen wird.” (Oschlies 1991, 69.) Doch besitzen zahlreiche der neugebildeten Wörter durchaus auch politische Konnotationen, vgl.

Ossizonler, Neuganzdeutschländer, Neufünfländer, Mecklensachse, Zonenzoni, Großbundesfesteingedeutschter, (Ur-)Ossi, Wessi, Wossi.

Es ist zu beobachten, dass mit der zunehmenden Angleichung der Lebensverhältnisse und dem gegenseitigen besseren Kennenlernen auch hier eine – wenn auch möglicherweise später als zunächst erwartete – Angleichung der Sprachverhältnisse erfolgen wird. Die wissenschaftliche Aufarbeitung der jüngsten Sprachgeschichte gibt selbst schon wieder interessante Einblicke in die Schwierigkeiten einer vorurteilsfreien Behandlung dieser Thematik. Von Sprachwissenschaftlern wird nicht nur verstärkt auf alte und neue Differenzierungen aufmerksam gemacht, sondern es wurden und werden zugleich Prognosen über die zukünftige sprachliche Angleichung gestellt. So sprach Hellmann etwa den Lexemen *Broiler, Plaste, Zielstellung* (für *Zielsetzung*) und *Kaufhalle* größere Bewahrungschancen zu als Lexemen wie *Winkelement, Griletta* (das allerdings in den gesamtdeutschen “Duden” aufgenommen wurde), *Organ* (‘Behörde’) oder solchen oft parodierten und im alltäglichen Umgang schon früher gemiedenen Wortungetümen wie *Schokoladenhohlkörper, Jahresendflügelfigur* für den Weihnachtsengel auf Pyramiden. Nach Domaschnew (1991) ist das Kapitel “DDR-Deutsch” bereits abgeschlossen, was – wie die zahlreichen aktuellen Untersuchungen zeigen – so bisher nicht gilt. Auch über ein Jahrzehnt nach der ‘Wende’ lassen sich zahlreiche Unterschiede im Sprachgebrauch erkennen. (Vgl. u. a. Kern 2002, Mit gespaltener Zunge 2000.)

Unbestritten ist sicherlich, dass der Verlust der in Medien und öffentlichen Reden (im weitesten Sinne des Wortes) verwendeten politischen Sprache der DDR wohl von niemandem bedauert wird; was jedoch schließlich aus 40-jähriger eigenständiger kommunikativer Entwicklung wirklich bestehen bleibt und was früher oder später verdrängt wird, das wird erst die Zukunft zeigen. Generell (und beschränkt auf die Lexik) ist sicherlich v. Polenz (1999, 425) zuzustimmen, der prognostiziert: “Was davon bleibt, sind Regionalismen, die aber eine Zeit lang noch politpsychologisch relevant bleiben.”

1.8.2. Veränderungen im Gefüge der (regionalen) Varietäten

Die Darlegungen in den folgenden Abschnitten, selbst die Bemühungen um die Orthographie und Orthoepie, lassen sich alle mehr oder weniger einer oder mehrerer Tendenzen der deutschen Sprache unterordnen: der (sozial und/oder politisch bedingten) Differenzierung, der Integration im Bereich der Varietäten, der Internationalisierung, die sowohl die Fachsprachen als auch die Allgemeinsprache beeinflusst, sowie der vorwiegend innersprachlich bedingten Tendenz der Sprachökonomie. Dabei ist darauf hinzuweisen, dass diese Tendenzen Prozesse fortsetzen, die meist schon im 19. oder zu Beginn des 20. Jh. festzustellen sind, aber seit der Mitte des 20. Jh. eine deutliche Intensivierung erfahren.

Obwohl es nur wenige vergleichende Untersuchungen zur Entwicklung der regionalen Varietäten in den deutschsprachigen Staaten gibt, kann doch davon ausgegangen werden, dass die Veränderungen auf den gleichen Grundlagen beruhen (vgl. 1.7.6.) und daher im gesamten deutschsprachigen Raum prinzipiell in gleicher Weise verlaufen. Der bereits in der vorangegangenen Periode deutlich werdende Prozess der Verschiebung des Stellenwertes der einzelnen Varietäten setzt sich auch im 20. Jh. fort und erfährt nach 1945 eine besonders starke Ausprägung.

Die auffälligste Erscheinung innerhalb dieser Wandlungen bleibt dabei die immer stärkere Zurückdrängung der Mundarten, besonders in der nördlichen und mittleren BRD und in weiten Teilen der ehemaligen DDR. Dabei zeigt sich eine Tendenz, dass die kleinräumigen Mundarten (im Wesentlichen also die Ortsmundarten) überführt werden in größere Lautungsbereiche, die man z.T. mit umgangssprachlichen Bereichen gleichsetzen kann (vgl. u. a. Moser 1985, 1692). Gefördert wird diese Entwicklung nach 1945 u. a. durch die Umsiedlung großer Bevölkerungsteile, durch den Pendler- und Fremdenverkehr in Folge gewachsener Mobilität, ferner durch den Einfluss der Massenmedien, durch die Erweiterung der Allgemein- und Spezialbildung sowie durch die Auswirkungen von Wissenschaft und Technik auf praktisch alle Lebensbereiche. Im Einzelnen verläuft dieser Prozess in den jeweiligen Landschaften in unterschiedlichem Tempo. Neben den grundsätzlichen Gemeinsamkeiten gibt es dabei auch eine Reihe von Unterschieden.

In der ehem. DDR ist insgesamt eine stärkere Verdrängung der Mundarten aufgrund verschiedener Ursachen, nicht zuletzt durch die spezifische Situation auf sozial-politischem Gebiet, in der Kultur- und Bildungspolitik zu verzeichnen. Die Aufgabe der Allgemeinbildung, möglichst alle Kinder zur Beherrschung der Standardsprache zu führen, ist zwar nicht erreicht worden, hat aber zum Rückgang der Mundarten beigetragen. Ferner wurde hier längere Zeit der emotionale Wert der Mundarten und Mundarttexte unterschätzt, was u. a. zu einer starken Reduzierung von Mundartliteratur in der allgemeinbildenden Schule führte. Als Folge davon wurde der Gebrauch der Mundarten in einigen Landschaften gänzlich aufgegeben, in anderen werden sie nur noch in eingeschränkten Kommunikationssituationen (z.B. innerhalb der Familie, im Freundeskreis, bei kulturellen Veranstaltungen) verwendet. So ist der Prozess der Verdrängung in den mittleren Teilen des östlichen Deutschlands weiter vorangeschritten, als es im Norden (in Mecklenburg) und im Süden (vor allem in Teilen des Erzgebirges, des Vogtlandes und im Thüringer Wald) der Fall ist.

Im Westen und Süden Deutschlands verläuft diese Entwicklung ähnlich. Allerdings geht der Rückgang im Mundartgebrauch – zumindest in einigen Landschaften – langsamer vor sich. Das hat verschiedene Ursachen, hängt jedoch auch mit der Bildungspolitik zusammen. Die Betonung der Heimatverbundenheit, verstärkt vor allem aufgrund der föderativen Struktur der BRD, hat der Mundart hier mehr Geltung verschafft. Nach einer Studie von Besch aus dem Jahre 1980 gilt das nicht nur für die Dörfer, sondern sogar für Klein- und Mittelstädte (bis zu 100 000 Einwohner). Sicher bedarf dieser Sachverhalt noch weiterer aktueller Analysen.

Andererseits hat man versucht, die sozialbedingten Sprachbarrieren zu überwinden. Gelegentlich ist noch in den 60er Jahren die Meinung vertreten worden, dass für die Kinder unterer sozialer Schichten die Beherrschung der Standardsprache gar nicht angestrebt werden solle, weil das ihre Persönlichkeitsentwicklung beeinträchtigen könne. Jedoch haben die unterschiedlichen Maßnahmen die generelle Tendenz des Rückganges der Mundarten allenfalls verzögert, aber nicht aufgehalten.

Das wird auch durch neuere Untersuchungen zum Gebrauch der Mundarten in der BRD bestätigt (vgl. u. a. MATTHEIER 1998). Nachdem in Rheinland-Pfalz der auf den Engländer BERNSTEIN zurückgehende Versuch, Mundart sprechende Kinder an die Standardsprache heranzuführen, erfolglos eingestellt werden musste, wurde u. a. mit der Reihe "Dialekt/Hochsprache – kontrastiv" dem Lehrer eine Handreichung für die Hinführung Mundart sprechender Kinder zur Standardsprache gegeben.

Die Tatsache, dass der Gebrauch der Mundart heute in der Regel nicht mehr vom sozialen Status der Sprecher abhängig ist, sondern von den Bedingungen der Kommunikation und sicherlich auch von toleranteren Einstellungen gegenüber Normabweichungen nicht nur bei Jugendlichen führte in jüngster Zeit erneut zu deren Aufwertung, die mitunter auch als *Renaissance* der Mundarten oder als *Mundartwelle* bezeichnet wird. Besonders deutlich wurde das in der intensiveren Beschäftigung mit dieser Varietät (in Mecklenburg mussten z.B. vielfach Kurse zum Erlernen der Mundart angeboten werden) und in einem verstärkten Aufkommen mundartlicher Heimatlieder und Literatur. Selbst in die moderne Musik hat die Mundart Eingang gefunden. In diesen Kontext ordnet sich letztlich auch die im Vorfeld unter Linguisten heftig umstrittene und schließlich eher sprachpolitisch begründete Aufnahme des Niederdeutschen in die "Europäische Charta der Regional- und Minderheitensprachen" ein, die 1998 nach langjähriger emotionaler Diskussion erfolgte. (Vgl. u. a. SCHRÖDER 1997.)

Unterschiede zwischen Nord und Süd zeigen sich auch im Charakter und im Gebrauch der Umgangssprache. Die Umgangssprache im obd. Raum steht in Lautung und Wortschatz den Mundarten viel näher als die Umgangssprache im md. und vor allem im nd. Raum. Das hängt wiederum u. a. mit dem Einfluss der hd. geprägten Schriftsprache auf die nd. Mundarten und Umgangssprachen zusammen (vgl. MIHM 2000). Die ursprünglich ausschließlich in der mündlichen Kommunikation verwendete Umgangssprache erfährt in der jüngsten Vergangenheit zunehmend eine Ausweitung in die schriftliche Kommunikation. Auch wenn die Frage, "ob die Umgangssprache nicht auch schon eine geschriebene Existenzweise besitze oder ob sich eine solche gegenwärtig herausbilde" (LANGNER 1990b, 381), noch nicht übereinstimmend beantwortet wird, sind doch speziell in der Presse schon Texte (z.B. Leserbriefe, Glossen, Porträts) bzw. Teiltexte (z.B. Titel) nachzuweisen, die der Umgangssprache zuzuordnen sind.

Ebenfalls verstärkt hat sich die Integration umgangssprachlicher Mittel besonders aus der Lexik in die Standardsprache. Den sprachkritischen Bemerkungen zu diesem Prozess, die den Gebrauch umgangssprachlicher Elemente (vor allem in den Medien) als unangemessen bewerten, stehen jüngere Untersuchungen gegenüber, die zeigen, dass "umgangssprachliche Mittel aufgrund ihrer Semantik und ihrer konnotativen Merkmale im jeweiligen Kontext spezifische Funktionen besitzen und dadurch beim Rezipienten Wirkungen erzielen, die mit schriftsprachlichen Synonymen nicht oder nicht in der gleichen Weise zu erreichen sind." (LANGNER 1991, 46.) Hinzu kommt, dass sich immer mehr ugsprl. Mittel nicht mehr nur als typisches Merkmal (sog. *Schibboleth*) einer Sprachlandschaft zuordnen lassen. Diese Entwicklung führt dazu, dass dort, wo Dialekt oder Regiolekt nicht mehr zur Verfügung stehen, "an die Stelle regionalen Sprachgebrauchs /. . ./ ein kaum mehr regionalspezifischer allgemeiner neuer Substandard" tritt, der "u. a. von unkonventionell sprechenden Fernsehmoderatoren und in der Jugendsprache verbreitet wird /. . ./ Regionale Sprachvariation tritt so hinter soziale und situative zurück." (v. POLENZ 1999, 459.)

In Österreich ist die sprachsoziologische Situation von der im Süden der BRD kaum unterschieden. "Zur Variationsbreite läßt sich sagen, daß einerseits zwar, wie überall, die ländlichen Mundarten zugunsten regionaler Umgangssprachen zurückgehen, deren regional-dialektaler Charakter freilich noch stark ausgeprägt ist, daß andererseits aber die Verbindlichkeit einer dialektfreien Hochsprache-Norm altösterreichischer Prägung stark abnimmt /. . ./" (REIFFENSTEIN 1983, 20; vgl. auch WIESINGER 1985, 1990; SCHEURINGER 1997.) Insgesamt wird auch hier je nach Sprecher- und Situationskonstellation ein breites und sehr variables Spektrum von Merkmalskombinationen der einzelnen Varietäten verwendet, wobei jedoch das österreichische Hochdeutsch nicht nur in der amtlichen, sondern auch in der alltäglichen Kommunikation verwendet wird.

Von dieser Situation unterscheidet sich die deutschsprachige Schweiz prinzipiell: "Gesprochene Sprache ist grundsätzlich Mundart, und zwar Baseldeutsch, Berndeutsch, Zürichdeutsch, Berner Oberländerdeutsch, St. Galler Deutsch, Walliserdeutsch; all das wird oft Schweizerdeutsch genannt; aber /. . ./ Schweizerdeutsch kann /. . ./ nicht mehr beinhalten, als dass es die deutschen Mundarten meint, die innerhalb der politischen Grenzen der Schweiz gesprochen werden." (RUPP 1983, 30.) Dabei tragen die Mundarten in der Schweiz – im Unterschied zu ihrem Gebrauch in den übrigen deutschsprachigen Gebieten – keinerlei soziale Markierung. "Ähnliches gibt es in der Bundesrepublik, in der DDR und in Österreich schon lange nicht mehr, das ist belegbar und belegt, und trotz aller Wiederbelebungsversuche, wie sie zur Zeit laufen, wird sich wohl daran nichts Entscheidendes ändern." (RUPP 1983, 31f.; vgl. auch SONDEREGGER 1985; SCHLÄPFER 1990.)

1.8.3. **Zum Gebrauch der deutschen Sprache in der DDR und in der BRD**

Als geradezu klassisches Beispiel für Differenzierungen zwischen der deutschen Sprache in der DDR und der BRD (die Varianten in Österreich und in der Schweiz weisen hier gleiche Erscheinungen auf wie in der BRD, sieht man einmal von den zahlreichen Regionalismen ab, die zunehmend auch in die Standardsprache eindringen) wurde und wird immer wieder das lexisch-semantische Teilsystem herangezogen (vgl. Wortschatz der deutschen Sprache 1988; SCHRÖDER/FIX 1997), obwohl nicht nur dieses, sondern auch die Inhalte der Texte, die Kommunikationsstrukturen und Textsorten durch die spezifische Kommunikation in der DDR und in der BRD beeinflusst waren.

So zeigt z.B. die in dem Band Mit sozialistischen und anderen Grüßen (1995) zusammengestellte Sammlung von Texten der Alltagskommunikation – von der Geburtsurkunde über Dokumente in den verschiedensten Lebensphasen bis zum Nachruf – wie stark die offiziellen Sprachmuster im Bewusstsein des Einzelnen verankert waren. Das folgende Beispiel – eine 'Gesamteinschätzung' in einem 'EOS-Zeugnis' macht die enge Einbindung der Schule in den politischen Sprachgebrauch deutlich:

"Frank ist ein aufgeschlossener, freundlicher und begeisterungsfähiger Schüler.
In seiner Funktion als Mitglied der Kommission für Agitation und Propaganda zeigt er Verantwortung für die Entwicklung des gesamten Kollektivs, ist jedoch nicht immer konsequent bei der Umsetzung und Erfüllung seiner Ideen und Aufgaben.
An politischen Diskussionen beteiligt er sich rege und vertritt offen einen von der Ideologie der Arbeiterklasse geprägten Standpunkt.
Zu Beginn der 11. Klasse hatte er es schwer, da sich in einigen Fächern Wissenslücken zeigten. . ."
(Zit. nach: Mit sozialistischen und anderen Grüßen 1995, 81.)

Die Texte zeigen aber auch den "Facettenreichtum stilistischer Ausdrucksmöglichkeiten, der zum Bild einer homogenen Sprache in der DDR in deutlichem Widerspruch steht" (a.a.O., 9). Untersuchungen zu "Sprachritualen" und "Sprachbiographien" (U. Fix, Leipzig), zur "Alltagsrhetorik in Ost- und Westdeutschland" (P. Auer, Hamburg) u. a. machen zunehmend die Unterschiede in kommunikativen Mustern zwischen Ost und West deutlich (vgl. ANTOS/SCHUBERT 1997; KERN 2002).

Nur geringfügige Unterschiede finden sich demgegenüber in der Syntax und in der Morphologie. Ebenso stimmten die Normen der Rechtschreibung überein und auch in der Aussprache lassen sich kaum Unterschiede feststellen. Oft wurde vernachlässigt, dass der bei weitem größte Teil des Allgemein- wie auch des Fachwortschatzes immer gemeinsames Wortgut geblieben ist. Auch Neuprägungen und Entlehnungen galten in der Mehrzahl der Fälle in beiden Kommunikationsgemeinschaften, wie Analysen von Wörterbüchern ergeben haben. (Vgl. u. a. v. POLENZ 1999, 424.)

Selbst Einschätzungen, dass die Zahl der Neuprägungen, die zunächst nur in der DDR galten, um ein Vierfaches größer sei als die Zahl der Neuprägungen, die in den ersten Jahren fast ausschließlich in der BRD gebraucht worden sind (vgl. SPARMANN 1970ff.), sind heute widerlegt. Auch in der alten Bundesrepublik war der Anteil der lexischen Innovationen so hoch wie in der DDR, wenn nicht sogar noch wesentlich höher (vgl. SCHLOSSER 1990, 160ff.). Als ein wichtiger Faktor ist jedoch zu berücksichtigen, dass in der DDR die Tendenz bestanden hat, "den ideologisch geprägten Wortschatz einer Gruppe zum sprachlichen Gemeingut einer ganzen Teilsprachgemeinschaft zu machen." (MOSER 1985, 1691.)

Ungeachtet der in der jüngeren Forschung verstärkten Hinwendung zu den Unterschieden im kommunikativen Handeln und der noch keineswegs umfassenden Beschreibung der kommunikativen Verhältnisse in beiden Staaten sollen im Folgenden exemplarisch einige Unterschiede im Bereich der Lexik dargestellt werden, wohl wissend, dass im Einzelnen in dieser Verkürzung eine beachtliche Problematik liegt (vgl. auch WOLF, B. 2000.)

Besonderheiten in der Lexik der DDR

Die gesellschaftlichen Neuerungen auf dem Gebiet der späteren DDR machten es gleich nach Kriegsende erforderlich, eine Fülle neuer Wörter zu bilden, in denen sich der demokratische bzw. sozialistische Charakter des angestrebten Systems widerspiegeln sollte:

Neologismen aus der Zeit von 1945 bis Anfang der 50er Jahre, heute überwiegend schon Archaismen: *(antifaschistisch-) demokratische Schulreform; demokratische Einheitsschule; Neulehrer; Arbeiter-und-Bauern-Fakultät (ABF), Maschinen-und-Traktorenstation (MTS), Abgabesoll, Volksaussprache.*

Weitere **Neubedeutungen** aus anderen Kommunikationsbereichen: *Aktivist* 'Werktätiger mit vorbildlichen Leistungen im Beruf'; *Aufklärung* 'Agitation'; *Brigade* 'kleinste Arbeitsgruppe in einem sozialistischen Betrieb'; *Genosse* 'Angehöriger der Volkspolizei', 'Angehöriger der Nationalen Volksarmee', 'Angehöriger der SED'.

Seit dem Herbst 1989 ist eine starke Zurückdrängung dieser Lexik zu beobachten. Gleiches gilt für die meisten der im Folgenden genannten Lexeme bzw. Wortgruppen, die bereits jetzt veraltet sind oder aus unterschiedlichsten Gründen gemieden werden.

Bedeutungsdifferenzierungen: Hierbei gilt aber in besonderem Maße: "Das Ausmaß der durch die wirtschaftlichen Rahmenbedingungen geprägten Unterschiede im Denken der Deutschen in Ost und West und damit auch das Ausmaß semantischer Unterschiede bei formal gleichgebliebenen Äußerungen ist auch nicht annähernd genau zu bestimmen." (SCHLOSSER 1990, 80; vgl. auch v. POLENZ 1999, 429 u. ö.)

Als Beispiel für erhebliche semantische Unterschiede sei die Bedeutungserklärung eines Lexems in einem DDR- und einem BRD-Wörterbuch angeführt:

bürgerlich: 1. 'von der Bourgeoisie ausgehend, bestimmt'; 1.1. 'der Klasse der Bourgeoisie, der kap. Gesellschaftsordnung zugehörig, eigen'; 1.2. 'von der Ideologie der Bourgeoisie bestimmt, beeinflußt'; zu *Bürger*: 'jmd., der (bei einem gewissen materiellen Wohlstand) ein Leben führt, das bestimmten konservativen Traditionen des Bürgertums verhaftet ist' (HWDG 1984, 213). Im Mannheimer Duden (1989, 295) wird die Semantik wie folgt erläutert: 1. 'den Staatsbürger betreffend, dem Staatsbürger zustehend'; 2a) 'dem Bürgertum angehörend, zugehörig, entsprechend'; b) 'spießerhaft, engherzig'.

In diese Gruppe gehören weiterhin Wörter wie *Arbeit* (als Terminus der politischen Ökonomie), *Bewusstsein, Demokratie, Klasse, Vaterland*, spezifische Wendungen, wie: *führende Rolle der Arbeiterklasse im Klassenkampf; Einheit von Wissenschaftlichkeit und Parteilichkeit; ökonomische Hauptaufgabe in ihrer Einheit von Wirtschafts- und Sozialpolitik.* DDR-spezifisch waren auch Formulierungen, wie: *das Ziel stellen* (statt *setzen*), *orientieren auf, die Frage steht.*

Dabei wurden – obwohl sie eigentlich überwunden werden sollten – auch "traditionelle Denkstrukturen und Sprachtraditionen" (SCHLOSSER 1990, 34) der Deutschen fortgeführt, wie sich u. a. in der 'Kampfmetaphorik' und in pathetischem, z. T. pseudoreligiösem Sprachgebrauch zeigt: *Kampfgruppe, revolutionärer Kampfgeist, Kämpfer für Frieden und Sozialismus, FDJ – Kampfre-*

serve der Partei; DDR – Bollwerk des Friedens; allseitig entwickelte sozialistische Persönlichkeit, unzerbrüchliche Freundschaft mit der Sowjetunion; Losung: *Meine Liebe, meine Kraft der DDR, meinem sozialistischen Vaterland.*

Der Gegensatz zwischen der sprachlichen Darstellung und der durch sie bezeichneten Realität wurde in den Jahren vor 1989 vor allem von einzelnen Künstlern, zunehmend auch von Wissenschaftlern und anderen öffentlich kritisiert. Generell ist aber auch davon auszugehen, dass die DDR-Bürger sehr wohl zwischen öffentlicher, halböffentlicher und privater Diskurswelt unterschieden haben und insofern besonders variabel und flexibel mit der (politischen) Sprache umgegangen sind (vgl. v. POLENZ 1999, 567).

Neben einer fast unübersehbaren Fülle von verschiedenartigsten Auszeichnungen war die Vergabe von ehrenden Namen für Straßen und Plätze, Schulen und Hochschulen, Institutionen, Betriebe, Brigaden ein DDR-Spezifikum, das nicht nur der Pflege des kulturellen Erbes, sondern vor allem auch der Identifikation mit vorbildhaftem Verhalten als Ausdruck eines neuen (sozialistischen) Bewusstseins dienen sollte, vgl.:

Leninorden, Verdienter Arzt des Volkes, Kollektiv der sozialistischen Arbeit, Betrieb der ausgezeichneten Qualitätsarbeit; Straße der Befreiung 8. Mai 1945, VEB Schwermaschinenbau "Ernst Thälmann", Karl-Marx-Stadt (heute wieder *Chemnitz*).

Ohne auch nur annähernd Vollständigkeit anstreben zu können, seien einige wenige weitere Bereiche genannt, in denen sich DDR-Geschichte mit den ihr eigenen lexikalischen Besonderheiten widerspiegelt:

Industrie, Handwerk, Bauwesen: *Kollektivvertrag, Kombinat, Planablauf, -diskussion, -erfüllung, -jahrfünft, sozialistische Planwirtschaft.*
Handel: *Betriebsverkaufsstelle, Großhandelskontor (GHK), HO-Warenhaus, Landwarenhaus, Volksbuchhandel.*
Landwirtschaft: *Agraringenieur(in), Dorfakademie, Schichttraktorist, Erntekindergarten, Genossenschaftsbauer, landwirtschaftliche Produktionsgenossenschaft (LPG).*
Bildung und Erziehung: *sozialistisches Bildungsideal, zehnklassige allgemeinbildende polytechnische Oberschule (POS), polytechnische Bildung und Erziehung, Frauenakademie, -förderplan, -sonderstudium.*
Kunst und Kultur: *Kultur- und Bildungsplan; Arbeiterfestspiele, Zirkel schreibender Arbeiter, Volkskunstkollektiv, Singegruppe, Förderung junger Talente.*
Staatsaufbau und staatliche Institutionen: *Arbeiter-und-Bauern-Staat, Staatsrat, Ministerrat der DDR, Volkskammer, Volksvertreterkollektiv, Bezirkstag, Nationale Volksarmee, Nationale Front der DDR, Blockparteien, Zentralkomitee der Sozialistischen Einheitspartei Deutschlands (ZK der SED).*

Obwohl der Einfluss des Russischen aus unterschiedlichen Gründen, u. a. den sprachstrukturellen Differenzen, aber wohl auch aufgrund psychologischer Distanzierungen, bei weitem nicht so umfangreich war, wie es die engen Beziehungen zur Sowjetunion hätten vermuten lassen, hat dennoch u. a. die Einführung des Russischen als erste Fremdsprache zu einer gewissen Verbreitung von direkten und indirekten Entlehnungen geführt, die zweifellos größer als in der BRD war.

Direkte Übernahmen, z. T. schon vor 1945: *Bolschewik(i), Kolchos(e), Sowchos(e), Sputnik, Subbotnik, Datsche, Agrotechnik, Mechanisator, Kollektiv, Partisan, Exponat.* Ebenfalls gelangten die Anglizismen *Festival, Kombine, Dispatcher, Meeting* über das Russische ins Deutsche.
Lehnbildungen und -wendungen: *Plankommission, Kulturpalast, Fernstudium, Pädagogischer Rat, Schülertagebuch, Kurscheck, Held der Arbeit, Verdienter Arzt/Lehrer . . . des Volkes, mit der Sowjetunion an der Spitze, im Ergebnis der Konferenz.*
Lehnbedeutungen: *Pionier* 'Angehörige(r) der Pionierorganisation "Ernst Thälmann"', *Freundschaft* 'Gesamtheit der Pioniergruppen an einer Schule', *Intelligenz* 'Gesellschaftsschicht', *Kandidat* 'Angehöriger der SED während der Vorbereitungszeit auf die Mitgliedschaft'. (Vgl. u. a. LANGNER 1980, 684f., BRAUN 1987, 70.)
Einfluss des Angloamerikanischen: In diesem Bereich überwogen die direkten gegenüber den indirekten Entlehnungen. Entgegen älteren Auffassungen ist auch in der DDR ein starkes Anwachsen der Anglizismen zu verzeichnen gewesen, wenn auch der Anteil gegenüber der BRD insgesamt bis zuletzt geringer gewesen sein dürfte. Außerdem wurden viele Anglizismen in den Sprachgebrauch

der DDR später als in den der BRD entlehnt. Neben vielen gemeinsamen Entlehnungen (s. u., vgl. auch LANGNER 1986; LEHNERT 1990; BRINKMANN u. a. 1992) zeigen sich u. a. folgende Unterschiede:

In der Regel wurden (zumindest im offiziellen Sprachgebrauch) mit pejorativer Bewertung verwendet: *Business, Boss, Manager, Management, Job, Publicity, High Society, Lobby.* Hinzu kommen eine Reihe von Lexemen, die in der BRD nicht gebräuchlich waren: *Kombine;* Bedeutungsdifferenzierung bei: *Dispatcher, Meeting* sowie DDR-spezifische Neubildungen: *Disco-Sprecher, Schallplattenunterhalter* neben *Diskjockey, Pop-Gymnastik* (seit 1983) für *Aerobic(s), Marschflugkörper* anstelle *Flügelrakete* für *cruise missele.*

Besonderheiten in der Lexik der BRD

Da die Lexik der BRD im Unterschied zu den meisten der oben angeführten Beispiele nach wie vor aktuell ist, dienen die folgenden Beispiele vor allem der vergleichenden Darstellung einer in der DDR kaum bzw. nicht verwendeten Lexik:

Schulwesen: *Grundschule, Hauptschule, Primar-, Sekundarstufe, Rahmenrichtlinien, Sprachbarrieren, Aufsatzlehre, Bundeshochschule.*

Wirtschaftsbereich: *soziale Marktwirtschaft, Aktienmarkt, Aufsichtsrat, Abschreibung, Marketing, Coordinator, Bausparvertrag, Streik, Personaleinsparung, Lohnstopp, Berufsverbot, Tarifverhandlung, Betriebsverfassungsgesetz, Personalchef, Arbeitsdirektor; Betriebsrat, Personalrat, Sozialplan, Lohnkampf, Kurzarbeit, Arbeitsbeschaffungsmaßnahmen, Vorruhestand.*

Staatsaufbau: *Bundespräsident(in), -tag, -regierung, -tagsabgeordneter, -verfassung, -bürger, Bund und Länder, Landesregierung, Bundeswehr.*

Verwendung von Lexemen/spezifischen Wortbedeutungen mit z. T. **pejorativer Wertungskomponente** für Sachverhalte der DDR oder anderer osteuropäischer Länder: *sowjetische Besatzungszone, (russische) Zone, Ostzone, Mitteldeutschland, Zonenstaat, SED-Staat, (sog.) "DDR", anderer Teil Deutschlands; Zonengrenze, (Schand-)Mauer, Ulbrichtmauer; Gefolgsstaaten, Ostblockstaaten, Satellitenstaaten, Oder-Neiße-Linie.* Bezeichnung der Westgebiete Polens als *deutsche Ostgebiete* (noch gegenwärtig von Vertretern der Vertriebenenverbände gebraucht).

Bezeichnungen mit **positiver Wertung** für das eigene System:
soziale Stratifikation, Pluralismus, Sozialpartnerschaft, soziale/freiheitliche Demokratie, Leistungsgesellschaft, Wohlstandsgesellschaft, einheitliche Industriegesellschaft, Rechtsstaat, Freiheit von Forschung und Lehre.

Einfluss des Englischen: Stärker als in der DDR erfasste der Einfluss des Englischen in der BRD fast alle Lebensbereiche:
Sport: *Slice, Lob, Tiebreak, Service 'Aufschlag beim Tennis', Pole-Position.*
Kosmetik: *Cold Cream, Lip Gloss, Moisture.*
Mode: *City-Shirt, Dress-Shirt, Coordinate, Tails.*
Andere Bereiche: *Single* 'ledige Person', *Kids, Callgirl, Starlet, Caravan, Jitterbug, Pampers, Wrigley, Layouter, Joint, Dresge, Plunger, Deadline, Mobbing.*

Von der Intensität des englischen Einflusses auf die deutsche Sprache in der BRD zeugen auch die lexikalischen Scheinentlehnungen. Das sind Wortbildungen, die mit Hilfe englischer Morpheme – oft in Anlehnung an ähnliche Bildungen in der englischen Sprache – in der BRD oder in anderen nicht-englischen Staaten geprägt worden sind, vgl.: *Showmaster, Talkmaster* (in Anlehnung an *Quizmaster*) und *Dressman.* In diesen Bereich gehören auch die semantischen Scheinentlehnungen, also Anglizismen, die in einer anderen Bedeutung als im Englischen gebraucht werden, vgl. *City* 'Stadtzentrum'. Einige der Scheinentlehnungen sind sehr bald auch in den Sprachgebrauch der DDR eingedrungen. (Vgl. LANGNER 1986; CARSTENSEN 1990; LEHNERT 1990.)

Tendenz der Integration

Den oben angedeuteten Differenzierungen in einigen Wortschatzbereichen stehen eine Fülle von gemeinsamen Prozessen gegenüber, die vor allem aufgrund der im Folgenden genannten Erscheinungen ständig wirksam sind:

So gibt es eine Reihe von Bezeichnungen für landestypische Realien, die in der Regel auch in der jeweils anderen Kommunikationsgemeinschaft bekannt sind, allein schon deshalb, weil sie in der gesellschaftlich-politischen Auseinandersetzung benutzt worden sind. (Vgl. Wortschatz der deutschen Sprache in der DDR 1988, 38ff.)

DDR: *Vorsitzender des Staatsrates, Volkskammer, Oberstes Gericht, Schriftstellerverband.*
BRD: *Bundeskanzler, Kabinett, Ländervertretung, Ältestenrat, Deutscher Gewerkschaftsbund (DGB).*

Weiterhin ist das Benennungssystem der deutsche Sprache seit Jahrhunderten – und nicht erst seit 1945 – durch ideologische und parteipolitische Polaritäten gekennzeichnet, in denen sich die geschichtliche Konfrontation zwischen den sozialen Schichten widerspiegelt. Das führt dazu, dass politische Lexik aus dem Bereich der Arbeiter-/Gewerkschaftsbewegung in beiden Staaten, wenn auch z. T. semantisch differenziert, zu finden ist:

Demokratie, Fortschritt, Freiheit, Gleichheit, Frieden, Gerechtigkeit, Solidarität.

Stehen zwei Kommunikations- bzw. Sprachgemeinschaften in intensiven Kontakten, so sind die Tendenzen der Differenzierung und der Integration als universelle Formen des Sprachwandels immer mehr oder weniger eng miteinander verbunden. Für benachbarte Staaten mit gemeinsamer Sprache ergeben sich um so günstigere Bedingungen, denn der Sprachteilhaber erkennt auch bei Differenzierungserscheinungen das sprachliche Mittel als Element seiner Sprache. Hierfür stehen Beispiele, wie *Werkstatt* 'Arbeitsgruppe, -tagung'; *festschreiben* 'vorläufig festsetzen'; *Paket* 'als zusammengehörig deklariertes, politisches Verhandlungsangebot, gesetzliche Vorlage'.

Schließlich führten intensive internationale Beziehungen zum Gebrauch von Benennungen, die aufgrund ihrer Bedeutung für die politische Kommunikation in allen deutschsprachigen Ländern gleichermaßen verwendet werden, in der DDR selbst dann, wenn sie nicht der (marxistischen) Ideologie entsprachen:

Überlebenspartnerschaft, -chance; Koalition der Vernunft, Dritte Welt, Nord-Süd-Gefälle, global, Globalisierung.

Hinzu kamen zahlreiche Anglizismen, die gleichermaßen in West und Ost gebräuchlich waren:

Freizeit/Unterhaltungstechnik: *Beat, Feature, Hit, Bestseller, Live(-sendung), trampen, Drink, Shake, Hi-Fi, Playback, Video, joggen, Poster, Bungalow, Disco, Puzzle, Memory, Story.*
Wirtschaft/Handel: *Service, Boom, Teamwork, Handout, Stewardess, Leasing, Job, Flop, Cola, Boss, Boykott.*
Mode: *T-Shirt, Overall, Model, Jeans, Sweatshirt, Pumps.*
Sport: *Crew, Hattrick, Kicker, Match, Coach, Trainer.*

Darüber hinaus lassen eine Fülle deutsch-englischer Mischkomposita und anderer Weiterbilungen, wie *Interviewer, poppig, Nonstop-Flug, Körper-Spray, Computerei,* den großen Einfluss des Englischen auf die deutsche Sprache in beiden Staaten deutlich werden.

Einige Anglizismen, wie *high, by by, hello, o.k./okay, all right, super, cool,* werden (neben englischen Spielzeugbezeichnungen) sogar schon in der Sprache von Kleinkindern gebraucht.

Nur verwiesen soll hier auch auf die Rolle der (linguistisch nach wie vor kontrovers beschriebenen) Jugendsprache als "Integrationsfaktor" werden. Obwohl bis in die 70er Jahre (vor allem in der DDR-Linguistik) ignoriert, wies doch auch sie prinzipiell in beiden deutschen Staaten gleiche Entwicklungen auf:

(voll auf etwas) abfahren, bärisch, geil, chaotisch, cool, spitze, drauf sein, Grufti, kaputtgehen, Luftnummer, paletti, Nickmann u.v.a. (Vgl. Oschlies 1990, 135; Heinemann 1990).
"Zieht man von diesem DDR-Jargon die wenigen DDR-Spezifika – Haus-BGL (= Eltern, BGL = Betriebsgewerkschaftsleitung) – bzw. Bedeutungswandlungen – no future (= keine Ahnung); joint (= Zigarette); Stoff (= Geld bzw. Alkohol) ab, dann hat man eine jugendspezifische Gruppensprache gesamtdeutscher Natur vor sich." (Oschlies 1990, 46.)

1.8.4. **Aktuelle Normierungsbestrebungen in der Orthographie und Orthoepie**

Das Streben nach Normierung der Graphie und der Aussprache hielt auch nach 1945 an und wird, wie anhaltende Reaktionen zeigen, auch nach den jüngsten Reformvorschlägen nicht beendet sein. Doch während sich die Auseinandersetzung um die Aussprache eher in der Stille vollzieht, "beschäftigt das Problem der Schreibung nicht nur die Fachwelt, sondern weite Kreise der Sprachgemeinschaft, und dies oft mit nicht überhörbarem Lärm" (H. Moser 1985, 1681).

Orthographie

Nach wie vor waren die Hauptprobleme der deutschen Rechtschreibung – insbesondere die Bezeichnung der Länge und Kürze der Vokale sowie die Groß- und Kleinschreibung – ungelöst. Dabei wurde (seit 1902) durchschnittlich einmal pro Jahr der Versuch unternommen, die Einheitsschreibung zu verbessern. Doch keiner davon hatte Erfolg. "Die Argumente in der Auseinandersetzung wiederholen sich seit Beginn der Diskussionen immer wieder, und sehr häufig finden wir auf diesem Felde auch unsachliche, stark emotionale und unqualifizierte Stellungnahmen. Zeitlich waren etwa die Jahre 1931, 1946/47, 1954, 1958–1963 und 1973/74 Höhepunkte solcher Auseinandersetzungen." (Nerius 1990, 275.)

Da Dänemark 1949 zur gemäßigten Kleinschreibung übergegangen war, ist das Deutsche nunmehr die einzige Buchstabenschrift, in der die Großschreibung beibehalten wurde, was die Diskussion noch verschärft. 1954 einigten sich auf der Stuttgarter Konferenz Delegierte aus der DDR, der BRD, aus Österreich, Luxemburg und der Schweiz über eine Reform, deren Grundsätze in den "Stuttgarter Empfehlungen" niedergelegt sind. In der DDR fanden die Empfehlungen weithin Anerkennung. Auch in der BRD stimmte eine Fachkommission zu ("Wiesbadener Empfehlungen" 1958). In Österreich konnte man sich in einer Vertreterkonferenz 1961/62 über die gemäßigte Kleinschreibung nicht einigen, die Schweizer Kommission lehnte diese mit großer Mehrheit ab.

Ende der 70er Jahre konnten durch fehleranalytische Untersuchungen die Diskussionen wieder versachlicht werden. An der Akademie der Wissenschaften der DDR wurde 1975 eine Arbeitsgruppe Orthographie gegründet und 1976 durch die deutsche Kultusministerkonferenz eine baldige Orthographiereform befürwortet. Reformvorschläge wurden u. a. weiterhin unterbreitet von der 1977 gegründeten "Kommission für Rechtschreibfragen" und dem 1978 veröffentlichten Wiener "Regelwerk für die gemäßigte kleinschreibung".

Auch in den 80er Jahren hielt die Diskussion um eine Orthographiereform unvermindert an. 1986 setzte mit den "1. Wiener Gesprächen zu Fragen der Rechtschreibreform" zwischen amtlichen Vertretern und Wissenschaftlern aus fast allen Gebieten, in denen Deutsch gesprochen wird, eine erneute Diskussion ein, in der endlich Einvernehmen in Bezug auf das allgemeine Verfahren und Programm einer Rechtschreibreform hergestellt wurde. In der Abschlusserklärung betonten die Teilnehmer, dass insbesondere die in vielen Teilbereichen kompliziert gewordenen Regeln vereinfacht werden müssten. Dabei standen zunächst die Worttrennung, die Zeichensetzung, die Getrennt- und Zusammenschreibung sowie die Laut- und Buchstabenschreibung einschließlich der Fremdwortschreibung im Mittelpunkt der Reformbemühungen. Die umstrittene Groß- und Kleinschreibung sollte erst in einem zweiten Schritt in Angriff genommen werden. Dieser Weg wurde von der 2. Internationalen Konferenz in Wien (1990) bestätigt.

Wie dringend notwendig eine Lösung inzwischen geworden war, machte 1990 ein erster Vorstoß der Berliner Schulsenatorin zur Vereinfachung der Orthographie deutlich. Dieser Alleingang und die damit verbundene Diskussion bestätigten zugleich, dass eine Orthographiereform nur von allen deutschsprachigen Staaten gemeinsam durchgeführt werden kann.

Im November 1994 fanden schließlich die "3. Wiener Gespräche" statt. Die Konferenz kam in allen vorgesehenen Fragen zu einvernehmlichen Lösungen, so dass nun ein zwischen dem Internationalen Arbeitskreis und Vertretern aller zuständigen staatlichen Stellen der betroffenen Länder abgestimmter Neuregelungsvorschlag vorlag, der nach einer gründlichen redaktionellen Bearbeitung den politischen Entscheidungsinstanzen zur Annahme empfohlen wurde. Die Unterzeichnung einer gemeinsamen Absichtserklärung erfolgte in Deutschland, Österreich und der Schweiz im Sommer 1996. Obwohl die Reformvorschläge seit Anfang der 90er Jahre publiziert worden waren, erhob sich nun ein z. T. stark emotionaler, mitunter unsachlicher Widerstand, der insbesondere von Schriftstellern, Parlamentariern, Professoren und (z. T. landesweiten) Einzelinitiativen getragen wurde. (Vgl. auch EROMS u. a. 1997.) Mehrere Klagen von Eltern forcierten die öffentliche Diskussion. Dessen ungeachtet zeigte sich recht bald nach Beginn der Einführung der neuen Regeln in den Grundschulen (1998) und ihrer Besprechung in den oberen Klassenstufen sowie nach ihrer Einführung in weiten Teilen der Presse (1999), dass damit keine größeren Probleme verbunden waren, zumindest wenn man vernachlässigt, dass Unsicherheiten selbst innerhalb desselben Textes 'übersehen' oder (stillschweigend) toleriert werden. Allerdings stehen aussagefähige vergleichende fehleranalytische Untersuchungen, die eine Verbesserung der Rechtschreibkompetenz nachweisen, verständlicherweise auch noch aus.

Eine seit 1997 berufene "Kommission für die deutsche Rechtschreibung", der insgesamt zwölf wissenschaftlich ausgewiesene Fachleute aus allen drei Ländern angehören, begleitet die Einführung der Reform und soll kontinuierlich auf der Grundlage der geltenden Regeln für die Klärung von Zweifelsfällen sorgen.

Das neue Regelwerk enthält nicht nur einen vereinfachten Regelteil, sondern auch ein umfangreiches Wörterverzeichnis, in dem mit etwa 12 000 Beispielwörtern alle Stammschreibungen des Deutschen erfasst sind, "sofern sie nicht auf fachsprachliche, umgangssprachliche oder landschaftlich gebundene Wörter beschränkt sind." (HELLER 1994, 2.)

Wichtige Veränderungen betreffen:
A Laut-Buchstaben-Zuordnungen (einschließlich Fremdwortschreibung): Beseitigung von Verstößen gegen die Stammschreibung (u. a. *behände, Gämse, schwänzen*), Einzelfälle mit Verdopplung der Konsonantenbuchstaben nach kurzem Vokal (u. a. *nummerieren, Tollpatsch*), ss für ß nach kurzem Vokal (u. a. *Hass, muss, dass* /Konjunktion/), Erhalt der Stammschreibung bei Zusammensetzungen (u. a. *Flusssand, Schifffahrt, Rohheit, selbstständig*), Systematisierungen in Einzelfällen (u. a. *rau, Differential/Differenzial*), Fremdwörter (unter Berücksichtigung bisheriger Entwicklungen – u. a. *Portemonnaie/Portmonee, Orthographie/Ortografie, Rheuma/Reuma*).
B Getrennt- und Zusammenschreibung (von der Getrenntschreibung als dem Normalfall wird ausgegangen): *Rad fahren, nahe gehen, übrig bleiben, wie viel.*
C Schreibung mit Bindestrich: *Ichform/Ich-Form, 8-fach, Zoo-Orchester/Zooorchester.*
D Groß- und Kleinschreibung: *in Bezug auf, im Großen und Ganzen, das ohmsche Gesetz.*
E Zeichensetzung: Verzicht auf das Komma bei Hauptsätzen, die mit *und* oder *oder* verbunden sind; differenzierte Regelungen und Reduzierung der Regeln bei Infinitiv- und Partizipgruppen.
F Worttrennung am Zeilenende: *Wes-te, Zu-cker, U-fer.*

Wie schon diese Beispiele zeigen, handelt es sich insgesamt um stärker strukturbezogene Regelfestlegungen, wobei z. T. jedoch auch inkonsequente Änderungen vorgeschlagen wurden. Insbesondere die vermehrte Großschreibung und Getrenntschreibung sind fragwürdig, berücksichtigen sie doch in zu geringem Maße sprachhistorische Entwicklungstendenzen. Aber auch Einzelfallentscheidungen bei Stammschreibungen (*Gämse, behände*) sind problematisch, gegenüber den anderen Fällen jedoch eher marginal.

Eine lang bemessene Übergangszeit bis 2005 soll helfen, die Kosten der Umstellung auf ein Minimum zu reduzieren. Die zukünftige Praxis wird zeigen, inwieweit – abgesehen von gelegentlich notwendigen Korrekturen vor allem zur Reduzierung weiterer Varianten und Berücksichtigung neuer Entwicklungen – diese Reform von den Schreibern angenommen und durchgesetzt wird. Die seit Beginn der Einführung der Rechtschreibreform anhaltende, kontroverse Diskussion, die sich im Sommer 2000 erneut zu einer Medienkampagne steigerte, lässt auch weiterhin ein verstärktes sprachkritisches Engagement der Öffentlichkeit erwarten. Mit dem "Kompromißvorschlag" der Deutschen Akademie für Sprache und Dichtung "Zur Reform der deutschen Rechtschreibung" (2003) wurde bereits ein Material vorgelegt, das, ausgehend von den gegenwärtigen großen Differenzen im Schreibgebrauch, einen Anstoß für die Wiederherstellung einer einheitlichen deutschen Rechtschreibung geben möchte und zugleich einen Weg dazu zeigen will.

Regelung der Aussprache

Obwohl in den Medien gelegentlich über die Norm der Aussprache gesprochen und geschrieben wird – Fernsehen und Rundfunk geben dazu ausreichend Anlass –, ist das öffentliche Interesse an einer Regelung der Aussprache doch insgesamt gering. Das hat verschiedene Ursachen. So zeigen deutsche Sprecherinnen und Sprecher (im Unterschied etwa zu französischen oder englischen) gegenüber landschaftlichen Aussprachebesonderheiten ihrer Partner eine große Toleranz. Die Siebsschen Aussprachenormen trugen durch ihre enge Orientierung an der Bühnenaussprache u. a. zu einer gewissen Ignoranz durch die Schule bei, wie überhaupt die Schule bei der Verbreitung von Aussprachenormen zurückhaltend ist. Und schließlich hat sich im Laufe der Zeit die für die Anfangsphase des Hörfunks charakteristische Vorbildrolle für eine überregionale Standardaussprache insofern verändert, als dieser zunehmend "zu einem Verbreitungsmedium für Regionalsprache und für Regionalismen in standardsprachlichen Texten geworden" ist (v. POLENZ 1999, 341) und somit auch eher eine allgemein-umgangssprachliche Aussprachenorm fördert. In eingeschränkter Weise gilt dies auch für einzelne Sparten des Fernsehens.

Entsprechend der von verschiedenen Linguisten vertretenen These von der plurizentristischen Entwicklung der deutschen Sprache ist sogar "von phonetisch-phonologischer Seite die Frage aufgeworfen worden, ob man nicht auf ein generelles System der Aussprache verzichten und Gruppen-Subsysteme erarbeiten sollte." (MOSER 1985, 1683.) Auch ist es wohl nicht notwendig, die Aussprache überhaupt auf allen Stilebenen normieren zu wollen, besonders dann nicht, wenn unter Standardaussprache in ihrer strengen Form verstanden wird, dass ein Sprecher "in der Lage ist, alle Phoneme der deutschen Sprache so zu realisieren, daß ein kompetenter Muttersprachler keinerlei Anhaltspunkte hat, von welcher Sprachlandschaft der betreffende Sprecher phonetisch geprägt sein könnte." (MEINHOLD/STOCK 1982, 112.) Da ohnehin die Tendenz zu einer großen Akzeptanz von Varianten hingeht und Österreich und die Schweiz aus verschiedenen Gründen (u. a. der Rolle des mundartlichen Substrats) ein geringes traditionelles Interesse an einer Vereinheitlichung zeigen, wird es bis zu einer befriedigenden Normierung – in welchem Toleranzbereich auch immer – noch ein weiter Weg sein.

Eine wichtige Etappe dorthin bildete die 1957 erschienene 16., völlig neu bearbeitete Auflage von "Siebs Deutscher Hochsprache" (mit dem nun bereits deutlich kleiner gesetzten Untertitel "Bühnenaussprache"), die sich z. T. den 1910 von VIËTOR empfohlenen Regelungen anschließt. Im 1962 veröffentlichten "Duden – Aussprachewörterbuch" wurde zunächst noch zwischen Bühnenaussprache und gemäßigter Aussprache unterschieden, doch schon in der zweiten Auflage wie auch in dem 1964 in Leipzig erschienenen "Wörterbuch der deutschen Aussprache" (4. Aufl. 1974; 1982 Neubearbeitung unter dem Titel "Großes Wörterbuch der deutschen Aussprache"), das im Wesentlichen auf der Aussprache geschulter Sprecher in Funk, Film und Fernsehen beruht, ist das nicht mehr der Fall. Dem Letzteren wurde bescheinigt, dass es auf einer realen Norm beruhe, "die von jedermann erreicht werden könne, es sei somit demokratischer" (MANGOLD 1985, 1500).

Mit dem Erscheinen der 2. Aufl. des "Duden-Aussprachewörterbuches", das weitgehend dem Leipziger Aussprachewörterbuch folgt, schien die Auseinandersetzung auf deutschem Gebiet zunächst abgeschlossen. Doch auch hier gilt wie bei der Orthographie: Weitere Untersuchungen sind nötig, ehe es zu befriedigenden Lösungen für alle deutschsprachigen Staaten kommen kann.

1.8.5. **Entwicklungstendenzen in den Teilsystemen der deutschen Sprache (einschließlich der Wortbildung)**

Wenn im Folgenden einige wichtige Entwicklungstendenzen dargestellt werden, so kann es sich hierbei nur um eine starke Abstraktion und Auswahl handeln, weist doch das Diasystem der Sprache eine viel stärkere Schichtung auf, als das die folgenden Aspekte deutlich zu machen vermögen, selbst wenn man nur die Standardsprache im Blick hat. Weiterhin gilt: "Da Entwicklungstendenzen stets eine größere Anzahl von Veränderungen umfassen, besitzen sie vielfach einen übergreifenden Charakter, und zwar in dem Sinne, daß sich die Tendenzen in mehreren oder allen Teilsystemen einer Sprache zeigen, mitunter auch mehrere Sprachen erfassen, oder in der Weise, daß sie über mehrere Entwicklungsperioden einer Sprache wirken. Häufig sind beide Formen des übergreifenden Charakters miteinander verbunden." (LANGNER 1980, 674.)

Die geringsten Verschiebungen zeigen sich im relativ geschlossenen phonologischen Teilsystem; mit zunehmender Offenheit im morphologischen, syntaktischen und lexikalischen Teilsystem wachsen auch die Möglichkeiten sprachlichen Wandels. Die Veränderungen in der Sprache gehen nicht explosiv, sondern evolutionär vor sich, denn die Sprache muss in jeder Entwicklungsphase der Gesellschaft als lebensnotwendiges Verständigungsmittel funktionstüchtig sein. Im Allgemeinen treten bei Wandlungen im Sprachgebrauch zunächst fakultative Varianten auf, die eine Zeitlang mehr oder weniger gleichberechtigt neben den bisherigen Formen stehen, diese dann ablösen oder ergänzen und auf diese Weise allmählich zu neuen Elementen der Norm und des Systems werden.

Insgesamt gilt, dass die hier zu beschreibenden Wandlungen im Wesentlichen die seit frühneuhochdeutscher Zeit eingetretenen Tendenzen fortsetzen. Wirkliche Neuerungen sind demgegenüber gering und betreffen lediglich einzelne Wortbildungstypen und pragmatische Mittel und Regeln (insbesondere die Anreden) (vgl. v. Polenz 1999, 338).

Lautsystem

Im Lautsystem zeichnen sich Wandlungen bei der Artikulation des */r/* ab.

Neben dem Zungenspitzen-*/r/* wird seit längerem das Zäpfchen-*/r/* und das sog. Reibe-*/r/* gesprochen wie in [*bʊRk*] ‘Burg’. Beide Artikulationen, Zungenspitzen- und Zäpfchen-*/r/* halten sich heute schon nicht mehr die Waage, das Zungenspitzen-*/r/* ist sogar im Rückzug begriffen. Diesen Veränderungen tragen die Aussprachenormen Rechnung, indem sie die neue Artikulationsweise anerkennen. Außerdem sind in bestimmten Positionen auch Reduktionsformen – Reibelaut-R; z.B. */vaxtn/* ‘warten’, vokalische Auflösungen des Phonems */r/* [*hiə*] (hier) bis hin zum völligen Schwund [va:] (war) – zugelassen. Diese Wandlungen führen noch nicht zu einer Änderung im phonologischen System, da die einzelnen Realisierungen des Phonems */r/* fakultative Varianten (Allophone) ohne Bedeutungsunterschiede sind. Der Hörer wird immer ein */r/* verstehen. (Dass in Einzelfällen, etwa bei der Reduktion von *zur* > *zu*, Missverständnisse entstehen könnten, wird auch durch den Einfluss des Kontextes weitgehend vermieden.)

Weiterhin kann der *ə*-Laut (Schwa-Laut) weitgehend, außer im absoluten Auslaut, unterdrückt und der vorangehende Konsonat silbisch gesprochen werden */a:tm/*, */li:bm/*. (Vgl. Moser 1985, 1683.)

Und schließlich werden heute Phonem-Oppositionen zwischen offen artikuliertem 〈*ä*〉 als /ɛ:/ und engem *ę* */e/* weitgehend nicht mehr beachtet, so dass bestimmte Modusformen und Lexempaare (*gäbe/gebe*) nicht mehr auseinandergehalten werden. Z. T. kommt es zur emphatisch-akzentuierten Erstsilbenbetonung mehrsilbiger Lehnwörter (*ˈAttentat, ˈdefensiv*) wie auch “bei indigenen Wörtern, wo Präfixen eine semantische Oppositionsbetonung gegeben wird (z.B. *ˈBewässerung*, *ˈEntsorgung* . . .)” (v. Polenz 1999, 342).

Veränderungen in der Standardaussprache können sowohl durch umgangssprachliche und mundartliche Einflüsse wie auch durch kommunikationsbedingte Faktoren hervorgerufen werden. (Vgl. Meinhold/Stock 1982, 111f.)

Morphologie

Veränderungen im morphologischen System sind an mehreren Stellen zu beobachten.

Beim **Verb**, bei dem traditionell zwischen starker und schwacher Konjugation unterschieden wird, von denen sich Verben mit unregelmäßiger oder schwankender Konjugation abheben, ist auf die seit Jahrhunderten wirkende allgemeine Ausbreitung der schwachen Verben zu verweisen. Die starken Verben sind nicht mehr produktiv. Beim Übergang in die schwache Konjugation lassen sich verschiedene Entwicklungsstufen unterscheiden.

Neue verbale Bildungen wie auch Fremd- und Lehnwörter folgen nur noch dem Muster der sw. Konjugation: *beschallen, drahten, bestuhlen, entölen, entstören, filmen, funken, radeln, röntgen, recyceln, chatten, parken, tanken, telefonieren, surfen, synchronisieren.* Beim Übergang st. Verben in die sw. Konjugation sind zu unterscheiden: Verben, bei denen der Übergang abgeschlossen ist, vgl. *rächen: “Der fromme Dichter wird gerochen”* (Schiller), *bellen*; Verben, die sich mitten in dem Prozess befinden: *schaffen – schuf/schaffte – geschaffen* (semantische Differenzierung); *hängen –*

hing/hängte – gehangen/gehängt (grammatische Differenzierung; infolge dieser sem. und gramm. Differenzierungen werden wohl beide Formen erhalten bleiben); *melken – molk/melkte – gemolken/gemelkt* (ohne Differenzierung). (Vgl. LANGNER 1980, 676.)

Die Ausbreitung der sw. Formen wird dadurch begünstigt, dass mit diesen Wandlungen eine Vereinfachung im Paradigma erzielt wird. Das trifft auch auf die (noch nicht standardsprachlichen) Imp.-Formen *lese, nehme, spreche, werfe* zu, die auf den Einfluss der Umgangssprache zurückzuführen sind.

Verbale analytische Sprachformen. Stark verbreitet ist die Tendenz der Ausbreitung verbaler analytischer Sprachformen auf Kosten der synthetischen.

Zur Bezeichnung der Dauer eines Vorganges (und anderer Aktionsarten) dringen im Präs. Umschreibungen folgender Art über die Umgangssprache ein: *er ist am Arbeiten, er tut arbeiten.* Andere Konstruktionen sind bereits standardsprachlich: *sein Ansehen ist im Wachsen.* – Auch Passivumschreibungen mit Hilfe von Streckform-Syntagmen breiten sich aus: *das Theaterstück kommt zur Aufführung* für ... *wird aufgeführt*; ferner Umschreibungen mit *bekommen, erhalten, kriegen: er bekommt es geschickt – es wird ihm geschickt; er erhält es ausgehändigt – es wird ihm ausgehändigt; er kriegt es gesagt – es wird ihm gesagt.*

Entgegen der von Sprachkritikern negativ bewerteten Ausweitung der Funktionsverbgefüge ermöglichen sie semantische und stilistische Differenzierungen gegenüber den entsprechenden Verben, durch die die Ausdrucksfähigkeit der Sprache erhöht wird, vgl. *entscheiden* (punktuell) gegenüber *zur Entscheidung bringen* (Verlaufscharakter, kausativ); sie können Aktionsarten oder Verlaufsformen ausdrücken und das Passiv ersetzen. (Vgl. BRAUN 1998, 233.)

Als Tendenz zum analytischen Formenbau ist auch die Umschreibung des Konj. Prät. mit *werden (würde)* in der indirekten Rede und im Konditionalgefüge anzusehen: *ich sagte ihm, dass ich starten würde; wenn die Medizin helfen würde, wäre ich froh; würdest du mir schreiben, wenn du Zeit hättest?*

Für das Vordringen der Konjunktivumschreibung mit *würde + Infinitiv* (und anderer Varianten) gibt man im Allgemeinen drei Ursachen an: a) Die Formen des Konj. Prät. der st. Verben werden als altertümlich oder gekünstelt empfunden (*beföhle/befähle, bärge, flöhe, drösche, löge, mäße, schwölle*), b) sie unterscheiden sich lautlich nur geringfügig vom Präs. Ind. (*läse – lese, sähe – sehe, träte – trete*), c) bei den sw. Verben stimmen sie völlig mit dem Prät. Ind. überein (*baggerte, baute, faltete, nutzte, zahlte*). (Vgl. LANGNER 1980; BRAUN 1998.)

Eine deutliche Veränderung vollzieht sich auch im Tempussystem. Die seit dem 16. Jh. belegte sog. 4. Vergangenheit (*habe* + Partiz. II + *gehabt*) breitet sich, ausgehend von Mundart und Umgangssprache, gegenwärtig auch in der Standardsprache aus; das gilt ebenso für die sog 5. Vergangenheit *hatte* + Part. II + *gehabt*: *Ditte hatte schon ein gutes Ende zurückgelegt gehabt.* (A. Nexö.) (Vgl. LANGNER 1980, 677.)

Substantiv. In der Morphologie der Substantive ist der seit Jahrhunderten zu beobachtende Umbau im Kasussystem auch heute noch nicht abgeschlossen. Er äußert sich im Kasussynkretismus sowie im weiteren Vordringen der präpositionalen Kasus gegenüber den reinen Kasus. Diese Prozesse sind am deutlichstem am Gebrauch des Genitivs zu erkennen.

Das *s* im Genitiv der st. Mask. und Neutr. weicht immer mehr zurück. Während Goethe seinen Roman 1774 noch “*Die Leiden des jungen Werthers*” nannte, taucht dieser Titel in späteren Literaturgeschichten ohne Genitivendung auf. Eigennamen und namenähnliche Wörter stehen vielfach ohne Genitiv-*s*: *Entwicklungstendenzen des neuesten Deutsch; in den Bergen des Balkan; die schönen Tage des Juli.* In der Mundart ist er fast völlig geschwunden, auch in der Umgangssprache wird er meist durch andere Kasus ersetzt. Da die wenigen Verben und Adjektive, die noch den Genitiv regieren, meist der gehobenen Stilschicht angehören, korrespondiert der Wechsel des Kasus öfter mit einem Wechsel des regierenden Wortes: *Wir gedenken seiner, wir denken an ihn. Er bedarf des Trostes, er braucht den Trost.*

Dem Rückgang des Genitiv-Objekts steht allerdings “die außergewöhnlich Zunahme des adnominalen Genitivs in der Substantivgruppe” (BRAUN 1998, 112) gegenüber: *die Ursachen des Unfalls der Schulkinder.*

Veränderungen zeigen sich auch im Dativ des Sg. Die Verwendung des Dativ-*e* ist vor allem vom landschaftlichen Gebrauch und vom Wohlklang abhängig. Die Funktion des

Dat. wird zunehmend durch Präpositionen, Artikel oder Pronomen angezeigt: *auf dem Berg; im Jahr 1945; nach dem Krieg; an jedem Nachmittag.*

Diese Veränderungen in der Deklination reihen sich ein in die sprachliche Tendenz der Vereinfachung der Deklinationsklassen zugunsten einer strafferen Systematisierung nach den Genera. Gleichzeitig wird bei der Umstrukturierung die stärkere Singular-Plural-Opposition herausgehoben. Hier ist eine Übersicht der charakteristischen Pluralmorpheme instruktiv: Mask. *-e*, etwa 80%; Fem. *-en*, etwa 75%; Neutr. *-er*, etwa. 60%. Bei Kurz- und Fremdwörtern (besonders nach vokalischem Auslaut) ist vor allem das *-s* produktiv: *Gruftis, Realos, Hotels, Wracks, Spontis, Akkus, LKWs, PKWs.* (Vgl. Glück/Sauer 1990, 63.)

Bei der Adjektivflexion breitet sich immer stärker *-en* als Flexiv aus, insbesondere in Verbindung mit bestimmten Präpositionen: *wegen meinen Eltern,* als Ersatz für Genitivendungen: *frohen Mutes* sowie durch die zunehmende Verwendung der schwachen Flexion: *trotz der zahlreichen Mängel* für *trotz zahlreicher Mängel.*

Im Zusammenhang mit der Ausbreitung präpositionaler Fügungen erweitert sich auch der Anwendungsbereich mancher Präpositionen. Dabei kommt es nicht selten zu Abweichungen vom bisherigen Gebrauch: *jemandem (an jemanden) Aufgaben stellen; eine Charakteristik des (über den) Bewerber(s) geben; (von) jemandem etwas abverlangen.*

Syntax

Im Bereich der Syntax ist auf die allgemeine Tendenz zur **Verkürzung der Sätze** hinzuweisen. Gegenwartssprachlichen Sätzen mit durchschnittlich 14–18 Wörtern (populärwissenschaftliche Texte), mit 5–13 Wörtern (journalistische Texte, Presse) und mit 10–11 Wörtern (Belletristik; Remarque 10, Strittmatter 8) stehen Sätze gegenüber mit einer Durchschnittszahl von 24 Wörtern bei Lessing, 30 bei Goethe, 36 bei Heine. (Vgl. Sommerfeldt 1988, 216f.; Eggers 1973, 29ff.). Allerdings sind diese Angaben insofern zu relativieren, als nicht alle Sprachverwendungsbereiche in gleicher Weise untersucht wurden und auch die Unterschiede innerhalb der Kommunikationsbereiche groß sind. Trotz dieser Tendenz zur Verkürzung der Sätze werden die vielfältigen Möglichkeiten syntaktischer Konstruktionen voll ausgeschöpft. (Vgl. Admoni 1985, 1553; 1990; Sommerfeldt 1988, 216ff.; Braun 1998, 104ff.)

Dessen ungeachtet wird eine zunehmende Tendenz zur Bevorzugung einfacher, leicht handhabbarer Satzmodelle deutlich. Nach Braun (1998, 110) werden von insgesamt 31 möglichen Satzbauplänen nur die folgenden häufig genutzt: Subj.-Präd.(-Akk.-Obj.); Subj.-Präd.-Präpositionalobj.; Subj.-Präd.-Raumergänzung; Subj.-Präd.-Artergänzung. Diesen Modellen entsprechen über 60% aller Sätze. Die Tendenz zum Gebrauch einfacher Satzmodelle äußert sich weiterhin im Vordringen von Sätzen mit Streckformen (Funktionsverbgefügen): *unter Beweis stellen, Protest erheben, Einfluss nehmen* wie auch in der Bevorzugung von Sätzen mit einem transitiven Verb, vgl. *begrünen, bestuhlen, bespielen, erinnern.*

Die im Zusammenhang mit der These vom *inhumanen Akkusativ* ausgelöste Diskussion erbrachte letztlich die Ablehnung der Moralisierung dieses grammatischen Kasus. Die Ausweitung von Akkusativkonstruktionen ist auf deren syntaktisch vorteilhafte Funktionen wie mögliche Einsparung des Sach-Subjekts, Passivierung, Partizipbildung u.a. zurückzuführen.

Im Bereich der Konjunktionen vollzieht sich ein Wandel im Gebrauch von *weil* und *trotzdem.* Während *weil* – ausgehend von der Umgangssprache – immer häufiger (auch in öffentlicher Kommunikation) Hauptsatzposition einnimmt (*Ich kann nicht pünktlich kommen, weil ich habe den Zug verpasst*), findet sich *trotzdem* zunehmend in subordinierender Funktion und konkurriert hier mit standardsprachlichem *obwohl*: *Trotzdem ich den Zug verpasst habe, versuche ich pünktlich zu kommen.* In der inzwischen umfangreichen Literatur zu weil-Konstruktionen finden sich neben strukturellen Erklärungen auch solche, die pragmatische Gründe für diesen Wandel anführen, z.B. die Unterscheidung zwischen Äußerungsrechtfertigung vs. Sachverhaltsbegründung (vgl. u.a. Keller 1993, Wegener 1999). Dem stehen "sprachgeschichtlich-langfristige Erklärungen" (v. Polenz 1999, 358; Selting 1999) gegenüber, die diese Entwicklung mit der stärkeren Verwendung sprechsprachlicher Muster, z.B. mit der Zunahme der Herausstellung, in Verbindung bringen.

Mit der Tendenz zur Verkürzung und Vereinfachung komplexer Satzstrukturen im Zusammenhang steht die Tendenz zur **Nominalisierung**, wie sie vor allem durch den Gebrauch von Suffixen wie *-heit, -keit, -ung (Verlorenheit, Zögerlichkeit, Durchwegung, Bestuhlung)*, durch substantivierte Infinitive (*das Befahren, Prüfen*) und andere Nomina actionis (*der Abzug, die Vergabe)* sowie kurze Ableitungen auf *-e* (*Schreibe, Glotze, Latsche* 'Teppich') realisiert wird.

Übermäßige Nominalisierung war besonders auch im politischen Sprachgebrauch der DDR verbreitet und führte zu dem zu Recht kritisierten 'gestelzten Parteistil': *Zur Sicherung der kontinuierlichen Steigerung der Arbeitsproduktivität und zur Durchführung des technisch-wissenschaftlichen Höchststandes sowie der Übererfüllung des Planes.* Er findet sich aber auch in aktuellen, insbesondere amtlichen Texten: *Wegfall der Zahlungserinnerungen vor Fälligkeit für gleichbleibende Vorauszahlungsbeträge bei der Einkommenssteuer und Körperschaftssteuer einschließlich Folgesteuern* (Pressemitteilung 1997).

Mit der Nominalisierung sind zugleich Bestrebungen nach Vergrößerung des Umfanges der Satzglieder und zur Reihung verbunden. Dabei ist die Substantivgruppe selbst "grammatikalisch durchaus nichts Neues, auffällig ist nur die überaus starke Nutzung und quantitative Ausweitung." (Braun 1998, 119.) Das zeigt sich u.a. in der Aufschwellung von Attributen (nominale Klammer):

durch die – in einem Bericht des Ausschusses zur Bekämpfung der Rassenungleichheit in der amerikanischen Hauptstadt wiedergegebene – Auskunft

und in überlangen Attributketten.

Die Haftung der Eisenbahn für die Tötung und Verletzung von Reisenden auf Grund des internationalen Personenbeförderungsvertrages unter besonderer Berücksichtigung der internationalen Bestrebungen für Vereinheitlichung der Haftungsprinzipien.

Knappheit und Streben nach Abstraktion laufen mit diesen Entwicklungstendenzen parallel. Besonders groß ist hierbei der Einfluss der Fachsprachen.

Satzrahmen und Ausrahmung. Obgleich die Tendenz zur Ausrahmung von Satzgliedern (wie auch Herausstellung, Nachstellung und Parenthese) unter dem Einfluss gesprochener Sprache, insbesondere der Umgangssprache, zunimmt, findet auch weiterhin der volle Satzrahmen seine Verwendung (vgl. Admoni 1985, Sommerfeldt 1988): *Er stieg blasend und rückwärtsgehend die Treppe zu der kleinen Bühne hinauf, die sie sich gebaut hatten / für die Feierabende und Sonntage"* (H. Kant). Obwohl "die Häufigkeit von Ausklammerungen in verschiedenen Funktionalstilen unterschiedlich ist" (Sommerfeldt 1988, 234), konnte zumindest erwiesen werden, dass besonders Präpositionalobjekte zunehmend ausgerahmt werden, "weil sie besonders eng mit dem Rahmenende verbunden sind" (S. 237).

Insgesamt lässt sich im Bereich der Syntax eine teilweise Annäherung an die Umgangssprache beobachten, die "zumindest als Entstehung eines sozial nicht mehr diskriminierten Substandards erklärt werden kann." (v. Polenz 1999, 359.)

Wortbildung

Zusammensetzung. "Die Zunahme und Verstärkung der Univerbierung kann als Haupttendenz im Bereich der deutschen Wortbildung angesehen werden." (Braun 1998, 168.) (Univerbierung meint die Tendenz, Wortgruppen zu einem Wort zusammenzufassen.) Dabei ist bei der Zusammensetzung von der Form her sowohl die Tendenz zu immer längeren Komposita als auch zu Verkürzungen zu beobachten. Den Mehrfach-Komposita liegt das Bestreben zur Genauigkeit zugrunde.

Besonders in der Sprache der Verwaltung, Technik und Wirtschaft sind solche überlangen substantivischen Bildungen beliebt:

Rindfleischetikettierungsüberwachungsaufgabenübertragungsgesetz (1999 auf Platz 10 der "Wörter des Jahres"), *Wohnraummodernisierungssicherungsgesetz, Umsatzrückerstattungsnovellierungsverordnung, Arbeiterwohnungsbaugenossenschaft, Eisenbahntransportfacharbeiter, Datenverarbeitungsanlagenindustrie, warmwasserfußbodenbeheizungsgeeignet.*

In der Schreibweise tritt zugleich verstärkt der Durchkopplungsbindestrich mit *und* auf: *Kohle- und-Energie-Programm, Krankenversicherungs-Neuordnungsgesetz*, daneben auch ohne *und*: *Alkali-Mangan-Batterie, Ein-Aus-Tastung, Mega-FUN-Party.* Die Kennzeichnung der Fugen bei Komposita nimmt zu:

Antriebsmechanismus, Gesprächsthema, Ideenkraft, Löwenzwinger, Nachrichtenagentur, Gästebuch, Kräfteverhältnis, Discothekenanlage.

Bei den Determinativkomposita wird das Modell attrib. Adjektiv + Subst. + Subst. bevorzugt: *Altstoffsammlung, Klarsichtfolie, Großwetterlage.*

Einen produktiven Wortbildungstyp bei adjektivischen Zusammensetzungen stellen Verbindungen von Substantiven mit Partizip I und II dar: *friedliebend, postlagernd, schlafraubend, richtungsweisend; gasbeheizt, preisgekrönt.*

Verben bilden unter dem Einfluss der Fachsprachen häufiger "(Pseudo-) Verbzusammensetzungen" (v. POLENZ 1999, 368): *bergwandern, zweckentfremden, schutzimpfen, windsurfen.*

Verkürzung. Die Tendenz zur Verkürzung gehört zum Prinzip der Ökonomie, gewissermaßen als sprachliche Reaktion auf die Mehrfachzusammensetzungen. Dabei sind verschiedene Bildungsweisen zu beobachten:

Kopfwörter: *Oberkellner* > *Ober, Bockbier* > *Bock, Lokomotive* > *Lok, Kriminalroman* > *Krimi;* vgl. auch Firmenbezeichnungen wie *Hertie* (Hermann Tietz), *Leica* (Leitz-Camera); (vgl. TSCHIRCH 1989, 219). Klammerformen: *Laub(holz)säge, Tank(stellen)wart, Mot(orho)tel.* Schwanzwörter: *(Ton)band, (Eisen)bahn.* Ihre extremste Form findet die Verkürzung in den Initial- oder Buchstabenwörtern: *AEG* (Allgemeine Elektrizitätsgesellschaft), *BGB* (Bürgerliches Gesetzbuch); *DGB* (Deutscher Gewerkschaftsbund); *GEWOBA* (Gemeinnützige Wohnungsbau-Genossenschaft); *EG* (Europäische Gemeinschaft). Dieser Wortbildungstyp ist nach v. POLENZ (1999, 364) ein wirklich innovativer Teilbereich, der die volle Alphabetisierung der Sprachbevölkerung am Ende des 19. Jh. zur Voraussetzung hat. Zu den jüngsten Bildungen gehören *ASCII, MS-Dos, CAD, ROM, RAM, CPU.*

Die (übermäßige) Verwendung solcher Kurzwörter kann jedoch auch zu Problemen in der Kommunikation führen. Diese treten z.B. dann auf, wenn bei häufiger Verwendung der Kurzform die Semantik der Vollform nicht mehr vorhanden ist (vgl. *Nachrichtenagentur dpa*); die Orthographie (vgl. *GEWOBA; Stasi* für *Staatssicherheit, Trabbi* für *Trabant)* ebenso wie das Genus (*das/die PS*) oder die Deklination (des *BND/BNDs*) von der entsprechenden Langform abweichen. So zeigt z.B. die nach wie vor unterschiedliche Schreibung der inzwischen sehr populären Abkürzungen für *Electronic Mail* (*Elektronische Post*), wie groß die Unsicherheit gerade bei den jüngsten Entlehnungen noch ist: *E-Mail* (durch Duden und Bertelsmann-Rechtschreibung favorisiert), *E-mail, email, e-mail, eMail* (vgl. aber *Email/Emaille*).

Ableitung. Im Bereich der adjektivischen Ableitungen nimmt die Bildungsweise mit *-mäßig* zu. Sie dient der Verkürzung und bereichert die Möglichkeit, "Zugehörigkeitsbeiwörter" zu bilden: *rechtmäßig, plan-, verkehrs-, gesetz-*. Klischeehafte Verwendung mit der Tendenz zum Modewort tritt häufig in adverbialer Verwendung auf: *ich kann zeitmäßig nicht kommen* (ich kann aus Zeitmangel nicht kommen – weil ich keine Zeit habe) (FLEISCHER 1976, 274ff.) Der Übergang vom freien zum gebundenen Morphem und damit zur Reihenbildung ist auch zu beobachten bei *-los, -arm, -reich, -voll, -trächtig* (u.a.), beim Substantiv bei *-gut, -werk, -zeug, -wesen* u.a. (Vgl. BRAUN 1998, 177f.)

Produktive verbale Ableitungsmittel sind die Präfixe *be-, er-, ent-, ver-, zer-*, die nicht selten der Verdeutlichung der Verbinhalte und der Ausdrucksverkürzung dienen:

bedachen (mit einem Dach versehen), *-lichten, -vorschussen; erarbeiten, -kunden, -schließen; entbeinen, -graten, -rosten; verbildlichen, -dichten, -zimmern, -karten, -opern; zergehen, -spanen.* Neuere Bildungen weisen auch schon zwei Präfixe auf: *verbeamten, bezuschussen.*

Mehr Verben werden auch mit trennbaren Präfixen wie *aus-, auf-, ein-* gebildet. Produktiv sind auch einfache Verbableitungen (mit Nullsuffix): *faxen, filmen, lacken, mailen.*

In Weiterführung älterer Vorbilder bei der Namensgebung (*Andy/i, Mausi, Mutti*) sowie infolge englischen Einflusses (*Yuppi, Dandy*) werden als neue Kurzwörter Formen auf *-i/y, -o,* z. T. auch schon (feministisches) *-a* gebildet, die z.T. diminutive Bedeutungen haben:

Sofi (für die Sonnenfinsternis 1999), *Sponti, Ossi/Wessi/Wossi, Ossa-Wessi-Ehe, Tussi, Studi, Realo/Reala, Demo, Memo, Euro.* Besonders erfolgreich ist die Neubildung *Handy*, die sich gegenüber der offiziellen Bezeichnung *Mobiltelefon* 1993 innerhalb weniger Monate durchgesetzt hat. Andere Kurzformen sind endungslos: *Prof., Stud, Kat.*

Nicht zuletzt sei verwiesen auf verschiedene Veränderungen, die sich im Zusammenhang mit den Forderungen der in der Frauenbewegung engagierten feministischen Linguistinnen und anderer nach **sprachlicher Gleichbehandlung** von Frauen und Männern allmählich durchsetzen.

Nachdem – zunächst angeregt durch die amerikanischen Feministinnen und verstärkt durch die 68er-Studentenbewegung – das Problem der (sprachlichen) Diskriminierung von Frauen sowohl durch das Sprachsystem wie auch durch den Sprachgebrauch in das Blickfeld gerückt war, galt es Veränderungen zu fordern, durch welche der als sexistisch erkannte Sprachgebrauch zugunsten einer sprachlichen Gleichbehandlung der Geschlechter überwunden wird.

“Sprache ist sexistisch, wenn sie Frauen und ihre Leistungen ignoriert, wenn sie Frauen nur in Abhängigkeit von und Unterordnung zu Männern beschreibt, wenn sie Frauen nur in stereotypen Rollen zeigt und ihnen so über das Stereotyp hinausgehende Interessen und Fähigkeiten abspricht, und wenn sie Frauen durch herablassende Sprache demütigt und lächerlich macht.” (GUENTHERODT u.a. 1980, 15.)

Im Ergebnis einer z. T. sehr emotionalen, kontroversen und von (durchaus bewusst provozierend gemeinten) überspitzten Forderungen begleiteten Diskussion, die auch in der Öffentlichkeit breites Interesse fand und bis heute findet, lassen sich – zumindest für den öffentlichen und halböffentlichen Sprachgebrauch sowie bei Sprecherinnen und Sprechern, die den grundlegenden Ansichten der Feministinnen folgen – eine Reihe von Veränderungen im System und im Sprachgebrauch beobachten. Diese werden gestützt durch zahlreiche amtliche Richtlinien zur sprachlichen Gleichbehandlung sowie durch erfolgreiche Klagen von Frauen gegen als diskrimierend beurteilte (männliche) Amts- und Berufsbezeichnungen.

Solche Veränderungen betreffen: Die zunehmende **Beidbenennung** durch Verwendung der Paarformel mit movierendem Ableitungssuffix (*Bürgerinnen und Bürger*); die zunehmende Verwendung des **Binnen-I** (*BürgerInnen*). Dieses findet ungeachtet seiner schriftsprachlichen Herkunft auch Eingang in die gesprochene Sprache, wobei Sprechpausen und/oder durch Handbewegung angedeutete Anführungsstriche die Doppelform signalisieren. (Gestützt wird diese Form allerdings auch durch die zunehmend in Wirtschaft und Werbung verwendete Initialgroßschreibung von Mehrfachkomposita: *InterCityTreff, PrickNadelTest.*) Hier ordnen sich weiterhin ein: der Gebrauch von **Paarformeln bei Pronomen** (*er/sie, deren/dessen*), die Verwendung **“feministischer Kongruenz”** (*Wer kann mir ihr Fahrrad leihen?*) sowie die Verwendung der **neuartigen Personalpronomen-** *frau* (auch *mensch*), *jedefrau*, die Bildung **echter generischer Formen** (Neutralisation) wie *Studierende, Lehrende, Reinigungskraft, Lehrperson, Studierendenschaft* sowie die **Durchsetzung (movierter) femininer Berufs- und Amtsbezeichnungen** bei vorhandenen maskulinen Bezeichnungen (*Heilpraktikerin, Standesbeamtin*) bzw. deren **Neubildung**: *Politesse, Bankkauffrau, Friseurin* (gegen älteres *Friseuse*). Andere Maßnahmen betreffen die bewusste **Vermeidung geschlechtsspezifischer Bezeichnungen**, wo sie nicht erforderlich sind (nur *Unterschrift* statt *Unterschrift des Pass-Inhabers*), und die weitgehend durchgesetzte Vermeidung der Anredebezeichnung *Fräulein* zugunsten von *Frau* unabhängig vom Ehe-Status. Zu nennen sind auch Veränderungen in der **Familiennamen-Gesetzgebung** sowie im **Gesprächsverhalten**.

Wenn auch die durch den Feminismus eingetretenen Wandlungen durchaus kontrovers bewertet werden (vgl. v. POLENZ 1999, 332) und auch unterschiedlich 'erfolgreich' sind, so kann dennoch eine höhere Sprachsensibilität und Kooperationbereitschaft festgestellt werden, die eine allmählich immer breitere Akzeptanz sprachlicher Gleichbehandlung erwarten lassen.

Lexik

Wie oben bereits deutlich wurde, können Veränderungen in der Lexik als dem beweglichsten Teil des Sprachsystems nicht losgelöst von außersprachlichen Faktoren betrachtet werden, spiegelt sich doch in ihnen die gesellschaftliche Veränderung besonders deutlich wider. Die wissenschaftlich-technische Revolution und die sozialen Entwicklungen haben dabei nicht nur die Quantität, sondern auch die Qualität des deutschen Wortschatzes wesentlich erweitert und verändert. Folgende Entwicklungstendenzen sind zu unterscheiden (vgl. u. a. LANGNER 1980):

Einfluss der Fachsprachen auf die Gemeinsprache: Infolge erweiterter Bildungsmöglichkeiten, der Massenkommunikation und der Auswirkungen von Wissenschaft und Technik auf das Alltagsleben dringen verstärkt Fachwörter in den allgemeinen Wortschatz ein: *Kommunikation, AIDS, Satellitenfernsehen, Interaktion, Paranoia, Kompetenz, Stress.* Allein die Tatsache, dass heute von mehr als 300 Terminologien ausgegangen werden kann, macht dabei das Ausmaß und die Kompliziertheit der semantischen Veränderungen, die bei der Übernahme erfolgen, deutlich. Die mit dem Übergang von Fachwörtern in die Gemeinsprache verbundene Determinologisierung birgt auch die Gefahr von Missverständnissen und unangemessener Verwendung in sich. Der Fachmann assoziiert mit fachsprachlichen Lexemem, wie *Laser, Düsenantrieb, Metarmorphose*, z. T. andere Bedeutungen als der Laie, auch wenn sie sich auf das gleiche Denotat beziehen.
Tendenz der Spezialisierung: Sie äußert sich vor allem in der Zunahme der Mehrfachkomposita und Wortgruppen und zeugt für das Streben, einen Gegenstand knapp und doch umfassend zu kennzeichnen, vgl. *Pflichtschirmbilduntersuchung, Fernsprechvermittlungsanlage.* Dieser Tendenz ordnen sich auch Terminologisierungen zu, d. h. die Übernahme gemeinsprachlicher Wörter in die Fachsprache, vgl. *Abprodukt, Herzschrittmacher, Presse, Strom,* sowie die Nutzung veralteter/veraltender Wörter für neue Erscheinungen: *Musiktruhe, Verkehrsampel.* Bedeutungsdifferenzierungen unter dem Einfluss der Computertechnologie finden sich z.B. bei *Maus, Fenster, klicken, rollen, Ausschnitt, einfügen, löschen, Speicherplatz.* Diese betrifft sogar jüngste Entlehnungen, vgl. (*wind*)*surfen* gegenüber (*im Internet*) *surfen.*
Generalisierung: Sie stellt eine Ergänzung zur Spezialisierung dar und ist Ausdruck des Bestrebens, viele Einzelheiten bzw. komplizierte Zusammenhänge in einem Wort zusammenzufassen: Ausdruck dieser Entwicklung sind z.B. Komposita, deren Grundwörter einen weiten Bedeutungsumfang besitzen: *System: Fahrschein-Entwerter-System, Wettsystem; Kraft* (z.T. nur/vorwiegend im Plural): *Aufsichtskraft, Lehrkräfte, Reinigungskräfte, Verwaltungskräfte.* "Da viele dieser Wörter Ausgangspunkt von Reihenbildungen sind, bewirkt dieser Prozeß auch semantische Veränderungen des Grundwortes und – besonders bei Adjektiven, Adverbien – den Übergang zu Wortbildungsmorphemen." (LANGNER 1980, 681.)
Rationalisierung/Ökonomie: Darunter versteht man oft zweierlei, "einmal das Bestreben, mit wenigen sprachlichen Mitteln viele Informationen zu vermitteln, zum anderen Veränderungen, die der Systematisierung und der Vereinfachung des Sprachbaus dienen" (a.a.O., 682). Dabei werden neben den bereits genannten Verkürzungen insbesondere Komposita (vgl. *Spitzenkandidat* 'führender Vertreter einer Partei/Massenorganisation, der an der Spitze einer Wahlliste steht'; *Gipfelkonferenz* 'Konferenz der obersten Staatsmänner besonders einflussreicher Staaten') und Abstraktbildungen (*sie fahren nach Berlin/die Fahrt nach Berlin/die Berlinfahrt*) verwendet.
Integration: Auch sie ist eine übergreifende Entwicklungstendenz und äußert sich im Wortschatz vor allem darin, dass nichtstandardsprachliche Mittel – insbesondere Wortgut mit einer territorial und sozial begrenzten Geltung – Eingang in die Standardsprache finden. Vgl. folgende ursprünglich regional begrenzten Wörter und Wendungen: *Bube, Pelle, Samstag, schauen, Schrippe, tschüs*; ferner folgende ursprünglich sozial begrenzt gültigen Lexeme bzw. Sememe: *zum alten Eisen gehören, in Fahrt kommen, sich (k)einen Kopf machen*; aus der Gruppensprache: *Chef, Kumpel, Meister, schwänzen, büffeln, durchfallen.* (Zum Eindringen von Fachwörtern als einer weiteren Form der Integration s.o.)
Internationalisierung: Sie kann als besondere Ausprägung der Integration betrachtet werden und wird mitunter als die auffälligste und stärkste Triebkraft in der Entwicklung der deutschen Gegenwartssprache bezeichnet. Die Tendenz zur Internationalisierung erfasst heute fast alle Lebens-

bereiche, wobei Wissenschaft und Technik in besonderem Maße beeinflusst werden. Unter Internationalismen werden Lexeme und Wortgruppen verstanden, "die in verschiedenen – meist genetisch verwandten – Sprachen in gleicher oder ähnlicher Semantik und in gleicher oder ähnlicher Form gebraucht werden" (LANGNER 1990a, 1403). Ein entscheidendes Kriterium ist offensichtlich die Existenz dieser Lexeme in mehreren Weltsprachen. Für das Deutsche spielen bei Neubildungen nach wie vor Wörter und Morpheme der lat. und griech. Sprache eine besondere Rolle: *Biathlon, Bionik, Mikroelektronik, Television.* Besonders produktiv sind u. a. die Morpheme *anti-, auto-, bi-, colko(m)–, ex-, inter-, iso-, kilo-, makro-, mikro-, pro-, super.* Jüngste Internationalismen sind: *Interface, Kompatibilität, Hardware, Software, Cursor, On-Line, Off-Line, Terminal, Chip, Byte, Bit, Basic, Compiler, Interface.*

Neben diesen haben in der Gegenwart besonders aus dem Englischen stammende Lexeme eine große Bedeutung. Dieses führt aufgrund der starken romanischen Beeinflussung des Englischen zugleich zu einer Wiederbelebung bzw. Zweitentlehnung lat. Wörter (*Innovation, Session*) und stützt die Produktivität lat. und griech. Morpheme. "Heute hat das Englische als *lingua franca* der westlichen Welt die Stelle des Französischen und Lateinischen eingenommen. Es entstand in bestimmten Bereichen eine englisch geprägte europ. *Koiné* /. . ./ Diese *Koiné* hat eine zusammenführende Wirkung, stellt aber zugleich auch eine sprachliche Barriere dar." (MOSER 1985, 1685; vgl. auch LEHNERT 1990, CARSTENSEN 1990; VOSSEN 1992.) Entgegen pessimistisch argumentierenden sprachkritischen Äußerungen, die vor einer 'Amerikanisierung' der deutschen Sprache warnen ("Wir sind im Begriff, uns kulturell zu degradieren", "Denglisch", "Engländerei") erfordert die Bewertung dieses Einflusses eine differenziertere Betrachtung. Neben den unterschiedlich zu bewertenden Einflüssen in den verschiedenen Lebensbereichen (z.B. Wissenschaft vs. Freizeit) sind auch die unterschiedlichen Funktionen, die Anglizismen in der Kommunikation erfüllen – z.B. Kürze, Fachlichkeit, Variation, Lokalkolorit – zu berücksichtigen. Gewachsene Fremdsprachenkenntnisse, immer engere internationale wirtschaftliche und kulturelle Verflechtungen machen pauschalisierend ablehnende Urteile ebenso problematisch wie allzu unkritische Übernahmen. Wenn es gelingt, die "Sorge" um die deutsche Sprache produktiv zu nutzen für einen in der breiten Öffentlichkeit differenzierteren Umgang mit den Anglizismen, wobei Schule, Presse und sprachpflegerisch wirkende Institutionen eine besondere Verantwortung tragen, dann wird sich ein Sprachwandel vollziehen, der eine zunehmende Öffnung des Deutschen, nicht aber seinen "Verfall" oder gar "Untergang" bedeutet.

Differenzierung: Neben der Differenzierung durch den wissenschaftlich-technischen Fortschritt, der zu einem gewaltigen Ausbau der Fachsprachen und damit zu einer Ausweitung der spezialisierten, fachsprachlichen Kommunikation führt, ist ein Differenzierungsprozess zu unterscheiden, der durch die sozialen Unterschiede innerhalb einer Gesellschaft (Soziolekte) hervorgerufen wird, vgl. z.B. die Jugend- u. Szenesprache:

"[. . .] also ick echt stoned wa total zu oder so ne und denn – p – tja ick weeß nich wa – voll inne Bullenfalle rinjegeigt wa – g – also, alles klar: Pappe weg, wa . . . Alles klar: *von der Einbehaltung der Fahrerlaubnis gemäß Paragraph 316, 69 Abs. 1 u. 2., 69a StGB (fahrlässige Führung eines Kraftfahrzeuges unter Alkoholeinfluß) nach einer Verkehrskontrolle* war die Rede." (HESS-LÜTTICH 1987, 24.)

Bei diesem Beispiel macht die Gegenüberstellung von Jugend- und Juristensprache den Unterschied besonders deutlich. Aber ebenso, wie es *die* Jugend als homogene Gruppe nicht gibt, ist auch die Jugendsprache vielfältig differenziert. In einem mit *"Macker, packt die Badehose ein"* überschriebenen Presseartikel findet sich folgendes Zitat, das gleichzeitig die Tendenz der Integration verdeutlicht: *"Diese Kerle"*, stöhnt die 12jährige im Kölner Agrippa-Bad, *"ständig müssen sie dich irgendwie anbaggern. Ätzend."* (taz vom 16.6.90.)

1.8.6. Zur Sprache und Kommunikation im Computerzeitalter

Kaum eine technische Erfindung hat unsere Welt so schnell und so nachhaltig verändert wie der Computer. Schon in den 80er Jahren prognostizierten führende Unternehmen:

"Der Computer ist zur größten Herausforderung dieses Jahrhunderts geworden; zu einer Herausforderung an Wissen und Qualifikation. Schon heute gibt es Branchen, in denen jeder zweite Arbeitsplatz ohne Computereinsatz undenkbar ist. 'Ohne EDV geht nichts mehr' prophezeit so das Münchner Control Data Institut, das die Versäumnisse der Schule durch EDV-Weiterbildungsmaßnahmen 'nachbessert'". (Zit. nach HAGE/SCHMITT 1988, 75.)

Der Computer reiht sich damit in die Reihe neuer Kommunikationstechniken ein, die durch "ihre massenhafte Verbreitung /. . ./ nicht nur die Modi und die Mittel des sprachlichen Kommunizierens verändert, sondern auch die Sprachentwicklung selbst beeinflusst (haben). Die herkömmliche Domänenaufteilung zwischen den beiden Grundmodi des Schreibens/Lesens und des Sprechens/Hörens hat sich verschoben." (Glück/Sauer 1990, 162 /2. Aufl. 1997/.) Kaum noch aus der Alltagssprache wegzudenken ist inzwischen die große Anzahl neuer Wörter, die bereits breite Bevölkerungsteile – wenn natürlich auch in unterschiedlichem Maße – erreicht hat und sich mit enormer Geschwindigeit vervielfacht, vgl. z.B. die massenhaften Weiterbildungen zu *Computer*: *-branche, -experte, -freak, -service, -literatur, -viren, -kriminalität, -graphik* u. a. oder zu *Cyber: -cash, -girl, -slang, -sex, -space* u. a.

Inzwischen gibt es eine Reihe von Untersuchungen, die sich mit ersten Auswirkungen der 'Neuen Medien' auf die Kommunikation beschäftigen. Dabei liegt die Problematik einer auch nur annähernd angemessenen Bewertung der ablaufenden Prozesse in der im Einzelnen kaum zu verfolgenden, geradezu explosionsartigen Entwicklung der Branche. Dies gilt nicht nur im Hinblick auf die rasante Zunahme der Nutzer (*User*) der modernen Medien, sondern auch bezüglich der Erschließung immer neuer Anwendungen in de facto allen Lebensbereichen. Erste zu beobachtende Veränderungen in der (medial vermittelten) Kommunikation sollen im Folgenden unter den Aspekten Hypertextualität und Multimedialität als den grundlegend neuen Eigenschaften computergestützter Produktion und Rezeption von Texten sowie unter dem Aspekt neuer interaktiver Kommunikationsformen skizziert werden.

Hypertext beruht auf der Grundlage, dass die ursprünglich für Print- und audiovisuelle Medien charakteristischen linearen Anordnungen von Texteinheiten nun "via einer komplexen Struktur von Verknüpfungen interaktiv gehandhabt werden können" (Pfammatter 1998, 46). Hypertext entspricht nicht nur den kognitiven Grundlagen der Verarbeitung von Wissen, sondern fördert zugleich die Kreativität des Nutzers, weil er in einem hohen Maße selbstverantwortlich, aktiv und flexibel aus einem virtuellen Angebot Wissen in seinen eigenen Bezugsrahmen in für ihn plausible Sinnzusammenhänge zu integrieren hat. "Hypertextstrukturen helfen die Vernetzung von Phänomenen zu begreifen, sie in verschiedene Kontexte einzubetten und immer wieder neue Perspektiven einzunehmen." (A.a.O., 59.) Die spezifisch neue Qualität von Hypertext besteht also darin, dass er multipel und offen ist, der hermetische Textbegriff, dem die Vorstellung von einem abgeschlossenen Werk zugrunde liegt, somit zugunsten eines "Textbegriffs mit rhizomatisch verzweigten Links" aufgelöst wird. Damit löst sich auch die "klassische Leseperspektive" auf, da der Leser eines Hypertextes beliebige Lesepfade einnehmen kann und selbst zum Autor wird. Und schließlich ändert sich der Text insofern, als neben schriftlichen auch visuelle (Bild, Video) und akustische (Ton) Informationen integriert werden (können) (vgl. Runkehl u. a. 1998, 208), mithin Text multimedial konstituiert wird. In diesem Zusammenhang muss die Frage nach der Kohärenz von Texten völlig neu diskutiert werden.

Die Folge von **Multimedialität**, der Verknüpfung unterschiedlicher Kodes (Bild – Wort – Ton) zu einem Gesamttext, wird in ihren Auswirkungen auf Produktion und Rezeption von Texten noch kontrovers diskutiert. So ist der 'Mehrwert' des Einsatzes multimedialer Informationsquellen für den Rezipienten nur dann gegeben, wenn ihre spezifischen Möglichkeiten für die Konstituierung des Gesamttextes adäquat integriert werden. Z.B. kann redundante, 'überflüssige' Visualisierung den Rezeptionsprozess ebenso behindern wie die Unterschätzung der Bedeutung der unterschiedlichen semiotischen Kodes. Noch kaum beschrieben sind die Folgen, die sich aus der in der Regel notwendigen interdisziplinären Zusammenarbeit unterschiedlichster Experten bei der Produktion von Hypertexten für die gemeinsame Gesprächspraxis ergeben.

Besondere Aufmerksamkeit verdienen die durch das Internet – ein gigantisches Kommunikationsnetzwerk, das die Kommunikation über Raum und Zeitzonen (in einem *global village*) hinweg ermöglicht – entstandenen neuen Interaktionsformen, z.B.: **E-Mail-Kommunikation, Kommunikation in Newsgroups, Chatten**. Hier entsteht gegenwärtig eine weltweite Kommunikationsgemeinschaft, die durch unterschiedliche Grade der Entpersonalisierung und Anonymität gekennzeichnet ist. Unter diesem Aspekt ist "diese Gemeinschaft eine weltweite Gemeinschaft von Texten und Intersubjektivität wird somit zur Interpersonalität" (Runkehl u. a. 1998, 210).

Inzwischen kaum mehr aus der beruflichen wie auch z. T. der privaten Praxis wegzudenken ist die E-Mail-Kommunikation, der "elektronisch beschleunigte Briefverkehr, in dem Verabredungen getroffen, Informationen subskribiert und Geschäfte getätigt werden, mittels derer Werbung verschickt wird wie auch Bilder und Töne." (Runkehl u. a. 1998, 206.) Untersuchungen haben deutlich gemacht, dass hier ein großes Spektrum von Schreibpraxen vorliegt, das je nach Teilnehmerkreis und Kommunikationssituation variiert. Wirklich neue kommunikative Praktiken lassen sich (bisher) nicht feststellen, am auffälligsten ist noch der (zumindest im eher privaten Bereich) verstärkte Gebrauch sprechsprachlicher Elemente und graphostilistischer Mittel sowie ein großzügiger Umgang mit der Orthographie und Grammatik.

"Halloele m.!!!
*nicht dass du jetzt zu viel erwartest weil ich am telefon eben so rumgeschwaermt habe wie cool es dochj war, weil soooo umwerfend wars nicht aber genug um mich happy zu machen.also, erstmal kam der rammler an und meinte :wie jetzt, ist das nicht doof so alleine?Da hab ich ihm verklickert dasss nicht und warum ich gehen sollte wenn ich dich nioch lawenger darf und man kann ja auch allein zugucken und ob er mich etwa loswerden wolle. Er so ach quatsch nein!!!! (ich so *freu!*) dann haben wir uns noch unterhalten, fuer unsere verhaeltnisse echt lange. /. . ./ also dann, ciao, deine S."* (Quelle: Runkehl u. a. 1998, 41.)

Einen höheren Grad der Anonymität besitzen Diskussionsgruppen, sogenannte Newsgroups, in denen wissenschaftlich konferiert und über "Gott und die Welt" diskutiert wird. Inzwischen gibt es zu jedem denkbaren Thema Diskussionsforen, an denen man partizipieren kann. (Vgl. Runkehl u. a. 1998, 206.) Auch hier lassen sich vielfältige Variationen in einem Spektrum von wissenschaftlichen bis hin zu stark gruppenbezogenen Sprachkodes ausmachen. Neben den in traditionellen Diskussionsforen üblichen Normen finden sich ebenfalls verstärkt sprechsprachliche Elemente, eine Newsgroup-spezifische Lexik, eine eigenartige Kurzsprache sowie speziell kreierte graphostilistische Mittel (Smileys), die für Außenstehende zu Verständnisproblemen führen. Die Chance, in unterschiedlichen Newsgroups zu agieren, erfordert und fördert jedoch zugleich eine spezifische kommunikative Kompetenz, die Fähigkeit, unterschiedliche Sprachregister zu benutzen (vgl. Runkehl u. a. 1998, 72).

Chatten ist die gegenwärtig wohl populärste Form der Internet-Kommunikation, die gegenüber der E-Mail-Kommunikation in 'Echtzeit', also synchron erfolgt: "Die Chat-Kommunikation ist ein komplexer Kommunikationsraum, der aus unzähligen Channels besteht, in denen sich Menschen treffen, um zu plaudern, neue Leute kennenzulernen, Informationen auszutauschen, zu flirten. Hier wie in den MUDs, den textbasierten fiktionalen Kommunikationswelten, in denen Spieler sich und ihre Umwelten konstruieren, wird die Identität durch Pseudonyme camoufliert." (A.a.O., 206.) Diese grundsätzlich an traditionelle Konversationsnormen anknüpfende Kommunikationsform ist vor allem dadurch charakterisiert, dass "sprachliche Elemente und Versatzstücke aus diversen Diskurswelten zu einem spezifischen Stilmix zusammengebastelt werden" (a.a.O., 115). Alltägliche Sprachkonventionen finden sich ebenso wie para- und nonverbale ikonographische Symbole, Sprachspiele, Anglizismen u. a. Ob sich allerdings tatsächlich im Chat-Slang eine neue Schriftsprache entwickelt, ist derzeit noch offen (vgl. Benning 1998, 98).

Insgesamt haben die bisherigen Analysen der neuen zentralen Kommunikationspraxen gezeigt, dass es eine Vielzahl von Variationen gibt, die das Internet als einen "Varietätenraum" erscheinen lassen, für den das Prinzip der Bricolage konstitutiv ist (Runkehl u. a. 1998, 209). Offensichtlich ist die stärker sprechsprachliche Orientierung, die mit spezifischen medialen Elementen verbunden wird. Aber: "Das Innovative in der computervermittelten Kommunikation liegt nicht in der – wenn auch partiell in neuen Konstellationen auftretenden – Interaktion von (Sprech)sprache und Schrift, sondern einerseits im Binäralphabet, also der Interaktion von alphabetischen und numerischen Notationen zu einem Zeichensatz, und der Interaktion von Bild, Ton und Schrift andererseits." (Vgl. KRÄMER 1996, zit. nach RUNKEHL u.a. 1998, 210.)

Andere Kommunikationspraxen wie Fax, Internet-Telefonie, Internet-Konferenz, Surfen (z.B. auf der Suche nach Informationen in Datenbanken) u.a. erweitern die kommunikativen Möglichkeiten ebenso, wie Online-Radio, Web-TV und Online-Presse das Rezeptionsverhalten bis in den Freizeitbereich verändern werden.

"In der europäischen Unterhaltungselektronik-Industrie geht man vom Modell einer Dreiteilung aus: Als größtes Anwendungsfeld gilt "Tele-Web", die eingeschränkte Erweiterung der Funktionalitäten des Fernsehers. Gefolgt von "Web-TV", wobei der Fernseher mit einer Set-top-box ausgerüstet und Internet-fähig ist. Als schmalstes Segment gilt schließlich der fernsehtaugliche PC, der "TV-PC" (Quelle: Freitag, Nr. 8, 4.9.1998, Medienbeilage, S.1.)

Dass die neuen Medien das Sprachverhalten verändern (werden), ist unbestritten. Prognosen darüber, in welchem Maße und in welcher Richtung dieses auch zu einem Sprachwandel führen wird, werden heute allerdings vorsichtiger formuliert als noch zu Beginn der Einführung der Computertechnologie.

2. Althochdeutsch

2.1. Einleitung

2.1.1. **Zeitliche Einordnung**

Das Althochdeutsche – das Deutsch des Frühmittelalters, das Frühdeutsche – ist die erste Entwicklungsphase des Deutschen. Das Deutsche hat sich aus den Sprachen der germanischen Großstämme – vor allem der Franken (und Hessen), der Alemannen und der Baiern – in einem langwierigen Umbildungsprozess besonders auf elbgermanischer und weser-rhein-germanischer Grundlage herausgebildet. Durch sprachlichen Ausgleich ist es allmählich zu einer Einheit zusammengewachsen. Eine entscheidende Voraussetzung für das Ingangkommen dieses Prozesses war der politische Zusammenschluss der germanischen Großstämme der Franken, Alemannen, Baiern und auch der Thüringer (und der Sachsen) zunächst im fränkischen und dann im deutschen Reich. Nachdem unter LUDWIG DEM DEUTSCHEN im 9. Jh. das karolingische Ostreich entstanden war, vollzog sich die endgültige Trennung der deutschen Reichsteile von den romanischen. Großen Einfluss auf die Entwicklung der deutschen Sprache übte auch die Ausbreitung des Christentums aus.

Die Entstehung des Frankenreiches ist *die wesentliche* geschichtliche Voraussetzung und die deutlich spürbare Auswirkung der althochdeutschen Lautverschiebung ist *die wesentliche* sprachliche Erscheinung für den Übergang der germanischen Stammessprachen zum Deutschen. Damit steht fest, dass die Anfänge des Deutschen in der Zeit nach 500 u. Z. entstanden sind. Wie oben unter 1.2.2. bereits angedeutet wurde, werden meist zwei Abschnitte dieses ersten als deutsch zu bezeichnenden Zeitraumes angenommen. Die erste Phase wird als vorliterarisches oder als inschriftliches oder als Vordeutsch bezeichnet; als zeitliche Fixierung gilt 500 (oder 600) bis 750. Ein erstes datierbares Zeugnis ist die um 600 entstandene Wurmlinger Lanzenspitze, auf der sich eine alemannische Inschrift befindet; ob allerdings der dort in Runenschrift eingeritzte Name *Idorih* tatsächlich als Beweis für die Lautverschiebung anzusehen ist, wird neuerdings wieder angezweifelt. (Vgl. BACH 1970, § 50.) – Die zweite Phase setzt mit dem Beginn der schriftlichen Überlieferung um 750 ein und endet mit der durchgreifenden Abschwächung der volltönenden Nebensilbenvokale im 11. Jh.

Die Einteilung des ahd. Zeitraumes in zwei Phasen, eine vorliterarisch-inschriftliche und eine literarisch-handschriftliche (siehe 1.2.), hebt eines der wesentlichen Merkmale in der Verwendungsweise der Sprache hervor: den Übergang von der Mündlichkeit der Sprachkommunikation zur zweiseitigen Mündlichkeit + Schriftlichkeit. Fortan konnte nicht nur gesprochen und gehört werden, sondern es war – zunächst nur einigen wenigen – möglich, zu sprechen und zu hören, zu lesen und zu schreiben. Da zum Schreiben keine geeigneten Schriftzeichen eigener Provenienz bereitstanden, wurde an die Spätantike angeknüpft und das lat. Alphabet genutzt. In ihm und in der zugehörigen Sprache waren ja auch viele wesentliche Inhalte aufgezeichnet, deren Vermittlung im Zentrum der Bestrebungen stand: christliche Glaubensbekenntnisse und Lehrsätze. Und so stand am Anfang auch das Bemühen, die neuen Inhalte christlicher Prägung in muttersprachlichem Wortgut zu erfassen. Das geschah im 8. Jh. in Glossarien und Vocabularien, so in der nach dem ersten dort verzeichneten Wort als "Abrogans" bezeichneten Sammlung alphabetisch geordneter Glossen, die in drei Handschriften überliefert ist. Worterklärungen am Rande von lateinischen Texten (Randglossen) oder in Zwischenzeilen lateinischer Texte (Text I, Vulgata) eingetragen (Interlinearglossen, Text II

= St. Pauler Glossen, alem., 8. Jh.) waren die Vorstufen zum vollständigen Übersetzen – oder besser: Übertragen – von Texten. Die Mühen des Übertragens von Wörtern und Sätzen, der Verwendung von Schriftzeichen des lat. Alphabets zur Wiedergabe deutscher Lautungen läßt die in Fulda zu Beginn des 9. Jh. geschaffene Übersetzung der Evangelienharmonie des “Tatian” in ostfränk. Mundart erkennen, eine unter dem Abt Hrabanus Maurus entstandene Leistung mehrerer Mönche (Text III, zur weiteren Entwicklung siehe auch 1.3.2.):

I	Factum est autem in diebus illis	exiit	edictum	a	Caesare	Augusto,
II		uȝ keanc	kechuuit	f(ona)	kheisure	eruuirdikemu
III	Uuard thô gitân in thên tagun	framquam	gibot	fon đemo	aluualten	keisure,

I	ut	describeretur	universis	orbis.	Haec	descriptio	prima	facta est
II			alliu	umbiuurft.	deȝe	kescrip	erist	uuortanaȝ
III	thaȝ	gebrievit vvurdi	al these	umbiuuerft.	Thaȝ	giscrib	iȝ êristen	uuard gitan

I	a	praeside	Syriae	Cyrino.	Et	ibant	omnes	ut profiterentur
II	fona	demo forakesaȝtin dera	siriae			keangun	alla	daȝ sie fuarin
III	in Syriu	fon đemo grâven		Cyrine,	inti	fuorun	alle	thaȝ biiâhîn thionôst

I	singuli	in suam civitatem.	Ascendit	autem	et	Joseph	a	Galilaea
II	ainluze	in iro	ufsteic					
III	iogiuuelîh	in sînero burgi.	Fuor	thô		Joseph	von	Galileu

I	de civitate	Nazareth in Iudaeam civitatem	David,	quae vocatur Bethlehem:
II	puruc		davides	diu ist
III	fon thero burg thie hieȝ	Nazareth in Judeno lant inti in	Davides burg,	thiu uuas ginemnit Bethleem,

I	eo	quod	esset	de	domo	et	familia	David,
II	pidiu	daȝ	uuas		huse		hiuuiske	
III	bithiu	uuanta	her uuas	fon	hûse	inti	fon hîuuske	Davides,

I	ut	profiteretur	cum	Maria	desponsata sibi	uxore	pregnante.
II		er fuari	mit	mariun	kemahaltera imu	chuuenun	suuangrera suuangrera
III	thaȝ	her giiâhi	saman mit	Mariûn	imo gimahaltero	gimahhûn	so scaffaneru.

I	Factum est autem	cum	essent ibi	impleti	sunt dies	ut	pareret,
II	ketan	keuuisso denne	dar uuarun	eruulte	uuaren taga		pari
III		Thô sie	thâr uuârun	vvurđun	taga gifulte,	thaȝ	siu bâri,

I	et	peperit	filium	suum	primogenitum	et	pannis	eum	involvit
II		par	chind	ira	eristporanaȝ		lachanum	inan	piuuant
III	inti	gibar	ira	sun	êristboranon	inti	biuuant	inan	mit tuochum

I	et	reclinavit	eum in	presepio	quia	non erat	eis	locus	in diversorio.
II		kesazta	inan in	parnin in chripiun	danta	uuas	imu	stat	in casthuse
III	inti	gilegita	inan in	crippea	bithiu uuanta	im ni	uuas	ander stat	in themo gasthûse.

2.1.2. **Räumliche Gliederung**

Die Grenzen des ahd. Sprachgebietes werden bestimmt durch Erscheinungen der zweiten oder ahd. Lautverschiebung. Sie ist, wie oben bereits angedeutet, seit dem 6. Jh. bezeugt, und zwar zuerst durch den Namen des 554 gefallenen Alemannenherzogs *Butilin*, dessen Name in einem zeitgenössischen Geschichtswerk mit *-t-*, gegen Ende des 6. Jh. aber als *Buccelenus* mit zur Affrikata oder zur Spirans verschobenem *t* und als *Buselinos* aufgezeichnet worden ist (vgl. Bluhm 1969, 106; Bach 1970, § 50). Im Hochdeutschen hat sich die Lautverschiebung ganz oder teilweise, im Niederdeutschen (im Altniederdeutschen oder As. und im Niederfränk.) dagegen nicht ausgewirkt. Die ältesten Stufen der wmd. Mundarten (Rheinfränk. und Mittelfränk.) und der obd. Mundarten (Alem. und Bair.) treten in ahd. Zeit in ihren wesentlichen Merkmalen hervor.

Oberdeutsch:
1. Bair.
2. Alem.
3. Obd. Fränk.
   a) Südrheinfränk.
   b) Ostfränk.

Mitteldeutsch:
1. Md. Fränk.
   a) Rheinfränk.
   b) Mittelfränk.
   (Moselfränk., Rip.)
2. Thür.

Ergänzend zu der Übersicht unter 1.2.4.1. ist anzumerken, dass das Langobardische in Oberitalien auch an der ahd. Lautverschiebung teilgenommen hat. Es gehört aber – wie auch das Niederfränkische – heute nicht mehr zum deutschen Sprachgebiet. Ergänzend ist ferner darauf hinzuweisen, dass die heutigen Mundartgrenzen selten mit den alten Stammesgrenzen übereinstimmen, obwohl sie meistens die alten Bezeichnungen fortführen, sondern dass durch historisch-besitzrechtliche, durch naturbedingte und durch wirtschaftliche Erscheinungen im Verlauf von rund einem Jahrtausend vielfältige Veränderungen vor sich gegangen sind.

2.2. Schreibung

Die Aufzeichnung der Sprache erfolgte im ahd. Zeitraum in der Schrift der karolingischen Minuskel, einer Schrift aus Kleinbuchstaben mit Ober- und Unterlängen (vgl. Abb. 4 und 5), die vom 8. bis 12. Jh. in fast allen Ländern Europas gebräuchlich war. Diese Schrift ist aus dem lat. Alphabet entstanden, und ihr liegt das lateinische Graphemsystem zugrunde. Durch die angelsächsische Missionstätigkeit besonders unter Bonifatius sind bis ins 9. Jh. auch einige wenige Einflüsse insularer Schriften (ir. und ags. Minuskel) festzustellen, so etwa im "Heliand" und an einigen Stellen des "Tatian" das Graphem đ für den Reibelaut *th*.

Eine wesentliche Stützfunktion bei der Nutzung der lat. Schriftzeichen zur Wiedergabe von deutschen Lauten hatten die aus fremden Sprachen übernommenen, in den lat. Quellenvorlagen aufgezeichneten Eigennamen, z. B. *Joseph*, *Philippus*, *David*, *Jesus*, *Johannes*, *Andreas*, *Abraham*, *Paul*, *Nazareth*, *Zacharias*. Bei der Aufzeichnung deutscher Namen und deutscher Wörter taten sich die Schreiber oft schwer; so kommt *Ludwig* der Deutsche in den Schreibformen *Lodhuuig*/*Ludhuuuig*/*Hludwîg*/*Ludouuig* vor. Da es kein "deutsches Alphabet" gab, entstanden bei der Aufzeichnung von ahd. Lauten mit Hilfe der lat. Schriftzeichen oftmals beträchtliche Schwierigkeiten, vor allem bei bestimmten Konsonanten. Eine feste Phonem-Graphem-Beziehung hat sich erst in einem langen Prozess entwickelt. Deshalb gibt es im Althochdeutschen teilweise erhebliche Abweichungen und Schwankungen in der Schreibung. Dies wird durch Dialektunterschiede noch verstärkt. Aus diesen Gründen ist der phonetische und phonematische Wert der einzelnen Schriftzeichen sehr schwer zu bestimmen. Teilweise wurden – wie später auch – in der Schreibung ältere Formen länger bewahrt als in der gesprochenen

Sprache. Unterschiede zwischen geschriebener und gesprochener Sprache entstanden auch durch das in vielen Schreibstuben nachweisbare Bemühen, verhältnismäßig einheitliche Schreibformen einzuführen. (Vgl. auch METTKE 1983, 567f.)

2.2.1. **Vokale**

Im ahd. Vokalismus muss zwischen den Vokalen der Stammsilben und denen der Nebensilben unterschieden werden, weil sich beide unterschiedlich entwickeln. Die Vokale der nichthochtonigen Silben neigen infolge ihrer Unbetontheit leichter zum Verfall, zur Reduzierung und zum Schwund und verändern sich stärker und schneller, man vergleiche etwa die sinnähnlichen Verse des "Hildebrandliedes", des "Merigarto" (Erdbeschreibung 11./12. Jh., bair. mit ostfränk. Merkmalen) und des mhd. "Nibelungenliedes":

HL:	*Ik gihôrta đat seggen* (statt *sagên*) *đat sih urhêttun ænôn muotîn*
Merigarto:	*Daȝ ih ouh hôrte sagan daȝ ni uuilih nieht firdagin*
	'Das hörte ich auch erzählen, das will ich nicht verschweigen'
NL:	*Uns ist in alten mæren wunders vil geseit von heleden lobebæren*

Im folgenden wird vor allem der Vokalismus der Stammsilben behandelt. In wissenschaftlichen Darlegungen zum Althochdeutschen und in Textausgaben kommen folgende vokalischen Zeichen vor (vgl. auch SONDEREGGER 1980, 572):

Kurzvokale	*a*	*e*	*ë*	*ẹ*	*i*	*o*	*u*	*y*		
Langvokale	*â*		*ê*		*î*	*ô*	*û*			
Diphthonge	*ei*		*ou*					*eo*	*io*	*ie*
								iu	*ie*	
					ia	*ie*	*uo*			

Kurzvokale
Kürze und Länge der Vokale werden in den Originaltexten nicht durch besondere Kennzeichnungen unterschieden. Die Herausgeber von Textsammlungen und Grammatiken haben die Texte und Textauszüge dahingehend verändert, dass die langen Vokale durch einen Zirkumflex gekennzeichnet wurden, die kurzen Vokale dagegen ohne Kennzeichnung geblieben sind. Unterschiede der Längenbezeichnungen ergeben sich aus den verwendeten Quellen.

Vokale ohne Zirkumflex sind kurz auszusprechen. Das kurze *e* wird, je nach Herkunft und Lautwert, orthographisch unterschiedlich wiedergegeben: als ⟨*e*, *ë*⟩ oder als ⟨*ẹ*⟩. Das sogenannte alte *e* (germ. *e* oder *i*) erscheint als ⟨*ë*⟩ und bezeichnet einen kurzen offenen Laut. Das durch Primärumlaut aus kurzem *a* im Ahd. entstandene *e* wird als ⟨*ẹ*⟩ wiedergegeben und bezeichnet einen kurzen geschlossenen Laut. Daneben steht aber für beide Laute auch das einfache Zeichen ⟨*e*⟩; die zusätzlichen Kennzeichnungen entspringen wissenschaftlichen Anliegen, in den Quellen selbst treten sie nicht auf. Der Buchstabe *y* tritt im Ahd. fast ausschließlich bei der Wiedergabe von fremden Namen und Fremdwörtern auf: *Egypte*, *in Syriu*, *Kylian*, *myrrun* 'Myrrhe'.

Langvokale
Die Länge der Vokale ist in den ahd. Handschriften sehr selten angegeben. Gelegentliche Längenbezeichnungen erfolgen durch
- Verdoppelung des Vokals (*ketaan* 'getan', *leeren* 'lehren', *meer* 'mehr' bei Notker)
- einen Akzent, vor allem den Zirkumflex (*prâhta* 'brachte', *êuuart* 'Priester').

Ob auch der selten auftretende Akut nach angelsächsischer Schreibtradition die Länge des Vokals bezeichnet, läßt sich nicht mit Bestimmtheit sagen (*práhta*, *éuuart*/*éwart*).

Diphthonge
Die Diphthonge werden als wirkliche Zwielaute gesprochen, also *ei* wie *e* mit *i*-Nachschlag (nicht wie nhd. *ei*), *ou* wie *o* und *u*-Nachschlag. Sie bilden jedoch immer nur eine Silbe.

2.2.2. **Konsonanten**

Die Konsonanten des Ahd. nach der ahd. Lautverschiebung werden unter Einbeziehung häufiger Schreibvarianten (in Klammern) durch folgende Zeichen wiedergegeben (vgl. BRAUNE 1987, §§171–191):

Halbvokale	*w* (*uu*, *vv*)		*i* (*j*)
Liquiden	*l*	*r*	
Nasale	*m*	*n*	
stl. Explosivlaute	*p*	*t*	*k* (*c*)
sth. Explosivlaute	*b*	*d*	*g*
stl. Frikativlaute	*f* (*ff*, *u*, *v*)	*ʒʒ* (*ʒ*), *s*	*ch* (*h*, *hh*)
sth. Frikativlaute	*w* (*u*, *uu*)[37]	*th* (*dh*)[38]	*j* (*i*)
Hauchlaut			*h*
Affrikaten	*pf* (*ph*)	*t* (*z*, *zz*)	*kch* (*kh*, *ch*, *cch*)

Die Schreibung der Konsonanten ist in den ahd. Texten noch uneinheitlicher als die der Vokale. Die oben aufgeführten Varianten deuten lediglich auf vorherrschende Tendenzen hin.

Die Explosivlaute (Verschlusslaute) erscheinen meist in der oben angeführten Form, aber anstelle des *d* findet sich in mehreren Quellen auch *th* (Tatian, OTFRID), womit wahrscheinlich noch der alte sth. Frikativlaut bezeichnet werden soll.

Das germ. *f* wird im Ahd. gelegentlich als *u* geschrieben, und zwar meist im Inlaut, seltener im Anlaut, nie aber im Auslaut. In den normalisierten Texten (in Grammatiken und Textausgaben) steht dafür *v*. Das aus germ. *p* entstandene *f*/*ff* dagegen wird nie als *u* wiedergegeben, sondern immer durch *f* oder *ff*.

Der stl. Frikativlaut *s* erscheint orthographisch in unterschiedlicher Gestalt. Während das germ. stl. *s* im Ahd. beibehalten und auch weiter als *s* geschrieben wird, erhält das aus germ. *t* entstandene neue *s*/*ss* das Zeichen *ʒ*/*ʒʒ*. Nach langem Vokal und im Auslaut wird es oftmals zu *ʒ* vereinfacht. OTFRID schreibt überwiegend *ʒ*, gleichgültig, ob vorher ein langer oder ein kurzer Vokal stand (*uuaʒar*, aber *gifliʒʒin*, *inbiʒʒin*), Tatian schreibt nach Kürze meist *ʒʒ*, nach Länge *ʒ* (*haʒʒôtun* '[sie] hassten', *uuaʒʒar*, *ûʒar* 'außer[dem]'), NOTKER verwendet regelmäßig *ʒ* (*geseʒene* 'Gesessene', *ûʒar*); im Auslaut steht aber bei allen gleichermaßen *ʒ*: *daʒ* 'das/dass', *hieʒ* 'hieß'.

In der Aussprache war offensichtlich *ʒ* deutlich von *s* geschieden. Erst im 13. Jh. trat Vermischung bzw. Zusammenfall beider Laute ein. In Grammatiken und Textausgaben wird für den stl. Frikativlaut oft das Zeichen *ʒ* bzw. *ʒʒ* verwendet, um ihn deutlich von der Affrikate zu unterscheiden.

Das germ. *h* ist im Inlaut vor Konsonanten und im Auslaut stl. Frikativlaut (*ach*-Laut) geblieben, im Anlaut und im Inlaut zwischen Vokalen dagegen zum Hauchlaut geworden. Orthographisch werden beide Laute häufig durch ein und dasselbe Zeichen (*h*) wiedergegeben. In der Aussprache müssen sie aber je nach der Stellung im Wort deutlich voneinander unterschieden werden.

Der sth. Frikativlaut *th* erscheint oft auch als *dh*, seltener als als *d*, vereinzelt auch als *đ*.

Außerdem gibt es im Ahd. noch eine Reihe von Doppelkonsonanten (Geminaten).

Trotz aller Unterschiede in der Schreibung verstand man in den einzelnen Schreibstuben, was anderswo in anderen Schriftdialekten aufgezeichnet wurde. Ein Vergleich zwischen Übersetzungen des Vaterunser aus dem alem., dem bair., dem rheinfränk. und dem ostfränk. Sprachraum zeigt vom Schriftbild her mehr Übereinstimmendes als Unterschiedliches (Texte nach BRAUNE 1994, 11, 34, 56, 73):

---

[37] Gesprochen wie in engl. *water*.

[38] Gesprochen wie in engl. *they*.

I	(St.Gallen 8. Jh.):	Fater unseer, thu pist in himile, uuihi namun dinan, qhueme rihhi din,
II	(Freising 9. Jh.):	Fater unsêr, dû pist in himilum. Kauuîhit sî namo dîn. Piqhueme rîhhi dîn.
III	(Weißenburg 9.Jh.):	Fater unsêr, thu in himilom bist, giuuîhit sî namo thîn, quaeme rîchi thîn,
IV	(Fulda 9. Jh.):	Fater unser, thû thâr bist in himile, sî giheilagôt thîn namo, queme thîn rîhhi
V	(Notker um 1000):	Fater unser dû in himile bist. Dîn namo uuerdo geheîligot. Dîn rîche chome.

I uuerde uuillo din, so in himile sosa in erdu. prooth unseer emeʒʒihic kip uns hiutu,
II Uuesa dîn uuillo, sama sô in himile est, sama in erdu. Pilipi unsraʒ emiʒʒîgaʒ kip uns eogauuanna.
III uuerdhe uuilleo thîn, sama sô in himile endi in erthu. Broot unseraʒ emeʒʒîgaʒ gib uns hiutu,
IV sî thîn uuillo sô her in himile ist, sô sî her in erdu, unsar brôt tagalîhhaʒ gib uns hiutu,
V Dîn uuillo gescéhe in erdo fone menniscon, also in himile fone angelis. Unser tágelicha brôt kib uns hiûto.

I oblaʒ uns sculdi unseero, so uuir oblaʒem uns sculdikem, enti ni unsih firleiti in khorunka,
II Enti flâʒ uns unsro sculdi, samo sô uuir flâʒʒamês unsrêm scolom. Enti ni princ unsih in chorunka
III endi farlâʒ uns sculdhi unsero, sama sô uuir farlâʒʒêm scolôm unserêm, endi ni gileidi unsih in costunga.
IV inti furlâʒ uns unsara sculdi, sô uuir furlâʒemês unsarên sculdîgôn, inti ni gileitêst unsih in costunga.
V Unde únsere sculde belâʒ uns, also ouh uuir belaʒen unseren sculdigen. Unde in chorunga ne leîtest dû únsih.

I uʒʒer losi unsih fona ubile.
II Uʒʒan kaneri unsih fona allêm suntôn.
III auh arlôsi unsih fona ubile.
IV ûʒouh arlôsi unsih fon ubile.
V Nube lôse unsih fóne ubele.

2.3. Lautlehre

2.3.1. **Phonembestand (9. Jahrhundert, ostfränk.)**

2.3.1.1. *Vokalische Phoneme*

Kurze Vokale

	vorn	neutral	hinten	vgl. in ahd.:	
hoch	*/i/*		*/u/*	*/i/*	*/rinnan/*
				/u/	*/sun/* 'Sohn'
mittel	*/e/*		*/o/*	*/e/*	*/neman/* [*ë*]
	[*ë*]				*/gesti/* [*ę*]
	[*ę*]			*/o/*	*/korn/*
tief		*/a/*		*/a/*	*/gast/*
Lange Vokale					
hoch	*/i:/*		*/u:/*	*/i:/*	*/tsi:t/* 'Zeit'
				/u:/	*/hu:s/* 'Haus'
mittel	*/e:/*		*/o:/*	*/e:/*	*/e:ra/*
				/o:/	*/no:t/*
tief		*/a:/*		*/a:/*	*/ta:t/*
Diphthonge					
hoch	*/ie/*		*/uo/*	*/ie/*	*/mieta/*
	/io/			*/io/*	*/biotan/*
	/iu/			*/iu/*	*/hiutu/*
				/uo/	*/guot/*
mittel	*/ei/*		*/ou/*	*/ei/*	*/ein/*
				/ou/	*/boum/*

Die Diphthonge sind nach dem ersten Bestandteil des Zwielautes eingeordnet. Dieses als normalalthochdeutsch bezeichnete Vokalsystem ist das Ergebnis mehrerer Lautwandlungen. So geht */uo/* im Alemannischen */oa/*/*/ua/* voraus, und zeitlich liegen */ea/*/*/ia/* vor */ie/*. Bis zum Spätalthochdeutschen treten weitere grundlegende Veränderungen ein (Sekundärumlaut, Nebensilbenabschwächung, Phonemisierung der Umlautallophone [vgl. SONDEREGGER 1980, 572], Übergang *iu* > *ṻ*, *ia* und *io* > *ie*).

2.3.1.2. *Konsonantische Phoneme*

	Artikulationsstelle				
Artikulationsart	labial	dental	guttural palatal	guttural velar	glottal
Explosive					
Fortes (stl.)	*/p/*	*/t/*		*/k/*	
Lenes (sth.)	*/b/*	*/d/*		*/g/*	
Frikative					
Fortes (stl.)	*/f/*	*/s/*	*/ṡ/*	*/x/*	
Lenes (sth.)	*/w/*		*/j/*		
Affrikaten	*/pf/*	*/ts/*		*/kx/*	
Nasale	*/m/*	*/n/*			
Liquide		*/l/ /r/*			
Hauchlaut					*/h/*

Neben den in der Übersicht aufgeführten einfachen Konsonanten sind für das Ahd. auch Doppelkonsonanten (Geminaten) typisch, die vor allem aus der westgerm. Gemination (s. 2.3.3.4.) und der ahd. Lautverschiebung (s. 2.3.3.1.) resultieren. Sie besitzen z. T. Phonemwert, z. B. */ofan/* 'Ofen' – */offan/* 'offen'. Für diese langen Konsonanten gibt es im Nhd. keine Entsprechung. (Vgl. SZULC 1987, 94f.)

Die Affrikaten */pf/* und */ts/* sind durch die ahd. Lautverschiebung entstanden. Sie stellen eine charakteristische Neuerung des Ahd. – und überhaupt des Hd. – gegenüber dem Nd. und dem übrigen Germ. dar. Im Bair. und im Alem. tritt neben */pf/* und */ts/* auch die Affrikata */kx/* auf. (Vgl. KIENLE 1969, § 121.)

Im Gegensatz zum Nhd. gibt es im Ahd. keinen sth. *s*-Laut */z/*. Die Frikative */s/* und */ṡ/* haben eine unterschiedliche Herkunft: */s/* (in der Gemination */ss/*) ist in der ahd. Lautverschiebung entstanden; in Textausgaben und Grammatiken wird es oft durch ⟨*ʒ*⟩ bzw. ⟨*ʒʒ*⟩ oder ⟨*z*⟩ bzw. ⟨*zz*⟩ wiedergegeben. */ṡ/* geht auf das Germanische zurück. Der Zusammenfall beider *s*-Laute ist erst für das Spätmhd. anzunehmen.

Der Frikativlaut */x/* (*ach*-Laut) wird in den Dialekten möglicherweise schon im Ahd. durch den Frikativlaut [ç] (*ich*-Laut) ergänzt. In Teilen des Mhd. treten beide als Allophon auf. (Vgl. KIENLE 1969, §§ 126–128.)

Der Übersichtlichkeit wegen wurden die Halbvokale */w/* und */j/* mit in die Konsonanten eingeordnet. Der Lautwert von */w/* ist dem engl. *w* vergleichbar; er unterscheidet sich deutlich vom nhd. ⟨*w*⟩, das phonemisch ein */v/* darstellt. (Vgl. KIENLE 1969, §§ 129–137.)

2.3.2. **Vokalismus**

2.3.2.1. *Ablaut*

Der Terminus Ablaut wurde von JACOB GRIMM geprägt. Er bezeichnet den regelmäßigen Wechsel bestimmter Vokale in etymologisch zusammengehörigen Wörtern oder Wortformen, der durch die Akzentverhältnisse im Idg. bedingt ist. Er ist aus dem Idg. ererbt. Zwei Arten des Ablauts, die meist in derselben Vokalreihe nebeneinanderstehen, sind zu unterscheiden:

1. der quantitative Ablaut oder die Abstufung, bei der sich die Quantität des jeweiligen Vokals verändert, und
2. der qualitative Ablaut oder die Abtönung, bei der die Qualität des entsprechenden Vokals wechselt.

Die Entstehung der beiden Arten des Ablauts lässt sich aus den Akzentverhältnissen erklären, die zu verschiedenen Zeiten im Idg. herrschten. Die Abtönung wurde wahrscheinlich durch den musikalischen, die Abstufung dagegen durch den dynamischen Akzent verursacht. Beide entwickelten sich zu verschiedenen Zeiten.

Der quantitative Ablaut umfasst ursprünglich vier Stufen:

a) die Vollstufe (auch Normal- oder Hochstufe genannt)
Der Vokal stand an starkbetonter Stelle.

b) die Dehnstufe
Der Vokal der Vollstufe erscheint in gedehnter Form.

c) die Reduktionsstufe (auch Tiefstufe)
Der Vokal stand an schwachbetonter Stelle.

d) die Schwundstufe (auch Nullstufe)
Der Vokal ist geschwunden, nicht nur abgeschwächt wie bei c).

Die Schwundstufe kann als Sonderfall der Reduktionsstufe angesehen werden; dann ergibt sich eine Dreigliederung. Als Terminus für diese dritte Stufe hat sich allgemein Schwundstufe eingebürgert. (Vgl. Schweikle 1986, §20 V.)

Durch den qualitativen Ablaut entstanden außerdem verschiedene Vokalqualitäten in hochtonigen Silben, so dass zwischen einer 1. und einer 2. Vollstufe unterschieden werden muss. Das Ergebnis des qualitativen Ablauts ist z. B. der idg. *e/o*-Ablaut (germ. *e/a*-Ablaut).

Auf der Basis dieses quantitativen und qualitativen Lautwechsels entstanden bestimmte Ablautreihen, die bei der Flexion der starken Verben eine entscheidende Rolle spielen, aber auch für die Wortbildung von Bedeutung sind (vgl. *trinken*, *Trank*, *Trunk*).

Der Ablaut ist in den germ. Sprachen gut erhalten und teilweise noch weiter ausgebaut worden. Im Ahd. sind im wesentlichen 6 Ablautreihen zu unterscheiden. Die Ablautverhältnisse der ahd. starken Verben beruhen bei den Reihen 1–5 auf dem idg. *e/o*-Wechsel, der im Germ. zu einem *e/a*-Wechsel geworden ist. Innerhalb dieser Reihen existiert quantitativer Ablaut

idg.	*ei – i*	ahd.	*î*	*– i*	(*snîdan – snitum – gisnitan*)
	eu – u		*iu(io)*	*– u (o)*	(*liogan – lugum – gilogan*)
	e – ê		*ë*	*– â*	(*bëran – bârum*)
	e – ə		*ë*	*– ë*[39]	(*trëtan – gitrëtan*)
	e – –		*ë*	*– u (o)*[40]	(*wërfan – wurfum – giworfan*)

und qualitativer Ablaut

idg.	*ei – oi*	ahd.	*î*	*– ei*	(*snîdan – sneid*)
	eu – ou		*iu(io)*	*– ou*	(*liogan – loug*)
	e – o		*ë*	*– a*	(*bëran – bar, trëtan – trat, wërfan – warf*)

Die 6. Ablautreihe basiert nicht auf dem (quantitativen und qualitativen) idg. *e/o*-Wechsel, sondern nur auf quantitativem idg. Ablaut; sie entstand eigentlich aus den beiden idg. Reihen *a/â* und *o/ô*. Auf Grund der vokalischen Veränderungen beim Übergang zum Germ. fallen sie zu einer Reihe zusammen (vgl. Kienle 1969, §214):

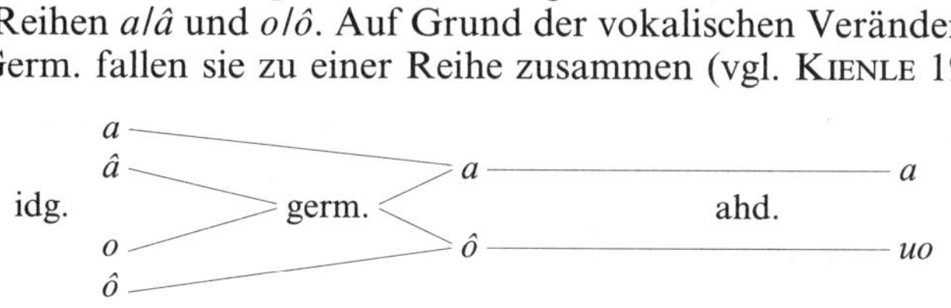

In einer weiteren Reihe – in einigen Grammatiken als 7. bezeichnet – sind Verben zusammengefasst, die im Gotischen den Stamm des finiten Prät. durch Reduplikation oder durch Reduplikation und Ablaut bildeten: *háitan – haíháit* 'heißen – hieß', *letan – laílot* 'lassen – ließ'. (Vgl. ausführlich Kienle 1969, §215.)

---

[39] Das *e* im Part. Prät. war im Idg. ein reduzierter Vokal, unterscheidet sich im Ahd. aber nicht mehr vom *e* des Inf.

[40] Bei Verben auf silbische Liquida oder Nasal + Konsonant (*l̥*, *r̥*, *m̥*, *n̥*) entstanden im Germ. Stützvokale, die die Schwundstufe ausfüllten. (Vgl. auch SZULC 1987, 36f.)

Die verschiedenen Stufen des Ablauts verteilen sich folgendermaßen auf die Flexionsformen der ahd. Verben:

Inf. und Präs.:	1. Vollstufe
1.u.3.P. Sg. Prät.:	2. Vollstufe (1. bis 5. Ablautreihe)
2.P. Sg. Prät.;Pl. Prät.:	Schwundstufe (1. bis 3. Ablautreihe) oder Dehnstufe (4. bis 6. Ablautreihe)
Part. Prät.:	Schwundstufe (1. bis 4. Ablautreihe) oder wie 1. Vollstufe (5. und 6. Ablautreihe)

2.3.2.2. *Kombinatorischer Lautwandel: Alternanz*

Bei den hier zu beschreibenden Hebungs- und Senkungsvorgängen handelt es sich jeweils um Veränderungen der Stammsilbenvokale unter dem Einfluss der Vokale der nachfolgenden Silben, also um regressive Assimilation, die wohl durch den germ. Anfangsakzent beeinflusst wurde. (Vgl. SCHWEIKLE 1986, § 15 II.)

ë zu i

Die Hebung des *ë* zu *i* ist im Germ. sehr früh bezeugt; das Got. hat idg. *e* zu *i* umgewandelt (vgl. got. *wiljan* 'wollen' und das daraus abgeleitete Verbalabstraktum *wilja* 'Wille' zur idg. Wurzel **u̯el-* 'wollen, wählen'). Das Westgerm. hat diese Veränderung jedoch nicht generell, sondern nur unter bestimmten Bedingungen durchgeführt. Ob die Lautveränderungen im Got. mit denen im West- und Nordgerm. im Zusammenhang stehen, lässt sich nicht mit Bestimmtheit sagen.

ë wird zu *i*

vor Nasal + Konsonant:

idg.	**bhend-*	ahd.	*bintan*	'binden'
lat.	*ventus*		*wint*	'Wind'
lat.	*census*		*zins*	'Zins' (Lehnwort)

vor einem *i* oder *j* in der Folgesilbe:

ahd.	*bërg*	– *gibirgi*	'Berg, Gebirge'
	ërda	– *irdisk*	'Erde, irdisch'
	gëban	– *er gibit*	'geben, er gibt'
		dazu *gift* (**gifti*)	'Gabe, Gift'

vor einem *u* der Folgesilbe:

idg.	**sedhus*	ahd.	*situ*	'Sitte'
lat.	*securus*		*sichûr*	'sicher' (Lehnwort)
ags.	*felo*		*filu*	'viel'
ahd.	*gëban*		*ih gibu*	'ich gebe'

Die Hebung des *ë* zu *i* erfolgte ausnahmslos von Nasal + Konsonant und vor *i* oder *j* der Folgesilbe, dagegen nur teilweise vor *u*. Wenn in der Folgesilbe *a*, *e* oder *o* stand, blieb das *ë* erhalten (*ërda* 'Erde', *hërza* 'Herz', *ih gëbe, du gëbêst* 'ich gebe, du gebest' [Konj.]; *gëbo* 'Geber', *hëlfo* 'Helfer').

i zu ë

Bereits in vorliterarischer Zeit wurde das *i* zu *ë* gesenkt, wenn in der Folgesilbe ein *a*, *e* oder *o* standen:

as.	*wika*	ahd.	*wëhha, wëhcha*	'Woche'
lat.	*bicarium*		*bëhhâri*	'Becher' (Lehnwort)
lat.	*picem*		*pëh, pëch*	'Pech' (Lehnwort)
idg.	**uiros*		*wër*	'Mann'

Die Senkung von *i* zu *ë* vollzog sich aber nicht regelmäßig. So haben z. B. alle Part. Prät. der 1. Ablautreihe das *i* erhalten, obwohl *a* in der Folgesilbe stand:

gigriffan, giritan 'gegriffen, geritten'

u zu o

Das *u* wird zu *o* gesenkt vor *a*, *e* und *o* der Folgesilbe:

idg.	**jugom*	ahd.	*joch*	'Joch'
germ.	**gulþa*		*gold*	'Gold'
ahd.	*tugun*	–	*tohta*	'taugen, taugte'
ahd.	*hulfun*	–	*giholfan*	'halfen, geholfen'

Vor nachfolgenden *i*, *j*, *u* oder Nasal + Konsonant bleibt *u* erhalten (*kuri* 'Erwägung, Auswahl', *sunu* 'Sohn', *zunga* 'Zunge, Rede, Sprache'). Die Senkung von *i* zu *ë* und von *u* zu *o* wird auch unter dem Begriff "Brechung" zusammengefasst.

Entwicklung des germ. eu

Die Veränderung des germ. *eu* zu ahd. *eo* steht mit der Senkung von *u* zu *o* im Zusammenhang. Während der erste Teil des Diphthongs – das *e* – erhalten bleibt, wird der zweite Teil – das *u* – vor *a*, *e* und *o* der Folgesilbe zu *o*:

idg. **theuta*	germ.	**þeudō*	ahd. *thiota*, *theota* 'Volk'
	germ.	**beutan*	ahd. *biatan*, *bieten* 'bieten'

In der ersten Hälfte des 9. Jh. wurde dieses *eo* zu *io* (in einigen Dialekten auch zu *ia*), gegen Ende des 10. Jh. dann zu *ie*. Diese Entwicklung betrifft vor allem das Fränkische; im Bairischen und im Alemannischen wurde germ. *eu* auch bei folgendem *a*, *e*, *o* nur dann zu *eo*/*io*, wenn ein Dental oder germ. *h* folgte.

In allen anderen Fällen wird germ. *eu* zu ahd. *iu*, d. h., der erste Teil des Diphthongs – das *e* – wird vor *i*, *j* oder *u* der Folgesilbe zu *i*, der zweite Teil – das *u* – bleibt erhalten. So stehen im Ahd. nebeneinander:

beotan/*biatan*/*bieten*	aber:	*ih biutu, du biutis(t)* 'bieten'
leoht, *lioht*	aber:	*liuhtan* (aus **liuhtjan*) 'Licht, leuchten'

Um 1000 wurde das seit dem 7./8. Jh. bestehende *iu* zum Monophthong; er wurde weiterhin *iu* geschrieben, aber [*ü:*] gesprochen. (Vgl. Kienle 1969, § 26.)

2.3.2.3. *Kombinatorischer Lautwandel: i-Umlaut*

Der Umlaut beruht auf (meist regressiver, partieller) Assimilation. Durch *i* oder *j* der Folgesilbe erfolgt eine Palatalisierung des Stammsilbenvokals. Der Umlaut ist jünger als die Vokalharmonie; er ist im Ahd. seit dem 8. Jh. belegt, in anderen germanischen Sprachen dagegen schon früher. Der Umlaut erfasst alle dunklen Vokale (*a*, *o*, *u*), in ahd. Zeit jedoch nur das kurze *a*. Alle anderen umgelauteten Vokale werden erst in mhd. Denkmälern fassbar.

Primärumlaut

Unter Primärumlaut versteht man die Umwandlung von kurzem *a* zu *e*. Für das Althochdeutsche ist das *e* als Allophon zu /a/ anzusehen. (Vgl. Szulc 1987, 82.) Das zeigt sich auch darin, dass es in den Quellen graphematisch nicht konsequent als ⟨e⟩ wiedergegeben wird. (Vgl Szulc 1987, 84.) Die Phonemisierung erfolgte erst in mhd. Zeit. (Vgl. Kienle 1969, § 28f.)

In den Grammatiken erscheint das durch Primärumlaut entstandene *e* oft als *ẹ*, in den Texten jedoch als einfaches *e*. Der Umlautungsprozess wird um 750 in der Schrift erkennbar und ist im 9. Jh. im wesentlichen abgeschlossen, vgl. die Personennamen *Egihelm, Eggiolt,* und den Flurnamen *Blenchibrunnon* in der Hamelburger Markbeschreibung (1. Hälfte 9. Jh.). Er erfaßt auch die übrigen westgerm. Sprachen und das Anord.

ahd.	*gast*	*gẹsti*	'Gast, Gäste'
ahd.	*lang*	*lẹngiro*	'lang, länger'
ahd.	*trank*	*trẹnken* (aus **trankjan*)	'trank, tränken'
lat.	*asinus*	*ẹsil*	'Esel'

Umlaut erfolgt auch dann, wenn ein mit *i* anlautendes Pronomen dem Stamm eng angeschlossen ist (vgl. Braune 1987, §26.3):

gab imo	>	*gẹb imo*	'gab ihm'
warf iz	>	*wẹrf iʒ*	'warf es'
nam ih	>	*nẹm ih*	'nahm ich'

In diesen Fällen ist der Umlaut später wieder beseitigt worden.

Unter bestimmten Bedingungen konnte sich der Umlaut im Ahd. nicht durchsetzen. Man unterscheidet zwischen gesamtahd. und obd. Umlauthinderungen.

a) Gesamtahd. Umlauthinderungen:
Der Umlaut trat nicht ein, wenn
1. das *i* oder *j* schon geschwunden war, ehe der Umlautprozess begann;
2. die Silbe, die das *i* enthielt, einen stärkeren Nebenton trug (*kraftlîh* 'stark, gewaltig, mächtig', *irstantnissi* 'Auferstehung');
3. zwischen dem *a*-Vokal der Stammsilbe und dem *i* oder *j* der Folgesilbe Konsonanten standen, die der Palatalisierung entgegenwirkten.
Solche Konsonantenverbindungen waren:

ht	*mahti, nahti*	'Mächte, der Nacht'
hs	*wahsit*	'wächst'
Konsonant + *w*	*garwita*	'gerbte, bereitete'.

b) Obd. Umlauthinderungen:
Außer den gesamtahd. Umlauthinderungen hatte das Obd. noch eine Reihe weiterer Umlauthinderungen aufzuweisen, die jedoch nicht konsequent durchgeführt waren. Im allgemeinen trat der Umlaut nicht ein, wenn auf die Stammsilbe folgende Konsonanten oder Konsonantenverbindungen folgten:

1. *l* + Konsonant	*haltit, altiro*	'hält, älter'
2. *r* + Konsonant	*starchiro, arbi*	'stärker, Erbe'
3. germ. *h*	*ahir, slahit*	'Ähre, schlägt'
4. ahd. *h* (<germ.*k*)	*sahhit, gimahhida*	'streitet, Gemeinsamkeit'.

Sekundärumlaut und Umlautung weiterer Vokale
Die gemeinahd. und zum Teil auch die obd. Umlauthinderungen sind im Mhd. beseitigt worden; der in diesen Fällen nachträglich eingetretene Umlaut wird als Sekundärumlaut bezeichnet.[41] In mehrsilbigen Wörtern lautete *i* oder *j* der dritten Silbe den Stammvokal ebenfalls um, wenn vorher eine Angleichung der Mittelsilbe an die dritte Silbe erfolgt war:

aphuli	**aphili*	*ẹphili*	'Äpfel'
managî	**manigî*	*mẹnegî*	'Menge'

Im Ahd. hat sich dieser Umlaut nur in wenigen Wörtern (*frẹmidi* 'fremd', *ẹdili* 'vornehm, adlig; hervorragend') durchgesetzt, während neben *mẹnigî* häufig noch *managî* steht.

Neben dem kurzen *a* sind wahrscheinlich auch die übrigen dunklen Vokale schon im Spätahd. umgelautet gesprochen worden, denn im Mhd. ist das palatalisierende *i* oder *j* der Folgesilbe bereits zu *e* abgeschwächt worden, konnte also keinen Umlaut mehr hervorrufen, es sei denn durch Analogie. Der Umlaut von *û* (*ü̂*, geschrieben *iu*) wird seit dem 10. Jh. in der Schrift verwendet, die anderen Umlaute erst im Mhd.: *hûsir*/*hiusir* 'Häuser'. Zur Weiterentwicklung im Mhd. s. 3.4.1.1.

Rückumlaut. Als Rückumlaut bezeichnete J. Grimm die Erscheinung, dass bei den schwachen Verben der 1. Klasse, den *jan*-Verben, im Prät. *a* als Stammvokal auftritt, obwohl Umlaut-*e* zu erwarten wäre (*brẹnnen* – *branta*). Er war der Ansicht, hier sei Umlaut vorhanden gewesen, später aber wieder beseitigt worden. Heute ist bekannt,

[41] Teilweise wird der Begriff auch weiter gefasst, vgl. Kienle 1969, § 30; Sonderegger 1980, 572; vgl. auch Szulc 1987, 87.

dass im Prät. dieser schwachen Verben gar kein Umlaut eintrat, wenn das *i* synkopiert worden war. Das geschah:

1. nach langer Stammsilbe (*kêren* – *karte*, *wẹnten* – *wanta* ‘wenden; wendete, wandte’);
2. bei den durch die 2. Lautverschiebung langstämmig gewordenen Verben auf germ. *p*, *t*, *k*, ahd. *pf*, *tz*, *ck* (*stẹpfen* – *stafta*, *sẹzzen* – *sazta*, *dẹcken* – *dahta*, *dacta* ‘stapfen – stapfte; setzen – setzte; decken – deckte’);
3. vor germ. *l* (*zẹllen* – *zalta* neben *zẹlita* ‘erzählen, erzählte’)
4. vor germ. *d*, ahd. *tt* (*rẹtten* – *ratta* neben *rẹtita* ‘retten, rettete’).

2.3.2.4. *Althochdeutsche Monophthongierung*

Bei der Monophthongierung und der Diphthongierung handelt es sich ebenfalls um qualitative Veränderungen der Stammsilbenvokale. Sie werden jedoch nicht durch den Vokal der Folgesilbe bewirkt.

ai/ei zu ê. Die Monophthongierung des germ. *ai*, ahd. meist schon *ei*, zu langem *ê* ist auf wenige Fälle beschränkt. *ei* wird im Ahd. nur dann zu *ê*, wenn *h*, *r* oder *w* folgt:

got.	*maiza*		ahd. *mêro*	‘mehr’
ahd.	*zîhan*	–	*zêh* (statt *zeih*)	‘zeihen, zieh’
ahd.	*spîwan*	–	*spêo* (statt *speiw*; *w* > *o* im Auslaut)	‘speien, spie’

au/ou zu ô. Germ. *au*, ahd. meist *ou*, wird vor Dentalen *d*, *t*, *z*, *s*, *n*, *r*, *l* und germ. *h* zu *ô* monophthongiert. Dieser Monophthongierungsvorgang hat sich im Ahd. besser durchgesetzt als der vorhergenannte.

got.	*dauþus*	ahd.	*tôd*	‘Tod’	got.	*laun*	ahd. *lôn*	‘Lohn’
	rauþs		*rôt*	‘rot’		*ausô*	*ôra*	‘Ohr’
	stautan		*stôʒan*	‘stoßen’	lat.	*caulis*	*kôl*	‘Kohl’
	laus		*lôs*	‘los’	got.	*háuhs*	*hôh*	‘hoch’

Im Sg. Prät. der starken Verben der 2. Ablautreihen finden sich zahlreiche monophthongierte Formen:

ahd.	*gioʒan*	*gôʒ*	‘gießen, goß’
	kiosan	*kôs*	‘wählen, wählte’
	ziohan	*zôh*	‘ziehen, zog’

Der Infinitiv einiger starker Verben der reduplizierenden Reihe wurde auch monophthongiert:

ahd.	*stôʒan*	‘stoßen’ s. o.
	scrôtan	‘schneiden, schroten’

Die beiden Monophthongierungsvorgänge laufen zeitlich nicht parallel. Die Entwicklung von *ei* zu *ê* beginnt bereits im 7. Jh. und ist im 8. Jh. abgeschlossen, die von *ou* zu *ô* beginnt erst im 8. Jh. und ist im 9. Jh. beendet. Im As. wurde die Monophthongierung generell durchgeführt:

got.	*stains*	as.	*stên* ‘Stein’
ahd.	*troum*	as.	*drôm* ‘Traum’

Während sich im Ahd. die Monophthongierung nur in den positionsbedingten Fällen durchsetzt, ist in nhd. Zeit die ma.-ugsprl. Lautung *ē* statt *ei* bei allen zugehörigen Wörtern im Schles., Obsächs., Thür., Mittelfränk., Rheinfränk. einschließlich Pfälzischem bis an die Grenze des Elsässischen vorgedrungen; im Oberhess., Südhess., Oberpfälzischen und in großen Teilen des Ostfränk. steht *ā* für dieses *ē*. *ei* bleibt in diesen Mundarten im Anlaut und im Inlaut vor Vokalen: *Eier*, *Schleier*. Ähnlich verläuft die räumliche Ausbreitung des Monophthongs *ō* statt *ou* (späterem *au*). Der sich unmittelbar ans Nd. anschließende Streifen des Md. hat ma.-ugsprl. meist *ō*: Schles., Obsächs., Thür., Ndfränk., Rip. und nördlicher Teil des Moselfränk. (Vgl. SCHIRMUNSKI 1962, 233ff.)

2.3.2.5. *Althochdeutsche Diphthongierung*

Germ. ê zu ahd. ia. Im 8./9. Jh. wird germ. *ê* im Ahd. zu *ia* aufgespalten. Seit der Mitte des 9. Jh. wird *ia* zu *ie*. Diese Form herrscht dann auch während des Mhd. vor.

as.	*mêda*	ahd.	*miata*	'Lohn'
got.	*hêr*		*hiar*	'hier'
as.	*hêt*		*hiaʒ*	'hieß'
as.	*rêd*		*riat*	'riet'
lat.	*spēculum*		*spiagal*	'Spiegel'
lat.	*tēgula*		*ziagal*	'Ziegel'

Germ. ô zu ahd. uo. Der Wandel von germ. *ô* > *uo* zeigt sich in den ahd. Schriften des 8. und 9. Jh. Sein unterschiedliches Vordringen ist ein Hilfsmittel bei der Lokalisierung und Datierung von ahd. Schriftdenkmälern. Um 900 hat sich diese Diphthongierung in allen Dialekten durchgesetzt.

got.	*fôtus*	ahd.	*fuoʒ*	'Fuß'
	brôþar		*bruoder*	'Bruder'
	sôkjan		*suohhan*	'suchen'
	fôr		*fuor*	'fuhr'

Die Diphthongierung erfolgte nur in den Stammsilben, also in hochtonigen Silben. Die Nebensilben behalten die alten Monophthonge (got. *salbôda*, ahd. *salbôta* 'salbte'). Im Altsächsischen fehlt die Diphthongierung, s. o. *hêr* 'hier' und as. *fôt* = ahd. *fuoʒ* 'Fuß'.

2.3.2.6. *Vokaldehnung durch Nasalschwund*

Der Nasal *n* war im Germ. vor *h* zu einem gutturalen (velaren) Nasal geworden (etwa wie *ng*). Schon in germ. Zeit schwand dieser Nasal vor nachfolgendem *h*. Der vorangehende kurze Vokal der Stammsilbe wurde zunächst nasaliert (etwa *ã*) und später gedehnt. Man spricht deshalb auch von Ersatzdehnung.

Das ahd. Prät. *brâhta* 'brachte' entstand aus germ. **branhta* (ursprünglich **brañhtô*); ahd. *dâhta* 'dachte' entwickelte sich aus germ. **þanhta* (ursprünglich **þanktô*); dem ahd. *dunken – dûhta* 'dünken, deuchte' entspricht germ. **þunhta* (ursprünglich **þunktô*). Die Unterschiede, die durch diesen Nasalschwund zwischen Präs. und Prät. entstanden, sind teilweise bis heute erhalten geblieben (*bringen – brachte, denken – dachte*). Einige Ersatzdehnungen, die daneben im Ahd. vorhanden waren, wurden später durch Ausgleich innerhalb des Paradigmas wieder beseitigt (ahd. *fâhan – fiang* 'fangen, fing', *hâhan – hiang* 'hangen/hängen, hing').

2.3.2.7. *Vokalismus der Nebensilben*

Vokalismus der Endsilben

Die Endsilben weisen im Ahd. folgende Vokale auf:

Kurzvokale	*a e i o u*
Langvokale	*â ê î ô û*
Diphthonge	nur *iu* (bei der Flexion des Adjektivs und des Pronomens)

Die Abschwächung der vollklingenden Endvokale zu *e* wird bereits in ahd. Texten aus dem 9. Jh. sichtbar. Sie breitete sich im 10. Jh. weiter aus. Im 11. Jh. sind die alten Vokale weitgehend verdrängt. In bezug auf den Vokalismus der Endsilben unterscheiden sich die einzelnen Schriftdenkmäler zum Teil erheblich voneinander. Endergebnis der Vokalschwächung ist in der Regel ein unbetontes *e*, das an die Stelle aller übrigen Vokale tritt. Es ist ein Kennzeichen für die mhd. Sprachperiode. Nur das Alemannische hat noch in mhd. Zeit volle Vokale in den Endsilben (Flexionsformen) aufzuweisen.

Vokalismus der Mittelsilben

Die Vokale der Mittelsilben in drei- und mehrsilbigen Wörtern entwickeln sich im Ahd. noch schneller zum unbetonten *e* als die Vokale der Endsilben. Sie sind weniger fest als die Endsilbenvokale und daher auch mehr Schwankungen unterworfen. Im Ahd. gibt ein kurzer Vokal vor einfacher Konsonanz seine feste Qualität früher auf als ein kurzer Vokal vor mehrfacher Konsonanz oder als ein langer Vokal (vgl. KIENLE 1969, §64). Auf einige wesentliche Erscheinungen ist hinzuweisen:

1. Bewahrung durch Nebenton gestützter Mittelsilbenvokale: Die Bewahrung von Mittelsilbenvokalen, die durch ihre Schwere einen stärkeren Nebenton tragen, ist z. T. bis ins Mhd. zu verfolgen (*scrîbâri* – mhd. *scrîbære* 'Schreiber', *kuninginna* – mhd. *küniginne* 'Königin', *firstantnissa* – mhd. *verstantnisse* 'Verständnis').

2. Synkope kurzer Mittelsilbenvokale: Alte Mittelsilbenvokale fallen beim Übergang vom Germ. zum Ahd. im Prät. der sw. Verben der 1. Klasse aus, wenn diese einen langen Stammvokal oder einen Diphthong haben.

   ahd. *hôren* – *hôrta* (statt *hôrita*) 'hören, hörte'
   suohhen – *suohta* 'suchen, suchte'

3. Assimilation unbetonter Mittelsilbenvokale: Im Ahd. werden unbetonte Mittelsilbenvokale sehr häufig assimiliert. Allerdings wurde diese Angleichung nicht konsequent durchgeführt. Am häufigsten wird der Mittelsilbenvokal an den Endvokal angeglichen:

   wuntar – *wuntorôn* neben *wuntarôn* und *wunterôn* 'Wunder, wundern', *zwîval* – *zwîvolôn* 'Zweifel, zweifeln'

   seltener an den Vokal der Stammsilbe:

   scînan – *scînintaȝ* (statt *scînantaȝ*) 'scheinen, scheinendes'

4. Entstehung neuer Mittelsilbenvokale: Im Ahd. entwickelt sich eine ganze Anzahl neuer Mittelsilbenvokale nach Abfall ursprünglicher Endungen:
   a) Auslautendes *l*, *r*, *m*, *n* wurde im Ahd. zu *al*, *ar*, *am*, *an*:

got.	*fugls*	ahd.	*fogal*	'Vogel'
	hlûtrs		*hlûtar*	'lauter'
	taikns		*zeihhan*	'Zeichen'
germ.	**faþ-ma-*		*fadam*, *fadum*	'Faden'

   b) Zwischen *l* oder *r* und nachfolgendem Konsonanten und vor *w* entstanden im Ahd. Zwischenvokale (meist *a* oder *u*). Sie waren aber so unfest, dass sie ein danebenstehender anderer Vokal leicht beeinflussen konnte:

bifelhan/bifelahan	'anvertrauen, empfehlen'
farwa/farawa	'Farbe'

   Diese neuentstandenen Vokale werden auch als Spross-, Stütz- oder Sekundärvokale bezeichnet. Sie sind unfest und gehen meist ebenso schnell verloren, wie sie entstehen. Ausnahmen bilden die durch Stützvokale ausgefüllten Schwundstufen der starken Verben (siehe 2.3.2.1.).

5. Vokalismus der Nebensilben: Stehen die Vokale der Vorsilben vor dem Wortakzent, werden sie bereits im Ahd. reduziert. Dies gilt immer für das verbale Präfixkompositum, das seit vorliterarischer Zeit den Wortakzent auf der Stammsilbe trägt, also für Verben auf *za-/zi-/ze-* 'zer-', auf *ant-/int-* 'ent-', auf *ur-/ar-/ir-* 'er-', auf *far-/for-/fer-/fir-/fur-* 'ver-', auf *bi-/be-* 'be-' und auf *ga-/gi-/ge-* 'ge-'. Die Abschwächung beginnt im Fränk., wo sich früh *i*-Formen durchsetzen, vgl. *zifaran* 'zergehen', *intfaran* 'entfliehen', *irfaran* 'erfahren', *gifaran* 'wandeln' gegenüber *zuofaran* 'heranfahren', *ûȝfaran* 'herausfahren'. Beim nominalen Kompositum auf *ant-*, *ur-*, *bi-*, *in-*, *furi-* bleibt der germ. Akzent erhalten, während sich bei ahd. *ga-* und *za-* die verbale Stammbetonung auch im nominalen Kompositum durchgesetzt hat, die Vorsilben also gleichfalls reduziert werden, vgl. ahd. *antlâȝ* 'Entlassung', dazu das heutige *Urlaub* gegenüber *erlauben* und *Urteil* gegenüber *erteilen*. Bei den Vokalen der unbe-

tonten Vorsilben sind also im Ahd. Schwankungen und frühe Abschwächungen festzustellen. (Vgl. KIENLE 1969, §63.)

2.3.3. **Konsonantismus**

2.3.3.1. *(Alt)Hochdeutsche Lautverschiebung*

Die ahd. Lautverschiebung, auch 2. Lautverschiebung genannt, ist in ahd. Zeit die wichtigste Erscheinung im Bereich des Konsonantismus. Sie betrifft die germ. Tenues */p t k/* und die germ. Medien */b d g/* (aus */ƀ đ g/*). Man spricht daher von der Tenues- und Medienverschiebung.

Durch die Tenuesverschiebung wurde der Phonembestand erweitert und umstrukturiert: Als neue Phoneme treten die Affrikaten */pf/*, */ts/* und */kx/* auf. Außerdem hat sich die Zahl der Wörter mit den Doppelfrikativen */ff/*, */ss/* und */xx/* vergrößert.

Die ahd. Lautverschiebung ist ein umfangreicher Prozess, der sich über mehrere Jahrhunderte hingezogen und sich in den einzelnen Sprachgebieten unterschiedlich ausgedehnt und ausgewirkt hat. Ihr Beginn wird für das 5./6. Jh. u. Z. angesetzt, also vor der Zeit, aus der uns Handschriften überliefert sind. Sie breitete sich von Oberdeutschland, vom Bairischen und Alemannischen her, nach Norden hin aus. Ihr Ergebnis ist die deutliche Trennung des hd. Konsonantenstandes vom nd. und innerhalb des hd. Konsonantenstandes eine Konsonantendifferenzierung, die als das wichtigste Kriterium für die Abgrenzung der Dialekte gilt.

Im wesentlichen ist die hd. Lautverschiebung um 800 abgeschlossen; in einigen Gebieten breitete sie sich auch danach noch weiter aus. So hat sich die nd.-hd. Sprachscheide bis 1500 allmählich herausgebildet. Das Hd. mit seinen lautverschobenen Formen dringt aber auch heute noch gegen das nd. Sprachgebiet vor. (Vgl. Karte 6.)

Tenuesverschiebung

Die germ. stl. Explosivlaute */p t k/* werden je nach ihrer Stellung im Wort verschoben

a) zu den ahd. Affrikaten */pf ts kx/* im Anlaut, inlautend und auslautend nach den Konsonanten */l r m n/* und in der Gemination. Auf orthographische Besonderheiten wird bei unseren Betrachtungen nicht eingegangen (siehe 2.2.2.);

b) zu den ahd. stl. Doppelfrikativen */ff ss xx/* im Inlaut zwischen Vokalen und im Auslaut nach Vokalen.

/p t k/ > /pf ts kx/. Die Verschiebung von */t/* > */ts/* ist gleichmäßig über das ganze hd. Gebiet verbreitet. Dialektunterschiede gibt es hier nicht.

got.	*tiuhan*	as.	*tiohan*	ahd.	*ziohan*
	haírtó		*hërta*		*hërza*
	satjan		*sẹttian*		*sẹtzan*

Unverschoben bleibt */t/* in den Verbindungen */tr ht ft st/*. In Verbindung mit */s/* werden auch */p/* und */k/* nicht verschoben; es steht also immer */st sp sk/*. Die Konsonantenverbindungen */st sp sk/* wurden auch von der germ. Lautverschiebung nicht betroffen.

/tr/	= got.	*triggws*	–	ahd.	*gitriuwi*
/ht/	=	*nahts*	–		*naht*
/ft/	=	*luftus*	–		*luft*
/st/	=	*stains*	–		*stein*

Die Verschiebung von */p/* > */pf/* zeigen u. a. folgende Wörter:

as.	*pund*	ahd.	*pfund*
	plëgan		*pflëgan*
	skẹppian		*skẹpfen* 'schöpfen, (er-)schaffen'
	dorp		*dorpf* > *dorf* — seit 9. Jh.
	hëlpan		*hëlpfan* > *hëlfan* — seit 9. Jh.

Die Dialekte weisen hier gewisse Eigenheiten auf. Deshalb wird als Kriterium bei der Einteilung der Dialekte oft die Verschiebung von /*p*/ > /*pf*/ herangezogen.

Im Inlaut und im Auslaut nach /*l*/ und /*r*/ wird fast im gesamten hd. Sprachgebiet /*p*/ > /*pf*/. Eine Ausnahme bildet das Mittelfränk. Dort heißt es *dorp, hëlpan*. Im Anlaut und in der Gemination wird im Bair., Alem. und Ostfränk. /*p*/ > /*pf*/. Im Mittelfränk. und Rheinfränk. bleibt /*p*/ jedoch unverschoben, z. B. *appel – apfel, pund – pfund.*

Unverschoben bleibt das /*p*/ in der Verbindung /*sp*/, z. B. ahd. *spil, spinnan, sprahha* (s. oben).

Die Verschiebung von /*k*/ > /*kx*/ ist nur im Bair. und Alem. durchgeführt, in allen fränk. Dialekten bleibt /*k*/ erhalten. Beispiele aus dem Bair. und Alem.:

got.	*kaúrn*	bair./alem.	*chorn, khorn*	aber: fränk.	*korn*
as.	*wërk*		*wërch, wërcch*		wërk
as.	*wękkian*		*węchan, węcchan*		*węcken*

In der Verbindung /*sk*/ bleibt /*k*/ auch im Bair. und Alem. unverschoben; z. B. *skeidan, skoni, fisk*. Beim Übergang zum Mhd. hat sich diese Konsonantenverbindung zu ⟨*sch*⟩ weiterentwickelt.

/p t k/ > /ff ss xx/. Diese Verschiebung erstreckt sich über das ganze hd. Sprachgebiet bis zur nd. Grenze.

as.	*slâpan*	–	ahd. *slâffan* > *slâfan*	'schlafen'
	opan	–	*offan*	'offen'
	ëtan	–	*ëȝȝan*	'essen'
	lâtan	–	*lâȝȝan*	'lassen'
	hwat	–	*hwaȝ*	'was'
	makon	–	*mahhôn*	'machen'
	ik	–	*ih*	'ich'

Wie diese Beispiele zeigen, tritt im Auslaut und nach langem Vokal im Inlaut Vereinfachung der Doppelkonsonanz auf.

Im Mittelfränk. wurde das auslautende /*t*/ der vier neutralen Pronomen *that, it, wat, allet* nicht von der Verschiebung betroffen. Mittelfränk. heißt es demnach: *that waȝȝar.*

Medienverschiebung

Die Medienverschiebung betrifft die vorahd. sth. Explosivlaute /*b d g*/ die aus den germ. sth. Frikativlauten /*ƀ đ ǥ* / hervorgegangen sind. Während bei der Tenuesverschiebung auf dem gesamten Sprachgebiet die Laute /*p t k*/ gleichermaßen vorhanden waren, ist für /*ƀ đ ǥ* / kein einheitlicher Stand in allen Dialekten vorauszusetzen. Daraus ergeben sich verschiedene Besonderheiten bei der Lautverschiebung.

Verschiebung von vorahd. /b/ > bair./alem. /p/. Der germ. sth. Frikativlaut /*ƀ*/ ist im Mittelfränk. und im As. im Anlaut, im Inlaut nach /*m*/ und in der Gemination zu /*b*/ geworden, sonst ist er sth. Frikativlaut geblieben (⟨*v*⟩ oder ⟨*f*⟩ geschrieben):

mittelfränk. *bëran, lamb, sibbia,* aber: *gëvan, gaf.*

Im Ostfränk. und Rheinfränk. dagegen steht überall ⟨*b*⟩:

bëran, lamb, sibbia, gëban, gab.

Im Bair. und Alem. wurde /*b*/ zu /*p*/ verschoben. Diese Verschiebung von an- und inlautendem /*b*/ > /*p*/ ist für das Bair. ein besonders charakteristisches Merkmal, und zwar nicht nur in ahd. Zeit, sondern bis ins Frnhd.:

fränk. *gëban*	–	bair.	*këpan*
sibun	–		*sipun*
bëran	–		*përan*
sibba	–		*sippa*

Im Alem. steht /*p*/ nur anlautend und in der Gemination.

Die Verschiebung von /*b*/ > /*p*/ wird jedoch im Spätahd. zum Teil wieder rückgängig gemacht. Ausgenommen davon ist die Gemination. Im 11. Jh. heißt es also *bëren, gëben,* aber: *sippa.*

Verschiebung von vorahd. /d/ > ahd. /t/. Der germ. sth. Frikativlaut /*đ*/ ist bereits in vorahd. Zeit zum Explosivlaut /*d*/ geworden und wird im Bair., Alem. und Ostfränk. stets zu /*t*/. Im Rheinfränk. und Mittelfränk. bleibt das alte /*d*/ meist unverschoben. In der Gemination wird jedoch auch im Rheinfränk. /*dd*/ > /*tt*/.

as.	*dohter*	*bindan*	*biddian*
rheinfränk.	*dohter*	*bindan* und *bintan*	*bitten*
ostfränk., bair., alem.	*tohter*	*bintan*	*bitten*

Otfrid (südrheinfränk.) verwendet im Anlaut vorwiegend ⟨*d*⟩, im In- und Auslaut dagegen vorwiegend ⟨*t*⟩, z. B. *dag, drinkan*, aber: *biatan, stunta, liut*. Besonders auffällig ist Otfrids Schreibung von 'tot' (Adj.) und 'Tod' (Subst.): Das Adj. schreibt er meist *dot*, das Subst. meist *tod*.

Spätahd. ist /*nt*/ zu /*nd*/ geworden; z. B.

binten > *binden, hẹnti* > *hẹnde*.

Verschiebung von vorahd. /g/ > bair./alem. /k/. Der germ. sth. Frikativlaut /*ǥ*/ ist im Vorahd. als /*g*/ und /*ǥ*/ anzusetzen. Im Gesamtfränk. steht dafür /*g*/:

as. *gëban, ôga, liggian* – fränk. *gëban, ouga, liggen*.

Im Bair. und Alem. wurde /*g*/ häufig zu /*k*/ verschoben, und zwar stets in der Gemination, oft im Anlaut, jedoch seltener im Inlaut:

likkan, rucki; këban, kot (as. *god*) – auch *gëban, got; ouga* – gelegentlich auch *ouca*.

Seit dem 11. Jh. wird /*k*/ jedoch wieder durch /*g*/ verdrängt, nur in der Gemination bleibt es erhalten, z. B.

as. *hruggi* – ahd. (bair. und alem.) *hrucki, rucci* 'Rücken' (vgl. auch /*bb*/ > /*pp*/).

Übersicht über die 2. Lautverschiebung:

	Tenuesverschiebung			Medienverschiebung		
Germanisch	*p*	*t*	*k*	*ƀ*	*đ*	*ǥ*
Voralthochdeutsch	*p*	*t*	*k*	*b ƀ*	*d*	*g ǥ*
Ripuarisch	*ff p*	*ʒʒ*[1] *tz*	*hh k*	*b ƀ*	*d*	*g*
Moselfränkisch	*ff p*[2]	*ʒʒ tz*	*hh k*	*b ƀ*	*d*	*g*
Rheinfränkisch	*ff p*[2]	*ʒʒ tz*	*hh k*	*b*	*d t*	*g*
Ostfränkisch	*ff pf*	*ʒʒ tz*	*hh k*	*b*	*t*	*g*
Alemannisch	*ff pf*	*ʒʒ tz*	*hh kch*	*p*[3] *b*	*t*	*k*[3] *g*
Bairisch	*ff pf*	*ʒʒ tz*	*hh kch*	*p*[3]	*t*	*k*[3] *g*

[1] Ausnahmen sind: *dat, it, wat, allet*.
[2] Im Rhein- und Moselfränkischen wird nach /*l*/ und /*r*/ /*p*/ zu /*f*/: es heißt dort also *helfan, dorf*, aber: *pẹrd*.
[3] Diese Verschiebung bleibt nur in der Gemination erhalten, in den übrigen Stellungen wurde sie später zum Teil rückgängig gemacht (siehe 4.3.2.1.).

2.3.3.2. *Entwicklung der germanischen stimmlosen Frikativlaute /f þ χ/ im Althochdeutschen*

Im Germ. gibt es neben den sth. Frikativen /*ƀ đ ǥ*/ die sich in vorahd. Zeit zu /*b d g*/ weiterentwickelt haben und dann von der ahd. Lautverschiebung betroffen worden sind, die in der 1. Lautverschiebung entstandenen stl. Frikative /*f þ χ*/. Auch diese Konsonanten unterliegen gewissen Veränderungen.

Germ. /f/. Germ. /*f*/ bleibt im Ahd. erhalten; es unterscheidet sich jedoch in der Lautqualität von dem neuen aus germ. /*p*/ entstandenen /*f*/ oder /*ff*/. Während das germ. /*f*/ im Ahd. oft als ⟨*u*⟩ geschrieben wird, wird das aus germ. /*p*/ entstandene /*f*/ nie durch ⟨*u*⟩

wiedergegeben. Es ist anzunehmen, dass die Wiedergabe durch ⟨*u*⟩ eine Erweichung des /*f*/ ausdrückt. In Grammatiken und Textausgaben wird statt ⟨*u*⟩ meist ⟨*v*⟩ geschrieben, z. B. ahd. Nom. *hof*, Gen. *houes*; got. *filu*, ahd. *filu* oder *vilu*.

Germ. /þ/. Germ. /*þ*/ (got. /*þ*/, as. /*th đ*/) wandelte sich im Laufe des Ahd. und des And. zu /*d*/. Die Verschiebung von /*þ*/ zu /*d*/ (über /*đ*/) ist im gesamten Sprachgebiet erfolgt, also auch im Nd. Sie zeigt sich zuerst im 8. Jh. im Bairischen, es folgt das Alemannische. Im 9. Jh. hat sich das /*d*/ endgültig im Bair., Alem. und Oberfränk. durchgesetzt, im 10./11. Jh. im Mittelfränk., danach im Ndfränk. und Nd. Diese sprachliche Veränderung wird mitunter auch zur ahd. Lautverschiebung gerechnet (vgl. Kienle 1969, §81; Sonderegger 1980, 572f.).

got.	*þaúrnus*	ags.	*þorn*	as.	*thorn*	ahd.	*thorn, dorn*	'Dorn'
	þreis				*thrî*		*dhrî, drî*	'drei'
	aírþa				*ërtha*		*ërtha, ërda*	'Erde'

Germ. /*χ*/. Germ. /*χ*/ ist im Ahd. im allgemeinen als Schriftzeichen ⟨*h*⟩ beibehalten worden. Der Lautwert dieses gutturalen Frikativlautes hat sich jedoch zum großen Teil verändert.

Im Silbenanlaut hat sich germ. /*χ*/ im Ahd. zum Hauchlaut entwickelt, z. B. *hano, hant, fliohan, ziohan.*

Im Inlaut vor Konsonanten und im Auslaut dagegen ist es Frikativlaut geblieben, z. B. ahd. *sah, zôh, naht.* In dieser Stellung fiel es lautlich und graphisch mit dem aus germ. /*k*/ durch die hd. Lautverschiebung entstandenen /*h*/ zusammen.

In der Konjugation tritt daher ein geregelter Wechsel von Frikativlaut und Spirans auf, z. B. 1. P. Sg. Präs. *ziuhu*, 1. P. Sg. Prät. *zôh*, Imp. Sg. *ziuh.*

Beim Adjektiv stehen sich die unflektierten und die flektierten Formen gegenüber: *hôh*, aber: *hôher*, *nâh*, aber: *nâhôr* 'näher'. Die davon abgeleiteten Adverbien heißen *hôho* und *nâho* und das mit *i* abgeleitete Substantiv *hôhî* 'Höhe'.

Gelegentlich findet sich ein ⟨*h*⟩ an Stellen, an die es historisch gesehen nicht gehört, so z. B. bei Verben, deren Wurzel auf einen Vokal endet, vermutlich, um einen Hiat zu überbrücken; so steht neben *sâan* auch *sâhan* 'säen', neben *bluoan* auch *bluohan* 'blühen'. Umgekehrt fehlt mitunter das ⟨*h*⟩ im Inlaut, wo es etymologisch gesehen stehen müsste: *sëan* statt *sëhan* 'sehen', *sëe* statt *sëhe* u. a. Beide Erscheinungen gelten als Beweis dafür, dass germ. /*χ*/ im Silbenanlaut zum Hauchlaut geworden ist.

Im Wortanlaut vor Konsonanten ist germ. /*h*/ im Ahd. geschwunden. Jedoch in den frühen ahd. Sprachdenkmälern wird das ⟨*h*⟩ in den Konsonantenverbindungen ⟨*hl- hn- hr- hw-*⟩ noch geschrieben:

as.	*hlûd*	ahd.	*hlût*	>	*lût*	'laut'
	hnîgan		*hnîgan*	>	*nîgan*	'neigen'
	hruggi		*hrucki*	>	*rucki*	'Rücken'
	hwît		*hwîʒ*	>	*wîʒ*	'weiß'

2.3.3.3. *Grammatischer Wechsel*

Im Hildebrandlied finden wir in Vers 7 die Form *uuas*, Vers 9 *wâri*, Vers 16 *wârun* – nhd. *war, wäre, waren* oder in Vers 54 *werdan* und Vers 67 *wurtun* – nhd. *werden, wurden.* In diesen Beispielen fällt ein Wechsel des stammauslautenden Konsonanten auf. Dabei handelt es sich nicht um eine Unkorrektheit oder Willkürlichkeit des ahd. Schreibers, sondern um eine Gesetzmäßigkeit des ahd. Konsonantismus, die als grammatischer Wechsel bezeichnet wird. (Vgl. Szulc 1987, 111f.; Kienle 1969, §74; Schweikle 1986, §17 I.)

Unter grammatischem Wechsel versteht man den Wechsel von
d – t, h – g, f – b, s – r
in Wörtern oder Wortformen gleichen Stammes. Als Nebenpaare zum Wechsel *h – g* gibt es im Ahd. auch den Wechsel *h – w* und den Wechsel *h – ng.*

Der grammatische Wechsel beruht auf dem Vernerschen Gesetz (siehe 1.1.2.2.1.). Diese aus dem Vorgermanischen ererbte sprachliche Erscheinung, die die idg. Akzentverhältnisse bis in die Gegenwart widerspiegelt, ist nicht in allen Sprachen gleichermaßen gut erhalten. Während z. B. das Got. den grammatischen Wechsel bis auf einige erstarrte Reste ausgeglichen hat, ist das Ahd. konservativer und hat ihn in vielen Fällen, im Frühahd. in der Konjugation immer, bewahrt. Je älter ein ahd. Text ist, desto besser zeigt er den grammatischen Wechsel.

Am ausgeprägtesten zeigt sich der grammatische Wechsel im Ahd. in der Flexion der starken Verben. Da im Idg. der Akzent im Präsens und im Sg. Prät. auf dem Stamm lag, im Pl. Prät. und im Part. Prät. dagegen auf der Endung, wechselt im Ahd. der Konsonant des Präsens und des Sg. Prät. mit dem des Pl. Prät. und Part. Prät.

snîdan – *sneid* – *snitum* – *gisnitan* (1. Reihe)
ziohan – *zôh* – *zugum* – *gizogan* (2. Reihe)
friosan – *frôs* – *frurum* – *gifroran* (2. Reihe)

Der grammatische Wechsel ist nicht auf die Flexion beschränkt, sondern zeigt sich auch in der Wortbildung. Zum Beispiel gehören zu *snîdan* 'schneiden' *snita* 'Schnitte', *snit* 'Ernte', *snitâri* 'Schnitter', zu *lîdan* 'gehen' gehört *leitan* 'führen', zu *kiosan* 'wählen' – *kuri* 'Wahl', zu *hẹffen* 'heben' und *hẹva* 'Hefe' – *habuh* 'Habicht'.

2.3.3.4. *Gemination*

Im Tatiantext (Lucas 2, 8–20) fällt eine Reihe von gleichen Doppelkonsonanten (Geminaten) auf: *lantske***ff***i*, *berahtne***ss***i*, *mi***hh***ilero*, *a***ll***emo*, *cri***pp***ea*, *si***bb***a* u. a. Während die nhd. Doppelkonsonanten die Kürze des vorangehenden Vokals bezeichnen, selbst aber weder lang noch doppelt gesprochen werden, bezeichnen die ahd. Geminaten einen doppelten oder langen Konsonanten. Im Nhd. steht ein Doppelkonsonant nur nach kurzen Vokalen, im Ahd. dagegen ist Geminata auch nach langem Vokal möglich. Sie tritt nur selten auf und wurde schon früh wieder ausgeglichen, d. h., phonetisch gesehen, sie wurde schon früh wieder verkürzt, z. B.
ahd. *hlûttar* > *lûtar* 'lauter, rein'.

Die im Ahd. vorkommenden Doppelkonsonanten sind unter unterschiedlichen Umständen und zu verschiedenen Zeiten entstanden. Im folgenden werden die ahd. Geminaten nach ihrer Entstehung betrachtet. (Siehe auch 1.1.3.5.3.)

Die sogenannte westgermanische Gemination (vgl. Kienle 1969, §77; Schweikle 1986, §17 II; Braune 1987, §§91–99). Hierbei handelt es sich um eine sprachliche Neuerung, die nicht in allen germ. Sprachen auftritt; das Gotische gehört nicht zu den von dieser Gemination betroffenen Sprachen. Unter westgerm. Gemination versteht man die Verdoppelung eines Konsonanten durch unmittelbar folgendes *j*, seltener auch durch *w*, *r*, *l*, *n*, *m*. Von der Gemination durch *j* sind alle einfachen Konsonanten (außer *r*) betroffen, wenn ihnen ein kurzer Vokal vorausgeht:

ahd. *bitten*, as. *biddian* (got. *bidjan*); ahd. *sẹzzen*, as. *sẹttian* (got. *satjan*); bair. *sippea*, *sippa*, as. *sibbia* (got. *sibja*).

Im Ahd. ist, wie die Beispiele zeigen, das *j* schon geschwunden. Selten ist *j* noch als *e* erhalten geblieben wie bei *sippea*. Da *j* als Ableitungs- und Themasuffix sehr häufig vorkam, trat in den mit *j* gebildeten Wörtern oft Gemination auf, so auch bei den maskulinen und neutralen *ja*- und den femininen *jô*-Stämmen:

mask. ahd.	*hrucki*, *ruggi*	'der Rücken'
neutr. ahd.	*kunni* (got. *kuni*, Gen.*kunjis*)	'das Geschlecht'
fem. ahd.	*hẹlla* (got. *halja*)	'die Hölle'

Auch bei den Verben finden wir häufig *j*-Gemination. Bei den starken Verben sind es die sogenannten *j*-Präsentien (s. 2.4.1.1.), bei den schwachen Verben die kurzsilbigen *jan*-Verben. Hier zeigt das ahd. Konjugationssystem deutlich, wo einstmals ein *j* vorhanden war und wo nicht:

ih zẹllu, du zẹlis, er zẹlit, wir zẹllemês, ir zẹllet, sie zẹllent ('ich zähle' usw.)

Wie oben erwähnt, wurde das *r* von der Gemination im Westgermanischen nicht betroffen. (Im Ahd. gibt es Ausnahmen.) Das hängt mit der Lautqualität des *j* zusammen: Während es nach den übrigen Konsonanten Halbvokal war, wurde es nach *r* wahrscheinlich zu einem weichen palatalen Frikativlaut und blieb auch als solcher erhalten. So stehen sich also ahd. *zẹllen* und *nẹrien* '(er)nähren' gegenüber, vor allem beim Verb *ginẹrien* 'ernähren', während bei *nẹrien* schon früh *nẹrren* und *nẹrran* als Konkurrenzen bezeugt sind (beachte: ahd. wird nie *j* geschrieben). Häufig trat hierbei eine Weiterentwicklung des *j* ein. Zu ahd. *scara* 'Schar' gehört das mask. Nomen agentis *scẹrio* 'Anführer einer Schar; Scherge', das sich zu *scẹrgo* weiterentwickelt hat. Ebenso entstand auch das Wort *Ferge* 'Fährmann' aus ahd. *fẹrio* < _*farja_.

Die Gemination vor *w, r, l, n, m* ist viel seltener als die vor *j*. Sie hat fast keine Auswirkung auf das Deutsche gehabt. Es seien daher hier nur einige wenige Beispiele genannt. Vor *r* und *l* konnten die germ. Verschlusslaute *p, t, k* verdoppelt werden, z. B.

ahd. *akkar/ackar* – got. *akrs*, ahd. *bitter* – anord. *bitr*, got. *baitrs*, ahd. *aphul* < westgerm. _*appla_ < germ. _*apla_.

Gemination durch Assimilation. Bereits im Germanischen gibt es eine große Anzahl von Doppelkonsonanten; besonders häufig sind *ll, mm, nn* und *ss*. Diese Geminaten werden meist als vorhistorische Assimilation erklärt, *ln* > *ll*, *nw* > *nn*. Da diese Geminaten in allen germanischen Sprachen in gleicher Weise auftreten, spricht man auch von gemeingermanischer Gemination. Hierzu gehören z. B. ahd. *brinnan* intr. 'brennen' und ahd. *brẹnnen* 'brennen machen'. Dem letzteren entspricht got. *branjan*, as. *brẹnnian*. Beide Formen weisen bereits Gemination auf, ein Beweis dafür, dass es sich um eine gemeingermanische und nicht um eine westgermanische Gemination handelt. In der Konjugation des Präsens bleibt die Gemination erhalten, z. B. *stẹllen, ih stẹllu, du stẹllis, er stẹllit*, Prät. *stalta*.

Für die Entstehung der Gemination durch Assimilation gibt es auch aus dem Ahd. Beispiele. So stehen neben ahd. *stimma/stemma* 'Stimme' noch die älteren Formen *stimna/stemna* (< germ. _*stemno-_) und neben *nẹnnen* steht die ältere Form *nẹmnen/nẹmnan* (dazu häufig *nẹmmen, nẹmman*) (got. *namnjan*, as. *nemnian*). Dem im Ahd. meistens gebrauchten *stërno* steht im Fränk. *stërro* gegenüber.

Gemination durch Vokalausfall. Bisweilen sind Doppelkonsonanten durch den Ausfall eines Vokals zwischen zwei gleichen Konsonanten entstanden, z. B.

ẹlilẹnti > *ẹllẹnti* 'Verbannung; eigentlich: anderes Land', *hêriro* > *hêrro* 'Herr, Herrscher; eigentlich der Ältere, Ehrwürdige'.

Sehr häufig ist diese Erscheinung auch beim Präteritum der schwachen Verben eingetreten, z. B.

leitta < *leitita* 'leitete', *ratta* neben *rẹtita* 'rettete' u. a.

Gemination durch die ahd. Lautverschiebung. In der ahd. Lautverschiebung sind aus den inlautenden /*p, t, k*/ die Doppelfrikative /*ff, ss, xx*/ geworden, z. B. ahd. *offan, eʒʒen, mahhôn* (s. 2.3.3.1.).

Vereinfachung der Gemination. In vielen Fällen begegnet uns geregelte Vereinfachung der Gemination, und zwar im Auslaut der Wörter, z. B.

swimman – swam, kunnan – kan, Gen. *felles* – Nom. *fel*,

und vor Konsonanten, z. B.

brẹnnan – branta, kussen – kusta, grimmêr (Adj.) – *grimlîcho* (Adv.)

Diese Vereinfachung erfolgte deshalb, weil der zweite Teil der Geminaten keine neue Silbe zu eröffnen hatte. Oft erfolgte die Vereinfachung der Gemination durch Analogie, besonders häufig in der Konjugation des Präs. Neben *bitten, ich bittu* (< _*biddiu_) steht *du bitis, er bitit*. Nach diesen beiden Formen können dann auch der Inf. und die übrigen Formen gebildet werden.

2.3.3.5. *Notkers Anlautgesetz*

In den Schriften NOTKERS findet sich eine besondere Regelung der Schreibung von *p, t, k* und *b, d, g* im Anlaut. Diese Regelung ist abhängig vom Endlaut des vorangehenden Wortes: *p, t, k* stehen am Anfang eines Satzes und nach *p, t, k, b, d, g, f, h, s, ȝ*, die nach NOTKER im Auslaut stimmlos sind; *b, d, g* dagegen stehen nur nach den Sonoren, d. h. nach allen Vokalen und nach *l, r, m, n*. Diese Regel gilt auch für den zweiten Teil eines Kompositums. Es wechseln also beim gleichen Wort sth. und stl. Verschlusslaute:

Ter brûoder	aber:	*únde des prûoder*
Tes kóldes	aber:	*únde demo gólde*
érdcót	aber:	*fíurgót*
érdpûwo	aber:	*himilbûwo*

Nicht von dieser Regel betroffen ist ahd. *t* (aus germ. *d*). Es bleibt auch nach sth. Lauten erhalten, z. B. *tes tages – unde demo tage*. Gelegentlich findet sich hier ein *d*, wenn das vorausgehende Wort auf *n* endet. – NOTKERS Schreibung gibt Feinheiten der obd. Aussprache wieder. (Vgl. KIENLE 1969, §83; SZULC 1987, 106; BRAUNE 1987, §103.)

2.4. Formenlehre

2.4.1. **Das Verb**

Das ahd. Verb kennt folgende Formen:

Numerus: zwei Numeri – Singular und Plural – mit je drei Personen. Der Dual existiert nicht mehr (siehe 1.1.2.2.3.).

Tempus: zwei Tempora – Präsens und Präteritum. Das Präsens vertritt im allgemeinen auch das Futur; Umschreibungen des Futurs mit *sculan* 'sollen' oder mit *wellen* 'wollen' sind selten. Das Präteritum ist das allgemeine Tempus der Vergangenheit. Es entspricht dem lat. Imperfekt und dem erzählenden Perfekt (gr. Aorist). Für das reine Perfekt (gr. Perfekt) steht im Ahd. z. T. auch noch das einfache Präteritum. Sehr häufig erscheinen aber schon in den ältesten Werken Umschreibungen mit *habên, eigan* 'haben' oder *wësan* 'sein' + Part. Prät. Das Plusquamperfekt wird im wesentlichen durch das einfache Präteritum wiedergegeben. Umschreibungen mit Hilfe der obengenannten Hilfsverben erscheinen nur spärlich seit dem 9. Jh.

Modus: zwei Modi – Indikativ und Konjunktiv – und einen auf das Präsens beschränkten Imperativ. Der Konjunktiv entspricht formal dem idg. Optativ, in seiner Funktion dem idg. Optativ und dem idg. Konjunktiv. Für den Imperativ treten schon im Ahd. Umschreibungen mit *muoȝ* 'muß', *scal* 'soll' oder *wil* 'will' + Inf. auf.

Genus: Im Ahd. gibt es nur für das Aktiv synthetische Formen. Das idg. Medium (got. noch Mediopassiv) ist verschwunden (vgl. KIENLE 1969, §204). Das Passiv wird mittels Umschreibungen (*wësan* 'sein' oder *wërdan* 'werden' + Part. Prät.) gebildet. Seit dem 9. Jh. zeigt sich dabei schon eine gewisse Regelmäßigkeit. Während *wërdan* mit seinen Formen der Umschreibung von Präsens und Präteritum dient, wird *wësan* für Perfekt und Plusquamperfekt verwendet.

Verbalnomina: drei Verbalnomina – Infinitiv des Präsens, Partizip Präsens und Partizip Präteritum.

Nach der Bildungsweise von Prät. und Part. Prät. werden die ahd. Verben in zwei Hauptgruppen eingeteilt – in starke und schwache Verben. Daneben gibt es Reste anderer Gruppen, die gewisse Besonderheiten zeigen, sich aber nicht grundsätzlich von den beiden großen Klassen unterscheiden.

2.4.1.1. *Starke Verben*

Es gibt drei Arten von starken Verben:
a) mit Ablaut,
b) mit Reduplikation,
c) mit Reduplikation und Ablaut.

Im Ahd. erscheinen die st. Verben mit Ablaut in den Ablautklassen (Ablautreihen) 1 bis 6, die Verben, die im Germ. Reduplikation sowie Reduplikation und Ablaut hatten, in der Reihe der ehemals reduplizierenden Verben, auch 7. Ablautreihe genannt.

Die ahd. st. Verben bilden also ihr Prät. nur durch Vokalwechsel (Ablaut), das Part. Prät. durch Ablaut, Präfix *gi-* und *n*-Suffix. Einige Formen haben außerdem Alternanz, andere Primärumlaut.

Damit alle Formen des st. Verbs mit dem entsprechenden Stammvokal richtig gebildet werden können, sind im allgemeinen fünf Grundformen zu nennen:

1. der Infinitiv (z. B. *hëlfan* 'helfen') ; dessen Stammvokal gilt für alle Präsensformen außer dem Sg. Ind. und Imp.,
2. die 1. P. Sg. Präs. Ind. (*hilfu* 'ich helfe'); sie ist maßgebend für den Sg. Präs. Ind. und die 2. P. Sg. Imp.,
3. die 1./3. P. Sg. Prät. Ind. (*half* 'ich/er half'),
4. die 1. P. Pl. Prät. Ind. (*hulfum* 'wir halfen'); sie wird zur Bildung aller übrigen Präteritalformen – auch der 2. P. Sg. Prät. Ind. – benutzt,
5. das Part. Prät. (*giholfan* 'geholfen').

Als Beispiel für die ahd. st. Flexion wird im folgenden das Paradigma *hëlfan* 'helfen' angeführt. Die an zweiter Stelle genannten Formen sind stets die jüngeren. Zur Bestimmung der ahd. Verbformen sind genau wie im Nhd. Person, Numerus, Tempus, Modus und Genus anzugeben, z. B. *helfamês*: 1. P. Pl. Präs. Ind. Akt.

Die einzelnen Elemente dieser Verbform sind:

hëlf-	die Wurzel,
-a-	der Themavokal und
-mês	die Flexionsendung.

Fehlt der Themavokal, dann handelt es sich um sog. athematische Verben (siehe 2.4.1.4.).

Paradigma

Infinitiv *hëlfan*

Präsens

Indikativ	Konjunktiv
hilfu (*-o*)	*hëlfe*
hilfis (*-ist, -est*)	*hëlfês* (*-êst*)
hilfit (*-et*)	*hëlfe*
hëlfumês (*-amês, -emês, -êm, -ên*)	*hëlfêm* (*-amês, -emês, -ên*)
hëlfat (*-et*)	*hëlfêt*
hëlfant (*-ent*)	*hëlfên*

Imperativ

Sg. *hilf*
Pl. *hëlfamês* (*-emês, -êm*)
hëlfat (*-et*)

Partizip Präsens

hëlfanti (*-enti, -ente/-ende*)

Präteritum

Indikativ	Konjunktiv
half	*hulfi* (*-e*)
hulfi (*-e*)	*hulfîs* (*-îst*)
half	*hulfi*
hulfum (*-umês, -un, -en*)	*hulfîm* (*-îmês, -în*)
hulfut (*-et*)	*hulfît*
hulfun (*-en*)	*hulfîn*

Partizip Präteritum

giholfan (*-en*)

Einige Anmerkungen zur starken Flexion

Präsens

Infinitiv

Der Inf. Präs. hat die Endung *-an*, im späteren Ahd. *-en*, und fungiert in dieser Form als Nom. und Akk. Die westgerm. Sprachen haben dazu einen Gen. *-nnes* und einen Dat. auf *-nne* (*hëlfannes, hëlfanne*, später *hëlfennes, hëlfenne*) mittels Suffix *-anja*, westgerm. *-annja* gebildet.

Präsens Indikativ

Die 1. P. Sg. hat nach dem 9. Jh. statt *-u* ein *-o* in der Endung. Die Endung der 2. P. Sg. wird im 9. Jh. um *-t* erweitert, das wahrscheinlich aus enklitisch angefügtem *thu, du* entstanden ist. Das *i* erscheint seit dem 10./11. Jh. abgeschwächt als *e*. Bei *quëdan* 'sagen' existieren in der 2. und 3. P. Sg. auch zusammengezogene Formen (*quis, quist* statt *quidist* 'du sprichst'; *quit* statt *quidit* 'er spricht'). Die Form der 3. P. Sg. *wirt* statt *wirdit* 'er wird' ist erst im Spätahd. belegt.

Die 1. P. Pl. hat als älteste Endungsform *-mês*. Später drangen die kürzeren Formen auf *-êm, -ên* aus dem Konj. Präs. auch in den Ind. Präs. ein. Die 2. P. Pl. hat die regelmäßige Endung *-et*; *-at* steht vor allem im Altalem. Im Alem. endet die 2. P. Pl. auf *-nt* statt auf *-t*. Diese Form hat sich wahrscheinlich unter dem Einfluss der 3. P. Pl. entwickelt. In der 3. P. Pl. hatten die st. Verben ursprünglich die Endung *-ant*, die sw. Verben der Klasse 1 dagegen *-ent*. Sehr früh erfolgten Vermischung und Ausgleich. Im 9. Jh. überwiegen im Bair. und Alem. die Formen auf *-ant* und im Fränk. die Formen auf *-ent*.

Präsens Konjunktiv

Die 1./3. P. Sg. hat die Endung *-e*, im Bair. häufig *-a*. Die 2. P. Sg. erhält seit dem 10. Jh. nach dem Vorbild des Ind. meist *-t*. Die Endung der 1. P. Pl. lautete ursprünglich *-êm*; sie ist in den ältesten Werken deutlich vom Ind. unterschieden. Später trat jedoch eine Vermischung mit den Formen des Ind. ein. Dadurch erscheinen dann auch im Konj. Formen auf *-amês* oder *-emês*, während der Ind. die Konjunktivendungen übernahm, die schließlich sogar die ursprünglichen Indikativformen verdrängten.

Imperativ

Nur die 2. P. Sg. hat im Imperativ eine eigene, deutlich zu unterscheidende Form. Die 1. P. Pl. ist ursprünglich identisch mit der 1. P. Pl. Ind. (*hëlfamês*) und deutlich abgehoben gegen die 1. P. Pl. Konj. (*hëlfêm*). Sehr bald aber wird für den Imp. auch die 1. P. Pl. Konj. verwendet, und diese verdrängt seit dem 9. Jh. immer mehr die alte Imperativform *-mês*. Die 2. P. Pl. Imp. gleicht der 2. P. Pl. Ind.

Partizip Präsens

Die unflektierte Endung des Part. Präs. lautet *-nti* (*-anti*, häufig auch *-enti* mit Umlaut). Im übrigen flektiert das Part. Präs. im Ahd. stark und schwach wie ein Adjektiv.

Präteritum

Präteritum Indikativ

Die 1. und 3. P. Sg. sind ohne Endung. Die 2. P. Sg. hat *-i*. Für den Stammvokal dieser Form ist immer der Pl. Prät. (die 4. Grundform) maßgebend (siehe 2.3.2.1.).

Die 1. P. Pl. hat in den ältesten Schriften die Endung *-m*. Vom 9. Jh. an wird sie zu *-n*. Daneben erscheint im 9. Jh. die Form *-mês*, die wahrscheinlich aus dem Präs. übernommen wurde. Die 2. P. Pl. hat im späteren Alem. (von Notker bis ins Mhd.) stets die Endung *-nt* (*hulfent*).

Präteritum Konjunktiv
Der Flexionsvokal *i* erscheint vor nachfolgendem Konsonanten lang (*î*), im Auslaut kurz (*i*) und später als *e*. Die 2. P. Sg. nimmt *-t* an (vgl. Präs. Ind. und Konj.). Die 1. P. Pl. lautet ursprünglich *-îm*. Seit dem 9. Jh. wird daneben auch *-îmês* (vgl. Prät. Ind.) verwendet. Wie im Ind. so endet auch im Konj. die 2. P. Pl. im späteren Alem. auf *-nt* (*hulfînt*).

Partizip Präteritum
Das Part. Prät. der st. Verben enthält das Suffix *-n*. Das Part. Prät. flektiert wie ein Adjektiv stark und schwach. Im Ahd. werden die Part. Prät. der einfachen und der trennbar zusammengesetzten Verben mit dem Präfix *gi-* gebildet. Die mittels anderer Präfixe abgeleiteten und die untrennbar zusammengesetzten Verben dagegen haben niemals *gi-*:

giholfan 'geholfen', *ginoman* 'genommen'; *abaginoman* 'abgenommen'
aber: *binoman* 'benommen', *firnoman* 'vernommen'; *untarnoman* 'unternommen'

Das Präfix *gi-* hat im Ahd. perfektivierende Funktion. Verben, die an sich schon perfektivische Bedeutung haben, bilden deshalb im Ahd. ihre Part. Prät. stets ohne *gi-*:

quëman	Part. Prät.	*quëman* oder *quoman*	'gekommen'
findan		*funtan*	'gefunden'
bringan		*brungan* oder *braht*	'gebracht'
wërdan	meist	*wortan*, selten *giwortan*	'geworden'
trëffan		*troffan* neben *gitroffan*	'getroffen'.

Bei anderen Verben fehlt das *gi-* im Partizip nur sehr selten.

Ablautreihen
Im Ahd. werden die Tempusstämme der starken Verben im wesentlichen durch den Ablaut unterschieden (siehe 2.3.2.1.).

Tritt gramm. Wechsel in der Verbalflexion auf, so stimmen dabei einerseits Präs. und Sg. Prät. und andererseits Pl. Prät. und Part. Prät. in den Konsonanten überein (siehe 2.3.3.).

1. Ablautreihe
Diese im Idg. diphthongische Ablautreihe (siehe 2.3.2.5.) umfasst im Ahd. zwei Gruppen:
a) Sg. Prät. mit *ei*, also **î, î – ei, i – i**

rîtan	*rîtu*	*reit*	*ritum*	*giritan*	'reiten'
grîfan	*grîfu*	*greif*	*griffum*	*gigriffan*	'greifen'

Mit grammatischem Wechsel:

snîdan	*snîdu*	*sneid*	*snitum*	*gisnitan*	'schneiden'
rîsan	*rîsu*	*reis*	*rirum*	*giriran*	'steigen, fallen'

In diese Reihe gehören auch *bilîban* 'bleiben', *bîtan* 'warten', *(h)nîgan* 'sich neigen', *scrîban* 'schreiben', *stîgan* 'steigen' u. a. m.
b) Sg. Prät. mit *ê* (siehe 2.3.2.4.), also **î, î – ê, i – i**

spîwan	*spîwu*	*spêo*	*spiwum*	*gispiwan*	'speien'

Mit grammatischem Wechsel:

lîhan	*lîhu*	*lêh*	*liwum*	*giliwan*	'leihen'
zîhan	*zîhu*	*zêh*	*zigum*	*gizigan*	'zeihen'

Auch: *dîhan* 'gedeihen', *rîhan* 'aufreihen' und einige andere.

2. Ablautreihe
Diese Ablautreihe ist ebenfalls eine diphthongische Reihe. Sie gliedert sich wie Reihe 1 in zwei Gruppen:
a) Sg. Prät. mit *ou*, also **eo/io (iu), iu – ou, u – o** (siehe 2.3.2.2.)

fleogan (obd. *fliugan*)	*fliugu*	*floug*	*flugum*	*giflogan*	'fliegen'
klioban (obd. *chliuban*)	*kliubu*	*kloub*	*klubum*	*gikloban*	'spalten'

Auch: *biogan* 'biegen', *liogan* 'lügen', *sliofan* 'schlüpfen', *triofan* (obd. *triuffan*) 'tropfen, triefen' u. a. Dazu gehören außerdem die drei Verben *lûchan* 'schließen', *sûfan* 'saufen' und *sûgan* 'saugen'. Sie haben zwar im gesamten Präs. den Vokal *û*, stimmen aber sonst in allen anderen Formen mit dieser Reihe überein:

bilûhhan	*bilûhhu*	*bilouh*	*biluhhum*	*bilohhan*	'(ver)schließen'

b) Sg. Prät. mit *ô* (siehe 2.3.2.4.), also **eo/io, iu – ô, u – o**

beotan	*biutu*	*bôt*	*butum*	*gibotan*	'bieten'
flioȥan	*fliuȥu*	*flôȥ*	*fluȥȥum*	*gifloȥȥan*	'fließen'

Auch: *dioȥan* 'tosen', *gioȥan* 'gießen', *nioȥan* 'nutzen; genießen', *skioȥan* 'schießen' u. a.

Mit grammatischem Wechsel:

kiosan	*kiusu*	*kôs*	*kurum*	*gikoran*	'wählen'
siodan	*siudu*	*sôd*	*sutum*	*gisotan*	'sieden'
ziohan	*ziuhu*	*zôh*	*zugum*	*gizogan*	'ziehen'

3. Ablautreihe

Die 3. Ablautreihe enthält solche Verben, die nach dem Stammvokal *e* Nasal oder Liquida + Konsonant oder auch Doppelnasal oder -liquida haben. Die traditionelle Grammatik geht bei der Gruppierung vom Got. aus (idg. *e* im Got. zu *i* gehoben) und bringt deswegen immer zuerst die Nasalgruppe, obwohl die ältere Form des Stammvokals (*e*) in der Liquidengruppe vorliegt. Wir behalten die traditionelle Einteilung bei.

a) Nasal + Konsonant oder Doppelnasal, also **i, i – a, u – u**

klimban	*klimbu*	*klamb*	*klumbum*	*giklumban*	'klimmen'
bintan	*bintu*	*bant*	*buntum*	*gibuntan*	'binden'
swimman	*swimmu*	*swam*	*swummum*	*giswumman*	'schwimmen'
rinnan	*rinnu*	*ran*	*runnum*	*girunnan*	'rinnen'

Mit grammatischem Wechsel:

findan	*findu*	*fand*	*funtum*	*funtan*	'finden'

Auch: *krimman* 'verletzen', *rimphan* 'rümpfen', *slintan* 'verschlingen', *spinnan* 'spinnen' u. a.

Für das Verb *bringan* 'bringen', das eigentlich in diese Reihe gehört, lassen sich im Ahd. nur ganz wenige starke Präteritalformen nachweisen. Das Prät. lautet in der Regel *brâhta* 'brachte' und wird also mit Ablaut und *t*-Suffix der sw. Präterita gebildet. Neben dem Part. Prät. *brâht* finden sich dagegen in älterer Zeit viel häufiger die regulären st. Formen (*brungan* 'gebracht').

b) Liquida + Konsonant oder Doppelliquida, also **ë, i – a, u – o**

hëlfan	*hilfu*	*half*	*hulfum*	*giholfan*	'helfen'
wërfan	*wirfu*	*warf*	*wurfum*	*giworfan*	'werfen'
swëllan	*swillu*	*swal*	*swullum*	*giswollan*	'schwellen'
wërran	*wirru*	*war*	*wurrum*	*giworran*	'verwirren'

Mit grammatischem Wechsel:

swëlhan	*swilhu*	*swalh*	*swulgum*	*giswolgan*	'verschlingen'
wërdan	*wirdu*	*ward*	*wurtum*	*wortan*	'werden'

In diese Reihe gehören: *bërgan* 'bergen', *gëllan* 'schallen', *gëltan* 'gelten', *scërran* 'kratzen'. Hierher gehören auch solche Verben, deren Stamm zwar auf Doppelkonsonanz auslautet, bei denen aber die Liquida dem Stammvokal *ë* vorausgeht, z. B. *brëstan* 'bersten', *drëskan* 'dreschen', *flëhtan* 'flechten', *irlëskan* 'erlöschen'. Dieser Gruppe hat sich auch *fëhtan* 'fechten' angeschlossen.

4. Ablautreihe

Der 4. Ablautreihe gehören Verben an, deren Stamm nach dem Vokal *e* nur einfache Liquida oder einfachen Nasal enthält. Der Pl. Prät. wird durch die Dehnstufe gebildet (siehe 2.3.2.1.).

ë, i – a, â – o

stëlan	*stilu*	*stal*	*stâlum*	*gistolan*	'stehlen'
bëran	*biru*	*bar*	*bârum*	*giboran*	'tragen'
nëman	*nimu*	*nam*	*nâmum*	*ginoman*	'nehmen'

Mit *n* findet sich im Ahd. nur *klënan* ‘schmieren’; es ist aber in die 5. Reihe übergetreten, denn sein Part. Prät. lautet *giklënan.*

In diese Reihe gehören *hëlan* ‘hehlen’, *swëran* ‘schmerzen’, *zëman* ‘ziemen’ und andere sowie eine Gruppe von Verben, die nach dem Stammvokal *ë* ein ahd. *ch*/*hh* aus germ. *k* haben und bei denen zumeist ein *r* vor dem Vokal steht, z.B. *brëchan* ‘brechen’, *rëchan* ‘rächen’, *sprëchan* ‘sprechen’, *trëchan* ‘ziehen’, *stëchan* ‘stechen’ und als Ausnahme *trëffan* ‘treffen’.

5. Ablautreihe

Die 5. Ablautreihe umfasst alle Verben, die nach dem Stammvokal *e* auf einen einfachen Konsonanten (aber nicht auf Liquida oder Nasal) ausgehen. Der Pl. Prät. enthält wie Reihe 4 die Dehnstufe, das Part. Prät. wird mit dem Vokal der 1. Vollstufe gebildet (siehe 2.3.2.1.).

ë/i, i – a, â – ë

gëban	*gibu*	*gab*	*gâbum*	*gigëban*	‘geben’
phlëgan	*phligu*	*phlag*	*phlâgum*	*giphlëgan*	‘pflegen’

Mit grammatischem Wechsel:

lësan	*lisu*	*las*	*lârum*	*gilëran*	‘lesen’
wësan	*wisu*	*was*	*wârum*		‘sein’
quëdan	*quidu*	*quad*	*quâtum*	*giquëtan*	‘sprechen’

Der gramm. Wechsel verschwindet bei diesen Verben z.T. schon im Ahd.; nur bei *wësan* wird das *r* im Pl. Prät. festgehalten und später sogar auf den Sg. Prät. übertragen, vgl. ahd./mhd. *ich was*, nhd. *ich war*. Für *wësan* ist das Part. Prät. nicht belegt.

Auch: *mëʒʒan* ‘messen’, *trëtan* ‘treten’, *wëban* ‘weben’, *wëgan* ‘wiegen’ u.a.

Zur 5. Ablautreihe gehören außerdem einige st. Verben, die im Präs. ursprünglich ein *j* hatten. Das führte zur Gemination des stammschließenden Konsonanten und zur Umwandlung des *e* zu *i* (s. 2.3.2.3.). Das *j* stand nur im Präs. (*j*-Präsentien), also wurde nur dort geminiert. Das Part. Prät. hat das ursprüngliche *e* der 1. Vollstufe behalten.

bitten	*bittu*	*bat*	*bâtum*	*gibëtan*	‘bitten’
liggen	*liggu*	*lag*	*lâgum*	*gilëgan*	‘liegen’
sitzen	*sitzu*	*saʒ*	*sâʒum*	*gisëʒʒan*	‘sitzen’

Der Wechsel von *tz* – *ʒ* bei *sitzen* ist durch die Lautverschiebung bedingt, bei der die Geminate *tt* zu *tz* (/*ts*/), einfaches *t* aber zu *ʒʒ* (*ʒ*) (/*ss, s*/) wurde; siehe 2.3.3.1.

6. Ablautreihe

Die 6. Ablautreihe enthält eine Reihe von Verben mit meist einfacher Konsonanz im Stammauslaut. Zu den Ablautverhältnissen siehe 2.3.2.1.

a/ẹ, a – uo, uo – a

graban	*grabu*/*grẹbis*	*gruob*	*gruobum*	*gigraban*	‘graben’
faran	*faru*/*fẹris*	*fuor*	*fuorum*	*gifaran*	‘fahren’

Hierher gehören auch *skaban* ‘schaben’, *spanan* ‘verlocken’ (vgl. *Gespenst*), *stantan* ‘stehen’, *tragan* ‘tragen’, *wahsan* ‘wachsen’, *waskan* ‘waschen’, *watan* ‘waten’.

Mit grammatischem Wechsel:

slahan	*slahu*/*slẹhis*	*sluog*	*sluogum*	*gislagan*	‘schlagen’

Auch: *dwahan* ‘waschen’, *lahan* ‘verwehren, verbieten’. Der grammatische Wechsel ist erhalten; das *g* des Pl. Prät. wurde sogar auf den Sg. Prät. übertragen.

Die 6. Ablautreihe weist wie die 5. einige Verben auf, die ursprünglich *j*-Präsentien waren und deshalb im gesamten Präsens Umlaut und die entsprechenden konsonantischen Veränderungen (s. 2.3.3.4.) haben:

skẹphen	*skẹphu*	*skuof*	*skuofum*	*giskaffan*	‘schaffen’
swẹrien	*swẹru*	*swuor*	*swuorum*	*gisworan* (nie *giswaran*!)	‘schwören’

Mit grammatischem Wechsel:

hẹffen	*hẹffu*/*hẹvis*	*huob* (vgl. *sluog*)	*huobum*	*(gi)haban*	‘heben’

Reihe der ehemals reduplizierenden Verben

In dieser Reihe sind alle jene Verben zusammengefasst, die noch im Germ. ihr Präteritum mittels Reduplikation bzw. mittels Reduplikation und Ablaut bildeten. Reduplikation – Voranstellung des stammanlautenden Konsonanten + idg. *e* (got. *aí* = *ĕ*). Vgl. got. *háitan, haiháit, haiháitum* (*ái* = *ei*) 'heißen, hieß, hießen'; *haíháit* später kontrahiert zu *hêt*, dieses dann im Ahd. diphthongiert zu *hiaȝ*. So entstand der neue Ablaut *ei, ei – ia, ia – ei*. Das Ahd. hat also anstelle der Reduplikation einen jüngeren Vokalwechsel. Nach dem Vokal des Prät. lässt sich die Reihe in zwei Gruppen gliedern.

a) Das Prät. hat *ia* (germ. *ê*)

a, a – ia, ia – a

fallan	*fallu*	*fial*	*fialum*	*gifallan*	'fallen'
gangan	*gangu*	*giang*	*giangum*	*gigangan*	'gehen'

Auch: *bannan* 'gebieten', *haltan* 'halten', *spaltan* 'spalten', *waltan* 'walten, herrschen' u. a.

â, â – ia, ia – â

râtan	*râtu*	*riat*	*riatum*	*girâtan*	'raten'
slâfan	*slâfu*	*sliaf*	*sliafum*	*gislâfan*	'schlafen'

Auch: *bâgan* 'streiten', *blâsan* 'blasen', *brâtan* 'braten', *lâȝan* 'lassen' u. a.

ei, ei – ia, ia – ei

heiȝan	*heiȝu*	*hiaȝ*	*hiaȝum*	*giheiȝan*	'heißen'
skeidan	*skeidu*	*skiad*	*skiadum*	*giskeidan*	'scheiden'

Auch: *meiȝan* 'schneiden', *sweifan* 'winden', *zeisan* 'pflücken' u. a.

b) Das Prät. hat *io*

ou, ou – io, io – ou

houwan	*houwu*	*hiow*	*hiowum*	*gihouwan*	'hauen'
loufan	*loufu*	*liof*	*liofum*	*giloufan*	'laufen'

ô (< germ. au), ô – io, io – ô

scrôtan	*scrôtu*	*scriot*	*scriotum*	*giscrôtan*	'schneiden'
stôȝan	*stôȝu*	*stioȝ*	*stioȝum*	*gistôȝan*	'stoßen'

uo (< germ. ô), uo – io, io – uo

ruofan	*ruofu*	*riof*	*riofum*	*giruofan*	'rufen'

Auch: *bluoȝan* 'opfern', *fluochan* 'fluchen', *wuofan* 'schreien'.

Die Diphthonge *ia* und *io* werden im Spätahd. zu *ie* abgeschwächt; dadurch verschwinden die Unterschiede im Prät.

Übersicht über die Konjugation der starken Verben

1. Ablautreihe	2. Ablautreihe		3. Ablautreihe	4. Ablautreihe	5. Ablautreihe	6. Ablautreihe
snîdan	*liogan/ziohan*		*bintan*	*nëman*	*gëban*	*graban*
Präsens Indikativ						
snîdu	*liugu*	*ziuhu*	*bintu*	*nimu*	*gibu*	*grabu*
snîdist	*liugist*	*ziuhist*	*bintist*	*nimist*	*gibist*	*grębist*
snîdit	*liugit*	*ziuhit*	*bintit*	*nimit*	*gibit*	*grębit*
snîdemês	*liogemês*	*ziohemês*	*bintemês*	*nëmemês*	*gëbemês*	*grabemês*
snîdet	*lioget*	*ziohet*	*bintet*	*nëmet*	*gëbet*	*grabet*
snîdent	*liogent*	*ziohent*	*bintent*	*nëment*	*gëbent*	*grabent*

Konjunktiv

snîde	*lioge*	*ziohe*	*binte*	*nëme*	*gëbe*	*grabe*
snîdês	*liogês*	*ziohês*	*bintês*	*nëmês*	*gëbês*	*grabês*
snîde	*lioge*	*ziohe*	*binte*	*nëme*	*gëbe*	*grabe*
snîdemês	*liogemês*	*ziohemês*	*bintemês*	*nëmemês*	*gëbemês*	*grabemês*
snîdêt	*liogêt*	*ziohêt*	*bintêt*	*nëmêt*	*gëbêt*	*grabêt*
snîdên	*liogên*	*ziohên*	*bintên*	*nëmên*	*gëbên*	*grabên*

Imperativ

snîd	*liug*	*ziuh*	*bint*	*nim*	*gib*	*grab*
snîdemês	*liogemês*	*ziohemês*	*bintemês*	*nëmemês*	*gëbemês*	*grabemês*
snîdet	*lioget*	*ziohet*	*bintet*	*nëmet*	*gëbet*	*grabet*

Partizip Präsens

snîdenti	*liogenti*	*ziohenti*	*bintenti*	*nëmenti*	*gëbenti*	*grabenti*

Präteritum
Indikativ

sneid	*loug*	*zôh*	*bant*	*nam*	*gab*	*gruob*
sniti	*lugi*	*zugi*	*bunti*	*nâmi*	*gâbi*	*gruobi*
sneid	*loug*	*zôh*	*bant*	*nam*	*gab*	*gruob*
snitumês	*lugumês*	*zugumês*	*buntumês*	*nâmumês*	*gâbumês*	*gruobumês*
snitut	*lugut*	*zugut*	*buntut*	*nâmut*	*gâbut*	*gruobut*
snitun	*lugun*	*zugun*	*buntun*	*nâmun*	*gâbun*	*gruobun*

Konjunktiv

sniti	*lugi*	*zugi*	*bunti*	*nâmi*	*gâbi*	*gruobi*
snitîs	*lugîs*	*zugîs*	*buntîs*	*nâmîs*	*gâbîs*	*gruobîs*
sniti	*lugi*	*zugi*	*bunti*	*nâmi*	*gâbi*	*gruobi*
snitîmês	*lugîmês*	*zugîmês*	*buntîmês*	*nâmîmês*	*gâbîmês*	*gruobîmês*
snitît	*lugît*	*zugît*	*buntît*	*nâmît*	*gâbît*	*gruobît*
snitîn	*lugîn*	*zugîn*	*buntîn*	*nâmîn*	*gâbîn*	*gruobîn*

Partizip Präteritum

gisnitan	*gilogan*	*gizogan*	*gibuntan*	*ginoman*	*gigëban*	*gigraben*

Anm.: Die in der Tabelle verwendeten Flexionsformen entsprechen im wesentlichen denen des Tatian und damit dem ostfränk. Lautstand (vgl. METTKE 1983, 588f. [unter Optativ]; BRAUNE 1987, §304). Die alten Formen s. oben Einleitung zu diesem Abschnitt.

2.4.1.2. *Schwache Verben*

Die schwachen Verben bilden, im Gegensatz zu den starken, Prät. und Part. Prät. mittels *t*-Suffix ohne Ablaut. Daher sind hier jeweils nur drei Grundformen zu nennen:

Inf.	*suochen*	'suchen';
Sg. Prät.	*suohta*	'suchte';
Part. Prät.	*gisuochit*	'gesucht'.

Die schwachen Verben sind germ. Neubildungen; sie wurden meist von starken Verben oder von anderen Wortarten abgeleitet. (Siehe 1.1.2.2.3.)

Im Ahd. existieren noch drei Klassen von sw. Verben. Sie unterscheiden sich nach dem Bildungsmorphem des Infinitivs:

1. Verben mit *j*-Thema oder *jan*-Verben, z. B. *suochen* (got. *sôkjan*) 'suchen';
2. Verben mit *ô*-Thema oder *ôn*-Verben, z. B. *salbôn* 'salben';
3. Verben mit *ê*-Thema oder *ên*-Verben, z. B. *habên* 'haben'.

Eine im Got. noch vorhandene 4. Klasse mit *na*-Thema (*nan*-Verben) ist im Ahd. verschwunden, vgl. got. *full-nan* 'voll werden'.

Einige Anmerkungen zur Flexion der schwachen Verben

Die Konjugation der sw. Verben stimmt im wesentlichen mit der der st. überein. Das zeigt sich besonders bei der 1. Klasse. Die 2. und 3. Klasse der sw. Verben unterscheiden sich von der st. Flexion vor allem durch die Themavokale *ô* und *ê*, die in allen drei Stammformen beibehalten werden. Grundsätzliche Differenzen zeigen sich bei folgenden Formen:

Präsens

Präsens Indikativ

Die 1. P. Sg. der 1. Klasse hat wie die starken Verben *u* (*o*), bei der 2. und 3. Klasse dagegen *-m*, später *-n*, vgl. *zellu* 'ich zähle', *salbôm, -ôn* 'ich salbe', *habêm, -ên* 'ich habe'. (Vgl. METTKE 1983, 589.)

Präsens Konjunktiv

Die 1. Klasse flektiert genau wie die st. Verben. In der 2. und 3. Klasse dagegen stehen wie bei den st. Verben kurze und lange Formen nebeneinander, also

salbo neben *salbôe*,
habe neben *habêe*.

Die kurzen Formen treten im Fränk., die langen im Bair. und Alem. auf. Welche davon als die älteren anzusehen sind, ist noch ungeklärt.

Präsens Imperativ

Während die 2. P. Sg. Imp. der st. Verben immer endungslos auftritt, haben die sw. Verben stets vokalische Endung (*-i*, *-o*, *-e*).

Präteritum

Präteritum Indikativ

Die 1. und 3. P. Sg. aller sw. Verben haben die Endung *-a*, während die st. Verben endungslos sind: *suochta* 'ich suchte' – *nam* 'ich, er nahm'.

Die 2. P. Sg. hat in allen drei sw. Klassen die Endung *-ôs(t)*, bei den st. Verben dagegen *-i*: *suochtôs(t)* 'du suchtest' – *nâmi* 'du nahmst'.

Der Plural der st. und sw. Verben wird gleich flektiert: *nâmum, nâmut, nâmun* – *suochtum, suchtut, suochtun*; nur das Alem. weist einige Besonderheiten auf:

die st. Verben enden auch auf *-um, -ut, -un*,
die sw. Verben aber auf *-ôm, -ôt, -ôn*:

suochtôm 'wir suchten', *suochtôt, -tônt* 'ihr suchtet', *suochtôn* 'sie suchten'.

Präteritum Konjunktiv

Starke und schwache Verben haben im Auslaut *i*, später *e*, vor einem Endkonsonanten aber *î*. Das Alem. macht auch hier eine Ausnahme:

1. und 3. P. Sg. der st. Verben haben *-i*: *nâmi*,
1. und 3. P. Sg. der sw. dagegen *-î*, obwohl es sich um einen Auslaut handelt: *suochtî*.

Klasse 1 (jan-Verben)

Die *jan*-Verben enden im Ahd. auf *-en*. Man unterscheidet nach der Quantität der Stammsilben zwei Gruppen: kurzsilbige und langsilbige einschließlich der mehrsilbigen.

Präsens

Der Vokal der Stammsilbe bleibt im wesentlichen unverändert. Das im Germ. vorhandene *j* ist im Ahd. bis auf geringe Reste (vgl. z. B. * nẹrien* 'nähren') geschwunden, hat aber Spuren hinterlassen, und zwar im Umlaut und in der (westgerm.) Gemination:

Umlaut trat im Präs. immer dann ein, wenn die Stammsilbe einen Vokal *a* enthielt; Gemination erfolgte im Präs. der kurzsilbigen Verben mit Ausnahme der 2. und 3. P. Sg. Ind. und der 2. P. Sg. Imperativ (siehe 2.3.3.4.).

zẹllen *zẹllu* aber: *zẹlis* *zẹlit*

Im späteren Ahd. setzen sich von diesen Formen aus im Präs. die einfachen Konsonanten durch: *zẹlen*, *zẹlu* usw. (Vgl. BRAUNE 1987, §358 Anm. 1.)

Verben mit *tz*, *pf*, *ck* haben dagegen die Gemination auf alle Formen des Präs. übertragen und sie auch später beibehalten:

sẹtzen *sẹtzu* *sẹtzis* *sẹtzit* (nicht: *sẹzzit*).

Bei lang- und mehrsilbigen sw. Verben ist die westgerm. Gemination im Fränk. überhaupt nicht, im Bair. und Alem. nur teilweise eingetreten. Gemeingerm. Gemination dagegen wurde in allen Formen beibehalten (vgl. *stẹllen* – *stẹllu* – *stẹllis* – *stẹllit* usw.).

Präteritum

Im Germ. hatte das Prät. die Endung *-ida* (ahd. *-(i)ta*).

Im Ahd. ist das *i* bei den lang- und mehrsilbigen *jan*-Verben synkopiert worden:

bei	langsilbigen				
	nach langem Vokal	*hôren*	–	*hôrta*	'hören'
	nach Diphthong	*suochen*	–	*suohta*	'suchen'
	nach kurzen Vokal plus mehrfacher Konsonanz	*zucken*	–	*zucta*	'zücken'
bei	mehrsilbigen	*angusten*	–	*angusta*	'sich ängstigen'
		mahalen	–	*mahalta*	'sprechen, versprechen, verloben'

Da das *i* noch vor Beginn der Umlautprozesses schwand, stehen also bei den Verben mit Stammvokal *a* die nicht umgelauteten Formen des Prät. (*stalta, branta*) den umgelauteten des Präs. gegenüber (*stẹllen, brẹnnen*). Diese Erscheinung bezeichnete Jacob Grimm irrtümlich als "Rückumlaut" (siehe 2.3.2.3.).

Die kurzsilbigen Verben haben im allgemeinen das *i* im Prät. erhalten, so dass auch hier Umlaut eintreten konnte:

dẹnnen	*dẹnita*	'dehnen'.

Es gibt aber auch germ. kurzsilbige Verben, die im Ahd. *i*-Ausfall zeigen,

a) auf germ. *p, t, k* – ahd. Präs. *pf, tz, ck*
(sie sind durch die hd. Lautverschiebung langsilbig geworden):

decken	*dahta/dacta*	'decken'
sẹzzen/sẹtzen	*sazta*	'setzen'
stẹphen	*stafta*	'treten, schreiten'

b) auf germ. *d* – ahd. Präs. *tt*:

rẹtten	*ratta*	'retten'

c) auf germ. *l* – ahd. Präs. *ll*:

zẹllen	*zalta*	'zählen, erzählen'

Die unter b) und c) genannten Verben haben häufig Nebenformen mit *i*, also *ratta* neben *rẹtita*, *zalta* neben *zẹlita*.

Das Part. Prät. hat in allen Formen *i*, wenn auch im Prät. ein *i* vorhanden war, z. B. *ginẹrit, ginẹritêr*. Hatte das Prät. dagegen kein *i*, so erschienen alle flektierten Formen des Part. Prät. ebenfalls ohne *i*, z. B. *gisaztêr, gihôrtêr*. Nur in der unflektierten Form des Part. Prät. ist *i* vorhanden, vgl. *gisẹzzit, gehôrit*.

Klasse 2 (ôn-Verben)

Der Themavokal *ô* bleibt in allen Stammformen erhalten, also

salbôn	*salbôta*	*gisalbôt*	'salben'

Auch: *dionôn* 'dienen', *korôn* 'prüfen', *machôn* 'machen', *offanôn* 'öffnen', *rîchisôn* 'herrschen'.

Die Flexion im einzelnen ist aus der nachfolgenden Tabelle zu ersehen.

Klasse 3 (ên-Verben)

Der Stamm für alle drei Formen lautet auf *-ê* aus, also

lëbên	*lëbêta*	*gilëbêt*	'leben'

Das *ê*-Thema ist jedoch weniger fest als das *ô* der 2. Klasse. Schon im 9. Jh. tritt häufiger *a* (*â*?) an seine Stelle, z. B. *sagata, habant*.

Auch: *altên* 'alt werden', *dagên* 'schweigen', *darbên* 'darben', *folgên* 'folgen', *klëbên* 'kleben', *lërnên* 'lernen', *rîfên* 'reifen', *sagên* 'sagen' u. a.

Das Verb *habên* 'haben' weist seit dem 11. Jh. die kontrahierte Form *hân* auf, die sich dann im Mhd. neben *habên* durchsetzt.

Manche der angeführten Verben schwanken in der Flexion. Sie gehören entweder in die 2. oder auch in die 3. Klasse, z. B.

klagôn,	aber auch	*klagên*	'klagen'
zilên,	aber auch	*zilôn*	'sich bemühen; zielen'
fastên,	aber auch	*fastôn*	'fasten'

Schwankungen zwischen 1. und 2. bzw. zwischen 1. und 3. Klasse sind selten.

Übersicht über die Konjugation der schwachen Verben

Klasse 1		Klasse 2	Klasse 3
suochen/zęllen		*salbôn*	*habên*
Präsens			
Indikativ			
suochu	*zęllu*	*salbôm* (*-ôn*)	*habêm* (*-ên*)
suochis(-t)	*zęlis(-t)*	*salbôs(-t)*	*habês(-t)*
suochit	*zęlit*	*salbôt*	*habêt*
suochemês	*zęlemês*	*salbômês*	*habêmês*
suochet	*zęllet*	*salbôt*	*habêt*
suochent	*zęllent*	*salbônt*	*habênt*
Konjunktiv			
suoche	*zęlle*	*salbo*	*habe*
suochês(-t)	*zęllês(-t)*	*salbôs(-t)*	*habês(-t)*
suoche	*zęlle*	*salbo*	*habe*
suochêm (*-ên*)	*zęllêm*(*-ên*)	*salbôm* (*-ôn*)	*habêm* (*-ên*)
suochêt	*zęllêt*	*salbôt*	*habêt*
suochên	*zęllên*	*salbôn*	*habên*
Imperativ			
suochi	*zęli*	*salbo*	*habe*
suochemês	*zęllemês*	*salbômês*	*habêmês*
suochet	*zęllet*	*salbôt*	*habêt*
Part. Präs.			
suochenti	*zęllenti*	*salbônti*	*habênti*
Präteritum			
Indikativ			
suohta	*zalta* oder	*salbôta*	*habêta*
suohtôs(-t)	*zęlita*	*salbôtôs(-t)*	*habêtôs(-t)*
suochta	usw.	*salbôta*	*habêta*
suohtum (*-un*)		*salbôtum* (*-un*)	*habêtum* (*-un*)
suohtut		*salbôtut*	*habêtut*
suohtun		*salbôtun*	*habêtun*
Konjunktiv			
suohti	*zalti* oder	*salbôti*	*habêti*
suohtîs(-t)	*zęliti*	*salbôtîs(-t)*	*habêtîs(-t)*
suohti	usw.	*salbôti*	*habêti*
suohtîm (*-în*)		*salbôtîm* (*-în*)	*habêtîm* (*-în*)
suohtît		*salbôtît*	*habêtît*
suohtîn		*salbôtîn*	*habêtîn*
Part. Prät.			
gisuochit	*gizęlit* *gizalt*	*gisalbôt*	*gihabêt*
gisuohtêr	*gizaltêr* (*gizęlitêr*)	*gisalbôtêr*	*gihabêtêr*

2.4.1.3. *Präterito-Präsentien*

Die Präterito-Präsentien sind Verben, deren Präsens die Form eines ablautenden Präteritums zeigt. Sie sind aus dem idg. Perfekt entstanden (*ih weiʒ* 'ich habe gesehen und weiß also'; vgl. lat. *no-v-i*; vgl. TSCHIRCH 1983, 55). Die alten Präsensformen gingen verloren; die Präteritalformen übernahmen die Präsensfunktion, flektierten aber weiter wie Präteritalformen ahd. starker Verben. Nur die 2. P. Sg. hat davon abweichend ein *-t*, weil das die ursprüngliche Endung der 2. P. Sg. Prät. ist (vgl. BRAUNE 1987, §370). Als Ersatz für die ins Präsens übergegangenen Präteritalformen entstanden neue Präterita, die den Stammvokal des alten Pl. Prät. beibehielten und nach dem Vorbild der sw. Verben ein *t*-Suffix annahmen. Sie stehen somit als Mischform zwischen den starken und den schwachen Verben. Inf. und Part. Präs. werden ebenfalls nach den Stammformen der alten Pl. Prät. (jetzt Pl. Präs.) neu gebildet, sind aber nicht bei allen Verben belegt. Die Part. Prät. treten im Ahd. sehr selten auf.

Im Ahd. existieren 11 Präterito-Präsentien, z. T. aber nur mit lückenhaft belegten Flexionsformen. Sie werden in der Reihenfolge der Ablautreihen angeführt, zu denen sie ursprünglich gehörten. Die halbfetten Formen sind die alten Sg. Prät. (Vgl. die Grundformen der 1. Ablautreihe: *rîtan rîtu reit ritum giritan.*)

Übersicht über die Präterito-Präsentien

Aus der 1. Ablautreihe:					
1. *wiʒʒan*		*weiʒ*/*wiʒʒum*	*wissa*/*wëssa* *wista*/*wësta*	*giwiʒʒan*	'wissen'
2.	got.	*áih*			'ich habe'
	ahd.	nur **eigun** belegt			'wir haben'
			dazu das Adjektiv	*eigan*	'eigen'
Aus der 2. Ablautreihe:					
3.		**toug**/*tugun*	*tohta*		'es taugt, hilft'
Aus der 3. Ablautreihe:					
4. *unnan*		**an**/*unnun*	*onda*		'gönnen'
gi-unnan		*gian*/*gunnun*	*gionsta* (*gunde*)		'gönnen'
5. *kunnan*		**kan**/*kunnun*	*konda* (*kunda*)		'wissen, verstehen, können'
6. *durfan*		**darf**/*durfun*	*dorfta*		'nötig haben, bedürfen'
7.		**gitar**/*giturrun*	*gitorsta*	*gitorran*	'wagen'
Aus der 4. Ablautreihe:					
8. *scolan*/*sculan*		**scal**/*sculun*	*scolta*		'sollen'
9.		**ginah** (nur so belegt)			'es genügt; im Überfluß haben'
Aus der 5. Ablautreihe:					
10. *magan*		**mag**/*magun*	*mahta*		'können, vermögen'
mugan		*mugun*	*mohta*		
Aus der 6. Ablautreihe:					
11.		**muoʒ**/*muoʒun*	*muosa* (später *muosta*)		'in der Lage sein, können, mögen, müssen'

2.4.1.4. *Athematische Verben*

Im Ahd. gehören 4 Verben zu dieser Gruppe: *sîn* 'sein', *gân*/*gên* 'gehen', *stân*/*stên* 'stehen' und *tuon* 'tun'. Sie werden athematische oder Wurzelverben genannt, weil die Flexionsendung ohne Themavokal direkt an die Wurzel tritt. Daneben findet sich noch die Bezeichnung *mi*-Verben. (Vgl. SCHWEIKLE 1986, §20 VI; BRAUNE 1987, §378.)

Das Verb sîn 'sein'

An der Bildung des Formensystems sind unterschiedliche Wurzeln beteiligt, vgl. auch lat. *es-t*, *s-u-mus*. Dies wird als Suppletivbildung bezeichnet.

Kennzeichen athematischer Bildung weisen dabei nur die Formen auf, die von den Wurzeln idg. **es* und **bheu/bhu* gebildet sind:

Präsens	
Indikativ	Konjunktiv
bim, bin	*sî*
bist	*sîs, sîst*
ist	*sî*
birum, birun	*sîn*
birut	*sît*
sint	*sîn*

Die übrigen Formen werden von dem st. Verb der 5. Ablautreihe *wësan* gebildet (s. 2.4.1.1.).

Als Stammformen sind zu nennen:

sîn/wësan *bim* *was* *wârun* (Part. nicht belegt)

Die Verben gân/gên 'gehen' und stân/stên 'stehen'

Die Verben lauten im Alem. meist *gân, stân*, im Bair. und Fränk. dagegen *gên, stên*. Neben diesen Kurzformen, die nur im Präs. Verwendung finden, stehen die Inf. *gangan* (Reihe 7 der st. Verben) und *stantan* (Reihe 6 der st. Verben), mit deren Hilfe alle weiteren Formen gebildet werden.

Indikativ		Konjunktiv	Imperativ	
gâm, gân	*gêm, gên*	*gê*		
gâs(t)	*gês(t)*	*gês(t)*	(*gang*)	
gât	*gêt*	*gê*		
gâmês, gân	*gêmês, gên*	*gên*	*gâmês*	*gêmês, gên*
gât	*gêt*	*gêt*	*gât*	*gêt*
gânt	*gênt*	*gên*		

Das Verb *stân/stên* flektiert ebenso. Der Konj. *gê, stê* tritt sehr selten auf, meist lauten die entsprechenden Formen *gange* und *stante*. Die 2. P. Sg. Imp. heißt *gang, stant*.

Das Verb tuon 'tun'

Die einzelnen Quellen weisen im Präs. sehr unterschiedliche Formen auf. Die folgende Tabelle beschränkt sich auf das Ostfränk. Das Prät. hatte Reduplikation. Sie ist in der 1. und 3. P. Sg. noch deutlich zu erkennen.

Präsens			Präteritum	
Indikativ	Konjunktiv	Imperativ	Indikativ	Konjunktiv
tuon	*tuo(e), tûe*		*tëta*	*tâti*
tuos(t)	*tûês, tûes*	*tuo*	*tâti*	*tâtîs(t)*
tuot	*tuo(e), tûe*		*tëta*	*tâti*
tuomês, tuon	– – (*duên, duen* O.)	*tuomês*	*tâtum, -un*	*tâtîmês, -în*
tuot	*tuot*	*tuot*	*tâtut*	*tâtît*
tuont	*tuon*		*tâtun*	*tâtîn*

Part. Präs. *tuonti*
Part. Prät. *gitân*

2.4.1.5. *wellen* 'wollen'

Das Präs. dieses Verbs ist aus dem alten Konj. (eigentlich Optativ, vgl. got. *wiljau* 'ich wolle' → 'ich will'; vgl. Kienle 1969, §267) eines *mi*-Verbs entstanden. Im Ahd. wird dieser Konj. später indikativisch verwendet. Der Sg. Präs. Ind. flektiert noch wie ein alter Konj., alle übrigen Präsensformen haben die Flexion der sw. Verben der 1. Klasse. Das Prät. lautet *wolta* (Konj. Prät. *woltî*) und wird ebenfalls wie ein sw. Verb konjugiert.

Im Fränk. wurde der Präteritalstammvokal *o* auch auf das Präs. übertragen und verdrängte dort das *e* aus dem Stamm. (Vgl. Braune 1987, §384f.; Kienle 1969, §267.)

Indikativ			Konjunktiv		
willu; wili, wile			*wẹlle*	fränk.	*wolle*
wili, wile; wilis			*wẹllês(t)*		*wollês(t)*
wili, wile; wilit			*wẹlle*		*wolle*
wẹllemês, wẹllên	fränk.	*wollemês*	*wẹllemês*		*wollemês*
wẹllet		*wollet*	*wẹllêt*		*wollêt*
wẹllent		*wollent*	*wẹllên*		*wollên*
					(neu gebildet)

2.4.2. **Das Substantiv**

Das ahd. Substantiv weist wie das nhd. drei Kategorien auf: Kasus, Numerus und Genus. Von den insgesamt 8 idg. Kasus sind im Ahd. vier erhalten geblieben: Nominativ, Genitiv, Dativ, Akkusativ. Der Nominativ hat die Funktion des Vokativs mit übernommen, und mit dem Dativ sind Lokativ, Ablativ und Instrumental zusammengefallen. Reste des Instrumentals sind im älteren Ahd. im Singular des starken Substantivs (so im "Hildebrandlied") und Pronomens (s. 2.4.4.3.) erhalten. Die ahd. Numeri sind Singular und Plural. Der idg. Dual ist im Ahd. beim Substantiv völlig verlorengegangen, und auch beim Pronomen ist, anders als im Got. und As., nur der Gen. Pl. belegt: bei Otfrid *unker*. Im Bair. und in anderen Gegenden des deutschen Sprachgebietes sind zahlreiche Restformen und Varianten des Duals in volkssprachlicher Verwendung ermittelt worden (vgl. Schirmunski 1962, S. 456f.; vgl. auch Kienle 1969, § 175). Die ahd. Genera sind: Maskulinum, Femininum, Neutrum.

Die Deklination des Substantivs richtet sich nach der Bildung des Flexionsstammes, das ist die Wurzel des Wortes und das Thema (Bindelaut oder Bindelautgruppe). Erst daran schließen sich dann die Kasusendungen an. Bei vokalischem Thema sprechen wir von vokalischer oder starker Deklination, bei konsonantischem Thema von konsonantischer oder schwacher Deklination. Im Ahd. ist die Zerlegung des Wortes in Wurzel + Thema + Endung nicht mehr bei allen Kasusformen möglich, vgl. aber Gen. Pl. *zung-ôn-no* (s. 2.4.2.2.1.). Durch die Stammbetonung und die damit verbundenen Auslautgesetze sind Thema und Endungen z. T. verschmolzen, z. T. geschwunden. Im Got. ist dagegen die Verschiedenheit der Stämme noch deutlicher erkennbar, z. B. got. *gib – ô – m, gib – ô – s* (Dat. und Akk. Pl. *ô*-Stamm). Neben der thematischen Deklination gibt es auch die athematische Deklination, bei der die Endungen ohne Thema unmittelbar an die Wurzel treten (vgl. athematische Verben). Solche Substantive sind die sog. Wurzelnomina. Im Ahd. gibt es nur noch Reste dieser Deklinationsklasse.

2.4.2.1. *Vokalische (starke) Deklination*

Die vokalische Deklination kennt entsprechend dem Thema, das in germ. Zeit an die Wurzel trat, *a-*, *ô-*, *i-* und *u*-Stämme. (Vgl. Kienle 1969, §§ 143–157; Braune 1987, §§ 193–220.)

2.4.2.1.1. *a-Deklination (Maskulina* und *Neutra):* Die ahd. *a*-Deklination entspricht der idg. *o*-Deklination.

a-Stämme

		Maskulina	Neutra	Neutra
Sg.	Nom., Akk.	*tag* 'Tag'	*wort* 'Wort'	*lamb* 'Lamm'
	Gen.	*tagas, -es*	*wortas, -es*	*lambes*
	Dat.	*taga, -e*	*worta, -e*	*lambe*
	Instr.	*tagu, -o*	*wortu, -o*	*lambu, -o*
Pl.	Nom., Akk.	*tagâ, -a*	*wort*	*lẹmbir*
	Gen.	*tago*	*worto*	*lẹmbiro*
	Dat.	*tagum, -om*	*wortum, -om*	*lẹmbirum, -om*
		-un, -on	*-un, -on*	*-un, -on*

Im Gen. und Dat. Sg. sind die mit *e* gebildeten Formen die Normalformen (*tages*, *tage*). Im Dat. Pl. ist *-um*/*-un* mehr im Bair. und Alem., *-om*/*-on* mehr im Fränk. üblich. Die meisten ahd. Maskulina, auch mehrsilbige, flektieren wie *tag*, z. B. *bërg*, *fisk*, *geist*, *nît*, *(h)ring*, *stein*, *stuol*, *wëg*, *himil*, *kuning*, *sluȥȥil*, *truhtîn*. Die auf Konsonant endenden mask. Eigennamen (germ. und auch fremde) flektieren genauso. Jedoch weichen sie im Akk. Sg. von der Form des *a*-Stammes ab: Sie enden auf *-an*, z. B. *Hartmuotan*, *Petrusan*. Wenn das Wort *truhtîn* 'Herr' als Eigenname gebraucht wird, weist es des öfteren diese Endung auf: *truhtinan*.

Neutr. *a*-Stämme sind z. B. *barn* 'Kind', *fël*, *jar*, *sêr* 'Schmerz', mehrsilbige *a*-Stämme sind: *honag* 'Honig', *houbit*, *kindilîn*, *knuosal* 'Geschlecht', *magatîn* u. a.

es-/os-Stämme

Eine Gruppe von Substantiven, die den Pl. mit dem Morphem *-ir* bilden, zeigt im Sg. die gleiche Flexion wie die *a*-Stämme. Die ursprünglich hierher gehörenden Wörter sind alte neutr. *es-/os*-Stämme, d. h. also konsonantische Stämme. Idg. *-es*/*-os* entspricht germ. *-iʒ*/*-aʒ* > *-ir*/*-ar*, ahd. als *-ir* erhalten. Nach Schwinden des Themas im Sg. sind die Wörter zu den *a*-Stämmen übergegangen. Das *-ir* wird bereits im Ahd. als Pluralkennzeichen aufgefasst. Es finden sich noch vereinzelt Formen mit dem alten Bildungselement im Sg.: *chalbire* (Dat.), *rindares* (Gen.); auch in Ortsnamen, z. B. *Kelbirisbach*.

Wie *lamb* flektieren im Ahd. nur wenige Wörter: *blat*, *ei* (Pl. *eigir*, *eier*), *farh* 'Ferkel', *(h)rind*, *(h)rîs* 'Zweig, Reis', *huon*, *kalb*. Doch nimmt die Zahl der Wörter mit *ir*-Plural allmählich zu, d. h., der Pl. wird auf Wörter übertragen, die ursprünglich nicht hierher gehörten (zur Weiterentwicklung im Mhd. 3.5.2.1.2., im Frnhd. 4.5.2.1.2.). Meist stehen zunächst beide Plurale nebeneinander, z. B. bei *abgot*, *fëld*, *grab*, *hâr*, *holz*, *hûs*, *loub*, *rad*. Kurzes *a* in der Wortwurzel wird durch *-ir* umgelautet, z. B. *blat* – *blẹtir*, *lamb* – *lẹmbir*. (Siehe auch 2.3.2.2.)

Durch Erweiterung des *a*-Themas mit den Halbvokalen *j* und *w* entstanden die *ja*- und *wa*-Stämme.

ja-Stämme

		Maskulina	Neutra
Sg.	Nom., Akk.	*hirti* 'Hirte'	*kunni* 'Geschlecht'
	Gen.	*hirtes*	*kunnes*
	Dat.	(*hirtie*); *hirte*	(*kunnie*); *kunne*
	Instr.	(*hirtiu*); *hirtu, -o*	*kunniu*; *kunnu, -o*
Pl.	Nom., Akk.	(*hirte*); *hirta* (*-â*)	*kunni*
	Gen.	*hirteo, -io, hirto*	(*kunneo, -io*), *kunno*
	Dat.	*hirtum, -un, -on*	*kunnim, -in, -um, -on*
		hirtim, -in	

Das alte *j* ist im Ahd. schon weitgehend geschwunden. Im Nom., Akk. Sg. ist *j* nach Abfall der Kasusendungen im absoluten Auslaut zu *i* geworden. In den ältesten Quellen zeigen Dat. und Instr. Sg. und Gen. Pl. noch Reste des *ja*-Themas (*i* oder *e* geschrieben). Als Auswirkung des *j* auf die Wurzel ist häufig Gemination anzutreffen.

Wie *hirti* flektieren nur wenige mask. Substantive, z. B. *hirsi* 'Hirse', *(h)rucki* 'Rücken', *(h)ueizzi* 'Weizen', besonders aber die Nomina agentis auf *-âri*, z. B. *buochâri* 'Schriftgelehrter, Schreiber', *fiskâri* 'Fischer', *lêrâri* 'Lehrer', *luginâri* 'Lügner'.

Wie *kunni* flektieren viele neutr. Substantive, z. B. *arbi* 'Erbteil', *ẹnti*, *nẹzzi* 'Netz', *rîchi* 'Herrschaft; Reich; Land', die Kollektivbildungen mit *gi-* wie *gibeini*, *gibirgi*, *gizungi* 'Sprache', und viele Ableitungen auf *-nissi*, wie *firstandnissi* 'Verstand', *wârnissi* 'Wahrheit' u. a.

wa-Stämme

Zu den *wa*-Stämmen gehören ahd. nur sehr wenige Maskulina und Neutra. Das *w* erscheint im Auslaut als *o*, und zwar im Nom. und Akk. Sg. In den übrigen Formen stimmt die Deklination mit den *a*-Stämmen überein, z. B. Mask. Sg. *sêo*, *sêwes*, *sêwe*, *sêo*; Pl. *sêwa*, *sêwo*, *sêwum*, *sêwa* 'See'.

Zu den *wa*-Stämmen gehören: die Maskulina *bû* 'Bau', *(h)lêo* 'Erdhügel', *klêo* 'Klee', *snêo* 'Schnee' und die Neutra *horo* 'Schmutz', *(h)rêo* 'Leichnam', *knêo* 'Knie', *scato* 'Schatten' und einige andere. Da im 9. Jh. *o* nach *ê* schwindet, heißt es mhd. *klê, sê, snê* (s. 2.3.2.4.).

2.4.2.1.2. *ô-Deklination (Feminina):* Die *ô*-Deklination entspricht der idg. *â*-Deklination. Zur *ô*-Deklination gehören nur Feminina. Neben den reinen *ô*-Stämmen gibt es auch *jô*- und *wô*-Stämme. Die *jô*-Stämme zeigen noch einige Besonderheiten, die *wô*-Stämme dagegen flektieren genauso wie die *ô*-Stämme. Ehemalige *wô*-Stämme sind: *brâwa* 'Braue', *farwa* 'Farbe', *(h)riuwa* 'Reue', *triuwa* 'Treue' u. a.

		ô-Stamm	*jô*-Stamm	
			frühahd.	ab 9. Jh.
Sg.	Nom., Akk.	*gëba* 'Gabe'	*sunte, suntea, -ia*	*sunta* 'Sünde'
	Gen.	*gëba, -u, -o*	*sunte, suntea, -ia*	*sunta*
	Dat.	*gëbu, -o*	*suntiu*	*suntu*
Pl.	Nom., Akk.	*gëbâ*	*sunte, sunteâ, -ia*	*suntâ*
	Gen.	*gëbôno*	*sunteôno*	*suntôno*
	Dat.	*gëbôm, -ôn, -on*	*sunteôm*	*suntôm, -ôn*

Nom. und Akk. sind schon im Ahd. gleich, jedoch war der Nom. ursprünglich endungslos. Das zeigt sich noch bei den fem. Eigennamen, z. B. *Brunihilt, Hiltigunt.* Bereits im 9. Jh. besteht die Neigung, Gen. und Dat. auszugleichen, und allmählich dringen die Dativformen immer mehr in den Gen. ein. (Zur Weiterentwicklung im Mhd. s. 3.5.2.1.3.).

Die Zahl der *ô*-Stämme ist groß. Dazu gehören z. B. *ërda, êra, fëhta* 'Gefecht', *lêra, zala,* auch die Nomina actionis auf *-unga* wie *manunga* 'Mahnung', *samanunga* 'Versammlung'.

Die *jô*-Stämme, die ursprünglich noch das *j* haben, fallen im 9. Jh. mit den *ô*-Stämmen zusammen. Das *j* hat, wo es möglich war, Konsonantengemination und Umlaut hervorgerufen, z. B. *hellia/hella* (got. *halja*) 'Hölle', *minnea* 'Liebe, Zuneigung'. Eine größere Gruppe bilden die sog. movierten Feminina; das sind Feminina, die von den entsprechenden mask. Substantiven abgeleitet worden sind, z. B. *forasagin* 'Prophetin', *kuningin, wirtin.* Sie zeigen im Nom. die alte Kurzform. Die obliquen Kasus haben Doppel-*n*: Gen. Sg. *kuninginna,* Dat. *kuninginnu,* Akk. *kuninginna.* Seit dem 11. Jh. dringt der Akk. auch in den Nom. ein, so dass es mhd. *küneginne* heißt (s. 3.5.2.1.3.).

2.4.2.1.3. *i-Deklination (Maskulina* und *Feminina):* Die *i*-Deklination umfasst im Ahd. nur Maskulina und Feminina, im Idg. auch Neutra. (Ein alter neutr. *i*-Stamm ist ahd. *męri* 'Meer'). Im Idg. hatten die Maskulina und Feminina gleiche Flexion. Im Ahd. jedoch haben die mask. *i*-Stämme im Sg. völlig die *a*-Deklination angenommen. Das ist auch die Ursache dafür, dass später ein und dasselbe Wort im Pl. sowohl nach der *i*- als auch nach der *a*-Deklination flektieren kann.

Im As. und Ags. unterscheiden wir kurzsilbige und langsilbige *i*-Stämme. Diese Unterscheidung trifft auf das Ahd. nicht zu. Einige wenige Wörter mit kurzer Stammsilbe zeigen im Nom. Sg. noch den Themavokal *i*: *risi* 'Riese', *wini* 'Freund', flektieren aber sonst ganz wie die anderen *i*-Stämme.

		Maskulina	Feminina
Sg.	Nom., Akk.	*gast* 'Gast'	*anst* 'Gunst'
	Gen.	*gastes*	*ęnsti*
	Dat.	*gaste*	*ęnsti*
	Instr.	*gastiu, gestiu, gastu*	–
Pl.	Nom., Akk.	*gęsti*	*ęnsti*
	Gen.	*gęsteo, -io, gęsto*	*ęnsteo, -io, ęnsto*
	Dat.	*gęstim, -in, -en*	*ęnstim, -in, -en*

Eine ganze Anzahl Maskulina flektieren wie *gast,* u. a. *aphul, bah, liut* 'Volk', *slag, wirt.* Noch zahlreicher sind die Feminina, z. B. *arn* 'Ernte', *stat, sûl* 'Säule', besonders die

Abstrakta auf *-scaf(t)*, *-heit* und *-t*, z. B. *dëganheit* 'Tapferkeit', *gomaheit* 'Persönlichkeit'; *lantscaf*; *fart*, *fluht*, *tât*.

2.4.2.1.4. *u-Deklination (Maskulina, Neutra, Feminina):* Fast alle Substantive, die ursprünglich *u*-Stämme waren, sind im Ahd. schon in andere Deklinationsklassen übergetreten. Die alte Deklination ist nur noch resthaft erhalten.

Mask. *u*-Stämme sind: *fridu* 'Friede', *hugu* 'Sinn', *situ* 'Sitte' u. a.; sie sind meist in die *i*-Deklination übergegangen.

Von den Feminina zeigt nur *hant* 'Hand' Reste der alten Flexion, und zwar im Dat. Pl. *hantum*, *-un*, *-on*. Sonst flektiert *hant* nach der *i*-Deklination. Die alte umlautlose Form zeigen bis ins Nhd. die Wörter *vorhanden*, *zuhanden*, *abhanden*, vgl. dagegen *behende*. Ebenso gibt es bei den Neutra nur ein Wort, das ursprünglich ein *u*-Stamm war: *fihu* 'Vieh'. Der Nom., Akk. Sg. hat die alte Form erhalten.

2.4.2.2. *Konsonantische (schwache) Deklination*

Den größten Anteil an den konsonantischen Stämmen haben die *n*-Stämme.

2.4.2.2.1. *n-Deklination (Maskulina, Neutra, Feminina):*

		Maskulina	Neutra	Feminina
Sg.	Nom.	*hano* 'Hahn'	*hërza* 'Herz'	*zunga* 'Zunge'
	Gen.	*hanen, hanin*	*hërzen, hërzin*	*zungûn*
	Dat.	*hanen, hanin*	*hërzen, hërzin*	*zungûn*
	Akk.	*hanon, hanun*	*hërza*	*zungûn*
Pl.	Nom., Akk.	*hanon, hanun*	*hërzun, hërzon*	*zungûn*
	Gen.	*hanôno*	*hërzôno*	*zungôno*
	Dat.	*hanôm, -ôn*	*hërzôm, -ôn*	*zungôm, -ôn*

Bei den Mask. und Neutr. ist die Endung *-en* fränk., *-in* bair. und alem. Es gibt sehr viele M a s k u l i n a, die wie *hano* flektieren: *garto* 'Garten', *namo*, *scado* 'Schaden' u. a. Hierher gehören auch die im Ahd. noch zahlreichen Nomina agentis, die von Verben abgeleitet worden sind, z. B. *boto* 'Bote', *fora-sago* 'Prophet', *gëbo* 'Geber' u. a. Häufig war das *n*-Thema durch *j* erweitert – in ältester Zeit als *e* oder *i* erhalten, im 9. Jh. jedoch geschwunden. An der Konsonantenverdopplung und am Umlaut ist das ehemalige *j* noch zu erkennen, z. B. *ẹrbo* – älter *ẹrbeo* (got. *arbja*) 'der Erbe', *gisẹllo* – älter *gisẹlleo*, *rẹccho* – älter *wrẹccheo* 'Verbannter', *willo* – älter *willeo* u. a. N e u t r a gibt es nur sehr wenige: ahd. *hërza*, *ora*, *ouga*, *wanga* und dazu den Pl. von *hîwo* 'Gatte' und *hîwa* 'Gattin', *thiu hîwun* 'die Ehegatten, Familie'. Die Zahl der F e m i n i n a ist groß, z. B. *bluoma*, *diorna* 'Mädchen', *fora-saga* 'Prophetin', *quëna* 'Frau', *sunna*, *tûba* 'Taube'. Wie bei den Maskulina, so gibt es auch bei den Feminina die Erweiterung des *n*-Themas durch *j*. Das zeigt sich in der Gemination oder im Umlaut. Hierzu gehören z. B. *frouwa*, *mucca* 'Mücke', *winia* 'Freundin', aber auch die Substantive mit dem alten Suffix *-în*, das sprachhistorisch eine Ablautform zu den mit *j* erweiterten *n*-Stämmen darstellt. Die Deklination dieser Wörter hat sich durch den Abfall des *n* von der eigentlichen *n*-Deklination weit entfernt.

Sg.	Nom.		Pl.	Nom.	*hôhî, hôhîn*
	Gen.			Gen.	*hôhîno*
	Dat.	} *hôhî, hôhîn* 'Höhe'		Dat.	*hôhîm, -în*
	Akk.			Akk.	*hôhî, hôhîn*

Die mit *î* gebildeten Formen sind vorherrschend. Die größte Zahl der so flektierenden Wörter bilden die Adjektivabstrakta auf *-î*, wie *finstrî* 'Finsternis', *mẹnigî* 'Menge', *tiufî* 'Tiefe' u. a.

(Vgl. zu den *n*-Stämmen Kienle 1969, §§ 165–168; Braune 1987, §§ 221–231.)

2.4.2.2.2. *Reste anderer konsonantischer Deklinationen:* Im Ahd. gibt es nur noch wenige *t e r*- und *n t* - S t ä m m e. *ter*-Stämme sind fünf Verwandtschaftsbezeichnungen, die Mask. *fater* und *bruoder* und die Fem. *muoter*, *tohter* und *swëster*.

Sg.	Nom., Gen., Dat., Akk.	*bruoder*	Pl.	Nom.	*bruoder*
				Gen.	*bruodero*
				Dat.	*bruoderum, -un, -on*
				Akk.	*bruoder*

Die Fem. haben im Ahd. diese Deklination gut bewahrt, *fater* dagegen hat neben den alten Formen häufig Formen der *a*-Deklination, in die es schon früh übergetreten ist, und flektiert dann: Sg. Nom., Akk. *fater*, Gen. *fateres*, Dat. *fatere*; Pl. Nom., Akk. *faterâ, -a*, Gen. *fatero*, Dat. *faterum, -un, -on*.

Die *nt*-Stämme sind substantivierte Präsenspartizipien. Im Ahd. ist ihre Deklination resthaft erhalten bei *friunt* 'Freund' (zu germ. **frijon* 'lieben') und *fiant* 'Feind' (zu ahd. *fîên* 'hassen'). Diese Wörter werden jedoch nicht als Partizipien empfunden.

Sg.	Nom., Akk.	*friunt*	Pl.	Nom., Akk.	*friunt, friunta*
	Gen.	*friuntes*		Gen.	*friunto*
	Dat.	*friunte*		Dat.	*friuntum, -un, -on*

Zu dieser Deklination gehören ursprünglich auch *hëlfant, heilant, wîgant* u.a. Alle Wörter der *nt*-Deklination sind in die *a*-Deklination übergegangen.
(Vgl. auch Kienle 1969, §163f.; Braune 1987, §§233–237.)

2.4.2.3. *Wurzelnomina*

Wurzelnomina sind Substantive, deren Flexionsendung ohne Thema an die Wurzel tritt. Wurzel und Flexionsstamm fallen also zusammen. Da die Wurzel dieser Wörter auf einen Konsonanten endet, werden sie meist der konsonantischen Deklination zugeordnet.

Wurzelnomina sind Mask. und Fem. Die meisten sind in die *i*-Deklination übergegangen. Von den Mask. hat nur *man* 'Mensch' die alte Flexion erhalten; die Zuordnung von *man* zu den Wurzelnomina ist allerdings nicht sicher.

Sg.	Nom., Akk.	*man*	Pl.	Nom., Akk.	*man*
	Gen.	*man, mannes*		Gen.	*manno*
	Dat.	*man, manne*		Dat.	*mannum, -un, -om, -on*

Auch bei *fuoȥ* und *ginôȥ* sind alte Formen resthaft erhalten.

Bei den Fem. zeigt *naht* am besten die alte Flexion.

Sg.	Nom., Akk.	*naht*	Pl.	Nom., Akk.	*naht*
	Gen.	*naht*		Gen.	*nahto*
	Dat.	*naht*		Dat.	*nahtum, -un, -on*

Wie *naht* flektiert auch *bruoh* 'Hose' und *buoh* 'Buch'. Sie werden meist nur im Pl. verwendet. Zu den Wurzelnomina gehören auch *burg* und *brust*, die neben Formen der *i*-Deklination noch einige wenige alte Formen zeigen: Gen. Dat. Sg. *burg* neben *burgi* – Dat. Pl. *brustum* neben *brustin*, Nom. Akk. Pl. *brust* neben *brusti*.
(Vgl. auch Kienle 1969, §§158–162; Braune 1987, §§238–243).

2.4.3. **Das Adjektiv**

Wie bei den Substantiven unterscheiden wir auch bei den Adjektiven st. und sw. Flexion. Während jedoch die Substantive entweder der st. oder der sw. Deklination angehören, können die Adjektive wie im Nhd. sowohl stark als auch schwach flektiert werden. Ob ein Adjektiv stark oder schwach flektiert wird, ist syntaktisch begründet. Die sw. Flexion wird verwendet, wenn dem Adjektiv ein Demonstrativpronomen oder der bestimmte Artikel vorausgeht. In allen anderen Fällen verwendet man die st. Flexion. Das ist die ursprünglich dem Adjektiv eigene Flexion; dagegen ist die sw. Flexion der sw. Flexion der Substantive nachgebildet. Sie ist eine Neubildung der germ. Sprachen.

2.4.3.1. *Starke Deklination*

		Maskulinum	Neutrum	Femininum
Sg.	Nom.	1. *blint*	1. *blint*	1. *blint*
		2. *blintêr*	2. *blintaȝ*	2. *blintiu, -u*
	Gen.	*blintes*	*blintes*	*blintera*
	Dat.	*blintemu, -emo*	*blintemu, -emo*	*blinteru, -o*
	Akk.	*blintan*	1. *blint*	*blinta*
			2. *blintaȝ*	
	Instr.	*blintu, -o*	*blintu, -o*	–
Pl.	Nom.	*blinte* (*blint*)	*blintiu, -u* (*blint*)	*blinto* (*blint*)
	Gen.	*blintero*	*blintero*	*blintero*
	Dat.	*blintêm, -ên*	*blintêm, -ên*	*blintêm, -ên*
	Akk.	*blinte*	*blintiu, -u*	*blinto*

Die st. Deklination entspricht ursprünglich der Deklination der st. Substantive, beim Mask. und Neutr. sind es also *a*-Stämme, beim Fem. *ô*-Stämme (siehe 2.4.2.1.1. und 2.4.2.1.2.). Die Adjektivdeklination ist aber weitgehend durch die Deklination der Pronomen beeinflusst worden.

Im Nom. Sg. aller Geschlechter unterscheiden wir eine längere, die sog. flektierte, und eine kürzere, die sog. unflektierte Form. Die "unflektierte" Form ist nur scheinbar unflektiert; es ist die alte Form der st. Substantive. Zum Beispiel Nom. Sg. Mask. der Adjektive (*a*-Stamm): germ. **blindaȝ* (got. *blinds*) – ahd. *blint* entspricht Nom. Sg. Mask. der Substantive (*a*-Stamm): germ. **dagaȝ* (got. *dags*) – ahd. *tag*. Die "flektierte" Form zeigt meist pronominale Endungen. Steht das Adjektiv als Attribut, so können beide verwendet werden (z. B. *blintêr man – blint man*). Prädikativ wird häufiger die unflektierte Form verwendet (*dër man ist blint*), seltener die flektierte (*der man ist blintêr*). Im Pl. dagegen steht attributiv nur die flektierte Form (*blinte man*), prädikativ sind beide Formen möglich (*die man sint blint – blinte*). Die Verwendung der Kurzform im Pl. beruht auf einer Übertragung aus dem Sg. In der Kurzform *blint* haben wir den ursprünglichen Nom. der *a*-Stämme vor uns (vgl. *blint – tag*).

Wie bei den Substantiven unterscheidet man auch bei den Adjektiven zwischen reinen *a-/ô*-Stämmen und *ja-/jô-* oder *wa-/wô*-Stämmen. Dieser Unterschied macht sich nur noch in der unflektierten Form des Sg. bemerkbar. Sie endet bei den ehemaligen *ja-/jô*-Stämmen auf *-i*, z. B. *mâri* 'berühmt', bei den ehemaligen *wa-/wô*-Stämmen auf *-o*, z. B. *garo* 'gar'. Die flektierten Formen dieser Wörter lauten im Mask. *mârêr* und *gar(a)wêr*. Bei den *wa-/wô*-Stämmen tritt das *w* vor die Flexionsendung. Nur eine kleine Anzahl von Wörtern sind *wa-/wô*-Stämme.

2.4.3.2. *Schwache Deklination*

		Maskulinum	Neutrum	Femininum
Sg.	Nom.	*blinto*	*blinta*	*blinta*
	Gen.	*blinten, -in*	*blinten, -in*	*blintûm*
	Dat.	*blinten, -in*	*blinten, -in*	*blintûn*
	Akk.	*blinton, -un*	*blinta*	*blintûn*
Pl.	Nom., Akk.	*blinton, -un*	*blintun, -on*	*blintûn*
	Gen.	*blintôno*	*blintôno*	*blintôno*
	Dat.	*blintôm, -ôn*	*blintôm, -ôn*	*blintôm, -ôn*

Die sw. Flexion des Adjektivs ist gleich der Flexion der substantivischen *n*-Stämme (s. 2.4.2.2.1.).

2.4.3.3. *Deklination der Partizipien*

Die Partizipien werden im Ahd. wie die Adjektive stark und schwach dekliniert. Die unflektierte Form des Part. Präs. ist gleich der der *ja-/jô*-Stämme, und die des Part. Prät. ist gleich der der *a-/ô*-Stämme.

Als Beispiel dienen Formen des st. Verbs *nëman*:

		Part. Präs.	Part. Prät.
st. Dekl.	unflekt.	*nëmanti*	*ginoman*
	flekt. (Nom.)	*nëmantêr/-aȝ/-iu*	*ginomanêr/-aȝ/-iu*
sw. Dekl.	(Nom.)	*nëmanto/-a/-a*	*ginomano/-a/-a*

2.4.3.4. *Steigerung der Adjektive*

Regelmäßige Steigerung
Im Ahd. gibt es zwei Möglichkeiten der Steigerung:
a) den Komparativ mit der Endung *-iro*, den Superlativ mit *-isto*;
b) den Komparativ mit der Endung *-ôro*, den Superlativ mit *-ôsto*.

Eine genaue Unterscheidung dieser beiden Bildungsweisen nach ihrer Anwendung kann nicht vorgenommen werden, jedoch sollen einige Beispiele angeführt werden. Bei den einsilbigen Adjektiven bilden die *ja-/jô*-Stämme Komparativ und Superlativ fast durchweg mit den *i*-Formen, die *a-/ô*-Stämme dagegen sowohl mit den *i*- als auch mit den *ô*-Formen. Es heißt also:

	suoȝi	(*ja*-Stamm)	– *suoȝiro*	– *suoȝisto*
aber:	*hêr*	(*a*-Stamm)	– *hêriro*	– *hêristo* oder
			– *hêrôro*	– *hêrôsto*

Die mehrsilbigen Adjektive weisen überwiegend die Formen mit *-ô-* auf, z. B.

managfalt – managfaltôro – managfaltôsto

Komparativ und Superlativ werden im Ahd. im Gegensatz zum Nhd. nur schwach dekliniert.

Unregelmäßige Steigerung
Einige Adjektive weisen keine regelmäßigen Komparativ- und Superlativformen auf. Diese Adjektive bilden den Komparativ und den Superlativ als Suppletivformen von anderen Wortwurzeln, die ihrerseits keinen Positiv haben.

guot	'gut'	– *bęȝȝiro*	– *bęȝȝisto*
ubil	'schlecht'	– *wirsiro*	– *wirsisto*
mihhil	'groß'	– *mêro* (*mêriro, mêrôro*)	– *meisto*
luzzil	'klein'	– *minniro*	– *minnisto*

Daneben gibt es noch eine Reihe von Steigerungsformen, die nicht von Adjektiven, sondern von Adverbien und Präpositionen gebildet worden sind. Sie werden aber gesteigert als Adjektive verwendet. So gehören z. B. zum Adverb *êr* 'vorher' *êriro* '(der) frühere' und *êristo* '(der) früheste, erste', zu *fora, furi* 'vor' *furiro* '(der) vordere, vornehmere' und *furisto* '(der) vorderste, vornehmste'.

2.4.3.5. *Bildung von Adverbien aus Adjektiven*

Im Ahd. können aus Adjektiven Adverbien gebildet werden, indem an den Stamm ein *-o* angefügt wird, z. B. *hôh – hôho*, *mâhtig – mâhtigo*, *snëll – snëllo*. Bei den *ja*-Stämmen mit umlautfähigem Vokal erscheint das Adjektiv mit Umlaut, das Adverb jedoch ohne Umlaut, z. B. *ęngi – ango*, *fęsti – fasto*, *sęmfti – samfto*. Das Adverb zu dem Adjektiv *guot* heißt *wola*, vgl. engl. *good – well*. Die Steigerung der Adverbien auf *-o* erfolgt wie die der Adjektive, jedoch wird im Komparativ nur *-ôr*, im Superlativ *-ôst* und selten *-ist* verwendet, z. B. *fasto – fastôr – fastôst* (selten *fastist*), *lango – langôr – langôst* (selten *langist*).

Zu den Adverbien *wola, ubilo, mihhilo* und *luzzilo* sind die Steigerungsformen wie bei den entsprechenden Adjektiven unregelmäßig. Ihre Komparative zeigen die Steigerung ohne gramm. Merkmale:

wola	'gut'	– *baʒ*	–	*bęʒʒist*
ubilo	'schlecht'	– *wirs*	–	*wirsist*
mihhilo	'groß'	– *mêr*	–	*meist*
luzzilo	'klein'	– *min*	–	*minnist*

(Zum Adj. vgl. Kienle 1969, §§190–198; Braune 1987, §§244–269.)

2.4.4. **Das Pronomen**

2.4.4.1. *Personalpronomen*

		ungeschlechtige	Pronomen	geschlechtige Pronomen		
		1. Person	2. Person	3. Person		
				Mask.	Neutr.	Fem.
Sg.	Nom.	*ih*	*dû, du*	*ër, hër*	*iʒ*	*siu, sî, si*
	Gen.	*mîn*	*dîn*	*sîn*	*ës, is*	*ira, iru*
	Dat.	*mir*	*dir*	*imu, imo*	*imu, imo*	*iru, iro*
	Akk.	*mih*	*dih*	*inan, in*	*iʒ*	*sia, sie*
Pl.	Nom.	*wir*	*ir*	*sie*	*siu*	*sio*
	Gen.	*unsêr*	*iuwêr*	*iro*	*iro*	*iro*
	Dat.	*uns*	*iu*	*im, in*	*im, in*	*im, in*
	Akk.	*unsih*	*iuwih*	*sie*	*siu*	*sio*

Außer den hier aufgeführten Formen gibt es in verschiedenen Mundarten noch einige Nebenformen. Im Nom. Sg. ist *ër* die vorherrschende Form; *hër* zeigt mit dem *h*-Anlaut einen Übergang zu den as. Formen. Zu den ungeschlechtigen Pronomen gehört auch das Reflexivpronomen:

Sg.	Gen. *sîn* (*ira*)	Pl.	(*iro*)
	Dat. (*imu, iru*)		(*im*)
	Akk. *sih*		*sih*

Seine alten Formen sind im Ahd. weitgehend verlorengegangen; vorhanden ist noch *sih* (Akk. Sg., Pl.) und *sîn* (Gen. Sg.). *sîn* ist nur für das Mask. und Neutr. gebräuchlich und hat auch die Stelle des alten Genitivs des mask. geschlechtigen Pronomens eingenommen. Die übrigen Kasus in Sg. und Pl. werden durch das geschlechtige Pronomen ersetzt.

2.4.4.2. *Possessivpronomen*

Das Possessivpronomen entspricht dem Gen. des Personalpronomens, wobei für das Neutr. die mask. Form verwendet wird:

Sg.	*mîn*	*dîn*	*sîn*	*sîn*	*ira*
Pl.	*unsêr*	*iuwêr*		*iro*	

Die Possessivpronomen flektieren wie st. Adjektive. Im Nom. Sg. steht die unflektierte Form und auch die flektierte, also *mîn* oder *mînêr*, *mînaʒ*, *mîniu* usw.

2.4.4.3. *Demonstrativpronomen*

Das einfache Demonstrativpronomen

		Maskulinum	Neutrum	Femininum
Sg.	Nom.	*dër*	*daʒ*	*diu*
	Gen.	*dës*	*dës*	*dëra* (*dëru, -o*)
	Dat.	*dëmu, -o*	*dëmu, -o*	*dëru, -o*
	Akk.	*dën*	*daʒ*	(*dea*) *dia*
	Instr.	*diu*	*diu*	–
Pl.	Nom., Akk.	(*dê, dea, dia*) *die*	*diu*	(*deo*) *dio*
	Gen.	*dëro*	*dëro*	*dëro*
	Dat.	*dêm, dên*	*dêm, dên*	*dêm, dên*

Das einfache Demonstrativpronomen wird auch als Artikel und Relativpronomen verwendet. Beim Fem. wird die Dativform schon im 9. Jh. mitunter auch für den Gen. gebraucht, später immer. Der alte Instr. tritt sehr häufig mit Präp. zusammen auf, z. B. *bidiu* 'deshalb', *innan thiu* 'unterdessen, während', er vertritt hier den Dat. Neutr.

Das zusammengesetzte Demonstrativpronomen

t ursprünglich eine Verbindung des
linierbaren Demonstrativpartikel *se*.
Nach einer Reihe von Übergangsfor-
en Formen werden wie das st. Ad-

trum	Femininum
	dësiu, disiu
?s	*dësera*
?mu) dësemo	*dëseru*
	dësa
?, dësu,	–
?, disu	
?, disiu	*dëso*
ro	*dësero*
m, -en	*dësêm, -en*

trum
ȝ, waȝ
s, wës
mu, wëmo
ȝ, waȝ
?, wiu

räp., z. B. *bĭhwiu* 'weshalb', *mit wiu*

ndere Form für das Fem. Das Neutr.
Plural hat dieses Pronomen nicht. Es
Substantive stehen immer im Gen.:

Braune 1987, §§289–300; zum Pronomen
282–288.)

Eins. Ahd. *ein* flektiert wie Adjektive stark und schwach, vgl. *blint*. Der Nom. Sg. lautet:

	Maskulinum	Neutrum	Femininum
st.	*ein*	*ein*	*ein*
	einêr	*einaȝ*	*einiu*
sw.	*eino*	*eina*	*eina*

Aus *ein* entwickelt sich bereits im Ahd. der unbestimmte Artikel.

Zwei und drei. Nom. und Akk. dieser beiden Zahlen sind je nach Geschlecht verschieden; Gen. und Dat. sind bei allen Geschlechtern gleich.

	Maskulinum	Neutrum	Femininum
Nom., Akk.	*zwêne*	*zwei*	*zwâ, zwô*
Gen.		*zweio*	
Dat.		*zweim, zwein*	
Nom., Akk.	*drî*	*driu*	*drîo*
Gen.		*drîo*	
Dat.		*drim, drin*	

Vier bis zwölf. Stehen die Zahlen 4 bis 12 als Adjektiv vor einem Substantiv, so bleiben sie unflektiert. Sie lauten dann: *feor* (*fior*), *fimf* (*finf*), *sëhs*, *sibun*, *ahto*, *niun*, *zëhan* (*zëhen*), *einlif*, *zwẹlif*; z. B. *sibun korbi*. Werden sie dagegen dem Substantiv nachgestellt oder werden sie substantivisch gebraucht, so flektieren sie wie die Substantive der *i*-Deklination, z. B. *mit knëhton sibinin* 'mit sieben Knechten'.

Dreizehn bis neunzehn. Diese Zahlen sind Zusammensetzungen mit *zëhan*. Sie heißen: *drîzëhan*, *fiorzëhan*, *finfzëhan*, *sehszëhan*, *sibunzëhan*, *ahtozëhan*, *niunzëhan*. Sie flektieren wie *zëhan*. Bei *drîzëhan* kann auch der erste Bestandteil flektiert werden.

20 bis 100. Die Zehner von 20 bis 100 sind Zusammensetzungen mit *-zug*: *zweinzug*, *drîzug*, *fiorzug*, *finfzug*, *sëhszug*. Ahd. *-zug* entspricht got. *tigus* 'Zehner', dieses ist eine Nebenform zu *taíhun* 'zehn'. (*g* und *h* wechseln nach dem gramm. Wechsel.) 70 bis 100 werden in den ältesten Quellen nicht mit *-zug*, sondern mit *-zo* gebildet, z. B. *sibunzo*. Schon im 9. Jh. hat aber *-zug* den alten Bestandteil *-zo* verdrängt. Die Zahlen lauten also: *sibunzug*, *ahtozug*, *niunzug*, *zëhanzug*. Die Zahlen auf *-zug* sind undeklinierbar und werden immer substantivisch gebraucht. Nachgestellte Substantive erscheinen im Gen., z. B. *feorzuc wëhhôno* '40 der Wochen'.

100 bis 1000. Ahd. heißt 100 überwiegend *zëhanzug*. Auch die anderen Hunderter können auf diese Weise gebildet werden, z. B. *zwiro zëhanzug* '200', *dristunt zëhanzug* '300', eigentlich 'dreimal hundert'. Meistens werden aber die mehrfachen Hunderter mit *hunt* 'hundert' gebildet, z. B. *zwei hunt*, *thriu hunt*. *hunt* wird dabei wie ein substantivischer neutr. Plural gebraucht.

Ahd. *dûsunt, thûsunt* '1000' ist ein Substantiv mit einer uneinheitlichen Flexion. Wird ihm ein Substantiv nachgestellt, so steht dieses im Gen., z. B. *thusunt scrito* '1000 Schritte'.

2.4.5.2. *Ordinalzahlen*

1. *ëristo* oder *furisto* (s. 2.4.3.4.)
2. *ander* (flektiert: *anderêr, anderaȝ, anderiu*)
3. *dritto*
4. *feordo* usw.
13. *dritto zëhanto*
14. *feordo zëhanto*
20. *zweinzugôsto*
30. *drîzugôsto*

Während die Ordinalzahlen zu *1* und *2* nicht aus der gleichen Wortwurzel wie die Kardinalzahlen gebildet werden, werden alle übrigen Ordinalzahlen zu den entsprechenden Kardinalzahlen gebildet. Die Ordinalzahlen von *13* bis *19* sind aus der undeklinierten Ordinalzahl der Einer und dem Bestandteil *zëhanto* zusammengesetzt. Die Zehner werden mit Hilfe des Superlativmorphems *-ôsto* gebildet: *zweinzugôsto* "der Zwanzigste". Die Ordinalzahlen flektieren wie sw. Adjektive. (Vgl. Kienle 1969, §§ 199–203; Braune 1987, §§ 270–281.)

2.5. Zum Satzbau

Die unter 1.2.4.4. dem "Hildebrandlied" entnommenen Beispiele verdeutlichen, dass das Grundsystem der Satztypen, Satzarten und Satzglieder sowie die grundlegenden Möglichkeiten der Verknüpfung bereits im Germ. vorhanden waren. Auf diesen Voraussetzungen baut das Ahd. auf und entwickelt sie in vielfältiger Weise weiter. (Vgl. METTKE 1983, 598ff.; TSCHIRCH 1983, 170ff.; MOSKALSKAJA 1985, §§42–61; SCHWEIKLE 1986, §25; PENZL 1986, §§94–107.) Zwei wesentliche Erscheinungen bestimmen maßgeblich die weitere Entwicklung:

1. Durch die Veränderung der Flexionsmorpheme (Reduzierung, Schwund) ist die grammatische Eindeutigkeit vieler Formen nicht mehr gewährleistet, so dass Ersatzformen erforderlich werden (Artikel beim Substantiv, Personalpronomen beim Verb, Umschreibungen von Kasus und Tempora).
2. Das komplexe Erfassen vielfältiger Sachverhalte erfordert eine genauere Kennzeichnung der kausalen, konditionalen, modalen, relativen, demonstrativen Beziehungen durch entsprechende Sprachmittel (stärkere Ausprägung der Hypotaxe, Weiterentwicklung der satzverknüpfenden Pronomina und Konjunktionen, stärkere Festigkeit in der Satzgliedstellung).

Dafür werden im Ahd. vielfältige Voraussetzungen geschaffen. Dabei ist zu berücksichtigen, dass alle Schreibkundigen dieses Zeitraumes am Lat. geschult worden waren und oftmals auch von lat. Vorlagen ausgingen. Dennoch wurden bestimmte Eigenheiten der dt. Sprache im Schreibgebrauch gegenüber dem lat. Usus weitgehend durchgesetzt, so die Abfolge Adj. + Subst. statt lat. Subst. + Adj. und Pron. + Subst. statt lat. Subst. + Pron. Am längsten hat sich die im Lat. übliche Wortstellung in einigen festen Wendungen erhalten: *pater noster* > *Vater unser*.

Die nachfolgend ausgewählten, BRAUNE 1994 entnommenen Textbelege stammen, wenn nicht eine andere Quelle angegeben wird, aus dem "Tatian".

2.5.1. **Der einfache Satz**

Die – zu allen Zeiten – vorherrschende Satzform im Deutschen ist der zweigliedrige Satz, bestehend aus Subjekt und Prädikat, besonders Verb in finiter Form, ergänzt und erweitert durch Objekte, Adverbialbestimmungen, Infinitive und Partizipien bzw. Infinitiv- und Partizipialgruppen und durch Attribute. Die Ausprägung reicht von kurzen Sätzen bis zu umfangreichen Strukturen: *(inti) thiu fuzze teof ist – Uuas dâr brunno Jacobes – Quam stemna fon himile – Thô quad iru der heilant – Quam thô uuîb fon Samariu sceffen uuaȝȝar* (heute durch Inf. auf *um zu* umschrieben) – *Araugta sih* (Prädikat) *imo* (Objekt) *gotes* (Attribut) *engil* (Subjekt), *stantenti* (Part., Modalbestimmung) *in zeso* (Lokalbestimmung) *thes altares* (Attribut 1) *thero uuîrouhbrunsti* (Attribut 2). Das zuletzt genannte Beispiel lässt erkennen, dass die Tatianübersetzer sich teilweise sehr eng an das lat. Vorbild anlehnten. (Siehe auch 2.1.2.1.)

Neben zweigliedrigen Sätzen verbaler Prägung ist auch im Ahd. das nominale Prädikat recht oft vertreten. Adjektive und Partizipien werden in flektierter und in unflektierter Form verwendet, und auch Substantive kommen als nominale Prädikate vor: *nû uuirdist thû suîgenti – Johannes ist sîn namo – geist ist got.*

Vereinzelt kommen – meist wohl in Anlehnung an die lat. Vorlage – auch subjektlose Sätze vor: *Bat thô scrîbsahses, screib sus quedanti*; dies entspricht in der Diktion dem, was im Germ. durch den Stabreim bewirkt wurde, der ja hier auch anklingt. *Gilamf inan varan thuruh Samariam*; hier stehen finites und infinites Verb in engen semantischen Beziehungen. Zum Teil spielt aber bei subjektlosen Sätzen wohl auch noch die Gewohnheit mit, das Personalpronomen auszusparen, weil das finite Verb Person und Numerus einschließt. Bei umfangreicheren Konstruktionen beruht das Aussparen des Subjekts gelegentlich darauf, dass ein vorausgehendes Subjekt umfangreicherer Prägung in den unmittelbar nachfolgenden Sätzen als Gedächtnisstütze nachwirkt, vgl. etwa *Inti gihôrtun thaȝ thô* **ira nâhiston inti ira cundon** . . . *inti gifâhun mit iru. Uuard thô in themo ahtuden tage, quâmun zi bisnîdanne thaȝ kind, namtun inan sînes fater namen Zachariam.*

In zusammenhängenden Textabschnitten finden sich bei gleichem Sachverhalt oftmals weitgehend identische Satzstrukturen, so etwa bei den Redeeinleitungen im Gespräch mit der Samariterin: *Thô quad iru der heilant . . . Thô quad imo uuîb samaritanisga . . . Thô antlingita ther heilant inti quad iru . . . Thô quad imo thaȝ uuîb . . . Thô antuurtanti der heilant in quad iru . . . Thô quad zi imo thaȝ uuîb . . . Thô quad iru der heilant . . . Antuurtanti daȝ uuîb inti quad . . . Thô quad iru der heilant . . . Thô quad imo daȝ uuîb* . . . usw.

Bei Otfrid finden sich auch Belege dafür, dass ein umfangreiches Subjekt durch ein rückverweisendes *thaȝ* oder *ther* wieder aufgenommen wird und dann den Satz weiterführt: *Thes selbon thíonostes giuualt thaȝ gengit thuruh ira hant.*

2.5.2. **Die Parataxe**

Im "Hildebrandlied" ist die asyndetische Parataxe sehr stark vertreten: *sunufatarungo iro saro rihtun, garutun se iro guđhamun, gurten sih iro suert ana . . . forn her ostar giweit, floh her Otachres nid . . . spenis mih mit dinem wortun, wili mih dinu speru werpan . . . nu scal mih suasat chind suertu hauwan, breton mit sinu billiu.* Dabei wird auch die subjektlose Form persönlicher Sätze verwendet: *Du bist dir alter Hun, unmet spaher, spenis mih mit dinem wortun, wili mih dinu speru werpan.*

Im "Tatian" herrscht die syndetische Parataxe vor: *In anaginne uuas uuort inti thaȝ uuort uuas mit got inti got selbo uuas thaȝ uuort.* Durch die enge Anlehnung an das lat. abgefasste Original wird gelegentlich auch die asyndetische Parataxe verwendet: *Jesus ergo fatigatus ex itinere sedebat sic super fontem > Der heilant uuas geuueigit fon dero uuegeverti, saȝ sô oba themo brunno.* Dabei ist in der Übersetzung der erste Teilsatz dadurch aufgewertet, dass eine finite Verbform eingefügt wird. Und durch das Aussparen des *ergo*, durch das eigentlich die gedankliche Beziehung zum Voranstehenden ausgedrückt wird, entsteht eine asyndetische Satzverbindung, in der zwei gleichwertige Aussagen in gleichwertig gestalteten sprachlichen Formen nebeneinanderstehen. (Vgl. auch Tschirch 1983, 172).

Eine durch das Aussparen des finiten Verbs verkürzte Form in Verbindung mit einer vollständigen Form ist im "Tatian" mehrfach bezeugt: *Uuas in tagun Herodes thes cuninges Judeno sumêr biscof namen Zacharias fon themo uuehsale Abiases inti quena* – O – *imo fon Aarones tohterun inti ira namo uuas Elisabeth.* Das Bemühen um syndetische Verknüpfung von Zusammengehörigem ist im "Tatian" auch dann erkennbar, wenn Sätze durch Punkt voneinander getrennt werden und dann mit *inti* – oftmals auch noch klein geschrieben – beginnen: *Elisabeth uuârlîhho uuard gifullit zît zi beranne* **inti** *gibar ira sun.* **Inti** *gihôrtun thaȝ thô ira nâhiston inti ira cundon, thaȝ truhtîn mihhilôsôta sîna miltida mit iru,* **inti** *gifâhun mit iru.* **Inti** *uuas thaȝ folc beitônti Zachariam,* **inti** *vvuntorôtun thaȝ her laȝȝêta in templo.*

Oftmals wechseln auch syndetische und asyndetische Parataxe. So enthält das "Pater noster" des "Weißenburger Katechismus" in seinem ersten Teil die asyndetische, im zweiten Teil die syndetische Parataxe: *Fater unsêr: thu in himilon bist, giuuîhit sî namo thîn, quaeme rîchi thîn. uuerdhe uillo thîn, sama sô in himile endi in erthu. Broot unseraȝ emeȝȝîgaȝ gib uns hiutu, endi farlâȝ uns sculdhi unsero, sama sô uuir farlâȝȝêm scolôm unserêm, endi ni gileidi unsih in costunga, auh arlôsi unsih fona ubile.*

Auch bei Aufforderungssätzen wird die parataktische Verknüpfung verwendet: *var inti halo thînan gomman inti quim (hara).* Durch die Parataxe wurde es auch möglich, mehrere Sachverhalte bzw. Aussagen durch Aussparen eines Subjekts oder Prädikats in einem Satz zusammenzubringen: *Thô antlingita ther heilant inti quad – Antuurtanti daȝ uuîb inti quad – Thô antuurtanti der heilant in quad iru.*

Tschirch hat (1983, 178) darauf hingewiesen, dass die Verwendung von *und* im Ahd. inhaltlich völlig unbestimmt ist. So werden durch *und* adversativ gebrauchte Satzaussagen miteinander verknüpft, z. B. in den "Straßburger Eiden", wo es heißt: *Oba Karl then eid . . . geleistit indi Ludhuuig . . . thene er imo gesuor forbrihchit . . .*

2.5.3. **Die Hypotaxe**

Im "Hildebrandlied" ist die Hypotaxe bereits in mehreren Varianten bezeugt (siehe 1.2.4.4.). Als ältester Nebensatz wird der Relativsatz angesehen. Der Anschluss durch Relativpronomen stimmt mit den Gegebenheiten im Nhd. weitgehend überein: *ther, thiu, thaʒ*. Auch flektierte Formen kommen vor: *inti ni maht sprehhan unzan then tag,* **in themu** *thisu uuerdent – thû nû ni habês* **mit hiu** *scefês.*

In den ahd. Texten ist *thaʒ/daʒ* die am häufigsten vorkommende Nebensatzkonjunktion. Dabei steht oftmals bereits im Hauptsatz ein *das*, das auf den durch *dass* eingeleiteten Nebensatz hinweist: (im "Hildebrandlied") *Ik gihorta* **đat** *seggen,* **đat** *sih urhettun . . .* **dat** *sagetun mi usere liuti, alte anti frote, dea erhina waren,* **dat** *Hiltibrant haetti min fater . . .* **dat** *sagetun mi seolidante westar ubar wentilseo,* **dat** *inan wic furnam.* Hier hat der *dass*-Satz jeweils konjunktivischen Charakter; in ihm ist eine Aussage oder Mitteilung enthalten, die von anderen stammt; durch *sagen* bzw. *horte sagen* ist die Nähe zur indirekten Rede erkennbar. Dass solche Konstruktionen geläufig waren, zeigt auch der Anfang des "Wessobrunner Gebetes": **Dat** *gifregin ih mit firahim firuuiʒʒo,* **Dat** *ero ni uuas noch ufhimil.*

In solche *das-dass*-Konstruktionen sind schon im "Hildebrandlied" andere Konstruktionen eingebettet: *alte anti frote* (Apposition), *dea erhina warun* (Relativsatz). Trotz aller Kompliziertheit der Konstruktion bleibt dies verständlich, gedanklich durchschaubar. Heute könnte man es nicht besser formulieren. Wenn aber komplizierte lat. Konstruktionen aufgelöst werden, lässt sich der ahd. Text meist nur über mehrere Umformungen ins Nhd. übertragen: *Fuor thô Joseph von Galileu fon thero burgi thiu hieʒ Nazareth in Judeno lant inti in Davides burg, thiu uuas ginemnit Bethleem, bithiu uuanta her uuas fon hûse inti fon hîuuiske Davides, thaʒ her giiâhi saman mit Mariûn, imo gimahaltero gimahhûn sô scaffaneru.* Abgesehen von der Verwendung von zwei Relativ- und zwei Konjunktionalsätzen tritt die am Ende stehende Häufung der verdichteten Wortgruppen besonders deutlich hervor. Luther löste diese Häufung auf in 'mit Maria, seinem vertrauten Weibe, die war schwanger'.

Einmal kommt im "Hildebrandlied" ein *dass*-Satz vor, der als absoluter Satz verwendet wird: *dat ih dir it nu bi huldi gibu,* und einmal stehen zwei *dass*-Sätze, bei denen der zweite dem ersten untergeordnet ist: *wela gisihu ih in dinem hrustim,* **dat** *du habes heme herron goten,* **dat** *du noh bi desemo riche reccheo ni wurti.*

Die Verwendung der Hypotaxe ist im Ahd. bereits vielfältig ausgeprägt. Dabei herrscht die Positionsverteilung Hauptsatz + Gliedsatz weitgehend vor. Für den Anschluss gibt es weitaus weniger Konjunktionen als im Nhd., und auch der lexikalische Bestand ist anders:

konditionale Konjunktionen:	*ibu* (*oba*)	'falls, wenn'
kausale Konjunktionen:	*uuanta, bithiu uuanta*	
	(*so, mit thiu*)	'weil, da'
finale Konjunktionen:	*thaʒ, zi thiu thaʒ*	'dass, damit'

Während Subjekt-, Objekt- und Attributsätze im Ahd. zu den häufig vorkommenden Nebensätzen gehören, sind unter den Adverbialsätzen besonders die Konzessiv- und die Modalsätze noch weniger gebräuchlich.

2.5.4. **Der mehrfach zusammengesetzte Satz**

Der unter 2.5.3. an letzter Stelle aus dem "Tatian" zitierte Satz deutet bereits an, dass in der Mehrzahl der ahd. Texte umfangreiche Sätze zu finden sind. Dabei wirken parataktische und hypotaktische Beziehungen je nach den zugrundeliegenden, vom Schreiber sprachlich zu erfassenden Sachverhalten auf unterschiedliche Weise zusammen. Das betrifft nicht nur die Übersetzungsliteratur, denn auch im "Hildebrandlied" sind ja mehrere Formen bezeugt: *wela gisihu ih . . .* (s. o.) – *welaga nu, waltant got . . . wewurt skihit, ih wallota summaro enti wintro sehstic ur lante, dar man mih eo scerita in folc sceotantero: so man mir at burc enigeru banun ni gifasta, nu scal mih suasat chind suertu hauwan, breton mit sinu billiu, eddo ih imo ti banin werdan.* Vom Gedankenablauf her könnte vor *nu* 'nun' eine Zäsur eingelegt werden, weil dort der Bezug zur künftig ablaufenden Handlung liegt, und es könnte dort auch ein Punkt davorgesetzt werden, zumal ja ein neuer Vers beginnt, aber das würde Redefluss und Gedankengang des Vaters beeinträchtigen. Ähnlich ist das auch im nachfolgenden Text, zunächst noch einmal bei der Rede des Vaters: *doh maht du nu aodlihho, ibu dir din ellen taoc, in sus heremo man hrusti giwinnan, rauba birahanen, ibu du dar enic reht habes.* Der in den Hauptsatz eingeschobene *ibu*-Satz gleicht zwar vom Inhalt her dem nachgestellten, aber in ihrer Gewichtung sind beide doch unterschiedlich. Das wird noch unterstrichen durch den Nachtrag *rauba birahanen.* Und auch die dritte wörtliche Rede des Vaters weist eine ähnliche Struktur auf: *der si doh nu argosto . . . ostarliuto, der dir nu wiges warne, nu dih es so wel lustit gudea gimeinun: niuse de motti, hwerdar sih hiutu dero hregilo rumen muotti, erdo desero brunnono bedero uualtan.* Der konditionale Eingang mit dem ergänzenden Relativsatz führt zur Aufforderung, die dann im Ausblick auf das Ergebnis des Geschehens endet. Der Doppelpunkt (des Herausgebers) trennt das Ganze in zwei Teile, und dies wird auch aus der Satzstruktur erkennbar.

Ganz anders ist das im "Tatian", wo auch zwei Geschehen in einem Satzzusammenhang abgehandelt werden, eine Zustandsbeschreibung und ein Handlungsablauf. Beides wird auf unterschiedliche Weise sprachlich gefasst: *Thô sie thâr uuârun, vvurđun tagâ gifulte, thaʒ siu bâri, inti gibar ira sun êristboranon inti biuuant inan mit tuochum inti gilegita inan in crippea, bithiu uuanta im ni uuas ander stat in themo gasthûse.* Der begründende Teilsatz am Ende der umfangreichen Konstruktion läßt den durch mehrfaches *inti* charakterisierten Handlungsablauf ausklingen. Auch in den beiden ahd. Teilen der "Straßburger Eide" werden die umfangreichen Inhalte in einen einzigen Satz zusammengefasst, wobei im Eid Ludwigs durch *sô* einmal Kausales und einmal Modales (dies mit *sôso*) ausgedrückt wird: *In godes minna ind in thes christânes folches ind unsêr bêdhero gehaltnissî, fon thesemo dage frammordes, sô fram sô mir got geuuiʒci indi mahd furgibit, sô haldih thesan mînan bruodher, sôso man mit rehtu sînan bruodher scal, in thiu thaʒ er mig sô sama duo, indi mit Ludheren in nohheiniu thing ne gegango, the mînan uillon imo ce scadhen uuerdhên.* Dass eine solche Verdichtung inhaltlicher Art und die daraus resultierende sprachliche Zusammendrängung nicht nur im weltlichen, sondern auch im geistlichen Bereiche gehandhabt wurde, verdeutlicht unter vielen anderen Beispielen die "Lorscher Beichte", wo es heißt: *Ih gihu gote alamahtîgen fater inti allên sînên sanctin inti desên uuîhidôn inti thir gotes manne allero mînero sunteno, thero ih gidâhda inti gisprah inti gideda, thaʒ uuidar gote uuâri inti daʒ uuidar mînera christanheiti uuâri inti uuidar mînemo gilouben inti uuidar mîneru uuîhûn doufî inti uuidar mîneru bigihdi.* Hier wird die übersichtliche Abfolge der einzelnen Anliegen durch *inti* bewirkt, im nachfolgenden Satz werden die sündhaften Begierden einfach aufzählend aneinandergereiht: *Ih gihu nîdes, abunstes, bisprâha, sueriennes, firinlustio, zîtio forlâʒanero, ubermuodî, geilî, slafheiti, trâgî gotes ambahtes, huoro uuilleno, farligero, inti mordes inti manslahta, ubarâʒî, ubartrunchî.* Die durch *inti* hier ausklammernd nachgestellten Gegebenheiten haben stärker weltlichen Charakter: 'Mord, Totschlag, Saufen und Fressen'.

2.5.5. **Satztypen**

Aus den voranstehend aufgeführten Beispielen ist zu erkennen, dass in den Texten am häufigsten Aussagesätze vorkommen. Das entspricht unserem heutigen Sprachgebrauch, denn Feststellungen, Aussagen zu Sachverhalten, Kundgeben von Meinungen bilden den Hauptinhalt unserer sprachlichen Äußerungen. Außer positiven Sätzen gibt es auch negative Sätze, in denen eine Verneinung enthalten ist: *ûȝȝan sîn* **ni** uuas **uuiht** *gitânes* mit einfacher Verneinung *nicht etwas* = 'nichts' – *Her ûsgangenti* **ni** *mohta sprehhan zu in* – *nioman* **nist** *in thinemo cunne* 'niemand nicht ist . . .' = keiner – *im* **ni** *uuas ander stat in themo gasthuse* 'nicht eine andere Stelle' = kein Platz, *den thû nû habês,* **nist** *dîn gomman* 'nicht ist' – *uuola quâdi, thaȝ thû* **ni** *habês gomman.* Die einfache Verneinung herrscht hier allein, und auch im Ausrufesatz herrschen die gleichen Verhältnisse: **ni** *forhti thû thir, Zacharias.*

Die Aufforderungssätze entsprechen in ihrem Bau unseren heutigen Verhältnissen: *var inti halo thînan gomman inti quim (hara) – ni forhti thir, Maria – gib mir trinkan.* Beim "Vaterunser" des "Tatian" wird in der Mitte bei *unser täglich Brot* wegen der umfangreichen Wortgruppe die Wortstellung verändert: *. . . sî giheilagôt thîn namo, queme thîn rîhhi, sî thîn uillo, sô her in himile ist, sô sî her in erdu, unsar brôt tagalîhhaȝ gib uns hiutu, inti furlâȝ uns unsara sculdi, sô uuir furlâȝemês unsarên sculdigôn, inti ni gileitêst unsih in costunga, ûȝouh arlosî unsih fon ubile.*

Beim Ausrufesatz als spezieller Form des Aussagesatzes gibt es meist Übereinstimmungen mit dem späteren Sprachgebrauch: *heil uuis thû gebôno follu! – truhtîn mit thir, gisegenôt sîs thû in uuîbun – fallet ubar unsih! bithecket unsih!*

Auch der Fragesatz zeigt Übereinstimmung: *Vvuo mag thaȝ sîn? – uuanan uueiȝ ih thaȝ? – Uuas uuânis these kneht sî?*

2.5.6. **Satzglieder und Satzgliedfolge**

Zahl, Art und Umfang der Satzglieder und Gliedteile entsprechen den heute vorhandenen Gegebenheiten.

Subjekt: **Thaȝ giscrib** *uuard gitân* – **Elisabeth** *uuârlîhho uuard gifullit* – *Quad iru* **ther engil** – **Her** *quad in thô* – **Neman** *ni quad thô.*

Prädikat: **Fuor** *thô Joseph* – *Johannes* **ist sîn namo** – **vvurdun** taga **gifulte**.

Objekte: *quâmmun zi bisnîdanne* **thaȝ kind** – *inti gibar* **ira sun** – *teta* **lôsunga** (Akkusativobjekt) **sînemo folke** (Dativobjekt) – *Bat thô* **scrîbsahses** (urspr. Genitiv, heute Umschreibung durch Präposition) – *Inti Zacharias sin fater uuard gifullit* **heilages geistes** (urspr. Genitivobjekt) – *framquam gibot* **fon đemo allualten keisure** – *Uuard thô forhta* **ubar alle iro nâhiston** – *der heilant uuas giuueigit* **fon dero uuegeverti** – *uuaȝ suochis odo uuaȝ sprichis* **mit iru** – *sô her sprah* **zi unsên faterun** (Präpositionalobjekte).

Adverbialbestimmungen: *siu inphiengh sun* **in ira alttuome** – **in Judeno lant** – **in Syriu** – *Sô her sprah* **thuruh mund heilagero** – **uȝan forhta** usw.

Die Stellung der Satzglieder ist im Ahd., abgesehen von Interlinearversionen, bei denen durch die lat. Vorlage die Wortfolge vorgegeben ist, und abgesehen von den Endreimdichtungen, vor allem vom Inhalt der Aussage und von der Intention abhängig. Bewegliche und feste Wortstellung stehen in einem Verhältnis zueinander, indem Subjekt, Objekte und Adverbialbestimmungen je nach Inhalt des Satzes beweglich sind, während sich bereits im Ahd. die feste Stelle des Prädikats in den einzelnen Satztypen herauszubilden beginnt. In den frühen Quellen, im "Hildebrandlied" und im "Tatian", gibt es hinreichend Belege dafür, dass eine – heute – ungewöhnliche Satzgliedposition durchaus gebräuchlich war: *Forn her ostar giweit,* **floh** *her Otachres nid* – **want** *er do ar arme wuntane bauga //* **Quam** *thô uuîb fon Samariu sceffen uuaȝȝar* – **Fuor** *thô Joseph von Galileu.* Hier steht das finite Verb im Aussagesatz in Stirnstellung; diese Inversion des finiten Verbs wird im Nhd. meist durch die Voranstellung von *Es* ausgeglichen. Bei emphatischer Darstellung kann auch eine völlige Umstellung gewählt werden: *Tot ist Hiltibrant – mit geru scal man geba infahan.*

Alles in allem gelten die gleichen Anordnungsprinzipien für die Satzglieder und die Gliedteile wie heute. Steht das verbale Prädikat am Anfang des Aussagesatzes, rückt das Subjekt meist an die zweite Stelle. Auffällig ist in bestimmten Quellen, so auch im "Tatian", die häufige Spitzenstellung von *thô* und *inti.* Das Prädikat steht im Aussagesatz noch nicht regelmäßig in Kernstellung bzw. im eingeleiteten Nebensatz in Spannstellung. Anfangsstellung des Prädikats im Aussagesatz und Kernstellung im Nebensatz kommen noch häufig vor. Belege dafür finden sich in den oben aufgeführten Textstellen. Es gibt also im Ahd. noch eine gewisse Freiheit in der Anordnung der Satzglieder, indem der beabsichtigte Mitteilungswert zur Hervorhebung des Neuen, des Wesentlichen sachgerecht sprachlich objektiviert werden soll. Aus den Belegen ist auch erkennbar, dass Ansätze zur verbalen Klammer in unterschiedlicher Ausprägung bereits vorhanden sind:

her **furlaet** in lante luttila **sitten** – *do* **lettun** se erist asckim **scritan** – *nu* **scal** mih suasat chind suertu **hauwan** – **dat** du neo dana halt mit sus sippan man dinc ni **gileitos** – **do** sie to deru hiltiu **ritun** – **so** imo se der chuning **gap** – **hwer** sin fater **wari**.

Abweichende Konstruktionen sind meist durch die Anlehnung an das lat. Vorbild bedingt: *In themo sehsten mânude* **gisentit uuard** *engil Gabriel fon gote in thie burg Galilee, thero namo ist Nazareth, zi thiornûn gimahaltero gommanne, themo name uuas Joseph, fon hûse Davides, inti namo thero thiornûn Maria.* Noch deutlicher zeigt sich dies in den "Murbacher Hymnen" (Interlinearversion), wo ohne Rücksicht auf Verständlichkeit transponiert wurde.

Rex eterne domine	*cuninc êuuîgo truhtîn*
rerum creator omnium	*rachôno scepfant allero*
qui est ante secula	*ther pist fora ureralti*
semper cum patre filius.	*simblum mit fatere sun.*

Welch großer Unterschied zum "Tatian"!

2.5.7. **Wortgruppen im Satz**

Im "Hildebrandlied" sind bereits vielgestaltige Wortgruppen vertreten. Sie dienen sowohl im verbalen als auch im nominalen Bereiche zur Konkretisierung, Verdichtung oder Variation der Aussagen. Einige der hier und in anderen Quellen bezeugten Verwendungsweisen sind aus dem Sprachgebrauch wieder verschwunden.

Der Ausbau der Wortgruppen im Satz erfolgt im Ahd. auf mehreren Ebenen. So wird die Entwicklung der analytischen Formen des Verbs durch die Umwandlung biverbaler prädikativer Wortgruppen, die es bereits im Germ. in beträchtlicher Zahl gab und die im Ahd. noch recht zahlreich verwendet wurden, maßgeblich beeinflusst. So heißt es im "Tatian": *Thô sie thâr uuârun,* **vvurđun** *taga* **gifulte**, *thaȝ siu bâri.* Dazu gehören in der gleichen Quelle auch Belege wie **uuard** *thô* **gitan** . . . *Thaȝ giscrib is eristen* **uuard gitan** *in Syriu fon themo* . . . Diese Belege sind insofern aufschlussreich, als hier mit passivischer verbaler Prägung auch temporale, lokale Sachverhalte und Angaben des Urhebers unmittelbar in das verbale Umfeld einbezogen werden, vgl. auch **Argangan uuârun** *ahtu taga* und im HL: *her* **furlaet** *in lante luttila* **sitten**, wo auch Modales einbezogen ist.

Die heute sehr umfangreiche, vielfältig verwendete und ständig weiter ausgebaute Attribuierung ist im Ahd. sowohl auf eigenständiger als auch auf durch lat. Vorgaben bedingter Grundlage mit vielen Belegen vertreten.

HL: Adj. + Subst.: *huitte scilti – heroro man – friuntlaos man – suasat chind – barn unwahsan – herron goten – at burg enigeru*

Pron. + Subst.: *iro saro – min fater – fateres mines – bi desemo riche – hwelihhes cnuosles – dero hregilo*

Adv. + Adj.: *ummet spaher*
Adv. + Subst.: *obana ab hevane*
Adv. + Adj. + Subst.: *also gialtet man – mit sus sippan man – in sus heremo man*
attr. Subst. Gen. + Subst.: *Otachres nid – Hiltibrantes sunu – Huneo truhtin*
subst. Adj. + Subst. Gen.: *argosto ostarliuto*
attr. Subst. Gen. + Adv.: *ferahes frotoro*
Subst. Gen. + Präp. + Subst.: *folches at ente – in folc sceotantero*
Pron. + Subst. + Adj.: *desero brunnono bedero*
Apposition: *Hadubrant . . . Hiltibrantes sunu – usere liuti, alte anti frote, – der chuning . . . Huneo truhtin*
Partizipialgruppe: *wuntane bauga, cheisuringu gitan – giwigan miti wabnum.*

Auf diesem großen Fundus konnte in ahd. Zeit gut aufgebaut werden, so im "Tatian": *al these umbiuuerft – in sînero burgi – Joseph von Galileu – gotes hant – brunno Jacobes – fon đemo aluualten keisure – fon demo grâven Cyrine – in burg Samariae – in Davides burg – fon hîuuiske Davides – in Judeno lant – fora truhtînes annuzzi – in forlâʒnessi iro suntôno thuruh innuovilu miltida unsares gotes – ira sun êristboranon – Quam thô uuîb fon Samariu sceffen uuaʒʒar – quâmum zi bisnîdanne thaʒ kind – screib sus quedanti – inti sprah got uuîhenti.*

3. Mittelhochdeutsch

3.1. Einleitung

3.1.1. **Zeitliche Einordnung**

Unter Mittelhochdeutsch verstehen wir das Deutsch in dem Zeitraum von etwa 1050 bis 1350. Über die Festlegung des Beginns dieser Periode herrscht bei den Sprachhistorikern weitgehend Einmütigkeit; sie sehen wesentliche sprachliche Veränderungen gegenüber dem Althochdeutschen – besonders im Phonemsystem – in der Mitte des 11. Jh. als weitgehend abgeschlossen bzw. allgemein verbreitet an. Dies gilt z. B. für A. BACH 1970, EIS 1958, METTKE 1989 und PAUL 1998. Bei der Abgrenzung des Mhd. zum Frühneuhochdeutschen hin (um 1350) befinden wir uns ebenfalls in Übereinstimmung mit A. BACH, PAUL und METTKE; EIS aber folgt noch der älteren, auf GRIMM zurückgehenden Auffassung, wonach die mhd. Periode erst mit dem Auftreten LUTHERS (um 1500) endet. Hierbei werden vornehmlich sprachexterne Kriterien herangezogen (siehe 0.4.). Diese zeitliche Begrenzung des Mhd. kann jedoch nur als ungefähre Festlegung aufgefasst werden, da sich die Sprache in immerwährender Veränderung befindet und einzelne Sprachperioden somit immer nur unter Zugrundelegung sprachinterner und/oder sprachexterner Kriterien (z. B. Beginn des Mhd. mit Abschwächung der vollen Vokale schwachbetonter Nebensilben, Fortführung und Weiterentwicklung des Umlauts) abgegrenzt werden können.

Nach traditioneller Auffassung lassen sich innerhalb der mhd. Periode noch das Frühmittelhochdeutsch (1050–1170), das klassische Mittelhochdeutsch (1170–1250) und das Spätmittelhochdeutsch (1250–1350) unterscheiden. Diese Binnengliederung gründet sich stärker auf sprachexterne Kriterien – vornehmlich auf literarhistorische. (Siehe 1.3.1. und 1.3.2.) Aber auch grammatikalische, stil- und wortgeschichtliche Argumente sprechen für diese Einteilung. In dieser Darstellung beziehen wir uns vorwiegend auf das klassische Mhd. Es ist die Sprache HARTMANNS VON AUE, WOLFRAMS VON ESCHENBACH, GOTTFRIEDS VON STRASSBURG, WALTHERS VON DER VOGELWEIDE, des Minnesangs überhaupt, und auch der bzw. die Dichter des Nibelungenliedes hat/haben sich dieser Sprachform bedient, die als "höfische Dichtersprache", d. h. als eine ritterliche Kunstsprache, bezeichnet werden kann. (Vgl. PAUL 1998, 12ff.)

3.1.2. **Räumliche Gliederung**

Das Mittelhochdeutsche umfasst die Sprachräume des Oberdeutschen und des Mitteldeutschen, die von der 2., auch sog. ahd. Lautverschiebung erfasst wurden.

Das Mittelniederdeutsche, das z. B. die germ. Tenues *p t k* bewahrt hat, vgl. mnd. *ik, maken, dat* gegenüber mhd. *ich, machen, daz*, bleibt außerhalb unserer Betrachtung.

Noch während des Hochmittelalters, also in der Periode des Mhd., bildete sich folgende mundartliche Gliederung des hochdeutschen Sprachgebietes heraus, die weithin bis heute gültig ist; allerdings lag die Grenze zum Niederdeutschen im Mittelalter vielfach weiter südlich als heute. (Wir folgen hier weitgehend der Aufgliederung bei PAUL 1998, 5ff., hier wird von den lebenden Mundarten ausgegangen, aber darauf hingewiesen, dass deren Raumverhältnisse "nur mit Einschränkung auf das Mhd. übertragen werden können", ebd. 6).

Oberdeutsch

a) Alemannisch
1. Süd- oder Hochalemannisch
heute Schweiz und Südbaden
2. Niederalemannisch oder Oberrheinisch
im Elsass, Süden von Baden-Württemberg, Vorarlberg
3. Nordalemannisch oder Schwäbisch
in Württemberg, im bayerischen Schwaben

b) Bairisch
1. Nordbairisch
bis in den Nürnberger Raum
2. Mittelbairisch
Nieder- und Oberbayern, Ober- und Niederösterreich, Salzburg
3. Südbairisch
Tirol, Kärnten, Steiermark

c) Ostfränkisch
bayerisches Franken bis Meiningen und Coburg, Teil von Baden-Württemberg, Vogtland

d) Süd(rhein)fränkisch
Baden, Teil von Nordwürttemberg

Mitteldeutsch

a) Westmitteldeutsch
1. Mittelfränkisch
Rheinland von Düsseldorf bis Trier, Kreis Siegen (Westfalen), nordwestlicher Teil von Hessen, Nordwesten von Lothringen. Dazu gehört das Ripuarische (um Köln) und das Moselfränkische (um Trier)
2. Rheinfränkisch
südlicher Teil des Rheinlandes, Teil des deutschsprachigen Lothringen, Hessen, Teil des bayerischen Franken, Teil von Württemberg und Baden, Rheinpfalz, Nordrand des Elsass

b) Ostmitteldeutsch
1. Thüringisch
Die folgenden Dialektgebiete bilden sich erst während der mhd. Zeit heraus, und zwar:
2. Obersächsisch (mit Nordwestböhmisch)
3. Schlesisch mit Lausitzisch
4. Hochpreußisch (südlicher Teil des Ermlandes)

3.2. Schreibung und Aussprache

Die Schreibweise in den Handschriften der mhd. Texte weicht je nach Schreiber und Landschaft stark voneinander ab. Zur Wiedergabe der mhd. Sprachlaute wurde – wie im Ahd. – das lat. Alphabet verwendet, wobei es nicht für jeden Laut ein Buchstabenäquivalent, ein Graphem, gab. Diphthonge, Umlaute, Affrikaten, aber auch andere Laute wurden deshalb in verschiedenen Handschriften in unterschiedlicher Weise wiedergegeben. Auch innerhalb einer Handschrift konnte die Schreibung der einzelnen Laute variieren. Hinzu kommt, dass die meisten Sprachdenkmäler aus der klassischen mhd. Zeit in Handschriften aus dem 14./15. Jh. überliefert sind, die an den Schreibtraditionen dieser späteren Zeit orientiert sind.

Die heutigen Ausgaben mhd. Texte aus der Zeit um 1200 weisen dagegen eine normalisierte Schreibweise auf. Sie geht auf den Germanisten Karl Lachmann (1793–1851) zurück, der in sorgfältiger Philologenarbeit unter Nutzung verschiedener Handschriften, durch Reimvergleich und unter Beachtung von Lautentwicklungen die sog.

Normalform des Mhd. entwickelt und in dieser vereinheitlichten Form Werke mhd. Dichter herausgegeben hat.

Diese auf einer Idealvorstellung des Mittelhochdeutschen, letztlich einer Variante des Schwäbischen im 13. Jh. beruhende Normierung spiegelt eine Einheitlichkeit vor, die es nicht gegeben hat. Jüngere Handschriftenuntersuchungen zeigen die breite areale, gattungsspezifische und soziale Variation. Selbst die klassische Dichtung konnte je nach Rezeptionssituation aktualisiert, z. B. in andere Schriftdialekte umgesetzt werden (vgl. N. R. Wolf 1989a).

Als Beispiel für die normalisierte Form des klassischen Mhd., die in dieser Form nicht existiert hat und von der Vielfalt der sprachlichen Realisierungsweisen abstrahiert, wird hier der Beginn der Versdichtung "Der arme Heinrich" von Hartmann von Aue wiedergegeben. Das Werk ist etwa um 1195 entstanden, es ist überliefert in drei vollständigen Handschriften aus dem 14. Jh.

Ein ritter sô gelêret was
daz er an den buochen las
swaz er dar an geschriben vant:
der was Hartman genant,
dienstman was er zOuwe.
er nam im manige schouwe
an mislîchen buochen:
dar an begundę er suochen
ob er iht des vunde
dâmitę er swære stunde
möhte senfter machen,
und von sô gewanten sachen
daz gotes êren töhte
und dâ mitę er sich möhte
gelieben den liuten
nu beginnet er iu diuten
ein rede die er geschriben vant.
dar umbe hât er sich genant,
daz er sîner arbeit
die er dar an hât geleit
iht âne lôn belîbe,
und swer nâch sînem lîbe
si hœre sagen oder lese,
daz er im bittende wese
der sêle heiles hin ze gote.

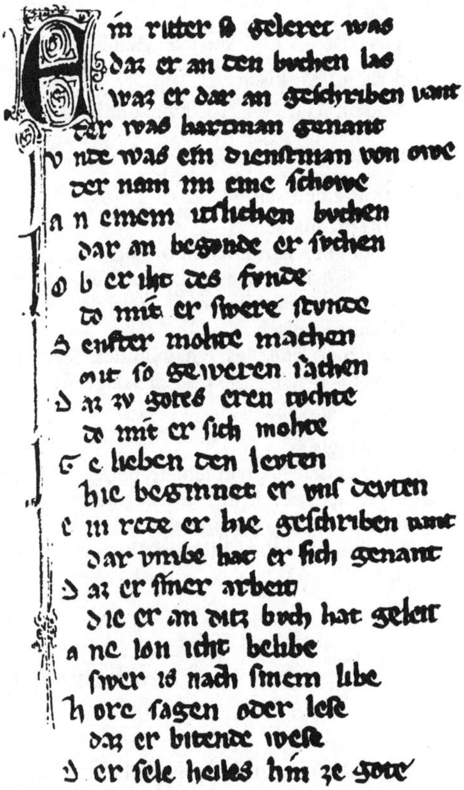
Ein ritter so gelerer was
daz er an den buchen las
waz er dar an geschriben vant
der was hartman genant
v nde was ein dienstman von owe
der nam im eine schowe
a n einem urliche buchen
dar an begonde er suchen
o b er iht des funde
do mit er swere stunde
s enfter mohte machen
mit so gewerten sachen
d az zu gotes eren tochte
do mit er sich mohte
g e lieben den leuten
hie beginnet er uns deuten
e in rede er hie geschriben vant
dar umbe hat er sich genant
d az er siner arbeit
die er an ditz buch hat geleit
a ne lon icht belibe
swer is nach sinem libe
h ore sagen oder lese
daz er bitende wese
d er sele heiles hin ze gote

Abb. 13: Faksimile der Hs. Bb des "Armen Heinrich"

(Aus: Hartmann von Aue 1953)
Der nebenstehende Text im Faksimiledruck gibt dagegen eine mhd. Handschrift wieder, und zwar handelt es sich um die Handschrift Bb aus dem sog. "Kalocza-Kodex" oder "Codex Colocensis".

In den handschriftlich aufgezeichneten Sprachdenkmälern aus mhd. Zeit wird die sog. gotische Schrift verwendet, die sich aus der karolingischen Minuskelschrift entwickelt hat. (Vgl. Paul 1998, 26ff., siehe auch 4.2.1.)

3.2.1. Schreibung und Aussprache der Vokale

In den kritischen Textausgaben der klassischen mhd. Literatur werden folgende Grapheme zur Kennzeichnung der Vokale verwendet:

kurze Vokale	⟨ *a e i o u* ⟩ und die Umlaute ⟨ *ä ö ü* ⟩;
lange Vokale	⟨ *â ê î ô û* ⟩ und die Umlaute ⟨ *æ œ iu* ⟩;
Diphthonge	⟨ *ei ie ou uo* ⟩ und die Umlaute ⟨ *öu/eu üe* ⟩.

Kurzvokale
Die mhd. Kurzvokale müssen beim Lesen zunächst besonders beachtet werden, denn in sehr vielen Fällen zeigt das Nhd. an ihrer Stelle lange Vokale.

Dem ⟨*a*⟩ in nhd. *Schatten* entspricht das ⟨*a*⟩ in mhd. *tac, klagen*;
dem ⟨*e*⟩ in nhd. *Wetter* entspricht das ⟨*e*⟩ in mhd. *nëmen, gëben*;
dem ⟨*i*⟩ in *Gewitter* entspricht das ⟨*i*⟩ in mhd. *ligen, vil, vride*;
dem ⟨*o*⟩ in nhd. *Hoffnung* entspricht das ⟨*o*⟩ in mhd. *hof, bote, loben*;
dem ⟨*u*⟩ in nhd. *Mutter* entspricht das ⟨*u*⟩ in mhd. *jugent, tugent, sudelen.*

e-Laute. Während für das Nhd. allgemein die Regel gilt, dass kurze Vokale offen sind, kann im Mhd. in betonter Silbe sowohl kurzer geschlossener als auch kurzer offener *e*-Laut vorkommen. Für die Aussprache ist die Herkunft des Lautes von Bedeutung. Geht das mhd. *e* auf ein germ. *e* zurück, so ist es als kurzer offener Laut zu artikulieren; es wird in den historischen Grammatiken häufig durch Trema gekennzeichnet, z. B. mhd. *gëben*. Kurzer geschlossener *e*-Laut ist aus ahd. *a* durch sog. Primärumlaut entstanden und wird durch darunter gesetzten Punkt bezeichnet, z. B. mhd. *gẹste.*

In Formen, bei denen der Umlaut *a* > *e* in ahd. Zeit unterblieben ist, entwickelt sich im Mhd. ein kurzer, besonders im Obd. sehr offener Laut (Sekundärumlaut) *ä*, z. B. mhd. *mägede*. In Handschriften ist der Umlaut häufig durch darüber gesetztes *e* gekennzeichnet, woraus sich die Umlautstriche entwickelt haben.

ẹ Primärumlaut des *a*, geschlossen;
ë germ. *e*-Laut, offen;
ä Sekundärumlaut des *a*, sehr offen.

Langvokale
Bei nicht umgelauteten langen Vokalen dient der Zirkumflex zur Kennzeichnung der Vokallänge. (Auf die z. T. gleiche, z. T. differenzierend (für altlange vs. tonlange Vokale, für Länge in alten/fremden Sprachen) verwendete Kennzeichnung durch waagerechten Strich sei hier nur verwiesen.) Jeder Vokal, der Dehnungszeichen aufweist, wird demnach lang gesprochen, auch wenn wir im Nhd. einen kurzen Vokal zu sprechen gewohnt sind. Ein langer Stammvokal erscheint nicht nur in Wörtern wie mhd. *strâze* – nhd. *Straße*, sondern auch in mhd. *râche, jâmer, wâfen* – nhd. *Rache, Jammer, Waffe*; ebenso nicht nur mhd. *êre*, sondern auch mhd. *hêrlich, hêrschaft*; nicht nur mhd. *lôn*, sondern auch mhd. *hôchzît, genôz, rôst.*

Diese eindeutige graphematische Unterscheidung von Lang- und Kurzvokalen findet sich allerdings nicht in den handschriftlichen Zeugnissen aus mhd. Zeit. Die Schreiber der mhd. Handschriften unterscheiden nur selten zwischen Länge und Kürze der Vokale. Der Zirkumflex wird nur ganz vereinzelt als Längezeichen verwendet; manchmal erscheint auch ein Akzent.

Bei den umgelauteten langen Vokalen ⟨*æ*⟩ und ⟨*œ*⟩ dient das nachgestellte *e* sowohl zur Kennzeichnung des Umlauts als auch zur Kennzeichnung der Vokallänge. Der aus *û* entstandene lange Umlautvokal wird durch ⟨*iu*⟩ (sprich *ü:*) gekennzeichnet; ⟨*iu*⟩ ist im Mhd. immer Monophthong.

ê-Laute. Wie bei den kurzen *e*-Lauten, so ist auch bei den Langvokalen die Frage nach der Herkunft wesentlich für die Unterscheidung offener und geschlossener Laute. Der lange geschlossene *ê*-Laut hat sich aus germ. *ai* vor bestimmten Konsonanten sowie im Wortauslaut entwickelt, z. B. mhd. *snê*; der lange offene Laut *æ* geht dagegen auf ahd. *â* zurück und ist durch Umlaut entstanden, z. B. mhd. *gebærde.*

⟨*ê*⟩ aus germ. *ai* vor germ. *h* sowie vor *r, w* und im Auslaut, geschlossen;
⟨*æ*⟩ Umlaut von *â*, sehr offen.

Diphthonge
Die Diphthonge bestehen jeweils aus zwei kurzen Vokalen, von denen der erste stärker betont wird als der zweite. Mhd. *bieten* ist also *bí-èten* zu sprechen. Der Hauptton liegt auf dem kurzen *i*, das *e* wird schwächer angefügt. Das gleiche gilt für die übrigen Diphthonge. Mhd. ⟨*ei*⟩ ist nicht wie im Nhd. als *áè*, sondern als *e* mit *i*-Nachschlag zu sprechen (mhd. *arebéìt*). Diphthonge haben die sprachliche Funktion eines einfachen Vokals und sind immer einsilbig. (Vgl. VON ESSEN 1979, 95.)

Zur Wiedergabe von Vokalen in den mhd. Handschriften
Gegenüber der relativ klaren Unterscheidung von Vokalqualitäten und -quantitäten in der normalisierten Form des Mhd. weisen die Handschriften u. a. folgende Besonderheiten bei der Wiedergabe von Vokalen auf:

- Vokallänge und -kürze werden selten unterschieden;
- *e*-Laute sind in der Schreibung nicht nach ihrer Herkunft differenziert, d. h., ⟨*e*⟩ steht für *ë* oder *ẹ*;
- Umlaute von *o, ô* und *u, û, ou* sind selten bezeichnet;
- als Umlautmarkierung wird zuerst bei *a, â*, später auch bei den anderen einfachen Vokalen ein übergesetztes *e* verwendet, woraus sich die Punkte/Striche für die Umlautkennzeichnung herleiten;
- *i* und *u* werden auch durch ⟨*j*⟩ bzw. ⟨*v*⟩ wiedergegeben, ⟨*v*⟩ steht besonders häufig im Anlaut;
- in md. Handschriften wird z. T. *i* zur Kennzeichnung von Vokallänge verwendet (⟨*ai*⟩, ⟨*oi*⟩, ⟨*ui*⟩, daher z. B. der Name *Voigt*.

(Vgl. im Einzelnen PAUL 1998, 29ff.)

3.2.2. Schreibung und Aussprache der Konsonanten

Der mhd. Konsonantenbestand entspricht im Wesentlichen dem des Nhd. In den kritischen Textausgaben findet sich eine weitgehend vereinheitlichte Schreibweise, in den Handschriften treten die gleichen Laute dagegen in sehr unterschiedlicher Schreibweise auf. Die Laute werden im Mhd. z. T. phonetisch genauer gekennzeichnet als im Nhd., so dass bei zusammengehörigen Wortformen unterschiedliche Lautqualität durch unterschiedliche Grapheme wiedergegeben wird, vgl. mhd. *kleides – kleit* (siehe Auslautverhärtung 3.4.3.4.), *stam – stammes*.

In den kritischen Textausgaben werden zur Kennzeichnung der Konsonanten vorwiegend die folgenden Grapheme verwendet:

für stl. Explosivlaute (Tenues)	⟨ *p t k/c q* ⟩;
für sth. Explosivlaute (Mediä)	⟨ *b d g* ⟩;
für Liquiden	⟨ *r l* ⟩;
für Nasale	⟨ *m n* ⟩;
für Affrikaten	⟨ *pf/ph tz/z kch* ⟩ (letzteres alem.);
für stl. und sth. Spiranten	⟨ *f/v s z/ȝ sch ch/h* ⟩;
für Halbvokale (sonore Konsonanten)	⟨ *w j* ⟩.

Zu Besonderheiten der Schreibweise und Aussprache von Konsonanten
In den Handschriften werden u. a. folgende Schreibweisen realisiert:

- für ⟨*k*⟩ erscheint im Wort- und Silbenauslaut auch normalmhd. ⟨*c*⟩, in Handschriften allgemein statt ⟨*k*⟩ auch ⟨*kh*⟩ und ⟨*ck*⟩;
- statt ⟨*qu*⟩ wird auch geschrieben ⟨*q, qv, qw, quu*⟩, im Alem. ⟨*k*⟩ (z. B. *këk*);
- für ⟨*ch*⟩ steht auch ⟨*h*⟩; md. existiert sowohl velarer als auch palataler Lautwert, im Alem.-Bair. nur velare Lautung wie nach den Vokalen *a, o, u* im Nhd.;
- ⟨*f*⟩ kann auch durch ⟨*v, u, ph*⟩ wiedergegeben werden. Vor *r, l, u, ü, iu, üe* können sowohl ⟨*f*⟩ als auch ⟨*v*⟩ stehen. Im Anlaut und im Inlaut zwischen Vokalen steht meist ⟨*v*⟩, das zunächst sth. und erst im Spätmhd. stl. gesprochen wird, z. B. *vinden, âventiure*.

- ⟨*h*⟩ ist im Silbenanlaut Hauchlaut, z. B. *gesëhen, hërre*, auslautend aber (auch in den Verbindungen *hs, ht*) Reibelaut, z. B. *sah, wuohs, niht*. Zum (stummen) Dehnungszeichen wird es erst im Frnhd.;
- statt ⟨*j*⟩ kommen auch vor ⟨*i, y, g, gi*⟩; es kann stimmhafte Spirans (*jehen*) oder auch Verschlusslaut sein (er *giht*);
- für ⟨*w*⟩ treten auch als Graphemvarianten auf ⟨*uu, uv, vu, u*⟩;
- ⟨*z*⟩ hat doppelten Lautwert: Es ist Affrikata (*t* + *s*) und entspricht dem nhd. *z*, vgl. mhd. *zît* 'Zeit'. Es kann aber auch ein stl. *s* bezeichnen, dem im Nhd. oft *ß* oder *ss* entspricht, vgl. mhd. *heizen* 'heißen'. Die Grammatiken verwenden zur deutlichen Unterscheidung der beiden Laute für stl. ⟨*z*⟩ häufig die Schreibung ⟨*ȝ*⟩. In unseren Ausführungen wird darauf verzichtet. In der Regel wird mhd. ⟨*z*⟩ als Affrikata gesprochen, wenn ihm im Nhd. ein *z* entspricht, z. B. mhd. *holz, zẹln, zuo*;
- ⟨*s*⟩ wird im Mhd. wie auch im Nhd. je nach der Stellung im Wort sth. oder stl. gesprochen. Bis zur Mitte des 13. Jh. hatte es mehr den Lautwert wie *sch*. Abgeschlossen ist im klasssischen Mhd. die Veränderung von *s* + *c*/*k* > /*ʃ*/; für ⟨*sch*⟩ stehen auch ⟨*sk, sc, sh*⟩, md. auch ⟨*sg*⟩.

3.2.3. Betonung der Wörter

Die einzelnen Silben eines Wortes werden im Mhd. wie im Nhd. mit unterschiedlich starkem Atemdruck (dynamischem Akzent) gesprochen. Man unterscheidet haupttonige, nebentonige und schwachtonige bzw. unbetonte Silben. Hauptton kann durch Akut, vgl. *wúnder*, Nebenton durch Gravis, vgl. *künnegìnne*, gekennzeichnet werden. Schwachton bleibt unbezeichnet.

Hauptton tragen die Stammsilben der einfachen Wörter, z. B. *mǽre, kúnec, fróude*, auch *lḗbendic, hólunder*. (Hier erfolgt eine Tonverschiebung auf die zweite Silbe erst in nhd. Zeit.) Zusammensetzungen und Ableitungen unterscheiden sich in der Betonung, je nachdem ob es sich um Nominal- oder Verbalbildungen handelt. Bei Nominalzusammensetzungen liegt der Hauptton auf der Stammsilbe des ersten Gliedes, z. B. *hốchgezît, Kríemhilt, márcgrâve*.

Nominalbildungen mit Partikel sind in der Regel gleichfalls auf der ersten Silbe betont, z. B. *ántwürte, úrsache, úrteil*. Da der Akzent im Germ. auf die erste Silbe festgelegt wurde, müssen diese Bildungen bereits vor der Festlegung des Akzents vorhanden gewesen sein. Dagegen sind die Präfixe *ge-*, *ver-*, *be-* auch in Nominalbildungen unbetont, hierbei handelt es sich um jüngere Bildungen, die durch Angleichung an Verbalkomposita entstanden sind. Verbalbildungen tragen den Hauptton in der Regel auf der Stammsilbe des Verbs, d. h. auf dem zweiten Glied, z. B. *ertéilen, entlấzen, entsprḗchen, erlóuben*. Sie sind folglich erst nach der Festlegung des Akzents zu einer Einheit verschmolzen. Dem widersprechen z. B. *úrteilen, hérbërgen*. Bei diesen Beispielen handelt es sich um jüngere Ableitungen von ursprünglichen Nominalbildungen, bei mhd. *durchlíuhtec, ervấrunge* u. a. dagegen um jüngere Ableitungen von ursprünglichen Verbalbildungen.

Nebenton trägt in der Regel die Stammsilbe des zweiten Gliedes in einem Nominalkompositum, z. B. *hôch(ge)zȉt, marcgrȃve, Kriemhȉlt*. Unter Nebenton stehen auch die Ableitungssuffixe wie mhd. *-ùnge, -sàl, -nìsse, -ìnne, -lȉche*, deren Vokale aus diesem Grund nicht zu *e* abgeschwächt worden sind.

Darüber hinaus können – abhängig von der Stellung des Wortes im Redezusammenhang – auch die übrigen nichthaupttonigen Silben den Nebenton tragen. Von besonderer Bedeutung ist der Nebenton in der rhythmisch gebundenen Rede.

Schwachton haben in der Regel End-, z. T. auch Vorsilben. Schwachtonig ist immer das *e* in Endsilben. Abweichungen davon können sich unter dem Einfluss metrischer Betonung ergeben (siehe 3.3.)

3.3. Bemerkungen zur Verslehre

Reim

Im Mhd. ist der alte Stabreim, ein Reim des Anlauts, vom E n d r e i m abgelöst. Dabei konnten in frmhd. Zeit unbetonte Nebensilbenvokale allein Träger des Endreims sein, z. B. *sune : ime* (HEUSLER 1956, Bd. 2, 22). Etwa seit 1180 hat sich jedoch eine strengere Reimkunst duchgesetzt, "von reimenden Versschlüssen verlangt man G l e i c h l a u t d e r s p r a c h l i c h b e t o n t e n V o k a l e u n d d e s s e n, w a s i h n e n f o l g t" (ebd. 24f.). Die mhd. Versepen haben Endreim in paariger Anordnung, dem Schema aa bb folgend, z. B. *balt : walt; swîn : gesîn* (NL 916). Gedichte lassen dem Dichter mehr Freiheit in der Anordnung seiner Reime, z. B. *vrouwelîn : guot : dîn : muot : mê : wê* – ab ab cc in der ersten Strophe des bekannten Gedichts WALTHERS VON DER VOGELWEIDE:

> Herzeliebez vrouwelîn,
> got gebe dir hiutę und iemer guot.
> Kundę ich baz gedenken dîn,
> des hetę ich willeclîchen muot.
> Waz mac ich dir sagen mê,
> wan daz dir nieman holder ist? ouwê, dâvon ist mir vil wê.
> (Aus: WALTHER VON DER VOGELWEIDE 1950).

Versmaß

Für den Vers als eine metrisch geregelte Zeile ist die geordnete Abfolge von betonten und unbetonten Silben (Hebungen und Senkungen) entscheidend. Der mhd. Reimpaarvers enthält in der Regel 4 Hebungen. Auf die Hebung folgt eine Senkung, sie bilden zusammen einen Takt, graphisch dargestellt /x́x/. Zeitliches Grundmaß für eine Silbe ist das Viertel. Eine Silbe, die mit diesem Zeitwert von 1/4 gesprochen wird, bezeichnet man als M o r e (x); für eine kürzer gesprochene Silbe (1/8) steht als graphisches Symbol ˘, für eine länger gesprochene (1/2) steht /–́/, eine Pause wird gekennzeichnet durch ˆ.

Es ergibt sich ein 2/4–Takt.

Gehen der ersten betonten Silbe am Versanfang ein oder zwei (selten drei) unbetonte Silben voraus, so bilden sie den Auftakt.

Beispiel:

					Auft.	I	II	III	IV
Ein	ritter	sô ge	lêret	was	x	x́ x	x́ x	x́ x	x́ˆ
	daz er	an den	buochen	las		x́ x	x́ x	x́ x	x́ˆ
swaz	er dar	an ge	schriben	vant:	x	x́ x	x́ x	x́ x	x́ˆ
	der was	Hart	man ge	nant,		x́ x	–́	x́ x	x́ˆ
	dienstman	was er	zOu	we.		x́ x	x́ x	–́	x̀ˆ
er	nam im	manige	schou	we	x	x́ x	x́˘˘	–́	x̀ˆ
an	mis	lîchen	buo	chen: (H)	x	–́	x́ x	–́	x̀ˆ

Das Beispiel zeigt, dass einsilbige Wörter je nach der Stellung im Vers metrisch betont oder unbetont sein können, vgl. das Pronomen *er* in der zweiten und dritten Zeile, dass außerdem eine gewisse Freiheit in der Taktfüllung besteht. "Die mittelhochdeutsche Dichtung der Blütezeit ist bestrebt, ihre zweigliedrigen Takte (/x́ x/) auch zweisilbig zu füllen, d. h., einen regelmäßigen Wechsel von Hebung und Senkung zu erreichen. Doch fehlen Abweichungen nach oben oder unten, mehrsilbige und einsilbige Takte nirgends." (DE BOOR in: Nibelungenlied 1949, XXXXII). Folgen zwei betonte Silben unmittelbar aufeinander, so ist der erste Takt einsilbig ausgefüllt (eine Silbe wird im Zeitwert von 2/4 gsprochen), z. B. */Hart/man ge/* / –́ / /x́ x/. Folgen der betonten Silbe zwei unbetonte, so wird der Rhythmus gewahrt, indem die beiden Senkungen kürzer gesprochen werden, z. B. */manige/* / /x ˘˘/.

Aus dem Schema geht hervor, dass auch Silben betont werden, die in der ungebundenen Rede unbetont bleiben, z. B. */zOu/wè/* /–́/ /x̀ ˆ/. Der letzte Takt weist eine Nebenhebung auf, d. h. eine an sich unbetonte Silbe, die auf Grund ihrer Stellung im Vers betont wird. Die Nebenhebung wird durch x̀ gekennzeichnet, die Silbe ist schwächer betont als eine Hauptthebung, stärker als eine Senkung.

Möglichkeiten der Taktfüllung

/x́ x/ Hebung + Senkung, z. B. */rítter/*.

Eine solche regelmäßige Füllung kann auch in Fällen vorliegen, in denen das Schriftbild drei Silben zeigt. Auslautendes unbetontes *e* wird meist nicht gesprochen, wenn das folgende Wort vokalisch anlautet. Diese Erscheinung wird als Elision bezeichnet, z. B. */míte er/*. Unbetontes *e* kann außerdem zwischen gleichen oder gleichartigen Konsonanten verstummt sein, z. B. */rede die/*; in diesem Falle spricht man von Ekthlipsis. Ein *e*, das auf Grund von Elision oder Ekthlipsis schwindet, ist teilweise in den Textausgaben durch daruntergesetzten Punkt *(ẹ)* bezeichnet (und fällt hier dadurch mit der Kennzeichnung der kurzen geschlossenen e-Laute zusammen).

/x́ ˘ ˘/ Hebung + Senkung + Senkung, z. B. */mánige/*.

Die beiden Senkungen füllen zusammen den Zeitwert einer More aus, das wird als Aufspaltung der More bezeichnet.

/–́/ beschwerte Hebung, z. B. */Hárt/*.

Eine betonte Silbe mit langem Stammvokal (naturlange Silbe), z. B. */zÓu/*, kann allein einen Takt ausfüllen, sie ist im Zeitwert von zwei Moren zu sprechen. Beschwerte Hebung kann auch eine Silbe mit kurzem Stammvokal sein, sie muss aber durch Konsonanten abgeschlossen sein (positionslange Silbe), z. B. */Hárt/*. Als beschwerte Hebungen finden sich oft Stammsilben von Eigennamen; die Namen werden dadurch hervorgehoben.

/x́ˆ/ Hebung + Pause, z. B. */wás/*.

Das ist eine häufig genutzte Möglichkeit des Versschlusses, im Versinnern kommt diese Form äußerst selten vor.

/x̀ˆ/ Nebenhebung + Pause, z. B. */zÓu/wè/*.

Eine eigentlich unbetonte Silbe erhält unter Einfluss ihrer Stellung im Vers einen Nebenton. Diese Taktfüllung findet sich besonders häufig nach beschwerter Hebung am Ende eines Verses; es ist jedoch nicht Bedingung, dass eine beschwerte Hebung vorausgeht.

Metrische Grundkenntnisse über Art der Takte, ihre Füllung, ihre Zahl, die Anordnung im Vers, darüber hinaus über den Aufbau einer Strophe usw. sind Voraussetzung für das richtige Erfassen des Versbaus. Das allein genügt jedoch nicht, hinzukommen muss unbedingt das Sprechen der Verse; denn Satz- und Versakzent fallen weitgehend zusammen.

Kadenz (Versschluss)

Der Gestaltung des Versschlusses kommt besondere Bedeutung zu. Je nach der Füllung des letzten (bzw. auch vorletzten) Taktes ergeben sich unterschiedliche Kadenzen.

Allgemein gilt für die Dichtung des klassischen Mhd. der Grundsatz, "gebundene Kadenzfolge gehört zum Rezept einer Strophe" (HEUSLER 1956, Bd. 2, 183), d. h., die Art der Taktfüllung liegt für das Versende weitgehend fest.

Formen der Kadenz

Volle Kadenz. Der 4. Takt ist mit einer Hebung ausgefüllt, einsilbig volle Kadenz, z. B. / *Ein* / *ritter* / *sô ge* / *lêret* / *was* / (H 1)

4. Takt: /x́ ˆ/;

der 4. Takt ist mit Hebung und Senkung ausgefüllt, zweisilbig volle Kadenz, z. B. / *Und von* / *sô ge* / *wanten* / *sachen* / (H 12)

4. Takt: /x́ x/.

Stumpfe Kadenz. Der 4. Takt pausiert; der 3. enthält die letzte Hebung, und zwar entweder Hebung und Pause,
z. B. *ver* / *lôs er* / *sît den* / *lîp* / (NL 917)
3. und 4. Takt: / x́ ^ / /^ ^/
oder Hebung und Senkung,
z. B. / *möhte* / *senfter* / *machen* / (H 11)
3. und 4. Takt: / x́ x / /^ ^/.

Klingende Kadenz. Der 4. Takt weist eine Nebenhebung auf, der 3. dabei sehr oft – aber nicht als Bedingung – eine beschwerte Hebung,
z. B. *er* / *nam im* / *manige* / *schou* / *we* / (H 6)
3. und 4. Takt: / –́ / / x̀ ^ /;
/ *bern* / *unde* / *wisen* / *de* / (NL 916)
3. und 4. Takt: / x́ x / x̀ ^ /.

Nibelungenstrophe
Die Nibelungenstrophe besteht aus vier Langzeilen, die durch Endreim der Form aa bb miteinander verbunden sind. Jede Langzeile setzt sich aus zwei Kurzzeilen, dem Anvers und Abvers, zusammen; beide sind durch eine Zäsur, eine Sprechpause, getrennt.

NL 916

Gunther und Hagene,	die réckén vil balt,
lóbten mit úntriuwen	ein pirsen in den walt.
mit ir scharpfen gêren	si wolden jagen swîn,
bern unde wisende:	waz möhte küenérs gesîn?

Charakteristisch für die Nibelungenstrophe ist die besondere Anordnung der Kadenzen. Die Anverse enden in der Regel mit klingender Kadenz, die ersten drei Abverse mit stumpfer und der letzte Abvers mit voller Kadenz.

Skansion: NL 916

–́	x́x	x́x	x̀^
x́ ˘˘	–́	–́	x̀^
x́x	x́x	–́	x̀^
–́	x́x	x́x	x̀^

Anverse 1–4 klingende Kadenzen

x	–́	x̀x	x́^	^^
x	x́x	x́x	x́^	^^
x	x́x	x́x	x́^	^^
x	x́x	–́	x̀x	x́^

Abverse 1–3 stumpfe Kadenzen
Abvers 4 volle Kadenz

Beim Skandieren sollte man immer die Betonungszeichen beachten, die in den kritischen Textausgaben als Hilfen angegeben sind.

Eine instruktive Einführung zu Reim, Versmaß und Gestaltung der Kadenzen gibt Tervooren (1979).

3.4. Lautlehre

3.4.1. **Phonembestand**

Für die Erfassung des Phonembestandes historischer Sprachstufen – so auch für das Mhd. – gibt es eine Reihe von Schwierigkeiten. Sie bestehen u. a. darin,

- dass nur graphisches Material zur Verfügung steht, aus dem auf phonologische Realisierungen zu schließen ist;

- dass es keine einheitliche Schreibung gab, sondern verschiedene Schreibtraditionen;
- dass die einzelnen Laute in den verschiedenen Sprachlandschaften, aber auch zu verschiedenen Zeitabschnitten innerhalb des Mhd. unterschiedlich realisiert wurden, wobei nicht immer eindeutig nachweisbar ist, wieweit die verschiedenen Realisierungen bedeutungsdifferenzierende Funktion, also Phonemwert, hatten oder wieweit es sich lediglich um Varianten eines Phonems, also Allophone, handelte;
- dass der Reimvergleich, der für die phonologische Betrachtung historischer Sprachstufen von besonderem Wert ist, auch nicht immer zuverlässige Informationen liefert, da die Dichter z. T. auch Laute unterschiedlicher Qualität im Reim gebunden haben. (Vgl. dazu auch WIESINGER 1991.)

Trotzdem besteht Interesse daran, auch für das Mhd. das System der distinktiven Sprachlaute (= Phoneme) zu ermitteln, die für die Bildung von Wörtern und Wortformen relevant sind. Es werden zugleich Voraussetzungen geschaffen für ein vertieftes Verständnis des Lautwandels. Beim Vergleich des Phonembestandes verschiedener Sprachstufen lassen sich unterschiedliche Typen des Phonemwandels erkennen.

Für das Mhd. hat die Phonemspaltung, bei der sich aus urspr. einem Phonem zwei unterschiedliche Phoneme entwickeln, besondere Bedeutung (siehe Umlaut 3.4.2.3.). Im Ergebnis dieser durch Umlaut bewirkten Phonemspaltung verfügt das Mhd. über eine größere Zahl vokalischer Phoneme als das Ahd. Andererseits kann durch Phonemzusammenfall oder -verschmelzung eine ursprünglich vorhandene Opposition von Phonemen wegfallen, das geschieht z. B. beim Übergang vom Mhd. zum Nhd., wie folgende Beispiele zeigen:

mhd.	*/i:/*	*/ei/*	mhd. *rîfe* 'reif'	*reif* 'Ring'
nhd.	*/ae/*		nhd. *reif*	*Reif*

Auf Grund von Monophthongierung (mhd. */ie/* > nhd. */i:/*, s. 3.4.2.4.) bleibt aber die Opposition */i:/* – */ae/* auch für das Nhd. relevant,

mhd.	*/i:/* – */ie/*	mhd. *lîp* 'Leben, Leib'	*liep* 'lieb'
nhd.	*/ae/* – */i:/*	nhd. *Leib*	*lieb.*

Man muss allerdings auch davon ausgehen, dass es Unterschiede im mhd. Phonembestand der verschiedenen Dialektgebiete gab. (Vgl. u. a. KUFNER 1957.)

3.4.1.1. *Vokalische Phoneme*

Für die Unterscheidung der vokalischen Phoneme sind bestimmte Lautbildungsmerkmale relevant, und zwar unterscheiden sie sich vornehmlich nach der Zungenbewegung – bei senkrechter Bewegung in hohe, mittlere und niedrige (tiefe) Vokale; bei waagerechter Zungenbewegung in vordere und hintere Vokale; nach der Lippenrundung in runde und nichtrunde sowie nach dem Öffnungsgrad des Kiefers in offene und geschlossene Vokale. Darauf beruhen die Unterschiede in den Vokalqualitäten. Zugleich wird der geschlossenere Vokal mit höherer Spannung der Zunge gebildet. In deutschstämmigen Wörtern treten die gespannten Vokale allgemein als Langvokale auf, die ungespannten als Kurzvokale (Ausnahme im e-Bereich). (Vgl. dazu auch die Übersicht in WEDDIGE 1998, 19.) Nach dem Merkmal der Vokallänge wird quantitativ zwischen Kurz- und Langvokalen unterschieden.

Diphthonge werden wie Phonemfolgen behandelt, sie sind in der folgenden Übersicht nach der Bildung des jeweils ersten Vokals eingeordnet.

Der folgende Überblick gibt den Phonembestand wieder, wie er für das klassische Mhd. in seiner normalisierten Form vorauszusetzen ist. Die phonologische Qualität der *e*-Laute wird dabei in der Literatur zum Teil unterschiedlich gesehen (siehe unten).

Kurze Vokale:

	vorn		neutral	hinten	vgl. in mhd.:	
hoch	*/i/*	*/ü/*		*/u/*	*/i/*	*/kint/*
					/ü/	*/künək/*
					/u/	*/munt/*
mittel	*/e/*	*/ö/*		*/o/*		
	[ẹ]				*/e/*	*/gẹstə/*
	[ë]				*/e/*	*/gëbən/*
	[ä]				*/e/*	*/mäxtik/*
					/ö/	*/hövəʃ/*
					/o/	*/lobən/*
tief			*/a/*		*/a/*	*/klagən/*

Lange Vokale:

	vorn		neutral	hinten	vgl. in mhd.	
hoch	*/i:/*	*/ü:/*		*/u:/*	*/i:/*	*/vi:p/*
					/ü:/	*/hü:tə/*
					/u:/	*/zu:fən/*
mittel	*/e:/*	*/ö:/*		*/o:/*	*/e:/*	*/e:rə/*
					/ö:/	*/hö:rən/*
		/ä:/			*/ä:/*	*/mä:rə/*
					/o:/	*/no:t/*
tief			*/a:/*		*/a:/*	*/ra:tən/*

Diphthonge:

	vorn		hinten	vgl. in mhd.	
hoch	*/ie/*	*/üe/*	*/uo/*	*/ie/*	*/bietən/*
				/üe/	*/hüetən/*
				/uo/	*/bruodər/*
mittel	*/ei/*	*/öu/*	*/ou/*	*/ei/*	*/leit/*
				/öu/	*/fröudə/*
				/ou/	*/boum/*

Paul 1998 betont, dass einem mhd. Vokalsystem mit 23 Phonemen im Nhd. lediglich 17 bzw. 18 vokalische Phoneme gegenüberstehen, vgl.: “Das mhd. Vokalsystem wäre dann mit 23 Phonemen das reichhaltigste in der dt. Sprachgeschichte. Der Zuwachs erklärt sich vor allem aus der Phonemspaltung der velaren Vokale im Zuge der *i*-Umlautung, die zu neun neuen Phonemen führt: */ẹ, ä, ö, ü; æ, œ, iu,; öu, üe/*.” (Paul 1998, 48.)

Dabei wird davon ausgegangen, dass das kurze mhd. *e* drei Phoneme repräsentiert, und zwar */ë/*, */ẹ/*, */ä/*. Diese Auffassung vertreten u. a. auch Herrlitz (1970, 15) und Philipp (1980, 36). Beweiskräftige Beispiele werden nur in wenigen Fällen beigebracht; so haben mhd. *stëcken* ‘Stecken’, *hër* ‘her’ offene Qualität des *e*, dagegen besitzen mhd. *stẹcken* ‘stecken’, *hẹr* ‘Heer’ geschlossenen *e*-Laut; dabei wird auch auf Unvereinbarkeit im Reim verwiesen. Schieb macht allerdings dagegen geltend, dass zwar in der obd. Variante die Trennung nachweisbar ist, dass aber “selbst im engen Rahmen der mhd. Dichtersprache mit landschaftl. unterschiedlichem, hier strichweise md. verringertem Phonembestand” (Schieb 1970, 359) zu rechnen ist.

e in unbetonter Silbe ([ə]) wird meist als stellungsbedingte Variante zu */e/* in betonter Silbe, also als Allophon, nicht als Phonem aufgefasst. “Die Einheit [ə] ist nicht frei distribuiert, sie kommt nämlich nur unter der Bedingung vor, dass die betreffende Silbe nicht betont ist.

[ə] ist komplementär distribuiert mit [*e*], das nur in betonten Silben steht. Beide Einheiten können deshalb zu einem Phonem zusammengefaßt werden.” (Herrlitz 1970, 16.)

Simmler (1985, 1133) hält das vokalische Phonemsystem in folgendem Überblick fest:

Kurzvokale	Langvokale	Diphthonge
i ü u	ī ǖ ū	(iu) iə üə uə
e		
ö o	ē ō̈ ō	ei öü ou
ẹ		
æ a	ǣ ā	

(In "normalisierter" Schreibung findet sich bei Singer (1996, 25) eine leicht differenzierte Übersicht.)

3.4.1.2. *Konsonantische Phoneme*

Der Überblick über die konsonantischen Phoneme berücksichtigt insbesondere die Merkmale, die sich aus der Artikulationsart ergeben sowie aus der Artikulationsstelle, d. h., wo bzw. mit welchem Artikulationsorgan der betreffende Konsonant gebildet wird; konsonantendifferenzierend wirkt darüber hinaus das Merkmal der Stimmhaftigkeit bzw. Stimmlosigkeit.

	Artikulationsstelle				
Artikulationsart	labial	dental	palatal	velar	glottal
Explosiva					
Fortes (Tenues)	*/p/*	*/t/*		*/k/*	
Lenes (Mediae)	*/b/*	*/d/*		*/g/*	
Frikativa					
Fortes	*/f/*	*/s/ /ʃ/*	[ç]	*/x/*	
Lenes	*/v/*	*/z/*	*/j/*		
Affrikaten	*/pf/*	*/ts/*		*/kx/*	
Nasale	*/m/*	*/n/*			
Liquide		*/r/ /l/*			
Hauchlaut					*/h/*

Fourquet (1963) betont darüber hinaus, dass auch die Opposition Simplex vs. Geminata, z. B. */t/* vs. */tt/* phonologisch relevant ist, d. h. ein Mittel zur Unterscheidung von Wörtern bzw. Wortformen darstellt, vgl. mhd. *bëte* vs. *bẹtte* – nhd. *Bitte* vs. *Bett*. Allerdings liegen hier auch unterschiedliche Qualitäten vor. (Vgl. auch den Überblick über das Konsonantensystem bei Simmler 1985, 1135.)

Im Einzelnen ist zu den Phonemen folgendes anzumerken:

- [ç] und [x] sind nur verschiedene Realisierungen desselben gutturalen Frikativs */x/*, also Allophone; */x/* wird – wie im Nhd. – nach den Vokalen */a/*, */o/*, */u/* gesprochen, z. B. */ʃprax/*, */tso:x/*, */brux/*; aber [ç] in */iç/*, */beçə/*, im Alem.-Bair. immer */x/*.
- */ʃ/* stellt eine neuere Lautqualität dar, die sich aus ahd. */sk/* entwickelt hat (Mitte 11. Jh.), z. B. ahd. */sko:ni/* > mhd. */ʃœnə/*; ahd. */fisk/*> mhd. */fiʃ/*. Des Weiteren wird */ʃ/* vor */l/*, */m/*, */n/*, */v/*, nach */r/* und in den Verbindungen */st/*, */sp/* (außer im Inlaut) realisiert. */s/* und */ʃ/* bestehen noch bis ins Frnhd. nebeneinander, vgl. */slaŋə/* – */ʃlaŋə/*, vgl. auch heutige Maa.!
- */f/* wird in bestimmten Positionen auch als leicht sth. Allophon [*v*] realisiert.
- */j/* geht der Halbvokal */i/* voraus; zwischenvokalisch wird */j/* gelegentlich von */h/* abgelöst, z. B. */drä:jən/* > *drä:hən/* 'drehen', aber auch von */g/*, z. B. */ferjə/* > */vergə/* 'Ferge'.
- */h/* begegnet nur im Silbenanlaut, z. B. */herrə/*.
- */kx/* kommt nur in obd. Dialekten vor, heute noch im Schweizerdeutschen und Südbairischen.

3.4.2. Vokalismus

3.4.2.1. *Ablaut*

Unter Ablaut versteht man den regelmäßigen Wechsel von Vokalen in etymologisch verwandten Wörtern (Wurzelablaut) oder Wortteilen (Suffixablaut). Er beruht auf den Betonungsverhältnissen im Idg. (siehe 2.3.2.1.). Für die älteren Sprachperioden ist zwischen qualitativem und quantitativem Ablaut zu unterscheiden, je nachdem ob im Idg. musikalischer oder dynamischer Akzent wirksam war. Musikalischer Akzent, d. h. unterschiedliche Tonhöhe, führte zur Herausbildung unterschiedlicher Vokalqualitäten, z. B. idg. Wechsel von *e* und *o*; dynamischer Akzent, d. h. unterschiedliche Dauer, führte zur Herausbildung unterschiedlicher Vokalquantitäten, z. B. idg. Wechsel von *e* und *ē*. Auf Grund der eingetretenen lautlichen Veränderungen in den folgenden Sprachperioden sind diese Unterschiede zwischen qualitativen und quantitativen Ablautstufen im Mhd. nicht mehr im Einzelnen zu erkennen. Es bleiben aber Formen des Vokalwechsels, die nicht auf den Einfluss von Folgelauten (siehe unten Kombinatorischer Lautwandel) zurückgeführt werden können.

Ablaut ist auch im Mhd. ein wichtiges Mittel der Formenbildung st. Verben; er äußert sich im Nebeneinander von Verbformen mit unterschiedlichem Stammvokal. (Siehe dazu im Einzelnen den Überblick über mhd. Ablautreihen 3.5.1.1. sowie die Übersichtstabelle in M. LEXERS Mittelhochdeutschem Taschenwörterbuch).

Ablaut liegt folgenden Formen des Vokalwechsels bei st. Verben zugrunde:

/î/	–	*/ei/ /ê/*	vgl. *rîten – reit; lîhen – lêch*;
/ie/ /iu/	–	*/ou/ /ô/*	vgl. *biegen/biuge – bouc; bieten/biute – bôt*;
/ë/ /i/	–	*/a/*	vgl. *nëmen/nime – nam*;
/î/	–	*/i/*	vgl. *rîten – riten*;
/ie/ /iu/	–	*/u/ /o/*	vgl. *biegen/biuge – bugen/gebogen*;
/ë/ /i/	–	*/â/*	vgl. *nëmen/nime – nâmen*;
/ë/ /i/	–	*/u/ /o/*	vgl. *hëlfen/hilfe – hulfen/geholfen*;
/a/	–	*/uo/*	vgl. *laden – luot*.

Den unmittelbar nebeneinander stehenden Vokalen, z. B. */ie/ /iu/*, liegt jeweils ein gemeinsamer Ablautvokal zugrunde. Die Differenzierungen innerhalb einer Ablautstufe sind auf Prozesse des kombinatorischen Lautwandels in der germ. bzw. ahd. Zeit zurückzuführen (siehe 3.4.2.2. und 3.4.2.3.).

Ablaut dient auch als Mittel der Wortbildung:

- zur Ableitung von Substantiven aus st. Verben,

vgl. *bant,*	*bunt*	(*binden*);	*grif*	(*grîfen*);	
lâge	(*ligen*);		*gruobe*	(*graben*);	
barn	'Kind'	(*bërn* 'hervorbringen, gebären');			

- zur Bildung von Adjektiven (die Zusammenhänge sind schon z. T. mhd. nicht mehr erkennbar),

vgl. *lôs*		(*verliesen*);	*liep*	(*gelouben*);
wîs,	*wîse*	(*wizzen*).		

3.4.2.2. *Kombinatorischer Lautwandel: Alternanz*

Der Wechsel des Stammvokals beruht in folgenden Fällen auf Angleichung zwischen Lauten mit unterschiedlicher Zungenstellung:

mhd. *gëben – ich gibe; wir bugen – gebogen; bieten – ich biute.*

Dieser Wechsel von */ë/ – /i/, /u/ – /o/, /ie/ – /iu/* hat seinen Ursprung in germ. Zeit. Unter Einfluss der Folgelaute, besonders der ursprünglich vollen Nebensilbenvokale, wurde die Zungenstellung bei der Artikulation des Stammvokals bereits der Artikulationsweise des Folgevokals angenähert. Es erfolgte ein Ausgleich zwischen Vokalen mit "hoher" und solchen mit "flacher" ("tiefer") Zungenstellung in einem Wort. Die gleiche Wirkung wie von einem Vokal des oberen Bereichs ging dabei von einer Nasalverbindung aus, die unmittelbar auf den Stammvokal folgte.

/i/, /j/ — */u/*, Nasalverbindung

/e/ — */o/*

/a/

/ë/ zu */i/*. */ë/* wurde zu */i/* "gehoben", wenn im Germ. oder Ahd. */i, j, u/* oder Nasalverbindung folgte:

ahd. *gëban – gibu, gibis, gibit* – mhd. *gëben – gibe, gibest, gibet*

Starke Verben mit Stammvokal */ë/* im Infinitiv haben mhd. regelmäßig in der 1.–3. Pers. Sg. Präs. Ind. Stammvokal */i/*, da die Endungen dieser Formen im Ahd. noch */i/* oder */u/* aufwiesen.

/u/ zu */o/*; */i/* zu */ë/*. */u/* wurde zu */o/* "gesenkt", wenn */a, e/* oder */o/* folgte:

ahd. *bugum – gibogan* – mhd. *bugen – gebogen*.

Das Part. Prät. einer Reihe st. Verben weist im Mhd. den Stammvokal */o/* auf. Er ist aus */u/* vor germ./ahd. Partizipialendung *-an* entstanden. Dieser Wandel wurde verhindert, wenn auf den Stammvokal Nasalverbindung folgte, z. B. mhd. *bunden – gebunden*.

Von dieser "Senkung" – in der Fachliteratur findet man auch den Terminus "Brechung" – ist auch der Vokal */i/* betroffen:

/i/ zu */ë/*,

vgl. germ. *libara* > ahd. *lëbara* > mhd. *lëber*.

Beispiele für eine Senkung */i/* zu */ë/* gibt es jedoch weit seltener als für den umgekehrten Prozess des Wandels von */ë/* > */i/*.

Kombinatorischer Ausgleich ist in vielen Fällen auf die Vokale der Wortbildungssuffixe zurückzuführen, vgl. mhd. *bërc – gebirge* (ahd. *bërg – gibirgi*), mhd. *ërde – irdisch* (ahd. *ërda – irdisc*)

Entwicklung des germ. */eu/*. Nach den gleichen Regeln erklärt sich der mhd. Wechsel */ie/* – */iu/*. Beide Laute gehen auf germ. */eu/* zurück. Vor Silben, die ursprünglich */a, e, o/* aufwiesen, steht im Mhd. Stammvokal */ie/* < ahd. */io/*, vor Silben dagegen mit ursprünglich */i, j, u/* steht */iu/*:

mhd. *bieten – biute* (ahd. *biotan – biutu*).

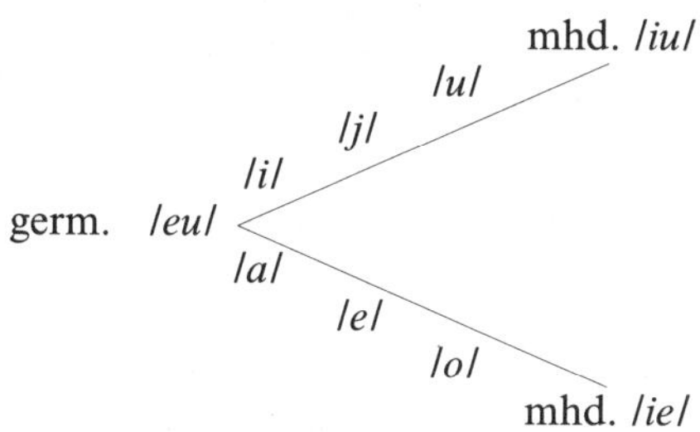

Im Mhd. wechseln deshalb *siech – siuche* (ahd. *sioh – siuhhî*), noch nhd. (veraltet) *fliegen – fleucht, kriechen – kreucht*.

3.4.2.3. *Kombinatorischer Lautwandel: i-Umlaut*

Unter Umlaut versteht man die Veränderung von */a/* > */ẹ/*; */û/* > */iu/*; */â/* > */æ/*; */u/* > */ü/*; */o/* > */ö/*; */ô/* > */œ/*; */uo/* > */üe/*; */ou/* > */öu/* und */a/* > */ä/*.

Die Umlautung der betonten Vokale beruht auf dem Einfluss eines nachfolgenden */i/*, */î/* oder */j/*, das in schwächer betonter Silbe steht bzw. gestanden hat:

mhd. *gast – gęste, gęstinne, gęstîn; tôre – tœrinne; tuoch – tüechlîn.*

Es handelt sich damit ebenso wie bei der Alternanz um einen kombinatorischen Lautwandel (siehe oben). Der Vokal der betonten Silbe nähert sich in der Artikulation dem folgenden */i/*, */î/* oder */j/* (deshalb: regressive A.) an. Da aber keine völlige Angleichung erfolgt, wird dieser Vorgang auch als partielle Assimilation bezeichnet.

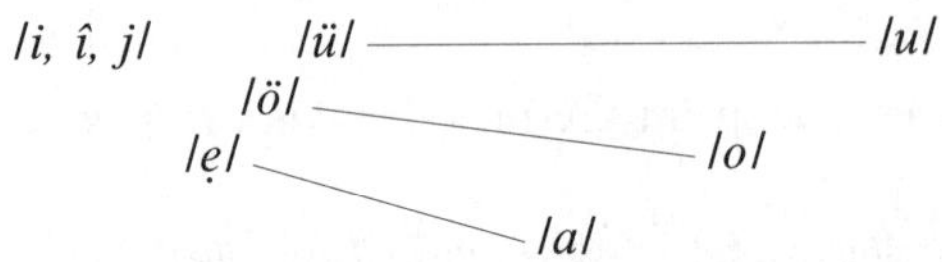

In den meisten Fällen ist im Mhd. bei Wörtern mit umgelautetem Vokal das alte */i, î, j/*, das den Umlaut bewirkt hat, nicht mehr zu erkennen, z. B. *kręfte, küene*. Daraus lässt sich schließen, dass der Umlautungsprozess vor der Abschwächung der Endsilben erfolgt sein muss, also in der Mehrzahl der Fälle bereits in ahd. Zeit (siehe 2.3.2.3.). Der Umlaut wurde zuerst gesprochen und erst bedeutend später geschrieben. Dass Umlaut aber auch in mhd. Zeit noch wirksam ist, beweisen verhältnismäßig junge Bildungen mit dem Suffix *-îe*, z. B. *ębedîe* 'Abtei'. Die Bezeichnung des Umlauts erfolgte zuerst für umgelautetes */a/* durch ⟨*e*⟩ bzw. in der eine geschlossene Aussprache verdeutlichenden Schreibung ⟨*ę*⟩ im normalisierten Mhd. Beim Umlaut */a/* > */ę/* handelt es sich um den sog. Primärumlaut, z. B. ahd. *gęsti* – mhd. *gęste.* Ebenfalls in ahd. Zeit fallen auch die ersten Umlautbezeichnungen für */û/* = ⟨*iu*⟩, z. T. auch für */u/* = ⟨*ü*⟩ und */â/* = ⟨*æ*⟩. Die übrigen Umlaute wurden erst im Mhd. bezeichnet – und da auch nicht konsequent. Durch Umlautung veränderten sich – zeitlich abgestuft – die folgenden Vokale:

/a/	> */ę/*	ahd. *gęsti*	mhd. *gęste*
/a/	> */ä/*	ahd. *mahtîg*	mhd. *mähtec*
		ahd. *tagalîh*	mhd. *tägelîch*
/â/	> */æ/*	ahd. *mâri*	mhd. *mære*
/o/	> */ö/*	ahd. *mohti*	mhd. *möhte*
/ô/	> */œ/*	ahd. *skôni*	mhd. *schœne*
/u/	> */ü/*	ahd. *wurfil*	mhd. *würfel*
/û/	> */iu/*	ahd. *hûsir*	mhd. *hiuser*
/ou/	> */öu/*	ahd. *ouga*	mhd. *öugelîn*
/uo/	> */üe/*	ahd. *gruoni*	mhd. *grüene*

Zum Umlaut */o/* > */ö/* wird bei Paul 1998 angemerkt: "Da vor /i, j/ nach der Lautregel nicht /o/, sondern nur /u/ möglich ist . . . kann /ö/ nur durch Analogie statt /ü/ oder in jüngeren Neubildungen auftreten" (1998, 66), vgl. *holz – hölzer* (neben regelmäßig *hülzîn*), *hof – hübesch*, daneben *hövesch* (mit Bedeutungsdifferenzierung).

Im Mhd. tritt bei zahlreichen sw. Verben ein Wechsel des Stammvokals auf: Die Präsensformen haben Umlaut, z. B. *hœren, bręnnen*, die Präteritalformen nicht, z. B. *hôrte, brante*. Die Ursachen dieser Erscheinung, die nach J. Grimm als Rückumlaut bezeichnet wird, liegen in vorahd. Zeit (siehe 2.3.2.3.).

Die Durchsetzung des Umlauts geht landschaftlich unterschiedlich vor sich; sie erfolgt in Nord-Süd-Richtung und erfasst die md. Mundarten stärker als die obd.

Umlauthemmungen. Bestimmte Konsonantenverbindungen verhinderten in ahd. Zeit die Umlautung von */a/* > */ę/*. Folgten auf das */a/* der Stammsilbe die Konsonantenverbindungen */hs, ht, hh, rw, rh/*, so trat der Umlaut zunächst nicht ein. Diese Lautfolgen stehen der Verlagerung der Vokalartikulation zum vorderen Gaumen hin entgegen, da sie selbst guttural gebildet werden. Erst unter Einfluss der übrigen Umlaute setzt sich der Umlaut im 12. Jh. in diesen Fällen schriftlich durch:

ahd. *gęsti*, aber *wahsit* – mhd. *gęste*, aber *wähset*.

Er wird im Gegensatz zur ersten Umlautwelle, dem Primärumlaut */a/* > */ę/*, als Sekundärumlaut */a/* > */ä/* bezeichnet. In der Fachliteratur wird dieser Terminus aller-

wie hier dargestellt – für die zweite Um-
ne Umlaute außer dem Primärumlaut /a/ >

ın der umlautbewirkende Vokal nicht in der
d. *trahani* (Pl.) – mhd. *trähene*. Es wird an-
tonten Mittelsilbe völlige Assimilation erfuhr
nilation des Stammsilbenvokals eintrat. So-
ritten Silbe erscheint im Mhd. abgeschwächt

olgen ist im Obd. größer als im Md. Häufig
l /o/ > /ö/, vgl. *Innsbruck – Osnabrück*.
bestand des Mhd. gegenüber dem des Ahd.
Funktionen der Formen noch kennzeichnen,
en umgelautete Vokale nur als graphemische
chwächung der Endsilbenvokale erhalten die

tem und nicht umgelautetem Stammvokal ge-
im Frnhd. (siehe 4.3.1.9.) Bedeutung als Fle-
wie auch als Mittel der Wortbildung:
chnung präteritaler Konjunktivformen st. Ver-
ne; ahd. *zugi* > mhd. *ich, er züge*;
usdifferenzierung, vgl. *i* -Stämme mhd. *gast* –

s ein Merkmal zur Kennzeichnung von Kom-
utete und nichtumgelautete Formen nebenein-
ltest/ẹltest (siehe 3.5.3.2.);
g bestimmter Ableitungstypen, insbes. bei Suf-
wächung nicht mehr erkennbar sind, vgl. ahd.
ẹrte; bei der Diminutivbildung, vgl. mhd. *zunge*
en, vgl. mhd. *gruoz – grüezen, warm – wärmen*.
ung wird im Frnhd. fortgesetzt bzw. verstärkt.
ALD 1997.)

eim Übergang vom Mittelhochdeutschen zum

erscheint es nötig, auf lautliche Veränderungen
ırchsetzen, ihren Ursprung aber bereits in mhd.
ng dieser Erscheinungen wird im Teil Frühneu-
3.1.4.).

Ergänzung zu S. 4:
Rudolf Bentzinger (Kap. 4.4.2.–4.5.9.)
Elisabeth Berner (Kap. 1.7., 1.8. und 3.)
(Kap. 3. bis zur 7. Aufl.: Hanna Harnisch)
Brigitte Döring (Kap. 1.6.)
Erwin Koller (Kap. 1.1.)
Helmut Langner (Kap. 0. und 4.1.1.–4.4.1.)
Horst Naumann (Kap. 1.2. und 2.)
Norbert Richard Wolf (Kap. 1.3.–1.5.)

Frnhd. Diphthongierung. Die mhd. Langvokale /î, û, iu/ werden im Frnhd. zu den Diphthongen /*ei, au, eu*/; vgl. mhd. *mîn niuwez hûs* – nhd. *mein neues Haus*. Als Allographe stehen ⟨*ei*/*ai*,⟩, ⟨*eu*/*äu*⟩. Hinweise für die Datierung und Lokalisierung dieser Erscheinung hat man durch Reimvergleiche erhalten, z. B. *kûme : soume; hôchzît : geleit*. Ausgangspunkt ist das österreichische Gebiet, der Beginn liegt etwa im 12. Jh., vereinzelte Belege für solche Diphthongschreibungen ⟨*ei*⟩ statt ⟨*î*⟩; ⟨*ou*⟩ statt ⟨*û*⟩ gehen in bair. Texten in spätahd. Zeit zurück.

Frnhd. Monophthongierung. An die Stelle der mhd. Diphthonge /*ie, uo, üe*/ treten – zunächst in den md. Mundarten – die Monophthonge /*i:, u:, ü:*/; vgl. mhd. *lieben guoten brüeder* – nhd. *liebe gute Brüder*. Untersuchungen zum Reimgebrauch (z. B. *wîbe : liebe; ruof : ûf*) und zur Orthographie lassen erkennen, dass die Veränderung bei /*uo, üe*/ > /*u:, ü:*/ im 11. Jh., bei /*ie*/ > /*i:*/ im 12. Jh. eingesetzt hat.

Dehnung. Kurze Stammsilbenvokale werden vor einfachem Konsonanten, der zur folgenden Sprechsilbe gehört, gedehnt, z. B. mhd. *sa-gen, lë-ben*. Vor /*m*/ und /*t*/ unterbleibt allerdings die Dehnung, vgl. mhd. *gate* > nhd. *Gatte*, mhd. *himel* > nhd. *Himmel* (vgl. 4.3.1.3).

Dehnung erfolgt auch bei einsilbigen Wörtern, deren flektierte Formen offene Tonsilben aufweisen, z. B. mhd. *ta-ges* > nhd. *Tāges* und analog dazu mhd. *tac* > nhd. *Tāg.*

Gedehnt werden außerdem kurze Vokale in einsilbigen Wörtern, die auf Liquida, z. T. auch auf Nasal enden, z. B. mhd. *vil* > nhd. *viel*; mhd. *dëm(e)* > nhd. *dēm.* In geschlossener Silbe erfolgt Dehnung vor /r/ + Dental, vgl. mhd. *ërde* > nhd. *Erde.*

Die Dehnung hat bereits in ahd. Zeit im Ndfränk. begonnen und hat sich im 12. und 13. Jh. im gesamten Md. durchgesetzt, das Obd., ausgenommen das Hochalem., wird im 14. Jh. davon erfasst.

Kürzung. Die Kürzung mhd. Langvokale tritt teilweise ein:
- vor Konsonantenverbindungen, bes. /ht/, /r/ + Konsonant, z. B. mhd. *dâhte* > nhd. *dachte*; mhd. *hêrsen* > nhd. herrschen;
- vor einfacher Konsonanz, besonders bei Wörtern mit den Ableitungssilben *-er, -el, -en*, z. B. mhd. *jâmer* > nhd. *Jammer*;
- in Zusammensetzungen, bei denen mehrere Konsonanten aufeinander folgen, z. B. mhd. *hôchzît* > nhd. *Hochzeit*;
- in unbetonten Ableitungssilben, vgl. mhd. *-lîch* > nhd. *-lich.*

Auch die in der frnhd. Monophthongierung entstandenen Langvokale können von der Kürzung betroffen sein: mhd. *liecht* > *Licht*, *muoter* > *Mutter*, *rüezel* > *Rüssel.* "Die Kürzung, im ganzen weit weniger häufig und regelmäßig als die Dehnung, zeigt sich seit dem 12. Jh. im Md. in Reimen wie *brâht : gemaht : naht*; sie tritt im Bair. nur teilweise, im Alem. meist nicht auf." (Paul 1998, 76.)

3.4.2.5. *Vokalismus der Nebensilben*

Die vergleichende Gegenüberstellung einiger ahd. und mhd. Wörter zeigt eine auffällige Veränderung der Vokale in nicht starktonigen Silben:

> ahd. *manunga* – mhd. *manunge*; ahd. *michil* – mhd. *michel*;
> ahd. *gimeinida* – mhd. *gemeinde*; ahd. *nëman* – mhd. *nëmen*;
> ahd. *murmilôn* – mhd. *murmeln.*

Während im Ahd. noch sämtliche langen und kurzen einfachen Vokale sowie der Diphthong /iu/ in Nebensilben vorkommen, werden diese Vokale (mit Ausnahme von /iu/) beim Übergang zum Mhd. zu einem reduzierten [e] abgeschwächt.

Die wichtigste Ursache für diesen Abschwächungsprozess ist in der germ.-dt. Erstbetonung (Stammbetonung) zu sehen. Der feste Akzent auf der Stammsilbe und, damit verbunden, die ständige Unbetontheit bestimmter Silben führen zu deren allmählicher Abschwächung. Nicht alle Nebensilbenvokale werden in gleicher Weise davon erfasst:

ahd. *friuntîn* – mhd. *vriuntinne, vriuntin*; aber ahd. *gẹsti* – mhd. *gẹste.*

Im Einzelnen lassen sich drei Arten der Entwicklung von Nebensilbenvokalen beim Übergang vom Ahd. zum Mhd. und in mhd. Zeit selbst feststellen: Bewahrung, Abschwächung und Schwund.

Bewahrung. Volle Vokale bleiben erhalten, wenn sie einen stärkeren Nebenton tragen. Das ist meist dann der Fall, wenn der Bedeutungsgehalt dieser Silben nicht verblasst ist. Das gilt z. B. für bestimmte Ableitungssilben, die im Mhd. noch produktiv sind: *-unge, -nisse, –ære, -inne, -în, -lîn, -lîch* (aber auch *-ant*, z. B. mhd. *vâlant, vîant*).

Abschwächung. Der feste Akzent kann zur Abschwächung schwachtoniger Vokale führen. Dieser Prozess betrifft:

a) Präfixe, z. B. ahd. *ga-, gi-* > mhd. *ge-*; ahd. *ur-, ir-* > mhd. *er-*; ahd. *fur-, fir-* > mhd. *ver-*; ahd. *ant-, int-* > mhd. *ent-*;
b) einen Teil der Suffixe, wobei es sich meist um sehr alte Ableitungssilben handelt, die kaum noch produktiv sind, z. B. ahd. *-ag* > mhd. *-ec*; ahd. *-il* > mhd. *-el*; ahd. *-ida* > mhd. *-ede*;
c) Flexionssilben. Die grammatischen Morpheme haben im Mhd. nur noch schwach betontes [e] und als Pronominal- bzw. Adjektivendung im Nom. Sg. des Fem. und Nom., Akk. Pl. des Neutr. /iu/ aufzuweisen. Hier hat sich der Abschwächungsprozess konsequenter als bei den Wortbildungsmorphemen vollzogen.

Schwund. Häufig sind die vollen Vokale nicht nur abgeschwächt worden, sondern sie sind völlig geschwunden. Wir unterscheiden zwischen **Apokope** (Abfall des unbetonten [*e*] am Wortende) und **Synkope** (Ausfall des unbetonten [*e*] im Wortinnern).

Apokope erfolgt:
a) nach Liquida oder Nasal (im Auslaut) in dritter Silbe, z. B. ahd. *grôziro* > mhd. *grœzer*; ahd. *wagane* > mhd. *wagen* (Dat. Sg.);
b) nach Liquida, der ein kurzer, betonter Vokal vorausgeht, in zweiter Silbe, z. B. ahd. *spile(a)* > mhd. *spil* (Dat. Sg.);
c) bei zweisilbigen Wörtern an unbetonter Stelle im Satz, z. B. die Adverbien *ane, mite*, aber die Präpositionen *an, mit*. Die Substantive *hërre, vrouwe* werden vor Namen und Titeln meist in der Kurzform *hër, vrou* verwendet.

Synkope tritt ein:
a) bei drei- und mehrsilbigen Wörtern mit langer Stammsilbe.
Der Mittelsilbenvokal fällt besondes häufig nach Liquida oder Nasal, aber auch zwischen gleichartigen Konsonanten aus, z. B. ahd. *gibârida* > mhd. *gebærde*, ahd. *hêrisôn* > mhd. *hêrsen*; ahd. *hêriro* > mhd. *hërre*; ahd. *wartêta* > mhd. *warte, wartte*;
b) bei zweisilbigen Wörtern nach Liquida, der ein kurzer, betonter Vokal vorausgeht, z. B. mhd. *spil(e)s* (Gen. Sg.); ahd. *stëlan* > mhd. *stëln*;
c) bei der Vorsilbe *ge-* vor Vokal und vor /*r, l, n, w*/, z. B. ahd. *gilîh* > mhd. *gelîh, glîh*; ahd. *gi-, ganâda* > mhd. *g(e)nâde*; mhd. *gëzzen* (= Part. Prät. zu *ëzzen*).
Seltener schwindet [*e*] bei dem Präfix *be-*, ahd. *bilîban* > mhd. *belîben, blîben.*

Erscheinungen der Abschwächung und des Schwundes von Nebensilbenvokalen werden im 9. Jh. sichtbar, sie setzen sich im 11. und 12. Jh. im Wesentlichen durch, treten aber auch noch in frnhd. Zeit auf.

Zu den nhd. Wörtern, deren heutige Gestalt teilweise durch Synkopierungs- bzw. Apokopierungsvorgänge in mhd. Zeit zustande gekommen ist, gehören auch die folgenden:

Mensch	– (vgl. ahd. *mannisco* – mhd. *męnsche*);
Welt	– (vgl. ahd. *wëralt* – mhd. *wërlt*);
Herr	– (vgl. ahd. *hêriro* – mhd. *hërre*),
Dienst	– (vgl. ahd. *dionôst* – mhd. *dienest, dienst*);
Glaube	– (vgl. ahd. *giloubo* – mhd. *gloube*).

3.4.3. **Konsonantismus**

3.4.3.1. *Grammatischer Wechsel*

Unter grammatischem Wechsel versteht man im Mhd. die Alternanz von /*h*/ – /*g*/, /*d*/ – /*t*/, /*f*/ – /*b*/, /*s*/ – /*r*/ in Wörtern oder Wortformen gleichen Stammes. (Vgl. Paul 1998, 123). Sie beruht auf Konsonantenveränderungen in germ. Zeit, die – bedingt durch Betonungswechsel – zu einem Nebeneinander von germ. stl. und sth. Reibelauten geführt hatten (siehe 1.1.2.2.1.). Der Wechsel erfolgt häufig zwischen Stammformen der st. Verben, vgl. mhd. *snîden* – *gesniten*; *ziehen* – *gezogen*, tritt aber auch bei anderen wurzelverwandten Wörtern auf, vgl. mhd. *swëher* 'Schwiegervater' – *swâger*.

Weitere Beispiele:
/***h***/ –/***g***/: *zîhen* 'zeihen' – *zêh* – *zigen* – *gezigen*, vgl. auch mhd. *zeigen*; *slahen* – *slahe* – *sluoc* – *sluogen* – *geslagen*;
/***d***/ –/***t***/: *mîden* – *mîde* – *meit* (*t* ist in diesem Falle auf Auslautverhärtung zurückzuführen, siehe 3.4.3.4.) – *miten* – *gemiten*; *sëdel* – *satel*;
/***f***/ – /***b***/: *dürfen* – *darben, verdërben*; häufig bestehen auch Doppelformen: *entsëven* 'wahrnehmen' – *entsëben*; *swëvel* – *swëbel*;
/***s***/ – /***r***/: *kiesen* 'wählen' – *kiuse* – *kôs* – *kurn* – *gekorn*, daneben *kür* 'Wahl' und *kosten*; *verliesen* 'verlieren' – *verliuse* – *verlôs* – *verlurn* – *verlorn*, dazu *verlust*.

3.4.3.2. *Gemination*

Geminaten sind doppelte Konsonantenzeichen. Die meisten mhd. Geminaten sind urgerm., westgerm. und ahd. Ursprungs (siehe 2.3.3.4.), aber auch in mhd. Zeit entstehen neue Doppelkonsonanten.

Verdoppelt erscheinen im Mhd. die Konsonanten /*p, t, k; b, d g; f, s, z; m, n; l, r*/. Man spricht bei den mhd. Geminaten von gedehnten oder langen Konsonanten. Während der erste Teil eine Silbe abschließt, eröffnet der folgende eine neue. Deshalb steht im Mhd. niemals Doppelkonsonanz im Wortauslaut, z. B. *begin-nen*, aber: *began*.

In etymologisch zusammengehörigen Wörtern stehen sich im Mhd. gegenüber: *bükken – biegen, slüpfen – slîfen* 'gleiten, glätten', *ritzen – rîzen* 'zeichnen'; *knabe – knappe, backe – bache* 'Schinken', *künne* 'Geschlecht' – *künec, hẹnne – hano* 'Hahn', *gesẹlle – sal* 'Saal', *rappe – rabe*.

Jeweils das erste der beiden verwandten Wörter geht auf eine ältere Form mit Gemination zurück.

Eine Reihe von Geminaten entsteht im Mhd. durch Synkope (siehe 3.4.3.3.): mhd. *breitete > breitte*; *kleidete > kleidte > kleitte*.

Geminationen entstehen mhd./frnhd. auch, wenn Kurzvokale in offener Tonsilbe nicht gedehnt wurden, vgl. mhd. *biten* – nhd. *bitten*; mhd. *sumer* – nhd. *Sommer* (siehe 3.4.2.4.).

3.4.3.3. *Konsonantenschwund und Kontraktion*

h-Ausfall. In mhd. Zeit erfolgt häufig /*h*/-Ausfall zwischen Vokalen, die dann kontrahiert werden, und zwar im Obd. nach langem Vokal, z. B. *hâhen – hân*, im Md. unabhängig von der Länge des voraufgehenden Vokals, z. B. *sëhen – sên, vâhen – vân*. Beide Formen (mit und ohne /*h*/) stehen im Mhd. – bes. in den md. Mundarten – noch lange nebeneinander.

Im Mhd. ist silbenanlautendes /*h*/ Hauchlaut, z. B. *vlie-hen*; beim Übergang zum Nhd. verstummt dieses /*h*/ im Wortinneren, es wird also nicht mehr gesprochen, z. B. *vlie-hen > flieen*. Es wird jedoch weiterhin geschrieben und bezeichnet seit frnhd. Zeit die Länge des vorangehenden Vokals. Das /*h*/ hat sich im In- und Auslaut zum Dehnungszeichen ohne eigenen Lautwert entwickelt (siehe 4.3.2.3.).

j(g)-Ausfall. Bereits im Ahd. beginnt der Ausfall des /*j(g)*/ zwischen Vokalen und setzt sich im Mhd. fort. Da er nicht obligatorisch erfolgt, gibt es im Mhd. Doppelformen, z. B. *müejen – müen, eiger – eier*. Zum Nhd. hin setzen sich dann die Formen ohne /*j(g)*/ durch, z. B. *mühen, Eier*.

Ausfall der Medien *b, d, g*. Häufig wird /*g*/ durch Palatalisierung (= Verlegung der Artikulationsstelle an den Vordergaumen) über /*j*/ zu /*i*/ vokalisiert, so dass durch Kontraktion /*ei*/ oder /*î*/ entstehen kann (/*egi*/ > /*ei*/; /*igi*/ zu /*î*/:

ahd. *lẹgit* > mhd. *leit*; *lẹgist > leist*; *ligit > lît*; *gitrẹgidi > getreide* usw. Die Kontraktion /*age*/ > /*ei*/(/*ai*/) vor /*t*/ oder /*st*/ ist bair., z. B. ahd. *sagêt > seit* oder *sait*; *traget > treit*; seltener ist die Kontraktion bei /*b*/ und /*d*/: /*ibi, idi*/ > / *î*/, z. B. ahd. *gibit* > mhd. *gît*; *quidit > quît*, sowie /*abe*/, /*ade*/ > /*â*/, z. B. *haben > hân*; *schaden*, dazu *schât* (alem.).

n-Ausfall vor *h*. Nachwirkungen eines Konsonantenschwundes in germ. Zeit zeigen sich im Nebeneinander verbaler Formen wie *dẹnken – dâhte, bringen – brâhte*. Der /*n*/-Ausfall hat die Dehnung des vorangegangenen Vokals bewirkt. Man spricht von Ersatzdehnung.

w-Ausfall zwischen Vokalen. Beim Übergang vom Mhd. zum Frnhd. schwindet /*w*/ zwischen Vokalen, und zwar:

/*ouwe*/	>	/*aue*/	:	*ouwe > Au(e)*; *houwen > hauen*;
/*öuwe*/	>	/*äue*/	:	*dröuwen > dräuen*;

/ûwe/ > */aue/* : *bûwen > bauen; trûwen > trauen;*
/iuwe/ > */eue/* : *riuwe > Reue; niuwe > neue.*

Der Wandel */-aw-/ > /-au-/* fand nach METTKE bereits in der mhd. Periode statt, zu einer Zeit, da das heutige */w/* (Reibelaut) noch halbvokalischen Charakter trug */u̯/*, vgl. *brâwe > Braue; phâwe > Pfau* (METTKE 1993, 80).

3.4.3.4. *Auslautverhärtung*

In mhd. Texten wechseln in der Flexion der Verben und Nomina */b, d, g, v/* mit */p, t, k, f/*. Die sth. Konsonanten werden im (Wort- und Silben-)Auslaut stimmlos gesprochen. Dieser Prozess vollzieht sich im Übergang vom Ahd. zum Mhd.; er wird im Mhd. durch veränderte Schreibung sichtbar:

stoup – stoubes; nît – nîdes; hienc – hiengen; hof – hoves.

Man nennt diese Erscheinung Auslautverhärtung.

Die Konsonanten */b, d, g, v/* werden ebenfalls stimmlos, wenn ihnen ein stl. Konsonant folgt:

houbet – houpt; kleiden – kleid(e)te > kleitte > kleite; neigen – neicte; nëve – niftel.

Anders ist es bei */h/*. Es wird im Auslaut als Reibelaut, im Wort- und Silbenanlaut aber als Hauchlaut gesprochen, z. B. *sach – sâhen*. Diese Erscheinung gehört nicht zur mhd. Auslautverhärtung; sie liegt schon ahd. vor (vgl. PAUL 1998, 155).

3.4.3.5. *Assimilation*

Unter Assimilation versteht man eine völlige oder partielle Angleichung eines Lautes an einen ihm benachbarten. Es handelt sich um einen Vorgang, der in allen Sprachperioden wirksam wird und sowohl Konsonanten als auch Vokale erfasst. Für das Mhd. sind konsonantische Assimilationen wichtig (s. auch 4.3.2.6.).

Im Mhd. betrifft das vor allem folgende Veränderungen:

/n/ > */m/* vor Labialen (*/p, b, m/*): *anebôz > ambôz; unmære > ummære* 'unlieb';
/mb/ > */mm/* oder */m/*: *zimber > zimmer; lambes > lammes;*
/ent/ + */v(f)/* > */emph-* (*empf-*)*/*: *entvâhen > emphâhen* 'empfangen';
auch völlige Assimilation des */t/* an den folgenden Verschlusslaut ist möglich:
/entg/ > */eng/*(*/enk/*): *entgürten > enkürten; entglîten > englîten.*
(Da die Assimilation diese Lautfolgen nicht obligatorisch erfasst, stehen im Mhd. die Formen *entgürten* und *entglîten* weiter daneben, woraus sich die nhd. Wörter mit *-t-* erklären lassen.)
/entb, entp/ > */enb, emp/*: *entbrëchen > enbrëchen > emprëchen* 'hervorbrechen, öffnen';

Zur Assimilation gehört auch die "Erweichung" des */t/* zu */d/* in den Konsonantenfolgen */nt, mt, lt, rt/*, ein Vorgang, der bereits am Ende der ahd. Zeit begonnen hat, z. B. ahd. *rūmta > rūmda* > mhd. *rûmde.*

Zum Teil stehen aber auch im Mhd. Doppelformen nebeneinander, z. B. *solte – solde; swërt, swërtes – swërdes.*
/t, d, n/ + */(e)l/* > */l/* oder */ll/*: *guotlîche > guollîche* 'gütig, freundlich'; *Uodalrich > Uodelrich* oder *Uodlrich > Ullrich > Ulrich.*

Konsonantenschwund infolge Assimilation
Die Assimilation kann auch zum völligen Ausfall von Konsonanten führen. Es kommt zum Ausfall des mittleren von drei Konsonanten:

Ausfall von */-k-/*: Auf Ausfall von */-k-/* in ahd. Zeit beruht das Nebeneinander von mhd. */s/* und */sch/*, vgl. Inf. *mischen* – Prät. *miste* (ahd. *misken, mista*). Weiterhin stehen sich mhd. gegenüber *wischen – wiste; lẹschen – laste.* */k/*-Ausfall liegt auch vor bei frmhd. *tinkte* > mhd. *tinte*; vgl. auch *Volcmar – Volmar.*

Ausfall von */-t-/*: *lustsam > lussam; ërnestlîch > ërneslîch; geistlîch > geislîch; truhtsæze > truhsæze; hintbẹre > hinper* 'Himbeere';

Ausfall von */-ch-, -h-/* zwischen Konsonanten: *kirchmësse > kirmësse* 'Kirmes'; *kirchtac > kirtac*;

Ausfall von /-*h*-/ im Silbenanlaut einer unbetonten Silbe nach /-*r*-/ und /-*l*-/ vor Vokal, und zwar vor allem im Md.: *bevëlhen* > *bevëlen* 'befehlen', *mörhe* > *möre* 'Möhre';

Ausfall von /-*h*-/ vor /-*st*-/: *schuohsûtære* > *schuostære* 'Schuster';

Ausfall von /-*h*-/ in der Konsonantenfolge /-*ht*-/ in unbetonter Silbe: *hîneht* > *hînht* > *hînt* > ma. *heint* 'heute nacht'.

Weitere Veränderungen infolge Assimilation betreffen den Ausfall des ach-Lautes (/-*ch*-, -*h*-/) in der Lautfolge /-*rht*-/ bzw. /-*hs*-/, hier erfolgt Entwicklung zu /-*ss*-/, bes. md.: *wahsen* > *wassen*.

3.4.3.6. *Dissimilation*

Unter Dissimilation versteht man einen der Assimilation entgegengesetzten Prozess – die Unähnlichmachung, "die Abänderung eines Lautes, wenn der gleiche Laut in der Nähe vorkommt, wodurch die Aussprache erleichtert wird" (Eis 1958, 61). Daneben ist auch Veränderung der Reihenfolge der Konsonanten oder sogar deren gänzlicher Schwund möglich. Häufig werden Liquiden und Nasale betroffen. Das Wortgut ist oft entlehnt.

Konsonantenveränderung infolge Dissimilation

Nicht unmittelbar aufeinanderfolgende /-*r*-/ und /-*r*-/ werden zu /-*r*-/ und /-*l*-/ oder /-*l*-/ und /-*r*-/: lat. *marmor* – ahd. *marmul, murmul* > mhd., frnhd. *marmel* (vgl. im Märchen *Marmelsteine*); *murmern* > *murmeln*; *môrber* > *mûlber* 'Maulbeere'; lat. *peregrinus* – mhd. *pilgrim, bilgrim* 'Pilger';

/-*m*-/ und /-*n*-/ > /-*m*-/ und /-*l*-/ oder /-*l*-/ und /-*n*-/: ahd. *samanôn* > mhd. *samenen* > *samelen* 'sammeln';

/-*r*-/ und /-*n*-/ > /-*r*-/ und /-*l*-/: lat. *organum* – ahd. *organan, orgenen* (Pl.) > ahd. *orgelen* (Pl.), daraus: *orgela* (Sg.) > mhd. *orgel*;

/-*l*-/ und /-*l*-/ > /-*n*-/ und /-*l*-/: mhd. *klobelouch* > *knobelouch*; *kliuwel* > *kniuwel* 'Knäuel';

/-*b*-/ und /-*b*-/ > /-*f*-/ und /-*b*-/: mhd. *biblie* > *bibel* > spätmhd./frnhd. *fibele* 'Fibel'.

Auch in vielen Personennamen- und Ortsnamenvarianten ist Dissimilation zu erkennen: Christophorus – Christoffel, Helmsdorf – Hermsdorf, Mollenbach – Bollenbach (vgl. Mettke 1993, 127.)

Konsonantenschwund infolge Dissimilation

Totale Dissimilation betrifft besonders das /-*n*-/ in Endsilben vor einem Konsonanten, wenn die vorletzte Silbe bereits auf einen Nasal endet: mhd. *verliumunden* > *verliumenden* > nhd. *verleumden*.

Verschiedentlich wird /-*n*-/ auch in Ortsnamen dissimiliert, z. B. *Werningerode* > *Wernigerode*. Hierher gehört auch /*n*/-Schwund bei der Zusammenfügung syntaktischer Einheiten, z. B. *ze dem grüenen bërge* > *Grüneberg*.

Ausfall von /-*r*-/: mhd. *allerêrst, alrêrst* > *alrêst*; frz. *parlier* 'Sprecher' – spätmhd. *parlier(er)* > *Polier* (/*o*/ vermutlich in Analogie zu *polieren*).

Ausfall von /-*ch*-/, /-*h*-/: mhd. *rîchelîche* > *rîlîche* 'reichlich'; *ze den wîhen nahten* > *wînahten* 'Weihnachten'.

3.5. Formenlehre

3.5.1. **Das Verb**

Finite Verbformen

Synthetische Verbformen gibt es im Mhd. wie im Nhd. nur für:

		Präs. Ind. Akt.	Präs. Konj. Akt.
Sg.	1. P.	*hilfe*	*hëlfe*
	2. P.	*hilfest*	*hëlfest*
	3. P.	*hilfet*	*hëlfe*
Pl.	1. P.	*hëlfen*	*hëlfen*
	2. P.	*hëlfet*	*hëlfet*
	3. P.	*hëlfent*	*hëlfen*

		Prät. Ind. Akt.	Prät. Konj. Akt.
Sg.	1. P.	*half*	*hülfe*
	2. P.	*hülfe*	*hülfest*
	3. P.	*half*	*hülfe*
Pl.	1. P.	*hulfen*	*hülfen*
	2. P.	*hulfet*	*hülfet*
	3. P.	*hulfen*	*hülfen*

Imp. 2. P. Sg. *hilf*, 1. P. Pl. *hëlfen*, 2. P. Pl. *hëlfet*.

Der Formenbestand des finiten Verbs umfasst also:
drei Personen;
zwei Numeri (Singular und Plural);
zwei Tempora (Präsens und Präteritum);
drei Modi (Indikativ, Konjunktiv und Imperativ);
ein Genus verbi (Aktiv).

Darüber hinaus besteht die Möglichkeit, durch Umschreibung zusammengesetzte Verbformen mit unterschiedlichen Funktionen zu bilden. Zur Umschreibung dienen neben den Verben *haben*, *sîn*, *wërden* vor allem auch die Modalverben *suln*, *müezen*, *wellen* (siehe 3.5.1.9.). Außerdem werden Mittel der Wortbildung genutzt, um Unterschiede in den Aktionsarten und im temporalen Verlauf zu charakterisieren (vgl. Paul 1998, 293ff.; W. Schmidt 1977, 212ff.).

Infinite Verbformen

Infinitiv *hëlfen* mit den flektierten Formen *hëlfen(n)es*, *hëlfen(n)e* (letztere sind ursprünglich Genitiv- bzw. Dativformen eines Gerundiums. Sie fallen im Mhd. lautlich mit dem einfachen Infinitiv zusammen und leben fort im Infinitiv mit *zu*.);
Partizip Präsens *hëlfende*;
Partizip Präteritum *geholfen*.

Einteilung der Verben

Wesentliche Merkmale für die Einteilung der Verben nach formalen Gesichtspunkten sind:
1. die verschiedenen Möglichkeiten der Bildung von Tempusstämmen;
2. der unterschiedliche Anschluss der Endungen an die verbale Wurzel.

Zu 1. Entsprechend der unterschiedlichen Bildung der Tempusstämme erfolgt die Einteilung in starke und schwache Verben. (Verben, die sich einer klaren Zuordnung entziehen, werden häufig als "unregelmäßige" Verben zusammengefasst.)

Kennzeichen der st. Verben sind die Formenbildung durch Veränderung des Stammvokals vorwiegend auf Grund des Ablauts, z. B. *hëlfen – half – hulfen*, und die Bildung des Part. Prät. mit dem Suffix *-en*, z. B. *geholfen*.

Kennzeichen der sw. Verben ist die Bildung der finiten Präteritalformen und des Part. Prät. mit einem Dentalsuffix, z. B. *lëbe-t-e – gelëbe-t*.

In den meisten Fällen entspricht die st. oder sw. Bildung im Mhd. der nhd. Konjugationsart; einige Verben sind jedoch von der st. zur sw. Konjugation übergegangen:
mhd. *grînen – grein* > nhd. *greinen*, *greinte*;
mhd. *smiegen – smouc* > nhd. *schmiegen*, *schmiegte*.

Während im Mhd. st. und sw. Verben nebeneinander stehen, sind im Nhd. die st. Formen z. T. nicht mehr vorhanden, z. B.

mhd.		nhd.
stark	schwach	schwach
brinnen	*bren̨nen*	*brennen*
bran	*brante*	*brannte*
gebrunnen	*gebren̨net*, *gebrant*	*gebrannt*

Besonderheiten bei der Bildung der Tempusstämme zeigen die Präterito-Präsentien (siehe 3.5.1.4.). Sie weisen sowohl Kennzeichen der st. als auch der sw. Flexion auf, z. B. Präs. *weiz – wizzen* (*ei/i*-Ablaut), Prät. *wiste* (Dentalsuffix).

Zu 2. Je nach der Art des Anschlusses von Flexionsendungen an die Wurzel unterscheidet man zwischen thematischer und athematischer Bildung. Bei thematischer Bildung steht zwischen Wurzel und Endung ein Thema- oder Bindevokal. Verben mit athematischer Bildung dagegen schließen die Endung unmittelbar an die Wurzel an, sie werden deshalb als Wurzelverben bezeichnet, vgl.

bind – e	*– t*	Wurzel –	Thema	– Endung;
tuo –	*– t*	Wurzel –		– Endung.

Ähnlichkeit mit der Gruppe der Wurzelverben weisen die kontrahierten Verben (siehe 3.5.1.6.) auf, bei denen die ursprünglich thematische Bildung auf Grund von Kontraktion nicht mehr in allen Formen zutage tritt, vgl. *hab – e – t*, aber *hâ – t*.

3.5.1.1. *Starke Verben*

Unter dieser Bezeichnung werden drei Gruppen von Verben zusammengefasst, die ihre Tempusstämme ursprünglich unterschiedlich bildeten:
durch Ablaut;
durch Ablaut und Reduplikation;
durch Reduplikation.

Im Mhd. werden sie in 7 Ablautreihen oder -klassen zusammengefasst (vgl. Tabelle der st. Verben in Lexer 1983, Singer 1996, 259ff.).

Historisch gesehen besteht ein besonders enger Zusammenhang zwischen den Reihen 1–5, bei denen idg. qualitativer *e/o*-Ablaut zwischen Präs. und Sg. Prät. und Formen des quantitativen Ablauts im Pl. Prät. und Part. Prät. vorliegen (siehe Ablaut 3.4.2.4.). Auf der Basis der Stammformen und der Kenntnis der Flexionsendungen ist es möglich, jede Form eines Verbs zu bestimmen.

Die folgenden Stammformen geben Aufschluss über die Bildung der finiten und infiniten Formen eines st. Verbs:
1. Präsensstamm. Sämtliche Formen des Indikativs und Konjunktivs Präs. sowie die Imperativformen eines st. Verbs sind auf eine gemeinsame Ablautstufe zurückzuführen; sie weisen in der Regel den Stammvokal des Infinitivs auf. Abweichungen davon in der 1.–3. Sg. Ind. Präs. (vgl. *hëlfen*, aber *ich hilfe*, *du hilfest*, *er hilfet*; *bieten*, aber *ich biute*, *du biutest*, *er biutet*), auch Imp. Sg. (vgl. *hilf*) sind auf Alternanz zurückzuführen (siehe 3.4.2.2.). Der Wechsel von /a/ – /e/ in der 2. und 3. Sg. Präs. Ind., vgl. *graben*, aber *du grẹbest*, *er grẹbet*, beruht auf Umlaut (siehe 3.4.2.3.). Wegen dieser Differenzierung werden anstelle der ersten Stammform oft zwei Stammformen (Infinitiv – 1. P. Sg. Präs.) angegeben, vgl. z. B. Singer 1996.
2. Stamm des Sg. Prät. Der entsprechende Ablautvokal kommt in der 1. und 3. P. Sg. Prät. Ind. vor, nicht aber in der 2. P. Sg.
3. Stamm des Pl. Prät. Er bildet die Grundlage für die 1.–3. P. Pl. Prät. Ind., außerdem für die 2. P. Sg. Prät. Ind. sowie für sämtliche Formen des Prät. Konj.; in der 2. P. Sg. Prät. Ind. sowie im gesamten Konj. Prät. ist dabei ein umlautfähiger Wurzelvokal umgelautet. Besonders zu beachten ist die 2. P. Sg. Prät. Ind. mit dem Vokal des Pl. Prät. und der Endung *-e*, vgl. *ich reit*, aber *du rite*, bei umlautfähigem Stammvokal außerdem Umlaut, vgl. *ich bouc*, aber *du büge*, *ich half*, aber *du hülfe*. Endet der Stamm auf *d, g, h* oder *s* tritt z. T. Grammatischer Wechsel ein.
4. Stamm des Part. Prät.
Daraus ergeben sich z. B. für das Verb mhd. *helfen* folgende Stammformen:

Inf./1. Sg. Präs. Ind.	1. Sg. Prät. Ind.	1. Pl. Prät. Ind.	Part. Prät.
hëlfen/hilfe	*half*	*hulfen*	*geholfen*

Zur Konjugation
In der Übersicht über die Konjugation (siehe oben) ist ein stark konjugiertes Verb gegeben. Abweichend davon können u. a. folgende Besonderheiten auftreten:

Präs. Ind.	1. P. Sg. kann im Md. (bes. im Mittelfränk.) auf *-en* enden. 2. P. Sg. endet im Md. statt auf *-st* häufig auf *-s*. 1. P. Pl. verliert bei nachgestelltem Pronomen z. T. das *-n* der Endung, z. B. *hëlfe wir*. 3. P. Pl. gleicht sich im Md. bereits in mhd. Zeit der 1. P. Pl. an, verliert also das *-t* der Endung, z. B. *si hëlfen*.
Prät. Ind.	1. und 3. P. Sg. nehmen z. T. unter Einfluss sw. Formen ein *-e* an, z. B. *ich/er halfe*. 2. P. Sg. erhält unter Einfluss des Prät. Konj. bzw. des Präs. die Endungen *-es*, *-est* und gibt allmählich den Umlaut auf, z. B. *du hülfes(t)*, *hulfes(t)*.
Sg. Imp.	weist z. T. Endungs-*e* in Analogie zu sw. konjugierten Formen auf, z. B. *hëlfe*, *hilfe*.
Part. Prät.	"Das Part. Prät. wird bei der starken wie bei der schwachen Konjugation mit dem Präfix *ge-* gebildet, falls das Verb nicht schon mit einer vortonigen und untrennbaren Vorsilbe verbunden ist. Ursprünglich bezeichnete das Präfix *ge-* den Abschluß eines Vorgangs; es ist allmählich, aber schon vor der ahd. Sprachperiode, beim Partizip üblich geworden" (PAUL 1998, 242). Ohne *ge-* kommen folgende Partizipien vor: *vunden*, *komen*, *worden*, *troffen*, teilweise auch *gëben*, *nomen*, *lâzen*. (Auch mhd. *brâht*, Part. Prät. mit sw. Bildung, hat kein *ge-*.)

Ablautreihen

Wurzelvokal und Wurzelauslaut bilden die Unterscheidungsmerkmale für die Zuordnung der st. Verben zu den einzelnen Reihen.

1. Ablautreihe

Kennzeichen der Verben der 1. Ablautreihe ist der Vokal /*î*/ im Präsensstamm. /*ei*/ steht im Sg. Prät. Endet die Wurzel jedoch auf Vokal, germ. /*h*/ oder /*w*/, so steht statt dessen (infolge der ahd. Monophthongierung) im Prät. Sg. /*ê*/.

a) /*î*/, /*î*/	–	/*ei*/,	/*i*/	–	/*i*/
stîgen/*stîge*		*steic*	*stigen*		*gestigen*

Mit gramm. Wechsel:

snîden/*snîde*	*sneit*	*sniten*	*gesniten*
rîsen/*rîse*	*reis*	*rirn*	*gerirn*

In diese Reihe gehören u. a.: *belîben* 'bleiben', *grîfen*, *rîten*, *schrîben*, *schrîten*, *swîgen*, *trîben*; mit gramm. Wechsel: *brîden* 'flechten', *lîden*, *mîden*, *nîden*, *rîden* 'drehen'; *t* in *sneit* beruht auf Auslautverhärtung.

b) /*î*/, /*î*/	–	/*ê*/,	/*i*/	–	/*i*/

Mit gramm. Wechsel:

lîhen/*lîhe*	*lêh*	*ligen*	*geligen*

Auch: *dîhen* 'gedeihen', *rîhen*, *sîhen*, *zîhen*.

2. Ablautreihe

In die 2. Ablautreihe gehören die st. Verben mit Infinitivvokal /*ie*/ (/*iu*/ im Sg. Präs. Ind. beruht auf Alternanz). Außerdem gehören hierher Verben mit Infinitivvokal /*iu*/ vor /*w*/ sowie drei Verben mit /*û*/.

Sg. Prät. hat den Stammvokal /*ou*/. Endet die Wurzel jedoch auf /*t*, *d*, *s*, *z*/ oder germ. /*h*/, so steht /*ô*/ statt /*ou*/ (infolge der ahd. Monophthongierung). Auf Grund dieses Unterschieds im Sg. Prät. Ind. ergeben sich wiederum zwei Gruppen:

a) /*ie*/, /*iu*/	–	/*ou*/,	/*u*/	–	/*o*/
biegen/*biuge*		*bouc*	*bugen*		*gebogen*

Auch: *kriechen*, *schieben*, *smiegen*, *triefen*, *triegen* 'trügen', *fliegen*; *bliuwen* 'schlagen', *briuwen* 'brauen', *kiuwen* 'kauen', *riuwen* 'schmerzen'; *sûgen*, *lûchen* 'schließen', *sûfen*.

b) /*ie*/, /*iu*/	–	/*ô*/,	/*u*/	–	/*o*/
bieten/*biute*		*bôt*	*buten*		*geboten*

Mit gramm. Wechsel:

sieden/siude	*sôt*	*suten*	*gesoten*
kiesen/kiuse	*kôs*	*kurn*	*gekorn*

Auch: *diezen* 'rauschen', *giezen, niezen* 'genießen', *schiezen, sliezen, spriezen, verdriezen, vliehen*; mit gramm. Wechsel: *niesen, verliesen* 'verlieren', *vriesen* 'frieren'.

3. Ablautreihe

Auf Grund der wurzelauslautenden Konsonanz ergibt sich bereits für den Präsensstamm eine Differenzierung. Es sind zu unterscheiden: a) Verben mit Präsensvokal /*i*/ vor Nasalverbindung von b) Verben mit Präsensvokal /*e*/ vor Liquidverbindung. Die beiden Gruppen zeigen auch Unterschiede im Part. Prät.

a) /*i*/, /*i*/	–	/*a*/,	/*u*/	– /*u*/
binden/binde		*bant*	*bunden*	*gebunden*

Auch: *brimmen* 'brummen', *entrinnen, glimmen, gewinnen, hinken, klingen, rinnen, singen, sinken, sinnen, spinnen, swimmen, trinken.*

b) /*ë*/, /*i*/	–	/*a*/,	/*u*/	– /*o*/
hëlfen/hilfe		*half*	*hulfen*	*geholfen*

Auch: *bëllen, gëllen, mëlken, schëlten, smëlzen, stërben, swëllen, verdërben, wërden.*

Nebenformen mit gramm. Wechsel kommen noch vor bei *vinden* (Pl. Prät. *vunten*), *wërden* (Pl. Prät. *wurten*, Part. *worten*).

4. Ablautreihe

Dieser Reihe gehören st. Verben an, bei denen der Präsensvokal /*ë*/ vor einfachem Nasal bzw. vor oder nach einfachem Liquidlaut steht. Der Wechsel von /*ë*/ zu /*i*/ im Präsensstamm beruht auf Alternanz.

/*ë*/, /*i*/	–	/*a*/,	/*â*/	– /*o*/
nëmen/nime		*nam*	*nâmen*	*genomen*

Auch: *bër(e)n* 'tragen', *brëchen, drëschen, lëschen* 'erlöschen', *rëchen, sprëchen, quëln, schrëcken, stëln, trëffen.* Statt der ursprünglichen Form *quëmen* tritt mhd. häufiger *komen, kömen* auf.

5. Ablautreihe

Kennzeichen ist der Präsensvokal /*ë*/ vor einfachem Konsonanten (außer /*l, m, n, r, ch*/) bzw. vor Doppelkonsonanten, die erst durch die 2. Lautverschiebung (siehe 2.3.3.1.) entstanden sind. Außerdem gehören drei Verben dazu, die im gesamten Präsens Wurzelvokal /*i*/ haben (/*j*/-Präsentien).

/*ë*/, /*i*	–	/*a*/,	/*â*/	– /*ë*/
gëben/gibe		*gap*	*gâben*	*gegëben*

Mit gramm. Wechsel:

wësen/wise	*was*	*wâren*	*gewësen*

Auch: *ëzzen, vrëzzen, geschëhen, jëhen* 'sagen', *knëten, mëzzen, sëhen, trëten, wëben*; mit gramm. Wechsel: *genësen, lësen* (Pl. Prät. *genâren, lâren*, aber auch Ausgleichsformen *genâsen, lâsen*). /*j*/-Präsentien: *sitzen/sitze – saz – sâzen – gesëzzen, bitten/biten, liggen/ligen.*

6. Ablautreihe

Kennzeichen ist Wurzelvokal /*a*/ im Präs. und im Part. Prät., außerdem gehören einige /*j*/-Präsentien mit Wurzelvokal /*ẹ*/ im gesamten Präsens in diese Reihe. Im Unterschied zu den Reihen 1–5 tritt innerhalb des Präteritums kein Vokalwechsel auf (immer /*uo*/).

2. und 3. P. Sg. Präs. Ind. haben auf Grund von Umlaut Wurzelvokal /*ẹ*/, vgl. *du grẹbest, er grẹbet.*

/*a*/, /*a*/	–	/*uo*/,	/*uo*/	– /*a*/
graben/grabe		*gruop*	*gruoben*	*gegraben*

Mit gramm. Wechsel:

slahen/slahe	*sluoc*	*sluogen*	*geslagen*

Auch: *laden*, *maln* 'mahlen', *nagen*, *schaffen*, *tragen*, *varn*, *wahsen*, *waschen*, *waten*; mit gramm. Wechsel: *gewähenen* 'erwähnen', *twahen* 'waschen'. /j/-Präsentien: *swẹrn – swuor – swuoren – geswarn* (daneben: *gesworn*), *schẹpfen*, *hẹven/hẹben*.

Bedingt durch die Ableitung mit /j/ haben /j/-Präsentien durchgängig Umlaut /a/ zu /ẹ/ im Präs.

7. Ablautreihe

Die Bildung der Präteritalformen erfolgte ursprünglich durch einfache Reduplikation (Rückdopplung) des wurzelanlautenden Konsonanten + Vokal, z. B. got. *haitan* – Prät. *haíhait* (sprich: *hehait*) oder durch Reduplikation und Ablaut zugleich, z. B. got. *lētan* – Prät. *laílôt* (sprich: *lelôt*). Im Mhd. steht /ie/ in allen Formen des Präteritums.

Der Vokal des Präsensstamms ist unterschiedlich, und zwar /*a*, *â*, *ei*, *ou*, *ô*, *uo*/:

/a/, /a/ –	/ie/,	/ie/ –	/a/
vallen/valle	*viel*	*vielen*	*gevallen*

Mit gramm. Wechsel:

vâhen	*vienc*	*viengen*	*gevangen/gevân*

In diese Reihe gehören:
râten – riet – rieten – gerâten; auch: *brâten*, *lâzen*, *slâfen*;
heizen – hiez – hiezen – geheizen; auch: *scheiden*, *sweifen*;
loufen – lief – liefen – geloufen; auch: *houwen*;
stôzen – stiez – stiezen – gestôzen; auch: *bôzen* 'schlagen';
ruofen – rief – riefen – geruofen; auch: *wuofen* 'wehklagen'.

Den Reihen 6 und 7 ist gemeinsam, dass einmal Sg. und Pl. Prät. und zum anderen Präs. und Part. Prät. gleichen Wurzelvokal haben.

Im Gesamtüberblick ergibt sich folgendes Bild:

Reihe	Präs.	Sg. Prät.	Pl. Prät.	Part. Prät.
1a	/î/	/ei/	/i/	/i/
1b	/î/	/ê/	/i/	/i/
2a	/ie/iu/	/ou/	/u/	/o/
2b	/ie/iu/	/ô/	/u/	/o/
3a	/i/	/a/	/u/	/u/
3b	/ë/i/	/a/	/u/	/o/
4	/ë/i/	/a/	/â/	/o/
5	/ë/i/	/a/	/â/	/ë/
6	/a/ẹ/	/uo/	/uo/	/a/
7	/a,â,ei,ou,ô,uo/	/ie/	/ie/	/a,â,ei,ou,ô,uo/

3.5.1.2. *Schwache Verben*

Schwache Verben sind meist Sekundärbildungen; es sind jüngere Ableitungen, die seit germ. Zeit zu st. Verben oder zu Nomina (Substantiven und Adjektiven) gebildet worden sind. Während sie sich im Ahd. ihren alten Bildungssuffixen entsprechend gruppieren lassen (*jan-*, *ôn-*, *ên-*Verben, siehe 2.4.1.2.), ist die Zugehörigkeit zu den ursprünglichen Gruppen infolge der Abschwächung der Nebensilbenvokale im Mhd. nicht mehr aus der Form des Infinitivs ablesbar, vgl. die folgende Übersicht:

	ahd.	mhd.
Klasse 1a	*nẹrren*, *nẹrrian*	*nẹrn*
Klasse 1b	*brẹnnen*	*brẹnnen*
Klasse 2	*salbôn*	*salben*
Klasse 3	*sagên*	*sagen*

Besondere Merkmale weist im Mhd. lediglich ein Teil der alten *jan-* Bildungen auf. Die lang- und mehrsilbigen *jan*-Verben haben bei umlautfähigem Wurzelvokal Umlaut im Präsens, jedoch nicht im Präteritum (sog. Rückumlaut). Im Mhd. sind demnach zwei Gruppen von sw. Verben zu unterscheiden:

1. schwache Verben ohne Wechsel des Wurzelvokals mit Erhalt des Themavokals,
2. schwache Verben mit Wechsel des Wurzelvokals ohne Erhalt des Themavokals.

Formenbildung

Präsens

Die Endungen der Präsensformen stimmen im Ind. und Konj. mit den entsprechenden Formen der st. Verben überein. Das gilt auch für das Part. Präs. und den Inf. Im Unterschied zu den st. Verben gibt es keinen Vokalwechsel innerhalb eines Tempus.

Der Imp. weist im Sg. gegenüber der st. Bildung zusätzlich ein *e* auf, soweit es im Mhd. nicht apokopiert ist, z. B. *lëbe*, *sẹtze*, aber: *hol.*

Präteritum

Alle Formen werden mit einem Dentalsuffix gebildet, dessen Entstehung unterschiedlich erklärt wird (vgl. PAUL 1998, 253). Nach Nasal und z. T. nach Liquida steht häufig /*d*/, z. B. mhd. *diende*, *wânde* 'wähnte'.

Ind. und Konj. haben die gleichen Personalendungen:

Prät. Ind./Konj.

Sg.	1. P.	*lëbe-t-e*	Pl.	1. P.	*lëbe-t-en*
	2. P.	*lëbe-t-est*		2. P.	*lëbe-t-et*
	3. P.	*lëbe-t-e*		3. P.	*lëbe-t-en*

Das Part. Prät. sw. Verben endet auf *-et*, sofern nicht Synkopierung in mhd. Zeit erfolgt ist, z. B. *gelëbet*, aber: *geholt*. Die sw. Verben mit Wechsel des Wurzelvokals haben daneben auch eine alte themalose Form (in diesem Falle auch keinen Umlaut!), z. B. *gebrẹnnet*, daneben *gebrant.*

Schwache Verben ohne Wechsel des Wurzelvokals

lëben *lëbete* *gelëbet*

In historischer Sicht sind es:

a) kurzsilbige *jan*-Bildungen, z. B. *nẹrn – nẹrte – genẹrt.*

Die meisten der kurzsilbigen *jan*-Verben haben allerdings Nebenformen mit Doppelkonsonanz, zu denen das Prät. nach Art der sw. Verben mit Wechsel des Wurzelvokals gebildet wird, z. B. *zẹln*/*zẹllen* – *zẹlte*/*zalte* – *gezẹlt*/*gezalt*; *dẹnen*/*dẹnnen*, *lẹgen*/*lẹggen*;

b) *ôn*-Bildungen, z. B. *danken*, *dienen*, *lëcken*, *loben*, *machen*, *salben*;

c) *ên*-Bildungen, z. B. *armen*, *haben*, *heilen*, *nazzen*, *rîfen*, *sagen*, *volgen*, *vragen*, *vûlen*, *ziln.*

Schwache Verben mit Wechsel des Wurzelvokals

brẹnnen *brante* *gebrẹnnet*/*gebrant*

Die Veränderung des Wurzelvokals bei der Formenbildung sw. Verben ist fast ausschließlich im Zusammenhang mit der Erscheinung des Umlauts (siehe 3.4.2.3.) zu sehen. Das /*j*/ bzw. /*i*/ der *jan*-Verben hat in den Präsensformen bei umlautfähigem Wurzelvokal in jedem Falle Umlaut bewirkt:

germ. **sankwian* – ahd. *sẹnken.*

Im Prät. dagegen ist der Umlaut bei den lang- und mehrsilbigen *jan*-Verben nicht wirksam geworden, da das Thema /*i*/ bei diesen Verben synkopiert wurde, bevor es Umlaut bewirken konnte:

germ. **sank-i-da* > germ. **sank-da* > ahd. *sancta* > mhd. *sancte.*

Langsilbige *jan*-Verben bilden demnach die Präsensformen mit Umlaut, die Präteritalformen dagegen ohne Umlaut. Nach J. GRIMM werden sie als "Verben mit Rückumlaut" bezeichnet (siehe 2.3.2.3.). Im Part. Prät. steht bei diesen Verben neben der Form mit ausgefallenem Thema eine Form mit bewahrtem Thema. Als lang- bzw. mehrsilbige *jan*-Verben gelten vom Standpunkt des Mhd. aus:

a) Verben mit langem umgelauteten Vokal in der Wurzelsilbe, z. B.

hœren – hôrte – gehœret/gehôrt; grüezen, lœsen, rüemen, trœsten, füeren, wænen.

Im Unterschied zu den bisher angeführten Beispielen endet bei den folgenden die Wurzel auf Vokal (Verba pura). Sie bewahren z.T. */j/* im Infinitiv, haben im Mhd. auch Nebenformen mit */h/* oder */w/*-Einschub. Im Prät. stehen umgelautete und nicht umgelautete Formen nebeneinander, z.B.

dræn/dræjen – drâte/dræte/dræjete – gedræt/gedræjet/gedrât; næn 'nähen', *sæn, blüen, glüen, müen.*

b) Verben mit mehrfacher Konsonanz im Auslaut der Wurzelsilbe nach umgelautetem Vokal, z.B.

stẹrken – starcte – gestẹrket/gestarct; hẹngen, sẹnden, trẹnken, wẹnden.

Mehrfache Konsonanz ist den Verben dieser Gruppe nicht in allen Fällen von vornherein eigen, z.T. ist Doppelkonsonanz erst durch westgerm. Konsonantengemination vor */j/* entstanden (siehe 2.3.3.4.), z.B. germ. **rakjan* > **rẹkkian* > ahd. *rẹcken* > mhd. *rẹcken – racte/rahte – gerẹcket/geract/geraht.* Auch: *dẹcken, stẹcken, wẹcken.* Gemination konnte dabei nur in den Formen erfolgen, in denen */j/* erhalten war (Inf., z.T. finite Formen des Präs.).

Die Geminaten */pp/*, */tt/* entwickelten sich durch die zweite Lautverschiebung weiter, deshalb z.B. germ. **satjan* > ahd. *sẹtzan* > mhd. *sẹtzen – sazte – gesẹtzet/gesazt.* Das Prät. weist vielfach Doppelformen auf, z.B. *sazte/sẹtzete.* Gleiche Unterschiede im Konsonantismus zeigen z.B. *ergẹtzen, hẹtzen, lẹtzen, schẹtzen, stẹpfen, wẹtzen.* Nichtgeminiertes */t/* hat sich zu */s/* (geschrieben *z*) entwickelt. Der Lautwert – *sazte* oder *satzte* – ist in diesen Fällen strittig.

c) Mehrsilbige Verben, z.B.

mhd. *antwürten – antwurte; löugenen – lougente.*

d) Verben, die das Prät. von Anfang an athematisch bildeten, z.B.

dẹnken – dâhte – gedâht; dünken/dunken – dûhte – gedûht; vürhten – vorhte – gevorht; würken/wurken/wirken – worhte – geworht.

Sonderstellung gegenüber den übrigen sw. Verben mit Wechsel des Wurzelvokals beweist die Bildung des Prät. Konj. mit Umlaut, z.B. *dæhte, diuhte.* Auf die ursprünglich athematische Bildung im Prät. deutet die Veränderung der wurzelauslautenden Konsonanz hin (germ. */g, k/* > */h/* vor unmittelbar folgendem Dental der Präteritalendung, Nasalschwund vor */h/* sowie Ersatzdehnung: germ. **þankda* > **þanhta* > *þâhta*).

3.5.1.3. *Mischung starker und schwacher Konjugation*

Mhd. *bringen*, st. Verb der 3. Ablautreihe, hat neben den sehr selten vorkommenden st. Präteritalformen *branc – brungen* weit häufiger sw. Präteritalformen: 1., 3. P. Sg. Prät. Ind. *brâhte*, 2.P. Sg. *bræhte/brâhtest*, Pl. *brâhten*, Part. Prät. *brâht.*

Mhd. *beginnen* (st. Verb) bildet das Prät. im Sg. sowohl stark (*began*) als auch schwach (*begunde*). Pl. Prät. wird dagegen nur schwach flektiert (*begunden*), Part. Prät. *begunnen*, md. *begunst, begonst.*

3.5.1.4. *Präterito-Präsentien*

Dieser Gruppe gehören im Mhd. neben den Vollverben *wizzen* 'wissen', *tugen* 'nützen', *gunnen* 'gönnen, erlauben' die meisten der modalen Hilfsverben an (jedoch nicht *wollen*). Es sind Verben, deren Präsensformen den Präteritalformen ablautender Verben entsprechen, vgl.

Prät.-Präs.	st. Verb
Präs.	Prät.
weiz – wizzen	*steic – stigen,*

und deren Präteritalformen wie die bindevokallosen Präteritalformen sw. Verben gebildet werden, vgl.

Prät.-Präs.	sw. Verb
Prät.	Prät.
wiste – wisten	*brante – branten.*

Ursprünglich waren die Prät.-Präs. starke Verben. Ihre Präsensformen sind verloren gegangen und die alten st. Präteritalformen haben präsentische Bedeutung angenommen. Neue Präteritalformen wurden nach der Art der sw. Präterita gebildet.

Kennzeichen im Mhd. Wechsel des Stammvokals im Präs. Ind. zwischen Sg. und Pl., Endungslosigkeit in der 1. und 3. P. Sg. Präs. Ind., Bildung der 2. P. Sg. Präs. Ind. mit der Endung *-t*.

Als ursprünglich st. Verben können sie den entsprechenden Ablautreihen zugeordnet werden.

Mhd. *ich weiz* 'ich weiß' (Ablautreihe 1)
Präs. Ind.: 1., 3. P. Sg. *weiz*, 2. P. Sg. *weist*, 1., 3. P. Pl. *wizzen*, 2. P. Pl. *wizzet*.

Der Stamm des Pl. Präs. liegt der Bildung aller übrigen Formen zugrunde:

Pl. Präs. Ind. *wizzen*

Präs. Konj. *wizze*
Prät. Ind./Konj. *wisse, wiste*

Imp. *wizze*
Inf. *wizzen*
Part. Präs. *wizzende*
Part. Prät. *gewist*

Zum Teil stehen neben den angeführten Formen mundartliche Sonderformen, z. B. für Prät. Ind./Konj. auch *wësse, węsse, wëste, wuste, woste*; für das Part. Prät. auch *gewęst, gewust, gewizzen.*

Überblick über die Präterito-Präsentien mit ihren wichtigsten Formen (von mundartlichen Sonderformen wird abgesehen)

Ablautreihe	Inf., 1.,3. P. Pl. Präs. Ind.	1.,3. P. Sg. Präs. Ind.	2. P. Sg. Präs. Ind.	1.,3. P. Sg. Prät. Ind.	Part. Prät.
1	*wizzen* 'wissen'	*weiz*	*weist*	*wisse/wiste*	*gewist*
2	*tugen/tügen* 'taugen, nutzen'	*touc*		*tohte*	
3	*gunnen/günnen* 'gönnen'	*gan*	*ganst*	*gunde*	*gegunnen*
3	*kunnen/künnen* 'wissen, verstehen'	*kan*	*kanst*	*kunde*	
3	*durfen/dürfen* 'bedürfen, brauchen'	*darf*	*darft*	*dorfte*	*bedorft*
3	*turren/türren* 'wagen'	*tar*	*tarst*	*torste*	
4	*suln/süln* 'müssen, sollen, werden'	*sal/sol*	*salt/solt*	*solte/solde*	
5	*mugen/mügen, męgen/magen* 'können, vermögen'	*mac*	*maht*	*mahte/mohte*	
6	*muozen/müezen* 'müssen, dürfen, können, werden'	*muoz*	*muost*	*muose/muoste*	

Im Inf. und Präs. Pl. kommen bei umlautfähigem Stammvokal Nebenformen mit Umlaut vor. Als Ursachen dafür werden erwogen: Einfluss eines enklitischen Pronomens; Einfluss des Konj. st. Verben; Analogiebildung zu sw. Verben mit Rückumlaut.

Nicht bei jedem Prät.-Präs. sind mhd. alle Formen belegt; besonders häufig fehlt das Part. Prät.; die meisten Prät.-Präs. bilden außerdem keinen Imp.

3.5.1.5. *Athematische Verben*

Kennzeichen ist eine athematische Bildung der Präsensformen. Die Endung tritt unmittelbar an die verbale Wurzel, vgl. Inf. mhd. *tuo-n*, *gâ-n*, *stâ-n*, *sî-n*. Deshalb werden diese Verben auch als Wurzelverben bezeichnet. Auf Grund der ursprünglichen Bildung der 1. P. Sg. Präs. Ind. mit dem idg. Suffix *-mi* findet man auch die Bezeichnung *mi*-Verben. Die mhd. Endung der 1. P. Sg. Präs. Ind. *-n* geht durch allmähliche Reduktion (vgl. idg. **esmi*, germ. **izmi*, *immi* >*im* + *b* > ahd. *bim* > *bin*) auf diese alte Endung zurück, vgl. mhd. *ich tuon, ich gân, ich stân, ich bin*. Grundsätzlich sind alle Präsensformen dieser Verben einsilbig.

Mhd. *tuon*

		Präs. Ind.	Präs. Konj.	Prät. Ind.	Prät. Konj.
Sg.	1. P.	*tuon*	*tuo*	*tët(e)*	*tæte*
	2. P.	*tuost*	*tuost*	*tæte*	*tætest*
	3. P.	*tuot*	*tuo*	*tët(e)*	*tæte*
Pl.	1. P.	*tuon*	*tuon*	*tâten*	*tæten*
	2. P.	*tuot*	*tuot*	*tâtet*	*tætet*
	3. P.	*tuont*	*tuon*	*tâten*	*tæten*

Imp. Sg. *tuo*; Pl. *tuon*, *tuot*
Part. Präs. *tuonde*
Part. Prät. *getân*

(In der Form des Prät. *tëte* ist die Silbe *-te* nicht Wurzel, sondern ursprüngliche Reduplikationssilbe.)

Mhd. *gân* und *stân*

		Präs. Ind.	Präs. Konj.
Sg.	1. P.	*gân, gên*	*gê (gâ)*
	2. P.	*gâst, gêst*	*gêst (gâst)*
	3. P.	*gât, gêt*	*gê (gâ)*
Pl.	1. P.	*gân, gên*	*gên (gân)*
	2. P.	*gât, gêt*	*gêt (gât)*
	3. P.	*gânt, gênt*	*gên (gân)*

Imp. Sg. *gâ, gê, ganc, gënc*; Pl. *gân, gên, gât, gêt*
Part. Präs. *gânde, gênde*
Part. Prät. *(ge)gân, (ge)gangen*
Prät. Ind. 1., 3. P. Sg. *gienc, gie*, 2. P. Sg. *gienge*, 1., 3. P. Pl. *giengen*, 2. P. Pl *gienget*
Prät. Konj. 1.,3. P. Sg. *gienge*, 2. P. Sg. *giengest* . . .

Die Präsensformen weisen die Merkmale der Wurzelverben auf (1. P. Sg. Ind. *-n*, einsilbige Präsensformen); die Präteritalformen entsprechen denen der st. Verben in Ablautreihe 7 (*gienc*) bzw. 6 (*stuont*). Zwei verschiedene Verbstämme, Stamm des Wurzelverbs (*gân, stân*) und Stamm des st. Verbs (ahd. *gangan, stantan*), ergänzen sich bei der Bildung des Formensystems (Suppletivbildung 'Ergänzungsbildung'). Im Alem. und Rheinfrk. herrschten (wie im Ndd.) die von *gân, stân* gebildeten Formen, im Bair. und übrigen Md. die von *gên, stên* vor.

Mhd. *sîn*

Dieses Verb bildet seine Flexionsformen aus drei unterschiedlichen Wurzeln. Daraus erklärt sich das Nebeneinander der verschiedenen Wortstämme im Paradigma.

		Präs. Ind.	Präs. Konj.
Sg.	1. P.	*bin*	*sî*, alem. *sî(g)e*
	2. P.	*bist*, md. *bis*	*sîst, -est*
	3. P.	*ist*, md. *is*	*sî, -e*
Pl.	1. P.	*birn, sîn*, md. *sint*	*sîn, -en*
	2. Pl.	*birt, sît*	*sît, -et*
	3. Pl.	*sint*, md. *sîn*	*sîn, -en*

Part. Präs. *sînde*
Part. Prät. *gesîn*
Imp. Sg. *wis*, *bis*, Pl. *sîn*, *sît*

Neben den aufgeführten Präsensformen werden mhd. auch die Präsensformen des st. Verbs *wësen* (5. Ablautreihe) in gleicher Bedeutung verwendet: Präs. Ind. *wise* . . .; Präs. Konj. *wëse*. . .; Part. Präs. *wësende*. Im Prät. stehen nur die Formen des st. Verbs zur Verfügung, Prät. Ind. *was* – *wâren*, Prät. Konj. *wære*. Das Part. Prät. hat neben der Form von *sîn* auch *gewësen*, md. *gewëst*.

3.5.1.6. *Kontrahierte Verben*

Einige sw. wie auch st. Verben haben z. T. Nebenformen, die vom regelmäßigen Paradigma abweichen. Durch Kontraktion (siehe 3.4.3.3.) in spätahd. und frühmhd. Zeit sind Konsonanten geschwunden, so dass Wurzel und Endungsvokal verschmolzen und einsilbige Formen entstanden sind.
Mhd. *haben* – *hân*

		Präs. Ind.	Präs. Konj.
Sg.	1. P.	*hân, han*	*hâ*
	2. P.	*hâst, hast*	*hâst*
	3. P.	*hât, hat*	*hâ*
Pl.	1. P.	*hân, han*	*hân*
	2. P.	*hât, hat*	*hât*
	3. P.	*hânt, hant*	*hân*

Ähnlichkeit mit den Wurzelverben begünstigt das Eindringen entsprechender Konjugationsmerkmale, z. B. 1. P. Sg. Präs. Ind. *habe* (sw. Verb) – *hân* (kontrahiertes Verb).

Die kontrahierten Formen werden zumeist als Hilfsverb, die vollen Formen als Vollverb in der Bedeutung 'halten' verwendet. Kontrahierte Formen für Präs. Konj. sind sehr selten.

Prät. Ind. 1., 3. P. Sg. *hâte, hate, hæte, hët(e), hẹt(e), hête, heite, hiete.*
Prät. Konj. 1., 3. P. Sg. *hæte, hëte, hẹte* . . .
Part. Prät. *gehât, gehat.*

Die Vielzahl der Formen im Prät. hat ihre Wurzeln bereits in ahd. Zeit, wo verschiedene Präterita belegt sind.

Mhd. *lâzen* – *lân*
Präs. Ind. des kontrahierten Verbs stimmt mit den Präsensformen der Wurzelverben überein: 1. P. Sg. *lân* (auch *lâ*), 2. P. Sg. *lâst* . . . Für Präs. Konj. kommen nur vereinzelt kontrahierte Formen vor, z. B. 3. P. Sg. *lâ*. Prät. Ind. hat im Sg. *lie* neben der vollen Form *liez*, im Pl. dagegen nur die nichtkontrahierten Formen. Part. Prät. *gelân*.

Die Kontraktion erfolgt in den einzelnen Mundartgebieten unterschiedlich und erfasst nicht alle Formen eines Verbs gleichmäßig:
/-âhe-/ > */â/* (md. auch */-ahe-/* > */â/*): mhd. *vâhen* (st. Verb) 'fangen' – *vân*; *hâhen* (st. Verb) 'hängen' – *hân*; Analogiebildung zu den Wurzelverben ergibt für das Prät. *vie*, *hie* (st. Formen *vienc*, *hienc*), für das Part. Prät. *gevân*, *gehân* (*gevangen*, *gehangen*). Kontraktion im Präs. ebenfalls bei mhd. *smâhen* – *smân*, *smæhen* – *smæn*, *slahen* – *slân*.
/-ige-, -ibe-, -ide-/ > */î/*; */-ege-, -ebe-, -ede-/* > */ei/*: 2., 3. P. Sg. Präs.: mhd. *ligest* > *lîst*, *liget* > *lît*, *gibest* > *gîst*, *lẹgest* > *leist*; Prät. und Part. Prät. der *jan*-Verben: ahd. *lẹgita* > mhd. *leite*, ahd. *gilẹgit* > mhd. *geleit*.
/-age-/ > */ei/* (bair.): mhd. *klaget* > *kleit*, *saget* > *seit*; seltener bei *jagen*, *dagen* 'schweigen', *behagen*.
/-ade-/ > */â/* (alem.): mhd. *schadet* > *schât*, *schadete* > *schâte*.

3.5.1.7. *Mhd. wellen 'wollen'*

Im Unterschied zu den Prät.-Präs., bei denen eine Funktionsverschiebung im Bereich der Tempusstämme zu Sonderformen in der Konjugation geführt hat, liegt der besonderen Bildung dieses Verbs eine Funktionsverschiebung im Bereich der Modi zugrunde. Die ursprüngliche Indikativform ist verlorengegangen, die alte Optativform hat indikativische Bedeutung angenommen. Ein neuer Konjunktiv und das sw. Prät. sind jüngere Bildungen.

Präs. Ind. 1., 3. P. Sg. *wil,* 2. P. Sg. *wil, wilt,* 1. P. Pl. *wellen, weln,* 2. P. Pl. *wellet, welt,* 3. P. Pl. *wellent, wellen, weln.*
Konj. Präs. *welle.*
Prät. Ind. *wolte, wolde*; Prät. Konj. *wolte, wölte, wolde, wölde.*
Part. Prät. *gewellet, gewellt* (spätmhd.)

3.5.1.8. *Konjugationstypen in synchroner Sicht*

Der Überblick über die mhd. Verbklassen und ihre Flexion in 3.5.1.1. bis 3.5.1.7. ist diachronisch angelegt, d. h., es werden Verbklassen aus ihrer historischen Entwicklung heraus erläutert. Versucht man rein synchron einen Überblick über Formbildungsmerkmale der Verben im Mhd., und zwar hier eingeschränkt auf das "normalisierte Mhd.", zu geben, so kann man auf die Vielzahl der Klassen verzichten und zu einem – zumindest etwas – übersichtlicheren Bild von mhd. Verbflexion gelangen. Entsprechende Überlegungen hat zuerst N. R. Wolf (vgl. 1971) zur Diskussion gestellt und in Paul (1998, 275ff.) wird – daran sowie an Weinhold/Ehrismann/Moser (1986) anknüpfend – ein Vorschlag zur synchronischen Gliederung unterbreitet.

Dabei wird – wie auch für das Nhd. üblich – von der Opposition Präs. : Prät. ausgegangen. Vor diesem Hintergrund ergeben sich drei Typen von Verben:
"1) solche mit Vokalwechsel im Prät.,
2) solche mit Dentalelement im Prät.,
3) solche, die beides aufweisen." (Paul 1998, 275.)
Da allerdings darüber hinaus auch Unterschiede in der Formenbildung des Präsens bei einer umfassenden Beschreibung des Systems mhd. Verbformen berücksichtigt werden müssen, ergibt sich die Notwendigkeit, innerhalb dieser drei Hauptklassen zu differenzieren, und zwar:
Zu Typ 1) Der Vokalwechsel im Prät. beruht bei allen diesen Verben auf Ablaut oder Reduplikation (siehe 3.5.1.1., aber auch 3.5.1.5. und 3.5.1.6.), das rechtfertigt ihre Einordnung in eine gemeinsame Gruppe. Nicht zu übersehen sind aber die Unterschiede im Präsens. Während die Verben der alten Ablautreihen I – VII (siehe 3.5.1.1.) die 1. Sg. Präs. auf *-(e)* und den Inf. auf *-(e)n* bilden, weisen die Verben wie *stân, gân, lân, vân* (auch *sîn*) in der 1. Sg. Präs. und im Inf. immer *-n* auf (siehe 3.5.1.5. und 3.5.1.6.).

In Paul wird deshalb zwischen "erster starker" und "zweiter starker Konjugation" unterschieden, vgl.
"Gruppe 1a mit 1. Sg. Präs. auf *-e* und Infinitiv auf *-(e)n*
= Erste starke Konjugation,
Gruppe 1b mit 1. Sg. Präs. und Inf. auf *-n*
= Zweite starke Konjugation" (Paul 1998, 277).
(Hingewiesen wird noch auf die Sonderstellung von *sîn*, da es mehrere Stämme aufweist.)

Bsp. für 1a: *rîten – rîte* | *reit;*
für 1b: *stân – stân* | *stuont.*

Zu Typ 2) Dazu gehören all die Verben, bei denen die Opposition Präs.: Prät. allein durch das Dentalsuffix ausgedrückt wird. Das heißt, es handelt sich um sog. sw. Verben ohne Wechsel des Stammvokals (siehe 3.5.1.2.).

Bsp. für 2:	*loben*	*lobete*;
auch:	*holn*	*holte* (mit *e*-Synkopierung).

Zu Typ 3) Bei dieser Gruppe wird von "gemischter Konjugation" gesprochen, da die Opposition Präs.: Prät. hier sowohl durch Vokalwechsel (wie Typ 1) als auch durch Dentalsuffix (wie Typ 2) gekennzeichnet ist. Verglichen mit den ersten beiden Typen, weist Typ 3 weniger Verben auf, allerdings ist diese Gruppe in sich stärker differenziert. In PAUL (1998, 277f.) wird unterschieden zwischen:
– erster gemischter Konjugation (Gruppe 3a). Hier beruht der Vokalwechsel auf altem Rückumlaut, d. h., Präsensformen weisen Umlaut des Stammvokals auf, Präteritalformen nicht,

Bsp. für 3a:	*hœren*	*hôrte*.

– zweiter gemischter Konjugation (Gruppe 3b). Hier liegt dem Vokalwechsel Ablaut zugrunde, und zwar handelt es sich um die sog. Präterito-Präsentien (siehe 3.5.1.4.) sowie die Verben *beginnen* und *bringen*,

Bsp. für 3b:	*wizzen, weiz*	*wiste*;
	beginnen, beginne	*begunde*.

Streng genommen wäre auf Grund der Unterschiede in der Präsensbildung auch hier eine weitere Untergliederung erforderlich.
– dritter gemischter Konjugation (Gruppe 3c). Ihr werden drei Verben, und zwar *wellen, tuon* und *hân*, zugerechnet, deren Formenbildung im Präsens aber auch Unterschiede aufweist,

Bsp. für 3c:	*wëllen, wil*	*wolde*;
	tuon, tuon	*tëte*.

Dieser Versuch einer synchronischen Darstellung von Verbklassen kommt – wie sich zeigt – nicht völlig ohne (zumindest erläuternden) Rückgriff auf diachrone Hintergründe aus.

Verbflexive
Lässt man die Veränderungen des Stammvokals außer Betracht und verschafft sich einen Überblick über Konjugationsendungen der mhd. Verben, so ergibt sich ein übersichtliches Bild (vgl. PAUL 1998, 278f.). Hier werden aber im Unterschied zu PAUL nur die Indikativ-, nicht aber die Konjunktivformen berücksichtigt.
Präsens
Zu unterscheiden sind für den Indikativ drei Arten von Präsensflexion:
a) Im Ind. Präs. weisen die Gruppen 1a, 2, 3a gleiche Flexive auf, und zwar:

			1a	2	3a
Ind. Sg.	1.	*-(e)*	*bind-e*	*lob-e*	*hœr-e*
	2.	*-(e)st*	*bind-est*	*lob-est*	*hœr-est*
	3.	*-(e)t*	*bind-et*	*lob-et*	*hœr-et*
Pl.	1.	*-(e)n*	*bind-en*	*lob-en*	*hœr-en*
	2.	*-(e)t*	*bind-et*	*lob-et*	*hœr-et*
	3.	*-(e)nt*	*bind-ent*	*lob-ent*	*hœr-ent*

b) Die Verben der Gruppe 3b sowie das Verb *wellen* (3c) haben als Präsensflexive die des st. Prät. (vgl. Gruppe 1a):

				3b	3c
Ind.	Sg.	1., 3.	*-0*	*mac*	*wil*
		2.	*-t(-st)*	*mah-t*	*wil-t*
	Pl.	1., 3.	*-(e)n*	*mug-en*	*well-en*
		2.	*-(e)t*	*mug-et*	*well-et*

(2. Sg. Ind. von *wellen* auch *wil(e)*; 3. Pl. auch *wellent*.)

c) Die Verben der Gruppen 1b und 3c haben übereinstimmend folgende Flexive für Präs. Ind.:

				1b	3c
Ind.	Sg.	1.	*-n*	*stâ-n*	*hâ-n*
		2.	*-st*	*stâ-st*	*hâs-t*
		3.	*-t*	*stâ-t*	*hâ-t*
	Pl.	1.	*-n*	*stâ-n*	*hâ-n*
		2.	*-t*	*stâ-t*	*hâ-t*
		3.	*-nt*	*stâ-nt*	*hâ-nt*

Präteritum
Hier besteht im Indikativ weitgehende Übereinstimmung zwischen allen drei Typen, lediglich die 2. Sg. hat, abweichend von allen übrigen Gruppen, für Gruppe 1a das Flexiv *-e* (sonst *-(e)st*) und im Stamm den Vokal der Pluralformen mit Umlaut bei Umlautfähigkeit.

Damit ergibt sich folgender Überblick für Prät. Ind.:

			Typ 1	Typ 2	und Typ 3
Ind.	Sg.	1., 3.	*-0*	*-0*	
		2.	**-(e)(*)**	**–(e)st**	
	Pl.	1., 3.	*-(e)n*	*-(e)n*	
		2.	*-(e)t*	*-(e)t*	
Bsp.:					
Ind.	Sg.	1., 3.	*gap-0*	*lobete-0*	*mohte-0*
		2.	*gæb-e*	*lobete-st*	*mohte-st*
	Pl.	1., 3.	*gâb-en*	*lobete-n*	*mohte-n*
		2.	*gâb-et*	*lobete-t*	*mohte-t*

Nicht berücksichtigt sind in diesem vereinfachenden Überblick Neben- und Sonderformen. (* verweist auf Umlaut bei umlautfähigem Stammvokal.)

3.5.1.9. *Zur Verwendung einfacher und zusammengesetzter Verbformen*

Einfache und zusammengesetzte Verbformen im temporalen Bereich

Das Präsens wird wie im Nhd. verwendet:
zur Bezeichnung von Vorgängen mit allgemeiner Gültigkeit (generelles, 'atemporales' Präsens): *daz bediutet sich alsus, daz wir in dem tôde* **sweben** *sô wir aller beste* **wænen** *leben (H)*;
zur Bezeichnung von unmittelbar Gegenwärtigem (aktuelles Präsens): *Ahî nu kumet uns diu zît . . . ez* ***gruonet*** *wol die linde breit* (MF);
zum Ausdruck von Zukünftigem; in dieser Funktion können die Präsensformen perfektiver Verben allein stehen. Dabei handelt es sich um Verben, "die eine zeitliche Begrenzung des Geschehens, seinen Beginn oder sein Ende angeben" (W. Schmidt 1977, 207). Dazu gehören im Mhd. die meisten mit Präfix gebildeten Verben. Perfektivierende Wirkung hat die Vorsilbe *ge-* bei ursprünglich imperfektiven Verben, z. B. mhd. *ligen* 'liegen' – *geligen* 'zum Liegen kommen', 'sich legen'. Bei imperfektiven Verben kommen meist kontextuelle Faktoren wie Adverbialbestimmungen oder Konditionalkonjunktionen hinzu: *sô grôze missewende ein helt nu nimmer mêr* **begât** (NL).

Abweichend vom Nhd. dient das Präs. zur Bezeichnung des Abschlusses in der Zukunft: *her keiser, swenne ir Tiuschen vride* **gemachet** *stæte bî der wide, sô bietent iu die vremeden zungen êre* (WA). Die finite Verbform des Gliedsatzes, durch *ge-* perfektiviert, ist in diesem Falle Ausdruck für ein Geschehen, dessen Abschluss in der Zukunft liegt, und entspricht damit dem lat. Fut. exactum. Die Präsensform des imperfektiven Verbs im Hauptsatz erhält ihre Zukunftsbedeutung unter Einfluss des Konditionalsatzes.

Die Verwendung von Präsensformen in der Funktion des historischen Präsens ist noch äußerst selten.

Tritt die Präsensform eines imperfektiven Verbs innerhalb einer Darstellung im Prät. auf, so hat sie im Mhd. zumeist die Funktion, einen Ruhepunkt in der Erzählung zu schaffen, vgl. *hin* **rîtet** *Herzeloyde fruht . . .* (Parzival).

Das Präteritum ist die einzige synthetische Tempusform für die Vergangenheit (formal ein altes Perfekt); es hat im Mhd. einen umfassenderen Funktionsbereich als im Nhd.

Das Präteritum wird verwendet:
in der Funktion des nhd. Imperfekts (lässt bei imperfektiven Verben meist offen, ob das Geschehen in der Vergangenheit abgeschlossen ist oder andauert): *Dô die herren* **sâhen** *daz der helt was tôt, si leiten in ûf einen schilt* (NL);
als relatives Tempus für nhd. Plusquamperfekt: *ich vant die stüele leider lære stân, dâ wîsheit, adel und alter vil gewaltic* **sâzen** *ê* (WA). Vorwiegend wird in dieser Funktion das Präteritum eines perfektiven Verbs verwendet, z. B. *der helt doch nine tranc ê daz der künic* **getrunke** (NL);
in der Funktion eines nhd. Perfekts, das von einer Präsensform abhängig ist: *Ich vertragẹ als ich* **vertruoc** *und als ich iemer wil vertragen* (WA).

Umschriebene Formen
mhd. *suln, wellen, müezen* + Infinitiv:

Um auszudrücken, dass der Vollzug eines Geschehens noch aussteht, gibt es auch im Mhd. Möglichkeiten der Umschreibung mit Hilfsverben. Allerdings ist die Umschreibung mit *wërden* noch sehr selten, sie gewinnt erst im Frnhd. ihre besondere Bedeutung. Im Ahd. und z. T. noch im Mhd. wird *wërden* mit dem Part. Präs. zum Ausdruck einer ingressiven Handlung verwendet, vgl. *als iz wart tagende* (GO).

Meist hat die Umschreibung modale und temporale Funktion zugleich: *sus scœn ich* **wil belîben** *unz an mînen tôt, daz ich von mannes minne* **sol gewinnen** *nimmer nôt* (NL).
mhd. *haben, sîn* + Part. Prät.:

Solche Umschreibungen haben im Nhd. ihren festen Platz im Bereich der Tempora als Perfekt und Plusquamperfekt, im Mhd. haben sie die gleiche Funktion. An ihrer Stelle kann aber auch das einfache Prät. stehen. Genauer gesagt dringen im Mhd. umschriebene Zeitformen als "systemangemessenere", weil analytische Tempuskategorien zunehmend in den präteritalen Tempusbereich ein (Dentler 1997, 178). Dabei wird die Bedeutung der Sprechzeitbezogenheit zugunsten präteritaler Elemente abgebaut. Umschreibung mit *haben* wird verwendet bei allen transitiven Verben: *ir* **habet** iuwern zorn **gerochen** (NL) und bei den intransitiven mit durativer Aktionsart: *Uns* **hât** *der winter* **geschât** *über al* (WA). (Ausnahme ist wie im Nhd. das durative Verb *sein*, mhd. *sîn*: *Ich* **bin** *ze lange arm* **gewesen** (WA).)

Umschreibung mit *sîn* erfolgt bei intransitiven Verben, die eine Orts- oder Zustandsveränderung bezeichnen: **zergangen ist** *der winter lanc* (MF).

Einfache und zusammengesetzte Verbformen im Bereich der Genera verbi
Einfache Formen gibt es nur für das Aktiv: *Die ritter alle* **liefen** (NL). Passivische Bedeutung haben zusammengesetzte Formen, die aus dem Part. Prät. und einer finiten Form von *sîn* oder *wërden* bestehen. Dabei stehen im Mhd. in der Regel: *wërden* + Part. Prät. für Präs. und Prät. Pass.: *die liute werdents inne, und* **wirt zerfüeret** *dur nît* (MF), *von den* **wart** er **gekleit** (NL); *sîn* + Part. Prät. für Perf. und Plusqu. Pass. (Passivformen mit *ist . . . worden, war . . . worden* sind im Mhd. nur ganz vereinzelt belegt.): *uns* **ist** in alten mæren wunders vil **geseit** (NL). *Dô* **wart gestrûchet** *Hagene von sîner hant zetal* (NL).

Einfache und zusammengesetzte Verbformen im modalen Bereich
Der Indikativ ist wie im Nhd. als die Normalform, die einen Sachverhalt als gegeben darstellt, am häufigsten vertreten.

Der Konjunktiv Präsens, der nach seiner Form einem alten Optativ entspricht, hat optativische und konjunktivische Funktion. Er steht in Hauptsätzen zum Ausdruck einer erfüllbaren Bitte, eines Wunsches, z. B. *Herzeliebez vrouwelîn, got* **gebe** *dir hiute und iemer guot* (WA), oder einer Aufforderung und rückt damit z. T. in die Nähe des Imperativs: *Der meie* **bringe** *uns al sîn wunder* (WA).

Möglichkeiten der Umschreibung mit modalen Hilfsverben setzen in frühester mhd. Zeit ein: *mit laster ir* **gescheiden sult** von guoten recken **sîn** (NL), *dâ vor* **müeze** mich got **hüeten** *alle tage* (MF).

Der Konjunktiv Präteritum hat hypothetische Funktion und bezeichnet die Irrealität: *ouwê* **gesæhe** *ich si under kranze!* (WA); **het** er daz swert enhende, sô **wær' ez Hagenen tôt** (NL). Mit Umschreibung: **Möhte** ich **verslâfen** *des winters zît!* (WA). Der Unterschied zum Konj. Präs. liegt auch im unterschiedlichen Grad der Temporalität, mit dem beide Modusformen verknüpft sind (vgl. PAUL 1998, 300ff.)

Besondere Bedeutung kommt dem Konj. in Gliedsätzen zu, er kann dazu dienen, die Abhängigkeit zu kennzeichnen (siehe 3.6.3.2.).

Der Imperativ wird zum Ausdruck von Bitte, Befehl, Aufforderung verwendet, und zwar als einfache und auch als umschriebene Form, 2. P. Sg.: **Scham** *dich, daz dû mich an lachest* (WA), **lâ** *dîn lachen sîn* (WA), *dû* **solt** mir **volgen** (HE); **Scheidet**, vrouwe, mich von sorgen, **liebet** *mir die zît* (WA).

Die Form für die 1. P. Pl. steht in der Funktion der Aufforderung oder Mahnung (Adhortativ): **gên wir** *zuo des meien hôchgezîte* (WA); **wir suln sîn** *gemeit* (WA).

3.5.2. **Das Substantiv**

Das mhd. Substantiv verfügt über die gleichen grammatischen Kategorien wie das nhd., und zwar:

Kasus	–	mit Nominativ, Genitiv, Dativ, Akkusativ;
Numerus	–	mit Singular und Plural;
Genus	–	mit Maskulinum, Femininum, Neutrum.

Verglichen mit älteren Sprachstufen ist sowohl die Zahl der Kasus als auch der Numeri bereits reduziert. Von urspr. 8 Kasus im Idg. (Nom., Gen., Dat., Akk., Abl., Instr., Lok., Vok.) sind vier erhalten, die die Funktionen der restlichen Kasus mit übernommen haben, wobei sie durch Präpositionen unterstützt werden. Dieser Kasuszusammenfall ist schon im Germ. weitgehend vollzogen; insbes. hat der Dat. seinen Funktionsbereich ausgedehnt, er trägt Funktionen des Abl., Lok. und Instr. mit. Reste eines alten Instr. finden sich im Mhd. nur noch in einzelnen Formen, z. B. mhd. *mit ihtiu* 'mit irgendeinem Ding'.

Bei den Numeri gab es auf den älteren Sprachstufen einen speziellen Numerus zur Kennzeichnung der Zweizahl, den Dual. Die Zweizahl wird im Mhd. wie im Nhd. durch Pluralformen und/oder Numeralia ausgedrückt. Spezielle Dualformen haben sich bis in die Gegenwart nur bei Pron. in bair. Mundarten gehalten (siehe 3.5.4.1.).

Jedes Substantiv ist genusbestimmt, in einigen Fällen am Sexus ablesbar, vgl. *man* Mask., *frouwe* Fem., z. T. erkennbar an Ableitungssuffixen, z. B. als Mask. Ableitungen auf *-ære*, *-el*, *-inc*, *-tuom*, als Fem. Ableitungen auf *-(e)de*, *-in/-inne*, *-schaft*, *-unge*. Da das Genus nicht bei allen mhd. Substantiven mit dem Genus im Nhd. übereinstimmt, sollte man sich im mhd. Wörterbuch orientieren. Abweichend vom Nhd. z. B. mhd. *der van* – nhd. *die Fahne*; mhd. *der lop* – nhd. *das Lob*; mhd. *daz mære* – nhd. *die Mär*. Je nach dem Genus gehören die Substantive unterschiedlichen Flexionsklassen an.

Flexionsklassen der mhd. Substantive

Der Überblick über die Flexionsklassen der mhd. Substantive fällt unterschiedlich aus, je nachdem ob die Darstellung unter diachronem oder synchronem Aspekt erfolgt. In den einschlägigen Grammatiken und Lehrbüchern – so auch hier – dominiert in traditionell historischer Betrachtung der diachrone Aspekt. Das heißt, das Deklinationssystem der mhd. Substantive wird vor dem Hintergrund des idg. und germ. Deklinationssystems beschrieben. Als wichtigstes Einteilungskriterium dient dabei das stammbildende Suffix oder Thema des Substantivs.

Eine Substantivform bestand im Idg. und Germ. aus:

		Wurzel	–	Thema	–	Endung
vgl.	lat.	*host*	–	*i*	–	*s*
	germ.	**gast*	–	*i*	–	*z*

In Abhängigkeit vom Thema werden unterschiedliche Substantivstämme unterschieden, die die einzelnen Deklinationstypen charakterisieren.

Thema konnte ein Vokal sein, und zwar germ. *-a-*, *-ô-*, *-i-*, *-u-*, wobei *-a-* und *-ô-* durch die Halbvokale *j* und *w* erweitert sein konnten.

Thema konnte ein Konsonant bzw. eine Konsonantenverbindung sein, und zwar im Germ. *-n-*, *-r-*, *-nd-* und *-iz-/-az-* (urspr. *-es-/-os-*).

Bei einigen Substantiven trat die Kasusendung unmittelbar an die Wurzel, sie werden als Wurzelnomina bezeichnet.

Traditionell historisch orientierte Darstellungen der mhd. Substantivdeklination gliedern das mhd. Flexionssystem weitgehend nach den germ. Stammausgängen, obwohl die urspr. Lautformen der Stammauslaute aufgrund von Abschwächungsprozessen in den Neben- und Endsilben im Mhd. nicht mehr vorhanden sind und die Stammauslaute mit den Kasussuffixen verschmolzen sind. Aus den Merkmalen der mhd. Formen kann aber teilweise noch auf die Einteilung in die alten Stammklassen geschlossen werden.

Für das Mhd. werden auf dieser Grundlage folgende Deklinationstypen unterschieden: *a-*, *ja-*, *wa-*; *ô-*, *jô-*, *wô-*; *i-*; *u*-Stämme sowie alte *iz-/az*-Stämme, die den Plural mhd. auf *-er* bilden, als Formen starker Deklination; *n*-Stämme als Formen schwacher Deklination sowie einige Sonderformen. Die alten konsonantischen *r-* und *nd-* Stämme wie auch *u*-Stämme haben sich im Mhd. weitgehend den *a-* und *i*-Stämmen angeschlossen; auf einige Besonderheiten wird im Folgenden hingewiesen.

Kennzeichen starker Flexion ist bei Mask. und Neutr. *-(e)s* im Gen. Sg.; st. Fem. enden im Gen. Sg. auf *-e*. Sw. Substantive aller drei Genera enden dagegen im Gen. Sg. auf *-en*.

3.5.2.1. *Starke (vokalische) Deklination*

Die Gliederung erfolgt nach den Genera; innerhalb der Genera wird nach Stämmen unterschieden.

3.5.2.1.1. *Maskulina:*

germ.		**a**-Stämme **daga-* 'Tag'	**ja**-Stämme **herd(j)a-* 'Hirte'	**wa**-Stämme **saiwa-* 'See'	**i**-Stämme **gasti-* 'Gast'
Sg.	Nom.	*tac*	*hirte*	*sê*	*gast*
	Gen.	*tages*	*hirtes*	*sêwes*	*gastes*
	Dat.	*tage*	*hirte*	*sêwe*	*gaste*
	Akk.	*tac*	*hirte*	*sê*	*gast*
Pl.	Nom.	*tage*	*hirte*	*sêwe*	*gęste*
	Gen.	*tage*	*hirte*	*sêwe*	*gęste*
	Dat.	*tagen*	*hirten*	*sêwen*	*gęsten*
	Akk.	*tage*	*hirte*	*sêwe*	*gęste*

a-Stämme: Mit Ausnahme des im Mhd. in der Regel noch obligatorischen *-e* im Dat. Sg. gleicht die Flexion der nhd.; Pluralformen werden nach den Lautregeln ohne Umlaut des Stammsilbenvokals gebildet, vgl. *tage*, *arme*, *vogele*.

Bei den *a*-Stämmen mit umlautfähigem Stammsilbenvokal dringt aber der Umlaut in ausgehender mhd. Zeit analog zu den *i*-Stämmen auch bei *a*-Stämmen im Pl. ein, z. B. *die stabe – die stębe*, *die halme – die hęlme*. Das steht im Zusammenhang mit der Tendenz zur Numerusdifferenzierung. In solchen Fällen kann nicht mehr zwischen *a-* und *i*-Stämmen geschieden werden. Ungebräuchlich bleibt aber auch im ausgehenden Mhd. Umlaut bei *boume*, *vademe*, *wolve*, *hove*, *vogele*, *vrosche*.

Zu den *a*-Stämmen gehören u.a.: *âbent, arm, bart, boc, danc, dëgen, ẹngel, ẹsel, vadem, gêr, got, hëlm, himel, lîp, stein, trôst, wolf.* Mask. *a*-Stämme sind im Mhd. auch *flôz, schrôt, zine, angel, angest, banc.*

Unbetontes [*e*] kann in Flexionssuffixen oder unbetonten Mittelsilben ausfallen, vgl. *stil- stils, winter – winters, dienest – dienstes, market – marktes* (siehe Synkope und Apokope 3.4.2.5.).

ja-Stämme: Dazu gehören st. Mask., die im Nom. Sg. auf *-e* enden. Die Substantive mit umlautfähigem Stammvokal weisen außerdem Umlaut im Sg. und Pl. auf, bedingt durch das *j* im Thema.

Alte *ja*-Stämme sind u.a.: *ẹnde, gesẹlle, hirte, kæse, rücke, weize, wille* sowie die Nomina agentis auf *-ære*, z.B. *lêrære, vischære, schrîbære.*

Der Deklination der *ja*-Stämme folgen auch urspr. kurzsilbige *u*- Stämme, z.B. *fride, sige, site, sune* (das Substantiv *sun* bildet die Pluralformen meist nach dem Muster der *i*-Deklination, d.h. Umlaut im Plural).

wa-Stämme: In den Formen des Gen. und Dat. Sgl. sowie im Pl. ist das *w* des ursprünglichen Themas erhalten, *sêwes*, im Auslaut dagegen wurde *w* vokalisiert zu *o* und ist bereits ahd. nach Langvokal geschwunden, vgl. *sêw* > *sêo* > *sê.*

wa-Stämme sind z.B. *bû, klê, lê* 'Hügel', *smër, snê.*

i-Stämme: Kennzeichen ist mhd. Pluralbildung mit Umlaut des umlautfähigen Stammvokals, vgl. Sg. *gast* – Pl. *gẹste* (ahd. *gẹsti*). *i*-Stämme, deren Stammvokal nicht umlautfähig ist, z.B. *schrit, brief,* flektieren wie *a*-Stämme und sind von diesen mhd. nicht mehr zu unterscheiden. Andererseits können *a*-Stämme mit umlautfähigem Stammvokal spätmhd. ihre Pluralformen wie alte *i*- Stämme mit Umlaut bilden (siehe oben).

i-Stämme sind z.B. *âl, banc, dôn, fuhs, gruoz, luft, phuol* 'Sumpf', *turn* 'Turm'.

3.5.2.1.2. *Neutra:*

germ.		**a**-Stämme *worda- 'Wort'*	'Fenster'	**ja**-Stämme *kunja- 'Geschlecht'*	**wa**-Stämme *knewa- 'Knie'*	Plural auf *er* *lambaz-/-iz- 'Lamm'*
Sg.	Nom.	*wort*	*vënster*	*künne*	*knie*	*lamp*
	Gen.	*wortes*	*vënsters*	*künnes*	*kniewes*	*lambes*
	Dat.	*worte*	*vënster*	*künne*	*kniewe*	*lambe*
	Akk.	*wort*	*vënster*	*künne*	*knie*	*lamp*
Pl.	Nom.	*wort*	*vënster*	*künne*	knie	*lẹmber*
	Gen.	*worte*	*vënster*	*künne*	*kniewe*	*lẹmber(e)*
	Dat.	*worten*	*vënstern*	*künnen*	*kniewen*	*lẹmber(e)n*
	Akk.	*wort*	*vënster*	*künne*	*knie*	*lẹmber*

a-Stämme: Gegenüber den mask. *a*-Stämmen sind hier Nom. und Akk. Pl. endungslos, gleichen also Nom. und Akk. Sg. Bei ein- und zweisilbigen Neutra auf *-r* oder *-l* erfolgt Ausfall bzw. Abfall des unbetonten End-*e*: *spër – spërs – spër* usw. Zweisilbige Neutra, die kurze Stammsilbe aufweisen, können mit oder ohne *e* auftreten, z.B. *lëger, lëger(e)s, lëger(e), lëger; lëger, lëger(e), lëger(e)n, lëger.*

Zur *a*-Deklination gehören *ambet, barn* 'Kind', *blat, buoch, kint, kleit, lant, leit, marh* 'Pferd', *nëst, sahs* 'Messer, Schwert', *sêr* 'Schmerz', *spër, vënster, vërch* 'Leben', *wazzer, wiht* 'Wesen', *wîp* sowie Diminutiva auf *-în*, z.B. *magedîn.* Im Gen. Sg. können *hûs, maz* 'Speise, Mahlzeit' und *kriuz* auch endungslos auftreten.

ja-Stämme: Bei umlautfähigem Stammvokal bewirkt die *j*-Erweiterung des Themas im Sg. und Pl. Umlaut. Der Nom. und Akk. Sg. enden auf *-e.*

ja-Stämme sind: *antlitze*, *bętte*, *bilde*, *hirne*, *kriuze*, *rîche*, dazu Kollektiva wie *gebeine*, *gerihte*, *gesihte*, *gesteine*; auch Ableitungen auf *-nisse*, z. B. *vinsternisse*.

wa-Stämme: In den Formen mit Kasusendung zeigt sich noch das *-w-* des Stammes, z. B. Gen. Sg. *kniewes*, z. T. ist das *-w-* allerdings bereits ausgefallen, z. B. Gen. Sg. *knies*.

Zur *wa*-Deklination gehören nur wenige st. Neutra, z. B. *blî* 'Blei', *mël* 'Mehl', *rê* 'Leichnam', *spriu*, *strô*, *tou* (*touwe*), *wê*.

Substantive mit Plural auf *-er*: Die Pluralformen werden mit *-er* gebildet, dieses geht auf ein urspr. Stammbildungssuffix idg. *-es/-os* zurück. Während es in den Kasus des Sg. allgemein geschwunden ist, blieb es im Pl. erhalten. Mhd. ist es infolge der Abschwächung des Nebensilbenvokals zu *-er* geworden. *-er* dient mhd. zur Kennzeichnung des Plurals. Umlaut der Pluralformen mit umlautfähigem Stammvokal ist auf das *-i-* des Morphems im Ahd. zurückzuführen. Die Kasusendungen des Sg. entsprechen der *a*-Deklination.

Hierher gehören urspr. nur wenige Wörter, z. B. *ei*, *huon*, *kalp*, *lamp*, *rint*, *varh* 'Ferkel'.

Noch im Mhd. breitete sich die Pluralbildung auf *-er* aus und erfasste im Übergang zum Frnhd. sowohl neutr. als auch mask. Substantive, z. B. *ämter*, *böumer*, *geister*, *schilder*, *tücher*. Die Ausbreitung dieses Pl. zum Nhd. hin bewirkt, dass eine Reihe von Wörtern zu einer bereits bestehenden Pluralform eine zweite auf *-er* bildet, woraus sich das Nebeneinander von *Schilde – Schilder*, *Tuche – Tücher* u. a. ergibt. Im Laufe der Zeit ist dann z. T. Bedeutungsdifferenzierung eingetreten.

3.5.2.1.3. *Feminina:*

		ô-Stämme				i-Stämme
		reine ô-Stämme		jô-Stämme	wô-Stämme	i-Stämme
germ.		**gibō-* 'Gabe'	**talō-* 'Zahl'	**brugjō-* 'Brücke'	**klēwō-* 'Klaue'	**krafti-* 'Kraft'
Sg.	Nom.	*gëbe*	*zal*	*brücke*	*klâwe*	*kraft*
	Gen.	*gëbe*	*zal*	*brücke*	*klâwe*	*kręfte*, *kraft*
	Dat.	*gëbe*	*zal*	*brücke*	*klâwe*	*kręfte*, *kraft*
	Akk.	*gëbe*	*zal*	*brücke*	*klâwe*	*kraft*
Pl.	Nom.	*gëbe*	*zal*	*brücke*	*klâwe*	*kręfte*
	Gen.	*gëben*	*zaln*	*brücken*	*klâwen*	*kręfte*
	Dat.	*gëben*	*zaln*	*brücken*	*klâwen*	*kręften*
	Akk.	*gëbe*	*zal*	*brücke*	*klâwe*	*kręfte*

Mit der *ô*-Deklination sind u. a. alte *jô*- und *wô*-Stämme zusammengefallen. Der *i*-Deklination haben sich auch die alten *u*-Stämme angeschlossen.

ô-Stämme. Alle Kasus des Sg. sowie Nom. und Akk. Pl. enden auf *-e*; Gen. und Dat. Pl. gehen auf *-en* aus. Ausnahmen bilden die Ein- und Zweisilber, die auf *-l* oder *-r* enden und Synkope bzw. Apokope des unbetonten *e* erfahren (vgl. *zal*). Wörter auf *-en* wie *kęten* bleiben mhd. z. T. unflektiert und haben durchgehend die Endung *-en*.
Im Mhd. bestehen bei diesen Wörtern wie *kęten*, *vërsen*, *büten*, *küchen* Doppelformen im Nom. Sg. z. B. *kęten* – *kęte*, *vërsen* – *vërse* usw. Weitere Doppelformen zeigen movierte Feminina, z. B. *küneg**în* – *küneginne*, *vürstîn* – *vürstinne*, sowie einige alte *wô*-Stämme, die das *-we* entweder verloren oder bewahrt haben, sich aber in beiden Fällen nach der *ô*-Deklination richten, z. B. *brâ* – *brâwe* (dazu Dat. Pl. *brâ(e)n* oder *brâwen*, *klâ* – *klâwe* (Dat. Pl. *klâ(e)n* – *klâwen*).

In einer Reihe von Wörtern wird – abweichend vom Paradigma – der Gen. Pl. auf *-e* gebildet, z. B. *krône*, *mîle*, *rotte* 'Schar'.

Zur *ô*-Deklination gehören *ô*-Stämme sowie ursprüngliche *jô*- und *wô*- Stämme.

ô-Stämme sind *âhte* 'Acht, Verfolgung', *âventiure* 'Begebenheit', *bëte* 'Bitte', *buoze, genâde, hëlfe* 'Hilfe', *île* 'Eile', *klage, lêre, miete* 'Lohn', *pflëge, râche, sache, schande, schuole, spîse, sprâche, vrâge.*

Ursprüngliche *jô*-Stämme sind *brücke* (auch schwach dekliniert), *hẹlle* 'Hölle', *minne* 'Zuneigung', *rẹde, rippe.* Bei diesen Beispielen zeigt sich die Auswirkung des *j* (oder *i*) im Umlaut, z. T. auch in der Doppelkonsonanz. Hierher gehören auch die movierten Feminina auf *-în* und *-inne*, z. B. *vriundîn, vriundinne*, daneben auch *vriundin.*

wô-Stämme haben im Allgemeinen Doppelformen. So können in mhd. Texten nebeneinander erscheinen *klâ – klâwe* (Nom. Sg.) und *klân – klâwen* (Gen., Dat. Pl.); *ê – êwe* 'Gesetz, Ehe', *wê – wêwe* 'Weh, Schmerz', *nar – narwe* 'Narbe', *swal – swalwe* 'Schwalbe'. Eine Ausnahme machen *triuwe* 'Treue', *riuwe* 'Reue', *ouwe* 'Aue' und *varwe* 'Farbe'.

î-Stämme. Sie zeigen Umlaut bei umlautfähigem Stammvokal im Pl. und Doppelformen (mit und ohne Umlaut) im Gen. und Dat. Sg. Die umgelautete Form kann z. T. auch in den Nom. Sg. eindringen, so dass es im Mhd. Doppelformen gibt. Später tritt z. T. Bedeutungsdifferenzierung ein, z. B. *bluot – blüete, stat – stẹte.*

Zur *i*-Deklination gehören u. a. *anst* 'Liebe, Gunst', *arebeit, art, bluot, brunst, brût* 'junge Frau', *diet* 'Volk', *dult* 'Fest', *geburt, haft* 'Gefangenschaft', *kunst* 'Können', *last, list, maht, nôt, pfliht, sât, schrift, tât, vrist, vurt, wërlt* 'Welt', *zît* sowie die Wörter auf *-heit, -keit, -schaft*, z. B. *vrîheit, mẹhtikeit, vriuntschaft*; urspr. Wurzelstämme, die sich der *i*-Deklination angeschlossen haben, z. B. *brust, burc, eich* 'Eiche', *gans, geiz, mûz, nuz, wiht* und der alte *u*- Stamm *hant.* (Die nhd. umlautlosen Formen wie *allerhand* und *vorhanden* weisen noch darauf hin, dass *hant* urspr. nicht nach der *i*-Deklination flektierte.)

3.5.2.2. *Schwache (konsonantische) Deklination*

		Maskulinum		Femininum	Neutrum
germ.		**hanan-* 'Hahn'	**aran-* 'Aar'	**tungōn* 'Zunge'	**hërtōn-* 'Herz'
Sg.	Nom.	*hane*	*ar*	*zunge*	*hërze*
	Gen.	*hanen*	*arn*	*zungen*	*hërzen*
	Dat.	*hanen*	*arn*	*zungen*	*hërzen*
	Akk.	*hanen*	*arn*	*zungen*	*hërze*
Pl.	Nom.	*hanen*	*arn*	*zungen*	*hërzen*
	Gen.	*hanen*	*arn*	*zungen*	*hërzen*
	Dat.	*hanen*	*arn*	*zungen*	*hërzen*
	Akk.	*hanen*	*arn*	*zungen*	*hërzen*

Die schwach deklinierten Substantive aller drei Genera sind urspr. *n*-Stämme, die bereits in vorgerm. Zeit das stammauslautende *-n* des Nom. Sg. verloren haben (lat. Nom. Sg. *homo*, Gen. Sg. *homin-is*, vgl. ahd. *gomo* – Gen. Sg. *gomen*). In den obliquen Kasus folgten auf dieses *-n* noch die entsprechenden Kasusmorpheme, die dann ebenfalls schwanden, das stammbildende *-n-* aber vor dem Abfall bewahrten.

Wie bei den vokalischen Stämmen kommt es zu Synkope und Apokope des unbetonten *-e*, besonders nach *-r-* und *-l-*, z. B. ahd. *bëro* > mhd. *bëre, bër* 'Bär' – Gen. Sg. *bërn*; so auch bei *ar(e), kol(e)* 'Kohle' (mhd. noch Mask.), *an(e)* 'Ahn(e)'. Später setzen sich unter unterschiedlichem landschaftlichen Einfluss die Formen auf *-e* wieder durch, z. B. *Kohle, Ahne* usw.

Eine Reihe mhd. Wörter endet auf *-e*, das aber zum Nhd. hin schwindet, z. B. *hane, hẹrzoge, schẹlme, stërne* usw., andererseits tritt im Nhd. ein *-n* an das Ende des Nom. Sg., z. B. mhd. *gaige, brunne, knoche.* Im Gegensatz zu dem zuletzt genannten Vorgang werden urspr. st. Mask. auf *-en* zu nhd. sw. Mask. auf *-e*, z. B. *raben* > *Rabe.*

Schwache Maskulina sind *ar, briutegome, brunne, dûme* 'Daumen', *grîse* 'Greis', *hane, hẹrzoge, hake* 'Haken', *junchërre* 'Junker', *kaste* 'Kasten', *pfâwe* 'Pfau', *rache, schẹlme* 'Seuche, Aas', *slite* 'Schlitten', *stëcke, stërne, truhsæze, vẹtere, vürsprëche* 'Fürsprecher', *wase* 'Rasen' u. a.

Zugleich Mask. und Fem. sind u. a. *âmeize, rëbe, rôse, slange, sunne.* Entgegen dem Nhd. sind Mask. *backe, blintslîche, höuschrëcke, karre, schërbe, vane, wade.*

Schwache Feminina sind *asche*, *bir* 'Birne', *bluome* (auch Mask.), *gîge* 'Geige', *harpfe*, *hose*, *katze*, *kërze*, *lunge*, *rôse*, *sunne* (zugleich auch Mask.), *kël* 'Kehle', *tasche*, *tûbe* 'Taube', *witewe* 'Witwe'.

Schwache Neutra sind nur vier Wörter: *hërze*, *ôre*, *ouge*, *wange*; *mẹnsche* kann als Neutr., aber auch als Mask. gebraucht werden.

3.5.2.3. *Besondere Formen der Deklination*

3.5.2.3.1. *Verwandtschaftsbezeichnungen auf -er:* Die Verwandtschaftsbezeichnungen auf *-er* bildeten urspr. eine einheitliche Flexionsklasse. Sie gehörten zu den konsonantischen Stämmen. Ihre Flexionsendungen sind im Germ. abgefallen, so dass alle Kasus des Sg. auf *-er* ausgingen. Bereits im Ahd. folgten die Mask. *vater* und *bruoder* z. T. der *a*-Deklination. Im Mhd. kommen Formen mit und ohne Flexionsendungen vor. Für den Pl. gibt es auch umgelautete Formen in Analogie zu den *i*-Stämmen, z. B. *vẹter(e)*.

Sg.	Nom.	*vater*	Pl.	Nom.	*vater(e), vẹter(e)*
	Gen.	*vater(es)*		Gen.	*vater(e), vẹter(e)*
	Dat.	*vater(e)*		Dat.	*vater(e)n, vẹter(e)n*
	Akk.	*vater*		Akk.	*vater(e), vẹter(e)*

swâger schließt sich im Mhd. ebenfalls der *a*-Deklination an und entwickelt zugleich einen Pl. *swæger*.

Die Fem. bleiben im Sg. unverändert; im Pl. werden sie z. T. wie *ô*-Stämme (Dat. Pl. *muoter(e)n)*, z. T. wie *i*-Stämme (Dat. Pl. *müeter(e)n*) flektiert.

3.5.2.3.2. *Wurzelnomina:* Es handelt sich um einsilbige Substantive, an deren Wurzel unmittelbar die Flexionsendung trat, ohne dazwischengestelltes Thema.

man. Im Mhd. bleibt *man* entweder in allen Kasus des Sg. und Pl. endungslos, oder es richtet sich nach der *a*-Deklination. Die Pluralformen *Mannen* und *Männer* entstehen erst im Frnhd.

Sg.	Nom.	*man*	Pl.	Nom.	*man, manne*
	Gen.	*man, mannes*		Gen.	*man, manne*
	Dat.	*man, manne*		Dat.	*man, mannen*
	Akk.	*man*		Akk.	*man, manne*

genôz. Dieses urspr. Wurzelnomen kann im Sinne von 'gleich' im Dat. Sg. sowie im Nom. und Akk. Pl. endungslos erscheinen; sonst flektiert es nach der *a*-Deklination. Im ausgehenden Mhd. wechselt es zur sw. Flexion über.

naht. Es richtet sich nach der *i*-Deklination, behält aber auch seine umlautlose Form bei, vgl. *ze den wîhen nahten.*

Sg.	Nom.	*naht*	Pl.	Nom.	*nahte, nähte*
	Gen.	*nahte, nähte*		Gen.	*nahte, nähte*
	Dat.	*nahte, nähte*		Dat.	*nahten, nähten*
	Akk.	*naht*		Akk.	*nahte, nähte*

vuoz. Es flektiert meist nach der *i*-Deklination, als Maßbezeichnung wird es nach Zahlwörtern unflektiert verwendet (*siben fuoz* neben *siben füeze*).

3.5.2.3.3. *Personennamen:* Personennamen können stark oder schwach flektiert werden. Maskulina, die auf Konsonant ausgehen, werden wie *a*-Stämme dekliniert, im Akk. Sg. enden sie allerdings häufig auf *-en*, z. B. *Parzival*, *Sîfrit*.

Feminina, die auf Konsonant enden, z. B. die Namen auf *-burc*, *-hilt*, *-lint*, flektieren ebenfalls stark. Obwohl sie im Nom. Sg. kein *-e* haben, richten sie sich nach der *ô*-Deklination.

Personennamen auf *-e* werden schwach dekliniert, z. B. *Wate* (Mask.), *Hilde*. Gelegentlich treten auch endungslose Formen auf.

Sg.	Nom.	*Sîfrit*	Sg.	Nom.	*Kriemhilt*
	Gen.	*Sîfrides/-en, Sîfrit*		Gen.	*Kriemhilde/-en, Kriemhilt*
	Dat.	*Sîfride/-en, Sîfrit*		Dat.	*Kriemhilde/-en, Kriemhilt*
	Akk.	*Sîfrit, Sîfriden/-e*		Akk.	*Kriemhilt/Kriemhilden*

Pluralformen sind nur bei Stammes- und Geschlechtsbezeichnungen üblich.

Fremde Eigennamen. Sie richten sich ebenfalls – entsprechend ihrem Auslaut – nach der st. oder sw. Deklination; lat. Namen können auch lat. flektiert werden.

3.5.2.4. *Flexionsklassen in synchroner Sicht*

Eine wesentlich vereinfachte Übersicht über die mhd. Substantivdeklination ergibt sich bei konsequent synchroner Betrachtung der Flexion. Die Beschreibung zielt in diesem Falle auf den Zustand des substantivischen Formensystems in mhd. Zeit – welche Lautformen zur Bildung der Flexionsformen genutzt werden und welche Funktionen damit indiziert werden, ohne die Frage nach den älteren Sprachstufen dieses Formensystems und seiner Weiterentwicklung einzubeziehen.

Bei dieser Betrachtung kann für das Mhd. nicht mehr zwischen Thema als Stammauslaut und Endung unterschieden werden. Getrennt wird wie im Nhd. zwischen:

	Wortstamm	+	Flexionsendung	
vgl. mhd. *gast*			*-es*	(Gen. Sg.)

Deklinationsklassen ergeben sich einzig und allein aus dem Formenbestand an Flexionsendungen und ihrer spezifischen Verteilung in mhd. Zeit, wobei das klassische Mhd. zugrunde gelegt wird. Eine synchronische Klassifizierung der nhd. Substantivflexion haben Stopp/Moser (vgl. 1967, 70ff.) vorgelegt, angeregt durch eine analoge Klassifizierung der nhd. Substantivdeklination von Bech (vgl. 1963, 177ff.).

Insgesamt kommt das Deklinationssystem der mhd. Substantive mit vier unterschiedlichen Flexionsendungen aus, die stellungsbedingt jeweils in zwei Varianten realisiert werden können, und zwar:

1) -(*e*)	als *-e* oder *-0*,	vgl. *dem tage*	–	*dem stil*;
2) *-(e)s*	als *-es* oder *-s*,	vgl. *des tages*	–	*des stils*;
3) *-(e)n*	als *-en* oder *-n*,	vgl. *den tagen*	–	*den stiln*;
4) *-er*(*)	als Flexiv *-er* ohne Umlaut der Stammsilbe, vgl. *diu rinter*,			
	als Flexiv *-er* mit Umlaut der Stammsilbe, vgl. *diu lẹmber*;			

schließlich kann der Umlaut allein Flexionsmittel sein, vgl. *der apfel – die ẹpfel.*

Flexivvarianten können auch beim gleichen Wort nebeneinander stehen, vgl. *des nageles – des nagels.*

Für die Flexivvarianten 1) – 3) formulieren Stopp/Moser folgende Verteilungsregel:
“1. Die 0-Variante (asyllabische Variante ist obligatorisch: a) wenn der Stamm auf *-e* endet; b) wenn er einsilbig und kurz ist und auf *-l* oder *-r* endet; c) wenn er mehrsilbig und in der Tonsilbe lang ist und auf *-el*, *-er*, *-em*, *-en* endet: vgl. z. B. G. Sg. *hirte- s*, *stil-s*, *sper-s*, *apfel-s*, *buosem-s*, *vischer-s*.
2. Beide Varianten sind möglich: a) wenn der Stamm mehrsilbig und in der Tonsilbe kurz ist und auf *-el*, *-er*, *-em*, *-en* endet; b) wenn der Stamm auf Langvokal endet, vgl. z. B. G. Sg. *nagel-(e)s*, *jeger-(e)s*, *vadem-(e)s*, *wagen-(e)s*; G. D. Pl. *brâ-(e)n*.
3. Die *e*-Variante (syllabische Variante) ist obligatorisch in den übrigen Fällen, vgl. z. B. *tag-es*, *gast-es*.” (Stopp/Moser 1967, 90.)

Zu beachten sind bei der Deklination auch die Varianten des Stammauslauts, je nachdem ob er im Wortinnern oder im Wortauslaut bei Nullmorphem steht, vgl. *tag-es – tac*; *schuoh-es – schuoch*; *ball-es – bal*; *sêw-es – sê*.

Grundsätzlich kann für das Mhd. zwischen starker und schwacher Deklination der Substantive geschieden werden.

Merkmal schwacher Deklination ist die Flexionsendung *-(e)n* im Gen. Sg. und Nom. Pl.; bei den schwachen Substantiven aller drei Genera enden alle Kasus auf *-(en)* außer Nom. Sg. und beim sw. Neutrum auch Akk. Sg.

Merkmal starker Deklination ist, dass Gen. Sg. und Nom. Pl. nie mit *-(e)n* gebildet sind.

Ausgehend von der Verteilung der Flexionssuffixe lassen sich drei starke und eine schwache Deklinationsklasse unterscheiden. (Vgl. PAUL 1998, 205ff.)

Übersicht über die Flexionsklassen unter synchronem Aspekt

Starke Deklination

Klasse 1

		st. Neutra	st. Maskulina	st. Feminina
		(*wort, knie, spil, vënster, künne*)	(*tac, dienest, sê, stil, hirte*)	(*zît, tür, krône*)
Sg.	Nom.	-0		-0
	Gen.	*-(e)s*		-0, *-(e)*
	Dat.	*-(e)*		-0, *-(e)*
	Akk.	-0		-0
Pl.	Nom.	-0	*-(e)*	
	Gen.	*-(e)*	*-(e)*	
	Dat.	*-(e)n*	*-(e)n*	
	Akk.	-0	*-(e)*	

Bei Klasse 1 gibt es völlige Übereinstimmung der Singularflexion bei Neutra und Maskulina; im Plural stimmen dagegen Maskulina und Feminina überein.

Nur eine relativ kleine Zahl st. Fem. flektieren nach diesem Muster, z. B. *mîle, rotte.* Im Gen. und Dat. Sg. treten bei den Fem. Doppelformen auf, vgl. Gen., Dat. *zît* oder *zîte.*

Klasse 2

		st. Neutra		st. Maskulina	st. Feminina
		(*lamb, blat, rint, tal*)		(*gast, apfel, zaher*)	(*kraft*)
Sg.	Nom.		-0		-0
	Gen.		*-(e)s*		-0, *-(e)*
	Dat.		*-(e)*		-0, *-(e)*
	Akk.		-0		-0
Pl.	Nom.	*-er* (*) -0		*-(e)* *	
	Gen.	*-er* (*) *-(e)*		*-(e)* *	
	Dat.	*-er* (*) *-(e)n*		*-(e)n* *	
	Akk.	*-er* (*) -0		*-(e)* *	

(Die Markierung * verweist hier auf Umlaut bei umlautfähigem Stammvokal.)

Ebenso wie bei Klasse 1 stimmen st. Neutra und st. Maskulina im Sg. überein, im Pl. dagegen st. Mask. und st. Fem.

Die Pluralbildung auf *-er* ist im Mhd. noch auf eine relativ kleine Zahl von st. Neutra beschränkt, u. a. *blat, ei, huon, kalp, tal,* aber noch nicht z. B. *kint, kleit, wort,* hier lauten die Pluralformen entsprechend Klasse 1 *diu kint, diu kleit, diu wort.*

Wie bei den st. Feminina der 1. Klasse sind im Gen., Dat. Sg. bei Fem. Doppelformen möglich, z. B. Gen., Dat. Sg. *kraft* oder *krefte.*

Klasse 3

		st. Feminina
		(*gëbe, zal, nâdel, brâ*)
Sg.	Nom.	-0
	Gen.	-0
	Dat.	-0
	Akk.	-0

		st. Feminina
Pl.	Nom.	-0
	Gen.	*-(e)n*
	Dat.	*-(e)n*
	Akk.	-0

Nach diesem Muster flektieren viele st. Fem., z. T. haben sie Doppelformen im Nom. Sg., vgl. *kẹten – kẹte*; *küchen – küche*, die Formen mit *-en* im Nom. Sg. bleiben z. T. durch alle Kasus unverändert. Doppelformen treten auch bei movierten Fem. auf, vgl. *künegin – küneginne*.

Schwache Deklination

		sw. Neutra (*hërze*, *ouge*)	sw. Maskulina (*bote*, *ar*, *pfâwe*)	sw. Feminina (*zunge*, *sunne*, *videl(e)*, *krâ(e)*)
Sg.	Nom.	-0	-0	
	Gen.	*-(e)n*	*-(e)n*	
	Dat.	*-(e)n*	*-(e)n*	
	Akk.	-0	-(e)n	
Pl.	Nom.		*-(e)n*	
	Gen.		*-(e)n*	
	Dat.		*-(e)n*	
	Akk.		*-(e)n*	

Am stärksten vertreten sind in der sw. Deklination Mask., am geringsten Neutra, insgesamt nur vier: *hërze*, *ôre*, *ouge*, *wange*; *mẹnsche* wird sowohl als sw. Neutr. als auch als sw. Mask. verwendet. Sw. Mask. haben in einigen Fällen st. flektierte Formen daneben, vgl. Gen. Sg. sw. *buochstaben* – Gen. Sg. st. *buochstabes*. Sw. Mask. gehen beim Übergang zum Nhd. z. T. in die st. oder gemischte Deklination über, das gilt insbes. für Wörter, die keine Lebewesen bezeichnen, mhd. *boge*, *balke*, *brunne*, sie enden nhd. auf *-en* im Nom. Sg. *Bogen*, *Balken*, *Brunnen*. Schwach geblieben sind Bezeichnungen für Lebewesen, z. B. mhd. *rẹcke* – nhd. *Recke*, mhd. *herre* – nhd. *Herr*.

3.5.3. **Das Adjektiv**

3.5.3.1. *Deklination*

Beim mhd. Adjektiv sind folgende Deklinationsformen zu unterscheiden:
1. starke Deklination
nominale Formen (z. B. Nom. Sg. Mask. *blint*),
pronominale Formen (z. B. Nom. Sg. Mask. *blinder*);
2. schwache Deklination (z. B. Nom. Sg. Mask. *blinde*, Gen. Sg. Mask. *blinden*).

Die nominalen Formen der st. Flexion stimmen ursprünglich und teilweise noch im Mhd. mit der st. Flexion der Substantive überein, und zwar im Mhd. mit den *a-/ô*-Stämmen.

Diese Übereinstimmung liegt vor im Nom. Sg. Mask./Fem./Neutr., im Akk. Sg. Neutr., im Gen. Sg. Mask./Neutr. und im Akk. Sg. Fem. Jedoch entsprechen die Endungen des Gen. Sg. Mask./Neutr. und des Akk. Sg. Fem. auch der pronominalen Flexion. Pronominale und nominale Formen können von ein und demselben Adjektivstamm gebildet werden. Die pronominale Beeinflussung der "ursprünglich substantivisch flektierenden Eigenschafts-Adjektiva" (Kienle 1969, § 190) wird wohl von Pronominaladjektiven ausgegangen sein. So zeigt der Nom. Sg. Mask. die pronominale Endung *-er* (*blinder*), die "wohl nach ursprünglichem **thēr* (. . .) geformt" ist (Kienle 1969, § 191).

Die sw. Adjektivflexion stimmt völlig mit der sw. Flexion der Substantive überein (siehe 3.5.2.2.). Beim mhd. Adjektiv ist die sw. Endung des Akk. Sg. Fem. wie beim sw. Substantiv *-en*, im Nhd. dagegen ist sie *-e*:
mhd. *ich sah die klein**en** swalwen* – nhd. *ich sah die kleine Schwalbe*.

Starke Deklination der Adjektive

		Maskulinum	Neutrum	Femininum
Sg.	Nom.	*blinder, blint*	*blindez, blint*	*blindiu,-e, blint*
	Gen.	*blindes*	*blindes*	*blinder(e)*
	Dat.	*blindem(e)*	*blindem(e)*	*blinder(e)*
	Akk.	*blinden*	*blindez, blint*	*blinde*
Pl.	Nom.	*blinde*	*blindiu, (-e)*	*blinde*
	Gen.	*blinder(e)*	*blinder(e)*	*blinder(e)*
	Dat.	*blinden*	*blinden*	*blinden*
	Akk.	*blinde*	*blindiu, (-e)*	*blinde*

Neben *-em(e)* für Dat. Sing. Mask. und Neutr. findet sich in Handschriften z. T. *-en*, womit die Opposition st. und sw. Adjektivflexion für diesen Fall neutralisiert wird (vgl. N. R. Wolf 1991, 108).

1. Die meisten Adjektive sind *a-/ô*-Stämme, so z. B. *alt, geloubec, guot, hôch, rëht, stum, tôt*.

2. Die Adjektive auf *-l/-r* (z. B. *hol*) und auf *-el/-er/-en* (z. B. *michel* 'groß') können Synkope und Apokope des *e* der Nebensilben aufweisen, z. B. Dat. Sg. Mask./Neutr. *hol(e)me, michel(e)m(e)*.

3. Die adjektivischen *ja-/jô*-Stämme werden wie die *a*-Stämme flektiert. Die sog. unflektierte Form der *ja-/jô*-Stämme endet im Mhd. auf *-e* (aus älterem *-i*), z. B. *schœne*.

Ist der Wurzelvokal umlautfähig, so wird er umgelautet (ahd. *s(w)uozi* > mhd. *süeze*).

Im Mhd. zählen zu den *ja-/jô*-Stämmen u. a. noch folgende Adjektive: *bœse, drœte* 'schnell', *grüene, mære* 'berühmt', *milte* 'freigebig', *schiere* 'schnell', *stæte* 'beständig'. Zuweilen gibt es Nebenformen ohne *e* (*herte/hart*).

4. Meistens stimmt die adjektivische Flexion der *wa-/wô*-Stämme mit der der *a*-Stämme überein. Jedoch erscheint im Mhd. das *w* des Themas nur noch in den flektierten Formen und in der Steigerung, nicht in den unflektierten Formen (germ.**garwaz*/**garwa(n)*/**garwō* > ahd. *garo* > mhd. *gar*, aber *garwer*). Es gibt nur noch wenige *wa-/wô*-Stämme, z. B. *blâ – blâwer* 'blau', *grâ – grâwer* 'grau', *zëse – zëswer* 'recht'.

5. An Stelle der Endung *-iu* im Nom., Akk. Pl. Neutr. und im Nom. Sg. Fem. erscheint im Md. *-e* (statt *blindiu* also *blinde*). Im Alem. und im Fränk. ruft das *-iu* Umlaut hervor, z. B. *elliu/älliu*.

Schwache Deklination der Adjektive

		Maskulinum	Neutrum	Femininum
Sg.	Nom.		*blinde/hol*	
	Gen.		*blinden/holn*	
	Dat.		*blinden/holn*	
	Akk.	*blinden/holn*	*blinde/hol*	*blinden/holn*
Pl.	Nom.		*blinden/holn*	
	Gen.		*blinden/holn*	
	Dat.		*blinden/holn*	
	Akk.		*blinden/holn*	

N. R. Wolf weist anhand seines Untersuchungsmaterials allerdings nach, dass synkopierte Endungen bei einsilbigen Adjektiven mit kurzem Tonvokal, die auf *-l* oder *-r* enden, nicht allgemeine Regel sind. In den untersuchten Handschriften erscheinen ausnahmslos nichtsynkopierte Endungen, allerdings hat er vorrangig die st. flektierten Adjektive des Syntagmas 'vorangestelltes attributives Adjektiv + Substantiv ohne Artikelwort' berücksichtigt. (Vgl. N. R. Wolf 1991, 109.)

3.5.3.2. *Komparation*

1. Im Mhd. wird der Komparativ durch die Endung *-er*, der Superlativ durch die Endung *-est* gebildet:

kreftic – kreftiger – kreftigest (flektiert *krefticste*).

Da im Ahd. der Komparativ mit *-iro/-ôro* und der Superlativ mit *-isto/-ôsto* gebildet werden konnte, jedoch nur die Formen mit *-i-* Umlaut des Wurzelvokals hervorriefen, haben nicht alle Komparative und Superlative im Mhd. Umlaut. So stehen z. B. nebeneinander

alt – alter/ẹlter, junc – junger(e)/jünger(e) – jung(e)ste/jüng(e)ste, lanc – langer/lẹnger.

2. Einige Adjektive haben Suppletivsteigerung; Komparativ und Superlativ werden nicht vom Stamm des Positivs gebildet, sondern von anderen Stämmen:

guot	*bẹzzer(e)*	*bẹzzest, bẹste*
übel	*wirser(e)*	*wirsest, wir(se)ste*
michel 'groß'	*mêre, mêrer(e), mêrre*	*meiste*
lützel 'klein'	*minner(e), minre*	*min(ne)ste, minnest*

3. Bei einigen Steigerungsformen fehlt der Positiv. Er kann aber durch Adverbien oder Präpositionen ergänzt werden, so z. B.

ê, êr	bei	*êrer(e)*	*êr(e)ste*
in	bei	*inner*	*innerste*
vor	bei	*vorder(e)*	*vorder(e)ste*

Außerdem gehören hierzu: *hinder(e)/hinderste, nider/niderste, ober(e)/ober(e)ste, under(e)/underste, ûzer(e)/ûzer(e)ste.*

Der Superlativ *lẹzzeste/lẹste* gehört zu *laz* 'träge', wobei jedoch die Bedeutungsbeziehung zwischen Positiv und Steigerungsstufe verloren gegangen ist.

3.5.3.3. *Adjektivadverbien*

Bei Adverbien, die aus Adjektiven gebildet werden, tritt ein Morphem *-e* (ahd. *-o*) an den Stamm des Adjektivs. Der Adjektivstamm stimmt mit der unflektierten Form der *a-/ô*-Stämme überein.

Adjektivstamm	ahd. *ubil*	mhd. *übel*	nhd. *übel*
Adverb	*ubilô/ubilo*	*übele*	*übel*

Bei den *ja-/jô*-Stämmen enden im Mhd. sowohl die unflektierte Adjektivform als auch das Adjektivadverb auf *-e*. Der Stammvokal des Adjektivadverbs wird im Gegensatz zum unflektierten Adjektiv nicht umgelautet, da beim Adverb im Ahd. anstelle des Themas *-i* das Morphem *-o* auftrat.

Adjektiv	ahd. *skôni*	mhd. *schœne*	nhd. *schön*
Adverb	*skôno*	*schône*	*schon*

Weitere Beispiele für dieses Nebeneinander von Adjektiv und Adjektivadverb sind *hẹrte – harte, spæte – spâte, süeze – suoze, vẹste – vaste.*

Schon im Spätmhd. wird die Endung der Adjektivadverbien mehr und mehr aufgegeben und der Umlaut ausgeglichen, so dass im Nhd. Adjektiv und Adjektivadverb nicht mehr formal unterschieden sind, abgesehen von *lang – lange*. Allerdings gibt es Formen, bei denen infolge Bedeutungsdifferenzierung von Adjektiv und Adjektivadverb der Umlaut auch im Nhd. nicht ausgeglichen ist (*fest* und *fast*, *schön* und *schon*).

Adjektivadverbien können auch mit *-lîche/-lîchen* gebildet werden, vor allem von Adjektiven auf *-ec/-ic* und *-isch*: *ganz – ganzlîche, trûrec – trûreclîche.*

Komparation. In der Regel werden die einsilbigen Adjektivadverbien ohne Umlautung des Stammvokals gesteigert: *hôhe – hôher – hôhest*. Einige Sonderfälle der Steigerung des Adjektivadverbs sind *baz* 'besser' – *bẹste*; *ê* 'früher' – *êrst(e)*; *mê/mêr(e)* 'mehr' – *meist(e)*; *min/minner/minre* 'weniger' – *minn(e)ste*; *sît/sider/sint/sînt* 'später'; *wirs* 'schlechter' – *wirs(e)st(e)*.

3.5.3.4. *Zum Gebrauch der Adjektivformen*

Die sw. und st. Formen des Adjektivs werden im Mhd. im Allgemeinen in gleicher Weise verwendet wie im Nhd. Jedoch können Abweichungen von der zu erwartenden Form auftreten.

So kann u. a. die st. nominale (sog. unflektierte) Form des Adjektivs neben der st. pronominalen Form im Nom. Sg. Mask./Fem./Neutr. und im Akk. Sg. Neutr. verwendet werden, wenn das Adjektiv attributiv gebraucht wird: *ein* **guot** *man*; **lieht** *gesteine*. Ist das attributive Adjektiv nachgestellt, so wird meistens die nominale (sog. unflektierte) Form benutzt, z. B. *den dëgen* **guot** (NL), seltener die pronominale, z. B. *ein wolken sô* **trüebez** (MF).

Das prädikativ gebrauchte Adjektiv kann neben der gebräuchlicheren nominalen auch die pronominale Form aufweisen: *sîn jâmer wart sô* **vẹster** (H). Selten erscheint hier die sw. Form: *er lît . . . ze tôde* **erslagene** (NL).

Nach dem bestimmten Artikel kann neben der allgemein gebräuchlichen sw. Adjektivform auch das pronominal flektierte Adjektiv stehen: *ûz dem* **betouwetem** *grase* (GO).

In der Anrede sind st. und sw. Formen möglich: *zieren* **helde** (GO); aber auch **guote** *liute* (H). (Vgl. Paul 1998, 357ff.)

3.5.4. **Das Pronomen**

Den unterschiedlichen Flexionsweisen entsprechend, trifft man folgende Einteilung:
1. ungeschlechtige Pronomen. Sie sind nicht nach dem Genus differenziert und haben eine eigene Flexion, die sie von allen übrigen Nomina und Pronomen unterscheidet. Dazu gehören die Personalpronomen der 1. und 2. Person und das Reflexivpronomen;
2. geschlechtige Pronomen. Ihre Deklination ist der substantivischen verwandt, unterscheidet sich aber durch vollere Endungen. Die Bezeichnung weist darauf hin, dass sie nach dem Genus differenziert sind. Dazu gehören das Personalpronomen der 3. Person, die einfachen Demonstrativpronomen, die auch als Relativpronomen und bestimmter Artikel verwendet werden, sowie zusammengesetzte Demonstrativpronomen und die Interrogativpronomen;
3. Pronominaladjektive. Es sind ursprünglich Adjektive, deshalb besteht Übereinstimmung mit der Adjektivdeklination. Sie haben für die einzelnen Genera unterschiedliche Endungen und werden meist stark, z. T. aber auch schwach flektiert. Pronominaladjektive sind die Possessivpronomen, die meisten Indefinitpronomen und einige Demonstrativpronomen;
4. Pronominalsubstantive. Als ursprüngliche Substantive flektieren sie nach der st. Substantivdeklination, soweit sie nicht überhaupt nur im Nom. vorkommen. Pronominalsubstantive sind einige Indefinitpronomen.

3.5.4.1. *Personalpronomen*

Ungeschlechtige Pronomen

	1. P. Sg.	2. P. Sg.	1. P. Pl.	2. P. Pl.
Nom.	*ich*	*du, dû*	*wir, wî*	*ir, gî, î*
Gen.	*mîn, mînes, mîner*	*dîn, dînes, dîner*	*unser*	*iuwer*
Dat.	*mir, mî*	*dir, dî*	*uns*	*iu, iuch*
Akk.	*mich*	*dich*	*(unsich), uns*	*iuch, iu*

Nebenformen sind bei den Pronomen im Mhd. sehr zahlreich, z. T. sind sie unter Einfluss des unterschiedlichen Satztones entstanden, z. B. unbetont *ech*, stark betont *îch*; z. T. sind die Unterschiede als landschaftliche Sonderformen zu erklären, z. B. *îch*, *mîch*, *dîch* moselfränk., hess. Zur Vielfalt der Formen, wie sie sich in den Urkunden aus mhd. Zeit zeigt, vgl. Sparmann 1961, 1ff.

Folgt das Pronomen der finiten Verbform, so kann es mit der verbalen Endung verschmelzen, z. B. *geloubest du* > *geloubestu*, der Vokal des Pronomens kann durch Abschwächung zu *e* werden und vor vokalisch anlautendem Wort schwinden, z. B. *geloubeste ëz* > *geloubest ëz*. Eine solche Enklise findet sich im Mhd. sehr häufig.

Das Pronomen *ir* dient als Anredeform für sozial höherstehende wie für in der Gesellschaft gleichgestellte Personen.

Im Bair. kommen neben den Pluralformen auch die lautgesetzlichen Fortsetzungen germ. Dualformen vor (Nom. *ëz*, Dat./Akk. *ënc*, seit dem 12. Jh. allerdings in pluralischer Bedeutung). Sie sind heute ein Merkmal des Bair. gegenüber anderen Mundarten.

Geschlechtige Pronomen

		3. Pers. Sg.	
	Maskulinum	Neutrum	Femininum
Nom.	*ër, hê, hie, hër*	*ëz*	*siu, sie, sî, si*
Gen.	*ës, sîn*	*ës, sîn*	*ir(e)*
Dat.	*im(e)*	*im(e)*	*ir(e)*
Akk.	*in*	*ëz*	*sie, siu, sî, si*
		3. Pers. Pl.	
Nom.,Akk.	*sie, sî, si*	*siu, sie, sî*	*sie, siu, sî, si*
Gen.		*ir(e)*	
Dat.		*in, inen*	

Der Überblick zeigt, dass die Formen von unterschiedlichen Wurzeln gebildet sind (Suppletivbildung). Gen. und Dat. Pl. haben in allen drei Genera gleiche Formen.

3.5.4.2. *Reflexivpronomen*

		Maskulinum/Neutrum	Femininum		
Sg.	Gen.	*sîn*	*(ir)*	Pl. Gen.	*(ir[e])*
	Dat.	*(im[e])*	*(ir)*		*(in)*
	Akk.	*sich*	*sich*		*sich*

Ein Nom. wird, der Semantik des Reflexivpronomens entsprechend, nicht gebildet. Die Formen des alten Reflexivpronomens sind teilweise verloren gegangen, an ihre Stelle sind Formen des Personalpronomens der 3. P. getreten (im Paradigma in Klammern). *sich* als Reflexivpronomen für den Dat. kommt in mhd. Zeit nur im Mittelfränk. vor. Für die 1. und 2. P. Sg. und Pl. werden die flektierten Formen der ungeschlechtigen Personalpronomina verwendet.

3.5.4.3. *Possessivpronomen*

Sg.	1. P.	*mîn*	Pl.	1. P.	*unser*
	2. P.	*dîn*		2. P.	*iuwer*
	3. P.	*sîn, ir, sîn*		3. P.	*ir*

Die Possessivpronomen sind von den Genitivformen der Personalpronomen (1., 2. P. Sg. und Pl.) und vom Reflexivpronomen (3. P. Sg. Mask. und Neutr.) gebildet. Sie werden wie st. Adjektive dekliniert und haben im Nom. Sg. meist endungslose Formen (Neutr. und Fem. auch im Akk.), z. B. Nom., Akk. Sg. *mîn frouwe*. Schwach flektierte Formen beginnen sich im Mhd. erst herauszubilden, sie kommen vereinzelt nach bestimmtem Artikel vor.

Bei der st. Flexion treten die Endungen im Obd. an einen Stamm *unser-*, vgl. *unser-er, unser-iu, unser-ez*, im Md. an einen Stamm *uns-*, vgl. *uns-er, uns-iu, uns-ez* (ebenso *iuwer-, iuw-*).

3.5.4.4. *Demonstrativpronomen und bestimmter Artikel*

dër, daz, diu

		Maskulinum		Neutrum	Femininum
Sg.	Nom.	*dër, dê*		*daz*	*diu, die*
	Gen.		*dës*		*dër(e)*
	Dat.		*dëm(e)*		*dër(e)*
	Akk.	*dën*		*daz*	*die*
Pl.	Nom., Akk.	*die*		*diu*	*die*
	Gen.			*dër(e)*	
	Dat.			*dën*	

Die Formen des Demonstrativpronomens werden zugleich in der Funktion des bestimmten Artikels verwendet. Da der Artikel häufig in unbetonter Stellung im Satz vorkommt, treten zahlreiche abgeschwächte Formen auf, z. B. *diu, die* > *de*, vor Vokal nur *d*.

dirre, diser

		Maskulinum		Neutrum	Femininum
Sg.	Nom.	*dirre, diser*		*ditze, diz*	*disiu*
	Gen.		*dises*		*dirre, diser*
	Dat.		*disem(e)*		*dirre, diser*
	Akk.	*disen*		*ditze, diz*	*dise*
Pl.	Nom., Akk.	*dise*		*disiu, dise*	*dise*
	Gen.			*dirre, diser*	
	Dat.			*disen*	

Verstärkung des hinweisenden Charakters wurde bereits in germ. Zeit durch Zusammensetzung des einfachen Demonstrativpronomens mit einer verstärkenden Partikel erreicht. Die Zusammensetzung mit den einzelnen Genus- bzw. Kasusformen des Pronomens führte zu unterschiedlichen Formen, z. B. Nom. Sg. Mask. as. *thë-se*, Nom. Sg. Fem. as. *thiu-s*. Der Charakter der Zusammensetzung verblasste, die Verbindung wurde als neuer Stamm betrachtet. Ausgleichserscheinungen haben schließlich dazu geführt, dass im Mhd. die Kasusendungen an einen neuen Stamm *dis-* treten, der für alle Genera gilt. Allerdings kommen auch Nebenformen mit *-e-* vor, z. B. *dëser*.

Die Formen mit *-rr-* sind durch Angleichung des *s* an folgendes *r* und Synkopierung des Mittelvokals entstanden (as. **thësara* > *thërara* > *thërra*).

ẹner 'jener' findet sowohl substantivisch als auch adjektivisch Verwendung; seine Deklination entspricht der des st. Adjektivs. Es kommen keine sog. unflektierten Formen vor.

sëlp 'selber, selbst' ist im Gegensatz zum Nhd. mhd. veränderlich. Nach Personalpronomen oder Substantiv kann es stark oder schwach, nach bestimmtem Artikel nur schwach flektiert werden. Nhd. *selber*, *selbst* sind erstarrte Kasusformen (mhd. *sëlber* = Nom. Sg. Mask., stark, *sëlbes* = Gen. Sg. Mask./Neutr., stark).

3.5.4.5. *Relativpronomen*

Die in diese Gruppe gehörigen Wörter hatten nicht von vornherein relativische Funktion. Sie gehen z. T. auf alte Demonstrativpronomen zurück: mhd. *dër*, *daz*, *diu* (siehe 3.5.4.4.); z. T. sind es Indefinitpronomen (siehe 3.5.4.7.) mit vorangestelltem und z. T. auch nachgestelltem *sô*, vgl. *sô wër (sô)*, mhd. *swër* 'wer immer', *swaz* 'was immer', *swëder* 'welcher auch von beiden', *swëlch* 'welch auch'. Relativischer Anschluss eines abhängigen Satzes kann im Mhd. außerdem durch Pronominaladverbien *swâ* 'wo auch', *swie* 'wie auch' u. a., durch das Adverb *sô* und durch die Konjunktion *unde* ausgedrückt werden.

3.5.4.6. *Interrogativpronomen*

wër, **waz**

		Maskulinum/Femininum	Neutrum
Sg.	Nom.	*wër*	*waz*
	Gen.	*wës*	*wës*
	Dat.	*wëm(e)*	*wëm*
	Akk.	*wën*	*waz*
	Instr.		*wiu*

Dieses Pronomen wird nur substantivisch verwendet, es hat keine eigene Form für das Fem.

Die alte Form *wës* wird in frnhd. Zeit allmählich durch *wessen* verdrängt, ist aber noch erhalten in *weswegen*, *weshalb*. *wiu* steht mhd. nur noch nach Präpositionen.

wëder 'wer von beiden' ist vom gleichen Stamm abgeleitet wie *wër* und flektiert wie ein st. Adjektiv; Nom. Sg. Mask. *wëderer/wëderre*, Fem. *wëderiu*, Neutr. *wëderez*. Es hat daneben für den Nom. Sg. eine sog. unflektierte Form, die in der Konjunktion *weder* fortlebt.

ẹlich, *wẹlch*, *wẹlîch* 'wie beschaffen, welcher' flektiert wie ein st. Adjektiv, im Nom. wird meist die sog. unflektierte Form verwendet.

3.5.4.7. *Indefinitpronomen*

Indefinitpronomen in der Bedeutung 'jeder, alles'

al 'alle' flektiert wie ein st. Adjektiv; vor Artikel oder Pronomen steht meist die sog. unflektierte Form.

gelîch, mit einem Gen. Pl. verbunden, 'jeder', z. B. mhd. *manne gelîch*, *männeglîch* 'jedermann'.

iegelîch 'jeglich', *iewëder* 'jeder von beiden'.

Indefinitpronomen in der Bedeutung 'irgendein', 'jemand', 'etwas'

wër, *ëte(s)wër* 'irgendeiner' wird nur substantivisch verwendet, ebenso *ëte(s)waz* 'etwas'. Als Pluralform für *ëteswër* und *ëteswaz* steht meist mhd. *ëtelîch* 'irgendwelche, einige'.

sumelîch 'irgendeiner' folgt der st. Adjektivdeklination.

ein – bei substantivischer Verwendung endet der Nom. Sg. auf *-er*, *-iu*, *-ez*, bei adjektivischer Verwendung steht die nominale Form.

(Das Pronomen *ein* wird zugleich als Numerale und als unbestimmter Artikel verwendet.)

ieman 'jemand' und *iht* 'etwas' werden als Pronominalsubstantive stark flektiert (Nom. Sg. *ieman*, Gen. *iemans*, *iemannes*, Dat. *iemanne*, *iemen*, Akk. *ieman*).

Indefinitpronomen in der Bedeutung 'keiner', 'niemand', 'nichts'

An der Bildung aller hier aufgeführten Formen ist die Negationspartikel *neh- beteiligt.

nechein 'kein' ist die verneinte Form zu *ein*. Die nhd. Form *kein* ist entstanden durch Veränderungen von *ch* > *k* (der Laut *ch* > *k*, wenn er nachträglich in den Silbenanlaut tritt; *nechein* > *nekein*; Paul 1998, 156) und Wegfall der Negationspartikel.

nieman, *niemen* 'niemand' (vgl. *ieman*). Seit dem 13. Jh. erscheinen daneben schon Formen mit Sprosskonsonant *d*: *niemand*.

nicht (*nieweht*, *neweht*, *niewet*, *niuwet*) 'nichts' wird nur substantivisch verwendet und stark flektiert. Nhd. steht bei substantivischem Gebrauch die erstarrte Genitivform *nichts*. Der Akk. *nicht* ist bereits seit mhd. Zeit Negationspartikel.

3.5.5. **Das Numerale**

Wir unterscheiden Kardinal- und Ordinalzahlen, daneben noch Zahladverbien und -adjektive.

3.5.5.1. *Kardinalzahlen*

Die Zahlwörter 1 bis 3 haben im Mhd. besondere Formen für alle drei Geschlechter und sind deklinierbar.
Eins wird wie ein Adjektiv flektiert; nach bestimmtem Artikel oder einem entsprechenden Pronomen flektiert es schwach, sonst stark. – Im Nom. aller drei Genera sowie im Akk. Sg. Neutr. (und z. T. auch im Fem.) steht die endungslose Form, wenn das Zahlwort attributiv vor einem Substantiv steht.
Zwei und **drei** weisen im Gen. und Dat. jeweils für alle drei Geschlechter gleiche Formen auf.

	Maskulinum	Femininum	Neutrum
1	*einer, ein*	*einiu, ein*	*einez, ein*
	eines	*einer(e)*	*eines*
	einem(e)	*einer(e)*	*einem(e)*
	einen	*eine*	*einez*
2	*zwêne*	*zwô* (*zwuo, zwâ*)	*zwei*
		zwei(g)er	
		zwein, zweien	
	zwêne	*zwô* (*zwuo, zwâ*)	*zwei*
3	*drî, drîe*	*drî, drîe*	*driu*
		drî(g)er	
		drîn, drî(e)n	
	drî, drîee	*drî, drîe*	*driu*

Vier bis **zwölf** bleiben entweder unverändert oder folgen der Flexion der st. Adj. Die Formen des Nom. lauten:
Vier *vier, viere, vieriu*
Fünf *finf, fünf, fünfe, fünviu*
Sechs *sëhs*, (md. *sëss*), *sëhse, sëhsiu*
Sieben *siben, sibene, sibeniu*
Acht *aht, ahte, ähte, ähtiu*
Neun *niun, niune, niuniu*
Zehn *zëhen* (md. *zên*), *zëhen(e), zëheniu*
Elf *einlif*, (*einlef, eilf, elf*)
Zwölf *zwẹlif, zwẹlf, zwẹlve*
13 bis **19**. Diese Grundzahlwörter bleiben unflektiert; sie heißen:
13 *drîzëhen, driuzëhen*
14 *vierzëhen*
15 *finfzëhen*
.
.
.
19 *niunzëhen*
20ff. Ebenso bleiben die vollen Zehner endungslos. Sie werden gebildet aus Einerzahl + Zehnersuffix *-zec, -zic*:
20 *zweinzec* (*zwênzec*)
30 *drîzec, drîȝec* usw.
aber: **21** *einez unde zweinzec*, **22** *zwei unde zweinzec* usw.
100 *hundert* (älter: *zëhenzec*) oder *hunt*
200 *zweihundert*

300 *drîhundert*, **325** *drîhundert fünf unde zweinzec*
1000 *tûsent*
2341 *zwei tûsent drîhundert einez unde vierzec* usw.

Alle Zahlwörter bis **20** werden sowohl substantivisch als auch adjektivisch verwendet. Ab **20** sind sie ursprüngliche Substantive, sie werden im Mhd. ebenfalls adjektivisch gebraucht.

3.5.5.2. *Ordinalzahlen*

Die Ordnungszahlwörter werden schwach dekliniert.
1. und **2.** *êrste* und *ander* werden nicht von den Grundzahlen abgeleitet, sondern gehen auf andere Stämme zurück: *êrste, êreste* (< ahd. *êristo*, Superlativ zu *êr* 'früher'); *ander* (**2.**) ist eigentlich Pronominaladjektiv (*anderer, anderiu, anderez*) und kann auch stark dekliniert werden. *zweite* dringt erst im 16. Jh. durch.
3. *dritte* (md. *dirte, dërte*).
4. bis **19.** Diese Ordinalzahlen werden aus der Kardinalzahl und dem Suffix *-te* (ahd. *-to*) gebildet: *vierde, fünfte, sëhste, sibende ... einlifte* (*eilifte, eilfte*), *zwẹlifte* (*zwẹlfte*), *... niunzëhente*.
20.ff. Sie bestehen aus Kardinalzahl und Superlativsuffix *-este* (ahd. *-ôsto*): **20.** *zweinzegeste*, **30.** *drîzegeste*, **42.** *zwei unde vierzegeste*, **100.** *hundert(e)ste*, **1000.** *tûsent(e)ste.*

3.5.5.3. *Zahladverbien*

1–3-mal. *eines* (Gen. Sg.) 'einmal', *zwir(e)* 'zweimal', *drîs* 'dreimal', daneben *drîstunt*. Neben diesen einfachen Bildungen kommen häufiger zusammengesetzte Zahladverbien vor, bestehend ab **4-mal** aus Kardinal- oder Ordinalzahl und *-stunt* oder *-wẹrbe* (auch *-warbe* oder *-warp*) oder *-mâl* (erst seit dem 13. Jh.): *vierstunt, vierwẹrbe, viermâl, tûsentstunt* usw.; aber *dritte warp* 'zum dritten Male' usw.

3.5.5.4. *Zahladjektive*

Man unterscheidet die e i n f a c h e n Zahladjektive *einic* 'einzig' und *zwisc* 'zwiefach' von den z u s a m m e n g e s e t z t e n Zahladjektiven, die aus der Kardinalzahl und dem Suffix *-valt, -valtic, -vẹlt, -vẹltic* bzw. *-lîch* oder *-vach* bestehen: *zwîvalt, drîlich, viervach.*

Um genitivische Umschreibungen handelt es sich bei Formen mit *hant, leie* oder *-slaht*: *einerhant, drîer hande, zëhen hande, zwîer leie, drîer leie*; später *maneger-, allerslaht.*

3.6. Zum Satzbau

3.6.1. **Zur Satzglied- bzw. Wortstellung**

Im Mhd. gibt es wie im Nhd. kein starres System der Satzgliedstellung. Für die Anordnung der Satzglieder sind unterschiedliche Gesichtspunkte von Bedeutung. Als wesentlichste kommen in Frage:

a) der Mitteilungswert der einzelnen Satzglieder
Hierfür gilt offensichtlich ähnlich wie für das Nhd. das Prinzip des steigenden Mitteilungswertes, andererseits aber auch die Möglichkeit, das Wichtigste affektbetont an den Anfang zu stellen.

b) die rhythmische Gestaltung
In der gebundenen Rede wird die Satzgliedstellung wesentlich von Rhythmus und Reim mitbestimmt, aber auch sonst beeinflussen rhythmische Gesichtspunkte – Wechsel von stärker und schwächer betonten Gliedern – die Stellung der Satzglieder.

c) der Umfang der Glieder
Auf die Bedeutung dieses Faktors hat BEHAGHEL hingewiesen. Das von ihm formulierte Gesetz der wachsenden Glieder lautet: "Von zwei Gliedern von verschiedenem Umfang steht das umfangreichere nach." (BEHAGHEL 1930, 86.)

Solche Gesetzmäßigkeiten dürfen jedoch nicht isoliert betrachtet werden, "der Begriff des Umfangreicheren wird sich weithin mit dem des Gewichtigeren decken, aber nachdem die zweckmäßige Stellung zur überlieferten geworden ist, entsteht daraus ein unbewußtes rhythmisches Gefühl, das gebietet, einem kürzeren Glied einen längeren Abklang folgen zu lassen" (BEHAGHEL 1930, 86).

Nur wenn man diese sowie weitere Aspekte im Zusammenhang berücksichtigt, wird die Anordnung der Satzglieder im Mhd. richtig zu erfassen sein.

3.6.1.1. *Stellung des finiten Verbs*

Die besondere Bedeutung, die dem finiten Verb beim Bau des Satzes im Nhd. zukommt, lässt die Frage nach seinen Stellungsbesonderheiten bzw. -gesetzmäßigkeiten im Mhd. aufwerfen.

Für das Deutsche in seiner gesamten historischen Entwicklung hält BETTEN fest: "Im Deutschen hat es im Laufe seiner Geschichte, jedoch im wesentlichen auch in allen Perioden nebeneinander, die folgenden vier Satzorganisationsformen gegeben, ausgehend von der Position des finiten Verbs: (Absolute oder gedeckte) Anfangs- oder Spitzenstellung, Zweitstellung (betrachtet als Satzgliedstellung), Dritt- oder Späterstellung (im Hauptsatz) bzw. Nichtend- oder Späterstellung (im Nebensatz) und Endstellung." (BETTEN 1987, 121.) SONDEREGGER konstatiert eine seit ahd. Zeit zunehmende Tendenz "zur Zweitstellung des finiten Verbs im Hauptsatz und Späterstellung (noch nicht Endstellung) im eingeleiteten Gliedsatz" (SONDEREGGER 1979, 282; vgl. auch ROELCKE 1997).

Stellung im Aussagehauptsatz: Im Mhd. gelten nach SCHIEB für die Stellung des Finitums im Hauptsatz im Wesentlichen die gleichen Grundsätze wie im Nhd.; sie schränkt allerdings ein, dass vor allem in der Dichtersprache die alten freieren Möglichkeiten der Verbstellung unter dem Einfluss von Vers und Reim noch lange erhalten bleiben (vgl. SCHIEB 1970, 380).

Meist nimmt das finite Verb bereits im Mhd. Zweitstellung ein, z. B. *Sîn name* **was** *erkennelich: er* **hiez** *der herre Heinrich* (H).

Es können allerdings auch mehrere Satzglieder vor dem finiten Verb stehen, z. B. *den starken gêr er* **leinte** *an der linden ast* (NL); *Gunther sich dô* **neigete** *nider zuo der fluot* (NL).

Endstellung des finiten Verbs im Hauptsatz kommt im Mhd. vor allem noch in der Dichtung vor. Das Nibelungenlied bietet zahlreiche Beispiele dafür: *sô grôze missewende ein helt nu nimmer mêr* **begât** (NL); *Den gêr im gein dem herzen stecken er dô* **lie** (NL). Eine solche Endstellung in den dichterischen Denkmälern wird von vielen Forschern als die ursprüngliche germanische betrachtet. (Vgl. BETTEN 1987, 123.)

Anfangsstellung des finiten Verbs, die im Germ. vermutlich ausgeprägt war und sich auch noch im Ahd. findet, ist im Mhd. äußerst selten geworden. DAL (1966) und LOCKWOOD (1968) sind der Meinung, dass zahlreiche Sätze mit gedeckter Spitzenstellung des Verbs noch auf diesen ursprünglichen Typ hindeuten, z. B. *ez* **hât** *nu allez ende unser sorge unt unser leit* (NL). Allerdings ist kaum eindeutig festzustellen, ob ein solches satzeröffnendes Wort völlig unbetont ist, ob es sich damit um gedeckte Anfangsstellung oder um Mittelstellung des finiten Verbs handelt. Besonders problematisch ist das bei Adverbien des Ortes oder der Zeit, z. B. *Dô* **viel** *in die bluomen der Kriemhilde man* (NL).

Stellung im Fragesatz: Entscheidungs- und Ergänzungsfrage unterscheiden sich in der Stellung des finiten Verbs.

Für die Entscheidungsfrage gilt Spitzenstellung, z. B. **welt** *ir mir loufen mit ze wette zuo dem brunnen* (NL), für die mit einem Fragepronomen oder -adverb eingeleitete Ergänzungsfrage Zweitstellung, z. B. *Waz* **mac** *ich dir sagen mê* (WA).

Stellung im Aufforderungssatz: Im Aufforderungssatz kann das finite Verb wie im Nhd. sowohl Spitzen- als auch Zweitstellung einnehmen, z. B. *Und* **lât** *si des geniezen . . . durch aller fürsten tugende* **wont** *ir mit triuwen bî* (NL).
Spitzenstellung wird bevorzugt beim Gebrauch des Imperativs der 2. Person, z. B. **seht** *wie rôt mir ist der munt* (WA).

Auch im Aufforderungssatz gehen dem finiten Verb jedoch manchmal mehrere Satzglieder voraus, vor allem bei umschriebenen Verbformen, z. B. *mit laster ir gescheiden* **sult** *von guoten recken sîn* (NL).

Stellung im Gliedsatz: Im Mhd. sind Gliedsätze mit Endstellung des finiten Verbs in der gebundenen Rede noch selten, z. B. *Dâ der herre Sîfrit ob dem brunnen* **tranc** (NL). Meist handelt es sich um sehr kurze Sätze, z. B. *swaz si weinens* **getuot** (NL). Bei zusammengesetzten Verbformen rückt in solchen Fällen die infinite Form an die letzte Stelle, z. B. *als er* **het'** *getrunken* (NL). Dabei kann auch noch nicht eindeutig zwischen Haupt- und Nebensatz differenziert werden.

Viel häufiger sind Gliedsätze mit sog. "Nichtzweitstellung", z. B. *Swie wunt er* **was** *zem tôde* (NL); *daz ich ie* **gewan** *den sun* (NL). BETTEN konstatiert, " /. . ./ die Personalform steht im Nebensatz auf einer späteren als der zweiten Position, wenn man das Einleitewort als Erstposition mitzählt." (BETTEN 1987, 127.)

Wie im Nhd. steht das finite Verb z. T. bei uneingeleiteten Gliedsätzen an zweiter Stelle, z. B. *man giht, er* **sî** *sîn selbes bote* (H).

Im Unterschied zum Nhd. können aber auch eingeleitete Gliedsätze Zweitstellung des finiten Verbs aufweisen, z. B. *daz von der wunden* **spranc** *daz bluot im von dem herzen vastẹ an die Hagenen wât* (NL).
Spitzenstellung des finiten Verbs gilt wie im Nhd. für einen Teil der uneingeleiteten Gliedsätze, z. B. **het** *ich an iu erkennet den mortlîchen sit* (NL); **Hâstû** *triuwẹ unde stætekeit* (WA).

In der Prosa herrscht aber nach Auffassung von ADMONI die Endstellung der finiten Verbform im Gliedsatz bereits vor (vgl. 1967, 184): *daz er im sins rehtes* **helfe** (MR).

Vgl. den folgenden Auszug aus den "Vier Predigten" von Bertold von Regensburg: *"Alle die zuo ir tagen kommen* ***sint****, den hât unser herre fünf pfunt bevolhen unde hât uns diu an geschriben, daz wir ir niemer vergezzen* ***mügen****, wan er des niht enbern* ***will*** *von keinen menschen der ze sînen tagen komen* ***ist****, es müeze unserm Herren diu fünf pfunt widergeben . . ."*

3.6.1.2. *Bildung des prädikativen Rahmens*

Im Mhd. bildet sich die typische verbale Klammer weiter heraus. Diese Konstruktionsweise erfährt im Zusammenhang mit weiteren syntaktischen und morphologischen Entwicklungen eine zunehmende Reglementierung und zeigt hinsichtlich ihrer Vorkommenshäufigkeit deutliche Veränderungen (vgl. ROELCKE 1997, 156).

Der volle prädikative Rahmen (Distanzstellung der Rahmenpartner) wird im Mhd. recht häufig gebraucht, obwohl er noch nicht zur vorherrschenden Regel geworden ist: *der rihter* **sol** *jenen ze aht* **tuon** (MR). Daneben kommen sowohl der verkürzte Rahmen (Nahstellung der Rahmenpartner): *dem* **sol** *der rihter daz* **gebieten** *bi des keisers hulden* (MR) als auch der potenzielle Rahmen (Kontaktstellung der Rahmenpartner) vor: *der sun* **sol sîn** *verteilet eigens und lehens und varends guotes* (MR).

Große Schwankungen können sich im Gebrauch der drei Rahmenvarianten zwischen einzelnen Texten ergeben, insbesondere zwischen Prosatexten und poetischen Texten. In der Prosa ist die volle Rahmenkonstruktion besonders häufig. Insgesamt verweist BETTEN aber darauf, "dass noch in der althochdeutschen und mittelhochdeutschen Periode vollständige Rahmenbildung (mit absoluter Verbendstellung) insgesamt selten, Distanzstellung der verbalen Teile mit weiteren Satzgliedern hinter den verbalen Teilen jedoch häufiger war." (Betten 1987, 129.)

3.6.1.3. *Stellung verschiedener Formen des Attributs*

Generell verändern sich im Mhd. die Klassen der Attribute als solche wenig. Alle im Nhd. geläufigen Formen wie Adjektiv-, Genitiv-, Partizipial-, Präpositionalattribut u. a. sind bereits seit ahd. Zeit vorhanden (vgl. Barufke 1995, 51). Die einzelnen Attributformen können auch schon sehr komplex aufgebaut sein, was insbesondere bei den Attributsätzen deutlich wird. Demgegenüber sind Unterschiede im Stellungsverhalten sehr viel deutlicher. Barufke konnte zeigen, dass die mhd. Attribute generell die Fähigkeit besitzen, durch freie Wortstellung hierarchische Grenzen zu verwischen und damit die "Tendenz zur Phrasenautonomie über das syntaktische Ganze" zu fördern. Attribute können vorangestellt, nachgestellt oder ferngestellt sein. Diese Besonderheit steht in Verbindung mit der noch nicht vollen Ausbildung des Artikels und der daraus resultierenden (noch) geringen Spannkraft der nominalen Klammer.

Stellungsbesonderheiten gegenüber dem Nhd., die besonders im Hinblick auf das Übersetzen aus dem Mhd. zu beachten sind, bestehen u. a. in Folgendem:
Attributive Adjektive sowie Possessivpronomen können auch nach dem Beziehungswort stehen, vgl. *die recken vil* **balt** (NL), *ein gêrstange* **lanc** (NL), *an dem lîbe* **mîn** (NL). Ebenso können Adverbien, vgl. *nû muoz ich aber sorgen ûf den tag* **morgen** (IW) und Partizipien rechtserweiternd gestellt werden: *und ein herre* **genant** *alsus* (ER). Voran- und Nachstellungen können auch gemeinsam auftreten, vgl. *es hete der gebûre ein* **ragendez** *hâr* **rouzvâr** (IW) (Vgl. Singer 1996, 183). Appositionen sind möglich: *in liebte hof und den lîp manec maget unde wîp,* **die schœnsten von den rîchen** (IW).

Auch substantivische Attribute können als Links- und/oder Rechtserweiterung auftreten. Sie stehen im Genitiv, im Präpositionalkasus oder im merkmallosen Kasus (a. a. O., 182). Das Genitivattribut kann zwischen Artikel und Substantiv stehen, vgl. *die Sîfrides tugende* (NL), *der* **Kriemhilde** *man* (NL) oder diesen vorangestellt sein, vgl. *und fant der rede eine wârheit* (IW). Eine echte Besonderheit stellen doppelte Genitivformen dar, vgl. *ir* **mannes muomen** *sun* (PAR); *ir* **landes herre** *Parzival* (PAR) (a. a. O., 175).

Die unterschiedlichen Stellungsvarianten führen manchmal zu Zuordnungsproblemen, die in der Regel durch Kontext- oder Weltwissen aufgelöst werden können, vgl. *es hanget* **von einem aste von golde ein becke** *her abe,* (Iw); *mit zorne sie zesamme rîten, dâvon der* **ungetriuwe man sînes valsches lôn** *gewan* (Er); *sîn* **ors von îser** *truoc* **ein dach** (PAR).

Substantivische Attribute im Präpositionalkasus können ebenfalls vorangestellt: *dô im wurden gegeben* **von golde** *zwô mark* (GREG) und substantivische Attribute im merkmallosen Kasus nachgestellt werden, *sî gap mir urloup* **ein jâr** (IW) (a. a. O., 183).

Herkunftsbezeichnungen können dem Beziehungswort vorausgehen, vgl. **von Tronege** *Hagene* (NL), **von Sibilje** *ûz der stat* (PAR).

3.6.2. **Negation**

Zur Verneinung dient im Mhd. wie bereits im Germ. und Ahd. die Negationspartikel *ne* (vorangestellt *en-*), die unmittelbar beim Verb steht. Sie findet sich in formelhaften Wendungen, z. B. *nû* **en***welle got* (WA), oder auch, wenn ein Gliedsatz sehr eng mit dem Verb des Hauptsatzes verbunden ist, z. B. *ich* **en***weiz ob er zouber künne* (WA).

Die Partikel kann mit einem anderen Wort, vor allem mit einem Pronomen, das beim Verb steht, verschmelzen, z. B. *mir***n** *komme mîn holder geselle* (MF).

Allerdings sind Fälle, bei denen *ne* bzw. *en-* allein als Ausdruck der Verneinung dient, im Mhd. selten geworden. Im Gegensatz zum Germ. und Frühahd. bedarf die "ausdrucksseitig schwach und noch schwächer gewordene" (N. R. Wolf 2000, 1356) Partikel im Mhd. meist der Unterstützung und Verstärkung durch ein zweites Negationswort. Dabei handelt es sich um Pronomen und Adverbien, die selbst bereits mit der Negationspartikel verschmolzen sind (*ne* + *eo* > *nie*; *ne* + *eo* + *man* > *nieman* u. a.), z. B. *ez* **en**wart **nie** *vrouwen leider an liebem vriunde getân* (NL).

Besonders häufig wird der ursprünglich adverbiale Akk. (*ni eo wiht*) mhd. *niht* zur Verneinung neben *ne* gebraucht, z. B. *des* **en***mac diu schœne* **niht** *getuon* (WA).
niht verdrängt das alte *ne* im ausgehenden Mhd. allmählich und übernimmt allein die Verneinungsfunktion, z. B. *swer mit triuwen der* **niht** *phliget* (MF).

Bei den Konstruktionen mit *ne*, *en* + *niht* oder einem anderen Negationswort handelt es sich um eine doppelte Verneinung; im Unterschied zum Nhd. heben sich die Verneinungen aber nicht gegenseitig auf, z. B. *daz* **nie kein** *münch ze kôre sô sêre mê geschrei* (WA).
"Dass mehrere Verneinungen sich gegenseitig aufheben, ist erst Errungenschaft der neueren Schriftsprache." (Behaghel 1928, Bd. 2, 80.) Behaghel bringt dies mit der Schulung am Latein in Zusammenhang.

Bei zusammengesetzten Verbformen mit einem Part. Prät. erfolgt die Verneinung der Verbalhandlung häufig durch Verschmelzung des Part. mit dem Präfix *un-*, z. B. *daz ist mir unbenomen* steht gleichwertig neben *daz ist mir* **niht** *benomen*.

3.6.3. **Verbindung von Sätzen**

Wie im Nhd. gibt es die Möglichkeit der parataktischen und hypotaktischen Verbindung von Sätzen. Allerdings sind die Mittel zur Kennzeichnung der Fügungsart – koordinierend oder subordinierend – wie auch zur semantischen Charakterisierung der Beziehung zwischen den Sätzen – temporal, kausal usw. – zum größten Teil noch vielfältiger verwendbar, im Anwendungsbereich noch nicht so stark festgelegt. Das System der Konjunktionen hat noch keine so klaren Konturen wie im Nhd., es ist in Herausbildung begriffen. In diesen wie in anderen Bereichen kann das Mhd. "als eine Epoche des Suchens und Versuchens gelten /. . ./ Es geht darum, die Tauglichkeit unterschiedlicher Ausdrucksmittel zu erproben, weil das Bedürfnis nach semantischer Differenzierung immer größer wird." (N. R. Wolf 2000, 1354) Im Hinblick auf das Übersetzen empfiehlt es sich daher, der Semantik der Konjunktionen besondere Beachtung zu schenken, nicht einfach von der weitgehend spezialisierten Bedeutung des Nhd. auszugehen, sondern genau zu prüfen, welche der unterschiedlichen Bedeutungen in Frage kommt.

3.6.3.1. *Koordination*

Die inhaltliche Beziehung, die zwischen nebeneinander stehenden Sätzen besteht, kann ohne spezielle lexische Mittel in asyndetischer Anreihung durch die Semantik der Sätze zum Ausdruck gebracht werden, z. B. *Sîn name was erkennelich*: *er hiez der herre Heinrich* (H).

Durch die Verwendung von Konjunktionen oder demonstrativen Pronomen und Adverbien wird die Verknüpfung enger, der logische Zusammenhang deutlicher, z. B. *Ich kam gegangen zuo der ouwe*: **dô** *was mîn vriedel kommen ê* (WA).

Zur Verdeutlichung kausaler Zusammenhänge dient mhd. *wande*, nhd. wird stattdessen *denn* verwendet, z. B. *Si klageten mit den gesten,* **want** *in was harte leit* (NL).

Mhd. *wande*, *want* kann auch subordinierend verwendet werden, es ist dann mit *weil* zu übersetzen.

Vorwiegend koordinierend werden im Mhd. folgende Konjunktionen gebraucht:

- kopulativ: *unde*, *ouch*, *beidiu . . . und* 'sowohl . . . als auch' . . .;
- disjunktiv: *oder*, *alde* 'oder', *niuwan* 'außer', *eintwëder . . . oder*, *wëder . . . oder* 'entweder . . . oder' . . .;

- adversativ: *aber, doch, iedoch, sunder* 'sondern' . . .;
- kausal: *wande* 'denn' . . .

Enger wird die Verbindung auch dadurch, dass ein Satzglied im zweiten Satz eingespart wird, z. B. *er hiez der herre Heinrich und was von Ouwe geborn* (H).

Koordiniert werden nicht nur Hauptsätze, sondern auch Wortgruppen und Gliedsätze, z. B. *swaz kriuchet unde vliuget und bein zer erde biuget* (WA). *Dô man daz gehôrte . . . unt man in gesarket hête* (NL).

3.6.3.2. *Subordination*

Die Möglichkeiten, syntaktische Abhängigkeit auszudrücken, sind vielfältig.

Unterordnung kann aus der syntaktischen Beziehung allein deutlich werden, z. B. *Dô sprach von Tronege Hagene: ich bring'in in daz lant* (NL); *ich wæne sîn herze im sagte* (NL).

Häufig bezeichnet der Konjunktiv die Abhängigkeit des Gliedsatzes, z. B. *man giht, er* **sî** *sîn selbes bote* (H). Diese Möglichkeit gibt es nicht nur in der vermittelten Rede, z. B. auch *daz er des hete willen, er* **næme** *im sîniu lant* 'dass er das beabsichtigte, ihm seine Länder zu nehmen' (NL).

Steht bei der Verbform im Konjunktiv die Partikel *ne, en*, so wird in der Regel eine Einschränkung bezeichnet, z. B. *diu drî enhabent geleites niht, diu zwei* **enwerden** *ê gesunt* (WA). Man übersetzt diese Fügung am besten mit 'wenn nicht' oder 'es sei denn dass', also ' . . . wenn nicht die beiden vorher wieder hergestellt werden'.

Der Konjunktiv findet sich auch in nichteingeleiteten Konditional- und Konzessivsätzen, z. B. **het** *ich an iu erkennet* (NL); *Es sî ein sî, es sî ein er* (WA).

Im Mhd. gibt es bereits Relativpronomen zur Einleitung von Gliedsätzen, z. B. *wir vinden ir vil wênic,* **die** *türren uns bestân* (NL); *Die sind dâ von bescholten,* **swaz** *ir wirt geborn* (NL).

Relativsätze können auch mit *unde* eingeleitet werden, z. B. *ergetzet si der leide* **und** *ir ir habet getân* (NL).

Besondere Bedeutung für die Kennzeichnung der Abhängigkeit und der semantischen Kategorie kommt den subordinierenden Konjunktionen zu, die allerdings – wie oben ausgeführt – noch nicht so eindeutig festgelegt sind wie im Nhd. Auch die Grenzen zwischen den Wortarten Konjunktion und Adverb sind vielfach noch nicht klar zu bestimmen. Als subordinierende Konjunktionen fungieren vor allem ursprüngliche Adverbien, z. B. **Dâ** *der herre Sîfrit ob dem brunnen tranc* (NL).

Einen breiten, noch weitgehend unspezifischen und so gut wie rein syntaktischen (vgl. Paul 1989, 438) Anwendungsbereich hat das ursprüngliche Demonstrativpronomen *daz*. Durch Verbindung mit Adverbien ergeben sich zusätzliche Möglichkeiten zur Einleitung von Gliedsätzen, z. B.

Objektsatz: *daz bediutet sich alsus,* **daz** *wir in dem tôde sweben* (H);
Modalsatz: *Ein ritter sô gelêret was* **daz** *er an den buochen las* (H);
Finalsatz: *Ich en hân niht rosses* **daz** *ich dar gerîte* (WA);
Temporalsatz: *der helt doch nine tranc* **ê daz** *der künic getrunke* (NL).

Subordinierende Konjunktionen sind u. a.:

- temporal: *als, biz, dô* 'sobald als', *danne, ê daz* 'bevor', *sît, unz daz* 'bis', *die wîle daz* 'während' . . .;
- kausal: *wande, wân, sît, umbe daz*, daneben schon vereinzelt *die wîle* 'weil' . . .;
- konditional: *ob, sô* 'wenn' . . .;
- konsekutiv: *daz, durch daz, umbe daz* 'so dass' . . .;
- final: *daz, durch daz, umbe daz* 'damit' . . .;
- konzessiv: *swie, ob* . . .

(Der Überblick beschränkt sich auf wenige ausgewählte Beispiele und macht nicht die Polyfunktionalität der einzelnen Konjunktionen sichtbar.)

Die angeführten Beispiele wie überhaupt die Schriftform der textkritischen Ausgaben lasssen syntaktische Strukturen der Fügung von Sätzen mehr oder weniger deutlich hervortreten. In den mhd. Handschriften gibt es jedoch "keine den heutigen Verhältnissen vergleichbare Interpunktionsregelung. Zwar können Initialen den Beginn eines Abschnitts oder eine inhaltliche Markierung hervorheben, und Reimpunkte kennzeichnen in der Regel das Ende eines Verses. Aber es ist oft nicht möglich, aus diesen Zeichen allein einen Satzbegriff zu entwickeln /. . ./" (GROSSE 1985, 1153.) Demzufolge ist oft nicht zu entscheiden, ob es sich um einfache oder um zusammengesetzte Sätze handelt.

Der folgende Auszug (Erec, Vers 1294–1308, auf der Basis der Ausgabe ALBERT LEITZMANN, zit. nach CRAMER 1972) macht die Komplexität der Satzstruktur, die Möglichkeiten unterschiedlicher Satzverknüpfungen wie auch die (bedingte) Interpretationserleichterung durch die nhd. Interpunktion deutlich: *"dô es alsô was komen, / als ir dâ vor habet vernomen, / daz recke sô wol gelanc / daz er Îdêrs betwanc / ûz dem hûs ze Tulmein, / der ie ein wârer degen schein, / und dô vrouwe Ênîte / behertet wart mit strîte, / sîns gelückes wâren dô / vil herzenlîche vrô / arme und rîche / und jâhen alle gelîche, / dâ enwære dehein zwîvel an, / der enwære der tiuriste man / der ie kæme in daz lant."*

4. Frühneuhochdeutsch

4.1. Einleitung

4.1.1. **Zeitliche Einordnung**

Der vorliegende Abriss der frnhd. Grammatik bezieht sich entsprechend der Ansicht der meisten Sprachhistoriker auf die Zeit von 1350 bis 1650. Zur Kennzeichnung größerer Entwicklungslinien wird gelegentlich auch über diesen Zeitraum hinausgegangen. Das Sprachsystem dieser drei Jahrhunderte hebt sich in mehrfacher Hinsicht deutlich sowohl von der Sprache um 1200 als auch von der um 1800 ab – besonders, wenn wir von den Texten des 16. Jh. ausgehen –, so dass das Ansetzen einer eigenständigen Periode zwischen dem Mhd. und dem Nhd. gerechtfertigt ist. Allerdings sind sowohl gegenüber dem Mhd. als auch gegenüber dem Nhd. längere Übergangsphasen anzusetzen. Das ist ein heute weitgehend anerkannter Standpunkt. Als einer der ersten hat SCHIROKAUER (1957) für die Eigenständigkeit des Frnhd. plädiert. Nach EGGERS 1986, Bd. 2, 62, ist das Schaffen der neuen Schriftsprache d i e Leistung der frnhd. Zeit. (Vgl. ferner u. a. ERBEN 1970; SPRACHGESCHICHTE², Kapitel XII; MOSKALSKAJA 1985; WOLFF 1999, 103ff.; Frühneuhochdeutsche Grammatik 1993, 5.) Von der Entwicklung des Omd. aus kommt auch SONDEREGGER (1979, 170f.) zu dieser Entscheidung; allerdings tritt er insgesamt für eine nach Sprachlandschaften differenzierte Abgrenzung der Periode ein.

Als Kriterien für diese Einschnitte werden – neben anderen – meist folgende genannt: In der Mitte des 14. Jh. zeigen sich deutlich Ansätze zu überlandschaftlichen Schreib- und Verkehrssprachen, am frühesten in der Prager Kanzlei Karls IV. Außerdem bilden sich in dieser Zeit im Bereich der Gebrauchsprosa neue Textsorten (Vertextungsstrategien) mit speziellen Normen heraus, vgl. z. B. die Flugschriften und Sendbriefe jener Zeit. Und in der Mitte des 17. Jh. hat sich das Md., bes. das Omd., weitgehend auch in den nd. Städten durchgesetzt. (Vgl. die Übersicht bei GABRIELSSON 1983, 149; vgl. ferner SANDERS 1982, 153ff.; GERNENTZ 1980, 50ff.) Außerdem sind spürbare Fortschritte des Ausgleichs zwischen dem Omd., dem Wmd. und dem Oobd. zu erkennen. Bedeutsam ist ferner die Tatsache, dass sich viele Sprachteilhaber im 17. Jh. mehr und mehr des Werdens einer einheitlichen (nationalen) Kultur und damit der Entstehung einer einheitlichen dt. Sprache, also des Beginns einer neuen Epoche der dt. Sprachgeschichte bewusst werden, was sich auch in einem neuen Normenverständnis äußert. Diese Einsichten fördern das Bemühen, den neuen Sprachzustand allgemeingültig zu normieren. Verändert hat sich nicht nur das Sprachsystem, vor allem der Wortschatz, sondern auch die Art seiner Verwendung. (Vgl. N. R. WOLF 1997, 357ff.) Erinnert sei vor allem an die Schriften von RATKE, OPITZ und SCHOTTELIUS. SCHOTTELIUS' Werke "Teutsche Sprachkunst" (1641) und "Teutsche HaubtSprache" (1663) werden mitunter als Markierung für das Ende der Periode gewertet. Geht man von der Vereinheitlichung der wichtigsten Schriftdialekte aus, ist der Abschluss der Periode wohl nicht vor 1700 anzusetzen. (Vgl. PENZL 1984, 12f.) Wendet man diesen Gesichtspunkt konsequent an, dann ist das Ende der frnhd. Periode erst um oder gar nach 1750 erreicht; denn die einheitliche dt. Schriftsprache hat sich im Obd. erst im 18. Jh. durchgesetzt. Entsprechende Untersuchungen, z. B. die von TAUBER 1993, erfassen daher mitunter die Zeit bis 1800. (Vgl. WIESINGER 1990, 411; 1996, 315ff.; PENZL 1988, 1ff.; REIFFENSTEIN 1988, 27ff.; ROELCKE 2000.) Die Bemühungen um eine Normierung der einheitlichen dt. Schriftsprache werden im 18. Jh. fortgesetzt und am Ende dieses Jahrhunderts relativ abgeschlossen; davon zeugen u. a. die Arbeiten von GOTTSCHED, ADELUNG und WIELAND.

Von den außersprachlichen Faktoren sind u.a. folgende Phänomene zu nennen: In der Mitte des 14. Jh. festigten sich die deutschen Territorialstaaten, die für die Ausbildung von Sprachgrenzen Bedeutung erlangen. In der Mitte des 17. Jh. geht der 30-jährige Krieg zu Ende; der Westfälische Friede sanktioniert das Ausscheiden der Niederlande aus dem deutschen Reich, wodurch die lange vorher einsetzende Sonderentwicklung des Ndl. endgültig besiegelt wird.

Als lautlich-phonologische Kriterien werden oft die nhd. Diphthongierung für den Beginn und der Ausgleich des Stammvokals im Prät. der st. Verben für das Ende der Periode hervorgehoben. Diese Kriterien treffen aber nur bedingt zu und reichen auch nicht aus, um diese Sprachgeschichtsperiode abzugrenzen. (Zur Problematik der Kriterien siehe 0.4. und die dort genannte Literatur, besonders HARTWEG/WEGERA 1989, 18ff.)

Wir können die frnhd. Periode in drei Abschnitte untergliedern:
1. die Zeit von 1350 bis etwa 1500, das ältere Frnhd.;
2. das 16. Jh. als mittleren Abschnitt, als den "engsten Kernbereich" des Frnhd. (SONDEREGGER 1979, 170), in den also auch das Wirken LUTHERS gehört;
3. die Zeit bis etwa 1650, das jüngere Frnhd. Mitunter faßt man den 2. und 3. Abschnitt zusammen und unterscheidet dann also nur zwischen älterem und jüngerem Frnhd. In diesem Fall wird der allgemein anerkannte Einschnitt um 1500 noch stärker betont.

4.1.2. **Räumliche Gliederung**

Die frnhd. Grammatik erfasst die Sprache des obd. und des md. Raumes. Die Entwicklung des Nd. wird nur in wenigen Fällen einbezogen. Zu beachten ist dabei, dass die zeitliche Gliederung der nd. Sprachgeschichte nicht mit der hd. Sprachgeschichte übereinstimmt (siehe 0.4.).

Die räumliche Gliederung des hd. Raumes in frnhd. Zeit entspricht im wesentlichen der in mhd. Zeit (siehe 3.1., vgl. PIIRAINEN 1985, 1368ff.). Wir unterscheiden folgende Hauptgebiete:

das Oberdeutsche
1. das Alemannische (einschließlich des Schwäbischen)
2. das Bairisch-Österreichische
3. das Ostfränkische

das Mitteldeutsche
1. das Westmitteldeutsche
    a) das Rheinfränkische
    b) das Mittelfränkische (das Moselfränkische und das Ripuarische)
2. das Ostmitteldeutsche
    a) das Böhmische (das Deutsche in Böhmen)
    b) das Thüringische
    c) das Obersächsische (Meißnische)
    d) das Lausitzisch-Schlesische
    e) das Hochpreußische

Fasst man die Mundarten zu größeren Sprach-(Schreib-)landschaften zusammen, werden oft vier Räume unterschieden: Wobd., Oobd., Wmd., Omd. Daneben gibt es auch eine Fünfteilung; dann erhält das Ostfränk. als Nobd. eine Sonderstellung; doch ist die Abgrenzung dieses Gebietes vom Nordbair. aufgrund zahlreicher Gemeinsamkeiten schwierig. Jedoch nehmen das Ostfränk. und das Dt. in Böhmen (einschließlich der Prager Kanzleisprache) eine Mittelstellung zwischen dem Obd. und dem Md. ein. Manchmal unterscheidet man noch das Südrheinfränk. als eine Art Übergangszone, die zwischen dem Ostfränk./Rheinfränk. im Norden und dem Alem. im Süden liegt. (Vgl. u.a. Karte 8 und HARTWEG/WEGERA 1989, 24ff.)

Die Zuordnung eines Textes zu einem Sprachraum ist für das Frnhd. oft noch schwieriger als für das Mhd.; denn die sprachlichen Eigenarten der Schreiber stimmen häufig nicht oder nur zum Teil mit den Merkmalen des jeweiligen Sprachgebietes überein. Die sprachliche Gestaltung wird u. a. durch die Herkunft des Schreibers und die Traditionen der Schreibwerkstatt beeinflusst. Daher enthalten viele Texte Merkmale verschiedener Sprachlandschaften. Ähnliches gilt auch für die sich nach 1450 entwikkelnden Druckersprachen. (Vgl. Hugo Moser 1965, Karte 6; R. E. Keller 1986, 346ff., Abb. 12; Wells 1990, 200ff.; Riecke 1998, 23ff., ferner Kap. 1.5.1.) Die wichtigsten Zentren dieser Druckersprachen sind:

im Bayrisch-Österreichischen: Ingolstadt, Wien;
im Schwäbischen: Augsburg, Ulm, Tübingen;
im Alemannischen: Basel, Straßburg, Zürich;
im Ostfränkischen: Nürnberg, Bamberg, Würzburg;
im Westmitteldeutschen: Frankfurt, Mainz, Worms, Köln;
im Ostmitteldeutschen: Wittenberg, Erfurt, Leipzig

4.2. Schreibung

4.2.1. **Allgemeines**

Zur Schrift frnhd. Texte: Die frnhd. Texte sind uns sowohl als Handschriften wie auch – nach 1450 – als Drucke überliefert. Drucke, die in der Zeit bis 1500 entstanden sind, werden als Inkunabeln oder als Wiegendrucke bezeichnet.

Bis ins 16. Jh. wurden die meisten Texte mit Hilfe der sogen. gotischen Schrift aufgezeichnet (siehe Abb. 14). Dieser Schrifttyp hat sich seit dem 12./13. Jh. aus der ka-

Abb. 14: Varianten gotischer Schreibstile (nach Haarmann 1991, 475)

rolingischen Minuskel (siehe das Hildebrandlied, S. 71) entwickelt. Er hat außer dem Namen nichts mit der westgot. Schrift des 4. Jh. gemein. In gotischer Textura ist z. B. die 42–zeilige Bibel Gutenbergs (1455) gedruckt. Die gotischen Kursivschriften verdanken ihre Entwicklung vor allem der Zunahme des Schriftwesens. "Wo viel geschrieben wurde, mußte kursiver geschrieben werden." (Mazal 1996, 119.) Die verschiedenen

Varianten dieses Typs, die im Hoch- und Spätmittelalter weit verbreitet waren, bildeten oft auch die Vorlage für die Druckbuchstaben, die Buchkursive. Durch das Bemühen, schneller zu schreiben, wurden zahlreiche Ligaturen, Abkürzungen und weitere Erleichterungen genutzt, deren Häufung das Lesen mancher Texte erschweren. (Vgl. die beiden Texte in Abb. 15.)

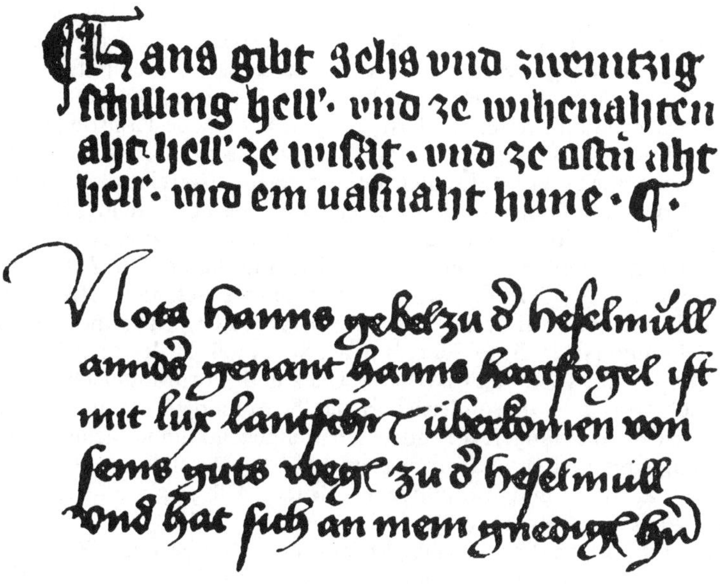

Abb. 15: Gotische Minuskel (14. Jh.) und Gotische Buchkursive (1464)
(nach STURM 1955, S. 37 und 43)

Neben die verschiedenen Formen der gotischen Buchschrift traten seit dem 15. Jh. zwei neue Schrifttypen: die Fraktur und die Antiqua. Die Frakturschrift ist aus einer Variante der gotischen Schrift, der sogen. Bastarda bzw. ihrer Sonderform, der Schwabacher, hervorgegangen.

Mitunter wird auch noch der Einfluss einer neuen Renaissanceschrift angenommen. Sie bildet auch die Grundlage für die deutsche Schreibschrift. Die Antiqua, eine aus Italien kommende, von den Humanisten geprägte Schrift, lehnte sich bewußt an ältere (antike) Formen an. Sie hat sich in frnhd. und nhd. Zeit mehr und mehr als die Druckschrift durchgesetzt, allerdings ebenfalls in verschiedenen Varianten. Von ihr ist auch die lateinische Schreibschrift abgeleitet worden.

Fraktur und Antiqua sind also in frnhd. Zeit sowohl die beiden wichtigsten Druckschriften als auch die Grundlage neuer Schreibschriften.

Für die Bestimmung von Texten, deren zeitliche und räumliche Herkunft unbekannt ist, bilden genaue Kenntnisse der gebräuchlichen Schriftformen jener Zeit eine wichtige Rolle. (Vgl. KÖNIG 2001, 29ff.; PHILIPP 1980, 19ff.; HAARMANN 1991.)

Zur Schreibung: Während der Phonembestand des Frnhd. im Wesentlichen mit dem des (normalisierten) Mhd. übereinstimmt, existieren in der Schreibung größere Unterschiede, die schon bei einem flüchtigen Vergleich beider Sprachzustände ins Auge fallen. Die Besonderheiten in der Schreibung frnhd. Texte zeigen sich u. a. in Unregelmäßigkeiten bei der Bezeichnung langer und kurzer Vokale sowie in der unmotivierten Häufung von Buchstaben, insbesondere von Konsonanten. Diese Eigenarten sind mitunter diktiert von der Freude am Ausmalen, von der Absicht, Wörter zu längen und Zeilen zu füllen. Entscheidend für den hohen Grad an Varianz der Schreibung ist zweierlei: Zum einen sind die verschiedenen Prinzipien der Schreibung – das phonologische, das historische, das morphologische und das semantische – nicht konsequent realisiert worden; zum anderen sind zahlreiche Varianten durch die Situation (Partner, Textfunktion u. a.), durch den Raum (Dialekt), die Tradition der Schreibwerkstatt und die Zeit bedingt. (Vgl. Frnhd Grammatik 1993, 18ff.) Besonders für das ältere Frnhd. ist das Fehlen einheitlicher Schreibnormen charakteristisch.

Als überholt gilt heute die Meinung V. Mosers (1929, Bd. 1.1., §§ 1 und 28f.), dass bis in das 16 Jh. hinein die Orthographie in zunehmendem Maße verwahrlost sei. Diese Erscheinung darf man nicht einseitig betrachten. Fleischer (1965) weist mit Recht darauf hin, dass auch im Frnhd. die Zahl der Varianten begrenzt gewesen sei, da sonst die Verständigung gefährdet gewesen wäre. Denn eine gewisse Systemhaftigkeit ist Voraussetzung für das Funktionieren der Sprache. Auch V. Moser betont nicht nur die "Sinnlosigkeit" dieser Schreibweise, sondern zeigt, dass manche Konsonantenhäufung durchaus ihre Funktion besaß. Hinzu kommt, dass z. B. bestimmte Varianten innerhalb einer Druckersprache nur unter bestimmten Bedingungen, also relativ selten, gebraucht worden sind und dass im Laufe der Periode die Zahl der Graphemvarianten eingeschränkt worden ist. Das wird auch daran deutlich, dass die Vokalgraphie im jüngeren Frnhd. der gehobenen Schreibtradition nur 25 Zeichen umfasste. Die Zahl der Graphe für die Konsonanten war allerdings wesentlich größer (nach der Übersicht in der Frnhd. Grammatik 1993, 19; vgl. ferner Kettmann 1987, 21ff.). Aber noch bei Luther kommen zahlreiche unterschiedliche Schreibungen vor. (Vgl. H. Bach 1974.) Auch bei der Schreibung im Frnhd. sollte man zwischen Usus und Norm unterscheiden.

Daher lässt sich trotz aller Besonderheiten der Schreibung in frnhd. Zeit aus den Texten – zumindest für das jüngere Frnhd. – ein weitgegend einheitliches Grapheminventar – quasi ein Archisystem – abstrahieren; vgl. die Darstellung bei N.R. Wolf (2000, 1527ff.), wo auch auf einige wichtige Varianten (Allographe) hingewiesen wird. In der Übersicht zu den Vokalgraphemen fehlen zwar die Umlautgrapheme ⟨*ö*⟩ und ⟨*ü*⟩, doch werden sie in die folgenden verbalen Erläuterungen einbezogen. Zur Vielfalt der Schreibvarianten der Vokale und Konsonanten vgl. Frnhd. Grammatik 1993, Kap. II.

4.2.2. **Vokalzeichen**

Umlaute: Zur Kennzeichnung der Umlaute werden insbesondere darüber gesetzte Vokale, vor allem ⟨*e*⟩ oder andere diakritische Zeichen, häufig Punkte, verwendet. Relativ konsequent geschieht dies von Anfang an nur bei den Umlauten von */a, a:, ao/*; allerdings gibt es auch hier keine einheitlichen Grapheme. Für den Umlaut von */a/* werden außer ⟨*e*⟩ besonders ⟨*å*⟩ und ⟨*ä*⟩ benutzt. Bei allen anderen Vokalen ist die Umlautkennzeichnung nur im Obd. die Regel. Im Md., besonders im Omd., unterbleibt in vielen Fällen die Kennzeichnung des Umlauts. Hier dringt sie erst im 15. und 16. Jh. durch. Bei anlautendem */u/* und */uo/* fehlt sie meist noch am Ende des Frnhd. Sonst wird im 17. Jh. der Umlaut in der Regel durch ein ⟨*e*⟩ über dem betreffenden Vokal markiert. (Vgl. Hartweg/Wegera 1989, 97f.; Frnhd. Grammatik 1993, 34ff.)

⟨**y**⟩ wird in frnhd. Zeit verstärkt aus dem Gr.-Lat. in die dt. Sprache übernommen; z. T. ist es durch Ligatur (Buchstabenverbindung) aus ⟨*ij*⟩ entstanden. Es steht für ⟨*i*⟩ und ⟨*j*⟩: *kynd, yetz*. Seit dem 16. Jh. geht sein Gebrauch zurück, es kommt aber selbst im 18. Jh. noch vor, z. B. *einerley, meynt* (Gottsched) *Geschrei, vorbey* (Goethe 1777). In Eigennamen begegnet uns diese Schreibweise noch heute, z. B. *Mayer*. Selten ist ⟨*y*⟩ Ersatz für ⟨*ie*⟩, z. B. *history, dy, Kytz* 'Kietz'.

Diphthonge: ⟨**ai, ay**⟩ ist bis ins beginnende 16. Jh. vornehmlich bair. und schwäb. Zeichen für mhd. ⟨*ei*⟩ im Gegensatz zu dem aus mhd. */i:/* entstandenen jüngeren Diphthong, der meist mit ⟨*ei*⟩ oder ⟨*ey*⟩ wiedergegeben wird. (Siehe den Text von Wyle im Abschnitt 4.2.10.) Später finden wir auch im Obd. ⟨*ei*⟩ für mhd. ⟨*ei*⟩, z. B. *ein, zeigt* (S).

⟨**au, aw, ow**⟩ und ⟨**eu, ew, äu**⟩, die Zeichen für die beiden anderen steigenden Diphthonge, zeigen keine klaren landschaftlichen Unterschiede. Mitunter deutet eine verschie-

dene Schreibweise wie bei ⟨*ai*, *ei*⟩ auf die unterschiedliche Herkunft der Diphthonge hin. (Siehe 4.3.1.1. und 4.3.1.2.) Am Ende der frnhd. Periode steht ⟨*äu*⟩ fast immer für den Umlaut aus mhd. /*ao*/. (Zur Fülle der Varianten für die Schreibung des Diphthongs aus mhd. /*ü:*/ und /*öu*/ vgl. die Übersicht bei HARTWEG/WEGERA 1989, 99; Frnhd. Grammatik 1993, 56, 60.)
⟨ie, ů (uo), ue, üe⟩ sind im Obd. (im Ostfränk. nur im westl. Teil) Diphthongzeichen für mhd. /*ie*, *uo*, *üe*/ im Gegensatz zu den Graphemen ⟨*i*, *u*, *ü*⟩, die mhd. /*i*, *i:*, *u*, *u:*, *ü*, *ü:*/ entsprechen.

4.2.3. Bezeichnung der Länge

Auch hier gibt es im Frnhd. keine Einheitlichkeit. Oft wird sogar das gleiche Wort im selben Text verschieden geschrieben. Erst in der 2. Hälfte des 16. Jh. beginnen bestimmte Schreibungen fest zu werden, ohne dass sich klar abgrenzbare Regeln durchsetzen. Hierin liegt eine der Ursachen für die Schwierigkeiten der heutigen Orthographie.

Die Verdoppelung von Vokalen ist seit dem 14. Jh. zu beobachten. Im 15. Jh. nimmt sie stärker zu, besonders im Obd. Im Omd. finden wir Doppelvokale in größerer Anzahl erst in späterer Zeit. Am häufigsten kommt ⟨*ee*⟩ vor, besonders für mhd. /*e:*/. Auch ⟨*aa*⟩ wird des öfteren verwendet, vor allem im Alem., z. B. *spraach* F. Selten kommen ⟨*ii*⟩ und ⟨*oo*⟩ vor, ganz vereinzelt tritt ⟨*uu*⟩ auf.
⟨*e*⟩ verliert durch die frnhd. Monophthongierung im Diphthong /*ie*/ seinen Lautwert (siehe 4.3.1.2.). Dadurch kann es zum Längezeichen werden. Eine gewisse Regelmäßigkeit in seiner Anwendung wird erst im späteren Frnhd. erreicht. Im Obd. ist dieses Längezeichen zunächst unbekannt, da hier die Monophthongierung in den Mundarten meist nicht eingetreten ist. Stärker setzt es sich in diesem Raum erst im 17. Jh. durch. In manchen obd. Drucken tritt es selbst in dieser Zeit noch nicht auf.

Im Md., besonders im Wmd., werden ⟨*e*⟩ und ⟨*i* (*y*)⟩ auch zur Kennzeichnung der anderen langen Vokale benutzt: *jaer, jair, broid, broeder*. Einige Familiennamen haben diese Schreibweise noch heute, z. B. *Voigt*. Diese Längenbezeichnung gibt es auch in nd. Mundarten, vgl. den Ortsnamen *Soest*, im Mnd. auch *Soist* geschrieben.

⟨*h*⟩ konnte zum Längezeichen werden, weil es im In- und Auslaut in vielen Fällen verstummt ist (siehe 4.3.2.3.). Durch Analogie ist es von den historisch berechtigten Fällen (z. B. mhd. *sehen*) auf andere Formen übertragen worden, vgl. mhd. *êre*, nhd. *Ehre*. Auch dieses Zeichen wird im Md. früher und häufiger benutzt als im Obd. Nach FRANKE (1913, Bd. 1, § 20) kommt ⟨*h*⟩ als Dehnungszeichen im Md. vereinzelt schon im 12. Jh. vor; doch setzt es sich erst in der 2. Hälfte des 16. Jh. und in der 1. Hälfte des 17. Jh. durch. Im Obd. ist es bis zur Mitte des 16. Jh. wenig bekannt, erreicht aber bis zum Ende des 17. Jh. etwa die gleiche Verwendungsbreite wie im Omd. Die Schreibung schwankt jedoch oft, und die Längenbezeichnung unterbleibt häufiger als in der Gegenwart, auch bei Wörtern, die schon mhd. einen langen Vokal bzw. einen Diphthong haben, z. B. *jar*, *hun* (L). (Siehe auch Abschnitt 4.2.5.)

4.2.4. Bezeichnung der Kürze

Im allgemeinen wird angenommen, dass bis ins Mhd. Doppelkonsonanz nur dort stand, wo sie wirklich gesprochen wurde. Nach SZULC (1987, 121) ist die Opposition Simplex : Geminata im Mhd. zum Teil noch erhalten, vor allem bei /*tt*/, /*nn*/ und /*ll*/; doch über die Aussprache der Doppelkonsonanten "läßt sich für die historischen Sprachstufen nichts Sicheres aussagen" (PAUL 1998, 129). Beim Übergang zum Frnhd. geht diese Opposition, soweit sie noch existierte, verloren, d. h., die Aussprache wird vereinfacht, indem nur noch ein Konsonant gesprochen wird. In der Schreibung bleibt jedoch die doppelte Konsonanz erhalten. Daher sieht es in der Schrift jetzt so aus, als ob die Kürze eines Vokals durch Doppelkonsonanz gekennzeichnet würde. Aus diesem Grunde setzt man im Frnhd. oft auch dort die doppelte Konsonanz ein, wo sie nie gesprochen worden ist: mhd. *site* > frnhd. *sitte*, mhd. *kan* > frnhd. *kann*. Besonders im älteren Frnhd. tritt jedoch Doppelkonsonanz auch in anderen Fällen auf. (Siehe 4.2.5.)

Die Übertragung der Doppelkonsonanz in den Auslaut zeigt das Bestreben, die Schreibung der Stammformen einheitlich zu gestalten; jedoch steht im Frnhd. im Gegensatz zum Nhd. des öfteren auch nach kurzem Vokal nur ein Konsonant: *from*, *komen*, *sol*, *man* 'Mann'.

4.2.5. **Konsonantenzeichen**

Häufung verschiedenartiger Konsonanten

Eine Ursache für diese Erscheinung, zu der auch die Häufung von Varianten eines Graphems gehört, besteht darin, dass im Frnhd. jedes Graphem durch unterschiedliche Graphe repräsentiert werden kann.

Die Affrikata /*ts*/ erscheint in sehr verschiedenen Schreibungen: u. a. ⟨*tz, zc, tcz, zzc, czc, czz*⟩. Diese Graphemvarianten kommen sowohl im In- und Auslaut als auch – allerdings seltener – im Anlaut vor; z. B. *viertzig*, *hercz*, *besiczen*, *zcu*, *czum*. Im allgemeinen überwiegen jedoch die Zeichen ⟨*z*⟩ und ⟨*tz*⟩.

Auch das Graphem ⟨k⟩ wird durch unterschiedliche Graphe gekennzeichnet, u. a. ⟨*k, kh, ck, gk, ch, c, x, q*⟩. ⟨c⟩ und ⟨ch⟩ stehen häufig in Wörtern griech.-lat. Herkunft, z. B. *cristall, Christus, capitel, Consilium, copuliren*; ⟨ch⟩ und ⟨kh⟩ markieren im Obd. mitunter die Affrikata /kx/, sind also Ergebnis der 2. Lautverschiebung; doch ist der Lautwert dieser Zeichen nicht immer genau zu bestimmen. (Siehe auch Abschnitt 4.3.2.1.) ⟨kk⟩ und ⟨ck⟩ stehen ursprünglich meist nach kurzem Vokal, später aber auch nach langem Vokal und Diphthong *(gauckeln)* und nach Konsonanten *(danck, mercken, trincken)*.

Konsonanten wird oft ein ⟨*h*⟩ angehängt. Anfänge dieser Schreibweise gibt es schon im Mhd. Sie erreicht im 15./16. Jh. ihren Höhepunkt (vgl. *thadeln*, *vorrhad* (L)) und hat sich in Resten bis in den Anfang des 20. Jh. erhalten: *Thaler*, *Theil*, *thun*. Heute kennzeichnet es meist die Schreibung von Fremdwörtern, vgl. *Theater*, *Theorie*, doch kommt es auch noch in dt. Wörtern vor, vgl. *Thale*, *Thing*, *Thüringen*. Ob ⟨*h*⟩ vor dem Vokal als Zeichen der Länge fungiert, ist umstritten. H. Bach (1974, 377) meint, es handele sich meist um Einfluß der gr.-lat. Orthographie oder um historische Schreibweise. Häufiger steht ⟨*h*⟩ als Längezeichen hinter dem Vokal: *taht*, *tohr*.

Seit der 2. Hälfte des 15. Jh. wird für ⟨*d*⟩ oder ⟨*t*⟩ des öfteren ⟨*dt*⟩ geschrieben, z. B. *endthen*, *kundte*, *todt*. Diese Fälle sind von den historisch entstandenen Verbindungen zu unterscheiden: *er redet* > *er redt*; *geredet* > *geredt*.

Für ⟨*g*⟩ steht oft ⟨*gk*⟩. Da diese Verbindung vor allem im Auslaut auftritt, kennzeichnet sie wahrscheinlich die Auslautverhärtung: *bergk*, *gangk*. ⟨*gk*⟩ kommt auch für ⟨*k*⟩ vor. Man nimmt an, dass die Einfügung des ⟨*g*⟩ nach Nasalen den gutturalen Nasal andeuten soll: *angker*, *Frangkfurt*, *zangken*.

Verdoppelung von Konsonanten

Alle Konsonanten werden im Frnhd. häufig verdoppelt: *Pottstamb* 'Potsdam'. Das gilt sogar für Affrikaten; so steht z. B. für /*pf*/ auch ⟨*pff, ppff, ppf*⟩, z. B. *pffenning* (ZA). Besonders oft tritt die Verdoppelung im Inlaut nach kurzem Vokal auf (in Anlehnung an die eigentliche Gemination – siehe 4.2.4.). Daraus entwickelt sich der Grundsatz, kurze Stammsilbenvokale durch Verdoppelung des folgenden Konsonanten zu kennzeichnen: *ann*, *sack*, *vadder*, *vnndt*.

In den Fällen, in denen später eine Dehnung des ursprünglich kurzen Vokals eingetreten ist (siehe 4.3.1.3.), wird die Verdoppelung wieder rückgängig gemacht: *fedder/feder*, *gebben/geben*. Ebenso geschieht dies im Auslaut und vor mehrfacher Konsonanz. Weitaus seltener ist die Verdoppelung im In- und Auslaut nach langem Vokal, nach Diphthong sowie nach einem Konsonanten: *auff*, *eynn*, *Gauckelspiel*, *gůtter*, *der ratt*, *wortte, zukunfft.* In einigen Dialekten, z. B. im Bair., kann die Doppelkonsonanz eine Fortes anzeigen: *kauffen.* Mitunter kommt Doppelkonsonanz sogar nach unbetontem Vokal vor, z. B. *gebenn, siebenn, teuffell.*

Neben ⟨*ſſ* (*ss*)⟩ steht oft auch ⟨*ſs*⟩, z. B. *saſs, groſs.* Für diese Schreibung setzt sich später ⟨*ſz, ß*⟩ durch: *beſzer, füße, heißen.*

4.2.6. **Zeichen mit vokalischem und konsonantischem Wert**

⟨**i, j, y**⟩: ⟨*i*⟩ und ⟨*j*⟩ treten etwa ab 1400 je nach ihrer Stellung als Vokal oder Konsonant auf: ⟨*j*⟩ steht im Anlaut für den Vokal und für den Konsonanten: *jrdisch, jar*; doch gibt es Ausnahmen: *iunger.* Im Inlaut steht in der Regel für beide Laute ⟨*i*⟩: *himel, nåien.* Im Auslaut tritt ⟨*j*⟩ als Vokal selten auf.

Erst im 17. Jh. beginnt man in md. Drucken zwischen dem Vokal ⟨*i*⟩ und dem Konsonanten ⟨*j*⟩ zu unterscheiden.
⟨*y*⟩ wird auch als Vokal und als Konsonant verwendet, jedoch nicht so häufig wie ⟨*i*⟩ und ⟨*j*⟩: *ym, yamer.*

⟨**u, v, w**⟩: Auch bei diesen drei Graphemen macht sich schon früh (seit dem 15. Jh.) eine Tendenz zur Trennung nach der Stellung im Wort bemerkbar: ⟨*v*⟩ steht als Vokal vor *n, m* und als Konsonant vorwiegend im Anlaut, z. B. *vns, vater*; ⟨*u*⟩ steht im sonstigen (Silben-)Anlaut und im Inlaut, vgl. *uaſtnaht, uber, gerechtuertigt, darumb, freuel.* Eine Trennung zwischen dem Zeichen für den Vokal und dem für den Konsonanten setzt sich hier erst spät durch. Die heutige Unterscheidung gilt etwa seit 1650. Sie wird u. a. von Schottelius gefordert.
⟨*w*⟩ wird als Zeichen für einen Vokal seltener verwendet: *schw* 'Schuh', *zwcht* 'Zucht'. Häufiger tritt ⟨*w*⟩ nur als zweiter Bestandteil von Diphthongen auf: ⟨*aw, ew, ow*⟩, und zwar besonders im Auslaut sowie dort, wo im Mhd. ⟨*w*⟩ Element des Stammes ist, z. B. *bawen, newe.*

Am Ende der frnhd. Periode werden die Vokal- und die Konsonantengrapheme fast immer streng getrennt. Eine Ausnahme hat sich bis in die Gegenwart gehalten, nämlich ⟨*u*⟩ für /v/ in der Graphemkombination ⟨*qu*⟩, vgl. z. B. *Qual.*

4.2.7. **Abkürzungszeichen**

Im älteren Frnhd. werden z. T. die gleichen Abkürzungszeichen wie im Mhd. verwendet. Folgende Zeichen treten relativ häufig auf:

(1) ¯ oder ˜ über einem Vokal steht für folgendes ⟨*m*⟩ oder ⟨*n*⟩: *hīel, frēder, segē, niemādt*; in Handschriften erscheint dafür oft ein ˆ über dem Vokal. Steht ein solches Zeichen über ⟨*m*⟩ oder ⟨*n*⟩, so bezeichnet es meist die Verdoppelung des Konsonanten: *kom̄en, den̄.* Diese Schreibweise hat sich teilweise bis in die Gegenwart erhalten. Seltener ersetzt es einen anderen folgenden Konsonanten oder ein vorangehendes ⟨*e*⟩ in Nebensilben, z. B. *vn̄* 'und', *gebn̄.*

(2) ' über oder nach einem Vokal vertritt, vor allem im älteren Frnhd., ein ⟨*r*⟩, z. B. *já, wase',* über einem oder nach einem Konsonanten den Lautkomplex *-er,* z. B. *w'den, vns', v'altet, od'.* Das Zeichen hat in den Handschriften eine unterschiedliche Form; oft wird es mit dem vorhergehenden Buchstaben verbunden. (Siehe Abb. 15.) Die gleiche Funktion erfüllt mitunter der Zirkumflex, z. B. *d*ˆ.

(3) Auch der nachgesetzte Punkt wird als Abkürzungszeichen genutzt; er kann fast an allen Stellen eines Wortes gesetzt werden: *mayest.*, m. *'mich'*, 'mir', *pr. nr.* 'Pater noster'. Oft wird er in formelhaften Wendungen gebraucht: *G. u. F.* 'Gnade und Friede'. *E. F. G. williger Martinus Luther D.* 'Euer Fürstlicher Gnaden . . .'.

(4) In kurzen Wörtern der Buchstabenfolge Konsonant, Vokal, Konsonant fällt der Vokal oft aus, vgl. *dz* ‘das’, *wz* ‘was’. Darüber hinaus kennt insbesondere die Schreiberpraxis weitere Abkürzungszeichen, u. a. Ligaturen. Die wichtigsten Abkürzungen LUTHERS in seinen deutschen Briefen verzeichnet MOULIN 1990, 71ff. Vgl. für die kursächsische Kanzleisprache der Lutherzeit KETTMANN (1969, 15f.), ferner die “Beichte des Cunrad Merbot von Weida” (nach METTKE 1958, 20ff.):

“Ich sundig’ mensche Ich bekeñe gote
vñd syn’ libē mut’ ma’ iaz vñd allē got*P*
heiligē vñd ūch p’st° in got*P* stat. aller mý
n’ sundȳ.”
/. . ./
Der erste výnt daz ist der lichnā daz
ich dem gefulgit habe yn allir ytelkeýt
vñd ýn allñ an fechtūge. daz ich em nicht
wed’standȳ habe mýt kreftygȳ gelauwȳ
daz ru. mich uñd yst m’ leyt. /. . ./ Ich habe gesū
digit mýt der dritten sūde daz ist der bo
ze geýst daz ich deme gefulgit habe
zcu aller stūde zcu welch’ zceýt h’ mich
an gefūchte hat myt trawmey m[t].
bozē gedankȳ dý wed’ gote sint ge
west. vñd wed’ myne arme zele daz.
r. m. u. ist m’leýt. /. . ./
Ich habe gesūdigit zcu dē and’n mAle
daz ich sȳnē werdñ nAmē offte vñd dig
ke gekrenkit habe mýt mynē eyden
gesworē habe bý sȳnē nAmē bý sýn’
mut’. bý synē blute bý syn’ mart’. bý al
len dingñ dy gote an gelegit syn
daz ruwet mich u. im’ leyt.«[42]

(Der Text der Beichte ist mit aufgelösten Abkürzungen in der Wiss. Zs. der Fr.-Schiller-Universität Jena, Jg.1955/56, Heft 6, S.735–740, veröffentlicht.)

Die Ausschnitte sind auch geeignet, Besonderheiten der Interpunktion, der Schreibung und der Lautung eines omd. Textes des älteren Frnhd. zu erfassen.

Manchmal werden Buchstaben auch als Ziffern verwendet; dieser Gebrauch ist aber nur bedingt zu den Abkürzungserscheinungen zu zählen. In diesen Fällen entspricht ein ⟨*i*⟩ oder ⟨*j*⟩ der 1, ein ⟨*v*⟩ der 5, ein ⟨*x*⟩ der 10. Diese Schreibweise hat LUTHER teilweise bei der Niederschrift seiner Fabeln benutzt, z. B. *iiij* (= 4), *vj* (= 6).

4.2.8. **Zusammenschreibung und Trennung der Wörter**

Auf diesem Gebiet sind – besonders im älteren Frnhd. – noch keine festen Regeln zu erkennen. Wortgruppen, die auf dem Wege zum Kompositum sind, werden häufig noch getrennt geschrieben: *sunnen schyn*, *Vatter Land*, *zu friden*, *da mit*, *dar vnd’*, *ein ander*, *haupt Artickel*, *Priester weyhe*.

Noch bei SCHOTTELIUS (1663) stehen folgende Varianten nebeneinander: *das alt Sắchsische*, *Mit=uhrsache*, *Consistorial-Raht*, *Hochteutsch*. Der Bindestrich deutet den Übergang zum Kompositum an. In seinem Werk “HaubtSprache” (1663, 195) heißt es jedoch: Wörter und Silben, “welche wesentlich zusammen gehȯren / sollen billig unzerteihlt . . . und unzertrennet geschrieben werden . . .”; aber noch GOETHE schreibt 1777: *zu erst*, *Selzer Wasser*.

Andererseits werden auch selbständige Wörter zusammengeschrieben: *herwirt* ‘Herr Wirt’, *diehherberg*, *zemercken* ‘zu merken’.

---

42 *P* steht hier für *–es*, *–is*; ° für *–er*.

Die Trennung der Wörter am Zeilenende ist bis ins 2. Viertel des 16. Jh. nicht an die Silbengrenze gebunden, sondern kann nach jedem Buchstaben erfolgen: *Artick-el, Empőrung-en, gesch-opf, Sch=rifft* (L 1534). Meist werden keine Trennungsstriche gesetzt: *ge gen, Hir te* (L 1534). Seit dem 16. Jh. setzt sich immer stärker die Trennung nach Sprechsilben durch. (Siehe auch 1.6.5.4.)

4.2.9. **Großschreibung**

Die großen Anfangsbuchstaben (Majuskeln) sind ursprünglich ähnlich wie die Satzzeichen Hilfen für das Lesen. Am Beginn eines Textes (Textteiles) kommen sie mitunter schon in ahd. und in mhd. Zeit vor, und zwar meist als Schmuckinitialen. Seit dem 13. Jh. verwendet man die Großbuchstaben schon häufiger am Anfang eines Absatzes und einer Strophe. Zur Kennzeichnung des Satzbeginns kommt die Majuskel erst seit dem 16. Jh. ziemlich regelmäßig vor. Auch im Innern eines Satzes wird sie im älteren Frnhd. schon benutzt. In allen diesen Fällen hat der Großbuchstabe die Funktion, einen Sprecheinsatz zu kennzeichnen, also Lesehilfe zu sein.

Seit spätmhd. Zeit wird eine zweite, eine semantische Funktion des Großbuchstabens erkennbar: die Hervorhebung eines Wortes innerhalb eines Textes. Obwohl dieser Gebrauch nicht auf eine Wortart beschränkt ist (vgl. *Jüdisch*, *Keiserlich*, *Ewer*, *Ihr*), trifft er aber doch auf die Substantive in besonderem Maße zu. Am schnellsten setzt sich die Großschreibung bei den Eigennamen durch. Vereinzelt findet man sie schon in mhd. Zeit. Doch noch auf DÜRERS Zeichnung seiner Mutter von 1514 steht: *Dz ist albrecht dürers muter*. Bei den übrigen Substantiven breitet sich die Großschreibung erst in der 2. Hälfte des 16. Jh. stärker aus, doch kann man noch lange eine schwankende Schreibweise feststellen. Im "Buch von der Deutschen Poeterey" (1624) schreibt OPITZ noch des öfteren die Substantive klein, vgl. *eigenschafft*, *gebrauch*, *jahr* (neben *Jhar)*, *preiß*. Doch im allgemeinen gilt im 17. Jh. die Großschreibung der Substantive nahezu als Regel.

Trotz allen Schwankens lassen sich also mehrere Gesichtspunkte feststellen, nach denen man in frnhd. Zeit zur Großschreibung übergeht: Früh und oft wird der Großbuchstabe am Beginn eines Absatzes und am Satzanfang verwendet. Im letzteren Fall hat die Majuskel auch die Funktion eines Satzzeichens. Darüber hinaus werden Eigennamen und andere Substantive groß geschrieben. Zunächst sind es nur solche Substantive, die den Eigennamen nahestehen, z. B. Titel (*Bapst*, *Keiser*, *Churfürst*), weitere Personenbezeichnungen und Kollektivbegriffe (*Apostel*, *Mensch*, *Münch*, *Welt*); ferner werden Wörter, die etwas Verehrungswürdiges bezeichnen – vor allem aus dem religiösen Bereich – (*Christ*, *Geist*, *Evangelium*, *Sacrament*, *UNser Vater*) früh mit großem Anfangsbuchstaben geschrieben. Bei den Nomina sacra verwendet man des öfteren mehrere Majuskeln, vgl. *AMEN*, *GOTT*, *HErr*.

Auch in der Gegenwart hat der Großbuchstabe mitunter eine ähnliche Funktion zu erfüllen. Nicht selten werden heute Großbuchstaben verwendet, um ein Wort oder ein Wortteil hervorzuheben, vgl.: *UNOrdnung*, *PorNO*, *HERRschaftssystem*. Hierhin gehört auch das sogen. Frauen-I (Groß-I) im Wortinnern, das die Gleichberechtigung von Frau und Mann zum Ausdruck bringen soll, z. B. *LehrerInnen*, *BürgerInnen*. Relativ häufig wird auch der Anfangsbuchstabe des zweiten Teils eines Kompositums groß geschrieben: *BahnCard*, *Bad SaarowCenter*, *SaarowTherme*, *WeltTrends*.

In den Schriften LUTHERS setzen sich die Prinzipien der Großschreibung relativ schnell durch. Im "Sendbrief vom Dolmetschen" (1530) sind außer den Satzanfängen und den Eigennamen fast nur die Wörter groß geschrieben, die hervorgehoben werden sollen (*Christus*, *Deutsch*, *Esel* – siehe die Textprobe im nächsten Abschnitt). Nach FRANKE, Bd. 1, 1913, sind in etwa zehn Jahren wesentliche Fortschritte erzielt worden. Waren es 1532 außer den Eigennamen nur solche Substantive, die einen hohen Rang bezeichnen (*König*, *Fürst*), so werden 1540 etwa 80% auch der Substantive, die nicht Eigennamen sind, groß geschrieben.

In der Wittenberger Ausgabe der "Christlichen Geseng" von 1542 sind fast alle Substantive groß geschrieben. Andererseits zeigt sich hier und auch noch in der Bibel von 1545 die Wirkung des Prinzips, nur betonte Substantive mit großem Anfangsbuchstaben zu schreiben, worin die

Funktion der Lesehilfe nachwirkt: "Dein auge sol sein nicht schonen, Seel vmb seel, Auge vmb auge, Zan vmb zan, Hand vmb hand, Fus vmb fus." (Nach FRANKE, a. a. O., § 32.)

Auch in den handschriftlichen deutschen Briefen LUTHERS zeigt sich eine ähnliche Tendenz bei der Großschreibung der Substantive. In den anderen Bereichen der Grammatik, der Lexikologie sowie der Syntax gibt es jedoch im Gebrauch der Majuskel zwischen Handschrift und Druck z. T. deutliche Unterschiede. (Vgl. MOULIN 1990.)

Seit der Mitte des 16. Jh. fordern einige Grammatiker die Großschreibung der Substantive, doch dauert es noch lange, bevor sich eine einheitliche Regelung durchsetzt. Erst durch GOTTSCHED wird die Großschreibung aller Substantive endgültig sanktioniert.

HOTZENKÖCHERLE (1962, 323) sieht die Durchsetzung der Großschreibung im Zusammenhang mit der "zentralen Stellung des Substanzbegriffes in der Worthierarchie der damaligen Philosophie", wie das auch in GOTTSCHEDS "Deutscher Sprachkunst" (1740) zum Ausdruck komme.

4.2.10. **Interpunktion**

Im Mhd. gibt es noch keine geregelte Interpunktion. Als Satzzeichen kommen vor allem der Punkt und (seltener) die Virgel vor. Beide dienen der Kennzeichnung von Sprechpausen. Diese Funktion erfüllen sie auch noch im älteren Frnhd. Etwa seit der 1. Hälfte des 16. Jh. beginnt sich die syntaktische Interpunktion durchzusetzen, die mit einer Erweiterung und Differenzierung der Satzzeichen verbunden ist. Das Nebeneinander des älteren und des jüngeren Prinzips der Interpunktion ist noch bei LUTHER festzustellen, wie selbst der folgende kleine Textausschnitt zeigt:

"Ich hab mich des gevliſſen ym dolmetſchen / das ich rein vnd klar deudſch geben mőchte. Vnd iſt vns wol offt begegnet / das wir .xiiij. tage / drey / vier Wochen habē ein einiges wort geſucht vnd gefragt / habens dennoch zu weilen nicht funden. Im Hiob erbeiten wir alſo / M. Philips / Aurogallus vnd ich / das wir ynn vier tagen zu weilen kaum drey zeilen kundten fertigen. Lieber / nu es verdeudſcht vnd bereit / kans ein jeder leſen vnd meiſtern / /. . ./ denn man mus nicht die buchſtaben jnn der Lateiniſchen ſprachen fragen / wie man ſol Deudſch reden / wie dieſe Eſel thun / ſondern man mus die mutter jhm hauſe / die kinder auff der gaſſen / den gemeinen man auff dem marckt drůmb fragen / vnd den ſelbigen auff das maul ſehen / wie ſie reden / vnd darnach dolmetſchen / ſo verſtehen ſie es denn / vnd mercken / das man Deudſch mit jhn redet." (Sendbrief vom Dolmetschen. 1530. Wittenberger Druck.)

Im älteren Frnhd. kommt die Virgel noch selten vor, bald aber setzt sie sich rasch durch; in frnhd. Zeit ist sie das wichtigste Interpunktionszeichen. Seit dem 16. Jh. wird sie allmählich durch das Komma verdrängt. Dieses ist als Reduktion der Virgel aufzufassen. Einerseits wird das Komma z. T. schon früh verwendet, in manchen Texten früher als die Virgel, andererseits finden wir die Virgel sogar noch im 17. Jh., z. B. bei OPITZ und bei SCHOTTELIUS.

Der Punkt, im Mhd. das wichtigste Zeichen, fehlt im älteren Frnhd. des öfteren. Er hat zunächst oft die Funktion, einen Redeeinschnitt und damit eine Sinneinheit zu kennzeichnen, wird aber sehr unregelmäßig gesetzt, z. B. zwischen Haupt- und Nebensatz. Erst im Laufe der frnhd. Zeit setzt sich eine gewisse Regelmäßigkeit durch.

Fragezeichen und Ausrufezeichen werden erst seit dem 16., z. T. sogar erst seit dem 17. Jh. häufiger gebraucht. Das Fragezeichen steht oft auch nach der indirekten Rede.

Anführungszeichen, wohl zuerst in Wittenberger Drucken von H. LUFFT verwendet, werden nur selten benutzt. Das macht mitunter das Erfassen der wörtlichen Rede schwer.

Der Doppelpunkt, der schon im 15. Jh. gebraucht wird, erfüllt meist eine ähnliche Funktion wie der Punkt bzw. die Virgel. Er kennzeichnet also auch einen Satzeinschnitt, wird aber auch schon wie im Nhd. verwendet, nämlich vor Aufzählungen und vor der direkten Rede.

Etwa die gleiche Aufgabe wie der Doppelpunkt erfüllt das Semikolon. Es tritt aber weitaus seltener auf. Erst im 17. Jh. wird es häufiger gebraucht.

Obwohl sich also eine nach syntaktischen Aspekten geregelte Interpunktion sehr langsam durchsetzt, gibt es bereits im 15. Jh. Bemühungen, den einzelnen Satzzeichen eine bestimmte Funktion zuzuordnen. So schreibt N. v. WYLE 1478 in seinen "Translationen" u. a.:

"Wyle ich aber dise translatze nŏch dem latine so gnäwist ich mocht, vnd so ferre sich ouch gepürt, gemachet hab; So ist nott wer disz büchlin recht schriben lesen oder versteen wil; das der acht hab vnd merck uf die virgel puncten vnd vnterschaide die also hierInne gesetzet werden etc. , ; . ? ( ). danne das klain erst strichlin [das Komma – H. L.], betütt ain schlechte sundrung ains wortes oder ainer oratz von der andern åne volkomenhait ainches gantzen sines. Aber die virgel [. . .] gibt zemercken ainen vnderschaide zwüschen den geschriften vor vnd nåch gende, also doch, daz die vorder geschrift dennocht ouch nit ainchen volkomen sine håt / danne daz zů des volkommenhait etwas mer hernåch folgen můs. Aber der punckt [. . .] gibt zeerkennen daz daselbs ain volkomner sine beschlossen wirt. So betüttet diser punckt also gesetz ? daz die geschrift dar vor stende In fråg wyse zemercken ist. Wo aber ain geschrift mit zwyen krummen strichlin ingezogen wirt als hie (Jhesus cristus) so wirt die gehaissen parentesis nåch dem latine [. . .] vnd ist ain zaichen daz das so her nåch folget dienet vnd gelesen werden mag vf das, so vor der ingezogen schrifte geschriben steet / glycher wyse, als ob dieseb ingezogen schrifte nienert alda geschriben stünd . . ." (S. 15.)[43]

Diese Darlegungen sind insofern besonders aufschlussreich, als bei WYLE die Satzzeichen in der Regel noch nicht die Aufgabe haben, syntaktische Einheiten zu kennzeichnen; auch die Sprechpausen sind nur z. T. markiert. Das hängt wohl damit zusammen, dass er kein Theoretiker der Interpunktion ist, sondern versucht, "das in der lat. Tradition gegebene Lehrgut für den deutschsprachigen Buchdruck nutzbar zu machen und ins Deutsche zu übertragen" ('Das Bůch der tugenden' 1961, LXVIII, Anm. 2; vgl. die Ausführungen von BERG in dem Abschnitt "Zur Interpunktion des Textes", S. LXVIII ff.).

Insgesamt zeigen bereits die Ausführungen zur Schreibung – die folgenden Darlegungen werden dies unterstreichen –, dass das Frnhd. gegenüber dem Nhd. und dem (normierten) klassischen Mhd. einen hohen Grad an Heterogenität besitzt.

4.3. Lautlehre

4.3.1. **Vokalismus**

4.3.1.1. *Frühneuhochdeutsche Diphthongierung*

Die mhd. Monophthonge */i:, u:, ü:/* werden zu den nhd. Diphthongen */ae, ao, oi/*:

mhd. *zît* > nhd. *Zeit*; mhd. *mûs* > nhd. *Maus*; mhd. *niun* > nhd. *neun*.
Merkworte: mhd. *mîn niuwez hûs* > nhd. *mein neues Haus.*

Die neuen Diphthonge sind ein wichtiges Kennzeichen des nhd. Vokalismus. Im md. Raum geht in mhd. Zeit */ü:/* vor */w/* in */u:/* über, das später zu */ao/* diphthongiert wird. Daher stehen in frnhd. Zeit oft ⟨*eu*⟩- und ⟨*au*⟩-Formen nebeneinander, z. B. *grawlich/grewlich*; *trau/treu*; vgl. die nhd. Varianten bei Eigennamen: *Naumann/Neumann, Naumburg/Neuenburg.*

Die Diphthongierung beginnt im 12. Jh. im Südbairischen und wird sich in der gesprochenen Sprache schon in mhd. Zeit in ganz Bayern durchgesetzt haben. Sie ist bereits bei dem Kärntner HEINRICH V. D. TÜRLIN (um 1210) nachweisbar. Bayrische Dichter reimen bereits im 13. Jh. *zît – geleit*. Vom Südosten des dt. Sprachgebietes

[43] Die Virgel besteht im Original aus einem Punkt mit einem darüber gesetzten Haken.

dringt die Diphthongierung in weite Teile des obd. und des md. Sprachraumes vor, wobei sie sich schneller nach Norden und Nordosten als nach Westen und Nordwesten ausbreitet. Da die geschriebene Sprache in der Regel das Eindringen der Diphthonge erst später widerspiegelt, lassen sich nur schwer genaue Angaben über die Verbreitung machen.

Im Omd. finden wir vor 1400 in der Schrift nur wenige Diphthonge, doch gibt es auch hier größere Unterschiede. Im md.- nd. Übergangsgebiet erscheinen sie noch gar nicht (SB), in BM nur selten. Nur 8-mal ist hier *î* > *ei* diphthongiert. Die Diphthongierung *û* > *au* ist überhaupt nicht, die von *iu* > *eu* nur einmal belegt: *newn.* Auch die von FEUDEL untersuchten Handschriften des 14. Jh. (BE) zeigen meist noch Monophthonge, selten den Diphthong. Dagegen weisen die Urkunden der Vögte von Weida, Gera und Plauen, obwohl sie etwa aus der gleichen Zeit stammen, schon des öfteren Diphthonge auf. Hier ist deutlich die Ausbreitung der Diphthongierung von Süden nach Norden bzw. Nordosten nachweisbar. Das wird noch deutlicher, wenn wir die Prager Kanzleisprache des 14. Jh. zum Vergleich heranziehen (UK, KW). Hier sind am Ende des 14. Jh. die Diphthonge schon in der Überzahl, die Monophthonge treten seltener auf:

zeiten, veint; seltener *ziten, vintschaft; pawen, haws*; seltener *gebuwet, sume; newen, Dewtscher*; seltener *frunde, Dutschen.*

Das Meißnische besitzt die neuen Diphthonge wahrscheinlich schon seit dem älteren Frnhd. Auffallend ist jedoch, dass sie in der Meißner Kanzlei später auftauchen als in den Thüringer Kanzleien. (Vgl. LINDGREN 1961, u. a. Übersicht, S. 43; FRINGS 1956, 1957, K.36; GROSSE 1955, § 96; zu den rezenten Mundarten WIESINGER 1983b, 1076ff.) LUTHER benutzt durchweg schon die neuen Diphthonge, z. B. *beyssen, meyn, aus, haus, meuse, leute.* Das gleiche gilt für die kurfürstliche Kanzlei jener Zeit.

Die nhd. Diphthongierung ist vom Nd. und von drei Gebieten des hd. Raumes nicht mitgemacht worden: dem Alem., Teilen des Thür. und Hess. sowie vom Rip. Seit dem 16./17. Jh. gibt es in diesen Gebieten lediglich die sog. Hiatusdiphthongierung (Hiatus: Zusammenstoßen zweier Vokale in aufeinanderfolgenden Silben) und die Auslautdiphthongierung: *schrîen* > *schreien, bî* > *bei.*

Allerdings dringt mit der immer stärkeren Entwicklung und Festigung der Schriftsprache im 16./17. Jh. die Diphthongierung auch in die geschriebene Sprache jener Gebiete ein.

Im Laufe der nhd. Periode hat sich die Diphthongierung mit der Zurückdrängung des Nd. weitere Räume erobert. Das gilt z. B. für ein großes Gebiet nördlich von Halle und Leipzig sowie für große Teile Thüringens. (Vgl. BISCHOFF 1957, bes. 40f.; KETTMANN 1969, §§ 8, 10, 11.)

Die u r s p ü n g l i c h e n G r a p h e m e für die neuen Diphthonge sind ⟨*ei, ou, öu*⟩, die aber oft bald durch ⟨*ai/ay, au, eu/äu*⟩ ersetzt werden. Die Verteilung der Graphe ⟨eu⟩ und ⟨äu⟩ in der Gegenwartssprache hängt vom morphologischen Prinzip der Schreibung ab (*heute* vs. *Häute*); ⟨ai, ay⟩ ist entweder historischer Reflex (*Kaiser*) oder dient der Vermeidung von Homographen (*Laib* vs. *Leib*, *Seite* vs. *Saite*) oder kennzeichnet die Schreibung von Eigennamen (*Maier*).

Die neuen Diphthonge fallen in der Schriftsprache mit den alten Diphthongen (mhd. /*ei, ou, öu*/) zu jeweils einem Phonem zusammen, da diese sich zu weiten Diphthongen öffnen (ein Prozeß, der auch als Senkung aufgefaßt wird).

mhd.	nhd.	mhd.
wîz 'weiß'	ei (ai)	weiz '(ich) weiß'
lûten 'lauten'	au	loufen 'laufen'
liuten 'läuten'	eu/äu	böugen 'beugen'

(Siehe auch die Übersicht 4.3.1.12.) Für die Mundarten gilt dieser Zusammenfall in der Regel nicht, wie z. B. die Veränderungen von mhd. /*ei, ou, öu*/ im Md. beweisen. (Siehe 4.3.1.8.) Wie schwierig der Stand der Entwicklung zu beurteilen ist, zeigt sich u. a. daran, dass das Nebeneinander graphischer Doppelformen im selben Schriftstück mitunter als eine besondere Zierde galt: "... *zu allen* **zei***ten merer des* **ri***chs*" (KW).

Entstehung und Ausbreitung der frnhd. Diphthongierung sind noch immer nicht ausreichend geklärt. Mitunter werden Zusammenhänge zwischen Diphthongierung und Monophthongierung gesehen, doch tragen entsprechende Erklärungsversuche noch weitgehend hypothetischen Charakter. So sehen Erben (1970, 406) und Trost (1981, 222f.) die Diphthongierung – zumindest im Md. – als eine Art Reaktion auf die Monophthongierung. Das setzt voraus, dass die Diphthongierung im Md. früher eingesetzt hat, als bisher angenommen worden ist. Gegen diese These sprechen aber vor allem die unterschiedlichen Ausgangspunkte beider Veränderungen. Nach Penzl (1984, 52) besteht vielleicht ein Zusammenhang zwischen der Dehnung kurzer Vokale im Bair. und der Entstehung der Diphthongierung. Wiesinger (1983b, 1080) u. a. nehmen eine polygenetische Entwicklung der Diphthongierung an. (Zu weiteren Einzelheiten vgl. Paul 1998, 70f.; Frnhd. Grammatik 1993, 64ff.)

4.3.1.2. *Frühneuhochdeutsche Monophthongierung*

Die mhd. Diphthonge */ie, uo, üe/* werden im Nhd. zu den langen Vokalen */i:, u:, ü:/* monophthongiert. Zum Teil bleibt die alte Schreibweise erhalten: ⟨*ie, ů*⟩. Der Rest des *o* erscheint bis ins 20. Jh. als Bogen über dem *u* (*ŭ*). Da das *e* durch die Monophthongierung seine Funktion verliert, kann es zum Längezeichen werden, z. T. auch dort, wo es etymologisch nicht berechtigt ist. (Siehe 4.2.3.) Die neuen Monophthonge werden zu einem kennzeichnenden Merkmal des nhd. Phoneminventars.

mhd. *lieb* > frnhd. *līb, lieb;* mhd. *huon* > frnhd. *hū(h)n*; mhd. *süeze* > nhd. *süß*.
Merkworte: mhd. *lieben guoten brüeder > nhd. liebe gute Brüder.*

Der Lautwandel beginnt schon in mhd. Zeit (etwa ab 1100) im Md.; daher wird er auch md. Monophthongierung genannt. Seine graphische Kennzeichnung erfolgt zum großen Teil erst in frnhd. Zeit. ⟨ie⟩ behält oft seine historische Schreibweise; die neuen Monophthonge /u:/ und /ü:/ werden vor allem im Md. meist mit ⟨u⟩ wiedergegeben. Über den genauen Ausgangspunkt gehen die Meinungen auseinander, ebenso über Entstehung und Ausbreitung. (Vgl. Paul 1998, 71f.; Frnhd. Grammatik 1993, 67ff.) Auf jeden Fall kennt das Omd. sehr früh die neuen Monophthonge. Das lässt sich bereits in Schriften des 14. Jh. nachweisen:

dy, flysen; mut 'Mut', *zcu; gutlich* 'gütlich', *huner* 'Hühner' (BM, BE).

Auch in der Prager Kanzlei des 14 Jh. (UK, KW) erscheinen schon sehr oft die Monophthonge. Allerdings schwanken die Quellen allgemein zwischen der historischen Schreibweise (⟨*ie, ye*⟩) und der phonetischen (⟨*i, y*⟩). Selbst in Urkunden Südböhmens aus dem 14. Jh. finden sich schon relativ viele Formen mit Monophthongen: *brif, liben; tvn, bruder*. Insgesamt überwiegen hier jedoch die Diphthonge (Boková 1981, 183f.). In späteren Quellen des Omd., z. B. bei Luther oder gar bei Opitz, werden meist schon die Monophthonge verwendet. In ihren Schriften kennzeichnet das *e* des öfteren bereits die Länge des */i:/*. Doch lässt die Schreibung vielfach keinen eindeutigen Schluß zu. In der KK steht vorwiegend ⟨*ie*⟩, seltener ⟨*i*⟩ bzw. ⟨*y*⟩. (Vgl. Kettmann 1969, 114.) Außer großen Teilen des Md. hat auch der östliche Teil des Ostfränk. diese Entwicklung sehr früh mitgemacht. Im größten Teil des Obd. aber sind die Diphthonge erhalten geblieben, oft allerdings nicht in gleicher Qualität; meist ist der zweite Bestandteil verändert (abgeschwächt) worden. Der diphthongische Charakter wird durch unterschiedliche Digraphien wiedergegeben. Dieser lautliche Zustand gilt für die Mundarten dieses Gebietes auch heute noch. Mitunter finden wir in frnhd. Drucken aus dem Obd. auch Monophthonge (z. B. *thůn, zůn, gůtlich*), doch täuscht dies manchmal über den diphthongischen Charakter der Phoneme hinweg.

Allerdings gibt es – wie in der Schriftsprache – die Monophthonge unter bestimmten Bedingungen auch im Obd. So ist */ie/* durch Zusammenziehung und Verkürzung oder Abschwächung zu */i/* geworden in *immer, nimmer*. Auch in Präteritalformen findet sich mehrfach */i/*, z. B. *fing, ging, hing*. Schließlich ist unter dem Einfluss der geschriebenen

Sprache des md. Gebietes der Monophthong mitunter auch in andere Wörter eingedrungen, besonders im jüngeren Frnhd.:

fichte, liht, fligen, ligen, verliren, zihen.

Der größte Teil des Nd. sowie Teile des Md. (das Rip., das Osthess. und Westthür.) haben anstelle der mhd. Diphthonge die Längen *ē*, *ō* und *ȫ*. Die Vokale des Nd. repräsentieren noch den germ. Vokalismus; ob das auch für die angeführten Räume des Md. gilt, ist umstritten. (Zum Grundsätzlichen und zu Einzelheiten vgl. WIESINGER 1983b, 1076ff).

4.3.1.3. *Dehnung kurzer Vokale*

Kurze Vokale in offener Silbe werden gedehnt:

mhd. *lëben* > frnhd. *lēben*; mhd. *wonen* > frnhd. *wō(h)nen;* mhd. *lẹwe* > nhd. *Löwe*; mhd. *vride* > frnhd. *frīd* (L 1522/1524), *friede* (L 1533), *Friede* (L 1546).

Auch Vokale in geschlossenen Silben werden häufig gedehnt, und zwar unter folgenden Bedingungen:

1. in Analogie zu flektierten Formen mit kurzen Vokalen in offener Silbe:

nhd. *sunes* > frnhd. *sūnes*; daher mhd. *sun* > frnhd. *sūn, sō(h)n*;

2. vor bestimmten Konsonanten (vor allem *r*, *l*, *m*, *n*) und Konsonantenverbindungen (vor allem *r* plus Konsonant):

mhd. *für* > frnhd. *fūr*; mhd. *hẹr* > frnhd. *hēr*, nhd. *Heer*; mhd. *dëm* > frnhd. *dēm*; mhd. *wol* > frnhd. *wōl*; mhd. *art* > frnhd. *ārt*; vor *r* plus Konsonant bleibt jedoch oft der kurze Vokal erhalten: vgl. nhd. *bergen, fertig, Garben, Herz*;

mitunter kann auch eine zweisilbige Nebenform mit offener Tonsilbe Ausgangspunkt der Dehnung gewesen sein:

mhd. *vil(e)* > frnhd. *vīl, viel*;

3. bei unterschiedlichem Stammvokal in Formen des gleichen Wortes (Ausgleich durch Systemzwang):

mhd. *sprach, sprâchen* > frnhd. *sprāch, sprāchen.*

In manchen Fällen ist die Dehnung nicht eingetreten, besonders vor *t*, *m* und den Endungen *-er*, *-el*. Als Erklärung für diese Ausnahmen wird auf die häufige silbische Aussprache von Liquiden und Nasalen nach Synkope des *e* verwiesen. (Frnhd. Grammatik 1993, 72.) Meist sind dann, vor allem seit dem 16./17. Jh., die Konsonanten verdoppelt worden. Im Zusammenhang damit ist auch die Grenze der Sprechsilben verlagert worden. Im allgemeinen nimmt man an, dass die Silbengrenze im ambisilbischen (Gelenk-)Konsonanten liegt. (Vgl. MEINHOLD/STOCK 1982, 175; RAMERS 1992, 246ff.; EISENBERG 1998, 129.)

mhd. *himel* > frnhd. *himel*, nhd. *Himmel*; mhd. *wëter* > frnhd. *weter*, nhd. *Wetter.*

Dadurch stehen sich manchmal bei gleichem Ausgangsvokal im Nhd. Länge und Kürze gegenüber:

mhd. *beliben, geriten* > nhd. *geblieben, geritten.*

Regelmäßig unterbleibt die Dehnung vor ⟨*sch*⟩ und ⟨*ch*⟩ (germ. *k*). In beiden Fällen handelt es sich um ursprüngliche Doppelkonsonanz, d.h., hier liegt eigentlich keine offene Tonsilbe vor:

ahd. *fiskâri* – frnhd. *fischer*; ahd. *brëchan* – frnhd. *brechen.*

Die Dehnung beginnt in frmhd. Zeit – im Niederfränk. wohl schon in ahd. Zeit – im Nordwesten des dt. Sprachgebietes. Ob diese Veränderung “vor Beginn des Frnhd. bereits weitestgehend abgeschlossen ist” (Frnhd. Grammatik 1993, 71), lässt sich nicht nachweisen. Genaue Angaben sind schwierig, weil die Schreibung nicht sofort die Änderungen in der Aussprache widerspiegelt. Außerdem werden Länge und Kürze sehr unregelmäßig bezeichnet. Gedehnte Vokale treten schon bei Heinrich von Veldeke (12. Jh.) auf. Im Md. lässt sich die Dehnung für das 13. Jh., im Obd. für das 14. Jh. nachweisen. Hier dringt die Entwicklung nicht vollständig durch. Teile des Alem. haben die Kürze des Vokals z. T. bis in die Gegenwart erhalten. Im Obd., besonders im Hochalem., sind aber die Verhältnisse recht kompliziert; hier gibt es auch eine Dehnung von Vokalen in geschlossener Silbe vor einfacher und doppelter Konsonanz:

mhd. *kopf* > frnhd. (alem.) *kōpf*; mhd. *an* > frnhd. (obd.) *ān*.

Diese Erscheinung finden wir auch in einigen omd. Mundarten. – Bei der Erläuterung eines Textes muss also dessen zeitliche und räumliche Einordnung beachtet werden. Von der Schreibung aus ist die Vokalquantität schwierig zu beurteilen. Frühe Texte aus dem obd. Raum enthalten oft noch kurze offene Vokale (z. B. die Fabeln von Steinhöwel). Luther dagegen hat schon die gedehnten Vokale, auch wenn die Längenbezeichnungen, z. B. in *nehmen* und *fahren*, nur gelegentlich verwendet werden. Ferner ist zu bedenken, dass die Dehnung in vielen Wörtern bis heute nicht markiert wird, z. B. in *geben, gewesen, zogen*. Die im einzelnen sehr differenzierte Entwicklung der Kennzeichnung der Dehnung, die auch vom Druckort abhängig ist, zeigt Riecke (1998) am Beispiel der deutschsprachigen Bibeln des 16.–18. Jahrhunderts.

Die Ursachen für die Dehnung wie auch für die Kürzung (siehe den nächsten Abschnitt) sind umstritten. Oft werden sie im Zusammenwirken verschiedener Faktoren gesehen. “Die Kürzung von Vokallängen und die Dehnung von Vokalkürzen [. . .] resultieren aus dem Bestreben, im Zusammenspiel von Vokalquantität, Akzent, Konsonantenquantität bzw. -intensität und Silbenanzahl der Wörter einen Ausgleich der Silbenquantitäten (Silbengewichte auf Grund der Silbenstrukturen) und der Wortquantitäten (Wortgewichte auf Grund der Silbenanzahl) herzustellen . . .” (Wiesinger 1983a, 1090; vgl. auch Paul 1998, 74ff.; Frnhd. Grammatik 1993, 73.)

4.3.1.4. *Kürzung langer Vokale*

Lange Vokale vor mehrfacher Konsonanz werden in frnhd. Zeit gekürzt, vor allem im Omd. und Ostfrk. Dieser Wandel tritt seltener als die Dehnung ein. Er erscheint vor allem vor ⟨*ht* (*cht*), *ft*⟩ sowie vor *r* plus Konsonant:

mhd. *dâhte* > frnhd. *dachte*; mhd. *klâfter* > frnhd. *klafter*; mhd. *lêrche* > frnhd. *lerche*.

Vor ⟨*st*⟩ unterbleibt die Kürzung oft, jedoch nicht konsequent; vgl. mhd. *ôster*, *trôst*, aber mhd. *ôsten, rôst*.

Die Kürzung erfasst teilweise auch die Monophthonge, die erst durch die frnhd. Monophthongierung entstanden sind:

mhd. *lieht* > frnhd. *licht*; mhd. *stuont* > frnhd. *stund*; mhd. *nüehtern* > frnhd. *nüchtern*.

Die Kürzung tritt auch dann ein, wenn die mehrfache Konsonanz durch Komposition entstanden ist. Die Veränderung des zweiten Stammvokals bei ehemaligen Komposita ist das Ergebnis der Abschwächung infolge des germ. Anfangsakzents:

mhd. *brâmber* > frnhd. *brambör*, *bramber*; mhd. *hôchzît* > frnhd. *hochzeit*; mhd. *hôchvart* > frnhd. *hoffart*; mhd. *alwære* > frnhd. *alber(n)*; mhd. *gruon mât* > frnhd. *grumat*, nhd. *Grummet*; mhd. *hêrlîche* (Adv.) > frnhd. *herrlich*; mhd. *vierteil* > frnhd. *virtel*.

In vielen Fällen wird auch vor einfacher Konsonanz gekürzt, besonders vor ⟨*t*⟩ und ⟨*m*⟩ sowie vor den Endungen *-er, -el, -en*. Diese Kürzung gilt vor allem für das md. Gebiet:

mhd. *muoter* > frnhd. *muter*, *mutter*; mhd. *iemer* > frnhd. *imer*; mhd. *rüezel* > frnhd. *rüssel*; mhd. *wâfen* > frnhd. *waffe(n)*.

Selten tritt die Kürzung vor anderen Konsonanten ein, z. B. mhd. *slôz* > frnhd. *schloß*.

Die Kürzung beginnt in der zweiten Hälfte des 12. Jh. Auch sie ist in der Schreibung schwer nachzuweisen. Ihre Entwicklung verläuft in den einzelnen Mundarträumen recht kompliziert. Im allgemeinen zeigt sich der Wandel am konsequentesten im Md. und im

Ostfränk. Daher wird mitunter ein Zusammenhang mit der frnhd. Monophthongierung angenommen. (Siehe 4.3.1.2.; vgl. ferner WIESINGER 1983a, 1088ff.; PAUL 1998, 76f.; Frnhd. Grammatik 1993. 74f.)

Bei der Textanalyse ist zu beachten, dass die Schreibung in frnhd. Zeit meist nicht zwischen langen und kurzen Vokalen unterscheidet. In BM steht z. B. ⟨*a*⟩ für mhd. ⟨*â*⟩, unabhängig davon, ob der Laut gekürzt worden ist oder nicht, z. B. *missetat, vollbracht, getan, iar, waren*. Ähnlich ist die Situation bei den anderen Vokalen.

4.3.1.5. *Entrundung und Rundung*

Entrundung

Die mit Lippenrundung gesprochenen Vokale und Diphthonge /*ö, ö:, ü, ü:, oi, üe*/ werden in vielen Gebieten entrundet (entlabialisiert) und fallen daher mit den Phonemen /*e, e:, i, i:, ae*/ zusammen; vgl. mhd. *eröugnen*, nhd. *ereignen*, mhd. *müeder*, nhd. *Mieder*. Dieser Prozess beginnt schon in mhd. Zeit, in der Mitte des 12. Jh., und erfasst den größten Teil des hd. Raumes. Ausnahmen bilden das Hochalem., Ostfränk. und das Rip. Am früheșten zeigt sich diese Entwicklung im Bair., im Omd. dagegen erst im 16./17. Jh. Vorher ist hier die Entrundung zumindest selten; z. B. *sintlichñ* (BM). LUTHER unterscheidet im allgemeinen klar zwischen gerundeten und entrundeten Lauten, doch kommen bei einigen Wörtern Doppelformen vor: *abtrinnig, getzichte* 'Gezücht', *zichtigen*. Bei einzelnen Wörtern hält er am älteren, gerundeten Laut fest, z. B. *kůssen* 'Kissen', *zcerknursßen* 'zerknirschen'. Als Folge der Entrundung zeigt sich in vielen Texten des 15./16. Jh. eine zunehmende Vermischung der entsprechenden Zeichen. Sie beweist den Zusammenfall der gerundeten mit den entrundeten Lauten: *breitigam, minster* 'Münster', *werter* 'Wörter'.

In der Schrift kommt jedoch diese Veränderung mitunter nicht zum Ausdruck. Im Omd. wird dies auch deshalb nicht immer sichtbar, weil die Umlaute oft nicht bezeichnet werden, z. B. *huner* statt *hüner*. Das sagt aber nichts über die Situation in den Mundarten aus. Wie stark in diesem Raum die Entrundung gewirkt hat, zeigen die Schriften von M. OPITZ. Bei ihm ist z. B. mhd. ⟨*üe*⟩ und ⟨*ü*⟩ in vielen Fällen zu ⟨*i*⟩ geworden. Das beweisen Reime wie *entzückt – geblickt, Bild – füllt*. Auch ⟨*eu*⟩ ist häufig entrundet, vgl. Reime wie *Frewden – weiden*. (Zur Situation in den rezenten Mundarten vgl. WIESINGER 1983d, 1101ff.) In die Schriftsprache sind relativ wenige Wörter mit entrundetem Vokal eingegangen, u. a. *Pilz* (mhd. *bülez*), *Kissen* (mhd. *küssen*), *spreizen* (mhd. *spriuzen*), *spritzen* (mhd. *sprützen*).

Rundung

Die Rundung von ursprünglich nichtgerundeten Vokalen besitzt eine geringere Bedeutung, da sie vorwiegend obd. Mundarten erfasst. Als Ursache für die Labialisierung nimmt man meist den Einfluss benachbarter Laute an.

Mhd. *e* > *ö* nach *w*, vor Labialen, *sch* und *l*:

zwo̊lf, schwöster, wo̊llen, ho̊ben, tro̊schen 'dreschen'.

Erste Rundungen dieser Art lassen sich schon im Alem. des 13. Jh. nachweisen. In diesem Raum zeigt sich auch eine gewisse Einheitlichkeit. Sonst gibt es meist größere Unterschiede und häufiges Schwanken.

In die Schriftsprache aufgenommen wurden u. a. *Hölle, Löffel, Löwe, löschen, schöpfen, schwören, zwölf*, die z. B. sämtlich in dieser Form bei OPITZ vorkommen. LUTHER hat die Rundung nur in *zwolf, fromede, ergötzen*, doch überwiegen auch hier die Formen mit ⟨*e*⟩. Sonst bewahrt LUTHER wie das omd. Schrifttum das ⟨*e*⟩: *gewelbe, hel, leschen, Scheppe* 'Schöffe', selbst bei der Entlehnung *Schepps* 'Hammel'. LUTHER steht also hier ganz auf omd. Grundlage.

Mhd. *i* > *ü* nach *w*, vor *sch* und Nasalverbindung, besonders vor Doppelnasal:

zwüschen, schwümmen, wüschen, fünden.

Auch dieser Wandel zeigt sich am stärksten im Alem. Daher kommt es in Schriften aus diesem Raum mitunter zu hyperkorrekten Formen; vgl. u. a. *müschen, wüssen*. In den übrigen Gebieten sind Formen mit gerundeten Lauten bedeutend seltener festzustellen. GROSSE (1964) führt nur wenige Beispiele an, u. a. *fůnf*, *nummer* 'nimmer', *sůlbe*, von denen nur das erste Beispiel konsequent die Rundung zeigt. LUTHER verwendet bei einigen Wörtern entrundete Formen, wo sich in der Schriftsprache die Rundung durchgesetzt hat, z. B. *wirde* 'Würde', *liegen* 'lügen'. Bei dem Substantiv *Hilfe* und einigen Weiterbildungen, z. B. *Gehilfe*, kommen Formen mit ⟨*ü*⟩ bis ins 20. Jh. vor, vgl. *Hülfsbuch* (1873), *Hülfe, neben Hilfe* (8. Auflage des "Dudens" von 1911). In mhd. *sintfluot* "große Flut" ist keine Rundung eingetreten, vielmehr hat das Wort schon vor 1500 in Anlehnung an *Sünde* eine volksetymologische Umdeutung erfahren; doch hat sich die Form *Sintflut* bis ins 20. Jh. gehalten.

4.3.1.6. *Senkung von mhd. u, ü und i*

Mhd. /*u*/ und /*ü*/ werden im Md. oft zu /*o*/ und /*ö*/ gesenkt. Der Wandel setzt bereits in mhd. Zeit ein und ist am Ende des Frnhd. noch nicht abgeschlossen: mhd. *vrum, vrom*; frnhd. *frum(m), from(m)*. Besonders häufig setzt sich dieser Wandel vor Nasalen und Nasalverbindungen durch:

mhd. *sun* > frnhd. *son* (md.); mhd. *künec* > frnhd. *könig, konig* (md.); mhd. *sunst* > frnhd. *sonst* (md.); mhd. *sumer* > frnhd. *somer* (md.).

Aber auch in anderer Nachbarschaft ist diese Entwicklung festzustellen, vor allem vor *r*, *l* plus Konsonant:

mhd. *mügen* > frnhd. *mögen*; mhd. *burse* > frnhd. *borse* (md.); mhd. *durst* > frnhd. *dorst* (md.); mhd. *wurst* > frnhd. *worst* (md.).

Die Entwicklung von /*u*/ > /*o*/ ist im Md. schon in mhd. Zeit in vollem Gange. Sie verläuft zwar in den einzelnen Mundarten unterschiedlich (zur heutigen Situation vgl. WIESINGER 1983c), ist aber für den ganzen md. Raum typisch. Von hier aus sind viele Formen in die Schriftsprache eingedrungen, vor allem, wenn der Vokal vor ⟨*m(m)*⟩ und ⟨*n(n)*⟩ steht; siehe oben, ferner u. a. *Nonne, Sonne, Trommel*.

LUTHERS Schriften zeigen in vielen Fällen den Übergang von /*u, ü*/ > /*o, ö*/. Oft stehen beide Formen nebeneinander. Später jedoch verwendet er /*o*/ und /*ö*/ häufiger. Im Laufe der Zeit dringen diese beiden Vokale u. a. in folgenden Wörtern vor:

Antwort, besonders, gesponnen, gewonnen, Gönner, gönnen, kommen, König, Nonne, Sohn, Sommer, sondern, sonst, Wonne.

In einigen dieser Wörter treten die Formen mit /*u, ü*/ gar nicht auf. Andererseits gibt es bei ihm auch noch 1545 alte Formen, z. B. *frum, gülden, kundte, künnen, mügen, münch*. Dies zeigt, dass der Prozess selbst im Md. in der Mitte des 16. Jh. noch nicht abgeschlossen ist. Im Obd. sind mhd. /*u*/ und /*ü*/ erhalten geblieben. Ausnahmen gibt es aber auch hier, besonders vor Nasalen.

Mhd. /*i*/ wird nur selten zu /*e*/ gesenkt, vgl. mhd. *biben*, nhd. *beben*. Andere Formen wie *hemel, vrede, seben* bleiben auf die md. Mundarten beschränkt.

Zur Senkung von mhd. /*ei*/ und /*ou*/ zu /*ae*/ und /*ao*/, die im Obd. – außer dem Alem. – zu beobachten ist, vgl. Abschnitt 4.3.1.8. und HARTWEG/WEGERA 1989, 106.

4.3.1.7. *Entwicklung der mhd. e-Laute*

Im Mhd. gibt es fünf verschiedene [*e*]-Laute, die mindestens drei Phoneme repräsentieren. Allerdings gilt dies nicht für alle Mundarten jener Zeit. Im Frnhd. werden diese Unterschiede z. T. beseitigt: Die kurzen Vokale werden offen und die langen meist geschlossen gesprochen. Dadurch fallen mhd. [*ë, ẹ, ä*] im Nhd. zusammen; vgl. nhd. *helfen, Eltern, Gäste, mächtig*. Auch das durch ⟨*ä*⟩ wiedergegebene Phonem /*ä:*/ wird offen gesprochen. Allerdings ist der phonetische Unterschied zwischen /e:/ und /ä:/ gering; vgl. nhd. *Ehre* und *Ähre, sehen* und *säen*. Einige Forscher gehen von einer völligen Angleichung der beiden mhd. langen *e*-Laute aus. In den rezenten Maa. sind die beiden Laute nur zum Teil verschmolzen.

Im Frnhd. ist der Stand der Gegenwart noch nicht erreicht. Die genaue Feststellung der Entwicklung wird dadurch erschwert, dass im Frnhd. für die Wiedergabe der verschiedenen *e*-Allophone nur zwei Zeichen (⟨*e*⟩ und ⟨*ä*⟩ bzw. ⟨*å*⟩) oder gar nur ein Zeichen (⟨*e*⟩) benutzt wird. Das gilt besonders für das ältere Frnhd. So steht z. B. in omd. Quellen (BM, BE, UW) das Graphem ⟨*e*⟩ durchweg für alle mhd. [*e*]-Laute; vgl. u. a. *recht, mensche, were, erste*. Ähnlich ist es auch noch bei LUTHER:

mhd. *ë*: *bret, recht, wer*; mhd. *ẹ*: *lemblin, rede*; mhd. *ä*: *engsten* 'sich ängstigen'; mhd. *æ*: *were, klerlich, nemlich*; mhd. *ê*: *mehr, stehen*.

Nur ganz selten wird bei ihm der Umlaut von /a/ und /â/ durch das Graphem ⟨*å*⟩ bezeichnet: *fålschlich*.

Aus der einheitlichen orthographischen Wiedergabe darf man aber bei keiner Quelle ohne weiteres auf einen lautlichen bzw. phonematischen Zusammenfall schließen.

Die Länge von mhd. *ê* wird im Frnhd. oft durch Doppelvokal oder *h* gekennzeichnet. ⟨*ä*, (*å*)⟩ ist in der Regel Zeichen für die offenste Lautqualität des [*e*]. Daher steht z. B. im Obd. dieses Zeichen häufig für den Sekundärumlaut.

Daneben tritt im Laufe der frnhd. Periode die morphematische Schreibweise von [*ä*] auf. Dadurch wird nun auch der Primärumlaut mit ⟨*ä*⟩ bezeichnet. Am frühesten und konsequentesten ist dies beim Plural der Substantive erfolgt; vgl.: mhd. *krefte*, nhd. *Kräfte*, mhd. *gẹste*, nhd. *Gäste*. Im Omd. beginnt diese Veränderung der Schreibung erst im 16. Jh., setzt sich dann aber rasch durch.

Im einzelnen gibt es jedoch auch hier starke Unterschiede. Allgemein hat sich die morphematische Schreibung dort nicht durchgesetzt, wo der etymologische Zusammenhang mit dem /a/ nicht mehr deutlich war; vgl. nhd. *behende, Eltern, fertig, fest*. Zum Teil ist dadurch auch die unterschiedliche Schreibung des Inf. schwacher Verben mit Umlaut zu erklären: *legen, senken, setzen*, aber *fällen, tränken*. Geblieben ist das ⟨*e*⟩ auch bei den schwachen Verben, die heute noch "Rückumlaut" aufweisen, z. B. *kennen, nennen, rennen*. Das Problem der morphematischen Schreibung (Stammschreibung) spielt auch bei der 1996 beschlossenen Reform der Orthographie eine Rolle; siehe Abschnitt 1.8.4. Vgl. zur Entwicklung der *e*-Laute HARTWEG/WEGERA 1989, 106ff.; Frnhd. Grammatik 1993, 50ff.

4.3.1.8. *Entwicklung von mhd. ei, ou, öu*

Mhd. /ei/ und /ou/ sind vom 11./12. Jh. ab teilweise im Obd. wieder zu /ae/ und /ao/ gesenkt worden, also in der Zeit, in der die Entwicklung der frnhd. Diphthongierung beginnt. Zum Teil werden die alten Diphthonge (mhd. /ei, ou/) und die neuen Diphthonge (<mhd. /i:, u:/) in der Schreibung unterschieden. Diese Unterscheidung erfolgt aber nicht konsequent; im Gegenteil, sie gerät stärker ins Schwanken. Bei LUTHER sind jeweils beide Laute in der Schrift zusammengefallen, wenn auch nicht ganz konsequent. So schreibt er z. B. ⟨*ai, ay*⟩ nie für mhd. /i:/, wohl aber mitunter für mhd. /ei/. Seit dem 16. Jh. werden die Schreibungen mit ⟨*ai*⟩ allgemein durch die mit ⟨*ei*⟩ zurückgedrängt. Für das Obd., bes. für das Bair., ist jedoch die ⟨*ai*⟩-Schreibung für mhd. /ei/ typisch. Einige Lexeme sind mit ⟨*ai*⟩ in die Schriftsprache übernommen worden, u. a. *Kaiser, Laib, Saite, Baiern*.

Ähnlich ist das bei ⟨*au/ou*⟩, nur setzt sich hier das ⟨*au*⟩ allgemein in der Schrift durch, während bei ⟨*ai/ei*⟩ meist die mhd. Schreibung ⟨*ei*⟩ beibehalten wird. /öu/ als Umlaut von mhd. /ou/ wird in frnhd. Zeit durch ⟨*eu/äu*⟩ verdrängt. Von diesen beiden Graphemen setzt sich ⟨*äu*⟩ allmählich durch.

In den Mundarten haben diese drei Diphthonge oft besondere Entwicklungen durchgemacht. (Zur Lage in den heutigen Mundarten vgl. u. a. FRINGS 1956, Bd. 3, 65f. u. Karte 30; SCHIRMUNSKI 1962, 233ff.; WIESINGER 1983e.)

Von Bedeutung sind die Veränderungen im Md. und Ostfränk. Hier haben ⟨*ai/ei, au/ou, öu/äu*⟩ wie im Nd. eine Monophthongierung erfahren, gewissermaßen die Fortsetzung der ahd. Monophthongierung (siehe 2.3.2.4.). Besonders früh, meist schon in mhd. Zeit, läßt sich dieser Wandel im Omd. und im Mittelfränk. feststellen. In der geschriebenen Sprache spiegelt sich das aber nur relativ selten wider. In Quellen des md. Ostens aus dem 14. Jh. wird mhd. /ei/ mit ⟨*ei, ey*⟩, nie aber mit ⟨*ai, ay*⟩ wiedergegeben, z. B. *fleisch, eyn, steyn*; doch kommen auch Monophthonge vor, z. B. *enyr* 'einer', *enig* 'einig', *helikeit, vlēsch*. Ähnlich ist es bei mhd. /ou/. Meist steht noch ⟨*ou*⟩, selten ⟨*au*⟩, z. B. *boum, ouch, ouge, auch, frauwin*. Auch hier kommt der Monophthong vor, z. B. *bom, globin, trom, zoberer* (BE). UW hat nur wenige Monophthonge, z. B. *och, bede*. Ähnlich ist es in der Prager Kanzleisprache des 14. Jh. (UK, KW). Zahlreicher treten die Monophthonge im nd.-md. Übergangsgebiet auf, allerdings überwiegen bei den entsprechenden Wörtern auch hier die Diphthonge (SB). Bei Luther kommen die Monophthonge selten vor. Seine Lautung entspricht in diesem Fall im wesentlichen dem mhd. Stand. Die omd. Mundarten seiner Zeit weisen dagegen zweifellos schon in starkem Maße die Monophthonge auf. Nur in wenigen Fällen gingen Formen mit Monophthong in die Schriftsprache ein, z. B. *wenig, Lehm*. (*Lehm* wird vereinzelt bis ins 19. Jh. mit ⟨*ei*⟩ geschrieben).

Mhd. /öu/, der Umlaut von /ou/, wird mitunter monophthongiert und mit ⟨*ē, ǟ*⟩ oder ⟨*ā*⟩ wiedergegeben, aber auch dieser Wandel ist in der Schrift nur selten zu erfassen.

Mhd. ⟨*öu*⟩, das aus ahd. ⟨*ẹw*⟩, germ. ⟨*awi*⟩, entstanden ist, zeigt schon seit ahd. Zeit Besonderheiten in der Schreibung. Das hat folgende Ursache: Nachfolgendes ⟨*i*⟩ lautete das ⟨*a*⟩ um, z. B. ahd. *frẹwida* 'Freude', *gẹwi* 'Gau', *hẹwi* 'Heu'. Bei folgendem ⟨*j*⟩ wurde das ⟨*w*⟩ verdoppelt, und durch Vokalisation des ersten ⟨*w*⟩ wurde der Diphthong ⟨*au*⟩ entwickelt. Dieser wurde nicht umgelautet. Da meist im gleichen Wort bald ⟨*i*⟩, bald ⟨*j*⟩ auftrat, haben viele Wörter beide Lautformen entwickelt, z. B. ahd. *frẹwen* neben *frouwen, strẹwen* neben *strouwen*. In frnhd. Zeit war wohl dieses [*eu*] (aus ⟨*ew*⟩) von [*öu*] (Umlaut von /*ou*/) getrennt, doch sind in den meisten Gebieten beide Laute zusammengefallen. In der Schreibung gibt es oft noch Unterschiede. Einige Wörter behalten z. B. noch sehr lange das *w*, z. B. *drewen, frewen, frewde, hew, strewen*. In den frnhd. Texten ist die Schreibweise recht schwankend, z. B. *vreude, vrouwet* (3. P. Sg. Prät.), *gevreuwit* (Part. Prät.), *vroude, vrŏwit uch, ich frŏwe mich* (BE). Überhaupt zeigt die graphische Wiedergabe von /*öu*/ eine große Variantenvielfalt. (Vgl. Frnhd. Grammatik 1993, 60ff.) (Siehe auch 4.3.1.9.)

4.3.1.9. *Weiterentwicklung des Umlauts*

Sehen wir zunächst von Einzelheiten ab, so ist die Entwicklung des Umlauts im Frnhd. vor allem durch zwei Tendenzen charakterisiert (vgl. Sonderegger 1979, 269ff., Besch 1980, 592):

1. Der Umlaut wird mehr und mehr gekennzeichnet, so dass die Phonemopposition auch ihren graphischen Ausdruck findet; vgl. /*u*/ und /*ü*/ in *mutter – mütter*. Die Opposition /*a*/ : /*e*/ wird meist durch die Grapheme ⟨*a*⟩ und ⟨*ä*⟩ markiert. Diese morphematische Schreibweise macht den etymologischen Zusammenhang deutlich.
2. Der Umlaut erhält stärker als im Mhd. eine grammatische Funktion, vor allem bei der Pluralbildung der Substantive (der Differenzierung der Numeri) und der Komparation der Adjektive. Dies geschieht häufig auch dort, wo der Umlaut nicht lautgesetzlich bedingt ist; vgl. mhd. *nagele*, nhd. *Nägel*. In diesen Fällen spricht man vom Analogieumlaut. (Vgl. Kap. 4.4.2.)

Im einzelnen gibt es bedeutende Unterschiede zwischen den Dialektgebieten. Die Umlautbezeichnung entwickelt sich im Obd. früher als im Md. Erst im 16./17. Jh. setzt sich in den Drucken die einheitliche Kennzeichnung des Umlauts weitgehend durch. Da im älteren Frnhd. jedoch der Umlaut nicht immer bezeichnet wird, ist die Entwicklung schwer zu bestimmen. Selbst diakritischen Zeichen (z. B. *ŏ*) kommt mitunter kein eindeutiger Lautwert zu. So zeigt sich z. B. in BM folgender Stand:

Umlaut von *o*:	*gotlicher, hobischeyt, lŏbelichñ*
ô:	*boze, horeñ, schone*
u:	*wŏrfiln, erczŏrnt, sundig*

iu/û:	*fűchtygkeyt, uch*
uo:	*gutlich, berumit* 'berühmt', *huner* 'Hühner'
ou:	*fraűde, frawit*

Ob das Akzentzeichen in Verbindung mit einem waagrechten Strich über einem Vokal nur die Länge oder auch den Umlaut bezeichnen soll, ist ungewiss. Ähnlich sieht es in anderen md. Quellen jener Zeit aus. Im allgemeinen wird in den obd. und den wmd. Quellen der Umlaut früher bezeichnet als in omd. Texten. LUTHER kennzeichnet in seinen frühen Schriften den Umlaut meist noch nicht, mit Ausnahme des Umlauts von /a/ und /a:/. In diesen beiden Fällen geschieht es aber konsequenter als bei anderen Autoren: *anfenglich, gnedig, underthenig, tzwentzig* (L 1520). Mitunter tilgen sogar die Drucker vereinzelte Umlautbezeichnungen LUTHERS. Etwa von 1524 an nehmen die Umlautbezeichnungen zu. In der Bibel von 1545 überwiegen sie dann eindeutig, doch sind nichtbezeichnete Umlaute nicht selten. Regelmäßig unterbleibt die Kennzeichnung, wenn im Anlaut ⟨*v*⟩ für ⟨*u*⟩ steht, z. B. *vbel, vber*.

Bei der Flexion der Substantive tritt der Umlaut zunächst nur im Plural der *i*- und *es*-/*os*-Stämme auf (siehe 4.4.2.). Später ist er auf viele andere Substantive übertragen worden. Zum Teil schwankt der Sprachgebrauch bis in die Gegenwart, z. B. *Bogen/Bögen, Wagen/Wägen*.

Die Ausbreitung des *er*-Plurals ist bei unlautfähigem Stammvokal durchweg mit Umlaut verbunden, vgl. nhd. *Dörfer, Länder, Wälder*. Im Frnhd. ist der Umlaut mitunter nicht bezeichnet: *huner* (BM). Größeres Schwanken läßt sich innerhalb der Wortbildung beobachten. Bei den Nomina agentis auf *-er* (mhd. *–ære*, ahd. *-âri*) steht im Mhd. häufig noch kein Umlaut. Er fehlt auch zunächst in frnhd. Zeit im obd. Raum, besonders im Bair.: *gartner, kramer, rauber, traumer*. Im 17. Jh., mitunter schon früher, finden wir daneben auch die Formen mit Umlaut: *gärtner, krämer, räuber, träumer*. Im Md. ist der Umlaut schon im älteren Frnhd. vertreten. In vielen Wörtern hat er sich aber in der Schriftsprache nicht durchgesetzt: *-halter, Hauer, Klausner, Maurer, Zauberer*.

In all diesen Fällen gibt es im Frnhd. auch Formen mit Umlaut. Die Ursachen für die unterschiedlichen Schreibungen lassen sich nicht genau angeben. Das Schwanken kann man auch an den verschiedenen Formen der Eigennamen nachweisen: *Förster/Forster, Bürger/Burger*. Auch die Substantive auf *-nis* (*-nus, -nüs*) haben im Frnhd. häufig konkurrierende Formen: *behaltnuß/behältnuß*. In einigen Fällen setzte sich in der Schriftsprache die umlautlose Form durch, z. B. *Bewandtnis, Verdammnis*. Ähnlich ist die Situation bei den Adjektiven auf *-ig* und *-lich*.

Umlauthemmungen treten besonders im Obd. auf; sie entsprechen im großen und ganzen denen in mhd. Zeit. Der Umlaut von *u* unterbleibt vor *r* plus Konsonant, teilweise auch vor *tz, pf, ck, gg, kk* sowie anderen Konsonantenverbindungen:
kurtzlich, hupffen, rucken, drucken, bruck (vgl. *Innsbruck*) *tuck* 'Tücke' (L 1533), *schuldig*..
drucken bzw. *trucken* hat im Frnhd. die Bedeutung von 'drucken' und 'drücken'; vgl. "*Gedrückt zu Wittemberg*" (1533). Die lautliche Unterscheidung existiert erst seit dem 18. Jh.

Der Umlaut von mhd. /*u:*, *uo, ou*/ wird allgemein vor *w*, im Obd. auch vor den übrigen Labialen (besonders *m*) und Velaren verhindert:
frau (< frouwe), glauben, haupt, traumen.

Umlaut haben meist, auch gerade im Obd., *frewen, gew* 'Gau' (siehe *Allgäu*), *strewen* u. a., weil hier *aw* und nicht *auw* zugrunde liegt; *a* vor *w* wurde umgelautet, *a* vor *uw* nicht.

Das Md. kennt kaum Umlauthemmungen; vgl. *heupt, seumen, treumen*. Auch LUTHER schreibt *erleuben, gleuben, heupt, keufen*. Später hat er mitunter die obd. Formen übernommen.

In einigen Fällen existiert im Frnhd. auch ein Umlaut, der nicht durch *i* oder *j* bewirkt ist, sondern z. B. durch *ei*: *erbeit*, *erbeiten* (im Omd. z. B. bei LUTHER) oder durch *sch: Eschermittwoch* (G). *åsche*, *flåsche*, *nåschen*. Diese Formen kommen vor allem im Schwäb. und im Wmd. vor. (Zu weiteren Einzelheiten vgl. V. MOSER 1929, 87ff.)

4.3.1.10. *Ausgleichserscheinungen*

Der Ausgleich des Vokalwechsels aufgrund von Ablaut, Alternanz (Brechung) und Umlaut spielt im Frnhd. eine große Rolle. Am wichtigsten ist der Ausgleich innerhalb der Flexion.

Beim Substantiv werden vielfach die Varianten mit Umlaut im Sg. aufgegeben, während sie sich im Pl. durchsetzen. (Siehe 4.4.2.)

Beim starken Verb werden die Unterschiede im Ablaut zwischen Sg. und Pl. des Prät. ausgeglichen (siehe 4.4.1.1.). Ferner setzt sich bei den Verben mit dem Stammvokal /a/ in der 2. und 3. P. Sg. Präs. Ind. die morphematische Schreibung mit ⟨ä⟩ durch., vgl. mhd. *du verest*, frnhd. *du fä(h)rst.*

Die durch die Alternanz entstandenen Vokale der 1. P. Sg. Präs. Ind. der Reihen 2, 3b, 4 und 5 werden konsequent, die der 2. und 3. P. Sg. Präs. Ind. der Reihe 2 werden weitgehend dem Vokal des Inf. bzw. des Pl. Präs. angeglichen; vgl. mhd. *ich nime* > nhd. *ich nehme*, mhd. *du biutest* > nhd. *du bietest.* Dieser Ausgleich beginnt im md. Gebiet in mhd. Zeit. Im Obd. treten alte Formen noch im 16. Jh. auf, z. B. *ich gilt, ich stirb.* Die Entwicklung geht langsam und ungleichmäßig vor sich. Bei LUTHER (*zeucht, fleucht*) und selbst bei KLOPSTOCK (*leugt, treugt*) und SCHILLER (*gebeut*) ist der Ausgleich noch nicht immer eingetreten; vgl. noch heute die Wendung *was da fleucht und kreucht.*

Ausgleichserscheinungen treten auch beim schwachen Verb auf. Der sogen. Rückumlaut (siehe 2.3.2.3.) wird bei den meisten Verben beseitigt. In der Regel gleichen sich die nichtumgelauteten Formen des Prät. und des Part. Prät. dem Infinitiv an:

mhd. hœren, hôrte, gehôrt > frnhd. hören, hörte, gehört.

Selten geschieht der Ausgleich nach der umlautlosen Form, z. B. bei mhd. *lenden.*

Auch innerhalb des Paradigmas der unregelmäßigen Verben tritt des öfteren Vokalausgleich ein. Im Frnhd. sind allerdings meist noch Doppelformen vorhanden. Die Änderungen bewirken eine Vereinfachung der Verbalflexion, kommt doch dadurch das mit der Entstehung der sw. Verben im Germ. wirksam gewordene Prinzip, den Wurzelvokal in der Flexion unverändert zu lassen, erneut zur Geltung.

Die genannten Erscheinungen brauchten Jahrhunderte, bevor sie sich endgültig durchsetzten. In manchen Fällen sind die ersten Anzeichen der Veränderung schon im Mhd. greifbar, doch ist die Entwicklung am Ende der frnhd. Epoche noch nicht abgeschlossen. Die räumliche und zeitliche Ausbreitung läßt sich schwer bestimmen. Es ist nicht so, dass eine Landschaft, dass ein bestimmter Schriftsteller oder eine bestimmte Druckerei grundsätzlich die Ausgleichsvorgänge fördert oder hemmt. Vielmehr stellen wir in der Regel ein Nebeneinander verschiedener Formen fest.

Ältere Werke zeigen meist auch ältere Formen, z. B. Verbformen mit Rückumlaut: *derkant, gehôrt, bedackit* (BM). Aber auch LUTHER benutzt noch alte Formen, z. B. bei der Konjugation der st. Verben: *er schrey, steig, treib, ward* (Sg. Prät.), *funden, sungen* (Pl. Prät.). Auch der Ausgleich im Präs. der st. Verben der 2. Reihe ist bei ihm noch nicht immer eingetreten: *fleuget, verleuret.* Prät.-Präsentien zeigen bei LUTHER z. T. noch alte Formen, z. B. *kundte.* Dabei darf aber nicht übersehen werden, dass auch er schon Ausgleichsformen benutzt, z. B. *sie zogen.* Selbst bei einem Schriftsteller herrscht also im Frnhd. keine Einheitlichkeit.

Außerhalb der Flexion spielt der Ausgleich des Vokalwechsels keine große Rolle.

Im Frnhd. gibt es viele Dubletten, deren verschiedene Formen auf Ablaut oder Brechung beruhen. Diese sind verhältnismäßig rasch, oft schon im älteren Frnhd., beseitigt worden: *verdrusz – verdriesz*; *und – ind* (rip.); *kirse – kerse*; *hilffe – helffe.*

Wichtiger sind die Unterschiede innerhalb von Wortgruppen, die oft mit Wortbildungsprozessen zusammenhängen. Sie halten sich länger; z. T. bleiben die verschiedenen Stammsilbenvokale bis in die Gegenwart erhalten:

erde – irdisch, irden – erden; *gold – gulden, gülden/golden* (erst seit dem 17. Jh.).

4.3.1.11. *Vokalismus der Nebensilben*

Seit der Festlegung des im Idg. freien Akzents auf die Stammsilbe haben die schwach betonten und die unbetonten Silben sehr starke Veränderungen erfahren. Das zeigt z. B. ein Vergleich der Leitformen der st. Verben in ahd. und mhd. Zeit (Klasse 1):

ahd.:	*rîtan*	*rîtu*	*reit*	*ritum*	*geritan*
mhd.:	*rîten*	*rîte*	*reit*	*riten*	*geriten*

Das Ahd. kennt also, wie die Graphien zeigen, volle Endsilbenvokale, während das Mhd. und natürlich auch das Frnhd. an diesen Stellen nur das unbetonte ⟨e⟩ (im Md. oft auch ⟨i⟩) kennt. Das heißt, in ahd. Zeit werden die vollen Vokale in unbetonten Silben geschwächt. Diese Abschwächung der Nebensilben hat für das Sprachsystem gravierende Folgen. Oft ist die Veränderung Ausgangspunkt morphologischer Veränderungen gewesen. (Siehe auch Abschnitte 2.3.2.7. und 3.4.2.5.)

Vokale in schwach betonten Silben

Hier handelt es sich vor allem um Vokale in Wortbildungsmorphemen, und zwar in Suffixen. Sie besitzen zum großen Teil einen Nebenton. Dieser bewirkte, dass ihre Vokale nicht oder nur in geringem Maße reduziert wurden.

Beispiele:

mhd. *-heit: menscheyt, vnkŭscheyt, tragheyt, warheyt,*
auch schon als *-keit: ytelkeýt*
mhd. *-lîch/-lich: gutlich, teglich*

Das Morphem *-lîch* besitzt schon im klass. Mhd. Nebenformen mit kurzem Vokal, besonders im Md. Im Obd. überwiegen die Formen mit langem Vokal bis ins Frnhd. hinein, wenn auch die Länge nicht immer bezeichnet wird. Daher tritt hier mitunter auch die diphthongierte Form *-leich* auf.

mhd. *-schaft: fruntschaft, herschafften*
mhd. *-ung(e): hoffenūge, weiſſagung*
mhd. *-ec, -ig/-ic: heylige, schuldig, wirdiklichen*
mhd. *-isch: yrdisch, kindisch, hobischeyt, auszlendisch*

Vokale in unbetonten Silben

Mittel- und Endsilben (Endungen). In den unbetonten Silben erscheint – wie schon in mhd. Zeit – in der Regel ⟨*e*⟩. Doch sind mancherlei Besonderheiten zu beachten. Einige Gebiete des Obd., bes. das Alem., haben bis in die Neuzeit volle Vokale in unbetonten Silben. Im Md. ist das ⟨*e*⟩ in unbetonten Silben oft zu ⟨*i (y)*⟩ gehoben; vgl. *gesangis, habin, undir* (R); *gedankin, sebin* 'sieben', *wortin* (BM); *grozir, mutir, tagis* (BE). Oft stehen ⟨*e*⟩ und ⟨*i*⟩ in regellosem Wechsel in den gleichen Wörtern nebeneinander. Möglicherweise ist das ⟨*i*⟩ in diesen Stellungen nur als Schreibmode zu betrachten. In anderen Quellen, vor allem der späteren Zeit, herrscht das ⟨*e*⟩ meist ausnahmslos vor, so z. B. auch bei LUTHER. Nur in der Flexion halten sich Varianten mit ⟨*i, o, a, u*⟩ besonders im Obd. bis ins 16./17. Jh.

Vokale in Präfixen. Obwohl es sich hier meist um ehemals selbständige Wörter handelt, sind die Vokale in diesen Morphemen schon im Mhd. aufgrund ihrer Unbetontheit meist zu ⟨*e*⟩ abgeschwächt worden. Dieser Laut herrscht auch im Frnhd. vor, z. B. *begert, erboten, entphangen, gefolgit*. Ausnahmen sind relativ selten, z. B. *czustoret, irsten* 'erstehen', *intphangen, inczŭndit* (Part.). Nur mhd. *vor(e)–, vur-, ver-, ur-, miß-* und die Negationspartikel *un-, en-* enthalten oft ⟨*o*⟩ bzw. ⟨*u*⟩: *vorsmet* 'verschmäht', *georteylt, vnkŭscheyt*.

Synkope und Apokope. Die Unterschiede gegenüber dem Mhd. sind gering. Auch im Frnhd. ist das Obd. im Abstoßen und Ausstoßen des unbetonten ⟨*e*⟩ konsequenter als das Md. Im Laufe der Entwicklung findet ein Ausgleich statt, meist zugunsten des Md. Jedoch setzen sich die Formen mit nichtapokopiertem ⟨*e*⟩ im Obd. erst im 17./18. Jh. durch. Im Frnhd. stehen häufig im gleichen Wort Formen mit erhaltenem und mit aus-(ab-)gestoßenem ⟨*e*⟩ nebeneinander. Das gilt auch für ⟨*e*⟩ nach ⟨*l*⟩ und ⟨*r*⟩.

Die S y n k o p e tritt im Innern des Wortes zwischen hochtoniger und tieftoniger Silbe sowie in der Kompositionsfuge auf: *houbet/houpt, maget/magt, betehuͤs/bethuͤze; nackit/nakt; wittewe/witven* (BE). Relativ oft ist sie bei den Endungen der Konjugation zu beobachten: *sagete/sagte, sprichest/ sprichst*. Geht die Wurzel auf Dental oder eine bestimmte Konsonantenverbindung aus, so bleibt der Bindevokal erhalten *(regnete, widmete)*, oder er wird später wieder eingesetzt (*redte, geredt*). Sonst aber setzt sich die Synkope im Laufe der frnhd. Zeit immer stärker durch. Ebenso ist es bei der Deklination, z. B. *Bergwerks, Getichts* (OP).

Eine besondere Rolle spielt die sog. E k t h l i p s i s, die Ausstoßung des *e* zwischen gleichen und ähnlichen Lauten: *durste* 'dürstete', *gekleit* 'gekleidet', *geschat* 'geschadet'. Meist gibt es daneben auch die Form mit erhaltenem *e*. Diese Synkopierung ist nur selten in die Schriftsprache eingedrungen, bzw. sie ist hier wieder rückgängig gemacht worden, um die grammatischen Formen deutlich zu markieren (siehe oben).

In den Präfixen *ge-* und *be-* hat vor allem das Obd. häufig synkopiert. Die Wörter, die auch im Md. Synkope zeigen, sind z. T. in die Schriftsprache eingedrungen: *glauben, Glaube, gleich, Glück, Gnade, bleiben*.

Die A p o k o p e kann prinzipiell jedes Endungs-*e* betreffen; doch ist der Abfall dieses Vokals in den einzelnen Sprachlandschaften recht unterschiedlich festzustellen. (Siehe die Übersicht in der Frnhd. Grammatik 1993, 80.) Die Apokope spielt besonders in der Flexion eine wichtige Rolle, und zwar sowohl bei der Deklination der Substantive – vgl. z. B. *tag/tage* (Dat. Sg.); *mensch/ mensche, herz/herze* (Nom. Sg.) – als auch bei der Konjugation der Verben, vgl. z. B. *hab, sag* (1. P. Sg. Präs. Ind.), *wer* (3. P. Sg. Prät. Konj.). Beim Substantiv ist sie oft Ausgangspunkt für Veränderungen in der Deklination gewesen, z. B. bei der *ja*-Deklination (siehe 4.4.2.). (Zu weiteren Einzelheiten vgl. PAUL 1998, 79ff.; HARTWEG/WEGERA 1989, 108ff.; Frnhd. Grammatik 1993, 78ff.)

4.3.1.12. *Übersicht über die vokalischen Phoneme*

Da für das gesamte Frnhd. noch kein allgemeingültiges Phonemsystem anzusetzen ist (vgl. Frnhd. Grammatik 1993, 36f.) und ein Gesamtüberblick über die Phoneminventare der wichtigsten Sprachlandschaften nicht gegeben werden kann, abstrahiert die folgende Übersicht zunächst von allen zeitlichen, räumlichen und soziologisch bedingten Unterschieden, die auch am Ende dieser Periode noch vorhanden sind. Sie spiegelt die Ergebnisse aller wichtigen lautlichen Wandlungen in frnhd. Zeit wider und entspricht daher dem vokalischen Phonembestand der nhd. Schriftsprache.

Kurze Vokale

	vorn	neutral	hinten	Beispiele
hoch	/i/ /ü/		/u/	/i/ /rint/ /ü/ /fülə/ /u/ /runt/
mittel	/e/ /ö/	[ə][1]	/o/	/e/ /heft/ /ö/ /hölə/ /o/ /fol/
tief		/a/		/a/ /man/

Lange Vokale

hoch	/i:/ /ü:/		/u:/	/i:/ /fi:l/ /ü:/ /fü:r/ /u:/ /bru:t/
mittel	/e:/ /ö:/ /ä:/[2]		/o:/	/e:/ /e:rə/ /ö:/ /ö:l/ /o:/ /bro:t/ /ä:/ /ä:rə/
tief		/a:/		/a:/ /ka:n/

Diphthonge[3]				
	vorn	neutral	hinten	Beispiele
mittel			/oi/	/oi/ /hoi/
tief		/ae/ /ao/		/ae/ /haes/ /ao/ /haos/

Anmerkungen:

1 Das unbetonte [ə] wird meist als positionsbedingtes Allophon des /e/ angesehen.
2 /ä:/ besitzt im Nhd. die Tendenz, mit dem Phonem /e:/ zusammenzufallen.
3 Die Einordnung der Diphthonge erfolgt nach ihrem ersten Bestandteil.

Aus dieser Übersicht lassen sich auf der Grundlage ausreichender Texte die den einzelnen Sprachlandschaften eigenen (spezifischen) Phonemsysteme ableiten. So stehen z. B. in bestimmten Sprachräumen selbst noch im jüngeren Frnhd. neben den Phonemen /*i:*, *u:*, *ü:*/ die Allophone [*ie*, *uo*, *üe*], neben den Phonemen /*ae*, *ao*, *oi*/ die Allophone [*i:*, *u:*, *ü:*]. Dies kann oft aus Zeit und Raum der Entstehung des Textes, mitunter auch aus der Schreibung erschlossen werden; vgl. z. B. ⟨*zů*, *thů*, *dyenest*, *mů́ßt*, *brůderlich*⟩ (ZA), ⟨*Ißleben*, *Vlenspiegel*, *koflüt*⟩ (Eulenspiegel). Mitunter sind die angeführten Allophone auch noch die dominierenden Varianten, also als Phoneme anzusetzen, und die sich daraus entwickelnden Laute als Allophone zu interpretieren.

Dass in frnhd. Zeit ein allgemeingültiger Stand kaum zu erfassen ist, erkennen wir daran, dass selbst bei einer Beschränkung auf einen kürzeren Zeitabschnitt – z. B die Mitte des 16. Jh. – noch zahlreiche Varianten nebeneinanderstehen. Dies sei am Beispiel der langen Vokale des Mhd. demonstriert:

Mhd.	Bair.	Alem./Schwäb.	Ostfränk.	Wmd.	Omd.
î	/ae/	/i:/	/ae/	/i:, ae/	/i:, ae/
û	/ao/	/u:, ao/	/ao/	/u:, ao/	/u:, ao/
iu	/oi/	/ü:, oi/	/oi/	/ü:, oi/	/ü:, oi/
ê	/e:/	/e:/	/e:/	/e:/	/e:/
ô	/o:/	/o:/	/o:/	/o:/	/o:/
œ	/ö:, e:/	/ö:, e:/	/ö:, e:/	/ö:, e:/	/ö:,e:/
â	/a:, o:/	/a:/	/a:/	/a:/	/a:, o:/
æ	/ä:, a:/	/ä:/	/ä:/	/ä:/	/ä:/

Wie kompliziert der Stand der Entwicklung zu einer bestimmten Zeit in einem bestimmten Raum ist, zeigt Penzl (1984, 58f., 166ff.). Er erläutert das frnhd. Vokalsystem am Beispiel eines Textes von Heinrich von Wittweiler. Die Handschrift ist um 1400 entstanden und zeigt trotz der alem. Herkunft des Verfassers vorwiegend bair. Züge. Die kurzen [*e*]-Laute sind noch nicht zu einem Phonem zusammengefallen, die Monophthongierung ist noch nicht durchgeführt, wohl aber die Diphthongierung, doch unterscheiden sich die neuen Diphthonge noch von den alten (was allerdings nicht exakt nachzuweisen ist). Das ergibt 23 Phoneme (einschließlich des unbetonten /*ə*/). Bei Texten aus einem anderen Raum und/oder einer anderen Zeit, die auch die langen Vokale /*i:*, *u:*, *ü:*/ besitzen, käme man sogar auf 26 Phoneme. In das System der nhd. Schriftsprache sind aber deutlich weniger Phoneme eingegangen. (Vgl. Philipp 1980, 40ff.; Meinhold/Stock 1982, 93ff. Penzl 1984, 58f.; N. R. Wolf 2000, 1527ff.)

Ein Vergleich mit den vokalischen Phonemen des Mhd. (siehe 3.4.1.1.) zeigt, dass in bezug auf die Art und die Zahl der Phoneme zwischen beiden Sprachzuständen eine recht große Übereinstimmung herrscht. Lediglich im Bereich der Diphthonge sowie der /*e*/-Phoneme – sofern man hier im Mhd. fünf Phoneme ansetzt – gibt es deutliche Unterschiede, wodurch das nhd. Phoneminventar gegenüber dem mhd. vereinfacht wird. Den 23 Phonemen im Mhd. stehen nur noch 18 vokalische Phoneme – ohne [ə] – am Ende der frnhd. Periode gegenüber. Betrachtet man jedoch die Distribution der Phoneme in vergleichbaren Lexemen, so zeigen sich größere Differenzen zwischen beiden Sprachzuständen. (Vgl. Tafel 6.) Aus einem solchen Vergleich lassen sich auch, wie die folgende schematische Übersicht zeigt, die wichtigsten Arten des Laut- und Phonemwandels vom Mhd. zum Frnhd. ablesen. (Vgl. ausführlicher HERRLITZ 1970, Kap. 2; PHILIPP 1980, 36ff.; SZULC 1987, 123ff.; HARTWEG/WEGERA 1989, 101ff.)

Übersicht über die wichtigsten vokalischen Veränderungen vom Mhd. zum Frnhd.

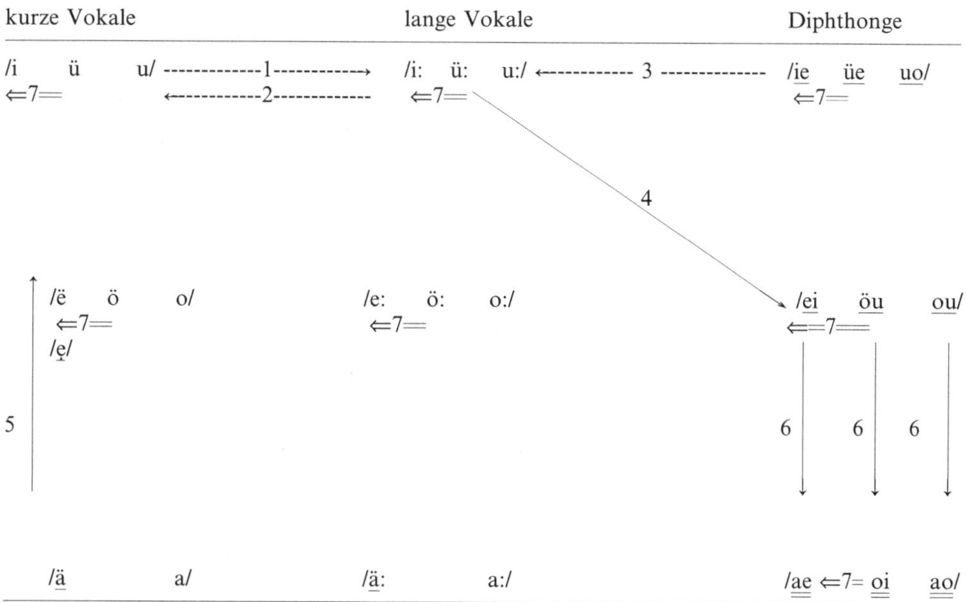

Die Zahlen bedeuten:
1: Dehnung (partielle Phonemverschiebung)
2: Kürzung (partielle Phonemverschiebung)
3: Monophthongierung (Phonemverschmelzung)
4: Diphthongierung (Phonemverschmelzung)
5: Phonemverschmelzung der drei kurzen /e/-Phoneme
6: (partielle) Senkung; in Landschaften, in denen die Diphthonge zeitweise phonologische Oppositionen bildeten, Phonemverschmelzung
7: Entrundung (Phonemverschmelzung)
—— Nur mhd. Phoneme ══ Nur nhd. Phoneme

Der folgende Text von HANS SACHS enthält relativ viele typische Merkmale der Schreibung und der Lautung des Frnhd.; er ist also für die wiederholende Interpretation bisher behandelter Erscheinungen geeignet. Da er aber auch manche Besonderheiten des Konsonantismus besitzt, weist er gleichzeitig auf den folgenden Abschnitt hin.

"Der paurenknecht fras sein hantschůch"
In dem kurczen thon Hans Sachsen (1550)
1.
Ein pauren knecht hin gen Můnichen kam
Mit eim weisen federpusch fůr ain kram,
Fragt, wo man federpůesch wohl waschen kůnde.
Man weist in zv dem koch hinein gen hoff.
Der pauren knecht mit frewden hinein loff
Zům koch, der stack vol schalckheit, list vnd fůnde.
Den pusch er nůmb,
Sprach zv im: "Kůmb
In thuernicz, pis er drůcken widerůmb,
So wil ich dir die weil ein sůppen geben,
Las herausen die hirsen hantschůch dein!
Prechstůs mit dir in die hoffstueben nein,
Die rewter wurden spotlich mit dir leben."

4.3.2. **Konsonantismus**

4.3.2.1. *Explosivlaute und Affrikaten*

Die Explosivlaute und Affrikaten des Frnhd. entsprechen in vielen Fällen sowohl denen des normalisierten Mhd. als auch denen der nhd. Standardsprache. (Siehe Tafel 2 im Anhang: Entwicklung des Konsonantismus.) Die folgenden Erläuterungen konzentrieren sich daher auf einige der zahlreichen Varianten, die für das Erfassen von Lexemen bedeutsam sind. Ursache für die Vielfalt der Erscheinungen sind u. a. folgende Prozesse:

1. Der unterschiedliche Anteil der einzelnen Landschaften an der ahd. Lautverschiebung.
2. Die binnen(hoch)deutsche Konsonantenschwächung; darunter versteht man eine Schwächung (Lenisierung) der stl. Verschlusslaute *p, t, k* sowie der germ. Reibelaute *f, þ, s* und *h*. Sie erfaßt die hd. Mundarten mit Ausnahme des Hochalem., Südbair., des westl. Moselfränk., des Rip., des Nordthür. und des Schles.; Unterschiede gibt es jedoch sowohl bei den einzelnen Lauten als auch in zeitlicher Hinsicht. Im Obd. beginnt die Schwächung der Verschlußlaute schon im Spätahd., im Omd. erst im 15. Jh. Diese Lenisierung hängt wahrscheinlich mit ähnlichen Prozessen im Nd. zusammen, so dass der Ausdruck "binnenhochdeutsch" fehl am Platze ist.
3. Die Aufgabe des Stimmtons bei *b, d, g*. Dieser Prozess, der mitunter ebenfalls als Lenisierung bezeichnet wird, läßt *b, d, g*, soweit sie überhaupt erhalten bleiben, in vielen hd. Gebieten zu stl. Lenes werden. Ob dieser Prozess mit der Schwächung von *p, t, k* zusammenhängt, ist nicht restlos geklärt. Wichtig ist aber für viele Räume des Frnhd. (wie der nhd. Mundarten), dass die stl. Tenues *p, t, k* mit den sth. Lenes *b, d, g* zu den stl. Medien *ḅ, ḍ, g̣* zusammenfallen, das heißt, aus den sechs Phonemen des Mhd. entstehen in verschiedenen Räumen drei neue Phoneme; vgl. noch heute z. B. obersächs. *ḅelə* 'Pelle' und 'Bälle'. In der Schriftsprache bleibt jedoch die Opposition zwischen den Tenues und den Lenes erhalten.
4. Der Übergang von Verschlußlauten zu Reibelauten.
5. Die Unterschiede zwischen gesprochener und geschriebener Sprache. Da die Schrift oft nicht oder nur teilweise den Stand der Entwicklung widerspiegelt, ist der Lautwert der einzelnen Zeichen nicht immer genau zu bestimmen. Diese Situation macht es notwendig, die folgenden Ausführungen zu den einzelnen Explosivlauten und Affrikaten stets im Zusammenhang zu sehen. (Vgl. V. Moser, Bd. I,3.; 1951, 103ff.; Braune 1987, §102a, 102b; Mettke 1989, §62; Paul 1998, 121f., 132ff.; Szulc 1987, 158f.; Hartweg/Wegera 1989, 111; Simmler 1983, 1121ff.; Frnhd. Grammatik 1993, 83ff.)

Mhd. b

Frnhd. ⟨b⟩ konkurriert in der Schreibung nicht selten mit ⟨p⟩. (Daher werden in Wörterbüchern des Frnhd. beide Laute – genauso wie ⟨d⟩ und ⟨t⟩ – an einer Stelle zusammengefaßt.) Das Nebeneinander von ⟨b⟩ und ⟨p⟩ hat vor allem folgende Ursache:

Germ. */b/* ist im Obd. durch die 2. Lautverschiebung zu */p/* geworden. Dieses ⟨*p*⟩ gibt es im Anlaut auch noch in frnhd. Zeit im Bair.: *pauren, pald, peide.* In den übrigen obd. Gebieten ist das ⟨*p*⟩ meist auf wenige Wörter beschränkt, z. B. alem. *Payern, plitz.* Auch im Md., das generell den Wandel von */b/* zu */p/* nicht mitgemacht hat, erscheint unter obd. Einfluß des öfteren ⟨*p*⟩: *dem pusche, puttyr* (BE), *pauer, pusch, putter* sind im Omd. weit verbreitet. Häufig tritt ⟨*p*⟩ im Silbenanlaut auf: *gepaut, entpot* (3. P. Sg. Prät.). Auch Luther verwendet in frühen Schriften das ⟨*p*⟩: *peycht* (1520), *gepar, geperen, gepott* (1522), *emperen* (1529) 'entbehren', aber *gebar, geboren, Gebot* (1545). Verhältnismäßig stark ist ⟨*p*⟩ in den dt. Mundarten Böhmens vertreten, jedoch selten in der Prager Kanzleisprache.

In die Schriftsprache werden – vor allem über omd. Texte – u. a. folgende Wörter mit ⟨*p*⟩ übernommen: *pochen, Polster, Posaune, prangen, Prügel, purzeln, putzen.* Zum Teil sind schon im Mhd. Nebenformen mit ⟨*p*⟩ vorhanden.

Im Inlaut kommt fast nie ⟨*p*⟩ für ⟨*b*⟩ vor. Oft geht aber der Verschlusslaut in einen Reibelaut über, der häufig durch ⟨*w*⟩ wiedergegeben wird: bair. *lewen*, omd. *strewin*.

Die zwischenvokalische Geminata ⟨*bb*⟩ erscheint des öfteren als ⟨*pp*⟩: *crippe, rappe* 'Rabe', dann auch 'schwarzes Pferd', *rippe, üppig*. Doppelformen führen zur Bedeutungsdifferenzierung bei *rappe/rabe, knappe/knabe*.

Mhd. d

Auch für frnhd. ⟨d⟩ stehen des öfteren historisch bedingte Varianten.

Im Frnhd. wird /*d*/ vor ⟨*r*⟩ zu /*t*/, vor allem im Obd. Später, im 16./17. Jh., dringt dieser Wandel, der der Lenisierung entgegenwirkt, auch in verschiedene Gebiete des Md. ein. Dadurch wird manche Form schriftsprachlich: mhd. *drabant, draben, dröschen, drucken* > frnhd. *trabant, traben, treschen, trucken*.

Vor Vokalen spielt der Wandel zu ⟨*t*⟩ eine geringere Rolle. In einigen Wörtern wird jedoch ⟨*t*⟩ häufig gebraucht, z. B. *tacht/tocht, tausent, teutsch, tölpel, tosen, tuncken, Thöring (L)/Thüringen*. Meist bleiben die Formen mit ⟨*d*⟩ im Frnhd. daneben erhalten. Im Obd. ist dieser Wandel früher und häufiger als im Md. zu beobachten. *teutsch* ist besonders typisch für das Obd. Das anlautende ⟨t⟩ ist hier unter dem Einfluss der lat. Bildungen *theodiscus, teudiscus* bzw. des lat. *teutonicus* 'deutsch' angenommen worden und hat sich bis in die nhd. Zeit gehalten; es kommt z. B. noch bei E. M. Arndt vor. Erst mit der genaueren Kenntnis der Etymologie des Wortes setzt sich im 19 Jh. endgültig die Form mit ⟨*d*⟩ im Anlaut durch. (Siehe 1.2.4.5.) Bei *Thüringen* ist das ⟨*t*⟩ im Anlaut sicher durch Einfluß der lat. Form zur Norm der Schriftsprache geworden.

Dieser Wandel von /*d*/ zu /*t*/ ist kaum als späte Wirkung der 2. Lautverschiebung zu erklären. (Vgl. Tschirch, Bd. 2, 1989, 18.)

Mhd. g

Das durch die 2. Lautverschiebung im Obd. entstandene /*k*/ kommt im Anlaut nur noch ganz selten vor. In weiten Teilen des Md. und im Nürnbergischen geht das ⟨*g*⟩ in einen meist sth. Reibelaut über, bzw. es bleibt ein aus dem Germ. stammender Spirant erhalten, z. B. *jah, jut* (md.), *jach, jar* (Nürnberg). Einige Formen sind in die Schriftsprache übernommen worden: *jäh, jählings*. In der Umgangssprache ist *jeck* weit verbreitet. Schon Schottelius verzeichnet hier Doppelformen: *gach/jach, jahe, gekh/jekh*.

Im Inlaut verläuft die Entwicklung ähnlich. Das Obd. bewahrt meist den Verschlusslaut, allerdings als Lenis, das Md. und Teile des nördl. Obd. haben durchweg sth. oder stl. Reibelaut; letzterer gilt vor allem im Omd. Die Schrift spiegelt diese Entwicklung nur selten wider. Mitunter wird der stl. Reibelaut mit ⟨*gh*⟩ wiedergegeben, z. B. *jaghen, volghen*, manchmal auch mit ⟨*ch*⟩, z. B. *sachen, nachvolchen*. Durchgesetzt hat sich dieser Wandel in *mancher* und *mancherlei* (mhd. *manec, manegerleie*).

Die Geminata bleibt im Obd. meist erhalten: *bruggen, egge, mugg(en), ruggen*. Im Md. steht dagegen stets ⟨*k, ck, kk*⟩, z. B. *brücke, ecke, mücke/mucke, rucke(n)*.

Im Auslaut hat das Obd. meist ⟨*g*⟩. Doch gibt es auch Belege für den Übergang zum Reibelaut. Das gilt besonders für das ⟨*g*⟩ im Suffix *-ig*. Auch im Md. gibt es den Reibelaut, allerdings wird er in der Schrift selten bezeichnet: *adelich, vnzelich*. Nur im Mittelfränk., wo der frnhd. Reibelaut den westgerm. Reibelaut fortsetzt, wird meist ⟨*ch*⟩ geschrieben: *dach* 'Tag', *gesacht, klachte*.

Zur Assimilation von ⟨*b*⟩ zu ⟨*p*⟩ siehe Abschnitt 4.3.2.6., zur Auslautverhärtung Abschnitt 4.3.2.7.

Mhd. p und pf

Im Anlaut setzt sich /*pf*/, die in der 2. Lautverschiebung entstandene Affrikata, auch in der Schrift immer mehr durch, doch finden sich noch während der gesamten frnhd. Periode Formen mit unverschobenem ⟨*p*⟩: *paffe, plastern, pul*. Das gilt besonders für das Wmd., das die 2. Lautverschiebung in dieser Position nicht mitgemacht hat, sowie für das nördl. Thüringen und nördl. Obersachsen, die ursprünglich zum nd. Gebiet gehörten.

Unter nd./md. Einfluss dringen einige Wörter mit anlautendem ⟨*p*⟩ in die Schriftsprache ein: frnhd. *pellen, plunder, plündern, pocke, pökeln.* Das trifft auch auf einige jüngere Fremdwörter zu, z. B. frnhd. *Palast, belz/pelz, Preyß.* Im Omd. spricht man in Mundart und Umgangssprache auch heute noch statt der Affrikata */pf/* meist den Reibelaut [*f*], wahrscheinlich schon seit der Siedlerzeit: */funt/.* Als Weiterentwicklung der 2. Lautverschiebung ist dieser Wandel wohl kaum zu bewerten. Frings (1956, Bd. 3, 31) sieht das [*f*] als "Ergebnis kolonialer Mischung" von */pf/* und */p/.* (Vgl. dazu auch V. Moser 1951, 132f.; Hartweg/Wegera 1989, 112.) In der geschriebenen Sprache steht jedoch oft ⟨*pf*⟩ bzw. ⟨*ph*⟩, z. B. in BE.

Im In- und Auslaut nach ⟨*m*⟩ sowie in der Gemination ist die Verschiebung zur Affrikata im Md. zum großen Teil unterblieben. Auch in der Schrift stehen mitunter unverschobene Formen, z. B. *appele*; doch setzt sich ⟨*pf*⟩ immer stärker durch. Eine Reihe von Wörtern ist mit unverschobenen Formen schriftsprachlich geworden: *klappern, Knüppel, Lippe, Stempel* (frnhd. oft *knüpfel, stempfel*). Andere Formen bleiben auf Mundart und Umgangssprache beschränkt: *appel, schimpen, strump, stumpen.*

Im Mittelfränk. ist auch die Verschiebung nach ⟨*r*⟩ und ⟨*l*⟩ unterblieben: *dorp, helpen.* Im Laufe des Frnhd. setzt sich anstelle der Affrikata die Schreibung mit ⟨f⟩ durch. Unverschobene Formen werden ganz selten in die Schriftsprache aufgenommen, z. B. *Krampe, Krempe, stolpern.*

Mhd. t, z (/ts/)

Die Affrikata /ts/ wird im Frnhd. durch zahlreiche Allographe wiedergegeben. (Zu den Bedingungen ihres Vorkommens vgl. Frnhd. Grammatik 1993, 130ff.) Die wichtigsten Graphemvarianten sind im An-, In- und Auslaut ⟨z⟩ und ⟨tz⟩, die sich auch im Nhd. durchsetzen.

Zur Entwicklung des /t/:

Im Anlaut hat das Wmd. den Wandel von germ. */d/* zu ahd. */t/* nicht mitgemacht. In frnhd. Zeit dringt das gemeindeutsche */t/* allmählich über die geschriebene Sprache auch in die Mundarten dieses Raumes ein. Viele Wörter sind jedoch mit anlautendem ⟨*d*⟩ in die Schriftsprache eingegangen. Oft schwankt in diesen Fällen schon im Mhd. die Schreibweise, z. B. frnhd. *dalhe* 'Dohle', *dotter*, *tom/dum, tuften, dunkel.* In anderen Wörtern dürfte der nd. Einfluß den Ausschlag für die Schreibung mit ⟨*d*⟩ gegeben haben: frnhd. *dam* (neben *tam*), *Dene* 'Däne'. Hinzu kommen einige Lehnwörter, bei denen das nhd. ⟨*d*⟩ der ursprünglichen Form entspricht: frnhd. *dichten, doppeln, dutzent.*

Im Inlaut gibt es auch noch im Frnhd. die Erweichung nach Liquiden und Nasalen: *gehalden, sulde, virde* (BM), *alde, halden, vnder* (UK), *hinder, under, vierde* (L). Daneben stehen jedoch häufig Formen mit ⟨*t*⟩. Diese Erweichung wird gestützt durch die Konsonantenschwächung, die auch bei ⟨*t*⟩ eintritt. Ferner ist zu bedenken, dass germ. */d/* nach ⟨*l*⟩ und ⟨*n*⟩ im Md. meist nicht verschoben worden ist.

Eine andere Entwicklung ist zu einem Merkmal der Schriftsprache geworden.:

mhd. *tw* (ahd. *dw*) > frnhd. *zw* (besonders im Obd.) oder *kw* (besonders im Md.), z. B. mhd. *twalm* > frnhd. *qualm*, mhd. *twarc* > frnhd. *quark*, mhd. *twër* > frnhd. *kwer*, mhd. *twërch* > frnhd. *zwerch.*

Diese Entwicklung beginnt im Obd. schon spätmhd., im Md. erst im 14. Jh. Der Übergang zu *zw/kw* wird in der Schrift nicht immer bezeichnet: *betwingen, twalmig, twenglich* (Joh. v. Saaz).

Eine weitere Besonderheit stellt die Epithese des ⟨*t*⟩ dar. Man spricht hier auch vom unhistorischen ⟨*t*⟩. Es tritt an das Ende eines Wortes, besonders nach unbetonter Silbe. Die Entwicklung beginnt schon in mhd. Zeit (vgl. Paul 1998, 160f.) und ist in Dialekten und Umgangssprachen auch heute noch zu beobachten, z. B. [*ebənt*]::

mhd. *mâne* > frnhd. *mond*, mhd. *ieman* > frnhd. *iemant*, mhd. *nirgen* > frnhd. *nirgent(s)*, mhd. *vollen* > frnhd. *vollent(s).*

Im Frnhd. stehen oft beide Formen nebeneinander, z. B. *huf* und *huft* 'Hüfte'. Bei manchen Wörtern überwiegt sogar noch die Form ohne ⟨*t*⟩, z. B. *akse* 'Axt', *obes* 'Obst'.

Die Epithese ist auch im mittelbaren Auslaut, beim ersten Teil von Komposita festzustellen: mhd. *anderhalben* > frnhd. *anderthalben,* mhd. *allen halben* > frnhd. *allenthalben.*

Ebenso erscheint ⟨*t*⟩ als Gleitlaut in Ableitungen zwischen auslautendem ⟨n⟩ und anlautendem ⟨l⟩ des Suffixes, z. B. *eigentlich, ordentlich, namentlich.*

Mhd. k und kch

Die Affrikata /*kx*/ tritt immer mehr zurück; sie existiert lediglich noch im Hochalem. und in Teilen des Südbair. In der Schrift wird sie nur noch selten gekennzeichnet. Am Ende des Frnhd. steht durchweg das Graphem ⟨*k*⟩ oder – in seltenen Fällen – ⟨*ch, kch, kh*⟩. Der Lautwert dieser Zeichen ist nicht immer eindeutig zu bestimmen; ⟨*kh*⟩ kann z. B. auch für das aspirierte /*k*/ stehen. In den übrigen obd. Gebieten wird die Affrikata wieder zum Verschlusslaut.

Infolge der Konsonantenschwächung von ⟨*k*⟩ und ⟨*g*⟩ wechseln mitunter in der Schreibung diese beiden Buchstaben, vor allem im In- und Auslaut. Relativ häufig ist dies in md. Texten der Fall. Schon seit dem 14. Jh. gibt es Formen wie *grantz, kranger, volg.* Vom 16. Jh. an tritt die ⟨*g*⟩-Schreibung wieder zurück. In verschiedenen Mundarten und landschaftlichen Umgangssprachen ist die Schwächung noch heute erhalten. In die Schriftsprache Eingang gefunden haben die Schreibungen *Sarg* und *Werg* (frnhd. *sarc, werc*).

4.3.2.2. *Entwicklung der s-Laute*

Sehen wir von dem palatalen Zischlaut ab, der mit ⟨*sch, sk, sc*⟩ geschrieben wird, so gibt es im Mhd. zwei [*s*]-Laute: (1) ⟨*s*⟩ bezeichnet den alten idg. Reibelaut; er besaß im Mhd. einen palatalen Charakter, stand also dem heutigen ⟨*sch*⟩ nahe; je nach der Position wurde er wohl sth. oder stl. gesprochen. In den Grammatiken und edierten Texten wird es mitunter auch mit *ṡ* (stl.) bzw. *ż* (sth.) markiert. (Manchmal steht der Punkt auch unter dem Zeichen.) (2) ⟨*z*⟩ bezeichnet den stl. Reibelaut, entstanden aus germ. /*t*/, der oft auch durch ⟨*zz, ʒʒ*⟩ wiedergegeben wird. Da diese beiden Laute in Schreibung und Aussprache deutlich geschieden sind, werden sie von den Dichtern der mhd. Klassik nicht miteinander gereimt.

Seit dem Ende des 13. Jh. verändert mhd. ⟨*s*⟩ in mehrfacher Hinsicht seinen Lautwert. Dort, wo es seinen palatalen Charakter aufgibt und zum reinen dentalen stl. /*s*/ wird, fällt es mit mhd. ⟨*z*⟩ zusammen; vgl. mhd. *daz, ez, grôz, muoz, ûz*; mhd. *gras, ist, uns*; frnhd. *daz/dz, es, gross/groß, mus, auß; gras, ist, vns.* In der Schreibung findet dieser Wandel zunächst keinen deutlichen Niederschlag. In verschiedenen Landschaften bleibt die Unterscheidung noch lange erhalten, nicht aber in der Schriftsprache, wo die Opposition /*s*/:/*z*/ ([ż]) in diesen Fällen aufgehoben wird. (Zur komplizierten Entwicklung der *s*-Laute vgl. V. Moser 1951, Bd. 1.3., 204ff.; Kienle 1969, 99ff.; Philipp 1980, 48f.; Hartweg/Wegera 1989, 112f.; Paul 1998, 162ff.; Frnhd. Grammatik 1993, 110ff.)

Im Anlaut vor Vokalen sowie im Inlaut zwischen sth. Lauten setzt sich allmählich der sth. *s*-Laut (/*z*/) durch. Er entspricht in der Regel mhd. ⟨*s*⟩: *sagen, leise, lesen, Amsel, Linse.* Dieser Laut wird meist mit ⟨*s*⟩ oder ⟨*ſ*⟩ wiedergegeben. Vereinzelt ist auch mhd. ⟨*z*⟩ zu einem sth. Laut geworden, nach Vokalen (*Ameise, verweisen*) und nach ⟨*m, n*⟩ (*emsig, Binse*).

Im Inlaut nach kurzem Vokal und neben Konsonanten – vor allem in der Verbindung ⟨*st, sp*⟩ – sowie im Auslaut entwickelt sich ein stl. *s*-Laut. Er entspricht mhd. ⟨*s, ss, z, zz*⟩; vgl. mhd. *gras, küssen, leisten, wespe, daz, wizzen.* Geschrieben wird er als ⟨*z, zz*⟩, später vor allem als ⟨*ſ, ſſ, ſs, ß, ſz*⟩, z. B. *heizzt, sachſzen, wachſſzen, wachßen.* Durch Vereinfachung steht im 16./17. Jh. oft nur *ſ* (*weiſt*) oder *ß* (*roß*).

Im Anlaut vor Konsonanten (*l, m, n, w, p, t*) verstärkt ⟨*s*⟩ seinen palatalen Charakter, es wird zum palato-alveolaren *ʃ* (⟨*sch*⟩); dieses ⟨sch⟩ fällt mit dem im Mhd. aus ahd. ⟨sk⟩ entstandenen Laut zusammen: ahd. *scuoh*, mhd. *schuoch.* Diese Entwicklung, im Alem. schon im 13. Jh. einsetzend, gilt für das gesamte hd. Gebiet. Dadurch verstärkt sich die Opposition zu dem stl. /*s*/, das aus germ. /*t*/ entstanden ist, vgl.:

mhd. *swërt* > frnhd. *schwert*, mhd. *snê* > frnhd. *schnee*, mhd. *smërze* > frnhd. *schmerz*, mhd. *slâf* > frnhd. *schlaf*, mhd. *sprëchen* > frnhd. *sprechen* (*/ʃpreχən/*, mhd. *stein* > frnhd. *stein* (*/ʃtaen/*).

Die Schrift spiegelt diese Veränderung zunächst nicht wider: *snelle, swerlich*, (JOH. V. SAAZ). Erst seit etwa 1500 setzt sich die Schreibung mit ⟨*sch*⟩ stärker durch. Nur vor ⟨*t*⟩ und ⟨*p*⟩ bleibt die Schreibweise erhalten. Gelegentliche Schreibungen wie *schprechen* werden wieder rückgängig gemacht. Der Übergang von inlautendem ⟨*s*⟩ zu ⟨*sch*⟩ bleibt auf das Schwäb.-Alem. und einige wmd. Randgebiete (Rheinfränk.) beschränkt, vgl. alem. *faschten, ischt*. Im In- und Auslaut wird ⟨*s*⟩ oft nach ⟨r⟩ zu ⟨*sch*⟩. Auch dieser Wandel breitet sich im 14./15. Jh. fast über das gesamte hd. Gebiet aus, setzt sich aber in der Schreibung zunächst nicht durch, vgl. frnhd. *bars, hirs*. Erst im jüngeren Frnhd. kommen ⟨*sch*⟩-Schreibungen häufiger vor: *bursche, herrschen, kirsche*. In den Mundarten ist diese Veränderung oft konsequenter erfolgt. So erscheint im Omd. in der Regel ⟨*s*⟩ nach ⟨*r*⟩ als ⟨*sch*⟩, vor allem in der Verbindung *-rst*: *dorscht, worscht*.

Grundsätzlich wandelt sich also mhd. *s* im Anlaut zu */ʃ/* oder zu sth. */z/*, im In- und Auslaut zu sth. oder stl. Reibelaut, nach ⟨*r*⟩ oft zu */ʃ/*. Mhd. *z* wird selten zum sth. Reibelaut, meist bleibt es stl.; mhd. *ss* und *zz* ergeben immer stl. Reibelaut.

Die Schreibung der stl. Fortes im Inlaut nach kurzem Vokal mit ⟨*ss*⟩ und nach langem Vokal mit ⟨*ß*⟩ wird erst im 18. Jh. endgültig durch GOTTSCHED durchgesetzt, vgl. *Masse, Maße*.

Sehen wir von einigen Besonderheiten der Aussprache und der Schreibung ab, so ergibt ein Vergleich der Phoneme und Grapheme zwischen dem Mhd. und dem Nhd folgendes Bild (vgl. STOPP 1976, 35f.):

mhd.		nhd.	
Phoneme	Graphem(varianten)	Phoneme	Graphem(varianten)
/z/	⟨s⟩	/z/	⟨s⟩
/s/	⟨s, ss, z, zz⟩	/s/	⟨s, ss, ß⟩
/ʃ/	⟨sch, sk/sc⟩	/ʃ/	⟨sch, s⟩

Die Übersicht vereinfacht bewusst den Sachverhalt; so wird die umstrittene These ausgeklammert, ob die Doppelkonsonanten eigene Phoneme bildeten. (Siehe 4.2.4.) Sie macht jedoch in Verbindung mit den vorangehenden Erläuterungen deutlich, dass die Veränderungen vom Mhd. zum Nhd. nicht die Art und die Zahl der Phoneme betreffen, sondern ihren Lautwert, ihre graphische Wiedergabe sowie insbesondere ihre Distribution und damit ihre Frequenz. Im Frnhd. sind zu allen Zeiten und in allen Landschaften diese Wandlungen noch im Gange, auch in der graphischen Wiedergabe. Da im Nhd. die Phoneme */s/* und */z/* nur selten eine distinktive Opposition bilden (vgl. */raezən/:/raesən/*, werden sie mitunter als Allophone aufgefaßt. (Vgl. SZULC 1987, 129ff.) In verschiedenen md. Mundarten ist die Opposition zwischen dem sth. und dem stl. Reibelaut aufgegeben worden.

4.3.2.3. *Entwicklung von mhd. h*

Germ. */h/* ist im Mhd. zwischen Vokalen nur noch Hauchlaut. Im Frnhd. tritt in dieser Stellung – meist im Silbenanlaut – fast immer Schwund ein. In einigen obd. Maa. ist vielleicht der Charakter des Reibelautes bzw. Hauchlautes länger erhalten geblieben. Die Schreibung jedoch bewahrt das ⟨*h*⟩, z. B. mhd. *sehen* > frnhd. *sehen* (*/ze:ən/*), mhd. *nâhe* > frnhd. *nahe* (*/na:ə/*). ⟨*h*⟩ hat hier die Funktion eines Hiattrenners. Einige Wörter sind nach dem Verstummen des ⟨*h*⟩ kontrahiert worden, z. B. nhd. *Gemahl, Stahl, zehn, Zähre*. Erhalten bleibt in dieser Position der Hauchlaut in der Schriftsprache nur bei wenigen Wörtern, vgl. z. B. *Ahorn*. Generell ist dies der Fall im Anlaut von Wörtern: *Hand, Hof, Hund*.

Im Auslaut, wo sich der spirantische Lautwert im Mhd. erhalten hat, tritt aufgrund des Systemzwanges ebenfalls Schwund ein, z. B. mhd. *schuoch* > frnhd. *schu* (nach dem Gen. Sg. oder dem Pl.), mhd. *sach* > frnhd. *sah* (nach dem Pl.). Das gilt auch für ⟨*h*⟩ im gedeckten Auslaut, z. B. mhd. *sëhen, siht* > frnhd. *sehen, sieht.* Jedoch wird besonders im älteren Frnhd. noch mehrfach ⟨*ch*⟩ verwendet, vor allem vor ⟨*t*⟩, z. B. *verzeuch* (Joh. v. Saaz), *beschicht* (Steinhöwel), *vich, einsechen* (ZA).

Bei Luther ist das ⟨*h*⟩ in der Regel schon verstummt; doch deutet die Schreibung mit ⟨*ch*⟩ (*geschechen, zeucht*) ein Schwanken an. Im gedeckten Auslaut kennt er wohl noch den Reibelaut. Dafür zeugen Reime wie *verschmecht – Geschlecht.*

Das verstummte ⟨*h*⟩ wird nun als Längezeichen betrachtet. Man verwendet es auch bald in Wörtern, in die es etymologisch nicht gehört, z. B. mhd. *varn* > frnhd. *fahren.* In einigen Wörtern dient ⟨*h*⟩ zur Kennzeichnung der Zweisilbigkeit und damit gleichzeitig wieder als Hiattrenner, vgl. mhd. *ê* > frnhd. *ehe*, mhd. *gên.* > frnhd. *gehen.* Des öfteren geschieht dies bei Wörtern, bei denen inlautend ein ⟨*j*⟩ oder ⟨*w*⟩ geschwunden ist; vgl. mhd. *kraejen*, nhd. *krähen*, mhd. *müejen*, nhd. *mühen*, mhd. *ruowe*, nhd. *Ruhe.*

Auch in anderen Positionen ändert sich der Lautwert des ⟨*h*⟩: Nach hellen Vokalen entwickelt sich der velare Reibelaut zum palatalen (mhd. *rëcht*, *niht*). Dieser Wandel beginnt im Md. bereits in mhd. Zeit.

Vor ⟨*s*⟩ geht der Reibelaut in den Verschlußlaut ⟨*k(g)*⟩ über: frnhd. *fuchs (/fuks/), sechs (/zeks/).* Im Frnhd. finden wir oft phonetische Schreibweise: ⟨*fuks, ogs, wagsen*⟩. Besonders im Bair. wird dafür auch das fremde Graphem ⟨*x*⟩ eingesetzt, z. B. ⟨*dax, fux*⟩. Dieser Lautwandel, der vom Südosten ausgeht, erfasst den größten Teil des hd. Raumes. Im 9. Jh. war vom Norden der Wandel von [*hs*] zu [*ss*] ausgegangen und bis ins Obd. vorgedrungen, später aber wieder zurückgedrängt worden. Heute kennzeichnet /*s*/ für schriftsprachlich /*ks*/ vor allem das Nd. (Vgl. Frings 1957, Karte 38.) Teile des Alem. und des Ostfränk. haben Sonderentwicklungen.

Schließlich wird westgerm. ⟨*ch*⟩, das in den Silbenanlaut getreten ist, in wenigen Wörtern zum Verschlußlaut oder gar zur Affrikata. Der Wandel vollzieht sich meist schon im Mhd., z. B. mhd. *dech-*, *dekein* > frnhd. *kein*, mhd. *nechein, nichein* > frnhd. *kein*, mhd. *varch* 'Schwein', 'Ferkel', dazu *vẹrhelîn* > frnhd. *ferkel.*

4.3.2.4. *Entwicklung von mhd. w und j*

⟨*w*⟩ und ⟨*j*⟩ fungieren bis ins Mhd. als Halbvokale. Zu Beginn des Frnhd. ist ⟨*w*⟩ (/*v*/) meist schon labiodentaler Reibelaut, der nun in Opposition zum stl. Reibelaut /*f*/ steht. Im Anlaut bleibt /*v*/ in der Regel während der frnhd. Epoche erhalten. Im In- und Auslaut sind dagegen häufig Änderungen eingetreten. Im Inlaut wird /*v*/ nach /*a:*/ > [*u*] vokalisiert; diese Entwicklung wird dann in den Auslaut übertragen:

mhd. *brâwe* > frnhd. *braue*, mhd. *klâwe* > frnhd. *klaue.*

In der Schrift treten auch weiterhin ⟨*aw*⟩ oder ⟨*auw*⟩ und ⟨*ab*⟩ auf. Nach anderen langen Vokalen fällt ⟨*w*⟩ im Inlaut in der Regel aus:

mhd. *bûwen* > frnhd. *bauen*, mhd. *niuwez* > frnhd. *neues.*

Schreibungen mit ⟨*w*⟩ kommen aber noch öfter vor, besonders im älteren Frnhd. In der Schriftsprache erhalten bleibt inlautendes ⟨*w*⟩ nur in *ewig* und *Löwe.*

Im Inlaut vor Konsonanten und im sekundären Auslaut geht /*v*/ seit dem Spätmhd. zum Verschlusslaut /*b*/ über, ebenso im Inlaut nach Liquiden. Im Niederalem. bleibt die Schreibung mit ⟨*w*⟩ bis ins 16., im Hochalem. bis ins 17. Jh. erhalten; vgl.:

mhd. *blaw(e)z* > frnhd. *blabs*, mhd. *witiw(e)* > frnhd. *wit(t)ib*, *wittbe*, mhd. *swalwe* > frnhd. *schwalb(e)*, mhd. *varwe* > frnhd. *farb(e).*

Nach ⟨*l*⟩ und ⟨*r*⟩ ist das ⟨*b*⟩ in die Schriftsprache eingegangen; in anderen Fällen ist dies nur selten geschehen, z. B. bei *hieb* (Prät.). Vereinzelt erscheint ⟨*b*⟩ auch im Inlaut zwischen Vokalen: frnhd. *abenteur, eibe.* Formen wie nhd. *fahl(es)* und *Mehl(es)* sind durch Ausgleich im Paradigma entstanden, vgl. schon mhd. *mel* (No.) *melwes* (Gen.).

Mhd. ⟨*j*⟩, ursprünglich ebenfalls Halbvokal, ist wohl schon mhd. zum sth. palatalen Reibelaut geworden. Es steht seitdem mit dem stl. Reibelaut /*x*/ und dem Allophon [*χ*] in Opposition. In frnhd. Zeit bleibt es im Anlaut fast unverändert erhalten. Der Wechsel von ⟨*j*⟩ und ⟨*g*⟩ in der Schrift ist durch den Reibelautcharakter des ⟨*g*⟩ in verschiedenen Mundarten bedingt; mitunter wechseln beide Schreibweisen, vgl. z. B. *jar* und *gar*, *ghanz* und *janz*. (Siehe auch Abschnitt 4.3.2.1.)
Inlautend zwischen Vokalen fällt ⟨*j*⟩ in der Regel aus und wird oft durch ⟨*h*⟩ ersetzt (siehe oben):

mhd. *næjen* > frnhd. *näen*, *nähen*, mhd. *blüejen* > frnhd. *blühen* mhd. *glüejen*, > frnhd. *glüen*.

In dieser Position kommt es nur noch bei Wörtern nd. Herkunft vor, vgl. *Boje, Koje.*

Vor Konsonanten ist der Wandel zu ⟨*g*⟩ oder ⟨*ch*⟩ weit verbreitet: *bruͤgt* 'brüht', *negt* 'näht'. Besonders nach ⟨*r*⟩ setzt er sich zum Teil in der Schriftsprache durch:

mhd. *vẹrje* > frnhd. *ferge*, mhd. *schẹrje* > frnhd. *scherge*, mhd. *mẹtzjer* > frnhd. *metzger*, mhd. *lilje* > frnhd. *lilge*.

4.3.2.5. *Entwicklung der Nasale und Liquide*

Die Sonore haben sich seit idg. Zeit am wenigsten verändert. Das gilt auch für die Entwicklung vom Mhd. zum Frnhd. Die geringen Wandlungen haben, abgesehen von einigen Erscheinungen der Assimilation, kaum Niederschlag in der Schreibung gefunden.

Seit dem 15. Jh. verstärkt sich der differenzierte Einsatz von Doppelkonsonanz nach kurzem Vokal und von einfachem Konsonanten nach langem Vokal bzw. Diphthong: z. B. *lamm* – *lahm*. Diese Verteilung hat sich jedoch bis heute nicht konsequent durchgesetzt. Noch deutlicher wird diese Inkonsequenz bei anderen Konsonanten, z. B. bei l, ll. (Siehe Abschnitt 4.2.4.)

/*n*/ wird wohl schon mhd. vor den velaren Explosivlauten /*g*, *k*/ zum velaren Nasal, gilt aber zunächst als Allophon zu /*n*/. In frnhd. Zeit wird dieser Laut zum Phonem, indem der folgende Verschlußlaut assimiliert wird; ⟨*ng*⟩ steht nun also für ein Phonem (*ŋ*). (Vgl. Szulc 1987, 161; zu weiteren Assimilationen von /*n*, *m*/ siehe 4.3.2.6.)

Zum alveolaren /*r*/ des Mhd., dem Zungenspitzen-r, kommt in frnhd. Zeit ein fakultatives Allophon hinzu, das uvulare *r*. Die Aussprache ist zunächst landschaftlich bedingt; in nhd. Zeit dringt das [*R*] allmählich weiter vor. (Siehe auch die Übersicht über die konsonantischen Phoneme.) – Vgl. zu den Nasalen und Liquiden ausführlicher Frnd. Grammatik 1993, 134ff.

4.3.2.6. *Assimilation und Dissimilation*

Beim Übergang vom Mhd. zum Frnhd. und besonders in frnhd. Zeit selbst tritt häufig Assimilation von Konsonanten auf. Viele von ihnen sind in die Schriftsprache eingegangen.

⟨*mb*⟩ > ⟨*mm*⟩: mhd. *kumber* > frnhd. *kummer*, mhd. *lẹmber* > frnhd. *lemmer*, mhd. *zimber* > frnhd. *zimmer*. Im älteren Frnhd. geschicht diese Assimilation vor allem im Inlaut, später dringen die assimilierten Formen durch Systemzwang auch in den Auslaut (*lamp* > *lamm*). Der Wandel beginnt schon in mhd. Zeit, besonders im md. Raum. Bei Luther stehen oft noch beide Formen nebeneinander (*lemblin* und *lemlin*). Zum Teil erscheint ⟨*b*, *p*⟩ sogar in Wörtern, in die es etymologisch nicht gehört. Aber gerade das zeugt für das Verstummen des ⟨*b*⟩. Die Schreibung ⟨*mb*, *mp*⟩ ist also mitunter schon als historische Schreibweise aufzufassen. Sie kommt aber noch im 17. Jh. vor, z. B. *Ampt, allesampt, kömpt, nimpt* (OP), spiegelt dann allerdings manchmal eine mundartlich bedingte Aussprache wider.

Mitunter gleicht sich ⟨*b*⟩ nach Synkope eines ⟨*e*⟩ dem folgenden stl. /*t*/ bzw. /*s*/ an: mhd. *houbit* > frnhd. *haupt*, *heupt*, mhd. *obez* frnhd. *ops*, mhd. *hübesch* > frnhd. *hüpsch*. Diese Entwicklung gilt besonders für das Obd. Im Bereich der Flexionsendungen kommt sie fast nur im Alem. vor, vgl.: mhd. *gibet* > alem. *gipt*.

Weitere Assimilationen betreffen ⟨*m*⟩ und ⟨*n*⟩.
⟨*m*⟩ > ⟨*n*⟩, besonders vor ⟨*f*⟩: Diese Veränderung beginnt schon im Mhd., doch stehen im Frnhd. noch häufig ältere und jüngere Formen nebeneinander: *fumff* und *fünff*, *vernumfft* und *vernunfft*.
⟨*n*⟩ > ⟨*m*⟩, vor allem vor Labialen: Auch hier gibt es im Frnhd. oft Doppelformen: *anboß* und *amboß*, *enber* und *empor*, *enpfinden* und *empfinden*. Diese Assimilation führt auch zu Unsicherheiten in der Schreibung von Namen. So schreibt LUTHER *Wittenberg* bald mit ⟨*m*⟩, bald mit ⟨*n*⟩.

Oft erfolgt eine Angleichung ähnlicher Laute, wenn sie durch Wortbildungsvorgänge aneinanderstoßen: mhd. *grüen mât* frnhd. *grumat* 'Grummet, 2. Grasschnitt', mhd. *nôtdurft* > frnhd. *notturft*, mhd. *inbîz*, frnhd. *imbis*, *immis*, nhd. *Imbiß*.

Die Dissimilation kommt nicht so oft wie die Assimilation vor:

mhd. *dörpære, dörper* > frnhd. *törpel, dörpel*, mhd. *murmeln* > frnhd. *murbeln*, mhd. *bibel* > frnhd. *fibel*, mhd. *samenen*, nhd. *sammeln*. (Vgl. u.a. KIENZLE 1969, § 139f.).

Ob man Assimilation und Dissimilation in der Regel als "sozialsituativ begründete sprechsprachliche Varianz" bewerten kann (Frnhd. Grammatik 1993, 156), ist wohl schwer nachzuweisen.

4.3.2.7. *Ausgleichserscheinungen*

Von besonderer Bedeutung sind die Ausgleichserscheinungen innerhalb der Konjugation. Seit frnhd. Zeit wird der gramm. Wechsel nicht mehr als Mittel zur Unterscheidung verschiedener Verbformen empfunden und daher weitgehend beseitigt. Schon im Mhd. sind die Unterschiede z.T. eingeebnet worden. Doch gibt es im Frnhd. noch häufig alte Formen; oft stehen diese neben neuen, mitunter sogar beim gleichen Schreiber. Das Obd. bewahrt im allgemeinen länger als das Md. den mhd. Stand. Beispiele für den Stand der Entwicklung, die nur bedingt zu verallgemeinern sind:

		Inf./Präs.	Sg. Prät.	Pl. Prät.	Part. Prät.
5. Klasse	mhd.	wësen	was	wâren	gewësen
	frnhd.(K)		was	waren	
	frnhd.(UK)		waz	waren	gewesen
	frnhd.(L)		war	waren	gewest
6. Klasse	mhd.	slahen	sluoc	sluogen	geslagen
	frnhd.(K)	slehst, schlecht		sluegen	geslagen
	frnhd.(UK)	slahen/slagen			geslagen
	frnhd.(L)	schlahen/schlagen			

Der Ausgleich erfolgt sowohl nach dem Präs. und Sg. Prät. als auch nach dem Pl. Prät. und Part. Prät. Nur in wenigen Verben bleibt ein Unterschied zwischen Präs. und Prät. erhalten, z.B. *schneiden – schnitten*; *ziehen – zogen*. Innerhalb des Prät. gibt es heute den gramm. Wechsel gar nicht mehr.

Die Auslautverhärtung wird meist schon im älteren Frnhd. nicht mehr gekennzeichnet. Auch darin zeigt sich das Bestreben, das gleiche Morphem einheitlich zu schreiben.

Obd. Texte zeigen die Auslautverhärtung allerdings noch recht oft. Omd. Schriften des 14. Jh. (z.B. BE) haben noch häufig die Verhärtung des Dentals (⟨*kint, bant*⟩), schwanken aber bei der Wiedergabe des Gutturals (⟨*berk, tag, weg, wec*⟩), während beim Labial schon das ⟨b⟩ überwiegt (⟨*wip, wib, lob, gab*⟩).

4.3.2.8. *Übersicht über die konsonantischen Phoneme*

Am Ende des Frnhd. gibt es folgende Konsonantenphoneme:

	Artikulationsstelle					
Artikulationsart	labial	dental	palatal	velar	uvular	glottal
Explosive						
Fortes	/p/	/t/		/k/		
Lenes (z. T. sth.)[1]	/b/	/d/		/g/		
Frikative						
Fortes	/f/	/s/ /ʃ/	[χ]	/x/		
Lenes (sth.)	/v/	/z/	/j/			
Affrikaten[2]	/pf/	/ts/		/kx/		
Nasale	/m/	/n/		/ŋ/		
Liquide		/r/ /l/			[R]	
Hauchlaut						/h/[3]

Anmerkungen:
1 Siehe die folgenden Erläuterungen zu den Explosiven sowie Abschnitt 4.3.2.1.
2 Affrikaten können auch als Phonemverbindung (biphonematisch) aufgefaßt werden.
3 Artikulationsstelle und Artikulationsart des */h/* werden unterschiedlich charakterisiert. Die prinzipielle Zuordnung zu den Frikativen (vgl. PHILIPP 1980, 44; HARTWEG/WEGERA 1989, 110; Frnhd. Grammatik 1993, 151) ist jedoch unangemessen.

Diese Übersicht abstrahiert wie der Überblick über die vokalischen Phoneme von den meisten landschaftlichen und zeitlichen Besonderheiten. Daher entspricht der Phonembestand weitgehend dem der nhd. Schriftsprache.

Auf einige Unterschiede gegenüber dem Phoneminventar des Nhd. sowie gegenüber den Systemen einzelner Landschaften sei kurz hingewiesen. Die Differenzierung zwischen den Allophonen [χ] und [*x*] gilt auch im 17. Jh. noch nicht für alle Sprachräume; vgl. die Aussprache dieses Lautes in der alem. Mundart der Gegenwart. Wie weit sich dieser Prozess am Ende des Frnhd. durchgesetzt hat, ist nicht genau zu beurteilen.

Das Phonem */r/* ist je nach seiner Stellung auch schon im Frnhd. verschieden realisiert worden, jedoch ist der Stand der Gegenwart noch nicht erreicht, wo vier Allophone unterschieden werden: das Zungenspitzen-*r*, das Zäpfchen-*r*, das Reibe-*r* und das vokalisierte *r*. (Vgl. MEINHOLD/STOCK 1982, 131f.)

Erhebliche territoriale Unterschiede zeigen sich bei den Explosivlauten. Das hat zwei Ursachen. Einmal spiegeln die schriftsprachlichen Varianten des Frnhd. oft noch Unterschiede in der Durchführung der 2. Lautverschiebung wider. Allerdings ist manche dieser Besonderheiten wie die Affrikata */kx/* am Ende des Frnhd. nur noch bedingt zum Phoneminventar dieser Zeit zu rechnen; sie kommt auch im Obd. nur noch selten vor. Die Schreibung lässt allerdings mitunter kein eindeutiges Urteil zu. Zum anderen sind infolge der binnendeutschen Konsonantenschwächung und des Stimmtonverlustes von */b, d, g/* in verschiedenen hd. Mundarten die Oppositionen */p/*:*/b/*, */t/*:*/d/*, */k/*:*/g/* aufgehoben worden. (Vgl. Abschnitt 4.3.2.1.)

Ein Vergleich mit dem Bestand der konsonantischen Phoneme des Ahd. (siehe 2.3.1.2.) und des Mhd. (siehe 3.4.1.2.) zeigt keine wesentlichen Unterschiede. Das ist dadurch bedingt, dass sich das hd. Konsonantensystem vor allem durch die 2. Lautverschiebung herausgebildet und seitdem keine einschneidenden Wandlungen erfahren hat und dass die zahlreichen Besonderheiten einzelner Sprachlandschaften keinen Eingang in das System der Schriftsprache gefunden haben. (Vgl. Tafel 2.) Die für die nhd. Schriftsprache relevanten Veränderungen während der frnhd. Periode betreffen durchweg nur Phoneme in bestimmten Positionen, und zwar ihre Distribution, ihren Lautwert sowie – damit zusammenhängend – die Zahl der Allophone. Dies gilt besonders für die Frikative, ferner für das */r/* und für das */h/*. (Siehe die entsprechenden Abschnitte.)

Abschließend sei an Hand einiger Zeilen aus der "Zueignung" der "Teutschen HaubtSprache" von SCHOTTELIUS (siehe auch Abb. 11) ein Einblick in den Stand der Entwicklung von Schreibung und Lautung am Ende der frnhd. Periode gegeben. Selbst dieser kurze Text demonstriert sowohl den Prozess der Vereinheitlichung in beiden Bereichen wie auch noch zahlreiche Besonderheiten jener Zeit gegenüber dem Nhd.:

"Nach langer Zeit hat sich diese alte Teutsche Sprache gesonderet in zwo Haubtmundarten oder Dialectos præcipuas, in das altFrånkische und in das alt Såchsische; das alt Såchsische oder Nider Teutsche hat hinwieder unterschiedliche Mundarten / wie auch das alt Frånkische / Das Frånkische hat mit der Zeit und sonderlich in denen nach Caroli M. erfolgeten Jahrhunderten oder Seculis sich sonderlich beginnen hervorzuthun / und zwar jmmer mehr und mehr nach der Mundart und eigenschaft / so man genennet Hochteutsch / darin man auch hernach begunnen die publica imperii acta aufzuzeichnen / die auch / nicht ohn vielfåltige enderung / in kåiserl. Chur und Fůrstlichen auch anderen Cantzeleien mit der Zeit angenommen / ausgeůbt und bishero behalten worden / also daß in Teutschland die gangbare / allgemeine und jedwederem in seinem stande dienliche Sprache nunmehr ist und wird gehalten die also genante Hoch Teutsche Sprache: Worin unter Håubteren und Potentaten / auch unter Gelahrten /. . ./ und sonsten durchgehends / was vorkommen sol und kan / abgehandelt wird / die auch nicht ohn großen Nutz also in Kirch= und Schulwesen eingefůhret worden . . ."

4.4. Formenlehre

4.4.1. **Das Verb**

Die Einteilung der frnhd. Verben wird hier parallel der der mhd. Verben vorgenommen (siehe 3.5.1.). Der Bestand an synthetisch und analytisch gebildeten Formen des Nhd. bildet sich heraus. Daneben gibt es noch eine Reihe von Umschreibungen mit verschiedenen Funktionen, die auf das Frnhd. beschränkt bleiben (vgl. auch 4.5.2.3.).

4.4.1.1. *Starke Verben*

4.4.1.1.1. *Konjugation:*

	Präsens	Indikativ	Konjunktiv	Imperativ
Sg.	1. P.	*sing(e), singen*	*sing(e)*	
	2. P.	*sing(e)st,–ist, singes*	*sing(e)st,–ist*	*sing(e)*
	3. P.	*sing(e)t,–it*	*sing(e)*	
Pl.	1. P.	*singen,–in,–ent*	*singen,–in*	
	2. P.	*sing(e)t,–it,–ent,–en*	*sing(e)t,–it*	*sing(e)t, -it*
	3. P.	*singen,–in,–int,–ent*	*singen,–in*	

Part. Präs. *singend(e), singind(e), singen, -und, -(en)ing*
Inf. *singe(n), -in*

	Präteritum	Indikativ	Konjunktiv
Sg.	1. P.	*sang(e)*	*süng(e)*
	2. P.	*sang(e)st,–ist, sungest*	*süngest,–ist*
	3. P.	*sang(e)*	*süng(e)*
Pl.	1. P.	*sungen,–in*	*süngen,–in*
	2. P.	*sung(e)t,–it*	*süng(e)t,–it*
	3. P.	*sungen,–in*	*süngen,–in*
Part. Prät.		*(ge)sungen, -in, gsungen*	

Apokopierte und synkopierte Formen stehen häufig neben vollen Formen: *ich singe/ich sing, er hilfet/er hilft*. Im Konj. Prät. überwiegen die Formen mit erhaltenem *e*. Endungen mit *i* anstelle des unbetonten *e* erscheinen im Omd. des 16. Jh. nicht mehr häufig (siehe 4.3.1.11.). – PENZL (1984, 110) führt das Paradigma von *brechen* nach Schottelius (1663) an.

Flexion und Funktionen des Präsens

Präsens Indikativ

1. P. Sg. Präs. Ind.: Besonders im Omd., aber auch im Obd., ist der Stammvokal der 1. P. Sg. Präs. Ind. der Ablautreihen 3 b, 4 und 5 häufig dem Pl. angeglichen, z. B. *gebe, nemm/nemme* (F), *sehe*. Das Obd. bewahrt daneben bis ins 17. Jh. die alte durch Alternanz veränderte Form (siehe 3.4.2.2.), meist noch mit Apokope des *e*, z. B. *befihle, gib* (AS), *ich nimm* (F). Aus der schwachen Konjugation ist die Endung *-en* (siehe 4.4.1.2.) auch in die starke eingedrungen: *befilchen ich* (DS), zumeist im Wmd. und Westalem.; in Köln erscheint sie bis 1550.
2. P. Sg. Präs. Ind.: Auch der Stammvokal der 2., 3. P. Sg. erscheint in der 3. (b), 4. und 5. Ablautreihe gelegentlich gesenkt als *e: gebist, sprechit* (BE). Formen mit *-s* weist das Md. noch im 15. Jh. auf: *dů snides* (SB), *du sprichis* (BE).
3. P. Sg. Präs. Ind.: In der UW treten zuweilen die Formen *–ſt* und *-ut* auf.

Pl. Präs. Ind.: Im Hochalem., Els. und Schwäb. ist häufig ein Einheitsplural auf *-ent* oder *-en* zu finden, d. h., die Endungen *-ent* oder *-en* treten in der 1., 2. und 3. P. Pl. Präs. Ind. auf. Im Mnd. sind die Pluralendungen der 1., 2. und 3. P. ebenfalls vereinheitlicht, und zwar zu *-et* oder *-en: gevet* oder *geven* (LASCH 1914, §416; vgl. zu den Maa. der Gegenwart KÖNIG 1989, 158 [Karte]).

1. P. Pl. Präs. Ind.: Die Endung *-ent* der 3. P. Pl. Präs. Ind. ist im Alem. auch in die 1. P. Pl. Präs. Ind. eingedrungen: *wir helfent*, im Els. dagegen *-en* der 1. P. Pl. Präs. Ind. auch in die 2. und 3. P. Pl. Jedoch ist diese Regelung nicht konsequent durchgeführt. Vor Pronomen schwindet *-(e)n* vielfach: *spreche wir* (SB), *geb wir* (Eger).
2. P. Pl. Präs. Ind.: Neben der regelmäßigen Endung *-et* findet sich besonders im Wmd. und Alem. die Pluralendung der 3. P. Pl. *-ent* oder der 1. P. Pl. *-en: ir eßsent* (G), *ir werden* (HG). In omd. Texten tritt diese Endung selten auf.
3. P. Pl. Präs. Ind.: Die Endung *-en* der 1. P. Pl. Präs. Ind. beginnt schon im Md. im 12. Jh. in die 3. P. Pl. Präs. Ind. überzutreten, ohne allerdings die Endung *-ent* gänzlich zu verdrängen. Im 14. Jh. ist *-ent* im Rückgang begriffen. Bei Luther finden sich bis 1523 noch Formen mit *-ent*. In obd. und wmd. Drucken ist *-ent* häufiger vertreten als im Omd. Einen letzten Rest stellt nhd. *sind* dar.

Die Funktionen des Präs. entsprechen im wesentlichen dem Mhd.

Präsens Konjunktiv

Der Stammvokal des Konj. Präs. stimmt mit dem des Inf. bzw. des Pl. Präs. Ind. überein: Inf. *nemen* – 3. P. Sg. Präs. Konj. *neme*.

Die Endung *-e* der 1., 3. P. Sg. Präs. Konj. wird nicht so häufig beseitigt wie im Ind. – Vom 14. Jh. an erscheint zuweilen die Endung *-ent* der 3. P. Pl. Präs. Ind. – vor allem im Alem. – im gesamten Pl. Präs. Konj. Die Endung *-en* tritt im Wmd. und auch im Alem. in der 2. P. Pl. Präs. Konj. auf. Die 2. P. Sg. Präs. Konj. endet selten auf *-es*.

Konj. Präs. wie auch Konj. Prät. haben oft keine eindeutig temporale Funktion, sie dienen vorrangig nur der modalen Differenzierung und stimmen darin im allgemeinen mit den entsprechenden nhd. Formen überein.

Imperativ

In Analogie zu sw. Verben wird ein *-e* beim Imp. Sg. angefügt: *sihe* neben *sich*. Im Obd. ist diese Analogie nicht so häufig wie im Md. Außerdem wird vielfach die durch Alternanz bedingte Veränderung – das *i* der Wurzel – in den Ablautreihen 3 b, 4 und 5 in Analogie zum Pl. Präs. beseitigt: statt *gib, hilf, nimm, schilt – gebe, schelte* oder sogar *geb, helf, nem, schelt*. In der 2. Ablautreihe tritt noch im Frnhd. der aus mhd. *iu* entstandene Diphthong *eu* auf: *fleuch, zeuch*. Im Nhd. erscheint im Imp. Sg. das *ie* des Pl. Präs.: *flieh, zieh*.

Besonders im Alem. wird die 2. P. Pl. Imp. zuweilen mit der Endung *-en* oder *-ent* gebildet: *fliehēnd* (ZB), *sehen* (Eulenspiegel).

Nicht nur der Imp. dient zur "Bezeichnung eines Geschehens (Seins), dessen Realisierung der Sprecher wünscht" (ERBEN 1954, 60), sondern diese Funktion haben auch Umschreibungen mit *sollen* und *lassen*, ferner die Verwendung der 1. P. Pl. Präs., z. B. *sehen wir zu* (L), des Konj. Präs. in seiner Heischefunktion, z. B. *Got helff vns* (L), und einige andere Möglichkeiten.

Infinitiv

Neben der gebräuchlichen Endung *-en* des Inf. finden sich die Endungen *-in, -un* und *-ene*. Formen ohne *-n* im Inf., z. B. *spreche, werde* (BE), auch mit zusätzlicher Apokope des *-e: mach* (Erfurt), erscheinen im 14. Jh. besonders häufig im Thür., wo sie noch heute in der Mundart fortleben. Seit dem 15. Jh. werden diese Formen in der geschriebenen Sprache seltener.

In Verbindung mit Modalverben wird der Inf. des Vollverbs mit *ge-* gebildet: *geschicken möchtent* (KW), *sullen geantwurthen* (Mähren).

Der Gen. des Inf. endet auf *-s: sŷnis swerns* (BE); der Dat. des Inf.[44] hat neben der alten Endung *-enne, -ine*, z. B. *ze helffenne* (TS), die Endung *-ende, -inde*, z. B. *mit jaginde, zu weynende* (BE), die "wohl auf einer Vermischung mit dem Part. Präs. beruht" (Feudel 1961, §71). Zu *-enne* und *-ende* tritt schon im 14. Jh. die einfache Infinitivendung *-en*, die sich in der Entwicklung zum Nhd. durchsetzt: *czu sprechen* (BE).

Im 16. Jh. wird noch der Inf. ohne *zu* gebraucht: *es deuchte gut, . . . Menner erwehlen* (L); *so du anfohest gott dienen* (G). Es überwiegt jedoch schon der Inf. mit *zu*, z. B. *uns gebürt zu reden* (L).

Partizip Präsens

Die Form *-unde* anstelle von *-ende* findet sich bis ins 17. Jh. zumeist in bair. und alem. Texten: *varunde* (BT); sonst ist sie selten. Der besonders md. Verlust des *-d* der Partizipialendung, "der mit der Vermischung zwischen Gerundium und Partizip zusammenhängt" (Feudel 1961, §72), ist schon im 14. Jh. da, z. B. *sprechene*. Eine thür.-obersächs. Endung *-(en)ing* für das Part. Präs. begegnet u. a. im BE: *stinckeninge, syngenc*.

"Zweifellos aus einer Verwendung des Infinitivs hervorgegangen ist das sogenannte Gerundiv des Deutschen" (Behaghel Bd. 2, §770), das, unter lateinischem Einfluß entstanden, im 17. Jh. noch selten ist und im 18. Jh. in der Schriftsprache erscheint (Dal 1966, §86): *der von gott* ***zu bescherender*** *mast* 'Eichelmast, die von Gott (noch) zu bescheren ist' (Weistümer 1603).

Flexion und Funktionen des Präteritums

Präteritum Indikativ

1., 3. P. Sg. Prät. Ind.: Zur Vereinheitlichung der Präteritalendungen der st. und sw. Verben wird das *-e* der Endung der 1., 3. P. Sg. Prät. Ind. der sw. Verben auch auf die 1., 3. P. Sg. Prät. Ind. der st. Verben übertragen. Diese Übertragung beginnt schon im Spätmhd., wird im 15./16. Jh., besonders im Md., verstärkt fortgesetzt, z. B. *sahe* (L), *sy warde* (TH), und erlischt erst im 18./19. Jh. Die nhd. Form *ich/er wurde* ist ein letzter Rest.

2. P. Sg. Prät. Ind.: Noch im 14./15. Jh. erscheint die mhd. Form der 2. P. Sg. Prät. Ind. *du hülfe* mit Umlaut des Pluralvokals und Endung *-e: du wurde, wůrde* (KW), auch mit Apokope des *-e: du wurd* (W). Jedoch setzt schon im Mhd. die Beseitigung dieser Anomalie im Verhältnis zu anderen 2. Personen aus Systematisierungs- und Vereinfachungsgründen ein, und es tritt die Endung *-es/-est* auch in der 2. P. Sg. Prät. Ind. auf. Im 13./14. Jh. verstärkt sich diese Tendenz, zunächst unter Bewahrung des Umlauts: *du gebist, gebis* (BE).[45] Die Bildungsweise *-est/-es* und Stammvokal ohne Umlaut, z. B. *du warist* (BE), setzt sich im 16. Jh. endgültig durch, wobei das *-e-* der Endung meist synkopiert wird. Im Obd. des 14. Jh. dringt eine Endung *-t* in die 2. P. Sg. Prät. Ind. ein, z. B. *du verspråcht* (C), schwindet jedoch im Bair. vor 1500 wieder.

Wie im Mhd., so wird auch häufig noch im Frnhd. die 2. P. Sg. Prät. Ind. mit dem Stammvokal des Pl. Prät. Ind. gebildet, allerdings ohne Umlaut: 2. P. Sg. Prät. Ind. *sungest*, 1. P. Pl. Prät. Ind. *sungen*: Pl. Prät. Ind.: Besonders im 14./15. Jh. treten im gesamten Pl. Prät. Ind. präsentische Endungen auf, z. B. *frassent* (W), im Alem. noch im 16. Jh.: *die lieffend* (ZB).

Das Prät. bezeichnet wie im Mhd. das vom Standpunkt des Sprechers aus vergangene Geschehen. Eine klare Abgrenzung von den Funktionen des Plusqu. gibt es noch nicht, so dass das Prät. auch den Abschluß in der Vergangenheit ausdrücken kann: *Nachdem sich die Wolcke auffhub . . ., so zogen die kinder* (L).

Präteritum Konjunktiv

Der Konj. Prät. wird häufig mit dem Stammvokal des Pl. Prät. Ind. gebildet. Ist dieser Stammvokal umlautfähig, so wird er umgelautet: Prät. Ind. *schwamm/schwummen* – Prät. Konj. *schwümme* (SL). Da aber im Frnhd. der Ausgleich der Stammvokale im Ind. Prät. noch nicht abgeschlossen ist und verschiedene Stammvokale im Pl. Prät. Ind. ein und desselben st. Verbs auftreten können, erscheinen auch im Konj. Prät. verschiedene Stammvokale nebeneinander: *hølfe, hůlfe*

---

[44] Gen. oder Dat. des Inf. – d. i. Gen. oder Dat. des Gerundiums; das Gerundium ist ein flektierter Inf.

[45] Im Mnd. wird die 2. P. Sg. Prät. Ind. mit umgelautetem Pluralvokal und Endung *-est* gebildet (*du gêvest – ik gaf*) und entspricht damit dem frnhd. Ausgleichungsprozeß.

(Stieler), *verlör, verlür* (L). Das Auftreten unterschiedlicher Vokale im Konj. Prät. ist teilweise noch im Nhd. möglich: *hälfe, hülfe*, hier allerdings, weil die Form *hülfe* deutlicher vom Konj. Präs. *helfe* unterschieden ist als *hälfe*. Der Umlaut des Stammvokals ist nicht immer bezeichnet; bei Luther fehlt er bis 1526 meistens: *hulff*.

Bei der 1., 3. P. Sg. Prät. Konj. wird im Obd. oft die Endung *-e* apokopiert: *fånd, fůnd, hůlff* (F); jedoch findet sich diese Erscheinung auch im Md. Zuweilen sind Präsensendungen aus Systemzwang in den Konj. Prät. eingedrungen. Im Hochalem. erscheinen noch im 17. Jh. konjunktivische *-ind*-Endungen gegenüber indikativischen *-end*-Formen, z. B. *Wőlte Gott jr hieltind . . . zů gůtem; doch jr haltend mirs zů gůtē* (ZB).

Die modalen Funktionen des Konj. Prät. – Potentialis und Irrealis – gleichen im wesentlichen den nhd. Im Mhd. kann der Konj. im Gliedsatz auch rein formal gebraucht werden; es herrscht also die Consecutio temporum[46]. Im 15. Jh. geht diese Zeitenfolge deutlich zurück; doch noch im 17. Jh. sind mitunter Tempus und Modus der indirekten Rede von der Form des redeeinführenden Verbs abhängig.

Die Umschreibung mit *würde* ersetzt den Konj. Prät., der bei den sw. Verben nicht vom Ind. zu unterscheiden ist. Die Umschreibung mit *würde* ist im Mhd. noch selten, sie steht im 14./15. Jh. neben solchen mit *wollte* und *sollte*, z. B. *ob jm die sunne auff die glatzen scheinen würde* (E). Im 16. Jh. setzt sich *würde* durch und wird wohl erst im 17. Jh. fester Bestandteil des Verbalsystems. Die Bedeutung dieser Umschreibung steht der des Konj. Prät. nahe.

Partizip Präteritum

Wie im Mhd., so wird auch im Frnhd. das Part. Prät. solcher Verben, deren Bedeutung eindeutig perfektiv ist, sehr oft ohne das Präfix *ge-* gebildet. Obwohl Luther nach 1524 häufiger als vorher das Part. Prät. mit *ge-* verwendet, werden die Part. *bracht, funden, gangen, geben, komen, troffen, worden* auch nach 1524 ohne *ge-* gebraucht. Entgegen dem Mhd. können im Frnhd. aber auch Verben, die keine perfektive Bedeutung haben, das Part. Prät. ohne *ge-* bilden: *aufczogen, holffen* (Eger). Noch im 17. Jh. erscheinen – besonders im Obd. – nichtpräfigierte Formen des Part. Prät.

4.4.1.1.2. *Ablautreihen:* Im Ahd. und Mhd. dienen die ablautenden Stammvokale (siehe 2.3.2.1.) zusammen mit anderen Mitteln nicht nur zur Bezeichnung der Tempora, sondern zum Teil auch der Numeri. In der frnhd. Epoche wird der Funktionsbereich des Ablauts bei den st. Verben auf die Kennzeichnung der Tempora beschränkt:

mhd. *hëlfen*	*hilfe*	*half*	*hulfen*	*geholfen*
nhd. *helfen*	*helfe*	*half*	*halfen*	*geholfen*

Die Numerusunterschiede in den Stammvokalen des Präs. der Ablautreihen 3 b, 4 und 5 werden zum Teil zum Pl. Präs. ausgeglichen:

1. P. Sg. Präs. Ind.	mhd. *hilfe*	nhd. *helfe*
2. P. Sg. Präs. Ind.	*hilfest*	*hilfst*
3. P. Sg. Präs. Ind.	*hilfet*	*hilft*
3. P. Pl. Präs. Ind.	*hëlfent*	*helfen*

Der durch kombinatorischen Lautwandel hervorgerufene Vokalwechsel in der Ablautreihe 2 wird im Frnhd. teilweise, im Nhd. sogar ganz beseitigt:

	mhd.	frnhd.	nhd.
1. P. Sg. Präs. Ind.	*vliuhe*	*fliehe*(md.)/*fleüche*(obd.)	*fliehe*
2. P. Sg. Präs. Ind.	*vliuhest*	*fleuchst*	*fliehst*
3. P. Sg. Präs. Ind.	*vliuhet*	*fleucht*	*flieht*
3. P. Pl. Präs. Ind.	*vliehent*	*fliehen*	*fliehen*

Der im Md. beginnende Ausgleich des *i* der 1. P. Sg. Präs. Ind. mit dem Pl.-Vokal *e* der Reihen 3 b, 4 und 5 (siehe 4.3.1.10) sowie des *iu* mit dem Pl.-Vokal *ie* der Reihe 2 ist wohl damit zu erklären, dass in der 6. und 7. Reihe Vokalwechsel, und zwar Umlaut, schon immer in der 2., 3. P. Sg. Präs. Ind., z. B. mhd. *du grębest, er grębet*, eingetreten ist, nicht aber in der 1. P. Sg. Präs. Ind., z. B. mhd. *ich grabe*. Es handelt sich also um

---

[46] Einem präteritalen Hauptsatz folgt ein Gliedsatz mit dem Konj. Prät., einem präsentischen Hauptsatz ein Gliedsatz mit dem Konj. Präs.

eine Ausgleichsbewegung innerhalb der 1., 2. und 3. P. Sg. Präs. Ind. der meisten Ablautreihen (vgl. H. BACH 1934, 88).

Der Präteritalausgleich setzt im 14. Jh. ein und nimmt erst "in der 2. hälfte des 16. Jh. immer mehr zu; gegen das ende des jahrhunderts und in der 1. hälfte des 17. Jh. neigen sich die verhältnisse entschieden dem neuen ausgleich zu, ohne dass dieser jedoch durchaus zum abschluss käme" (V. MOSER 1909, 53). Im Schwäb. sind bereits um 1525 jene Ablautverhältnisse hergestellt, die auch in der deutschen Gegenwartssprache herrschen. (Vgl. STRÖMBERG 1907, 140.)

Das Schwanken endet zum Teil erst im 18. Jh.: *sprang, sprung* (Pyra). Für die frnhd. Ablautverhältnisse ist das Nebeneinander verschiedener Vokale in ein und derselben Ablautstufe charakteristisch. So können z. B. in ein und demselben Werk folgende Formen nebeneinander stehen: *schmalz, schmolzest, schmulzest* (SL). Das führte zu großer Vielfalt innerhalb einzelner Ablautreihen. Die Bewegungen im Präs. und im Prät. sind nach KOENRAADS (1953, 70f.) zumeist auf Systematisierungs- und Vereinfachungsbestrebungen zurückzuführen. Frnhd. Lautentwicklung, Analogie, Deutlichkeitsbedürfnis, Homonymenflucht und phonetische Sonderentwicklungen – oft aus den Mundarten übernommen – spielen dabei eine Rolle. Als Ergebnis dieser unterschiedlichen Wirkungskräfte spalten sich die 7 mhd. Ablautreihen mit ihren Untergruppen auf; einzelne Wissenschaftler kommen auf 29 oder 30 nhd. Reihen, ja sogar auf 41 Reihen (KERN/ZUTT 1977, 19).[47]

So entstehen aus der mhd. Reihe 3 b drei nhd. Reihen:

1. *helfen*	*half*	*geholfen*
2. *melken*	*molk*	*gemolken*
3. *schallen*	*scholl*	*geschollen*

"Die Absicht (bewusst oder unbewusst) war also sprachliche Vereinfachung, das Resultat jedoch Komplikation." (KOENRAADS 1953, 72.)

1. Ablautreihe

mhd.	Reihe 1 a:	*rîten*	*rîte*	*reit*	*riten*	*geriten*
	Reihe 1 b:	*dîhen*	*dîhe*	*dêch*	*digen*	*gedigen*
frnhd.[48]		*/ae/*	*/ae/*	*/i/*	*/i/*	*/i/*
		/i:/	*/i:/*	*/i:/*	*/i:/*	*/i:/*
				/ae/	*/ae/*	*/ae/*
				/u:/	*/u:/*	
				/e:/	*/e:/*	*/u:/*
		reiten	*reite*	*ritt*	*ritten*	*geritten*
		blieben	*blibe*	*blieb*	*blieben*	*(ge)blieben*
				bleib	*bleiben*	*bleiben*
				schru	*schrůwen*	
				lech	*lehen*	*geluhen*

Präs. und Sg. Prät. der 1. Reihe sind sich im Frnhd. infolge Diphthongierung des *î* im Präs. zunächst gleich: Präs. *ich reite*, Prät. *ich reit*. In frühen Texten kommen im Präs. auch noch nichtdiphthongierte Formen vor: *b(e)liben* (KW), *gryfen* (BM). Kurzes *i* bzw. gedehntes *i* dringen aus Verdeutlichungsgründen im Omd. des 16. Jh. aus dem Pl. Prät. in den Sg. Prät. ein; Luther gebraucht jedoch meistens die alte *ei*-Form: *er bleib* statt *er blieb*.

Selten erscheint das *ei* des Sg. Prät. im Pl. Prät. und Part. Prät.: *bleiben* (Alberus), *geschreiben* (L). Das *ê* im Sg. Prät. der mhd. Reihe 1 b ist im 16. Jh. selten: *lech* (TS); äußerst selten wird dieses lange *ê* im Pl. Prät. verwendet: *lehen* (Augsburg). Im Pl. Prät. und im Part. Prät. ist Senkung des *i* zu *e* möglich: *reten, gereten* (Erfurt).

[47] Man kann auch die nhd. st. Verben mit einem vereinfachten Verfahren in drei Gruppen einteilen. Vgl. W. SCHMIDT 1977, 206.

[48] Da im Frnhd. die Grapheme den Charakter der Phoneme nicht immer klar erkennen lassen, werden bei den frnhd. Ablautreihen sowohl die Phoneme als auch deren schriftliche Realisierung in Form von Beispielen aufgeführt. Vgl. BOCK/LANGNER 1984, 287ff.

2. Ablautreihe

mhd.	Reihe 2 a:	*biegen*	*biuge*	*bouc*	*bugen*	*gebogen*
	Reihe 2 b:	*bieten*	*biute*	*bôt*	*buten*	*geboten*
frnhd.		/i:/	/i:/	/o:/	/o:/	/o:/
				/u:/	/u:/	/u:/
		/oi/	/oi/	/o/	/o/	/o/
			/ü:/	/u/	/u/	/u/
		/ao/	/ao/			
				/ou/	/ou/	
		bieten	*biete*	*bot*	*boten*	*geboten*
				but	*buten*	*gebuten*
		zeühen	*geusse*	*goss*	*gossen*	*gegossen*
			guzet	*guss*	*gussen*	*gegussen*
		sauffen	*sauffe*			
				flouch	*flouhen*	

Schon früh ist im Md. mhd. *iu* in der 1. P. Sg. Präs. Ind. zum Pl. Präs. bzw. zum Inf. ausgeglichen worden: mhd. *gebiute* – frnhd. *gebite* (R). Das Obd. dagegen bewahrt den Diphthong *eu* (mhd. *iu*) in der 1. P. Sg. Präs. Ind.: *fleüche* (SW), *geusse* (OE), *neuß* (S); erst in der zweiten Hälfte des 16. Jh. treten hier vereinzelt *ie*-Formen in der 1. P. Sg. Präs. Ind. auf (Nordström 1911, 103). In der 2., 3. P. Sg. Präs. Ind. und im Imp. Sg. hält sich der Diphthong *eu* im Omd. bis weit ins 17. Jh. hinein, z. B. *fleugest, fleuget* (L), weicht aber dann allmählich dem *ie* des Pl. Präs. bzw. des Inf., z. B. *fliehest, fliehet* (SL). Doch begegnet die *eu*-Form noch im 18./19. Jh.: *Was da kreucht und fleugt* (Schiller).

Schon innerhalb des Frnhd. breitet sich zuweilen das *ie* – besonders im Obd. – im gesamten Sg. Präs. Ind. aus: *er . . . schiesst, ziecht* (F).

Besonders in frühen Texten bewahrt das Frnhd. die nichtdiphthongierten Präsensvokale: *sy fliuhe* (C), *fluet her, guzet* (BE). Im Obd. kann sich *eu* auch im gesamten Präs. ausbreiten: Inf. *zeühen*, 3. P. Pl. Präs. Ind. *zeühen*.

Die mhd. Präteritalvokale *ô, u* sowie der Stammvokal des Part. Prät. *o* können in allen Stammformen des frnhd. Prät. und im Part. Prät. auftreten: *er erpot* (K), *er but* (S), *klob* (TH), *kor, kos* (UK), *koren* (R), *er schub* (S), *die schuben* (A), *vorgossen, vorgussen* (BM), *zoch* (R), *zog* (L), *er zug* (S). Der mhd. Diphthong *ou* im Prät. hält sich vereinzelt bis ins 16. Jh.: *boug* (Albertus), in Analogie dazu Sg. Prät. *flouch* (SW) und Pl. Prät. *flouhen* (SW). Gelegentlich tritt im Prät. *a* auf: *genaß* (LO).

3. Ablautreihe

mhd.	Reihe 3 a:	*binden*	*binde*	*bant*	*bunden*	*gebunden*
frnhd.		/i/	/i/	/a/	/a/	
		/u/			/u/	/u/
		/o/			/o/	/o/
		binden	*binde*	*band*	*banden*	
		bund			*bunden*	*gebunden*
		schwom			*schwommen*	*geschwommen*

Im 16./17. Jh. ist der Ausgleich im Prät. noch nicht beendet: *schwam* (F), *schwom* (S), *schwum* (F), *schwammen* (A), *schwommen* (D), *schwummen* (DS), *zwunge* (FL). Vor Doppelnasalen tritt im Pl. Prät. und Part. Prät. häufig *o* statt *u* auf: *wir gewonnen, gewonnen* (L).

mhd.	Reihe 3 b:	*hëlfen*	*hilfe*	*half*	*hulfen*	*geholfen*
frnhd.		/e/	/e/	/a/	/a/	/a/
			/i/	/o/	/o/	/o/
				/u/	/u/	/u/
		helfen	*helfe*	*half*	*halfen*	*warden*
			hilfe	*holf*	*holfen*	*geholfen*
				hulf	*hulfen*	*gehulfen*

Der Pluralvokal *e* des Präs. der Reihen 3 b, 4 und 5 ist in der 1. P. Sg. Präs. Ind. schon im BE festzustellen: *ich werde* für mhd. *ich wirde* (siehe oben). Seit dem 14. Jh. tritt im Omd. der Pluralvokal *e* gelegentlich auch in der 3. P. Sg. Präs. Ind. auf; statt *sie wird* oder *wirdet* kommt auch *(sie) werdt* vor. Im Bair. findet sich gelegentlich das Part. Prät. *warden.*

Im Prät. herrschen ähnliche Verhältnisse wie in der Reihe 3 a: *er halff* (A), *er hulff* (S), *wir halffen* (AG), *sie holffen* (L), *die hulffen* (G), *gewůrfen* (SB). Durch Senkung des *u* zu *o* vor *r* + Konsonant sowie vor *l* + Konsonant (siehe 4.3.1.6.) treten Formen mit *o* auch im Pl. Prät. auf, z.B. *storben* (L).

Am längsten währt das Schwanken im Prät. von *werden*; noch Adelung konjugiert: *"Ich ward, (wurde.) (Du wardst,) wurdest. Er ward, (wurde.)"* (ADELUNG 1795, §479).

4. Ablautreihe

mhd.	*nëmen*	*nime*	*nam*	*nâmen*	*genomen*
frnhd.	/e:/	/e:/ /i:/	/a:/	/a:/	
			/o/	/o/	/o/
			/u/	/u/	/u/
	/e/	/e//i/	/o:/	/u://o:/	/o:/
	nemen	*neme, nime*	*nam*	*namen*	
			nom	*nomen*	*genomen*
			num	*numen*	*genumen*
	sprechen	*spreche, spriche*	*schor*	*stolen, stulen*	*gestolen*

Der Langvokal *â* verdrängt im Sg. Prät. den Kurzvokal *a*. Die Ursachen dafür dürften in der 'lautgesetzlichen' Dehnung *(na-me)* und in der Analogie zum Pl. Prät. zu suchen sein. Im Pl. Prät. und im Sg. Prät. kommen Formen mit dem Stammvokal des Part. Prät. vor: *sie sprochen, die stolen* (L).

Große Vielfalt zeigen die frnhd. Formen von *kommen: kommen/kummen – kam/quam/kom/kum – kamen/quamen – komen/kumen*. In der 2., 3. P. Sg. Präs. Ind. tritt zuweilen Umlaut auf: *kompt/kumpt – kömpt/kümpt*, Adelung verwendet auch noch *kömmst/kömmt*.

Senkung von *i* zu *e* liegt vor bei *brechit* statt *brichit*.

5. Ablautreihe

mhd.	*gëben*	*gibe*	*gap*	*gâben*	*gegëben*
frnhd.	/e:/	/e://i:/	/a:/	/a:/	/e:/
	/e/	/e//i/			/e/
	geben	*gebe, gibe*	*gab*	*gaben*	*(ge)geben*
	essen	*esse, isse*	*ass*	*assen*	*gessen*

Im gesamten Prät. setzt sich der lange Pluralvokal /a:/ durch.

Einige Verben nähern sich anderen Ablautreihen: *pflegen* mit dem Part. Prät. *gepflogen* der 4. Reihe, *wegen* mit dem Prät. *wug, wugen* und Part. Prät. *erwagen* (F) der 6. Reihe bzw. mit dem Inf. *wiegen*, dem Prät. *wog, wogen* und dem Part. Prät. *gewogen* der 2. Reihe. Bei *wegen/wiegen* breitet sich entgegen sonstiger Tendenz das *i* der 1., 2. und 3. P. Sg. Präs. Ind. als Wurzelsilbenvokal über das gesamte Präs. aus: *wir wigen, sie wigen*. Senkung von *i* zu *e* liegt vor bei *gebit* (Erfurt).

Das Part. Prät. von *essen* kann *gessen, geessen* oder mit Übercharakterisierung *gegessen* lauten.

Zur 5. Ablautreihe gehören noch drei sog. *j*-Präsentien, und zwar *bitten, ligen, sitzen* (siehe 2.4.1.1.). Der gramm. Wechsel in *was – waren*, der bei Luther anfangs noch vorhanden ist, wird aufgegeben: *war – waren*. Ähnliche Ausgleichstendenzen beim gramm. Wechsel sind bei Verben anderer Klassen festzustellen (siehe 4.3.2.6.).

6. Ablautreihe

mhd.	*graben*	*grabe*	*gruop*	*gruoben*	*gegraben*
frnhd.	/a:/	/a:/	/u:/	/u:/	/a:/
	/a/	/a/			/a/
	graben	*grabe*	*grub*	*gruben*	*gegraben*
	backen	*backe*			*gebacken*

Im Obd. wird der Stammvokal der 2., 3. P. Sg. Präs. Ind. häufig nicht umgelautet; sonst fehlt der Umlaut seltener: *du fahrst/fehrst, er fahrt/fehrt* (F), *durchgrabet* (B), *grebet* (SB).

laden kann gelegentlich ein Prät. nach der 7. Ablautreihe bilden: *er lied* statt *er lud.*

Die *j*-Präsentien der Reihe 6 (siehe 2.4.1.1.) bilden ein abweichendes Prät. und Part. Prät., zum Teil sogar mit sw. Nebenformen:

heben	*hob/hub*	*gehaben/gehebit/gehoben*
schaffen	*gescof/schuf*	*geschaffen/geschaff(e)t*
		gescheffen/gescheffet
schweren	*schwor/schwur*	*geschworen/gesweret*

Das Prät. von *stehen*, das nach der 6. Reihe flektiert, hat Normalformen der 6. Reihe, z. B. *stund – stunden*, Analogformen zur Reihe 3 a, z. B. *stand – stunden*, und Formen mit Ausgleich zum analogen Sg. Prät., z. B. *stand – standen.*

7. Reihe (ehemals reduplizierende Verben)

mhd.	*fallen*[49]	*falle*	*fiel*	*fielen*	*gefallen*
frnhd.	/a/ /a:/	/a/ /a:/	/i:/	/i:/	/a/ /a:/
	/ao/ /ae/	/ao/ /ae/	/i/	/i/	/ao/ /ae/
	/o:/ /u:/	/o:/ /u:/	/u:/	/u:/	/o:/ /u:/
	fallen	*falle*	*fiel*	*fielen*	*gefallen*
			fing	*fingen*	
			ful	*fulen*	

Bei den ehemals reduplizierenden Verben (siehe 3.5.1.1.) können 6 verschiedene Laute den Stammvokal des Präs. und des Part. Prät. bilden: *f**a**llen, h**ei**ssen, l**au**ffen, r**u**ffen, schl**a**fen, st**o**ssen.* In der 2., 3. P. Sg. Präs. Ind. treten neben umgelauteten Formen, z. B. *f**e**llet, l**e**sset, r**ü**ffest* (L), (besonders im Obd.) auch umlautlose auf, z. B. *fallt* (F), *haltet* (G), *laßt* (F), *ruffet* (F). Im Prät. tritt schon früh außer *ie* ein kurzes *i* auf, z. B. *wir empfingen* (K), *sy viengen* (K). (Siehe auch 4.3.1.2.)

Im Els. geht das Prät. der Reihe 7 zuweilen in die Reihe 6 über: *ful* (F), *fuele* (OE), *fung* (F). Vermischung mit der Reihe 1 zeigt sich bei *scheiden*: Sg. Prät. *scheid* neben *schied* und Part. Prät. *geschiden* neben *gescheiden.* Von *lauffen* wird bis ins 18. Jh. in Analogie zu *saufen* (2. Reihe) ein Prät. *loff/loffen* und ein Part. Prät. *geloffen* gebildet, analog zur Reihe 1 im 16. Jh. zuweilen auch *liff, liffen* und *geliffen.*

Gramm. Wechsel erscheint noch bei *fangen*, z. B. *emphahen, emphehet* zu *emphi(e)ng* (KW), *gefangen* (L).

4.4.1.1.3. *Übergang starker Verben zur schwachen Flexion:* Neben der fortschreitenden Differenzierung der Ablautreihen ist der zunehmende Übergang st. Verben in die sw. Flexion festzustellen. Dieser Übergang ist auch am Ende des Frnhd. noch nicht abgeschlossen, vgl. Pl. Prät. *hinketen* (L)/*huncken* (S), Part. Prät. *gehinkt/gehuncken* (OE). Der Prozess läßt sich zum Nhd. in drei Richtungen verfolgen:

1. Mhd. st. Verben, die im Nhd. zum großen Teil schwach flektieren, aber im Frnhd. st. und sw. Formen besitzen, sind u. a. *bannen, bauen, bellen, dingen, hauen, hinken, rächen, salzen, schneien, winken.*
2. Mhd. st. Verben, die auch im Nhd. stark flektieren, haben zuweilen im Frnhd. st. und sw. Formen: *biegen, dreschen, heben, quellen, rufen, scheinen, schmelzen, sehen, sinken* u. a., z. B. *ruffeten* (L), *gerufft* (Prag) neben *rief.*
3. Mhd. st. Verben, die frnhd. stark oder schwach flektieren, weisen im Nhd. bedeutungsdifferenzierende st. und sw. Formen auf: *bewegen (bewegte/bewog), pflegen (gepflegt/gepflogen).*

---

[49] Andere mhd. Vokale der Reihe 7 siehe 3.5.1.1.

Bei einigen Verben gibt es schon im Mhd. st. und sw. Formen: *beginnen* (mhd. Prät. *began/begonde* – frnhd. Prät. *began/begonst/begunte), dingen, kriegen* u. a.

Ursachen für den Übertritt st. Verben in die sw. Flexion können sein:

1. nicht mit den Ablautreihen übereinstimmende Form;
2. Einwirkung durch Substantive der gleichen Wortfamilie, so dass das Verb als sw. Denominativ angesehen werden kann;
3. Deutlichkeitsbedürfnis und Homonymenflucht.

(Zu Flexionsschwankungen von Verben vgl. THEOBALD 1992.)

4.4.1.2. *Schwache Verben*

Durch Ausgleichsprozesse verschiedener Art, die sowohl den Wortstamm als auch die Endungen betreffen, entwickelt sich die schwache Konjugation zur Hauptflexion der Verben.

Grammatiken des Nhd. bezeichnen sie daher mitunter als die regelmäßigen Verben. (Vgl. HELBIG/BUSCHA 1988, 35.) Schon SCHOTTELIUS weist auf das wesentliche Merkmal ihrer Formenbildung hin, wenn er sie "gleichfließende Zeitwörter" nennt. (Vgl. PHILIPP 1980, 55ff.; HARTWEG/WEGERA 1989, 124f.)

4.4.1.2.1. *Konjugation der schwachen Verben:*

	Präsens	Indikativ	Konjunktiv	Imperativ
Sg.	1. P.	*sag(e), -en*	*sag(e)*	
	2. P.	*sag(e)st, -ist, -is, -es*	*sag(e)st, -ist*	*sag(e)*
	3. P.	*sag(e)t, -it*	*sag(e)*	
Pl.	1. P.	*sagen, -in, –.ent*	*sagen, -in*	
	2. P.	*sag(e)t, -it, -ent, -en*	*sag(e)t, -it*	*sag(e)t,–it*
	3. P.	*sagen,–in,–ent,–int*	*sagen, -in*	
Part.	Präs.	*sagend(e), sagen, -und, -(en)ing*		
Inf.		*sage(n), -in*		

	Präteritum	Indikativ	Konjunktiv
Sg.	1. P.	*sag(e)t(e)*	*sag(e)t(e)*
	2. P.	*sag(e)t(e)st, -tist*	*sag(e)t(e)st, -tist*
	3. P.	*sag(e)t(e)*	*sag(e)t(e)*
Pl.	1. P.	*sag(e)ten, -tin*	*sag(e)ten, -tin*
	2. P.	*sag(e)t(e)t, -tit*	*sag(e)t(e)t, -tit*
	3. P.	*sag(e)ten, -tin*	*sag(e)ten, -tin*
Part.	Prät.	*(ge)sag(e)t, -it, -ut, gsagt*	

(Vgl. das Paradigma von *hören*, das PENZL (1984, 110) nach SCHOTTELIUS anführt.)

Flexion des Präsens

Für die Endungen des sw. Verbs im Präs. Ind. und Präs. Konj. gilt das zur Präsensflexion des st. Verbs Gesagte.

Die 1. P. Sg. Präs. geht im Wmd. und im Alem. zuweilen auf *-en*, z. B. *ich gesegnen* (B), aus, das auf ahd. *-êm/-ôm*, z. B. *habêm, salbôm*, zurückzuführen ist.

Die Endung *-e* der 2. P. Sg. Imp. wird im Obd. oft apokopiert, während im Md. das *-e* häufiger bewahrt wird: *hör* (SL).

Flexion des Präteritums

Apokope und Synkope des unbetonten Endsilben-*e* sind nicht einheitlich geregelt (siehe 4.3.1.11.). Der Endvokalschwund führt zuweilen dazu, dass der formale Unterschied zwischen Präs. und Prät. beseitigt wird; dabei ist es durchaus üblich, Formen mit Synkope bzw. Apokope und solche ohne Synkope und Apokope zu gebrauchen: 3. P. Sg. Prät. *lebte* neben *lebete, lebet* neben *lebt*.

Neben der gebräuchlichen Endung *-ete/-eten* treten auch Formen mit Einschub eines *-n-* auf. Im Omd. ist wohl mit Analogie zu Verben auf *-enen* oder mit Verbalflexion des Inf. zu rechnen: *sy fregenten, sy lobenten, (her) nehente* (BE) (FEUDEL 1961, §69).

Sofern nicht Verben mit "Rückumlaut" (siehe 2.3.2.3.) vorliegen, fehlt im Frnhd. der formale Unterschied zwischen Ind. Prät. und Konj. Prät.: Ind./Konj. Prät. *sag(e)te*. Die Verben mit "Rückumlaut" können besonders im Md. im Konj. Prät. Umlaut des Stammvokals haben:

Ind. Prät. *dachte, dauchte, kante, satzte*; Konj. Prät. *dechte, deuchte, kente, setzte*

Einige sw. Verben der Gruppe 1 bilden im Md. in mhd. Zeit analog zur Gruppe 2 der sw. Verben den Konj. Prät. mit Umlaut. Als Rest erscheint bei Luther der Konj. Prät. von *machen: er mechte, man mecht.*

Besonders im Obd., aber auch in anderen Dialekten, weisen die Part. Prät. von sw. Verben mit Dentalstämmen oft Synkope des *e*-Themas auf: *eingebildt, geantwort* (AS), *gemelt* statt *eingebildet, geantwortet, gemeldet*. Diese Erscheinung reicht bis ins 18. Jh., z. B. *gestift* (Herder).

4.4.1.2.2. *Gruppen der schwachen Verben:* Die beiden Gruppen der mhd. sw. Verben (siehe 3.5.1.2.) sind im Nhd. weitgehend zu einer Gruppe zusammengefallen. Da sich aber dieser Zusammenfall im Frnhd. erst allmählich vollzieht, sind die sw. Verben in der frnhd. Epoche noch in zwei Gruppen einzuteilen.

Um den Vokal des Präs. mit dem des Prät. zu vereinheitlichen, d. h. also aus Systematisierungsgründen, dringt bereits vor 1300 im Md. der umgelautete Vokal des Präs. partiell ins Prät. der Verben mit sog. Rückumlaut ein. Seit dem 14. Jh. nimmt der Ausgleich bei den rückumlautenden Verben vor allem im Els., Bair. und Nürnbergischen mehr und mehr zu: z. B. *brennen – brennte* statt *brannte*. Seit der 2. Hälfte des 15. Jh. dringen diese obd. umgelauteten Präteritalformen auch ins Md. ein.

Allerdings wird im Md. der Rückumlaut bei den Verben *brennen, kennen, nennen, rennen, senden, wenden* nie ganz verdrängt; sie entziehen sich im 18. Jh. endgültig dem Ausgleich und bewahren auch in der Schriftsprache das rückumlautende Prät.: z. B. *brennen – brannte*. Die Beseitigung des Rückumlautes bei den meisten der mhd. rückumlautenden Verben verdankt unsere Schriftsprache vor allem dem Obd. Im 17. Jh. hat sich das umgelautete Prät. im wesentlichen durchgesetzt. Bereits SCHOTTELIUS betrachtete die durch Beseitigung des Rückumlautes gebildete Form des sw. Prät. als "die richtigste und gebråuchlichste" (SCHOTTELIUS 1663, 575; vgl. auch STÅRCK 1912, 3, 312, 314).

Verben ohne Wechsel des Stammvokals (Gruppe 1)

	Inf.	Prät. Ind.	Prät. Konj.	Part. Prät.
mhd.	*machen*	*mach(e)te*	*mach(e)te*	*gemach(e)t*
frnhd.	*machen*	*mach(e)t(e)*	*mach(e)t(e)* *mechte*	*gemach(e)t*

Verben mit Wechsel des Stammvokals (Gruppe 2)

mhd.	*brennen*	*brante*	*brante, brẹnte*	*gebrant,* *gebrẹnnet*
frnhd.	*brennen*	*brannte* *brenn(e)te*	*brenn(e)te*	*gebrann(e)t,* *gebrenn(e)t*

Die Zahl der Verben mit "Rückumlaut" im Prät. ist im Frnhd. größer als im Nhd.: *bedackit* (BM), *blanden* (SB), *dakkte* (SL), *furchte/forchte* (L), *gehor(e)t* (L), *satzen* (SB), *stackte* (OP). Neben den Formen mit "Rückumlaut" existieren gleichberechtigt solche mit Umlaut, der aus dem Präs. ins Prät. eingedrungen ist: *dekkete/dakkte* (SL), *merckte/marckte* (L), *rennete/rante* (SL), *schmekkete/schmakkte* (SL). Im Part. Prät. gab es schon immer Doppelformen (siehe 3.5.1.2.): *gestellet/gestallt* (SL), jetzt aber auch mit Thema-*e* bei der Form mit "Rückumlaut": *geseczet/gesaczet* (KW). Die Formen mit Umlaut im Prät. weisen sehr häufig Themavokal auf, aber nicht immer: *erkenneten,* aber: *merckte* (L). Selten dringt der Rückumlaut ins Präs. ein. *lenden* > *landen* analog dem Prät. *landte*; meist geschieht dies nur vorübergehend, vgl. z. B. *horen, horet* (L 1530 – Hs.), *hǒren, hǒret* (L 1532 – Druck).

In Analogie zu rückumlautenden sw. Verben treten im Frnhd. bis ins 17. Jh. einige Formen des Prät. und Part. Prät. mit "Rückumlaut" auf, denen dieser ursprünglich nicht zukam. Diese Bildung ist charakteristisch für das Md.:

keren – k*a*r*te*/*inkertin* – *gek*a*rt*/*gekerit* (BE),
leren- l*a*r*te*/*lerte* – *gel*a*rt*/*geleret* (BE).

Zur frnhd. Gruppe 2 der sw. Verben rechnen auch solche, deren Prät. schon urgerm. ohne Themavokal gebildet wurde.

denken	*dachte*	*dechte*	*gedacht, gedenkt*
dünken	*dauchte, deuchte*	*deuchte*	*gedaucht, gedeucht*
deuchten	*dunkte, dünkte*		*gedunkt, gedünkt*
wirken	*wirkte, worchte, wurckte*		*gewirkt, geworcht*

Mischung st. und sw. Flexion liegt bei *bringen* vor:

bringen, brengen	*brachte, brachten*	*brechte*	*(ge)bracht*

4.4.1.2.3. *Übergang schwacher Verben zur starken Flexion:* Nur selten – und dann auf Grund lautlicher Übereinstimmung mit den st. Verben – treten mhd. sw. Verben in die frnhd. st. Flexion über, z. B. *laden – lud, geladen* (SL), *preisen – pries* (SL); jedoch nicht alle halten sich als st. Verben, z. B. *beschenken – beschunken* (SL), *jagen – jug* (SL), *wünschen – gewunschen* (AS), *laden* hat schon im Mhd. neben den sw. auch st. Formen. (Vgl. THEOBALD 1992.)

4.4.1.3. *Präterito-Präsentien*

Die Zahl der Prät.-Präs. (siehe 3.5.1.4.) nimmt im Frnhd. ab: *türren* geht unter, *gunnen* und *taugen* wechseln in die sw. Flexion über.

Die Endung *-st* der 2. P. Sg. Präs. Ind. der st. und sw. Verben tritt endgültig an die Stelle der alten Endung *-t* der Prät.- Präs.: statt *solt* (L) nun *sollest* (SL), *sollst.*

Noch im Mhd. haben die Prät.-Präs. selten ein Part. Prät.; im Frnhd. tritt es häufiger auf, und zwar mit und ohne Präfix *ge-*: *gewust* (SL), *wist* (L). Neben dieser sw. Bildung gibt es ein st. Part. Prät.: *gegunnen* (TS) (FRANKE II, § 146).

Die analytischen Zeitformen in Verbindung mit Prät.-Präs. können aus temporalem Hilfsverb + Part. Prät. der Prät.-Präs. + Inf. des Vollverbs gebildet werden: *wenn hat einer* ***gedorfft*** *klagen* (HU). Seit dem 13. Jh. wird auch wie im Nhd. der Inf. der Prät.-Präs. benutzt: *drumb haben sie* ***mussen*** *fallen* (L), also temporales Hilfsverb + Inf. des Prät.-Präs. + Inf. des Vollverbs. "Aus dem Nebeneinander des Inf. und des Part. Prät. bei den Hilfszeitwörtern ergeben sich dann zwei Mischungen: einerseits Infin. mit *ge-* . . ., anderseits Partizipia ohne *ge-*" (BEHAGHEL II, 370): *niemant hat es* ***gedorffen*** *sagen* (HU); *nu hat der Romisch geytz nit* ***mocht*** *der zeit erwarten* (L).

Paradigmata (nach Ablautreihenfolge geordnet)

Inf./Pl. Präs. Ind.	Sg. Präs. Ind.	Prät. Ind.	Prät. Konj.	Part. Prät.
1. *wissen*	*weiß, weißt*	*wesse*/*weste, wisse*/*wiste, woste, wuste*	*weste, wiste, wüste*	*(ge)wist, gewost, gewust*
2. *taugen, tugen, tügen*	*taug, tauget*	*taugte, tochte, tuchte, tüchte*	*töchte, tüchte,*	*(ge)tocht, (ge)tugt*
3. *gonnen, gönnen, gunnen, günnen*	*gan, gönnt*	*gonnet, gönnete, gunnte, gůnnete*	*gönte*	*(ge)gonnet, (ge)gun(s)t, gegůn(s)t*
3. *können, kunnen, künnen*[50]	*kan*	*konde, konte, kunde, kunte*	*könde, künde*	*gekont, (ge)kont, (ge)kund*

[50] Zu den Stammvokalen *o*/*ö* – *u*/*ü* siehe 4.3.1.6.

3. *darfen dörfen dürfen*	*darf*	*dorfte, durfte*	*dörfte, dürfte*	*(ge)dorft, (ge)durft, (ge)dürft*
3. *törren, türren*	*tar, tahrt*	*torste, thurste*	*törste, thürste*	*getörren, (ge)tuhrst*
4. *sollen, sull(e)n*	*sal/schal sol/schol*	*solde/scholde, sulde*	*solde, sölde*	*(ge)solt*
5. *mogen, mögen mugen, mügen*	*mag*	*mochte, moͤchte, muchte, muͤchte*	*möchte, müchte*	*(ge)mocht, (ge)muͤcht*
6. *müssen*	*muß*	*moste, must(e)*	*müste*	*(ge)must, (ge)müst*

Zu 1.
Das Prät. *wesse/wisse* existiert noch im Obd. des 14. Jh.; bis ins 17. Jh. erscheinen hier *weste/wiste*. Im Omd. gilt vom 14. Jh. an vor allem *wuste* neben seltenerem *woste*.
Zu 2.
SCHOTTELIUS verwendet das Präs. *ich tauge, du taugest, er tauget.*
Zu 3.
Der Sg. Präs. Ind. *gan, ganst, gan* (nhd. *gönnen*) ist im 17. Jh. nicht mehr lebendig; schon im 15. Jh. beginnen sich im gesamten Präs. *o/ö* bzw. *u/ü* durchzusetzen. Das Part. Prät. hat neben den sw. Formen mit und ohne Umlaut die st. Form *gegunnen*.

Der Pl. Präs. Ind. von *dürfen* 'nötig haben' kann bis ins 17. Jh. ohne Umlaut gebildet werden: *sie dorffen* (L).

Das Verb *türren* 'wagen' geht im 17. Jh. unter.
Zu 4.
Die Präsensform *sol* tritt seit der Mitte des 14. Jh. im Omd. zurück und macht der Form *sal* Platz; erst im 15. Jh. erscheint *sol* wieder. *sol* herrscht von Anfang an im Obd. vor und ist schließlich im 17. Jh. die im wesentlichen allgemeingebräuchliche Form. Formen mit *sch/sc* sind im Bair., Thür. und Schles. – besonders im 14. Jh. – geläufig: *schal, scullen, scholde*. Das Obd. weist ein Präs. mit Umlaut auf: *er soͤl* (AG), zuweilen auch das Md.
Zu 5.
Noch im 17. Jh. drückt *mögen* neben der Möglichkeit das Vermögen, Macht-Haben aus.

4.4.1.4. *Athematische Verben*

Die athematischen Verben (siehe 3.5.1.5.) – oft auch unter den Termini Wurzelverb bzw. *mi*-Verben zusammengefaßt – verlieren während des Frnhd. vollständig oder teilweise ihre ursprüngliche Einsilbigkeit und werden zweisilbig: statt mhd. *gên* nhd. *gehen* in Analogie zu *sehen*.

Am Ende des Frnhd. wird die 1. P. Sg. Präs. Ind. nur noch in der Form *bin* mit der alten Endung *-n* (aus idg. *-mi*) der athematischen Verben gebildet; bei den Verben *gehen, stehen* und *tun* erscheint dieses *-n* im Nhd. nicht mehr.

Inf.	1. P. Sg. Präs. Ind.	Prät. Ind.	Part. Prät.
1. *sin, sein, wesen, si*	*bin*	*war/was – waren, woren/wasen*	*gesin, gesein, gewesen, gewest*
2. *tuen, tun*	*tue, tun*	*tat(e)/tet(e) – thaten/theten/tauten*	*(ge)than*
3. *gahen/gan*	*gahe/gan,*	*gie/ gieng – giengen*	*gegan,*
gehen/gen	*gehe/gen, ge*	*ging – gingen, gung – gungen*	*(ge)gangen, gegen*
4. *stahen/stan, stehen/sten*	*sta/stahe/stan, ste/stehe*	*stand/stund – standen/stunden*	*gestan, gestanden*

Zu 1.

	Präs. Ind.		Präs. Konj.
Sg. 1. P.	*bin, ben, seyn*	Sg. 1. P.	*sey, seye*
2. P.	*bis, bist*	2. P.	*seiest, seyst, sist*
3. P.	*is, ist*	3. P.	*sey, seye, si, sye*
Pl. 1. P.	*sein, seint, sin, sint, sind*	Pl. 1. P.	*seien, seygind, seyn*
2. P.	*seint, seit, sint, sit*	2. P.	*seied, seyd, seygind*
3. P.	*sein, seint, sin, sint, sind*	3. P.	*seint, seyen, seyn, sygind*
2. P. Sg. Imp.	*biß, sey, wis, wes(e)*		
Part. Präs.	*seynd, wesende*		

Bis ins 17. Jh. stehen in der 1., 3. P. Pl. Präs. Ind. *sein*, das eigentlich eine konjunktivische Form ist, und *sint*, ursprünglich nur 3. P. Pl. Präs. Ind., nebeneinander: *sie sind* oder *seyn* (SL). Bei *seind*, z. B. bei OP, handelt es sich um eine Mischform. Der Imp. *bis* schwindet im 17. Jh. in der Schriftsprache, nicht aber in omd. Mundarten; *sei* kommt im 15. Jh. auf. Das sw. Part. Prät. *gewest*, seit 13. Jh. im Md. und Ostfränk. verwendet, wird im 17. Jh. in der Schriftsprache ungebräuchlich, in verschiedenen Maa. hat es sich bis in die Gegenwart gehalten. (Zu den Formen von *sein* bei Grammatikern des Frnhd. vgl. Penzl 1984, 114f.)

Zu 2.
Neben der *n*-losen Form der 1. P. Sg. Präs. Ind. erscheint noch im 16. Jh. das alte *-n*, das aus der Endung *-mi* entstanden ist: *tu, tun ich* (BE). Der Ausgleich der Stammvokale *a* und *e/ä* im Prät. setzt im 14. Jh. ein; im 17. Jh. herrschen die *a*-Formen vor; *e/ä* erscheint vereinzelt noch im 18. Jh. (Alm 1936, 439ff.): *tat/tät – taten/täten* (FL). Das Part. *geton* weist ins Obd.
Zu 3.
Die Formen mit dem Stammvokal *a* sind alem. und nd., die Formen mit *e* bair. und md. (Frings 1957, Karte 36). Die *a*-Variante tritt noch im 17. Jh. in der Schriftsprache auf, heute nur in den Mundarten. Präsensformen mit dem Stamm *gang* sind im Alem. geläufig. Luther verwendet noch einen Imp. *ganck*.
Zu 4.
stan/sten nimmt dieselbe Entwicklung wie *gan/gen*.

Ein Präsensstamm *stand* wird im Alem. des 16. Jh. benutzt; bei Luther kommt zuweilen der Imp. *stand* vor. Zum Prät. *stund – stunden* tritt im 17. Jh. *stand*; jedoch ist noch im 18. Jh. *stund* nicht völlig zurückgedrängt (siehe 4.4.1.1.2., 6. Ablautreihe).

4.4.1.5. *wollen/wellen*

Neben den *o*-Formen dieses Verbs (siehe 2.4.1.5.) tritt *wellen* bis ins 16. Jh. auf: *wollen/wellen* (KW), z. T. mit Umlaut des *o*, vgl. *wir wͤollen* (AS). In der 2. P. Sg. Präs. Ind. wird die Endung *-t*, z. B. *wilt* (SL), im 17. Jh. zugunsten des schon spätmhd. vorkommenden *-st*, z. B. *wilst* (SL), aufgegeben. Formen auf *-nt (wellent)* werden im Alem. oft kontrahiert (*went*). Das gilt auch für die Prät.-Präs.

Inf.	1. P. Sg. Präs. Ind.	Prät. Ind.	Prät. Konj.	Part. Prät.
wellen/wöllen wollen/wullen	*wil, wel*	*wolde, wulde, wolt(e)*	*welde, wolde, wölde*	*(ge)wolt, gewͤolt*

4.4.1.6. *Kontrahierte Verben (han, lan)*

Inf.	1. P. Sg. Präs. Ind.	Prät. Ind.	Prät. Konj.	Part. Prät.
haben, han, hon	*habe, han*	*hatt(e), hett(e)*	*hette, hiete*	*gehaben, gehabet, gehan, gehat*

Kontrahiertes *han* schwindet im 16./17. Jh.; die Formen *hast/hat* verdrängen im 15. Jh. die unkontrahierten. Die Formen *hatte/hette* stehen noch im 17. Jh. als Prät. Ind. nebeneinander. Das Part. Prät. *gehat* ist md., *gehaben* und *gehan* sind alem.

Kontrahierte Formen von *lassen*, z. B. *lan*, gehen im 17. Jh. unter. *lon* ist alem.: ... *er* ... *het dienen lon* (F).

4.4.1.7. *Zusammengesetzte Zeitformen*

Perfekt

er hat gesessen – er ist gesessen

Das Perf. wird mit dem Präs. von *haben/sein* + Part. Prät. des Vollverbs gebildet. Das Md. schwankt im Gebrauch von *sein* oder *haben*. So bevorzugt Luther bei Verben räumlicher Ruhe nach obd. Art *sein: bin gesessen, gestanden sey*. Wittenberger Einfluss sieht FRANKE (Bd. 3, § 115) in einigen Umschreibungen mit *haben: gewandelt haben, hett . . . gewest* (L).

"Zur Erzielung besonderer Deutlichkeit" (BEHAGHEL, Bd. 2, 271) werden beim Perf. und Plusqu. Doppelumschreibungen durch die Part. Prät. *gehabt* und *gewesen* benutzt: "Es wird zuweilen das Hůlfwort bey seinem Haubtworte doppelter Weise gebrauchet als: Ich habe geschrieben gehabt: ich hette gelesen gehabt: nach dem er gestorben gewesen war" (SCHOTTELIUS 1663, 556). Diese Formen haben sich im Nhd. stark ausgebreitet und kommen auch in schriftsprachlichen Texten vor.

Die frnhd. Funktionen des Perf. stimmen im wesentlichen mit den nhd. überein. Vielfach kann das frnhd. Prät. durch das "erzählende Perfekt" ersetzt werden. Dieser Ersatz des Prät. durch das Perf. erfolgte vor allem im Obd. und hat seinen Höhepunkt im 16. Jh. und in der 1. Hälfte des 17. Jh.

Plusquamperfekt

er hatte/hette gesessen – er war gesessen

Das Prät. von *haben/sein* + Part. Prät. des Vollverbs bilden das Plusqu.

Das Plusqu. drückt den Abschluss in der Vergangenheit aus, kann aber auch das Prät. vertreten.

Das Präfix *ge-* dient bis ins 16. Jh. hinein der Perfektivierung; zusammen mit der Präteritalform kann es die gleiche Funktion wie das Plusqu. haben: *Vnd als wir einander gesegneten, tratten wir ins schiff* (L).

Futur I

er soll/will/wird sitzen

Die Umschreibung mit *werden* + Inf., zuerst den Anfang eines Vorgangs, dann Zukünftiges bezeichnend, entsteht im Mhd., breitet sich im 15. Jh. aus und setzt sich als Norm endgültig in der Mitte des 16. Jh. durch. Die Umschreibungen mit *wollen* oder *sollen* + Inf. reichen bis ins 16. Jh.: *das Königreich wil noch sein werden* (L), *darumb ich hoffe, ir miteinander ein frölich Leben füren sült* (SW), weichen aber dann der Umschreibung mit *werden*.

Futur II

er wird gesessen haben/wird gerannt sein

Das Fut. II, das vom Mhd. an aus *werden* + Part. Prät. + Inf. *haben/sein* gebildet wird, drückt u. a. wie im Nhd. die Wahrscheinlichkeit eines Geschehens aus. Es ist frnhd. nicht sehr häufig, wird aber von 1500 bis 1700 als Teil des Verbalsystems ausgebaut.

4.4.1.8. *Bildungsweise des Passivs*

Das Pass. wird mit *werden* oder teilweise mit *sein* + Part. Prät. gebildet:

Präs./Prät.	*er wird/ward geschlagen*
Perf./Plusqu.	*er ist/was geschlagen ((ge)worden)*
Fut. I	*er wird geschlagen werden*

Seit dem 13. Jh., besonders vom 15. Jh. an, wird das Perf./Plusqu. Pass. mit dem Part. Prät. *worden* gebildet: *er ist funden worden* (L). Doch noch im 16. Jh. kann *worden* fehlen: *er ist widder funden* (L). Im 16. Jh. erscheint vereinzelt *geworden: Er sey citiert geworden* (SN).

Ein Fut. II Pass. läßt sich im Frnhd. noch nicht nachweisen. SCHOTTELIUS verzeichnet nur Fut. I Pass.; die beiden *würde*-Umschreibungen im Pass. hingegen hat er aufgeführt, und zwar

Konditional I Pass.: *Ich wůrde gehőret werden.*

Konditional II Pass.: *Ich wůrde gehǒret worden seyn.*

4.4.1.9. *Umschreibungen zum Ausdruck der Aktionsarten*

1. *werden* + Part. Präs.: Die Umschreibung drückt das Eintreten eines Geschehens aus und erscheint noch im 16. Jh.: *(in welichen landen die Juden siczen) oder ... siczend oder wonend werden* (KW), *da ward das gantze Heer laufend* (L).
2. *werden* + Inf.: Auch diese analytische Form kann den Beginn eines Geschehens ausdrücken; sie wird noch im 16. Jh. benutzt: *Er ward zittern* (L), und zwar im Präs. und Prät.
3. *sein* + Part. Präs.: Als sprachliches Mittel zur Bezeichnung der durativen Aktionsart dient die Gruppe *sein* + Part. Präs.: *die uns yeczund anligend sein* (KW). Die schon ahd. Bildung ist im 18. Jh. auf einige besondere Fälle beschränkt, *ich bin sehr erwartend* (Schiller), und fehlt der Gegenwartssprache (PAUL IV, § 320).
4. *sein* + Inf.: Diese Konstruktion hat wie *sein* + Part. Präs. die Funktion, die Dauer einer Handlung zu bezeichnen; sie wird vom 14. bis zum 16. Jh. häufig gebraucht, z. B. *wer aber mislich wandeln ist* (BR), ja reicht bis ins Nhd.: *Was sind sie mir anmuthen* (Gottschedin).

4.4.1.10. *Zusammenfassende Darstellung der Neuerungen*

1. Während des Frnhd. zeigt sich eine fortschreitende Vereinheitlichung der Personalendungen in allen Tempora und Modi. So setzt sich die Endung *-st* der 2. P. Sg. Präs. Ind. auch in der 2. P. Sg. Prät. Ind. durch:

   mhd. Präs. *du hilfest* nhd. *du hilfst*

   mhd. Prät. *du hülfe* nhd. *du halfst*

   Die Endung *-ent* der 3. P. Pl. Präs. Ind. macht der Endung *-en* der 1. P. Pl. Präs. Ind. Platz, die mit der 3. P. Pl. des Präs. Konj., des Prät. Ind. und des Prät. Konj. übereinstimmt:

   mhd. *wir hëlfen* nhd. *wir helfen*

   mhd. *sie hëlfent* nhd. *sie helfen*

2. Im Frnhd. erfolgt eine stärkere Profilierung der Tempora der st. Verben bei vollständigem oder teilweisem Ausgleich der Numerusunterschiede:

   mhd. *hëlfen hilfe half hulfen geholfen*

   nhd. *helfen helfe half halfen geholfen*

   Im Präs. Ind. tritt der Stammvokal des Pl. a) im gesamten Sg. (2. Ablautreihe) oder b) in der 1. P. Sg. (Reihe 3 b, 4, 5) auf:

   a) mhd. *ich biuge – du biugest – er biuget – wir biegen*

   nhd. *ich biege – du biegst – er biegt – wir biegen*

   b) mhd. *ich hilfe – wir hëlfen*, nhd. *ich helfe – wir helfen*

   Selten erscheint der Stammvokal des Sg. im Pl. Präs.:

   mhd. *ich wige – wir wëgen*, nhd. *ich wiege – wir wiegen*

   Im Prät. setzt sich entweder der Pluralvokal auch im Sg. durch:

   mhd. *ich reit – wir riten*, nhd. *ich ritt – wir ritten*

   oder der Singularvokal im Pl.:

   mhd. *ich half – wir hulfen*, nhd. *ich half – wir halfen*

3. Die meisten mhd. Verben mit "Rückumlaut" geben diesen im Nhd. auf, abgesehen von 6 Verben (z. B. *senden*).

   Sehr oft breitet sich der umgelautete Präsensvokal aus:

   mhd. *hœren – hôrte – gehôrt*, nhd. *hören – hörte – gehört*

   So wird die sw. Verbflexion stärker vereinheitlicht.

4. Der Themavokal der sw. Verben wird im Nhd. meist synkopiert:

mhd. *sagete – gesaget*, nhd. *sagte – gesagt*

5. Eine Reihe st. Verben tritt in die sw. Flexion über, so

   mhd. *rëchen – riche – rach – râchen – gerochen*

   nhd. *rächen – rächte – gerächt*

   Seltener ist der Übergang sw. Verben zu den st. Verben:

   mhd. *prîsen – prîs ete – geprîset*

   nhd. *preisen – pries – gepriesen* (analog der st. Reihe 1), im Frnhd. st. und sw. flektiert.

6. Die Flexion der Prät.-Präs. gleicht sich der schwachen an, entweder durch gänzlichen Übergang von den Prät.-Präs. zu den sw. Verben (mhd. *tugen, gunnen* – nhd. *taugen, gönnen*) oder durch Ausgleich der Flexionsendungen (2. P. Sg. Präs. Ind. *-st* statt *-t*; Entwicklung eines sw. Part. Prät.).

7. Die athematischen Verben nähern sich der thematischen Flexion:
   mhd. *ich gân/gên* – nhd. *ich gehe*

(Vgl. Grammatik des Frühneuhochdeutschen IV, 1988, 67ff., 169ff., 230ff., 443ff. 469ff., 492ff.; Penzl 1984, 107ff.; Hartweg/Wegera 1989, 123ff.)

4.4.2. **Das Substantiv**

Bei der Deklination führen mehrere ineinandergreifende Entwicklungsprozesse zu einem Strukturwandel, der die Einteilung der Deklination nach vokalischen und konsonantischen Stämmen kaum noch als gerechtfertigt erscheinen läßt. Schon im Mittelhochdeutschen sind eine diachrone und eine synchrone Betrachtungsweise angebracht (siehe 3.5.2.). Aber auch hier wird die diachrone im Mittelpunkt stehen, da das Frnhd. als wichtige Entwicklungsperiode anzusehen ist, deren Vielfalt und ständige Bewegung von den Sprachträgern erlebt, zum Teil sogar gesteuert wurde.

Zwei Grundtendenzen zeichnen sich ab: Einmal tritt die Kasuskennzeichnung noch weiter zurück als im Ahd. und im Mhd., zum anderen zeigt sich eine schärfere Profilierung der Numeruskategorie.

Die erste Tendenz (Rückgang der Kasuskennzeichnung) ist hauptsächlich durch die Festlegung des Akzents auf die erste Wortsilbe im Germ. (siehe 1.1.2.2.2.) bedingt. Dadurch werden Flexionsmorpheme (=Flexive) abgeschwächt (Dat. Pl. ahd. *gëbôm* > mhd. *gëben*), reduziert (die Mehrsilbigkeit von Flexiven entfällt: Gen. Pl. ahd. *gëbôno* > mhd. *gëben*) oder fallen durch Synkope oder Apokope weg (mhd. *lambes* > nhd. *Lamms*, mhd. *bilde* > nhd. *Bild*). Statt 16 Flexiven im Mhd. (*tac-ø, tag-e, stil-s, tag-es, lẹmb-er, lẹmb-ern, nadel-n, künegin-ne, künegin-nen, man-nes, tag-en, lẹmb-ere, lẹmb-eren, sê-we, sê-wes, sê-wen*), von denen 7 mit Umlaut des Wurzelvokals auftreten können, existieren im Nhd. nur noch 9 (*Tag-ø, Tag-e, Tag-en, Krater-n, Geist-er, Geist-ern, Tag-s, Dienst-es, Herz-ens*), von denen 6 mit Umlaut des Wurzelvokals kombiniert sind. Auch das Zahlenverhältnis der Flexive untereinander wandelt sich: Während z. B. *-e, -es* seltener werden, breitet sich das ø-Morphem aus. Der Dat. Sg. wird meist endungslos: mhd. *tage* > nhd. *Tag*, und auch im Nom. Akk. Sg. setzt es sich durch: mhd. *bilde* > nhd. *Bild*.

Diese Prozesse haben eine wachsende Mehrdeutigkeit der Flexive zur Folge: *-e* kann schon im Mhd. bei st. und sw. Substantiven in verschiedenen Kasus und Numeri stehen. Das im Frnhd. häufiger verwendete ø-Morphem steht im gesamten Sg. st. Substantive außer dem Gen. Sg. der Maskulina und Neutra.

Die Eindeutigkeit in der Kommunikation, die durch diese Prozesse gefährdet ist, wird durch einen tiefgreifenden Umbau des Deklinationssystems wiederhergestellt: Substantive treten immer häufiger von einer Klasse in eine andere über. Diese Entwicklung begann schon lange vor der frnhd. Zeit, setzt sich aber jetzt verstärkt fort.

Viele sw. Substantive verlieren im Nom. Sg. das Morphem *-e* und gleichen daher den st. Substantiven. Das ist ein Grund dafür, dass viele von ihnen in die st. Deklination übergehen:

mhd. *dër hẹrzoge, dës hẹrzogen* – nhd. *der Herzog, des Herzogs*;
mhd. *daz ôre, dës ôren* – nhd *das Ohr, des Ohres.*

Durch Übergang in die gemischte Deklination entsteht das Flexiv *-ens.*
mhd. *daz hërze, dës hërzen* – nhd. *das Herz, des Herzens.*

Die entgegengesetzte Entwicklung – von der st. zur sw. Flexion – tritt bei einigen Maskulina auf, die im Nom. Sg. ihr auslautendes *-n* abstoßen: mhd. *heiden, kristen, raben* – nhd. *Heide, Christ* (frnhd. *Christe*), *Rabe.* Diese Substantive gleichen sich den Bezeichnungen für Lebewesen an, die von Haus aus schwach flektiert werden: mhd. *hërre* (Gen. Dat. Akk. Sg. und Nom. Gen. Dat. Akk. Pl. *hërren*).

Auch die meisten mhd. *ja*-Stämme verlieren das auslautende *-e*:
mhd. *dër vischære* – nhd. *der Fischer*, mhd. *daz kriuze* – nhd. *das Kreuz.*

Diese Substantive wechseln in die *a*-Deklination über. Auch die mask. mhd. *ja*-Stämme, bei denen das *-e* erhalten bleibt (mhd. *dër hirte* – nhd. *der Hirte*) oder bei denen ein *-n* angefügt wird (mhd. *dër rücke* – nhd. *der Rücken*), verändern oft ihre Deklination (siehe 4.4.2.1.1.).

Bei mehreren Substantiven setzt sich ein Genus durch, und zwar vorwiegend nach dem md. Gebrauch:
mhd. *dër/diu luft* – nhd. *die Luft*; mhd. *diu/daz zît* – nhd. *die Zeit.*

Bei den Feminina fallen die *ô*- und die *n*-Deklination zusammen, indem sich bei der *ô*-Deklination das *-n* des Gen. Dat. Pl. auf den Nom. Akk. Pl. ausbreitet und die *n*-Deklination das *-n* im Gen. Dat. Akk. Sg. verliert (siehe 4.4.2.1.3. und 4.4.2.2.2.). So kommt ein Einheitssingular bzw. ein Einheitsplural zustande. Von dieser Entwicklung sind auch die fem. *i*-Stämme erfaßt. Auch hier setzt sich der Einheitssingular durch. Das beginnt schon in mhd. Zeit:
mhd. *kraft, krẹfte, krẹfte, kraft* neben seltenerem *kraft, kraft, kraft, kraft* –
nhd. *Kraft, Kraft, Kraft, Kraft.*

Reste der umgelauteten Gen.-Sg.-Formen finden sich noch in nhd. *Bräutigam* und *Gänsebraten.*

Der Plural nimmt ebenfalls das Morphem *-n* an, sofern das lexikalische Morphem nicht umlautfähig ist:

Pl. (Nom. Gen. Akk.) mhd. *geschichte* – nhd. *Geschichten*; aber mhd. *krẹfte* – nhd. *Kräfte.*

Dem fortschreitenden Kasusschwund wirkt die zweite Grundtendenz entgegen: der Ausbau der Numerusopposition. Im Mhd. ist oft der Numerus am Substantiv selbst nicht erkennbar: Nom. Sg. – Nom. Pl. *wort – wort, bẹtte – bẹtte, hirte – hirte.* In der Entwicklung zum Nhd. wird die Numerusunterscheidung zunehmend durch Morpheme kenntlich gemacht. Die Zahl der Pluralflexive steigt deshalb von 4 auf 5: Zu den mhd. Pluralkennzeichen tritt im Frnhd. *s* hinzu: nhd. *Schal – Schal-s.* Dieses Morphem, durch nd./ndl., auch frz. und engl. Einfluß ins Hochdeutsche gelangt, ist im Frnhd. noch sehr selten, z. B. *mädigens* 'Mädchen' (Olearius).

Der Umlaut gewinnt an Bedeutung, vor allem breitet sich das Morphem *-er* aus, weil es keine Kasusbedeutung hat. Bei umlautfähigem Vokal tritt *-er* zusammen mit dem Umlaut auf. Dagegen wird das polyseme ø-Morphem als Pluralsuffix weitgehend reduziert:
mhd. *daz klôster – diu klôster*, nhd. *das Kloster – die Klöster*;
mhd. *daz lant – diu lant*, nhd. *das Land – die Länder.*

Die Morpheme *-e* und *-(e)n*, z.T. auch mit dem Umlaut gekoppelt, nehmen aber nicht ganz so stark zu:
mhd. *daz dinc – diu dinc*, nhd. *das Ding – die Dinge*; mhd. *diu arebeit – die arebeite*, nhd. *die Arbeit – die Arbeiten.*
-en dient aber auch bei den fem.*ô*-Stämmen nicht mehr der Kasus-, sondern ausschließlich der Numeruskennzeichnung:

	mhd.	nhd.
Nom. Gen. Dat. Akk. Sg.	*gëbe*	*Gabe*
Nom. Gen. Dat. Akk. Pl.	*gëbe, gëben, gëben, gëbe*	*Gaben*

-*(e)n* als Pluralmorphem wird zunehmend bei Substantiven verwendet, die im Nom. Sg. auf -*e* enden:

mhd.		nhd.	
Sg.	Pl.	Sg.	Pl.
hirte	*hirte*	*Hirte*	*Hirten*
bote	*boten*	*Bote*	*Boten*
zunge	*zungen*	*Zunge*	*Zungen*

Dagegen folgen Substantive, die ihr -*e* im Nom. Sg. verloren haben, oft solchen, die schon immer auf Konsonant endeten: mhd. *hane* – *hanen*, nhd. *Hahn* – *Hähne* (entsprechend *gast* – *gęste*). Das Flexiv -*e* kann sogar schwinden, dann übernimmt der Umlaut die Funktion der Pluralbezeichnung: mhd. *vogel* – *vogele*, nhd. *Vogel* – *Vögel*. Der *e*-Schwund ist im Pl. aber – im Gegensatz zum Sg. – selten.

Während sich im Sg. ein schärferer Gegensatz zwischen der Deklination des Maskulinums und Neutrums einerseits und des Femininums andererseits herausbildet, werden die Genusunterschiede im Pl. geringer: -*er*, ein ursprünglich seltenes Pluralmorphem des Neutrums, breitet sich auch auf das Maskulinum aus (mhd. *geist-e* – nhd. *Geist-er*). Das Flexiv -*e*, noch im Mhd. auf Mask. und Fem. beschränkt, ergreift nun auch das Neutrum (mhd. *wort* – nhd. *Wort-e*). Das Flexiv -*(e)n* dient der Pluralkennzeichnung bei Maskulina und Feminina, die im Mhd. noch stark waren (mhd. *gedanc* – *gedank-e, nâdel* – *nâdel*, nhd. *Gedanke* – *Gedank-en, Nadel* – *Nadel-n*).

Diese Entwicklungen verlaufen in regionaler und sozialer Hinsicht differenziert: Im Obd. wirkt die Apokope besonders stark, daher drohen hier die Numerusunterschiede unterzugehen. Um sie zu bewahren, setzen sich der Analogieumlaut und das Flexiv -*er* häufig durch: *Täg, Ärm, Hähn, Höbel; Kinder, Wörter, Better, Hemder*. Im Md. blieb das -*e* besser erhalten, daher ist der Analogieumlaut seltener, und -*er* ist erst seit dem 16./17. Jh. stärker produktiv. Im mittelrheinischen und ndfränk. Gebiet ist die Entwicklung zum *n*-Plural und überhaupt zur schwachen Flexion ausgeprägt. Das nhd. Flexionssystem faßt die einzellandschaftlichen Entwicklungen zusammen, von denen die omd. und die ostobd. an der Spitze stehen. Landschaftliche Unterschiede sind ein Grund für heutige Morphem-Dubletten, bei denen die semantische Differenzierung erst später einsetzte: *Bande* – *Bänder, Lande* – *Länder, Worte* – *Wörter*.

Auch in den Kommunikationsbereichen lassen sich Unterschiede feststellen: Die Urkundenprosa nähert sich eher dem nhd. Flexionssystem als die Reimdichtung. Trotzdem darf das Frühneuhochdeutsche nicht nur als Übergangsperiode betrachtet werden. Folgende Pluralparadigmen treffen beispielsweise für Texte des 16. Jh. zu, sind aber weder für das Mhd. noch für das Nhd. typisch: *Tag, Gäst* (Nom. Gen. Akk. Pl.), *Tagen, Gästen* (Gen. Pl.); *Dingen, Werken* (Nom.-Akk. Pl.).

All diese morphologischen Prozesse gehen einher mit syntaktischen Entwicklungen: Die Kasusbeziehungen werden zunehmend durch vorangestellte Begleiter (Artikel, Pronomen, Präpositionen) gekennzeichnet: Nom. Dat. Akk. Sg. mhd. *(dër) tac* – *(dëme) tage* – *(dën) tac*, nhd. *der Tag* – *dem Tag* – *den Tag*. Auch der Artikel ist vom Kasusausgleich betroffen: mhd. Nom. Sg. *diu vrouwe*, Akk. Sg. *die vrouwen* – nhd. Nom. Akk. Sg. *die Frau*. Deshalb dienen auch Präpositionen der Kasusbezeichnung: mhd. *da mite ich solte mîner sühte genesen* – Luther: *ob ich von dieser kranckheit genesen werde*. Diese Entwicklungen gehen in den einzelnen Sprachlandschaften in unterschiedlicher Intensität vor sich: Im Obd. ist der Kasusausgleich zeitiger festzustellen, weil hier die Apokope stärker wirksam ist. Diese bewirkt auch, dass *a*- und *ja*-Stämme im Obd. eher zusammenfallen als im Md. Selbst Sonderentwicklungen wie fehlendes Genitiv-*(e)s* sind im Obd. stärker zu beobachten. Auch der *er*-Plural erscheint hier früher. Da die Umlautbezeichnung im Süden zeitiger erfolgt als im Md., ist hier auch der *er*-Plural mit Umlaut eher festzustellen.

Im Md. festigt sich dagegen das Flexiv *-e* als Pluralmerkmal zeitiger. Ebenso erfolgt durch rascheren *w-* bzw. *b*-Ausfall der Zusammenfall der *wa*-Stämme und der *a*-Stämme hier früher. Der Wechsel von der schwachen zur starken Flexion bei Mask. und Fem. scheint im Md. generell eher zu erfolgen als im Obd., allerdings ist hier auch das Oobd. sehr aktiv. Das gilt ebenso für den Übergang zu flektierten Formen bei den »Resten anderer Klassen«. Auch beim Genuswechsel scheint das Md. grundsätzlich führend zu sein, wenn die Entwicklung insgesamt auch sehr differenziert verläuft.

(Vgl. Grammatik des Frühneuhochdeutschen III, 1988, 55ff., 69ff., 210ff.; Frühneuhochdeutsche Grammatik 1993, 164f.; Hartweg/Wegera 1989, 116ff.; Penzl. 1984, 97ff.; Stopp 1974, 324ff.; Suchsland 1969, 97ff.; Paul 1989, 186ff., §174f.; Hotzenköcherle 1962, 324ff.; Besch 1980, 593ff.; Erben 1970, 421ff.; Kern/Zutt 1977, 68ff.; Besch 1967, 243ff., 287ff.; Koenraads 1953, 59ff.; Woronow 1966, 395ff.; Skála 1972, 283ff.; Povejšil 1980, 82ff.)

4.4.2.1. *Starke Deklination*

4.4.2.1.1. *Maskulina:*

Die mhd. a-Deklination

Mhd. a-Stämme. Das Paradigma dieser Substantive hat sich seit dem Mhd. kaum verändert.

Sg.	Nom.	*tag*	Pl.	Nom.	*tage* *tag*
	Gen.	*tages* *tagis* *tags*		Gen.	*tage* *tag* *tagen*
	Dat.	*tage* *tag*		Dat.	*tagen* *tagin* *tag*
	Akk.	*tag*		Akk.	*tage* *tag*

Die *e*-Apokope im Dat. Sg. bewirkt eine weitere Einebnung der Kasusunterschiede. Sie tritt besonders im Obd. auf. Schon in der zweiten Hälfte des 14. Jh. überwiegen hier im Dat. Sg. die Formen ohne *e (rat, tag)* gegenüber denen mit *e (libe, brieue)*.

Im Wmd., vor allem aber im Omd., herrscht der Dat. Sg. auf *e* länger vor: *tage, geiste, libe*. Im 16. Jh. nehmen auch hier die apokopierten Formen zu. Bei Luther stehen die Formen ohne *e* etwas häufiger als die mit *e*. Der Prozeß setzt sich bis in die Gegenwart fort.

Die *e*-Apokope wirkt sich auch im Nom., Gen. und Akk. Pl. aus. Hier zeigen sich die gleichen Unterschiede zwischen dem Obd. und Md. wie im Sg. Im Obd. überwiegen im Nom., Akk. Pl. *ärtzt, dienst, tag* gegenüber *dienste, wege*. Im Omd. existieren fast ausschließlich *e*-Formen, während bei Luther die apokopierten Formen überwiegen.

Die deutlichere Kennzeichnung des Plurals wird u. a. sichtbar in der Übernahme des Umlauts aus den mask. *i*-Stämmen. Im BE und in der UW finden sich z. B. folgende Formen: *epfile, epphil* (Akk. Pl.), *erczte* (Nom. Pl.), *erczten* (Dat. Pl.), *welden* (Dat. Pl.).

Auch Dürer wird den Umlaut gesprochen haben. Er bezeichnete ihn aber kaum.

Luther verwendet u. a. folgende Pluralformen: *Ertzte, Treume, Frösche*. Mitunter stehen bei ihm umgelautete Formen neben nichtumgelauteten: *boden/böden, korbe/körbe, stuele/stüele, vogel/vögel*.

Der ursprünglich nur im Neutrum auftretende *er*-Plural setzt sich erst allmählich seit dem 14. Jh. durch. Im 15. Jh. ist er noch selten. Im 16. Jh. ist er besonders im Obd. nachweisbar, auch wenn Schriftsteller wie Dürer und Zwingli ihn noch nicht kennen. H. Sachs verwendet *gött*, dagegen *bösewichter*. Luther gebraucht *Götter/den Götten, Geister/Geiste, Örter/Orte, Menner*, aber nur *Welde, Leibe, Würme*.

Zu Beginn des 17. Jh. haben sich die Pluralformen *Wälder, Leiber* durchgesetzt; andere Substantive schwanken auch noch im jüngeren Frnhd. So tritt während des ganzen 17. Jh. der Plural *wirm, würm* neben der Form *Würmer* auf.

Eine dritte auffallende Erscheinung ist das Schwanken zwischen starker und schwacher Deklination. Das gilt z. B. für die Substantive *Baum, Gedanke* und *Sinn*. Letzteres wird oft im Sg. als *a*-Stamm, im Plural als *n*-Stamm flektiert.

Das Genitiv-*s* fehlt bisweilen, besonders im Obd.: *des geist, chnecht*.

Mhd. ja-Stämme. Die Flexion dieser Substantive fällt allmählich mit der der mhd. *a*-Stämme zusammen (siehe 3.5.2.1.1.). Bereits in der KW ist folgendes Paradigma belegt:

Sg.	Nom.	*burger, buͤrger*	Pl.	*burger(e), buͤrger*
	Gen.	*burger(e)s, burger*		*burger(e)*
	Dat.	*burger(e)*		*burger(e)n*
	Akk.	*burger, buͤrger*		*burger(e)*

Ebenfalls im Obd. gehören die Nomina agentis auf *–ære* schon in der zweiten Hälfte des 14. Jh. zur *a*-Deklination. Jedoch ist hier noch – hauptsächlich in der Kanzleisprache – im 17./18. Jh. die Endung *-ere* möglich: *trompetere, fragere*.

Auch im Omd. finden sich häufig apokopierte Formen, die sich deshalb nicht mehr von der *a*-Deklination unterscheiden: *richter, sunder, troster* neben seltenerem *richtere, sundere, trostere*. Bei Luther kommen Pluralformen auf *e* nur in einigen Fällen vor: *ketzere, meistere, sundere*; sonst steht regelmäßig *Ketzer, Meister, Sünder*.

Einzelne Substantive dieser Klasse treten in die sw. Flexion über, z. B. *hirte*. Schon im 14. Jh. sind die sw. Formen belegt: *hirten* (Dat., Akk. Sg.), *hirtin, hirten* (Nom., Akk. Pl.).

Die alten *u*-Stämme *fride* und *sun* sowie das Lehnwort *käse* bewahren die Merkmale der *ja*-Stämme am längsten. Im Alem. ist bei *lantfrid* und *kås* die starke Flexion die Regel. *fride* geht allmählich in die gemischte Deklination über. Im Omd. herrscht im 15. Jh. noch im wesentlichen die starke Flexion, aber Luther benutzt im Gen., Dat. und Akk. bereits Formen der gemischten Deklination (Nom. und Akk. Sg. lauten bei ihm sonst *Friede, Fried*). Bei Zwingli ist dagegen die gemischte Flexion regelmäßig: *fryden, frydens, fryden* neben seltenen Nom. Gen. Sg.-Formen *fryde, fryds*.

Das auslautende *e* im Nom. Sg. des Wortes *Sohn* tritt im 16. Jh., auch bei Luther, nur noch vereinzelt auf.

Mhd. wa-Stämme. Der bereits im Mhd. einsetzende *w*-Ausfall im Gen. Dat. Sg. setzt sich fort. Meist sind *schate, schaten, schates* belegt. Formen wie *schatwe* (Nom. Sg.) und *schatewin* (Gen., Dat. Sg.) sind Ausnahmen.

Die mhd. i-Deklination

Diese Flexion hat sich beim Übergang vom Mhd. zum Nhd. kaum gewandelt. Allerdings kommen zeitweilig apokopierte und synkopierte Formen vor. Im Nom., Akk. Sg. tritt vorübergehend ein *e* auf.

Sg.	Nom.	*rat, rate*	Pl.	*rete, räth*
	Gen.	*rat(e)s, rat*		*rete, ret*
	Dat.	*rate, rat*		*reten*
	Akk.	*rat, rate*		*rete, räth*

Schwanken zwischen st. und sw. Deklination zeigt sich hauptsächlich bei dem Substantiv *Fuchs*.

Genuswechsel zum Femininum tritt ein bei *angel, angst, art, bank, pracht, gewalt, last, list, luft, lust, trene, pîne (Pein), furt, locke, wâc (Woge), taufe* u. a., im Md. eher als im Obd. Luther verwendet meist die fem. Formen: *die gewalt* neben frühem *der gewalt*. Zum Neutrum wechseln *lob, segel, zeug, gemach, floß*.

4.4.2.1.2. *Neutra:*

Die mhd. a-Deklination

Mhd. a-Stämme und ja-Stämme. Um die Unterschiede in der Flexion der mhd. *a*-Stämme in den einzelnen Schreib- und Verkehrssprachen zu zeigen, enthält das folgende Paradigma hierzu Belege aus verschiedenen Sprachräumen.

a-Stämme

		Mbair.	St. Gallen (alem.)	R (omd.)	L
Sg.	Nom.	*lannt*	*gelt, gelte*	*kint*	*Jar*
	Gen.	*lannds, lannd*	*geltz, geltes*	*kindis*	*Jares, Jars*
	Dat.	*lannd, lannde*	*iar, iare*	*kinde*	*Jare, Jar*
	Akk.	*lannt*	*gelt, gelte*	*kint*	*Jar, Jare*
Pl.	Nom.	*land, lande, länder*	*kint, kinder*	*kint, kinder*	*Jar, Jare*
	Gen.	*land, lande, länder*	*kint, kinden, kinder*	*kindir*	*Jare, Jar*
	Dat.	*landen, land, ländern*	*kindern, kinden*	*kindin, kindirn*	*Jaren, Jarn*
	Akk.	*land, lande, länder*	*kint, kinder*	*kint, kindir*	*Jar, Jare*

ja-Stämme

Sg.	Nom.	*riche, rich*	Pl.	*riche, rich*
	Gen.	*riches, reichs*		*riche*
	Dat.	*riche, reich*		*reichen*
	Akk.	*riche, reich*		*reiche*

Durch die *e*-Apokope im Nom., Akk. und Dat. Sg. wird einmal wie bei den st. Maskulina der Unterschied zwischen dem Nom. und Dat. Sg. der *a*-Stämme aufgehoben, zum anderen das Nebeneinanderbestehen von *a*- und *ja*-Stämmen beseitigt. Dieser Prozess geht im Obd. seit dem 13. Jh. vor sich, also wieder früher als im Md.

Im Omd. des 14./15. Jh. dagegen gleichen die neutr. *a*-Stämme noch dem mhd. Schema, und auch der *e*-Abfall im Nom., Akk. Sg. der neutr. *ja*-Stämme ist auf bestimmte Wörter beschränkt, z. B. *rich, antlitz*. Bei Luther ist das *e* im Dat. Sg. der neutr. *a*-Stämme meist erhalten, allerdings kaum in einsilbigen Wörtern wie *blut, tuch, Schiff, volck*.

Auch im Dat. Sg. der neutr. *ja*-Stämme fehlt das *e* häufiger, z. B. *end* neben *ende*. Im Nom., Akk. Sg. dagegen erscheint größtenteils noch das auslautende *e*, z. B. *bette, mere*. Die Entwicklung ist noch im 17. Jh. im Fluß. So lauten bei Opitz der Nom., Akk. Sg. sowohl *Glücke* als auch *Glück*, bei Zesen stehen im Akk. Sg. *Gehöre* und *Gehör* nebeneinander. Die heutigen Formen setzen sich im wesentlichen erst im 18. Jh. durch.

Die *e*-Apokope ist auch im Nom., Akk. Pl. der neutr. *ja*- Stämme möglich, besonders im Obd. Auch bei Luther fehlt im Nom., Akk. Pl. häufig das *e*: *Gesetz* tritt öfter auf als *Gesetze*. Die *e*- Formen setzen sich im Obd. durch schriftsprachlichen Einfluß endgültig im 18. Jh. durch.

Die Synkope begegnet ebenfalls im Obd. häufiger als im Md. Besonders die einsilbigen Wörter auf *l* und *r* stoßen dort das *e* aus. Im Omd. herrschen dagegen die vollen Nebensilben vor, wobei vor allem im Thür. oft *e* > *i* gehoben werden kann.

Die Tendenz zur deutlicheren Kennzeichnung des Plurals zeigt sich auch bei den Substantiven dieser Klasse. Der Umlaut im Pl. tritt – wahrscheinlich unter Einfluss der mask. *i*-Stämme – häufiger als im Nhd. auf. Da besonders in omd. Texten der Umlaut nur selten bezeichnet wird, ist seine zeitliche Ausbreitung schwierig zu bestimmen. Im 15./16. Jh. sind u. a. folgende Formen belegt: *die thör* (bair.), *spitälen* (alem.), *bende* (omd.). Luther verwendet im Dat. Pl. *empten* neben *ampten*. Der Pl. *ampte, empte* existiert neben *empter*.

Die Ausbreitung des neutralen *er*-Plurals geht seit ahd. Zeit vor sich. Im 16. Jh. setzt er sich besonders im Obd. durch. In der UK ist er bei *dorf, haus/hus, kint, kleid* anzutreffen, dagegen nicht bei *lant* und *gut*; in der KW ist u. a. *gut* zum *er*-Plural übergegangen. Dürer verwendet die *er*-Formen noch selten: *dy kind, bilden, in diesen püchen*; dagegen *der pücher halben*. Auch im Omd. des 14./15. Jh. ist der *er*-Plural nicht so häufig: *bucher* (Nom. Pl.), *hornir* (Akk. Pl.) neben *hornin* (Dat. Pl.), *kinder, kindir* (Nom. Pl.) neben *kint* (Nom. Pl.). Luther verwendet den *er*-Plural u. a. bei *bucher, Grabtücher, gutter* 'Güter', *volcker/völcker* neben den ursprünglichen Formen *ding, dorf, kind, kleyd, land, lied*.

Bei den Neutra auf *-tum* setzt sich der *er*-Plural erst später durch. Bis ins 16. Jh. lautet der Dat. Pl. *fürstentum(en)*, seit dem 17. Jh. meist *fürstenthümern*.

Der *e*-Plural der neutr. *a*-Stämme, der im Md. z. T. schon im 12. Jh. erscheint, hat sich zu Beginn des 17. Jh. durchgesetzt. Luther schreibt noch im Nom., Akk. Pl. *brot, ding, jar*. Später treten endungslose Formen nur noch in Verbindung mit bestimmten oder unbestimmten Zahlwörtern auf.

Zur sw. Deklination im Plural gehen u. a. die *ja*-Stämme mhd. *bẹtte, ẹnde, hẹmde, kleinœte* über. Im Obd. des 15. bis 17. Jh. lautet der Nom. Pl. *bett, bette* neben *betten; ende, end* (im Gen. Pl. *enden*); *hemmedter, hemmendter; kleinode, kleinoder*; im Omd. *bette; ende, end; hemde, Hemden*. Luther verwendet ausschließlich den *n*-Plural *betten*, dagegen finden sich bei ihm *ende, end, hemde*.

Ein Schwanken im Genus zeigen die Substantive auf *-nis*. Sie sind im Mhd. neutr. (*ja*-Stamm) oder fem. (*ô*-Stamm). Die heutige Verwendung setzt sich erst im Nhd. durch. So erscheinen im Bair. des 15. bis 17. Jh. u. a. *bildniss/bildnuss, erkantnuss, geheimnuss* als Fem. und Neutr.; im Alem. der gleichen Zeit sind z. B. *bildnuss* und *gedechtnüss/gedachtnus* Fem.; *gefencknüss/gefäncknuss* ist als Fem. und als Neutr. belegt. Im Omd. erscheint bei Rothe *gefengknisse* als Fem. und Neutr.; bei Opitz ist *kümmernuss* Fem. Bei Zesen treten *bekäntnüs, begräbnüs, gedächtniss* als Fem. auf; *gefängnüs* und *verhängnüs* als Neutr. und Fem.

Mhd. wa-Stämme. Das *w* der obliquen Kasus ist im allgemeinen verlorengegangen. Im BE bilden nur *heu* und *tou* die obliquen Kasus mit den *w*-Formen, z. B. *heuwis, touwes* (Gen. Sg.). Mhd. *strô* erscheint in den alten Formen noch selten, u. a. bei Steinhöwel, z. B. *strow* (Akk. Sg.). Mhd. *knie* hat besonders im Alem. das inlautende *w* bewahrt. Am längsten hält sich das *w* in mhd. *mël*, wo es, da *l* vorausgeht, zu *b* wird. Deshalb gilt für das ältere Frnhd. das Paradigma: *mel – melb(e)s – melb(e) – mel*. Im Md. setzen sich die *w*- bzw. *b*-losen Formen unter Einfluß des Nom., Akk. Sg. schon zeitig durch. Bei Rothe tritt schon der Dat. Sg. *mele* auf. Das Obd. bewahrt dagegen die mhd. Formen länger. In Steinhöwels Äsop (1470) und in der 4. Nürnberger Chronik (1450) heißt der Gen. Sg. *melbs*. Der Münchener Schaidenreisser (1537) kennt wohl als letzter die Form *melb*, verwendet sie aber neben *mel*.

4.4.2.1.3. *Feminina:*

Die mhd. ô-Deklination

Diese Flexion, die schon in mhd. Zeit nicht einheitlich ist, bietet ein buntes Bild.

Sg.	Nom.	*sache, sach*	Pl.	Nom.	*sache, sach, sachen*
	Gen.	*sache, sach, sachen*		Gen.	*sache, sach, sachen*
	Dat.	*sache, sach, sachen*		Dat.	*sachen*
	Akk.	*sache, sach, sachen*		Akk.	*sache, sach, sachen*

Die wesentlichste Veränderung beim Übergang zum Nhd. ist die Durchsetzung des Plurals auf *-en*. Dadurch haben diese Substantive im Mhd. nur eine Form für alle Kasus des Pl. Doch setzt sich die neue Pluralflexion nur allmählich durch. Im Thür. ist sie verschiedentlich belegt: *eren* (Nom. Pl.), *gabin* (Akk. Pl.). Bei Luther kann zwar schon der *n*-Plural existieren, doch bedeutet das kein Abheben vom Sg., weil auch hier sw. Formen möglich sind: *erndten, gnaden, schulen*. Der Gen. Pl. ohne *n*, der schon im Mhd. existierte, ist noch im Frnhd. belegt, u. a. bei Luther: *stimme, sunde*.

Die *e*-Apokope ist in allen Kasus außer dem Dat. Pl. möglich. Bei Dürer finden wir sie im Sg. regelmäßig, im Pl. ist sie oft nachweisbar. In der UK stehen in allen vier Kasus des Sg. die apokopierten Formen fast gleichberechtigt neben den *e*-Formen. Im Omd. ist die Apokope weitaus seltener. Im BE steht in allen vier Kasus des Singulars regelmäßig das *e*, nur in adverbialen Wendungen treten apokopierte Formen auf: *an der selben stunt, uf eine stunt*. In der UW ist ebenfalls die Apokope im Sg. selten; im Nom. Sg. tritt sie nur in den Wörtern auf *-unge* und *-nisse* auf.

Bei Luther sind die apokopierten Formen im Sg. und auch im Pl. anfangs häufiger, weil er stärker vom nördlichen Omd. als vom Südmeißnischen beeinflusst ist. Dann dringen die *e*-Formen vor, nur die Abstrakta auf *-unge* verlieren mehr und mehr das auslautende *e*. Im Nom. Sg. stehen mit *e* u. a. *dancksagunge, dienerynne, ehe, eselinne, unehre, warnunge*; ohne *e*: *bitt, ehr, frag, kron, red, sach*. Erst ohne, später mit *e* erscheinen die Substantive *erndt – erndte, stym – stymme, stund – stunde, unterweisung – unterweisunge*.

In der gesamten frnhd. Zeit ist das Schwanken zwischen starker und schwacher Deklination stärker geworden: *in der kuchen* neben *khuche* (Akk. Sg.) (Prag, 16. Jh.), s. auch 4.4.2.2.2. Erst im 18. Jh. schwand das *-n* im Sg., so dass die Numerusopposition erst spät deutlich wurde.

Die mhd. i-Deklination

Sg.	Nom.	*krafft*	Pl.	Nom.	*krefft, krefte, krefften*
	Gen.	*krafft, kraffte, krefft(e)*		Gen.	*krefft, kreffte, krefften*
	Dat.	*krafft, kraffte, krefft(e)*		Dat.	*krefften*
	Akk.	*krafft, kraffte*		Akk.	*krefft, kreffte, krefften*

Während der frnhd. Epoche ist der Kasusausgleich im Sg. in vollem Gange, wenn auch nicht immer eindeutig verfolgbar. Er wird durch die Beseitigung des Umlauts und durch *e*-Apokope im Gen. und Dat. Sg. bewirkt. Im Obd. ist dieser Ausgleich bis ins 16. Jh. weitgehend erfolgt.

In der UK und im Omd. ist der Gen. Sg. ebenfalls meist endungslos und nicht mehr umgelautet. Im Dat. Sg. halten sich die alten Formen länger. Bei mhd. *wërlt* werden die nichtapokopierten Formen am längsten bewahrt. Im BE sind die Formen *der craft* (Gen. Sg.), *der stat* (Dat. Sg.) die Regel, vereinzelt stehen daneben Formen wie *heiligkeite* (Gen. Sg.), *uncrefte* (Dat. Sg.). Der Gen., Dat. Sg. *werlde* ist noch regelmäßig, *werlt* ist selten.

Bei Luther ist der Umlaut im Gen., Dat. Sg. völlig geschwunden, oder er tritt im gesamten Sg. auf, z. B. in *Stett*. Formen mit *e* begegnen nur vereinzelt: *bedeutnisse*.

Die Numerusdifferenzierung geschieht wie bei den *ô*-Stämmen in einigen Fällen durch die Einführung des sw. Plurals, meist aber dadurch, dass die umgelauteten Formen im Gegensatz zum Gen., Dat. Sg. stehenbleiben. Weil der Umlaut unregelmäßig bezeichnet wird, ist diese Differenzierung schwer verfolgbar. Im Berner Schrifttum ist nur das Wort *stett* dafür belegt. Auch bei Luther ist der Umlaut im Pl. noch nicht restlos durchgedrungen.

Die sw. Pluralflexion ist seltener. Konsequent setzt sie sich bei den Substantiven mit den Suffixen *-heit* und *-schaft* durch.

Der alte *u*-Stamm *hand* wird im Frnhd. im Pl. oft nach der *i*- Deklination flektiert. In der UK heißt der Dat. Pl. *henden*, in der KW hin und wieder *handen*. In der St. Gallener Urkundensprache des 14. Jh. sind die Formen *inhende* 'zu Hand', *mit vfgehabener hande, mit min selbs hande* belegt. Im BE kommen nicht selten im Pl. die nichtumgelauteten Formen vor: *manchir hande, von mynes vatir handen, mit handen, zuhanden*. Der Nom. Pl. *hande* steht neben dem Akk. Pl. *hende*. Bei Luther gibt es nur noch die umgelauteten Formen *hende, hend*.

4.4.2.2. *Schwache Deklination*

4.4.2.2.1. *Maskulina:*

Sg.	Nom.	*Herre, Herr*	Pl.	Nom.	*Herren, Herrn*
	Gen.	*Herren, Herrn*		Gen.	*herren, her(r)n*
	Dat.	*Herren, Herrn*		Dat.	*herren, hern*
	Akk.	*Herren, Herrn*		Akk.	*herren*

Deklinationsschwankung. Durch die *e*-Apokope unterscheiden sich die schwachen Mask. im Nom. Sg. nicht mehr von den starken (s. auch 4.4.2.1.1.). Dadurch wird der Übertritt in die st. Deklination begünstigt. Die Apokope ist im Obd. meist durchgeführt, tritt aber in omd. Texten erst ab 16. Jh. etwas häufiger auf. Luther verwendet häufig beide Formen: *Fürst* und *Fürste, hane* und *han, Herre* und *Herr, mensche* und *mensch.*

Eine Erscheinung beim Überwechseln zur st. Deklination zeigt sich in der Übernahme des Suffixes *-s* und im Aufkommen des Flexivs *-ens* im Gen. Sg. Die Mask., die zur st. Flexion überwechseln, lassen sich in folgende Gruppen gliedern:

1. die Singulariatantum, z. B. mhd. *aberëlle* > nhd. *April* (bei Ayrer steht noch der Gen. Sg. *aprilen*, bei Agricola und Mathesius aber der Dat. Sg. *april*); *Groll* (bei Geiler noch schwach); mhd. *lẹnze* > *Lenz* (selbst bei Wieland existiert noch der Dat. Sg. *Lenzen*); mhd. *meie* > nhd. *Mai* (sw. Formen sind bis ins 18. Jh. erhalten); mhd. *mẹrze* > nhd. *März* (Dat. Sg. *Märzen* noch bei Wieland und Grillparzer belegt, st. Formen bestehen schon bei Opitz);
2. Mask. auf *-ere. -er*, z. B. mhd. *adelar, adler* > nhd. *Adler* (stark bereits bei Folz), *Geier* (stark bei Waldis), mhd. *junchêrre* > nhd. *Junker* (stark bei Pauli), mhd. *schiver, schivere* > nhd. *Schiefer* (schwach noch vereinzelt bei Mathesius);
3. Mask., die allmählich im Frnhd. das auslautende *n* im Nom. Sg. annehmen, z. B. mhd. *balke, boge, brunne, hâke*. Der Prozess ist bis heute noch nicht abgeschlossen, vgl. *Glaube* und *Glauben, Wille* und *Willen. Buchstabe* und *Name* haben als einzige das *n* noch nicht angenommen. In den Casus obliqui unterscheiden sie sich nicht von den anderen schwachen Mask.;
4. Mask., die im Pl. den Umlaut annehmen, z. B. mhd. *han, hane* > nhd. *Hahn* (stark bei Pauli); mhd. *hẹrzoge* > nhd. *Herzog* (stark schon in Urkunden von 1410); mhd. *kûze, kûz* > nhd. *Kauz* (schwach teilweise noch bei Goethe); mhd. *swan, swane* > nhd. *Schwan* (bei Boner schon stark, aber die sw. Formen halten sich bis ins 17. Jh.); mhd. *storch, storche* > nhd. *Storch* (stark seit dem 16. Jh.);
5. die Substantive mhd. *licham, lichame* > nhd. *Leichnam* und mhd. *stërne* > nhd. *Stern.*

Einige Substantive werden zeitweise von der *a*-Deklination beeinflußt, z. B. mhd. *vürste* > nhd. *Fürst*, mhd. *grâve* > nhd. *Graf* und mhd. *hërre* > nhd. *Herr*. Umgekehrt findet sich *-ens* im Gen. Sg. im Frnhd. (bis ins 18. Jh.) bei Substantiven, die das heute nicht mehr haben: *Loͤwens, mynschens.*

4.4.2.2.2. *Feminina:* Das folgende Paradigma zeigt, dass diese Substantive während des Frnhd. mit den *ô*-Stämmen zusammenfallen. Doch geht die Entwicklung langsam vor sich.

Sg.	Nom.	*kirche, kirch, kirchen*	Pl.	Nom.	*kirchen*
	Gen.	*kirchen, kirche, kirch*		Gen.	*kirchen*
	Dat.	*kirchen, kirche, kirch*		Dat.	*kirchen*
	Akk.	*kirchen, kirche, kirch*		Akk.	*kirchen*

Im Obd. herrschen noch im 16. Jh. die sw. Singularformen vor (*der seiten, kyrchen, frawen*), erst im 17. Jh. setzen sich allmählich im Akk. Sg., dann im Gen., Dat. Sg. die Formen ohne *n* durch; noch 1775 heißt es aber: *der thüren, die wochen*, dagegen *die kirche* (Akk. Sg.). In der UW enden Gen., Dat., Akk. Sg. auf *-en* oder *-in*, dagegen wird im Omd. hin und wieder im Akk. Sg., seltener im Dat. Sg., das *n* abgeworfen, z. B. Akk. Sg. *czunge, erde, husvrowe, kirche.* Luther gebraucht beide Singularformen nebeneinander, bei Müntzer herrscht noch schwache Flexion; sw. Formen gibt es noch bei den Fem., die im Mhd. stark und schwach flektiert werden: *erden, gruben, straßen.* Bisweilen erscheint *n* auch im Nom. Sg.: *erden, hütten, zungen.*

4.4.2.2.3. *Neutra:* Die Flexion der vier mhd. sw. Neutra *hërze, ouge, ôre* und *wange* entwickelt sich so unterschiedlich, dass kein Paradigma für alle gegeben werden kann. Die folgende Übersicht soll die Entwicklung von mhd. *hërze* charakterisieren.

Sg.	Nom.	*Hertz, Hertze*	Pl.	Nom.	*Hertzen, herze, herz*
	Gen.	*Hertzen, Hertzens, Hertzes*		Gen.	*Hertzen*
	Dat.	*herczen, Hertz*		Dat.	*Hertzen*
	Akk.	*herze, Hertz*		Akk.	*hertzen, hertz, hercze*

Die *e*-Apokope im Nom., Akk. Sg. setzt sich endgültig erst im 18. Jh. durch. Bei Opitz, Zesen und Weise stehen noch *hertze, herze* und *hertz, herz* nebeneinander. Das Flexiv *-ens* im Gen. Sg. tritt schon bei Sachs auf. Er verwendet daneben die alte Genitivform *herzen*. Opitz kennt nur den Gen. Sg. *herzens*. Die sw. Form *herzen* tritt danach nur noch vereinzelt auf, z. B. bei Weise. Starke Formen kommen wie im Mhd. auch im Nom., Akk. Pl. vor, z. B. im BE; im Dat. Sg. sind sie ganz selten.

Die *e*-Apokope bei mhd. *ôre* im Nom., Akk. Sg. setzt sich schon frühzeitig durch. Der Nom. Sg. *Ohre* kommt noch bei Michel v. Beheim, sehr selten bei Luther, Julius v. Braunschweig und bei Zesen vor. Die starken Singularformen begegnen ebenfalls schon im 15. Jh., sie stehen in dieser Zeit noch neben den schwachen. Der Dat. Sg. *oren* erscheint u. a. noch im Decameron (1460) und bei Folz; Luther kennt im Sg. nur st. Formen.

Mhd. *wange* ist noch im BE, bei Michel v. Beheim und Rothe Neutr., bei Luther schon Fem. Der Übertritt zum Fem. beginnt allmählich im 13. Jh.

Beispiele für die noch schwache Flexion einiger Substantive bringt das dritte Kapitel aus dem “Ackermann aus Böhmen” des Johannes von Tepl (um 1400), dessen älteste (erhalten gebliebene) Handschrift (1449) meist mitteldeutsche, aber auch einige oberdeutsche Merkmale enthält:

Der Ackerman

Ich bins genant ein ackerman, von vogelwat ist mein pflug, vnd wone in Behemer lande. Gehessig, widerwertig vnd widerstrebend sol ich euch immer wesen: wann ir habt mir den zwelften buchstaben, meiner freuden hort, aus dem alphabet gar freissamlichen enzucket; ir habt meiner wunnen lichte sumerblumen mir aus meines herzen anger jemerlich ausgereutet; ir habt mir meiner selden haft, mein auserwelte turteltauben arglistiglichen entfremdet: ir habt vnwiderbringlichen raub an mir getan! . . .

4.4.2.3. *Reste anderer Klassen*

4.4.2.3.1. *Verwandtschaftsbezeichnungen auf -er:*

Sg.	Nom.	*Bruder*
	Gen.	*bruder, Bruders, brudern*
	Dat.	*bruder, brudere, brudern*
	Akk.	*bruder, brudern*
Pl.	Nom.	*bruder, brudere, brüder, brüdere*
	Gen.	*brudere, bruder*
	Dat.	*bruderen, brudern, brüdern*
	Akk.	*brudere, bruder, Brüder, Brüdere*

Der unflektierte Sg. schwindet mehr und mehr. Dürer hat die Genitivformen *vaters* und *bruders*. In manchen Texten stehen noch unflektierte Formen neben flektierten, z. B. bei Michel v. Beheim *vater – vateres* (Gen. Sg.). Im Omd. des 14./15. Jh. überwiegen die unflektierten Formen; Folz, Eyb (15. Jh.) und Pauli (16. Jh.) deklinieren *vater* und *bruder* nach der *i*-Deklination.

Im Mhd. entwickelt sich im Sg. die sw. Flexion zuerst im Akk., später im Gen. und Dat. Sie ist im Frnhd. keine Seltenheit. Schwache Singularformen von *vater* sind u. a. bei Füeterer im 15. Jh., aber auch bei Opitz, Fleming, Gryphius, Dach, Hofmannswaldau im 17. Jh. belegt. Mathesius, Julius v. Braunschweig, Opitz, Fleming, Gryphius, Günter u. a. verwenden auch sw. Singularformen von *bruder*. Vereinzelt begegnet die Pl.-Form *vaters*, u. a. bei Müntzer.

4.4.2.3.2. *Partizipialstämme auf -nt:* Schon im Ahd. stirbt diese Deklinationsklasse weitgehend aus. Folglich herrschen im Frnhd. die flektierten Formen vor. Im Omd. des 14./15. Jh. und im Deutsch Böhmens gehören *vint (veint)* und *frunt (freunt)* meist schon zur *a*-Deklination, nur bei *frunt* überwiegen im Nom., Akk. Pl. die endungslosen Formen, da bei diesem Wort die Entwicklung langsamer vor sich geht. Luther verwendet bei beiden Wörtern die endungslosen Formen: Dat. Sg., Nom., Gen., Akk. Pl. *feynd*, Gen. Pl. *freund*.

4.4.2.3.3. *Mann und Nacht:* Mhd. *man* kann in allen Kasus endungslos sein; daneben gibt es Formen der *a*-Deklination. Im Frnhd. setzen sich die flektierten Formen immer mehr durch, außerdem breitet sich der *-er*-Plural aus.

In der KW existieren neben den endungslosen Formen *man* im Nom., Dat., Akk. Sg. Analogiebildungen zur *a*- und zur *n*-Deklination: Dat., Akk. Sg. und Nom., Akk. Pl. können *manne* lauten, außerdem besteht der Nom. Pl. *mannen*. Bei Dürer gleicht die Flexion dem Mhd., der Gen. Sg. lautet *mans*, der Dat. Pl. *manen*. Zwingli flektiert *man* im Sg. stark, verwendet im Akk. Pl. die Formen *man, mannen, menner*. Im Omd. des 14./15. Jh. sind die flektierten Formen bis auf den Nom., Akk. Pl. regelmäßig. Die alte Form *man* besteht, besonders nach Zahlenangaben, weiter (siehe Wendungen wie *zehn Mann*). Der *er*-Plural ist schon im Speyrer Urkundenbuch 1340 belegt: *sine kint und tochtermenre*. Luther flektiert *man, mans, man/Manne, man; menner, menner, mennern, menner*. Bei mhd. *naht* tritt die konsonantische Flexion im Mhd. nur noch in Resten auf. Infolgedessen begegnet sie auch im Frnhd. nur selten. Im Omd. des 14./15. Jh. ist der Sg. meist endungslos, auch der Pl. lautet meist *nacht: dri nacht, virczig nacht*. Dativformen wie *virzehen nachten* sind noch selten.

4.4.2.4. *Deklination der Fremdwörter und der fremden Eigennamen*

Die Fremdwörter und die fremden Eigennamen werden im Frnhd. noch oft wie in der Herkunftssprache dekliniert. Der Übergang zur deutschen Deklination geht nur zögernd vor sich. In der Egerer Kanzleisprache und auch bei Luther werden die Fremdwörter meist wie in der betreffenden Fremdsprache dekliniert: *des cantoris, herrn syndico* (Eger). Luther gebraucht den Nom. Sg. und zuweilen auch den Gen. Sg. der Fremdwörter endungslos, z. B. *des newen testament; Psalm* dekliniert er stark, *Apostel* stark und schwach. Auch die fremden Eigennamen haben bei ihm meist lat. oder griech. Endungen; allerdings verwendet er in den obliquen Kasus oft die Nominativendungen: *Christus, Moses, Paulus* (Gen. Sg.), *Johannes* (Akk. Sg.). Manchmal werden auch von ihm Fremdwörter wie dt. Wörter dekliniert: *evangelions* (Gen. Sg.), *evangelien* (Nom., Gen., Dat., Akk. Pl.) neben *evangeliis* (Dat. Pl.).

Zusammenfassung der wichtigsten Entwicklungen.[51] **Zum synchronen Aspekt**
Das Deklinationssystem der Substantive ist schon in ahd. und mhd. Zeit im Umbau begriffen. Im Frnhd. geht dieser Umbruch weiter. Lautgesetzliche Veränderungen, Wirkungen der Analogie und des Ausgleichs sowie die Tendenz zur schärferen Numerusunterscheidung führen mehr und mehr zu einem neuen, dem nhd. Deklinationssystem. An seiner Gestaltung haben auch Regelungen der Grammatiker mitgewirkt.

Drei Klassen der starken Deklination wie im Mhd. (siehe 3.5.2.4.) sind im Frnhd. nicht mehr unterscheidbar, da die Pluralbildung mit Suffix und auch mit Umlaut bei den Mask. und Neutr. auffällig zunimmt und die Feminina der Klasse 1 schon oft den Einheitsplural auf *-(e)n* anwenden. Zwischen den folgenden Flexionstypen existieren zahlreiche Übergänge:

Starke Deklination

		Maskulina / Neutra	Feminina
Sg.	Nom.	-ø	-ø, *-(e)*
	Gen.	*-(e)s*, -ø	-ø, *-(e)*
	Dat.	*-(e)*	-ø, *-(e)*
	Akk.	-ø	-ø, *-(e)*
Pl.	Nom.	*-(e)*(*), *-(er)*(*)	*-(e)*(*), *-(en)*(*)
	Gen.	*-(e)*(*), *-(er)*(*)	*-(e)*(*), *-(en)*(*)
	Dat.	*-(en)*(*), *-(ern)*(*)	*-(en)*(*)
	Akk.	*-(e)*(*), *-(er)*(*)	*-(e)*(*), *-(en)*(*)

[51] Vgl. auch die Tafel 4 (im Anhang) zur Substantivdeklination.

Schwache Deklination

		Maskulina	Feminina	Neutra
Sg.	Nom.	*-(e)*	*-(e), -(en)*	*-(e)*
	Gen.	*-(e)n*	*-(en), -(e)*	*-(en), -(ens), -(es)*
	Dat.	*-(e)n*	*-(en), -(e)*	*-(e), -(en)*
	Akk.	*-(e)n*	*-(en), -(e)*	*-(e)*
Pl.	Nom.	*-(e)n*	*-en*	*-(en), -(e)*
	Gen.	*-(e)n*	*-en*	*-en*
	Dat.	*-(e)n*	*-en*	*-en*
	Akk.	*-(e)n*	*-en*	*-(en), -(e)*

(Die Markierung * verweist wie im Kap. 3.5.2.4. auf Umlaut bei umlautfähigem Stammvokal.)

In der Gegenwart wird oft nur der Sg. für die Einteilung in Deklinationstypen berücksichtigt. Danach unterscheiden wir drei Haupttypen: die starke Flexion (bei den Mask. und Neutr.: *Tag, Kind*), die schwache Flexion (bei den Mask.: *Bote*) und die unveränderliche Flexion (bei den Fem.: *Frau, Gabe*).

Bei der Pluralbildung unterscheiden wir folgende Typen:

Kennzeichen des Nom. Pl.	Maskulina	Neutra	Feminina
1. *-e*	*Tage*	*Dinge*	
2. *-e* mit Umlaut	*Höfe*		*Kräfte*
3. *-er*	*Leiber*	*Kinder*	
4. *-er* mit Umlaut	*Wälder*	*Lämmer*	
5. *-n*	*Boten*	*Augen*	*Gaben, Zeilen*
6. *-en*	*Menschen*	*Betten*	*Frauen*
7. *-n* mit Umlaut	*Schäden*		
8. Umlaut	*Nägel*		*Mütter*
9. *-s*	*Vatis*	*Hotels*	*Muttis*
10. ohne Kennzeichen	*Reiter*	*Fenster*	

Am Ende der frnhd. Epoche ist dieses nhd. Deklinationssystem im wesentlichen zwar schon vorhanden, aber es ist noch nicht kodifiziert wie in unserer Zeit. Das gilt sogar noch bis weit ins 18. Jh. hinein. Erst um 1800 hat sich in der Substantivflexion die schriftsprachliche Norm gefestigt. Varianten treten zwar noch auf, z. B. bei Goethe (*seiner Frauen*, Gen. Sg.), sie spielen aber nur noch eine untergeordnete Rolle. Das gilt auch für den gegenwärtigen Sprachzustand.

4.4.2.5. *Zum Ersatz des Genitivs durch präpositionale Fügungen oder durch andere Kasus*

Die Tendenz, reine Kasus – vor allem den Genitiv – durch präpositionale Fügungen oder andere Kasus zu ersetzen, geht u. a. auf Grund der Abschwächung der Endsilben schon in ahd. Zeit vor sich, verstärkt sich im Frnhd. jedoch infolge der Veränderungen im Deklinationssystem während der mhd. und frnhd. Zeit. Der Zusammenfall von Genitiv-, Nominativ- und Akkusativformen hat das Aufkommen der präpositionalen Umschreibung zur Folge. In erstarrten Formen ist mancher Genitiv erhalten geblieben, z. B. *desgleichen, teils*.

Ein solcher Synkretismus vollzieht sich bei substantivierten Infinitiven, z. B. *nach manigfaltigen Fürbringen, Clagens, Anruffens* (Reichstagsabschiede 1466), bei alleinstehenden Substantiven, z. B. Genitivform in nominativischer oder akkusativischer Bedeutung ab 16. Jh., vgl. *das Zeugs, kein leids* (L), ferner bei Substantiven oder substantivierten Adjektiven mit Pronomen, z. B. *er hat seinesgleichen hinder sich gelassen* (L), und bei Pronomen, z. B. *es was niemans uf dem plan* (Apollonius 1496).

Der possessive Genitiv, z. B. *Frankono lant* 'das Land der Franken', *Swabe reht* (O), tritt u. a. bei ahd. *eigan* 'eigen', mhd., frnhd. *eigen* auf: *thes thiu scaf eiganiu ni sint* (T), *so würdest du des tiuvels gar und gar eigen* (Berthold). Noch im 16. Jh. ist dieser Genitiv nach *eigen sein* und *eigen werden* belegt: *derselbige mensch ist des todes eigen; die werden Christi eygen*.

Ahd. *filu*, mhd. *vil*, frnhd. *vil, viel* verlangt ursprünglich den partitiven Genitiv; *sinero degano filu* (HL) 'viele von seinen Kämpfern', *wunders vil* (NL); *ßouiel iamers* (L), *mit vil heyratgutes* (E). Jedoch kann im Mhd. schon ein anderer Kasus stehen: *zuo vil liuten* (WA); im Frnhd. wird das Substantiv, da *viel* jetzt dekliniert werden kann, mehr und mehr in den entsprechenden Kasus gesetzt: *mit vielen worten* (F). Auch bei *was* als Interrogativ-, Relativ- oder Indefinitpronomen steht im Mhd. und im Frnhd. der partitive Genitiv: *waz wunders in dër wërlte vert* (mhd.); *ist dir was vnfals zu gestanden* (S).

Drückt *was* jedoch ein qualitatives Verhältnis aus, wird ein anderer Kasus verwendet: *waz wünne mac sich da genôzen zuo* (WA); *Was Uebel und Gewalt uns auch wird angethan* (OP).

Die präpositionale Umschreibung mit *von* ist schon im Tatian belegt: *So uuer so izzit fon thesemo brote.* Bei Luther steht: *Wer von diesem Brot essen wird*; diese Form geht aber auf die lat. Vorlage zurück. Ohne lat. Vorbild findet sie sich im Annolied: *dâ dir restit ein sulich menige van senti Mauriziin herige* 'wo eine solch(e) (große) Menge von Gefolge des Heiligen Moritz weilt'. In der Sächsischen Weltchronik (um 1235) stehen fast unmittelbar nebeneinander: *de grotere des huses* und *de grotere van deme hus.* Bei Meister Eckehart, A. v. Eyb und N. v. Wyle kommt die Umschreibung nicht vor, bei Luther, Fischart und Grimmelshausen ist sie selten. Bei Gryphius ist sie belegt: *eine offerte von seiner kron.*

Die Verwendung von *des* und *wes* als demonstratives Pronominaladverb (vgl. mhd. *des lâzet ir uns bîten* 'darauf laßt ihr uns warten') ist noch im Frnhd. gebräuchlich: *des musz ich in den schuldthurm* (S).

Der Genitivus obiectivus, der im Mhd. gebräuchlich ist, kommt im Frnhd. noch vor: *Ich kenne euch, dass ihr nicht Gottes liebe in euch habt, in der hoffnung des ewigen lebens* (L).

Der ursprünglich übliche Genitiv bei Maßbezeichnungen, z. B. *dër was wol rosseloufes wît* (H), schwindet seit dem 15. Jh. mehr und mehr. So stehen bei Martin Luther nebeneinander der Genitiv (*einer quehrhand hoch*) und der Akkusativ des Maßes (*zwo ellen hoch*). Bei Grimmelshausen existiert noch der Genitiv: *einer Erbsen groß.*

Die folgende Übersicht soll den Wandel in der Rektion bei Verben, Adjektiven und Präpositionen in Umrissen zeigen.[52]

Genitiv	Andere reine Kasus oder präp. Kasus
L: *der gewalt brauchen*	G: *das sie ire zungen nit mögen brauchen*
NL: *diu küneginne eins suns was genësen*	L: *ob ich von dieser kranckheit genesen werde*
SB: *und genist si dar nach des kindes*	
Dekameron: *alle dise wort Toffano seiner eynfeltigen fursachunge nicht bekeren mochten.*	L: *er hatte grosze gnade das volk zu bekeren*
H: *ir spottent mîn âne nôt.*	L: *ey spotten sie mych denn alle.*
L: *der fasten spotten*	
Heliand: *fargâtun godes rikiês* 'sie vergaßen Gottes Reich'	L: *ich wil deinen befelh nimer mehr vergessen.*
H: *und vil gar vergâzen durch dës kindes minne dër zungen und dër sinne.*	
L: *der armen kloster nit vorgeß.*	
L: *das nicht mein feind rhüme, er sei mein mechtig worden.*	L: *mechtig . . . in falschen wundertzeichen*
T: *uuirdig ist thie vvurhto sines muoses* 'der Arbeiter ist seines Lohnes wert'	L: *wie solt sie davon zů etwas wirdig sein?*
K. v. Würzburg: *der ich nie leider wirdic wart.*	
L: *des tods wirdig.*	

[52] Die hier aufgeführten Beispiele stellen nicht den jeweils ersten Beleg für die betreffende Verwendung des Wortes dar.

Die Veränderung in der Rektion vollzieht sich u. a. außerdem bei folgenden Verben: *abkommen* (Gen. bis ins 18. Jh., Rollwagenbüchlein einmal Akk.), *abstehen* (bei Luther schon mit *von* gebräuchlich), *ächten* (Gen. nur noch in Predigtliteratur des 13./14. Jh.), *bedürfen* (mhd. fast ausnahmslos Gen., Akk. jedoch schon bei Berthold), *begehren* (mhd. regelmäßig Gen., aber seit 13. Jh. Akk. vertreten), *beginnen* (Gen. bis ins 15. Jh.), *darben* (Gen. nur noch im SB), *entbehren* (Akk. schon bei Berthold), *fehlen, verfehlen* (frnhd. noch Gen.), *forschen* (Gen. nur noch im SB), *mangeln, meiden* (Gen. in Resten noch bei Luther), *missen, vermissen* (letztmalig Gen. bei Mystikern, die aber auch schon den Akk. verwenden), *schonen* (seit dem 15. Jh. mit Akk.), *verleugnen* (Akk. im Mhd. selten, verdrängt jedoch seit dem 16. Jh. den Gen.), *weigern* (Gen. nur noch im SB), *wünschen* (Gen. schwindet im 13./14. Jh.).

Folgende Adjektive werden u. a. von dieser Entwicklung betroffen: *bereit* (Präp. bei Luther), *besessen* (Präp. bei Luther), *empfänglich* (Gen. noch bei Schiller), *erfahren, frei* (Präp. schon im Mhd.), *fähig* (Inf. mit *zu* bei Lessing), *geizig* (Gen. noch bei Goethe, Präp. bei Lessing), *geübt, gewahr* (Akk. verdrängt Gen. bis ins 18. Jh.), *gewaltig* (Präp. schon bei N), *gewohnt, habhaft* (Präp. bei J. Böhme), *hungrig* (Präp. bei J. Pauli), *ledig* (Präp. bei Luther), *los* (Präp. schon bei Luther), *müde* (Präp. bei Luther), *rein* (Präp. schon im Mhd.), *satt* (Gen. bei Schiller, Akk. bei Lessing), *überdrüssig* (Inf. bei Eberlin v. Günzburg belegt, Akk. seit 18. Jh.), *überzeugt*. (Vgl. BEHAGHEL I, 1923, 479ff., 485, 552, 559f.; ERBEN 1954, 33, 41, 68, 79, 93, 101; FRANKE III, 1922, 97ff., 140, 181; PAUL III, 1919, 286f., 298ff.; PAUL 1989, 301, §219; RAUSCH 1897, 25ff., 50ff., 59ff.; WUNDERLICH/REIS II, 1925, 111ff., 142, 166ff.; FISCHER 1987, 276f., 279f., 284ff.; FISCHER 1991, 288, 292 u. ö.)

4.4.3. **Das Adjektiv**

Auch im Bereich des Adjektivs treten in frnhd. Zeit zahlreiche Veränderungen ein. Sie betreffen vor allem die Deklination, zeigen sich aber auch im Bereich der Wortbildung und Wortbedeutung.

Die mhd. *ja/jô-* und *wa/wô-*Stämme gehen – auf Grund der Apokope oder des Anhängens von Suffixen – allmählich in die *a/ô*-Stämme ein, so dass es keine Flexionsklassen mehr gibt. Von etwa 125 mhd. *ja/jô*-Stämmen existieren im Nhd. noch 45 im gleichen oder ähnlichen Lautkomplex weiter, wobei lediglich der normale Lautwandel (Diphthongierung, Apokope usw.) auftritt, z. B. *milte* > *mild, rîche* > *reich*, andere sind untergegangen, z. B. *mære*.

Im Bereich der Wortbildung treten einige Suffixe seit frnhd. Zeit besonders häufig auf, z. B. *-bar* (mhd. *brûche* – nhd. *brauchbar*), *-haft* (mhd. *lüge* – nhd. *lügenhaft*), *-ig* (mhd. *einöuge* – nhd. *einäugig*), *-lich* (mhd. *smæhe* – nhd. *schmählich*), *-sam* (mhd. *gebouge* – nhd. *biegsam*). Einige Adjektive werden durch das Part. Präs. ersetzt (mhd. *widerstrëbe* – nhd. *widerstrebend*). Diese Veränderungen haben auch Auswirkungen auf die Zugehörigkeit der Adjektive zu verschiedenen Deklinationsklassen.

Dabei übernehmen die Suffixe mehr und mehr die Funktion der Bedeutungsdifferenzierung. So soll z. B. größere Eindeutigkeit durch Verschiebung innerhalb des Adjektivtyps auf *-bar* erreicht werden. Im Mhd. hat *-bar* sehr unterschiedliche Bedeutungen: *klagebære* 'Klage von sich gebend, beklagenswert'; *gruozbære* 'einen Gruß bringend, zu grüßen verpflichtet'; *ẹselbære* 'sich wie ein Esel benehmend'. Allmählich festigt und erweitert sich vor allem die passivisch-potentielle Bedeutung. Daher wird *-bar*, wenn es eine andere Bedeutung hat, durch andere Suffixe ersetzt: mhd. *giftbære* – nhd. *giftig*, mhd. *schadebære* – nhd. *schädlich*, mhd. *wahtbære* – nhd. *wachsam*. Das Suffix *-bar* tritt auch für andere Suffixe ein, wenn u. a. Passivisch-Potentielles bezeichnet werden soll: mhd. *brûche* – nhd. *brauchbar*, mhd. *spaltec* – nhd. *spaltbar*, mhd. *erkẹnnelîch* – nhd. *erkennbar*, mhd. *zalehaft* – nhd. *zählbar*, mhd. *unteilsam* – nhd. *unteilbar* (vgl. HOTZENKÖCHERLE 1962, 324ff.; WEGERA / PRELL 2000, 1598f.).

4.4.3.1. *Deklination*

Es werden starke (determinierende), schwache (indeterminierende) und flexionslose Formen verwendet. Nach einem Wort mit starker Flexionsendung kann auch die st. Form stehen: *der genantir lerer* (R), *ze ainer gantzzer warheit* (St. Gallen), *der vordampter, hochmutiger, schalckhafftiger heide* (L). Auch die schwache Flexion ist nach st. flektiertem Wort (bestimmter Artikel, unbestimmter Artikel im Gen., Dat. Sg.) gebräuchlich: *der Judischen Brief* (Prag), *eynes edeln fursten* (Erfurt). Nach *ein* (Nom. Sg.) können noch im 15. Jh. starke und schwache Formen verwendet werden, die starken vorwiegend im Omd. und Ostobd. – die also den nhd. Stand eher erreicht haben –, die schwachen vor allem im Wmd. und Westobd. Die flexionslose Form ist, vor allem im Nom. Sg. – besonders im Neutrum –, auch im attributiven Gebrauch möglich: *neüw rathsbuch* (St. Gallen), *ein gut werck*, Akk. Sg. *groß krieg und hadder* (L), Nom. Pl. *di swanger frauwen* (vgl. Hartweg/Wegera 1989, 130ff.; Frnhd. Gramm. 1993, 187ff.; Penzl 1984, 100f.; Philipp 1980, 83ff.; Besch 1967, 291; Grammatik des Frühneuhochdeutschen VI, 1991, 54ff.)

4.4.3.1.1. *Starke Deklination:*

		Maskulinum	Neutrum	Femininum
Sg.	Nom.	*gut, guter*	*gut, gutes, guts*	*gut, gute, gutiu*
	Gen.	*gutes, guts, guten*		*guter, gutere*
	Dat.	*gutem, guteme*		*guter, gutere*
	Akk.	*guten*	*gut, gutes, guts*	*gut, gute, gutiu, guten*
Pl.	Nom.		*gute, gut, gůti(u)*	
	Gen.		*guter*	
	Dat.		*guten*	
	Akk.		*gute, gut, gůti(u)*	

Die *e*-Apokope setzt sich hauptsächlich in der Grundform der *ja/jô*-Adjektive infolge Angleichs an die *a/ô*-Stämme durch. Bei Dürer ist sie vollständig durchgeführt, bei Luther kommt sie allmählich.

Im Nom., Akk. Pl. und Nom. Sg. Fem. ist die Apokope seltener. Im Omd. tritt sie gelegentlich auf, im Obd. ist sie seit dem 16. Jh. die Regel: 1595 *genugsam bürgen*, um 1600 *durch erliche fridliebendt personen*. Bei Luther überwiegen die vollen Formen.

Im Nom. Sg. Fem., besonders im Nom., Akk. Pl. Neutr. setzt sich die Apokope kaum durch. Das liegt daran, dass die Endung *-iu*, die ursprünglich für diese Kasus galt, später als andere Endungen abgeschwächt wurde. Vor allem im Obd. hielt sich *-iu* bis in die zweite Hälfte des 15. Jh. Die volle Endung im Dat. Sg. Mask. und Neutr., die schon beim Übergang vom Ahd. zum Mhd. verkürzt wurde, hat sich im Md. bis ins 15. Jh. erhalten: *grozime, edeleme* (BE), erscheint aber nicht mehr bei Luther *(eygenem)*. Dafür wird *e* häufig synkopiert: *schome, rechtme* (BE), *silberm* (L). *e* in Nebensilben erscheint in md. Denkmälern zu *i* gehoben. Das gilt nicht nur für die st. Deklination (siehe 4.3.1.11.).

4.4.3.1.2. *Schwache Deklination:*

		Maskulinum	Neutrum	Femininum
Sg.	Nom.	*gute, gut*	*gute, gut*	*gute, gut*
	Gen.	*guten*	*guten*	*guten*
	Dat.	*guten*	*guten*	*guten*
	Akk.	*guten*	*gute, gut*	*gute, guten, gut*

Der Pl. lautet in allen Kasus meist *guten*, im Nom. Akk. Pl. sind die Formen *gut, gute* möglich, der Gen. kann *guter* heißen.

Die Flexion gleicht – wie im Mhd. – der sw. Deklination des Substantivs bis auf den Akk. Sg. Fem., dessen Endung *-en* bis ins 16. Jh. noch vorkommt. In der UW sind die *en*-Formen noch die häufigeren (*di vorgenanten stat*), im Omd. überwiegen schon die *e*-Formen (*di gute stat* neben *dy ewigen pine*), in Bern sind die *en*-Formen zu Beginn des 16. Jh. fast völlig verdrängt. Luther verwendet bis gegen 1540 die mhd. Form noch häufiger (*die heyligen schrifft*), Opitz gebraucht sie im Buch von der deutschen Poeterey nicht mehr.

Endungslose Formen im Nom., Akk. Sg. Fem./Neutr. und im Nom. Sg. Mask. treten im Obd. im wesentlichen bis zur 2. Hälfte des 17. Jh. auf (*die alt buß* neben *die alte buß, das nützlich und erspriesliche seidengewerb, der allmechtig Gott* neben *der allmechtige Gott*). Diese endungslosen Formen sind auch in anderen Kasus belegt, z. B. zeigen sie sich im BE im Nom. Sg. aller Geschlechter, beim Neutr. auch im Akk. (*eyn gerecht richter, eyn war licht, eyn groz schar*), bei Luther im Nom., Akk. Sg. Neutr. (*kein lebendig Auge*) und im Nom. Sg. Mask. (*ein gros man*).

Die Numerusdifferenzierung tritt also – im Gegensatz zur Substantivflexion – wenig in Erscheinung.

4.4.3.2. *Komparation*

Der Komparativ endet auf *-er, -ir* (nach *r* treten häufig Synkope und Apokope auf, so dass die Formen dem Positiv gleichen: *dester sicher*), der Superlativ auf *-est, -ist. -st*, im Alem. besonders im gehobenen Stil auf *-ost* (*gnädigost*). Bei einigen – meist einsilbigen – Adjektiven ist Umlaut möglich.

Folgende Suppletivbildungen sind noch gebräuchlich:

gut	*besser*	*best, beste*
gross, michel	*mer, merer*	*meist*
lützel	*min(n)er, minder*	*min(n)est(e), mindest(e)*

Seit 15. Jh. setzen sich die Komparativformen von *gross* und *klein* durch.

4.4.3.3. *Adjektivadverbien*

Die Bildung geschieht zunächst – wie im Mhd. – durch Anhängen eines *-e*: *weyte, lange* (KW), das häufig im Obd., ab 14. Jh. auch im Md. apokopiert wird, z. B. *starck* (Dürer), *snelle – snel* (BE).

Adverbien auf *-lich, -liche, -lichen* treten noch häufig, aber seltener als im Mhd. auf: *gemeinlichen* (KW), *snelliche* (BE), *vngeuherlich* (Eger). Oft ist *-lich* mit einem anderen Suffix verbunden: *williglich, gehorsamlich. -liche* geht auf Grund der Apokope im 13./14. Jh. zurück, von den anderen beiden Varianten verdrängt *-lich* im 15./16. Jh. den Konkurrenten *-lichen*. Spätere *-lichen*-Bildungen sind meist bewußt eingesetzte Archaismen wie *herzlichen* bei Goethe. Im beginnenden 19. Jh. geht auch *-lich* als Suffix, das ausschließlich das Adverb bezeichnet, unter (noch bei Uhland belegt: *sänftlich*). Die Endung *-en*, besonders in den östlichen Mundarten gebräuchlich (*daselbsten*, Eger), tritt mit der Ausbreitung der Apokope zurück. Schon im 13. Jh. steht die Nominalform des Adjektivs in adverbialer Funktion, und in der zweiten Hälfte des Frnhd. sind keine besonderen Adverbformen belegt.

fast und *schon* fungieren bis ins frühe 16. Jh. als Adverbien zu den Adjektiven *fest* und *schön*, treten aber ab späterem 16. Jh. nur noch in neuer Bedeutung, die sich seit dem 12./13. Jh. anbahnt, auf.

Auch bei Adverbien, die im Alem. vom Komparativ gebildet werden, unterbleibt meist der Umlaut (*hoher*). Hier finden sich sogar Reste der ahd. Komparativbildung auf *-ôr*, bei denen jedoch *r* apokopiert wurde (*fùro*, spr. *füro* 'fernerhin').

Das Adverb zu *gut* lautet noch *wol*, bis dieses im 16. Jh. mehr und mehr die Funktion eines Modalwortes übernimmt. Der adverbiale Komparativ heißt *baz, bas*, der im 15./16. Jh. durch *besser* ersetzt wird.

dicke 'oft' ist im 15./16. Jh. noch häufig belegt, geht im 17. Jh. stark zurück. Noch im 18. Jh. tritt es vereinzelt auf: *oft und dicke* (Wieland). (Vgl. PAUL V, 1920, 105f.; PARASCHKEWOFF 1967; PENZL 1984, 101, 121.)

Besonderheiten der frnhd. Adjektivflexion und der Bildung von Adjektivadverbien illustriert das zweite Kapitel aus dem "Ackermann aus Böhmen" des Johannes von Tepl:

Der Tot

Horet, horet, horet newe wunder! Grausam vnd vngehorte teidinge fechten vns an. Von wem die kumen, das ist vns zumale fremde. Doch drowens, fluchens, zetergeschreies, hendewindens vnd allerlei angeratung sein wir allen enden vnz her wol genesen. Dannoch, sun, wer du bist, melde dich vnd lautmere, was dir leides von vns widerfaren sei, darvmb du vns so vnzimlich handelst, des wir vormals vngewonet sein, allein wir doch manigen kunstenreichen, edeln, schonen, mechtigen vnd heftigen leuten sere vber den rein haben gegraset, davon witwen vnd weisen, landen vnd leuten leides genugelich ist geschehen. Du tust dem geleich, als dir ernst sei vnd dich not swerlich betwinge. Dein klage ist one done vnd reime; davon wir prufen, du wellest durch donens vnd reimens willen deinem sinn nicht entweichen. Bistu aber tobend, wutend, twalmig oder anderswo one sinne, so verzeuch vnd enthalt vnd bis nicht zu snelle so swerlich zu fluchen den worten, das du nicht bekummert werdest mit afterrewe. Wene nicht, das du vnser herliche vnd gewaltige macht immer mugest geswechen. Dannoch nenne dich vnd versweig nicht, welcherlei sachen dir sei von vns so twenglicher gewalt begegent. Rechtfertig wellen wir werden, rechtfertig ist vnser geferte. Wir wissen nicht, wes du vns so frevelich zeihest.

4.4.4. **Das Pronomen**

Wie im Mhd. können noch mehrere Flexionstypen unterschieden werden:
- von der substantivischen und der adjektivischen Deklination völlig abweichende ungeschlechtige Pronomen;
- geschlechtige Pronomen, deren Flexion mit der substantivischen zwar verwandt ist, sich aber durch eine meist volle Endung unterscheidet;
- ursprüngliche Adjektive und Substantive, die ihre Flexion der pronominalen angenähert haben, Pronominaladjektive und -substantive.

Im Frnhd. gleichen sich diese Flexionstypen mehr und mehr an.

4.4.4.1. *Personalpronomen*

4.4.4.1.1. *Ungeschlechtige Pronomen:*

		1. Person	2. Person
Sg.	Nom.	*ich*	*du*
	Gen.	*min/mein, miner, meiner, minen/meinen*	*din/dein, diner/deiner, dinen/deinen*
	Dat.	*mir, mi*	*dir, di*
	Akk.	*mich*	*dich*
Pl.	Nom.	*wir, wi*	*ir*
	Gen.	*uns, unser, unsrer, unserer*	*üwer/ewer, ewerer*
	Dat.	*uns*	*iu/eu. üch/euch*
	Akk.	*uns*	*üch/euch, iu/eu*

Der Gen. Sg. lautet bei Luther meist *mein, dein (erbarm dich mein)*, selten *deiner (erbarme sich deiner)*. *mîner*, zuerst im Md. belegt, tritt ab 14./15. Jh. öfter auf, auch wenn während des Frnhd. die Kurzformen *mein, dein* die häufigeren sind. Schottelius läßt *meiner, deiner – sein, mein* gelten. Die Formen *meiner, deiner* sind sicher nach dem Muster *unser, ewer* gebildet. *minen/meinen, dinen/deinen* sind hauptsächlich im Alem. belegt.

r-lose Formen *mi, di, wi* gibt es vereinzelt, u. a. im Westthüringischen.

Der Formenausgleich Dat.-Akk. in der 1. P. Pl. vollzieht sich im Frmhd., in der 2. P. Pl. in der 2. Hälfte des 13. Jh.

Im Bair. werden bis ins Nhd. Dualformen gebraucht. Sie gelten dann durchgängig für die 2. P. Pl.: Nom. *ez* und Dat., Akk. *enk* (mit Possessivpronomen *enker*). Von Dürer werden sie nicht verwendet.

4.4.4.1.2. *Geschlechtige Pronomen:*

		Mask.	Neutr.	Fem.
Sg.	Nom.	*er, he, her*	*es, iz*	*sie, sü*
	Gen.	*sin/sein, siner/seiner, sinen/seinen*	*es. sin/sein, siner/seiner, sinen/seinen*	*ir, irer, iren, ire, irs, iro*
	Dat.	*ime, im*	*ime, im*	*ir, ire, iro, iren*
	Akk.	*in, ine, inen*	*es, iz*	*sie, sü*
Pl.	Nom.		*sie, sü*	
	Gen.		*ir, irer, iren, ire, iro*	
	Dat.		*in, inen*	
	Akk.		*sie, sü*	

er ist ursprünglich obd., *he* nd. und md., die Kreuzungsform *her* md. Der Formenausgleich mhd. *siu* (Nom. Sg. Fem.; Nom., Akk. Pl. Neutr.) und *sie* (Akk. Sg. Fem.; Nom., Akk. Pl. Mask. und Fem.) beginnt bereits während des Ahd., setzt sich im Mhd. fort und ist im Frnhd. abgeschlossen.

Im Omd. stehen *sin* und *siner*, auch *ir* und *irir (irer, irre)* nebeneinander.

Die Dativformen *ihme* (< mhd. *im(e)*) und als Analogiebildung der Akk. Sg. *ihne* breiten sich im 16. Jh. aus; noch bei J. Rist stehen *ihme* und *ihm*. In obd. Urkunden sind diese Formen bis gegen 1800 belegt. Im Md. lautet der Dat. Sg. häufig *ome, eme*, der Akk. Sg. *on, en*. Im Obd. tritt die Apokope öfter als im Md. ein.

Der Dat. Pl. *inen* für *in* tritt im 12. Jh. vereinzelt auf, breitet sich seit dem 13. Jh. vom Alem. her aus. Er setzt sich im Omd. seit Ende des 15. Jh. durch. Luther und Müntzer verwenden noch beide Formen, später überwiegt bei Luther *inen*.

sin verdrängt *es* im Gen. Sg. Mask. eher als im Gen. Sg. Neutr. Doch geschieht beides während des Mhd. Bis ins 16. und 17. Jh. findet sich neben der neueren Form *sin* das alte Wort *es* im Gen. Sg. Neutr., während der Gen. Sg. Mask. einheitlich *sin, siner, seiner* lautet: *laß dichs jamern* (L). Nom., Akk. Sg. Fem. und Nom., Akk. Pl. *su, sù* (spr. *sü*) tritt hauptsächlich in alem. Werken, gelegentlich im Omd. auf.

4.4.4.2. *Reflexivpronomen*

		Mask. Neutr.	Fem.	Pl.
Sg.	Gen.	*sin/sein, siner/seiner, sinen/seinen, sines/seines*	*ir, ihrer, ihres*	*ir, ihrer, ihres*
	Dat.	*ime, im; sich*	*ir; sich*	*in, ihnen; sich*
	Akk.	*sich*	*sich*	*sich*

Der Dat. des Reflexivpronomens fehlt meist, er wird dann durch den Dat. des Personalpronomens ersetzt: *Niemandt will hoffart gegen ym ertzeyget haben; (sie) Nemen yhn die freiheit*. Erst im 16. Jh. dringt *sich* – wie früher im Nd. – vom Akk. in den Dat. ein: Vereinzelt steht bei Luther: *zu sich, mit sich*. Der Dat. des Personalpronomens wird aber bis ins 18. Jh. noch oft verwendet: *das Interim hat den Schalk hinter ihm* (Goethe).

4.4.4.3. *Possessivpronomen*

Die Flexion entspricht der st. Adjektivdeklination. Im Nom. Sg. Fem. setzt sich schon im älteren Frnhd. das Endungs-*e* durch.

		Mask.	Neutr.	Fem.
Sg.	Nom.	*min/mein, miner/meiner*	*min/mein, mines/meines*	*min/mein, mi-ne/meine*
	Gen.	*mines/meines, meins*	*mines/meines, meins*	*miner/meiner, meinr*
	Dat.	*mim(e)/meime, meim meinem*	*mime/meime, meim meinem*	*miner/meiner, meinr*
	Akk.	*minen/meinen, mein*	*min/mein mines/meines*	*mine/meine, mein*
Pl.	Nom.		*mine/meine, min/mein (minü)*	
	Gen.		*miner/meiner, minen/meinen (minr, mirn)*	
	Dat.		*minen/meinen, min/mein*	
	Akk.		*mine/meine, min/mein (minü)*	

Neben dem adjektivischen ist auch substantivischer Gebrauch möglich: *das er zů dem sinne lŏffen muͦssti* 'dass er zu dem Seinigen laufen mußte' (St. Gallener Urkundensprache des 14. Jh.).

Im Unterschied zu *uwer, ewr*, die nur in den vollen Formen vorkommen, existieren von *unser* im Nd., im Md. und in der KW die Kurzformen *unse* (Nom. Sg. und Nom. Pl. Mask.), *unsem, unsen, unseme, unsme, unsim* (Dat. Sg.), *unsis* (Gen. Sg.), *unse, unsen, unsin* (Akk. Sg.).

Im Md., Ostfränk. und Bair. gibt es die wohl mundartliche Form *unnser* (< *unsre* < *unre*) und die sicherlich daraus entstandene urkundensprachliche Form *under*.

Für die 3. P. Sg. Fem. und die 3. P. Pl., für deren Possessivum im Ahd. und Mhd. die Genitivform des Personalpronomens benutzt wurde (ahd. *ira, iro* > mhd. *ir*), bildet sich verstärkt seit dem 14. Jh. das adjektivisch deklinierte Possessivpronomen heraus. In der KW, in der St. Gallener und Berner Kanzleisprache tritt häufig die Form *ir* auf, die jedoch auch durch Synkope entstanden sein kann: *mit ir iårlichen zinsen* (St. Gallen), neben der nur im Alem. noch vorkommenden Form *mit allen iro guͦtern*, daneben *mit allen irn guͤtern*. Luther verwendet diese Kurzform selten: *yhr mund* (Akk. Sg.) neben *yhren vordienten lohn*. Er sagt sogar: *jrer Schutz* (Nom. Sg.).

Im Alem. enden Nom., Akk. Pl. häufig auf *i* bzw. *ù* (spr. *ü*).

Häufig treten Synkope und Apokope auf: Gen. Pl. *sinr nachkommen* (St. Gallen), Nom., Akk. Pl. *unßer oren* (L).

4.4.4.4. *Demonstrativpronomen, bestimmter Artikel und Relativpronomen*

		Maskulinum	Neutrum	Femininum
Sg.	Nom.	*der, de, di, die*	*daz, das*	*di, die, diu, dew*
	Gen.	*des, dez, desse, desses, dessen*		*der, deren, derer, dero, dere*
	Dat.	*deme, dem*		*der, deren, derer, dero, dere*
	Akk.	*den, denen*	*daz, das*	*di, die, deu*
Pl.	Nom.	*di, die, diu, dew*		
	Gen.	*der, derer, dere, dero, deren*		
	Dat.	*den, dien, dene, denon, denen*		
	Akk.	*di, die, dy, diu, dew*		

Der Ausgleich Nom., Akk. Sg. Fem. *diu* – *die* war im 13. Jh. bereits in allen Mundarten bis auf das Bair. und Alem. vor sich gegangen, die Angleichung von Nom., Akk. Pl. Mask., Fem. und Nom., Akk. Pl. Neutr. hatte sich im Alem., Ostfränk. und Md. vollzogen.

Erweiterungen treten seit der zweiten Hälfte des 15. Jh., hauptsächlich aber im 17. Jh. im Akk. Sg. Mask. und im Gen. Dat. Pl. auf: *dz ich allein denen angreyffe* (L); *aller dero die; derer schulden; deren; von denon die; denen armen* (St. Gallen); *dere Seelen; in denen*

Bucher (L). Wahrscheinlich handelt es sich um Analogiebildungen: *denen* wurde zu der im 12. Jh. aufgekommenen Form *inen* gebildet; nach diesem Muster sind vielleicht *des* zu *dessen* und *der* zu *deren* erweitert. Es wird allerdings auch Einfluss der funktionsverwandten Fügung *des-/derselben* oder von negierten Wendungen (mhd. *dës enwas niht, dër enwas niht*) vermutet, *derer* ist wohl eine Analogie zu *aller*. Ein Streben nach Verdeutlichung der Kasusbezeichnungen wird als Ursache angenommen.

dessen (hauptsächlich im substantivischen Gebrauch) kommt im 16. Jh. auf.

Die nichtapokopierte Form *deme* hält sich bis zum Ende des 18. Jh.

Dialektal, besonders im Wmd., steht im Dat. Sg. Mask. und Neutr. *den*.

Eine gewisse Sonderstellung innerhalb der Demonstrativpronomen nimmt *selb* ein. Es wird adverbial und adjektivisch gebraucht. Starke und schwache Adjektivdeklination sind möglich. Die mhd. sw. ursprüngliche Nominativform *selb* ist bei Luther noch erhalten: *seines selb seele*. Die Formen *selber* (Nom. Sg. Mask. und Gen. Dat. Sg. Fem. und Gen. Pl.) und *selbis, selbs* (Gen. Sg. Mask./Neutr.) existieren schon im Omd. u. a. in der UW (*da ez selber an trit*), im BE (Akk. Sg. *unz selbis*; Dat. Sg. *ime selbir*) und bei Luther (*der teuffel selbs; von jm selber*).

Das Relativpronomen kann fehlen. Bei Luther steht: *den ersten fisch du fehist* 'den ersten Fisch, den du fängst'. Ebenso steht bei ihm noch selten das Relativpronomen *wer, was* anstelle des älteren *der, das: alles was der keuschheit furderlich ist*. Bezeichnender für ihn ist der Satz: *erkennet heute, das ewr Kinder nicht wissen*. Als Relativpronomen können auch *der, da, welcher, so* sowie (selten) *und* stehen. (Siehe auch 4.5.3.2.)

Das zusammengesetzte Demonstrativpronomen

		Mask.	Neutr.	Fem.
Sg.	Nom.	*dirre, dir, dise, diser*	*dis, dit, diz, dises*	*dis, dise, disü, diseu*
	Gen.	*dises, dis, ditz*		*dirre, dir(r), diser*
	Dat.	*disem, diseme, disme*		*dirre, dir(r), diser*
	Akk.	*disen*	*dis, dit, diz, dises*	*dise, diß, disü, diseu*
Pl.	Nom.	*dise, dis, disü, diseu*		
	Gen.	*dirre, dir; diser*		
	Dat.	*disen*		
	Akk.	*dise, dis, disü, diseu*		

Nom. Sg. Mask. und Gen., Dat. Sg. Fem. sowie Gen. Pl. lauteten im Mhd. *dirre* und *diser; dirre* ging zu Beginn des 16. Jh. unter.

Im Omd. herrschen die Nebenformen *desir, desis, desim, desin* sowie gerundete Formen *dus, dut* usw.

4.4.4.5. *Interrogativpronomen*

Nom.	*wer, we, wi*	*waz, was*
Gen.	*wes, wessen*	
Dat.	*weme, wem*	
Akk.	*wen*	*waz, was*

Neben *wer, was* tritt im 14. Jh. noch die Zusammensetzung *swer, swaz* auf, für St. Gallen (*swer* 'wer immer' *das mort tůt*) und für die UW sind sie angegeben.

Die Form *wessen* ist seit dem 14. Jh. zuerst im Alem. belegt.

Die Nom.-Formen *we/wi* halten sich im Md. bis ins 15. Jh. Im Obd. finden sich vereinzelt bis ins 16. Jh. Instrumentalformen: *bey we* (Wien), *mit weu* (Füetrer).

welch, welich und *solch, solich* (< *we-lich, so-lich*) werden seltener verwendet. Sie werden adjektivisch gebraucht.

4.4.4.6. *Indefinitpronomen*

ein (ain), kein (kain), al, ander werden substantivisch und adjektivisch gebraucht. *ein (ain)* und *kein (kain)* werden nach der st. Adjektivflexion, *ander* und *ein* auch nach der sw. Adjektivflexion dekliniert.

ieman (iemant, iemand, ymand), nieman (niemant, niemand, nymand) und *nicht* werden als Pronominalsubstantive bezeichnet.

ein (eyn, ain) kann Zahlwort, Indefinitpron. und unbestimmter Artikel sein. Als sw. dekliniertes Adjektiv hat es die Bedeutung 'allein'. Im Alem. gelten noch die Formen Nom. Sg. Fem. *aini*, Nom. Sg. Neutr. *ainez* im substantivischen Gebrauch, in adjektivischer Verwendung steht *ain (ain man, ain frowe)*. Auch im Omd. stehen Nom. Sg. Mask. *keiner – kein*, Nom., Akk. Sg. Neutr. *keins, keinz* im substantivischen Gebrauch. *kein (dhein, ichein, idechein, ikein)* hat die Bedeutung 'irgendwer, irgendein' meist aufgegeben. Doppelte Verneinung tritt noch häufig auf: *Es sol och nieman kain vnsûber lied singen* (St. Gallen); *Hier halff kein Adel nicht* (OP), *r*-Abfall und Synkope kommen vor beim Nom. Sg. Mask. *aine*, beim Gen. Sg. Mask./Neutr. *ains* (St. Gallen), beim Dat. Sg. Mask./Neutr. *eym* (L). *al* tritt häufig endungslos in den Formen *al* und *alle* (besonders im Md.) auf im Gen. Pl. *alle irre vordern* (UW), im Akk. Sg. *alle dinge* (L), *alle dem volke* 'dem ganzen Volk' (BE). In der Flexion überwiegen die st. Formen.

Die Flexion von *iemant* und *niemant* (Nom.) lautet im BE: *nymandis, nymans* (Gen. Sg.); *imande, ymande, iemanne; nimande, nymande* (Dat. Sg.); *imande, ymandis, nymant, nimande, nymande, nymandis, niemannin* (Akk. Sg.). Bei Luther lauten Gen., Dat. Sg. *jemands, jemand* (selten *jemande*).

Mhd. *niht* wurde durch das bereits im 13. Jh. vorhandene *nihtes* (Gen. Sg.) im 14. Jh. verdrängt. Luther verwendet *nicht* und *nichts*; ersteres kann bei ihm auch 'nichts' bedeuten: *pfertt vnd wagen geben nicht auff den furman*. Meist stehen bei ihm die unflektierten Formen: *mit nicht, zunicht*. Daneben werden seltener flektierte Formen verwendet: *mit nichte, mit nichten*. Der Akk. wird meist adverbial gebraucht: *nicht*.

Mhd. *iht* 'irgend etwas' steht bei Luther noch neben häufigerem *etwas: vormag nit auß nicht machen icht* 'vermag nicht, aus nichts irgend etwas zu machen'.

Zusammensetzungen mit *ete-/etes-*: Verwendet werden *etwaz (etteswaz, ettzewaz, etwaß, etwas); etiswanne, ettiswenne, etwenne* 'zuweilen, manchmal'; *etliche; itlich, ittslich* (Dürer).

Zusammensetzungen mit *sum-* tauchen nur noch ganz selten auf: *sumeliche* 'einige' (BE).

Zusammensetzungen mit *ie-* erhalten eine ähnliche Bedeutung wie diejenigen mit *ete-* und werden zum Teil durch sie verdrängt: *iclich, iczlich, idoch (iedoch), idermann (iderman)*.

4.4.5. **Das Numerale**

4.4.5.1. *Kardinalzahlen*

ein kann auch unbestimmter Artikel sein. *vir (vier, vyer), fünf (funf, fumf), sechs (sehs), siben (sieben, sibun, seben, sebin), acht (echt), newn (nun, nün), zehen (zcen, czen, zehn), eilf (eylff, einlef, ainlof, elf), zwelf (czwelf)* stehen unflektiert oder werden in substantivischem Gebrauch adjektivisch dekliniert: *die neune, der Zwelffen einer* (L).

Im 15. Jh. überwiegt *zwene* in md. Texten, *zwen* in obd. Bei Luther steht meist *zwen*, selten *zwene*. Im 16./17. Jh. herrscht *zwen* vor. Im Fem. existieren – besonders im Md. – die Gen.-, Dat.-Formen *zwoer, zwoen*. Flexionslosigkeit ist im Md. seit dem 13./14. Jh. festzustellen und herrscht im 16. Jh. bereits vor. Im Obd. und Wmd. setzt sie sich seit dem 16. Jh. durch: *vor zwo Stunden* (Faustbuch).

Die Genusunterschiede bei *zwei* schwinden seit dem Mhd., im Frnhd. ist der Ausgleichsprozess im Md. seit dem 14./15. Jh. festzustellen, im Obd. erst seit dem 17. Jh. Das neutrale *zwei* setzt sich im Mask. und Fem. durch. Andererseits fordert Gottsched noch die Unterscheidung zwischen *zween, zwo, zwei*.

Beim Zahlwort *drei* sind Geschlechtsunterschiede im Frnhd. nur noch selten.

	Mask.	Neutr.	Fem.
Nom.	*zwene, zwen*	*zwei*	*zwo, zwei*
Gen.	*zweier, zweien*		*zwoer*
Dat.	*zwein, zweien, zwen, zwenen*		*zwoen*
Akk.	*zwene, zwen*	*zwei, zweien*	*zwo, zwei*
Nom.	*dri, drie, drei*	*dri, drei*	*dri, drei*
Gen.		*drier, dreier*	
Dat.		*drin, dren, dreien*	
Akk.	*dri, drie, drei*	*dri, drei*	*dri, drei*

4.4.5.2. *Ordinalzahlen*

Bis auf Ausnahmen steht nach st. flektiertem Wort die sw. Form: *dem dritten gebote* (BM). Die st. flektierte Form ist selten: *in dem vierzehenhundertestem vnd dem achtendem iare* (Konstanzer Urkunde von 1408).

Die Ordinalzahlen für *eins* und *zwei* lauten *erst* und *ander*, später *zweiter*: *Fridrich der erst, und der ander* (L), seit dem 14. Jh. allmählich, seit dem 16. Jh. etwas stärker *zweiter: unde quam daz zweite grosz sterben* (Hs aus dem 16. Jh.), für *drei* bis *neunzehn* werden sie durch Anhängen von *-te, -de* gebildet (*der dritte, vyrde, eilfte*), ab *zwanzig* als Superlativ (*zwenzigeste, nunczigste*), dabei ist besonders im Alem., vereinzelt in der KW das *o* der Mittelsilbe erhalten:
nu̇nzigosten (spr. nünzigosten) (Alem.), *zweinzigoste* (KW). Bei Luther finden sich noch *das hunderte teyl, der hundirst, Im sechshundertsten und einem jar*.

(Vgl. Grammatik des Frühneuhochdeutschen VII, 1988, 28ff.; Frnhd. Gramm. 1993, 206ff.)

Den vielfältigen Gebrauch von Pronomen und Numeralien zeigt ein Abschnitt des Kapitels »Von der senger krige zu Warpergk« aus der »Düringischen Chronik« des Johannes Rothe (omd., um 1430, Handschrift aus der zweiten Hälfte des 15. Jh.):

Noch Cristus gebort tussent 206 jar do waren yn lantgraven Hermans houfe zu Doryngen unde Hessin sechs edel unde vornumftige man under dem andern seyme houfegesynde, die hobisch waren mit getichte unde gar toguntsam. sie machten unde tichten nawe gesenge unde kregen dormete weder eynandir. unde dorumbe sso habin dieselben lide noch den namen das man sie nennet den krigk von Warpergk, wen sie zu Warpergk unde zu Isenache geschaen. Der erste senger der hiess er Heynrich Schreiber unde der was eyn guter ritter. der ander hiess Walter von der Vogilweide, der dritte Reynhart von Zwetzen, der virde Wolfferam von Eschinbach. disse waren rittermessige man unde gestrenge weppener. der funffte der hiess Bitterolf unde was eyner von des lantgraven houfegesynde, unde der sechste hiess Heynrich von Aftirdingen, der was eynn burger uss der stat Ysenache von eyme fromen geslechte. Disser kreigk alleyne mit seyme gesange weder die andern alle unde loubete den herzog von Ostirreich vor allen ander fursten yn seyme gesange unde gleichte on der ssonnen. Der krig wart alsso herte mit dem gesange undir on das sie sich vorphlichten, wer do vorlore der sulde Stemphele, alsso hiess zu dem male der femer, zu teile werden.

4.5. Zum Satzbau

Die syntaktischen Erscheinungen des 14./15. Jh. stehen einerseits noch in engem Zusammenhang mit dem Mhd., bereiten aber andererseits – besonders gegen Ende des 15. Jh. – die Entwicklung im 16. Jh. vor. Im 16. Jh. wird die Richtung der weiteren Entwicklung bestimmt (Vgl. Admoni 1963, § 22).

Die Veränderungen seit dem 14. Jh. sind vor allem in folgendem begründet: Das Deutsche dringt in Bereiche ein, die vorher dem Latein vorbehalten waren (u. a. im Rechtswesen), so dass das Textsortengefüge vielfältiger und differenzierter wird; die

Explosion der Textproduktion durch Papierherstellung und Buchdruck erhöht die Bedeutung der Schriftlichkeit und verursacht ein neues Verhältnis von Mündlichkeit und Schriftlichkeit; der Geltungsbereich der Prosa gegenüber dem Vers wird erweitert. Andererseits sind die Traditionen der teils der Antike entstammenden Rhetorik so stark, dass in fast allen Textsorten nicht nur der Inhalt, sondern vor allem die Rezipienten- (= Hörer-/Leser-)Bezogenheit den Stil, folglich auch die Syntax bestimmt.
Entscheidend in der Entwicklung seit dem 14. Jh. ist generell die Erhöhung der Satzkomplexität. Das zeigt sich einmal in der Umfangserweiterung der Wortgruppen durch häufige Attribuierungen und Synonymenhäufungen, zum anderen in der Zunahme der Hypotaxe, d. h. der Unterordnung von Gliedsätzen wie auch von satzwertigen Infinitiv- und Partizipialgruppen. Es entstehen vielgliedrige zusammengesetzte Sätze, die sich über ganze Seiten erstrecken können. Dabei sind die Abhängigkeitsverhältnisse nicht immer durchsichtig. So treten noch im 16. Jh. »Abweichungen von dem klaren, exakten Bezug irgendwelcher Folgeglieder auf ihren Oberbegriff« (Gumbel 1930, 136) auf. Im 17. Jh. erscheint als typische Form des Prosasatzes »die größere, logisch ordnende, hypotaktische Periode, in der namentlich die Rolle der Konjunktionen bezeichnend ist« (Langen 1978, 984). Zwar wird dieser periodische Bau schon in der vorhergehenden Zeit ausgebildet, jedoch erst im 17. Jh. voll ausgebaut.

Diese Entwicklung verläuft in den verschiedenen Textsorten unterschiedlich: Die Hypotaxe ist in Urkunden und sonstiger Geschäftsprosa weiter ausgebaut als in erzählender Prosa (Legende, Roman, Fachliteratur usw.) : Eine Urkunde von 1411 enthält einen Satz mit 44 Elementarsätzen, mit Nebensätzen bis zum 15. Grad.

Allerdings gibt es bisweilen auch beträchtliche Unterschiede zwischen Umfang und Abhängigkeitsgrad untergeordneter Sätze bei erzählenden Texten, z. B. bei Schwank und Roman im 16. Jh., ja sogar bei Werken ein und desselben Autors (z. B. Wickram). (Vgl. Admoni 1990, 150ff., 169f.)

Andererseits sind etliche syntaktische Stilfiguren zahlreichen Textsorten gemeinsam, da sie antiker Rhetorik, also auch teilweise lateinischem Einfluß folgen, wie Synonymen- und Attributhäufung, Periphrasen (auch Parallelismus, rhythmischer Satzschluß u. a.) (Polenz 1991, 194ff.; Betten 1998, 287ff.).

4.5.1. **Wort und Wortgruppe als Satzglieder**

Jeder Satz enthält "einen Sinn- und Tonakzent . . ., der . . . auf die Bezeichnung eines für die betreffende Situation primär wichtigen Sachverhaltes" (Erben 1954, 16) gesetzt wird. So stehen am Anfang und am Ende des Satzes "die hauptsächlich betonten, in der Mitte die weniger betonten Wörter" (Franke III, 1922, 6). Diese für Luther getroffene Feststellung gilt allgemein.
Die starke Erweiterung der Nominalgruppe im Frnhd. erfolgt durch Zunahme der Attribuierung, besonders in der Urkundensprache, aber auch durch Neben- und (seltener) Unterordnung zusätzlicher Glieder. Meist ist die Reihung zweigliedrig: *kleiner Verstand und geringe Kunst* (Dürer), *mit fruntlichem und ordentlichen rechten* (Nürnberger Polizeiordnung). Die paarigen Ausdrücke sind zum einen Kennzeichen der »geblümten Rede«, dienen aber auch der Erklärung eines Dialekt- oder eines Fremdwortes: *hafen oder topf* (Müntzer), *Kopei und Abschrift* (L).

4.5.1.1. *Besonderheiten der Satzgliedstellung*

Attributive Adjektive, **Partizipien** und **Possessivpronomen** können dem Beziehungsglied nachgestellt werden: *die Pfeil der Sonnen* ***heiß*** (Spee); *den vater* ***almechtigen*** (L); *dem riche* **zugehorende;** *sůn* ***meiner*** (G). Daneben ist auch Voranstellung gebräuchlich: *nach* ***hohem vnserm*** *vertrauwen* (HG); das Adj. kann also vor das Poss.-Pron. treten. Wenn zum vorangestellten Adjektiv- oder Partizipialattribut noch eine Präpositionalgruppe tritt, steht die oft hinter dem Kernsubstantiv: *Christen leyen . . . die nit bey sich hetten einen* ***geweyheten*** *priester* ***von einem Bischoff*** (L).

Genitivattribute können vom Beziehungsfeld getrennt werden: *Als aber Petrus an* ***die thür*** klopffet **des thors** (L). Bis ins Frnhd. – und teilweise später – bestand Abneigung »gegen die Zusammenstellung der zusammengehörigen Gruppenglieder . . .« (NAUMANN 1915, 11). Nach BEHAGHEL stehen die nichtpartitiven Gen. zunächst vor dem Beziehungsglied, wandern dann aber allmählich hinter dieses regierende Satzglied (BEHAGHEL IV, 1932, 181). Um 1500 ist die postnominale Stellung bereits üblich und wird bis ca. 1700 noch häufiger. Das Genitivattribut, das Personen bezeichnet und unmittelbar beim regierenden Subst. steht, kann vor- oder nachgestellt werden (L: **gottis** *wort, das wort* **gottis**). Genitivische Nichtpersonenbezeichnungen werden sehr oft nachgestellt. Unterschiede sind vor allem textsortenbedingt: In der Fachprosa und in Flugschriften ist der postnominale Genitiv weit häufiger als in chronikalischen Texten. Zuweilen findet sich ein Gen., der zwischen einem zum regierenden Subst. gehörenden Pron. und diesem Subst. steht: *Ich hätte über dieser* ***deß Oliviers*** *Erzehlung gern gelacht* (Simplizissimus). Bei Zesen ist in der Stellung des Genitivattributs »Abstufung von dem jetzt noch Möglichen bis in den mittelhochdeutschen Stand hinein . . .« (SÄTTERSTRAND 1923, 209) festzustellen: *di algemeinen* ***der Deutschen Fölker*** *namen*. Diese Stellung des Gen. zwischen Subst. und vorangestelltem Adj. ist öfter bezeugt. Generell wird aber die Wortfolge strenger geregelt, außerdem bahnt sich die Ablösung des Genitivattributs durch die präpositionale Fügung an. Die ältere Satzform *den schatten er des fleisches sach* erscheint im Bamberger Druck von Boners Edelstein (1461) bereits als *den schaden von dem fleisch er da sach*. (Vgl. MOSER 1909, § 210; PHILIPP 1980, 116f.; ERBEN 1985, 1344; EBERT 1986, 81ff.; Frnhd. Gramm. 1993, 342f., § S 52; HARTWEG/WEGERA 1989, 134f.; ADMONI 1990, 145ff., 187ff.).

4.5.1.2. *Koordinierung von Satzgliedern*

Häufig kann asyndetische Koordinierung von Satzgliedern auftreten: *Er* **nam** *urloup von im*, **dankt** *im des guten mals* (Wickram), zuweilen sogar mit einem für alle koordinierten Satzglieder geltenden Bestimmungsglied, das vor dem ersten koordinierten Satzglied steht: **kein** *schu, kleider, hauß, essen, trincken* (L). Erst seit dem Frnhd. wird wie im Nhd. bei mehreren koordinierten Prädikaten nur das letzte durch *und* an das vorhergehende angeschlossen; noch bei Luther können alle Glieder durch *und* verbunden werden: **rief** *Paulus die Jünger zu sich* **und segnete** sie **und ging** *aus* (L).

Koordinierte Satzglieder können getrennt werden: . . . *die* **die weyssagen** *haben gerett zesein kúnftig* **vnd moyses** (MB). Das ist auch bei Adj. möglich. (Vgl. Frnhd. Gramm. 1993, 343f., § S 53)

4.5.1.3. *Auslassungen*

Nach 1450 erscheint der Artikel oft nur bei dem ersten Glied einer Koordination, allen weiteren Gliedern fehlt er: **die** *dienst und jungfrowen* (W); **der** *ruten vnd straffe Gottis* (L); im 19. Jh. tritt der Artikel bei den weiteren Gliedern einer Koordination unter bestimmten Bedingungen wieder auf. Auch sonst kann der Artikel fehlen: *sagen zu vater* (L).

Das Subjekt kann fehlen: *Will mich derhalben versehen* (Reformationsdialog 1523), *es jammerte Jhesum vnd recket* (L). Öfter noch werden – meist als Kennzeichen eines gehobenen Stils – die Hilfsverben *haben* und *sein* ausgespart. Das geschieht oft im Gliedsatz: *den ich auffgericht* (L). Das trifft besonders zu, wenn zwei oder mehrere gleiche finite Verbformen erscheinen müßten: *Weil nuhn di . . . nicht* ***gewust haben****, und . . . nicht . . .* **nach gedacht** (Z). Besonders diese Art der Auslassung beim koordinierten Part. Prät. tritt schon von alters her auf: vielfach erscheint sogar Auslassung, wenn Hilfsverben unterschiedlicher Art zu erwarten wären: *dass der . . .* ***erstochchen håtte****, und selbsten . . .* **entleibet worden** (Z). Bei Koordinierung ist Aussparung des finiten Verbs auch im Hauptsatz möglich: *Hymel vnd erden* ***werden vergehen*** *aber meyn wort nit* **vergehen** (L).

4.5.1.4. *Verneinung*

Die Verneinung durch *-ne/en-* (siehe 3.6.2.) geht im 15. Jh. stark zurück: *Ir ensolt* (Pontus u. Sidonia, 15. Jh.). Am längsten hält sie sich im Nd. und Wmd. Um 1500 überwiegt bereits die Verneinung mit *nicht*; um 1700 ist sie die allein gültige Verneinung. Sofern die proklitische Negationspartikel *en-* im Frnhd. noch vorkommt, wird sie meist mit der jüngeren Negation *nicht* verbunden: *des enhat er nit gethan* (Mainz). Im Obd. ist die Partikel *en-* um 1500 nur noch vereinzelt belegt, im Md. hält sie sich etwas länger. – Im Frnhd. bedeutet doppelte Verneinung meist noch nicht Bejahung: *als were nie nichts dagewesen* (L). Erst im 18. Jh. heben sich mehrere Verneinungen gegenseitig auf. – Das Adv. *nichts* (Gen. von *nicht*) und *nicht* können synonym verwendet werden: *als gehorten sie* **nichts** *zur kirchen; hatten* **nicht** *zu essen* (L). Der abhängige Gen. bei *nichts* reicht bis ins 16. Jh., bei *nicht* bis ins Nhd. hinein: **nichts** *glücks; Ich kenne des Menschen* **nicht** (L). – Im 16. Jh. rückt *nicht* im Gliedsatz an die zweite Stelle. – In frnhd. Zeit überwiegt im Omd. die Form *nicht*, im Obd. und Wmd. dagegen *nit*. (Vgl. PENSEL 1981, 297ff.)

4.5.1.5. *Gliedsatzartige Wortgruppen*

Partizipialkonstruktionen. In Anlehnung an das lat. participium coniunctum[53] werden Partizipialkonstruktionen gebildet: *czwene gancze monden noch enander volgende* (KW). Vielfach kann zwischen Part. der Wortgruppe und Verb des Hauptsatzes die Konjunktion *und* gesetzt werden: *des der herre noch größer wunder* **empfachende, vnd** *sinem diener* **hiesz zellen** (W). Wohl nach lat. oder frz. Vorbild wird auch das Part. Prät. in der Partizipialkonstruktion verwendet: ... *inn schrecken, sorg verwickelt gantz* (S).

um zu + Infinitiv. Die Konstruktion *um zu* + Inf., z. B. *Esopus gieng umb ze suchen* (SW), hat die mit einfachem *zu* zurückgedrängt und steht für einen Finalsatz. Diese Wortgruppenbildung ist aus einer Gliederungsverschiebung hervorgegangen: "Die Grundlage sind Fügungen, in denen der Infinitiv mit *zu* als Ergänzung eines Substantivs steht, das von *um* mit finaler Bedeutung regiert wird" (DAL 1966, 111), z. B. *bit got* **umb** vernunft dir **zu verleihen** (Ackermann). Dann wird der Akk., der ursprünglich von der Präp. *um* abhängig ist, als Akkusativobjekt aufgefaßt, das vom Inf. abhängt, z. B. **um** *Vernunft* **zu verleihen**. Die Fügung *um zu* + Inf. erscheint schon im 15. Jh., ist jedoch noch bei Luther sehr selten; *ohne zu* + Inf. tritt seit dem 18. Jh. auf, z. B. *ohne* ... *viel ähnliches zu haben* (Lessing), und *(an)statt zu* + Inf. seit dem 17. Jh., z. B. ... *an statt erfreuliche antwort zu erlangen* (Hoffmannswaldau).

A. c. I. Der Akk. mit dem Inf., der schon im Ahd., seltener im Mhd. auftritt, wird vom 14. bis zum 17. Jh. gern benutzt, teilweise unter lat. Einfluß in der Übersetzungsliteratur. Im 18. Jh. tritt er bis auf Reste zurück. Diese Konstruktion ist insgesamt vom Verb des regierenden Satzes abhängig und bei trans. und intr. Verben gebräuchlich: *er bezeúgt den iuden* ***ihesum zesein cristus*** (MB) ' ... dass Jesus Christus ist'; *ich red on spott* ***mich gewesen sein in groszer not*** (TH) ' ... dass ich in großer Not gewesen bin'. Auch Inf. mit *zu* ist in dieser Konstruktion möglich: *dasz man* ***die Poeten eine ... zusammenkunft ... mit den Göttern zu haben*** *geargwohnet* (OP).

Absoluter Akk./Nom. Im 15. Jh. wird in Nachahmung des lat. Satzbaus ein absoluter Akk. oder Nom.[54] gebildet: **Gute Worte im Munde,** *und* **den Huth in der Hand,** *das kostet kein Geld,* ... (Schupp 1657), vielfach in Abhängigkeit vom Part.: **diß gesagt,** *ließ die* ... *Königin* ... *schiessen* (Ziegler). Daneben gibt es im 15. Jh. absolute Dat. und Gen. Für das 16./17. Jh. wird auch frz. Vorbild für die Bildung des absoluten Akk. oder Nom. angenommen. Im 18. Jh. tritt diese Konstruktion häufiger als vorher auf.

---

[53] Das participium coniunctum ist eine mit dem Prädikat verbundene Wortgruppe: Formal ist es einem Beziehungswort angeglichen und besteht aus einem Part. und weiteren Satzgliedern.

[54] Unter absolutem Akk. oder Nom. verstehen wir eine Konstruktion, bei der das Substantiv im Akk. oder Nom. mit einem weiteren Satzglied außerhalb des übergeordneten Satzes steht; diese Wortgruppe ist also syntaktisch unabhängig.

4.5.2. **Zum Aussagehauptsatz**

4.5.2.1. *Stellung des finiten Verbs*

Das finite Verb steht schon zu Beginn der frnhd. Epoche meist an zweiter Stelle im Aussagehauptsatz, d.h. als zweites Satzglied: *Hie* **drehet** *sich der heylige Romische stuel* ... (L). Das finite Verb kann an die dritte Stelle, ja sogar noch weiter nach hinten im Satz versetzt werden: *das freuwelin* | *von rehten freuden* | **ward** *also fro; Also* | *nun* | *die hůner* | *hie vnd dort* | **kipten** vnd **schluckten** *die bissen brots* (Eulenspiegel).

Im ausgehenden 15. Jh. und im 16. Jh. ist Endstellung des finiten Verbs im Aussagehauptsatz zu beobachten; die Häufigkeit dieser Erscheinung ist wohl Ergebnis lat. Einwirkung: *Ein schuster, ein schmid, ein bawr, ein yglicher seyns handtwercks, ampt vnnd werck hat* (L). Der Typ selbst ist schon im Ahd. und im Mhd. vorhanden. In Anlehnung an den volkstümlichen Ton erscheint diese Stellung wieder im 18. Jh. Bei Koordinierung von Hauptsatzverben tritt das letzte Verb häufig ans Ende, so dass eine gliedsatzähnliche Konstruktion entsteht: *Szo seer* ***erbeite*** *ich ... und wider mein bosse natur* **fechte** (L).

Spitzenstellung des Verbs im Aussagehauptsatz, die im späten Ahd. untergegangen ist, tritt in der zweiten Hälfte des 15. Jh. und im 16. Jh. wieder auf: **Folget** *nach der mißprauch fressens vnd sauffens, dauon* (L). Dieser Typ soll wohl den Zusammenhang zum vorhergehenden Satz verdeutlichen und mit Hilfe der Spitzenstellung auf eine gewisse Abhängigkeit von diesem Satz weisen.

4.5.2.2. *Rahmentendenzen*

Im Frnhd. überwiegt im Hauptsatz bereits der volle prädikative Rahmen, d.h. die Distanzstellung der Rahmenpartner finite Verbform – infinite Verbform: *Szo* **sol** *man den deutschen den beuttel* **reumen** (L). Daneben ist im Frnhd. Kontaktstellung von finiter und infiniter Verbform sogar bei reich gegliedertem Nachfeld möglich: *Es* **werden kummen** *in meynem namen falsche Christenn vnd falsche propheten* (L); häufig ist Nahstellung von finiter und infiniter Verbform, d.h. Einschub und Nachtrag von Satzgliedern: *yhr* **habt** *euch* **genommen** *die gewalt zuleren* (L). Die festgewordene Schlußstellung der infiniten Verbform im Nhd. wird u.a. durch die Kanzleisprache beeinflußt worden sein. Das 17. Jh. ist die “Epoche der höchsten Entfaltung der Rahmenkonstruktion” (Admoni 1967, 187). Von der Mitte des 17. Jh. an wird dieser volle Rahmen, d.h. also Distanzstellung der Rahmenpartner, zum formalen Merkmal der Struktureinheit des Aussagehauptsatzes (Admoni 1963, §27). Bis zum 17. Jh. konnten prinzipiell alle Satzglieder nachgestellt werden, auch die notwendigen, die in der deutschen Gegenwartssprache kaum ausgerahmt werden: z.B. das Subjekt in *dem Kǒnig* ***hat*** *im Regiment* **nachgefolgt** *sein Son* (A). Es dominieren aber jene Ausrahmungen, die auch in der deutschen Gegenwartssprache gebräuchlich sind. Siehe auch 1.6.4. (Vgl. u.a. Betten 1987, 127ff.)

4.5.2.3. *Periphrastische Formen*

Häufig kommen Tempus- und Aspektformen vor, die aus Hilfsverb und Infinitiv oder Part. Präs. bestehen. Sie können folgende Formen und Funktionen haben: 1. Die Futurumschreibung erfolgt durch *sollen/wollen* + Infinitiv. Seit dem 16. Jh. ist sie durch die Form *werden* + Infinitiv verdrängt. 2. Zur Bezeichnung des Handlungsbeginns (Ingressivum) steht *werden* mit dem Part. Präs. oder dem Infinitiv: so *redet sie so süezlich von unserm herren, da sie wainde wurden* (Nonne von Engelthal); *Moses aber ward zittern* (L). 3. Oft begegnet zur Bezeichnung des Progressivums die Form *sein* + Part. Präs./Inf.: *daz wir noch derselben ewerre artwert wartinde sein* (UK); *die veind waren ... eylen* (Joh. Hartlieb). Zu Beginn des 16. Jh. wird diese Periphrase selten. 4. Die Periphrase *tun* + *I*nf. bezeichnet die Dauer einer Handlung (Durativum) oder das Bewirken einer Handlung (Kausativum): *Also in dem thet Maria sich frŏwen* (G); *er duot syn schellen so erklingen* (SB). Diese Periphrase ist vor allem im Obd. und Wmd. üblich, im Vers mehr als in der Prosa, nimmt aber seit 15. Jh. ab. Am Ende des Frnhd. sind diese Periphrasen nicht mehr üblich, dafür ist das System der zusammengesetzten Zeitformen des Nhd. im wesentlichen erreicht. (Ebert 1986, 140f; Frnhd. Gramm. 1993, 391f. § S 167f; Erben 1985, 1344.)

4.5.3. **Zum Gliedsatz**[55]

4.5.3.1. *Stellung des finiten Verbs*

Die Stellung des finiten Verbs am Gliedsatzende ist schon im älteren Frnhd. eine Möglichkeit der Gliedsatzkonstruktion: *da sie aber ihn* ***sahe****, erschrak sie* (L); daneben wird häufig das finite Verb vor die infiniten Formen gestellt: *die von den winden* ***werden vmbgetragen*** (MB). Vorangestelltes finites und nachgestelltes infinites Verb können auch durch ein Satzglied oder mehrere Satzglieder getrennt werden: *so bald er* **wahr** *nahch hause* **kommen** (Z). Nachstellung von Satzgliedern hinter das infinite Verb ist nicht ungewöhnlich: *wen man* ***hat*** *auff sie* **drungen** *mit weltlicher gewalt* (L). "So dauert es lange, ehe die Bewegung (Entwicklung der Endstellung im Gliedsatz – d. Verf.), deren Anfänge wir im 14. Jahrhundert bei den frühen Humanisten im Osten beobachten können, den Sieg erringt" (Maurer 1926, 180). Kanzleisprache und Lat. haben einen gewissen Anteil an der Formung dieses Typs, der aber auch deutscher Tradition entspricht.

Bei Koordinierung zweier oder mehrerer Gliedsätze bzw. verschiedener Verben eines Gliedsatzes hat häufig nur der erste Glied- bzw. Teilgliedsatz Endstellung des finiten Verbs; die übrigen Glied- bzw. Teilgliedsätze zeigen Hauptsatzstruktur: *Gleich als ein Mensch, der vber Land* ***zoch*** *vnd* **lies** *sein Haus, vnd* **gab** *seinen Knechten macht . . .* (L). Das Verbalpräfix kann auch vom Vollverb getrennt werden: *der das fiech* ***an*** hat **gefangen** (Ofener Stadtrecht, vgl. Bassola 1985, 190).

Die Endstellung des finiten Verbs im Gliedsatz, die "ein verdienst der theoretischen grammatik und der schuldisciplin . . ., wie sie im 17–19 jh. betrieben wurde" (Biener 1922, 174), zu sein scheint, ist im großen und ganzen im 17. Jh. entschieden und ist zum Strukturmerkmal des Gliedsatzes geworden. (Vgl. Betten 1987, 73f.; Ebert 1981.)

4.5.3.2. *Subordinierende Konjunktionen*

Die Variantenreduzierung und Monosemierung der Konjunktionen im Frnhd. führte dazu, dass die gramm. Bedeutung und der Inhalt der Nebensätze innerhalb der Satzgefüge klarer zum Ausdruck gebracht werden konnte. Genauer als im Mhd. können nun die subordinierenden Konjunktionen die modalen, kausalen, finalen, konzessiven u. a. Beziehungen zwischen Haupt- und Nebensatz im Satzgefüge verdeutlichen. Einige Konnektoren (*sint, echte*) schwinden, die Polysemie der meisten (*do/da, daz, sô, und*) wird reduziert, und andere Konnektoren übernehmen die Funktionen. Das führt u. a. zu folgenden Verschiebungen:

als verdrängt *danne/denne* nach Komparativen. Die Konjunktion *dass* wird im 16. Jh. durch unterschiedliche Schreibung vom Demonstr.-Pron./Relativpron. *das* unterschieden und leitet vor allem Subjekt- und Objektsätze ein, *dieweil* bezeichnet die Gleichzeitigkeit; *weil*, das *dieweil* zurückdrängt, hat seit dem 15. Jh. schon außer der temporalen auch kausale Bedeutung und steht neben seltenerem *sintemalen* ('weil'). Die temporale Bedeutung übernimmt dann das im Frnhd. aufkommende *während.*

---

[55] Nicht immer lassen sich Haupt- und Gliedsatz formal deutlich unterscheiden.

ob ('wenn') als im Frnhd. häufigste Konditionalkonjunktion erscheint zwar noch im 16. Jh.: *Und ob jemand sundiget/So haben wir einen Fürsprecher* (L). Es wird aber mehr und mehr durch *wenn* ersetzt, das seine temporale Bedeutung zu einem Großteil aufgibt. *ob* wird auch als Konzessivkonjunktion gebraucht: *Ob* ('wenn auch') *die christenliche kirch erkleret, ßo were es dennocht besser* (L). Andere subordinierende Konjunktionen sind: *als* in temporaler und *als/also – als/also* in komparativischer Bedeutung: *hab also ('so') vil kleider/also ('wie') dir not sind* (G); temporales *bis* löst älteres *untz* ab; *da/do*'als', im Frnhd. auch schon kausal ('weil'); finales *da(r)mit, umbe das, auf das* ersetzt das vieldeutige *das*; *derhalben* ist subordinierende und koordinierende Konjunktion mit kausaler Bedeutung; *echt(er)* 'wenn nur'; *ehe denn* 'eher als'; *im Falle daß, falls* entsteht im Frnhd.; *indem; indes(sen); nachdem; ohne daß; sam* 'als ob'; *sider, sint, sintdem* 'seitdem'; *seit, seint, sint* 'weil': *Seid aber das nitt gesein moch* (G) 'weil aber das nicht sein kann' (*seit, seint, sint* werden ebenso wie *wande, wan* von *weil/da* verdrängt); *so* 'als, da, sobald, wenn, wenn auch'; *so doch* 'obgleich'; *wann* und *wenn* stehen zuweilen mit der konditionalen Bedeutung 'wenn' nebeneinander; selbst *wo* kann diese Funktion haben: *wo er dises erlanget / solt er ledig sein* (S. Franck). Dies ist später nicht mehr möglich. *so* und zuweilen auch *und* können die Relativpron. *der, die, das* vertreten: *gut Getrenck ist bitter denen so es trincken* (L); *mit allem dem flis und sy möcht erzögen* (St. Gallen 1464). (Vgl. Dal 1966, 138ff.; Philipp 1980, 142ff.). Dies wurde gegen Ende des Frnhd. beseitigt.

4.5.4. **Satzgefüge**

Die Satzgefüge werden einerseits umfangreicher, andererseits kompakter in ihren Strukturen. Es gibt Gefüge, besonders gegen Ende des 16. Jh., in denen der Nebensatz wichtiger als der Hauptsatz sein kann. Zuweilen sind auch "Obersatz und Untersatz ... nicht mehr klar zu trennen, oft ist überhaupt kein Obersatz mehr vorhanden" (Gumbel 1930, 75): *Dieses ist die erste Anzeigung ... der liebe des Frewlins O. und ... welcher anfang, wo er den Leser klein und ... bedüncken möcht, soll er doch daneben ir junges Alter bedenken, als die in dieser Kunst ... noch nicht geübt ... waren* (Amadis). Im Frnhd. sind Satzgefüge möglich, denen der Hauptsatz fehlt, so dass nur Nebensätze auftreten: *Were eyn man erfordert für gericht vnd lest ym gepiten der richter / das er kumen solle sich berichten mit dem cleger* (Leutenberg 1496).

Ein Nebensatz niederen Grades kann vor einem Nebensatz höheren Grades stehen: *ich habe keinen Menschen* (Hauptsatz), *wenn das Wasser sich beweget* (Nebensatz zweiten Grades), *der mich in den Teich lasse* (Nebensatz ersten Grades) (L). – Im 15./16. Jh. wird der Nebensatz häufig vor den Hauptsatz gesetzt.

Ein einfaches Satzglied kann einem Nebensatz beigeordnet werden, so dass vom Hauptsatz ein Nebensatz und ein verselbständigtes Satzglied abhängig sind: *sagten jnen, was dem Besessenen widerfaren war, vnd von den Sewen* (L).

Bis ins 17. Jh. wird das finite Verb des Hauptsatzes eines mit *je – je* 'je – desto' gebildeten Satzgefüges in Analogie zum Nebensatz ans Satzende gestellt: *Je mehr jr wird* (Nebensatz), *je mehr sie wider mich* ***sündigen*** (Hauptsatz) (L); nhd. dagegen: 'desto mehr **versündigen** sie sich an mir'.

In der Sachprosa, seltener in künstlerischer Literatur begegnet der weiterführende Relativsatz, in dem inhaltlich Neues ausgesagt wird: *Welchs wir nach der ordenung hie erzelen wollen; Derhalben wir uns schlechts mussen davon wenden.* (Rössing-Hager 1998, 301,303). Asyndetische Relativsätze, die sich ohne Initialelement auf einen das Bezugswort enthaltenden übergeordneten Satz beziehen, treten öfters auf: *den ersten fisch du fehist, den nym* (L). Sie können sogar Spitzenstellung des finiten Verbs aufweisen: *Sie fiengen ain edelman, hies Kontz von Riethain* (Chroniken schwäb. Städte). (Frnhd. Gramm. 1993, 444, § S 261).

4.5.5. **Satzverbindung**

Auch im 16. Jh. wird die Möglichkeit parataktischen Satzbaus genutzt: *Ich bin ein Leßmeister gewesen in einer stat, da waren zween brůder, vnd het jeglicher ein Frau, die hetten zwo Metzen überkomen ...* (Pauli). So stellt Luther noch Hauptsätze in einer Satzverbindung unverbunden nebeneinander, jedoch setzt er auch Konjunktionen zu ihrer Verbindung ein, vor allem in seinen späteren Werken.

Bis ins 18. Jh. wird in der Sprache der schönen Literatur häufig der zweite Satz einer Satzverbindung mit dem finiten Verb begonnen, d. h. mit sog. Inversion nach *und: der strick ist zerbretten* **und sint** *wir erlöset* (W). Diese Erscheinung wird u. a. damit erklärt, dass *und* auch adverbial gebraucht worden sei und als erstes Satzglied dem finiten Verb habe vorausgehen können.

Als koordinierende Konjunktionen treten im Frnhd. *denn, ohne* und *wenn* in der Bedeutung 'nur, es sei denn' auf: *dazu hab ichs nicht gehőret, denn heute* (L); *ich hab es nie gehőrt on heútt* (B); *der mir kan niemandt helfen ... wenn du* (S).
nun und *nur* erscheinen in der Bedeutung 'es sei denn': *Ir sehet nit min antlútz nůn ir fúret her mit úch úwern minsten brůder* (B); *Ich lasse dich nit nur du gesegnest mich* (B).
wan als koordinierende und subordinierende Konjunktion hat noch im 15. Jh. kausale Bedeutung 'denn, weil, aber': *bleib da, wann es ist spat* (S); *wan* kann bis ins 16. Jh. die Ausnahme bezeichnen und wird dann durch *ausgenommen* ersetzt. Andere frnhd. koordinierende Konjunktionen sind *aber; also* 'so, ebenso'; *anders(t)* 'andernfalls, sonst'; *beide – und/beides – und (auch)* 'sowohl – als auch'; *derhalben; deswegen; dester* als Teil einer zweigliedrigen Konjunktion ('je – desto') ist kaum entwickelt; *deswegen; entweder – oder; etwen – etwen* 'teils – teils'; *hergegen* 'hingegen'; *me(h)r* 'vielmehr'; *mer – nicht* 'sondern vielmehr' geht unter; *nicht allein – auch/nicht allein – sunder (auch)* 'nicht nur – sondern auch'; *sonst(en)/sunst(en)* 'so', 'andernfalls', 'zu anderer Zeit'; *sowohl – als (auch)* sind zunächst Vergleichspartikeln; *und; weder – noch; weder – weder* 'weder – noch'. (Vgl. Erben 1954, 103ff.; Philipp 1980, 131ff.; Rieck 1977, 47ff.)

Einige syntaktische Merkmale, vor allem Vielfalt und Polysemie der Konjunktionen, zeigt der 1520 wohl in St. Gallen verfasste und 1521 in Straßburg gedruckte volkstümliche Humanisten-Dialog Karsthans:

Ich hőr lesen im euangelio, das Christus gesagt hat: ich bin der weg, das leben vnd die warheit. Item Joan. viij: So ich zügniß gib von mir selber, so ist min zügniß warhafftig. Nun ist christus auch ein man gewesen. Item der zwőlffbot Mattheus in seiner vorred sins Euangelij am end spricht er also: Vnß ist vrsach diser arbeit gewest (vermeint er, warum er das euangelium geschriben hab), für zůlegen ein warheit oder glauben geschehener ding etc. das ist ye ein růmen der warheit. Item der drit euangelist Lucas in seiner vorred synes euangelij berümpt sich, das viel seind gewesen, die sich haben vnderstanden nach geschicklicheit die geschichten zů schreiben der ding, so durch jn erfült seind etc. do berümet er sich, das vil vnuolkommen das euangelium beschriben haben, aber er habs erfült etc. Item der heilig zwőlffbot Joannes in seiner ersten epistel hebt er an in dise wort: das do gewesen ist von anbegin, das so wir gehőrt haben, das wir gesehen haben mit vnsern augen, das wir besehen haben und unser hend getast, von dem wort des lebens etc., wie künd doch offenlicher berůmnüß der warheit zů schreiben berümpt werden? Item Johannes der apostel in seim bůch der heimlichen offenbarung kan nit genůgsam gebenedyen den, so das selbige bůch vngefelschet lassen, dargegen wünschet er alle die plagen über den, so das selbig bůch felschen, wan das selbig bůch so vol worheit sey, das ein yegklichs wőrtlin groß heimlicheit in habe. Item im euangelio Joannis. xix. da bezeügt Joannes der euangelist nur fast die warheit, so er gesehen hat, do man dem herren Jesum sein heilige seitten vff thet, wie sein zeügnüß warhafftyg sey etc. Item leß diser theologus viler berümnüß den heiligen paulum, der berümpt sich nahent in allen episteln seins apostolats – wellichs nit anders ist, dan ein bott der warheit – berümpt sich, wie er das euangelium on mittel von Christo gelernet hab.

Literaturverzeichnis

Die für das Studium besonders wichtigen Titel sind durch ein vorangestelltes Sternchen (*) gekennzeichnet worden.

Folgende Abkürzungen werden verwendet:

Adelung	Sprache und Kulturentwicklung im Blickfeld der deutschen Spätaufklärung. Der Beitrag Johann Christoph Adelungs. Hg. v. W. BAHNER. Berlin 1984
Althochdeutsch	Althochdeutsch. 2 Bände. In Verb. mit H. KOLB/K. MATZEL/K. STACKMANN hg. v. R. BERGMANN/H. TIEFENBACH/L. VOETZ. Heidelberg 1987
BES	Beiträge zur Erforschung der deutschen Sprache. Leipzig
Beiträge	Beiträge zur Geschichte der deutschen Sprache und Literatur. H = Halle, T = Tübingen
DaF	Deutsch als Fremdsprache
Dialektologie	Dialektologie. Ein Handbuch zur deutschen und allgemeinen Dialektforschung. Hg. v. W. BESCH/U. KNOOP/W. PUTSCHKE/H. E. WIEGAND. 2 Halbbände. Berlin/New York 1982/1983
Dt. Sprachgesch.	Deutsche Sprachgeschichte 1990. Grundlagen, Methoden, Perspektiven. Fs. für J. Erben. Hg. v. W. BESCH. Bern/Frankfurt (Main)/New York/Paris
DUDEN-WB	Das große Wörterbuch der deutschen Sprache, Bd. 1–6. Mannheim/Wien/Zürich 1976–1981. 3. Aufl. in 10 Bden. 1999
DUDEN-UWB	DUDEN. Deutsches Universalwörterbuch. 2. Aufl. Mannheim/Wien/Zürich 1989. 3. Aufl. 1996. 4. Aufl. 2001
DWB	GRIMM, J./W. GRIMM: Deutsches Wörterbuch, Bd. 1–16. Leipzig 1854–1971. Neubearbeitung Bd. 1ff. Leipzig 1965ff.
EWBD	Etymologisches Wörterbuch des Deutschen. Erarbeitet von einem Autorenkollektiv unter Leitung von W. PFEIFER. 3 Bände. Berlin 1989. 2. Aufl. in 2 Bden. 1993. 5. Aufl. 2000
Grundriß	Kurzer Grundriß der germanischen Philologie bis 1500. Bd. 1: Sprachgeschichte. Hg. von L. E. SCHMITT. Berlin 1970
GSR	Gesellschafts- und sprachwissenschaftliche Reihe
HWDG	Handwörterbuch der deutschen Gegenwartssprache. 2 Bände. Von einem Autorenkollektiv unter der Leitung von G. KEMPCKE. Berlin 1984
LGL	Lexikon der Germanistischen Linguistik. Hg. v. H. P. ALTHAUS/H. HENNE/ H. E. WIEGAND. 2. Aufl. Tübingen 1980
LiLi	Zeitschrift für Literaturwissenschaft und Linguistik
LS/ZISW/A	Linguistische Studien des Zentralinstituts für Sprachwissenschaft der Akademie der Wissenschaften der DDR, Reihe A
Muttersprache.	Muttersprache. Zeitschrift zur Pflege und Erforschung der deutschen Sprache
Nd. Jb.	Jahrbuch des Vereins für niederdeutsche Sprachforschung
SB AdW	Sitzungsberichte der Akademie der Wissenschaften der DDR
Sprachgeschichte	Sprachgeschichte. Ein Handbuch zur Geschichte der deutschen Sprache und ihrer Erforschung. Hg. v. W. BESCH/O. REICHMANN/ST. SONDEREGGER. 2 Halbbände. Berlin/New York 1984/85. 2. Aufl. Hg. v. W. BESCH/A. BETTEN/O. REICHMANN/ST. SONDEREGGER. 1. Teilband 1998. 2. Teilband 2000
Stud. Frnhd.	Studien zum Frühneuhochdeutschen 1988. Emil Skála zum 60. Geburtstag. Hg. v. P. WIESINGER. Göppingen
WDG	Wörterbuch der deutschen Gegenwartssprache. Hg. v. R. KLAPPENBACH u. W. STEINITZ. Bd. 1–6. Berlin 1954–1977
WW	Wirkendes Wort
WZ	Wissenschaftliche Zeitschrift Jena: der Friedrich-Schiller-Universität Jena Potsdam: der Pädagogischen Hochschule Potsdam Zwickau: der Pädagogischen Hochschule Zwickau
ZfAA	Zeitschrift für Anglistik und Amerikanistik
ZfdA	Zeitschrift für deutsches Altertum und deutsche Literatur
ZfdMaa	Zeitschrift für deutsche Mundarten
ZfdPh	Zeitschrift für deutsche Philologie
ZDL	Zeitschrift für Dialektologie und Linguistik
ZfG	Zeitschrift für Germanistik
ZfMaf	Zeitschrift für Mundartforschung
ZGL	Zeitschrift für Germanistische Linguistik
ZPSK	Zeitschrift für Phonetik, Sprachwissenschaft und Kommunikationsforschung

ABRAHAM, W. 1988: Terminologie zur neueren Linguistik. 2. Aufl. Tübingen.

ADAMZIK, K./CHRISTEN, H. 2001: Sprachkontakt, Sprachvergleich, Sprachvariation. Tübingen.

ADELBERG, E. 1978: 'ARBEITER' – Bezeichnungen für den Angehörigen der Arbeiterklasse. In: Zum Einfluß von Marx und Engels auf die deutsche Literatursprache. Studien zum Wortschatz der Arbeiterklasse im 19. Jahrhundert. Autorenkollektiv unter der Leitung von J. SCHILDT. Berlin, S. 113ff.

ADELBERG, E. 1981: Die Entwicklung einiger Kernwörter der marxistischen Terminologie. In: Auswirkungen der industriellen Revolution auf die deutsche Sprachentwicklung im 19. Jahrhundert. Von einem Autorenkollektiv unter Leitung von J. SCHILDT. Berlin, S. 193ff.

ADELUNG, J. C. 1783: Magazin für die deutsche Sprache. Leipzig.

ADELUNG, J. C. 1795: Deutsche Sprachlehre für Schulen. 3. Aufl. Berlin.

ADMONI, W. G. 1967: Der Umfang und die Gestaltungsmittel des Satzes in der deutschen Literatursprache bis zum Ende des 18. Jahrhunderts. In: Beiträge H 89, S. 144ff.

ADMONI, W. G. 1972: Die Entwicklung des Ganzsatzes und seines Wortbestandes in der deutschen Literatursprache bis zum Beginn des 19. Jahrhunderts. In: Studien zur Geschichte der deutschen Sprache. Berlin, S. 243ff.

ADMONI, W. G. 1973: Die Entwicklungstendenzen des deutschen Satzbaus von heute. München.

ADMONI, W. G. 1980: Zur Ausbildung der Norm der deutschen Literatursprache im Bereich des neuhochdeutschen Satzgefüges (1470–1730). Ein Beitrag zur Geschichte des Gestaltungssystems der deutschen Sprache. Berlin.

ADMONI, W. 1985: Syntax des Neuhochdeutschen seit dem 17. Jahrhundert. In: Sprachgeschichte[1], S. 1538ff.

ADMONI, W. 1987: Die Entwicklung des Satzbaus der deutschen Schriftsprache im 19. und 20. Jahrhundert. Berlin.

ADMONI, W. 1990: Historische Syntax des Deutschen. Tübingen.

ÁGEL, V. 2000: Syntax des Neuhochdeutschen bis zur Mitte des 20. Jahrhunderts. In: Sprachgeschichte[2], S. 1855ff.

AHLSSON, L. E. 1965: Zur Substantivflexion im Thüringischen des 14. und 15. Jahrhunderts. Uppsala.

AHLZWEIG, C. 1994: Muttersprache – Vaterland. Die deutsche Nation und ihre Sprache. Opladen.

AHRENDS, M. 1989: Allseitig gefestigt. Stichwörter zum Sprachgebrauch der DDR. Überarbeitete Aufl. München.

AHRENDS, M. 1990: Kleine DDR-Sprachschule I. In: Die Zeit, 23.2.1990.

ALBERTS, W. 1977: Einfache Verbformen und verbale Gefüge in zwei Augsburger Chroniken des 15. Jahrhunderts. Ein Beitrag zur frühneuhochdeutschen Morphosyntax. Göttingen.

Allgemeine Sprachwissenschaft 1973: Bd. 1: Existenzformen, Funktionen und Geschichte der Sprache. Von einem Autorenkollektiv unter der Leitung von B. A. SERÉBRENNIKOW. Berlin. (2. Aufl. 1975)

ALM, E. 1936: Der Ausgleich des Ablauts im starken Präteritum der ostmitteldeutschen Schriftdialekte. Diss. Uppsala.

ALTHAUS, H. P. 1980: Orthographie/Orthophonie. In: LGL, S. 787ff.

ALTHAUS, H. P. 2002: Zocker, Zoff & Zores. Jiddische Wörter im Deutschen. München.

Althochdeutsches Wörterbuch 1952ff. Hg. v. E. KARG-GASTERSTÄDT/TH. FRINGS/R. GROSSE. Berlin.

ALTMANN, U. 1981: Leserkreise zur Inkunabelzeit. In: Buch und Text im 15. Jahrhundert. Book and Text in the Fifteenth Century. Hg. von L. HELLINGA/H. HÄRTEL. Hamburg, S. 203ff.

AMIROVA, T. A./B. A. OL'CHOVIKOV/J. V. ROŽDESTVENSKIJ 1980: Abriß der Geschichte der Linguistik. Ins Dt. übers. von B. MEIER, hg. v. G. F. MEIER. Leipzig.

AMMON, U. 1991: Die internationale Stellung der deutschen Sprache. Berlin/New York.

AMMON, U. 1995: Die deutsche Sprache in Deutschland, Österreich und der Schweiz. Das Problem der nationalen Varietäten. Berlin/New York.

AMMON, U. 1997a: Nationale Varietäten des Deutschen. Heidelberg.

AMMON, U. 1997b: Vorüberlegungen zu einem Wörterbuch der nationalen Varianten der deutschen Sprache. In: MOELLEKEN, W./WEBER, P. (Hgg.): Neue Forschungsarbeiten zur Kontaktlinguistik. Bonn, S. 1ff.

AMMON, U. 1998: Plurinationalität oder Pluriarealität? Begriffliche und terminologische Präzisierungsvorschläge zur Plurizentrizität des Deutschen – mit einem Ausblick auf ein Wörterbuchprojekt. In: Deutsche Sprache in Raum und Zeit. Fs. für Peter Wiesinger. Hg. v. P. ERNST und F. PATOCKA. Wien, S. 313ff.

AMMON, U./KELLERMEIER, B./SCHLOSSMACHER, M. 2001: Wörterbuch der deutschen Sprache in Deutschland, Österreich und in der Schweiz. In: Sprachreport 17 (2/2001), S. 13ff.

AMMON, U. 1997c: Nationale Varietäten des Deutschen. Heidelberg.

AMMON, U. 2000: "Sprache" – "Nation" und die Plurinationalität des Deutschen. In: Nation und Sprache, hg. vonA. GARDT, S. 509ff.

ANDERSSON, S.-G. 1983: Deutsche Standardsprache – drei oder vier Varianten? In: Muttersprache 93, S. 259ff.

Die Anglizismenliste 2002. Hg. von G. H. JUNKER. Paderborn.

ANTONSEN, E. H. 1969: Zum Umlaut im Deutschen. In: Beiträge T 86, S. 177ff.

ANTOS, G./TH. SCHUBERT 1997: Unterschiede in kommunikativen Mustern zwischen Ost und West. In: ZGL 25, S. 308ff.

ARENS, H. 1955/1969: Sprachwissenschaft. Der Gang ihrer Entwicklung von der Antike bis zur Gegenwart. Freiburg/München. Taschenbuchausgabe in 2 Bden. Frankfurt (Main).

ARNDT, E. 1962: Luthers deutsches Sprachschaffen. Ein Kapitel aus der Vorgeschichte der deutschen Nationalsprache und ihre Ausdrucksformen. Berlin.

ARNDT, E. 1984: Luthers Bibelübersetzung – eine revolutionäre Tat. In: Luthers Sprachschaffen. Gesellschaftliche Grundlagen – Geschichtliche Wirkungen. Bd. 1. Hg. v. J. SCHILDT. Berlin (LS/ZISW 119/I), S. 59ff.

ARNDT, E. 1986: Deutsche Verslehre. Ein Abriß. 10. Aufl. Berlin.

ARNDT, E./G. BRANDT 1983: Luther und die deutsche Sprache. Wie redet der Deudsche man jnn solchem fall. Leipzig.

Aspekte des Sprachwandels 1991: Aspekte des Sprachwandels in der deutschen Literatursprache 1570–1730. Hg. v. J. SCHILDT. Berlin.

BABENKO, S. 1988: Entwicklungstendenzen im Bereich des Satzgefüges in der deutschen Sprache des 16. und 17. Jahrhunderts. In: BES 8, S. 95ff.

*BACH, A. 1965/1970: Geschichte der deutschen Sprache. 8./9. Aufl. Heidelberg.

BACH, H. 1934: Laut- und Formenlehre der Sprache Luthers. Kopenhagen.

BACH, H. 1974: Handbuch der Luthersprache. Laut- und Formenlehre in Luthers Wittenberger Drucken bis 1545. Bd.1. Kopenhagen.

BAHL, A. 1997: Zwischen On- und Offline. Identität und Selbstdarstellung im Internet. München.

BARUFKE, S. 1995: Attributstrukturen des Mittelhochdeutschen im diachronischen Vergleich. Hamburg.

BASSOLA, P. 1985: Wortstellung im Ofner Stadtrecht. Ein Beitrag zur frühneuhochdeutschen Rechtssprache in Ungarn. Berlin.

BAUER, D. 1993: Das sprachliche Ost-West-Problem: Untersuchungen zur Sprache und Sprachwissenschaft in Deutschland seit 1945. Frankfurt (M.) u.a.

BAUER, G. 1988: Sprache und Sprachlosigkeit im Dritten Reich. Köln.

BAUER, L./MATIS H. 1988: Geburt der Neuzeit. München.

*BAUFELD, CH. 1996: Kleines frühneuhochdeutsches Wörterbuch. Lexik aus Dichtung und Fachliteratur des Frühneuhochdeutschen. Tübingen.

BECH, G. 1963: Zur Morphologie der deutschen Substantive. In: Lingua 12, S. 177ff.

BECKER, H. 1969: Sächsische Mundartenkunde. Neubearb. v. G. BERGMANN. Halle (Saale).

BECKERS, H. 1980: Westmitteldeutsch. In: LGL, S. 468ff.

BEHAGHEL, O. 1923–1932: Deutsche Syntax. 4 Bde. Heidelberg.

BEHAGHEL, O. 1928: Geschichte der deutschen Sprache. 5. Aufl. Berlin, Leipzig.

BEHAGHEL, O. 1930: Von deutscher Wortstellung. In: Zeitschrift für Deutschkunde 44, S. 81ff.

BELLMANN, G. 1971: Slavoteutonica. Lexikalische Untersuchungen zum slawisch-deutschen Sprachkontakt im Ostmitteldeutschen. Berlin.

BELLMANN, J. D. 1975: Kanzelsprache und Sprachgemeinde. Dokumente zur plattdeutschen Verkündigung. Bremen.

BENNING, G. 1998: KauderWebsch. Die rabiateste Rechtschreibreform findet fast unbemerkt statt – im Internet. In: c't 10, S. 98f.

BENTZINGER, R. 1973: Studien zur Erfurter Literatursprache des 15. Jahrhunderts an Hand der Erfurter Historienbibel vom Jahre 1428. Berlin.

BENTZINGER, R. 1990: Die mittelhochdeutsche "Dichtersprache" im sprachgeschichtlichen Kontext. In: Der Helden Minne, Triuwe und Ere. Literaturgeschichte der mittelhochdeutschen Blütezeit. Von einem Autorenkollektiv unter Leitung von R. BRÄUER. Berlin, S. 57ff.

BENTZINGER, R. 1991: Zur Verwendung von Adjektivsuffixen in der deutschen Literatursprache (1570–1730). In: Aspekte des Sprachwandels in der deutschen Literatursprache 1570–1730. Hg. v. J. SCHILDT. Berlin S. 119ff.

BENTZINGER, R./G. KETTMANN 1983: Zu Luthers Stellung im Sprachschaffen seiner Zeit. In: ZPSK 36, S. 265ff.

'Das buch der tugenden' 1984: Ein Compendium des 14. Jahrhunderts. Bd. 1: Einleitung. Mittelhochdeutscher Text. Hg. von K. BERG/ M. KASPER. Tübingen.

BERGER, D. 1993: Geographische Namen in Deutschland. Herkunft und Bedeutung der Namen von Ländern, Städten, Bergen und Gewässern. Mannheim/Leipzig/Wien/Zürich.

BERGMANN, R. 1982: Zum Anteil der Grammatiker an der Normierung der neuhochdeutschen Schriftsprache. In: Sprachwissenschaft 7, S. 268ff.

BERGMANN, R. 1983: Der rechte Teutsche Cicero oder Varro. Luther als Vorbild in den Grammatiken des 16. bis 18. Jahrhunderts. In: Sprachwissenschaft 8, S. 265ff.

BERGMANN, R./TIEFENBACH, H./VOETZ, E. 1987: Althochdeutsch. I. Grammatik, Glossen und Texte. II. Wörter und Namen. Forschungsgeschichte. Heidelberg.

BERGMANN, CH. 1999: Die Sprache der Stasi. Ein Beitrag zur Sprachkritik. Göttingen.

BERNING, C. 1964: Vom "Abstammungsnachweis" zum "Zuchtwart". Vokabular des Nationalsozialismus. Berlin.

BERNS, J. J. 1976: Justus Georg Schottelius 1612–1676. Ein Teutscher Gelehrter am Wolfenbütteler Hof. Wolfenbüttel.

Berthold von Regensburg 1965. Vollständige Ausgabe seiner Predigten. Hg. v. F. PFEIFFER. Bd. 1. Mit einem Vorwort von K. RUH. Berlin.

BESCH, W. 1961: Schriftzeichen und Laut. Möglichkeiten der Lautwertbestimmung der deutschen Handschriften des späten Mittelalters. In: ZfdPh 80, S. 287ff.

BESCH, W. 1967: Sprachlandschaften und Sprachausgleich im 15. Jahrhundert. München.

BESCH, W. 1972: Bemerkungen zur schreibsoziologischen Schichtung im Spätmittelalter. In: Die Stadt in der europäischen Geschichte. Fs. E. Ennen. Bonn, S. 459ff.

BESCH, W. 1980: Frühneuhochdeutsch. In: LGL, S. 588ff.

BESCH, W. 1987: Die Entstehung der deutschen Schriftsprache. Bisherige Erklärungsmodelle, neuester Forschungsstand. Opladen.

BESCH, W. 1988: Standardisierungsprobleme im deutschen Sprachraum. In: sociolinguistica. Internationales Jahrbuch für europäische Soziolinguistik. Hg. von U. AMMON/K. J. MATTHEIER/P. H. NELDE. Bd. 2: Standardisierungsentwicklungen in europäischen Nationalsprachen. Tübingen, S. 186ff.

BESCH, W. 1993: Regionalität – Überregionalität. Sprachlicher Wandel zu Beginn der Neuzeit. In: Rheinische Vierteljahresblätter 57, S. 114ff.

BESCH, W. 1999: Die Rolle Luthers in der deutschen Sprachgeschichte. Heidelberg. 2. Aufl. 2000.

BETHEN, T. 1921: Formenlehre der Sprache Zwinglis. Greifswald.

BETTEN, A. 1987: Grundzüge der Prosasyntax. Stilprägende Entwicklungen vom Althochdeutschen zum Neuhochdeutschen. Tübingen.

BETTEN, A. 1998: Zur Textsortenspezifik der Syntax im Frühneuhochdeutschen. In: Historische germanische und deutsche Syntax. Hg. von J. O. ASKEDAL u.a.: Osloer Beiträge zur Germanistik 21. Frankfurt (M.)/Berlin/Bern/New York/Paris/Wien, S. 287ff.

BETZ, W. 1949: Deutsch und Lateinisch. Die Lehnbildungen der althochdeutschen Benediktinerregel. Bonn.

BETZ, W. 1974: Lehnwörter und Lehnprägungen im Vor- und Frühdeutschen. In: Deutsche Wortgeschichte. Hg. v. F. MAURER/H. RUPP. Bd. 1. 3. Aufl. Berlin/New York, S. 135ff.

BICHEL, U. 1973: Problem und Begriff der Umgangssprache in der germanistischen Forschung. Tübingen.

BICHEL, U. 1985: Die Überlagerung des Niederdeutschen durch das Hochdeutsche. In: Sprachgeschichte[1], S. 1865ff.

BIENER, C. 1959: Veränderungen am deutschen Satzbau im humanistischen Zeitalter. In: ZfdPh 78, S. 72ff.

BINDEWALD, H. 1985: Die Sprache der Reichskanzlei zur Zeit König Wenzels. Ein Beitrag zur Geschichte des Frühneuhochdeutschen. Nachdruck der 1. Ausg. 1928. Hildesheim, Zürich.

BIRKEN-BERTSCH, H./MARKNER, R. 2000: Rechtschreibreform und Nationalsozialismus. Ein Kapitel aus der politischen Geschichte der deutschen Sprache. Göttingen.

BIRKHAN, H. 1979: Das "Zipfsche Gesetz", das schwache Präteritum und die germanische Lautverschiebung. Wien.

BIRNBAUM, S. A. 1986: Die jiddische Sprache. Ein kurzer Überblick und Texte aus 8 Jahrhunderten. 2. Aufl. Hamburg.

BISCHOFF, K. 1957: Zur Geschichte des Niederdeutschen südlich der ik/ich-Linie. Berlin.

BISCHOFF, K. 1962: Über die Grundlagen der niederdeutschen Schriftsprache. In: Nd. Jb. 85, S. 9ff.

BISCHOFF, K. 1967: Sprache und Geschichte an der mittleren Elbe und der unteren Saale. Köln/Graz.

BLACKALL, E. A. 1966: Die Entwicklung des Deutschen zur Literatursprache 1700–1775. Mit einem Bericht über neue Forschungsergebnisse 1955–1964. Von D. KIMPEL. Stuttgart.

BLUME, H. 1998: Der Allgemeine Deutsche Sprachverein als Gegenstand der Sprachgeschichtsschreibung. Mit einem Kapitel über HERMAN RIEGEL. In: Sprache und bürgerliche Nation. Hg. v. D. CHERUBIM/S. GROSSE/Kl. J. MATTHEIER. Berlin/New York, S. 123ff.

BOCK, R. 1975: Zum Gebrauch der gliedsatzähnlichen Konstruktion "Ersparung der temporalen Hilfsverben *haben* und *sein*" in den Flugschriften der Epoche der frühbürgerlichen Revolution. In: ZPSK 28, S. 560ff.

BOCK, R. 1979: Zur Geschichte der deutschen Sprache in der Sowjetunion. In: WZ Potsdam 23, H. 2, S. 235ff.

BOCK, R./LANGNER, H. 1984: Zur Darstellung der Ablautreihen im Frühneuhochdeutschen unter besonderer Berücksichtigung phonologischer Aspekte. In: WZ Potsdam 28, S. 287ff.

BODMER, F. 1955: Die Sprachen der Welt. Geschichte – Grammatik – Wortschatz in vergleichender Darstellung. Köln/Berlin; auch Köln 1997.

BOESCH, B. 1968: Die deutsche Urkundensprache. Probleme ihrer Erforschung im deutschen Südwesten. In: Rheinische Vierteljahrsblätter 32, S. 1ff.

BOKOVÁ, H. 1981: Zur Sprache der deutschen Urkunden der südböhmischen Adelsfamilie von Rosenberg (1300–1411). In: BES 1, S. 177ff. Auch in: Der Schreibstand der deutschsprachigen Urkunden und Stadtbucheintragungen aus vorhussitischer Zeit (1300–1419). 1998. Frankfurt (Main)/Berlin/Bern/New York/Paris/Wien.

BOKOVÁ, H. 1998: Der Schreibstand der deutschsprachigen Urkunden und Stadtbucheintragungen Südböhmens aus vorhussitischer Zeit. (1330–1419). Frankfurt (Main).

BOOR, H. DE 1960: Die deutsche Literatur von Karl dem Großen bis zum Beginn der höfischen Dichtung. 770–1170. 4. Aufl. München.

BOOR, H. DE 1978: Mittelhochdeutsche Grammatik. 8. Aufl. v. H. DE BOOR/R. WISNIEWSKI. Berlin/New York. 10. Aufl. 1998.

BRACHIN, P. 1987: Die niederländische Sprache. Eine Übersicht. Hamburg.

BRANDT, G. 1988: Volksmassen – sprachliche Kommunikation – Sprachentwicklung unter den Bedingungen der frühbürgerlichen Revolution (1517–1526). Berlin.

BRANDT, W. 1985: Hörfunk und Fernsehen in ihrer Bedeutung für die jüngste Geschichte des Deutschen. In: Sprachgeschichte[1], S. 1669ff.

BRANDT, A. v. 1992: Werkzeug des Historikers. Stuttgart/Berlin/Köln..

*BRAUN, P. 1998: Tendenzen in der deutschen Gegenwartssprache. Sprachvarietäten. 4. Aufl. Stuttgart/Berlin/Köln/Mainz.

BRAUNE, W. 1994: Althochdeutsches Lesebuch. 17. Aufl. Bearb. v. E. A. EBBINGHAUS. Tübingen.

*BRAUNE, W. 1966: Gotische Grammatik. 17. Aufl. v. E. A. EBBINGHAUS. Tübingen.

*BRAUNE, W. 1987: Althochdeutsche Grammatik. 14. Aufl. v. H. EGGERS. Tübingen.

BRINKMANN, H. 1965: Sprachwandel und Sprachbewegungen in ahd. Zeit. In: H. B.: Studien zur Geschichte der deutschen Sprache und Literatur. Bd. 1. Düsseldorf, S. 9ff.

BRINKMANN, B. u.a. 1992: Ein Staat – eine Sprache? Empirische Untersuchungen zum englischen Einfluß auf die Allgemein-, Werbe- und Wirtschaftssprache im Osten und Westen Deutschlands vor und nach der Wende. Frankfurt (M.) u.a.

BÜHLER, K. 1934: Sprachtheorie. Die Darstellungsfunktion der Sprache. Jena.

BÜRGER, G. A. 1778: Vorrede zu den Gedichten. In: Gedichte von Gottfried August Bürger. Göttingen, S. 1ff.

BÜRGISSER, M. 1988: Die Anfänge des frühneuhochdeutschen Schreibdialekts in Altbayern – dargestellt am Beispiel der ältesten deutschen Urkunden aus den bayerischen Herzogskanzleien. Stuttgart.

BUMKE, J. 1986: Höfische Kultur. Literatur und Gesellschaft im hohen Mittelalter. München.

BUMKE, J. 1990: Geschichte der deutschen Literatur im hohen Mittelalter. München.

CARSTENSEN, B. 1990: Englische Einflüsse auf die deutsche Sprache nach 1945. In: Studium Generale an der Universität Würzburg im Wintersemester 1989/90. Würzburg.

*CARSTENSEN, B./BUSSE, U. 1993–1996: Anglizismen-Wörterbuch. Der Einfluß des Englischen auf den deutschen Wortschatz nach 1945. Band 1–3. Berlin/New York.

CHERUBIM, D. 1979: Zum Problem der Ursachen des Sprachwandels. In: ZDL 46, S. 320ff.

CHERUBIM, D. 1983: Zur bürgerlichen Sprache des 19. Jahrhunderts. Historisch-pragmatische Skizze. In: WW 33, S. 398ff.

CHERUBIM, D. 1984: Sprachgeschichte im Zeichen der linguistischen Pragmatik. In: Sprachgeschichte[1], S. 802ff.; 2. Aufl. Sprachgeschichte[2] 1998, S. 538ff.

CHERUBIM, D./OBJARTEL, G./SCHIKORSKY, I. 1987: Geprägte Form, die lebend sich entwikkelt. Beobachtungen zu institutionsbezogenen Texten des 19. Jahrhunderts. In: WW 37, S. 144ff.

CHERUBIM, D./JAKOB, K./LINKE, A. 2002: Neue deutsche Sprachgeschichte. Mentalitäts-, kultur- und sozialgeschichtliche Zusammenhänge. Berlin/New York.

Clavis Mediaevalis 1966. Hg. v. R. KLAUSER/O. MEYER. Wiesbaden.

CLYNE, M. 1984: Languages and society in German-speaking countries. Cambridge.

CLYNE, M. 1992: German as a pluricentric Language. In: M. CLYNE (ed.): Pluricentric Languages. Berlin, New York.

CÖLFEN, H./LIEBERT, W.-A./STORRER, A. 2001: Hypermedien und Wissenskonstruktion. Oldenburg. (OBST 63).

COETSEM, F. van 1970: Zur Entwicklung der germanischen Grundsprache. In: Grundriß, S. 1ff.

CONSTANTIN, T. 1988: Plaste und Elaste – ein deutsch-deutsches Wörterbuch. 4. Aufl. Berlin.

CORDES, G. 1973: Altniederdeutsches Elementarbuch. Mit einem Kapitel "Syntax" v. F. HOLTHAUSEN. Heidelberg.

CORSTEN, S. 1983: Der frühe Buchdruck und die Stadt. In: Studien zum städtischen Bildungswesen des späten Mittelalters und der frühen Neuzeit. Hg. v. B. MOELLER/H. PATZE/K. STACKMANN. Göttingen, S. 9ff.

COSERIU, E. 1974: Synchronie, Diachronie und Geschichte. Das Problem des Sprachwandels. München.

COSERIU, E. 1988: Einführung in die Allgemeine Sprachwissenschaft. Tübingen.

CRYSTAL, D. 1993: Die Cambridge Enzyklopädie der Sprache. Frankfurt/New York.

DAL, I. 1966: Kurze deutsche Syntax. Auf historischer Grundlage. 3. Aufl. Tübingen.

DAL, I. 1971: Untersuchungen zur germanischen und deutschen Sprachgeschichte. Oslo/Bergen/Tromsö.

Das 19. Jahrhundert. Sprachgeschichtliche Wurzeln des heutigen Deutsch 1991. Hg. v. R. WIMMER. Berlin/New York (Jb. des Instituts für deutsche Sprache 1990).

Das 20. Jahrhundert. Sprachgeschichte – Zeitgeschichte. 1998. Hg. v. H. KÄMPER/H. SCHMIDT. (Jb. 1997 des IDS.) Berlin/New York.

Das große Buch der Familiennamen 1999. Hg. v. H. NAUMANN. 3. Aufl. Niedernhausen. 4. Aufl. 2002.

DE SAUSSURE, F. 1967: Grundfragen der Allgemeinen Sprachwissenschaft. 2. Aufl. Hg. von P. v. POLENZ. Berlin.

De SMET, G. 1984: Die Bezeichnungen der deutschen Sprache in den Wörterbüchern und Wörterverzeichnissen zwischen 1467 und 1560. In: Naamkunde 16, AFL. 1–4, S. 82ff.

De SMET, G. 1990: Theodor Frings und die Literatur an Maas und Rhein im 12.–13. Jahrhundert. In: Sprache in der sozialen und kulturellen Entwicklung. Beiträge zu Ehren von Theodor Frings. Hg. v. R. GROSSE. Berlin, S. 375ff.

DEMETER, K. 1916: Studien zur Kurmainzer Kanzleisprache (1400–1500). Ein Beitrag zur Geschichte der neuhochdeutschen Schriftsprache. Darmstadt.

Denkmäler deutscher Poesie und Prosa aus dem 8. bis 12. Jahrhundert 1892. Hg. v. K. MÜLLENHOFF/ W. SCHERER. 3. Ausg. Von E. von STEINMEYER. Berlin.

DENTLER, S. 1997: Zur Perfekterneuerung des Mittelhochdeutschen. Die Erweiterung des zeitreferentiellen Funktionsbereichs von Perfektfügungen. Göteborg.

Deutsch der Schweizer 1986: Das Deutsch der Schweizer. Zur Sprach- und Literatursituation der Schweiz. Hg. v. H. LÖFFLER. Aarau/Frankfurt (Main)/Salzburg.

Deutsche Gegenwartsprache 1990. Tendenz und Perspektiven. Hg. v. G. STICKEL. Institut für deutsche Sprache. Jb. 1989. Berlin/New York.

Deutsche Lehnwortbildung 1987. Beiträge zur Erforschung der Wortbildung mit entlehnten WB-Einheiten im Deutschen. Von G. HOPPE/A. KIRKNESS/E. LINK/I. NORTMEYER/W. RETTICH/ G. D. SCHMIDT. Tübingen.

Deutsche Orthographie 1987: Von einem Autorenkollektiv unter Leitung von D. NERIUS. 2. Aufl. 1989. Leipzig.

Deutsche Sprache in Zeit und Raum. 1998. Hg. v. P. ERNST und F. PATOCKA. Wien.

Die deutsche Sprache nach der Wende 1992. Hg. v. K. WELKE. Hildesheim.

DIE DEUTSCHE SCHRIFTSPRACHE UND DIE REGIONEN. ENTSTEHUNGSGESCHICHTLICHE FRAGEN IN NEUER SICHT 2002. Hg. von R. BERTHELE u.a. Berlin/New York.

DIE DEUTSCHE SPRACHE ZUR JAHRTAUSENDWENDE. SPRACHKULTUR ODER SPRACHVERFALL? 2000. Hg. von K. M. EICHHOFF-CYRUS und R. HOBERG, Mannheim u.a.

DIEKMANN, W. 1975: Sprache in der Politik. Einführung in die Pragmatik und Semantik der politischen Sprache. 2. Aufl. Heidelberg.

DIEWALD, G. 1997: Grammatikalisierung. Eine Einführung in Sein und Werden grammatischer Formen. Tübingen.

DINZELBACHER, P. 1987: Volkskultur und Hochkultur im Spätmittelalter. In: Volkskultur des europäischen Spätmittelalters. Hg. v. P. DINZELBACHER/H.-D. MÜCK. Stuttgart, S. 1ff.

DITTMAR, N. 1999: Die Sprachmauer. Die Verarbeitung der Wende und ihrer Folgen in Gesprächen mit Ost- und WestberlinerInnen. Berlin.

DÖRING, B. 1984: Johann Christoph Adelung zum Verhältnis von Geschichte der Gesellschaft und Sprachgeschichte. In: Adelung, S. 205ff.

DÖRING, B. 1999: "Ein Mann, der recht zu wirken denkt, muss auf das beste Werkzeug halten." Reflexionen Goethes über die Sprache. In: Goethe trifft den gemeinen Mann. Hg. v. M. MORITZ. Köln/Weimar/Wien, S. 112ff.

Dokumente zur neueren Geschichte der Reform der deutschen Orthographie. Stuttgarter und Wiesbadener Empfehlungen 1998. Hildesheim.

DOMAŠNEV, A. I. 1983: Sovremennyj nemeckij jazyk v ego nacional'nych variantax. Leningrad.

DOMASCHNEW, A. I. 1991: Ade, DDR-Deutsch! Zum Abschluß einer sprachlichen Entwicklung. In: Muttersprache 101, S. 1ff.

The Dominance of English as a Language of Science. Effects on Languages and Languages communities. 2001: Ed. by U. AMMON. Berlin/New York.

DOST, W. 1975: Untersuchungen zu den sprachlichen Existenzformen Mundart und Umgangssprache im Raum Wittstock unter Einschluß eines nördlichen Vorlandes. Rostock (Diss. masch.-schriftl.)

DROSDOWSKI, G./HENNE, H. 1980: Tendenzen der deutschen Gegenwartssprache. In: LGL, S. 619ff.

DRUX, R. 1984: Latein/Deutsch. In: Sprachgeschichte[1] 1984, S. 854ff.

DUDEN, K. 1911: Orthographisches Wörterbuch der deutschen Sprache. 8. Aufl. Leipzig und Wien.

DUDEN. Lexikon der Vornamen 1998. 3., erweiterte Aufl. v. R. und V. KOHLHEIM. Mannheim/Leipzig/Wien/Zürich.

DÜCKERT, J. 1981: Naturwissenschaftliche und technische Fachlexik. In: Auswirkungen der industriellen Revolution auf die deutsche Sprachentwicklung im 19. Jahrhundert. Von einem Autorenkollektiv unter Leitung v. J. SCHILDT. Berlin, S. 102ff.

DÜWEL, K. 1983: Runenkunde. Stuttgart, 3. Aufl. 2001.

EBERT, R. P. 1978/1986: Historische Syntax des Deutschen. Stuttgart. Bd. 2: 1300–1750. Bern/Frankfurt (Main)/New York.

EBERT, R. P. 1981: Social and Stylistic Variation in the Order of Auxiliary and Nonfinite Verbs in Dependent Clauses in Early New High German. In: Beiträge T 103, S. 204ff.

EBNER, J. 1998: Wie sagt man in Österreich? Wörterbuch der österreichischen Besonderheiten. 3. Aufl. Mannheim/Wien/Zürich.

EGGERS, H. 1962: Zur Syntax der deutschen Sprache der Gegenwart. In: Studium Generale 15, S. 49ff.

EGGERS, H. 1973: Deutsche Sprache im 20. Jahrhundert. München.

*EGGERS, H. 1963–1977/1986: Deutsche Sprachgeschichte. 4 Bde. Reinbek bei Hamburg. 2. Aufl. in 2 Bden. 1986.

EGGERS, H. 1984: Deutsche Sprache und Gesellschaft in historischer Sicht. In: Sprachgeschichte[1] 1984, S. 38ff.

EHLICH, K. 1998: "...LTI, LQI..." Von der Unschuld der Sprache und der Schuld der Sprechenden. In: Das 20. Jahrhundert. Sprachgeschichte – Zeitgeschichte, S. 275ff.

EHMANN, H. 2001: Das neueste Lexikon der Jugendsprache. München.

EHRISMANN, O. 1995: Ehre und Mut, Âventiure und Minne. München.

*EICHHOFF, J. 1977/1978/1993/2000: Wortatlas der deutschen Umgangssprachen. 4 Bde. Bern/München.

EICHHOFF, J. 1988: Die Wertung landschaftlicher Bezeichnungsvarianten in der deutschen Standardsprache. In: Deutscher Wortschatz. Lexikologische Studien. L. E. Schmitt zum 80. Geburtstag. Hg. v. H. H. MUNSKE/P. v. POLENZ/O. REICHMANN/R. HILDEBRANDT. Berlin/New York, S. 511ff.

EICHHOFF, J. 1997: Der "Wortatlas der deutschen Umgangssprachen". Neue Wege, neue Erkenntnisse. In: Varietäten des Deutschen. Regional- und Umgangssprachen. S. 183ff.

Ein See – drei Länder – eine Sprache 2001. Internationales Bodenseetreffen der Sprachvereine im "Netzwerk Deutsche Sprache" vom 5. bis 8.10. 2000 zum Thema "Amerikanismen und Anglizismen in der deutschen Sprache. Hg. von H. ZABEL. Paderborn.

EINFÜHRUNG IN DIE SYNCHRONISCHE SPRACHWISSENSCHAFT 1999. Hg. von P. ERNST. Wien.

EIS, G. 1958: Historische Laut- und Formenlehre des Mittelhochdeutschen. Halle (Saale).

EISENBERG, P. 1998: Grundriß der deutschen Grammatik. Bd. 1. Stuttgart.

ELSSHOLTZ, J. S. 1648: Vom Garten=Baw... Neudruck der Ausgabe Berlin/Leipzig/Cölln 1684. Mit einem Nachwort von H. GÜNTHER 1987. Leipzig.

ELST, G. v. D. 1984: Zur Entwicklung des deutschen Kasussystems. Ein Beispiel für Sprachökonomie. In: ZGL 12, S. 313ff.

ELST, G. v. D. 1987: Aspekte zur Entstehung der neuhochdeutschen Schriftsprache. Erlangen.

ENDERMANN, H. 1980: Die Sprache Thomas Müntzers in ihren Lauten und Formen. Diss. B. Jena.

ENDRES, R. 1983: Das Schulwesen in Franken im ausgehenden Mittelalter. In: Studien zum städtischen Bildungswesen des späten Mittelalters und der frühen Neuzeit. Hg. v. B. MOELLER/H. PATZE/K. STACKMANN. Göttingen, S. 173ff.

ENGELSING, R. 1973: Analphabetentum und Lektüre. Zur Sozialgeschichte des Lesens in Deutschland zwischen feudaler und industrieller Gesellschaft. Stuttgart.

Entwicklungstendenzen in der deutschen Gegenwartssprache 1988. Hg. v. K.-E. SOMMERFELDT. Leipzig.

ERBEN, J. 1950: Syntaktische Untersuchungen zu einer Grundlegung der Geschichte der indefiniten Pronomina im Deutschen. In: Beiträge H 72, S. 193ff.

ERBEN, J. 1954: Grundzüge einer Syntax der Sprache Luthers. Berlin.

ERBEN, J. 1970: Frühneuhochdeutsch. In: Grundriß, S. 386ff.

ERBEN, J. 1974: Luther und die neuhochdeutsche Schriftsprache. In: Deutsche Wortgeschichte. Bd. 1. 3. Aufl. von F. MAURER/ H. RUPP. Berlin/New York, S. 509ff.

ERBEN, J. 1983: Einführung in die deutsche Wortbildungslehre. 2. Aufl. Berlin. 4. Aufl. 2000.

ERBEN, J. 1985: Luthers Bibelübersetzung. In: Martin Luther im Spiegel heutiger Wissenschaft. Hg. v. K. SCHÄFERDIEK Bonn, S. 33ff.

ERBEN, J. 1984: Deutsche Syntax. Eine Einführung. Bern.

ERNI, C. 1949: Der Übergang des Schrifttums der Stadt Bern zur neuhochdeutschen Schriftsprache. Diss. Thusis.

Eroms, H. W. 1997: Sprachliche "Befindlichkeiten" der Deutschen in Ost und West. In: Der Deutschunterricht, H. 1, S. 6ff.

Erscheinungsformen der deutschen Sprache. Literatursprache, Alltagssprache, Gruppensprache, Fachsprache. Fs. für H. Steger zum 60. Geburtstag. 1991. Hg. v. J. Dittmann u. a. Berlin.

Ethnogenese europäischer Völker 1986: Hg. v. W. Bernhard u.a. Kandler-Palsson. Stuttgart/New York.

*Etymologisches Wörterbuch des Deutschen 1989. Erarbeitet von einem Autorenkollektiv unter der Leitung von W. Pfeifer. 3 Bde. Berlin. 2. Aufl. in 2 Bden. 1993. dtv-Ausgabe 1995. 4. Aufl. 2000.

Falk, H./Torp, A. 1979: Wortschatz der germanischen Spracheinheit. 5. Aufl. Göttingen.

Feudel, G. 1961: Das Evangelistar der Berliner Handschrift Ms. germ. 40 533. 2 Tle. Berlin.

Fink, H. 1997: Anglizismen in der Sprache der Neuen Bundesländer. Eine Analyse zur Verwendung und Rezeption. Frankfurt (Main) u.a.

Fink, H. 1997a: Von Kuh-Look bis Fit for Fun. Anglizismen in der heutigen deutschen Allgemein- und Werbesprache. Frankfurt (M.) u.a.

Fischer, A. 1987: Das Genitivobjekt und damit konkurrierende Objekte nach Verben in Leipziger Frühdrucken. In: Zum Sprachwandel in der deutschen Literatursprache des 16. Jahrhunderts. Studien – Analysen – Probleme. Autorenkollektiv unter Leitung von J. Schildt. Berlin S. 267ff.

Fischer, A. 1991: Varianten im Objektbereich genitivfähiger Verben in der deutschen Literatursprache (1570–1730). In: Aspekte des Sprachwandels in der deutschen Literatursprache 1570–1730. Hg. v. J. Schildt, Berlin, S. 273ff.

Fischer-Hupe, K. 2001: Victor Klemperers "LTI. Notizbuch eines Philologen". Ein Kommentar. Hildesheim u.a.

Fix, U./Barth, D. unter Mitarbeit von F. Beyer 2000: Sprachbiographien. Sprache und Sprachgebrauch vor und nach der Wende von 1989 im Erinnern und Erleben von Zeitzeugen aus der DDR. Inhalte und Analysen narrativ-diskursiver Interviews. Frankfurt (Main) u.a.

Fleischer, W. 1965: Zum Verhältnis von Phonem und Graphem bei der Herausbildung der neuhochdeutschen Schriftsprache. In: WZ Jena, S. 461ff.

Fleischer, W. 1966: Strukturelle Untersuchungen zur Geschichte des Neuhochdeutschen. Berlin.

Fleischer, W. 1976: Wortbildung der deutschen Gegenwartssprache. 4. Aufl. Leipzig. 5. Aufl. 1982.

Fleischer, W. 1978: Zu Herders Auffassungen über Sprachgebrauch und Stil. In: Johann Gottfried Herder (Zum 175. Todestag am 18. Dez. 1978). SB AdW 8 G. Berlin, S. 83ff.

Fleischer, W. 1988: Charakteristika frühneuhochdeutscher Wortbildung. In: Stud. Frnhd., S. 185ff.

*Fleischer, W./Barz, I. 1992: Wortbildung der deutschen Gegenwartssprache. Tübingen

Flemming, W./Stadler, U. 1974: Vom Barock bis zur Gegenwart. In: Deutsche Wortgeschichte. Hg. v. F. Maurer/H. Rupp. Bd. 2. 3. Aufl. Berlin/New York, S. 3ff.

Fluck, H. R. 1998: Fachsprachen und Fachkommunikation. München.

Fluck, H.R. 1996: Fachsprachen. Einführung und Bibliographie. 5. Aufl. München.

Földes, C. 2002: Deutsch als Sprache mit mehrfacher Regionalität. Die diatopische Variationsbreite. In: Muttersprache 112, H.3, S. 225ff.

Foerste, W. 1957: Geschichte der niederdeutschen Mundarten. In: Deutsche Philologie im Aufriß. Bd. 1. Hg. v. W. Stammler. 2. Aufl. Berlin, Sp. 1729ff.

Fourquet, J. 1963: Einige unklare Punkte der deutschen Lautgeschichte in phonologischer Sicht. In: Die Wissenschaft von deutscher Sprache und Dichtung. Methoden, Probleme, Aufgaben. Fs. F. Maurer. Stuttgart, S. 84ff.

Fourquet, J. 1974: Genetische Betrachtungen über den deutschen Satzbau. In: Studien zur deutschen Literatur und Sprache des Mittelalters. Fs. Hugo Moser. Berlin, S. 314ff.

Franck, J. 1971b: Mittelniederländische Grammatik. Arnheim (Nachdruck der 2. Aufl. 1910).

Franke, C. 1913–1922: Grundzüge der Schriftsprache Luthers. 3 Bde. 2. Aufl. Halle (Saale).

Fratzke, U. 1978: "Klassenkampf" – Entwicklung und Gebrauch eines marxistischen Terminus. In: Zum Einfluß von Marx und Engels auf die deutsche Literatursprache. Studien zum Wortschatz der Arbeiterklasse im 19. Jahrhundert. Autorenkollektiv unter der Leitung von J. Schildt. Berlin, S. 57ff.

FrauenKulturStudien: Weiblichkeitsdiskurse in Literatur, Philosophie und Sprache 2000. Hg. von A. Böger. Tübingen u.a.

Freidank 1872: Fridankes Bescheidenheit. Hg. v. H. E. Bezzenberger. Halle (Saale).

Freytag, H. 1974: Frühmittelhochdeutsch (1065–1170). In: Deutsche Wortgeschichte. Hg. v. F. Maurer/H. Rupp. Bd. 1. 3. Aufl. Berlin/New York, S. 165ff.

Fricke, K. D. 1978: "Dem Volk aufs Maul schauen". Bemerkungen zu Luthers Verdeutschungsgrundsätzen. In: Eine Bibel – viele Übersetzungen. Not oder Notwendigkeit? Hg. v. S. Meurer. Stuttgart, S. 98ff.

FRINGS, TH. 1956: Sprache und Geschichte III. Mit Beiträgen von K. GLEISSNER/ R. GROSSE/ H. PROTZE. Halle (Saale).

FRINGS, TH. 1957: Grundlegung einer Geschichte der deutschen Sprache. 3. Aufl. Halle (Saale).

FROMM, H. 1957/58: Die ältesten germanischen Lehnwörter im Finnischen. In: ZfdA 88, S. 81ff., 211ff., 299ff.

Der Fruchtbringenden Gesellschaft Vorhaben, Namen, Gemälde und Wörter. Faksimile des ersten Bandes des im Historischen Museum Köthen aufbewahrten Gesellschaftsbuches Fürst Ludwigs I. von Anhalt-Köthen. 1985. Hg. v. K. CONERMANN. Weinheim/Deerfield Beach (Fl.).

Frühneuhochdeutsch 1987: Zum Stand der sprachwissenschaftlichen Forschung. Besorgt von W. BESCH/K.-P. WEGERA. Berlin In: ZfdPh 106, Sonderheft.

*Frühneuhochdeutsche Grammatik 1993. Von R. P. EBERT, H.-J. SOLMS, O. REICHMANN, K.-P. WEGERA. Tübingen.

Frühneuhochdeutsches Lesebuch 1988. Hg. v. O. REICHMANN/K.-P. WEGERA. Tübingen.

Frühneuhochdeutsches Wörterbuch 1989ff. Hg. v. R. A. ANDERSON/U. GOEBEL/O. REICHMANN. Bd. 1ff. Berlin/New York.

FÜSSEL, S. 1999: Johannes Gutenberg. Reinbek.

FUHRMANN, H. 1978: Deutsche Geschichte im hohen Mittelalter von der Mitte des 11. bis zum Ende des 12. Jahrhunderts. Göttingen.

FUNDINGER, K. 1899: Die Darstellung der Sprache des Erasmus Alberus. Diss. Heidelberg.

GABRIELSSON, A. 1983: Die Verdrängung der mittelniederdeutschen durch die neuhochdeutsche Schriftsprache. In: Handbuch der niederdeutschen Sprach- und Literaturwissenschaft. Hg. v. G. CORDES/D. MÖHN. Berlin, S. 119ff.

GÄRTNER, K. 1981: Asyndetische Relativsätze in der Geschichte des Deutschen. In: ZGL 9, S. 1 52ff.

GARDT, A. 1998: Sprachgesellschaften des 17. und 18. Jahrhunderts. In: Sprachgeschichte^2 1998, S. 332ff.

GARDT, A. 1999: Geschichte der Sprachwissenschaft in Deutschland. Vom Mittelalter bis zum 20. Jahrhundert. Berlin/New York.

GEORGIEV, V. I. 1966: Introduzione alla storia delle lingue indoeuropee. Rom.

Die Germanen 1998. Studienausgabe. Reallexikon der Germanischen Altertumskunde. 2. Aufl. Hg. v. H.BECK/H. STEUER und D. TIMPE. Berlin/New York.

Germanenprobleme aus heutiger Sicht 1986. Hg. v. H. BECK. Berlin/New York.

Germanische Rest- und Trümmersprachen 1989. Hg. v. H. BECK. Berlin/New York.

GERNENTZ, H. J. 1980a: Zum hochdeutsch-niederdeutschen Austauschprozeß bei der Ausbildung der deutschen Literatursprache. In: ZPSK 33, S. 318ff.

GERNENTZ, H. J. 1987: Die Entwicklung des Mittelniederdeutschen durch den Einfluß des Hochdeutschen in der Zeit der Reformation, unter besonderer Berücksichtigung des Rostocker Raumes. In: Sprachkontakt in der Hanse. Aspekte des Sprachausgleichs im Ostsee- und Nordseeraum. Akten des 7. Internationalen Symposions über Sprachkontakte in Europa. Lübeck 1986. Tübingen, S. 51ff.

Geschichtliche Grundbegriffe 1972ff.: Geschichtliche Grundbegriffe. Historisches Lexikon der politisch-sozialen Sprache in Deutschland. Hg. v. O. BRUNNER/W. CONZE/ R. KOSELLECK. Bd. 1–5. Stuttgart.

GESSINGER, J. 1980: Sprache und Bürgertum. Zur Sozialgeschichte sprachlicher Verkehrsformen im Deutschland des 18. Jahrhunderts. Stuttgart.

GESSINGER, J. 1999: Regionale Sprachgeschichtsforschung: Metropolenbildung und Sprachwechsel am Beispiel Berlin-Brandenburg. In: sociolinguistica 1999. Hg. v. U. AMMON/K. J. MATTHEIER/ P. H. NELDE, S. 159ff.

GIESECKE, M. 1980: 'Volkssprache' und 'Verschriftlichung des Lebens' im Spätmittelalter – am Beispiel der gedruckten Fachprosa in Deutschland. In: H. U. GUMBRECHT (Hg.): Literatur in der Gesellschaft des Spätmittelalters. Heidelberg, S. 39ff.

GIESECKE, M. 1991: Der Buchdruck in der frühen Neuzeit. Eine historische Fallstudie über die Durchsetzung neuer Informations- und Kommunikationstechnologien. Frankfurt (Main).

"Gift, das du unbewußt eintrinkst. . .": der Nationalsozialismus und die deutsche Sprache 1991. Hg. v. W. BOHLEBER. Bielefeld.

GIRNTH, H. 2002: Sprache und Sprachverwendung in der Politik. Tübingen.

GIRTLER, R. 1998: Rotwelsch. Die alte Sprache der Diebe, Dirnen und Gauner. Wien.

GLEISSNER, K. 1935: Urkunde und Mundart auf Grund der Urkundensprache der Vögte von Weida, Gera und Plauen. Halle (Saale).

GLOGGENGIESSER, G. 1949: Der Teuerdank. Diss. München.

GLÜCK, H./SAUER, W. W. 1990: Gegenwartsdeutsch. Stuttgart. 2. Aufl. 1997.

GLÜCK, H. 2002: Deutsch als Fremdsprache in Europa vom Mittelalter bis zur Barockzeit. Berlin/New York.

GOETHE, J. W. v. 1987: Werke. Hg. im Auftrage der Großherzogin Sophie von Sachsen. Fotomechanischer Nachdruck der im Verlag Hermann Böhlaus Nachfolger 1887–1919 erschienenen Weimarer Ausgabe (Sophienausgabe). München.

Goethe-Wörterbuch 1978ff. Hg. von der Akademie der Wissenschaften der DDR, der Akademie der Wissenschaften in Göttingen und der Heidelberger Akademie der Wissenschaften. Bd. 1ff. Stuttgart/Berlin/Köln/Mainz.

GOOSSENS, J. 1977: Deutsche Dialektologie. Berlin/New York.

GOOSSENS, J. 1978: Das Westmitteldeutsche und die zweite Lautverschiebung. In: ZDL 45, S. 281ff.

GOTTFRIED VON STRASSBURG 1978: Tristan. Hg. v. R. BECHSTEIN/P. GANZ. Wiesbaden.

Grammatik des Frühneuhochdeutschen 1970ff. Beiträge zur Laut- und Formenlehre. Bd. 1ff. Hg. v. H. MOSER/H. STOPP/W. BESCH. Heidelberg.

GRIMM, J. 1870–1898: Deutsche Grammatik. 4 Tle. 2. Ausg. Berlin.

GRIMM, W. 1988: Über deutsche Runen. Mit einer Einführung von W. MORGENROTH/A. SPREU. Wien/Köln/Graz.

GROSSE, R. 1955: Die Meißnische Sprachlandschaft. Halle (Saale).

GROSSE, R. 1964: Die mitteldeutsch-niederdeutschen Handschriften des Schwabenspiegels in seiner Kurzform. Berlin.

GROSSE, R. 1978: Zur Stellung Herders in der Geschichte der deutschen Sprache. In: Johann Gottfried Herder (Zum 175. Todestag am 18. Dez. 1978). Berlin, S. 75ff.

GROSSE, R. 1983: Luthers Bedeutung für die Herausbildung einer nationalen deutschen Literatursprache. In: Martin Luther. Kolloquium anläßlich der 500. Wiederkehr seines Geburtstages (10. November 1983). Berlin. S. 42ff.

GROSSE, R. 1988: Zur Wechselflexion im Singular Präsens der starken Verben – Lautwandel oder Analogie? In: Stud. Frnhd., S. 161ff.

GROSSE, R./NEUBERT, A. 1982: Soziolinguistische Aspekte der Theorie des Sprachwandels. Berlin.

GROSSE, S. 1985: Syntax des Mittelhochdeutschen. In: Sprachgeschichte[1], S. 1186ff.

GRUBMÜLLER, K. 1984: Gegebenheiten deutschsprachiger Textüberlieferung bis zum Ausgang des Mittelalters. In: Sprachgeschichte[1] 1984, S. 214ff.

GUCHMANN, M. M. 1964 und 1969: Der Weg zur deutschen Nationalsprache. 2 Tle. Berlin.

GÜRTLER, H. 1912/1913: Zur Geschichte der deutschen er-Plurale, besonders im Frühneuhochdeutschen. In: Beiträge H. 37, S. 492ff.; H. 38, 67ff.

GUMBEL, H. 1930: Deutsche Sonderrenaissance in deutscher Prosa. Frankfurt (Main). (Nachdruck Hildesheim 1965.)

HAARMANN, H. 1991: Universalgeschichte der Schrift. Frankfurt (Main). 2. Aufl. 4. Aufl. 1998.

HAARMANN, H. 2001: Kleines Lexikon der Sprachen. Von Albanisch bis Zulu. München.

HAARMANN, H. 2002a: Lexikon der untergegangenen Sprachen. München.

HAARMANN, H. 2002b: Sprachenalmanach. Zahlen und Fakten zu allen Sprachen der Welt. München.

HABERMANN, M. 2001: Deutsche Fachtexte der frühen Neuzeit. Naturkundlich- medizinische Wissensvermittlung im Spannungsfeld von Latein und Volkssprache. Berlin/New York.

HAGE, E./R. SCHMITT 1988: Deutschunterricht und Computer. Bamberg.

HAMMARSTRÖM, E. 1923: Zur Stellung des Verbums in der deutschen Sprache. Lund.

HANNIG, J. 1990: Mittelalter. In: Das Fischer-Lexikon Geschichte. Hg. v. R. v. DÜLMEN. Frankfurt (Main), S. 346ff.

HARTIG, J. 1985: Soziokulturelle Voraussetzungen und Sprachraum des Altniederdeutschen (Altsächsischen). In: Sprachgeschichte[1] 1985, S. 1069ff.

HARTMANN, E. 1922: Beiträge zur Sprache Albrecht Dürers. Diss. Halle (Saae).

HARTMANN VON AUE 1953: Der arme Heinrich. Hg. v. H. PAUL. 10. Aufl. v. L. WOLFF. Halle (Saale).

HARTMANN VON AUE 1968: Iwein. Hg. v. G. F. BENECKE/K. LACHMANN/ L. WOLFF. 7. Ausg. Berlin.

HARTMANN VON AUE 1973: Der arme Heinrich. Fassung der Handschrift Bb. Abbildungen aus dem Kaloczaer Kodex. Hg. v. C. SOMMER. Göppingen.

HARTMANN VON AUE 1984: Gregorius. Hg. v. H. PAUL. 13. Aufl. von B. WACHINGER. Tübingen.

HARTUNG, W. 1990: Einheitlichkeit und Differenziertheit der deutschen Sprache. In: ZfG 11, S. 385ff.

HARTWEG, F. 1982: Die Sprache der Erfurter Nachdrucke der Zwölf Artikel der Bauern (1525). In: BES 2, S. 231ff.

HARTWEG, F. 1985: Die Rolle des Buchdrucks für die frühneuhochdeutsche Sprachgeschichte. In: Sprachgeschichte[1], S. 1415ff.

HARTWEG, F./K.-P. WEGERA 1989: Frühneuhochdeutsch. Eine Einführung in die deutsche Sprache des Spätmittelalters und der frühen Neuzeit. Tübingen.

HASS-ZUMKEHR, U. 1998: Die gesellschaftlichen Interessen an der Sprachgeschichtsforschung im 19. und 20. Jahrhundert. In: Sprachgeschichte[2], S. 349ff.

HAUDRY, J. 1979: L'indo-européen. Paris.

HECHT, W. 1967: Nachwort zu SCHOTTELIUS 1963. Tübingen.

HEINEMANN, M. 1990: Kleines Wörterbuch der Jugendsprache. Leipzig.

HEINEMANN, W. 1967–70: Zur Ständedidaxe in der deutschen Literatur des 13.–15. Jahrhunderts. In: Beiträge H 88, S. 1–90; S. 290–403; 92, 388–437.

HEINEMANN, M./HEINEMANN, W. 2002: Grundlagen der Textlinguistik. Tübingen.

HEINRICH VON VELDEKE 1852. Hg. v. L. ETTMÜLLER. Leipzig.

HEINRICHS, H. M. 1961: 'Wye grois dan dn andait eff andacht is ...' Überlegungen zur Frage der sprachlichen Grundschicht im Mittelalter. In: ZfMaf 28, S. 97ff.

HELBIG, G. 1986: Geschichte der neueren Sprachwissenschaft. Unter dem besonderen Aspekt der Grammatik-Theorie. Leipzig.

HELLER, K. 1994: Rechtschreibreform. In: Sprachreport. Hg. vom Institut für deutsche Sprache. Mannheim.

HELLMANN, M. W. 1980: Deutsche Sprache in der Bundesrepublik Deutschland und der Deutschen Demokratischen Republik. In: LGL, S. 519ff.

HEMPEL, H. 1962: Gotisches Elementarbuch. 3. Aufl. Berlin.

HENNE, H. 1966: Hochsprache und Mundart im schlesischen Barock. Studien zum literarischen Wortschatz in der ersten Hälfte des 17. Jahrhunderts. Köln/Graz.

HENNE, H. 1975: Deutsche Wörterbücher des 17. und 18. Jahrhunderts. Einführung und Bibliographie. Hg. v. H. HENNE. Hildesheim, New York.

HENNE, H. 1984: Johann Christoph Adelung – Leitbild und Stein des Anstoßes. Zur Konstitutionsproblematik gegenwartsbezogener Sprachforschung. In: Adelung, S. 98ff.

HENZEN, W. 1954: Schriftsprache und Mundarten. Ein Überblick über ihr Verhältnis und ihre Zwischenstufen im Deutschen. 2. Aufl. Bern.

HENZEN, W. 1965: Deutsche Wortbildung. 3. Aufl. Tübingen.

HERBERG, D./D. STEFFENS/E. TELLENBACH 1997: Schlüsselwörter der Wendezeit. Wörterbuch zum öffentlichen Sprachgebrauch. Berlin/New York.

HERMANN-WINTER, R. 1990: Deutsche Demokratische Republik. In: Deutsche Gegenwartssprache. Tendenzen und Perspektiven. Hg. v. G. STICKEL. Berlin/New York, S. 184ff.

HERRLITZ, W. 1970: Historische Phonologie des Deutschen. Tl. 1: Vokalismus. Tübingen.

HESS-LÜTTICH, E. W. B. 1987: Angewandte Sprachsoziologie. Eine Einführung in linguistische, soziologische und pädagogische Ansätze. Stuttgart.

HETTRICH, H. 1985: Indo-European Kinship Terminology in Linguistic and Anthropology. In: Anthropological Linguistics Vol. 27, S. 453ff.

HEUSLER, A. 1956: Deutsche Versgeschichte. 3 Bde. 2. Aufl. Berlin (1.Aufl. 1925–29. Berlin/Leipzig).

HIERSCHE, R. 1986ff.: Deutsches etymologisches Wörterbuch. Heidelberg.

HILDEBRANDT, R. 1998: Der Beitrag der Sprachgeographie zur Sprachgeschichtsforschung. In: Sprachgeschichte[2] 1984, S. 495ff.

HIRT, H. 1894: Die Verwandtschaftsverhältnisse der Indogermanen. In: Idg. Forschungen 4, S. 36ff.

HIRT, H. 1925: Geschichte der deutschen Sprache. 2. Aufl. München.

Historische germanische und deutsche Syntax 1998. Hg. v. J. O. ASKEDAL/A. W. ZICKFELDT. Frankfurt (Main).

HISTORISCHE WORTBILDUNG DES DEUTSCHEN 2002: Hg. von P. M. HABERMANN/O. MÜLLER und H. H. MUNSKE. Tübingen.

HÖCHLI, S. 1981: Zur Geschichte der Interpunktion im Deutschen. Eine kritische Darstellung der Lehrschriften von der zweiten Hälfte des 15. Jahrhunderts bis zum Ende des 18. Jahrhunderts. Berlin/New York.

HÖFLER, O. 1957: Die zweite Lautverschiebung bei Ost- und Westgermanen. In: Beiträge T 79 S. 161ff.

HOLZBERG, N. 1984: Griechisch/Deutsch. In: Sprachgeschichte[1] 1984, S. 861ff.

HOTZENKÖCHERLE, R. 1962: Entwicklungsgeschichtliche Grundzüge des Neuhochdeutschen. In: WW 12, S. 321ff.

HÜPPER, D. 1987: Apud Thiuduscos. Zu frühen Selbstzeugnissen einer Sprachgemeinschaft. In: Althochdeutsch Bd. 2, S. 1059ff.

HUTELAND, K. 1985: Rhetorik und Stil des Mittelhochdeutschen. In: Sprachgeschichte[1] 1985, S. 1191ff.

*HUTTERER, C. J. 1975/1987/1990: Die germanischen Sprachen. Ihre Geschichte in Grundzügen. 2., dt. Aufl. Budapest. 3. Aufl. Wiesbaden. 4. Aufl. 1999. Nachdruck München 2002.

ICKLER, T. 2001: Regelungsgewalt: Hintergründe der Rechtschreibreform. St. Goar.

ISING, E. 1959: Wolfgang Ratkes Schriften zur deutschen Grammatik (1612–1630). Berlin.

JÄGER, G. 1969: Die indoeuropäischen Sprachen. In: Kleine Enyklopädie. Die deutsche Sprache. Hg. v. E. AGRICOLA/W. FLEISCHER/H. PROTZE. Bd. 1. Leipzig, S. 61ff.

JÄGER, L. 1998: Das Verhältnis von Synchronie und Diachronie in der Sprachgeschichtsforschung. In: Sprachgeschichte[2], S. 816ff.

JÄGER, M./JÄGER, S. 1999: Gefährliche Erbschaften. Die schleichende Restauration rechten Denkens. Berlin.

JÄGER, S. 1998: Der Spuk ist nicht vorbei. Völkisch-nationalistische Ideologeme im öffentlichen Diskurs der Gegenwart. Duisburg.

JELLINEK, M. H. 1913 und 1914: Geschichte der neuhochdeutschen Grammatik von den Anfängen bis auf Adelung. 2 Bde. Heidelberg.

JOSTEN, D. 1976: Sprachvorbild und Sprachnorm im Urteil des 16. und 17. Jahrhunderts. Sprachlandschaftliche Prioritäten, Sprachautoritäten, sprachimmanente Argumentation. Bonn/Frankfurt (Main).

JUNG, M. 1994: Öffentlichkeit und Sprachwandel. Zur Geschichte des Diskurses über die Atomenergie. Opladen.

KÄMPF, G. 1966: Die Sprache der 'Unterweisung zur Vollkommenheit'. Ein Beitrag zur Sprachgeschichte der thüringischen literarischen Texte des 13. und 14. Jahrhunderts. Diss. Jena.

KÄSTNER H./SCHÜTZ, E./SCHWITALLA, J. 1985: Die Textsorten des Frühneuhochdeutschen. In: Sprachgeschichte[1], S. 1355ff.

KARG, K. 1884: Die Sprache H. Steinhöwels. Beitrag zur Laut- und Flexionslehre des Mittelhochdeutschen im 15. Jahrhundert. Heidelberg.

KARSTIEN, C. 1939: Historische deutsche Grammatik. Bd. 1. Heidelberg.

KARTSCHOKE, D. 1990: Geschichte der deutschen Literatur im frühen Mittelalter. München.

KEHREIN, J. 1854–1856: Grammatik der deutschen Sprache des fünfzehnten bis siebzehnten Jahrhunderts. Leipzig.

KEIENBURG, M. 1934: Studien zur Wortstellung bei Predigern des 13. und 14. Jahrhunderts sowie bei Johannes von Saaz. Diss. Köln.

KELLER, R. 1990: Sprachwandel. Von der unsichtbaren Hand in der Sprache. Tübingen. 2. Aufl. Tübingen/Basel 1994.

KELLER, R. E. 1978: The German language. London/Boston. Deutsch von K.-H. MULAGK: Die deutsche Sprache und ihre historische Entwicklung. Hamburg 1996.

KERN, P. C./ZUTT, H. 1977: Geschichte des deutschen Flexionssystems. Tübingen.

KERN F. 2002: Kulturen der Selbstdarstellung. Ost- und Westdeutsche in Bewerbungsgesprächen. Wiesbaden.

KETTMANN, G. 1969: Die kursächsische Kanzleisprache zwischen 1486 und 1546. Studien zum Aufbau und zur Entwicklung. 2. Aufl. Berlin.

KETTMANN, G. 1980: Zur Entwicklung der deutschen Umgangssprache in der zweiten Hälfte des 19. Jahrhunderts. In: ZPSK 33, S. 426ff.

KETTMANN, G. 1981: Die Existenzformen der deutschen Sprache im 19. Jahrhundert – ihre Entwicklung und ihr Verhältnis zueinander unter den Bedingungen der industriellen Revolution. In: Auswirkungen der industriellen Revolution auf die deutsche Sprachentwicklung im 19. Jahrhundert. Von einem Autorenkollektiv unter der Leitung von J. SCHILDT. Berlin, S. 35ff.

KETTMANN, G. 1987: Zum Graphemgebrauch in der Wittenberger Druckersprache. Variantenbestand und Variantenanwendung. In: Sprachwandel in der deutschen Literatursprache des 16. Jahrhunderts. Hg. v. J. SCHILDT. Berlin, S. 21ff.

*KIENLE, R. v. 1969: Historische Laut- und Formenlehre des Deutschen. 2. Aufl. Tübingen.

KIEPE, H. 1983: Die älteste deutsche Fibel. Leseunterricht und deutsche Grammatik von 1486. In: Studien zum städtischen Bildungswesen des späten Mittelalters und der frühen Neuzeit. Hg. v. B. MOELLER/H. PATZE/K. STACKMANN. Göttingen, S. 453ff.

KINNE, M./SCHWITALLA, J. 1994: Sprache im Nationalsozialismus. Heidelberg.

KIRCHERT, K. 1984: Grundsätzliches zur Bibelverdeutschung im Mittelalter. In: ZfdA 113, S. 61ff.

KIRCHHOFF, H. G. 1957: Zur deutschsprachigen Urkunde des 13. Jahrhunderts. In: Archiv für Diplomatik 3, S. 286ff.

KIRKNESS, A. 1998: Das Phänomen des Purismus in der Geschichte des Deutschen. In: Sprachgeschichte[2], S. 407ff.

KLEIN, T. 1985: Heinrich von Veldeke und die mitteldeutschen Literatursprachen. In: T. KLEIN/C. MINIS: Zwei Studien zu Veldeke und zum Straßburger Alexander. Amsterdam, S. 1ff.

Kleine Enzyklopädie Deutsche Sprache 2001. Hg. von W. FLEISCHER/G. HELBIG/G. LERCHNER. Frankfurt (Main) u.a.

KLEMPERER, V. 1980: LTI. Notizbuch eines Philologen. 6. Aufl. Leipzig.

KLINGENBERG, H. 1976: Runenfibel von Bülach, Kanton Zürich. Liebesinschrift aus alemannischer Frühzeit. In: Alemannica. Landeskundliche Beiträge. Fs. für B. Boesch. Bühl/Baden, S. 308ff.

KLÖTZER, W. 1983: Schwerpunkte kulturellen Lebens in der mittelalterlichen Stadt, mit besonderer Berücksichtigung von Frankfurt am Main. In: Stadt und Kultur. Hg. v. H. E. SPECKER. Sigmaringen, S. 29ff.

KLUGE, F. 1918: Von Luther bis Lessing. 5. Aufl. Leipzig. 4. Aufl. Straßburg 1904.

KLUGE, F. 1925: Deutsche Sprachgeschichte. 2. Aufl. Leipzig.

*KLUGE, F. 1995: Etymologisches Wörterbuch der deutschen Sprache. 23. Aufl. v. E. SEEBOLD. Berlin/New York. 24. Aufl. 2002.

KNOBLOCH, J. 1961ff.: Sprachwissenschaftliches Wörterbuch. Lfg. 1ff. Heidelberg.

KNOOP, U. 1987: Beschreibungsprinzipien der neueren Sprachgeschichte. Eine kritische Sichtung der sprachwissenschaftlichen, soziologischen, sozialhistorischen und geschichtswissenschaftlichen Begrifflichkeit. In: Germanistische Linguistik 91/92, S. 11ff.

KNOOP. U. 1997: Wörterbuch deutscher Dialekte. Gütersloh.

*KÖNIG, W. 1996: dtv-Atlas zur deutschen Sprache. 7. Aufl. München. 13. Aufl. 2001.

KOENRAADS, W. H. A. 1953: Studien über sprachökonomische Entwicklungen im Deutschen. Amsterdam.

Kommunikationstheoretische Grundlagen des Sprachwandels 1980. Hg. von H. LÜDTKE Berlin/New York.

KORLÉN, G. 1983: Deutsch in der Deutschen Demokratischen Republik. Bemerkungen zum DDR-Wortschatz. In: Tendenzen, Formen und Strukturen der deutschen Standardsprache nach 1945. Vier Beiträge zum Deutsch in Österreich, der Schweiz, der Bundesrepublik Deutschland und der Deutschen Demokratischen Republik von I. REIFFENSTEIN/H. RUPP/P. v. POLENZ/G. KORLÉN. Marburg, S. 61ff.

KOSS, G. 2002: Namenforschung. Eine Einführung in die Onomastik. Tübingen.

KRAHE, H. 1954: Sprache und Vorzeit. Heidelberg.

KRAHE, H. 1985: Indogermanische Sprachwissenschaft. 6. Aufl. Berlin.

KRAHE, H./MEID, W. 1969: Germanische Sprachwissenschaft. 3 Bde. 7. Aufl. Berlin.

KRANZMAYER, E. 1956: Historische Lautgeographie des gesamtbairischen Dialektraumes. Wien.

KRAUSE, W. 1966: Die Runeninschriften im ältesten Futhark. Göttingen.

KRAUSE, W. 1968: Handbuch des Gotischen. 3. Aufl. München.

KRIEGESMANN, A. 1990: Die Entstehung der neuhochdeutschen Schriftsprache im Widerstreit der Theorien. Frankfurt (Main)/Bern/New York/Paris.

KROESCHELL, K. 1972: Deutsche Rechtsgeschichte. Bd. 1. Reinbek.

KRÜGER, B. [u.a.] 1978: Die Germanen. Bd.1. 2. Aufl. Berlin.

KÜRSCHNER, W. 1999: Orthografie 2000. Eine Übersicht über die Neuregelungen der deutschen Rechtschreibung. Tübingen.

KUFNER, H. L. 1957: History of the Middle Bavarian vocalism. In: Language 33, S. 519ff.

KUFNER, H. L. 1972: The grouping and separation of the Germanic languages. In: Toward a Grammar of Proto-Germanic, S. 71ff.

KUNZE, K. 1998: dtv-Atlas Namenkunde. Vor- und Familiennamen im deutschen Sprachgebiet. München. 2. Aufl. 1999.

KURKA, E. 1980: Die deutsche Aussprachenorm im 19. Jahrhundert – Entwicklungstendenzen und Probleme ihrer Kodifizierung vor 1898. In: LS/ZISW/A 66/II . Berlin, S. 1ff.

LACHMANN, K. 1876: Kleinere Schriften zur deutschen Philologie. Hg. von MÜLLENHOFF (sic) u. VAHLEN. (sic) Berlin.

LANGEN, A. 1957/1978: Deutsche Sprachgeschichte vom Barock bis zur Gegenwart. In: Deutsche Philologie im Aufriß. Bd. 1. 2.Aufl. Berlin (unveränderter Nachdruck), Sp. 931ff.

LANGEN, A. 1974: Der Wortschatz des 18. Jahrhunderts. In: Deutsche Wortgeschichte. Hg. v. F. MAURER/H. RUPP. Bd.2. 3. Aufl. Berlin/New York.

LANGNER, H. 1980: Entwicklungstendenzen in der deutschen Sprache der Gegenwart. Überblick über wichtige Erscheinungen und Probleme. In: WZ Potsdam 24, S. 673ff.

LANGNER, H. 1982: Zu einigen Grundpositionen, Problemen und Aufgaben der Periodisierung der deutschen Sprachgeschichte. In: Zur Periodisierung der deutschen Sprachgeschichte. Prinzipien – Probleme – Aufgaben. Hg. v. J. SCHILDT. LS/ZISW/A 88. Berlin, S. 83ff.

LANGNER, H. 1984: Zum Einfluß der Umgangssprache auf die Literatursprache der Gegenwart. In: ZPSK 37, S. 191ff.

LANGNER, H. 1985: Zur Tendenz der Differenzierung in der deutschen Sprache der Gegenwart. In: WZ Zwickau 21, H. 1, S. 60ff.

LANGNER, H. 1986: Zum Einfluß des Angloamerikanischen auf die deutsche Sprache in der DDR. In: ZfG 7, S. 402ff.

LANGNER, H. 1988: Allgemeine Fragen des Sprachwandels. In: Entwicklungstendenzen in der deutschen Gegenwartssprache. Hg. v. K.-E. SOMMERFELDT. Leipzig, S. 13ff.

LANGNER, H. 1990a: Zur Tendenz der Internationalisierung in der deutschen Gegenwartssprache – Erscheinungen und Probleme. In: Proceedings of the Fourteenth International Congress of Linguists. Hg. v. W. BAHNER/J. SCHILDT/D. VIEHWEGER. Bd. 2. Berlin, S. 1403ff.

LANGNER, H. 1990b: Zur Umgangssprache in der Gegenwart. In: Deutschunterricht 43, S. 376ff.

LANGNER, H. 1991: Sprachkultur und Entwicklungstendenzen. In: Sprachwissenschaft und Sprachkultur. Tagungsband der Konferenz in Neubrandenburg am 10. u. 11. Mai 1990. Hg. v. K.-E. SOMMERFELDT. Frankfurt (Main)/Bern/New York/Paris, S. 39ff.

LANGNER, H./BOCK, R./BERNER E. 1987: Zur Entwicklung des deutschen Wortschatzes. Unter besonderer Berücksichtigung der Verwandtschaft zwischen den europäischen Sprachen. In: Deutschunterricht 40, S. 369ff.

LANGNER, H. 2001: Zum Wortschatz der Sachgruppe Internet. In: Muttersprache 111 (2001), H.2, S. 97ff.

LASCH, A. 1910: Geschichte der Schriftsprache in Berlin bis zur Mitte des 16. Jahrhunderts. Dortmund.

LASCH, A. 1914/1974: Mittelniederdeutsche Grammatik. Halle (Saale). 2. Aufl. Tübingen.

LASSELBERGER, A. 2000: Die Kodifizierung der Orthographie im Rechtschreibwörterbuch. Tübingen.

LAUFFER, H. 1976: Der Lehnwortschatz der althochdeutschen und altsächsischen Prudentiusglossen. München.

LEHMANN, W. P./ZGUSTA, L. 1979: Schleicher's Tale after a Century. In: Studies in Diachronic, Synchronic and Typological Linguistics. Festschrift für Oswald Szemerényi. Hg. v. B. Brogyangi. Part I. Amsterdam, S. 457ff.

LEHNERT, M. 1990: Anglo-Amerikanisches im Sprachgebrauch der DDR. Berlin.

LENK, W. 1989: Die nationale Komponente in der deutschen Literaturentwicklung der frühen Neuzeit. In: Nation und Literatur im Europa der Frühen Neuzeit. Hg. v. K. GARBER. Tübingen.

LERCHNER, G. 1971: Zur II. Lautverschiebung im Rheinisch-Westmitteldeutschen. Halle (Saale).

LERCHNER, G. 1980: Zu Lessings Stellung in der sprachgeschichtlichen Entwicklung des 18. Jahrhunderts. In: ZPSK 33, S. 345ff.

LERCHNER; G. 1983: Sprachentwicklung in der Urgesellschaft. In: Kleine Enzyklopädie Deutsche Sprache. Hg. v. W. FLEISCHER/W. HARTUNG/J. SCHILDT. Leipzig S. 526ff.

LERCHNER, G. 1984: "... daß es die guten Schriftsteller sind, welche die wahre Schriftsprache eines Volkes bilden". Zur sprachgeschichtlichen Bedeutsamkeit der Auseinandersetzung zwischen Wieland und Adelung. In: Adelung, S. 109ff.

LERCHNER, G. 1990: Trivialliterarischer Diskurs und Entwicklung des deutschen Standards im 18. Jahrhundert. In: Soziolinguistische Aspekte der Sprachgeschichte. Dem Wirken Rudolf Großes gewidmet. SB AdW. 9 G. Berlin, S. 32ff.

LERCHNER, G. 1992: Die historische Formierung von Spielräumen individuellen Sprachverhaltens. In: Beiträge T 114, S. 227ff.

LERCHNER, G. 1997: Regionale Identität und standardsprachliche Entwicklung. Aspekte einer sächsischen Sprachgeschichte. SB der Sächs. Akadmie der Wiss. zu Leipzig.

LESER, H. 1925: Das pädagogische Problem in der Geistesgeschichte der Neuzeit Bd. 1. München/Berlin.

LESSING, G. E. 1993: Anti-Goeze. Achter. In: Werke und Briefe. Werke 1778–1780. Bd. 9. Hg. v. K. BOHLEN u. A. SCHLIEBEN-LANGE. Frankfurt (Main), S. 349ff.

LEUPOLD, J. 1724: Theatrum Machinarum Generale. Leipzig., Vorrede, Blatt 4–7.

LEUSCHNER, J. 1975: Deutschland im späten Mittelalter. Göttingen.

LEXER, M. 1872–1878/1979: Mittelhochdeutsches Handwörterbuch. 3 Bde. Leipzig (Neudruck Stuttgart).

*LEXER, M. 1983: Matthias Lexers Mittelhochdeutsches Taschenwörterbuch. 37. Aufl. Unter Mithilfe von D. HANNOVER/R. LEPPIN neubearb. von U. PRETZEL. Neudruck. Stuttgart. 38. Aufl. 1992. 39. Aufl. 2003.

LINDGREN, K. B. 1953: Die Apokope des mhd. e in seinen verschiedenen Funktionen. Helsinki.

LINDGREN, K. B. 1957: Über den oberdeutschen Präteritumsschwund. Helsinki.

LINDGREN, K. B. 1961: Die Ausbreitung der nhd. Diphthongierung bis 1500. Helsinki.

LINDGREN, K. B. 1968: Nochmals neuhochdeutsche Diphthongierung. Eine Präzisierung. In: ZfMaf. 35, S. 284ff.

LINDGREN, K. B. 1969: Diachronische Betrachtungen zur deutschen Satzstruktur. In: Sprache Gegenwart und Geschichte. Probleme der Synchronie und Diachronie. Düsseldorf, S. 147ff.

LINKE, A. 1996: Sprachkultur und Bürgertum. Zur Mentalitätsgeschichte des 19. Jahrhunderts. Stuttgart/Weimar.

LOCKWOOD, W. B. 1968: Historical German Syntax. Oxford.

LOCKWOOD, W. B. 1979: Überblick über die indogermanischen Sprachen. Tübingen.

*LÖFFLER, H. 1985: Germanistische Soziolinguistik. Berlin. 2. Aufl. 1994.

LÖFFLER, H. 1990: Süddeutschland. In: Deutsche Gegenwartsprache. Tendenzen und Perspektiven. Hg. von G. STICKEL. Berlin/ New York, S. 208ff.

LÖWE, H. 1973: Deutschland im fränkischen Reich. München.

LOEWENICH, W.v. 1982: Martin Luther. Der Mann und das Werk. München

LÜDTKE, H. 1968: Ausbreitung der neuhochdeutschen Diphthongierung? In: ZfMaf 35, S. 97ff.

LUTHER, M. 1530/1951: Sendbrief vom Dolmetschen. Hg. v. K. BISCHOFF. Halle (Saale).

Luthers Deutsch. Sprachliche Leistung und Wirkung 1996. Hg. von H. WOLF. Frankfurt (Main).

Luthers Sprachschaffen – Gesellschaftliche Grundlagen, geschichtliche Wirkungen 1984. Hg. v. J. SCHILDT. Berlin (LS/ZISW 119/I-III).

LUTZ, H. D. 1975: Zur Formelhaftigkeit der Adjektiv-Substantiv-Verbindung im Mittelhochdeutschen. München.

MAAS, U. 1984: "Als der Geist der Gemeinschaft eine Sprache fand...": Sprache im Nationalsozialismus. Versuch einer historischen Argumentationsanalyse. Wiesbaden.

MAAS,U. 1989: Studien zur Sprachpolitik und politischen Sprachwissenschaft. Frankfurt (Main).

MACDONALD STEARNS JR. 1989: Das Krimgotische. In: Germanische Rest- und Trümmersprachen, S. 175ff.

MACKENSEN, L. 1971: Die deutsche Sprache in unserer Zeit. Zur Sprachgeschichte des 20. Jahrhunderts. 2. Aufl. Heidelberg.

MANGASSER-WAHL, M. 2000: Von der Prototypentheorie zur empirischen Semantik: dargestellt am Beispiel von Frauenkategorisierungen. Frankfurt (Main) u.a.

MANGOLD, M. 1985: Entstehung und Problematik der deutschen Hochlautung. In: Sprachgeschichte[1], S. 1495ff.

MARKEY, T. L. 1976: Germanic Dialect Grouping and the Position of Ingvaeonic. Innsbruck.

MASAŘIK, Z. 1966: Die mittelalterliche deutsche Kanzleisprache Süd- und Mittelmährens. Brno.

MASAŘIK, Z. 1985: Die frühneuhochdeutsche Geschäftssprache in Mähren. Brno.

Materialien zur historischen entwicklung der gross- und kleinschreibungsregeln 1980. Hg. v. W. MENTRUP. Tübingen.

MATTAUSCH, J. 1982: Die Sprachwelt Goethes – Repräsentanz und Schöpfertum. Beobachtungen an einem Autorenwörterbuch. In: BES 2, S. 218ff.

MATTHEIER, K. J. 1981: Wege und Umwege zur neuhochdeutschen Schriftsprache. In: ZGL 9, S. 274ff.

MATTHEIER, K. J. 1984a: Allgemeine Aspekte einer Theorie des Sprachwandels. In: Sprachgeschichte[1] 1984, S. 720ff. 2., überarb. Aufl. in: Sprachgeschichte [2], 1998, S. 824ff.

MATTHEIER, K. J. 1984b: Sprachwandel und Sprachvariation. In: Sprachgeschichte[1], S. 768ff.

MATTHEIER, K. J. 1986: "Lauter Borke um den Kopp". Überlegungen zur Sprache der Arbeiter im 19. Jahrhundert. In: Rheinische Vierteljahrsblätter 50, S. 221ff.

MATTHEIER, K. J. 1988: Nationalsprachentwicklung, Sprachstandardisierung und Historische Soziolinguistik. In: sociolinguistica. Internationales Jahrbuch für Europäische Soziolinguistik. Hg. v. U. AMMON/K. J. MATTHEIER/P. H. NELDE. Bd. 2: Standardisierungsentwicklungen in europäischen Nationalsprachen: Romania, Germania. Tübingen, S. 1ff.

MATTHEIER, K. J. 1988a: Das Verhältnis von sozialem und sprachlichem Wandel. In: Soziolinguistik. Ein internationales Handbuch zur Wissenschaft von Sprache und Gesellschaft. Hg. v. U. AMMON/N. DITTMAR/K. J., MATTHEIER. 2. Halbbd. Berlin/New York, S. 1430ff.

MATTHEIER, K. J. 1998: Dialektsprechen in Deutschland. Überlegungen zu einem deutschen Dialektzensus. In: Deutsche Sprache. Hg. v. P. ERNST und P. PATOCKA, S. 95ff.

MAURER, F. 1926: Untersuchungen über die deutsche Verbstellung in ihrer geschichtlichen Entwicklung. Heidelberg.

MAURER, F. 1952: Nordgermanen und Alemannen. 3. Aufl. Bern/München.

MAUSSER, O. 1933: Mittelhochdeutsche Grammatik auf vergleichender Grundlage. München.

MAZAL, O. 1975: Buchkunst der Gotik. Graz.

MAZAL, O. 1986: Lehrbuch der Handschriftenkunde. Wiesbaden.

MC LUHAN M. 1995: Die Gutenberg-Galaxis. Das Ende des Buchzeitalters. Bonn.

MEID, W. 1987: Germanische oder indogermanische Lautverschiebung? In: Althochdeutsch. Bd. 1, S. 3ff.

MEIER, G. F./MEIER, B. 1979: Sprache, Sprachentstehung, Sprachen. Berlin

MEILLET, A. 1918: Convergence de développements linguistiques (1918). In: A. M.: Linguistique historique et linguistique générale. Bd.1. Paris 1921. (Nachdruck 1948), S. 63ff.

MEINEKE, E./SCHWERDT, J. 2001: Einführung in das Althochdeutsche. Paderborn.

MEINHOLD, G./E. STOCK 1982: Phonologie der deutschen Gegenwartssprache. 2. Aufl. Leipzig.

MEISEN, K. 1968: Altdeutsche Grammatik. 2 Bde. 2. Aufl. Stuttgart.

MENTRUP, W. 1990: Bemühungen um eine Neuregelung der deutschen Rechtschreibung. In: Deutsche Gegenwartssprache. Tendenzen und Perspektiven. Hg. v. G. STICKEL. Berlin/New York, S. 337ff.

METTKE, H. 1958: Die Beichte des Cunrad Merbot von Weida. Halle (Saale).

METTKE, H. 1970: Altdeutsche Texte. Leipzig.

METTKE, H. 1983: Ausbildung der feudalen Gesellschaftsordnung (5. Jh. bis zur Mitte des 11. Jh.). Das frühmittelalterliche Deutsch. In: Kleine Enzyklopädie. Deutsche Sprache. Hg. v. W. FLEISCHER u.a. Leipzig, S. 563ff.

METTKE, H. 1989: Mittelhochdeutsche Grammatik. 6. Aufl. Leipzig. 7. Aufl. Tübingen 1993. 8. Aufl. 2000.

MEYER, E. 1948: Die Indogermanenfrage. Marburg.

MEYER, K. 1989: Wie sagt man in der Schweiz? Wörterbuch der schweizerischen Besonderheiten. Mannheim/Wien/Zürich.

MICHELS, V. 1979: Mittelhochdeutsche Grammatik. 5. Aufl. Heidelberg.

MIHM, A. 1998: Arbeitersprache und gesprochenen Sprache im 19. Jahrhundert. In: Sprache und bürgerliche Nation. Hg. v. D. CHERUBIN/S. GROSSE/Kl. J. MATTHEIER, S. 282ff.

MIHM, A. 2000: Die Rolle der Umgangssprachen seit der Mitte des 20. Jahrhunderts. In: Sprachgeschichte[2], 2. Teilbd., S. 2107ff.

Des Minnesangs Frühling 1950. Nach K. LACHMANN/M. HAUPT/F. VOGT neu bearb. von C. v. KRAUS. 30. Aufl. Leipzig.

Mit gespaltener Zunge? Die deutsche Sprache nach dem Fall der Mauer 2000. Hg. von R. Reiher und A. Baumann. Berlin.

Mit sozialistischen und anderen Grüßen. Portrait einer untergegangenen Republik. 1995. Hg. v. R. Reiher. Berlin.

Möhn, D. 1985: Sondersprachen in historischer Entwicklung. In: Sprachgeschichte[1], S. 2009ff.

Möller, K.-P. 2000: Der wahre E. Ein Wörterbuch der DDR-Soldatensprache. 2. Aufl. Berlin.

Molz, H. 1902/1906: Die Substantivflexion seit mittelhochdeutscher Zeit. In: Beiträge H 27, S. 209ff. und 31, S. 277ff.

Moser, Hans 1978: Zur Kanzlei Kaiser Maximilians I. Graphematik eines Schreibusus. In: Beiträge H 99, Halle S. 32ff.

Moser, Hans 1982: Rez. von W. Schenker: Die Sprache Huldrych Zwinglis im Kontrast zur Sprache Luthers. Berlin/New York 1977. In: ZDL 49, S. 397ff.

Moser, Hans 1985: Die Kanzleisprachen. In: Sprachgeschichte[1], S. 1398ff.

Moser, Hugo 1952: Schichten und Perioden des Mittelhochdeutschen. In: WW 2, S. 321

Moser, Hugo 1965/1969: Deutsche Sprachgeschichte. 5./6. Aufl. Tübingen.

Moser, Hugo 1966: Deutsche Sprachgeschichte der älteren Zeit. In: Deutsche Philologie im Aufriß. Bd. 1. Hg. v. W. Stammler. Nachdruck der 2. Aufl. Berlin, Sp. 621ff.

Moser, Hugo 1972: Annalen der deutschen Sprache. 4. Aufl. Stuttgart.

Moser, Hugo 1974: Neuere und neueste Zeit. In: Deutsche Wortgeschichte. Hg. von F. Maurer/H. Rupp. Bd. 2. 3. Aufl. Berlin/New York, S. 529ff.

Moser, Hugo 1976: Zum Problem der Ökonomie der Sprachentwicklung im Alt- und Mittelhochdeutschen. In: WW 26, S. 278ff.

*Moser, Hugo 1985: Die Entwicklung der deutschen Sprache seit 1945. In: Sprachgeschichte[1], S. 1678ff.

Moser, V. 1909: Historisch-grammatische Einführung in die frühneuhochdeutschen Schriftdialekte. Halle (Saale). Nachdruck 1971.

Moser, V. 1929/1951: Frühneuhochdeutsche Grammatik. Bd. 1/1 und 1/3/2. Heidelberg.

Moser, H. 1977: Die Kanzlei Kaiser Maximilians I. Graphematik eines Schreibusus. Innsbruck.

Moskalskaja, O. I. 1965/1985: Deutsche Sprachgeschichte. Moskva/Leningrad. 2. Aufl. Moskau 1985.

Moulin, C. 1990: Der Majuskelgebrauch in Luthers deutschen Briefen (1517–1546). Heidelberg.

Moulton, W. G. 1961: Zur Geschichte des deutschen Vokalsystems. In: Beiträge T 83, S. 1ff. Wiederabgedruckt in: Vorschläge für eine strukturale Grammatik des Deutschen. Hg.v. H. Steger. Darmstadt 1970, S. 480ff.

Müller, G./Th. Frings 1959: Die Entstehung der deutschen daß-Sätze. Berlin.

Müller, J. 1882: Quellenschriften und Geschichte des deutschsprachlichen Unterrichtes bis zur Mitte des 16. Jahrhunderts. Gotha (Nachdruck mit einer Einführung von M. Rössing-Hager. Darmstadt 1969).

Müller, J. 1885 und 1886: Vor- und frühreformatorische Schulordnungen und Schulverträge in deutscher und niederländischer Sprache. Tl. 1 und Tl. 2. Zschopau.

Müller, S. 1994: Sprachwörterbücher im Nationalsozialismus. Die ideologische Beeinflussung von Duden, Sprach-Brockhaus und anderen Nachschlagewerken während der "Dritten Reiches". Stuttgart.

Müller-Thurau, C.-P. 1985: Lexikon der Jugendsprache. Düsseldorf/Wien.

Multi Media Mania. Reflexionen zu Aspekten neuer Medien. 1998. Hg. v. R. Pfammater. Konstanz.

Munske, H. H. 1983: Umgangssprache als Sprachenkontakterscheinung. In: Dialektologie. 2. Halbbd. S. 1002ff.

Musseleck, K.-H. 1981: Untersuchungen zur Sprache katholischer Bibelübersetzungen der Reformationszeit. Heidelberg.

Nail, N. 1985: Zeitungssprache und Massenpresse in der jüngeren Geschichte des Deutschen. In: Sprachgeschichte[1], S. 1663ff.

Name und Gesellschaft. Soziale und historische Aspekte der Namengebung und Namenentwicklung 2001. Hg. von J. Eichhoff/W. Seibicke/M. Wolffsohn. (Thema Deutsch, Bd. 2.) Mannheim.

Nation und Sprache. Die Diskussion ihres Verhältnisses in Geschichte und Gegenwart 2000. Hg. Von A. Gardt. Berlin/New York.

Naumann, H./Betz, W. 1962: Althochdeutsches Elementarbuch. 3. Aufl. Berlin.

Neidhart 1968: Die Lieder Neidharts. Hg. von E. Wiessner. 3. Aufl. v. H. Fischer. Tübingen.

Nellmann, E. 1985: Pfaffe Konrad. In: Die deutsche Literatur des Mittelalters. Verfasserlexikon. Bd. 5. 2. Aufl. Berlin/New York, Sp. 115ff.

Neue Medien. 1995. Hg. v. U. Schmitz. Hannover. (OBST 50).

Neuere Forschungen zur historischen Syntax des Deutschen. 1990. Hg. v. A. Betten/C. M. Riehl. Tübingen.

Neues und Fremdes im deutschen Wortschatz. Aktueller lexikalischer Wandel 2001. Hg. von G. Stickel. Berlin. (Jb. 2000 des IDS)

Neumann, F. 1980: Freidank. In: Die deutsche Literatur des Mittelalters. Verfasserlexikon. Bd. 2. 2. Aufl. Berlin/New York, Sp. 897.

NEUMANN, G. 1998: Name und Namen. In: Die Germanen, S. 79ff.

NEUMANN, G. 1998a: Die Bezeichnung der germanischen Völker aus sprachwissenschaftlicher Sicht. In: Suevos – Schwaben, S. 1ff.

NEWALD, R. 1942: Das erste Auftreten der deutschen Urkunde in der Schweiz. In: Zeitschrift für Schweizerische Geschichte 22, S. 489ff.

Nibelungenlied 1949/1961. Nach der Ausgabe von K. BARTSCH hg. v. H. DE BOOR. 10. Aufl. Leipzig (16. Aufl. Wiesbaden).

Niederdeutsch und Zweisprachigkeit 1988. Befunde, Vergleiche, Ausblicke. Leer.

Die niederdeutschen Bibelfrühdrucke 1976. Hg. v. G. ISING. Bd. 6. Berlin.

NORDSTRÖM, T. 1911: Studien über die Ausbildung der neuhochdeutschen starken Präsensflexion. Diss. Uppsala.

O HALLORAN, E. 2002: Ist Mode englisch? Französische und englische Einflüsse auf die deutsche Mode- und Gemeinsprache im 20. Jahrhundert. Frankfurt (Main)/Berlin/Bern u.a.

OCHS, H. 1922: Studien zur Grammatik Fischarts. Diss. Marburg.

ÖHMANN, E. 1954: Die ältesten germanischen Wörter im Finnischen. In: Nachrichten der Akad. d. Wiss. in Göttingen. Phil.-Hist. Kl. 1954,2.

ÖHMANN, E. 1974: Der romanische Einfluß auf das Deutsche bis zum Ausgang des Mittelalters. In: Deutsche Wortgeschichte, Hg. v. F.MAURER/H. RUPP. Bd. 1. 3. Aufl. Berlin/New York, S. 323ff.

OKSAAR, E. 1977: Zum Prozeß des Sprachwandels: Dimensionen sozialer linguistischer Variation. In: Sprachwandel und Sprachgeschichtsschreibung. Düsseldorf, S. 98ff.

OKSAAR, E. 1984: Terminologie und Gegenstand der Sprachkontaktforschung. In: Sprachgeschichte[1], S. 845ff.

OPITZ, M. 1949: Buch von der deutschen Poeterei. Abdruck der ersten Ausgabe (1624). 4. Aufl. 5. Druck. Halle (Saale).

OSCHLIES, W. 1989: Würgende und wirkende Wörter – Deutschsprechen in der DDR. Berlin.

OSCHLIES, W. 1990: "Vierzig zu Null im Klassenkampf?" Sprachliche Bilanz von 4 Jahrzehnten DDR. Melle.

OSCHLIES, W. 1991: Wer "re-ideologisiert" denn da so massiv? In: Muttersprache 101, S. 66ff.

OSMAN, N. 1988: Kleines Lexikon untergegangener Wörter. Wortuntergang seit dem Ende des 18. Jahrhunderts. 5. Aufl. München. 9. Aufl. 1997. 11. Aufl. 1999.

OSWALD VON WOLKENSTEIN 1987: Die Lieder Oswalds von Wolkenstein. Hg. v. K. K. KLEIN 3. Aufl. von H. MOSER/N. R. WOLF/N. WOLF. Tübingen.

OTTO, E. 1970: Die Sprache der Zeitzer Kanzleien im 16. Jahrhundert. Untersuchungen zum Vokalismus und Konsonantismus. Berlin.

OTTO, K.-H. 1978: Deutschland in der Epoche der Urgesellschaft. 3. Aufl. Berlin.

OUBOUZAR, E. 1974: Über die Ausbildung der zusammengesetzten Verbformen im Deutschen. In: Beiträge H 95, S. 5ff.

PAINTER, S. D. 1988: Die Aussprache des Frühneuhochdeutschen nach Lesemeistern des 16. Jahrhunderts. Frankfurt (Main)/Bern.

PARASCHKEWOFF, B. 1967: Entwicklung der Adjektivadverbien im Ostmitteldeutschen vom Beginn der Überlieferung bis Luther. Diss. Leipzig.

PAUL, H. 1916–1920: Deutsche Grammatik. 5 Bde. Halle (Saale).

PAUL, H. 1968: Prinzipien der Sprachgeschichte. 8. Aufl. (1.Aufl. 1880) Tübingen.

*PAUL, H. 1976/1992: Deutsches Wörterbuch. 7. Aufl. von W. BETZ. 9. Aufl. von H. HENNE/G. OBJARTEL, unter Mitarb. von H. KÄMPER-JENSEN. Tübingen. 10. Aufl. 2002.

*PAUL, H. 1989: Mittelhochdeutsche Grammatik. 23. Aufl. von P. WIEHL/S. GROSSE. Tübingen. 24. Aufl. 1998.

PENSEL, F. 1981: Die Satznegation. In: Zur Ausbildung der Norm der deutschen Literatursprache auf der syntaktischen Ebene (1470–1730). Der Einfachsatz. Hg. v. G. KETTMANN/J. SCHILDT. Berlin, S. 285ff.

PENZL, H. 1969: Geschichtliche deutsche Lautlehre. München.

PENZL, H. 1971: Lautsystem und Lautwandel in den althochdeutschen Dialekten. München.

PENZL, H. 1972: Methoden der germanischen Linguistik. Tübingen.

PENZL, H. 1974: Zur Entstehung der frühneuhochdeutschen Diphthongierung. In: Studien zur deutschen Literatur und Sprache des Mittelalters. Fs. HUGO MOSER. Berlin, S. 345ff.

PENZL, H. 1975: Vom Urgermanischen zum Neuhochdeutschen. Eine historische Phonologie. Berlin.

PENZL, H. 1982: Zur Methodik der historischen Phonologie: Schreibung – Lautung und die Erforschung des Althochdeutschen. In: Beiträge T 104, S. 169ff.

*PENZL, H. 1984: Frühneuhochdeutsch. Bern/Frankfurt (Main)/Nancy/New York.

*PENZL, H. 1986: Althochdeutsch. Bern/Frankfurt (Main)/New York.

PENZL, H. 1988: Zum Stand der Forschung im Frühneuhochdeutschen. In: Studien zum Frühneuhochdeutschen 1988, S. 1ff.

*PENZL, H. 1989: Mittelhochdeutsch. Eine Einführung in die Dialekte. Bern/Frankfurt (Main)/New York/Paris.

PENZL, H. 1989a: Die Gallehusinschrift: Trümmer der nordisch-westgermanischen Ursprache. In: Germanische Rest- und Trümmersprachen, S. 87ff.

PENZL, H./REIS, M./VOYLES, J. B. 1974: Probleme der historischen Phonologie. Wiesbaden.

PETERS, R. 1985: Soziokulturelle Voraussetzungen und Sprachraum des Mittelniederdeutschen. In: Sprachgeschichte[1], S. 1211ff.

PETERS, U. 1983: Literatur in der Stadt. Studien zu den sozialen Voraussetzungen und kulturellen Organisationsformen städtischer Literatur im 13. und 14. Jahrhundert. Tübingen.

Pfaffe Konrad 1964: Das Alexanderlied des Pfaffen Lamprecht. Das Rolandslied des Pfaffen Konrad. Hg. von F. MAURER. Darmstadt (Neudruck der Ausgabe Leipzig 1940).

Pfaffe Lamprecht 1964: Das Alexanderlied des Pfaffen Lamprecht. Das Rolandslied des Pfaffen Konrad. Hg. v. F. MAURER. Darmstadt (Neudruck der Ausgabe Leipzig 1940)

PFAMMATER, R. 1998: Hypertext – das Multimediakonzept. Strukturen, Funktionsweisen, Qualitätskriterien. In: Multi Media Mania. Hg. v. R. Pfammater, S. 45ff.

PFEFFER, E. 1972: Die Sprache des Erfurter "Buches der Willkür" nach den Handschriften des 14. Jahrhunderts (Laute, Formen und einige Fragen der Syntax). In: Beiträge H 93, S. 102ff.

*PHILIPP, G. 1980: Einführung ins Frühneuhochdeutsche. Sprachgeschichte – Grammatik – Texte. Heidelberg.

PIETSCH, P. 1902/08: Leibniz und die deutsche Sprache. In: Wissenschaftliche Beihefte zur Zeitschrift des Allgemeinen Deutschen Sprachvereins. Vierte Reihe. Heft 29 und 30. Berlin, S. 265ff., S. 313ff.

PIIRAINEN, I. T. 1980: Frühneuhochdeutsche Bibliographie. Literatur zur Sprache des 14. Jahrhunderts. Tübingen.

PIIRAINEN, I. T. 1985: Die Diagliederung des Frühneuhochdeutschen. In: Sprachgeschichte[1], S. 1368ff.

PIRENNE, H. 1971: Sozial- und Wirtschaftsgeschichte Europas im Mittelalter. 2. Aufl. München.

PÖRKSEN, U. 1998: Deutsche Sprachgeschichte und die Entwicklung der Naturwissenschaften. Aspekte einer Geschichte der Naturwissenschaftssprache und ihrer Wechselbeziehung zur Gemeinsprache. In: Sprachgeschichte[2], S. 193ff.

POLENZ, P. v. 1978: Geschichte der deutschen Sprache. 9. Aufl. Berlin/New York.

POLENZ, P. v. 1983: Deutsch in der Bundesrepublik Deutschland. In: Tendenzen, Formen und Strukturen der deutschen Standardsprache nach 1945. Vier Beiträge zum Deutsch in Österreich, der Schweiz, der Bundesrepublik Deutschland und der Deutschen Demokratischen Republik von I. REIFFENSTEIN/H. RUPP/P. v. POLENZ/G. KORLÉN. Marburg, S. 41ff.

POLENZ, P. v. 1986: Altes und Neues zum Streit über das Meißnische Deutsch. In: Kontroversen, alte und neue. Akten des VII. Internationalen Germanisten-Kongresses. Göttingen 1985. Bd. 4. Hg. v. P. v. POLENZ/J. ERBEN/J. GOOSSENS. Tübingen.

POLENZ, P. v. 1988: Argumentationswörter. Sprachgeschichtliche Stichproben bei Müntzer und Forster, Thomasius und Wolf. In: Deutscher Wortschatz. Lexikologische Studien. L. E. Schmitt zum 80. Geburtstag. Hg. v. H. H. MUNSKE/P. v. POLENZ/O. REICHMANN/R. HILDEBRANDT. Berlin/New York, S. 81ff.

POLENZ, P. v. 1989a: Das 19. Jahrhundert als sprachgeschichtliches Periodisierungsproblem. In: Voraussetzungen und Grundlagen der Gegenwartssprache. Sprach- und sozialgeschichtliche Untersuchungen zum 19. Jahrhundert. Hg. v. D. CHERUBIM/K. J. MATTHEIER. Berlin/New York, S. 11ff.

POLENZ, P. v. 1989b: Die Schreib- und Leseexpansion um 1400 als Einleitung der frühneuhochdeutschen Epoche. In: Soziokulturelle Kontexte der Sprach- und Literaturentwicklung. Fs. für R. Große zum 65. Geburtstag. Hg. v. S. HEIMANN/G. LERCHNER/U. MÜLLER/I. REIFFENSTEIN/U. STÖRMER. Stuttgart, S. 67ff.

*POLENZ, P. v. 1991/1994/1999: Deutsche Sprachgeschichte vom Spätmittelalter bis zur Gegenwart. Bd. 1: Einführung, Grundbegriffe, Deutsch in der frühbürgerlichen Zeit. 2., überarb. Aufl. 2000. Bd. II: 17. und 18. Jahrhundert. Bd. III: 19. und 20. Jahrhundert. Berlin/New York.

POLOMÉ, E. C. 1972: Germanic and the other Indo-European languages. In: Toward a Grammar of Proto-Germanic, S. 43ff.

PORZIG, W. 1954: Die Gliederung des indogermanischen Sprachgebiets. Heidelberg.

PORZIG, W. 1971: Das Wunder der Sprache. 5. Aufl. München. 9. Aufl. 1993.

POVEJSIL, J. 1980: Das Prager Deutsch des 17. und 18. Jahrhunderts. Ein Beitrag zur Geschichte der deutschen Schriftsprache. Praha.

Probleme der Sprache nach der Wende. 1997. Beiträge des Kolloquiums in Rostock am 16. November 1996. Hg. v. I. RÖSLER und K.-E. SOMMERFELDT. Frankfurt (M) u.a.

Probleme der Sprache nach der Wende. 1998. Beiträge des Kolloquiums in Rostock am 16. November 1996. Hg. von I. RÖSLER u.a. 2. Aufl. Frankfurt (Main) u.a.

PROTZE, H. 1997: Wortatlas der städtischen Umgangssprache. Zur territorialen Differenzierung der Sprache in Mecklenburg-Vorpommern, Brandenburg, Berlin, Sachsen-Anhalt und Thüringen. Köln/Weimar/Wien.

Prowatke, C. 1988: Teutscher sprach art vnd eygenschaft. Zum Anteil der Grammatiker des 16. Jahrhunderts an der Herausbildung nationaler Normen in der deutschen Literatursprache. In: BES 8, S. 173ff.

Pusch, L. F. 1984: Das Deutsche als Männersprache. Aufsätze und Glossen zur feministischen Linguistik. Frankfurt (Main).

Pusch, L. F. 1990: Alle Menschen werden Schwestern. Feministische Sprachkritik. Frankfurt (Main).

Putschke, W. 1998: Die Arbeiten der Junggrammatiker und ihr Beitrag zur Sprachgeschichtsforschung. In: Sprachgeschichte², S. 474ff.

Raad, A. A. van/Voorwinden, N. Th. H. 1973: Die historische Entwicklung des Deutschen. 1. Einführung und Phonologie. Culemborg/Köln.

Rader, F. 1988: Afrikaans. 8. Aufl. München.

Ramat, P. 1981: Einführung in das Germanische. Tübingen.

Ramers, K.-H. 1992: Ambisilbische Konsonanten im Deutschen. In: Silbenphonologie des Deutschen. Hg. von P. Eisenberg/K-H. Ramers/H. Vater. Tübingen, S. 246ff.

Ramers, K.-H. 2001: Einführung in die Phonologie. 2. Aufl. München.

Rath, N. 1985: Geschriebene und gesprochene Form der heutigen Standardsprache. In: Sprachgeschichte¹, S. 1651ff.

Rauch, I. 1967: The Old High German diphthongization. The Hague/Paris.

Rausch, G. 1897: Zur Geschichte des deutschen Genetivs seit der mittelhochdeutschen Zeit. Diss. Darmstadt.

Die Rechtschreibreform – pro und contra. 1997. Hg. v. H.-W. Eroms und H.-H. Munske. Berlin.

Regionale Sprachgeschichte 1998. Hg. v. W. Besch und H. J. Solms. Sonderheft der ZfdPh, Bd. 117.

Reich, G. 1972: Muttersprachlicher Grammatikunterricht von der Antike bis um 1600. Weinheim.

Das Reich und die Deutschen. (Bis Bd. 6 u. d. T.: Die Deutschen und ihre Nation). Deutsche Geschichte in zehn Bänden im Wolf Jobst Siedler Verlag GmbH. Berlin.

Reichmann, O. 1998: Sprachgeschichte: Idee und Verwirklichung. In: Sprachgeschichte², S. 1ff.

Reiffenstein, I. 1969: Endungszusammenfall in diachroner und synchroner Sicht. In: Sprache. Gegenwart und Geschichte. Probleme der Synchronie und Diachronie. Düsseldorf, S. 171ff.

Reiffenstein, I. 1971: Diutisce. Ein Salzburger Frühbeleg des Wortes "deutsch". In: Peripherie und Zentrum. Fs. A. Schmitt. Salzburg/Stuttgart/Zürich, S. 249ff.

Reiffenstein, I. 1975: Hochsprachliche Norm und Sprachnorm. In: Sprache und Gesellschaft. Graz, S. 126ff.

Reiffenstein, I. 1983: Deutsch in Österreich. In: Tendenzen, Formen und Strukturen der deutschen Standardsprache nach 1945. Vier Beiträge zum Deutsch in Österreich, der Schweiz, der Bundesrepublik Deutschland und der Deutschen Demokratischen Republik von I. Reiffenstein/ H. Rupp/P. v. Polenz/G. Korlén. Marburg, S. 15ff.

Reiffenstein, I. 1985: Bezeichnungen der deutschen Gesamtsprache. In: Sprachgeschichte¹, S. 1717ff.

Reiffenstein, I. 1987: Stammesbildung und Sprachgeschichte. Das Beispiel der bairischen Ethnogenese. In: Althochdeutsch, Bd. 2, S. 1333ff.

Reiffenstein, I. 1988: Der "Parnassus Boicus" und das Hochdeutsche. Zum Ausklang des Frühneuhochdeutschen im 18. Jahrhundert. In: Stud. Frnhd., S. 27ff.

Reiffenstein, I. 1989: Gottsched und die Bayern. Der Parnassus Boicus, die Bayerische Akademie der Wissenschaften und die Pflege der deutschen Sprache im 18. Jahrhundert. In: Soziokulturelle Kontexte der Sprach- und Literaturentwicklung. Festschrift für Rudolf Grosse zum 65. Geburtstag. Hg. v. S. Heimann/G. Lerchner/ U.Müller/ I. Reiffenstein/ U. Störmer., Stuttgart, S. 177ff.

Reiffenstein, I. 1990: Interne und externe Sprachgeschichte. In: Dt. Sprachgesch. S. 21ff.

Reiffenstein, I. 2001: Das Problem der nationalen Varietäten. In: ZfdPh 120, S. 78ff.

Reinitzer, H. 1987: Oberdeutsche Bibeldrucke (vollständige Bibeldrucke). In: Die deutsche Literatur des Mittelalters. Verfasserlexikon. Bd. 6. 2. Aufl. Berlin/New York, Sp. 1276ff.

Die religiösen Dichtungen des 11. und 12. Jahrhunderts 1964, 1965, 1970. Hg. v. F. Maurer. 3 Bde. Tübingen.

Richtlinien zur Vermeidung des sexistischen Sprachgebrauchs. 1980. Von I. Guenther-odt/ M. Hellinger/L. Pusch/S. Trömel-Plötz. In: Linguistische Berichte 69/1980.

Ricken, U. 1984: Linguistik und Anthropologie bei Adelung. In: Adelung, S. 124ff.

Rieck, S. 1977: Untersuchungen zu Bestand und Varianz der Konjunktionen im Frühneuhochdeutschen unter Berücksichtigung der Systementwicklung zur heutigen Norm. Heidelberg.

Riecke, U. 1998: Studien zur Herausbildung der neuhochdeutschen Orthographie. Die Markierungen der Vokalquantitäten in deutschsprachigen Bibeldrucken des 16.–18. Jahrhunderts. Heidelberg.

Ritualität in der Kommunikation der DDR; ergänzt durch eine Bibliographie zur Ritualität 1998. Hg. von U. FIX/W. KAUKE. Frankfurt (Main) u.a.

ROELCKE, T. 1995: Periodisierung der deutschen Sprachgeschichte. Analysen und Tabellen. Berlin/New York.

ROELCKE, T. 1997: Sprachtypologie des Deutschen. Historische, regionale und funktionale Variation. Berlin/NewYork.

ROELCKE, T. 1998: Die Periodisierung der deutschen Sprachgeschichte. In: Sprachgeschichte[2], 1. Teilband, S. 798ff.

ROELCKE, TH. 2000: Die frühneuhochdeutsche Brücke. Überlegungen zur sprachtypologischen Periodisierung der deutschen Sprachgeschichte. In: ZfdPh. 119, S. 369ff.

RÖSSING-HAGER, M. 1972: Syntax und Textkomposition in Luthers Briefprosa. 2 Bde. Köln/Wien.

RÖSSING-HAGER, M. 1984: Konzeption und Ausführung der ersten deutschen Grammatik. Valentin Ickelsamer: 'Ein Teütsche Grammatica'. In: Literatur und Laienbildung im Spätmittelalter und in der Reformationszeit. Symposion Wolfenbüttel 1981. Stuttgart, S. 534ff.

RONNEBERGER-SIBOLD, E. 1988: Historische Phonologie und Morphologie des Deutschen. Eine kommentierte Bibliographie zur strukturellen Forschung. Tübingen.

ROSENFELD, H. 1987: Die Völkernamen *Baiern* und *Böhmen*, die althochdeutsche Lautverschiebung und W. Mayerthalers These 'Baiern = Salzburger Rätoromanen' – Völkernamen, Völkerwanderung, Stammesgenese und die Namen *Baiern, Bayern, Bajuwaren.* In: Althochdeutsch Bd. 2, S. 1305ff.

ROSENQVIST, A. 1932: Der französische Einfluß auf die mittelhochdeutsche Sprache in der 1. Hälfte des 14. Jahrhunderts. Helsinki.

ROSENQVIST, A. 1943: Der französische Einfluß auf die mittelhochdeutsche Sprache in der 2. Hälfte des 14. Jahrhunderts. Helsinki.

RUH, K. 1985: Überlieferungsgeschichte mittelalterlicher Texte als methodischer Ansatz zu einer erweiterten Konzeption von Literaturgeschichte. In: Überlieferungsgeschichtliche Prosaforschung. Hg. v. K. RUH. Tübingen, S. 262ff.

RUHLEN, M. 1996: A Origem da Linguagem. Reconstituindo a evolução da lingua mãe. Lisboa. [Engl. Original unter dem Titel. . ..1994.]

RUNKEHL, J./P. SCHLOBINSKI/T. SIEVER 1998: Sprache und Kommunikation im Internet. Überblick und Analysen. Opladen.

RUPP, H. 1956: Zum 'Passiv' im Althochdeutschen. In: Beiträge H 78, S. 265ff.

RUPP, H. 1983: Deutsch in der Schweiz. In: Tendenzen, Formen und Strukturen der deutschen Standardsprache nach 1945. Vier Beiträge zum Deutsch in Österreich, der Schweiz, der Bundesrepublik Deutschland und der Deutschen Demokratischen Republik von I. REIFFENSTEIN/H. RUPP/P. v. POLENZ/G. KORLÉN. Marburg, S. 29ff.

Der Sachsenspiegel als Buch 1991. Hg. v. R. SCHMIDT-WIEGAND, D. HÜPPER. Frankfurt (Main), Bern, New York, Paris.

SÄTTERSTRAND, B. 1923: Die Sprache Zesens in der 'Adriatischen Rosenmund'. Greifswald.

SAGER, E. 1949: Die Aufnahme der neuhochdeutschen Schriftsprache in der Kanzlei St. Gallen. Diss. Zürich.

SALTVEIT, L. 1962: Studien zum deutschen Futur. Bergen/Oslo.

SAMEL, I. 1995: Einführung in die feministische Sprachwissenschaft. Berlin.

SANDERS, D. 1982: Wörterbuch der deutschen Sprache. Nachdruck der Ausg. Leipzig 1876. Tokyo.

SANDERS, W. 1973: Altsächsische Sprache. In: Niederdeutsch. Sprache und Literatur. Hg. v. J. GOOSSENS. Bd. 1. Neumünster, S. 28ff.

*SANDERS, W. 1982: Sachsensprache, Hansesprache, Plattdeutsch. Sprachgeschichtliche Grundzüge des Niederdeutschen. Göttingen.

SCHANK, G. 1984: Ansätze zu einer Theorie des Sprachwandels auf der Grundlage von Textsorten. In: Sprachgeschichte[1], S. 761ff.

SCHATZ, J. 1927: Althochdeutsche Grammatik. Göttingen.

SCHERER, W. 1878: Zur Geschichte der deutschen Sprache. 2. Aufl. Berlin.

SCHEURINGER, H. 1997: Sprachvarietäten in Österreich. In: Varietäten des Deutschen. Hg. v. G. STICKEL, S. 332ff.

SCHEURINGER, H. 1996: Geschichte der deutschen Rechtschreibung. Ein Überblick. Wien.

SCHIEB, G. 1969: Die deutsche Sprache im hohen Mittelalter. In: Kleine Enzyklopädie. Die deutsche Sprache. Hg. v. E. AGRICOLA/W. FLEISCHER/H. PROTZE. Bd. 1. Leipzig, S. 147ff.

SCHIEB G. 1970: Mittelhochdeutsch. In: Grundriß, S. 347ff.

SCHIEB, G. 1972: Probleme der Erscheinungsformen des älteren Deutsch in feudaler Zeit. In: Studien zur Geschichte der deutschen Sprache. Berlin, S. 9ff.

SCHIEB, G. 1980: Versuch einer Charakteristik der grundlegenden Kommunikationsbeziehungen um 1200. (Gedanken zu einigen Voraussetzungen einer Geschichte der deutschen Nationalitätssprache). In: ZPSK 33, S. 379.

SCHIEB, G. 1980a: Zu Stand und Wirkungsbereich der kodifizierten, grammatischen Norm Ende des 19. Jahrhunderts. LS/ZISW/A, 66/ I. Berlin, S. 177ff.

SCHIEB, G. 1981: Der Verbkomplex aus verbalen Bestandteilen. In: Zur Ausbildung der

Norm der deutschen Literatursprache auf der syntaktischen Ebene (1470–1730). Der Einfachsatz. Hg. v. G. KETTMANN/J. SCHILDT. Berlin, S. 39ff.

SCHIEWE, J. 1998: Die Macht der Sprache. Eine Geschichte der Sprachkritik von der Antike bis zur Gegenwart. München.

SCHIKORSKI, I. 1990: Private Schriftlichkeit im 19. Jahrhundert. Untersuchungen zur Geschichte des alltäglichen Sprachverhaltens "kleiner Leute". Tübingen.

SCHILDT, J. 1981: Zur Ausbildung des Satzrahmens. In: Zur Ausbildung der Norm der deutschen Literatursprache auf der syntaktischen Ebene (1470–1730). Der Einfachsatz. Hg. v. G. KETTMANN/ J. SCHILDT. Berlin. S. 235ff.

SCHILDT, J. 1981a: Einleitung. In: Die Auswirkungen der industriellen Revolution auf die deutsche Sprachentwicklung im 19. Jahrhundert. Von einem Autorenkollektiv unter Leitung von J. SCHILDT. Berlin, S. 1ff.

SCHILDT, J. 1983: Sprachentwicklung im Kapitalismus (Ende des 18. Jh. bis zur Mitte des 20. Jh.) Das neuzeitliche Deutsch. In: Kleine Enzyklopädie. Deutsche Sprache. Hg. v. W.FLEISCHER/W. HARTUNG/J. SCHILDT/P. SUCHSLAND. Leipzig, S. 670ff.

SCHILDT, J. 1984: Abriß der Geschichte der deutschen Sprache. 3. Aufl. Berlin.

SCHILDT, J. 1989: Sprache und Sozialgeschichte. Aspekte ihrer Wechselwirkung im 19. Jahrhundert. In: Voraussetzungen und Grundlagen der Gegenwartsprache. Sprach- und sozialgeschichtliche Untersuchungen zum 19. Jahrhundert. Hg. v. D. CHERUBIM/ K. J. MATTHEIER. Berlin/New York, S. 31ff.

SCHILDT, J. 1990: Zur Rolle von Texten/Textsorten bei der Periodisierung der deutschen Sprachgeschichte. In: Dt. Sprachgesch., S. 415ff.

SCHIRMER, A. 1969: Deutsche Wortkunde. 6. Aufl. Bearb. von W. MITZKA. Berlin.

SCHIRMUNSKI, V. M. 1962: Deutsche Mundartkunde. Vergleichende Laut- und Formenlehre der deutschen Mundarten. Berlin.

SCHIROKAUER, A. 1957: Frühneuhochdeutsch. In: Deutsche Philologie im Aufriß. Bd. 1. Hg. v. W. STAMMLER. 2. Aufl. Berlin, Sp. 85ff.

SCHIROKAUER, A. 1987: Studien zur frühneuhochdeutschen Lexikologie und zur Lexikographie des 16. Jahrhunderts. Zum Teil aus dem Nachlaß hg. v. K.-P. WEGERA. Heidelberg.

SCHLÄPFER, R. 1990: Deutsche Schweiz. In: Deutsche Gegenwartsprache. Tendenzen und Perspektiven. Hg. v. G. STICKEL. Berlin/New York, S. 192ff.

SCHLEICHER, A. 1873: Die Darwinsche Theorie und die Sprachwissenschaft. Weimar.

SCHLIEBEN-LANGE, B. 1983: Schriftlichkeit und Mündlichkeit in der französischen Revolution. In: J. u. K. ASSMANN/C. HARDMEIER: Schrift und Gedächtnis. Archäologie der literarischen Kommunikation 1. München, S. 191ff.

SCHLOSSER, H. D. 1990: Die deutsche Sprache in der DDR zwischen Stalinismus und Demokratie. Historische, politische und kommunikative Bedingungen. Köln.

SCHMID, W. P. 1983: Das sprachgeschichtliche Problem Alteuropa. In: Sprachwissenschaft 8, S. 101ff.

SCHMIDT, H. 1984: Einige Grundbegriffe von Johann Christoph Adelungs Sprachkonzept. In: Adelung, S. 135ff.

SCHMIDT, J. 1872: Die Verwandtschaftsverhältnisse der indogermanischen Sprachen. Weimar.

SCHMIDT, W. 1977: Grundfragen der deutschen Grammatik. Eine Einführung in die funktionale Sprachlehre. 5. Aufl. Berlin.

SCHMIDT, W. 1985: Deutsche Sprachkunde. 10. Aufl. Berlin.

SCHMIDT-RADEFELDT, J. 1993: Sprachwandel und Sprachgeschichte. Fs. für HELMUT LÜDTKE zum 65. Geburtstag. Tübingen.

SCHMIDT-REGENER, I. 1989: Normbewußtsein im 18./19. Jahrhundert. Zeitgenössische Sprachwissenschaftler über die Herausbildung und Funktion einer national verbindlichen Sprachnorm des Deutschen. In: BES 9, S. 164ff.

SCHMIDT-WILPERT, G. 1980: Zur Substantivflexion, Grammatik und Sprachnorm um 1750. In: ZfdPh 99, S. 410ff.

SCHMIDT-WILPERT, G. 1985: Die Bedeutung der älteren deutschen Grammatiker für das Neuhochdeutsch. In: Sprachgeschichte[1], S. 1556ff.

SCHMITT, L. E. 1936: Die deutsche Urkundensprache in der Kanzlei Kaiser Karls IV. (1346–1378). Halle (Saale).

SCHMITT-BRANDT, R. 1998: Einführung in die Indogermanistik. Tübingen/Basel.

SCHMITZ, U./WYSS, E. L. 2002: Briefkommunikation im 20. Jahrhundert. Oldenburg. (OBST 64).

SCHMITZ-BERNING, C. 1998: Vokabular des Nationalsozialismus. Berlin. Nachdruck 2000.

SCHOLTEN, D. 2000: Sprachverbreitungspolitik des nationalsozialistischen Deutschlands. Frankfurt (Main).

SCHOTTELIUS, J. G. 1641: Teutsche Sprachkunst. Braunschweig.

SCHOTTELIUS, J. G. 1963: Ausführliche Arbeit Von der Teutschen HaubtSprache 1663. Neudruck Tübingen.

SCHRODT, R. 1998: Sprachgeschichte in der Sicht strukturalistischer Schulen. In: Sprachgeschichte[2], S. 520ff.

SCHRÖDER, I. 1997: Niederdeutsch im Kontext der Sprachpolitik. Ein Resümee zur Diskussion der letzten Jahre. In: ZGL 25 (1997), S. 200ff.

SCHRÖDER, M/U. FIX 1997: Allgemeinwortschatz der DDR-Bürger – nach Sachgruppen geordnet und linguistisch kommentiert. Heidelberg.

SCHÜTZEICHEL, R. 1976: Die Grundlagen des westlichen Mitteldeutschen. 2. Aufl. Tübingen.

SCHÜTZEICHEL, R. 1995: Althochdeutsches Wörterbuch. 5. Aufl. Tübingen.

SCHULZE, U. 1975: Lateinisch-deutsche Parallelurkunden des 13. Jahrhunderts. München.

SCHWARZ, E. 1951a: Deutsche und germanische Philologie. Heidelberg.

SCHWARZ, E. 1951b: Goten, Nordgermanen, Angelsachsen. Bern/München.

SCHWEIKLE, G. 1996: Germanisch-deutsche Sprachgeschichte im Überblick. 4. Aufl. Stuttgart. 5. Aufl. 2002.

SCHWENCKE, O. 1987: Niederdeutsche Bibeldrucke (vollständige Bibeln). In: Die deutsche Literatur des Mittelalters. Verfasserlexikon. Bd. 6. 2. Aufl. Berlin/New York, Sp. 977ff.

SCHWITALLA, J. 1983: Deutsche Flugschriften 1460–1525. Textsortengeschichtliche Studien. Tübingen.

SEEBOLD, E. 1981: Etymologie. Eine Einführung am Beispiel der deutschen Sprache. München.

SEEBOLD, E. 1998: Sprache und Schrift. In: Die Germanen 1998, S. 96ff.

SEEBOLD, E. 1998a: Die Sprache(n) der Germanen in der Zeit der Völkerwanderung. In: Suevos – Schwaben, S. 11ff.

SEEBOLD, E. 2001: Chronologie des althochdeutschen Wortschatzes. Der Wortschatz des 8. Jahrhunderts (und früherer Quellen). Berlin/New York.

SEIBICKE, W. 1985: Fachsprachen in historischer Entwicklung. In: Sprachgeschichte[1], S. 1998ff.

SEIBICKE, W. 1985a: Die Lexik des Neuhochdeutschen seit dem 17. Jahrhundert. In: Sprachgeschichte[1], S. 1510ff.

SEIDEL, K. O./R. SCHOPHANS 1994: Einführung in das Mittelhochdeutsche. 2. Aufl. Wiesbaden.

SEIDEL, E./I. SEIDEL-SLOTTY 1961: Sprachwandel im Dritten Reich. Halle (Saale).

SELTING, M. 1999: Kontinuität und Wandel der Verbstellung von ahd. *wanta* bis gwd. *weil*. Zur historischen und vergleichenden Syntax der *weil*-Konstruktionen. In: ZGL 27, S. 167ff.

SEMENJUK, N. N. 1972: Zustand und Evolution der grammatischen Normen des Deutschen in der 1. Hälfte des 18. Jh. am Sprachstoff der periodischen Schriften. In: Studien zur Geschichte der deutschen Sprache. Berlin, S. 79ff.

SEMENJUK, N. N. 1985: Soziokulturelle Voraussetzungen des Neuhochdeutschen. In: Sprachgeschichte[1], S. 1448ff. 2. Aufl. 2000, 1746ff.

SIEBS, TH. 1969: Deutsche Aussprache/Bühnenaussprache. 19. Aufl. Hg. v. H. DE BOOR/H. MOSER/C. WINKLER. Berlin.

SIMMLER, F. 1976: Synchrone und diachrone Studien zum deutschen Konsonantensystem. Amsterdam.

SIMMLER, F. 1983: Konsonantenschwächung in den deutschen Dialekten. In: Dialektologie, S. 2121ff.

SIMMLER, F. 1985: Phonetik und Phonologie, Graphetik und Graphemik des Mittelhochdeutschen. In: Sprachgeschichte[1], S. 1129ff.

SIMON, B. 1988: Jiddische Sprachgeschichte. Versuch einer neuen Grundlegung. Leipzig.

SIMON, G. 1989: Sprachpflege im "Dritten Reich". In: Sprache im Faschismus. Hg. v. K. EHLICH, S. 58ff.

SIMONS, G. 1968: Barbarian Europe. New York.

SINGER, J. 1996: Grundzüge einer rezeptiven Grammatik des Mittelhochdeutschen. Paderborn u.a.

SINGER, J. 2001: Mittelhochdeutscher Grundwortschatz. Paderborn.

SKÁLA, E. 1965: Schriftsprache und Mundart im "Ackermann aus Böhmen". In: Deutschtschechische Beziehungen im Bereich der Sprache und Kultur. Hg. v. B. HAVRÀNEK u.a. Berlin, S. 63ff.

SKÁLA, E. 1966: Das Prager Deutsch. In: Zeitschrift für deutsche Sprache 22, S. 84ff.

SKÁLA, E. 1967: Die Entwicklung der Kanzleisprache in Eger 1310–1660. Berlin.

SKÁLA, E. 1972: Zum Prager Deutsch des 16. Jahrhunderts. In: Beiträge T 95 (Sonderband), S. 283ff.

SKÁLA, E. 1980: Thesen zur Entstehung der neuhochdeutschen Schriftsprache. In: Akten des VI. Internationalen Germanisten-Kongresses. Bd. 2. Frankfurt(Main), S. 441ff.

SKÁLA, E. 1985: Urkundensprache, Geschäfts- und Verkehrssprachen im Spätmittelalter. In: Sprachgeschichte[1], S. 1773ff.

SOCIN, A. 1888: Schriftsprache und Dialecte im Deutschen nach Zeugnissen alter und neuer Zeit. Heilbronn.

SODMANN, T. 1973: Der Untergang des Mittelniederdeutschen als Schriftsprache. In: Niederdeutsch. Sprache und Literatur Bd. 1. Hg. v. J. GOOSSENS. Neumünster, S. 166ff.

SODMANN, T. 1985: Der Rückgang des Mittelniederdeutschen als Schreib- und Druckersprache. In: Sprachgeschichte[1], S. 1298ff.

SOMMERFELDT, K.-E. 1988: Entwicklungstendenzen im Satzbau. In: Entwicklungstendenzen in der deutschen Gegenwartssprache. Hg. v. K.-E. SOMMERFELDT. Leipzig, S. 216ff.

SONDEREGGER, S. 1961: Das Althochdeutsche der Vorakte der älteren St. Galler Urkunden. In: ZfMaf 28, S. 251ff.

SONDEREGGER, S. 1970a: Althochdeutsch in St.Gallen. St. Gallen/Sigmaringen.

*SONDEREGGER, S. 1974: Althochdeutsche Sprache und Literatur. Berlin/New York. 2. Aufl. 1987.

SONDEREGGER, S. 1978: Tendenzen zu einem überregional geschriebenen Althochdeutsch. In: Aspekte der Nationenbildung im Mittelalter. Hg. v. H. BEUMANN/W. SCHRÖDER. Sigmaringen, S. 229ff.

*SONDEREGGER, S. 1979: Grundzüge deutscher Sprachgeschichte. Diachronie des Sprachsystems. Bd. 1: Einführung, Genealogie, Konstanten. Berlin/New York.

SONDEREGGER, S. 1984: Geschichte deutschsprachiger Bibelübersetzungen in Grundzügen. In: Sprachgeschichte[1], S. 129ff.

SONDEREGGER, S. 1998: Sprachgeschichtsforschung in der ersten Hälfte des 19. Jahrhunderts. In: Sprachgeschichte[2], S. 443ff.

Soziolinguistik 1987/1988. Ein internationales Handbuch zur Wissenschaft von Sprache und Gesellschaft. Hg. von U. AMMON/N. DITTMAR/K. J. MATTHEIER. 2 Halbbde. Berlin/New York.

SPANGENBERG, K. 1963: Tendenzen volkssprachlicher Entwicklung in Thüringen. In: ROSENKRANZ, H./K. SPANGENBERG: Sprachsoziologische Studien in Thüringen. Berlin, S. 53ff.

SPARMANN, H. 1961: Die Pronomina in der mittelhochdeutschen Urkundensprache. In: Beiträge H 83, S. 1ff.

SPARMANN, H. 1970ff.: Neues im deutschen Wortschatz unserer Gegenwart. In: Sprachpflege 19 (1970), H. 10, S. 109ff.; 24 (1975), H. 12, S. 245ff.; 28 (1979), H. 5, S. 103ff.

Sprache – Erotik – Sexualität 2001. Hg. von R. HOBERG. Berlin.

Sprache im Faschismus 1989. Hg. v. K. EHLICH. Frankfurt (Main).

Sprache im Konflikt. Zur Rolle der Sprache in sozialen, politischen und militärischen Auseinandersetzungen. 1995. Hg. v. R. REIHER. Berlin u.a.

Sprache im Umbruch. Politischer Sprachwandel im Zeichen von "Wende" und "Vereinigung". 1992. Hg. v. A. BURKHARD. Berlin u.a.

Sprache in der sozialen und kulturellen Entwicklung 1990. Beiträge eines Kolloquiums zu Ehren von TH. FRINGS (1886–1968). Hg. v. R. GROSSE. Berlin.

Sprache und bürgerliche Nation. Beiträge zur deutschen und europäischen Sprachgeschichte des 19. Jahrhunderts. 1998. Hg. v. D. CHERUBIN/S. GROSSE/K. J. MATTHEIER. Berlin/New York.

Spracherwerb – Sprachkontakt – Sprachkonflikt 1984. Hg. v. E. OKSAAR. Berlin/New York.

Sprachgeschichte des Neuhochdeutschen: Gegenstände, Methoden, Theorien. 1995. Hg. v. A. GARDT/K. J. MATTHEIER/O. REICHMANN. Tübingen.

Sprachgeschichte und Sprachkritik 1993. Fs. für P. v. POLENZ zum 65. Geburtstag. Hg. v. H. HERINGER und G. STÖTZEL.

Sprachkontakt in der Hanse 1986. Aspekte des Sprachausgleichs im Ostsee- und Nordseeraum. Akten des 7. Symposiums über Sprachkontakt in Europa. Hg. v. P. S. URELAND. Tübingen.

Sprachkulturen in Europa. Ein internationales Handbuch 2002. Hg. von N. JANICH/A. GREULE. Tübingen.

Sprachliche Kommunikation und Gesellschaft 1976: Von einem Autorenkollektiv unter der Leitung von W. HARTUNG. 2. Aufl. Berlin.

Sprachlicher Substandard I 1986. Hg. v. G. HOLTUS/E. RADTKE. Tübingen.

Sprachlicher Substandard III 1989. Standard, Substandard und Varietätenlinguistik. Hg. v. G. HOLTUS/E. RADTKE. Tübingen.

Sprachvariation und Sprachwandel 1980. Probleme der Inter- und Intralinguistik. Akten des 3. Symposiums über Sprachkontakt in Europa, Mannheim 1979. Hg. v. P. S. URELAND.Tübingen.

Sprachwandel durch Computer 1997. Hg. von R. WEINGARTEN. Opladen.

Sprachwandel durch Computer. 1997. Hg. v. R. WEINGARTEN. Opladen.

STACKMANN, K. 1984: Probleme germanistischer Lutherforschung. In: Archiv für Reformationsgeschichte 75, S. 7ff.

STARCK, J. 1912: Studien zur Geschichte des Rückumlauts. Ein Beitrag zur historischen Formenlehre. Diss. Uppsala.

STEDJE, A. 1996: Deutsche Sprache gestern und heute. Einführung in die Sprachgeschichte und Sprachkunde. 3. Aufl. München. 5. Aufl. 2001.

STEER, G. 1981: Hugo Ripelin von Straßburg. Tübingen.

STEER, G. 1983: Intentionen der Bibelübersetzung im deutschen Spätmittelalter, bei Martin Luther und den Katholiken des 16. Jahrhunderts. Ein Expose. In: Text + Kritik. Sonderband Martin Luther. München, S. 59ff.

STEGER, H. 1980: Soziolinguistik. In: LGL, S. 347ff.

STEGER, H. 1984: Sprachgeschichte als Geschichte der Textsorten/Texttypen und ihrer kommunikativen Bezugsbereiche. In: Sprachgeschichte[1], S. 186ff.

STEGER, H. 1998: Sprachgeschichte als Geschichte der Textsorten, Kommunikationsbereiche und Semantiktypen. In: Sprachgeschichte[2], S. 284ff.

STELLMACHER, D. 1990: Der Norden der Bundesrepublik Deutschland. In: Deutsche Gegenwartssprache. Tendenzen und Perspektiven. Hg. v. G. STICKEL. Berlin/New York, S. 198ff.

STERNBERGER, D./G. STORZ/W. E. SÜSKIND 1986: Aus dem Wörterbuch des Unmenschen. 4. Aufl. Frankfurt (Main)/Berlin.

STICKEL, G../VOLZ, N. 1999: Einstellungen und Meinungen zur deutschen Sprache. Ergebnisse einer bundesweiten Repräsentativerhebung. Mannheim.

STIELER, K. 1691: Kurze Lehrschrift Von der Hochteutschen Sprachkunst. Nürnberg.

STÖRIG, H. J. 1987: Abenteuer Sprache. Ein Streifzug durch die Sprachen der Erde. Berlin/München. 3. Aufl. 1992.

STÖTZEL, G./WENGLER, M. 1993: Kontroverse Begriffe. Eine Geschichte des öffentlichen Sprachgebrauchs in der Bundesrepublik Deutschland von 1945 bis 1989. Berlin/New York.

STOPP, H. 1974: Veränderungen im System der Substantivflexion vom Althochdeutschen bis zum Neuhochdeutschen. In: Studien zur deutschen Literatur und Sprache des Mittelalters. Fs. HUGO MOSER. Berlin, S. 324ff.

STOPP, H. 1976: Schreibsprachwandel. Zur großräumigen Untersuchung frühneuhochdeutscher Schriftlichkeit. München.

STOPP, H./MOSER, H. 1967: Flexionsklassen der mittelhochdeutschen Substantive in synchronischer Sicht. In: ZfdPh 86, S. 70ff.

STRASSER, I. 1984: Diutisk, deutsch. Neue Überlegungen zur Entstehung der Sprachbezeichnung. Wien.

STRASSNER, E. 1987: Ideologie – Sprache – Politik. Grundfragen ihres Zusammenhanges. Tübingen.

STRAUSS, G./HASS, U./HARRAS, G. 1989: Brisante Wörter von Agitation bis Zeitgeist. Ein Lexikon zum öffentlichen Sprachgebrauch. Berlin/New York.

STREITBERG, W. 1920: Gotisches Elementarbuch. 5. und 6. Aufl. Heidelberg.

STRÖMBERG, E. 1907: Die Ausgleichung des Ablauts im starken Präteritum mit besonderer Rücksicht auf oberdeutsche Sprachdenkmäler des 15. bis 16. Jahrhunderts. Göteborg.

STROH, F. 1974: Indogermanische Ursprünge [und] Germanisches Altertum. In: Deutsche Wortgeschichte. 3. Aufl. Hg. v. F. MAURER/H. RUPP. Bd. 1. Berlin/New York. S. 3ff. [und] 35ff.

Studien zu soziolinguistischen Problemen des Sprachwandels 1987. Dargestellt an ausgewählten sprachlichen Erscheinungen in Leipziger Frühdrucken. Hg. v. J. SCHILDT. LS/ZISW/A 159. Berlin.

STULZ, E. 1902: Die Deklination des Zahlworts 'zwei' vom XV. bis XVII. Jahrhundert. In: Zeitschrift für deutsche Wortforschung 2, S. 85ff.

STURM, H. 1955: Einführung in die Schriftkunde. München-Pasing.

SUCHSLAND, P. 1968: Die Sprache der Jenaer Ratsurkunden. Entwicklung von Lauten und Formen von 1317 bis 1525. Berlin.

SUCHSLAND, P. 1969: Zum Strukturwandel im morphologischen Teilsystem der deutschen Nominalflexion. In: WZ Jena 18, S. 97ff.

SUCHSLAND, P. 1985: Der mittelalterliche Stadtrat von Jena und seine deutschen Urkunden. In: WZ Jena 34, S. 559ff.

Suevos – Schwaben. Das Königreich der Sueben auf der Iberischen Halbinsel (411–586). Hg. von E. KOLLER/H. LAITENBERGER. Tübingen 1998.

SZEMEREMYI, O. 1980: Einführung in die vergleichende Sprachwissenschaft. 2. Aufl. Darmstadt.

SZULC, A. 1969: Abriß der diachronischen deutschen Grammatik. Teil 1: Das Lautsystem. Warszawa/Halle (Saale).

SZULC, A. 1987: Historische Phonologie des Deutschen. Tübingen.

TAO, J. 1997: Mittelhochdeutsche Funktionsverbgefüge: Materialsammlung, Abgrenzung und Darstellung ausgewählter Aspekte. Tübingen.

Tatian 1966. Hg. v. E. SIEVERS. 2. Ausg. Nachdruck. Paderborn.

TAUBER, W. 1993: Mundart und Schriftsprache in Bayern (1450–1800). Untersuchungen zu Sprachnorm und Sprachnormierung im Frühneuhochdeutschen. Berlin/New York.

TAUBERT, G. 1995: Mittelhochdeutsche Kurzgrammatik mit Verslehre. Erding.

TECHTMEIER, B. 1987: Bedeutung zwischen Wort und Text – Die Sprache des Faschismus im Spiegel von Victor Klemperers "LTI". In: Bedeutungen und Ideen in Sprachen und Texten. Werner Bahner gewidmet. Hg. v. W. NEUMANN und B. TECHTMEIER. Berlin, S. 315ff.

TELLING, R. 1987: Französisch im deutschen Wortschatz. Lehn- und Fremdwörter aus acht Jahrhunderten. Berlin. 2. Aufl. 1988.

Tendenzen der deutschen Gegenwartssprache 1994: Hg. v. H. J. HERINGER/G. SAMSON/M. KAUFMANN/W. BADER. Tübingen.

TERVOOREN, H. 1979: Minimalmetrik zur Arbeit mit mittelhochdeutschen Texten. 3., ergänzte und verbesserte Aufl. Göppingen.

Textarten im Sprachwandel – nach Erfindung des Buchdrucks. 1996. Hg. v. R. GROSSE/H. WELLMANN. Heidelberg.
THEOBALD, E. 1992: Sprachwandel bei deutschen Verben. Flexionsschwankungen starker und schwacher Verben. Tübingen.
Theoretische Probleme der deutschen Orthographie 1980. Hg. v. D. NERIUS/J. SCHARNHORST. Berlin.
THIEME, P. 1954: Die Heimat der indogermanischen Gemeinsprache. Wiesbaden.
Thomas Müntzers deutsches Sprachschaffen 1990. Referate der internationalen sprachwissenschaftlichen Konferenz. Berlin, 23.–24. Oktober 1989. Hg. v. R. PEILICKE/J. SCHILDT. Berlin (LS/ZISW 207).
Thomasin von Zirclaria 1965: Der Wälsche Gast. Hg. v. H. RÜCKERT. Mit einer Einleitung und einem Register von FRIEDRICH NEUMANN. Berlin.
Thüringischer Dialektatlas 1961ff. Hg. v. H. HUCKE/K. SPANGENBERG. Berlin.
TIMPE, D. 1998: Geschichte. In: Die Germanen. S. 2ff.
TISCHLER, J. 1973: Glottochronologie und Lexikostatistik. Innsbruck.
Toward a Grammar of Proto-Germanic 1972. Hg. v. F. VAN COETSEM/H. L. KUFNER. Tübingen.
TRITHEMIUS, J. 1970: De laude scriptorum. Hg. v. K. ARNOLD. Würzburg.
TRÖMEL-PLÖTZ, S. 1989: Frauensprache, Sprache der Veränderung. Frankfurt (Main).
TROST, P. 1981: Neuhochdeutsche Monophthongierung und Diphthongierung. In: ZfDuL 48, S. 222ff.
TRUBETZKOY, N. S. 1939: Gedanken über das Indogermanenproblem. In: Acta linguistica, S. 81ff.
TSCHIRCH, F. 1969: 1200 Jahre deutsche Sprache in synoptischen Bibeltexten. Ein Lese- und Arbeitsbuch. 2. Aufl. Berlin.
*TSCHIRCH, F. 1983/1989: Geschichte der deutschen Sprache. 2 Bde. 3. Aufl. von W. BESCH. Berlin.
UNGER, CH. 1980: Untersuchungen zur Herausbildung und Entwicklung des elektrotechnischen Fachwortschatzes des 19. Jahrhunderts. In: LS/ZISW/A 66/III. Berlin, S. 130ff.
Urheimat 1968: Die Urheimat der Indogermanen. Hg. v. A. SCHERER. Darmstadt.
VANDEPUTTE, O./DE VIN, D. 1981: Niederländisch. Die Sprache von zwanzig Millionen Niederländern und Flamen. Lauwe (Belgien).
Varietäten des Deutschen. Regional- und Umgangssprachen. 1997. Hg. v. G. Stickel. Berlin/New York. (Jb. 1996 des IDS.)
VEITH, W. H. 1985: Die Bestrebungen der Orthographiereform im 18., 19. und 20. Jahrhundert. In: Sprachgeschichte[1], S. 1482ff.
VENNEMANN, T. 1974: Zur Theorie der Wortstellungsveränderung. In: Zur Theorie der Sprachveränderung. Hg. v. G. DINSER. Kronberg (Ts.), S. 265ff.
VENNEMANN, T. 1984: Hochgermanisch und Niedergermanisch. Die Verzweigungstheorie der germanisch-deutschen Lautverschiebungen. In: Beiträge T 106, S. 1ff.
VENNEMANN, T. 1987: Betrachtung zum Alter der Hochgermanischen Lautverschiebung. In: Althochdeutsch, Bd. 1, S. 29ff.
Victor Klemperers Werk. Texte und Materialien für Lehrer. 2001. Hg. von K.-H. SIEHR. Berlin.
VIERECK, W. 1984: Britisches Englisch und amerikanisches Englisch. In: Sprachgeschichte[1], S. 938ff.
VOESTE, A. 1999: Varianz und Vertikalisierung. Zur Normierung der Adjektivdeklination in der ersten Hälfte des 18. Jahrhunderts. Amsterdam/Atlanta.
Von "Buschzulage" und "Ossinachweis". Ost-West-Deutsch in der Diskussion. 1996. Hg. v. R. REIHER und R. LÄZER. Berlin.
VON HAHN, W. 1983: Fachkommunikation. Entwicklung – Linguistische Konzepte – Betriebliche Beispiele. Berlin/New York.
Voraussetzungen und Grundlagen des Gegenwartsdeutsch. Sprach- und sozialgeschichtliche Untersuchungen zum 19. Jahrhundert 1989. Hg. v. D. CHERUBIM und K. J. MATTHEIER. Berlin/New York.
VOSSEN, C. 1992: Mutter Latein und ihre Töchter. Europas Sprachen und ihre Herkunft. Düsseldorf. 14. Aufl. 1999.
WAGNER, K. 1974: Das 19. Jahrhundert. In: Deutsche Wortgeschichte. Hg. v. F. MAURER/H. RUPP. Bd. 2. 3. Aufl. Berlin/New York, S. 498ff.
WAHLE, E. 1973: Ur- und Frühgeschichte im mitteleuropäischen Raum. München.
WALTHER, H. 1994: L'Aventure des Langues en Occident. Paris.
WALTHER VON DER VOGELWEIDE 1950. Die Gedichte WALTHERS VON DER VOGELWEIDE. Hg. v. H. PAUL. 7. Aufl. v. A. LEITZMANN. Halle (Saale).
WANDRUSZKA, M. 1990: Die europäische Sprachengemeinschaft. Deutsch – Französisch – Englisch – Italienisch – Spanisch im Vergleich. Tübingen.
WARTBURG, W. v. 1951: Die Entstehung der romanischen Völker. 2. Aufl. Halle (Saale).
WEDDIGE, H. 1998: Mittelhochdeutsch. Eine Einführung. München.
WEGENER, H. 1999: Syntaxwandel und Degrammatikalisierung im heutigen Deutsch? Noch einmal zu weil-Verbzweit. In: Deutsche Sprache 27, H. 1, S. 3ff.
WEGERA, K.-P./PRELL, H.-P. 2000: Wortbildung des Frühneuhochdeutschen. In: Sprachgeschichte[2], 2. Teilbd., S. 1594ff.

WEGSTEIN, W. 1985: Die sprachgeographische Gliederung des Deutschen in historischer Sicht. In: Sprachgeschichte[1], S. 1751ff.

WEINHOLD, K. 1863: Alemannische Grammatik. Berlin.

WEINHOLD, K. 1867: Bairische Grammatik. Berlin.

WEINHOLD, K. 1968: Kleine mittelhochdeutsche Grammatik. Fortgef. v. G. EHRISMANN. Neu bearb. v. HUGO MOSER. 15. Aufl. Wien/Stuttgart.

WEINRICH, H. 1988: Die Accademia della Crusca als Lehrmeisterin der Sprachkultur in Deutschland. In: H. WEINRICH: Wege der Sprachkultur. München, S. 85ff.

WEISSBERG. J. 1988: Jiddisch. Eine Einführung. Bern/Frankfurt (Main)/New York/Paris.

WEISWEILER J./ BETZ. W. 1974: Deutsche Frühzeit. In: Deutsche Wortgeschichte. Hg. v. F. MAURER/H. RUPP. Bd. 1. 3. Aufl. Berlin/New York, S. 55ff.

WEITHASE, I. 1961: Zur Geschichte der gesprochenen deutschen Sprache. Tübingen.

*WELLS, C. J. 1990: Deutsch: eine Sprachgeschichte bis 1945. Aus dem Englischen von R. WELLS. Tübingen.

Wer spricht das wahre Deutsch? Erkundungen zur Sprache im vereinigten Deutschland 1993. Hg. v. R. REIHER und R. LÄZER.

WERMKE, M. 1997: Umgangssprachliches im standardsprachlichen Wörterbuch der deutschen Sprache. In: Varietäten des Deutschen. Hg. v. G. STICKEL, S. 221ff.

WERNER, O. 1965: Vom Formalismus zum Strukturalismus in der historischen Morphologie. In: ZfdPh 84, S. 100ff. Wieder abgedruckt in: Vorschläge für eine strukturale Grammatik des Deutschen. Hg. v. H. STEGER. Darmstadt 1970, S. 349ff. (zit).

WERNER, O. 1969: Das deutsche Pluralsystem. Strukturelle Diachronie. In: Sprache – Gegenwart und Geschichte. Düsseldorf, S. 92ff.

WERNHER DER GARTENAERE 1968: Meier Helmbrecht. Hg. v. F. PANZER. 8. Aufl. v. K. RUH. Tübingen.

Widerworte 1997. "Lieber Herr Grass, Ihre Aufregung ist unbegründet". Antworten an Gegner und Kritiker der Rechtschreibreform. Hg. von H. Zabel. Aachen.

*Das österreichische Deutsch 1988. Hg. v. P. WIESINGER. Wien/Köln/Graz.

WIESINGER, P. 1970: Phonetisch-phonologische Untersuchungen zur Vokalentwicklung in den deutschen Dialekten. Bd. 1. Die Langvokale im Hochdeutschen. Berlin.

WIESINGER, P. 1983a: Dehnung und Kürzung in den deutschen Dialekten. In: Dialektologie, S. 1088ff.

WIESINGER, P. 1983b: Diphthongierung und Monophthongierung in den deutschen Dialekten. In: Dialektologie, S. 1076ff.

WIESINGER, P. 1983c: Hebung und Senkung in den deutschen Dialekten. In: Dialektologie, S. 1106ff.

WIESINGER, P. 1983d: Rundung und Entrundung, Palatalisierung und Entpalatalisierung, Velarisierung und Entvelarisierung in den deutschen Dialekten. In: Dialektologie, S. 1101ff.

WIESINGER, P. 1983e: Phonologische Vokalsysteme deutscher Dialekte. Ein synchronischer und diachronischer Überblick. In: Dialektologie, S. 1042ff.

WIESINGER, P. 1985: Die Entwicklung des Verhältnisses von Mundart und Standardsprache in Österreich. In: Sprachgeschichte[1], S. 1939ff.

WIESINGER, P. 1990: Österreich. In: Deutsche Gegenwartssprache. Tendenzen und Perspektiven. Hg. v. G. STICKEL. Berlin/New York, S. 218ff.

WIESINGER, P. 1990a: Zur Periodisierung der deutschen Sprachgeschichte aus regionaler Sicht. In: Dt. Sprachgesch., S. 403ff.

WIESINGER, P. 1991: Zur Reimgrammatik des Mittelhochdeutschen. Methodik – Anwendung – Perspektiven. In: ZfdPh 110, Sonderheft: Mittelhochdeutsche Grammatik als Aufgabe, S. 56ff.

WIESINGER, P. 1996: 5 Thesen zur Regionalität und Überregionalität in der schriftsprachlichen Entwicklung: Der bayrisch-österreichische Raum vom 16.–18. Jahrhundert. In: Textarten im Sprachwandel nach Erfindung des Buchdrucks. Hg. v. R. GROSSE/H. WELLMANN. Heidelberg, S. 315ff.

WIESINGER, P. 1995: Die sprachlichen Verhältnisse und der Weg zur allgemeinen deutschen Schriftsprache in Österreich im 18. und frühen 19. Jahrhundert. In: Sprachgeschichte des Neuhochdeutschen. Hg. von A. GARDT/K. J. MATTHEIER/O. REICHMANN. Tübingen, S. 321ff.

WIESINGER, P. 1996: Das österreichische Deutsch. Eine Varietät der deutschen Sprache. In: Germanistische Mitteilungen 43–44/1996, S. 219ff.

WIESINGER, P. 2000a: *Nation* und *Sprache* in Österreich. In: Nation und Sprache. Die Diskussion ihres Verhältnisses in Geschichte und Gegenwart. Hg. von A. GARDT. Berlin/New York.

WIESINGER, P. 2002: Austriazismen als Politikum. Zur Sprachpolitik in Österreich. In: Das Wort. Seine strukturelle und kulturelle Dimension. Festschrift für OSKAR REICHMANN zum 65. Geburtstag. Hg. Von V. ÁGEL u.a., S. 159ff.

WIESINGER, P. 1987: Zur Frage lutherisch-ostmitteldeutscher Spracheinflüsse auf Österreich im 17. und in der ersten Hälfte des 18. Jahrhunderts. In: Beiträge zur Sprachwirkung Martin Luthers im 17./18. Jahrhundert. Bd.1. Hg von M. LEMMER. Halle (Saale), S. 83ff.

WIESINGER, P. 1997: Die Anfänge der Sprachpflege und der deutschen Grammatik in Österreich im 18. Jahrhundert. Zu Balthasars Antespergers "Kayserlicher deutscher Sprachtabelle" von 1734. In: GRAMMATICA IANUA ARTIUM. Festschrift für ROLF BERGMANN zum 60. Geburtstag. Hg. von E. GLASER/M. SCHLAEFER. Heidelberg, S. 337ff.

WIESINGER, P. 1999: Die Beurteilung der standardsprachlichen Varianten und Varietäten der deutschen Sprache und das Problem von Sprache und Identität. In: L Europa multiculturale/Das multikulturelle Europa. Akten der XXIV. Internationalen Tagung deutsch-italienischer Studien. Meran, S. 233ff.

WIESINGER, P. 1999a: Zur bairisch-oberdeutschen Schriftsprache des 16. und frühen 17. Jahrhunderts in Österreich unter dem Einfluß von Reformation und Gegenreformation. In: Das Frühneuhochdeutsche als sprachgeschichtliche Epoche. WERNER BESCH zum 70. Geburtstag. Hg. von W. HOFFMANN u.a. Frankfurt (Main) u.a., S. 241ff.

WIESINGER, P. 2000: Die Entwicklung der deutschen Schriftsprache vom 16. bis 18. Jahrhundert unter dem Einfluss der Konfessionen. In: Zs. der Germanisten Rumäniens. Hg. von der Gesellschaft der Germanisten Rumäniens. Jg. 9, Heft 1–2, S. 155ff.

WIESINGER, P. 2000b: Die Diagliederung des Neuhochdeutschen bis zur Mitte des 20. Jahrhunderts. In Sprachgeschichte[2], S. 1932ff.

WIESINGER, P. 2001: Das Deutsche in Österreich. In: Deutsch als Fremdsprache. Ein internationales Handbuch. Hg. von G. HELBIG/ L. GÖTZE/G. HENRICI/H.-J. KRUMM, 1. Halbbd., Abschnitt 50, S. 481ff.

WIESSNER, E./BURGER, H. 1974: Die höfische Blütezeit. In: Deutsche Wortgeschichte. Hg. v. F. MAURER/H. RUPP. Bd. 1. 3. Aufl. Berlin/New York, S. 189ff.

WILMANNS, W. 1897–1909: Deutsche Grammatik. 3 Bde. Straßburg.

WIMMER, R. 1985: Die Textsorten des Neuhochdeutschen seit dem 17. Jahrhundert. In: Sprachgeschichte[1], S. 1623ff.

Wörter, die Geschichte machten. Schlüsselbegriffe des 20. Jahrhunderts 2001. Hg. von der Gesellschaft für deutsche Sprache. Düsseldorf.

Wörterbuch der deutschen Aussprache 1982. Hg. v. dem Kollektiv H. KRECH u.a. 4. Aufl. Berlin.

WOLF, D. 1985: Lexikologie des Frühneuhochdeutschen. In: Sprachgeschichte[1], S. 1323ff.

*WOLF, H. 1980: Martin Luther. Eine Einführung in germanistische Luther-Studien. Stuttgart (auch: Berlin 1983).

WOLF, H. 1984: Die Periodisierung der deutschen Sprachgeschichte. In: Sprachgeschichte[1], S. 815ff.

WOLF, N. R. 1971: Zur mittelhochdeutschen Verbflexion in synchronischer Sicht. In: The German Quarterly 44, S. 153ff.

WOLF, N. R. 1975: Regionale und überregionale Norm im späten Mittelalter. Graphematische und lexikalische Untersuchungen zu deutschen und niederländischen Schriftdialekten. Innsbruck.

WOLF, N. R. 1978: Satzkonnektoren im Neuhochdeutschen und Mittelhochdeutschen. Prolegomena zu einer kontrastiven Textsyntax. In: Sprachwissenschaft 3, S. 16ff.

*WOLF, N. R. 1981a: Althochdeutsch – Mittelhochdeutsch. Heidelberg.

WOLF, N. R. 1981b: Das 14. Jahrhundert in der deutschen Sprachgeschichte. In: Zur deutschen Literatur und Sprache des 14. Jahrhunderts. Hg. v. W. HAUG/T. R. JACKSON/J. JANOTA. Heidelberg, S. 368ff.

WOLF, N. R. 1983: Durchführung und Verbreitung der zweiten Lautverschiebung in den deutschen Dialekten. In: Dialektologie, S. 1116ff.

WOLF, N. R. 1985: Phonetik und Phonologie, Graphetik und Graphemik des Frühneuhochdeutschen. In: Sprachgeschichte[1] 1985, S. 1305ff.; 2., überarb. Aufl. 2000, 1527ff.

WOLF, N. R. 1987: Probleme wissensliterarischer Kommunikation. In: Wissensorganisierende und wissensvermittelnde Literatur im Mittelalter. Perspektiven ihrer Erforschung. Hg. v. N. R. WOLF. Wiesbaden, S. 208ff.

WOLF, N. R. 1989: Zur Periodisierung der deutschen Sprachgeschichte. Eine Notiz. In: Soziokulturelle Kontexte der Sprach- und Literaturentwicklung. Fs. für R. GROSSE zum 65. Geburtstag. Hg. v. S. HEIMANN/G.LERCHNER/U. MÜLLER/I. REIFFENSTEIN/U. STÖRMER. Stuttgart, S. 121ff.

WOLF, N. R. 1989a: Mittelhochdeutsch aus Handschriften. Hinweise zum Problem der historischen Grammatik und der Überlieferungsgeschichte. In: Überlieferungsgeschichtliche Editionen und Studien zur deutschen Literatur des Mittelalters. KURT RUH zum 75. Geburtstag. Tübingen, S. 100ff.

WOLF, N. R. 1991: Mittelhochdeutsch aus Handschriften II: Zur Adjektivflexion. In: ZfdPh 110, Sonderheft: Mittelhochdeutsche Grammatik als Aufgabe, S. 93ff.

WOLF, N. R. 1997: Herzog August der Jüngere von Braunschweig und Lüneburg und das Ende des Frühneuhochdeutschen. In: GRAMMATICA IANUA ARTIUM. Fs. für ROLF BERGMANN zum 60. Geburtstag. Hg. v. E. GLASER/M. SCHLÄFER, Heidelberg, S. 357ff.

WOLF, N. R. 2000: Syntax des Mittelhochdeutschen. In: Sprachgeschichte[2]. 2. Teilband, S. 1351ff.

WOLF, B. 2000: Sprache in der DDR. Ein Wörterbuch. Berlin/New York.
WOLF, H. 1985: Germanistische Luther-Bibliographie. Heidelberg.
WOLF, H. 1969: Die Sprache des Johannes Mathesius. Philologische Untersuchung frühprotestantischer Predigten. Köln.
WOLFF, G. 1999: Deutsche Sprachgeschichte. Ein Studienbuch. 4. Aufl. Tübingen/Basel.
WOLFF, PH. 1971: Sprachen, die wir sprechen. Ihre Entwicklung aus dem Lateinischen und Germanischen von 100–1500 n. Chr. München.
WOLFRAM VON ESCHENBACH 1926. Hg. v. K. LACHMANN. 6. Ausgabe. Berlin/Leipzig.
WORONOW, A. 1962: Die Pluralbildung der Substantive in der deutschen Sprache des XIV. bis XVI. Jahrhunderts, dargestellt nach den Chroniken von Nürnberg und Augsburg. In: Beiträge H 84, S. 173ff.
WORONOW, A. 1966: Zur Geschichte der Pluralsuffixe der Substantive in der deutschen Sprache (dargestellt nach den Chroniken der deutschen Städte des 14.–16. Jahrhunderts). In: Beiträge H 88, S. 395ff.
Wortschatz der deutschen Sprache in der DDR 1988. Fragen seines Aufbaus und seiner Verwendungsweise. Von einem Autorenkollektiv unter Leitung von W. FLEISCHER. 2. Aufl. Leipzig.
WÜLFING, W. 1982: Schlagworte des Jungen Deutschland. Mit einer Einführung in die Schlagwortforschung. Berlin.
WUNDERLICH, H./REIS, H. 1924/1925: Der deutsche Satzbau. 2 Bde. Berlin.
WURZEL, W. U. 1988: Zur Erklärbarkeit sprachlichen Wandels. In: ZPSK 41, S. 488ff.
WURZEL, W. U. 1981: Phonologie: Segmentale Struktur. In: Grundzüge einer deutschen Grammatik. Hg. von K. E. HEIDOLPH u.a. Berlin. S. 898ff.
WUSTMANN, G. 1891: Allerhand Sprachdummheiten. Kleine deutsche Grammatik des Zweifelhaften, des Falschen und des Häßlichen. Leipzig.
WYLE, N. v. 1478/1967: Translationen. Hg. v. A. v. KELLER. Hildesheim (Nachdruck der Ausgabe 1861).
ZABEL, H. 2001: Denglisch, nein danke! Zur inflationären Verwendung von Anglizismen und Amerikanismen in der deutschen Gegenwartssprache. Paderborn.
ZEDLER, J. H. 1733/1994: Großes vollständiges Universal-Lexikon. Bd. 3, 2., vollständiger photomechanischer Nachdruck. . . Graz/Austria.
ZEMANN, H. 1966: Kaspar Stieler: Versuch einer Monographie. Wien.
ZEPIĆ, S. 1980: Historische Grammatik des Deutschen. Zagreb.
ZIMMER, S. 1990: Ursprache, Urvolk und Indogermanisierung. Zur Methode der Indogermanischen Altertumskunde. Innsbruck.
Zum Sprachwandel in der deutschen Literatursprache des 16. Jahrhunderts 1987. Studien – Analysen – Probleme. Hg. v. J. SCHILDT. Berlin.
Zur Ausbildung der Norm der deutschen Literatursprache auf der lexikalischen Ebene 1989. (1470–170). Untersucht an ausgewählten Konkurrentengruppen mit Anteilen slawischer Herkunft. Unter Leitung von K. MÜLLER. 2. Aufl. Berlin.
Zur Entstehung der neuhochdeutschen Schriftsprache. Eine Dokumentation von Forschungsthesen 1986. Hg. v. K.-P. WEGERA. Tübingen.
Zur Reform der deutschen Rechtschreibung. Ein Kompromissvorschlag. 2003. Hg. von der Deutschen Akademie für Sprache und Dichtung. Göttingen.
ZWIERZINA, K. 1900/1901: Mittelhochdeutsche Studien. In: ZfdA 44; S. 1ff., 249ff., 345ff. 45; S. 19ff., 253ff., 317ff.

Register

Da das Register nur eine Auswahl darstellt, ist mitunter ein Sachverhalt den übergeordneten Begriffen zugeordnet worden, also dort nachzusehen, z.B. *Partizip* bei *Verb, infinite Formen.*

Abkürzungszeichen 305
Ablativ 223
Ablaut 46, 196, 211, 216, 252, 262, 336
– qualitativer 196f., 252
– quantitativer 196ff., 197, 252
Ablautreihen 197, 201, 211, 213f., 221f., 262ff., 336, 343
Ableitung 141, 183, 217, 224
Abrogans 190
Abschwächung s. Nebensilbenabschwächung
Absolutismus 123
Abstufung 46, 196
Abtönung 46, 196
Accademia della Crusca 122
ADELUNG, JOHANN CHRISTOPH 128, 157
Adjektiv 227, 232f., 239, 283ff.
– schwache 283f.
– starkes 283f.
Adjektivabstrakta 226
Adjektivadverbien 285
Adstrat 40
Adverb 207, 229, 239, 363
Adverbialbestimmung 233, 237
Affrikata 192, 196, 204, 251, 324ff.
Afghanisch 36
Afrikaans 37
AICHINGER, KARL FRIEDRICH 127f.
Akkusativ 372
Aktionsarten 46
Aktiv 46
Akut 193, 245
Akzent 47, 196, 245
– dynamischer 252
– freier 54
– musikalischer 252
Akzentverhältnisse: indogermanische 208
Alamannen s. Alemannen
Alanen 60
Albanisch 36
ALBERTUS, LAURENTIUS 118
ALBERUS, ERASMUS 116
Alemannen 63, 190
Alemannisch 192, 194–196, 199, 202, 204–207, 212, 218, 222, 224, 226, 241
Alexanderlied 90
Allgemeiner Deutscher Sprachverein 145, 152
Allophon 196, 199, 251
Alphabet: lateinisches 190
Alphabetisierung 102, 118, 143
Alternanz 198, 211, 252, 257, 262, 319
Alteuropäisch 39
Althochdeutsch 35ff., 190ff.
Altniederfränkisch 37
Altnordisch 199
Altpreußisch 37
Altsächsisch 38, 192, 201f., 205, 225
Analogie 200, 209
Analogieumlaut 317 s.a. Umlaut
Andalusien 60
Anfangsbetonung 54 s.a. Akzent
Angeln 62
Angelsächsisch 37, 193, 225
Anglizismen 173–175, 186 s.a. Entlehnung
ANHALT-KÖTHEN, LUDWID VON 122
Anlautgesetz 210
ANTESPERG, JOHANN BALTHASAR VON 127f.
Aorist 46
Apokope 257, 320, 348, 351–355, 357, 361f., 365
Apposition 235, 239
Armenisch 36 Karte 1
Artikel 101, 227, 231, 233, 366, 368, 371
– bestimmter 80, 288
– unbestimmter 80, 231
Asen 48
Aspekt: synchroner 271, 358
Assimilation 199, 203, 209, 255, 259f., 330
– regressive 198
Asyndese 371, 375
Attribuierung 238, 370
Attribut 228, 233, 294, 371
Aufforderungssatz 234 s.a. Satzbau
Aufklärung 127, 130f., 139
Ausdrücke: paarige 370
Ausgleich 212
Ausgleichserscheinungen 319, 331
Auslassung 371
Auslautverhärtung 259, 263, 331
Ausrahmung 182 s.a. Rahmen
Aussagehauptsatz 292 s.a. Satzbau
Aussprache 160, 241ff.
– Konsonanten 244f.
– Vokale 243ff.
Awesta 36

Baiern 63, 190
Bairisch 192, 194, 196, 199, 204–207, 212, 218, 222–224, 226, 241
Baltisch 37, 48
Bayern 128
Bedeutungsdifferenzierungen 172
Beidbenennung 184
Belutschisch 36
Bengālī 36
BERTHOLD VON REGENSBURG 93
Betonung 245 s.a. Akzent
Bibelkommentar 113
Bildung: athematische 222
Binnengermanisch 62
Binnen-i 184
BÖDIKER, JOHANN 126
BODMER, JOHANN JACOB 127, 134
BONIFATIUS 192
BOPP, FRANZ 146
Brechung 199, 253
BREITINGER, JOHANN JACOB 127, 134
Bretagne 37
Bretonisch 37
Bronzezeit 47
BRUGMANN, KARL FRIEDRICH CHRISTIAN 147
Buchdruck 109ff. s.a. Druckersprachen
Buchen-Argument 42
Buchproduktion 111
Buchstaben als Ziffern 306
Bugenhagen-Bibel 117
Bühnenaussprache 160
Bulgarisch 37
Buren 37
BÜRGER, GOTTFRIED AUGUST 129
Burgunder 60

CAMPE, JOHANN HEINRICH 151
Chatten 63
CHLODWIG 69
CLAJUS, JOHANNES 118
CLYNE, MICHAEL 23
Consecutio temporum 336

Dänisch 37
DE SAUSSURE, FERDINAND 29
Dehnstufe 197, 214f. s.a. Ablaut
Dehnung 255f., 312
Deklination 283
– bes. Formen 280
– der Adjektive 55, 361
– der Pronomen 228

– schwache (konsonantische) 226, 228, 279ff., 362
– schwache zu starker 355
– starke (vokalische) 223, 228, 276ff., 362
– starke zu schwacher 352, 354f.
– synchron 281
Demokratisierung 152
Demonstrativpartikel 231
Demonstrativpronomen 227, 230f., 288, 366
Dentalsuffix 261, 266
deutsch 87ff., 325
Deutscher Sprachatlas 147
Dhimotikī 36
Dialekt 160, 164 s.a. Mundarten
Dialektgeographie 147, 160
Dialektverfall 161
Dichtersprache: höfische 91, 94, 240
Differenzierung 20ff., 21f., 153, 160, 165, 166ff., 169, 171ff., 186
Differenzierungen 24
Diphthong 193, 195, 199, 244, 250, 316
Diphthongierung: althochdeutsche 202, 216
– frühneuhochdeutsche 255, 309
Dissimilation 260, 330
Dnjepr-Donez-Kultur 42
DORNBLÜTH, AUGUSTIN 127
dörper 95
Druckersprachen 300 s.a. Buchdruck
Dual 45, 55, 223, 275, 365
Duden 164
DUDEN, KONRAD 158

Edda 61
Eigennamen 192, 224f., 281
– fremde 358
Einfluss der Naturwissenschaft 148 s.a. Wortschatz
Einheitsplural 65
Ekthlipsis 321
e-Laute 243, 315
Elbgermanen 63
Elbgermanisch 190
Elbslawisch 37
Elsässisch 201 Karte 8
ELSSHOLTZ, JOHANN SIGISMUND 131
EMSER, HIERONYMUS 113, 116
Endreim 237, 246ff.
Endsilbenabschwächung 100 s.a. Nebensilbenabschwächung
Endungen 223
Englisch 37
Entfaltungstheorie 41
Entlehnung 125, 132, 137, 174 s.a. Lehnwort
Entrundung 314
Entwicklungstendenzen 169ff., 178ff.
– der Differenzierung und Integration 150
Epithese 326
-erîe 96

Ersatzdehnung 202
Existenzformen 18
Explosivlaute 196, 204–206, 251, 324ff.

Fach- und Gruppensprachen 22, 164
Fachsprache 124, 131, 139, 150, 183, 185
Fachtextarten 131
Fachwortschatz 138, 150, 153
Familiennamen 103 s.a. Eigennamen
Färöisch 37
Feminina: movierte 225
Finalsatz 296 s.a. Satzbau
Finnisch-Ugrisch 42
FLEMING, PAUL 127
Flexion, schwache zur starker 343
– starke zu schwacher 340 s.a. Deklination und Konjugation
Flexionsendung 211
Flexionsmorphem 233
Flexive 348, 350, 357
Flugblätter 110
Flugschriften 110
Flurnamen 199 s.a. Eigenamen
Franken 62, 190
Frankenreich 190
Fränkisch 199, 203, 205, 218, 222, 224, 226
Frankreich 62, 123
Französisch 36, 95, 123
FREIDANK 93
FREISINGER DENKMÄLER 37
Fremdwort 137, 151, 358 s.a. Fachwortschatz
Fremdwortpurismus 151f.
FREYER, HIERONYMUS 157
Friesen 62
Friesisch 37 Karte 8
Frikative 196, 205–207, 209, 251
FRINGS, THEODOR 148
FRISCH, JOHANN LEONHARD 125
Frühmittelhochdeutsch 240
Frühneuhochdeutsch 31f., 205, 298ff.
Fuþark 49
Funktion 17
– gesellschaftliche 17
– kognitive 17
– kommunikative 17
Furlan 37

gân 269
Galater 37
Gälisch 37
Galiza 37
GELLERT, CHRISTIAN FÜRCHTEGOTT 127
Gemination 196, 204–206, 208f., 215, 218, 224, 226, 258, 304
– westgermanische 196
Generalisierung 185
Genus 45, 211, 223, 275, 354, 368
GERHARD, PAUL 127
Germānī 48
Germanisch 37, 47, 196, 198, 206, 233, 238
– Herausbildung 21

Germanische 199, 212, 227
Geschäftssprache 107
Gliederung (der sprl. Entwicklung): räumliche 240
Gliedsatz 374 s.a. Satzbau
Glossen 190
Glottaltheorie 51
Glottochronologie 41
GOETHE, JOHANN WOLFGANG VON 129, 135, 159
Goldhorn von Gallehus 49
Goten 58
Gotisch 37, 197f., 208, 214, 217
GOTTFRIED VON STRASSBURG 95f.
GOTTSCHED, JOHANN CHRISTOPH 127, 133f., 157, 308
Grammatik 163
Grammatiker 117
Grammatischer Wechsel 53, 207f., 213–215, 257, 262, 331
Gravis 245
Griechisch 36, 67
GRIMM, JACOB 146, 157
GRIMM, WILHELM 146
Großschreibung 307
Grundsprache 44
Gruppensprache 150
GRYPHIUS, ANDREAS 122
GUEINTZ, CHRISTIAN 119, 121f.
GUTENBERG, JOHANNES 109, 300

HALBERSTADT, ALBRECHT VON 96
Halbvokal 194, 196, 209, 224, 251, 329
HAMELBURGER MARKBESCHREIBUNG 199
Hanse 109
HARSDÖRFFER, GEORG PHILLIPP 122, 125
HARTMANN VON AUE 97, 242
Hauchlaut 196, 251, 328
Hauptton 245 s.a. Akzent
Hebung 198
HEINRICH VON VELDEKE 93, 96, 313
Heldensage 58

HELIAND *62*

HELIAND 192
Helm von Negau 49
HERDER, JOHANN GOTTFRIED 135, 146
Herminonen 62
Hermunduren 63
Hessen 190
Hethitisch 35 Karte 1
Hiat(us) 207, 310, 328f.
HILDEBRANDLIED 193, 223, 233–238
Hilfsverb 371
Hindī 36
Hochdeutsch 126, 192, 204
Hochpreußisch 241
Hochsprache 157
HRABANUS MAURUS 191
HUMBOLDT, WILHELM VON 129, 146
Hypertext 187
Hypotaxe 233, 235, 296f., 370 s.a. Satzbau

ICKELSAMER, VALENTIN 118, 157
-ier(en) 95
Illyrisch 36
Indefinitpronomen 289, 368
Indisch 36
Indogermanisch 21, 35
Indo-Iranisch 39
Infinitivgruppe 233, 372
Ingwäonen 61f.
Instrumental 55, 223–225, 228, 231, 367
Integration 20ff., 21f., 160, 169, 174ff., 185
Interlinearversion 237
Internationalisierung 152, 169, 185
Internet 187
Interpunktion (im Frnhd.) 308
Interrogativpronomen 231, 289, 367 s.a. Pronomen
Inversion 237
Iranisch 36
Irisch 37
Irminonen 62
Isländisch 37
Isoglossen 40, 64
Isophone 161
Istwäonen 62
Italienisch 36
Italisch 36
i-Umlaut 64, 199, 253ff. s.a. Umlaut

JAHN, FRIEDRICH LUDWIG 151
Jamnaja-Kultur 42
jan-Verben 208, 265
Jastorfkultur 48
Jiddisch 38, 99
j-Präsentien 208, 215
Jugendsprache 175, 186
Junggrammatiker 146
Jungsteinzeit 41
Jüten 62

Kadenz 247
– klingende 248
– stumpfe 248
– volle 247
Kanzleisprache 107f.
Kardinalzahlen 231, 290f., 368 s.a. Numerale
KARL DER GROSSE 62
Karolingisches Ostreich 190
Kastilianisch 36
Kasus 45, 223, 233, 275, 348–350, 355, 359, 372f.
Kasuskennzeichnung 348
Katalanisch 36
Katharevusa 36
Kaukasisch-Semitisch 42
Keltisch 37, 48, 57 Karte 1
Kentumsprachen 39
Kimbern 48
Klammer: nominale 182
– verbale 238
Klassik 134, 136
KLEMPERER, VICTOR 154, 157
KLOPSTOCK, FRIEDRICH GOTTLIEB 134
Kodifizierung 126f. s.a. Normierung
Koinē 36
KOLBE, K. W. 151
Kollektivbildung 224 s.a. Wortbildung
Kommunikation: Chatten 187f.
– in Newsgroups 187f.
– mit E-Mail 187f.
Kommunikationsgemeinschaft 18f., 22, 175
Kommunikationsgruppen: frnhd. 104
Kommunikationstechnik: neue 187ff.
Komparation 284, 363 s.a. Steigerung
Kompositum 140, 182, 203 s.a. Wortbildung
Konjugation 209, 262ff. s.a. Verb
Konjugationstypen: synchrone 271ff.
Konjunktion 181, 233, 235
– koordinierende 295f., 376
– subordinierende 296, 374
Konsonantengemination 64, 225, 304
Konsonantenschwächung 324, 332
Konsonantenschwund 258ff.
Konsonantenverbindung 200
Konsonantismus 194, 204, 257ff., 324ff.
kontinentalgerm. Kontinuum 62
Kontraktion 258ff., 345
Koordination 295, 371 s.a. Satzbau
KRAUSE, K. CH. 151
Kreolsprache 37
Kreolthese 40
Krimgoten 60
Kroatisch 37
Kulturpatriotismus 119, 122
Kurdisch 36
Kurgan-Kultur 42
KÜRNBERGER, F. 144
Kürzung 183, 256, 313
Kurzwort 184 s.a. Wortbildung
Kymrisch 37

LACHMANN, KARL 97
Lachs-Argument 42
Ladinisch 37
Laie 90
landsmål 37
Längezeichen 303, 311, 329
Langobarden 63
Langobardisch 192
Laryngaltheorie 47
La-Téne-Kultur 48
Latein(isch) 36, 65, 122, 127, 238
LAUBER, DIEBOLD 109
Lautgesetze 157
Lautsystem 179
Lautung 163
Lautverschiebung 201
– ahd. (zweite) 160, 196, 204, 206, 209, 219
– Althochdeutsche 190, 324ff.
– germ. (erste) 50, 204, 206
Lautwandel: im Frühneuhochdeutschen 323
– kombinatorischer 199, 252ff., 253ff.
Lehnbedeutung 173
Lehnbildung 173
Lehnwort 48, 56, 65, 198 s.a. Entlehnung
-lei 95
LEIBNIZ, GOTTFRIED WILHELM 125, 134
Leitvarietät 121
Lenisierung 324 s.a. Kosonantenschwächung
LESSING, GOTTHOLD EPHRAIM 129, 133
Lettisch 37
Letzeburgisch 38
LEUPOLD, JACOB 132
Lexik 163, 165, 171ff., 185 s.a. Wortschatz
Lexik: der BRD 174
– der DDR 172
Ligatur 302
Linguistische Paläontologie 43
Liquide 194, 196, 214, 251, 330
Litauisch 37
Lokativ 55, 223 s.a. Kasus
Lombardei 63
LORSCHER BEICHTE 236
LUDWIG DER DEUTSCHE 190, 192
LUDWIGSLIED 63
LUTHER, MARTIN 110, 114, 134, 302, 307f., 315, 318
LUTHER-Bibel 114
Luwisch 35
Lydisch 35
LYRA, NIKOLAUS VON 113

mâze 95
Majuskel 307
Makedonisch 35, 37
Markomannen 63
MAUTHNER, F. 144
Medienverschiebung 204–206 s.a. Lautverschiebung
Medium 46
Megalithgräber-Kultur 42, 47
Meißnisch 127
Mentelin-Bibel 113
MERIGARTO 193
Minuskel: karolingische 192, 300
Mischkompositum 175
Mitteldeutsch 192, 201, 240f.
Mittelfränkisch 192, 201, 205–207, 241 Karte 8
Mittelhochdeutsch 200, 205, 212, 240ff.
– klassisches 240
– normalisiertes 97
Mittelniederdeutsch 38, 109, 113, 117, 240
MITZKA, W. 147
Modalsatz 296 s.a. Satzbau
Modus 211
Monophthong 199, 202
Monophthongierung 201
– althochdeutsche 263, 316
– frühneuhochdeutsche 255, 311

Morphologie 179, 260ff., 275ff., 283ff., 286ff.
Moscherosch, Johann Michael 122
Moselfränkisch 192, 201, 206 Karte 8
Multimedialität 187f.
Mundarten 126, 160f., 169ff., 240f.
Murbacher Hymnen 238
Muttersprache 117

Nachtrag 236 s.a. Ausrahmung
Nasale 196, 198f., 214, 251, 330
Nasalschwund 65, 202
Nationalsprache 151
Nebensilbe 193, 195, 202f.
Nebensilbenabschwächung 54, 256
Nebensilbenvokale 256
Nebenton 245
Negation 294, 372
Negationspartikel 294
Neologismus 172
Nepālī 36
Neubedeutungen 172
Neubildungen 56 s.a. Wortbildung
Neuhochdeutsche-Hochdeutsche Sprachscheide 204
Neuprägungen 172 s.a. Wortbildung
Nibelungenlied 91, 193
Nibelungenstrophe 248
Niederdeutsch 38, 159, 192, 201, 207 Karte 8
Niederfränkisch 192, 201, 207 Karte 8
Niederlande 119
Niederländisch 37, 95
Nietzsche, Friedrich 144
Nomen actionis 225
Nomen agentis 209, 224, 226
Nomina agentis 27
Nomina sacra 307
Nominalisierung 182
Nominativ 372
Nordgermanen 58, 61
Nordgermanisch 198
Nordseegermanen 58, 61
Normandie 61
Normannen 61
Normierung 121, 127, 164 s.a. Kodifizierung
Norwegisch 37
Notker 89, 193f., 210, 212
Numerale 231, 290ff., 368
Numerus 210f., 223, 275, 348–350, 353

Oberdeutsch 192, 240f. Karte 8
Oberfränkisch 207
Oberhessisch 201
Oberpfälzisch 201
Obersächsisch 201, 241
Objekt 233, 237 s.a. Satzbau
Oder-Weichsel-Germanen 58
Ogham-Schrift 37
Ökonomie 183, 185
Ölinger, Albert 118
Opitz, Martin 122, 127, 298
Optativ 46, 222
Ordinalzahlen 232, 291, 369 s.a. Numerale
ors 95
Orthoepie 157, 175ff.
Orthographie 121, 129, 157, 165, 175ff.
– Getrennt- und Zusammenschreibung 306
Orthographiereform 159, 176
Orthographische Konferenz 158
Ortsnamen 57, 67, 224 s.a. Eigennamen
Oskisch 36
Ossetisch 36
Ostfränkisch 191f., 194f., 201, 205f., 217, 222, 241, 299 Karte 8
Ostgermanen 58
Ostgoten 60
Osthochdeutsch 109
Osthoff, H. 147
Ostkolonisation 103
Ostmitteldeutsch 127, 241, 298 Karte 8
Oswald von Wolkenstein 93
Otfrid von Weissenburg 194, 206, 223, 234
Ottonen 90

Paläisch 35
Palatalisierung 199f s.a. Umlaut
Parataxe 234, 295f., 376 s.a. Satzbau
Parlament 95
Parnassus Boicus 126
Partizipialgruppe/-konstruktion 233, 239, 372 s.a. Satzbau
Partizipialgruppen 370
Partizipialstämme 357
Passiv 46 s.a. Verb,Genus
Paternoster 58
Paul, Hermann 147
Pelasgisch 35
Perfekt 46 s.a. Verb,Tempus
Periode 129f s.a. Satzbau
Periodisierung 30ff.
– Einschnitt um 1950 32
– Entwicklung des Nd. 31
– Kriterien 30ff., 31
– neue Aspekte 31
Persisch 36
Personalpronomen 230, 233 s.a. Pronomen
Personennamen 67, 199, 280 s.a. Eigennamen
Pfaffe Konrad 91
Pfaffe Lamprecht 90
Pfälzisch 201 Karte 8
Phonem 195, 204, 248ff.
– konsonantisches 196, 251, 332
– Vokalisches 249ff., 321
Phonem-Graphem-Beziehung 192
Phonemisierung 195
Phonemwandel im Frnhd. 323
Phrygisch 35
Pidgin 37
Pietismus 134, 138
Plattdeutsch 38 s.a. Niederdeutsch
Pluralbildung 224, 318
Polabisch 37
Polnisch 37
Portugiesisch 36
Possessivpronomen 230, 287
Prädikat 233, 237f.
Prädikativer Gebrauch 228
Präfigierung/Präfixbildung 142, 203 s.a. Wortbildung
Präfix 213
Präposition 239
präpositionale Fügungen 359
Präsens 46 s.a. Verb,Tempus
Präterito-Präsentien 221, 261, 267f., 343
Präteritum 55 s.a. Verb, Tempus
Primärumlaut 100, 199, 211, 254, 316 s.a. Umlaut
Pronomen 230, 286ff.
– geschlechtiges 286f., 364f.
– ungeschlechtiges 286f., 364
Pronominaladjektiv 286
Pronominalsubstantiv 286, 368
Provenzalisch 36
Purismus 122, 144, 151

Quaden 60, 63

Rahmen, prädikativer 293
r-Allophone 330, 332 s.a. Allophon und Phonem
Rask, R. K. 146
Ratke, Wolfgang 119, 126, 159, 298
Rätoromanisch 36
Raumer, Rudolf von 158
Rechtssprache 107
Rede: indirekte 235
Reduktionsstufe 197
Reduplikation 46, 64, 197, 201, 211, 222, 262, 265, 340 s.a. Ablaut
Reflexivpronomen 230, 287 s.a. Pronomen
Reformation 111, 113
Reihung 370 s.a. Satzbau
Reim 246
Relativpronomen 231, 235, 288, 366, 374
Relativsatz 235, 375 s.a. Satzbau
Rheinfränkisch 192, 194, 201, 205f., 241 Karte 8
Rhotazismus 54, 64
Riegel, H. 152
riksmål 37
Ripuarisch 192, 201, 206 Karte 8
Rolandslied 91
Roma 36
Romanisch 36, 67
Rückumlaut 200, 219, 254, 265, 319, 342 s.a. Umlaut
Rumänisch/Moldauisch 36
Rundung 314
Runen 49
Russisch 37, 173

Sachprosa 109, 125
Sachs, Hans 323
Sachsen 62, 190

Salier 90
Sanskrit 36
Sardisch 36
SARRAZIN, O. 152
Satemsprachen 39
Satzbau 129, 233, 291ff., 369
– Attributsatz 235
– Aufforderungssatz 237, 293
– Ausrufesatz 237
– Aussagesatz 237f.
– einfacher 233
– Fragesatz 237, 293
– Gliedsatz 293
– Konzessivsatz 235
– mehrfach zusammengesetzer 236
– Modalsatz 235
– negativer 237
– Objektsatz 235, 296
– positiver 237
– Relativsatz 236
– Satzglieder 182, 237
– Satzgliedfolge 237
– Satzgliedstellung 233, 370
– Satzrahmen 129, 182
– Satztypen 237
– Satzverbindung 234
– Subjektsatz 235
– Subordination 129
– Verkürzung 181
Satzgefüge 375
Satzgliedstellung 291ff.
Satzverbindung 295f., 376
SAUSSURE, FERDINAND DE 148
Scheibenfibel von Bülach 49
SCHERER, WILHELM 147
SCHILLER, FRIEDRICH 129, 136
SCHLEGEL, AUGUST 146
SCHLEICHER, AUGUST 146
Schlesisch 201, 241 Karte 8
Schnurkeramik-Kultur 42, 47
SCHOPENHAUER, ARTHUR 144
SCHOTTELIUS, JUSTUS GEORG 119, 121, 125, 157, 159, 298, 333
Schreibsprache 298 s.a. Kanzleisprache
Schreibsprache: überregionale 108
Schreibung 241ff., 300ff., 301 s.a. Orthographie
Schreibung, normalisierte 241f.
Schreibung: Konsonanten 244f.
– morphematische 316
– Varianten 301
– Vokale 243ff.
Schrift 300f.
– gotische 300
Schriftsprache 124, 126, 128, 130, 137, 148, 159, 164
– neuhochdeutsche 116
SCHUCHARDT, H. 147
Schule 102, 118
Schwaben 63
Schwachton 245 s.a. Akzent
Schweden 61
Schwedisch 37
Schwundstufe 197f., 203 s.a. Ablaut
Schwyzerdütsch 38
Sekundärbildungen 265
Sekundärumlaut 195, 200, 254f., 316 s.a. Umlaut
Sekundärvokal 203
Senkung 198f., 253, 310, 315f.
Serbisch 37
SIEBS, THEODOR 160
Sinhalisch 36
s-Laute 327f.
Slawisch 37
Slowakisch 37
Slowenisch 37
Smileys 188
Soghdisch 36
Sorbisch 37
soziale Gruppe 18
Soziolekt 18, 22f., 150
Spätalthochdeutsch 195, 200
Spätmittelhochdeutsch 196, 240
Spektrum, sozialsprachliches 133
SPENER, PHILIPP JACOB 127
Spezialisierung 185
Spirans 207 s.a. Frikative
Sprachbau: agglutinierend 35
– analytisch 55, 100
– flektierend 35
– isolierend 35
– synthetisch 100
Sprache 17
Sprache des Faschismus 155
Sprache und Bewusstsein 17
Sprache: Ebenen 20
– sexistische 184
Sprachgebrauch 124, 134
Sprachgeographie 160
Sprachgeschichte: Periodisierung 30ff.
Sprachgeschichtsforschung 145
Sprachgeschichtsschreibung: Aufgaben 25ff.
– Gegenstand 25ff.
– Methoden 25ff.
Sprachgesellschaft 122, 138
Sprachkontakt 124
Sprachkritik 144
Sprachökonomie 169
Sprachpflege 125
Sprachreflexion 124, 129, 135
Sprachvarianten 22
Sprachwandel 18, 20, 25, 148, 175
– Arten 19
– außersprachlich 27
– Bedingungen/Ursachen/Triebkräfte 19
– Dimension 19
– Erforschung 25
– Methoden, Diachronie 29
– – Synchronie 29
– Ursachen 19, 27f.
– – außersprachliche 27
– – innersprachliche 27
– Wesen 28
Sprachwissenschaft: historisch-vergleichende 146
Sprossvokal 203
stân 269
Stabreim 55, 62, 233
Stadt 102
Stadtschule 102
Stamm 222, 225f.
Stammbaumtheorie 39
Stammbetonung 203 s.a. Akzent
Stammbildung 45
Stammsilbe 193
Standardaussprache 178
Standardsprache 23, 121, 126, 137, 149, 163f., 169
Steigerung, von Adjektiven 229 s.a. Komparation
– von Adverbien 229
STEPHAN, HEINRICH VON 152
STIELER, KASPAR 126, 130
STRASSBURGER EIDE 235f.
Streitaxtleute 42, 47
strukturalistische Schule 148
Sturm und Drang 134f., 139
Stützvokal s. Sprossvokal
Subjekt 233, 237f., 371
Subjektspronomen 101
Subordination 296 s.a. Satzbau
Substandard 170
Substantiv 180f., 223, 239, 275ff.
– Deklination 348
– – starke 351
– Genus 352
Substantivgruppe 130, 132
Substrattheorie 40
Substratwörter 56
Südgermanen 58, 62
Südhessisch 201
Süd(rhein)fränkisch 192, 241, 299
Sueben 63, 67 s.a. Sweben
Suffix 361, 363
Sündflut 315
Superstrat 40
Suppletivbildung 221, 229, 269f., 287, 363
Sussex 62
Sweben 60, 63 s.a. Sueben
Synkope 203, 257, 320, 342, 348, 352f.
Synkretismus 55, 275, 359 s.a. Kasus
Synonyme 370
Syntax 127, 129, 181f. s.a. Satzbau
Szenesprache 186

Tabu 56
Tadschikisch 36
Taktfüllung 247
TATIAN 191f., 194, 208, 217, 233f., 236–239
Temporalsatz 296 s.a. Satzbau
Tempus 46, 210f., 233, 335, 373 s.a. Verb,Tempus
Tenues 251
Tenuesverschiebung 204–206 s.a. Lautverschiebung
Terminologisierung 131
Teutonen 48
Textsorten 110, 370
Thema(laut) 211, 217, 219, 221, 223–226, 266, 276
Themasuffix 208
THOMASIN VON ZIRKLAERE 95

THOMASIUS, CHRISTIAN 127, 130, 134
Thrakisch 35
Thüringen 325
Thüringen 63
Thüringer 190
Thüringisch 192, 201, 241 Karte 8
Tocharisch 35
TRITHEMIUS, JOHANNES 111
trotzdem 181
Tschechisch 37
tuon 269

Ukrainisch 37
Umbrisch 36
Umgangssprache 163f., 170ff.
Umlaut 199f., 215, 218f., 225f., 265, 302, 317, 335, 348f., 353, 355
Umlauthemmung 200, 254, 318
Univerbierung 182
Ural-Altaisch 42
Urdū 36
Urheimat 41
Urkunde 103
Urkundensprache 103, 107
Ursprache 41, 45

Varianten 165
Varianten (der Standardsprache) 24f.
Varietäten 18, 22, 121f., 124, 160, 163, 167, 169ff.
Varietäten und Standardsprache 24
Varietäten: des Mittelhochdeutschen 99
– nationale 23
– regionale 160
Vaterunser 194
Veda 36
Venetisch 35
Verb 179, 210, 260ff., 333
– athematisches 211, 221, 262, 267, 269
– Einteilung 261
– – schwaches 261ff., 265ff.
– – starkes 261ff.
– finites 260f., 292f., 333, 341
– Formen, analytische 180, 238, 343, 346, 373
– – infinite 334
– Genus 274
– infinites 261
– kontrahiertes 262, 270
– Mischung starke und schwache Konjugation 267
– Modus 274f., 334
– Numerus 336
– reduplizierendes 216
– Rektion 360
– schwaches 55, 210, 217, 341
– starkes 55, 197, 208, 210f., 216
– Tempus 273f., 334, 341
– thematisches 262
Verbflexive 272 s.a. Flexive
Verbstellung 373
Vernersches Gesetz 53, 208 s.a. gramm. Wechsel
Verschlusslaute 209f.
Versschluss 247
Verwandtschaftsbezeichnungen 226, 280, 357
Verwandtschaftsterminologie 43
VIËTOR, WILHELM 160
vilain 95
Virgel 308
Vokalausfall 209
Vokaldehnung 202 s.a. Dehnung
Vokale: kurze 250
– lange 250
Vokalismus 196, 252ff., 309
– althochdeutscher 193
– der Nebensilben 256f., 320
Vokativ 223
Völkerwanderung 58
Vollstufe 197f., 215 s.a. Ablaut
VOSSLER, K. 147
VOSTOKOW, A. 146

Wales 37
Wandalen 60
Wanen 48
Waräger 61
weil 181
WEISE, CHRISTIAN 127
WEISSENBURGER KATECHISMUS 234
Wellentheorie 40
welsch 37, 57
Wenden 36
WENKER, G. W. 147
WERNHER DER GARTENÆRE 94
Weser-Rhein-Germanen 62
Weser-Rhein-Germanisch 190
Wessex 62
WESSOBRUNNER GEBET 235
Westgermanen 58, 62
Westgermanisch 198, 209
Westgoten 58
Westmitteldeutsch 241 Karte 8
WIELAND, CHRISTOPH MARTIN 128f., 134
Wikinger 61
Wissenschaftssprache 131
Wissensliteratur 113
WITTWEILER, HEINRICH VON 322
Wochentagsnamen 66
WOLFF, CHRISTIAN 127, 130, 138
Wortakzent 47, 203 s.a. Akzent
Wortakzent (im Idg.) 27
Wortbildung 130, 137, 140, 165, 182, 197, 208
Wortgruppe 235, 237f. s.a. Satzbau
Wortschatz 137–139, 149, 153, 155 s.a. Lexik
WREDE, F. W. 147
WULFILA 58
WUNDT, WILHELM 146
Wurmlinger Lanzenspitze 190
Wurzel 211, 223
Wurzelnomen 46, 223, 227, 280
Wurzelverb 221, 262, 269, 344 s.a. Verb, athematisches
WUSTMANN, GUSTAV 144
WYLE, NICLAS VON 309

Zahladjektive 291
Zahladverbien 291
ZEDLER, JOHANN HEINRICH 132
Zeitung 132
Zeitungssprache 144
ZESEN, PHILIPP VON 122, 125
Zigeuner 36
Zirkumflex 193
zuht 94